소교리문답(하)

WESTMINSTER SHORTER CATECHISM

정 태 홍

RPTMINISTRIES
http://www.esesang91.com

목차

머리말 6
제39문 사람의 본분 … 6
제40문 도덕상의 법칙 … 14
제41문 십계명 … 27
제42문 십계명의 대강령 … 34
제43문 십계명의 서문 … 42
제44문 십계명 서문의 교훈 … 48
제45문 제1계명 … 56
제46문 제1계명의 명하는 것 … 63
제47문 제1계명이 금하는 것 … 72
제48문 제1계명의 '나 외에는' … 79
제49문 제2계명 … 89
제50문 제2계명의 명하는 것 … 98
제51문 제2계명이 금하는 것 … 104
제52문 제2계명의 이유 … 112
제53문 제3계명 … 119
제54문 제3계명이 명하는 것 … 128
제55문 제3계명이 금하는 것 … 140
제56문 제3계명의 이유 … 145
제57문 제4계명 … 151
제58문 제4계명이 명하는 것 … 158
제59문 안식일의 제정 … 163
제60문 안식일의 성수 … 169
제61문 제4계명이 금하는 것 … 175
제62문 제4계명의 이유 … 181
제63문 제5계명 … 190
제64문 제5계명이 명하는 것 … 195
제65문 제5계명이 금하는 것 … 207

제66문 제5계명의 이유 … 214
제67문 제6계명 … 221
제68문 제6계명이 명하는 것 … 229
제69문 제6계명이 금하는 것 … 236
제70문 제7계명 … 245
제71문 제7계명이 명하는 것 … 259
제72문 제7계명이 금하는 것 … 266
제73문 제8계명 … 273
제74문 제8계명이 명하는 것 … 279
제75문 제8계명이 금하는 것 … 290
제76문 제9계명 … 294
제77문 제9계명이 명하는 것 … 301
제78문 제9계명이 금하는 것 … 307
제79문 제10계명 … 320
제80문 제10계명이 명하는 것 … 325
제81문 제10계명이 금하는 것 … 332
제82문 준법의 한계 … 340
제83문 율법의 차등성 … 347
제84문 죄의 보응 … 352
제85문 하나님의 진노와 저주를 피하는 방편 … 359
제86문 예수 그리스도를 믿는다는 것 … 367
제87문 생명에 이르는 회개 … 379
제88문 그리스도의 외적 방편 … 387
제89문 설교의 효력 … 395
제90문 말씀의 효력 … 401
제91문 성례의 효력 … 408
제92문 성례의 정의 … 414
제93문 성례의 종류 … 419
제94문 세례의 정의 … 428
제95문 세례의 대상 … 436
제96문 성찬의 정의 … 442

제97문 성찬의 방법 … 458
제98문 기도의 정의 … 464
제99문 주기도문 … 487
제100문 주기도문의 머리말 … 496
제101문 주기도문의 첫째 기원 … 511
제102문 주기도문의 둘째 기원 … 524
제103문 주기도문의 셋째 기원 … 534
제104문 주기도문의 넷째 기원 … 550
제105문 주기도문의 다섯째 기원 … 557
제106문 주기도문의 여섯째 기원 … 570
제107문 주기도문의 맺음말 … 580

머리말

오늘날 개혁주의는 하나의 상표가 되었습니다. 많은 분들이 개혁주의를 말하지만 실제로 교회 안에는 비성경적인 프로그램들을 수용하고 있습니다. 심리학을 수용하면서 교리를 외치며 십자가 복음을 외칩니다. 양육의 실제를 들여다보면 개혁주의와는 거리가 멉니다.

물론 어느 누구도 완벽할 수 없습니다. 필자도 예외가 아닙니다. 우리 안에 들어와 있는 혼합주의적인 요소가 무엇인지 분별할 줄 알아야 합니다. 그리고 보다 더 성경적으로 개혁되어져야만 합니다. 성경적이라면 언제든지 배울 자세가 되어야 하며, 성경적이지 않다면 과감하게 버릴 자세가 되어야 합니다. 더 많이 배우고 싶어서 이 책을 쓰고 더 많이 버리고 싶어서 이 책을 썼습니다.

우리는 자기 세계에 갇혀서 '내가 하는 것은 개혁주의다' 그런 오류에 빠지지 말아야 합니다. 개혁주의는 말이 아니라 실제로 개혁된 내용이 있어야 개혁주의입니다. 교회 안에서만 인정되는 교리가 아니라, 성도들이 세상을 살아가는 현장에서도 영향을 끼치는 살아 있는 교리가 되어야 합니다. 성도들이 어떻게 인생을 살아가며, 어떤 상황 가운데 있는지, 성도들이 살아가는 세상의 멘탈리티가 무엇인지 알아야 합니다. 그 속에서 어떻게 성경대로 믿고 성경대로 살아가야 하는지 분명하게 말해 주어야 합니다. 그 길에 필자의 책이 작은 유익이 되기를 소망합니다.

하나님의 크신 은혜에 너무나 감사하며,
이 책이 나오기까지 기도해 주신 분들에게 진심으로 감사합니다.

2014년 5월 20일
정태홍

제39문 하나님께서 사람에게 요구하시는 의무는 무엇입니까? (대91)[1]
답: 하나님께서 사람에게 요구하시는 의무는 그분의 계시된 뜻에 순종하는 것입니다.[2]

니체는 『짜라투스트라는 이렇게 말했다』에서 하나님의 말씀이 진리이고 선이라는 것을 무너뜨리기 위해 조로아스터교 개념의 선과 악의 싸움으로 말했다. 하나님의 말씀을 순종하는 것이 선이고 그 말씀을 어기고 불순종하는 것이 악인데, 조로아스터교의 개념으로 선과 악의 두 대립이요 싸움으로 말해 버리기 때문에 하나님이 선이라는 그 자체를 붕괴시켜 버렸다. 그리하여, '하나님의 말씀에 불순종하는 것이 악이다'라고 말하는 것은 '폭력성'이라고 말했다. 선의 폭력성, 다시 말해서 하나님의 폭력성이라는 개념으로 전락시켜 버리기 때문에 인간을 억압한다고 보고 주체적 인간을 부르짖었다. 절대적 보편성을 버리고 차이를 인정하고 나만의 세계를 살아가라고 말했다. 당연히 니체는 보편성, 체계 이런 것을 싫어했다. 거기에 가두어서 복종시키는 것들이기 때문이다.[3]

이런 니체의 논리대로 가게 되면 무슨 문제가 생겨날까? 모든 도덕과 종교가 폭력이라고 말하는 그의 논리대로 하자면, 부모가 자녀에게 가르치고 요구하는

---
[1] 하이델베르크 교리문답 제4문: 하나님의 율법이 우리에게 무엇을 요구합니까? 답: 그리스도께서 마태복음 22장에서 요약하여 그 율법의 요구를 가르쳐 주십니다. 그것은 네 마음을 다하고 목숨을 다하고 뜻을 다하고 힘을 다하여 주 너의 하나님을 사랑하라. 이것이 크고 첫째 되는 계명이요, 둘째는 그와 같으니 네 이웃을 네 몸과 같이 사랑하라 하셨으니 이 두 계명이 온 율법과 선지자의 강령이니라고 하는 것입니다.
[2] Q. 39. What is the duty which God requireth of man? A. The duty which God requireth of man, is obedience to his revealed will.
[3] http://blog.daum.net/4855028/15967814/ 「니체의 정치사상」 고병권, 서울대 대학원, 정치학과 논문: 각 개인은 모든 사실들을 해석이라는 행위를 통해 받아들인다. 해석은 매우 능동적인 행위이다. 니체가 해석의 이러한 특성에서 강조하고자하는 것은 '창조' 혹은 '생성'이다. 니체는 진리 자체가 '불변의 어떤 것'으로 존재한다기보다는 끊임없이 생성되고 해석되는 것'이라고 보았다. 이러한 니체의 주장은 보편성을 강조하면서 모든 것을 그 지배아래 두고자 하는 기존의 가치와 강한 충돌을 하면서, 동시에 그것을 단순히 무너뜨리는 것에서 그치는 것이 아니라 새로운 생성을 그것도 끊임없이 해나가는 것에 '해석'의 의미를 부여한다고 보아야할 것이다. 그래서 니체가 '해석'의 문제를 '창조' 혹은 '생성의 문제와 연관시키는 것은 매우 중요한 정치적 함의를 갖는 것이다. 그것은 지배적 가치를 비집고 들어가 그것을 균열내면서 새로운 실천의 공간 확보하고 그를 통해 새로운 가치의 창출될 수 있는 가능성을 열어준다. 니체는 이러한 정신을 자유정신이라고 부른다. 그는 그래서 '자유정신이 올바른 견해를 가지고 있다는 사실이 그의 본질에 속하는 것이 아니라, 성공하든 실패하든 간에 그가 인습에서 자신을 해방시켰다는 것이 더욱 그 본질에 속하는 것이다'라고 말할 수 있는 것이다.(MA-I; 154) 그리고 이러한 가치의 파괴가 허무주의적인 결론에 도달하지 않아야 함을 역설한다(불교에서 깨달음을 얻는 이유가 허무주의에 빠지기 위해서가 아니고, 육체적 속박에서 벗어난 자유정신 속에서 삶을 실행하려 함에 있듯이). 그는 '가장 자유로운 작가'의 예로 로렌츠 스테르네 Lorenz Sterne를 든다. 스테르네가 칭찬받을 점은 그가 완결된 멜로디를 구사하는 것이 아니라 '끝없는' 멜로디를 보여준다는 것이다. 결정된 형식은 쉼 없이 깨지고 밀려나며 미결정적인 형식의 의미를 갖는다고 본다(MA-II, 여러 의견과 격언: 343-344).

것들 역시 폭력성이 되어 버리고 만다. 부모가 자녀를 훈육하는 것은 자녀를 지배하기 위한 것이 아니다. 사랑하기 때문에 바른 길로 가도록 이끌어 가는 것이다. 인간의 죄악으로 인해서 일어나는 반인륜적인 사례로 마치 전체가 그런 것처럼 매도해 버리면 안 된다.

니체는 어떤 개인의 행위에 책임이 있다면 특정 개인이 아닌 사회 및 우주 전체에 책임이 있다고 말했다. 이것은 철저하게 인과율에 기초한 말인데, 니체가 이렇게 말하는 이유는, 세계가 곧 힘에의 의지의 상호주관적 관계 세계라고 그가 규정하고 있기 때문이다. 니체는 이 세계를 각 개별자들이 매순간 필연적으로 얽히고설킨 관계의 세계라고 보았다. 그렇기 때문에 특정 개별자의 행위, 곧 어떤 한 사람의 행위는 전체 사회와 국가와의 긴밀한 상호 관계 속에서 이루어진 결과물이었다.

니체의 관계적 세계관에서는 그 범죄자는 처벌의 대상이 아니라 치유의 대상이 범죄자 자신을 포함한 사회 전체가 짊어져야 한다는 것이다. 흉악범죄를 저지르는 사람에게만 있는 것이 아니라 그렇게 죄를 짓게 한 사회적 책임이 있다는 것이다.

그러나 이런 니체의 논리는 범죄자에 대한 분명한 처벌을 명시하는 법체계를 무너뜨리고 무도덕과 무윤리를 양산하게 된다. 무엇보다 그를 범죄자라고 규정하는 보편적 체계를 와해 시켜버리기 때문에 자기 의지대로 세상을 살아가면 되는 세상, 곧 자기 의지가 자기 법이 되어버리는 무법천지가 되어 버린다. 그러나, 하나님께서는 인간의 범죄에 대해 개별적 책임을 물으신다.[4]

강신주 교수만큼 종교에 대해 반대하는 사람도 드물 것이다. 그는 권력, 종교, 자본에 대해 다음과 같이 말한다.

> 권력, 종교, 자본은 사람들이 자신만의 '포즈'를 갖는 것을 극히 꺼린다. 권력은 모든 인간이 자신이 명하는 대로 살기를 바란다. 종교는 신의 가르침이 절대적인 삶의 방식이라며 모든 인간이 수용하길 바란다. 나아가 자본은 모든 인간이 자신의 단독성을 망각하고 자신이 자본에 종속되는 상품에 불과하다고 인정하기를 원한다. 게다가 그들은 자신만의 '포즈'를 갖춘 사람은 타인과 불화할 수밖에 없다고, 나름대로 진지한 충고를 아끼지 않는다.[5]

그러나 역으로 생각해 보면, 강신주 교수가 김수영을 말하면서 단독성을 요구

---

4) 범죄하는 그 영혼은 죽을지라 아들은 아비의 죄악을 담당치 아니할 것이요 아비는 아들의 죄악을 담당치 아니하리니 의인의 의도자기에게로 돌아가고 악인의 악도 자기에게로 돌아가리라(겔 18:20)
5) 강신주, **김수영을 위하여** (서울: 천년의상상, 2013), 202-203.

하는 것 역시 권력이고 종교이고 자본이다. 모든 것이 버려야할 것들인가? 모든 것이 저항해야만 하는 것들인가? 아기를 씻기고 나면 목욕물만 버리면 된다. 목욕물과 함께 아기를 버리는 것은 잘못된 것이다. 인간이 역사 속에서 이상(理想)을 말할 수 있으나 이상을 완전하게 실현할 수는 없다. 그것이 가능하려면 인간의 죄가 사라져야 하는데 그것은 불가능한 일이다. 강신주 교수의 단독성은 절대적인 가치다. 강신주 교수는 어디까지 말하는가?

> … 단독성의 절대긍정! 인간을 구원하는 것은 인간 자신밖에 없다는 사실을 긍정할 때, 우리는 인문정신을 가졌다고 당당히 외칠 수 있다. 벤야민이라면 메시아는 외부에 있는 것이 아니라 바로 우리 자신이 메시아라고 외쳤을 것이다. 아니 우리는 메시아가 되어야만 한다. 그렇지 않을 때 권력, 종교, 자본은 계속 우리 삶과 영혼을 좌지우지할 테니까. 놀랍지 않은가? "신은 죽었다"는 니체의 정신과 "길은 우리가 다녀야 만들어진다"는 장자(莊子, BC 369-BC 289?)의 지혜가 그대로 이어진다는 사실이 말이다.6)

강신주 교수는 인문학의 핵심이 무엇인지 알고 있다. 세상의 철학과 강신주 철학의 핵심은 인간이 메시아이고 인간이 신이라는 것을 알고 있다. 그것은 신성한 내면아이와 같은 맥락이다. 인간의 죄악이 무엇인가? 근본적으로 하나님만이 하나님인 것이 싫은 것이다. 사탄은 어떻게 유혹했는가?

> 너희가 그것을 먹는 날에는 너희 눈이 밝아 하나님과 같이 되어 선악을 알 줄을 하나님이 아심이니라(창 3:5)

선악은 하나님만 판단하신다. 그런데 그것을 인간이 판단하려고 한다는 것은 인간이 하나님이 된다는 것이다. 그것이 강신주 교수가 하는 일이다. 그것이 세상의 정치, 경제, 종교와 철학과 사상이 하는 일이다. 결국은 인간이 중심이 되고 인간이 주인이 되고 인간이 메시아가 되어 자신을 구원하라고 소리친다. 강신주 교수가 어디까지 말하는지 들어보라.

> "신은 죽었다"는 충격적인 선언 뒤에 니체는 이제 인간이 스스로 자신을 지배할 수 있는 초인(Übermensch)이 되어야 한다고 강조했다. 당연한 일이다. 신을 죽였다면, 인간은 신의 권좌에 앉아야만 한다. 그렇지 못하고 여전히 노예의 자리에 머물면, 신은 슬그머니 외양만 바꾼 채 다시 자신의 권좌로 귀환할 것이다. 김수영의 표현을 빌리자면 "스스로 도는 힘"을 유지하지 못하는 순간, 우리는 다시 공통된 그 무엇의 지배를 받는다.7)

---

6) Ibid., 204.
7) Ibid., 273-274.

산을 죽이고 인간이 신이 되는 것, 이것이 소위 철학을 한다는 사람들의 목적이다. 그래야 외부의 간섭을 받지 않기 때문이다. 그런데 그것이 가능할까? 가능할 수가 없다. "스스로 도는 힘"을 어떻게 유지할 수 있는가? 팽이는 그럴 힘이 없다. 팽이는 외부의 주체에 의하여 칼로 만들어진 장난감이지, 스스로 존재하는 신이 아니다!

김수영이 말하는 근본적인 혁명은 일체의 지배 형태를 소멸하는 것이다. 자신만의 삶을 살아내지만 사람들 사이에 공감과 공명이 일어나는 사화를 꿈꾸었다. 그러나 그런 사화는 만들어지지 않는다. 인간은 자신만의 삶을 만들어낼 수 없다. 인간은 죄로 오염되어 있고 유한한 존재이기 때문이다. 영원히 도는 팽이가 아니라 죽는다. 그것을 아무리 부인하려고 해도 아무 소용이 없다. 죽기 싫다고 해서 안 죽는 것이 아니다. 소리 지르는 대로 다 이루어진다고 생각하는 것은 철부지 아이일 때에는 그럴 수 있다. 인간의 죄인 됨과 유한성을 직시하지 못하면 이상(理想)을 부르짖다가 죽는다.

세상만 그런 것이 아니라 오염된 신학도 엉터리를 말한다. 신정통주의자 칼 바르트는 제한적이고 오류가 있는 인간의 언어로는 하나님의 계시가 될 수 없다고 말했다. 그러나 성경은 하나님께서 명제적으로 말씀하여 주셨다고 분명하게 말한다. 바르트는, 성경을 무오한 하나님의 말씀으로 보는 것은 오히려 하나님의 살아 있는 말씀을 죽은 말씀으로 만드는 것이라고 주장했다. 또한, 역사적 기록인 성경은 하나님의 계시가 될 수 없다고 말했다. 그렇게 되면 하나님의 초월성이 초월성을 잃어버리기 때문이라고 말했다.[8] 오염된 신학으로 변질된 인간은 언제나 하나님을 이겨 먹으려고 한다. 그러나, 참된 신학은 하나님의 요구하시는 의무에 순종하며 찬양한다!

소교리문답은 다음과 같이 두 부류로 나누어 볼 수 있다.

    1-38: 하나님에 대해 믿어야 할 것
      - 언약의 주체이신 하나님이 누구신가?에 대한 것

---

[8] http://blog.daum.net/cccsw1224/2326; "한 마디로 바르트의 계시는 '초월적 하나님'의 '전적으로 나타나심'(wholly revealed)을 의미한다. 바르트에게는 인간과 질적으로 영원한 차이를 가지신 하나님이 어떤 역사적인(달력의 의미로) 사건이나 인간의 언어 속에 나타난다는 것은 불가능한 일이다. 이것은 다시금 신학을 인간학으로 만드는 일로 바르트는 믿고 있는 것이다. 그러기 때문에 우리가 믿고 있는 것처럼 신성이 그의 만드신 만물에 분명히 보여 알게 된다든지 하나님이 인간의 언어로(성경으로) 자신을 계시했다고 믿는 것이 아니다."

39-107: 하나님께서 사람에게 요구하시는 의무-언약의 주체이신 하나님께서 그 언약의 대상자인 그 백성에게 행할 것을 요구하시는 언약의 내용

이 중에서, 39-42문은 십계명9)에 대한 문답이다. 이 십계명에서 하나님께서는 하나님을 사랑하고 이웃을 사랑하라고 말씀하신다. 그리스도인은 하나님의 계시 된 뜻에 순종하는 자들이다.

> 오묘한 일은 우리 하나님 여호와께 속하였거니와 나타난 일은 영구히 우리와 우리 자손에게 속하였나니 이는 우리로 이 율법의 모든 말씀을 행하게 하심이니라(신 29:29)
> 사람아 주께서 선한 것이 무엇임을 네게 보이셨나니 여호와께서 네게 구하시는 것이 오직 공의를 행하며 인자를 사랑하며 겸손히 네 하나님과 함께 행하는 것이 아니냐(미 6:8)
> 사무엘이 가로되 여호와께서 번제와 다른 제사를 그 목소리 순종하는 것을 좋아하심 같이 좋아하시겠나이까 순종이 제사보다 낫고 듣는 것이 수양의 기름보다 나으니(삼상 15:22)

하나님께서는 왜 우리에게 순종을 요구하시는가? 그 순종의 길로 안 가면 생명과 진리가 없기 때문이다. 하나님께서는 성도에게 요구하시는 의무가 있다. 그 요구는 우리를 사랑하시며 대접하시는 차원 높은 의무다.

사람은 기계나 동물이 아니다. 사람은 인격체다. 인격체는 인격적인 항복이 일어나야 의무에 순종을 한다. 하나님께서는 그 의무에 순종을 하도록 어떻게 인격적인 항복을 하게 하시는가? 그것은 예수 그리스도의 십자가의 피 흘림으로 죄와 사망에서 구원을 받게 하심으로 인격적인 항복이 일어나게 하신다. 하나님의 거룩한 자녀의 신분으로 만드시고 그 자녀다움으로 만들기 위한 하나님의 은혜가 먼저 있다. 하나님께서는 그 은혜가 무엇인지 알게 하시어 그의 백성들로부터 항복을 받아내신다.

우리의 순종은 어떤 의미를 가지는가?

세상의 철학은 근본적으로 인간 중심이다. 외부의 간섭을 철저하게 차단한다. 계시 자체를 부정한다. 푸코는 하늘에서 떨어져서 인간에게 주어진 것은 없다고 했다. 없어도 전혀 없다고 주장했다. 모든 것은 그저 역사, 정치, 경제, 문화 속에서 만들어진 것이다. 니체나 니체를 따르는 푸코에게도 '진리'는 없고 '관점'만 있다. 그것이 하나의 관점에 지나지 않는다는 것은 스스로 오류를 인정한다는

---

9) http://cafe.daum.net/hgpch/MDME/13 십계명이란 의역이다. 원래 히브리어로는 출 20:1; 신 5:22에는 '말씀들'(words)로, 출 34:28; 신 4:13, 10: 4에서는 '10개의 말씀들'(Ten Words)이라 했다.

뜻이다. 그래서 하는 말이 푸코의 '에피스테메', 곧 '인식론의 장'이다.10) 역사를 가로지르는 보편적 진리는 없고 다만 시대에 따라 진리와 인식의 틀이나 구조가 달라질 뿐이다.

인간은 태어날 때부터 가지고 있는 죄성으로 인해 자기 존재 외에 외부의 간섭을 싫어한다. 오로지 인간의 이성으로 세계를 포섭하고 또 자기 세계를 만들어 가려고 한다. 그 대표철학인 칸트 철학의 중심에서 주장하는 것이 무엇인가? 자율적 인간의 도리와 자율적 인간의 궁극적인 법을 제정할 수 있는 능력이다. 그것은 고대 엘레아의 철학자 파르메니데스로부터 기원한다. 파르메니데스는 유일하게 참된 것이 인간의 마음이며, 끊임없이 사고할 수 있다고 강하게 주장했다. 파르메니데스와 칸트는 인간의 자율성을 말하나, 그 자율성이란 현실의 궁극적 결정자로서 존재한다는 것이다. 이 말이 가지는 의미는 무엇인가? 파르메니데스와 동일하게 칸트는 우리들 자신이 우리를 위해 의미 깊은 현실로써 범주화한 것만이 유일한 것이라고 주장했다. 사과를 우리 스스로 씻어서 상자에 넣고, 선적(船積)한 것만이 사실상 사과라는 뜻이다.11) 이 말이 가지는 위험성에 대하여 코넬리우스 반틸은 이렇게 말했다.

칸트의 이러한 사상은 현상세계 자체의 실제적 사상에서는 본질적인 것으로 보지 않으면 안 된다.

---

10) 네이버 지식백과; 에피스테메(Episteme): 푸코(Michel Foucault)는 특정한 시대를 지배하는 인식의 무의식적 체계, 혹은 특정한 방식으로 사물들에 질서를 부여하는 무의식적인 기초를 에피스테메라 칭했다. 철학용어로서 에피스테메는 실천적 지식과 상대적 의미에서의 이론적 지식, 또는 감성에 바탕을 둔 억견(臆見: doxa)과 상대되는 '참의 지식'을 말한다. 독사와 에피스테메의 구별은 이미 파르메니데스에서 찾아볼 수 있으며 그것을 더욱 분명하게 구별한 사람은 플라톤이다. 플라톤에 있어서 에피스테메는 이데아를 파악하는 개념적인 진정한 인식을 뜻하며, 독사는 피스테메에 비해 감성적·주관적인 낮은 인식을 뜻한다. 한편 에피스테메는 아리스토텔레스에서는 필연적이고 영원한 것을 대상으로 하는 인식 능력을 말한다. … 그러나 인식론적 단절을 너무 빡빡하게 규정하고, 또 에피스테메를 단일한 구조체로 제시함으로써 많은 오해와 비판을 낳았다. 리차드 할랜드(Richard Harland)가 지적했듯이 푸코에게 에피스테메 이론에 의해 야기된 문제는 정말로 에피스테메가 모든 것을 포괄하는 총체적인 개념이라면 그 개념의 이론가, 즉 푸코 자신이 에피스테메의 부분이 되어야 한다는 것이며, 보다 큰 문제점은 왜 하나의 에피스테메가 방법을 열어주고 다른 것에 의해 교체되는가 하는 점이다. 또한 에피스테메들을 넘나드는 사상의 흐름을 간과하고, 에피스테메의 지연과 사상의 진화로 인해 축출되었던 개념, 혹은 개념틀이 되돌아오는 현상을 간과하고 있는 점이다. (문학비평용어사전, 2006.1.30, 국학자료원)

박찬국, **현대철학의 거장들** (서울: 이학사, 2012), 247; "에피스테메의 전개과정에 대한 푸코의 분석에는 많은 반론이 제기되었다. 예를 들어 푸코는 르네상스의 에피스테메와 17세기 중반 이후의 고전적인 에피스테메 사이의 절대적 단절을 주장하고 있지만, 15세기의 코페르니쿠스와 근대과학의 아버지인 갈릴레이와 케플러 그리고 뉴턴과 아인슈타인 사이에는 부정할 수 없는 연속성뿐 아니라 검증 가능하고 객관적인 지식이란 면에서 진보가 이루어졌다. 아울러 각 시대는 하나의 에피스테메에 의해 지배되는 것이 아니며 동일한 시대에 서로 다른 에피스테메들이 경합할 수도 있다. 현재의 우리나라만 해도 의학 분야에서는 동양의학과 서양의학이 공존하고 있다."

11) 코넬리우스 반틸, **신현대주의**, 김해연 역 (서울: 성광문화사, 1992), 54-57.

이러한 현상세계는 사실상 끝없이 넓은 대양 위에 표류하는 마치 하나의 작은 뗏목 같은 것으로서 자아충족한 것처럼 사칭하는 것이다. 작은 배의 승무원의 용기를 진작(振作)케 하는 데에는 그 배의 선장이 둘러싸인 바다에는 상어가 없다고 확언해야 한다. 그래서 그들은 태평양을 향하여 항해를 한다. 선장은 또 태평양에도 상어가 없다고 단정한다. 거기에 상어가 없는 것이 사실일지라도 선장 자신은 그 자신이 약간의 공포의 안색을 하고 말하기를 상어 떼가 온다면 우리는 그것들을 죽일 적당한 방법을 모색해야 한다고 말하는 것이 당연하다. 우리의 뗏목에 접근하는 상어 떼를 물리칠 한 정개념이라고 물리는 낚시 바늘을 가진다. 우리는 상어에 관해서 그것들이 우리를 가까이 할 수 없다고 말하는 까닭은 우리의 개념이 그 상어에 도달치 못하기 때문이다. 우리는 상어 떼를 볼 수 없고, 그것들을 보려고 하지도 않는다. 그래서 우리는 그것들을 단연코 볼 수 없다고 단언한다. 이것이 소위 말하는 순수선험(純粹先驗, the purest of a priori)에 의한 인간 자체가 정의하는 즉 인간 경험을 완전히 초월하는 광대하고 끊임없는 영역에 대한 보편적 부정의 단정이다. 칸트는 하나님의 강요로부터 자신의 현상적 영역의 안전을 지킨다. 칸트는 재래의 존재 세력의 침입에서 자신의 요새를 깨끗이 지키려고, 인근에 가상적 가능성의 바다 일곱을 두어 그 해저에 전위늑대(wolf-packs)를 매일같이 파송한다.

이것이 완전일 수는 결코 없다. 일엽편주에 탄 인생이 큰 대양에서 닥치는 파도에 실제로는 침몰되지 않을 수 없다. 그러므로 인생들은 자신에게 도래하는 것들을 받을 수밖에는 도리가 없는 것이다. 그들은 선택할 수가 없다. 대양은 상어로써 가득 차 있는 것이다. 그러므로 인생은 상어 떼들 가운데서 사는 것과 같다. 그러나 이들 상어를 얇게 썰어서 만든 고기를 비프스테이크(beef-steak)라 또는 포크 찹(Pork chops)이라고 불리워졌으며, 그것은 우리들의 모든 문제인 것이다. 그것은 우리가 상어 떼를 일컫는 것이 된다. 그래서 그것이 소위 칸트가 말하는 현상세계의 사실들인데 인간의 지배세력을 완전히 벗어난 최종적 분석에 기인한 것이다. 그러한 결과는 모두 칸트가 말하는 개체화의 비이성적 원리에 속한다. 그렇지만 이것과 꼭 같은 사실들은 그들의 행동에서 언제든지 옳다는 것이다. 즉 그것이 자율적 이성의 요청에 항상 응답한다는 것이다. 그래서 우리는 일종의 최상급의 유명론적(唯名論的) 단정에 도달한다. 하나의 추측이 다른 추측과 동일하게 선하다는 이유를 믿는 권리를 믿도록 만든 것은 사람의 의지이다.12)

인간이 아무리 자율성을 가진 존재라고 주장을 하여도 인간을 둘러싸고 있는 세계는 인간보다 훨씬 더 큰 세계다. 인간은 그 세계를 다 포섭할 수가 없다. 결국 칸트에게는 모든 것이 비이성주의이면서도 이성주의적이다.

현대에 이르기까지 인간이 그렇게 외부의 간섭 없는 자율적인 존재를 꿈꾸었지만 실패하고 말았다. 그 증거가 무엇인가? 의미와 통일성을 찾으나3) 그 한계

---

12) Ibid., 58-59.
13) 조광제, **현대사상키워드 60** (서울: 신동아, 2004), 313-314; "후설은 실체가 아닌 현상에서 의미와 통일성을 찾으려고 했다. 후설은 현상학에서 두 가지 중요한 원리를 말했다. 첫째는, 일체의 이론이나 일상적으로 가지고 있는 모든 선입견을 버리고 주어지는 사태를 있는 그대로 보고 분석하여 기술하라는 것이다. 둘째는, 지향성(Interntionalitat)의 원리를 말한다. 노에시스의 의식작용은 항상 노에마인 의식대상과 짝 지워지지 않고서는 도대체 의미 있게 활동할 수 없다는 것이다. … 말하자면, 특정한 의식작용과 그와 맞물린 특정한 의식대상은 서로 의존하여 동시에 발생한다는 것이다. 후설은 이러한 지향성의 원리를 전수주적으로 확대해서 적용한다. 우리가 온갖 종류의 이론을 통해 알고 있는 모든 인식에 상응하는 대상이나 사태 등은 모두 다 그것에 상응하는 특정한 종류의 의식작용을 통해 존재한다고 말할 수 있다는 것이고, 또 그 반대로 그러한 대상이나 사태에 대해 인식하고 있는 의식작용 역시 그러한 대상이나 사태가 있기 때문에 성립한다는 것이다. … 그런 까닭에 의식도 대상도 모두 실체라고 하는 규정을 벗어버리게 되고 현상으로 된다. 실체가 먼저 있고

속에 절망하며 도약하고 있다는 것이다. 이제는 언어분석만 남았고 광기만 남았다. 현대세계의 비참함에서 쾌락도 누리고 신비주의 영성으로 영원한 의미와 통일성을 찾으려고 한다.

그러나 성도가 하나님의 말씀에 순종하는 것은 인간 이성 밖의 세계가 있으며 외부의 인격적인 간섭자가 있으며, 우리 안에서 그리고 우리 스스로는 아무런 의미와 통일성을 만들어내지 못한다는 것을 인정하는 것이다. 그것은 오직 우리 밖에서 우리를 구원하신 하나님으로부터만 주어지는 것이다. 성도는 오직 하나님 외에는 진리와 생명이 없다는 것을 알기 때문에 순종한다. 이 순종함으로 그것이 조건이 되어 생명에 이르는 것은 아니다. 그것이 조건이 되면 자기 자랑으로 가게 된다.

오늘날 실존주의자들은 자기 선택과 자기 결단으로 인생을 살아가라고 말한다. 그러나 사람들은 그런 철학과 세계관으로 만족하지 못하자 뉴에이지에 마음을 빼앗기고 자신이 신이 되는 길로 전향했다. 왜냐하면 비인과율에 속한 일들에 대해 인간은 답을 찾지 못하기 때문이다.

인간이 인간 내에서 만들어 낸 것으로는 삶의 원리와 기준이 될 수 없다. 인간은 죄인이며 인간은 한계성을 가지고 있기 때문이다. 무엇보다 인간은 이 우주와 세상에 대하여 거의 모른다. 과학적 발견을 통하여 조금 안다고 할지라도 실제로 인간이 아는 것은 지극히 미미한 것이다.

십계명이 중요한 것은 그것이 인간 밖에서 주어진 것이기 때문이다. 인간이 도를 닦고 노력한 결과로 만들어진 결과가 아니다. 오직 우리 밖에서 살아계시고 무한하신 인격체이신 하나님께서 계시하여 주신 것이다. 이 법을 따라 살아갈 때에 인간은 참되고 영원한 의미와 통일성을 공급받으며 만족과 기쁨 가운데 살아갈 수 있다.

나중에 그것이 현상으로 드러나는 것이 아니라, 그 자체로 실체라고 부를 수 있는 현상이 있다는 식이다. 달리 말하면, 존재 자체가 있는 것이 아니라 존재라고 부를 수 있는 현상이 있는 셈이다. 현상되는 것과 현상하는 장소가 근원적으로 서로 떨어질 수 없는 것이라고 하는 데서 이제 지향성의 원리는 현상을 존재론 및 인식론의 근본 범주로 삼는 데로 나아가게 된다."

제40문 하나님께서 처음에 사람에게 순종의 법칙으로 무엇을 계시하셨습니까? (대 92)
답: 하나님께서 순종을 위하여 처음에 사람에게 계시하신 법칙은 도덕법이었습니다.14)

니체를 좀 더 이야기 해 보자. 니체는 인간의 의지로 절대 이성의 시대를 분열시키는데 기여한 사람이다. 물론 그 이전에는 쇼펜하우어가 있었지만 그에 비하면 니체는 더 결정적인 역할을 했다. 이 두 사람의 차이점은 무엇인가? 쇼펜하우어는 의지를 세계의 악과 불행의 근원으로 생각했지만15) 니체는 이 의지를 더 적극적이고 긍정적으로 보고 인간의 능력을 극대화 하는 계기로 간주했다.16) 니체는 그렇게 의지를 소유한 사람을 강자라고 말하고, '초인'이라 불렀다. 이 초인은 외부의 어떤 규범과 가치에 구속받는 노예로 살지 않고, 인간의 주체성과 진정한 자유를 회복하도록 오로지 자기 의지를 발휘하고 사는 인간이다.17)

---

14) Q. 40. What did God at first reveal to man for the rule of his obedience? A. The rule which God at first revealed to man for his obedience, was the moral law.
15) 이광래, **방법을 철학한다** (서울: 지와사랑, 2008), 99-100; "쇼펜하우어는 우파니샤드에 심취했다가 점점 불교철학에 빠졌다. 신약성경의 도덕적 가르침에 대한 역사적 원천이 이스라엘이 아니라 아시아(인도)에 있다고 주장했으며, 정신적윤리적으로 기독교와 종류가 같은 것은 유대주의가 아니라 브라만주의와 불교라고 말하기까지 했다."
16) 남경태, **누구나 한번쯤 철학을 생각한다** (서울: Humanist, 2012), 458.
17) http://blog.daum.net/leeunju/20; 니체는 세계의 본질을 물질이나 이성이 아닌 의지로 규정한 쇼펜하우어의 이론을 발전시키면서 그러나 의지의 개념을 전도시킨다. 그리고 쇼펜하우어의 소극적 염세주의를 적극적 염세주의로 바꾸면서 극복하려 한다. 니체의 철학은 세계의 본질을 권력의지로 규정하는 데서 출발한다. 모든 문제가 니체에서는 권력의지와 연관된다. 인식이론도 예외가 아니다. 삶의 한 과정인 인식이 권력의지에 의하여 지배된다. 니체에서 인식이란 외부세계의 사물을 자기 것으로 만들어 지배한다는 말과 같다. 강화되는 삶과 옳은 인식을 동일시하면서 니체는 권력을 촉진시키는 모든 것이 진리라는 도그마에 빠진다. 니체는 (제국주의를 옹호하기 위하여) 권력의지 이론을 도덕문제에도 적용한다. 그는 노예도덕과 군주도덕을 구분하고 군주의 편에 선다. 군주의 인식이나 도덕은 참되고 선하다. 왜냐하면 그것은 강자의 권력을 더욱 촉진시키기 때문이다. 노예가 힘을 얻고 노예도덕이 승리하면 인류는 파멸한다. 이러한 병든 역사의 결과가 허무주의이다. 니체는 스스로의 권력의지를 동원하여 이러한 허무주의를 극복하려 한다. 초인은 권력의지를 체득한 최고 단계의 인간형이다. 초인은 도덕을 벗어난 천재이고 행동과 이론이 부합된 인간이다. 니체는 초인의 전형으로 시저, 보르기아, 나폴레옹과 같은 인물을 들고 있다. 니체의 초인은 엘리트 중의 엘리트이다. 초인은 고독한 선각자이며 비도덕적인 천재이고 삶의 의미를 부여하는 입법자이다. 노예해방운동, 기독교, 민주주의, 사회주의는 허약하고 저속한 인간들의 강자에 대한 복수본능에서 나오는 산물이다. 기독교는 강자의 도덕인 오만이나 잔인을 악으로 돌려버리고 약자의 덕인 겸손과 동정을 선으로 뒤바꾸었다. 도덕의 기준이 약자들에 의해서 정반대로 뒤바뀐 셈이다. 디오니소스는 니체에서 삶의 원리로 작용한다. 삶은 고통인 동시에 쾌락이고 잔인함과 온유함을 포괄한다. 니체의 표현을 빌리면 디오니소스적인 요소와 아폴로적인 요소를 동시에 지닌다. 그러나 명정과 이성을 상징하는 아폴로적인 것이 우세할 때 소크라테스가 보인 것과 같은 주지주의가 나타나고 인류문화가 퇴조한다. 고통과 잔인과 도취로 가득 찬 디오니소스적인 것이 우세할 때만 인류는 초인을 향해 상승할 수 있다. 디오니소스적인 것은 물론 고통과 파멸을 동반한다. 그러나 고통과 파멸은 인간을 강화시키고 위대하게 만든다. 얼마나 많은 고통과 파멸을 즐거운 마음으로 받아들일 수 있느냐에 따라 인간의 위대성

> … 위버멘쉬라는 말은 그 자체로 '인간을 넘어섬', 혹은 '인간의 죽음'을 의미한다. 그러나 그것은 숨 쉬고 있는 생물학적 존재인 사람들의 사망을 의미하는 건 아니다. 푸코가 '인간의 탄생을 지칭하면 서 말했듯이, 인간을 인간이게끔 하는 많은 규정들이 있다. 그런 규정들은 '우리'를 '우리로 만들어 주는, 다시 말해서 우리 정체성을 구성하는 것들이다. 위버멘쉬란 이런 규정들로부터 떠나는 것을 의미한다. … 위버멘쉬란 인간적 한계를 극복하는 것이다. 어떤 의미에서 보자면 '위버멘쉬로의 변 신'이라는 말은 동어반복이라는 느낌이 든다. 왜냐하면 위버멘쉬라는 말 속에 들어 있는 '넘어섬'이 라는 단어는 사실상 '변신'을 뜻하기 때문이다.18)

이런 초인으로 사는데 가장 걸림돌이 되는 것이 기독교였다. 왜냐하면 서양사 2000년 사상사를 지배해 온 것이 기독교이기 때문이다. 니체에게 있어서 기독교 의 진리는 강자에 대한 두려움을 도덕적으로 위장한 것에 불과했다. 니체는 '신 은 죽었다'고 말했는데, 기독교든 어떤 종교든지 간에 그 가르침이라는 것은 인 간의 주체성과 자유를 짓밟는 것이고 결국에는 인간을 죽이는 것이라고 보았기 때문이다.19)

'신은 죽었다'는 말은 신이 있느냐 없느냐를 논하는 형이상학적인 말이 아니 다. 그것은 신이 인간을 지배했던 힘을 상실했다는 뜻이다. 무엇이 인간을 지배 했는가? 그것은 형이상학적이고 초감성적인 것들이었다. 차안이 아니라 피안이 었다. 니체가 보기에 그런 형이상학적인 개념들은 니힐리즘을 극복하기 위해 인 간의 상상이 만들어낸 허구였다. 니체는 더 이상 신의 지배를 받아들이지 않겠 다는 인간의 결단으로 신을 죽였다.

> … '더없이 추악한 인간'은 자신을 보는 모든 사람들에게 자기 모습을 보임으로써 공격을 하는데, 불

은 결정된다. 니체의 철학은 초인의 실현을 목표로 하고 있다. 초인은 한편으로 종래의 모든 가치를 변혁하면서 세계의 본질인 권력의지를 실현하는 인간이며, 다른 한편으로 영겁회귀사상을 신봉하는 인간이다. 영겁회귀는 니체의 사상이 종 결되는 마지막 중요한 요소이다. 영겁회귀는 니체가 체계적으로 정립한 사상이 아니고 산책길에서 번개처럼 떠오른 사상 이다. 니체의 사상은 처음부터 자연과학적인 지식과 거리가 멀었다. 그는 인식을 불신하며 상징적으로 그의 사상을 표현 한다. 모든 것이 이전에 이미 수백 번 존재했던 것처럼 다시 돌아온다는 영겁회귀도 전혀 과학적인 근거가 없다. 그리고 스스로의 철학과도 모순된다. 권력의지나 변화의 무죄는 도덕의 영역에 뿐만 아니라 자연의 영역에도 해당된다. 디오니소 스적인 정열에 사로잡혀 모든 가치를 변혁하면서 변화의 무죄를 주장하는 권력의지와 아폴로적인 평정 속에 모든 것이 되돌아온다는 영겁회귀 사이에 나타나는 니체철학의 모순은 어떻게 해결될 수 있는가? 니체의 영겁회귀사상에 따르면 자 연과 사회의 진보란 하나의 환상에 불과하다. 왜냐하면 모든 것이 다시 제자리로 돌아오기 때문이다. 세계의 발전은 그러 므로 목표나 의미가 없다. 모든 운동은 제자리로 돌아오는 원운동이다.
18) 고병권, **니체의 위험한 책, 차라투스트라는 이렇게 말했다** (서울: 그린비, 2013), 329-330.
19) 니체의 "신은 죽었다"는 말은 중세의 '신앙지상주의'와 고대 그리스로부터 르네상스 정신이 녹아 있는 근대적 '지성 지상주의'를 부정한 것이다. 그것은 헤브라이즘과 헬레니즘으로 대표되는 서양문명 전체를 파괴하려고 시도한 것이다. 그 리고 불교에 심취하게 되었다.

> 행히도 신은 그의 외면적 추악함은 물론 내면적 추악함까지 보고 말았던 것이다. 신은 자신의 피조물이 그토록 추악하다는 사실에 큰 슬픔에 빠지고 마침내는 그 연민 때문에 죽을 수밖에 없었다. 인간은 어떻게 신을 죽일 수 있었는가? 그것은 자신의 창조주에게 한없이 못난 모습을 보여줌으로써 가능했다. "인간에 대한 사랑이 신에겐 지옥이었다."[20]

이것은 인간에게 더 이상 초월적인 존재가 필요 없다는 말이다. 인간이 삶의 주인이 되어 웃고 춤추며 살아갈 때 신이 죽으며 그것이 인간에게 가장 영예로운 것이 된다는 뜻이다. 니체는 그렇게 신을 죽였다!

니체에게 신의 죽음, 신의 살해는 인간이 더 나은 역사를 만들기 위한 불가피한 과정이었다. 니체는 신을 살해하고 그 대신에 인간을 신으로 만들었다. 인간이 신이 되었다는 것은 인간이 모든 삶의 의미와 척도를 부여하는 자가 되었다는 뜻이다.[21] 인간이 선악을 판단하게 된 것이다.

니체는 프랑스 혁명 이후에 남아 있는 종교적 습관을 완전히 철폐하고, 신이 죽은 자리에 다시 신의 자리에 오른 부조리한 이성의 죽음, 곧 근대성의 죽음을 말하고, 잡신, 물신, 미신을 몰아내려고 했다. 오로지 인간의 주체성, 인간의 자유를 발휘하면 되는 것이기 때문에, 니체의 세계에서는 이성을 제대로 발휘하기만 하면 죄라고 규정되지 않으며 벌을 받지 않는다.

여기서 유념해야할 것은 무엇인가? 니체는 역사를 헤겔처럼 역사가 발전하거나 진보하는 것이 아니라 영원히 반복되는 역사라고 보았다는 것이다. 삶이란 아무런 의미도 없고 어떤 것에도 의지할 수 없는 상태이기에 목적도 없이 그저 영원으로 회귀할 뿐이라는 것이다. 왜 그런 말을 했는가? 과학적 이성이 기독교의 하나님은 없다고 선언하자 인간의 도덕도 선도 인간의 목적과 가치도 사라져 버렸다. 니체의 대안은 안이하게 새로운 근거와 목표를 찾는 것이 아니라 이성주의를 철저하게 밀고 나가는 것이었다. 이런 작극적 니힐리즘을 추구한 결과가 '영원회귀'라는 사상이다.[22] 이것은 한 인간이 해탈에 이르기까지 계속해서 태어

---

[20] 고병권, **니체의 위험한 책, 차라투스트라는 이렇게 말했다** (서울: 그린비, 2013), 110.
[21] 박찬국, **현대철학의 거장들** (서울: 이학사, 2012), 129-130; "우리는 여기서 니체가 프로이트의 종교비판을 니힐리즘의 극복이라는 맥락 하에서 변형된 형태로 반복하고 있음을 발견한다. 주지하듯이 프로이트에게 인격신을 믿는 그리스도교란 아버지에 대한 소아(小兒)적 의존 상태를 성인이 되어도 반복하는 것에 지나지 않는다. 소아기의 실제적인 아버지를 이제는 허구적인 신이 대신하고 있다는 점이 다를 뿐 아버지에게 의존하는 소아의 태도와 신에게 귀의하는 성인의 태도 사이에는 근본적인 차이가 없다는 것이다. 프로이트에게 있어서 인간이 완전한 성인이 되기 위해서는 이러한 종교적인 의존 상태에서 벗어나지 않으면 안 되는 것처럼 니체에게 있어서도 인간이 자율적인 존재가 되기 위해서는 부친 살해가 선행되지 않으면 안 되는 것이다. …"
[22] 고사카 슈헤이, **현대철학과 굴뚝청소1**, 김석민 역 (서울: 새길아카데미, 1998), 44-45; 니힐리즘이란 『힘에의 의지』의 최대의 테마다. 니힐리즘이란 "있다"에 대해서 "없다"고 말하는 것이다. 니힐리즘의 정의로서는 최고의 가치들이

난다는 불교의 윤회와 달리 단지 똑같은 삶이 반복된다는 뜻이나 다름이 없다. 짜라투스트라가 말하는 '초인'으로의 변신이 한 번으로 끝나는 것이 아니기 때문이다. 니체가 이런 말을 하는 이유는 역사라는 것은 아무런 방향도 목적도 없다고 보기 때문이다. 초인은 그런 허무주의 자체를 자기 현실로 긍정적으로 받아들이고 아무리 덧없는 삶이 반복될지라도 그 비참한 인생을 사랑하며 살아가는 인간이라고 말했다.

니체의 고민은 '어떻게 이 허무를 극복할 수 있는가?' 하는 것이다. 그것은 인간이 본래 가지고 있는 '권력에의 의지'를 통해 가능하다. 내가 살아 있다는 것을 느끼게 하는 것은 인간의 생기인데, 생기는 생기 그 자체로 목적이고 원인이다. 이 생기는 누가 외부에서 공급해 주는 것이 아니라 자기 스스로 만드는 것이다. 그러면 문제는 무엇인가? 인간은 자기 스스로 삶의 에너지를 공급할 수 있다고 큰소리치지만 어느 누구도 그렇게 하지 못한다는 것이다. 왜냐하면 니체의 영원회귀는 이성주의의 극대화이며 우연성에 기초하기 때문이다.

> 우주에는 무한한 공간과 무한한 시간이 있다. 이에 반해서 우주에서 발생한 모든 것은 유한한 것들의 조합에 불과하다. 따라서 우주의 어딘가에서 발생했던 것들은 또다시 그 모습 그대로 반복될 것이다. 수천 억, 수조 년 뒤가 되면 반드시 다시 한 번 반복되고, 그리고 또다시 반복되고 … 결국 모든 것들은 무한하게 반복될 뿐이며, 이런 '반복'의 발견 그 자체도 물론 무한히 반복된다. 그렇다면 현재의 우리의 삶은 예전에 생겨났던 무엇인가가 수천 번 반복된 것인지도 모른다. 이것이 '영원회귀사상이다.[23]

결국 니체의 말은 절망과 고통 속에 자폭하지 말고, 인간의 의지로 이겨내는 초인이 되라는 것이다. 허무주의에 빠진 인간에게 그것이 약이 될 수 있는가? 그것은 약이 아니라 발악이다. 무엇을 위한 발악인가? 자율성을 위한 발악이다. 인간 스스로 그것을 만들어 낼 수 있다고 그렇게 소리 지른 니체도 말년에 광기에 시달렸다. 의미 없는 인생을 자기 의지를 발휘하여 살아가라는 것은 맨 정신으로는 못살아가는 일이다. 그것도 영원히 반복된다고 했으니, 그것은 영원히 죽이는 것이다. 니체의 정치관은 어떠했는가?

없어지는 것이다. "니힐리즘은 무엇을 의미하는가? 사고의 가치들이 그 가치를 박탈당하는 것, 목표가 결여되어 있다. 무엇 때문에 답하는 것이 결여되어 있다" 약한 니힐리즘이란 것은 그러한 상황에 대하여 여러 가지 이상을 생각한 것처럼 속여 가는 것이다. 여러 가지 이상주의란 니체에게 있어서는 약한 니힐리즘으로 간주된다. 강한 니힐리즘이란 이러한 조건에 눈을 감지 않고 맞서는 것이다.
23) 빌리스 듀스, **그림으로 이해하는 현대사상**, 남도현 역 (고양: 개마고원, 2008), 22-25.

최후 저작의 주석에서 니체는, 한편으로는 사회주의의 위협에 대한, 다른 한 편으로는 부의 단순한 취득에 기초한 사회에 대한 대안을 고안하고 있다. 그는 귀족적인 통치 엘리트의 지배를 보증하는 엄격한 서열 제도의 도입을 요구한다. 그가 가장 좋아한 사회 질서는 노예제였다.
"보통 선거의, 즉 모든 사람이 모든 사람과 모든 사건을 판단하는 자리에 앉을 수 있는 시대에, 나는 서열 제도를 재구축해야 한다고 생각한다. … 그리스인들이 노예제 때문에 멸망한 것이 사실이지만, 우리가 노예가 더 이상 없어서 멸망할 것이라는 점은 더욱 확실하다. … 중세 시대의 농노, 그와 영주를 이어줬던 건강하고 섬세한 법적·도덕적 관계들, 구속된 존재라는 느낌으로 충만한 궁핍을 생각하는 것만으로도 지극한 안심을 느끼게 된다."(『권력에의 의지』(The Will to Power, 1888)에 대한 주석) 그리고 같은 취지에서 다음과 같이 말한다 : "노예제는 폐지돼선 안 된다. 그것은 필수 불가결하다. 우리는 사람들이 자신들이 봉사할 사람들을 위해 나오도록 신경 쓰기만 하면 된다." 제 정신이 아니었던 최후의 5년 간 니체가 쓴 글들은 일반 대중에 대한 경멸, 평등과 "열등한" 인간에 대한 맬더스와 같은 비난, 군국주의와 전쟁의 미덕에 대한 찬가, "새로운 인간"(초인, Ubermensch)에 대한 옹호로 가득 차 있다. 니체에 따르면 노예제와 착취는 사태의 자연적 상태와 부합한다 : "증오, 다른 사람의 불행에 대한 악의적인 즐거움, 탈취욕, 지배욕, 악으로 불리는 모든 것은 종(種)의 보존에 관한 가장 놀라운 경제학에 속한다."(『즐거운 과학』(The Gay Science, 1882))24)

이 글에서 보듯이, 니체는 "귀족적인 통치 엘리트의 지배"를 위한 엄격한 서열제도 도입을 요구했고 "노예제도"를 옹호했다. 니체의 초인은 독일민족을 승리로 이끈 히틀러였다. 제2차 세계대전의 시발점이 된 히틀러의 폴란드 진격을 앞두고 니체는 이렇게 말했다. "전쟁을 시작하고 수행하는데 중요한 것은 정의가 아니라 승리다." 니체는 그렇게 군국주의와 전쟁을 찬양했다. 독일 부르주아는 19세기 말미의 제국주의적 확장을 위한 그들의 계획을 정당화하기 위해, 전쟁을 옹호하는 니체의 군국주의적인 면이면 뭐든지 교묘하게 조작할 수 있었다.25)

세상이 인간의 의지, 주체성, 결단으로 살아간다면, 우리는 무엇으로 살아가는가? 그것은 하나님의 율법이다. 칼빈은 『기독교강요』에서 율법의 핵심을 도덕법으로 말하면서 "그것이 없으면 참된 삶의 거룩함도 올바른 행실을 위한 불변

---

24) http://littlemonkey.egloos.com/m/3273750 「니체에 대한 재평가 (上)」, 2004/04/28 17:04.
원문 http://www.wsws.org/en/articles/2000/10/niet-o20.html/ One hundred years since the death of Friedrich Nietzsche: a review of his ideas and influence—Part 1
25) http://www.wsws.org/en/articles/2000/10/niet-o20.html/ 「One hundred years since the death of Friedrich Nietzsche: a review of his ideas and influence—Part 1」, 〈Nietzsche's dismissal of revolution and fear of the working class meant that his radicalism was never a threat to the newly emerging and avaricious German bourgeoisie, who were able to manipulate his advocacy of war and everything militaristic to justify their own plans for imperial expansion at the close of the century. New layers of the middle class oriented towards speculation and the growth of the money markets could also claim Nietzsche's "philosophy of life" as their own: "Life itself is essentially appropriation, injury, overpowering of what is alien and weaker; suppression, hardness, imposition of one's own forms, incorporation and at least, at its mildest, exploitation" (Beyond Good and Evil, 1886).〉

의 법칙도 존재할 수가 없"다고 말했다.

> 우선 도덕법부터 살펴보자면 그것은 두 부분으로 되어 있는데, 그 하나는 순결한 믿음과 경건으로 하나님을 예배하라고 명령하는 것이요, 다른 하나는 순전한 사랑으로 사람들을 포용하라는 것이다. 따라서, 도덕법은 의(義)의 참되고 영원한 법칙으로서, 하나님의 뜻에 따라 삶을 영위하고자 하는 모든 나라와 모든 시대의 사람들에게 베풀어진 것이다. 하나님께서 우리 모두에게 예배를 받으시고, 또한 우리가 서로 사랑하는 것이야말로 하나님의 영원하고도 불변한 뜻이기 때문이다.
> 의식법은 유대인들의 후견인(後見人)과도 같은 것이었다. 여호와께서는 그의 정하신 때가 차기까지 이를테면 어린아이와도 같은 그 백성들을 그 법으로 훈련시키기를 기뻐하셨고(갈 4:3-4; 참조. 3:23-24), 그리하여 온 나라들에게 그의 지혜를 충만히 드러내시고, 또한 그때에 비유로 예표하신 것들의 실체를 보여 주고자 하신 것이다.
> 시민법은 국가적 통치를 위하여 그들에게 주신 것으로, 그들로 하여금 흠 없고 평화롭게 함께 살도록 하시기 위하여 공평과 정의를 담은 특정한 규정들을 제시하는 것이었다.
> 의식에 관한 갖가지 관행들은 유대인들의 교회로 하여금 하나님을 섬기고 경외하게 하도록 지키는 것들이었으므로 경건의 도리에 속하는 것으로 보아야 옳으나, 경건 그 자체와는 구분되는 것이었다. 이와 마찬가지로, 그들의 시민법의 형식도 하나님의 영원한 율법이 명하는 바 그 사랑을 가장 잘 보존하도록 하는 의도로 주어진 것이지만, 사랑의 계명 그 자체와는 구별된 점이 있었던 것이다. 그러므로 의식법은 폐기될 수 있었으나 경건은 전혀 손상 받지 않고 안전하게 남아 있었고, 마찬가지로 이 시민법은 사라졌으나 사랑의 영구한 의무와 계명들은 여전히 남아 있는 것이다.[26]

칼빈이 강조했던 것은 이 도덕법의 지속성과 영원한 가치성이다. 율법은 진리와 본질은 민족과 세대를 뛰어넘어 "참되고 영원한 의의 법"이다. 왜냐하면, 율법은 하나님 없는 자기 의로 가려고 하는 자율성을 정면으로 거부하게 하고, 오직 예수 그리스도의 의로 구원에 이르게 하기 때문이다.

많은 사람이, 새언약의 성도들은 예수님께서 십자가로 율법을 성취하시고 은혜 아래 살기 때문에 더 이상 율법을 지킬 필요가 없다고 생각하기도 한다. 그러면, 왜 예수님께서는 산상수훈에서 이렇게 말씀하셨는가?

> 내가 율법이나 선지자나 폐하러 온 줄로 생각지 말라. 폐하러 온 것이 아니요 완전케 하려 함이로다. 진실로 너희에게 이르노니 천지가 없어지기 전에는 율법의 일점, 일획이라도 반드시 없어지지 아니하고 다 이루리라(마 5:1)

율법은 구원의 수단이 아니라, 하나님께서 자기 백성들을 구원하시고 언약하시며 주신 거룩한 삶의 원리다. 하나님께서 그 종 모세를 통하여 주신 율법은 1) 도덕법(출 20:1-16) 2) 시민법(출 21:1-14) 3) 의식법(출 24-31장) 이렇게 세 가지로 나눈다. 도덕법이란 생명의 원리요 인격체의 규범이다.

---

[26] 존 칼빈, **기독교강요(하)**, 원광연 역 (고양: 크리스찬다이제스트, 2003), 602-603.

도덕법은 모든 시대, 모든 사람에게 적용되는 항구적인 법이다. 그 핵심은 하나님을 사랑하고 이웃을 사랑하는 것이다. 인간이 지켜야 할 도덕법은 하나님의 성품과 일치되도록 주어진 것이다. 그 도덕법이 명문화된 것이 십계명이다. 율법을 지켜 구원에 이르는 것이 아니라 인격체가 지켜야 할 규범이다. 도덕법이 효과적으로 지켜지도록 의식법과 시민법을 주셨다.

의식법은 제사법이며, '하나님을 어떻게 예배해야 하는가?'에 대한 규범이다. 이 의식법의 방식과 절차는 그리스도께서 단번에 이루신 속죄로 폐기 되었으나 그 의식법의 원리와 내용은 새언약 시대의 예배에 계승되었다. 시민법은 이스라엘이라는 사회를 유지하기 위한 규범이다. 이 시민법은 옛언약에서는 이스라엘 백성에게 한정된 법이었고 그 외형적인 것이 폐지되었으나 시민법의 원리와 내용 역시 유지되고 있다. 의식법으로나 제사법으로나 하나님을 사랑하고 이웃을 사랑하는 규범은 변함이 없다.

이 중에서 어떤 율법은 안 지켜도 되고, 어떤 율법은 지켜야 한다고 말하는 것은 옳지 않다. 왜냐하면, 예수님께서 오셔서 율법을 완성하셨으며 율법에 대해 새롭게 해석을 하셨기 때문이다. 새롭게 해석했다는 것은 율법의 본래의 의미를 말씀하신 것이지 개정한 것이 아니다. 율법의 기능이 폐하여졌다는 것은 사람이 율법을 완전히 지키어 의롭게 되는 길은 없어졌다는 것이다. 율법의 본래의 기능은 죄를 깨달아 예수 그리스도께로 인도하는 몽학선생이다.

그런 까닭에, 율법은 예비적인 것이었다. 그것은 다른 말로 '예표적' 혹은 '그림자적'이라 말한다. 의식법이나 도덕법이나 율법은 그리스도를 가리키며 그리스도 안에서 의로워지고 구원받는 것을 말한다. 성경은 무엇이라고 하는가?

> 19 그런즉 율법은 무엇이냐 범법함을 인하여 더한 것이라 천사들로 말미암아 중보의 손을 빌어 베푸신 것인데 약속하신 자손이 오시기까지 있을 것이라 20 중보는 한 편만 위한 자가 아니나 오직 하나님은 하나이시니라 21 그러면 율법이 하나님의 약속들을 거스리느냐 결코 그럴 수 없느니라 만일 능히 살게 하는 율법을 주셨더면 의가 반드시 율법으로 말미암았으리라 22 그러나 성경이 모든 것을 죄 아래 가두었으니 이는 예수 그리스도를 믿음으로 말미암은 약속을 믿는 자들에게 주려 함이니라 23 믿음이 오기 전에 우리가 율법 아래 매인 바 되고 계시될 믿음의 때까지 갇혔느니라 (갈 3:19-23)

율법은 약속된 그리스도가 오시기 전까지 죄를 깨닫게 하며,[27] 오실 그리스

---

[27] 하이델베르크 교리문답 제3문: 당신은 당신의 죄와 비참을 어디로부터 알 수 있습니까? 답: 하나님의 율법으로부터 알 수 있습니다.

도를 대망하게 하며, 하나님의 백성으로서의 삶의 원리가 되었다. 그렇다고 율법이 폐하여진 것이 아니다.28)

> 그런즉 우리가 믿음으로 말미암아 율법을 폐하느뇨? 그럴 수 없느니라. 도리어 율법을 굳게 세우느니라(롬 3:31)

율법이 가진 기능, 곧 죄를 깨닫게 하며 그리스도로 인도하는 몽학선생의 역할은 변함이 없다. 그것은 폐하여진 것이 아니라 오히려 더욱 확고해졌다. 그러면 왜 어떤 성경 구절에서는 율법이 폐하여졌다고 말하고 또 다른 성경 구절에서는 율법이 완성되었다고 말하는가? 사무엘 볼튼은 다음과 같이 말했다.

> 율법은 의롭다 하심을 얻도록 하기 위하여 복음으로 나아가게 하며, 복음은 우리로 하여금 삶의 방식의 틀을 형성하도록 하기 위하여 우리를 율법으로 나아가게 한다. … 그리스도인이 도덕률의 지배와 인도 그리고 권위에 복종해야 한다는 것은 모든 개혁교회의 일치된 의견이다. 믿는 사람들은 율법을 준행(순종과 비슷한 의미)할 의무로부터 자유케 된 것이 아니라 율법의 저주로부터 자유케 된 것이다. 그러나 우리는 율법에 순종하라고 가르치되, 가톨릭처럼 하지는 않는다. 그들은 율법에 대한 순종을 의롭다 하심(칭의)을 얻기 위한 수단으로서 가르치고 있다. 반면에 우리는 율법에 순종하기 위한 수단으로서 칭의를 가르친다. 우리가 의롭다 하심을 얻는 것은 오직 하나님의 은혜로 말미암는 것이지, 우리의 행위로 인한 것이 아니기 때문에, 우리는 우리의 공적을 깎아내리고 내세우지 않는다. 그리고 우리는 율법에 순종하는 것을 거룩하게 됨(성화)에 있어서 은혜의 열매로 추켜올린다. 순종하지 않는 삶을 사는 자는 그리스도에 대하여 이방인이며, 율법이 명하는 바에 순종하지 않는 자는 그리스도를 알지 못하는 자이다.29)

율법에 대한 순종은 율법을 지켜 의에 이르게 함이 아니라 언약의 백성으로 의무를 지켜 행하는 것이다. 참된 회심이 없는 자에게 율법은 구속이고 획일화이나, 구원과 언약에 기초한 순종 속에는 검열도 억압도 없다. 하나님께서 인간에게 순종하며 살아가도록 계시하여 법칙을 주신 것은 인간의 주체성과 자유를 박탈하고 짓밟는 것이 아니라 가장 만족스럽게 자유와 만족과 기쁨과 평안을 누리도록 하신 것이다.

---

28) 존 칼빈, **칼빈의 십계명 강해**, 김광남 역 (서울: VisionBook, 2011), 356; "… 사실 종교적 의식(儀式)들의 효용은 끝났습니다. 바로 그것이 율법이 일시적이라고 불리는 이유입니다. 우리는 이제 그런 의식들이 폐지되었고-그것들은 고대 이스라엘 백성이 우리 주 예수 그리스도께서 오시기 전까지 지키도록 주어졌던 것입니다-그것들과 관련된 모든 일들이 완료되었다는 것을 알아야 합니다. 그러므로 이제 우리는 더 이상 옛날에 유효했던 의식들의 그림자 아래에서 살고 있지 않습니다. 그러나 십계명의 진리와 내용은 한 세대에 국한되지 않습니다. 그것들은 영원토록 남아 있을 불변하는 무언가를 구성합니다."

29) http://cafe.daum.net/jtpark48; 그리스도인의 자유의 한계(The True Bounds of Christian Freedom) 중에서

14 (율법 없는 이방인이 본성으로 율법의 일을 행할 때는 이 사람은 율법이 없어도 자기가 자기에게 율법이 되나니 15 이런 이들은 그 양심이 증거가 되어 그 생각들이 서로 혹은 송사하며 혹은 변명하여 그 마음에 새긴 율법의 행위를 나타내느니라)(롬 2:14-15)

여기서 '율법의 행위'란 하나님께서 계시하신 그 율법에 기초한 행위가 아니라 율법적인 요소가 인간의 양심 가운데 활동하여 그것이 행위로 나타나는 것을 의미한다. 인간이 어떤 행위를 통해 양심의 갈등을 느낀 후에 이전보다 나은 행동을 하게 되는 것이 '율법의 행위'라고 할 수 있다. 이 말씀은 이방인도 율법의 행위를 수행하면 구원에 이를 수 있다는 뜻이 아니다. 인간은 그 어느 누구도 율법의 요구대로 완전히 순종할 수 없기 때문에 하나님의 진노와 심판 아래 있을 수밖에 없다는 사실을 말한다.30) 율법을 받았다고 자랑하는 유대인들에게 율법을 받은 것 자체가 아무런 의미가 없다는 것을 말해주는 것이 핵심이다. 이방인들 역시 양심의 법칙을 따라 율법이 요구하는 바 행위를 할 때가 있음을 말함으로써 유대인들이 저지르는 어리석음을 경고한 것이다.

모세가 기록하되 율법으로 말미암는 의를 행하는 사람은 그 의로 살리라 하였거니와(롬 10:5)

하나님 없는 자율성으로 가며, 스스로 높아져 하나님이 되려는 죄를 범한 인간의 비참함이란 그 죄로 인한 타락 이후에 처한 처절한 상태를 말한다. 첫째로 인간의 본성이 부패하고 죄악 되어 하나님과 단절된 상태가 되었으며 둘째로 이 부패성으로 인하여 인간은 영원히 정죄를 받게 되어 스스로는 그 정죄에서 벗어나거나 회복될 수 없다. 인간의 이런 비참한 상태는 하나님께서 주신 율법을 통해서만 알 수 있다. 율법이 요구하는 순결함이 우리 속에는 없으며 하나님과 이웃을 향한 사랑 대신에 적의(敵意) 밖에 없다. '율법에서 난 의'는 율법을 행함으로써 얻는 의를 말한다. 율법은 행함을 요구하며 죄를 알게 하기 위한 방편으로 나아가 하나님의 은혜로운 판결을 받는 길이었다. 따라서, 율법을 완전히 지키며 행할 것을 요구한다. 그러나 인간의 죄성(罪性)은 율법을 완전히 수행할 수 없다. 그리스도께서 죽으시고 부활하심으로 모든 율법의 요구를 이루시고 믿는 자들의

---

30) 9 그러면 어떠하뇨 우리는 나으뇨 결코 아니라 유대인이나 헬라인이나 다 죄 아래 있다고 우리가 이미 선언하였느니라 19 우리가 알거니와 무릇 율법이 말하는 바는 율법 아래 있는 자들에게 말하는 것이니 이는 모든 입을 막고 온 세상으로 하나님의 심판 아래 있게 하려 함이니라(롬 3:9, 19)

의가 되셨기 때문에 하나님께서 주신 은혜의 방편인 믿음으로 구원이 보장되었다.

율법의 본래의 뜻은 무엇인가?

> 4 이스라엘아 들으라 우리 하나님 여호와는 오직 하나인 여호와시니 5 너는 마음을 다하고 성품을 다하고 힘을 다하여 네 하나님 여호와를 사랑하라 6 오늘날 내가 네게 명하는 이 말씀을 너는 마음에 새기고 7 네 자녀에게 부지런히 가르치며 집에 앉았을 때에든지 길에 행할 때에든지 누웠을 때에든지 일어날 때에든지 이 말씀을 강론할 것이며 8 너는 또 그것을 네 손목에 매어 기호를 삼으며 네 미간에 붙여 표를 삼고 9 또 네 집 문설주와 바깥문에 기록할지니라(신 6:4-9)[31]

율법은 구원받은 자들이 하나님 앞에 그 신앙을 어떻게 드러내야 하는지를 요구하는 것이다. 하나님을 사랑하고 이웃을 사랑한다는 것은 구원받은 자가 아니면 삶의 준거점이 될 수가 없다. 율법은 사람을 목조여 죽이려고 하는 것이 아니라 언약에 신실함을 요구하는 실제적인 행동강령이다.

율법은 인간 안에서 나온 것이 아니다. 사람들끼리 합의하여 만들어낸 것도 아니며, 사람들 중에 어떤 탁월한 사람이 고안하여 낸 것도 아니다. 하나님께서 인간과 합의하여 주신 것도 아니다. 이 법칙은 인간 밖에서 무한하신 인격자이신 하나님께서 주권적으로 주신 것이다.

왜 이것을 기억해야 할까? 인간이 만들어 낸 법칙은 상대적이고 늘 변하지만 하나님의 법칙은 절대적이고 언제나 변함이 없기 때문이다. 세상의 법칙은 죄악된 인간의 본성과 여론에 의해 좌우되지만 하나님의 법칙은 하나님의 본질과 성품에 일치하기 때문이다. 하나님의 법칙은 인간이 순종해야할 유일한 법칙이다. 왜냐하면 하나님의 법칙만이 참되고 영원한 의미와 통일성을 부여하는 생명력이기 때문이다.

현대인들에게 "순종의 법칙"이라 하면 매우 불쾌하게 다가올 수 있다. 왜냐하면 그것은 "명령"이기 때문이다. 명령은 권위가 있어야만 명령을 할 수가 있다. 이 세상 어느 누구도 권위가 없는 대상으로부터 명령을 받고 순종할 사람은 없다.

우리가 명령을 받는 권위는 두 가지인데, 합당한 권위와 부당한 권위이다. 합당한 권위를 가지고 있다는 것은 혈연적인 관계의 경우와 사회적 계약의 경우를

---

[31] 37 예수께서 가라사대 네 마음을 다하고 목숨을 다하고 뜻을 다하여 주 너의 하나님을 사랑하라 하셨으니 38 이것이 크고 첫째 되는 계명이요 39 둘째는 그와 같으니 네 이웃을 네 몸과 같이 사랑하라 하셨으니 40 이 두 계명이 온 율법과 선지자의 강령이니라(마 22:37-40)

말할 수 있다. 혈연적인 관계에서 부모는 자녀에게 합당한 권위를 가지고 말할 수 있다. 또한, 사회적인 계약에서 정당한 투표절차를 거쳐서 선거에 당선된 사람은 합당한 권위를 가지게 된다. 그러나 부모라고 해서 자녀에게 하는 말을 무조건 순종해야할까? 정당한 절차를 거쳐 당선된 사람이라고 해서 그 사람이 하는 말에 무조건 순종해야 할까? 그들 역시 인간이기 때문에 항상 옳은 말을 하지 않는다.

가다머는 지평이 결코 고정된 것이 아니라 역사적으로 변화한다고 말했다. 과거의 지평과의 대화를 통해 현재의 지평을 만들어 가는 것을 '지평융합'이라 했다. 지평이 열려있다는 말이 멋지게 들리겠지만 그 지평을 좌우하는 인간의 가변성에 지배를 당하게 되어 있다. 인간이 선입견을 버리고 지평을 만들어 왔다면 이렇게 현대인들이 신비주의 영성으로 도약할 필요가 없다.

그러므로, 인간에게 필요한 것은 가변적인 지평이 아니라 절대적이고 궁극적인 진리다. 궁극적으로 절대적인 명령은 절대 진리를 말하는 자의 명령이다. 그렇게 절대적이고 궁극적인 진리를 말하는 자는 오직 무한하시고 인격적인 하나님뿐이시다. 하나님께서는 다만 능력으로만 진리가 아니라 인격적으로 진리이신 하나님이시다. 하나님께서는 참되실 뿐만 아니라 그의 힘과 지혜를 동원하여 인격적으로 항복케 하시며 그 항복을 통하여 자원하여 순종케 하신다. 결국, 부당한 권위라는 것은 진리 위에 기초하지 않고 타인을 지배하려는 힘이다. 그런 부당한 권위는 부당한 강제로 사람들을 다스릴 수는 있으나, 그 다스림을 받는 사람들의 자발적인 순종을 이끌어내지 못한다.

그 인격적인 항복으로 나아가도록 하나님께서 우리 안에 하시는 일이 있다. 그것은 바로 성령 하나님께서 우리를 거듭나게 하시는 것이다. 성령님께서는 그 택한 자들에게 역사하사 참된 회심이 일어나게 하신다. 그것은 인간이 어떻게 설명할 수 없다. 하나님께서는 사람의 마음을 새롭게 하신다.

> 나 여호와가 말하노라 그러나 그날 후에 내가 이스라엘 집에 세울 언약은 이러하니 곧 내가 나의 법을 그들의 속에 두며 그 마음에 기록하여 나는 그들의 하나님이 되고 그들은 내 백성이 될 것이라 (렘 31:33)

여호와께서는 백성들의 내적인 성품을 변화시켜서 언약의 말씀을 순종하게 하신다. 성령 하나님께서 역사하셔서 그들의 마음에 율법을 기록한다. 옛언약이나 새언약이나 그 핵심은 언제나 동일하다. 그것은 "나는 그들의 하나님이 되고 그들은 내 백성이 될 것이라"이다.

하나님께서는 순종의 법칙으로 도덕법을 주셨다. 도덕법은 십계명과 함께 율법을 통해 가르쳐 주신 법이다. 앞서 말했듯이, 그것은 언약의 백성들에게 주신 법이다. 언약 밖에 있는 사람들, 즉 이스라엘 사람들 외에 다른 사람들에게는 어떻게 하셨는가? 그들은 이스라엘 사람들처럼 율법을 받지 않았으나 양심을 주셨다. 양심은 마치 마음의 신호등과 같아서 무엇이 옳고 그른지 도덕적 판단을 내릴 수 있는 잣대가 된다. 이 양심은 어느 시대와 장소의 구별 없이 모든 사람들에게 존재해 왔다. 중요한 것은 인간이 죄를 지어 타락함으로써 양심도 제 기능을 상실했다는 것이다. 타락한 인간은 하나님의 도덕법을 싫어했다. 인간은 자신들의 죄악 된 행위가 드러나는 것을 원하지 않았기 때문이다.

> 또한 저희가 마음에 하나님 두기를 싫어하매 하나님께서 저희를 그 상실한 마음대로 내어 버려 두사 합당치 못한 일을 하게 하셨으니(롬 1:28)
> 그 정죄는 이것이니 곧 빛이 세상에 왔으되 사람들이 자기 행위가 악하므로 빛보다 어두움을 더 사랑한 것이니라(요 3:19)

그렇게 의도적이고 악의적으로 하나님을 대항하며 자신들의 죄악들을 정당화하려고 해도 그것을 증거하는 양심을 가지고 살아왔다.

> 창세로부터 그의 보이지 아니하는 것들 곧 그의 영원하신 능력과 신성이 그 만드신 만물에 분명히 보여 알게 되나니 그러므로 저희가 핑계치 못할찌니라(롬 1:20)

죄로 오염된 그 양심은 원래의 기능을 상실했기 때문에 하나님의 기준에 도달할 수가 없었다. 그러나 사람들은 여전히 하나님의 요구하심을 거부하고 인간 중심의 삶을 살아가고 있다.

하나님을 믿으며 그 말씀에 순종하는 것이 기독교인의 신앙이다. 인간의 합리성, 과학적 법칙을 이 우주에 만들어 주셨다. 그러나 인간은 그것으로 영원한 가치, 영적인 결과를 만들 수는 없다. 인과율만으로는 만족이 있을 수가 없다. 하나님의 은혜와 자비하심으로만 채워져야만 한다. 우리의 순종은 하나님의 그 은혜와 자비하심에 대한 감격에서 나오는 것이다. 이 순종함으로 하나님께서 심어 놓으신 인과율을 무시하지 않는다. 인과율의 한계 속에서 절망하고 어쩔 줄을 몰라 하는 인간의 한계를 뛰어넘기 위하여 신비주의로 가지 않는다. 그렇다고, 인과율을 무시하거나 굳이 외면하면서 비이성적으로 사는 것도 아니다. 우리의 순종은 그 한계를 넘어 역사하시는 하나님의 손길에 우리를 맡기는 것이다. 그것은 숙명론32)이 아니다. 우리의 순종은 하나님의 은혜와 자비하심 속에서 살아갈 때 인간의 참다운 만족과 자유와 기쁨이 있다는 것을 증거 한다.

---

32) http://kcm.kr/dic_view.php?nid=37693 숙명론(Fatalism): 숙명론은 일명 운명론이라고도 한다. 모든 사물은 미리 정해진 운명에 의해 필연적으로 일어난다는 사상으로 기독교의 예정론이나 결정론과는 많은 차이가 있다. 예정론에서는 신의 의지를 절대시하지만 운명론에서는 운명을 절대시한다. 숙명론은 하나님의 인격과 인간의 자유를 배격하는 비성경적 사상이다.

제41문 이 도덕법은 어디에 요약적으로 들어있습니까? (대98)
답: 이 도덕법은 십계명에 요약적으로 들어있습니다.[33]

지금 십계명을 말하면서 니체를 계속 말하는 것은 우리 자신만이 아니라 자라나는 세대들이 꼭 직면하게 되는 인물이 바로 니체이기 때문이다. 니체는 객관적 진리를 부정하고 보편적 가치를 거부하지만,[34] 성경은 하나님께서 객관적이고 명제적인 진리로 계시하여 주셨다.

니체에게 예수님은 무엇인가? 그것은 다만 '구원의 심리적 사실성'이고 예수님이 말한 진리와 빛은 내적인 세계를 말하는 것뿐이다. 니체에게 예수님의 역사적 실재성은 없다. 니체는 진리를 묻는 것과 정의를 찾는 것은 모두 위선이며 거짓이라고 말한다. 기독교만이 아니라 어떤 종교의 소위 진리라는 것은 수많은 사람이 축적하여 만들어낸 집단 창작물이라 한다. 왜냐하면, 니체의 관점에서는 진리는 힘 있는 자가 진리를 만들어낸다고 보았기 때문이다. 모든 진리는 힘과 의지의 결과물이라 보고 이 힘과 의지를 '권력의지'라고 말했다.[35] 그런데도 니체는 영웅과 귀족지배를 지지하였고, 그 당시에 폐지되고 있던 노예제도마저도 긍정적으로 보았으며 말년에는 마르크스에 심취했다. 힘의 의지를 발휘하기만 하면 되니 결국 자기가 세운 이론에 자기가 무너지는 꼴이 된다.

십계명과 관련하여 니체를 살펴보는 또 다른 중요한 이유는 니체의 진리에 관한 질문이다. 니체는 객관적인 진리는 없고 오로지 힘으로 조작되기에, '진리가 무엇인가?'라는 질문이 아니라 '진리를 묻는 자가 누구인가?' 혹은 '진리를 묻는 이유가 무엇인가?'라는 질문으로 나간다. 니체는 권력의 의지가 무의식에서 나온

---

33) Q. 41. Wherein is the moral law summarily comprehended? A. The moral law is summarily comprehended in the ten commandments.
34) 칼 야스퍼스, **니체와 기독교**, 이진오 역 (서울: 철학과 현실사, 2006), 70-78; "니체는 보편적 앎의 가능성을 거부하는데 다음과 같이 요약할 수 있다. 《(1) 세계사에 대한 총체적인 앎은 불가능하다. 우리는 항상 전체 속에 있을 뿐, 결코 그 전체를 알지 못하기 때문이다. 전체에 대한 모든 기획은 하나의 가설이다. … (2) 세계사적 차원에서 전체를 계획하는 행위는 불가능하다. 이는 전체가 마치 지식의 대상으로서 [인간의 계획행위에] 앞서서 존재하기라도 하는 듯한 전제를 깔게 되기 때문이다. … 모든 행위는 또한 전혀 생각지도 않았고 결코 바라지도 않았던 것을 촉발한다. 계속해서 일어나는 일들의 포괄적 전체 속에 어떤 행위가 존재하는 것이지, 전체 속에서의 이러한 진행을 좌우지하는 일은 결코 존재하지 않는다. … 전체적인 것을 의지의 내용으로 삼으려는 생각으로 인해 포괄적인 것은 유한한 것이 되고, 목적으로서는 방금 상실되고 있는 것을 목적으로 삼게 된다. … 내가 나의 지식을 어떤 하나의 전체적인 것에 얽매어 놓고 행위의 근거를 세계사에서 찾을 때면, 언제나 나는 실제로 행위 가능한 것으로부터 벗어나게 되는 것이다. 나는 현재적인 것을 기망하게 될 것이다."
35) 니체는 플라톤과 기독교를 혐오한 사람이다. 그가 '권력의지'를 말하는 것은 플라톤의 형이상학을 지탱해 왔던 이성의 힘을 부정하는 개념이다.

다고 말했다. 무의식이 만들어내는 세계는 의미도 없고 목적도 없다. 그런 변화와 생성을 유발하는 것이고 그것이 반복될 뿐이다. 세계는 오로지 그런 무의식에 기초한 힘이 충돌하는 현장일 뿐이다. 거기는 이성적으로 생각하고 행동하는 것이 아니라, 비논리적이고 비합리적인 충동과 본능만이 지배하는 맹목적인 허무의 세계이다. 그것을 자기 주체와 의지로 딛고 일어서서 초인으로 살아가라는 것은 현대인의 비참과 절망을 말해주는 것이다.

왜 그것이 비참하고 절망적인가? 니체의 철학으로 하자면 이 세계는 목적 없이 반복되는 허무한 세계인데, 그것은 기독교와 의도적인 반대개념이다. 왜냐하면, 삶의 목적이 있다는 것은 어떤 인격적인 존재가 계획하고 의도하고 있다는 것이고, 인간이 포섭할 수 없는 것이니 그것은 신적인 존재이다. 그런 존재는 성경이 말하는 하나님밖에 없다. 성경에서 말하는 하나님은 인격적이고 무한하신 하나님이시기 때문이다. 세계의 목적이 있다고 하는 것은 그런 하나님이 계신다고 하는 것을 인정하는 것이기 때문에 의도적으로 허무하고 맹목적인 세계를 말했다. 하나님 없는 인간 중심의 세계는 그런 허무와 맹목 속에서 죽어 간다. 만일 운동장을 달린다고 할 때, 아무런 목적도 없이 그냥 계속 달리라고 하면 무슨 마음으로 달릴 수 있는가? 달려야 하는 아무런 이유도 없이 달릴 수 있는 인간은 아무도 없다. 역사와 인생이라는 운동장에서 아무런 목적도 없이 영원히 달리라고 하면 지쳐서 죽게 된다. 이것이 바로 하나님 없는 인간이 직면하는 절망과 비참이다.

프루스트(Marcel proust)는 『잃어버린 시간을 찾아서』에서 '한 사람이 죽을 때 하나의 세계가 없어지는 것이고, 한 사람이 탄생할 때 하나의 세계가 탄생한다'고 했다. 그렇게 강신주 교수는 프루트스를 말하면서 자기 생각, 고유 명사, 자기 스타일로 살라고 말하면서 모두가 자기 생각대로 살아가라고 부추긴다. 객관적 서술은 없고 오로지 주관적 시선뿐이다. 모두가 똑같은 생각을 하면 기계고 전체주의라고 한다. 주관적 시선만 남은 곳에 통일성은 어떻게 되는가? 주관적 시선만 가지라고 하면서, 왜 사람들에게는 자기처럼 살라고 요구를 하는가? 아무렇게나 살다가 죽게 내버려두면 되지…, 배타적으로 주관적으로 살라고 하면서 왜 남의 인생에 이래라저래라 개입하는가?

마르크스가 한국에 오면 우리식의 마르크스가 되고, 들뢰즈가 한국에 오면 우리식의 들뢰즈가 되라고 신채호가 그랬다고 강신주 교수는 신채호를 치켜세운다. 강신주 교수의 말대로 하면 기독교도 한국식 기독교가 되어야 하고 예수님도 한국식 예수님이 되어야만 한다. 왜냐하면, 신채호는 '조선에 불교가 들어오면 조선의 불교가 되어야 하는데 왜 불교의 조선이 되느냐'고 말했기 때문이다.

그러면 도대체 강신주 교수에게 한국식이라는 것은 무엇인가? 강신주 교수에게 우리식이란 인문학적 사고방식을 말한다. 그것은 오로지 우발성에 기초한 자기 자유, 자기 사랑뿐이다. 그것이 강신주 교수가 말하는 고유명사로 사는 것이다. 그러나 우리는 잘 알고 있다. 끈 떨어진 연은 추락한다는 사실을! 주소가 없는 편지는 전달되지 않는다는 사실을! 우발성에 기초한 세상살이라면 굳이 고민할 필요가 없다. 자살한 들뢰즈, 자기도 그렇게 살지 못한 들뢰즈를 뭐 하려고 배우는가? 그저 자기 마음대로 살다가 죽어 버리면 그만이라면 애써 배울 이유가 무엇이란 말인가?

그러나, 여호와 하나님께서는 자기 백성들에게 언약하시며 주신 십계명의 말씀을 통해 절대적이고 참된 진리 속에 목적 있는 삶을 살게 하셨다(출 20:1-17; 신 5:5-21; 10:4.). 하나님께서 율법을 공포하신 것은 자신이 지은 죄에 대해서 변명하고 핑계를 대지 못하게 하시기 위함이다. 그것은 또한 하나님께 온전히 순종함으로 하나님께 합당한 영광을 돌리고, 하나님으로부터 풍성한 생명력을 누리게 하시기 위함이다.

죄악으로 오염되고 부패한 인간의 양심으로는 하나님의 기준을 만족시킬 수가 없었다. 하나님께서는 도덕법을 두 돌판에 직접 새겨 주셨다. 하나님께서는 하나님의 요구하시는 바가 무엇인지를 충분히 알 수 있도록 십계명을 계시하셨다. 그러나 인간은 십계명을 다 지켜 행하지 못한다. 인간은 첫 아담의 죄성을 그대로 물려받은 죄인들이기 때문이다. 사람들은 자신의 부패함과 무능함을 회개하지 않고 언제나 하나님께 원망을 쏟아낸다. '하나님은 왜 지키지 못할 법을 주셨는가?'하고 불평한다. 십계명을 인간의 호기심으로 접근하고 답을 해서는 안 된다. 왜냐하면, 하나님께서는 모호하거나 낯설게 말씀하지 않으셨으며 소통 가능한 방식으로 말씀하셨기 때문이다.

하나님의 위엄 앞에 우리는 겸손히 엎드려 그 말씀에 순종하기 위하여 성경에서 무엇이라고 말하는지 살펴보아야 한다. 성경은 이 율법을 통하여 죄를 깨닫게 되며, 그 죄의 문제를 해결하신 예수 그리스도께로 나아가게 하기 때문이다.[36]

---

36) G.I. 윌리암슨, **소교리문답강해**, 최덕성 역 (서울: 개혁주의신행협회, 1990), 173; 〈만약 우리를 그리스도께로 인도하는 율법이 필요하다는 것이 사실이라면 왜 요리문답은 그리스도의 인격과 사역을 말한 후에 율법을 논하고 있는가? (1)

> 그러므로 율법의 행위로 그의 앞에 의롭다 하심을 얻을 육체가 없나니 율법으로는 죄를 깨달음이니라(롬 3:20)
> 이같이 율법이 우리를 그리스도에게로 인도하는 몽학 선생이 되어 우리로 하여금 믿음으로 말미암아 의롭다 함을 얻게 하려 함이니라(갈 3:24)

사람들은 종종 이 십계명이 이스라엘 사람들에게만 주어진 것으로 생각한다.37) 율법은 구원받고 언약한 백성들 모두에게 주신 것이다. 그러나, 아무도 율법을 지키어 구원을 얻지 못한다. 그래서 율법은 구약 시대나 신약 시대나 모든 사람들이 다 죄 아래 있다는 것을 드러내게 한다. 죄로 드러나는 것은 하나님께서 언약한 자기 백성에게 허락하여 주신 율법이 절대적인 기준이며 궁극적인 규범이기 때문이다. 프란시스 쉐퍼는 다음과 같이 말한다.

> 궁극적 규범이 되는 지식에는 분열이 없다.38)

쉐퍼는 이 말을 구원의 문제에서는 분열이 없다는 면을 강조하는 의미로 말했다. 성경이 말하는 구원과 교회나 자연신학이 말하는 구원이 달라서는 안 된다는 뜻이다. 이 말은 자연신학이 옳다는 것이 아니다. 성경은 오직 믿음으로 구원을 받는다고 말하는데 로마 가톨릭처럼 믿음에 무슨 행위를 더해야 구원을 받는다고 말하는 것은 잘못이다.

그것은 진리관에 대한 문제이다. 쉐퍼가 말하듯이, 고전논리학의 기초는 "A는 A이니 비(非)A가 아니다."라는 반정립의 사고방식이 확고했다. 이제는 이런 반정립 사상이 무너져 버렸다. 그리하여 다원주의가 성행하고 영성이 흘러넘치는

첫째 이유는, 그리스도는 율법보다 더 중요한 분이기 때문이다. 만약 요리문답이 율법부터 먼저 논한다면 그것은 우리가 율법으로 구원을 받을 수 있다는 생각을 갖게 해 주기 때문이다. 그러나 우리를 구원하시는 분은 그리스도시지 율법의 행위로 말미암지 않는다. 그러므로 오직 그분만이 우리를 구원하시며 그분만이 모든 존귀를 받으실 분이다. (2) 둘째 이유는, 예수께서 우리를 구원하신 뒤에 우리가 율법을 잊지 않게 하기 위해서이다. 어떤 사람들은 가르치기를 기독신자는 십계명을 지킬 의무가 없다고 한다. 그러나 개혁주의 교회의 모든 대소요리 문답들은 이러한 잘못을 피하기 위하여 그리스도의 사역을 논한 후에 율법을 논한다. 신자는 "하나님께 율법 없는 자가 아니요, 도리어 그리스도의 율법 아래 있는 자이다:"(고전 9:21). 율법은 우리를 구원 받도록 인도한다. "나의 계명을 가지고 지키는 자라야 나를 사랑하는 자이다"(요. 14:21).〉

37) J.L. 니브, O.W. 하이크 공저, **기독교교리사**, 서남동 역 (서울: 대한기독교서회, 1992), 118-119; 율법이 유대인들에게 적용된다고 생각하거나 율법이 이빙인 기독교들에게도 적용된다고 생각하는 것보다 더 강경한 입장을 내세운 사람들이 '에비온파'다. 이들은 예수는 단순히 한 인간에 지나지 않으며, 예수님의 동정녀탄생을 부인하고, 세례를 받을 때에 성령이 임하였다고 주장했다.

38) 프란시스 쉐퍼, **이성에서의 도피**, 김영재 역 (서울: 생명의 말씀사, 2006), 29.

세상이 되었다.

 다원주의는 자유주의의 한계를 벗어나려는 것이다. 자유주의의 근본은 절대불변의 진리가 존재하지 않는다는 것이다. 근대 자유주의의 기틀을 마련한 존 스튜어트 밀(1806-73)은 생각의 자유를 강조하면서도 '자기발전'이라는 개념을 가지고 있었다. 이때까지만 해도 특정 방향을 지닌 특정 가치를 전제하고 있는 자유였다. 현대 자유주의자들은 그렇게 특정 가치를 말하면 참다운 자유는 보장받을 수 없다고 생각했다. 현대 자유주의의 대부인 존 롤스(1921-2002)는 특정 가치를 전제하지 않는다. 아무리 이성적인 사람이라도 판단의 한계로 인해 불협화음이 발생하기 때문이다. 문제는 이 불일치를 어떻게 해결하느냐? 하는 것이다. 그 대답은 '각자 자기 생각대로 살아라'이다. 롤스의 자유주의 개념에는 자유와 평등이 제1가치로 자리 잡고 있었기 때문이다. 다원주의는 이런 궁색한 자유주의의 한계를 뛰어넘고자 한다. 그것은 병립불가능과 공통기준판별불가능을 해소할 궁극적 가치는 존재하지 않는다고 생각하기 때문이다.39) 1940년대 구미학계에서 시작한 다원주의는 오크셔트와 벌린이 대표적인 학자다. 벌린은 사람마다 생각이 다르기 때문에 인간의 삶에서는 자연과학처럼 유일 진리를 기대해서는 안 되며, 수많은 가치 중에서 어느 하나를 선택하며 살 수밖에 없는 것이 인간의 숙명이라고 말했다. 이런 선택을 하게 하는 것이 가치, 곧 다양한 가치들을 비교하고 우선순위를 매길 수 있는 가치를 '중심가치'라 한다. 상대주의는 그런 것은 없다고 말한다. 다원주의는 중심가치와 상대주의를 비판하면서, 가치란 조건적·상황적이라고 말한다. 그러면서도 키키스 같은 사람은 상황과 맥락을 초월하는 1차적 가치를 말한다. 라즈(Joseph Raz) 역시 보편적 가치를 인정한다. 인간이 자유와 선택을 부르짖으면서 궁극적 가치가 없다고 소리치지만 파국에 이르지 않기 위해서 보편적 가치에 뿌리내리지 않으면 안 된다는 것을 시인하게 된다.40)

 성경은 우리의 삶에 궁극적 가치를 말해준다. 궁극적 가치는 삶에 안정을 제

---

39) 서병훈, **현대사상키워드 60** (서울: 신동아, 2004), 110-112; 「궁극적 가치의 존재 부정하며 자유주의 비판」. "이를테면 조용히 명상을 즐기는 사람이 정치활동을 할 수 있을까? 정치적으로 성공하자면 다양한 계층의 사람을 많이 만나야 한다. 따라서 이 두 가지를 한꺼번에 좇는 건 불가능하다. 너비와 깊이, 자유와 평등, 원칙주의와 동정심도 병립하기 어려운 가치들이다. 다원주의자들은 이를 병립불가능이라 부른다. … 어떤 학생이 공부, 운동, 노래에 관심이 많다. 그러나 시간은 한정돼 있다. 결국 시간을 분배할 수밖에 없는데, 그러자면 각 가치의 중요성을 평가해야 한다. 각 개인은 나름의 취향과 인생관에 따라 우선순위를 매길 수 있을 것이다. 그러나 많은 사람이 모인 공동체에서는 동일한 점수판을 기대하기 어렵다. 사람마다 선호하는 가치가 다르기 때문이다. 다원주의자들은 이를 공통기준판별불가능이라 한다."
40) Ibid., 12-17.

공한다. 그 궁극적 가치가 없으면 삶에는 분열이 일어난다. 성도는 성경이라는 궁극적이고 절대적인 진리를 붙들고 살아가는 자들이다. 하나님의 말씀은 우리의 삶에 일어나는 아픔과 상처와 고난들 속에 실제적인 가치를 발휘하는 생명력을 제공한다.

인간의 삶에 분열이 일어나는 것은 궁극적 가치가 없기 때문이며, 그 궁극적 가치대로 살아가지 못하기 때문이다. 그렇게 살지 못하게 하는 원인은 죄 때문이다. 죄는 인간의 희망을 완전히 빼앗아 가버린다. 인간이 아무리 이상적인 세계를 그리며 제시해도 결코 그 자리에 가지 못한다. 어떤 철학도 어떤 종교도 어떤 사회적 이상도 도달하지 못했다. 왜냐하면 그들은 인간의 죄성을 간과했기 때문이다. 인간이 죄인이라는 사실에 기초하지 아니하면 그 어떤 유토피아도 도달할 수 없는 망상에 불과하다.

율법은 구원의 방편(수단)으로 주신 것이 아니다.41) 율법은 언약의 백성들에게 요구하시는 특권이요 책임이며, 삶에 안정감을 제공하는 궁극적 가치다. 이 하나님의 계명을 벗어난 삶은 의미와 통일성을 상실한다. 그렇게 되면 인생은 허~해진다.

계명이 족쇄이고 감시카메라가 아니다. 회심이 없는 자들에게 계명은 심판으로 다가온다. 이 길을 벗어나면 생명에서 사망으로 복에서 저주로 나아가게 된다. 살기 위하여 이 길을 지키고 살아야 한다는 것이지, 공연히 우리를 괴롭히려고 주신 계명이 아니다. 계명은 우리에게 생명을 주고 살리는 예수 그리스도의 십자가로 나아가게 한다.

    믿음이 온 후로는 우리가 몽학선생 아래 있지 아니하도다(갈 3:25)

율법이 하는 일은 무엇인가? 칼빈은 다음과 같이 율법의 세 가지 용도(triplex usus legis)를 말했다. 1) 죄를 드러냄: 우리가 행함이 죄인지 아닌지 율법으로 알게 된다.42) 2) 그리스도께 인도함: 죄의 비참함에 빠져 있는 자신의 모습을

---

41) 코르넬리스 프롱크, **사도신경**, 임정민 역 (서울: 그책의사람들, 2013), 100-102; "이 사람들이 모든 율법과 규례를 다 지킬 수 있다고 생각했을까요? 아닙니다. … 그런데도 이 사람들은 아멘이라고 했습니다. 저주에 대한 책임을 짊어졌습니다. 왜 그랬습니까? 이 사람들은 믿음으로 이 일을 했습니다. 그리스도 안에서 이 책임을 떠맡았습니다. 메시아가 이 사람들 안에 있었기 때문입니다. 장차 올 구속자가 이스라엘의 허리에 있었습니다. 이 사람들은 이 사실을 알았습니다. 누군가 자신들을 위해, 자신들을 대신해 저주를 짊어지리라는 것을 알았습니다. 이것이 성막에서 이 사람들 눈앞에 드러났습니다. 희생제물을 제단 위에 놓고 불사르려 할 때마다, 참 이스라엘 백성은 오실 이의 희생제사를 내다보았습니다."
42) 그러므로 율법의 행위로 그의 앞에 의롭다 하심을 얻을 육체가 없나니 율법으로는 죄를 깨달음이니라(롬 3:20)

보고 절망한 자를 예수 그리스도께로 인도한다.[43] 3) 거룩함의 기준: 신자가 하나님 앞에 거룩하게 살고 있는지 율법을 통하여 확인한다.[44] 그러나 이 말을 오해하여, 율법을 전부 혹은 몇 가지 지킨 것으로 내가 거룩하다는 것으로 생각해서는 안 된다.

율법은 예수 그리스도에게로 인도하는 몽학선생이다. 율법은 인간의 죄악 됨을 드러내게 하여 그 죄악으로부터 구원해 주실 분은 오직 예수 그리스도 밖에 없음을 알게 한다.

> 이제는 율법 외에 하나님의 한 의가 나타났으니 율법과 선지자들에게 증거를 받은 것이라(롬 3:21)

의롭다 함을 받는 것은 오직 믿음으로 말미암는다. 본문에서는 그것을 "하나님의 의"라고 한다. "율법 외에"라는 말은 율법과 관계없이 하나님의 의가 나타났다는 뜻이다. 이 말의 원래 뜻은 율법 그 자체가 하나님의 의를 반영한다는 것이다. 왜냐하면 율법은 하나님의 본성과 속성과 성품으로부터 나온 것이며, 그것이 하나님의 하나님 되심을 드러내기 때문이다.

궁극적이고 절대적인 가치인 하나님의 말씀으로 살아갈 때 인간은 참된 자유와 평안을 누리고 산다. 성령 하나님께서는 그 말씀 앞에 인간의 죄인 됨을 알고 오직 예수 그리스도로 의로워지는 믿음으로 살아가게 하신다.

---

[43] 이같이 율법이 우리를 그리스도에게로 인도하는 몽학 선생이 되어 우리로 하여금 믿음으로 말미암아 의롭다 함을 얻게 하려 함이니라(갈 3:24)
[44] 육신을 좇지 않고 그 영을 좇아 행하는 우리에게 율법의 요구를 이루어지게 하려 하심이니라(롬 8:4)

제42문 십계명의 강령은 무엇입니까? (대102, 122)
답: 십계명의 강령은 "네 마음을 다하고 목숨을 다하고 힘을 다하고 뜻을 다하여 주 너의 하나님을 사랑하고, 네 이웃을 네 자신과 같이 사랑하라." 입니다.45)

강신주는 유학 전통의 '성인'을 말한다. '성인'이란 인격이 완성의 경지에 도달한 이상적인 인품을 소유한 사람을 두고 일컫는 말이다. 그러나 공자도 '논어-술이' 편에서 "나는 성인을 만나 보지 못했다. 군자(君子)라도 만날 수 있다면 그것으로 만족하겠다."고 말하였다. '성인'이란 인간이 현세에서 이룰 수 없는 하나의 이상향이다. 현실적인 차원에서 이룰 수 있는 그 목표를 군자로 말한다. 그러나 실제로는 그것마저도 결코 이룰 수가 없다. 왜냐하면 군자는 도덕이 순수하게 갖추어져 있고, 학문도 역시 뛰어나며, 날로 상달(上達)을 추구하고, 인예(仁禮)를 중시하는 사람이라고 말하기 때문이다. 이런 인간상을 제시하는 근본적인 이유는 인간의 그 본성이 순수한 선이라고 보기 때문이다.46) 이것이 유학의 신성한 내면이다.

공자(孔子, BC 551-BC 479)는 논어에서 '애인'(愛人)과 '사민'(使民)을 말한다. '애인'은 '사람을 사랑한다'는 의미이며, '사민'은 '백성들을 부린다'는 뜻이다.

---

45) Q. 42. What is the sum of the ten commandments? A. The sum of the ten commandments is, to love the Lord our God with all our heart, with all our soul, with all our strength, and with all our mind; and our neighbor as ourselves.
46) 네이버 지식에서, 「유교의 도덕적 인간관과 군자」, 유교는 하늘과 만물 곧 우주의 모든 존재를 인간과의 관계 속에서 이해하려는 입장이다. 그것은 우주를 하늘, 땅, 그리고 사람의 3요소로 구성되어 있다고 본다. 하늘은 물질세계를 넘어 인간에게 성품을 부여하였으며, 땅은 물질적 자연의 세계로써 인간의 신체가 여기에 기반하고 있는 것이다. 따라서, 인간은 생물학적으로는 땅의 형상을, 인격적으로는 하늘의 기품(氣稟)을 이어받은 중간적 존재로서의 위치를 차지하는 소우주이다. 유교 이념에서 하늘로부터 부여받은 성품은 순수한 선이요, 보편적인 이치이며, 욕망과 연결되어 있는 육신은 선의 기준으로부터 이탈하기 쉬운 충동적, 가멸적 존재이다. 유교는 이러한 우주적 연관 속에서 인간이 인간답게 행동하고 살아가는 도리를 근본 문제로 삼고 있다. 그러나 사욕(私慾)이 혹 본성을 가려 그 유혹에 넘어가는 수도 있지만 결국에는 극기 복례(克己復禮)하려고 애쓰는 것이 인간이다. 이와 같이 악에 빠졌더라도 언제든지 다시 선에 돌아올 수 있는 가능성이 있음을 굳게 신뢰하고 있다. 선에의 지각은 수기(修己)로 이어지고 수기를 하고 나면 필연적으로 안인(安人)으로 이어진다. 『大學』에서는 이를 8단계로 삼아 '격물(格物), 치지(致知), 성의(誠意), 정심(正心), 수신(修身), 제가(齊家), 치국(治國), 평천하(平天下)'로 확충시키고 있다. 이와 같이 인간은 도덕의 주체이다. 그러므로『論語』에서도 "사람이 도를 넓히는 것이지 도가 사람을 넓히는 것이 아니다[人能弘道 非道弘人]."라고 단언했다. 인간은 극기복례를 통하여 천인합일(天人合一)의 경지를 개척하지만 그것이 중단되는 순간에 생생화육(生生和育)의 질서에 순응할 수 없게 된다. 이러한 측면에서 볼 때 유교의 인간관을 윤리 도덕적 인간관이라 할 수 있다. 이러한 도덕적 인간관의 이상형으로서 유교에서는 군자(君子)를 제시하고 있다. 군자란 하늘의 계승자로서 인간의 원형 또는 이상적 인간이며 회복되어야 할 인간의 본래적 모습이다. 군자는 도덕이 순수하게 갖추어져 있고 학문도 역시 뛰어나며 날로 상달(上達)을 추구하고 인예(仁禮)를 중시하는 사람이다.

이 두 가지 말에서 볼 수 있듯이 공자가 말하는 인(仁)이란 보편적인 사랑이 아니라 차별적인 사랑을 말하고 있다. 차별적인 사랑이 나오는 것은 차별적인 인간관이 그 배경에 있기 때문이다. '인'(人) 계층에 해당하는 사람과 '민'(民) 계층에 해당하는 사람으로 나누었다. 공자가 말하는 사랑이란 '인' 계층에 해당하는 특별한 계급사회에 해당하는 것이다. 그러면 '민'에 해당하는 사람들은 어떻게 했는가? 지배계급을 유지하고 '민'을 다스려가기 위하여 형벌이 통치수단으로 동원되었다.[47]

공자의 이런 특정 계급에만 통하는 차별적인 사랑을 모든 사람을 아울러 사랑하자며 보편적으로 확장시키려고 한 사람이 송나라 사람 묵자(墨子, BC 480?-BC 390?)다. 그가 보편적인 사랑을 부르짖었던 까닭은, 인간은 평등하다는 사상을 가지고 있었기 때문이다. 지금이야 평등을 말하면 당연시 되는 세상이지만, 동양적 전통에서 수천 년 전에 이런 생각을 가진다는 것은 놀라운 것이다. 묵자의 근본적인 사상은 겸애다. 그것은, '남의 나라 보기를 내 나라 보듯이 하고, 남의 집 보기를 내 집 보듯이 하며 남의 몸 보기를 내 몸 보듯이 하라'는 뜻이다. 묵자가 이런 사상을 펼친 것은 그가 전국시대(戰國時代)의 사람이기 때문이다. 주변에서는 끊임없이 전란이 일어나고 그것은 완전히 이전투구였다. 그러니, 시대는 혼란스럽고 백성들은 굶주림과 질병에 시달려야 했다. 묵자는 이런 전쟁과 혼돈이 일어나는 것은 사랑하기 때문이라고 했다. 도둑은 가족의 생존을 위해 담을 넘어야 하고, 군인은 나라를 위해 적을 죽여야 한다. 사랑이 병이라는 것이다. 이 사랑이라는 병을 치료하는 것도 역시 사랑이라고 하면서, 나와 남을 구별하는 사랑이 전쟁과 혼란을 만들어내었기에 나와 남을 구별하지 않는 사랑으로 실천하자고 말했다.[48]

묵자는 이렇게 사랑하도록 당위성을 부여하고 실현하기 위하여 '하늘의 뜻'을 말했다. 묵자에게 하늘은 지고무상한 존재였다. 하늘이란 사람 가운데 가장 높은 지위에 있는 천자를 살펴 잘잘못을 가리는 존재로 보았다.[49] 사랑을 실천하기

---

[47] 강신주, **철학 vs 철학** (서울: 그린비, 2012), 438-443.
[48] Ibid., 443-449.
[49] 묵자, 『천지편』(天志篇); "천자(天子)가 삼공(三公)과 제후와 장군과 대부와 선비와 백성들을 다스리고 있다는 것을 군자들은 분명 알고 있다. 그러나 하늘이 천자와 천하의 백성들을 다스리고 있다는 것은 아직 분명히 알지 못한다. 그런 까닭으로 옛날 하나라, 은나라, 주나라 삼 왕조의 성왕인 우임금, 탕왕, 문왕, 무왕과 같은 분들은 하늘이 천자를 다스리고 있다는 것을 천하의 백성들에게 이야기하려고 애썼다. 그래서 백성 모두가 가축을 기르며 젯밥과 제주를 정결히 마련하여 하늘과 조상에 제사를 지내고 복을 빌었던 것이다. 천자란 천하에서 가장 존귀하고 부유한 사람이다. 부유하고 존귀하길 바라는 사람은 하늘의 뜻을 따르지 않으면 안 된다. 하늘의 뜻을 따르는 사람은 모두를 서로 사랑하고 이롭게 해

위해 묵자는 이런 도약을 감행한다. 묵자의 평등과 사랑은 기존의 정치질서와 계급을 인정하는 토대 위에서 말하는 개념이다. 기존의 시스템을 인정하면서, 나와 남으로 구별하지 말자는 것이다.

성경은 인간의 진정한 자유와 복된 삶에 대하여 무엇이라고 말하는가?

> 37 예수께서 가라사대 네 마음을 다하고 목숨을 다하고 뜻을 다하여 주 너의 하나님을 사랑하라 하셨으니 38 이것이 크고 첫째 되는 계명이요 39 둘째는 그와 같으니 네 이웃을 네 몸과 같이 사랑하라 하셨으니 40 이 두 계명이 온 율법과 선지자의 강령이니라(마 22:37-40)

예수님께서는 신명기 6장 5절과 신명기 27장 26절에 나타난 율법의 핵심을 말씀하셨다.[50]

> 너는 마음을 다하고 성품을 다하고 힘을 다하여 네 하나님 여호와를 사랑하라(신 6:5) 이 율법의 모든 말씀을 실행치 아니하는 자는 저주를 받을 것이라 할 것이요 모든 백성은 아멘 할지니라(신 27:26)

이 말씀은 이스라엘 백성들이 이 언약의 말씀을 "마음을 다하고 성품을 다하고 힘을 다하여 네 하나님 여호와를 사랑하"지 아니하면 저주를 받게 된다는 뜻이다. 왜 하나님께서는 이렇게 강력하게 말씀하셨는가? 그것은 여호와 하나님만이 참된 하나님이시며 여호와 안에만 생명이 있기 때문이다. 이 계명의 말씀대로 살아갈 때만이 진정한 의미와 통일성을 누리고 살아갈 수 있기 때문이다. 그러므로, 율법은 하나님께서 우리에게 나타내신 사랑이다.

> … 하나님께서는 무엇을 요구하실 때 사랑으로 자신을 주신 하나님으로서 요구하셨던 것이다. 우리는 율법을, 자신을 주신 하나님의 사랑과 분리하여 생각해서는 안 된다. 그렇게 되어야만 율법은 우리로 하여금 죄를 깨닫게 하고 우리 마음에 사랑의 반응을 일으킬 수 있는 것이다. 십계명과 그의 율법 속에서 속박적 요소가 동시에 나타나고 있다. 그러나 십계명에서 보다 분명히 나타난다. 십계명은 거의 전부가 금지된 조항이기 때문이다.[51]

주어 반드시 하늘의 상을 받을 것이다. 그러나 하늘의 뜻에 반하는 자는 사람을 차별하여 서로 미워하고 해쳐서 반드시 하늘의 벌을 받을 것이다."
50) 하이델베르크 교리문답 제93문: 이 계명들이 어떻게 나누어집니까? 답: 이 계명들은 두 부분으로 나누어집니다. 첫 번째 부분에서는 우리가 하나님과 관계를 가지고 살아가는 방법을 우리에게 가르쳐 줍니다. 두 번째 부분에서는 우리가 우리의 이웃에게 가지는 의무가 무엇인가를 가르쳐 줍니다.
51) S. G. DE. 그라아프, **약속 그리고 구원**1, 박권섭 역 (서울: 크리스챤서적, 2001). 344.

십계명이 속박으로 다가오는 것처럼 보이는 것은 연약한 자기 백성을 사랑하시기 때문이다. 십계명은 연약한 백성에게 주어졌다. 이스라엘은 어린양의 죽음으로 사망에서 벗어났으며 홍해를 건너며 다시 죽음에서 살아났다. 그리고 시내산에서 여호와 하나님과 언약을 맺었다. 그 모든 과정 속에는 여호와 하나님의 자기 백성을 향한 사랑이 녹아나 있다. 십계명은 여호와의 그 사랑과 성품을 나타낸 것이며, 그 백성들로부터 여호와께 대한 사랑을 요구한다.

십계명은 두 부분으로 나뉘는데, 하나님 사랑과 이웃사랑이다.
1) 1-4계명: 하나님 사랑 2) 5-10계명: 이웃사랑[52]
이것은 예수님의 말씀에 근거한 것이다.

> 35 그 중에 한 율법사가 예수를 시험하여 묻되 36 선생님이여 율법 중에 어느 계명이 크니이까 37 예수께서 가라사대 네 마음을 다하고 목숨을 다하고 뜻을 다하여 주 너의 하나님을 사랑하라 하셨으니 38 이것이 크고 첫째 되는 계명이요 39 둘째는 그와 같으니 네 이웃을 네 몸과 같이 사랑하라 하셨으니 40 이 두 계명이 온 율법과 선지자의 강령이니라(마 22:35-40)

　여기서 "온 율법과 선지자의 강령이니라"는 말은 '온 율법과 선지자가 이 두 계명에 달려 있다'라는 뜻이다. 강령이란, '주요한 골자가 무엇이냐?'이다. '십계명의 골자가 무엇이냐?', '그 핵심이 무엇이냐?' 하는 말이다. 그것은 소교리문답 제1문에서 답하고 있다. "하나님을 영화롭게 하고, 영원토록 그를 즐거워하는 것"이다. 우리를 지으신 이도 하나님이시며 죄와 사망에서 구원하여 거룩한 백성으로 삼으신 이도 하나님이시기 때문이다. 영원하신 하나님으로부터 영원한 의미와 통일성을 누리는 인격체는 이웃을 향하여 하나님의 사랑을 나타낼 수 있다.
　그러나, 죄로 인해 타락한 인간은 이 두 가지를 온전히 행할 수 없다. 인간은

---

[52] 자카리아스 우르시누스, **하이델베르크 교리문답해설**, 원광연 역 (서울: 크리스찬다이제스트, 2006), 74-75; "이것을 가리켜 가장 큰 계명이라 부르는 것은 다음의 이유들 때문이다. 1. 그 직접적인 대상이 가장 크신 하나님 자신이시기 때문이다. 2. 다른 모든 계명들이 바라보는 목표이기 때문이다. 우리의 모든 순종이 하나님을 향한 우리의 사랑을 드러내 보이고 또한 그의 이름을 존귀하게 하기 위한 것이기 때문이다. 3. 그것이 하나님께 드리는 주된 예배요, 의식법이 이를 보조했고 또 그것에 자리를 내어주었기 때문이다. 바리새인들은 의식법과 의식적인 예배를 도덕법보다 우위에 두었으나, 그리스도께서는 사랑을 가장 큰 계명이라 부르시며, 도덕법과 도덕적인 예배를 우위에 두신다. 왜냐하면 의식 체계 아래서 제정된 모든 것이 사랑을 위하여 제정된 것이요, 또한 그것에 자리를 내어주도록 의도된 것이기 때문이다." "이 계명을 가리켜 둘째 계명이라 부르는데 그 이유는 두 가지다. 1. 이 계명이 십계명의 둘째 돌판의, 혹은 우리 이웃을 향하여 행하여야 할 의무들의 골자를 이루기 때문이다. 2. 이웃을 향한 사랑이 하나님을 향한 사랑에서 우러나와야 하기 때문이다. 그러므로 이웃을 향한 사랑은 하나님을 향한 사랑의 자연스러운 결과로 나타나는 것이다."

도리어 자기 사랑을 강조한다. 오늘날 심리학의 영향으로 자아존중, 자존감이 높은 사람이 건강한 삶을 살며 이웃도 사랑할 수 있다고 잘못 가르치고 있다.

성도가 이 두 강령을 지켜 행하는 근본적인 이유는 무엇인가? 첫 번째 강령은 여호와 하나님 한 분만으로 충분하다는 것이다. 우상에게 가지 않아도 여호와 하나님만으로 충분하다. 두 번째 강령은 하나님께서 주신 것으로 충분하다는 것이다. 이웃의 것을 빼앗아 오지 않아도 하나님께서 주신 것으로 충분하다.

현실로는 수많은 어려움이 있는데 어떻게 그것이 충분할까? 하나님의 언약 백성으로 살아가는 일, 곧 거룩과 경건으로 살아가는데 충분하다. 하나님께서는 하나님의 백성 만드는 일에 충분하게 인도해 가시는 분이시다. 다윗의 고백처럼 사망의 음침한 골짜기를 갈지라도, 그 길을 통해서 하나님의 백성답게 만드신다. 어찌 그런 길을 걸어가게 하시는가? 우리의 의를 버려야 하기 때문이다. 인간의 죄악과 그 비참함이 무엇인지 깊이 깨닫게 하시며, 우리 안에 있는 것으로 무엇을 만들어 하나님의 영광을 위해 기여하리라는 생각을 끊어버리게 하신다. 그리고 하나님 한 분만으로 만족하며, 하나님께서 주신 가정과 삶 속에서 언약에 신실한 삶을 살아가게 하신다.

십계명에 관한 문답들을 통하여 우리에게 알려 주는 중요한 두 가지 원리가 있다. 1) 사랑은 율법의 완성이다. 2) 구원받은 성도는 하나님의 계명을 지킬 의무가 증대되었다. 이 두 가지 원리는 구원받은 성도에게 요구되는 것임에도 불구하고 잘못 가르쳐 지고 있기 때문에 신앙에 대한 오류들이 발생하게 된다.[53] 그런 오류들은 무엇인가?

1) 신(新)도덕, 상황윤리

이런 주장을 하는 사람들은 율법과 사랑이 근본적으로 충돌한다고 말한다. 율법은 한 가지 혹은 몇 가지 요구를 하지만, 사랑은 더 많은 것들이 고려되어야 한다고 말한다. 거짓말을 할 수밖에 없는 상황, 도둑질을 할 수밖에 없는 상황을 말하면서 사회구조의 문제로 돌린다. 사랑이라는 이름으로 이런 것들을 용납해야 한다면 율법의 의미는 사라지게 된다. 이런 가르침은 율법과 사랑이 서로 반대되는 개념이 되고 만다. 이들은 무조건적인 사랑, 무조건적인 용납을 말한다. 공의가 사라진 사랑은 맹목적인 사랑이 되고 만다. 예수님께서는 다음과 같이 말씀하셨다.

---

[53] G.I. 윌리암슨, 소교리문답강해, 최덕성 역 (서울: 개혁주의신행협회, 1990), 175-176.

> 너희가 나를 사랑하면 나의 계명을 지키리라(요 14:15)
> 나의 계명을 가지고 지키는 자라야 나를 사랑하는 자니 나를 사랑하는 자는 내 아버지께 사랑을 받을 것이요 나도 그를 사랑하여 그에게 나를 나타내리라(요 14:21)

사랑은 계명을 지킴으로 나타나야 한다. 사랑한다 하면서 계명을 어기는 것은 거짓말하고 속이는 것이다.

> 하나님을 사랑하는 것은 이것이니 우리가 그의 계명들을 지키는 것이라 그의 계명들은 무거운 것이 아니로다(요일 5:3)

구원을 알고 언약 안에 있는 자들에게는 계명이 무거운 것이 아니다. 그러나 자기 의를 추구하는 서기관과 바리새인들처럼 율법주의적인 삶을 살아가면 계명은 너무나 힘들고 어렵다. 그들은 율법의 본래의 목적을 잊어버리고 율법을 지켜 하나님의 나라에 들어가려고 했기 때문이다.

2) 신구약 성경은 통일성 없다?

이것은 십계명을 주신 이유와 배경에 대한 오해로 일어난다. 혹자는 율법을 지키어 구원받도록 하셨다고 잘못 말하기도 한다. 그러나 십계명의 서문에서 그들은 이미 하나님께서 구원하신 백성들이기 때문에 십계명을 주셨다.

> 1 하나님이 이 모든 말씀으로 일러 가라사대 2 나는 너를 애굽 땅 종 되었던 집에서 인도하여 낸 너의 하나님 여호와로라(출 20:1-2)

여호와 하나님께서 이스라엘 백성을 애굽에서 구원하여 내신 것은 그들이 율법을 지켰기 때문이 아니다. 오히려 구원하여 내신 백성이기 때문에 율법을 주시고 그 율법대로 살아가라고 하셨다. 신약의 성도들 역시 율법을 지켜 구원에 이르지 않는다. 예수 그리스도의 십자가 피로써 구원을 얻었기 때문에, 거룩한 하나님의 백성답게 살아가는 성화의 삶을 위해 지켜야 하는 것이 율법이다.

3) 율법을 지킬 필요가 없다? 무율법주의와 율법폐기론자

예수님을 믿고 하나님의 자녀가 되었다고 해서, 율법을 폐기해야 한다고 말하는 사람들이 있다. 예수님께서 자기 백성을 구원하시기 위하여 율법을 지키셨으

므로 구원받은 성도는 율법을 지킬 필요가 없다고 거짓되게 가르친다. 그들은 성화가 필요 없다고 주장하기도 한다.

예수님은 다음과 같이 말씀하셨다.

> 내가 율법이나 선지자나 폐하러 온 줄로 생각지 말라 폐하러 온 것이 아니요 완전케 하려 함이로다 (마 5:17)

예수님께서는 유대인들이 잘못 생각하고 있는 율법을 올바르게 말씀해 주셨다. 그들은 율법의 원래 의도에서 벗어나 있었다. 그런 오류가 생긴 것은 율법을 지켜 행함으로 구원에 이르려 하고 자기 의를 내세우려 했기 때문이다. 사도 요한은 다음과 같이 말했다.

> 2 우리가 하나님을 사랑하고 그의 계명들을 지킬 때에 이로써 우리가 하나님의 자녀 사랑하는 줄을 아느니라 3 하나님을 사랑하는 것은 이것이니 우리가 그의 계명들을 지키는 것이라 그의 계명들은 무거운 것이 아니로다(요일 5:2-3)

왜 계명이 무거운 것이 되지 않는가? 계명이 무겁다는 것은 강요와 억압이라는 뜻이다. 왜 계명이 강요와 억압이 안 될까? 그것은 예수 그리스도의 구원과 언약으로 인해 인간의 시작과 삶과 죽음 이후의 일까지 영원한 의미와 통일성을 확인받고 누리기 때문이다. 그 속에는 주체가 해체되지 않는다.

그러나, 구조주의는 우리의 생각, 느낌, 사고방식들이 시대와 지역과 집단에 속해 있기 때문에 객관적일 수 없다고 말한다. 그 말은 우리의 말과 행동과 생각이 주체적이지 않다는 것이다. 구조주의든 해체주의든지 간에 우리는 과연 순수한 주체적인 사유와 삶과 행동이 있을 수 있는가? 그리고 그것이 정말 강요와 억압이 아닌 자유와 선택이 일어나고 탈주하는 인생으로 만족할 수 있는가? 탈주하는 인간은 분열만 심화되고 자멸하고 만다.

십계명의 요체가 하나님 사랑 이웃사랑이라고 할 때, 그것이 다만 무슨 집단의 법칙이거나 외부의 개입에 의한 명령이기 때문에 저항하고 일어서야 제대로 된 인간인가? 굳이 그것이 집단이라 한다면 이 십계명은 언약공동체라는 집단의 법칙이고 멘탈리티다. 그 말씀을 따르는 것이 우리의 자율성을 꺾어버리고 종처럼 비굴하게 살게 하고 있는가?

성경이 하나님의 계명에 순종을 요구하는 것은 인간다움을 무시하는 것이 아니며 문화적 차이를 무시하는 획일화도 아니다.54) 하나님께서 순종을 요구하시는 이유는 인간의 본질에 관한 문제이기 때문이다. 그 본질이 무엇인가? 그것은 인간은 본성적으로 죄인이며, 그러기에 자기 스스로는 구원에 이를 수 없고 예수 그리스도 안에서만 구원이 있으며, 진화된 것이 아니라 창조된 것이며, 오늘 이 전부가 아니라 영원한 나라 곧 천국이 있다는 것이다. 인간이 본질적으로 죄인이라는 것을 거부할 사람은 없다. 인간이 죄인이 아니라면 이 세상이 지금처럼 되지 않았다는 것을 모르는 사람은 없으니까 말이다. 그 죄인 된 본질에서 벗어나게 하신 하나님의 은혜와 사랑으로 인하여 예수 그리스도를 구주로 영접하여 하나님의 계명에 순종하는 삶으로 나타나게 된다.

율법의 핵심이 왜 또 이웃사랑인가? 어떻게 이웃을 사랑하는가? 모든 인간은 하나님의 구원을 받아야 할 자들로 바라보기 때문이다. 십자가의 렌즈로 사람을 볼 때 이웃은 경쟁자가 아니라 사랑의 대상이기 때문이다.

율법은 하나님을 향한 완전한 사랑을 요구한다. 그러나, 아무도 한순간이라도 이렇게 마음을 다하고 성품을 다하고 목숨을 다하고 힘을 다하고 뜻을 다하여 하나님을 사랑할 수 없다. 그 완전함에 이를 사람은 아무도 없다. 개인적으로 그렇게 사랑했다고 생각하는 것은 순전히 자기 생각이다. 하나님의 기준으로 보면 결코 그 기준에 도달할 수가 없다. 인간은 다 죄인이기 때문이다. 율법은 그 죄를 분명하게 깨닫게 하며, 그 죄에서 구원해 주실 예수 그리스도에게로 인도한다.

예수 나를 위하여(찬송가 144장)
- F. J. Crosby -

예수 나를 위하여 십자가를 질 때 세상 죄를 지시고 고초 당하셨네
십자가를 지심은 무슨 죄가 있나 저 무지한 사람들 메시아 죽였네
피와 같이 붉은 죄 없는 이가 없네 십자가의 공로로 눈과 같이 되네
아름답다 예수여 나의 좋은 친구 예수 공로 아니면 영원 형벌 받네
예수님 예수님 나의 죄 위하여 보배 피를 흘리니 죄인 받으소서 아멘

---

54) 행 15:1-15.

제43문 십계명의 서문은 무엇입니까? (대101)
답: 십계명의 서문은 "나는 너를 애굽 땅 종 되었던 집에서 인도하여 낸 네 하나님 여호와니라."하신 말씀입니다.55)

공산주의 창시자인 칼 마르크스(Karl Heinrich Marx, 1818-1883)는 무신론자로 알려져 있지만 젊은 시절에는 기독교도였다. 고등학교 졸업증명서에는 "기독교 신앙과 윤리에 대한 지식은 매우 명확하고 건전하다. 그는 또한 기독교 교회사를 상당히 깊이 이해하고 있다"고 할 만큼 독실한 신앙인이었다. 마르크스는 독일 라인지방의 트리어에서 태어났으며, 변호사였던 그의 아버지는 유태인이었지만 기독교로 개종했다. 아버지는 아들이 사람들의 존경과 안정된 생활을 누릴 수 있는 기독교 집안의 법률가가 되기를 바랐다.

그러나 고등학교를 졸업하고 반종교주의자가 된 마르크스는 본대학 법학부에 입학 뒤 법학보다는 헤겔에 빠졌고, 헤겔 좌파사상가가 되었다. 1841년 모세 헤스(Moses Hess, 1812-1875)를 만난 뒤에 철저한 무신론자가 되었다. 모세 헤스는 프리메이슨(Freemason)이었으며, 시오니즘을 이념으로 처음 체계화한 유대계 독일 사회주의자였다.

마르크스는 18살 때 '울안엠'(Oulanem)이라는 희곡을 썼다.56) 이것은 '하나님이 우리와 함께 계신다'는 임마누엘(Immanuel)을 거꾸로 발음한 것이다. 이런 것을 '백 워드 매스킹'(Back Word Masking) 수법으로 사탄 숭배를 조장하는 사람들이 사용한다.57) 이런 사실은 무엇을 말해줄까? 공산주의 사상은 단순한

---

55) Q. 43. What is the preface to the ten commandments? A. The preface to the ten commandments is in these words, I am the Lord thy God, which have brought thee out of the land of Egypt, out of the house of bondage.
56) http://chogabje.com/board/view.asp?C_IDX=38637&C_CC=AH/ 김필재, 「칼 마르크스와 희곡(戲曲) '울안엠' 이야기; 김정일 퍼주기 여념 없는 남한의 교회는 기독교와 대한민국의 이단(異端)」 '울안엠'(Oulanem)의 내용은 다음과 같다. "사탄 숭배자들이 모이는 교회가 있다 이들의 의식 중 하나는 '흑암의 미사'(The Black Mass)라는 것인데, 사탄 숭배자 신부가 깊은 밤중에 집례 한다. 흑암의 촛불은 촛대에 거꾸로 꽂혀 타 내린다. 신부는 장식이 많이 달린 예복을 입었는데, 겉과 속을 뒤집어 입었다. 그는 기도서에 기록된 모든 문구를 다 낭송하지만 맨 뒷줄에서부터 거꾸로 읽어 올라간다. 하나님, 예수 그리스도, 마리아 등 거룩한 이름을 거꾸로 부른다. 십자가는 거꾸로 매달리든가 아니면 발아래 짓밟힌다. 여인의 나체가 제단에 바쳐지고, 어느 교회에서 훔쳐온 성찬병에 '사탄'(Satan)이라고 이름을 새긴다. 미사를 진행하는 동안 그들은 모든 성경을 불태운다. 미사에 참여한 모든 사람은 가톨릭 교리서에 열거된 일곱 가지 대죄를 다 범할 것과 선한 일은 절대로 도모하지 않을 것을 서약한다. 그리고는 난잡한 광경이 벌어진다."
57) http://www.newdaily.co.kr/news/article.html?no=80523 〈대체적으로 사탄숭배자들은 주술적(呪術的)의미로 성호(聖號)를 거꾸로 바꾸어 부르는 것이 효력이 있다고 믿고 있다. 대표적인 예(例)가 헤비메탈(Heavy metal) 그룹이다. 1970년대부터 등장한 아주 시끄러운 록음악의 한 형태로 마약, 살인, 난잡한 성(性)행위 그리고 사탄 숭배를 조장한다. 특히 사탄숭배 메시지는 레코드나 테이프를 거꾸로 돌릴 때 나오는 단어나 말이 사탄을 찬양하는 내용으로 되어있는데,

사상체계가 아니라 사탄숭배를 통한 기독교 파괴임을 보여준다. 겉으로는 프롤레타리아 해방, 프롤레타리아를 위한 사회주의, 인문주의를 말하지만 실제로는 기독교의 가장 적대적인 이단이다.

하나님께서 이스라엘을 구원하신 것이 세상이 말하는 해방인가? 그들은 성경에서 해방을 찾아내지만 왜 성경에 충실하지 않는가? 그것은 성경의 참된 해방과 구원을 모르기 때문이다. 하나님께서는 참된 해방과 구원의 의미를 말씀하시려고 십계명에 이렇게 말씀하셨다.

나는 너를 애굽 땅 종 되었던 집에서 인도하여 낸 너의 하나님 여호와로라(출 20:2)58)

이 십계명의 서문은 이스라엘을 구원하신 하나님이 누구시며, 이스라엘 백성은 누구인지 그 정체성을 확인하는 말씀이다. 이스라엘은 하나님의 택하신 백성이었다.59) 하나님께서는 그 조상들과 맺은 언약에 근거하여 구원하셨으며60), 애굽의 죄악 된 우상과 세계에서 구원하셨다. 그것은 이스라엘의 구원이 죄의 통치로부터 해방되었다는 것을 말한다.

이 서문이 없으면 십계명은 세상의 어떤 법적인 규정과 별다른 차이가 없게 된다. 결국, 억압과 검열로 인간의 인간다움을 무시하는 하나님으로 만든다. 하나님의 구원역사와 언약을 모르는 사람들이 그런 말을 한다. 이 십계명은 독립된 법조문이 아니다. 십계명 앞에 서문은 여호와 하나님께서 베푸신 구원과 언약의 역사성 속에서만 유효하다.

신약의 관점에서 보면, 이스라엘이 애굽의 죄악과 노예에서 구원받았듯이, 성도들은 사탄의 종노릇하며 영적인 노예 상태에 있었던 자리에서 벗어난 사람들

이것을 '백 워드 매스킹'(Back Word Masking) 수법이라고 한다. 실제로 비틀즈의 〈제9혁명〉, 레드제플린의 〈천국으로 가는 계단〉 등을 백 워드 매스킹으로 들으면 "사탄은 우리의 주님, 거꾸로 돌려라, 여기 나의 사랑스런 사탄에게 가는 길이 있다"는 등의 메시지가 확인된다. 블랙 오크 아건사스란 그룹의 경우 공연 중에 '나타스', '나타스'라고 외치는데 그 스펠이 NATAS다. 이를 거꾸로 읽으면 SATAN 즉 사탄이 된다. 칼 마르크스가 '울안엠'을 통해 묘사하고 있는 것처럼 흑마술(黑魔術) 의식은 과거로부터 현대에 이르기까지 모든 사탄숭배자들의 모임에서 찾아볼 수 있는 하나의 전형이다.〉
58) 나는 너를 애굽 땅에서 종 되었던 집에서 인도하여 낸 너희 하나님 여호와로라(신 5:6)
59) 1 너희는 너희 하나님 여호와의 자녀니 죽은 자를 위하여 자기 몸을 베지 말며 눈썹 사이 이마 위의 털을 밀지 말라 2 너는 너의 하나님 여호와의 성민이라 여호와께서 지상 만민 중에서 너를 택하여 자기의 기업의 백성을 삼으셨느니라 (신 14:1-2)
60) 13 여호와께서 아브람에게 이르시되 너는 정녕히 알라 네 자손이 이방에서 객이 되어 그들을 섬기겠고 그들은 사백 년 동안 네 자손을 괴롭게 하리니 14 그 섬기는 나라를 내가 징치할지며 그 후에 네 자손이 큰 재물을 이끌고 나오리라 (창 15:13-14)

이다. 이스라엘이 어린 양의 죽음으로 애굽에서 벗어났듯이, 성도들은 오직 예수 그리스도의 십자가 피로써 사탄의 지배에서 벗어났다. 하나님께서는 구원받은 자들에게 율법을 주셨다. 그러므로 율법은 하나님께서 그 사랑하시는 자들에게 주시는 은사요 선물이다.61)

또한, 서문은 십계명을 명령하는 근거가 된다. 이 십계명을 지켜야 할 당위성이 성립할 근거가 있어야 하기 때문이다. 당위성이란 반드시 해야만 한다는 것을 말한다. 반드시 순종해야만 하는 근거가 십계명 서문에 나타나 있다. 그 당위성은 무엇인가? 3가지로 생각해 볼 수 있다.

1) 이 십계명의 말씀을 누가 지켜야 하는가?
그것은 당연히 애굽에서 구원받은 이스라엘 백성들이다. 하나님께서 이스라엘 백성이 특별해서 구원한 것이 아니다. 그것은 전적으로 하나님의 은혜였다.62) 구원받은 이스라엘 백성들은 시내산에서 모세를 통하여 이 십계명의 율법을 받고, 거기서 여호와 하나님과 언약을 맺었다. 이전에 이스라엘은 어떠했는가? 그들은 애굽에서 400년 동안 노예생활을 했다. 거기서 벗어난다는 것은 이스라엘 백성들의 힘으로는 불가능한 일이었다.

그때, 하나님께서는 모세를 부르시고, 하나님의 능력과 지혜로 이스라엘 백성을 바로의 손에서 구원하여 내셨다. 그 엄청난 역사적 사건을 통하여 여호와 하나님이 누구신지 알려 주셨다. 이전에 아브라함과 이삭과 야곱에게는 전능한 하나님(엘 샤다이)으로 가르쳐 주셨다. 이제 출애굽을 통하여 여호와 하나님을 가르쳐 주셨다.

하나님이 모세에게 이르시되 나는 스스로 있는 자니라 또 이르시되 너는 이스라엘 자손에게 이같이

---

61) 칼빈은 구약을 기독론적 - 언약사적으로 말한다. 하나님께서 자기 백성과 언약을 맺으시고 실행해 가시는 언약의 중심으로서 예수 그리스도를 바라본다. 칼빈은 성경을 그리스도 중심으로 해석하는 것이다. 왜냐하면 하나님의 역사는 예수 그리스도께 집중되어 있으며, 예수 그리스도를 중심으로 하나님의 역사는 이해될 수 있기 때문이다. 칼빈은 율법을 모세 오경에만 한정하지 않고 구약 전체를 율법으로 보았다. 예수 그리스도를 중심으로 이해하여 예수 그리스도의 세 직분의 차원에서 율법을 바라본다. 1) 선지자적 임무: 율법은 하나님의 뜻이 무엇인가를 가르쳐 준다. 2) 제사장적 임무: 죄를 사하시는 하나님의 행위를 강조한다(제사법). 3) 왕적 임무: 율법 안에서 하나님의 지배가 표현된다. 이와 같은 세 가지 임무는 구약의 율법이 궁극적으로 그리스도를 가르친다. 그러므로 칼빈이 하는 말의 요지는 예수 그리스도가 하나님의 뜻을 계시하며, 예수 그리스도가 구원의 희생제물이며 예수 그리스도가 하나님의 통치를 실행한다는 것이다. 그러므로 제사법은 예수 그리스도의 피 흘려 죽으심으로 구원을 이루셨으므로 필요가 없다.
62) 여호와께서 너희를 기뻐하시고 너희를 택하심은 너희가 다른 민족보다 수효가 많은 연고가 아니라 너희는 모든 민족 중에 가장 적으니라(신 7:7)

이르기를 스스로 있는 자가 나를 너희에게 보내셨다 하라(출 3:14)

"나는 스스로 있는 자"라는 말씀은 하나님이 누구신지 역사 속에서 스스로 나타내시는 하나님이라는 뜻이다. 그것은 그냥 아무런 기준 없이 나타내시는 것이 아니라, 언약을 통하여 율법을 중심으로 그것을 실행에 옮겨 가시는 하나님이시다. 그냥 한 번 기적을 주시면서, '나를 믿으라' 이렇게 하시지 않으시고 역사의 사건 사건마다 그 속에서 하나님이 누구신지 알리시고 나타내신다는 말씀이다. 여호와가 얼마나 신실하신 분이신지, 하나님의 언약의 말씀이 얼마나 신실한지를 삶을 통하여 나타내시는 하나님이시다. 그러기 때문에 그 속에는 언제나 인격적인 교제가 있다.

현대인들은 어떻게 살아가는가? 하이데거는 인간이라는 존재는 자의와 상관없이 이 세상에 내던져진 존재라고 하면서 그것을 피투성(Geworfenheit)이라 했다. 그것은 불안에 의해 자각이 된다. 어느 순간에 '나는 왜 여기에 살고 있는가?', '죽음이란 무엇인가?' 이런 불안을 내포한 물음이 다가와서 피투성을 자각하게 된다는 것이다. 그러면서 삶의 의미를 재구성하려고 시도하는 것을 '기투'(Enwurf)라 했다. 거기에 '결단성'으로 삶의 의미를 만들어 가는 것이다.[63] 나치즘의 광기에 동조했던 하이데거의 결단성은 인간의 오류를 확인하고도 남는다. 오늘날 지적파산을 맞이한 현대인들이 신비주의 명상을 통하여 초월적인 신을 만나고 있는 것은 결단성이 아니라 도약이다. 인간이 창조주 하나님을 저버리고 살아가는 결말이 무엇인지 더 비참하게 느끼고 있는 현실을 살아가고 있는 증거다. 그러므로 인간은 예수 그리스도를 믿어 구원을 받아 삼위일체 하나님과 교제를 누리며 그 말씀에 순종하고 살아가야 한다.

---

63) 마르틴 하이데거, **존재와 시간**, 전양범 역 (고양: 시간과공간사, 1992), 388-396; "결의성은 현존재 개시성의 하나의 두드러진 양태이다. … 결의성은 본래적인 자기 존재로서 현존재를 그 세계로부터 분리하거나 현존재를 허공에 뜬 자아로 고립시키지는 않는다. 무엇 때문에 결의성이 그런 일을 하겠는가, 아무래도 결의성은 본래적 개시성으로서 세계내존재로서밖에는 결코 본래적으로 존재하지 않기 때문이다. 결의성은 자기를 정녕 도구적 존재자 밑에서의 그때그때의 배려적으로 관심하고 있는 존재 속으로 끌어들이며, 또 타자와 함께인 고려적으로 관심하고 있는 공존재 속으로 자기를 밀어내는 것이다. 스스로 선택한 존재 가능성을 위한 목적인 존재에 의거해서 결의한 현존재는 스스로의 세계를 향해 스스로를 해방하는 것이다. 자기 자신에 대한 결의성이 현존재를 비로소 다음과 같은 가능성 속으로 끌어들이는 것이다. 즉 공존재하고 있는 타자들을 그들의 가장 고유한 존재 가능성에 있어서 '존재'하게 하며, 그들의 존재 가능성을 본보기를 보여 해방하는 고려인 관심 속에서 함께 개시한다는 가능성이 그것이다."

2) 하나님께서 십계명의 율법을 주신 때가 언제인가?

하나님께서는 자기 백성을 애굽으로부터 구원하여 내신 후에 십계명을 주셨다. 그 이전에도 하나님의 법은 있었다. 하나님께서 이 우주를 창조하시고 인간을 창조하시어 역사가 시작되었을 때부터 하나님의 법은 존재했었다. 이제 시내 산에서 언약하며 주신 율법은 공식적으로 명문화된 율법이다. 하나님의 백성들은 오직 하나님의 말씀을 순종하고 살아야 했다.

애굽에서 나오기 전에 율법을 주시면서, '이 율법을 지킨 자들만 애굽에서 나갈 수 있다'고 말씀하지 않으셨다. 만일 그렇게 되면 자신들의 행위에 기초한 구원, 곧 행위 구원이 되었을 것이다. 하나님께서는 이스라엘 백성을 애굽에서 구원하신 후에 십계명을 주셨다. 율법을 행하는 것은 구원의 조건이 아니라 구원의 결과로 주어진 언약의 신실함이다. 오늘날 신약의 성도들도 예수 그리스도께서 십자가 피로써 구원하셨기 때문에 그의 계명을 지키고 살아가게 된다.

3) 십계명을 어떻게 행하여야 하는가?

십계명을 구원 이후에 받은 율법이라고 말하는 것은 계명을 지킴이 단지 어떤 의무를 행하는 것이 아님을 말한다. 십계명의 서문에서, "나는 너를 애굽 땅 종 되었던 집에서 인도하여 낸 너의 하나님 여호와로라"라고 말씀하신 것은 하나님께서 그 언약하신 대로 지키심이요, 자기 백성을 향한 사랑과 긍휼에서 비롯된 것이다. 신명기와 마태복음에서는 다음과 같이 말하고 있다.

> 4 이스라엘아 들으라 우리 하나님 여호와는 오직 하나인 여호와시니 5 너는 마음을 다하고 성품을 다하고 힘을 다하여 네 하나님 여호와를 사랑하라(신 6:4-5)
> 37 예수께서 가라사대 네 마음을 다하고 목숨을 다하고 뜻을 다하여 주 너의 하나님을 사랑하라 하셨으니 38 이것이 크고 첫째 되는 계명이요 39 둘째는 그와 같으니 네 이웃을 네 몸과 같이 사랑하라 하셨으니 40 이 두 계명이 온 율법과 선지자의 강령이니라(마 22:37-40)

하나님을 향한 사랑이 없는 계명은 자기 의로 나아가기 때문에 오히려 자기를 죽이게 된다. 계명은 거룩하고 의로운 것이다.[64] 그 계명을 지키고 행하되, 하나님을 향한 사랑이 아닌 자기 열심과 능력을 드러내 보이는 것은 계명을 주신 그 의도와 목적에서 벗어나는 것이다. 예수님께서는 다음과 같이 말씀하셨다.

---

64) 이로 보건대 율법은 거룩하고 계명도 거룩하고 의로우며 선하도다(롬 7:12)

9 아버지께서 나를 사랑하신 것같이 나도 너희를 사랑하였으니 나의 사랑 안에 거하라 10 내가 아버지의 계명을 지켜 그의 사랑 안에 거하는 것같이 너희도 내 계명을 지키면 내 사랑 안에 거하리라 11 내가 이것을 너희에게 이름은 내 기쁨이 너희 안에 있어 너희 기쁨을 충만하게 하려 함이니라 12 내 계명은 곧 내가 너희를 사랑한 것같이 너희도 서로 사랑하라 하는 이것이니라(요 15:9-12)

계명을 지키는 것은 하나님 아버지의 사랑을 입었기 때문이지, 계명을 지켰기 때문에 사랑해 주신 것이 아니다. 그래서 계명을 지키는 것은 구원하심에 대한 반응이다. 그 사랑을 벗어나면 계명은 무거운 짐이 되고 도리어 영혼을 죽이게 된다.

제44문 십계명의 서문이 우리에게 가르쳐 주는 것은 무엇입니까? (대101)
답: 십계명의 서문이 우리에게 가르쳐 주는 것은 하나님께서는 주가 되시고 우리 하나님이 되시고 구속자가 되시므로, 우리가 마땅히 그분의 모든 계명을 지켜야 한다는 것입니다.65)

십계명의 서문은 이 십계명이 언약한 백성에게 주어진 계명이라는 것을 말해 준다. 하나님께서는 이스라엘을 애굽에서 구원해 내시고 시내산으로 인도하여 언약을 맺으셨다.

17세기 이후의 정통신학에서 나타나는 언약은 하나님께서 인간에게 주신 약속이나 약정 혹은 하나님의 규례나 명령으로 이해되어졌다. 그것은 언약의 본래적 의미를 제대로 알지 못하게 했다. 언약은 하나님과 이스라엘 백성을 1) 공적인 관계로 2) 법적인 관계로 3) 인격적으로 맺어지는 하나님의 방식이다. 하나님께서는 이스라엘 백성과 언약하심으로 온 우주에 이스라엘이 하나님의 것이 되었다고 선포하셨다. 하나님께서는 자기 백성들을 이 언약으로 이끌어 가신다.66) 언약의 핵심은 무엇인가?

> 나 여호와가 말하노라 그러나 그날 후에 내가 이스라엘 집에 세울 언약은 이러하니 곧 내가 나의 법을 그들의 속에 두며 그 마음에 기록하여 나는 그들의 하나님이 되고 그들은 내 백성이 될 것이라 (렘 31:33)

---

65) Q. 44. What doth the preface to the ten commandments teach us? A. The preface to the ten commandments teacheth us, that because God is the Lord, and our God, and Redeemer, therefore we are bound to keep all his commandments.

66) 송제근, 오경과 구약의 언약신학; 법과 관련하여 성경학의 난제가 있는데 예를 들면 신약의 로마서와 야고보서의 긴장관계, 종교개혁 이후의 개신교 속에 나타난 복음과 율법의 이원론, 로마교 속에 여전히 존재하는 잘못된 일원론, 그리고 신구약간의 피상적인 일원론과 이원론이 그것들이다. 그러나 이런 문제들은 율법과 언약의 관계를 정확히 이해하면 완벽히 해결할 수 있다. 모든 관계의 법들은 인격 당사자 간의 공적인 관계에서 생겨난다. 즉 법은 그 자체로 존재하는 것이 아니라 인간과 하나님과의 관계 속에서 생겨난다. 그러므로 법은 그 자체가 이루어지는 것이 최종적 목적이 아니라 하나님과 이스라엘이 맺은 언약관계를 위하여 봉사하는 수단에 불과하다. 그러므로 법을 지키는 힘은 법 자체에나 법을 지키는 댓가나 법을 어기는 형벌에서 나오는 것이 아니라 언약 당사자가 은혜와 진실함(chesed we-emet)으로 맺은 언약(berith)에서 나오는 것이다. 하나님은 이스라엘을 존귀하고 보배로운 존재(segullah)로 삼으셨고 이스라엘은 이 관계의 깊이를 깨닫고 그 은혜와 사랑(chesed) 때문에 언약 관계의 법에 진실되게(emet) 행하게 되는 것이다. 이스라엘과 하나님과의 관계는 물론이고 이스라엘 사람들 상호간의 관계도 중요하다. 이 관계는 근본적으로 이스라엘이 하나님과 맺는 관계에서 비롯된다. 왜냐하면 이스라엘이 하나님과 맺은 언약은 개인적 차원이 아니라 공동체적으로 이루어진 관계이기 때문이다. 이스라엘의 모든 행동규범은 하나님이 자신들을 애굽에서 건지시고 존귀한 백성으로 삼으셨다는 사실이 근거한다. 그러므로 이 사실을 근거로 이스라엘 백성들은 서로를 향하여 자비를 베풀어야 한다. 하나님이 자신을 존귀한 백성 속의 하나로 인정하셨다면 다른 이스라엘 사람도 역시 존귀한 것이다.

언약의 핵심은 "나는 그들의 하나님이 되고 그들은 내 백성이 될 것이라"에 있다. 옛언약이 새언약이나 그 언약의 핵심은 언제나 동일하다. 제2문에서 말했듯이, 우리는 예수님을 믿을 때 언약을 맺었다. 언약을 맺는다는 것은 예레미야 31장 33절이 말하듯이, 하나님의 법을 우리의 마음에 두는 일인데, 그것은 오직 성령 하나님의 역사로 이루어진다. 그것은 예수 그리스도의 대속의 은혜를 성령 하나님께서 우리에게 효력 있게 적용하시는 것이다. 성경에서 말하는 구원은 인간의 자력으로 이루어지는 단독성이 아니다. 세상의 단독성은 언제나 실존적 도약 속에 신성한 내면아이를 기반으로 한다.

이 언약의 놀라운 것은 언약의 중보자가 있다는 것이다. 그 언약의 중보자가 있기 때문에 도약이 일어나지 않는다. 그리하여 일방통행이 아니라 소통이 일어나게 하신다. 중보자는 주체적 결단으로 도약에 이르지 않게 한다.

언약은 그 언약을 맺는 대상만 있는 것이 아니라 그 언약에 실패할 때 다시 회복하도록 중보자가 있다. 그것은 언약을 맺을 때 피뿌림을 통하여 예시되었다. 그 피는 예수 그리스도께서 십자가에서 흘리신 피로 완성이 되었다. 언약의 회복은 대속의 죽음이 있다는 것을 말한다. 언약을 위반하고 언약 밖으로 나갔다가 다시 언약 안으로 들어오는 회복은 그냥 이루어지지 않는다. 언약을 범한 죄의 값을 치루어야 한다. 그것은 첫 사람 아담의 범죄 이후에도 짐승의 가죽으로 그들의 수치를 가려주신 일에서부터 나타났다. 그 온전한 성취는 예수 그리스도의 십자가 피흘림에서 이루어졌다. 하나님께서는 자기 백성들이 범죄하여 언약에 실패했을 때에도, 중보자를 통하여 다시 돌아오도록 길을 열어놓으신 자비하신 하나님이시다.

이 은혜스러운 언약에 십계명의 서문이 주어진 의미는 무엇인가?

> 1 하나님이 이 모든 말씀으로 일러 가라사대 2 나는 너를 애굽 땅 종 되었던 집에서 인도하여 낸 너의 하나님 여호와로라(출 20:1-2)

십계명의 이 서문이 없으면 십계명은 일반 도덕법과 별다른 차이가 없기 때문이다. 이 서문은 이스라엘 백성들의 정체성을 말한다. 그보다 더 중요한 것은 그 이스라엘을 존재하게 하는 여호와 하나님이 누구신가를 밝혀준다. 그리하여 참되고 영원한 의미와 통일성을 제공한다.

교리문답에서 말하는 대로, "하나님께서는 주가 되시고 우리 하나님이 되시고 구속자가 되"신다. 그렇기 때문에 우리의 정체성이 성립한다. 역사의 주체는 우리가 아니라 하나님이시다. 그렇다고 우리가 꼭두각시 인형처럼 조종만 당하는 존재라는 뜻이 아니다. 하나님께서는 우리를 그렇게 부르시지 않으셨다. 언약은 그래서 놀랍다. 하나님께서는 우리에게 각자 사명을 주셨다. 하나님의 영광을 반사하는 일을 맡기신다. 그것을 수행해 감으로 더욱 의미와 통일성을 누리게 된다. 언약은 그것을 굳건하게 하는 틀이다.

여호와 하나님은 이스라엘을 애굽에서 구원하여 내신 분이시다. 애굽이라는 나라는 무엇을 의미하는가? 그것은 인본주의를 대표한다. 그 인본주의를 나타내는 것이 애굽의 농사다. 나일강의 물을 인간이 열심히 전답에 퍼 나르기만 하면 수확을 하는 땅이 애굽이다. 인간의 노력이 현실의 결과를 만들어 내는 인과율의 세계다. 또한 거기는 우상이 넘친다. 애굽의 우상은 단순한 우상이 아니라 도약의 과정이요 결과물이다. 인과율의 세계의 극치는 황홀경(엑스타시)을 통한 신인합일이다. 이집션 쉐이크는 현대까지 이어지고 있다.

또한, 사람이 중심이 된 세상은 이 현실에 만족하는 것이 전부가 된다. 사탄은 언제나 이 세상성에 만족하게 한다. 물론 그들의 종교가 사후 세계를 말하기도 하지만, 어디까지나 그들의 종교는 이 현실의 복을 이루기 위한 수단이다. 여호와 하나님께서는 이스라엘을 거기서 꺼내어 구원하셨다. 출애굽은 무엇인가? 너희를 창조하신 분이 여호와라는 것을 알게 하시고 인간이 중심이 된 세상에서 여호와 하나님의 세계로 인도하신 것이 출애굽이다.

오늘날 외적으로 종교의 모습을 가지고 있는 것들만이 아니라 철학과 심리학도 마찬가지다. 인문학은 근본적으로 반기독교적이다. 왜냐하면 인간 중심적이기 때문이다. 인간 중심이 되면 사람들은 어떻게 살아가는가? 인간 중심이라는 말에서 알 수 있듯이, 인간이 신이 되는 세상이 되고 만다.

사르트르가 그런 사람이다. 사르트르가 '즉자존재'와 '대자존재'를 말하는 근본적인 목적은 신의 부재를 말하면서 자신이 신이 되려는 것이다. 사르트르에게 인간의 최종목표는 신이다.[67] 그러나 그것이 실현될 수 없기에 '무용한 수난'이

---

67) http://shutterpress.net/b/tc/dahak/entry/사르트르와-신-노트-정리-1; 〈1. 사르트르의 문학론을 해설해놓은 논문에서 언급된 "대상의 도구화와 의식화"에 대한 언급을 보고 일상언어분석과 연관될 생각을 노트 정리해봤다. … 4. 그리고 나는 사르트르의 신 개념이 세상을 창조한 조물주로서의 신, 가령 야훼나 시바 같은 존재가 아닌, 무화작용을 하는 타인, 타자는 지옥이다라는 표어의 타자에 해당되는 은어로 보려고 함. 모든 것이 가능한 존재 = 신 = 무화작용을 하는 타자. 이에 대해서는 별도의 논증이 필요할 것 같다. 5. 무화작용이 자기 자신에게만 향하는 게 아니라는 점에서 심리주의적인 결정론의 실행자로서의 타자가 주체가 된다면, 그런 무화작용을 실행하는 사람들이 데리다나 라캉 같은 실력가들일

라 했다. 사르트르가 '타자'를 말하는 것은 그런 목표를 향해 나아가는 과정들이다. 왜 혼자 하면 안 되고 '타자'가 필요한 것인가? 그것은 언제나 인간이 타인과의 관계 속에서 의미와 통일성을 추구하기 때문이다. 인문학은 언제나 그것을 인간 안에서, 인간 스스로 만들어내려고 한다. 그러나 안 되는 것을 어찌하겠는가? 안 되는 것은 안 되는 것이다. 그러나 인간은 끝까지 그것을 시도한다. 안 그러면 죽은 것이라고 생각하기 때문이다.

공산주의는 어떠한가? 공산주의는 철저하게 무신론자이며 특히 기독교를 파괴한다. 잘 알다시피, 마르크스는 "종교는 인민의 아편"이라고 말했으며, 레닌은 "현대 종교는 노동 계급에 대한 억압에 그 뿌리를 두고 있다"고 주장했다. 김일성은 처음부터 "종교는 제국주의자들의 침략의 도구"라고 했다.68) 그러나 공산주의가 종교가 되었고 신이 되었다. 좌파들은 인간의 자유를, 언론의 자유를 말한다. 그런데 왜 북한에서는 인간의 자유가 없고, 언론의 자유가 없는가? 그들은 과도기라고 속인다. 그러나, 하나님을 저버린 곳에서는 그 무엇인가가 하나님을 대신하는 것이 반드시 세워지게 된다. 거기에는 억압과 폭력이, 음란과 타락이 일어나고 스스로 자멸하게 된다. 그러므로 하나님께서는 십계명을 말씀하시기 전에 서문을 통하여 이스라엘이 왜 이 계명을 지켜야 하는지 그 당위성을 말씀하셨다. 그 내용은 무엇인가?

1) 하나님께서는 주가 되시고 우리 하나님이 되시고 구속자가 되시므로

십계명은 인간의 윤리와 도덕이 아니다. 그것은 하나님의 하나님 되심을 증거하는 언약 백성의 삶이다. 그렇게 되기 위해서는 하나님께서 주가 되시고 구속자가 되신다는 것이 우선이다. 그것이 언약을 가능하게 하고 언약에 순종케 한다. 구원이 없는 언약은 의미가 없다. 성도는 의미와 통일성을 구원으로 이루어진 언약 안에서 누린다.

하나님께서 성도와 맺은 언약은 타자와의 관계 속에서 만들어 가는 실존과는

수 있다. 그 실력가들은 세상의 사태 흐름을 기획하고 사람들의 이해틀을 만드는 사람으로, 세상만사를 관장하는 신의 존재와 같다. 사르트르가 신이 되려고 한다라고 할 때의 그 신이라는 존재성은 실존 또는 현존이 바로 자기 자신을 무화하기보다 그 무에 대한 의식을 밖으로 향하도록 함으로써 타자에 대한 자유를 갖는, 신, 또는 "대자존재로서 또 다른 대자존재를 즉자화 하는 존재성"으로 승격한다는 뜻으로 보는 것임. 이렇게 이해해도 자기 자신을 향한 무화작용의 의미가 퇴색되지는 않는다. 왜냐하면 타자에 대한 자유는 타자를 타자에 대한 지옥으로 떨어뜨리는 것을 의미하기 때문. 어느 쪽을 택하든 신이 된다는 것은 자기기만의 한 유형으로 분류해도 될 것 같다. 그 실존적 주체가 심리주의적인 결정론의 대상이든 실행자이든 상관없이 양쪽 모두에게 적용되리라는 직관이 됨〉
68) http://www.konas.net/article/article.asp?idx=7200 김필재, 20세기 공산주의 대학살 연대기(年代記)①.

비교할 수 없이 풍성하다. 왜냐하면 인간은 한계 속에 있기 때문이다. 거기에는 인간이 주가 되고 인간이 구속자가 되어 있다. 인간이 인간을 구원할 수 있다고 소리치지만, 세상은 갈수록 부패해지고 타락해 가고 있으며 인간은 더 절망과 비참에서 헤어나지 못하고 있다. 나도 한계 속에 있고 타자도 한계 속에 있기 때문이다. 나도 타자도 죄인이기에 아무리 몸부림을 쳐도 죄의 속성만 드러나는 것을 어쩔 수가 없기 때문이다.

구원의 의미를 상실하면 언약을 저버리게 되고 세상의 종교와 철학과 사상에 빠지게 된다. 인간이 구원받아야 할 죄인이라는 것, 한계 속에 있는 존재라는 것을 상실하게 되면 자기 능력을 발휘해서 주인이 되는 종교와 사상에 휘둘리게 된다. 여호수아 말년에 이스라엘 백성들이 그랬다.

> 여호와께서 또 모든 백성 곧 이 땅에 거하던 아모리 사람을 우리 앞에서 쫓아내셨음이라 그러므로 우리도 여호와를 섬기리니 그는 우리 하나님이심이니이다(수 24:18)

여호수아는 그 말년에 배교의 징조를 보이는 이스라엘을 향하여 간곡히 당부했다. 오직 여호와 하나님만 섬기고 살며 이방 신을 섬기지 말라고 했다. 여호수아는 이스라엘 모든 지파를 세겜에 모으고, 여호와 하나님께서 지금까지 어떻게 구원하시고 인도하셨는지 증거 했다. 이스라엘은 무엇에 마음이 빼앗겼는가? 그것은 니체의 니힐리즘과 연관해서 생각해 볼 수 있다.

니체는 '능동적 니힐리즘'을 말하면서 모든 가치의 전환을 목표로 했다. 그것은 어떤 새로운 가치를 말하는 것이 아니라, 기존에 생각해 왔던 가치에 대한 규정을 바꾸었다. 가치정립의 원리가 바뀌었다는 것은 무엇인가? 이제는 더 이상 형이상학적인 가치 정립을 하지 않겠다는 것이다. 니체에게 그런 형이상학적이고 초감성적인 세계는 하나의 가상이다. 그러면 어떻게 하는가? '힘의 의지'로 사는 것이다. 그것은 생성 변화하는 지상의 세계만 인정하는 것을 철저히 자각하고, 무상함과 고통을 도피하는 것이 아니라 오히려 인정하고 자신을 강화하고 자신의 힘을 즐길 수 있는 기회로 전환할 수 있는 강인한 정신력이다. 오로지 '지금 여기', 이 지상의 세계만을 현실로 인정하며 기투하는 것이다.

여호수아 다음 세대는 그렇게 가치 정립 원리가 바뀌어 가고 있었다. 여호와 하나님의 구원과 언약에 기초한 삶을 저버리고, 가나안의 현실적 가치에 물들기 시작했고, 배교에 직면해 있었다. 그런 상황 속에서 여호수아는 하나님의 구원역사를 알고 여호와만 섬기고 살라고 간곡히 요구했다. 백성들은 그렇게 다른 신을 섬기지 않고 여호와만 섬기겠다고 대답했다. 여호와 하나님은 이스라엘을 구원하시고 언약을 맺어 그들의 주가 되셨음을 온 천하에 선포하셨다. 사도 바울은 언제나 힘주어 말했다.

> 우리 구주 하나님과 우리 소망이신 그리스도 예수의 명령을 따라 그리스도 예수의 사도 된 바울은 (딤전 1:1)

하나님께서는 성도를 구원하신 하나님이시다. 예수 그리스도는 그 구원을 이루시기 위하여 십자가에 못박혀 죽으신 주님이시다. 어느 누구도 그 구원을 베풀 수 없다. 구원은 우리 밖에서 주어진 것이지 우리 안에서 만들어 낸 것이 아니다. 오직 예수 그리스도만이 죄인들을 위하여 십자가에서 죽으시고 부활하셨다. 그 사실을 믿는 자들은 그 말씀에 순종하게 된다.

2) 우리가 마땅히 그분의 모든 계명을 지켜야 한다는 것입니다

십계명 서문이 언약의 기초라고 할 때, 그것은 자원하는 마음으로 언약의 책임을 감당하게 한다.

> 그런즉 네 하나님 여호와를 사랑하여 그 직임과 법도와 규례와 명령을 항상 지키라(신 11:1)

하나님의 율법을 준수하는 근본 동기와 태도는 무엇인가? 그것은 구원하여 주신 여호와 하나님을 사랑하는 것이다. 사랑이 없는 율법 준수는 위선이다. 하나님을 사랑하는 자는 하나님의 말씀을 순종하려는 열심이 있다.

중요한 것은, '수천 년 전에 하나님께서 이스라엘 백성들에게 주신 하나님의 법칙이 오늘날 우리에게도 유효한가?'하는 것이다. 시간적으로나 공간적으로나 인종적으로도 엄청난 간격과 차이가 있는 우리들에게 과연 이 계명이 필요한 것인가를 생각해야 한다.

제44문에서는 우리가 이 계명의 말씀을 지키는 그 근본적인 이유가 하나님이 우리에게 구원을 베풀어 주셨기 때문이라고 분명하게 말했다. 이스라엘 백성들은 출애굽이라는 엄청난 역사적 사건 속에서 어린 양의 대속적인 죽음으로 구원을 받았기 때문에 이 말씀을 지켰다. 오늘날 우리들은 우리의 죄 때문에 예수님께서 십자가에서 죽으시고 살아나시어서 우리에게 구원을 주셨기 때문에 마땅히 이 말씀을 지킨다. 하나님께서는 구원 얻은 자기 백성들에게 빛 가운데 행하도록 하기 위하여 이 계명을 말씀을 주셨다. 예수님 안에서 성령님을 좇아 사는 사람들은 이제 이 율법을 지켜가게 된다.

르네상스를 지나면서 사람들은 하나님 없는 삶을 살았다. 그러나 놀랍게도 인간은 하나님의 간섭이 없는 세계 속에서 불안에 떨어야 했고 지금도 불안해하고 있다. 삶의 중심을 잡아줄 기준을 상실했기 때문이다. 데카르트는 그런 시대적 분위기 속에서 절대적이고 확실한 지식, 곧 진리를 찾기 위해 노력했다. 그는 모든 것을 의심하는 방법을 택했다. 그러면서 모든 것을 의심하고 의심해 보아도 의심하고 있는 자기 자신은 의심할 수 없다는 것을 발견했다. 그래서 데카르트는 "나는 생각한다. 고로 존재한다"고 말했다. 생각하는 인간의 이성이 기준이 되어버렸다. 그리하여 이성의 능력으로 알아낼 수 있는 지식만이 참된 지식이라고 여겼다.

니체는 인간의 욕망을 억압하는 신에 대해 "신은 죽었다"고 말했다. 그는 기독교가 인간의 욕망, 인간의 본성을 신이라는 이름으로 억압했던 것을 비판하고, 인식의 기준으로 인간의 본성 자체와 삶 자체로 인정해야 한다고 주장했다. 현대철학에 이르기까지 수많은 사람이 이성으로 사는 인간 승리의 삶을 주장했지만 그렇게 말한 사람도 자살해 죽거나 우울증에 걸리면서 자기 자신도 그렇게 살지 못했다. 자기 자신도 그렇게 분열을 일으키면서 어떻게 다른 사람들에게 그렇게 살라고 할 수 있는가? 그것은 현대철학과 사상의 죽음을 말한다. 현대인들은 지적인 파산에서 영적인 파산으로 종지부를 찍었다. 인간은 궁극적이고 절대적인 가치가 될 수 없기 때문이다.

십계명을 지킨다는 것은 현대철학의 그런 총체적인 파산을 인정하는 것이다. 우리 안에는 인간의 비참함에 대한 해결책이 없으며 우리 밖에서 우리를 구원하신 성경의 하나님만이 유일한 소망이라는 것을 고백하는 실제적인 삶이다. 하나님이 없으면 인생은 아무것도 아니라는 것을 확인하는 것이 십계명이다. 십계명은 하나님이 없으면 사망이요 존재할 이유가 없다는 것을 말한다. 하나님이 없으면 가치도 의미도 없다는 것을 말한다. 죄의 본성은 끊임없이 하나님 없는 자율성으로 살아가려고 하나, 십계명은 그것이 불가능하다는 것을 드러낸다.

인간은 스스로 자기 존재에 가치와 의미를 부여할 수 있는 것처럼 당당해지고 싶어 한다. 조금이라도 여유가 생기거나 틈이 나면 언제 그랬냐는 듯이 "내 인생은 나의 것"이라고 아우성을 친다. 여호와 하나님의 주되심을 한시라도 벗어나고 싶어 한다. 어떤 사람들은 예수님께서 율법을 지키셨고 그 율법을 완성하셨기 때문에, 그 공로로 인해 하나님 앞에 책임 있게 살아갈 필요가 없다 말하기도 한다.

그런 사람들에 대해서, 김홍전 박사는 다음과 같이 말했다.

> 하나님의 법을 이행해야 할 신성한 의무
> 하이퍼 칼비니즘(Hyper-Calvinism)의 주장은 '예수님께서 내가 살아야 할 의로운 생활을 다 사셨다. 그의 의의 공로를 내가 힘입음, 즉 내 생활이 부족하고 잘못을 많이 했을지라도 하나님께서는 예수님이 사신 그 의의 생활을 보시고 나를 의롭게 하신다. 나 자신의 죄에 대해서 하등 힐책과 힐문을 받을 일이 없이 전부 그대로 의롭다고 용납되고 그렇게 인정해 주신다.'는 것입니다.
> 이 사상이 칼빈주의에서만 나온 것이 아닙니다. 이러한 종류의 사상은 일종의 경건주의 운동파에서도 많이 나왔고, 한국에 흔히 돌아다니는 배제주의(配劑主義), 곧 세대주의(dispensationalism)를 가진 많은 사람들에게도 상당히 뻗어 있습니다. 라디오에서도 그렇게 전도 방송한다는 얘기를 들은 적이 있습니다.[69]

구원받은 자라도 하나님 앞에 거룩하게 살아가야 할 의무가 있다. 그 의무를 던져버리고 벗어나려고 하는 사람들이 지나간 역사에서 끊임없이 있어 왔다. 우리가 율법에 대해서 죽어 율법의 정죄에서 벗어났으나, 하나님의 거룩하신 뜻을 드러내신 율법은 우리 앞에 변함없이 서 있다. 하나님의 율법을 지켜 행하는 것은 우리의 삶에서 거룩함을 드러내는 성도의 본분이다.

상을 받거나 벌을 받는 조건으로 행하는 것이 아니다. 죄와 사망에서 해방되어 하나님의 자녀가 되었기 때문에 행해야 하는 삶의 원리이며 존재하는 방식이다. 그것이 삶의 원리요 존재하는 방식이라는 것은 인간의 삶이 하나님의 계시의 말씀에 순종하고 살 때만 의미와 통일성이 있다는 뜻이다.

존재하는 방식이라는 것은 구원받았다는 것이 다만 죄와 사망에서 벗어났다는 것이 전부가 아니라는 의미다. 성도는 하나님께서 원래 창조하실 때에 의도하셨던 그 목적으로 회복되어야 한다. 그것은 언약 안에서 하나님의 말씀대로 신실하게 살아가며 하나님의 영광을 나타내는 거룩한 삶을 사는 것이다.

---

[69] 김홍전, 현상에 대하여(2권) (서울: 성약출판사, 1996), 188-189; 영역주권 사상을 펼치는 사람들은 이런 말에 대해서 어떤 반응을 보일까?

제45문 제1계명은 무엇입니까? (대103)
답: 제1계명은 "너는 나 외에는 다른 신들을 네게 두지 말라."입니다.[70]

지금 우리는 십계명의 제1계명을 대하고 있다. 이 계명 앞에서 우리는 어떤 현실과 직면하고 있는가? 이스라엘 백성들이 가나안과 이방인의 종교의 미혹에 직면했었다면, 오늘 우리는 어떤 미혹을 받고 있는가?

윌리엄 제임스가 『종교적 경험의 다양성』 (부제: 인간 본성에 대한 연구)이라는 책에서 말하듯이 하나님은 그저 인간이 만들어낸 존재에 불과할까? 제임스가 말하는 종교의 의미는 인간의 마음속에서 우러나온 종교적 경험의 표현이 공통적으로 깔려 있다는 것이다.

인간이 이런 이론을 만들어내는 이유는 오직 하나다. '하나님이 주인이다'를 '인간이 주인이다'로 바꾸는 것이다. 그 일에 가장 대표적인 사람은 스피노자다. 스피노자에게 있어서 신이란 인간이 가진 생산력이고 창조력이다. 그것은 인간이 곧 신이기 때문이다. 스피노자의 『에티카』는 인간이 주인이 되는 윤리학을 부르짖는다. 그 핵심은 인간의 신성이다!

> … 정신이나 신체는 신이 갖고 있는 각각의 속성이 변한 형태라고 할 수 있는데, 이때 우리는 신과 양태 사이의 관계가 갖는 성격에 대해 의미심장한 것을 깨닫게 된다. 양태들은 신의 창조물인데 그 창조의 방식이나 창조의 통로가 바로 신의 속성들이라는 것, 그 속성들의 특정한 변용이라는 것. 신의 속성과 상관없이 창조된 피조물이 아니라 정확히 (신의 본질을 구성하는) 속성들의 변용이라는 것. 이것을 단서로 신이 만물을 창조하는 방식, 그리고 신과 만물의 관계를 더 구체적으로 살펴보도록 하자. 스피노자의 표현을 들자면, "존재하는 것은 무엇이든지 신 안에 있으며, 신 없이는 아무것도 존재할 수도 파악될 수도 없다"(1부, 정리15)고 할 때, 과연 어떤 방식으로 신 안에 존재하는지 알아보자는 것이다.[71]

스피노자는 약한 지성과 강한 상상력 때문에 미신이 발생한다고 보았다. 사건의 인과관계를 이해하지 못할 경우 상상력이 발동되어서 미신을 만들어낸다고 말했다. 어떤 사람이 벼락에 맞아 죽었을 때, 기상현상을 이해하지 못하면 상상력을 동원해서 '이 사람이 무슨 죄가 있었구나, 그래서 신이 벌을 내렸구나'하고 생각하게 되어 자연법칙이 상상력으로 말미암아 복종을 요구하는 신으로 변질된다고 했다.

---

[70] Q. 45. Which is the first commandment? A. The first commandment is, Thou shalt have no other gods before me.
[71] 이수영, 에티카 자유와 긍정의 철학 (파주: 오월의 봄, 2013), 71-72.

스피노자는 이런 예속으로부터 벗어나는 길은 무엇이라고 했는가? 그것은 합리적 질서를 파악하는 것이다. 괜한 상상을 하지 말고 사건의 원인을 바르게 찾으면 된다는 것이다. 스피노자에게 신은 그저 상상력의 소산물에 불과했기 때문이다. 자연 안에 사물들의 질서가 있고 거기에 대응하는 관념들의 질서가 있다고 보았다. 그러니 자연이 곧 신이 되어 버린다. 자연의 질서, 곧 신의 질서를 바르게 이해하는 자는 신에 대한 사랑은 있어도 복종은 없다 했다. 그렇게 되려면 신이라는 대상이 '의지'가 있어야 하는데 자연은 그런 의지가 없다. 인간 자신도 자연의 일부, 곧 신의 일부이기 때문에 현실과 자신을 긍정할 수는 있어도 예속될 필요는 없다는 것이다. 신이 외부의 대상이 아니기 때문에 신을 사랑한다는 것은 자신을 사랑하는 것이라 말하게 된다.

스피노자가 말하는 것처럼 인간이 그 지성으로 과연 역사와 세계를 인과율적으로 잘 파악할 수 있는가? 인간이 그런 능력을 가지고 있다고 자부하고 스스로 신이 되어 오늘을 긍정하며 살아갈 수 있는 존재인가? 스피노자는 5살 때부터 유대 신비주의인 카발라에 깊은 관심을 보였다. 또한, 그의 범신론은 르네상스시대 이탈리아 천문학자 조르다노 브루노의 '무한우주론'을 발전시켜 범신론(汎神論, pantheism)을 정립한 것이다.

이런 부르짖음을 더 현대적으로 말한 사람이 들뢰즈(1925-1995)다. 들뢰즈의 핵심 키워드는 '욕망'이다. 들뢰즈는 1968년 5월 프랑스혁명에 감격했는데, 이 프랑스 혁명이 들뢰즈의 사상에 큰 영향을 주게 된다. 비천하다고 유약하다고 했던 비주류들인 방랑자들, 여성들, 흑인들, 약자들이 일어나는 것을 보고 새로운 가능성을 발견한 것이다. 들뢰즈는 그런 사람들 속에서 기존의 자본주의적 질서를 뒤엎을만한 역동적인 힘을 발견했다. 그러나 혁명은 실패로 돌아갔다. 여기서 들뢰즈는 고민했다. '왜 실패로 돌아갔는가?' 들뢰즈의 목표는 그것을 비판하고 분석하면서 그것을 극복하는 철학을 말했다.

들뢰즈는 5월 혁명의 실패를 반성하면서 거기에는 오이디푸스적인 욕망이 지배적으로 작동하고 있다고 보고, 프로이트의 '오이디푸스 욕망'을 비판했다. '오이디푸스 욕망이 지배적으로 작동하는 이유가 무엇인가?' 그것을 찾아내어 오이디푸스적 욕망체계를 뒤엎는 새로운 욕망체계를 내놓는 것이 들뢰즈 철학의 일차적 목표였다. 들뢰즈는 그것을 뒤엎기 위해 『앙띠 오이디푸스-자본주의와 정신분열증』이라는 책을 가타리와 함께 썼다. 들뢰즈는 이 책을 통해 억압체계

순응체계를 합리화하는 욕망이론이 오이디푸스 욕망이라고 말했다. 앙띠오이디푸스라는 것은 프로이트적 욕망체계가 가진 억압과 순응의 메카니즘을 비판하고 넘어서려는 것이다.72)

들뢰즈는 지배적 질서, 기득권적 질서, 억압적 질서를 합리화하는 것이 오이디푸스적 욕망이라고 보고, 그것을 뒤엎는 길을 제시한 것이 들뢰즈의 생각이다. 들뢰즈는 "욕망은 어떤 것의 결핍이 아니라 스스로 끊임없이 창조하고 생산하는 힘"이라고 말하며, "욕망하는 기계"라고 말했다. 여기서 기계란, "주체를 대신해 사람도 아니고 생물도 아닌 것의 중성 이미지와 끊임없이 생산하고 역동적으로 변화하는 욕망의 이미지를 표현한 것"이다. 목적도 절차도 지향도 없이 생산만 있다고 파악했다.73) 들뢰즈의 욕망은 의식에 속한 것이 아니라 무의식에 속한 것이며 질적인 속성이 아니라 양적인 속성이다. 욕망은 새로운 것을 생산하고 창조하려는 무의식적 의지라고 말했다.74) 그렇게 되면 인격성이 없어지게 되므로 들뢰즈는 결국 인간마저도 다 해체해 버린다. 들뢰즈의 욕망은 비인격적이고 무의식적이라 하며 오로지 모든 개체를 욕망하고 생산하는 것으로만 파악한다. 인간이 다만 끝없이 생산하는 욕구만 있을 뿐이고, 그 속에 어떤 목적이나 원리에 의하여 움직여지지 않는다고 말하면 인간의 삶은 어떻게 될까? 놀랍게도 들

---

72) http://www.youtube.com/watch?v=hdc85_OQuOU/ 들뢰즈 철학의 이해 - 제15강 포스트모더니즘과 욕망 (111203); 〈반오이디푸스적 관점이라는 것은 무엇일까〉 오이디푸스적 욕망이란, 인간은 태어나자마자 엄마의 사랑을 남근기가 되면 독차지하려고 한다. 그러나 방해꾼이 있다. 아버지가 있다. 인간은 태어나자마자 욕구가 좌절된다. 결핍이 발생한다. 오피주스적인 욕망구조에는 출발부터가 좌절과 결핍으로부터 시작된다. 근친상간의 욕망이 생겼다가 부친살해, 아버지를 제거하고 싶은 욕망까지 간다. 그러나 근친상간의 욕망이 좌절되고 부친살해 욕망도 좌절된다. 결핍을 느낀다. 어떻게 하나? 대책이 없으니, 전략을 바꾼다. 자기가 아버지처럼 되어 어머니 같은 여자를 얻거나, 어머니의 사랑을 독차지 하거나, 그래서 동일시를 통해서 오이디푸스적 욕망을 극복하면서 정상적인 어린이로 넘어선다. 그 넘어서기 전까지 아버지에 대한 동일시가 있다. 아버지를 쫓아가려는 것은 선망이다. 아버지에 대한 적개심과 선망이 교차한다. 그것은 분열이다. 인간은 어려서부터 분열적 요소에 시달린다. 분열적 요소가 동일시에 의하여 극복되고, 아버지의 권위, 아버지의 가치관을 배우면서 순응해 간다. 억압적인 메카니즘이 순응적인 메카니즘으로 결합되면서 욕망이 승화되는 것이지만, 그것이 프로이트식으로 말하면 초자아가 발생하면서 이른바 순응의 체계가 확립이 시작된다. 순응하면서 자기가 근친상간하고 부친살해에 대한 가책 죄의식이 남는다. 늘 가책과 죄의식에 시달리면서 욕망을 참아야 한다는 것이 내면화되면서 초자아의 억압을 받는다. 그러나 어떻게 보면, 욕망이 좌절되고 순치되는 것인데, 그런 것들이 잘 적응했군만, 질서가 잘 잡혔군만 이렇게 합리화한다는 거다. 들뢰즈는 그런 것이 마땅치 않다는 거다. 그리고 그런 가족화된 욕망 속에서 형성된 것을 프로이트 이론은 사회까지 적용한다. 사회성장에서 우리 개인들은 욕망을 가진다. 내 뜻대로 하고 싶으나 그러나 그렇게 하지 못한다. 사회적 억압이 이루어진다. 저항하지만 넘어설 수 없다. 그러니까 관습과 사회적 억압에 적응한다. 적응하면서 도덕적 인간, 윤리적 인간이 되면서 질서에 참여하게 된다. 그런 식으로 프로이트적 욕망을 생각하면 사회적 메카니즘이 잘 설명한다.〉
73) http://cfile214.uf.daum.net/attach/2502A63A51F6886334B443
74) 남경태, 누구나 한 번쯤 철학을 생각한다 (서울: Humanist, 2012), 595.

뢰즈는 1995년 11월 자신의 아파트에서 뛰어내려 자살하였다. 들뢰즈의 자살이 말해주는 것이 무엇인가?

들뢰즈는 탈코드화, 탈영토화를 말하는데, 자본주의가 제시하는 획일적인 욕망에 굴종적인 삶, 코드화되고 질서화된 것에서 벗어나서 무의식적이고 무목적으로 일어나는 욕망으로 살아가는 것이 인간 본래의 모습이라 했다.75) 그것이 바로 자본주의를 전복시키는 존재 방식이라고 말했다.76) 기존의 질서를 오이디푸스의 욕망으로 보고, 코드화된 세계를 벗어나는 그 해결점을 무엇이라 했는가? 무의식적인 욕망을 있는 그대로 표출하는 것이다. 들뢰즈는 그것을 혁명이라고 했지만, 그러나 그렇게 말한 들뢰즈 자신이 붕괴해 버리고 말았다.77) 통제되지 않은 인간의 욕망은 죽음밖에 없다는 것을 말해준다.78)

하나님과 하나님의 명령에 대하여 반역하는 인간은 언제나 탈영토화를 시도했

---

75) Ibid., 605-607; 〈들뢰즈와 가타리는 탈코드화 되고 탈영토화 된 운동을 리좀(Rhizome)이라는 용어로 비유한다. 리좀이란 뿌리를 닮은 줄기를 뜻하는데, 단일한 뿌리를 중심으로 하는 나무 구조의 위계성과 대비되는 복수성을 나타낸다. … 탈주의 꿈은 기본적으로 노마드(nomad, 유목민)의 것이다. 이들은 정착민의 속성인 국가 사회에 내재화되기를 거부하고 늘 국가 외부로 탈주하는 성향을 지닌다. … 들뢰즈와 가타리가 꿈꾸는 새로운 차원의 혁명은 탈코드화 탈영토화를 향한 노마드의 혁명이다. 이것은 억압되지 않는 욕망을 있는 그대로 좇는 혁명이며, 욕망의 흐름을 자연스럽게 표출하는 혁명이다. "욕망은 혁명을 바라지 않는다. 욕망 자체가 혁명적이다." 혁명적 힘은 욕망을 현실과 접속하는 데서 나오는 것이지, 욕망을 표상의 형태로 환원하여 재영토화하는 데서 나오지 않는다. … 탈현대적 혁명의 주체는 계급의식으로 무장된 집단이 아니라 무의식적 욕망을 있는 그대로 표출할 줄 아는 집단이다. 현실적으로 보면 그들은 재영토화의 논리가 가장 약한 사회 주변부에 위치한 집단이다. 예를 들면 장애인이나 동성애자 같은 사회적 소수자, 히피나 보헤미안 같은 사회의 아웃사이더가 그들이다. …〉
76) 네이버 지식e서; 탈영토화(脫領土化 , Deterritorialization) 들뢰즈와 가따리는 정신분석학의 주체 이론의 핵심은 다음과 같다고 보고 이를 비판한다. 오이디푸스 콤플렉스가 주체성 형성에 있어 핵심적이며, 따라서 주체에는 근본적으로 거세의 위협이 새겨져 있고 욕망은 늘 어떤 결여에 의해서만 작동된다는 것이 정신분석학 이론이다. 들뢰즈와 가따리는 욕망이란 늘 아버지와 어머니와 주체라는 오이디푸스 삼각형 속에서만 결여로서 작동한다는 구도를 붕괴시키고 욕망하는 기계라는 개념을 도입한다. 욕망하는 기계가 가지는 욕망은 결여에 의해서가 아니라 생산에 의해서 그 본질이 규정된다. 생산으로서의 욕망은 이데올로기와 재현의 형태 속에 갇힌 욕망이 아니라 대상에 직접적으로 투자되는 욕망이다. 탈영토화는 이러한 욕망을 풀어주는 작용을 의미한다. 탈영토화를 거치면서 주체와 대상 사이의 구분이 사라지고 다만 여기저기서 다만 생산하는 욕망들이 분출한다. 들뢰즈와 가따리의 또 다른 공저 『카프카』는 프란츠 카프카의 글쓰기가 탈영토화의 중요한 한 예임을 보여주며, 『천 개의 고원』은 탈영토화 개념의 이론적인 완성에 도달한다. 모든 코드들을 한데 뒤섞어 버리는 것을 이념으로 하는 탈영토화 개념은 결국 정신분석학과 공모하여 착취를 심화시키는 자본주의를 전복시키는 존재 방식, 즉 정신분열증 개념을 확충하기 위해 동원된 것이다.
77) 남경태, 누구나 한번쯤 철학을 생각한다 (서울: Humanist, 2012), 607; " 안타깝게도 구주조의-포스트구조주의 철학자들은 이념이나 이론과 달리 개인적으로는 혁명에 접근하지 못하고 붕괴해 버린 삶을 보여주었다. 알튀세르는 정신착란 속에서 평생의 동지였던 아내를 교살하고 정신병원에서 생을 마쳤고, 푸코는 에이즈로 사망했으며, 들뢰즈는 일흔의 나이에 투신자살로 삶을 마감했다. 탈현대의 탈주를 꿈꾸었으나 정작 그들의 생애는 자기 파괴적 탈주에 그치고 만 것이다."
78) 19 마음에서 나오는 것은 악한 생각과 살인과 간음과 음란과 도적질과 거짓 증거와 훼방이니 20 이런 것들이 사람을 더럽게 하는 것이요 씻지 않은 손으로 먹는 것은 사람을 더럽게 하지 못하느니라 (마 15:19-20)

지만, 거기에는 비인격화된 기계밖에 남지 않으므로 의미와 통일성을 상실한 인간은 자멸할 수밖에 없었다. 하나님께서 하나님 외에 다른 신들을 두지 말라는 것은 그런 자멸로 가는 길을 원치 않으시기 때문이다.

> 너는 나 외에는 다른 신들을 네게 있게 말지니라(출 20:3)[79]

이 첫 계명은 언약의 주가 되시는 여호와 하나님만 예배하라는 것이다. 우리와 세계에 대한 주권자이시기 때문이다. 여호와 하나님께서 우리의 하나님으로 나타나실 때 아버지의 부성적 사랑으로 나타내신다. 그것이 하나님의 선하심이다. 하나님께서는 자기 백성에게 말씀하시되 공포와 강요와 억압으로 오시지 않으셨다. 그러나, 이스라엘은 주님을 멸시했다.

> 내 이름을 멸시하는 제사장들아 나 만군의 여호와가 너희에게 이르기를 아들은 그 아비를, 종은 그 주인을 공경하나니 내가 아비 일진대 나를 공경함이 어디 있느냐 내가 주인일진대 나를 두려워함이 어디 있느냐 하나 너희는 이르기를 우리가 어떻게 주의 이름을 멸시하였나이까 하는도다(말 1:6)

선지자는 제사장들의 죄를 지적했다. 그들은 여호와를 공경한다고 하면서도 죄를 짓고 있었다. 그들은 자신들이 죄를 지으면서도 죄를 깨닫지 못하고 하나님을 두려워하지도 않았다. 하나님을 멸시하면서도 그 죄를 몰랐다.

하나님께서는 하나님께 합당한 영예를 돌리기를 원하신다. 하나님께서는 주님으로서 합당한 존경심과 공경심을 가지기를 원하시며, 하나님께서는 아버지로서 친밀한 방식으로 자기 백성을 택하시고 섭리해 가신다는 것을 알고 우리를 하나님의 손에 맡기기를 원하신다. 옛 언약하에 있는 백성들에게 역사하신 것보다 새언약의 백성들에게는 더욱 크게 그 은혜를 나타내셨다. 그것은 우리 죄를 인하여 예수 그리스도를 십자가에 못 박아 죽게 하신 것이다. 그러니 우리는 더욱 더 큰 감사와 기쁨으로 하나님께 친밀히 다가가며 경배해야 할 것이다! 우리의 기쁨은 외적인 환경과 구조가 개선되는 것이 아니라 인간 본질의 변화에 있다. 그 변화는 하나님께서 이루신 구원과 언약으로 이루어진 것이기에 하나님을 사랑하며 경외하게 된다. 이것이 하나님 백성의 참다운 경건이다. 그러나 그 은혜는 무한하여 헤아리기 어려워 시편 기자는 이렇게 말했다.

---

[79] 나 외에는 위하는 신들을 네게 있게 말지니라(신 5:7)

> 여호와 나의 하나님이여 주의 행하신 기적이 많고 우리를 향하신 주의 생각도 많도소이다 내가 들어 말하고자 하나 주의 앞에 베풀 수도 없고 그 수를 셀 수도 없나이다(시 40:5)

이스라엘 백성들을 애굽에서 인도해 내신 하나님께서는 죄와 사망에 빠졌던 우리를 예수 그리스도의 십자가 피로써 죗값을 지불하시고 건져주셨다. 그렇게 구원하신 백성들을 의롭고 경건하게 살아가도록 하시는 첫 번째 말씀은 여호와 하나님만 섬기는 것이다. 인간의 본성, 인간의 욕망대로 살아가는 삶은 그 욕망을 실현코자 우상을 만들고, 결국은 죄와 타락으로 멸망하기 때문이다. 그러므로 하나님께서는 자기 백성들을 하나님께 붙들어 두시고 하나님의 주권 속에 참된 평안을 누리며 살기를 원하신다.

왜 십계명의 말씀 끝에 "말찌니라"고 하셨는가? 왜 이런 부정적인 말을 각 계명에서 말씀하셨는가? 그것은 하나님 안에 들어와 있는 자리가 가장 복된 자리이며 이 복에서 벗어나지 말아야 하기 때문이다. 이렇게 하나님의 언약의 백성된 신분은 언약 밖에서 인간이 자기 스스로의 힘으로 살아가는 삶과는 비교되지 않는 최고의 복을 누리는 위치이기 때문에 그 복된 신분에서 벗어나지 말라는 것이다. 성도는 이미 복된 자리에 들어와 있다. 하나님께서 이 구원의 복된 자리에 이르게 하기 위하여 예수 그리스도를 십자가에 죽게 하셨으며, 성령 하나님께서 변함없이 인도해 가시는 복된 생명이다. 이 복된 언약의 공동체를 지키는 길로 나아가야지 그것을 깨뜨리는 자리로 나가서는 안 된다는 것이다.

이 말은 다른 의미로, 하나님께서는 하나님의 계획과 목적하시는 대로 이끄시기 위하여 인도하시기 때문에 이 세상 어느 누구와도 경쟁하거나 싸워야할 대상이 아니라는 뜻이다. 하나님께서 만나게 하시는 사람들이며 하나님께서 그 사람을 통하여 일하시며 그 사람들을 사랑해야 할 자로서 존재케 한다는 것을 말해준다. 그것은 다만 사람만이 아니라 어떤 환경과 조건에서도 하나님의 백성으로 살아가는 것을 외면치 마라는 뜻이다.

십계명의 말씀 끝에서 "말찌니라"고 하셨지 "막아 주리라"는 없다. 하나님의 인도와 보호하심이 없다는 말이 아니다. 하나님만을 주인으로 섬기며 그 언약 안에 살아갈 때, 그 은혜와 복에서 벗어나게 하려는 사탄의 악한 궤계와 술수에 대하여 우리는 싸워가야 한다. 하나님께서 자기 백성을 의의 길로 인도하시며 우리가 알지 못하는 초월적인 간섭이 있다. 그러나 성도의 생애는 하나님의 백성다움으로 훈련되어지고 연단 받는 길이다. 성도는 그 일을 위해 기도하며 하나님의 도우심을 구하며 싸워가야 한다.

왜 우리가 그 싸움을 해야 하는가? 십계명을 주신 하나님은 이스라엘을 구원하신 하나님이시기 때문이다. 성도는 죄와 사망에서 구원하여 주신 하나님만을 섬기고 사는 자들이기 때문이다. 성도들이 믿고 따르는 하나님은 창조와 구원의 하나님으로 시작한다. 창조와 구원을 벗어난 하나님은 성경에서 말하는 하나님이 아니다. 그러므로 제1계명을 지키는 것은 율법 전체를 지키는 것이다. 반대로, 제1계명을 어기는 것은 율법 전체를 어기는 것이다.[80]

그것은 또한 애굽과 관련된 일이었다. 애굽에는 많은 신들이 있었으나 그 신들은 인간의 풍요를 위하여 만들어낸 신이었다. 그러기에 그 신들은 참신이 아니었으며 이스라엘을 구원에 이르게 할 수 있는 신이 아니었다. 그 신들이란 인간의 욕망을 외현화한 것에 불과했기 때문이다. 하나님께서는 이스라엘이 그렇게 욕망의 종으로 살다가 죽기를 바라지 않으셨다.

인간은 끊임없이 자기 존재의 의미와 목적을 찾으려 한다. 하이데거는 인간을 확정되거나 완성된 존재가 아니라 자기 양심껏 자유롭게 만들어가는 '가능존재'라 했다. 그러나 대부분의 사람들은 이런 실존의 자유를 버리고 타인의 지시를 따라 살아가며 그런 삶을 좋아한다. 하이데거는 그 틀을 깨고 '참된 나'를 찾으라고 말했다. 현대인들이 하이데거에 여전히 집착하는 이유는 무엇인가? 그것은 모든 것의 해체를 주장하는 시대이지만, 그렇다고 '나'라는 존재를 무의미한 상태로 흘려보내고 싶지 않기 때문이다. 그러나, 현대인들은 혼란스럽고 절망에 빠져있다.

하나님께서 우리를 구원하신 것은 죄와 사망에서 구원하신 것이다. 그것은 우리 스스로 삶의 의미와 통일성을 만들어 가는 것이 아니라 우리 밖에 살아계신 여호와 하나님으로부터 공급받고 사는 것이다. 그것은 여호와 하나님의 말씀을 따라 언약 속에 살아가는 거룩한 삶이다. 하나님과 그 말씀을 벗어나면 인간은 자기 욕망을 실현하기 위하여 도약을 감행하며 수많은 우상을 만들어낸다. 그것이 허구인 것을 알게 하는 것이 여호와의 구원이다. 그러므로 성도들은 하나님만 섬기고 살며 그리스도의 피의 공로를 찬송하며 기뻐한다.

---

80) 코르넬리스 프롱크, **십계명**, 임정민 역(서울: 그책의사람들, 2013), 30.

제46문 제1계명에서 요구하는 것은 무엇입니까? (대104)
답: 제1계명이 우리에게 요구하는 것은, 하나님께서는 유일하신 참 하나님이심과 우리의 하나님이심을 알고 인정하는 것과, 그리고 합당하게 그를 경배하고 영화롭게 하는 것입니다.[81]

소위 실존주의 하면 떠오르는 인물 중에 한 사람이 하이데거다. 그는 니체의 사상을 파시스트적으로 해석한 에른스트 융거(Ernst Junger, 1895-1998)의 영향을 받았다. 사람답게 사는 길이란 전쟁과 노동에 뛰어드는 것이라고 생각했다. 그런 영향을 받은 하이데거는 1933년부터 1945년까지 히틀러의 나치당에 자발적이고 지속적으로 기부금을 헌납했다. 그런 공적으로 당원번호 312589를 받은 열렬한 나치당원이었다. 그뿐만이 아니다. 하이데거는 1933년 5월 1일 나치당에 입당하면서 프라이부르크 대학 총장으로 선출되었다. 같은 해에 하이데거는 "오직 히틀러 총통만이 독일의 진정한 현실이자 법"이라고 연설했으며,[82] 라디오 방송과 다른 매체를 통해서 학생들과 독일 국민들에게 나치 혁명에 대한 지지와 참여를 호소했다.[83] 독일 실존주의 철학자 야스퍼스조차도 하이데거의 이런 행동에 충격을 받았다. 그러나, 하이데거는 죽을 때까지도 나치즘에 적극적으로 합류한 일에 대하여 침묵하고 변명함으로 사람들의 분노를 샀다.

하이데거가 나치즘에 열렬하게 뛰어들었던 이유는 나치즘과 하이데거의 철학에는 어떤 유사성이 있기 때문이다. 서울대학교 박찬국 교수는 『하이데거와 나치즘』에서 핵심적인 몇 가지를 말한다. 첫째, 하이데거는 근대 기술 문명에 대하여 비판적이다. 하이데거는 근대 기술 문명에 대해 부정적이다 못해서 혐오스러워했는데, 그것이 하이데거 자신을 나치즘으로 이끌고 후일에 나치즘을 비판하는 근거도 된다. 두 번째로, 민주주의를 부정하며 엘리트주의를 부르짖는다.[84]

---

81) Q. 46. What is required in the first commandment? A. The first commandment requireth us to know and acknowledge God to be the only true God, and our God; and to worship and glorify him accordingly.
82) http://www.ohmynews.com/NWS_Web/view/at_pg.aspx?CNTN_CD=A0000137033/, 박찬국 『하이데거와 나치즘』, 「하이데거의 나치 참여를 문제 삼는다」(Aug. 4. 2003.).
83) 강신주, **철학 vs 철학** (서울: 그린비, 2012). 314; 〈독일 교직원 여러분, 그리고 독일 민족 여러분! 독일 민족은 지금 영도자로부터 투표하라고 소환되었습니다. 그렇지만 영도자께서는 우리 민족에게서 어떤 것도 원하지 않으십니다. 차라리 그분께서는 우리 민족에게 모든 것을 가장 탁월하게 결정할 수 있는 가능성을 제공하고 계십니다. 전체 우리 민족이 우리 민족으로서의 현존을 원하는지 원하지 않는지의 여부를 결정할 수 있는 가능성을 말입니다. 「독일의 남성들과 여성들이여!」〉
84) 박찬국, **하이데거와 나치즘** (서울: 문예출판사, 2001), 168; 〈하이데거의 사상은 기본적으로 "다수의 지배는 무용하다. 한 사람이 결단을 내리고 책임을 져야만 한다"는 아리스토텔레스의 생각에 입각해 있다고 볼 수 있다. 하이데거는 사

세 번째로, 독일민족만이 유럽을 구원할 수 있다는 국수주의자였다.[85] 중요한 것은 하이데거만 그렇게 생각한 것이 아니라는 것이다. 그것은 그 당시 독일의 멘탈리티였다.

하이데거에게 히틀러는 무엇이었는가? 『동일성과 차이』에서, "존재는 '밝히면서 건너옴'으로 스스로를 내보인다. 존재자로서의 존재가 자체는 '밝혀져 있음 속에서 다가와 그 안에서 스스로를 간직하는 도래'라는 방식으로 나타난다"라고 말했다. 집안에 불을 켜면 방안이 밝혀지고 그 집안에 있는 사물들은 그 불빛에 의해 자기 모습이 드러난다. 이처럼 존재가 불빛으로 나타나서 존재자들의 모습을 드러내게 하는 존재가 바로 히틀러였다. 하이데거에게나 독일국민에게 히틀러는 메시아였다. 히틀러가 세상을 밝혀주기 때문에 독일 국민들은 자신들이 누구인지 알게 되었기 때문에 나치즘에 열광했다.[86]

하이데거는 1936년 이후로 나치즘을 자유주의나 볼셰비즘과 마찬가지로 인간의 고유한 존재와 가치를 박탈하는 니힐리즘의 한 형태로 보았다. 앞서 말했듯이, 자신의 기술 문명에 대한 비판으로 나치즘을 다시 비판했다.[87] 하지만, 나치즘을 비판하는 하이데거의 준거틀이 변한 것은 아니었다. 열혈 나치당원이었던 하이데거의 이념이었던, "나치즘의 위대함과 내적인 진리"를 준거로 실제의 나치

실상 죽을 때까지 그러한 생각을 버리지 않았다.〉

[85] Ibid., 28; "하이데거는 그의 사유 도정 전체에 걸쳐서 국수주의적이라고 말할 수 있을 정도로 독일 민족이 갖는 역사적 사명과 독일어의 근원적이고 철학적인 성격을 강조했다. 아울러 그는 인간관계를 파편화하는 자유민주주의 대신에 민족적인 공동체를 지향했으며 죽을 때까지 자유민주주의에 대해서 회의적이었다.(중략) 단적으로 말해서 하이데거의 사유는 처음부터 끝까지 국수주의적이며, 반(反)자유민주의적이고, 공동체주의적이며, 농촌지향적이고, 묵시론적인 성격을 갖는다."

[86] 강신주, 철학 vs 철학 (서울: 그린비, 2012), 316; "하이데거가 논쟁하거나 추론하면서 진리를 얻으려고 했던 철학자가 아니라, 존재의 소리를 직접적으로 들을 수 있었다고 이야기되는 소크라테스 이전의 시인과 사상가들을 좋아했던 이유가 바로 여기에 있다. 존재의 소리를 들었던 시인과 사상가들처럼 하이데거는 총통의 강림을 맞이하는 충실한 사제노릇을 실천했던 셈이다. 존재신학의 사제!"

[87] http://news.donga.com/List/Series_70070000000319/3/70070000000319/20010302/7656941/1, 박찬국, 『하이데거와 나치즘』 (Mar. 2. 2001); 〈히틀러가 나치 혁명은 완성됐다고 말했을 때조차 하이데거는 "진정한 나치 혁명은 아직 시작되지도 않았다"고 말했을 정도로 나치 혁명의 완수를 위해 헌신했다. "하이데거는 당시 소련의 공산주의나 미국의 자본주의가 모두 자연과 인간을 기계적 부품으로 전락시켜 에너지를 쥐어짜는 기술중심적 전체주의라고 보고 이를 비판했습니다. 그의 사유는 민족공동체주의적이고, 반자유민주주의적이며, 농촌지향적이고, 기술문명에 비판적이었어요. 나치가 본색을 드러내기 전 표방했던 구호가 바로 하이데거의 이런 입장과 일치했던 것입니다." 그러나 나치는 곧 소련이나 미국과 다를 바 없는 전체주의의 본색을 드러냈다. 이에 실망한 하이데거는 나치에 등을 돌리고 나치에 대해 비판을 가했다. "하이데거의 사상에 근본적인 변화가 있었던 것은 아니지요. 다만 나치가 기술중심적 문명을 극복하리라 믿었던 기대가 무너지자, 기술문명을 서구문명사에서 하나의 운명으로 받아들이게 된 겁니다." 기대가 좌절된 하이데거는 사람들이 역사의 운명으로 다가온 이 기술문명 속에서 고통과 좌절을 경험해야 다시 자연과 인간의 친밀감 등에 관심을 갖게 될 것이라고 생각했다.〉

즘을 비판할 뿐이다.[88]

사람들을 움직이는 것은 무엇인가? 사람들이 원하는 것은 무엇인가? 실존주의자였던 하이데거가 실존을 말하면서도 존재로부터 직접 소리를 듣는 것을 원하고, 시인을 말하는 것은 실존주의자들의 도약이다.[89] 하이데거의 도약은 실존주의의 절망을 의미한다. 인간은 자기 존재 내에서 영원한 의미와 통일성을 만들어내지 못하기 때문이다.

제1계명은 무엇을 말하는 것인가? 그것은 세상의 실존주의와 다르게 언약백성들을 움직이게 하는 근거가 무엇인지 말해 준다.

1) 하나님은 유일하신 참 하나님이심과 우리의 하나님이심을 알고 인정하는 것과

제1계명은 하나님만이 유일하시고 참 하나님이시며, 우리가 그것을 인정하는 것을 먼저 가르친다.[90]

> 네가 오늘날 여호와를 네 하나님으로 인정하고 또 그 도를 행하고 그 규례와 명령과 법도를 지키며 그 소리를 들으리라 확언하였고(신 26:17)

이스라엘 백성들은 여호와를 하나님으로 인정해야 했다. 그것은 인격적인 고백을 말한다. 옛적에 조상들과 언약하신 하나님만이 참된 하나님이심을 믿고 고백해야 했다. 신명기 26장은 첫열매와 십일조를 드리는 일에 대하여 말하고 있다. 그 첫열매를 드리면서, 여호와 하나님의 은혜와 능력으로 고통받던 저 애굽에서 구원하여 이 가나안에 이르게 하사 이 열매를 거두게 하셨다고 고백했다. 매 삼년마다 드리는 십일조는 성중에 거하는 레위인과 객과 고아와 과부를 위한 구제비로 사용하였으며, 이것을 '제3의 십일조'(14:28)라 했다.

이렇게 언약은 하나님을 구원하신 주로 고백하며 이웃을 사랑하고 섬기는 삶으로 나아가게 했다. 그렇게 하는 것이 여호와를 인정하는 삶이었다. 입술로만

---

88) http://www.ohmynews.com/NWS_Web/view/at_pg.aspx?CNTN_CD=A0000137033
89) http://www.cheontae.org/kumkang/2003/09/07.htm; "독일 철학자 하이데거의 경우는 삶의 예술과 도로서의 불교에 심취하여 베를린 인근의 흑림(黑林) 속에 일본식 다실(茶室)을 닮은 초당을 지어놓고 일본의 대선사들을 초대하곤 했다. 이로 인해 하이데거는 본국에서보다 일본에서 훨씬 인기가 있고 인정을 받는 사람이 되었다."
90) 하이델베르크 교리문답 제94문: 여호와께서 제 일 계명에서 요구하시는 것은 무엇인가? 답: 내가 나의 구원의 유익을 위하여 모든 우상숭배, 마술, 미신적 습관, 성인들이나 다른 피조물에게 기도하는 것을 피하는 것입니다. 또한, 내가 마땅히 유일하신 참 하나님을 알아야 하고, 오직 그 하나님만을 신뢰하고, 겸손과 인내로, 그 하나님께 복종하고, 오직 그 하나님으로부터 오는 모든 선을 기대하고, 그 하나님을 전심으로 사랑하고, 두려워하고, 영광을 돌리는 것입니다. 간단히 말해서, 내가 조금이라도 그 하나님의 뜻을 거스리기 보다는 차라리 모든 피조물을 버리라는 것입니다.

인정하는 것이 아니라 첫열매를 드림으로 여호와만이 주인이시고 여호와께 속했음을 고백했으며, 제3의 십일조로 이웃들에게 나누었다. 그렇게 구원에 기초해서 살고 언약에 기초해서 사랑했다.

그러므로 그들에게 언약은 생명이었다. 그 말씀을 지키고 그 명령과 소리를 듣고 순종하는 것이 그들에게 목숨보다 소중한 것이었다. 그것을 벗어나면 세상의 종교처럼 인간의 열심이 만들어가는 세상이 되고 만다.

언약에 기초하는 삶은 너무나 분명하고 풍성하다. 왜 그런지 모리스 블랑쇼를 예로 들어보자. 모리스 블랑쇼는 '살아있는 사유'를 말했다. 철학적 개념이 아니라 삶에서 직접 부딪히고 경험되는 사유가 중요하다는 것이다. 기존의 개념과 가치들에 대하여 의문을 제기하고 또 묻고 묻는다. 스승과 학생은 일방적인 관계가 아니다. 스승과 학생은 개념과 의미를 학습하고 암기하는 것이 아니라, 끊임없이 서로 질문을 하면서 무한한 관계가 형성되어야 한다고 말한다. 이런 블랑쇼의 질문은 답이 없다. 하나의 물음에 답이 있으면 그 답은 또 다른 질문을 가져오기에 답은 끝이 아니라 또 다른 시작일 뿐이다. 답이 없는 주체는 과연 얼마나 버텨낼 수 있는가? 그런 주체는 허탈해서 죽는다. 의미와 통일성을 부여받지 못하는 주체는 죽는다.

블랑쇼가 이런 무한한 관계를 말한 이유는 무엇인가? 그는 주체가 의식이라는 감옥에 갇혀 있다고 보았기 때문이다. 그래서 그 감옥으로부터 벗어나려고 했다. 만족해하고 확신에 차 있는 인간이 아니라, 끊임없이 인간이라는 존재에 대하여 의문을 던지며 불안 속에서 자기 자신을 바라보았다. 블랑쇼는 이런 불확실하고 불안한 상태를 '무'라고 말했다. 의식의 주체에서 벗어난 인간이 살아야할 이유가 있는가? 불확실하고 불안한 인간이 아무리 질문에 질문을 한다고 해도 주체는 자유를 얻지 못한다.

그러나 언약 관계는 살아계시고 무한하신 여호와 하나님으로부터 참되고 무한한 관계를 제공한다. 그 안에서 확실하고 안정된 정체성을 제공하기 때문에 이 세상을 살아가면서 생겨나는 질문들에 대하여 궁극적인 답이 있으며 인생의 목적 또한 분명하다. 그러므로 언약공동체인 교회는 안정감 속에서 날마다 기쁘게 살아갈 수가 있다.

2) 그리고 합당하게 그를 경배하고 영화롭게 하는 것입니다

여호와 하나님만을 유일하신 참 하나님으로 섬겨가는 일에는 언제나 사탄의 유혹이 있다. 예수님께서 공생애를 시작하시기 전에도 그렇게 유혹했다.

> 이에 예수께서 말씀하시되 사단아 물러가라 기록되었으되 주 너의 하나님께 경배하고 다만 그를 섬기라 하였느니라(마 4:10)

사단의 시험은 무엇이었는가?

> 가로되 만일 내게 엎드려 경배하면 이 모든 것을 네게 주리라(마4:9)

경배하라는 것은 하나님처럼 높이고 꿇어 엎드리라는 것이다. 그러나 사탄은 그럴만한 존재가 못된다. 잠시 세상의 권세를 쥐고 있다고 해서 창조주 하나님도 아니며 세상을 구원할 메시아도 아니다. 예수님에게 사단은 십자가를 지고 피 흘림으로 구원을 이루실 필요가 없다고 유혹했다. 하나님의 나라를 세상 나라의 방식으로 만들라는 시험이었다. 그러나 예수님께서는 경배는 오직 하나님께만 드리는 것이며 하나님만 섬기라고 선언했다. 그것은 하나님의 나라는 하나님의 방법대로만 이루어진다는 것이다. 그것은 언제나 하나님의 공의를 선포하는 언약 안에서 이루어진다.

> 6 오라 우리가 굽혀 경배하며 우리를 지으신 여호와 앞에 무릎을 꿇자 7 대저 저는 우리 하나님이시요 우리는 그의 기르시는 백성이며 그 손의 양이라 너희가 오늘날 그 음성을 듣기를 원하노라(시 95:6-7)

이스라엘 백성은 하나님과 언약 관계에 있는 자들이다. 그러나 그들은 그 언약을 깨트리고 죄를 범했다. 결국 포로로 잡혀가서 죽을 고생을 했다. 그 속에서 회개하고 다시 여호와께 돌아오고 언약을 기억했다.

"무릎을 꿇자"고 함으로서 그들이 포로 중에서 얼마나 여호와 하나님을 섬기고 사는 것이 복된 것임을 알게 되었는지 실감케 한다. 그들은 최고의 존경과 경외하는 마음으로 무릎을 꿇고 경배해야 했다. 그렇게 무릎을 꿇고 무엇이라 고백했는가? "우리는 그의 기르시는 백성이며 그 손의 양이라 너희가 오늘날 그 음성 듣기를 원하노라" 이것은 언약의 핵심인, "나는 그들의 하나님이 되고 그들은 내 백성이 될 것이라"(렘 31:33)를 시적으로 표현한 것이다. 그들은 이 언약의 핵심을 포로 중에서 처절하게 알게 되었다. 그러므로 언약의 백성들은 여호와께 기쁨으로 나아가게 된다.

여호와의 이름에 합당한 영광을 돌리며 거룩한 옷을 입고 여호와께 경배할지어다(시 29:2)

시편 29편은 자연계시 속에 드러난 여호와의 위엄을 노래한다. 특히 10절에서 "여호와께서 홍수 때에 좌정하셨음이여 여호와께서 영영토록 왕으로 좌정하시도다"라고 했다. 이것은 여호와께서 불의한 세상을 심판하시고 여호와를 의지하는 의인을 구원하시는 것을 말해준다. 그런 차원에서 세상에 일어나는 일을 해석하고 삶을 바라본다. 그런 맥락에서, 2절 말씀은 여호와의 이름의 영광을 여호와께 돌리라고 말한다. 여호와의 이름은 여호와의 속성을 나타낸다. 여호와는 언약에 신실하신 하나님이시다. 그 언약을 변치 아니하시고 끝까지 지키시는 하나님이시다. 그 언약을 지키시되 은혜롭고 자비롭고 노하기를 더디 하시는 하나님이시다. 그러기에 영광을 여호와께 돌리지 않을 수가 없다. "거룩한 옷을 입고 여호와께 경배하라"는 것은 일차적으로 제사장들의 거룩한 옷을 말하지만, 언약의 백성들이 여호와 앞에 거룩한 백성으로 서야 한다는 시적인 표현이다. 언약에 순종하는 신실한 모습으로 서야 한다. 영광 돌림은 종교행사가 아니라 삶으로 언약적 책임을 다하는 모습이라야 한다.

그렇게 영광을 돌리는 예배적인 관점에서 1-4계명의 기본적인 핵심은 다음과 같다.

- 1계명 - 예배의 대상 · 2계명 - 예배의 방법
- 3계명 - 예배의 태도 · 4계명 - 예배의 시간

제1계명은 언약의 주체자이신 하나님을 바르게 알고 그 하나님을 바르게 예배하여 영광을 돌리라는 것이다. 왜냐하면 하나님 한 분만으로 충분하기 때문이다. 제2계명과 함께 생각하면, 하나님 한 분만으로 충분하기 때문에 우상에게 가지 않아도 된다. 우상이란 인간의 탐욕이 만들어 낸 결과물인데, 하나님의 백성들은 이 세상의 것을 더 가지려고 과도한 욕심을 내지 않고 하나님의 섭리와 인도하심 속에서 감사하며 살 수 있다.

하나님은 유일하신 참 하나님이 되시고, 우리의 하나님이 되심을 알고 인정한다는 것은 무슨 뜻인가? 하나님만이 진리와 생명이 되시며, 하나님만이 진정한 가치와 통일성을 부여하신다는 것이다. 그렇게 하실 수 있는 이유는 하나님께서

자기 백성들을 구원하셨기 때문이다. 구원받은 백성들에게 1계명을 주시는 것은 그 복된 자리에서 떨어져 나가지 않고 하나님께서 기뻐하시는 자로서 죄악 된 것에 마음을 빼앗기지 않도록 하기 위함이다.

현대인은 하나님과 초월을 버렸다. 그리고 이 현세와 현상에만 관심과 의미를 가지도록 만들었다. 처음에는 마치 자유를 얻은 듯했다. 그러나 곧 인간들은 절망에 빠지고 말았다. 이 세상에서만 의미와 통일성을 추구하게 되자 허탈감으로 어쩔 줄을 모르게 되었기 때문이다. 하나님을 안다는 것은 우리가 이 세상의 것으로는 의미와 통일성을 부여받을 수 없다는 것이며, 그 의미와 통일성은 오직 유일하신 참 하나님으로부터만 주어진다는 것이다.

이 십계명에서 제1계명은 세상의 종교들과 완전히 구분되는 선을 긋게 된다. 오늘날 세상은 종교다원주의를 수용해서 같은 하나님이나 각 나라와 민족마다 그 표현방식만 다를 뿐이라고 말한다. 그러나 성경은 명확하게 틀리다고 말한다. 성경은 하나님 한 분만이 유일한 참 신이라고 분명하게 말한다.

> 5 비록 하늘에나 땅에나 신이라 칭하는 자가 있어 많은 신과 많은 주가 있으나 6 그러나 우리에게는 한 하나님 곧 아버지가 계시니 만물이 그에게서 났고 우리도 그를 위하여 또한 한 주 예수 그리스도께서 계시니 만물이 그로 말미암고 우리도 그로 말미암았느니라(고전 8:5-6)

사도 바울은 계속해서 우상의 허구성을 말했다. 여기서 말하는 '신'은 당시의 사람들이 믿었던 그리스 신화에 나타나는 이방 신을 가리킨다. "많은 신과 많은 주"가 있었다는 것은 우상들이 그만큼 많다는 뜻이다. 쓸데없는 신들을 만들어 내어 섬기고 있다는 것을 풍자한 것이다. 사도 바울은 하나님만이 유일하신 신이며 인간의 기원은 오직 하나님께 있다고 말했다. 하나님만이 창조주이심을 말하면서 "아버지"라고 표현한 것은 하나님의 인격적 사랑을 나타낸 것이다.

하이데거는 하나님이 실재적으로 있지 않고 그저 관념적으로만 있을 뿐이라고 말했다.[91] 현대철학의 영향으로 오늘날 교회에서 말하는 기독교적인 단어들은 내포적 의미[92]만 가지고 있다. 어떤 사람들이 하나님을 말하고 십자가를 말할지

---

[91] 소강희, 하이데거 존재와 시간 강의 (서울: 문예출판사, 2010), 45; "세상에 있는 것은 모두 존재자(Seiendes)이다. 돌이나 나무는 말할 것도 없고, 우리의 마음도 도깨비도 하느님도 '존재하는 한' 존재자이다. 도깨비나 하느님은 실재적으로 있지 않고 관념적으로 있을 뿐이다. 존재자는 그것이 '있음'(Sein)으로 해서 있는 것이다. 없으면 존재자라고 말할 수도 없다. 존재는 존재자로 하여금 그 존재자로서 있게 한다."

[92] 네이버지식에서; 개념적 의미에 덧붙여서 연상이나 관습 등에 의해 형성되어 있는 의미들을 말한다. '여성'이라는 단어를 사용했을 때, 사람에 따라 '모성 본능이 있다, 치마를 입는다, 연약하다, 보호받아야 한다' 등의 생각을 떠올릴 수

라도 그것은 실제로 존재하거나 실제로 역사 속에서 일어난 사건을 말하는 것이 아니다.

나아가 종교다원주의자들과 뉴에이저들은 관용을 부르짖으며 종교통합을 말하고, 모든 종교가 다 같은 것이라고 말하며 "하나의 신"(one god)을 주장하며 노래한다. 종교통합의 기본 원칙은 "모든 종교는 궁극적으로 하나의 같은 산을 섬기는 것이다."이다. 그것은 사탄의 속임수이다. 적그리스도는 언제나 세상의 철학과 사상을 성경과 섞어서 배도(背道)하게 만든다.

그러나, 우리가 믿는 하나님은 살아계시며 역사하시는 무한하신 인격체이신 하나님이시다. 우리를 죄와 사망에서 구원하신 분은 하나님 한 분밖에 없다. 우리의 삶을 거룩하게 하실 분도 하나님 한 분밖에 없다. 성경은 분명히 말한다.

> 4 이스라엘아 들으라 우리 하나님 여호와는 오직 하나인 여호와시니 5 너는 마음을 다하고 성품을 다하고 힘을 다하여 네 하나님 여호와를 사랑하라(신 6:4-5)

"오직 하나"는 상대적인 단일성이 아니라, 절대적인 유일성을 말한다. 가나안과 이스라엘 주위에는 바알과 아세라를 비롯한 여러 가지 다신론, 범신론이 지배적이었다. 그런 가운데서 이스라엘은 유일신 여호와를 섬겼다. 그것은 다신론이 발전한 것이 아니라 여호와 하나님의 계시로 말미암은 것이다.

언약한 이스라엘 백성들은 이것이 신앙의 초석이기에 이 말씀을 새기고 암송했다. "마음을 다하고 성품을 다하고 힘을 다하여" 여호와를 사랑하라고 말씀하는 것은 인간의 전인격과 모든 노력을 다하라는 뜻이다. 그렇게 할 수 있는 것은 여호와께 대한 전적인 항복이 일어날 때만 가능하다. 그것은 여호와의 구원과 언약에 기초한다. 그 과정에서 베푸시는 은혜롭고 자비롭고 노하기를 더디 하시는 여호와의 성품으로 인해 전적인 항복이 일어나게 된다.

> 예수께서 가라사대 내가 곧 길이요 진리요 생명이니 나로 말미암지 않고는 아버지께로 올 자가 없느니라(요 14:6)

예수님의 말씀은 구원의 유일성이다. "길", "진리", "생명"은 헬라어 원문에서 "그 길", "그 진리", "그 생명"이다. 그것은 유일한 길, 유일한 진리, 유일한 생명이다. 이것은 당시 교회를 어지럽혔던 영지주의자들의 구원론[93]과는 판이하게

있는데, 이러한 의미들이 내포적 의미이다.

틀리다. 그들의 구원은 인간의 내면에 신성이 있다는 것을 깨달아 물질과 감각의 포로에서 벗어나는 것이다. 영지주의는 근본적으로 신플라톤주의와 여러 종교를 섞은 혼합주의 종교다. 그러나 예수님께서는 "나로 말미암지 않고는 아버지께로 올 자가 없느니라."고 말씀하심으로 구원이 신성의 확장이 아니라 인간 외부의 절대적인 메시아로부터 주어지는 것임을 선포하셨다. 사도들은 그 진리를 선포했다.

> 다른 이로서는 구원을 얻을 수 없나니 천하 인간에 구원을 얻을 만한 다른 이름을 우리에게 주신 일이 없음이니라 하였더라(행 4:12)

유대의 권세자들은 사도들을 협박했다. 구원이 오직 예수님으로부터만 주어진다는 것은 그 당시 개념으로서는 너무나도 충돌되는 것이었다. 그것은 유대사회의 근간을 흔드는 일이었다. 기득권을 가진 자들은 자신들의 행함으로 주어지는 의로움과 세상과의 타협들 중에서 어느 것도 놓치고 싶지 않았다. 그러나 사도들은 오직 예수 그리스도만이 구원에 이르는 유일한 길이라고 선포했다.

오늘날과 같은 종교다원주의 시대요 영성 시대에, 하나님을 경배하며 그를 영화롭게 하는 것은 삼위일체 하나님만을 섬기는 것이며 오직 예수 그리스도만이 구세주라는 진리를 굳게 붙들고 사수해 가는 것이다. 그것이 언약 백성을 움직이게 하는 진정한 동인(動因)이다.

---

93) 안더스 니그렌, 아가페와 에로스, 고구경 역 (고양: 크리스챤다이제스트, 2013), 306-307; '그리하여 영지주의는 엄격한 의미에서 구원의 방법이며, 그노시스는 구원의 기술이다. 인간의 영이 하나님께 돌아가기 위해서는 한 분명한 길을 통과해야 한다. 어떤 단계들은 한 걸음씩 지나쳐야 한다. 플라톤에게서 발견된 사다리 상징은 아리스토텔레스에게서 변형되어 발견되고 영지주의의 경우엔 현저하게 신화적인 형태로 나타난다. 인간 영혼은 하늘로 여행하는 중에 자신과 최고신을 분리시키는 다양한 영역을 통과하여 상승해야 한다. 또 그것은 각 영역에서 그것의 육체적 껍질과 같은 것을 벗어버려야 한다. 즉 미숙한 물질적 육체뿐만 아니라 더 세련되고 더 가벼운 천상적인(ethereal) 몸도 벗어버려야 한다. 마지막으로 모든 감각의 오염으로부터 자유롭게 된 후에 인간 영혼은 온전히 영적으로 된다. 영지주의의 체계는 세부적으론 모호하고 복잡하지만, 여기 사용된 도식은 단순하고 분명하며 암시적이다. 즉 구원은 인간 영혼이 감각적·물질적인 것을 떠나서 신적인 것이 하강할 때 통과했던 동일한 단계들을 통해서 상승하면서 더 고상한 세계로 돌아간다는 것에 있다."

제47문 제1계명이 금하는 것은 무엇입니까? (대105)
답: 제1계명이 금하는 것은 참 하나님을 부인하는 것, 곧 그분을 하나님으로 그리고 우리의 하나님으로 경배하지 않고 영화롭게 하지 않는 것입니다. 그리고 그분에게만 합당한 경배와 영광을 다른 것에게 드리는 것입니다.[94]

현대적 의미에서 하나님을 부인하는 것은 인간의 이성에 대한 신뢰다. 1979년에 적발된 공안사건, '남조선민족해방전선'(남민전) 사건[95]에 연루됐던 임헌영은 다음과 같이 아도르노에 대하여 말했다.

> 정통마르크시즘을 신랄하게 비판하는 입장인 아도르노 사상의 기반은 '도구적 이성'이다. 원시시대부터 인간은 생존을 위해 합리적인 행위가 아닌 목적 실현을 위한 도구화를 시도하게 되었는데 그 과정에서 인간 주체는 도구적 이성으로 전락해 버렸으며 이게 인류의 비극이라고 보았다. 이런 노예적인 도구적 이성에서 해방될 수 있는 길을 아도르노는 끊임없는 비판이라 주장했으며, 이를 그는 '부정의 변증법'의 논리로 승화시켰다. 예술이란 도구적 이성의 지배 아래서 화해도 행복도 이룩할 수 없는 현실을 위로하는 행위라고 주장한 그는 예술적 기능을 문명사에 대한 비판으로 보고 있다. 나치즘과 스탈리니즘의 두 체제에 대한 강력한 비판의식에서 형성된 아도르노의 사상인지라 부정의 변증법은 유물변증법에 대한 정면적인 거부로 정-반-합의 헤겔적 이상주의조차 부인하면서 '합'의 단계도 새로운 '반'을 양태한다는 이른바 '국부적 부정'을 포함하고 있다고 주장한다.
> 예술이란 그에게는 영원한 '반'을 추구하는 것인데, 여기서 부정의 변증법이란 현상적인 사회를 뜨겁게 비판하라고 주장할 것이라는 예상을 깨고 그는 오히려 서정시가 사회와 무관할수록 그 거리만큼 사회와의 관계를 드러낸다는 선문답식 비판의식을 정식화시키고 있다. 쇤베르크를 선호하는 비평가답게 그는 모더니즘 이론에 경도하여 리얼리즘을 비하하며 대중성 강한 문화산업에 대해서도 본능적인 반감을 나타냈다. 그는 서구 부르주아적인 고매한 미의식과 감각을 지닌 채 낭만주의로서는 그 지적 호기심이 따분했을 터여서 영원한 부정의 변증법으로 새로운 기교를 추구했었다. 그의 입맛에는 쇤베르크와 같은 항렬자인 카프카나 베케트가 입맛을 돋궜을 것이다.[96]

---

94) Q. 47. What is forbidden in the first commandment? A. The first commandment forbiddeth the denying, or not worshiping and glorifying, the true God as God, and our God; and the giving of that worship and glory to any other, which is due to him alone.
95) http://biz.newdaily.co.kr/news/article.html?no=19309; '남민전'은 안용웅(安龍雄) 등이 월북(越北), 김일성에게 사업보고서를 제출하는 등 북한으로부터 구체적인 對南사업과 활동을 지시·통제를 받아 온 공산혁명조직이었다. 특히 검거 당시 남한에서 사회주의혁명이 성공할 경우 남한 내에 게양할 붉은 별이 그려진 대형 '전선기(戰線旗)'까지 만들어 놓았고, 공작금을 마련키 위해 혜성대(彗星隊)라는 조직을 만들어 재벌집(동아건설 최원석 前 회장 자택) 강도 행위를 자행했다. 대검찰청 공안부는 1981년 10월 20일 《좌익사건실록(이하 '실록')》 제12권을 발간, 남민전(남조선민족해방전선준비위원회) 사건에 대한 정리된 입장을 발표했다. 이 실록은 2200여 면에 달하는 공소장과 2024항에 이르는 공소사실 및 판결문 등을 기초로 한 것으로서 총 834페이지에 달한다. 당시 대검은 남민전에 대해 "북한과 연계된 간첩단 사건이자 남한혁명 단체로서의 정통성을 계승한 비밀지하당 사건"이며 "이는 북한의 대남전략에 따른 인민민주주의 혁명을 기도하면서 그들의 전략을 교과서적 지침으로 활용한 전형적인 국가변란기도 사건"이라고 했다.
96) http://www.yimhy.pe.kr/lec/board_view.asp?idx=238&db=lecture&page=8&m_num=12, 임헌영, 「아도르노-부정의 변증법」.

아도르노의 중심에는 마르크스적 관점에 따른 혁명관이 자리하고 있다. 자본주의 사회에서 문화는 그 본질을 잃었다. 왜냐하면 예술성 그 자체보다는 '돈'을 위한 문화가 창출되기 때문이다. 자본이 물질적인 면만이 아니라 정신적인 것을 지배하기 때문에 예술가는 예술가로서의 그 본연의 모습을 상실하게 된다. 세상은 문화산업, 곧 문화가 산업으로 변질된다. 그런 상업성과 오락성에 지배된 대중문화는 문화의 진정한 가치를 파괴하게 된다. 아도르노는 거기에서 발생하는 획일성, 동일성에 반기를 들었다. 그 배경에는 '자본'이 조종하고 있으며, 그것은 결국 지배 계급의 이념을 대변하게 된다. 그렇게 되면 사람들은 그런 대중문화에 종속당한 나머지 현재의 한계에 만족하고, 그 이상을 생각하지 않게 만들어 버린다는 것이다.[97]

그런데 이런 아도르노의 마음에는 이성에 대한 긍정적인 자세가 있다. 소위 비판철학의 선두주자였던 아도르노는 이성 그 자체가 문제가 아니라 이성이 도구화된 것이 문제라고 보고 비판적 이성을 부활시키는 것을 제안했다. 반면에 포스트모더니즘 계열의 사람들은 이성을 원천적으로 배제한 새로운 사고방식으로 해결할 것을 주문했다.

> 그리하여 결국 아도르노의 철학적 귀결은 '자유로이 사유하는 인간'이 된다. 그는 어떤 사항에 대한 무조건적인 실천 강요를 교조적인 것으로 비판하고, 진정으로 비판적인 저항을 한다는 것이란 문제에 대한 자유로운 사유를 인정해주는 것이라고 주장했다. 모든 것이 자본이라는 동일성으로 귀결되는 상황이나, 대중문화가 시민들을 조종하고 기만하는 실상들에 대해서 이 체제 자체를 사유하지 않는다면, 그 인간의 이성이란 도구적 이성에 불과한 것이 되고 말 것이기 때문이다. 위축되지 않는 사유만이 상황을 변화시킬 기회를 만들어낸다. 어떤 의미에서 아도르노의 이 결론은 도구적 이성을 뒤로하고, 객관적 이성의 부활을 요청하는 것이기도 하다.[98]

벤야민의 결론도 아도르노와 마찬가지다.[99] 정치의 심미화를 방지하고 예술

---

97) http://chonox2.tistory.com/trackback/71/ 「문화와 문화이론」 아도르노 : 문화산업
98) http://blog.naver.com/PostView.nhn?blogId=them1&logNo=50172542776; "아도르노는 자본주의 사회가 '동일성 원리'를 통해서 주체는 대상들의 고유성과 차이를 무시하여 대상을 계산 가능하고 대체 가능한 것으로 파악하고자 하며, 다른 한편으로는 주체의 주관적 형식을 대상에 부과함으로써 대상으로 하여금 주체의 형식에 따르도록 강제한다고 봤다. 이것도 예를 들면 빠르다. 인간이라는 고유하고 존엄한 존재에 오늘날 우리들은 돈을 들이대며 몸값을 메기지 않던가? 돈으로 환산되어서는 안 되는 고유한 가치들이 돈이라는 동일화의 기준에 따라 모두 환산되고 있다. 도대체 이 사회에서 돈으로 안 되는 것이 뭐란 말인가!"
99) http://gyang.com.ne.kr/html/f03_08.htm; "프랑크푸르트 대학의 사회과학 연구소에서 출발한 프랑크푸르트 학파의 사유는 흔히 '비판이론'(Kritische Theorie)이라 불린다. 이 학파는 1923년 창설되었으나 처음에는 맑시즘과 실증주의 사이에서 우왕좌왕했다. … 호르크하이머와 마르쿠제는 그람시나 루카치와는 달리 현대(20세기 중엽 당대)의 노동자들은 이미 자본주의 체제에 길들여졌으며 혁명 세력으로서의 역할을 할 수 없다는 생각에 기울어졌다. 때문에 그들은 노동자

의 정치화를 위해 새로운 기술에 의해 가능해진 예술의 지각과 수용 속에서 자율적으로 사고하고 반성할 수 있는 집단적 주체를 형성해야한다는 것이다. 이는 사실 단어만 좀 달라졌을 뿐, 위에서 이미 언급한 객관적 이성의 회복과도 같은 말이 된다.100) 과연 그것이 가능할까? 인간은 언제나 자율성을 향해 달리지만 그것이 안 되더라는 것을 잘 알고 있다. 약자의 입장에서 객관적 이성을 부르짖던 사람이 지배계급이 되면 그 사람 역시 획일화, 동일화를 강요하기 때문이다. 이전보다 훨씬 더 폭력을 동원하여 억압한다.

하나님께서 자기 백성들에게 십계명에 순종하기를 요구하는 것은 강요에 의한 획일화가 아니다. 서문에서도 확인했듯이, 하나님이 누구시며 인간의 정체성을 분명히 확인할 때에만 순종이 가능하다. 그것은 구원과 언약 속에서만 이루어진다. 예수 그리스도의 십자가 피로써 구원받은 자라야 하나님 의존적인 삶을 살아갈 수가 있다. 제1계명은 그런 삶으로 살아감에 있어서 금해야 할 것이 무엇인지 말한다.

1) 참 하나님을 부인하는 것
세상은 의도적이고 악의적으로 하나님을 부인한다.

> 어리석은 자는 그 마음에 이르기를 하나님이 없다 하도다 저희는 부패하고 소행이 가증하여 선을 행하는 자가 없도다(시 14:1)

들보다는 오히려 비판적 지식인이 혁명 세력이 될 수 있다고 보았으며, 이 점에서 그 후의 '학생 운동'(student movement)의 이론적 기초를 놓았다고 할 수 있다. 이와 달리 아도르노는 정치의 문제보다는 문화(좁은 의미)의 문제에 몰두했으며 현대의 기술 문명이 어떻게 얼굴 없는 대중을 만들어내는가에 주목했다. 아노르노는 문화가 하나의 '산업'이 되는 현상을 비판하고, 대중문화를 강력하게 비판했다. 반대로 벤야민은 현대의 대중문화(영화, 사진 등)가 기존 예술이 가지고 있던 '아우라'를 무너뜨림으로써 새로운 미학을 창조하고 있으며, 더 나아가 사회 운동의 기폭제가 될 수 있다고 보았다. 아도르노와 벤야민은 대중문화에 대한 상반된 이해를 통해 갈라졌다."
100) http://blog.naver.com/PostView.nhn?blogId=them1&logNo=50172542776; "이 책(대중문화의 기만 혹은 해방)에 적힌 대로만 아도르노와 벤야민을 이해하면, 결국 이 둘은 어떤 의미에서 같은 말을 했고, 동시에 다른 말을 한 셈이 된다. 물론 세부적인 사항에 대해선 차이점들이 있겠지만, 넓은 의미에서 이 둘의 생각이 가지는 근본적인 차이는 대중문화를 희망의 원동력으로 보느냐, 달콤한 마취제로 보느냐의 차이일 따름이다. 아도르노는 대중문화가 부조리한 지배이데올로기를 공고히 하기 위해 일반대중들의 비판의식을 거세해버리는 지배자의 도구라고 비판했고, 따라서 인간은 객관적 이성을 회복하여 이런 체제의 부조리를 정확히 꿰뚫는 사유를 해야 한다고 결론 내렸다. 이에 반해 벤야민은 물론 아도르노의 견해처럼(그는 이를 '정치의 심미화'라고 표현했을 뿐이다) 대중문화가 그런 부정적인 방향으로 흐를 수도 있지만, 반대로 대중들을 각성하고 해방시키는 도구로도 사용될 수 있음을 주장했다. 하지만, 그의 결론도 결국 대중문화라는 도구를 올바로 이해하고 사용하기 위한 객관적 이성의 회복이었다."

"어리석은 자"는 다만 지혜가 부족한 자를 말하는 것이 아니다. 그것은 하나님의 구원과 언약을 모르고 하나님 없이 자기가 기준이 되어서 살아가는 사람을 말한다. 성경에서 그들은 종종 "악인"으로 불리며 하나님을 두려워하지 않는 사람을 말한다. 그들의 상태는 어떤가? 첫째는 부패한 상태다. 이것은 언약 밖에 있는 사람의 영혼의 상태와 그들의 삶의 처지와 형편을 말한다. 그들 속에는 생명이 없고 부패해 있기 때문에 갈수록 더 죄악을 범한다. 둘째로 그들은 "소행(所行)이 가증하"다. 하나님 없는 그들의 죄악 된 삶은 하나님의 심판을 받을 타락한 상태다. 마지막으로 그들은 "선을 행하는 자가 없"다. 없어도 하나도 없다.101) 결국, 그들에게 남은 것은 심판이요 멸망이다. 그들은 스스로 멸망에 이르게 된다.

이 교리문답에서 금하는 것이 무엇이냐고 묻는 것은 하나님께서 명령하신 것을 의도적으로 거부하며 행하지 않는 것이다. 거부하는 일이 일어나는 이유는 유일하고 참되신 하나님을 떠나 인본주의를 추구하기 때문이다.

오늘날과 같은 지적파산, 도덕적 타락, 영적인 죽음에 이르게 한 근본적인 시작은 사탄의 미혹에 넘어가 타락한 인류의 시조 아담과 하와다. 또한, 그런 일을 더욱 부추기고 조장한 주요 인물들이 있다. 그 대표적인 주자는 토마스 아퀴나스(Thomas Aquinas, 1225?-1274)다. 그는 은총(상층부)과 자연(하층부)이라는 도식으로 자신의 신학을 정립했다. 드러난 자연은 보이지 않는 하나님의 은총이 역사하고 있다는 것을 설명하려 했지만, 아퀴나스는 치명적인 오류를 범했다. 아퀴나스는 전적타락을 부정했다. 그로 인해 자연이 은총을 집어삼키게 되었고 인간은 자율성을 가지게 되었다.

역사는 흘러 이성이 주도하는 계몽주의의 출현으로 인간은 하나님과 상관없는 삶을 추구하기 시작했다. 인간 밖의 어떤 외적인 기준도 인정하지 않고 오로지 인간의 이성으로 진리를 파악하고 확인했다. 이른바 합리주의 시대가 도래한 것이다. 그 일에 일등공신인 데카르트(Rene Descartes, 1596-1650)는 결국 나의 사유와 존재의 확실성이 궁극적으로는 신의 존재와 신의 신실성에 의존한다고 보았지만, 참인 것으로 완전하게 신뢰할 수 있는 지식을 얻기 위하여 '신앙의 빛'보다는 '이성의 빛'을 높였다.102) 정신과 세계는 분리되었고 과학이 지식의

---

101) 2 여호와께서 하늘에서 인생을 굽어 살피사 지각이 있어 하나님을 찾는 자가 있는가 보려 하신즉 3 다 치우쳤으며 함께 더러운 자가 되고 선을 행하는 자가 없으니 하나도 없도다(시 14:2-3)
102) http://navercast.naver.com/contents.nhn?rid=75&contents_id=2383

독점권을 가지게 되었다. 그것이 현대인의 관문이 되는 칸트에게 이르러서는 상층부는 가치의 영역으로 전락하고 하층부는 사실의 영역으로 굳게 자리를 잡게 된다. 상층부와 하층부의 단절이 일어나게 된 것이다. 드디어 헤겔은 합리성을 포기해 버리고 변증법이라는 사고의 종합적인 체계로 세계를 설명하려고 했다. 인간은 드디어 전면적인 상대주의 세계, 다원주의 시대로 진입하게 되었다.

그러나, 쉐퍼가 말하듯이, 진정한 현대인은 키에르케고르(S. Kierkegaard, 1813-1855)에게서 시작한다. 왜냐하면, 그는 통일된 지식의 영역에 대한 희망을 포기해 버렸기 때문이다. 그리하여 이른바 실존주의 시대가 되었다. 그 결과는 어떻게 되었는가? 인간은 불안해하고 있다. 의미와 통일성을 상실한 인간은 어쩔 줄을 모르고 있다. 그래서 도약을 하고 있다. 사람들은 이제 영성을 추구하고 있다. 이제는 뉴에이지 시대가 되었다. 인간이 신이 되는 시대가 되었다. 이것이 인간의 죄악이요 절망이요 죽음이다![103]

하나님의 하나님 되심을 인정하지 않고 경배하지 않고 영화롭게 하지 않는 그 결과는 결국 인간이 신이 되는 결과를 가져왔다. 그것이 바로 사탄이 노리는 것이다. 이것이 바로 하나님께서 제1계명에서 금하시는 것이다. 하나님을 하나님으로 섬기며 예배할 때 비로소 인간은 생명과 평안을 누리게 된다.

2) 곧 그분을 하나님으로 그리고 우리의 하나님으로 경배하지 않고 영화롭게 하지 않는 것입니다

하나님의 하나님 되심을 거절하고 그 영화로움을 거부한다는 것은 우상을 숭배한다는 것을 말한다. 사도 바울은 인간의 그런 보편적인 죄의 상태를 로마서 1장에서 말했다.

> 하나님을 알되 하나님으로 영화롭게도 아니하며 감사치도 아니하고 오히려 그 생각이 허망하여지며 미련한 마음이 어두워졌나니(롬 1:21)

도스토예프스키는 "만일 하나님이 죽는다면 모든 것이 정당화 될 수 있다."고 말했다. 세상은 지나간 세월에 비해 더 많은 지식을 가지고 더 많이 돈을 벌었는데도 더 악한 일들이 더 많이 증가하고 있다. 이런 일에 궁극적인 원인은 진리가 상대화되었기 때문이다. 진리에 대한 기본적인 인식구조가 바뀌었다. 모든

---

[103] 프란시스 쉐퍼, 이성에서의 도피, 김영재 역 (서울: 생명의 말씀사, 2008), 55-59.

영역에서 다원화는 상식이 되어 버렸다. 어떤 기준도 절대가 되지 않게 되자 무슨 일을 해도 정당화가 되었다. 사람들은 스스로가 하나님이 되었다. 하나님을 저버리자 인간이 신이 된 세상이 되었다. 그러자 그들의 삶은 어떻게 되었는가? 감사가 없고 허망해지고 마음이 더 어두워졌다. 삶의 의미와 통일성을 제공받을 수가 없기 때문이다. 인간은 스스로 생명을 만들어내지 못하며 그 죄악 된 본성을 따라 죽음으로 달려갈 뿐이다.

> 너희 중에 다른 신을 두지 말며 이방신에게 절하지 말지어다(시 81:9)

시편 81편은 언약을 저버린 이스라엘 백성들에게 회개를 촉구하는 노래다. 이 말씀은 언약의 가장 근본적이고 핵심 된 것을 지키라고 말한다. 그것은 십계명의 첫 계명이다. 여호와 하나님만을 섬기고 그에게 경배하라는 것이다. "이방신에게 절하지 말"라는 것은 그런 이방신에게 가지 않아도 여호와 하나님만으로 충분하기 때문이다. 성경은 현실의 어려움으로 배교의 길을 가지 않도록 간곡하게 촉구한다.

3) 그리고 그분에게만 합당한 경배와 영광을 다른 것에게 드리는 것입니다

역사는 '여호와 유일신앙으로 가느냐?' 아니면, '혼합주의 종교로 가느냐?'를 말해주는 현장이었고, 전쟁터였다. 성경은 그런 본질을 다음과 같이 말했다.

> 이는 저희가 하나님의 진리를 거짓 것으로 바꾸어 피조물을 조물주 보다 더 경배하고 섬김이라 주는 곧 영원히 찬송할 이시로다 아멘(롬 1:25)

성경은 언제나 하나님과 피조물의 구분을 분명히 한다. 그러나 인간은 언제나 그 간격을 거부하고 우상을 섬기고 인간 내면에 신성을 부여했다. 그렇게 인간의 내면에 신성이 담겨 있다고 생각하는 신플라톤적 사고방식은 하나님 없이 살아가려는 사람들에게나 어울리는 말이다. 국내에서는 함석헌의 '씨알사상', '민중신학'을 말하는 사람들이 정치, 경제, 사회, 문화, 종교에 너무 뿌리 깊이 차지하고 있다.

하나님께서 창조하신 세계는 하나님의 영광을 드러내는 피조물이다. 그 피조물들은 그 지으신 하나님께 영원히 찬송을 돌리며 기뻐하는 존재들이다. 그 자리를 벗어나서 인간이 신이 되려고 하는 시도들이 언제나 있어 왔고 지금도 있고 갈수록 더 심해질 것이다. 그러나 구원받은 성도는 언제나 유일하시고 참되신 여호와 하나님을 높이고 영광 돌리는 삶을 살아가야 한다. 그것이 가장 복된 길이다.

'종교적 관용'이 가능한가?
로마 가톨릭은 1962년 바티칸 제2공의회의 「비 그리스도교와 교회의 관계에 대한 선언」으로 타 종교들도 "인생문제에 해답을 주려고 애써 왔다"고 말하면서 다른 종교들과 대화의 길을 열었다. 말이 대화이지 그것은 종교통합이다. 불교는 조계종의 화쟁위원회에서 2011년 8월 23일 「종교평화 실현을 위한 불교인 선언—21세기 아쇼카 선언(초안)」을 발표하였다. 이 선언은 "이웃 종교에도 진리가 있음을 인정"하고 이웃종교와 불교는 "경쟁의 관계가 아니라 진리를 향한 동반적 관계"라고 주장했다.104)

세상은 관용과 공존을 말하면서 배타적인 종교관을 버리고 관용적인 종교라야 한다고 목청을 높인다.105) 그들이 그런 관용을 말하는 근본적인 이유는 신성한 내면아이가 자리 잡고 있기 때문이다. 그러나 성경은 철저하게 그것을 거부한다. 인간이 아무리 신성화에 도달하려 해도 안 되는 것은 안 되는 것이다. 인간은 하나님을 배반한 죄인이며 오직 예수 그리스도만이 그 죄에서 자유를 얻게 하신다!

---

104) http://www.ggbn.co.kr/news/articleView.html?idxno=19135; 정천구, "종교적 관용과 '21세기 아쇼카 선언," 금강신문(Nov. 18. 2011).
105) http://www.martus.or.kr/news/articleView.html?idxno=155; 최덕성, "WCC 따라가다 망한다.": WCC 운동에 앞장섰던 유럽과 북미, 대양주 교회들은 모두 조종(弔鐘)을 울리고 있다고 최 원장은 말했다. 그는 교회 퇴락의 원인을 프로그램 결핍과 시대 변화에 대처를 못해서가 아니라, "WCC의 상대주의 진리관, 종교다원주의, 포용주의, 신앙무차별주의 등에 기초한 신학 때문"이라고 진단했다. 그는 "WCC의 신학은 후천성면역결핍증(AIDS)과 같다. 감염 당시에는 증상이 없지만, 반드시 죽음으로 몰고 간다"고 주장했다. 역사적 기독교와 WCC의 패러다임이 마치 지동설과 천동설이 절대 결합할 수 없는 것처럼 '신학 충돌'이 불가피하다고 최 원장은 강조했다. 그는 "하나의 패러다임은 다른 패러다임을 포용하거나 다원성을 수용하는 태도를 거부한다. 상대 패러다임의 이동, 전환, 포기를 요구한다"며 "트베이트 총무는 한국교회에게 WCC 패러다임으로 전환할 것을 요구하고 있는 것"이라고 했다.

제48문 제1계명에 있는 "나 외에는"이라는 말씀은 우리에게 특별히 무엇을 가르칩니까? (대106)
답: 제1계명에 있는 "나 외에는"라는 말씀이 우리에게 가르치는 것은 만물을 감찰하시는 하나님께서 우리가 어떤 다른 신을 섬기는 죄를 중히 보시고 매우 노여워하신다는 것입니다.[106]

"나 외에는"이라는 말은 원래 "내 눈앞에서"라는 의미다. 이것은 예배의 대상자로서의 하나님을 말한다. 왜 여호와 외에 다른 신들을 두면 안 될까? 그것은 여호와 하나님께서 우리를 구원하시고 언약하셨으며, 우리의 모든 것을 섭리해 가시면서 우리의 모든 삶에 부족하거나 모자라지 않게 하시기 때문이다. 하나님께서 자기 백성을 향하여 베푸시는 은혜와 긍휼이 놀랍고 풍성하기 때문이다.

중요한 것은, '무엇을 하는 데에 부족하거나 모자라지 않게 하시는가?' 이다. 그것은 하나님을 예배하며 하나님을 알아가며 하나님을 닮아가는 그 본질로 가는 일에 부족하거나 모자라지 않게 하신다.

우리는 다 각자 처한 형편과 조건들이 다 다르다. 어떤 사람은 부하지만 어떤 사람은 가난하다. 어떤 사람은 건강하나 어떤 사람은 질병 가운데 있다. 그러나 그 어떤 형편과 조건이라 할지라도 하나님께로 나아가는 그 본질의 싸움을 하는 데에 결코 장애가 되지 않는다.

그런 본질의 싸움을 하는 힘은 어디서 나오는가? 여호와 하나님께서 구원과 언약을 통하여 영원한 의미와 통일성을 제공하시기 때문이다. 그것이 생명력이다. 성령 하나님께서는 구원과 언약을 끊임없이 적용해 가시기에 성도들은 찬송하며 믿음의 길을 달려갈 수가 있다.

강신주 교수는 박노해의 시 「인다라의 구슬」 통해 사람들에게 얼마나 통일성이 필요한가를 말한다.

> 인다라의 하늘에는 구슬로 된 그물이 걸려 있는데 구슬 하나하나는 다른 구슬 모두를 비추고 있어 어떤 구슬 하나라도 소리를 내면 그물에 달린 다른 구슬 모두에 그 울림이 연달아 퍼진다 한다. 화엄경[107]

---

106) Q. 48. What are we specially taught by these words before me in the first commandment? A. These words before me in the first commandment teach us, that God, who seeth all things, taketh notice of, and is much displeased with, the sin of having any other God.

강신주 교수는 화엄 불교의 유명한 주제인 '일즉다(一卽多) 다즉일(多卽一)'-개별자는 전체이고 전체는 곧 개별자이다-로 통일성을 추구한다. 마르크스의 세계는 자본가와 노동자의 대립과 갈등이 일어나는 투쟁의 세계이지만, 화엄 세계는 존재들의 조화의 세계라는 것이다. 강신주 교수는 다음과 같이 말한다.

> … 박노해는 세계의 모든 존재자들을 무한한 그물 위의 방울들과 그 사이에서 발생하는 공명으로 이해하고 있습니다. 들뢰즈(Gilles Deleuze, 1925-1995)의 철학을 정치적으로 수용한 안토니오 네그리(Antonio Negri, 1933-)라면 아마도 이런 방울들 사이의 공명을 '다중'(multitude)이라고 불렀을 것입니다. 고통과 비참에 사로잡힌 방울 하나가 운다면, 그것은 곧 얼마가지 지나지 않아 나의 가슴을 통째로 흔들어 댈 것입니다. 이로부터 방울들 사이의 사랑과 연대에 대한 논의도 가능했던 것이지요.108)

강신주 교수는 박노해의 방울 그물과 네그리의 다중을 연결한다. 그것은 개별자의 통일성을 말한다. 강신주 교수는 그 통일성을 '연대'로 끌어간다.

> 촛불 집회에 반복적으로 참여함으로써 참가자들은 네그리가 말한 것처럼 '공통되기'(becomming common)를 경험하기 시작한 것입니다. 서로가 서로에게 기쁨과 힘을 주면서 참가자들은 지금까지 자본주의가 분리시키고 단절시켰던 간극을 극복하고 공통적인 연대의 가능성을 처음 맛보기 시작했던 것이지요. 이렇게 촛불 집회를 통해 공통적 지평을 체험한 사람들은 기존의 자본주의와 정치권력이 강요했던 일상적 우울함 대신, 기쁨과 행복의 순간을 강렬히 경험한 것입니다.109)

네그리의 '공통되기'(becomming common)는 강신주 교수의 '공통연대'로 이어진다. 사람들이 기쁨과 행복을 어떻게 경험하느냐 하면, 공통연대를 통한 공통지평을 체험했기 때문이다. 사람들 사이의 통일성을 체험으로 일어난 기쁨이고 행복이다. 강신주 교수가 이렇게 박노해와 네그리를 통해서 말하고 싶은 것은 사람들의 기쁨과 행복은 통일성으로부터 온다는 것이다.

---

107) 위키피디아 사전에서: 『대방광불화엄경』(大方廣佛華嚴經)의 줄임말이며 초기 대승불교의 중요한 경전이다. 그 뜻은 '대방광불과 화엄에 대한 경전'으로, 대방광불은 크고[大] 바르고[方正] 넓은[廣] 진리 그 자체인 완전한 깨달음[佛] 또는 그것을 성취한 존재인 부처[佛]를 말하고, 화엄은 완전한 깨달음 즉 부처를 장엄[嚴]하는 연꽃[華] 즉 완전한 깨달음 즉 부처의 지위를 증득할 수 있게 하는 원인들과 그 원인들에 의해 성취되는 갖가지 공덕을 뜻한다. 따라서 '대방광불화엄경'은 불지(佛地)라는 과위(果位)와 그 인위(因位)에 대한 경전을 뜻한다. 전통적으로 《화엄경》은 고타마 붓다가 완전한 깨달음을 증득한 직후에 '부처의 연꽃[佛華]'으로 상징되는 그 깨달음의 경지와 그것의 증득을 가능하게 하는 수행을 그대로 설한 것으로 알려져 있으며 그렇게 믿어져 오고 있다. 이는 역사적으로는 확인할 수 없는 사항이다. 그렇기는 하나 《화엄경》은 부처의 깨달음의 경지에서 보이는 우주, 즉 완전한 깨달음의 경지를 묘사하고 있으며, '진리의 연꽃[法華]의 경전'이라는 뜻의 《법화경(法華經)》 즉 《묘법연화경(妙法蓮華經)》과 함께 대승경전의 쌍벽을 이루고 있다.
108) 강신주, 철학적 시 읽기의 즐거움 (파주: 동녘, 2012), 32.
109) Ibid., 34-35.

더 중요한 핵심은 무엇인가? 통일성을 갈망하는 개별자들의 존재다. 왜냐하면 네그리 속에는 들뢰즈만 있는 것이 아니라 스피노자의 코나투스도 함께 있기 때문이다. 타자와 마주쳤을 때 기쁨을 느끼면 코나투스가 증가한 것이고, 슬픔을 느끼면 코나투스가 감소되었다는 것이다. 전자의 상황에서는 연대가 일어나고 후자의 상황에서는 저항과 투쟁이 발생한다.

네그리는 『다중』에서 민주주의를 위해 주권을 파괴해야 한다고 말한다. 주권이란 일자의 지배로 가기 때문에 완전하고 절대적인 민주주의로 가기 위해서는 주권이 양도되어서는 안 된다는 것이다. '사랑의 연대' 즉 '다중'을 통해 정치권력이란 양도될 수 없고, 모든 주권의 논리는 억압적이며, 이미 '다중' 속에서 삶의 기쁨과 힘을 경험했기 때문이다.

그런데, 네그리는 그 '다중'을 기독교와 유대교에서 찾았다. 강신주 교수는 네그리의 이런 사고를 아쉬워한다. 왜냐하면 강신주 교수에게 있어서 기독교는 자본주의와 같은 코드이기 때문이며, 신이 절대주권자이기 때문이다. 네그리에게서 '공동연대'를 만들어 내면서도 정작 네그리가 사랑과 다중을 기독교와 유대교에 뿌리를 두기 때문에 꺼려한다. 그러면서 강신주 교수가 하는 말은 무엇인가?

> 어찌 보면 이 점에서는 박노해가 오히려 행복하다고 할 수 있을지도 모릅니다. 동양에서는 이미 오래 전부터 초월적인 절대자(=주권자)를 따로 설정하지 않았고, 오히려 내 자신이 스스로 절대자일 수 있다는 내재적 종교 형태를 발전시켜 왔기 때문입니다. 그것이 바로 불교입니다. 특히 방울들의 즐거운 하모니를 지향한다는 점에서, 화엄불교는 자유로운 연대를 추구하던 시인의 감수성에도 일정 부분 맞아떨어질 수 있었을 겁니다.110)

강신주 교수의 이 말은 개별자의 통일성을 추구하되, 외부의 존재자, 곧 기독교의 하나님이 아니라 인간 내면에 신성을 부여함으로 통일성을 경험한다는 것이다. 이것이 강신주의 신성한 내면아이다!

그래서 "나 외에는"이라는 말씀이 중요하다. 타락한 인간은 언제나 자기 안에서 의미와 통일성을 체험하려고 한다. 그렇게 함으로 삶의 힘과 기쁨을 누리려고 한다. 그러나 거기에는 언제나 도약이 일어난다. 왜냐하면, 아무리 많은 개별자가 모여도 그 개별자들이 발 디딜 근거가 없으면 죽음의 불안이 엄습해 오기 때문이다. 개별자의 한계성, 그 유한함을 뛰어넘기 위해 신성한 내면아이를 부여하고 구상화를 통해 도약한다.

---

110) Ibid., 40.

그러므로 인간은 하나님 외에 다른 것으로부터 의미와 통일성을 추구해서는 안 된다. 하나님께서는 그런 일들에 대해서 매우 질투하시는 하나님이시다. 하나님께서 질투하신다고 할 때 그것은 인간의 질투와 다르다. 그것은 하나님과 맺은 언약적 사랑에 기초한 것으로 하나님과 그 백성들이 맺은 언약을 결혼관계로 비유한다. 이스라엘이 우상을 숭배하고 불순종하게 될 때에 영적인 간음으로 간주되었다. 그러므로 성경은 다음과 같이 가르친다.

1) 만물을 감찰하시는 하나님께서

하나님께서는 만물을 창조하셨을 뿐만 아니라 섭리해 가시는 하나님이시다. 그것은 하나님께서 그 지으신 세계에 계속해서 개입하고 계신다는 뜻이다. 인과율적으로만 세계가 움직이는 것이 아니라 하나님의 간섭이 지속적으로 미치고 있는 세계다. 그러므로 성경은 다음과 같이 선언한다.

> 지으신 것이 하나라도 그 앞에 나타나지 않음이 없고 오직 만물이 우리를 상관하시는 자의 눈앞에 벌거벗은 것같이 드러나느니라(히 4:13)

만물을 지으신 창조주 하나님께서는 모든 것들을 장악하고 계신다. 하나님의 간섭 속에 있는 창조물들은 하나님의 능력으로 통치를 받고 있다. 하나님께서는 창조하시고 저 피안의 세계에 머물러 계신 하나님이 아니라, 그 창조세계를 다스려 나가시는 하나님이시다.

"드러나느니라"는 '목을 뒤로 젖히다'는 뜻인데, 싸울 때 상대방의 목을 감아 뒤로 젖히거나 짐승을 잡기위해 뒷덜미를 젖혀 목이 드러나도록 한다는 의미이다. 이 말은 하나님의 능력으로 그 눈앞에 모든 피조세계는 숨길 수 없이 다 드러나 있다는 뜻이다. 그런 사실을 다윗은 그 마지막 순간에 아들 솔로몬에게 간절히 권고했다.

> 내 아들 솔로몬아 너는 네 아비의 하나님을 알고 온전한 마음과 기쁜 뜻으로 섬길지어다 여호와께서는 뭇 마음을 감찰하사 모든 사상을 아시나니 네가 저를 찾으면 만날 것이요 버리면 저가 너를 영원히 버리시리라(대상 28:9)

다윗은 "네 아비의 하나님"이라는 말을 통해서 자기 생애에 역사하셨던 신실하신 하나님을 알아야 한다고 했다. 그리고 "온전한 마음과 기쁜 뜻으로" 하나님을 섬기라고 했다. "온전한 마음"은 '나누어지지 않은 마음'이다. 마음이 나누어진 사람은 누구인가? 사울이다. 그는 하나님의 말씀을 순종하는 것보다 사람들을 더 두려워했다.[111] 하나님을 섬긴다는 것은 종교예식이 아니라, 하나님만 의지하고 그 말씀대로 살아가는 것이다.

다윗은 솔로몬이 하나님을 진심으로 구하고 섬겨야 할 근본적인 이유를 핵심적으로 말하고 있다. 하나님께서는 사람들의 마음을 아시고 그 중심을 살피시는 분이시기 때문이다. 그러므로 전심으로 하나님을 의지하고 찾으면 하나님께서 지키시고 도와주신다.

하나님 없는 세상은 어떻게 만물을 생각하고 삶을 살아가는가? 메를로 퐁티는 흔히 몸의 철학자, 살의 철학자, 세계의 철학자라고 불린다. 그를 칭하는 이런 수식어들은 모두 체험과 관련되어 있다. 그는 무엇보다 현상학자다. 현상학이라는 것은 체험에서 본질을 찾자는 것이다. 밥을 먹고 커피를 마실 때, 거기에서 본질을 찾아가는 것이다. 인간이 다양하게 지각하고 감각하는 것들 속에서 찾아야 한다고 말한다. 데카르트가 '사유하는 나'에서 말했듯이, 기존의 서양철학은 사유가 우위에 있고 신체가 아래에 있었다. 메를로 퐁티는 그렇게 이성적 사유만이 주체의 자리를 차지하는 것이 아니라, 신체도 주체라는 것이다. 그런 측면에서 메를로 퐁티 역시 타자와의 관계를 말한다. 중요한 것은 그의 철학적 근본이 어디에 있는가? 하는 것이다. 메를로 퐁티는 체험의 장으로서의 공간은 '신비'라고 말하면서 그것을 '깊이'라고 불렀다.

> 세계는 눈앞에 보이는 게 전부가 아니라는 것입니다. '신비'하고 '존재의 뿌리'라고 보는 것이죠. 세계는 그것을 제대로 바라볼 수 있는 자에게는 언제나 수수께끼이며, 그 수수께끼 속에는 나와 세계의 존재의 뿌리가 함께 공존하기 때문에 세계의 수수께끼를 푼다는 것은 곧 나의 존재의 뿌리를 표현한다는 말과 동일합니다. 그 뿌리는 바로 감각적인 것의 깊이이며, 나의 몸은 그 무엇보다도 먼저 그 깊이를 간파하고 그것을 표현과 몸짓으로 풀어냅니다. 저 산이 내게 현상하고 출현한다고 보는 것으로 시작합니다.[112]

공간이 신비를 간직하고 있고 그 공간이 신비로운 것이고 존재의 뿌리라고 말하며 내 몸이 그것을 체험한다는 것은 자극히 범신론적이다.[113] 이것이 메를로

---

111) 8 아말렉 사람의 왕 아각을 사로잡고 칼날로 그 모든 백성을 진멸하였으되 9 사울과 백성이 아각과 그 양과 소의 가장 좋은 것 또는 기름진 것과 어린 양과 모든 좋은 것을 남기고 진멸키를 즐겨 아니하고 가치 없고 낮은 것은 진멸하니라(삼상 15:8-9)
112) 철학아카데미, 처음 읽는 프랑스 현대철학 (파주: 동녘, 2013), 74-75.
113) http://blog.aladin.co.kr/745224125/6531371; "현상학자 해비 카렐은 몸은 정신의 명령만 기다리는 수동적, 물질

풍티의 신성한 내면아이와 구상화다. 그의 구상화는 광기로 나타난다. 세계가 나에게 다가오는데 그것이 어떤 힘을 가지고 있고 나도 그것을 몸으로 체험하고 표현한다는 것은 그 속에 '유사성'이 있기 때문이라 한다. 화가가 숲을 보는데, 숲이 '나를 그려봐' 하면서 느끼는 상태가 되는 것이다.

철학자의 그 본질을 살펴보면 결국은 하나님 없는 세상에서 도약을 감행한다. 그것이 그 철학자를 있게 하고 살게 한다. 과연 그런 광기로 삶을 얼마나 살아갈 수 있는가? 그 광기로 그림을 그리듯이 세상을 살아간다는 것은 주체성을 부르짖던 인간의 죽음을 대변한다. 그런 도약으로 살아가는 사람들은 신비적 체험이나 신인합일로 가는 범신론 속에서 하우적거리다가 죽는다.

하나님께서는 그런 일에 빠지지 않게 하시려고 택한 백성들을 어떻게 다루어 가시는가?

> 20 우리가 우리 하나님의 이름을 잊어버렸거나 우리 손을 이방 신에게 향하여 폈더면 21 하나님이 이를 더듬어 내지 아니하셨으리이까 대저 주는 마음의 비밀을 아시나이다(시 44:20-21)

시편 44편은 하나님의 백성인 이스라엘이 적과의 싸움에서 패한 후에(9-16) 하나님께 호소한(17-26) 마스길(교훈시)이다. 그런 의미에서 20절에서, "하나님의 이름을 잊어버"라는 일을 말하면서, 하나님께 예배하지 않고 이방신을 예배하

적 구조체가 아니라 환경과 뜻깊은 지적 상호작용을 하는데 능동적으로 참여하는 독립체라고 말한다.('아픔이란 무엇인가' 56 페이지) 카렐은 생물학적 몸과 체험되는 몸이라는 메를로퐁티의 구분법에 의거해 아픔론을 전개한다. 퐁티는 환각지(幻覺肢)를 생물학적 몸과 체험되는 몸 간의 균열로 해석했다. 림프관평활근증이라는 희소병을 앓는 카렐은 체험을 기술하는 현상학이야말로 아픔에 대한 자연주의적 설명을 보완하는데 가장 유용한 접근법이라고 말한다.('아픔이란 무엇인가' 25 페이지) 그런데 이 부분에서 한 가지 궁금증이 생긴다. 환각지 현상을 불교는 어떻게 보는가, 이다. 불교적으로 말해 실재하지 않는(잘려 나간) 팔이나 다리를 실재하는 것으로 느끼고 통증까지 느끼는 것은 어떤 의미를 지니며 좌선 중 나타나는 환상을 무심히 넘기라는 말에 비추어 어떻게 보아야 하는가, 싶은 것이다. 카렐은 체험을 강조하며 그럴 경우 아픈 사람과 세계의 달라진 관계를 좀 더 온전히 설명할 수 있고 그들의 경험도 더 잘 이해할 수 있다고 말한다. 요는 생물학적 몸과 체험되는 몸 사이의 균열에서 오는 환각지/ 환각통과 (메를로퐁티가 환각지와 함께 또 다른 균열의 예로 제시한) 거식증의 공통점에 집중하는 것일 테다. 이미 없는 팔이나 다리를 있는 것처럼 느끼는 환각지를, 실재하지 않는 것을 있는 것으로 느끼는 것이기에 부정적으로 볼 것이 아니라 뼈만 남은 몸을 뚱뚱하다고 묘사하고 느끼는 거식증을 대하듯 볼 수는 없을까, 란 점이다. 조광제 교수는 메를로퐁티가 환싱지 현상을 이야기하는 것은 몸이 객관적 대상으로 존재하는 것이 아니라 세계에의 존재로 있다는 것을 입증해 보이기 위해서라고 말한다.('몸의 세계 세계의 몸' 95 페이지) 조광제 교수는 환상지를 둘러싼 자아는 세 가지로 나타난다고 말한다. 환상지가 실제로는 없다고 인지하는 자아, 아직 습관적으로 친숙한 세계 속에 살고 있어 현실적으로 다리가 절단되고 없다는 것을 인정하지 않으려는 자아, 실제로 환상지를 느끼는 자아. 등등('몸의 세계 세계의 몸' 114 페이지) 조광제 교수에 의하면 세 번째 자아에서는 현전(現前)과 부재(不在)의 혼입(混入), 대자적(對自的) 나와 즉자적(卽自的) 나의 혼입, 1인칭적 존재로서의 내 몸과 비인칭적 존재로서의 내 몸의 혼입이 나타난다. 자아 존재는 모호성을 특징으로 하는 것이다."

는 일에 대하여 말했다. 그러나 이스라엘은 그렇게 하지 않았음을 밝혔다. 하나님께서 사람의 마음을 다 살피시니 자신들의 행위를 아실 것이라고 정직한 자세를 보였다. 그들이 그런 실패와 어려움을 겪은 것은 역경을 통한 훈련이 필요했기 때문이었다. 그들은 구원과 언약에 근거하여 여호와 하나님과 소통하는 백성들이었기 때문에 도약 없이 인격적 교제 속에 충만한 삶을 살아갈 수 있었다.

2) 우리가 어떤 다른 신을 섬기는 죄를 중히 보시고 매우 노여워하신다는 것입니다

우상숭배[114]는 근본적으로 여호와의 실제적 통치에 대한 반역이다. 하나님의 유일성과 절대성은 관념이 아니다. 여호와 하나님은 그 지으신 만물에 실제적으로 개입하시고 다스리신다. 모세는 우상숭배를 경고했다.

> 17 그러나 네가 만일 마음을 돌이켜 듣지 아니하고 유혹을 받아서 다른 신들에게 절하고 그를 섬기면 18 내가 오늘날 너희에게 선언하노니 너희가 반드시 망할 것이라 너희가 요단을 건너가서 얻을 땅에서 너희의 날이 장구치 못할 것이니라(신 30:17-18)

하나님을 믿는다 하면서도 하나님도 믿고 다른 우상도 믿는 일이 일어난 일을 성경을 통해서 확인하게 된다. 가나안 땅에 들어 간지 얼마 되지 않아서 이스라엘은 이미 그런 징조를 보이기 시작했다. 그 때에 여호수아는 분명하게 말했다.

> 만일 여호와를 섬기는 것이 너희에게 좋지 않게 보이거든 너희 열조가 강 저편에서 섬기던 신이든지 혹 너희의 거하는 땅 아모리 사람의 신이든지 너희 섬길 자를 오늘날 택하라 오직 나와 내 집은 여호와를 섬기겠노라(수 24:15)

왜 이런 일이 생길까? 무엇보다 이스라엘이 죄악 되게 가나안의 신들을 섬긴 것이 가장 큰 이유이다. 또한, 우리는 부모들의 신앙적 책임을 살펴보아야 한다. 그 책임이란 다음 세대의 회심이다. 자녀들에게 예수 그리스도의 십자가 복음을 전해야 하며, 회심한 자녀들에게는, '오늘 나의 상황 속에서 기독교 신앙은 무슨 의미가 있는가?'를 바르게 알려 주어야만 한다. 자녀들은 부모의 세대와는 다른 세대를 맞이한다. 자녀들은 대부분이 세상의 철학과 사상을 더 많이 듣게 된다. 그런 철학과 사상 속에서 기독교 신앙의 유일성을 확신해야 한다.

---

114) 유해무, 개혁교의학 (서울: 크리스찬다이제스트, 1997), 180; "… 우상숭배는 하나님의 편재를 대항하는 반역이며, … 야웨를 빙자한 우상을 만들어 야웨를 장악하려는 거짓 종교는 야웨의 편재를 부인하면서 제2계명을 범한다(출 32장; 왕상 12:28)"

부모가 자녀에게 가르쳐 주어야 할 신앙의 내용은 인과율 속에 언약 백성의 성실을, 비인과율 속에 하나님의 은혜를 가르치는 것이다. 인과율은 자연세계에 하나님께서 심어놓은 원리와 방식이다. 그렇다고 인과율만이 유일한 원리는 아니다. 거기에는 우리가 이해할 수 없는 더 오묘하고 신비로운 원리들이 있다. 그러나 하나님께서는 인과율의 원리를 통하여 성실하게 자기 책임을 다하고 살아갈 것을 만들어 놓으셨다.

그러나 세계와 인생과 영혼의 문제는 인과율만으로 해결이 안 된다.[115] 자기가 원인이 되고 자기가 조건이 되는 방식으로는 영혼을 살리거나 인생의 문제를 해결할 수가 없다. 죄로 죽은 자신의 영혼을 인간 스스로가 살려낼 수가 없기 때문이다. 그것은 오직 하나님의 은혜로만 가능하다. 예수 그리스도께서 십자가에서 죽으신 그 피흘림으로 대속하시고 성령 하나님께서 그것을 자기 백성들에게 적용하심으로 죄로 죽은 그 영혼들을 살려내신다.

인생을 살아가는 과정속에 일어나는 수많은 일들 속에서도 하나님께서는 끊임없이 간섭하신다. 우리는 그 간섭하심을 모르고 '상처받았다.'는 말을 수도 없이 쏟아놓는다. 하나님께서는 그런 아픔과 상처 속에서 인간의 죄인 됨을 철저히 깨닫게 하시며, 인생이 우리 손에 있지 아니하며 우리의 마음 먹은 대로 되는 세상이 아님을 알게 하신다. 하나님께서 자기 백성을 연단하시기 위하여 이끄시는 그 방식을 알아가게 하신다.

> 8 징계는 다 받는 것이거늘 너희에게 없으면 사생자요 참 아들이 아니니라 9 또 우리 육체의 아버지가 우리를 징계하여도 공경하였거늘 하물며 모든 영의 아버지께 더욱 복종하여 살려 하지 않겠느냐 10 저희는 잠시 자기의 뜻대로 우리를 징계하였거니와 오직 하나님은 우리의 유익을 위하여 그의 거룩하심에 참예케 하시느니라 11 무릇 징계가 당시에는 즐거워 보이지 않고 슬퍼 보이나 후에 그로 말미암아 연달한 자에게는 의의 평강한 열매를 맺나니(히 12:8-11)

하나님께서는 자기 백성의 유익을 위하여 연단하시며, 거룩과 경건에 이르도록 훈련해 가신다. 그 연단과 훈련의 과정이 세상이 말하는 것과 다른 길이기 때문에 너무 아프고 힘든 시간일지라도 택한 자들은 오직 믿음으로 그 길을 걸어가게 된다. 그 속에서 성도는 하나님께 은혜를 구하는 자로 살아가게 된다.

부모가 자녀에게 이 두 가지 원리를 심어 주지 않으면 세상의 멘탈리티에 섞여 버리고 만다. 인과율의 원리 속에서 하나님께서 맡기신 일에 최선을 다하고

---

[115] 그렇다고 영육을 구분하여 이원론적으로 본다는 뜻이 아니다.

성실히 살아가도록 가르치며, 비인과율 속에서 인생으로 다 헤아리지 못하는 일들을 만나 아픔과 눈물을 흘릴 때 하나님의 은혜를 구하며 살아가도록 가르쳐야 한다. 하나님을 믿고 그 말씀에 순종하는 분명한 신앙으로 가지 않으면 사람들은 반드시 세상의 헛된 신을 섬기게 된다. 왜냐하면, 현실적인 필요와 요구들 앞에 무릎을 꿇고 타협을 하기 때문이다. 그리하여 하나님도 믿고 우상도 믿는 사람들이 생겨난다. 사무엘 선지자는 그런 이스라엘의 모습을 보고 다음과 같이 말했다.

> 사무엘이 이스라엘 온 족속에게 일러 가로되 너희가 전심으로 여호와께 돌아오려거든 이방 신들과 아스다롯을 너희 중에서 제하고 너희 마음을 여호와께로 향하여 그만 섬기라 너희를 블레셋 사람의 손에서 건져내시리라(삼상 7:3)

이스라엘은 하나님을 섬겼지만, 현실의 당면한 어려움 때문에 가나안의 우상인 바알과 아스다롯에게 가서 빌었다. 사무엘은 그런 마음을 버리고 오직 하나님만 섬기라고 말했다. 예수님께서는 이렇게 말씀하셨다.

> 한 사람이 두 주인을 섬기지 못할 것이니 혹 이를 미워하며 저를 사랑하거나 혹 이를 중히 여기며 저를 경히 여김이라 너희가 하나님과 재물을 겸하여 섬기지 못하느니라(마 6:24)

하나님도 섬기고 재물도 섬기는 일은 불가능하다는 것이다. 하나님을 의지하고 살아간다고 하나, 이 현실의 보상을 바라고 살아가는 것이 우상숭배다.

오늘날은 과학이 발달하여 이성이 주름잡는 시대가 되었다. 하나님을 믿는 신앙보다는 과학기술에 의존하여 살고 있다. 과연 신앙은 끝났는가? 그렇게 과학을 외치는 사람들은 자신만만하게 살고 있는가? 그렇지 않다. 오히려 그들은 더 불안해하고 있다. 자신들을 더 행복하게 해 줄 것이라고 생각했던 그 과학이 자신들을 위협하고 있기 때문이다. 그들은 이전 시대의 그 어떤 사람들보다 미신을 더 신뢰하고 있다. 놀랍게도 과학자 그룹 내에는 신비주의 영성을 추종하는 사람들이 갈수록 많아지고 있다. 무신론적 실존주의자인 하이데거는 인간의 가치와 의미를 인간과 인간이 살아가는 이 현실 세계에서만 찾으려고 했다.[116] 그

---

[116] 소강희, 하이데거 존재와 시간 강의 (서울: 문예출판사, 2010), 72; "앞에서 우리는 용재자(망치와 톱 같은 도구적 성격을 가진 존재자-필자 추가)의 적소성(그 도구가 제대로 쓰일 자리에 적합하게 하는 것-필자 추가)에 대해 이야기했다. 그리고 그것이 현존재의 존재를 궁극목적으로 하는 목적-수단 계열을 형성하고 있다고 말했다. 적소성은 달리 말하면 현존재의 존재를 정점으로 하는 목적-수단 계열을 상향적으로 지시하는 데서 성립한다. 이것을 거꾸로 보면, 즉 현존재가

러나, 신적인 것과 죽어야 할 것들 사이를 중개하는 시인으로 도약하는 삶을 말했다.117) 야스퍼스는 자신이 어떻게 살아가야 하는지 스스로 선택함으로 자신의 본질이 결정된다고 했다. 그래서 지금 여기에 존재하는 것, 즉 '실존'은 본질에 앞선다 했다. 그러나 한계상황에서 그 실존의 유한성을 체험하게 되고 그 좌절로부터 초월자(신)에로의 비약은 불가피했다.118) 외부의 간섭 없는 존재로 살 수 있다고 큰소리치지만 도약 없인 살 수 없는 실존주의자들의 비참함을 대체 누가 알아준다는 말인가? 그러니 세상은 이름 없는 실존주의자들의 무덤은 날이 갈수록 넘쳐나고 있다. 실존을 부르짖을수록 명상하는 사람들만 늘어가니 기실 덕 보는 사람은 따로 있는 것이다.

그러나, 하나님의 백성 된 우리는 예수 그리스도의 십자가 안에서 인간의 본질을 알고 구원받아 새생명을 누리며, 하나님으로부터 영원한 의미와 통일성을 부여받으며 그 언약 안에서 풍성한 삶을 살아가는 자들이다.

도구로 하여금 쓰일 곳에서 적합하게 쓰일 도구로서 의의를 갖게 하는 하향의 방향에서 보면, 이를 '유의의화 작용'(有意義化作用, be-deuten)이라 한다. 유의의화란 용재자로 하여금 그 용재자로서 의의 있게 한다는 말이다. 가령 내가 장을 보러 간다고 하자. 나는 시장에 가기 위해 버스나 지하철을 유의의화 하며, 살 물건을 유의의화 하고, 거래를 유의의화 한다. 이런 유의의성이 세계를 세계이게 하는 것, 즉 세계의 세계성이다. 이렇게 보면 세계는 현존재를 중심으로 조직된 의미의 그물이다."
117) 신승환, 「존재의 역동적 움직임으로서의 예술의 진리」 – "진리"개념에 대한 탈형이상학적 이해 시도.
118) http://blog.daum.net/minerowl/13754252; 〈이때 초월자는 실존에 대해 항상 암호로 나타나고 우리는 이들 암호를 해독함으로써 그것을 확인할 수 있는데, 가장 결정적인 암호가 한계상황에서의 좌절인 것이다. 다시 말해 암호란 초월자(신)의 말이나 계시를 의미하며, 인간이 한계상황에 부딪혀 좌절되고 난파하게 될 때에 이 암호를 해독할 수 있는 것이라고 하였다. 결국 암호의 해독이란 실존이 몰락함으로써 도리어 초월자의 존재를 계시 받는 것을 뜻한다. 이것을 야스퍼스는 "철학적 신앙"이라고 한다. 초월자의 존재를 믿는 "철학적 신앙"을 통하여 비로소 인간은 한계상황을 극복하게 되고 본래적인 자기를 찾아 성실한 삶을 살 수 있는 것이라고 하였다.〉

제49문 제2계명은 무엇입니까? (대107)[119]

답: 제2계명은 "너를 위하여 새긴 우상을 만들지 말고 또 위로 하늘에 있는 것이나 아래로 땅에 있는 것이나 땅 아래 물속에 있는 것의 어떤 형상도 만들지 말며 그것들에게 절하지 말며 그것들을 섬기지 말라 나 네 하나님 여호와는 질투하는 하나님인즉 나를 미워하는 자의 죄를 갚되 아버지로부터 아들에게로 삼사 대까지 이르게 하거니와 나를 사랑하고 내 계명을 지키는 자에게는 천 대까지 은혜를 베푸느니라."입니다.[120]

중국 송나라의 도원이 편찬한 『경덕전등록』에는 '단하소불'(丹霞燒佛)이라는 에피소드가 있다. 단하(丹霞天然, 739-824)가 혜림사(惠林寺)에서 하룻밤을 묵으려고 하는데, 방은 추운데 장작이 없었다. 단하는 법당에 있는 목불을 가져와서 쪼개 방을 데우고 잤다. 이튿날 주지는 이 사실을 알고서 단하를 심하게 꾸짖었다. 그러자 단하는 사리를 찾으려고 불상을 태웠다고 말했다. 주지는 나무에 무슨 사리가 있느냐고 역정을 냈다. 단하는 '사리가 안 나올 바에야 나무토막이지 무슨 부처이겠습니까?'라고 말했다. 주지는 놀라운 깨달음을 얻었다. 무엇을 깨달았다는 것인가? 목불 속에도 부처처럼 무엇인가 본질이 있다고 여겼는데 목불은 그저 나무에 불과하다는 것을 알게 되었다는 것이다.[121]

제2계명을 다루면서 왜 단하소불을 말해야 하는가? 그것은 본질에 관한 현대적 정서를 이해해야 하기 때문이다. 본질에 대한 문제는 제6문에서 다루었다. 사실 인간된 우리가 하나님의 본질이 있느냐 없느냐? 논할 자격이 없다. 여기서는 단하소불처럼 세상의 신들은 그 속에 본질이 없다는 것을 말한다. 왜냐하면 그것은 인간이 만들어낸 신들이기 때문이다. 세상의 종교가 단하소불이 되는 이유에 대해서 성경은 이렇게 말한다.

---

[119] 8 너는 자기를 위하여 새긴 우상을 만들지 말고 위로 하늘에 있는 것이나 아래로 땅에 있는 것이나 땅 밑 물속에 있는 것의 아무 형상이든지 만들지 말며 9 그것들에게 절하지 말며 그것들을 섬기지 말라 나 여호와 너의 하나님은 질투하는 하나님인즉 나를 미워하는 자의 죄를 갚되 아비로부터 아들에게로 삼사 대까지 이르게 하거니와(신 5:8-9)

[120] Q. 49. Which is the second commandment? A. Thou shalt not make unto thee any graven image, or any likeness of any thing that is in heaven above, or that is in the earth beneath, or that is in the water under the earth: Thou shalt not bow down thyself to them, nor serve them: for I the LORD thy God am a jealous God, visiting the iniquity of the fathers upon the children unto the third and fourth generation of them that hate me; And shewing mercy unto thousands of them that love me, and keep my commandments.

[121] 강신주, **철학 vs 철학** (서울: 그린비, 2012), 26.

> 열방의 우상은 은금이요 사람의 수공물이라(시 135:15)
> 사람마다 우준하고 무식하도다 금장색마다 자기의 만든 신상으로 인하여 수치를 당하나니 이는 그 부어 만든 우상은 거짓이요 그 속에 생기가 없음이라(렘 51:17)
> 그러므로 우상의 제물 먹는 일에 대하여는 우리가 우상은 세상에 아무것도 아니며 또한 하나님은 한 분밖에 없는 줄 아노라(고전 8:4)

우상은 인격적 실체가 아니다. 그것은 인간이 만들어 낸 수공물에 불과하다. 실재하지 않으니 생명도 없고 능력도 없는 거짓이다. 제1계명은 하나님만이 참 신이며 하나님만을 섬기라고 말하며, 제2계명은 그 참되신 하나님을 어떻게 참되게 섬기고 예배해야 하는가를 말한다.

인간이 만들어낸 신이라는 의미는 무엇인가? 그것은 인간 내면의 욕구의 표현이라는 뜻이다. 그것은 다만 먹고 마시는 것이 채워지는 것만이 아니라 인간의 신격화를 지향하는 종교다. 왜냐하면 인간이 본질을 추구하되 인간 안에서 만들어 내려고 하기 때문이다. 그들은 언제나 인간의 내면에 신성함이 있다고 말하며 구상화로 그것을 계발시키려고 한다.

세상의 철학이 아무리 본질이 없다고 소리쳐도 사람의 본성상 본질을 추구한다. 세상의 철학이 아무리 인격이 없다고 말해도 인간이 인격체인 것을 부인할 수 없기 때문이다. 세상의 철학이 아무리 무목적적이고 우연성이라고 아무리 소리쳐도 인간은 그렇게 맹목적으로 살 수 없으며 우연성에 기대고 살 수 없다. 아무리 단하소불을 말한다 해도 인간은 여전히 의미와 통일성을 추구하며 그것이 사라지면 분열이 일어나서 붕괴해 버린다. 그러기에, 성경은 더 중요한 말을 한다.

> 19 그런즉 내가 무엇을 말하느뇨 우상의 제물은 무엇이며 우상은 무엇이라 하느뇨 20 대저 이방인의 제사하는 것은 귀신에게 하는 것이요 하나님께 제사하는 것이 아니니 나는 너희가 귀신과 교제하는 자 되기를 원치 아니하노라(고전 10:19-20)

우상과 우상의 제물은 모두가 다 거짓이다. 실재하지 않는 것들에 아무리 정성을 바친들 응답해 줄 리가 없다. 그러나 그 우상의 배후에는 귀신이 있다. 당시 헬라인들의 신이었던 쥬피터, 아폴로, 비너스 등은 인간이 만들어 낸 신화였다. 사도 바울은 이런 모든 신화적 존재들의 배후에는 사단의 세력이 역사하고 있음을 말했다. 사탄은 하나님께로 향해야 할 사람들의 마음을 빼앗아 가고 하나님을 대적하게 한다. 그들은 이 세상이 전부이며 이 세상의 것을 더 많이 누리고 살기 위해 우상에게 인생을 바친다. 그러나 그것은 사탄에게 제사하는 것이고 사단과 교제하는 것이다.122) 귀신과 교제하는 자가 된다는 것은 우상 그 자체와 친교를 갖는다는 의미가 아니라, 어둠의 세력과 결탁된 악한 영들과 짝이 된다는 뜻이다.

제2계명은 하나님 한 분만으로 충분하다는 것을 더욱 분명하게 가르친다. 우리와 언약을 맺으신 분은 여호와 하나님 한 분 뿐이시다. 우리는 인간이 고안하여 만들어 낸 세상의 다른 어떤 신과 언약을 맺지 않았다. 여호와 하나님께서는 그 언약의 수혜자인 우리에게 그의 작정대로 섭리하시며 그 백성을 인도하여 가신다. 그러기에 우리 삶에는 하나님 한 분 만으로 충분하다. 그 말은 우리가 세상의 죽은 우상에게 의지하지 않아도 된다는 뜻이다. 우리에게 생명을 주시고 의미와 통일성을 주시는 분은 하나님 한 분 뿐이시다!

제2계명이 올바른 예배와 그릇된 예배를 말한다는 것은 하나님만으로 충분하지 않다고 여기는 인간의 죄악을 드러내는 것이다. 하나님을 예배하나 사악한 미신으로 변질시키려는 사악한 성향이 인간의 뼛속 깊숙이 뿌리내리고 있다. 그것은 살아계신 하나님의 영광을 인간의 상상 속에 밀어 넣어 합리적인 신으로 만들거나 신비적인 존재로 만들어 버리는 성향을 말한다.

그러므로 하나님께서는 그런 죄악 된 본성대로 흘러가도록 버려두시지 않고 하나님을 참되게 예배하도록 그의 백성들에게 명령하신다. 하나님께서는 자신의 영광을 다른 존재와 나누는 것을 기뻐하지 않으신다. 그것이 바로 언약의 거룩함이요 풍성함이다. 우상숭배는 하나님 외에 다른 대상을 예배한다는 것이며, 언약의 주체이신 하나님을 저버리고 우상에게 가는 배신행위다.

김용옥은 『금강경 강해』에서 다음과 같이 말했다.

> 야훼는 바로 다른 신들을 질투하는 많은 신들 중의 一者(일자)인 것이다. 그러므로 유일신관을 자랑하는 기독교 신학에 있어서조차 "유일신"관이라는 것은 근원적으로 성립할 수가 없다. 신·구약 성경이 모두 雜神(잡신)을 존재론적으로 전제한 위에서 성립한 유일신을 말하고 있을 뿐인 것이다. 이내 말은 아무리 위대한 성서신학자라도 부정할 수가 없다. 그것은 곧 여호와 하나님 당신의 말씀에 대한 거역일 뿐이다. 유일신관은 곧 성서를 부정하는 불경이다. 우리가 神(신)을 存在(존재)로 생각하는 한에 있어서는 필연적으로 도출될 수밖에 없는 결론이다. 神(신)이 存在者(존재자)인 한 그것은 많은 存在(존재) 중의 一者(일자)일 수밖에 없다. 야훼래야 그것은 역사적으로 雜神(잡신)을 물리친 萬神(만신)일 뿐이다. 이러한 야훼의 유일신화는 유대민족사에 있어서 다윗왕조의 성립과 궤를

---

122) 우리의 씨름은 혈과 육에 대한 것이 아니요 정사와 권세와 이 어두움의 세상 주관자들과 하늘에 있는 악의 영들에게 대함이라(엡 6:12)

같이하는 것이다. 즉 "지상에서의 통일왕조의 성립"과, "잡신의 통일"의 일치현상은 모든 인류사에서 공통적으로 나타나는 보편현상인 것이다. 정치권력의 통일과 신적권력의 통일은 상응하는 것이다.(한자음필자 추가)123)

여기서 김용옥의 무지함이 찬란하게 드러나게 된다. 성경이 무엇을 말하고 있는지 알지 못하고 김용옥이라는 한 인간의 지식 한계 내에서 성경을 말하고 있기 때문이다. 성경을 조금만 읽어보아도 알 수 있는 것을 편견과 오만으로 성경을 바라보기 때문에 김용옥과 같은 잡신적(雜神的)인 신관이 생겨나게 된다.124) 실제로 김용옥은 출애굽기 34장 14절을 인용하고 있다. 이 말씀의 배경이 되는 것은 출애굽기 32장이다. 모세가 하나님의 율법을 받기 위해 시내산에 올라간 후에 아무런 소식이 없자, 백성들은 모세의 형 아론에게 가서 요구했다.

> 백성이 모세가 산에서 내려옴이 더딤을 보고 모여 백성이 아론에게 이르러 말하되 일어나라 우리를 위하여 우리를 인도할 신을 만들라 이 모세 곧 우리를 애굽 땅에서 인도하여 낸 사람은 어찌 되었는지 알지 못함이니라(출 32:1)

아론은 백성들에게서 금고리를 모아서 금송아지를 만들었다. 그리고 그들은, "… 이스라엘아 이는 너희를 애굽 땅에서 인도하여 낸 너희의 신이로다…"(출 32:4) 라고 말했다. 이스라엘 백성들은 그 금송아지 우상을 만들어 놓고 그것을 신이라고 했다. 이 사건을 통해서 알 수 있듯이 사람들은 불안하기 때문에 우상

---

123) 김용옥, **금강경강해** (서울: 통나무, 2011), 21-22.
124) 박명룡, **김용옥의 하나님 vs 성경의 하나님** (서울: 도서출판 누가, 2007), 46.

비교사항	김용옥의 신(god)	기독교의 신(God)
하나님 정의	유기체적 우주가 하나님이다	우주를 초월한 창조주가 하나님이다
인격성	비인격체(우주의 기)	인격체(도덕적이며 사랑하는 존재)
형이상학적 실체	우주는 유한하다(시·공간 안에 있다) 변화한다(changeable)	하나님은 무한하고 영적이며 영원하다. 불변한다(unchangeable)
신의 기원	우주는 자족적이다 (스스로 그러하다)	하나님은 자존자다 (스스로 계신 분이다)
우주창조	유(something)에서 동양적인 무(something, 무엇인가 있는 것)로 끊임없이 변화한다.	무(nothing)에서 유(something)로의 창조이다
인간과의 관계성	인간은 궁극적으로 우주에 의존한다	인간은 궁극적으로 신께 의존한다

(박명룡 목사는 "김용옥의 신(God)"로 표기했으나, 나는 "김용옥의 신(god)"로 수정했다.) 기독교의 신관과 김용옥의 신관은 다음과 같은 근본적인 문제들을 말하게 된다. 1) 우주 자체가 신인가? 우주를 초월한 신이 존재하는가? 2) 유(有)로부터의 창조인가? 무(無)로부터의 창조인가? 3) 우주의 시작이 없는가? 우주의 시작이 있는가? 4) 우주 발생의 기원이 우주 자체인가? 우주의 기원이 초월자 하나님인가? 5) 신은 비인격체인가? 신은 인격체인가? 이 5가지 문제들 중에서 1)번과 5)번이 가장 핵심적인 질문이다.

을 만든다. 그러나 분명한 것은 그것은 신이 아니라 거짓이며 없는 것이다. 시내산 아래서 이스라엘 백성들은 무엇을 했는가?

> 저희 중에 어떤 이들과 같이 너희는 우상숭배하는 자가 되지 말라 기록된 바 백성이 앉아서 먹고 마시며 일어나서 뛰논다 함과 같으니라(고전 10:7)

이것은 단순히 먹고 마시고 뛰놀았다는 것이 아니다. 그들은 이집트 우상을 섬길 때 했던 음란한 광란의 축제를 벌였다. 그것은 'Egyptian Shake'라고 한다. 거룩한 하나님의 백성들이 이방의 음란한 제사를 금송아지 우상 앞에서 자행했다. 신앙의 도약을 감행한 이스라엘 백성들에게 심판이 내려졌고, 그 심판의 날에 삼천 명이 죽임을 당했다.125) 그렇게 많은 숫자가 죽어야 할 이유가 무엇인가? 단순히 놀고먹은 것이 아니라, 애굽의 우상들 앞에서처럼 광란의 제의(Egyptian shake)에 빠졌기 때문이다. 그것은 사탄의 꾀임에 넘어가 죄를 범했던 아담과 하와처럼 하나님을 배반하고 언약을 깨뜨린 죄다.

그런 일들이 이제 교회 안으로 들어오고 있다. 새들백교회 청소년부(Youth Ministry)에서는 이미 이런 광란의 제의가 도입되고 있다.126) CCM이라는 탈을 쓰고 예배 속에 들어오고 있다. 그런데도 사람들은 은혜만 받으면 된다고 생각한다. 과연 그들이 말하는 은혜는 무엇인가? 죽어가는 이 나라 교회는 과연 심판을 피할 수 있는가???

성경의 하나님은 인간이 만들어낸 하나님이 아니라 스스로 존재하시는 무한하시고 영원하시며 인격체인 하나님이시다. 성경은 그 사실을 분명하게 말한다. 하나님께서는 창조주 하나님이시다.

> 태초에 하나님이 천지를 창조하시니라(창 1:1)

하나님께서는 모세에게 계시하신 하나님이시다. 이 말이 가지는 뜻은 모세가 노력하여 득도한 것도 아니며 만들어 낸 것도 아니라는 것이다. 하나님께서 모세에게 찾아오셨다. 그리고 말씀하셨다.

---

125) 27 모세가 그들에게 이르되 이스라엘의 하나님 여호와께서 이같이 말씀하시기를 너희는 각각 허리에 칼을 차고 진 이 문에서 저 문까지 왕래하며 각 사람이 그 형제를, 각 사람이 그 친구를, 각 사람이 그 이웃을 도륙하라 하셨느니라 28 레위 자손이 모세의 말대로 행하매 이 날에 백성 중에 삼천 명 가량이 죽은 바 된지라(출 32:27-28)
126) http://youtu.be/3TOehO_jDXk/ The Egyptian Shake/

> 하나님이 모세에게 이르시되 나는 스스로 있는 자이니라 또 이르시되 너는 이스라엘 자손에게 이같이 이르기를 스스로 있는 자가 나를 너희에게 보내셨다 하라(출 3:14)

모세에게 찾아오신 하나님은 스스로 존재하시는 영원하시고 불변하시는 하나님이시다. 만물을 창조하시고 역사의 주인이 되시며 그 백성들을 섭리해 가시고 인도하시는 분이시다.

> 산이 생기기 전, 땅과 세계도 주께서 조성하시기 전 곧 영원부터 영원까지 주는 하나님이시니이다 (시 90:2)

그 하나님은 전지하시고 무소부재하시는 하나님이시다. 하나님께서는 모든 것을 알고 계시며, 하나님은 어디에나 충만하게 거하시는 분이시다.

> 1 여호와여 주께서 나를 감찰하시고 아셨나이다 2 주께서 나의 앉고 일어섬을 아시며 멀리서도 나의 생각을 통촉하시오며 3 나의 길과 눕는 것을 감찰하시며 나의 모든 행위를 익히 아시오니 4 여호와여 내 혀의 말을 알지 못하시는 것이 하나도 없으시이이다(시 139:1-4)

여호와는 자기 백성을 아시는 하나님이시다. 1절에서 감찰하신다는 말은 물줄기나 금속을 찾기 위하여 땅을 파거나 뚫는 것을 말한다.[127] 하나님께서는 그렇게 정확하고 상세하게 인생의 마음을 아신다. 우리가 무엇을 생각하고 계획하는지 다 알고 계신다. 3절에서 감찰하신다는 것은 알곡을 골라내기 위해 쭉정이를 바람에 날려버리는 것을 말한다. 우리의 겉모양이 아무리 그럴듯할지라도 우리의 중심이 무엇인지 그것을 헤아리신다. 특히 4절 말씀을 문자적으로 번역하면, "한 마디의 말도 아직 내 혀에 없을 때에 조차, 오！ 여호와여 당신은 모든 것을 아십니다."(Before a word is on my tongue you know it completely, O Lord, NIV)이다. 하나님께서 아주 상세하게 인간의 마음속을 꿰뚫어 보시는 것을 실제적으로 표현한 것이다.

> 여호와의 말씀이니라 사람이 내게 보이지 아니하려고 누가 자신을 은밀한 곳에 숨길 수 있겠느냐 여호와가 말하노라 나는 천지에 충만하지 아니하냐(렘 23:24)

---

[127] 사람이 흑암을 파하고 끝까지 궁구하여 음예와 유암 중의 광석을 구하되(욥 28:3)

이 말씀은 요나를 기억나게 한다. 하나님의 부르심을 받은 요나는 하나님의 명령을 저버리고 하나님의 낯을 피해 다시스로 도망갔었다. 그러나 그가 아무리 멀리 도망가려해도 하나님의 눈을 피할 수는 없었다. 마찬가지로 거짓 선지자들이 사람들을 속일 수는 있어도 전능하신 하나님은 속일 수 없다. 왜냐하면 하나님은 천지에 충만하신 하나님이시기 때문이다.

무엇보다 도올의 신은 우주의 기(氣)라는 에너지(energy)를 말하는데, 그것은 비인격체를 말한다. 그러나 성경의 하나님은 인격체이신 하나님이다. 하나님께서는 인격체이시기 때문에 사랑과 은혜를 베푸시고[128] 도덕적인 존재로서 선하시며 거룩하시고 의로우신 분이시다.[129]

성경은 우상은 다 참신이 아니라 가짜라고 말하고 있다.[130]

> 14 사람마다 우준하고 무식하도다 금장색마다 자기의 조각한 신상으로 인하여 수치를 당하나니 이는 그 부어 만든 우상은 거짓 것이요 그 속에 생기가 없음이라 15 그것들은 헛 것이요 망령되이 만든 것인즉 징벌하실 때에 멸망할 것이니(렘 10:14-15)

왜 사람들이 "우준하고 무식"한가? 우상은 인간이 붓고 조각해서 만든 것이어서 생명이 없는 것인데 그 앞에 절하기 때문이다. 우상은 무가치하고 공허하며, 망령되이 만든 것이며, 징벌하실 때에 멸망하고 말 것이다. 이렇게 말하는 근본적인 이유는 그렇게 허망한 것들이기 때문에 너희들을 도와줄 수가 없다는 것이다.

시편 기자는 은이나 금으로 만든 우상이 신들이 아니며, 아무리 찬란하고 값어치가 있다 하여도 그것은 허구라는 것을 말해 주고 있다.

---

[128] 사랑하지 아니하는 자는 하나님을 알지 못하나니 이는 하나님은 사랑이심이라(요일 4:8) 하나님이 우리를 사랑하시는 사랑을 우리가 알고 믿었노니 하나님은 사랑이시라 사랑 안에 거하는 자는 하나님 안에 거하고 하나님도 그 안에 거하시느니라(요일 4:16)
[129] 예수께서 이르시되 네가 어찌하여 나를 선하다 일컫느냐 하나님 한분 외에는 선한 이가 없느니라(눅 18:19) 주는 나의 하나님이시니 나를 가르쳐 주의 뜻을 행케 하소서 주의 신이 선하시니 나를 공평한 땅에 인도하소서(시 143:10) 나는 너희의 하나님이 되려고 너희를 애굽 땅에서 인도하여 낸 여호와라 내가 거룩하니 너희도 거룩할지어다(레 11:45) 그는 반석이시니 그 공덕이 완전하고 그 모든 길이 공평하며 진실무망하신 하나님이시니 공의로우시고 정직하시도다(신 32:4) 구름과 흑암이 그에게 둘렸고 의와 공평이 그 보좌의 기초로다(시 97:2)
[130] 하이델베르크 교리문답 제95문: 우상숭배란 무엇인가? 답: 우상숭배란 말씀을 통하여 당신 자신을 계시하신 유일하신 참 하나님 대신에, 혹은 추가해서, 우리의 신뢰를 두는 어떤 것을 가지거나 만들어 내는 것입니다.

저희 우상은 은과 금이요 사람의 수공물이라(시 115:4)
열방의 우상은 은금이요 사람의 수공물이라(시 135:15)

왜 우상이 거짓인가? 그것들은 인간들이 자기 욕망을 실현하기 위해 만들어 낸 신이기 때문이다. 사도 바울이 아덴에서 전도를 할 때에 성경은 다음과 같이 말하고 있다.

모든 아덴 사람과 거기서 나그네 된 외국인들이 가장 새로운 것을 말하고 듣는 것 이외에는 달리 시간을 쓰지 않음이더라 바울이 아레오바고 가운데 서서 말하되 아덴 사람들아 너희를 보니 범사에 종교심이 많도다 내가 두루 다니며 너희가 위하는 것들을 보다가 알지 못하는 신에게 라고 새긴 단도 보았으니 그런즉 너희가 알지 못하고 위하는 그것을 내가 너희에게 알게 하리라(행 17:21-23)

인간은 두려움에 사로 잡혀서 이런 저런 신들을 만들어 내었다. 인간이 만들어 낸 신이기 때문에 그것은 거짓이며 가짜이다. 인간이 이렇게 거짓된 신을 만들어 내는 근본적인 이유는 무엇인가? 그것은 인간의 욕망 때문이다. 이성에 대한 신뢰가 무너지는 20세기에 들어서자 욕망은 실존주의 철학과 구조주의의 영역으로 들어왔다. 후설은 인간의 의식이란 독립적이지 않고 언제나 외부의 대상을 지향하는 속성을 가진 존재로 보았다. 이런 관점을 이어받아 하이데거는 욕망을 '관심'으로 규정했다. 인간의 의식을 텅 빈 무(無)의 상태로 보는 샤르트르는 결핍이 있기에 욕망으로 채우고자 하는 인간으로 본다. 그러나 그 욕망도 자신의 존재 근거를 대신하지 못하기에 결국 실패하고 만다. 프로이트의 줄을 잡은 라캉에게 있어서 결핍은 단순한 결핍이 아니라 근원적이고 본래적인 존재의 결핍이다. 기표들의 세계에서 기의를 찾으나 일시적인 충족만 있을 뿐이고 근본적인 결핍은 해결 받지 못한다. 끝임없이 구하지만 찾을 수 없기에 욕망을 욕망하는 삶이 되어 버리고 그러다보니 그 욕망은 타자의 욕망이다.131) 생산하는 자

---

131) http://www.crossvillage.org/board/index.php?doc=program/board.php&bo_table=sinhak03&page=1&wr_id=329; 〈라캉의 입장에서 보면, 욕망의 세계 안에서는 서로 상반되는 현상이 있음을 들뢰즈 측은 놓치고 있다고 보았다. 즉 뭐든지 긍정적으로, 생산적인 방향으로 욕망이 움직이는 것이 아니라 바로 그런 생산적인 것을 저지하는 욕망의 활동도 있는데 이 점을 들뢰즈 식으로 하면 설명할 길이 없다는 것이다. 그렇다면 라캉 쪽은 이런 상반된 욕망을 통해서 어떤 식으로 주체를 설명하는가? … 나는 '내가 밖을 보는 존재'가 아니라 '남들로부터 보이는' 식으로 존재하는 것이다. 어떤 나를 보는 타인이 나타나기 전에는, 현재 나의 삶에 대해서 대단히 만족했는데, 나보다 더 뛰어나고 나보다 더 많이 알고, 나보다 많이 가졌고, 나보다 더 인기 있는 자가 등장하는 순간, 그 사람이 나를 얼마나 무시하고 깔볼겠느냐는 생각하면 밤잠을 자지 못하게 된다. (실제로 그 타인이 자신을 그렇게 보는지 여부는 전혀 알려진 바 없음에도 불구하고) 따라서 인간의 무의식적 욕망의 세계란 실은 타인들이 나에게 뭔가를 요구하는 욕망들의 집결장소가 되고 그런 욕망들이 이리 뭉쳐지고 저리 뭉쳐짐에 따라서 나라는 주체는 그때그때마다 새로운 내용으로 정립된다. 여기에 어떤 고리가 갖추

연의 개념을 말하는 스피노자를 따라 들뢰즈와 가타리에게 욕망은 결핍이 아니라 생산적인 개념이다. 그저 욕망을 채우려고 사는 것이 아니라 새로운 것을 생산하고 창조하려는 무의식적인 의지다. 그러기 위해 탈주를 요구한다.[132]

이런 욕망들은 왜 이렇게 생겨나고 채워지지 않는가? 그것은 창조주 하나님으로부터 의미와 통일성을 부여받지 못하기 때문이다. 인간 안에서 만들어내는 의미와 통일성은 인간이 유한한 존재이기 때문에 거기서 나온 것들은 유한한 의미와 통일성을 제공할 수밖에 없다. 이렇게 된 근본적인 이유는 무엇인가? 성경은 인간이 하나님께 죄를 지어 타락했기 때문이라고 분명하게 말한다. 그것은 하나님 없는 자율성이었다! 인간은 자율성으로 가기 위해 역사상의 어떤 한 순간에 실제적으로 죄를 지었고 타락했다. 그 죄에서 벗어나는 길은 오직 예수 그리스도의 십자가뿐이다!

어지게 되는데 이 고리는 내가 되고 싶어 하는 나를 정립하기 위해 동원되는 각가지 단어들이다. 그래서 나에게 뭔가를 요구하는 그 타인의 욕망에 부응해 줌으로서 비로소 나는 그 타인 앞에 적합한 주체가 되어 나설 수가 있는 것이다. 그런데 금세 다른 타인이 등장해서 기존에 정립해 놓은 주체상을 허물어 버리게 만드는 욕망을 또한 나에게 쏘아대게 된다. 그러면 그 타인의 욕망에 부응해야 하기에 그 간격이 바로 증상으로 나타나는 '욕망'이다. 이 증상이 바로 편집증이요 분열증세다. 인간이 이미 태어나면서 주변 어른들의 욕망에 의해서 맞춰진 주체상으로 세상을 살아가기 때문에 새로운 타인의 욕망이 나타나지 않으면 불안해서 살 수가 없다. 그 불안증을 어떤 식으로 내부적으로 대체하려고 시도하면 그만큼 정신병자가 되어 버린다. 따라서 정신병자가 되지 않기 위해서는 현실 속에서 새로운 타인의 욕망으로 변신을 거듭해야 한다. 아무리 달려가서 붙잡으려고 해도 붙잡히지 않는 목표와 목적이 있음으로 인하여 인간은 정신적으로 건강하고 정상인으로 살아갈 수 있는 것이다. 하지만 "나는 정상인이야"라는 이 주체로 늘 상실의 자리가 생기게 마련인데 그것은 인간에게는 욕망뿐만 아니라 충동이라는 것이 발생된다. 이 충동은 인간이 주체할 수 있는 대상이 아니다. 난데없이 들이닥치게 되는데 그 충동의 원천지는 바로 쾌락이다. 이 쾌락의 바다를 조사한 라캉은 두 종류의 상반된 방향으로 쾌락이 움직이는 것을 발견했다. 그것은 현재를 즐기고 싶은 쾌락과 그 즐김을 죽음으로 마감하고 싶은 쾌락이다. 즉 "어서 죽어 버리는 쾌락을 맛보았으면…"라는 쾌락이다. 쉽게 말해서 현재 만져지고 있는 이 몸을 누구의 도움도 없이 스스로를 파괴시켜보고 싶은 그 충동이 증상으로서 의식의 표면 위에 흠집을 내면서 올라오게 된다. 이렇게 되면 라캉의 욕망론은 둘로 나뉘어진다. 하나는 타인의 욕망으로 주체를 정립하는 순환구조와 다른 하나는 손 쓸 겨를도 없이 난데없이 올라오는 즐거움, 곧 죽고 싶은 즐거움이다. 욕망 구조는 타인으로부터 명령받아 그대로 순종하므로서 타인으로부터 인정받는 주체가 되고자 하는 구조인 반면에 충동 구조는 그런 주체 정립 행위마저 스스로 다 부셔 버리고 싶은 욕망구조가 또 있다. 앞에 욕망사슬은, 스스로 죽음을 여겨고 연기시키는 영역이라면, 뒤의 충동구조는 그러한 시도에 구멍을 내는 구조다. 그런데 이 구멍 내는 시도가 서글픈 것이 아니라 진작 정말 해보고 싶은 순수한 즐거움인 것이다. "아, 내가 스스로 죽을 수 있는 힘을 장착하고 있다니, 나는 이로서 얼마나 행복한 존재냐!"〉

[132] 남경태, 개념어사전 (서울: Humanist, 2012), 365-368.

제50문 제2계명에서 요구하는 것은 무엇입니까? (대108)
답: 제2계명에서 요구하는 것은 하나님께서 그분의 말씀에 정하신 대로 모든 종교적 예배와 규례를 받아서 준수하고, 순전하고 흠 없이 지키는 것입니다.[133]

프로이트는 토템, 유대교, 기독교의 발생을 '사후적 복종'으로 본다. 데리다는 프로이트의 핵심 키워드를 사후성(事後性) 개념과 연기(延期) 개념이라 말한다. 이것을 '엠마의 가게 공포증' 사례로 설명한다. 엠마라는 여자 환자는 옷가게 같은 곳에 들어가지 못하는 공포증을 앓고 있었다. 프로이트는 왜 그녀가 그러는지 2개의 장면을 찾아낸다. 하나는 그녀가 기억하는 12살 무렵의 일인데, 혼자 가게에 갔을 때 두 명의 점원이 그녀를 보고 웃었을 때 그녀는 그들이 자신의 옷차림을 비웃었다고 생각했다. 그 점원들이 웃자 까닭 없이 도망쳤다. 다른 하나는 무의식 속에 억압되어 있다가 분석에 의해 드러난 8살 때 사탕을 사기 위해 갔을 때 가게 주인이 그녀를 성추행 했던 일이다. 엠마가 그 당시에는 성적으로 성숙하지 못해 그 의미를 이해하지 못했으나 12살이 되자 그때 겪었던 일이 되살아나서 외상적 경험이 되었다고 분석했다.[134]

프로이트는 이것을 억압된 기억이 사후작용에 의해 외상이 된다고 말했다. 잠재된 기억은 그와 유사한 사건이 발생하면 환기가 된다는 것이 프로이트의 사후성 개념이다. 개개의 사건들 자체는 아무것도 아니지만 그 사건들이 연결이 되면 트라우마가 나타난다는 것이다. 프로이트는 이런 사후성 개념을 개인에게만 아니라 인간의 보편적 정신세계로 확장한다. 태곳적부터 형성된 문화는 개인만 아니라 집단의 경우에도 무의식적 기억 흔적 안에 보존된다고 말했다.[135] 풍습, 의식, 제도들은 동일한 구조를 만든다는 것이다. 『토템과 터부』, 『인간 모세와 일신교』는 인간의 그런 보편적인 구조를 정신분석학적으로 풀어보려는 시도들이다.

프로이트의 정신분석학의 핵심인 오이디푸스 욕망의 결론이 사후적 복종이다.

---

133) Q. 50. What is required in the second commandment? A. The second commandment requireth the receiving, observing, and keeping pure and entire, all such religious worship and ordinances as God hath appointed in his Word.
134) http://www.freudphil.com/ 신경증 원인론(2006.6.7)
135) 지그문트 프로이트, 종교의 기원, 이윤기 역 (파주: 열린책들, 2003), 237; "… 정신분석학의 가르침에 따르면 인간은 누구에게든 무의식적 정신 활동 속에 타인의 반응을 해석할 수 있는 장치, 즉 타인이 감정의 흐름을 표현할 때 왜곡시키는 것을 바로 잡을 수 있는 장치가 있다. 태곳적 조상과 맺은 근원적 관계의 흔적이 남아 있는 풍습, 의식, 제도를 다음 세대는 무의식적으로 이해하는 방법을 통해 그 감정 유산을 고스란히 받아들이는데 성공하고 있는지도 모르는 것이다."

아버지를 살해한 자식들이 잠복기를 지난 후에 아버지 숭배로 나타나게 된다는 것이다. 그 숭배가 구체적으로 외현화 된 것이 토템이라 했다. 그러면, 기독교는 무엇인가? 프로이트는 모세가 가나안에 입성하기 전에 백성들로부터 살해당했다고 본다. 모세는 일신교를 강요했고, 이집트의 하층민이었던 유대인들은 견디다 못해 모세를 살해했고 그것이 무의식 속에 보존되었다는 것이다. 세월이 지나 모세 살해와 비슷한 사건이 일어났는데 그것이 예수 살해다. 모세 살해에 대한 죄의식이 그대로 예수에게 투영되어 사후적 복종이라는 형태로 나타난 것이 기독교라고 말했다. 소위 '종교적 트라우마'다. 이것을 이어받은 사람은 데리다와 라캉이다. 데리다의 문자론의 핵심인 연기됨과 사후성의 논리로, 라캉은 트라우마의 사후적 효과를 통해 상징계의 논리를 설명했다.

프로이트를 부정하는 사람은 샤르트르와 들뢰즈와 가타리다. 샤르트르는 『존재와 무』(1943)에서 무의식을 부정했다. 실존주의자에게 의식의 배후에 인간을 조종하는 무의식이 있다는 것은 말이 안 되는 것이다. 인간에게는 미리 주어진 본질이 없다는 의미가 '무'이며 인간은 자기 스스로 본질을 만들어 가는 존재라는 것을 말했다. 그것이 어떻게 가능한가? 인간은 자신을 반성할 수 있는 존재이기 때문이다. 그러나 자신의 미래도 자기가 만들어 가는 존재다. 그러기 위해서는 억압을 제거해야 한다. 들뢰즈와 가타리는 『앙띠오이디푸스』에서 억압의 배경이 오이디푸스 욕망이라는 것을 밝혀내고 탈주를 요구한다.136)

칼 포퍼는 이런 프로이트의 정신분석학이 어떤 관찰에 의해서도 반증이 불가능하기 때문에 비과학적인 이론이라 말했다. 어떤 환자가 아버지를 증오하면 오이디푸스콤플렉스 이론으로 말했고, 증오를 부인하면 그 환자가 아버지를 증오하고 있다는 것을 인정하기 두려워 억압하고 있다고 둘러댔기 때문이다. 강영계 교수는 정신분석의 문제점을 다음과 같이 말했다.

> 프로이트 자신이 자기의 정신분석학의 기초가 유물론이라고 말했음에도 불구하고 이러한 그의 주장에는 문제점이 있다. 프로이트는 기관의 이상, 예컨대 뇌신경세포의 비정상 때문에 생긴 노이로제가 아니라 기능의 이상, 즉 신경세포 자체는 정상이지만 기능이 잘못 작용해서 생기는 노이로제는 진단하고 치료하는 것이 정신분석학의 과제라고 말한다. 그렇다면 신경세포의 비정상적인 기능이 신경세포(기관)가 정상인데도 가능하다는 말인데 과연 그럴 수 있을까?
> 프로이트는 충동, 성, 욕망, 노이로제, 정신분석, 대화, 억압, 오이디푸스 콤플렉스, 자아, 원초아, 초자아 등의 개념들을 사용하는데 과연 이런 개념들은 유물론을 기초로 삼은 개념인가? 특히 말년의 프로이트는 사랑의 충동(에로스)과 죽음의 충동 등의 개념을 사용하는데 이런 개념들은 유물론

---

136) 제103문에 나오는 『앙티오이디푸스』를 참고.

적인 기초에 근거를 둔 것이 아니라 오히려 관념론에 바탕을 둔 개념이다. 이런 의미에서 볼 때 프로이트의 정신분석학은 의학 내지 자연과학을 넘어서서 인문과학의 성격을 다분히 띠고 있다고 말할 수 있다.[137]

강영계 교수는 기능의 이상이 기관의 이상과 상관없다는 주장은 억지라고 말했다. 기능과 기관은 분리해서 생각할 수 없기 때문이다. 특히 그가 말년에 말한 에로스(사랑의 충동)와 타나토스(죽음의 충동)는 물질적인 개념이 아니라 관념론에서 하는 말이다. 사랑을 하고 죽음을 자각하는 것은 무의식이 아니라 인간의 주체적 자아가 전제되지 않으면 의미가 없다.

어떤 사람들은 무의식을, 어떤 사람들은 주체를 부르짖으나 의미와 통일성을 구하는 그들의 목표에 있어서는 동일하다. 그러나, 결국 답을 얻지 못하고 신비주의 영성으로 도약을 하게 된다. 그 도약하는 과정에서 각자 자기 스타일대로 우상을 만들어 낸다.

그렇게 도약과 우상으로 가지 않도록 성경은 무엇을 말하는가? 하나님의 말씀을 부지런히 가르치고 그 말씀을 지켜 행하라고 말한다.

> 내가 너희에게 분부한 모든 것을 가르쳐 지키게 하라 볼찌어다 내가 세상 끝날까지 너희와 항상 함께 있으리라 하시니라(마 28:20)
> 내가 너희에게 명하는 이 모든 말을 너희는 지켜 행하고 그것에 가감하지 말지니라(신 12:32)
> 그들에게 이르되 내가 오늘날 너희에게 증거한 모든 말을 너희 마음에 두고 너희 자녀에게 명하여 이 율법의 모든 말씀을 지켜 행하게 하라(신 32:46)

하나님의 말씀은 하나님의 은혜의 방편으로 자기 백성들과 소통이 일어나게 한다. 이 말씀은 하나님께서 주신 말씀이며 이 말씀대로 살아야 하나님이 누구신지 더 알아가게 된다. 초월로 간섭하여 알아가게 하시는 것이 아니라 이 말씀에 순종하여 배워가게 하신다.

이 문답과 관련된 대교리문답은 이렇게 말한다.

> 대교리문답 제 108문 제 이 계명에서 요구하는 의무들은 무엇입니까?
> 답: 제 이 계명에서 요구하는 의무들은 하나님께서 자기 말씀으로 제정하신 종교적 예배와 규례를 받아 준수하고, 순전하게 그리고 전적으로 지키는 것입니다. 특히 그리스도의 이름으로 드리는 기도와 감사, 말씀을 읽고 전파하는 것, 성례들의 거행과 받음, 교회 정치와 권징, 성직과 그것의 유지, 종교적 금식, 하나님의 이름으로 맹세하는 것, 그에게 서약하는 것, 모든 거짓된 예배를 부인하고 미워하며 반대하는 것, 각자의 지위와 사명에 따라 거짓된 예배와 모든 우상 숭배의 기념물들을

---

137) 강영계, 철학의 끌림 (서울: 멘토, 2011), 363.

제거하는 것입니다.

이 대교리문답이 "거짓된 예배와 모든 우상 숭배의 기념물들을 제거하"라는 이유는 하나님께서 허락하여 주신 은혜의 방편을 버리고 인간의 자율성, 주체적 결단으로 가면 종교적 도약으로 가기 때문이다.

제2계명은 하나님을 물질적인 형태로 제한해서는 안 된다는 것만을 말하지 않는다.138) 하나님은 신적 인격을 가지신 분이시다. 신적인격이라 함은 인간이 생각하는 정도의 도덕적인 차원의 인격이 아니라 하나님만이 가지시는 거룩하고 참된 신적인 본성으로서의 인격을 말한다.

문제는 인간이 하나님을 섬긴다고 말하면서도 하나님을 그런 신적 인격을 가지신 분으로 믿지 아니하고 어떤 초월적인 능력을 소유한 존재로 생각하는 경우가 허다하다는 것이다. 여기에서 우상이라는 것이 무엇인가를 생각해야 한다. 우상은 일차적으로 신을 어떤 형상으로 만들어 놓은 것이기도 하지만 가치와 목적을 인간이 정해 놓고 신은 다만 그것을 성취시켜 주는 수단에 불과한 것을 말한다. 그것은 도약의 과정이요 결과물이지 언약의 하나님이 아니다. 그러기에 하나님께서 제2계명을 통하여 우상을 섬기지 말라는 것은 하나님 외에 다른 신을 섬기지 말 것과, 인간의 욕망을 실현하기 위한 도약이 되어서는 안 된다는 말씀이다. 세상의 종교는 자기의 목적을 이루기 위하여 치성을 바쳐서 신을 감동시키려고 한다. 인간이 우상을 만드는 근본적인 이유는 자기 목적을 달성하기 위한 신적인 정당성을 확보하기 위함이다.

하나님께서는 그렇게 대접받기를 원하시지 않으신다. 하나님께서는 자기 백성을 언약으로 묶으시어 자기 백성과 인격적인 관계 속에 두셨다. 그것은 아버지와 자녀와의 관계이지 주인과 종의 관계가 아니다. 하나님은 우리의 성공을 위한 이용의 대상이 아니다. 내 맘대로 무엇을 이루기 위하여 하나님을 조종하는

---

138) 하이델베르크 교리문답 제96문: 하나님께서 제 2계명에서 무엇을 요구하십니까? 답: 우리가 어떠한 방식으로도 하나님의 형상을 만들어서는 안 되고, 하나님께서 당신의 말씀을 통하여 명령하신 것 이외에 어떤 다른 방식으로 하나님을 예배해서도 안 된다는 것입니다.
제97문: 그렇다면 우리가 절대로 어떤 형상도 만들어서는 안 됩니까? 답: 하나님께서는 눈에 보이는 어떤 방식으로 묘사될 수 없고, 또 묘사되지도 않습니다. 피조물은 묘사될 수 있으나, 하나님께서는 우리에게 이 피조물을 예배하거나 혹은 이 피조물을 통하여 당신을 섬기기 위해서 피조물의 어떤 형상을 만들거나 가지는 것을 금지하셨습니다.
제98문: 그러면 그 형상들이 "성도들을 가르치는 책"으로 교회 안에서 받아들여져서도 안 됩니까? 답: 그렇습니다. 왜냐하면 우리가 하나님보다 더 지혜롭게 되려고 해서는 안 되기 때문입니다. 하나님께서는 당신의 백성들이 말 못하는 형상으로가 아니라, 당신의 살아있는 말씀의 설교에 의해서 가르침을 받기 원하십니다.

것이 아니다. 소원 성취를 위한 종교적인 수단으로 전락해 버리면 기독교는 생명력이 없어지고 죽는다.

하나님을 더 알아가며 그 하나님과 교제하며 그 하나님께서 기뻐하시는 길로 가는 것이 성도의 신앙이요 삶이다. 왜냐하면 죄와 사망에서 구원을 받은 것은 우리의 능력과 지혜로 된 것이 아니기 때문이다. 우리가 원인이 되고 우리가 힘을 발휘해서 얻은 것이라면 우리의 만족의 기쁨을 위해서 살아갈 것이다. 그러나 구원은 결코 우리 안에서 만들어 낸 것이 아니다. 구원은 전적으로 우리 밖에 살아계시며 무한하신 인격자 되신 삼위하나님으로부터 주어진 은혜의 선물이다. 결국 구원론이 바르게 정립될 때에 십계명에 대한 자발적인 순종이 일어나게 된다. 구원론이 삶을 지배한다! 하나님께서 이 구원의 복된 자리로 부르셔서 우리를 어디로 인도하시려고 하는지를 분명히 알아야 수단과 방법으로 이용하지 않는다. 그것은 바울의 기도 속에 나타난다.

> 16 너희를 인하여 감사하기를 마지 아니하고 내가 기도할 때에 너희를 말하노라 17 우리 주 예수 그리스도의 하나님, 영광의 아버지께서 지혜와 계시의 정신을 너희에게 주사 하나님을 알게 하시고 18 너희 마음 눈을 밝히사 그의 부르심의 소망이 무엇이며 성도 안에서 그 기업의 영광의 풍성이 무엇이며 19 그의 힘의 강력으로 역사하심을 따라 믿는 우리에게 베푸신 능력의 지극히 크심이 어떤 것을 너희로 알게 하시기를 구하노라(엡 1:16-19)

성도의 순종은 구원의 감격과 기쁨으로 인한 거룩한 삶으로 나타나는 것이지, 무엇을 행함으로 그것이 조건이 되어 자기 소원을 이루는 조건이 아니다. 예배를 드리는 것으로 자기 욕심을 이루는 것이 바로 우상이다. 그것이 바로 잘못된 예배의 자세이다.

그것은 사람들이 실용성을 앞세우기 때문이다. '무엇이 더 좋은 결과를 낳는가?' '무엇이 더 행복을 주는가?' 이런 것들이 사람들의 일차적인 관심이다. 이 실용성이 강조되는 것은 인생의 경험에 기초한다. '살아보니 돈이 최고더라' 하는 것이다. 그러나 사실 경험에 기초한다는 것은 상대적 진리관 속에 살아간다는 것을 의미한다. 실용주의의 핵심은 절대성, 필연성, 객관성, 보편성을 거부하고 상대성, 개연성, 주관성, 다원주의다. 19세기 말 퍼스로부터 시작된 실용주의는 변화하는 미국의 요구에 기여했다.

남북전쟁(1861-1868)은 북부의 승리로 끝났고 미국은 산업화가 가속되었다. 자연히 세계에서 미국으로 이주하는 사람들이 늘어났고 문화충돌이 일어났다.

실용주의는 다원주의로 국가통합에 일조했다. 실용주의는 다원주의(Darwinism) 와 경험론을 미국이라는 나라에 적용한 것이다. 다윈의 자연도태설139)은 적자생존140) 논리로 흄의 경험론이 대세를 장악했다. 진보적 개념의 존 듀이의 실용교육으로 기독교와는 점점 멀어지게 되었다. 미국의 교육이란 산업화를 지원하는 인재양성소로 전락했고 인성교육은 뒷전이었다. 지금은 어떻게 되었는가? 하나님을 저버린 미국은 초영성시대의 메카가 되었다.

---

139) 위키피디아사전; 자연선택은 찰스 다윈이 처음으로 제기하였다. 다윈은 이를, 같은 종이라도 다른 격리된 환경에 적응하면서 개체변이가 생기는데, 이러한 변이 중 생존에 유리한 변이가 살아남고, 이러한 변이가 생존경쟁과 자연선택이 일어나는 과정에서 후대로 전해져서 진화가 일어난다고 설명하였다. 이러한 다윈의 주장은 개체변이는 유전되지 않는다는 점에서 비판을 받았다.

140) 네이버 지식백과; 적자생존은 생존경쟁의 원리에 대한 개념을 간단히 함축한 말이다. 이 말은 다윈(C. Darwin)의 진화론에 대한 원리로 잘 알려져 있지만, 다윈이 처음 사용한 말이 아니며 영국의 철학자이자 경제학자인 스펜서(H. Spencer)가 1864년 "생물학의 원리(Principles of Biology)"라는 저서에서 처음 사용했다.

제51문 제2계명에서 금하는 것은 무엇입니까? (대109)
답: 제2계명에서 금하는 것은 형상을 가지고 하나님을 경배하거나, 그분의 말씀에 정하지 아니한 다른 방법으로 경배하는 것입니다.141)

프랑스의 사회학자 장 보드리야르(Jean Baudrillard, 1929-2007)는 기원이 부재하는 복제물인 '시뮬라크르' 개념을 말했다.142) 발터 벤야민은 기계복제가 미술작품의 아우라(aura)를 파괴했다고 말했으나, 보드리야르는 바로 이 원본과 복제의 구분 자체가 소멸되었다고 주장했다. 그 과정을 '시뮬라시옹'이라 불렀다. 그것은 "원천이나 실재 없이 실재적인 것의 모형들에 의해 만들어진 것, 즉 과잉 현실(hyperreal)"을 가리키는 것이다.143)

---

141) Q. 51. What is forbidden in the second commandment? A. The second commandment forbiddeth the worshiping of God by images, or any other way not appointed in his Word.
142) 신지영, 들뢰즈의 이미지 이론; "이미지는 전통적으로 부정적인 의미로 사용되어 왔다. 최선의 경우가 아리스토텔레스에 의해 예술의 영역으로 인정받았던 경우일 것이다. 이런 대접은 포스트모던 시대에도 예외가 아니어서 보드리야르는 매우 냉소적으로 또한 허무주의적으로 이 이미지와 시뮬라크르를 사유하고 있다. 들뢰즈가 기꺼이 후계자임을 자처하는 스피노자의 경우도 마찬가지였다. 그에게 이미지는 부적절한 관념일 뿐이다. 그런데 들뢰즈는 이 스피노자의 이미지를 매우 긍정적으로 받아들여 새로운 이미지, 또는 기호 개념을 생산했다. 이미지는 실재를 '표현'한다. 이것이 『스피노자와 표현의 문제』의 주제이다. '사유의 이미지'에서는, 개념들의 배후에 있는 힘들의 관계의 집합으로, 영화 이미지에서는 실재 운동이 감추고 있는 시간간의 관계의 집합, 즉 과거, 현재, 미래가 한 순간에 뭉쳐 있는 차원을 포착한 것으로 이미지를 개념화했다. 이로부터 앞서 이미 언급되었던 들뢰즈의 이미지 개념이 다시 한번 설명된다. 들뢰즈에게 이미지란, 즉 폐기된 개념인 시뮬라크르는, '현상적 존재자가 아니라 그 현상적 존재자와 이어져 있는 배후의 어떤 체계, 여러 가지 구성 요소들을 지니는 강도적 체계'였다. 이것이 바로 사유의 이미지와 영화 이미지에서 확인된 이미지 개념이다. 그리고 이 배후가 들뢰즈에게는 실재이다. 이 배후의 강도적 체계, 힘들의 관계, 시간간의 관계로서 존재하는 이미지는 현재적(actuel)이지 않고, 잠재적(virtuel)으로 존재하지만, 현재적인 것만큼이나 실재적(réel)인, 실재이다. 그러므로 이 차원에서도 역시 보드리야르와 대비된다. 보드리야르가 현재적인 현재의 이미지를 다룬다면, 들뢰즈는 현재가 포함하고 있는 비-현재(inactuel)를, 현재적인 것이 감추고 있는 잠재적인 것을 다루고 있는 것이다. 그런 의미에서 들뢰즈는 언제나 매우 고전적인 철학자였으며, 보드리야르와는 달리, 현대라는 시간에 대해 냉소적이지도 허무적이지도 않았던 것이다. 그가 보았던 것은 이 잠재적인 것의 실재였고, 이미지 역시 매우 실재적인 것으로 이해했다. 들뢰즈의 이미지는 실재 그 자체이며, 새로운 사유의 이미지와 영화 이미지로서 들뢰즈가 우리에게 요구하는 것, 그것은 주어진 전제들에 의해 마비되지 말고 사유를 활동시키라는 것, 사유를 강요하라는 것이다."
143) http://www.jabo.co.kr/sub_read.html?uid=11468; 좌파 이론가들로부터 허무주의자 · 비관주의자 · 패배주의자 · 탈정치주의자로 비판받는 보드리야르에게 있어서 대안은 현실에 '과잉 순응'하는 것뿐이다. … "적합한 전략적 저항은 의미와 발언을 거부하고, 거부와 비수용의 형태 그 자체인 현 시스템의 메커니즘을 '과잉 순응적인' 방식으로 흉내내는 것이다. 이것이 대중의 저항 전략이다. 그것은 거울의 경우처럼 시스템의 논리를 흡수하지는 않으면서 복사하고 의미를 반영시킴으로써 그 논리를 뒤집어버리는 것을 의미한다. 이것이야말로 현재로선 가장 유력한 전략이다(만약 이걸 전략이라고 부를 수 있다면)." 아더 크로커는 그런 견해가 유행, 언어, 라이프스타일 등에서 '과잉 순응적' 시뮬레이션을 시도했던 펑크족의 입장을 지지하는 것이라고 해석한다. 시스템의 시뮬레이션 논리가 뒤집어져 그 시스템을 공격하는 굴절을 가능케 할 것이라는 것이다.

현대인들은 기원도 원본도 없이 무한복제 시대 속에 살아가고 있다. 보드리야르가 시뮬라크르를 말하는 근본적인 이유는 플라톤적 사고방식과 기독교적 사고방식에 반기를 들기 위함이다. 플라톤에게 개체의 원형은 이데아의 세계에 있었다. 기독교는 하나님을 배반하고 타락한 인간이 그 잃어버린 낙원의 회복과 완성을 지향한다. 이런 사유는 기원과 역사와 합목적성이라는 세 가지 철학 주제를 만족시킨다. 그러나, 보드리야르는 이 두 가지를 전복하고 시뮬라크르를 높이 떠받들었다. 그것은 현대철학의 세 가지 주제인 기원의 부재, 역사의 부재, 합목적성의 부재를 반영하는 것이다.

'왜 시뮬라크르가 지배를 옹호하느냐?'가 중요하다. 플라톤적이고 기독교적인 사유가 낳은 폐단 때문이다. 기원과 원형에 가까운 이상적이고 순수한 혈통은 백인이며, 더 우월하고 원형적인 성은 남성이라 여겼다. 그렇게 원형 주변부에는 그보다 열등한 유색인종, 혼혈아, 불법이민자들이 차별을 받았다. 그 차별이라는 것이 현실로 나타났을 때에는 처참했다. 시뮬라크르는 이런 원형적 줄 세우기에 저항하는 것이다

문제는 무엇인가? 원본이 사라진 복제, 통일성을 상실한 복제는 '자아'를 상실해 버렸다. 그것은 '주체의 죽음'이었다. 표류하는 시뮬라크르들은 현실 세계와 가상의 세계를 구분하지 못한다. 원본에 대한 저항은 복제들의 자살을 몰고 왔다. 현대인들의 우상은 그 자살을 저지하기 위한 수호신이다. 그러나 그 수호신마저도 원본에 저항하는 복제이기 때문에 시뮬라크르들은 수호신에 깔려죽는다.

현대인들의 우상은 그것만이 아니다. 사람들은 오늘의 삶의 근원을 따져 물어 확인하고 싶어 한다. 그것은 인과율에 기초한 설명이다. 마르크스에게 우상은 무엇이었는가? 칼 포퍼는 다음과 같은 말을 했다.

> 마르크스는 과학적 예언에 깊은 관심을 가지고 있었다. 그는 미래가 미리 결정되어 있을 때에야 비로소 과학은 미래를 예측할 수 있다고 믿고 엄격한 결정론을 신봉했다. 그런데 그런 엄격한 결정론은 그가 살던 시대의 과학적 예측의 필수적 전제조건이 아니다. 엄격한 결정론을 채택하지 않고서도 과학적 탐구는 수행될 수 있다. 그리고 중요한 것은 과학적 예측 scientific prediction과 거시적인 역사적 예언 large-scale historical prophesy은 구별되어야 한다는 점이다. 이 양자는 근본적으로 다른 것이기 때문에, 과학적 예측을 지원해 주는 논거를 역사적 예언을 지원해 주는 논거로 취급할 수 없다.[144]

마르크스는 자기 당대의 과학의 한계 내에 있었던 사람으로 결정론을 따랐다.

---

144) 칼 R. 포퍼, 열린사회와 그 적들 Ⅱ, 이명현 역 (파주: 민음사, 2011), 120.

마르크스의 우상은 결정론에 기초한 과학적 사회주의 건설이었다. 칼 포퍼는 마르크스의 과학적 사회주의가 사회를 움직여가는 불변의 법칙을 발견할 수는 있어도 이상적 사회제도를 건설하는 수단과 방법을 가르치지는 않기 때문에 일종의 사회기술학이라고 볼 수 없다고 말했다.

마르크스가 애써 노력해도 알 수 없는 것은 미래다. 어떤 인간도 과거를 분석하는 일은 어느 정도 해 낼 수 있을지 몰라도 내일을 만들어 갈 수는 없다. 자신이 만들어 낸 이론이 우상이 되어버리면 그것이 '이념 줄 세우기'가 되어서 그 줄에 서지 않는 사람들은 형장의 이슬로 사라진다. 다니엘이 포로로 잡혔을 때, 다리오의 총리들과 방백들이 그런 시도를 했지만, 하나님의 은혜로 다니엘은 구원을 얻었다.[145]

하나님 한 분만으로 만족하고 살아가는 백성들에게 제2계명은 무엇을 금하고 있는가?

1) 형상을 가지고 하나님을 경배하거나

인간에게는 여호와 하나님을 눈에 보이는 우상으로 만들려는 악한 성향이 있다. 그 악은 뼛속 깊이 뿌리내리고 있어서, 계속해서 우상을 만들어 내어 살아계신 하나님을 인간의 상상으로 제한시키려고 한다. 이스라엘은 여호와 하나님의 구원을 받은 자들인데도 우상 숭배의 죄악을 저질렀다.

> 15 여호와께서 호렙산 화염 중에서 너희에게 말씀하시던 날에 너희가 아무 형상도 보지 못하였은즉 너희는 깊이 삼가라 16 두렵건대 스스로 부패하여 자기를 위하여 아무 형상대로든지 우상을 새겨 만들되 남자의 형상이라든지, 여자의 형상이라든지, 17 땅 위에 있는 아무 짐승의 형상이라든지, 하늘에 나는 아무 새의 형상이라든지, 18 땅 위에 기는 아무 곤충의 형상이라든지, 땅 아래 물 속에 있는 아무 어족의 형상이라든지 만들까 하노라 19 또 두렵건대 네가 하늘을 향하여 눈을 들어 일월성신 하늘 위의 군중 곧 너희 하나님 여호와께서 천하 만민을 위하여 분정하신 것을 보고 미혹하여 그것에 경배하며 섬길까 하노라(신 4:15-19)

타락하여 죄악 된 인간들은 자신들의 악한 본성을 따라 눈으로 볼 수 있고 손으로 만질 수 있는 것만 믿으려 한다. 이성주의, 실증주의가 그런 우상이다. 여

---

[145] 6 이에 총리들과 방백들이 모여 왕에게 나아가서 그에게 말하되 다리오 왕이여 만세수를 하옵소서 7 나라의 모든 총리와 수령과 방백과 모사와 관원이 의논하고 왕에게 한 율법을 세우며 한 금령을 정하실 것을 구하려 하였는데 왕이여 그것은 곧 이제부터 삼십 일 동안에 누구든지 왕 외에 어느 신에게나 사람에게 무엇을 구하면 사자굴에 던져 넣기로 한 것이니이다 8 그런즉 원컨대 금령을 세우시고 그 조서에 어인을 찍어 메대와 바사의 변개치 아니하는 규례를 따라 그것을 다시 고치지 못하게 하옵소서 하매(단 6:6-8)

호와 하나님께서 이스라엘 백성들과 시내산에서 언약을 맺을 때에 아무 형상도 보여주지 않으셨다. 하나님께서 타락한 인간의 본성을 아시기 때문이다. 하나님을 섬긴다고 하면서 우상을 섬긴다. 이런 것을 '여호와 우상'이라 한다. 그런 것들이 더욱 하나님의 진노를 산다. 뻔히 자기 욕심을 위해 우상을 섬기면서도 하나님을 위한다고 말한다. 16절에서, "스스로 부패하여"라고 했다. 그들은 왜 부패하는가? 이 세상성으로 만족을 구하고 살려고 하기 때문이다. 사탄은 언제나 그것으로 미혹한다.

그렇게 살아가는 원리는 인간의 이성을 신뢰하고 이성이 주인 노릇을 한다. 바울은 그런 헬라철학의 모순을 드러내고 성경의 하나님만이 참된 하나님이심을 드러내었다.

> 이와 같이 신의 소생이 되었은즉 신을 금이나 은이나 돌에다 사람의 기술과 고안으로 새긴 것들과 같이 여길 것이 아니니라(행 17:29)

바울은 아테네에서 헬라 철학에 대하여 변증적으로 복음을 전했다. 스토아 철학에서 세계는 통일을 이루고 있는 하나의 커다란 도시이며 인간은 우주라는 큰 도시의 시민(코스모폴리티스)이다. 그 세계를 파악하는 것은 이성만이 할 수 있다. 세계 내에 일어나는 모든 일들은 이미 영원 전부터 결정된 것으로 그것은 운명이기에 돌이킬 수 없다고 보았다. 신(神)도 자연과 마찬가지로 세계 내의 물체에 불과하다.

스토아철학자들의 목표는 무엇인가? 그것은 "자연에 순종하며 산다" 혹은 "일관하며 산다"이다. 우주를 지배하는 법칙을 이성으로 통찰하고 그 우주의 흐름에 순응하며 조화롭게 사는 것이다. 그야말로 자연의 본성에 따라 사는 것이다. 그것이 스토아 철학이 제공하는 의미와 통일성이었다.

바울은 스토아 철학의 개념을 전복하는 새로운 개념으로 말했다. "신의 소생"이라면 금, 은, 돌과 같은 자연물로 만든 신들은 인간을 창조한 신도 아니며 인간보다 뛰어난 신적인 존재도 아니라고 말했다. 성경의 하나님은 인간을 비롯한 모든 우주를 창조하시고 주재해 가시는 하나님이심을 증거했다.

사도 바울은 성경의 하나님에 대하여 다음과 같이 선포했다.

바울의 설교	헬라의 철학적 사고
1) 하나님은 한 분이다	1) 스토아 철학: 범신론
2) 하나님은 창조자이시다	2) 에피큐로스 철학: 세상 만물은 영원 전부터 존재해 온 원자들의 우연한 집합이다
3) 인류는 한 하나님에서 창조되었고 같은 조상을 가진 후손이다	3) 아덴 사람들은 아티카(Attica) 본토의 흙에서 생겨나 다른 사람들과 다르다고 자부했다
4) 하나님은 인류의 모든 삶을 섭리하신다	4) 에피큐로스 자연신론(deism): 신은 인간의 일에 절대 관여하지 않는다
5) 천지의 주재시다	5) 인간이 드리는 희생제사를 통하여 신들은 완전한 행복을 누릴 수 있으며, 또 한 사람의 손으로 신들을 새겨 만질 수 있다고 여겼다

들뢰즈의 차원에서 생각해 보자. 들뢰즈는 일반성과 특수성이 적용되는 지배와 위계의 논리를 극복하고자 했다. 일반성은 인간이라는 개념이고, 특수성은 들뢰즈, 하이데거와 같은 구체적인 사람이다. 그러니 인간이라는 개념이 들뢰즈, 하이데거를 지배하고 포괄하게 된다. 그것이 가장 극적으로 대입되는 것이 자본주의다. 자본주의에서는 돈이 일반성이고 사람이나 사물은 특수성이 된다. 이런 식으로 적용하게 되면 사람이나 사물이 돈으로 구매 가능한 상품으로 전락하게 된다. 일반성이라는 테두리 안에 포섭이 되어 버리니 특수한 것들은 교환 가능한 것들이 되고 만다.

들뢰즈의 단독성은 이런 자본주의의 지배와 위계 구조를 벗어나고 싶은 결과물이다. 인간이 교환가능하고 소모품으로 전락하는 것을 어떻게 하든지 극복하고 싶었기 때문이다. 그런데 문제가 발생하게 된다. 그렇게 자기만의 것이 되어버린 단독성이 다른 사람들과 어떻게 관계를 맺을 수 있는가? 들뢰즈는 일반성과 다른 '보편성'(universality)을 제안했다. A라는 사람의 사랑과 B라는 사람의 사랑은 자기만의 사랑으로써 단독성이 있지만 사랑이라는 차원에서는 보편성을 확보한다는 것이다. 이것이 들뢰즈가 제공하는 의미와 통일성이다.

인간이 사랑만 할까? 인간이 짓는 죄는 무엇인가? A가 짓는 죄와 B가 짓는 죄는 단독성과 보편성에서 무엇이라고 해야 하는가? A가 지은 죄는 너만의 단독성이 있고, B가 지은 죄는 B만의 단독성이 있다고 말하면 무엇으로 재판을 해야 하는가? 네 말도 옳고 네 말도 옳다고 하면 호인이라는 소리를 들을 수 있을지는 모르지만 집안은 망하게 된다. 세상 철학과 사상은 인간의 죄성을 간과하기 때문에 그것이 낭만적일 수밖에 없다.

교환이 되어서는 안 되고 관계는 맺을 수 있어야 한다? 단독적인 삶으로 보편성을 보여주어야 한다? 그렇게 접근했을 때 세상은 어떻게 변할까? 결국 다원화로 간다. 나는 나만의 단독성이 있고 너는 너만의 단독성이 있는 것이니 그렇게 갈 수밖에 없다. 종교다원주의는 결국 하나로 간다. 모든 종교는 하나. 나만의 길로 가는 것일 뿐 도착지는 똑같다고 보게 된다. 절대적 진리는 사라지고 상대적 진리만 남게 된다.

그것이 삶으로 다가오게 되면, 내 생각을 다른 사람에게 주입시키거나 강요하지 말라고 한다. 자율성이 강조된다. 김일성이를 찬양해도 그것도 옳고 그것이 자유라고 말한다. 과연 그렇게 해서 국가가 체제를 유지할 수 있고 자유를 누릴 수 있는가? 사람들은 현실과 이상을 구분하지 못하는 경우가 너무 많다. 하나님 없는 인간의 단독성은 인간을 죽이게 된다. 자본주의를 편드는 것이 아니다. 성경을 기준으로 사상을 판단해야 한다.

하나님 안에서 의미와 통일성을 추구하지 않고 사람 안에서 찾으려고 하면 결국 우상이 들끓는 세상이 되고 그런 세상은 악하고 음란한 세상이 되어서 반드시 멸망하게 된다. 외부에서 심판하기 전에 스스로 자멸하게 된다.

2) 그분의 말씀에 정하지 아니한 다른 방법으로 경배하는 것입니다

단독성을 추구하는 세상 사람들은 무슨 힘으로 살아갈까? 외부의 모든 간섭을 버리고 오로지 자기 열정으로 사는 것이다. 내면의 힘, 내면의 화염 그런 개념으로 가니 신성한 내면아이 사상으로 갈 수밖에 없다. 그것이 표면으로는 어떻게 나타났는가?

> 30 너는 스스로 삼가서 네 앞에서 멸망한 그들의 자취를 밟아 올무에 들지 말라 또 그들의 신을 탐구하여 이르기를 이 민족들은 그 신들을 어떻게 위하였는고 나도 그와 같이 하겠다 하지 말라 31 네 하나님 여호와께서는 네가 그와 같이 행하지 못할 것이라 그들은 여호와께서 꺼리시며 가증히 여기시는 일을 그 신들에게 행하여 심지어 그 자녀를 불살라 그 신들에게 드렸느니라 32 내가 너희에게 명하는 이 모든 말을 너희는 지켜 행하고 그것에 가감하지 말지니라(신 12:30-32)

자기 열정이 얼마나 불같이 일어났으면 자기 자녀를 불살라 바쳤는가? 가나안 사람들은 자신들이 복을 받기 위하여 몰렉에게 인신제사를 바쳤다. 자신의 자녀들을 산채로 불에 태워서 바쳤으며, 음란한 제사를 드렸다. 이런 악행이 여호와와 언약을 맺은 이스라엘 백성들에게까지 일어났다. 여호와 하나님께서는 이런 일들을 가증히 여기신다.

하나님께 예배하고 섬기는 모든 종교적인 형식과 규례에 있어서 인간이 고안한대로 할 것이 아니라 하나님께서 말씀하신 대로 행하여만 한다. 시내산 아래에서 이스라엘 사람들이 우상을 만든 것은 애초부터 우상을 섬기기 위해서 만든 것이 아니었다.

> 아론이 그들의 손에서 그 고리를 받아 부어서 각도로 새겨 송아지 형상을 만드니 그들이 말하되 이스라엘아 이는 너희를 애굽 땅에서 인도하여 낸 너희 신이로다 하는지라(출 32:4)

자신들을 애굽에서 인도하여 낸 하나님을 섬긴다고 만들어 낸 것이 금송아지 우상이었다. 그렇게 하나님을 형상화 하면 거기에 치성을 바쳐서 신을 달래어 고통에서 벗어나고 자기 목적을 이루는 죄악을 범하게 된다.
그러므로 하나님께서는 다음과 같이 명령하셨다.

> 15 여호와께서 호렙산 화염 중에서 너희에게 말씀하시던 날에 너희가 아무 형상도 보지 못하였은즉 너희는 깊이 삼가라 16 두렵건대 스스로 부패하여 자기를 위하여 아무 형상대로든지 우상을 새겨 만들되 남자의 형상이라든지,여자의 형상이라든지, 17 땅 위에 있는 아무 짐승의 형상이라든지, 하늘에 나는 아무 새의 형상이라든지, 18 땅 위에 기는 아무 곤충의 형상이라든지,땅 아래 물 속에 있는 아무 어족의 형상이라든지 만들까 하노라(신 4:15-18)

하나님께서 호렙 산에서 나타나셨을 때 번개가 치고 우레 소리가 나며 구름이 산을 덮었지만 거기에 어떤 형상도 없었다. 하나님을 형상화 하려는 근본적인 의도는 원래의 하나님 된 자리를 격하시켜서 그 하나님을 조종하고 싶어 하기 때문이다. 그리하여 하나님을 자기 수호신 정도로 만들어 자기 마음의 욕심대로 살아가게 된다. 로마 가톨릭과 루터교회는 제2계명을 제1계명에 속하는 것으로 생각한다. 이런 구분이 왜 잘못되었는가? 하나님께서는 같은 계명을 반복해서 말씀하실 필요가 없으시기 때문이다.
제2계명은 언약의 주체이신 하나님께 올바로 예배하는 것을 말한다. 예배의 요소는 성경에서 입증될 수 있는 것만이 포함되어야 한다. 로마 가톨릭은 성경에서 명백히 말하고 있지 않는 것들을 예배 요소에 포함시켰다. 그들은 하나님께서 명백히 금하지 않은 것이라도 예배의 요소에 포함시킬 수 있다고 말한다.

성경은 분명하게 두 가지 성례전, 곧 세례와 성찬을 말하나, 로마 가톨릭은 7성례를 주장한다. 그들은 또한 마리아 상을 사용하며, 성직자를 위한 특별한 예배, 십자가, 촛불, 상(像) 등을 사용한다.

하나님께서 명하시지 아니한 다른 어떤 것도 예배에 사용 되어서는 안 된다. 왜 그렇게 해야만 할까? 죄인 된 인간이 고안해 낸 것들로 예배를 더 아름답게 할 수가 없으며, 그런 것들이 미신적인 예배로 만들기 때문이다.

성상을 사용하거나 예수님의 그림 사용을 옹호하는 사람들의 견해에 대하여 G. I. 윌리암슨은 다음과 같이 말하며 반대했다.

> 이러한 우상들과 예수님의 그림 사용을 옹호하기 위해 한 유명한 논지가 사용되었다. 그것은 주님을 상기시키는데 유용하거나 (어린이의 경우), 교육적 방법으로 쓸 수 있다는 주장이다. 이에 반대하여 우리는 다음 사실들이 확실하다고 믿는다. (1) 우리는 예수님께서 실제로 어떻게 생겼는지 알지 못한다. 그러면 사실상 우리는 그의 육신의 모양에 관하여 어떤 정확한 형상도 가질 수 없다. 화가가 순전히 자기의 상상력으로 그림을 그려 놓고, "이것이 예수 그리스도의 그림이다"고 말하는 것은 거짓말이다. 그림은 "거짓되고 … 망령되이 만든 것이다"(렘 51:18). (2) 이러한 초상화를 만들 때 우리는 그의 신성을 떼어 낸 인성만을 생각한다. 물론 예수 그리스도는 사람이다. 그러나 그는 동시에 하나님이시다. 그는 참 하나님이시오, 참 사람이시다. 그의 신성과 인성을 분리할 수 없다. 그러므로 "모든 사람은 아버지를 공경하는 것 같이 아들도 공경해야 한다"(요 5:23). (3) 우리가 그의 초상화를 만들 때는 역시 성경을 욕되게 한다. 왜냐하면 성경은 우리로 하여금 구원에 이르는 지혜가 있게 한다고 말하기 때문이다(딤후 3:15). 성경만으로도 하나님의 사람들에게는 충분하다. 성경에 예수의 초상화를 첨가할 필요가 없다. (4) 우리가 성경을 이해할 수 있는 것과 "거울을 보는 것 같이 주의 영광"보는 것은 성령에 의해서이다(고후 3:18). 그리스도께서 친히 약속하였듯이 보혜사가 오시면 … "그가 내 영광을 나타내리니 내 것을 가지고 너희에게 알리겠음이라"(요 16:14). 따라서 우리가 그리스도의 초상을 만들 때 성령님을 욕되게 하는 것이다. 왜냐하면 우리에게 구세주를 보여 주는 것이 그의 영광이기 때문이다.
> "육체는 하나님의 형상을 닮은 어떤 주상을 갖게 될 때 까지는 결코 만족하지 않음을 매일의 경험이 가르친다"고 요한 칼빈은 말했다. "아마 하나님께서 성례전을 주신 것은 우리 속에 있는 어떤 상을 갖고자 하는 욕구 때문일 것이다. 그러므로 나에게는 주님께서 그의 말씀에 신성하게 하신 자연스럽고 의미 있는 세례와 성찬을 두고 어떤 다른 형상을 받으려는 것은 매우 가치 없는 일로 생각된다"고 칼빈은 말했다.146)

인간이 아무리 상상력을 동원할지라도 하나님을 제대로 알 수 없다. 성경을 통하여 우리에게 밝히 보여주신 것들로 우리는 만족하며 감사해야 한다. 구원에 이르는 지혜는 성경만으로 충분하기에, 하나님을 어떤 형태로든지 나타내려고 하는 시도들은 금지되어야만 한다.

---

146) G.I. 윌리암슨, 소교리문답강해, 최덕성 역 (서울: 개혁주의신행협회, 1990), 196-197.

제52문 제2계명에 첨가된 이유들이 무엇입니까? (대110)
답: 제2계명에 첨가된 이유들은 하나님께서 우리의 주권자가 되시며, 우리의 소유주가 되시며, 자기에게 드리는 경배에 대해 열심을 가지고 계시다는 것입니다.[147]

십계명은 2계명을 통하여 하나님께서 우리의 주권자가 되신다고 말한다. 니체는 이 세상이 어떻게 돌아간다고 보았는가? 그것은 '힘의 의지'(권력에의 의지)의 욕망으로 무한히 반복되는(영원회귀) 세계다.

> 우리는 니체의 영원회귀를 크게 두 차원에서 이해해 볼 수 있다. 그 중 하나는 자연학적이고 우주론적인 것이다. 니체는 세계를 힘(혹은 에너지)의 바다처럼 생각한다. 비록 세계가 유한해서 그 양에 제한이 있다고 해도 그것은 끊임없이 출렁이고 변전한다. 영원히 고정 불변하는 것은 없으며, 생성과 소멸의 운동만이 영원히 반복될 것이다. 이것이 영원회귀의 세계상이다.
> 하지만 니체의 영원회귀에는 또 다른 차원이라고 할 수 있는 윤리적인 것이 담겨 있다. 세계의 관점이 아닌 우리들의 관점에서 영원회귀는 하나의 선택[의지]를 요구한다. 세계 속에 존재하는 하나의 사물로서 우리 역시 생성과 소멸의 반복하는 운동 속에 있지만, 그럼에도 우리 자신이 구체적으로 그것을 선택함으로써 건강한 변신을 이루는 것은 중요하다. …148)

니체는 기독교 세계의 몰락을 유럽의 근대가 허무주의의 징후로 보았다. 허무주의가 도래하는 그 이유는 형이상학적 가치와 도덕적 가치가 탈가치화 되기 때문이다. 니체만큼 기독교를 적대적으로 생각한 사람이 없을 것이다. 니체가 그렇게 죽으라고 기독교를 비판한 이유는 피안의 가치를 차안의 세계에 심어 현실의 삶을 부정했다고 보기 때문이다.

니체의 작업은 당연히 차안의 가치를 긍정적으로 높이는 것이다. 그 비판 작업에 고정된 진리는 설 자리가 없다. 가치란 오로지 관점의 문제이다. 그 관점을 수립하는 것은 힘의 의지(권력에의 의지)다. 그 힘의 의지를 긍정적으로 발휘하게 하는 것은 '주인도덕'이고, 부정적인 반응으로 이끄는 것은 '노예도덕'이라 했다. 니체에게 세계는 다양한 힘의 의지들이 전개되고 분화되어가는 끊임없는 생성의 과정이다. 존재의 차이를 인정하고 힘의 의지가 욕망할 때마다 그 욕망하는 일이 무한히 계속해서 반복되는(영원 회귀) 세상이다.

피안의 가치를 벗어나 존재의 자연적 힘과 현실을 긍정하는 니체의 철학은 스피노자를 잇고 들뢰즈에게 영향을 주었다. 들뢰즈는 기본적으로 삶의 균질화에

---

147) Q. 52. What are the reasons annexed to the second commandment? A. The reasons annexed to the second commandment are, God's sovereignty over us, his propriety in us, and the zeal he hath to his own worship.
148) 고병권, 니체의 위험한 책, 차라투스트라는 이렇게 말했다 (파주: 그린비, 2013), 279-380.

저항했다. 자연으로 말하면 엔트로피이고 사회로 말하면 자본주의가 그렇게 균질화 한다. 다시 말해, 자본주의는 모든 것을 화폐의 등가성으로 환원시켜 버린다. 마치 사람의 몸과 영혼까지 균질화 시키는 엔트로피의 법칙과 같다고 보았다. 스펙이 있는 사람 없는 사람, 자본가와 노동가로만 분류된다.

들뢰즈 철학의 핵심사상이 담긴 책 『차이와 반복』 에서 차이나는 것만이 반복되어 돌아온다고 했다. 모네의 그림을 예로 든다. 모네의 루앙 성당 연작들은 모네가 같은 모티프로 계절, 시간, 기후, 빛 변화에 따라 묘사한 연작들이다. 모네는 시간대별로 아침, 점심, 저녁의 성당을 그렸고, 날씨 따라 맑은 날과 흐린 날의 성당을 그렸다. 왜냐하면 여러 가지 조건들에 따라 루앙 성당이 시시각각 달라보였기 때문이다. 거기에는 '차이'가 있었다.

> 들뢰즈는 이 점에 주목한다. A가 A′로 변화했을 때 그 둘의 공통인 A는 반복된다. A가 A′로 반복되어 나타날 수 있었던 이유는 '차이가 발생했'기 때문이다. 만일 A와 A′가 완벽하게 동일했다면, 즉 차이가 없었더라면 A는 더 이상 반복될 이유가 없다. 모네의 경우로 말하자면, 더 이상 루앙 성당을 그릴 이유가 없다는 것이다.
> 「차이는 두 반복 사이에 있다. 그러나 역으로 반복이 또한 두 차이 사이에 있으며, 두 반복은 헐벗은 반복과 내적이며 풍요로운 반복이다. 그 둘 사이에 차이가 있다. 내적 반복과 외적 반복의 구분은 차이를 낳느냐 낳지 못하느냐에 있다. 그래서 역으로 차이 사이에, 차이가 없는 것과 있는 것 사이에 반복이 있다. 또한 그래서 차이와 반복이 뫼비우스띠처럼 얽혀있다.[149]

차이는 사회에 갈등과 분열을 조장하는 '나쁜 것'으로 인식되어 왔으나, 들뢰즈는 일관된 질서 속에서 '예'라고 대답하지 않고 '아니오'라고 대답하는 소수자들이 만들어 내는 '차이'를 말했다. 왜냐하면 그 '차이'가 새로운 생성을 만들어 내기 때문이다.[150]

『프루스트와 기호들』 에서 예술적 감수성을 말했다. 들뢰즈가 하고 싶은 말은 도제식 교육의 명제인 '나처럼 해봐라'가 아니라 '나와 함께 해보자'로 가야 한다는 것이다. 수평적 관계 속에서 함께 진리와 예술을 만들어가는 친밀한 연대의 감정을 말했다. 각자가 경험하는 세계를 인정하고 그 '차이'를 인정하는 삶을 살아야 하는 것이다.

들뢰즈는 『천개의 고원』 12장에서 변혁의 주체를 다루면서, '전쟁기계' 혹은 '유목민'이라는 개념을 통해 '저항하는 민중'의 상을 말했다. 거기에는 '단체

---

[149] http://dilettante.egloos.com/4574314 들뢰즈의 『차이와 반복』 어떻게 읽을 것인가.
[150] 같은 사이트에서.

정신'이 있다. 민중이 세상을 바꾸기 위해서는 거대한 무리를 이루어야 한다는 것이다. 또한 '리좀'을 말하면서 수평적 입장을 극단화시켜서 종교적 진정성을 해체하려고 했다. 들뢰즈는 자기 스스로 '철저한 마르크스주의자'로 규정하고, 자본주의 분석을 위해 반드시 마르크스를 거쳐야 한다고 역설했다. 마르크주의로 똘똘 뭉친 이 시대의 유목민들은 과연 자신들의 왜곡되고 오판된 가치와 해석에 대해서 '아니오'라고 말할 수 있는가? 그렇게 아니라고 말하면 왜 그들은 '반동'으로 끝장을 낼까?

현실이 전부라고 말하는 세상은 결국 인간을 신으로 만들고 인간이 주인이 되는 세상을 살아가라고 한다. 성경은 그것을 우상숭배라 한다. 제2계명에서 우상을 숭배하지 마라는 것은 인간의 그런 악함을 말한다. 그리스도의 피로 구원받은 새언약 백성들이 제2계명을 지켜야 할 이유는 무엇인가?

1) 하나님께서 우리의 주권자가 되시며

성경은 하나님께서 우리의 주권자가 되신다고 말한다. 이런 하나님의 주권에 대하여 세상은 타자를 배제한 담론이라고 거부하며 단독성을 부르짖는다. 단독성을 주장하는 사람들은 획일화라고 하면서 저항한다. 그 저항한다는 것이 있어야 단독성이 살아나기 때문이다. 그런데 왜 단독성을 주장하는 그룹 내에서 또 다른 단독성을 말하면 반동분자가 되어 죽어야 하는가? 그것은 획일화의 강요가 아닌가? 나만의 인생, 나만의 감성, 나만의 욕망을 찾기 위해서 외치는 구호가 있다. "생각하지 말고, 느껴라!" 그런데 그렇게 하려고 하면 진정한 단독성이 아니라 자본주의가 통제하고 간섭하고 획일화 하려는 것보다 더 극심한 통제, 간섭, 획일화를 군사력으로 한다.

기성세대가 생각하는 대로 생각하지 말고, 학습된 이념에서 탈피하라고 말하면서 왜 마르크스에서 탈피하는 것은 이단아로 인민재판에 넘기는가? 그들은 단독성을 말하고 싶은 것이 아니라, 결국 기존의 질서를 전복하고 자기 욕망으로 재편하려 했던 것에 불과하다. 인간의 단독성은 하나님의 주권에 대한 고의적인 저항이며 반역이다! 그러므로, 하나님께서 우리의 주권자가 되신다는 것은 세계와 역사 속에 나타난 하나님의 일하심에 대한 신앙고백이다.

11 여호와여 광대하심과 권능과 영광과 이김과 위엄이 다 주께 속하였사오니 천지에 있는 것이 다 주의 것이로소이다 여호와여 주권도 주께 속하였사오니 주는 높으사 만유의 머리심이니이다 12 부와 귀가 주로 말미암고 또 주는 만유의 주재가 되사 손에 권세와 능력이 있사오니 모든 자를 크게

> 하심과 강하게 하심이 주의 손에 있나이다(대상 29:11-12)

다윗은 기도를 통하여 자신의 생애 동안에 베풀어 주신 하나님의 크신 역사를 말하면서 그 모든 것이 하나님의 주권 하에 있음을 고백했다. 이 이스라엘이라는 나라의 왕은 다윗 자신이 아니라 여호와 하나님이라는 뜻이다. 그 여호와 하나님께서 다윗을 통하여 하신 일은, '다윗은 정말 위대한 왕이구나'가 아니었다. 조상들에게 언약하신 그 언약을 이루시며 그 언약에 순종하는 백성으로 나아가게 하는 것이 다윗이 왕으로서 한 일이었다. 그런데 그 일이 하나님의 주권으로 이루어지더라는 것을 다윗은 고백했다.

다윗은 단독성으로 살아간 생애가 아니라 자기 생애를 간섭하시는 하나님께 의지하고 기도하며 은혜로 살았다. 인생의 모든 것이 여호와께 달려 있음을 고백하고 찬송했다. 인간은 단독성을 부르짖고 싶지만 세상은 비인과율의 세계에서 헤어날 길이 없다는 것을 다윗은 어느 누구보다 더 잘 알고 있었다. 인간은 단독자로 살 것이 아니라 하나님의 주권아래 산다는 것을 인정하고 믿고 살아야 가장 복되다.

2) 우리의 소유주가 되시며

하나님께서 우리의 소유주가 되신다는 것은 언약적인 의미로서 말하는 것이다. 하나님께서는 택하시고 구원하신 그 백성과 언약을 맺으시고 자기 백성을 책임지시는 하나님이시다.

> 그러하면 왕이 너의 아름다움을 사모하실지라 저는 너의 주시니 너는 저를 경배할지어다(시 45:11)

시편 45편은 "고라 자손의 마스길, 사랑의 노래, 영장으로 소산님에 맞춘 것"이라고 길게 말하고 있다. 마스길이란 하나님의 뜻이 무엇인지 교훈하는 시라는 뜻이다. 사랑의 노래라 한 것은 이 시가 결혼예식 때 부르는 '혼인시'라는 의미다. '영장'이란 찬양대 지휘자를 말한다. '소산님'이란 '백합화 곡조'라고 관주에 나온다. 찬양대 지휘자에 따라 백합화 같이 아름다운 선율에 맞추어 사랑의 노래를 부르는 시편이다. 시편 45편은 그리스도를 왕으로, 교회는 그의 신부로 묘사된 사랑의 노래다. 왕과 신부의 언약적 관계를 묘사하고 있다. 그리스도는 교회의 주시다! 교회는 이것을 노래하고 고백한다.

> 여호와가 우리 하나님이신 줄 너희는 알지어다 그는 우리를 지으신 자시요 우리는 그의 것이니 그의 백성이요 그의 기르시는 양이로다(시 100:3)

"여호와가 우리 하나님"이라는 것은 '여호와 그는 하나님이시다'라는 뜻이다. 성경에서 이런 표현은 세상의 모든 헛된 신들을 부인하고 오직 언약하신 여호와 하나님께만 충성을 다짐할 때 사용했다.[151] 왜 그런 충성을 바치는가? 여호와 하나님께서 우리를 지으셨을 뿐만 아니라 목자가 양을 기르듯이 자기 백성을 이끄시는 하나님이시기 때문이다.

3) 자기에게 드리는 경배에 대해 열심을 가지고 계시다는 것입니다

여호와 하나님은 자기 위엄을 드러내시기만 하는 독야청청하시는 하나님이 아니시다. 언약하신 하나님은 자기 백성들이 일편단심으로 여호와께 예배하기를 원하신다.

> 너는 다른 신에게 절하지 말라 여호와는 질투라 이름하는 질투의 하나님임이니라(출 34:14)

왜 하나님은 질투의 하나님이신가? 하나님의 사랑과 열심으로 구원한 백성들의 마음이 다른 데로 가는 것을 그냥 볼 수 없기 때문이다. 언약한 자기 백성들이 우상에게 엎드리는 것을 용납하지 않으신다. 그 언약은 지켜도 되고 안 지켜도 그만인 언약이 아니다. 생명을 걸고 지켜가는 언약이다. 그러기에 여호와 하나님께서는 자기 백성들을 향하여 끊임없이 사랑을 베푸시고 열심으로 인도해 가신다. 구원하시고 언약하여 통치해 가신다. 거기에 하나님의 주권이 있다!

실존주의에 오염된 현대인들은 자기 외에 다른 외부의 간섭이 있다는 사실을 원천적으로 거부한다. 왜냐하면 세상은 근본적으로 인간론이 틀리기 때문이다. 무엇이 틀리는가? 하나님 없는 세상의 모든 종교와 철학과 사상은 인간 속에 선한 것, 신성한 것, 완전한 것이 있다고 본다. 퀘이커 이단은 내면의 빛이 있다고 말한다. 오늘날에는 그것을 '신성한 내면아이'라고 부른다. 그 신성한 내면아이를 계발시키면 신성화에 도달하여 신이 된다고 말한다. 그것을 계발시키는 방법이

---

151) 이것을 네게 나타내심은 여호와는 하나님이시요 그 외에는 다른 신이 없음을 네게 알게 하심이니라(신 4:35) 여호와께서 또 모든 백성 곧 이 땅에 거하던 아모리 사람을 우리 앞에서 쫓아내셨음이라 그러므로 우리도 여호와를 섬기리니 그는 우리 하나님이심이니이다(수 24:18) 모든 백성이 보고 엎드려 말하되 여호와 그는 하나님이시로다 여호와 그는 하나님이시로다 하니(왕상 18:39)

바로 구상화(visualization)다.

　세상은 자기 속에 신성한 것이 있다고 말하며 자기 가능성, 잠재력을 말한다. 그런 것을 주장하고 말하기 위하여 신비주의 영성과 동양종교와 비교(秘敎)를 추종한다. 그러나 성경은 분명하게 말한다.

> 빛이 어두움에 비취되 어두움이 깨닫지 못하더라(요 1:5)

　인간은 '어두움'이라고 말하는 것은 인간은 자기 속에 신성한 것이 없으며 자기 스스로의 노력으로 구원에 이를 수 없다는 것을 말한다. 인간이 어두움에 처해 있다는 것은 인간이 죄인이며 죄의 종노릇을 하고 있다는 뜻이다. 그러므로 인간은 인간 밖에서 구원할 메시아가 오셔야 한다. 그분이 바로 예수 그리스도라고 성경은 분명하게 말한다.

　결론적으로 인간의 내면에 신성한 것이 있다고 생각하는 세상 사람들은 자기 의로 자기 구원에 이르는 자들이다. 그러나 인간이 죄인이라는 사실을 믿고 자기 밖에서 그 죄 값을 치르시고 구원해 주신 예수 그리스도를 믿어 구원에 이른 자들이 바로 기독교인들이다.

　이렇게 인간을 바라보는 시각이 틀리면 구원론이 틀리게 되고 살아가는 삶의 방식도 차이가 나게 된다. 세상 사람들은 자기 가능성, 잠재력을 믿기 때문에 끝까지 자기 선택과 결단을 부르짖다가 자기 한계를 직면할 때 그 비참함과 절망에서 죽기 싫어서 도약을 하게 된다. 신비주의 명상, 요가, 영성 프로그램들이 늘어나는 것은 그 대표적인 증거들이다.

　그러나 믿는 성도들은 자기 한계를 직면하게 될 때, 자신의 죄인 됨을 인정하고 예수 그리스도의 십자가의 피로 죄를 씻음 받고 언약에 신실한 삶으로 살아가게 된다. 모든 사람이 다 죄인이었으나 하나님의 주권 속에 은혜로 구원받은 것을 감사하며 믿음과 소망과 사랑으로 살게 된다. 그것을 시편에서는 이렇게 고백했다.

> 여호와가 우리 하나님이신 줄 너희는 알지어다 그는 우리를 지으신 자시요 우리는 그의 것이니 그의 백성이요 그의 기르시는 양이로다(시 100:3)

　이 온 우주는 여호와 하나님께서 창조하시고 지금도 섭리해 가시는 하나님이시다. 하나님께서는 끊임없이 지으신 그 피조물에게 역사하시는 하나님이시기 때문에 우상을 만들 필요가 없다. 세상 사람들은 인간 외부의 간섭을 거부하고 인간을 신으로 만든다. 그것은 모든 일의 판단 기준이 인간이 되고 인간이 결정을 하는 자율적인 인간이 되는 것이다. 이것이 바로 에덴동산의 타락이었다. 그러나 성경은 자율성이 오직 여호와 하나님께만 있다고 말한다. 여호와 하나님만이 '스스로 있는 자'이시기 때문이다. 그렇게 자율성을 가진 하나님은 인간 외부에서 끊임없이 역사하시고 계신다. 그러기에 거기는 우상이 필요 없다. 인간의 죄임 됨을 인정하고 그 죄인을 구원하시려 인간 밖에서 십자가를 지시고 죽으신 예수 그리스도를 믿는 성도들은 스스로 계시는 여호와 하나님을 경배하게 된다. 그것이 기독교신앙이다.

제53문 제3계명은 무엇입니까? (대111)
답: 제3계명은 "너는 네 하나님 여호와의 이름을 망령되게 부르지 말라 여호와는 그의 이름을 망령되게 부르는 자를 죄 없다 하지 아니하리라."입니다.[152]

소피스트의 대표적인 철학자는 프로타고라스다. 그는 '인간은 만물의 척도다'라 하면서 진리가 상대적인 것이라 했다. 그러나, 소크라테스는 '진리는 절대적인 것이다'라고 말했다. 그렇게 절대적 진리를 말한 소크라테스는 다이모니온교를 믿었다. 소크라테스를 죽음으로 몰아넣은 것은 일신교인 '다이모니온' 교였다. 여태까지 그리스의 전통적인 '다신교의 신'과 충돌되었기 때문이다.[153] 제14문에서 말했듯이, 강영안 교수가 "소크라테스와 예수는 다르다"고 말하지만,[154] 소크라테스의 종교를 말하지 않고 비교하는 것은 무의미한 일이다. 소크라테스

---

152) Q. 53. Which is the third commandment? A. The third commandment is, Thou shalt not take the name of the Lord thy God in vain: for the Lord will not hold him guiltless that taketh his name in vain.
153) http://blog.ohmynews.com/sultanyj/338243; 소크라테스가 사형당한 이유는, 나라가 믿는 신을 믿지 않고 다른 새로운 다이모니온(영적인 것)을 믿은 죄 때문이다. '다이모니온'은 다분히 고대 오리엔트의 냄새를 풍긴다. 소크라테스가 권한 엘레우시스 신비 의식이 '나라의 종교'라는 점에서 모순이 일어나지만 이때(〈메논〉)까지만 해도 소크라테스가 '나라의 종교'와 공존했던 것으로 볼 수 있다. (나는 다이모니온을 '신의 소리에 응하는'의 뜻이라고 파악한다. 플라톤의 〈에우티프론, 소크라테스의 변론, 크리톤, 파이돈〉(박종현 옮김, 서광사 펴냄) 35쪽 역주 참고. 이렇게 보면 '응하는 자'가 중시되고, 신의 소리를 듣는 '응하는 자의 내면'이 인간의 중심 기관이 된다. 이 내면이 소크라테스가 말하는 혼이다. 혼은 몸과 분리된 존재로, 소크라테스에게 대화는 혼이 혼에게 하는 것이다. 대화에 실려 나가는 말(언어)이 로고스다. 로고스는 혼이 혼에게 하는 말이지 혼이 몸에게 하는 말이 아니다. 그런 의미에서 말(=로고스)은 이성(의 산물)이다. 소크라테스/플라톤은 오랫동안 외부의 신과 소통하던 주술적인 성격의 '말'을 내면의 혼이 소통하는 이성적(변증적)인 성격으로 바꾸어버렸다. 이런 변화에는 이란(조로아스터교)이나 이집트의 영향이 큰 것으로 보인다. 또 나는 다이모니온이 영지(그노시스)와 깊은 관련이 있는 것으로 보고 페르시아에서 온 조로아스터교의 영향이 큰 것으로 생각한다. 다음의 인용을 참고하라. "플라톤은 소크라테스가 죽은 직후 페르시아로 가서 조로아스터교를 직접 연구하려고 했으나 기원전 386년에 발발한 스파르타와 페르시아 간의 전쟁 때문에 뜻을 이루지 못했다." (〈세계 종교사〉, 존 노스 지음, 윤이흠 옮김, 현음사, 177-178쪽) 그러나 가라타니 고진은 다이모니온이 이집트에서 온 것으로 보는 듯하다. "플라톤은 분명히 그리스 사상가들 가운데 소수파에 속했다. (…) 그의 신념은 일반적인 그리스 사유의 문맥을 완전히 벗어나서 갑자기 나타났음에 틀림없다. 그것은 그리스의 바깥, 즉 이집트로부터 온 것이 분명하다. 이집트는 영혼의 불멸, 일신교, 계획적으로 통제된 국가라는 개념들이 비롯된 곳이다. 철학자/왕이라는 플라톤적 개념 자체는 이집트로 거슬러 가서 그 흔적을 찾아볼 수 있다." (〈은유로서의 건축〉, 68쪽.) 니체는 〈그리스 비극 시대의 철학〉(이진우 옮김, 문예출판사 펴냄)에서 "플라톤으로 전혀 새로운 것이 시작된다. (…) 그들[플라톤 이후의 철학자들]은 이단 종교의 창립자들이며, 이들이 창립한 이단 종교들은 모두 헬레니즘 문화와 전래의 양식의 통일성에 대항하는 반대 기관이었다"고 비난한다. 여기서 플라톤은 소크라테스로 봐도 무방하다. 그의 저작이 대부분 소크라테스를 주인공으로 하기 때문이다. 특히 플라톤이 소크라테스에게서 독립해 자신의 사상을 펼치기 시작한 것은 〈메논〉 이후다. 소크라테스를 죽음으로 몰아넣은 '다이모니온'은 그리스의 전통적인 '다신교의 신'이 아니라 외국에서 들어온 '일신교의 신'과 관련돼 있다. 앞에서 설명한 것처럼, 소크라테스가 '로고스'를 '다이모니온'과 관련해 인간 '이성'이라는 의미로 처음 사용했다.
154) http://www.veritas.kr/contents/article/sub_re.html?no=13518/

는 다이몬의 소리가 들리기를 기다리다가 그 소리를 듣고 말하고 행동했다. 소크라테스의 진리는 다이몬의 진리였다!

이것은 다만 소크라테스만의 이야기가 아니다. 하나님 없는 사람들이 중심을 잡기 위해서 도약을 감행한다. 현대인들은 영적인 안내자의 소리를 듣고 산다. 그 소리를 듣기 위해 접신(接神)을 하고 있다. 결국 누구의 소리를 듣고 사느냐가 중요하다. 과연 우리는 누구의 소리를 듣고 사는가? 성도는 계시 된 하나님의 말씀에 순종하고 사는 존재다.

『지성에서 영성으로』라는 책을 쓴 이어령 씨는 자신의 신앙을 키에르케고르의 실존주의 신앙으로 해석한다.155) 그런데 놀라운 것은 그런 이어령씨는 굳이 예수님이라고 말하지 말고 그냥 '썸씽'(Something)이라고 불러 보라 한다.

> '우리는 왜 예수 그리스도를 믿어야 하는가'에 대해 물었다. 그는 오랜 시간동안 입었던 지성의 무거운 갑옷을 벗고 영성의 세계로 들어왔다. 무엇이 그를 새로운 세계로 인도했는가.
> "굳이 예수님이라는 이름을 붙이지 말고 그냥 '썸씽'(Something)이라고 불러 보세요. 그런 썸씽은 누구나 다 가지고 있는 겁니다. 종교까지 가지 않더라도 과학자나 공부 좀 한 사람들도 이 세계에는 '위대한 썸씽'(Great Something)이 있다고 생각합니다. 형상화(formulate) 되는 것, 디자인 되는 어떤 것이 있다는 말입니다. 무언가 제 힘 이상의 것이 발휘되었을 때, 그것을 '위대한 썸씽', 혹은 신으로 부르는 것입니다. 사람들은 불가능한 것이 이뤄질 때에 우연이라고 말합니다. 그런데 누가 천만번 로또에 당첨됐다고 해 보세요. 그게 우연이겠습니까. 인생에는, 우주에는 한 사람이 천만번 로또에 당첨된 것보다 더 어려운 일들이 일어나고 있습니다. 우주를 디자인한 사람이 있다고 생각하지 않을 수 없습니다. 내가 세례 받은 것, 신자가 된 것도 모두 그 위대한 썸씽의 계획 하에서 이뤄진 것입니다. 나에게 그 위대한 썸씽은 하나님이십니다."156)

이어령 씨가 말하는 방식으로 "위대한 썸씽"을 말하면 종교다원주의가 된다. 이어령의 "위대한 썸씽"은 하나님(?)이지만, 어떤 사람의 "위대한 썸씽"은 부처가 된다. 그러니 그런 "위대한 썸씽"은 양태만 다를 뿐이다. 예수님은 하나의 달

---

155) 이어령, 지성에서 영성으로 (파주: 열림원, 2010), 98-99, 171-173; "그런데 예술가들은 대체로 그 문턱에서 발을 헛디디거나 넘어지고 맙니다. 유미주의자 오스카 와일드가 그러했고 탐미주의자 보들레르가 그러했고 한국의 이상(李箱)이 그러했습니다. 저 역시 많은 예술가들이 그러했듯이 키르케고르의 미적 단계-윤리적 단계-종교적 단계의 길로 향한 것이 아니라 신은 죽었다고 말한 니체의 손가락을 따라서 낙타-사자-유아의 그 삼 단계 길로 간 것이지요. … 그러나 아직도 저는 미적 체험의 단계에서 윤리적 단계로 거기에서 다시 종교적 단계로 그 가파른 계단을 올라가야 하는데 아직도 미적 단계의 문지방을 넘지 못하고 있는 것입니다."(pp. 98-99) "어느 나라 민족보다도 가족을 최고의 가치로 믿고 살아온 한국인이라면 아브라함이나 입다와 같은 시험에 처해질 때 과연 어떤 선택을 하게 될까요. 백 살의 나이로 겨우 얻은 아들을 장작불에 태워 죽이겠습니까."(pp. 171-173)
156) http://missionlife.kukinews.com/article/view.asp?page=1&gCode=kmis&arcid=0004564055&code=23111111/ 이어령, 믿음을 말하다(Jan. 23. 2011.)

그림자에 지나지 않으며 인간의 이미지로 창작한 것이라고 말했다.157) 그런 "위대한 썸씽"을 말하는 이어령 씨는 놀랍게도 '빛 명상'을 하는 사람이다.158) 그는 정광호의 빛 명상 책인 『눈동이처럼 불어나는 행복순환의 법칙』에, 다음과 같은 추천평의 글을 썼다.

> 실제로 정광호 님을 대하고 보통 과학으로는 도달하지 못하는 초과학의 세계 -- 비 과학이 아니라 반 과학이 아니라 그리고 탈 과학이 아니라 분명 초 과학적인 이 차원의 세계 – 우리가 보통 우주라고 간단히 말해버리는 그 세계에는 무엇인가 인간의 혜지를 넘어선 어떤 거대한 힘이 존재하고 있다는 것을 부정할 수가 없다. - 이어령 초대 문화부장관, 중앙일보 고문159)

"위대한 썸씽"을 만나고 "빛 명상"을 하는 이어령 씨가 존경받는 기독교명사다. 어떻게 이런 일이 있을 수 있는가? 그것은 현대기독교인들이 가지는 신앙이 이어령 씨가 믿는 기독교와 동일한 기독교를 믿거나 같은 방향으로 가고 있기 때문이다. 그 구체적인 증거가 무엇인가? 이어령 씨는 2013년말 조선일보와 송년인터뷰에서 다음과 같이 말했다.

(기자 질문) 팔순이 되면 세상 보는 눈이 그전과 어떻게 달라지는가요?
(이어령) 그전까지는 영원히 사는 것처럼 일을 했어요. 이제는 모든 게 '유언(遺言)'처럼 됩니다. 오늘이 마지막이다, 무슨 일을 해도 내일이 없으니 전념하게 되죠. 오늘 대담도 그런 마음이죠. 다음에 다시 해볼 기회가 없어요. 붓글씨처럼 개칠이 안 되는 거죠.

(기자 질문) 삶에 대한 생각과 태도가 바뀌었나요?
(이어령) 그렇지요. 이번 책 '생명이 자본이다'의 키워드는 생명과 사랑입니다. 낯간지럽지요. 이제 와서 통속적인 단어인 생명과 사랑에 우리 앞날이 달렸다고 하니까, 세월이 만들어낸 조화죠.

(기자 질문) 2007년 기독교에 귀의한 것도 이런 '노년(老年)'의 순응으로 설명됩니까?
(이어령) 내 지적(知的)인 힘이 흔들렸다느니, 독자들을 배신했다느니 하는 소릴 들었어요. 처음에는 순전히 딸(작년에 숨진 이민아 목사) 때문에 한 거죠. 실명 위기에 처해 아버지가 기독교를 믿는 게 소원이라는데, 그 딸 앞에 섰을 때 ….

(기자 질문) 당대 최고의 지성(知性)도 그 앞에서 무력감을 느꼈나요?
(이어령) 내가 예리한 지성으로 책을 수없이 썼고 명예·재력을 가졌어도, 아무것도 아니었죠. 말하

---

157) http://www.youtube.com/watch?v=13OveqflogA&feature=youtu.be
158) http://cafe.daum.net/webucs/8nL6/441 "이 책의 저자 정광호는 1986년 우연히 우주 근원의 빛(viit)을 만난 후 지난 이십여 년간 빛(viit)을 나누며 만난 수많은 사람들의 행복에 대해 진솔하게 이야기한다. 빛(viit)을 통한 행복순환의 체험은 저자 자신은 물론 평범한 학생이나 서민에서부터 대통령, 이어령 초대 문화부 장관, 이기수 고려대 총장, 김수환 추기경, 강석진 전 GE Korea 회장 등 사회 저명인사에 이르기까지 사회 각계각층, 남녀노소를 불문한다."
159) http://www.kyobobook.co.kr/product/detailViewKor.laf?ejkGb=KOR&mallGb=KOR&barcode=9788996298205&orderClick=LAV&Kc=

자면 '헛되고 헛되니 헛되고 헛되도다'였어요. 딸을 통해 나도 눈이 멀고 똑같은 죽음의 체험을 한 것이지요.

(기자 질문) 신에 대한 생각도 바뀌었나요?
(이어령) 젊어서부터 내 글에는 존재의 고민을 담고 있었어요. 사실 내가 참여문학과 거리를 둔 것은 이런 고민 때문이었지요. 절실한 정치·경제 문제를 해결해도 우리는 죽는다는 것, 죽음 앞에서는 그 어떤 문제도 굴복하고 만다는 것, 이런 '실존(實存)'에 대해 고민하면서 성경을 비판하고 절대자를 부정해왔지요. 하지만 그 부정(否定)은 관심의 시작이었던 거죠.

(기자 질문) 신이 없다면 신을 만들어서라도 존재시킬 필요가 있다고 하지요.
(이어령) 하기야 하인리히 하이네(독일 시인)도 만년에 루브르박물관 앞에 쓰러져 동상을 끌어안으며 '나를 어떻게 해 달라. 더 강력한 신은 없느냐'고 울부짖었지요.

(기자 질문) 종교를 받아들이면서 '일회성 존재'도 극복하고, 사후에 대한 확신을 얻었습니까?
(이어령) 내게 종교는 죽으면 어떻게 달라지고 천당에 가는 것을 뜻하지 않아요. 존재에 대해 고민하고 답을 얻는 과정일 뿐이지요.

(기자 질문) 때가 되면 맞게 될 죽음의 문제가 왜 중요하죠?
(이어령) 어둠을 모르면 빛을 모르듯이. 이를 통해야만 생명이 보이기 때문이죠. 중세수도사들은 '메멘토 모라(죽음을 잊지 마라)'라고 서로 인사했지요. 요즘은 죽음을 잊어버린 시대입니다. '존재'가 아닌 '소유'에만 관심이 있지요. 우리가 죽는 존재임을 알면 결코 지금처럼 가진 자와 못 가진 자가 서로 극단적이 될 수가 없어요.

(기자 질문) 매주 교회는 나갑니까?
(이어령) 안 나가요. 대신 매달 한 분의 목사님과 토론하지요.[160]

죽어도 천국이 없는 종교, 존재에 대해 고민하고 그 답을 찾는 과정으로서의 신, 이것이 이어령의 실체다! 그것은 실존주의 기독교의 대표적인 면을 잘 나타내주고 있다. 그런데도 얼마나 많은 기독교인들이 키에르케고르를 가르치며 이어령의 책을 읽고 감동을 하고 있는가? 무엇 때문에 그렇게 빠져들고 있는가? 그들 역시 실존적 도약을 감행하고 있기 때문이다. 그것이 바로 현대적 의미에서 3계명을 범하는 것이다. 실존적 도약으로서의 하나님을 말하는 것, 그것이 얼마나 하나님을 모독하는 것인지 현대기독교인들은 모른다!

그러므로 하나님께서 자기 백성들에게 여호와 하나님을 올바로 알고 예배하며 참되신 하나님으로 섬기고 찬양하기를 원하신다. 3계명은 그것을 말한다. 3계명은 무엇인가?

---

160) 최보식 선임기자 / 조선일보(Dec. 30. 2013.).

> 너는 너의 하나님 여호와의 이름을 망령되이 일컫지 말라 나 여호와는 나의 이름을 망령되이 일컫는 자를 죄 없다 하지 아니하리라(출 20:7)[161]

제3계명은 "너의 하나님 여호와의 이름을 망령되이 일컫지 말라"(출 20:7)고 명한다. '일컫지'는 '들어 올리다', '소리를 높이다', '선포하다'라는 뜻이며, '망령되이'는 '악하다', '썩는다', '파괴하다'는 뜻이다. 이것은 어떤 도시가 침략이나 타격을 받아 허물어지고 폐허가 되어 버린 상태를 말한다. 그래서 '망령되이 일컫는다는 것은 여호와의 이름을 사용하고 부르고 높이지만 그 이름에 합당치 않게 사용하므로 여호와의 영광이 훼손되고 파괴된다는 뜻이다.[162]

하나님의 이름을 부르고 찬송하되 하나님이 누구신지 모르고 하나님의 구원의 은혜도 모르고 마음의 항복이 없이 사용하는 것이 망령된 것이다. 종교다원주의가 성행하는 오늘날에는 특히 주의해야 할 계명이다. 하나님이 유일하신 하나님이 아니라 한 하나님이 각 나라와 민족마다 여러 모양으로 계시되어서 그 방식만 다를 뿐이라고 말하는 것이 제3계명을 범하는 것이다. 성경은 그런 일을 망령되다고 경고하며 그런 일에 심판이 따른다고 경고한다.

제3계명은 예배의 태도를 가르친다. 계명은 거짓된 신을 예배하거나(제 1계명), 거짓된 방법으로 예배하거나(제2계명), 거짓된 마음으로 예배하는 것을 금지한다(제3계명). 그러므로 언약의 주체이신 하나님께 예배를 드리되 성경에서 명하는 대로 예배해야 한다.

> 그러므로 이제는 여호와를 경외하며 성실과 진정으로 그를 섬길 것이라 너희의 열조가 강 저편과 애굽에서 섬기던 신들을 제하여버리고 여호와만 섬기라(수 24:14)

가나안의 종교와 멘탈리티에 오염된 이스라엘 백성들을 향한 여호수아의 이 간곡한 권고를 오고 오는 세대가 잊지 말아야 한다. 그러나, 이 세상의 멘탈리티에 오염되어 가는 교회는 인본주의로 흐른다.

G. I. 윌리암슨은 형식주의, 전통주의, 현대주의라는 3가지 그릇된 예배 태도

---
[161] 너는 너의 하나님 여호와의 이름을 망령되이 일컫지 말라 나 여호와는 나의 이름을 망령되이 일컫는 자를 죄 없는 줄로 인정치 아니하리라(신 5:11)
[162] 최낙재, 소교리문답강해2 (서울: 크리스찬다이제스트, 2007), 180-181.

에 대하여 말해 준다.163)

1) 형식주의
성경은 이런 형식주의를 분명하게 정죄하고 있다.

> 13 주께서 가라사대 이 백성이 입으로는 나를 가까이하며 입술로는 나를 존경하나 그 마음은 내게서 멀리 떠났나니 그들이 나를 경외함은 사람의 계명으로 가르침을 받았을 뿐이라 14 그러므로 내가 이 백성 중에 기이한 일 곧 기이하고 가장 기이한 일을 다시 행하리니 그들 중의 지혜자의 지혜가 없어지고 명철 자의 총명이 가리워지리라(사 29:13-14)

이 당시에 남유다는 히스기야의 주도로 예루살렘을 중심으로 하여 종교개혁이 착수되었다. 이방의 우상들을 무너뜨리고 예배가 회복이 되었다. 그러나 이런 개혁은 '위로부터의 개혁'이었기 때문에, 온전한 개혁이 되지 못했다.

이사야 29장 13절은 이런 상황을 말해주고 있다. 마음을 다해서 경외심을 가지고 개혁에 동참해야 하는데, 입술로만 그랬다. 14절은 놀랍다. 입술로만 그렇게 존경하는 백성들에게 왜 지혜와 총명을 가리운다고 하실까? 사람들이 마음이 없이 하나님을 예배하는 근본적인 이유는 자기 스스로 지혜롭다고 생각하기 때문이다. 굳이 이렇게 히스기야를 따라서 종교개혁에 참여하지 않아도 사는 데는 지장이 없고 얼마든지 살아갈 수 있다고 생각했다. 그러나, 그렇게 생각한 백성들은 자신들에게 닥쳐올 위기의 상황을 아무런 대책도 없이 맞이하게 되었다. 사도 바울은 그런 사람들에 대해 이렇게 말했다.

> 경건의 모양은 있으나 경건의 능력은 부인하는 자니 이같은 자들에게서 네가 돌아서라(딤후 3:5)

"경건의 모양"이란 외형적이며 가식적인 신앙의 모습을 말한다. 이것은 예수님께서 늘 경계하셨던 유대의 율법주의를 말한다. "경건의 능력에 대한 부인"한다는 것은 복음에 대한 바른 지식 없이 거부하는 것이다. 결국 이런 자들은 종교적인 외형은 갖추고 있지만 그리스도의 구원의 능력에 대한 믿음이 없는 자들을 말한다.

사도 바울은 "이같은 자들에게서 네가 돌아서라"고 말한다. 디모데는 교회를 어지럽히는 거짓교사들과 그럴 듯하게 경건한척 하는 자들을 멀리하고 교회를

---

163) G.I. 윌리암슨, 소교리문답강해, 최덕성 역 (서울: 개혁주의신행협회, 1990), 206-207.

말씀 위에 세워가야 했다. 그러므로 성도는 먼저 자신들의 죄를 참으로 회개하며 오직 예수 그리스도의 십자가만을 의지하는 신앙으로 하나님 앞에 엎드릴 때에 올바르게 예배할 수 있다.

2) 전통주의
예수님 당시에 서기관과 바리새인들은 자신들의 그 전통에 얽매여 있었다. 그들은 그 전통으로 모든 것을 해석했다.

> 사람의 계명으로 교훈을 삼아 가르치니 나를 헛되이 경배하는도다 하였느니라(막 7:7)

예수님께서는 '장로들의 유전'을 "사람의 계명"이라 규정하셨다. 이것은 8절에 나오는 "하나님의 계명"과 완전한 대조를 이룬다. '장로들의 유전'은 삶의 현장에서 만나는 구체적인 일에 지침을 주기 위한 것이었다. 그러나 놀랍게도 이 '장로들의 유전'이 하나님의 율법을 거스르게 되었다. 그들이 그렇게 열심히 지켰으나 사실은 하나님을 대적하는 일이 되고 말았다. 그들만의 세계를 만들고 그들만의 의에 빠져서 우월감에 도취되었다. 서기관과 바리새인들은 하나님의 인정보다는 사람들의 칭찬에 더 넋이 나갔다.

예수님께서는 그들의 그런 행위를 "사람의 계명으로 나를 헛되이 경배하는도다"라는 말씀으로 핵심을 찔렀다. 남은 것은 위선이고 외식이었다.

> 너희의 전한 유전으로 하나님의 말씀을 폐하며 또 이같은 일을 많이 행하느니라 하시고(막 7:13)

그들은 자신들의 교훈과 유전으로 하나님의 말씀을 해석했기 때문에 하나님의 말씀을 범하는 잘못을 저질렀다. 그 대표적인 것이 '고르반'이었다. 고르반이란 말은 레위기 1장 2절에 나온다.

> 이스라엘 자손에게 고하여 이르라 너희 중에 누구든지 여호와께 예물을 드리려거든 생축 중에서 소나 양으로 예물을 드릴지니라(레 1:2)

'예물'이란 말이 '고르반'이다. 하나님께 드리는 물건을 말한다. 영어로는 Offering(드림)이다. 하나님께 드리는 데 무엇이 문제인가? '하나님 앞에 고르반 했으니까 다른 것은 안 해도 된다.'식이 되어 버렸다. 실제로 해야 할 것은 안하고, 하나님께 드렸으니 괜찮다고 하니 이기적이고 자기 합리화의 수단으로 사용했다.

학회도 많고 세미나도 많고 책도 많이 쓰는데 말씀의 본질에서는 벗어난 것이다. 무엇이 문제인가? 신학이 성경에서 벗어나 버렸다. 이 변질은 다시 돌아오기 힘들다는 것이 문제다! 퀘이커 학회장 이만열 교수는 고신교단의 장로다. 그런데 국내 신학의 근본적인 문제가 '자기 신학'이 없다고 말했다. 도대체 그가 말하는 '자기 신학'이란 무엇을 말할까? 그는 먼저 토착화 신학을 말하며 민중신학을 말하며 다음과 같이 주장했다.

> 토착화신학이 민중 신학이 한국에서 가능했던 것은 그런 연구자들이 속했던 기관이 비교적 학문의 자유가 보장된 곳이었기 때문이다. 학문의 자유가 없는 곳에 이런 신학화의 가능성이 나타날 수 없고, 비판의 가능성 또한 허용되지 않는다. 신학자들의 학문자유와 비판이 용납되지 않는 상황은 교회의 이상한 신앙행태만 자라게 한다. 신학적으로 제대로 비판을 받지 못하고 검증도 되지 않는, 어쩌면 신학적 고민이 없는 교회들의 '신학 없는' 신앙이 역으로 신학교의 교육을 폐쇄적인 상태로 몰아가고 '신학화의 가능성을 잘라버리는 것이라고 본다.164)

이렇게 말하는 이만열 장로의 '자기 신학'은 과연 성경적이라 할 수 있는가?165)

---

164) http://www.crosslow.com/news/articleView.html?idxno=1624
"한국신학, 한국적 풍토와 연결되야" 기독연구원 느헤미야 '신학교육, 무엇이 문제인가'주제포럼(2013.10.17)
165) https://www.facebook.com/sukyung.choi.5 민중역사학자 리만열의 두 얼굴: 수년전 내가 손양원기념사업회 일을 시작하면서 손목사의 모교인 중동고교를 찾아갔을 적에 자료 하나 없다고 오리발이더니 지난해 KBS에서 성탄특집 '손양원목사 다큐'를 방송을 나가자 명예졸업장을 준다고 난리법석이다. 내일의 교육을 책임지는 학교 현장이 이렇게 세상시류에 따라 기회주의적인 처신이니 실소를 금하지 않을 수 없다. 더욱 가관인건 특강을 하였다는 골수 민중력사학자 리만열 씨의 주장이다. 그동안 주구장창 일제치하에서 신사참배반대운동은 단순한 종교활동에 지나지 않는다며 숱한 출옥성도들의 후손들이 애국지사 청원서류를 올려도 철저히 묵살해온 장본인이 바로 '보훈처 애국지사 공적심위위원장' 노릇을 한 리만열씨고, 그의 역사관이 그러하였다. 좌파정권인 노무현 시절 국사편찬위원장까지 하면서 그는 좌파 역사학자들의 고교 한국사 왜곡에 앞장선 것도 모자라 이런 핵심 공적심사위원으로 있으면서 여운형을 비롯한 좌파 계열 54명을 대거 포상하면서 기존 포상자들에 대해 재심을 통해 친일논란 시비를 자초하는 이중갓대가 결국 民怨이 되어 MB정권 중반에 서중석 윤경로 등 여러 민중력사학자들과 함께 보훈처 에서 쫓겨났다. 기독교인으로 뿐만 아니라 같은 고신교단 교인으로서 용서할 수 없는 그의 과오는 신사참배반대운동을 하다 순교한 이현속 장로를 비롯한 손명복 이인재 목사 등 여러 출옥성도 후손들의 민원을 철저히 깔아뭉게 놓고 이제와서 신앙운동은 물론 민족주의 투쟁운동이라고? 리만열씨는 이런 위선적인 주장을 하기 이전에 먼저 자신의 지난 과오부터 한국교회 앞에 반성하고 그 후손들에게 사죄해야 한다. 여러 교회들의 막대한 헌금을 지원받아 한국기독교역사연구소를 운영하면서 후학들이나 남이 가져다주는 자료들만 가지고 앵무새처럼 달고 달도록 재탕 삼탕 써먹지 말고 일제 치하의 한국교회의 독립운동에 대해서 제대로 독창적인 연구를 해나가던지 후학들을 지도하라. 박근혜가 부정선거로 당선되었다고 친일에 앞장섰던 한국 가톨릭의 후예들인 종북구현인지 하는 무뇌를 가진 신부들이나 좌파 쓰레기들과 함께 길거리에 나가 선동질 하지 말고, 그리고 손목사 유족인 손동희 권사의 주장도 생뚱맞기는 마찬가지이다. 손목사가 신앙운동에 그렇게 전념하였다면 남은 다섯 명의 자녀들은 지금 얼마나

3) 현대주의

그들은 역사적인 기독교 신앙의 낱말들의 뜻을 완전히 바꾸어 버렸다. 그들에게 예수님은 구세주가 아니라 단지 도덕적 모범이나 위대한 선생에 불과하다. 부활 역시 죽은 자의 몸이 살아나는 것이 아니라 예수 그리스도의 선한 교훈이 되살아나거나 몸이 죽을 때 영혼이 살아난다고 말한다. 그들이 성경을 말하고 하나님을 말하지만 그것은 성경 본래의 뜻과는 완전히 틀리다.166)

오늘날 교회 안에는 신복음주의가 대세를 이루고 있다. 그들은 '신'자를 떼어내고, 당당하게 복음주의라 한다. 그러나 그들은 영성을 말하며 퀘이커와 교제하며 신비주의 영성훈련을 도입하고 있다. 주님을 뜻하는 Lord 대신 영지주의와 뉴에이지에서 말하는 '빛의 사자' 즉 '승천대사'(Ascended Master)를 뜻하는 마스터(Master)로 표현하는 유진 피터슨의 『메시지』를 성경으로 대체하며 신인합일의 세계로 들어가고 있다.167) 이제는 하나님의 음성을 안 들으면 목회도 안 되고 신앙생활도 맛이 안 난다. 누가 이런 운동의 주역들을 담당하고 있는지 자세히 살펴보라. 누가 이런 사람들을 추종하고 있는지 눈여겨보라. 우리와 우리의 자녀들은 무엇을 위해서 누구를 위해서 예수님을 믿고 있는지 돌아보아야 한다.

신앙생활을 잘하고 있는지 되묻고 싶다. 일제치하 순교를 마다않고 신앙의 정조를 지켜나간 신사참배 반대운동은 하나님의 가르침을 몸소 실천하려는 고귀한 신앙의 표상이셨을 뿐만 아니라 우리 민족의 마지막 양심이자 꺼져가는 민족정신을 일깨워준 등대였다. 이처럼 뒤늦게 민족운동이라고 주장한 리만열씨의 그 가증스러움도 그렇고 예수주의만 고집하는 손동희 씨의 주장도 참 공허하다. 차마 밝힐 수 없는 그 이유를 나는 상세히 알고 있기 때문에 더욱 그렇다.
166) 나더러 주여 주여 하는 자마다 천국에 다 들어갈 것이 아니요 다만 하늘에 계신 내 아버지의 뜻대로 행하는 자라야 들어가리라 그 날에 많은 사람이 나더러 이르되 주여 주여 우리가 주의 이름으로 선지자 노릇하며 주의 이름으로 귀신을 쫓아내며 주의 이름으로 많은 권능을 행치 아니하였나이까 하리니 그 때에 내가 저희에게 밝히 말하되 내가 너희를 도무지 알지 못하니 불법을 행하는 자들아 내게서 떠나가라 하리라(마 7:21-23)
167) http://www.av1611.org/kjv/mess_bible.html/ Judas always addressed Jesus as "Master" -- never "Lord." Following the footsteps of Judas the"betrayer," the Mess also "betrays" the Lord, always calling Jesus "Master" never "Lord"! Another partner in the "Master Jesus" plan is the New Age religion. The root of the New Age Movement (NAM) teaches during various "ages," teachers or guides arise called "Masters." Helena Blavatsky, the guru of the modern-day New Age Movement, wrote extensively of these enlightened "masters." In the 1980s, the book Hidden Dangers of the Rainbow by Constance Cumbey, exposed the New Age Movement. Mrs. Cumbey defines the mystic new age as: A vast organizational network today, the New Age Movement received its modern start in 1875 with the founding of the Theosophical Society by Helena Petrovna Blavatsky. . . Strongly propounding the theory of evolution, they also believed in the existence of Masters who were either spirit beings or fortunate men more highly involved than the common herd. (Cumbey, Constance, Hidden Dangers of the Rainbow, p. 44)

제54문 제3계명에서 요구하는 것은 무엇입니까? (대112)
답: 제3계명에서 요구하는 것은 하나님의 이름과 칭호와 속성과 규례와 말씀과 행사를 거룩하고 존경스럽게 사용하라는 것입니다.168)

사탄숭배자였던 마르크스169)와 그 가족들은 어떻게 되었는가? 가계에 흐르는 저주를 말하려는 것이 아니다. 하나님을 배반하고 사탄을 숭배하는 사람들의 삶이 실제로 어떠했느냐를 말하는 것이다.

1. 마르크스의 두 딸과 사위는 자살했다. 마르크스의 둘째 딸과 사위 폴 라파르크(Paul Lafargue) 부부는 70살이 넘어서는 살지 않겠다고 했으며 1911년 11월 11일 자살했다. 사위는 부엌에서, 딸은 방에서 발견됐다. 이들은 "나는 몸과 마음 모두 건강하다. 삶의 기쁨을 모두 빼앗고, 육체적 정신적인 힘을 잃게 하는 늙음이 나의 에너지를 마비시키기 전에 나는 자살한다"는 유서를 남겼다.
2. 마르크스가 가장 사랑했던 막내 딸 에레노(Eleanor Marx Aveling, 自殺)는 그의 동의를 얻어 에드워드 에베링(Edward Bibbins Aveling)과 결혼했다. 열렬한 진화론자였던 에베링은 대학에서 '하나님의 악(The Wickedness of God)에 대한 제목으로 강연한 사람이었다.
3. 3명의 자녀들이 영양실조로 죽었다.

---

168) Q. 54. What is required in the third commandment? A. The third commandment requireth the holy and reverent use of God's names, titles, attributes, ordinances, Word, and works.
169) http://www.epochtimes.co.kr/news/articleView.html?idxno=110630; 마르크스, 사탄의 길 《② 마르크스가 형이상학적인 일에 대해 공개적으로 담론한 내용은 비교적 적었지만 그가 교류하던 사람들로부터 생각과 정보를 수집할 수 있었다. 마르크스는 러시아의 무정부주의자 미하일 바쿠닌과 함께 '제1 인터내셔널'을 창립했다.이에 대해 바쿠닌은 다음과 같이 적었다. "그 사악의 지존은 바로 신에 대한 사탄의 반란이다. 이 반란 중의 곳곳에서 인류를 해방하는 것이 바로 혁명이다. 사회주의자가 자신의 신분을 나타내는 용어는 바로 '잘못 상대된 존자(尊者)인 사탄'이다. 사탄은 영원한 반란자로 제일의 자유사상가이자 구세주이며 사람을 비열한 무지와 순종 때문에 수치스럽게 만든다. 사탄은 사람을 해방시키며 사람들의 이마에 해방과 인성(人性)의 인기를 주어 신을 배반하게 하고 선악과를 먹게 한다." 바쿠닌은 악마인 루시퍼를 찬송했을 뿐만 아니라 또 구체적인 혁명계획까지 세워놓았다. 그러나 이 계획은 착취당하는 빈민들을 해방시키기 위한 것이 아니었다. 그는 "이 혁명 중에서 우리는 반드시 사람들 마음속의 마귀를 일깨워 그들의 가장 비열한 감정을 불러일으켜야 한다. 우리의 사명은 파괴이지 가르치는 것이 아니다. 파괴의 욕망은 바로 창조의 욕망이다."라고 썼다. 친구는 모두 사탄교도: 또 한 명의 주요한 사회주의 사상가이자 마르크스의 친구 푸르동(Proudhon)도 마찬가지로 사탄을 숭배했다. 푸르동의 헤어스타일과 수염은 마르크스와 아주 흡사한데 그 역시 신을 모독하고 사탄을 찬양하는 작품을 썼다. 독일의 저명한 시인 하인리히 하이네 역시 마르크스의 친밀한 벗이었다. 그 역시 사탄을 숭배했다. 그는 "내가 마귀를 부르면 그것이 곧 온다. 의구심을 품고 자세히 그것의 얼굴을 살펴보니 추하거나 흠이 없었으며 오히려 사랑스럽고 매력적인 남자였다.""마르크스는 하인리히 하이네를 몹시 숭배했다. …중략…. 그들의 관계는 따뜻하고 진실했다."그렇다면 마르크스가 하이네를 숭배한 것은 무엇 때문이었을까? 아마도 다음과 같은 사탄교의 사상 때문이었을 것이다. "내게는 한 가지 바람이 있다. 우리 앞에 아름다운 나무가 있는데 친애하는 신이 만약 나를 완전히 즐겁게 하려면 신은 마땅히 6~7명의 적이 나무에 목을 매달고 죽는 모습을 내게 보여주어야 한다. 그러면 자비와 연민의 마음으로 나는 그들이 죽은 후에 그들이 내게 저지른 잘못을 용서하리라. 그렇다, 우리는 반드시 우리의 적을 용서해야 한다. 하지만 그들이 목매달아 죽기 전에는 결코 아니다." 정직한 사람이 이런 부정적인 생각을 가진 사람과 친한 벗이 될 수 있겠는가? 하지만 마르크스의 주위에는 모두 이런 사람들뿐이었다. 구소련에서 교육부장관을 지낸 철학자 루나차르스키는 '사회주의와 신앙'에서 마르크스는 신과 관련된 모든 것을 버렸으며 사탄을 무산계급 대오의 앞에 놓았다고 서술했다.》

4. 마르크스는 생계를 유지하려는 노력을 하지 않았다. 엥겔스로부터 구걸해 살았다.
5. 마르크스는 그의 하인 사이에서 사생아를 낳았다.
6. 마르크스는 음주를 심하게 했다.
7. 마르크스는 오스트리아 경찰에게 혁명가들에 대한 보고를 하는 등 스파이활동을 했다.
8. 마르크스는 항상 상속재산을 탐냈다.
9. 마르크스는 어머니를 돌보지 않았으며 돈이 생기면 증권에 투자했다.
10. 마르크스의 부인은 그를 두 번이나 떠났다가 되돌아왔다.
11. 마르크스는 부인의 장례식에 참석하지 않았다.
12. 그가 묻힌 런던의 하이게이트 묘지는 악마숭배자들의 집회장소로 알려져 있다.[170]

이런 마르크스를 우상처럼 떠받들고 사는 사람들은 어떻게 살아가기를 원하는 것인가? 마르크스의 실상을 말하는 다음 기사 자료를 읽어 보라.

조물주와 맞서다
마르크스가 가장 사랑했던 셋째 딸 엘레노어는 부친의 동의하에 에드워드 에이블링(Edward Eveling)이란 남자에게 시집을 갔다. 에이블링은 마르크스의 열렬한 추종자로 일찍이 신이 나쁘다는 주제로 강연을 한 적이 있다. 이런 것들은 바로 사탄교 신도들이 하는 일이다. 이것이 무신론과 다른데 그들은 신의 존재 그 자체를 부정하진 않는다. 다른 사람을 기만할 때는 제외하고 그들도 신이 존재한다는 것을 알지만 다만 신을 나쁘게 말할 뿐이다. 다음 시를 보면 사탄을 동경하는 그의 마음을 엿볼 수 있다.

"당신께 감히 이 시를 바칩니다.
아, 사탄이여, 장차 높은 자리에 올라 성대한 연회의 왕이 되십시오!
아, 목사여, 나는 당신의 세계와 잔소리에서 멀리 떠납니다.
왜냐하면 사탄이 영원히 당신의 뒤에 있진 않기 때문입니다.
날개를 펼치는 회오리바람처럼 민중을 납치하리니 아 위대한 사탄이여!
이 위대한 변호인을 위해 환호합시다!
향을 사르고 맹세하며 당신을 향해 제를 올립니다.
당신께선 목사의 신을 왕좌에서 밀어내칩니다!"

또 다른 단서는 마르크스의 아들 에드가가 1854년 3월 21일 마르크스에게 쓴 편지 속에 있다. 이 편지의 첫머리는 놀랍게도 "친애하는 마귀님께"라고 되어 있다. 아들이 어찌 이런 황당한 호칭으로 부친을 부를 수 있단 말인가? 그러나 사탄교도들은 사랑하는 사람을 이렇게 부른다. 그렇다면 그의 아들도 사탄교에 가입한 것은 아닐까?

보다 중요한 사실은 마르크스의 아내가 1844년 8월 그에게 쓴 편지에서 남편을 목사 내지는 주교라고 칭한다. 마르크스는 '공산당선언에서 분명히 모든 종교를 소멸시킨다고 주장했는데 그의 아내는 왜 남편을 목사, 주교라고 불렀을까? 대체 어느 종교의 목사와 주교란 말인가? 바로 사탄교가 아니겠는가?

---

[170] http://www.newdaily.co.kr/news/article.html?no=80623/ 김필재, 「공산주의자 칼 마르크스의 '12가지 파괴된 삶'」

'사람의 긍지(Human Pride)'란 시에서 마르크스는 자신의 목표가 세상을 개선하거나 개조하는 것이 아니라 세상을 혁신, 다시 말해 세상을 파괴하는 것임을 인정했으며 또 이를 낙으로 삼았다.

"나는 이 난쟁이 같은 거대한 물건이 붕괴되는 것을 본다.
허나 그것의 붕괴로도 내 격정을 꺼뜨릴 순 없다.
그때 나는 신과 마찬가지로 개선하리라
이 세상의 폐허 속에서 빈번히 왕래하면서
나의 말이 강력한 힘을 지니게 될 때면
나는 장차 조물주와 대등하다고 느낄 것이다."

마르크스의 사탄사상을 표현한 시가 이것만은 아니다. 많은 사람들은 모르고 있지만 마르크스의 원고를 지키는 사람들은 아직도 그의 많은 작품을 비밀에 붙이고 있다.
알베르 카뮈는 '혁명가'라는 책에서 "마르크스와 엥겔스의 저서 30권이 아직 출판되지 않았다. 그중에는 방자한 이론을 표현한 것들이 있는데 일반 대중들이 알고 있는 마르크스주의와는 전혀 다르다."라고 했다. 필자는 이 내용을 읽은 후 비서를 시켜 모스크바에 있는 마르크스연구소에 편지를 보내 카뮈의 말이 정말인지 확인하게 했다.
마르크스연구소의 부주임인 메체드로프(M. Mtchedlov) 교수는 필자에게 보낸 답장에서 카뮈의 말이 틀렸다고 했다. 다시 말해 마르크스의 작품은 모두 100권이 넘으며 이중 단 13권만이 공개적으로 출간되었다는 것이다. 그는 마르크스의 많은 저작들이 출간되지 않은 이유에 대해 제2차 세계대전 때문에 나머지 책의 출판이 중단되었다는 황당한 구실을 댔다. 이 편지는 1980년에 쓰여졌고 2차대전이 끝난 지 이미 25년이 흐른 뒤였다. 당시 소련의 역량으로 볼 때 마르크스의 저작을 출판할 자금이 부족하다는 것은 수긍할 수 없는 변명에 불과하다.

사탄교 가입 후 문란한 사생활

모든 사탄교도들은 거의 다 개인생활이 아주 난잡했다. 마르크스 역시 예외가 아니었다. 아놀드 쿤즐리는 '칼 마르크스의 의지'라는 책에서 "마르크스의 두 딸과 한 명의 사위는 자살했고 다른 세 명의 자식들은 모두 영양불량으로 사망했다. 마르크스의 딸인 로라는 사회주의자 폴 라파르그에게 시집갔는데 3명의 자식을 매장한 후 남편과 함께 자살했다. 또 다른 딸 엘레노어도 남편과 함께 자살을 시도하려 했지만 남편인 에드워드가 마지막 순간에 뒤로 물러났다. 마르크스가 하녀와의 사이에 낳은 사생아는 나중에 엥겔스에게 위탁되었다. 엥겔스는 마르크스의 명예를 위해 어쩔 수 없이 그의 사생아를 떠안아야 했다. 마르크스는 또 술주정이 아주 심했다."
마르크스 엥겔스연구소의 라자노프 주임조차 그가 사생아를 엥겔스에게 떠넘긴 것에 대해 "마르크스라는 이 위대한 혁명가의 생명 중에서 가장 심각한 오점"이라고 인정했다.
1960년 1월 9일 독일 신문 '라이히스루프'(Reichsruf)에서 한 가지 사실을 보도한 적이 있다. 오스트리아의 라베 총리가 일찍이 마르크스의 친필서신을 소련지도자 흐루시초프에게 보낸 적이 있다. 그런데 흐루시초프는 이 편지를 읽고는 좋아하지 않았다. 왜냐하면 그 편지가 마르크스가 일찍이 오스트리아 경찰 측에 동료들의 정보를 팔아먹은 스파이임을 입증했기 때문이다. 마르크스는 이처럼 혁명대오의 동지들을 팔아 경찰의 돈을 받곤 했다.
이 편지는 비밀문서를 보관하는 곳에서 우연히 발견되었다. 이 편지는 마르크스가 런던에 머물던 기간에 자신의 동지들을 팔아먹었음을 입증한다. 그는 한 가지 정보를 제공할 때마다 25파운드를 상금으로 받았다. 그가 고발한 대상은 런던, 파리, 스위스의 혁명가들이었다. 이중에는 루지(Ruge)라는 이름의 인물도 있었는데 그는 자신이 마르크스의 친밀한 벗이라고 여겼다. 두 사람 사이에 뜨거운 열정을 나눈 서신은 아직도 남아 있다.
마르크스는 또 가족을 부양한다는 따위의 의무감이 전혀 없었다. 비록 여러 나라 언어를 할 수 있었고 일자리를 구할 능력이 있었음에도 늘 엥겔스에게 생계를 의지했다. 마르크스연구소의 자료에 따르면 마르크스는 평생 엥겔스로부터 약 600만 프랑을 가져다썼다.
그럼에도 불구하고 마르크스는 여전히 가족의 유산을 탐냈다. 그의 백부가 심한 고통에 처했을 때 마르크스는 "만약 저 개가 죽어버리면 나로서는 거리낄 것이 없게 된다"라고 했다.
백부보다 더 가까운 가족에 대해서도 마르크스는 자비심이 전혀 없었다. 심지어 자신의 모친을 언급할 때도 이런 식이었다. 마르크스는 1863년 12월 엥겔스에게 보낸 편지에서 "2시간 전에 모친이 돌아가셨다는 전보를 한통 받았네. 운명이 가족의 일원을 데려갈 필요가 있었던 모양이야. 나는 이미 한발을 무덤에 디뎠으니 많은 경우 내게 필요한 것은 노부인이 아니라 다른 사람이라네. 나는 꼭 몸을 일으켜 트리에르로 가서 유산을 받아야겠네."
모친의 사망에 대해 마르크스가 말한 것은 이런 것들뿐이다. 그 외에도 마르크스 부부의 관계가 좋지 않았다는 것을 입증하는 충분한 증거들이 있다. 그의 아내는 두 차례나 그를 떠났지만 나중에 다시 돌아왔다. 그녀가 사망한 후 마르크스는 심지어 아내의 장례식에도 참석하지 않았다.
줄곧 돈이 필요했던 마르크스는 주식매매로 대량의 돈을 잃었다. 위대한 경제학자로 알려진 마르크스가 도리어 큰돈을 잃은 것이다.
마르크스와 엥겔스는 모두 고급 지식인이었지만 그들의 통신은 외설적이고 저속한 언어들로 가득하다. 이는 그들의 사회적 지위와는 어울리지 않는 것이다. 이들이 교류한 내용에서 대량의 음담패설을 제외하면 인도주의와 사회주의에 대한 언급은 찾아볼 수 없다.171)

이것이 마르크스의 실상이다! 마르크스의 말과 마르크스의 삶은 완전히 달랐다! 이념과 환상에 사로잡혀서 실제로는 삶을 그렇게 살아가지 않으면 분열이 일어난다. 인간은 하나님을 경외하고 그 말씀에 순종하는 삶을 살아갈 때에만 생명이 있으며, 가장 충만한 의미와 통일성을 누리고 살게 된다. 그렇게 누리고 살도록 제3계명은 우리에게 무엇을 요구하는가?172)

1) 하나님의 이름(names)과

하나님의 이름은 하나님이 어떤 분이신가를 나타낸다. 구약에 나오는 하나님의 이름은 기본적으로 다음과 같다.

1) 엘, 엘로힘:'엘은 '강한 자'라는 뜻으로 강하신 하나님을 말한다. '엘로힘'은 하나님에 대한 가장 일반적인 이름이다. 엘로힘의 어미(語尾)는 장엄 복수형으로 하나님이 이방신들과는 비교할 수 없는 절대적 경외의 대상임을 말한다.173)
2) 여호와: '스스로 있는 자'(I am who I am)란 뜻으로, 오직 언약의 하나님에게만 사용되는 고유명사다.174) 하나님의 자존성과 거룩성 및 영원 불변성을 강조하는 이름이다. 하나님은 언약에 신

---

171) http://www.epochtimes.co.kr/news/articleView.html?idxno=110631/ 마르크스, 사탄의 길 ③(Dec. 5. 2010.).
172) 하이델베르크 교리문답 제99문: 제 3계명에서 요구하는 것이 무엇입니까? 답: 우리는 저주, 위증, 또는 불필요한 맹세로 하나님의 이름을 모독하거나 악용해서는 안 되고, 침묵하는 방관자로 그런 무서운 죄악에 간접적으로 참여해서도 안 된다는 것입니다. 한마디로 말하면, 우리는 오직 두려움과 경외하는 마음으로 하나님의 이름을 사용하며, 올바르게 하나님께 고백하고, 요청하고, 우리의 모든 말과 행위로 하나님을 찬양하여야 한다는 것입니다.
173) 엘과 연결된 이름 (1) 엘 솨다이: 전능하신 하나님(창 17:1; 28:3). (2) 엘 엘론: 지극히 높으신 하나님(창 14:19). (3) 엘 올람: 영원하신 하나님(사 40:28). (4) 엘 로이: 감찰하시는 하나님(창 16:13).

실하신 하나님이시다.175)
3) 아도나이: '주(主)는 하나님께서 인간을 포함한 모든 피조 세계에 대한 소유자요 통치자가 되심을 높이는 이름이다.176)

신약에 나오는 이름은 다음과 같다.

1) 데오스: 구약의 '엘'이나 '엘로힘'를 번역한 이름이다. 그러나 '엘'이나 '엘로힘'은 민족적 종교 공동체로서의 이스라엘과 관계하여 주로 사용되었으나, 이것은 신자 개인과 관계하여 사용된다.
2) 퀴리오스: '주'를 의미하며 구약의 아도나이와 동일하다. 신약에서는 성부하나님보다 성자 하나님이신 예수 그리스도에게 더 많이 사용되었다.
3) 파테르: '아버지'란 의미로, 신자 개인에게 영적 혹은 육적 도움이 되시는 아버지로서 성부 하나님을 말한다(마 6:6; 롬 8:15).177)

이러한 하나님과 하나님의 이름과 거룩하심 앞에 인간은 경배하지 않을 수 없고 두려워 떨 수밖에 없다. 제3계명에서는 여호와의 이름을 망령되게 부르지 말라고 한다. 왜 사람들은 망령되게 부르는가? 그것은 하나님의 일하심에 대한 의도적인 불만을 가지기 때문이다. 제3계명에서 여호와의 이름을 망령되게 일컫지 마라는 것은 하나님께서 일하시는 것이 잘못됨이 없으며 실수와 오류가 없다는 것을 전제로 하시는 말씀이다. 그것은 오히려 하나님의 일하심에 대해 전인격적으로 항복하며 찬송 받으시는 하나님이심을 말한다.

1 너희 권능 있는 자들아 영광과 능력을 여호와께 돌리고 돌릴지어다 2 여호와의 이름에 합당한 영광을 돌리며 거룩한 옷을 입고 여호와께 경배할지어다(시 29:1-2)

시편 29편은 자연계시를 통하여 나타난 여호와의 위엄을 노래한 시(詩)다. 다윗은 자연세계의 폭풍우와 뇌성벽력을 통해서도 여호와의 능력과 위엄을 보았다. 1-2절은 회개를 촉구하며 예배로 부른다. "권능 있는 자들"이란 세상에서 권세와 능력을 가지고 있으나, 여호와 하나님을 두려워하지 않는 자들이다. 믿지

---

174) 하나님이 모세에게 이르시되 나는 스스로 있는 자니라 또 이르시되 너는 이스라엘 자손에게 이같이 이르기를 스스로 있는 자가 나를 너희에게 보내셨다 하라(출 3:14)
175) 여호와와 연결된 이름 (1) 여호와 이레: 여호와가 준비하심(창 22:14). (2) 여호와 닛시: 여호와는 나의 깃발(출 17:15). (3) 여호와 살롬: 여호와는 나의 평강(삿 6:24). (4) 여호와 라파: 여화와가 치료하심(출 15:26). (5) 여호와 삼마: 여호와가 거기 계심(겔 48:35). (6) 여호와 치드케누: 여호와는 우리의 의(렘 23:6). (7) 여호와 로이: 여호와는 나의 목자(시 23:1). (8) 여호와 체바오트: 만군의 여호와(삼상 1:3). (9) 여호와 마케: 멸망시키시는 여호와(겔 7:8). (10) 여호와 엘 게물로트: 여호와는 보복의 하나님이심(렘 51:56). (11) 여호와 메카디쉬켐: 너희를 거룩게 하시는 하나님(출 31:13).
176) http://kcm.kr/dic_view.php?nid=38954/ 하나님의 명칭.
177) 같은 사이트에서.

않는 자들에게는 폭풍과 뇌성벽력이 심판에 대한 경고가 되지만 자기 백성들에게는 하나님의 위대하심을 계시하며 평강을 주신다. 왜냐하면 여호와께서 자기 백성을 위하여 일하시는 것을 보기 때문이다.

"여호와의 이름"은 여호와 하나님께서 어떠하신 분인가를 나타낸다. 그 이름은 명목상의 이름이 아니라 하나님께서 어떻게 일하셨는지 그 일하심이 드러나 있는 이름이다. 그 하나님은 언약에 신실하신 하나님이시다. 그 앞에 서는 자들은 "거룩한 옷을 입고" 영광을 돌리며 경배해야 한다. 여호와의 백성들은 이방 종교와 달리 거룩한 모습으로 여호와께 나아가야 한다. 왜냐하면 여호와가 거룩하시기 때문이다. 여호와께서 얼마나 그들을 사랑하시고 은혜 베푸시는 줄 알게 될 때에 더 거룩한 삶으로 살아가게 된다.

다윗은 모든 인생들에게 하나님께 영광과 능력을 돌리라고 하면서, "거룩한 옷을 입고 여호와께 경배"하라고 한다. 문자적으로 '거룩한 옷'은 제사장들이 입는 구별된 옷을 말하나, 먼저 언약의 주 하나님만 의지하고 그 언약에 신실할 것을 요구하는 것이다. 그것은 예수님께서 가르쳐 주신 기도에서도 나타난다.

> 그러므로 너희는 이렇게 기도하라 하늘에 계신 우리 아버지여 이름이 거룩히 여김을 받으시오며(마 6:9)

"하늘에 계신"다는 것은 제한된 공간에 계신다거나 인간과 그 지으신 세계와 다른 세계에 계신다는 것이 아니다. 그 세계에 존재하는 모든 피조물들을 권능과 지혜로 통치하시며 심판하시는 초월적인 분이라는 뜻이다. 그 놀라우신 하나님께 기도할 때마다 "아버지"라고 부르게 된다. 그것은 예수 그리스도의 십자가 피로써 새언약의 백성이 되었기 때문이다. 하나님은 획일화를 요구하는 폭군이 아니라 자기 자녀를 돌보시는 인격적인 아버지시다.

하나님께서 거룩히 여김을 받으시는 것은 죄악 된 자기 백성들을 돌이켜 다시 하나님의 백성으로 삼으시는 일 때문이다.

> 내가 너희 열조에게 준 땅에 너희가 거하여 내 백성이 되고 나는 너희 하나님이 되리라(겔 36:28) 그 자손은 나의 손으로 그 가운데서 행한 것을 볼 때에 내 이름을 거룩하다 하며 야곱의 거룩한 자를 거룩하다 하며 이스라엘의 하나님을 경외할 것이며(사 29:23)

이런 말씀들은 이스라엘을 회복하여 여호와 하나님과 맺은 언약에 신실하게 하시는 것이다. 우리로 그렇게 언약의 말씀에 순종하게 하는 것은 강요와 억압이 아니라 우리를 향한 여호와의 사랑과 열심 때문이다. 그것이 고백되어져 나올 때 '거룩하다 거룩하다'는 찬양이 나오게 된다.

2) 칭호(titles)와

이스라엘은 하나님을 여호와라 불렀다. 언제나 여호와와 맺은 언약을 그 마음에 새기고 있었기 때문이다. 그들은 언약의 백성이었다.

> 하나님께 노래하며 그 이름을 찬양하라 하늘을 타고 광야에 행하시던 자를 위하여 대로를 수축하라 그 이름은 여호와시니 그 앞에서 뛰놀지어다(시 68:4)

시 68편은 승리의 찬송이다. 역사적인 배경은 다윗이 법궤를 예루살렘으로 옮겨 올 때에 지은 시로 인정되고 있다. 그것을 또 하나의 행차로 보았다.[178] 그 행차는 무엇인가? 법궤가 만들어지고 시내산에서 언약을 맺은 후로 첫 행차를 시작했다. 주의 행차하심은 시내산을 출발하여 광야를 지나 가나안에 입성하여 하나님께서 거하시려고 택하신 시온산에 이르기까지다.

그것은 구속사의 관점에서 대단히 중요한 의미가 있다. 왜냐하면 주의 행차가 가나안에 이르렀다는 것은 메시아가 나실 땅과 지파를 준비하신 것이기 때문이다. 그런 모든 일을 행하시는 이의 이름은 여호와시다. "그 이름은 여호와시니"는 "그의 이름은 여호와 외에 그 어떤 것도 아니다"라는 뜻이다. 여호와는 스스로 계신 분이시고 언약에 신실하신 하나님이시다. 자기 백성을 구원하시기 위하여 끊임없이 역사에 개입하시고 그 뜻하신 대로 완성해 가시는 하나님이시다.

예수님께서는 십자가에서 기도하신 것[179] 외에는 하나님을 아버지라 불렀다.[180] 예수님께서는 '아바 아버지여'라고 부르셨는데, 아람어로 '아바'는 '아빠'라는 뜻이다. 사도 바울은 그리스도의 영을 받은 우리도 "아바 아버지"라 부르는 자들이라고 말했다.

> 너희는 다시 무서워하는 종의 영을 받지 아니하였고 양자의 영을 받았으므로 아바 아버지라 부르짖느니라(롬 8:15).

---

178) 하나님이여 저희가 주의 행차하심을 보았으니 곧 나의 하나님 나의 왕이 성소에 행차하시는 것이라(시 68:24)
179) 제 구시에 예수께서 크게 소리지르시되 엘리 엘리 라마 사박다니 하시니 이를 번역하면 나의 하나님 나의 하나님 어찌하여 나를 버리셨나이까 하는 뜻이라(막 15:34)
180) 가라사대 아바 아버지여 아버지께는 모든 것이 가능하오니 이 잔을 내게서 옮기시옵소서 그러나 나의 원대로 마옵시고 아버지의 원대로 하옵소서 하시고(막 14:36)

너희가 아들인고로 하나님이 그 아들의 영을 우리 마음 가운데 보내사 아바 아버지라 부르게 하셨느니라(갈 4:6).

우리는 예수 그리스도의 십자가 피로써 하나님의 아들들이 되었다. 우리는 양자의 영을 받았으며 이제 하나님을 "아바 아버지"라 부르게 되었다. 이제는 율법의 정죄 아래 있지 않고 하나님의 은혜 언약 안에 살아가는 자들이 되었기 때문이다. 성도는 그 영광을 누리는 자들이다. 그렇다고 예수님께서 부르시는 "아바 아버지"와 우리가 부르는 "아바 아버지"가 동동한 의미는 아니다.[181]

3) 속성(attributes)과

벌코프는 속성(attributes)이라는 말이 "어떤 것에 무엇을 덧붙이거나 지정한다는 개념을 시사하며, 따라서 신적 존재에 덧붙여진 어떤 것이라는 느낌을 주기" 때문에 '특성'(properties)이라는 용어를 선호했다. 하나님의 속성은 자연신학적 기초가 아니라 성경에 나타난 하나님의 자기 계시를 통해서 알 수 있다. 왜냐하면 자연의 대상을 연구하여 무엇을 알아내는 것처럼 하나님을 알 수 있는 인간은 아무도 없기 때문이다.[182]

사도 요한은 하나님의 속성이 자기 백성을 구원하는 일로 나타나는 것을 말했

---

[181] http://www.amennews.com/news/quickViewArticleView.html?idxno=550소재열, 「아바 아버지」. 요아킴 예레미아스는 『예수의 선포』라는 책에서 예수님께서 하나님을 "아바 아버지"라고 부르는 것을 다음과 같이 설명한다. 첫째, 하나님과 예수님과의 관계를 표현하는 것이다. 둘째, 아바 아버지는 신성한 단어로 사용했다. 셋째, 아바는 예수님의 사명의 궁극적인 신비를 표현한다. 넷째, 예수님은 중보자의 신분으로 하나님을 아버지라고 한다.

[182] 루이스 벌코프, 벌코프조직신학(상), 권수경·이상원 역 (서울: 크리스챤다이제스트, 1993), 244-245; 「8. 하나님의 속성을 결정하는 방법」. "스콜라주의자들은 자연 신학의 체계를 구성할 때에, 하나님의 속성을 결정하는 세 가지 방법을 가정했는데, 그것들은 인과율의 방법(via causalitatis), 부정의 방법(via negationis), 우월성의 방법(via eminentiae)으로 묘사된다. 인과율의 방법에 의해서, 우리는 우리를 둘러싼 세계 속에서 보이는 결과들로부터 제일 원인의 관념으로, 창조에 대한 숙고로부터 전능하신 창조주의 관념으로, 세상의 도덕적 통치에 대한 관찰로부터 전능하고 지혜로운 통치자의 관념으로 나아간다. 부정의 방법에 의해서, 우리는 우리의 하나님 관념으로부터 완전 존재의 관념과는 모순되는 것으로서 피조물 속에서 발견되는 모든 불완전함들을 제거하며, 하나님에 대해서는 반대로 완전함을 돌린다. 이러 한 원칙에 기초하여, 우리는 하나님을 독립적이고, 무한하며, 무형적이고, 광대하며, 불멸하고, 불가해한 분으로 언급한다. 마지막으로, 우월성의 방법에 의해 우리는, 결과 속에 존재하며, 원인 속에 선재하며, 또한 절대적인 의미에 있어서 가장 완전한 존재이신 하나님 안에 존재하는 원리에 따라, 인간에게서 발견되는 상대적인 완전함들을 가장 탁월한 방식으로 하나님께 돌린다. 이 방법은 아는 존재로부터 모르는 존재로 나아가기 때문에 어떤 이들에게는 호소력이 있을 수 있지만 교의 신학의 적절한 방법은 아니다."

다.

> 3 하나님의 종 모세의 노래 어린 양의 노래를 불러 가로되 주 하나님 곧 전능하신 이시여 하시는 일이 크고 기이하시도다 만국의 왕이시여 주의 길이 의롭고 참되시도다 4 주여 누가 주의 이름을 두려워하지 아니하며 영화롭게 하지 아니하오리이까 오직 주만 거룩하시니이다 주의 의로우신 일이 나타났으매 만국이 와서 주께 경배하리이다 하더라(계 15:3-4)

    요한계시록은 종말에 하나님의 성도들이 어떻게 고난 속에서 싸워가며 승리할 것인가를 환상을 통해 말씀해 주셨다. 그 환상 가운데 여기 15장은 일곱 대접 심판의 서론이다. 어린 양의 노래(15:2-4)는 출애굽의 모세를 배경으로 하여, 이 세상에 대한 일곱 대접 심판을 통해 교회의 구원을 새 출애굽 사건으로 묘사한다. 지난 날 일어났던 출애굽의 주제는 하나님의 원수인 애굽 심판을 통한 이스라엘의 구원이었다. 그리스도 안에서 일어나는 새 출애굽의 주제는 무엇인가? 하나님의 원수들인 세상 심판을 통한 모든 민족의 구원이다. 승리자들의 노래인 새 출애굽의 노래는 과거 모세의 노래를 종말론적 성취로 말하면서 더 나아가 열방의 구원을 노래하고 있다.[183] 4절에 나오는 거룩하고 의로운 것이 바로 이런 것이다.
    또한 하나님의 속성은 하나님께 합당하게 예배할 것을 요구한다.

> 떼 가운데 수컷이 있거늘 그 서원하는 일에 흠 있는 것으로 사기하여 내게 드리는 자는 저주를 받으리니 나는 큰 임금이요 내 이름은 열방 중에서 두려워하는 것이 됨이니라 만군의 여호와의 말이니라(말 1:14)

    여호와께서는 이스라엘의 죄악을 책망하셨다. 이스라엘은 서원제사를 드릴 때에 수컷도 아니었고 더구나 흠 있는 것으로 '사기하여'(cheat) 드렸다. 이것은 하나님을 멸시하는 것이었다. 여호와께서는, "나는 큰 임금이요 내 이름은 열방 중에서 두려워하는 것이 됨이니라 만군의 여호와의 말이니라"고 선포하심으로, 하나님께서 어떤 분이신지 바르게 알고 예배하라는 말씀하셨다.

4) 규례(ordinances)와

---

[183] 여호와여 주와 같은 자 없나이다 주는 크시니 주의 이름이 그 권능으로 인하여 크시니이다 열방의 왕이시여 주를 경외치 아니할 자가 누구리이까 이는 주께 당연한 일이라 열방의 지혜로운 자들과 왕족 중에 주와 같은 자 없음이니이다 (렘 10:6-7)

하나님께서는 구원한 자기 백성들을 거룩하게 하시는 하나님이시다. 거룩은 언약적 거룩이기에 애굽에 있을 때와 다르게 언약의 말씀에 순종하여 거룩한 백성이 되어야 했다.

> 가라사대 너희가 너희 하나님 나 여호와의 말을 청종하고 나의 보기에 의를 행하며 내 계명에 귀를 기울이며 내 모든 규례를 지키면 내가 애굽 사람에게 내린 모든 질병의 하나도 너희에게 내리지 아니하리니 나는 너희를 치료하는 여호와임이니라(출 15:26)

이스라엘 민족은 죽을 것만 같았던 홍해를 건너게 되었다. 하나님의 은혜와 능력으로 죽음의 홍해를 건넌 구원과 승리를 노래했다. 이것은 새언약의 그림자에 해당한다(고전 10:1-4). 이 노래 안에 이스라엘 백성의 신앙고백이 녹아나 있다. 26절은 하나님께서 이스라엘 백성들에게 진정으로 요구하시는 것이 무엇인지 말하고 있다. 그것은 이 세상의 것으로 편안하게 사는 것이 아니라, 하나님의 계명과 모든 규례와 의를 행하며 살 것을 요구하신다. 그렇게 살아갈 때에 하나님께서 그들을 지키시고 치료하시겠다고 약속하셨다.

5) 말씀과 행사를

여호와의 "말씀과 행사"는 자기 백성을 구원하며 거룩케 하기 위한 여호와 하나님의 일하심이다. 그로 인해 여호와의 이름이 높임을 받으신다.

> 내가 주의 성전을 향하여 경배하며 주의 인자하심과 성실하심을 인하여 주의 이름에 감사하오리니 이는 주께서 주의 말씀을 주의 모든 이름 위에 높게 하셨음이라(시 138:2)

시 138편에서 다윗은 하나님의 은혜에 감사하며 하나님의 백성들이 그 모든 삶에서 감사하라고 권면했다. 그는 주의 성전을 향하여 엎드려 부복하고 하나님을 찬송했다. 먼저, 1절에서 이방의 여러 신들은 아무것도 아니며 참 예배의 대상은 유일하신 하나님이라고 찬양했다. 그리고 이어서 "주께서 주의 말씀을 주의 모든 이름 위에 높게 하셨음이라"하면서 말씀의 소중함을 크게 강조했다. 왜냐하면 하나님께서는 하나님의 말씀을 신뢰하는 자에게 선하게 응답하시기 때문이다.

6) 거룩하고 존경스럽게 사용하라는 것입니다

여호와의 이름을 거룩하고 존경스럽게 사용하라는 것은 그 이름이 우리의 목적을 이루는 수단이 되어서는 안 된다는 뜻이다. 레위기 19장은 거룩이 어떻게 언약 공동체 안에서 지켜져야 하는지 말한다.

> 11 너희는 도적질하지 말며 속이지 말며 서로 거짓말하지 말며 12 너희는 내 이름으로 거짓 맹세함으로 네 하나님의 이름을 욕되게 하지 말라 나는 여호와니라(레 19:11-12)

레위기 19장은 이스라엘 백성들이 지켜야 할 종교적인 의무와 부모와 사회의 활동에 대한 의무와 순결에 대한 의무를 말한다. 그 중에서 이 12절 말씀은 하나님의 이름을 욕되게 하지 말라고 한다. 여기서 '욕되게 한다'는 원어의 뜻은 '깨다', '상처를 내다', '흠집을 내다'는 뜻이다. 하나님의 거룩하신 이름을 오용하여 상처를 내고 흠집을 내어 그 이름을 훼손하는 것이다. 이것은 이스라엘 백성들이 삶에서 "거짓 맹세함으로" 하나님의 이름이 모욕을 당하는 일을 만들어서는 안 된다는 뜻이다. 왜냐하면 하나님의 이름은 하나님 그분의 속성을 말해주는 이름이기 때문이다.184) 믿음으로 살아가는 삶은 일차적으로 이 세상에서 보상을 받는 것이 아니다. 믿음으로 산다고 말하면서 이 세상의 복락을 누리는 것이 목표가 되어 버리면 하나님의 속성과 어긋난 삶을 살게 된다.

이런 일들은 구원과 언약에 대한 잘못된 관점에서 시작된다. 구원의 비밀을 제대로 알면 찬송하지 않을 수가 없다. 그 구원이 목적하는 것이 무엇인지를 바르게 알면 하나님의 속성과 일치된 삶을 살게 된다. 그런 까닭에, 하나님께서는 이스라엘에게 먼저 구원자 여호와를 상기시키셨다.

> 나는 너를 애굽 땅, 종 되었던 집에서 인도하여 낸 네 하나님 여호와니라(출 20:2)

---

184) 하이델베르크 교리문답 제100문: 그렇다면 맹세와 저주로 하나님의 이름을 모독하는 것이 슬픈 죄이므로, 하나님은 또한 최선을 다해서 이런 죄를 방지하거나 금하지 않는 사람들에게도 진노하십니까? 답: 진실로 그러합니다. 왜냐하면 하나님의 이름을 모독하는 것보다 더 큰 죄가 없으며, 하나님의 진노를 초래하게 하는 죄가 없기 때문입니다. 하나님께서 이 죄에 대해 죽음의 형벌을 내리라고 하신 이유가 바로 여기에 있습니다.
제101문: 그러나 우리가 경건한 태도를 가지고 하나님의 이름 맹세해도 좋습니까? 답: 그렇습니다. 정부가 백성들에게 맹세를 요구하거나, 맹세가 하나님의 영광과 이웃에게 도움이 되게 하기 위한 충성과 진리를 유지하고 증진시키기 위해서 맹세가 요청될 때에, 우리는 맹세를 할 수 있습니다. 이러한 맹세는 하나님의 말씀에 근거한 것입니다. 그러므로 구, 신약 성경에서 성도들은 맹세를 정당하게 사용하였습니다.
제102문: 우리가 성자나 다른 피조물에게 맹세를 해도 됩니까? 답: 안 됩니다. 합법적인 맹세는 오직 우리의 마음을 아시고, 진리에 대한 증거를 소유하시고, 만약 내가 거짓으로 맹세한다면, 나에게 벌을 내리시는 분이신 하나님께 요청해야 합니다. 피조물에게는 이런 영광이 합당하지 않습니다.

종 되었던 애굽에서 구원하여 낸 하나님이라고 분명하게 선언하신다. 이 말씀의 의미는 무엇인가? 그것은 신약에서 다음과 같이 말하는 것이다.

> 자기 아들을 아끼지 아니하시고 우리 모든 사람을 위하여 내주신 이가 어찌 그 아들과 함께 모든 것을 우리에게 주시지 아니하겠느냐(롬 8:32)

예수님의 십자가 피로써 죄와 사망에서 구원하여 내셨다면 그 나머지 일에 대해서 얼마나 하나님께서 간섭하시고 인도하시겠느냐 하는 것이다. 하나님께서는 공연히 무슨 일을 만드시는 분이 아니시다. 칼빈은 이렇게 말했다.

> 내가 이런 예를 든 것은 우리가 하나님의 일에 관해 말할 때 그분을 우리의 선하신 아버지로 혹은 엄격한 심판자로 의식할 필요가 있음을 보여 주기 위해서였습니다. 그러므로, 하나님이 우리 눈에 탐탁지 않고 우리의 바람과 소망에 어긋나는 일을 하시는 것처럼 보일 때, 우리는 그것을 그분께서 우리가 자신의 죄를 깨닫고 그것에 대해 슬퍼하시기 위해 우리를 징계하시는 것으로 여겨야 합니다. 만약 우리가 그런 식으로 하나님께 영광을 돌리지 않는다면, 우리는 그분의 거룩한 이름을 더럽히는 셈입니다.185)

우리가 삶의 어려움을 직면할 때, 자신을 돌아보고 죄를 깨닫게 하시는 하나님의 섭리로 믿고 사는 것이 하나님께 영광 돌리고 그 이름을 거룩하게 하는 것이다. 그렇게 살 때에 여호와를 찬송하게 된다.

> 여호와의 인자하심과 인생에게 행하신 기이한 일을 인하여 그를 찬송할지로다(시 107:21)

찬송은 단순히 인간의 심정을 달래주는 노래가 아니다. 찬송은 "여호와의 인자하심과 인생에게 행하신 기이한 일"로 인해 마음의 항복이 일어나는 자만이 드리는 노래다. 하나님을 그 이름에 합당하게 찬양하는 것은 삶에서 역사하시는 하나님의 일하심이 언약에 얼마나 신실하신지 항복된 성도에게만 가능하다. 그러나 우리의 삶에서 아직 항복이 안 될 때는 어떻게 찬송을 해야 하는가? 그것은 그 언약하신 대로 이루시는 여호와 하나님을 믿음으로 찬송한다. 여기 이 땅에서는 하나님의 뜻을 우리는 다 헤아릴 수 없다. 그러기에 "믿음은 바라는 것들의 실상이요 보지 못하는 것들의 증거니"(히 11:1)라고 고백하게 된다.

---

185) 존 칼빈, 칼빈의 십계명 강해, 김광남 역 (고양: VisionBook, 2011), 128.

제55문 제3계명에서 금하는 것은 무엇입니까? (대113)
답: 제3계명이 금하는 것은 하나님께서 자기를 나타내신 것은 무엇이든지 속되게 하거나 잘못 사용하지 말라는 것입니다.[186]

하나님의 이름을 잘못 사용하는 것은 혼합주의에서 나타난다. 구약에서나 신약에서나 하나님의 교회 안에 상존했던 위협 중에 하나가 혼합주의였다. 혼합주의(混合主義)는 본질적으로 상이하거나 혹은 완전히 정반대의 성격을 가진 다양한 종교와 학파의 사상들을 융합하는 것을 가리킨다.[187]

이스라엘 백성들에게 혼합주의는 어떻게 나타났는가? 제49문에서 말했듯이, 여호와 하나님께서 시내산에서 모세와 대면하고 있는 동안에, 아론과 이스라엘 백성들은 이방의 음란한 제사를 하면서 중대한 범죄를 저질렀다. 그들은 출애굽을 했으나 애굽의 우상종교와 혼합이 되어 있었다. 그런 범죄현장에서도 볼 수 있듯이, 혼합주의의 문제점은 자신들이 죄를 짓고 있으면서도 하나님을 위한다고 생각하는 것이다. 그들은 자신들의 행위가 성경적이라고 자부했다. 이것이 하나님의 이름을 잘못 사용하는 실제다!

초대교회 안에는 영지주의가 심각한 위협이었다. 사도 요한은 그들을 적그리스도라 했다.[188] 그 배경에는 신플라톤주의와 헤르메스주의[189]와 동양의 종교들이 있었다. 중세 교회는 토마스 아퀴나스가 아리스토텔레스의 철학을 수용하

---

[186] Q. 55. What is forbidden in the third commandment? A. The third commandment forbiddeth all profaning or abusing of anything whereby God maketh himself known.
[187] 위키피디아 사전에서; 특히 신학과 종교적 신화의 영역에서 근본이 전혀 다른 몇 개의 전통을 하나로 합하고 유추하여 조화시키려는 시도로 흔히 나타난다. 고대 이집트에서는 각 도시와 지방의 신과 신화, 신학들을 혼합하여 새로운 강력한 신앙을 만들기도 하였다. 알렉산드로스 대왕에서 시작된 헬레니즘 시대와 로마 제국 시대에 각지의 다른 종교들이 서로 결합되었다. 기원후 1세기부터 3세기까지 융성하였던 느스티시즘은 고대의 대표적인 혼합주의 종교 운동 중 하나이다. 3세기에 페르시아의 마니는 기독교·조로아스터교·불교의 요소를 혼합하여 느스티시즘의 일파인 마니교를 창시하였다. 16세기에는 무굴 제국의 구루 나나크가 이슬람교와 힌두교의 요소를 혼합하여 시크교를 창시하였다. 종교 분쟁의 역사가 곧 인류 역사 자체였다는 반성 위에서 세계 종교 통합 운동도 일어나고 있다. 19세기에 일어난 바하이 신앙도 그 일환으로 볼 수 있다.
[188] 아이들아 이것이 마지막 때라 적그리스도가 이르겠다 함을 너희가 들은 것과 같이 지금도 많은 적그리스도가 일어났으니 이러므로 우리가 마지막 때인 줄 아노라(요일 2:18)
[189] 위키피디아 사전에서; 헤르메스주의(Hermeticism) 또는 서양의 헤르메스 전통(Western Hermetic Tradition)은, 이집트 신인 토트와 그리스 신인 헤르메스가 결합된 신 또는 반신(半神)적인 존재인 헤르메스 트리스메기스투스의 저작인 것으로 전통적으로 가정하는, 혼합주의가 널리 행해졌던 헬레니즘 이집트(305~30 BC) 시대와 기원후 1~3세기에 주로 성립된 외경적인 저작들("코르푸스 헤르메티쿰")에 기초하는 일군의 철학적·종교적 믿음들 또는 지식들("그노시스")이다. 헤르메스주의의 믿음들 또는 지식들은 서양의 밀교 전통에 심대한 영향을 미쳤으며, 르네상스(14-16세기) 시대 동안 크게 중요시되었다.

는 바람에 개별자가 강조되고 결국 엉뚱한 길로 가고 말았다.190) 역사가 흘러 르네상스 시대가 되었을 때, 마치 이성이 주인으로 깨어나는 시대로 생각하지만 실상은 신플라톤주의와 헤르메스주의가 핵심으로 자리 잡고 있었다는 것을 아는 사람들은 별로 없다. 이후 이성중심의 철학에 기초한 자유주의 신학은 미국의 개혁주의 신학을 침몰시키고 신복음주의가 득세하게 되었다. 거기에 심리학과 비성경적인 신비주의 영성이 교화를 장악해 가면서 교회는 본질에서 벗어났다. 안타깝게도 현대교회는 이미 신비주의 영성으로 장악되어 있다. 역사는 이미 돌이킬 수 없는 방향으로 완전히 선회했다.

교회가 이렇게 혼합주의로 가게 되는 근본적인 원인은 어디에 있는가? 첫째는 오직 성경이라는 절대적 기준을 상실했기 때문이다. 일반은총을 수용해야 한다면서 세상의 철학과 학문에 대하여 긍정적인 자세를 가지게 되면서 성경만으로 가야 한다는 생각을 포기했다. 특히 심리학적인 수많은 치유프로그램들이 교회에 필수적인 과정으로 자리 잡고 있다. 개혁주의라고 소리치지만 현실의 삶에 관해서는 심리학자들을 초청해서 가르친다. 둘째로, 구원론과 인간론의 변화다. 인간이 허물과 죄로 죽었고 전적으로 타락했다는 인간론이 아니라 인간의 내면에 신성한 내면아이가 있으며 예수 그리스도를 영적인 안내자(spirit guide)로 인식이 되고 있다. 그들은 언약적 하나 됨이 아니라 존재론적 하나 됨으로 가는 신인합일 혹은 신성화로 가고 있다. 칼 융의 적극적 심상법은 현대의 구상화(visualization)의 원조다. 이런 모든 일들은 영원한 의미와 통일성을 인간 안에서 만들어 내려고 하기 때문에 생겨난 것들이다. 성경은 의미와 통일성이 인간 밖에서 오직 삼위 하나님의 은혜로 주어지는 선물이라고 말한다. 인간은 죄인이기에 결단코 만들어 낼 수가 없다!

---

190) 프란시스 쉐퍼, 이성에서의 도피, 김영재 역 (서울: 생명의말씀사, 2006) 16; "아퀴나스의 견해에 의하면 인간의 의지(will)는 타락하였으나 지성(mind)은 타락하지 않았다. 성경이 말하는 타락에 대한 이 불완전한 견해로 말미암아 갖가지 어려운 문제들이 꼬리를 물고 일어나게 되었다. 인간의 지성이 자율적이 되었다. 인간은 이제 이 한 영역에서만은 독립적(independent)이고 자율적(autonomous)이었다. 아퀴나스의 자율 개념은 여러 가지 형태를 파생한다. 하나의 결과를 예로 들면, 자연 신학의 발달이다. 이 자율사상 하에서 자연 신학은 성경과는 관계없이 독립적으로 추구될 수 있는 하나의 신학이 되었다. 비록 자연 신학이 자율적인 것이기는 하지만, 아퀴나스는 통일을 바랐으므로 자연 신학과 성경 사이에는 상호관계가 있다고 말하였다. 그러나 유의해야 할 점은 결국 하나의 참으로 자율적인 영역이 설정되었다는 사실이다. 이 자율의 원리를 근거로 철학도 역시 자유를 얻어 계시로부터 분리되게 되었다. 그리하여 철학은 날개를 단 격이 되어서, 성경과는 관계없이 어디든지 가고 싶은 대로 날아가기 시작하였다. 그렇다고 해서 이전에는 이러한 경향이 전혀 없었다는 말이 아니다. 이 시대 이후 철학에는 이러한 경향이 아주 농후하게 되었다. 자율 사상은 토마스 아퀴나스의 철학적 신학에만 머물지 않았다. 그것은 미술에도 곧 침투해 들어갔다."

이스라엘은 하나님의 이름을 어떻게 잘못 사용했는가?

> 6 내 이름을 멸시하는 제사장들아 나 만군의 여호와가 너희에게 이르기를 아들은 그 아비를, 종은 그 주인을 공경하나니 내가 아비 일진대 나를 공경함이 어디 있느냐 내가 주인일진대 나를 두려워함이 어디 있느냐 하나 너희는 이르기를 우리가 어떻게 주의 이름을 멸시하였나이까 하는도다 7 너희가 더러운 떡을 나의 단에 드리고도 말하기를 우리가 어떻게 주를 더럽게 하였나이까 하는도다 이는 너희가 주의 상은 경멸히 여길 것이라 말함을 인함이니라(말 1:6-7)

하나님의 이름을 멸시하는 제사장들의 죄는 의도적인 죄와 습성에 물들여져 있는 무성의한 예배 행위다. 제사장들은 하나님을 의도적으로 멸시했다. 그들은 이미 하나님을 저버리고 세상과 손을 잡았다. 하나님은 이스라엘의 아버지요 이스라엘은 하나님의 아들이다. 그것은 이스라엘의 특권이요 영예요 복이다. 하나님께서는 이스라엘을 너무나도 기뻐하신다.191) 그런데 그런 위치와 관계에 있는 이스라엘은 주님의 제단을 더럽혔고 그러면서도 자신들의 죄악을 부인했다.

> 그러나 너희는 말하기를 여호와의 상은 더러웠고 그 위에 있는 실과 곧 식물은 경멸히 여길 것이라 하여 내 이름을 더럽히는도다(말 1:12)

11절에서 여호와께서는 장차 그리스도를 보내어 모든 이방 민족이 그리스도를 믿어 회개하고 주님께 돌아올 것을 말씀하셨다. 이스라엘의 죄악을 말하면서 말라기 선지자는 왜 이런 예언을 했는가? 그것은, 12절에서도 말하듯이, 하나님께 제사하면서도 죄를 지으며 하나님의 이름을 더럽히는 이스라엘을 부끄럽게 하고 회개케 하려고 했기 때문이다. 그들의 죄는 무엇인가?

> 만군의 여호와가 이르노라 너희가 만일 듣지 아니하며 마음에 두지 아니하여 내 이름을 영화롭게 하지 아니하면 내가 너희에게 저주를 내려 너희의 복을 저주하리라 내가 이미 저주하였나니 이는 너희가 그것을 마음에 두지 아니하였음이니라(말 2:2)

제사장들은 하나님의 이름을 거룩하게 하지 않았다. 그들은 여호와의 명령을 순종하지 않았다. 그들은 하나님의 이름을 영화롭게 하지 않았다. 왜냐하면 그들의 마음이 여호와를 떠났기 때문이다. 이제 하나님께서는 그들이 비는 복을 주시지 않고 대신에 저주를 주겠다고 하셨다. 하나님께서 이렇게 하시는 궁극적인

---

191) 너의 하나님 여호와가 너의 가운데 계시니 그는 구원을 베푸실 전능자시라 그가 너로 인하여 기쁨을 이기지 못하여 하시며 너를 잠잠히 사랑하시며 너로 인하여 즐거이 부르며 기뻐하시리라 하리라(습 3:17)

목적은 이스라엘로 하여금 회개하여 다시 언약에 신실하도록 하기 위함이다.

언약 백성의 변질은 거짓 맹세에서 드러난다.

> 너희는 내 이름으로 거짓 맹세함으로 네 하나님의 이름을 욕되게 하지 말라 나는 여호와니라(레 19:12)

맹세는 언약적 보증이다. 거기에 거짓이 개입된다는 것은 이방인처럼 세상 방식으로 살아가겠다는 것이다. 12절에서 거짓 맹세하지 말라는 것은 이스라엘이 거짓 맹세하여 하나님의 신실하심을 훼손하지 말라는 뜻이다.

예수님께서는 산상수훈에서 맹세에 대하여 이렇게 말씀하셨다.

> 34 나는 너희에게 이르노니 도무지 맹세하지 말찌니 하늘로도 말라 이는 하나님의 보좌임이요 35 땅으로도 말라 이는 하나님의 발등상임이요 예루살렘으로도 말라 이는 큰 임금의 성임이요(마 5:34-35)

"도무지 맹세하지 말지니"는 부정과거 부정사의 문형으로 '절대 맹세하지 말라는 강한 명령문이다. 그렇다고, 맹세 자체를 하지 말라는 것이 아니다. 예수님께서도 사도 바울도 맹세했다.[192] 이 말씀은 유대인들이 습관적으로 행하는 위선적인 맹세를 하지 마라는 뜻이다. 그것은 지키려고 하는 맹세가 아니라 속임수기 때문이다. 그런 거짓된 맹세를 하나님 이름으로 하니 하나님의 이름이 모독을 받았다.

우리는 얼마나 하나님의 이름을 욕되게 하고 모독을 받게 하고 있는가? 오죽했으면 '개독교'라는 말이 나오는가? 자본주의에 취한 기독교는 개독교가 될 수밖에 없다. 그렇다고 반드시 가난하게 살아야 한다는 말은 아니다. 말씀의 본질에서 벗어나지 않도록 언약의 말씀에 목숨을 걸어야 한다. 충성은 교회에 와서 봉사하는 것만이 충성이 아니라 그 본래의 뜻은 예수 그리스도를 믿는 그 믿음을 지켜가는 것이 충성이다.[193]

---

[192] 63 예수께서 잠잠하시거늘 대제사장이 가로되 내가 너로 살아 계신 하나님께 맹세하게 하노니 네가 하나님의 아들 그리스도인지 우리에게 말하라 64 예수께서 가라사대 네가 말하였느니라 그러나 내가 너희에게 이르노니 이 후에 인자가 권능의 우편에 앉은 것과 하늘 구름을 타고 오는 것을 너희가 보리라 하시니(마 26:63-64) 내가 내 영혼을 두고 하나님을 불러 증거하시게 하노니 다시 고린도에 가지 아니한 것은 너희를 아끼려 함이라(고후 1:23) 보라 내가 너희에게 쓰는 것은 하나님 앞에서 거짓말이 아니로라(갈 1:20)

[193] 네가 장차 받을 고난을 두려워 말라 볼지어다 마귀가 장차 너희 가운데서 몇 사람을 옥에 던져 시험을 받게 하리니 너희가 십일 동안 환난을 받으리라 네가 죽도록 충성하라 그리하면 내가 생명의 면류관을 네게 주리라(계 2:10)

하나님의 이름이 모독 받는 것을 일상에서도 불경스럽게 사용하는 경우에서 볼 수 있다. 영어 표현 가운데서, 'Oh my God'이나 'Jesus Christ'라는 말로써 하나님의 이름을 망령되이 말하고 있다. 성도들도 아무 생각 없이 '아이고 하나님 맙소사'라고 말한다. 이런 것들은 하나님의 일하심에 대한 극심한 불만을 드러내는 신성모독적인 말들이다. 하나님께서는 하나님의 이름이 모독을 받는 것을 간과하지 않으신다.

또한 하나님께서 하나님의 이름을 함부로 남용하거나 악용하는 것을 금하신다. 우리가 하나님에 대해 생각하거나 하나님의 이름을 언급할 때에, 철저한 존경심으로 말해야 한다. 왜냐하면 하나님께서는 우리가 헤아릴 수 없는 영광을 지니신 분이며 하늘의 천사들조차도 두려워 떠는 분이시기 때문이다.[194] 우리가 세상의 멘탈리티와 맞서 싸우며 언약에 신실한 삶을 살아갈 때 여호와의 이름이 높임을 받으신다. 여호와께서는 자기 백성을 구원하시며 세상 끝날까지 지키시고 돌보시며 마지막 영화에 이르기까지 인도하시는 분이시기 때문이다.

---

[194] 존 칼빈, 칼빈의 십계명 강해, 김광남 역 (고양: VisionBook, 2011), 125.

제56문 제3계명에 첨가한 이유는 무엇입니까? (대114)
답: 제3계명에 첨가한 이유는 이 계명을 범하는 자가 비록 사람들로부터 형벌을 피할 수 있을지라도 주 우리 하나님께서는 그들이 그분의 의로우신 심판을 피하지는 못하게 하신다는 것입니다.[195]

여호와 하나님께서는 언약한 자기 백성들이 율법대로 살아갈 때에 복을 주시고, 불순종하고 거역할 때는 심판과 저주를 내릴 것을 말씀하셨다.

> 58 네가 만일 이 책에 기록한 이 율법의 모든 말씀을 지켜 행하지 아니하고 네 하나님 여호와라 하는 영화롭고 두려운 이름을 경외하지 아니하면 59 여호와께서 너의 재앙과 네 자손의 재앙을 극렬하게 하시니 그 재앙이 크고 오래고 질병이 중하고 오랠 것이라(신 28:58-59)

왜 이스라엘이 여호와의 율법을 지키지 않았는가? 첫째로, 현실적으로 어려웠기 때문이다. 둘째로, 이방의 종교와 멘탈리티에 오염되었기 때문이다. 그러나 하나님께서는 언약대로 살아가는지 지켜보시고 선악 간에 보응하신다.

> 내 이름을 멸시하는 제사장들아 나 만군의 여호와가 너희에게 이르기를 아들은 그 아비를, 종은 그 주인을 공경하나니 내가 아비 일진대 나를 공경함이 어디 있느냐 내가 주인일진대 나를 두려워함이 어디 있느냐 하나 너희는 이르기를 우리가 어떻게 주의 이름을 멸시하였나이까 하는도다(말 1:6)

말라기 선지자는, 이스라엘 백성들을 깨닫게 하기 위하여 부자 관계와 주종 관계에 기초하여 그들의 죄악을 말했다. 제사장들을 말하는 이유는 그들이 이스라엘 백성을 대표하기 때문이다. 이스라엘 백성들은 하나님을 공경하지도 않았고 두려워하지도 않았다. 아버지로서도 주인으로서도 하나님을 경외하지 않았다. 하나님께서는 무엇이라고 말씀하셨는가?

> 만군의 여호와가 이르노라 너희가 내 단 위에 헛되이 불사르지 못하게 하기 위하여 너희 중에 성전 문을 닫을 자가 있었으면 좋겠도다 내가 너희를 기뻐하지 아니하며 너희 손으로 드리는 것을 받지도 아니하리라(말 1:10)

그들은 하나님을 멸시했다. 그들의 예배는 무성의했고 하나님의 이름을 더럽

---

[195] Q. 56. What is the reason annexed to the third commandment? A. The reason annexed to the third commandment is, that however the breakers of this commandment may escape punishment from men, yet the Lord our God will not suffer them to escape his righteous judgment.

했다. 더 이상 그런 헛된 제사는 필요가 없었고 성전 문은 닫아야만 했다. 하나님의 경고를 무시한 그들은 하나님의 이름을 모독한 그대로 하나님의 심판을 받았다.

왜 이스라엘은 그렇게 기어이 하나님을 거역하고 살았는가? 여호와 하나님만을 신뢰하며 율법대로 살고, 안식일, 안식년, 희년을 지킨다는 것은 너무나도 현실성이 없어보였기 때문이다. 그들을 그렇게 만든 것은 가나안과 애굽과 바벨론의 종교와 사상들 때문이었다. 그들의 종교와 사상은 인본주의였다.

우리가 이 세상에 태어나고 존재하는 이유에 대하여 성경적인 관점에서 벗어나게 되면 신비주의 영성과 인본주의적 사상에 쉽게 오염이 된다. 성도는 하나님을 경외하며 그의 위엄을 찬양하기 위해 이 땅에 태어나고 살아간다. 그것이 삶의 목적이고 존재함의 전부이다. 그러나 사탄은 언제나 하나님 의존적인 신앙에서 벗어나 자율적인 존재로 살아가도록 유혹했다. 그 시작은 언제나 하나님을 경홀히 여기고 그 이름을 모독하는 것이다. 그것이 바로 "네 하나님 여호와의 이름을 망령되이 일컫지 말라"(신 5:11)고 말씀하신 이유다. 여호와의 이름을 모독하는 근본적인 이유는 하나님만으로 만족하지 못하겠다는 악의가 그 속에 있기 때문이다.

하나님께서 그의 위엄을 보이시고 그의 은혜와 긍휼을 베푸시는 것은 우리가 얼마나 악한 죄인인지를 드러내며, 오직 여호와 하나님께서 구원하시어 그에 합당한 경배와 찬양과 영광을 돌리기를 원하시기 때문이다. 그리스도의 십자가의 피 흘리심으로 구원하신 것은 우리가 스스로 구원에 이를 수 있는 자율적인 존재가 아니라는 뜻이다. 예수님께서 그리스도가 되시는 것은 우리 안에 내면의 빛, 곧 신성한 내면아이가 없다는 것이요 하나님께서 우리를 향하여 그렇게 낮아지시어 자기 백성을 사랑하셨다는 것이다.

하나님께서는 우리가 하나님의 이름을 모독했다고 해서 그 이름의 가치가 떨어지시는 하나님이 아니시다. 여호와는 스스로 존재하시는 분이시기 때문이다. 여호와는 우리에게 속박되시는 하나님이 아니라 우리를 위하여 자신을 낮추신 분이시다. 그것을 애써 거절하고 그 언약을 저버리는 것은 하나님을 그 보좌에서 끌어내리고 그의 명예와 영광을 빼앗아 스스로 높아지려는 극악한 죄를 범하는 것이다.

죄인들이 여호와 하나님을 배반하고 우상을 내세워 절하는 이유가 무엇인가? 그것은 그 우상들이 자신들의 욕망들을 투사한 것들이기 때문이다. 그들이 유죄 심판을 받아 마땅한 것은 하나님을 하나님으로 섬기고 순종함으로써 생명력을 누리며 살지 않고 자기 스스로의 힘으로 의미와 통일성을 누리려고 했기 때문이다. 그것이 현대화 된 것이 실존주의다. 그러나 그렇게 살지 못하기 때문에 현대인들은 비참과 절망에 빠지며 그 도약된 영성으로 주체는 강탈당했다. 현대인들의 주체는 영적인 안내자다!

현대인들은 하나님의 신비에 속하는 일들, 곧 인간의 이성으로 감지할 수 없는 것들을 없애버리려고 한다. 인간의 욕망이 만들어낸 신화라고 치부해 버린다. 오늘날 철학자들의 고민은 무엇인가? 주체를 기어이 지켜내고자 하는 이성주의자들의 마지막 비명이거나, 한 발자국만 더 나가면 절벽으로 떨어지는 것을 알지만, 빈 공간이 아니라 길이다 생각하고 모르쇠로 일관하면서 한 발자국을 내딛는 것 외에는 선택의 여지가 없다. 그러나 그것은 죽음이다!

강신주 교수가 가라나티 고진을 인용하면서 무엇이라고 말하는가 보라.

> 사랑이 철학적으로 흥미로운 이유는 무엇일까요? 인간이 고독한 독백의 세계를 벗어나서 불안하지만 풍요로운 대화의 세계로 뛰어드는 존재라는 사실을 가장 극적으로 보여 주는 것이 바로 사랑이란 감정입니다. 그래서 우리는 다음과 같은 점에 주목합니다. '우리는 타자를 알아서 타자를 사랑하는 것이 아니라, 타자를 사랑하기 때문에 타자를 알아간다'는 사실을 말이지요. 비록 상대방을 다 알지 못하지만 그 상대를 향해 자신을 던지는 이런 목숨을 건 위험을 감행한다는 점에서, 타자에 대한 사랑의 감정에 모든 철학자들이 한 번쯤은 주목할 수밖에 없었던 것이지요. 고진 역시 이 문제를 매우 심각하게 숙고합니다.
> 철학이든 언어학이든 경제학이든 이 '어둠 속의 도약(크립키), 또는 '목숨을 건 도약(마르크스) 이후에야 비로소 시작될 수 있다. 왜냐하면 규칙은 사후에 발견되기 때문이다. 이 도약은 매번 맹목적이며 거기에 바로 '신비'가 존재한다. 우리가 사회적·실천적이라고 말하는 것은 바꿔 말해 그런 근거가 없는 위태로움과 관련된다. 그리고 우리가 타자라고 부르는 것은 커뮤니케이션·교환에서 나타나는 위태로움을 노출시키는 타자여야만 한다.-『탐구Ⅰ』
> 우리가 처음 만난 사람에게 강한 매력을 느끼는 경우가 있습니다. 이것이 바로 사랑의 시작입니다. 놀라운 것은 이 상황에서 나는 그 사람에 대해 아는 것이 거의 없다는 점입니다. 그렇지만 다행히도 상대방 또한 나의 마음을 조금 받아주셔서 사랑을 키워 나가기 시작한다면, 그리고 사랑의 관계가 충분히 오래 지속된다면, 나는 상대방에 대해 많은 것을 알게 될 것입니다. 처음에는 상대방이 어떤 커피를 좋아하는지, 어떤 말을 들으면 불쾌해 하는지, 어떤 동작에 매력을 느끼는지 전혀 알 수 없었습니다. 한 마디로 말해 처음에 상대방은 나와는 삶의 규칙이 전혀 다른 타자였던 셈입니다. 그렇지만 시간이 지난 지금 나는 상대방이 어떤 때 인상을 쓰는지, 어떤 때 외로움을 느끼는지, 그리고 어떤 때 행복에 젖는지를 알고 있습니다. 어떻게 이렇게 많은 것을 알게 된 것일까요? 고진은 그 대답을 '어둠 속의 도약'이란 크립키(Saul a Kripke, 1940-)의 말과 '목숨을 건 도약'이라는 마르크스의 말에서 찾고 있습니다.
> 고진은 철학, 언어학, 경제학 등도 모두 예외 없이 타자에 대한 비약 혹은 도약을 통해서만 시작될 수 있다고 강조합니다. 그렇지만 다른 무엇보다도 우선 사랑이란 감정이 이러한 경향을 가장 극명

하게 보여 줍니다. 우리는 흔히 사랑이라는 맹목적인 비약을 통해서만 타자를 조금씩 알 수 있기 때문입니다. …196)

이것이 현대철학자의 외침이요 현대인문학자의 비명이다! 가라타니 고진에게 왜 도약이 일어나는가? 그는 '공동체'(community)와 '사회'(society)를 구분했다. 공동체가 '하나의 언어 게임으로 닫혀 있다'면, 사회는 최소한 두 가지 이상의 언어 게임이 마주치고 있는 공간이다. 공동체가 겉으로는 대화가 이루어지는 것처럼 보이지만 동일한 삶과 언어의 규칙만이 통용되기 때문에 독백만 이루어지는 곳이다. 사랑은 이런 공동체에서는 발생할 수 없고, 다른 공동체에 속한 다른 규칙으로 사는 타자에 대한 매력으로 시작한다. 그 사랑은 삶의 규칙인데, 그 규칙이 서로 다르기 때문에 위험성이 내포된 도약이 일어난다는 것이다. 타자를 모르는 데도 사랑하는 것이다.197)

강신주 교수의 키워드는 '인간', '자유', '단독성' 이런 것들이다. 그러나 그 내면에는 무엇이 있는가? 그것은 크립키의 '어둠 속의 도약'과 마르크스의 '목숨을 건 도약'이다. 타자를 알지도 못하는 데 사랑하는 것은 미친 짓이다! 그것은 다만 철학자의 절망이 아니라 현대인 전체의 절망이다. 그들은 과연 그것으로 끝나는가? 아니다. 결코 아니다. 그러면 어디까지 나가는가?

> 종교의 가장 큰 문제는 현재의 삶을 부정하고 검열한다는 거예요. 특히 기독교 논리가 가장 황당한데, 하나님이 CCTV를 설치해놨대요. 나중에 삶이라는 방을 나가면 하나님이 CCTV를 틀어서 '너 물건 훔쳤지?' 이런다는 거예요.
> 인간은 '우리에게 내일은 없다'는 식으로 하루하루를 살아야 해요. 그런데 자본의 논리도 '우리에게 내일은 있다', 종교의 논리도 '우리에게 내일은 있다'는 거예요. 항상 오늘은 수단이에요. 내가 살아 있는 이 삶 자체가 수단인 거예요. 천국을 위한 수단이든 후손한테 자본을 남기기 위한 것이든 똑같아요.
> 인문학 정신은 자기 긍정, 자기 애정이에요. 하루하루가 다 행복해야 전체 삶이 행복하다고 생각해야죠. 우리에게 내일은 없다는 사람은 내일돼도 또 오늘이잖아요. 그날 잘 살면 돼요. 우리에게 내일은 있다는 사람은 내일을 위해 오늘을 희생하는데, 내일이 되면 또 내일이에요. 신자유주의도 그걸 요구하는 거잖아요. '지금 빡세게 고생하면 나중에 편하다.' 그러다가 죽는 거예요. 이게 사람들을 지배하는 논리거든요. 그런 점에서 자본주의와 기독교는 상당히 유사한 데가 있어요. 돈이 안식과 구원을 준다는 점에서도 그렇고요. 벤야민이 그랬어요. 자본주의를 종교성으로 다뤄야 한다고, 자본주의의 핵심은 종교성에 있다고, 사람들이 돈만 있으면 행복하다고 믿는다고.198)

이렇게 강신주는 하나님을 모독한다. 그가 하나님을 모독하는 근본적인 이유

---

196) 강신주, 철학적 시 읽기의 즐거움 (파주: 동녘, 2012), 209-211.
197) Ibid., 208-209.
198) https://www.facebook.com/kangsinjubot/posts/368669036566875/

는 인간의 이성으로 하나님을 이해하려고 하기 때문이다. 그것이 강신주의 저항이다. 성경이 말하는 내일과 자본주의가 말하는 내일은 완전히 다르다. 하나님께서는 자본주의를 옹호하신 적이 없다. 자본주의의 내일은 돈에 근거한 내일이다. 그러나 하나님께서 말씀하시는 내일은 예수 그리스도의 구원하심으로 약속된 내일이요 하나님의 나라다. 하나님의 나라는 돈으로 가는 나라가 아니라 믿음으로 가는 나라다.

우리는 성경으로 돌아와서 성경이 무엇이라 말하는지 살펴보아야 한다. 하나님의 이름을 진실로 경외하지 않는 자들은 누구인가?

> 저희가 주를 대하여 악하게 말하며 주의 원수들이 헛되이 주의 이름을 칭하나이다(시 139:20)

그들은 하나님을 향하여 악하게 말하며 하나님의 이름을 망령되게 말하는 자들이다. 성경은 그들을 "주의 원수들"이라고 말한다. "주의 원수들"이란 누구인가? 시편 89편에서 이렇게 말한다.

> 여호와여 이 훼방은 주의 원수가 주의 기름부음 받은 자의 행동을 훼방한 것이로소이다(시 89:51)

이스라엘은 하나님과 언약을 맺은 자들이며 하나님의 백성이다. 그들을 대적하는 자들은 하나님을 대적하는 자들이기 때문에 "주의 원수"가 된다. 그러므로 "주의 원수"는 여호와 하나님과 언약한 이스라엘을 대적하며 하나님을 대적하는 자들이다. 여호와의 구원과 언약을 모르는 자들은 대적이 되고 원수가 된다. 철저하게 구원론적이고 철저하게 언약론적이다. 그들은 하나님께 합당한 영광을 돌리지 않으며 아무런 존경심도 가지고 있지 않다. 그들은 비싼 대가를 치르게 될 것이며 하나님께서 주권자이심을 시인하게 될 것이다.[199] 하나님께서는 공연히 심판을 행하시는 분이 아니시다. 그들은 하나님의 언약을 거스르며 하나님의 공의를 어떻게 짓밟는가?

> 내가 심판하러 너희에게 임할 것이라 술수하는 자에게와 거짓 맹세하는 자에게와 품군의 삯에 대하여 억울케 하며 과부와 고아를 압제하며 나그네를 억울케 하며 나를 경외치 아니하는 자들에게 속히 증거하리라 만군의 여호와가 말하였느니라(말 3:5)

---

199) 8 여호와여 주는 영원토록 지존하시나이다 9 여호와여 주의 원수 곧 주의 원수가 패망하리니 죄악을 행하는 자는 다 흩어지리이다(시 92:8-9)

하나님을 멸시하는 자들은 그 이웃들에게도 악행을 행한다. 그 악행들은 언약적 삶과는 완전히 반대되는 것이다. 하나님 없는 세상에서 타자는 나의 경쟁자요 싸워야할 대상이기 때문이다. 그들은 하나님만 무시하는 것이 아니라 비윤리적이며 비도덕적인 행동을 하며 결국 이웃과 사회와 국가를 멸망케 한다. 하나님께서 하나님의 거룩한 명예와 영광을 세우기 위하여 그렇게 심판하신다. 그리하여 온 천하는 하나님을 온전히 경외하며 섬기게 될 것이다.

제57문 제4계명이 무엇입니까? (대115)

답: 4계명은 "안식일을 기억하여 거룩히 지키라 엿새 동안은 힘써 네 모든 일을 행할 것이나 일곱째 날은 네 하나님 여호와의 안식일인즉 너나 네 아들이나 네 딸이나 네 남종이나 네 여종이나 네 가축이나 네 문안에 머무는 객이라도 아무 일도 하지 말라 이는 엿새 동안에 나 여호와가 하늘과 땅과 바다와 그 가운데 모든 것을 만들고 일곱째 날에 쉬었음이라 그러므로 나 여호와가 안식일을 복되게 하여 그 날을 거룩하게 하였느니라."입니다.200)

안식일을 지키고 안식을 누린다는 것은 창조와 구원과 언약의 의미를 알고 누리는 것이다. 그것은 인간이 스스로 존재할 수 없다는 것이며, 인간이 인간에게 안식을 제공할 수 없다는 것이다. 안식일을 지킨다는 것은 하나님께서 인간을 창조하셨고 하나님만이 생명을 주시고 하나님 안에 안식이 있고 하나님으로부터 참되고 영원한 의미와 통일성을 제공받는다는 뜻이다.

그러나, 인간은 언제나 힘의 의지를 발휘하느냐? 코나투스201)가 증가했느냐? 거기에 관심을 가지고 도취되어 살아간다. 스피노자가 코나투스를 말할 때 먼저 말하는 것은 '인간의 완전성'이다. 이수영 교수는 이렇게 말한다.

> … 바로 여기에 스피노자 철학의 긍정성이 있다. 존재하는 모든 것들은 신의 변용이자 신의 생산물이며, 절대적으로 무한한 신의 본성에서 필연적으로 생겨난 것이기에 거기에는 그 어떤 제한도, 모순도, 불완전성도 있어서는 안 된다. 따라서 자연에 존재하는 만물은 존재하는 그대로 완전성을 부여받는다. 내일 완전해지는 것도 아니고, 어제 완전했던 것도 아니다. 지금 이 순간, 그리고 매순간 존재하는 모든 것들은 신의 표현이기 때문에 완전하다. … 스피노자에게 실재하는 것, 즉 이 현실 속에서 그 실존을 부여받은 모든 것은 완전하다. 그래서 스피노자는 실재성 reality란 곧 완전성이라고 말한다. 이처럼 존재하는 모든 것들은 스피노자의 철학과 더불어 그 완전성과 긍정성을 획득한다.202)

---

200) Q. 57. Which is the fourth commandment? A. The fourth commandment is, Remember the sabbath day to keep it holy. Six days shalt thou labor, and do all thy work: but the seventh day is the sabbath of the Lord thy God: in it thou shalt not do any work, thou, nor thy son, nor thy daughter, thy manservant, nor thy maidservant, nor thy cattle, nor thy stranger that is within thy gates: For in six days the Lord made heaven and earth, the sea, and all that in them is, and rested the seventh day: wherefore the Lord blessed the sabbath day, and hallowed it.
201) 위키피디아 사전에서; 스피노자는 코나투스(Conatus, 힘)를 언급한다. 에피쿠로스의 용어로 보면, 스피노자의 코나투스는 살고자하는 욕구 내지 의지라고 할 수 있다. 스피노자는 코나투스의 완전한 표출을 행복으로 보았으며, 따라서 코나투스를 발휘할 수 있는 정치체제가 최고라고 보았다. 코나투스(Conatus)는 역량(potentia, puissance)이 윤리학·인간학적 의미로 사용될 때, 가질 수 있는 의미로, 자아를 보존·발전·완성하려는 욕구 내지 노력으로 해석 될 수 있다.
202) 에티카, 자유와 긍정의 철학, 이수영 역 (파주: 오월의 봄, 2013), 222-223.

이렇게 만물과 인간이 신의 변용태이므로 자체적으로 완전성과 긍정성이 확보된다. 그렇게 되면 만물과 인간의 활동 역시 완전성을 제공받게 된다. 스피노자는 무엇이라고 말했는가?

> … 마지막으로 나는 이미 말한 것처럼 일반적으로 완전성을 실재성으로 이해한다. 즉 각각의 사물이 특정한 방식으로 존재하며 작용하는 한, 완전성은 그 사물의 본질이다.203)

사물이 존재하고 작용하는 한 완전하다는 것은 매우 위험한 발상이다. 존재하는 것들이 완전하다는 것은 신성한 내면아이를 확보하는 것이고, 그 결과로 인간의 죄악성과 그 폭력성과 억압성은 간과되고 만다. 기존 체제에 대항하면서 "야만의 극치"라고 소리치는 스피노자는 남이 하는 일에 대해서는 환상과 망상의 결과라 하면서도 자신이 하는 일에 대해서는 정당성을 부여했다. 이수영 교수의 해석은 더 가관이다.

> 거미는 거미로서 완전하고, 팔이 없는 사람은 팔이 없는 사람으로서 완전하고, 검은 피부의 흑인은 흑인으로서 완전하다. 기쁨이나 슬픔이라는 감정이 완전성의 변이를 가리키는 관념이라고 해서 불완전성에서 완전성으로 혹은 완전성에서 결핍으로 이행하는 상태를 가리키는 관념이라고 오해해서는 안 된다.204)

결국 이 현상계에 존재하는 것들에 대한 한계와 절망은 사라지고 오로지 긍정만 자리 잡는다. 나아가서, 인간이 그 본성상 가지고 있는 타락한 죄성이 부인된다. 인간의 죄악성이 만들어 낸 결과들에 대해서는 그저 '노예적' 혹은 '비주체적'인 것으로 슬그머니 넘어가는 것은 분명한 회피다.

후설은 인간의 마음이란 기본적으로 무엇인가를 구체적으로 지향성을 가지고 있다고 보았다. 그러나 하이데거는 인간의 마음이 항상 그렇게 지향성을 가지고 있지 않다고 말함으로써 스승에게 반기를 들었다. 하이데거는 지향성 보다는 세계-내-존재(In-der-Welt-sein)로서 존재한다는 것을 강조했다. 하이데거는 후설이 말한 그 지향성이 특수한 경우에만 발생하는 것이라 말했다. 그래서 지향성보다는 '배려함'을 말했다. '세계-내-존재'인 인간은 외부의 사물에 대하여 지향하는 것이 아니라 배려할 뿐이라고 말하면서, 인간이 사물에 대하여 배려가 불가능하게 되었을 때에만 지향한다고 말했다. 예를 들어, 내가 망치를 사용하고

---

203) B. 스피노자, 에티카, 강영계 역 (서울: 서광사, 2012), 245.
204) 에티카, 자유와 긍정의 철학, 이수영 역 (파주: 오월의 봄, 2013), 223.

있었는데, 갑자기 망치 자루가 부러졌을 때에 그 망치를 의식적으로 지향하게 된다.205)

후설의 현상학을 이어 받은 메를로-퐁티(Maurice Merleau-Ponty, 1908-1961)는 인간의 마음이 지향하는 작용은 순수하지 않다고 보았다. 어떤 한 개인의 마음이란 시대와 역사를 통해 규정되어진 개념의 영향을 받을 수밖에 없기 때문이다. 인간이 의식적으로 지향할 수 있는 까닭은 신체적 경험이 계속 쌓여서 종합되었기 때문이다. 결국 인간이란 순수할 수가 없다. 그렇게 종합된 경험들의 역사를 '함몰'혹은 '주름'이라 말했다. 메를로-퐁티는 이 함몰과 주름을 새로운 함몰과 주름을 만드는 자유를 말했으나, 그것을 평가할 기준을 말하지 않았다.206)

그 함몰과 주름에 대한 평가를 시도한 사람이 푸코(Michel Foucault, 1926-1984)와 들뢰즈(Gilles Deleuze, 1925-1995)다. 그것은 니체(Friedrich Wilhelm Nietzsche)나 스피노자(Baruch Spinoza)처럼 힘에의 의지가 증가했는지 혹은 코나투스가 증가했는지 그 여부에 달려있다고 말했다.207)

이 말이 가지는 의미가 무엇인가? 결국 인간에게 신성을 부여하며 인간의 가능성을 부르짖으며 그 가능성을 실현해 가는 인간의 그 의지가 얼마나 발휘되느냐를 말한다. 인간은 거기에 의미를 부여하고 도취되어 살아가고 있다. 그것이 현대인들이 세상을 살아가는 에너지이다. 그러나, 아무리 노력해도 안 되기 때문에 도약을 감행하고 살아가는 것이 현대인들의 비참함이다.

기독교 신앙이란 무엇인가? 인간이 자기 스스로 힘에의 의지를 발휘하고 사는 것이 얼마나 부질없는 짓인지를 알고, 우리 밖에 살아계신 무한하시고 인격적인 하나님 안에서 의미와 통일성을 누리는 것이다. 그것을 다만 우리의 마음으로만이 아니라 일주일 중에 한 날을 구별하여 그것을 고백하는 것이 구약에서는 안식일이었고 신약에서는 주일이다. 안식일은 우리 주 예수 그리스도께서 오시기 전까지 옛언약 아래 있던 그림자였다.

> 8 안식일을 기억하여 거룩히 지키라 9 엿새 동안은 힘써 네 모든 일을 행할 것이나 10 제 칠일은 너의 하나님 여호와의 안식일인즉 너나 네 아들이나 네 육축이나 네 문안에 유하는 객이라도 아무 일도 하지 말라 11 이는 엿새 동안에 나 여호와가 하늘과 땅과 바다와 그 가운데 모든 것을 만들고

---

205) 강신주, 철학 vs 철학 (서울: 그린비, 2012), 240-243.
206) Ibid., 243-247.
207) Ibid., 248.

제 칠일에 쉬었음이라 그러므로 나 여호와가 안식일을 복되게 하여 그 날을 거룩하게 하였느니라 (출 20:8-11)[208]

하나님께서는 안식일을 제정하시고 언약의 백성들에게 그 날을 지키라고 말씀하셨다. 그것은 다만 엿새 동안 일하고 피곤하기 때문에 쉬는 것이 아니라, 하나님을 온전히 예배하기 위해서 우리의 죄악 된 본성을 억제해야 하기 때문이다. 하나님의 언약으로부터 멀어지게 하는 세상의 것들이 하나님의 백성들을 지배하지 않도록 성결케 되어야 했다. 그리하여 이스라엘 백성들이 안식일을 지킴으로 하나님 앞에 거룩함을 유지하게 했다.

하나님께서는 안식일 날 안식해야할 이유에 대해서 말씀하셨다.

이는 엿새 동안에 나 여호와가 하늘과 땅과 바다와 그 가운데 모든 것을 만들고 일곱째 날에 쉬었음이라 그러므로 나 여호와가 안식일을 복되게 하여 그 날을 거룩하게 하였느니라(출 20:11)

하나님께서는 엿새 동안 창조를 완성하시고 만족하셨으며 기뻐하셨다. 하나님께서는 그 지으신 것을 마치시고 "보시기에 심히 좋았"다고 하셨다. 그것은 하나님의 창조와 통치에 아무런 부족함이 없다는 것이다. 안식일은 그런 기쁨이 충만한 날로 거룩하게 구별되었다. 안식일을 지킨다는 것은 그렇게 우리를 지으신 것을 기억하는 날이며 하나님의 기쁨과 충만함을 함께 누리는 날이다.

'하나님께서는 왜 먼저 안식하셨는가?' 칼빈은 다음과 같이 말했다.

이제 우리의 상황을 살펴봅시다. 오늘 우리는 그런 엄격한 계명을 갖고 있지 않습니다. 그리고 하나님은 우리에게 굉장한 자유를 허락하셨는데, 그것은 우리 주 예수 그리스도의 고난과 죽으심을 통해 얻어진 것입니다. 그러므로 우리는 보다 열심히 우리 자신을 그분께 바쳐야 합니다. 설령 우리가 다른 모든 일을 열심히 할지라도, 만약 우리가 자신의 애착을 제어하지 않는다면, 그리고 우리의 모든 생각과 열망을 포기함으로써 하나님이 우리를 다스리시도록 허락하고 그분 안에서 쉬려고 하지 않는다면, 우리가 행한 그 모든 일들은 아무 소용이 없는 것이 될 것입니다.
바로 그런 이유 때문에 하나님은 자신을 본보기로 제시하십니다. 하나님은 사람들에게 쉬라고 명령하시는 것만으로 만족하지 않으시고 몸소 그 방법을 보이셨습니다. 그분은 세상과 그 안에 있는 모든 것을 창조하신 후에 쉬셨는데, 그것은 그분에게 휴식이 필요해서가 아니었습니다. 그분이 쉬신

---

[208] 12 여호와 너의 하나님이 네게 명한대로 안식일을 지켜 거룩하게 하라 13 엿새 동안은 힘써 네 모든 일을 행할 것이나 14 제 칠일은 너의 하나님 여호와의 안식 인즉 너나 네 아들이나 네 딸이나 네 남종이나 네 여종이나 네 소나 네 나귀나 네 모든 육축이나 네 문 안에 유하는 객이라도 아무 일도 하지 말고 네 남종으로 네 여종으로 너같이 안식하게 할지니라 15 너는 기억하라 네가 애굽 땅에서 종이 되었더니 너의 하나님 여호와가 강한 손과 편 팔로 너를 거기서 인도하여 내었나니 그러므로 너의 하나님 여호와가 너를 명하여 안식일을 지키라 하느니라(신 5:12-15)

까닭은 우리를 초대해 자신의 작품들을 감상하게 하심으로써 우리가 그것들에 집중하고 그 모든 것을 창조하신 분에게 순종하게 하시기 위함이었습니다. …
그러므로 우리는 하나님이 우리를 위해 직접 모범을 보이신 까닭이 한편으로는, 우리를 부드럽게 초대해 영적 쉼을 누리게 하시려는 것이고, 다른 한편으로는 우리가 하나님으로부터 분리될 경우 불행해질 수밖에 없음을 깨닫게 하시기 위함이라는 것을 알아야 합니다. 바로 여기에 하나님과 우리를 연합시키는 끈이 있습니다. 그것은 우리가 하나님의 종교와 진리를 떠나지 않고 그분이 우리를 다스리시도록 허락하시는 것입니다.209)

하나님께서는 먼저 안식을 본보기로 제시함으로, 하나님의 창조 세계를 감상하고 영적인 쉼을 누리고 창조주 하나님께 순종하게 하셨다. 하나님과 분리되면 우리는 영적으로도 육적으로도 죽는다. 그러기에 이 안식일을 지킴으로 언약하여 하나 된 하나님과 우리를 더욱 연합시키시며 그 연합을 더욱 굳게 하신다.

예수님께서는 안식일에 대하여 무엇이라고 말씀하셨는가?

> 1 그 때에 예수께서 안식일에 밀밭 사이로 가실새 제자들이 시장하여 이삭을 잘라 먹으니 2 바리새인들이 보고 예수께 말하되 보시오 당신의 제자들이 안식일에 하지 못할 일을 하나이다 3 예수께서 이르시되 다윗이 자기와 그 함께 한 자들이 시장할 때에 한 일을 읽지 못하였느냐 4 그가 하나님의 전에 들어가서 제사장 외에는 자기나 그 함께 한 자들이 먹어서는 안 되는 진설병을 먹지 아니하였느냐 5 또 안식일에 제사장들이 성전 안에서 안식을 범하여도 죄가 없음을 너희가 율법에서 읽지 못하였느냐 6 내가 너희에게 이르노니 성전보다 더 큰 이가 여기 있느니라 7 나는 자비를 원하고 제사를 원하지 아니하노라 하신 뜻을 너희가 알았더라면 무죄한 자를 정죄하지 아니하였으리라 8 인자는 안식일의 주인이니라 하시니라 (마 12:1-8)

예수님은 안식을 말씀하시면서 "나는 자비를 원하고 제사를 원하지 아니하노라"고 하셨다. 제사는 죄인 된 인간이 하나님을 직접 뵈올 수 없기 때문에 대속 제물의 희생을 통하여 하나님께 나아가는 것이다. 그 희생제물은 자기 백성의 죄를 위하여 죽으신 예수 그리스도를 예표한다. 예수님께서 그 택하신 자들을 위하여 대신 죽으심으로 구원하실 것을 말해 준다.

그것은 시대마다 주름을 잡았던 율법주의와 거기에서 나오는 자기 의를 철저하게 꾸짖으시는 말씀이었다. 하나님께서는 끊임없이 은혜를 베푸시며 구원하시는 하나님이시다. 다윗에게 제사장 외에 먹지 못하는 진설병을 먹게 하시어 생명을 살리시고 구원하시는 하나님이시다. 안식일은 하나님께 받은 은혜를 나누고 생명을 살리는 날이 되어야만 한다는 뜻이다. 그러나 사람들은 그 받은 은혜

---

209) 존 칼빈, 칼빈의 십계명 강해, 김광남 역 (고양: VisionBook, 2011), 143-145.

로 다시 사람들을 용서하고 생명을 살리는 길로 안 갔고, 율법을 지키고 종교적 의무를 행함으로 자기 잘난 것을 자랑했으며, 자기도 천국에 못가고 다른 사람들도 못 들어가게 했다. 자기 의로 충만했기 때문이다.

애굽의 종노릇 하던 이스라엘 백성들을 어린 양의 희생으로 구원하여 참된 안식의 자리에 오게 하셨듯이, 죄의 종노릇 하던 자들을 예수 그리스도의 십자가 희생을 통하여 하나님의 백성이 되게 하시어 영원한 안식을 주셨다. 이것이 바로 안식일의 참된 의미이다. 우리의 의는 우리에게 안식을 주지 못한다. 그리스도의 의만이 우리에게 안식을 준다. 그리스도 안에서 안식을 누리는 자는 이웃에게도 안식을 주는 자로 살아야 한다.

안식일은 인간이 타락하기 이전에 주어졌다. 그러나 죄의 종노릇하는 자들은 안식을 누릴 수가 없다. 불신자들도 일을 안 하고 쉬는 날이 있다. 그러나 그것은 성경이 말하는 쉼이 아니다. 그것은 자기를 기쁘게 하기 위해 쉬는 것이다. 참된 안식은 죄에서 구원함을 얻고 하나님을 예배하며 하나님의 뜻대로 살아가는 것이다.

히브리서는 안식에 관하여 이렇게 말한다.

> 1 그러므로 우리는 두려워할지니 그의 안식에 들어갈 약속이 남아 있을지라도 너희 중에는 혹 이르지 못할 자가 있을까 함이라 2 그들과 같이 우리도 복음 전함을 받은 자이나 들은 바 그 말씀이 그들에게 유익하지 못한 것은 듣는 자가 믿음과 결부시키지 아니함이라(히 4:1-2)

안식을 말하며, 이스라엘 백성들이 광야에서 하나님을 믿지 못하고 불순종한 사실을 말하고 있다.

> 이미 믿는 우리들은 저 안식에 들어가는도다 그가 말씀하신 바와 같으니 내가 노하여 맹세한 바와 같이 그들이 내 안식에 들어오지 못하리라 하셨다 하였으나 세상을 창조할 때부터 그 일이 이루어졌느니라(히 4:3)

두 부류의 사람들을 비교하고 있다. 하나님의 말씀을 들었으나 믿지 못한 사람들과 예수 그리스도의 복음을 듣고 믿은 성도들을 대조하고 있다. 믿지 못한 사람들은 불순종으로 말미암아 안식에 들어가지 못했다. 그런 자들을 보고, '너희들은 그렇게 하지 마라'고 권한다.

7 오랜 후에 다윗의 글에 다시 어느 날을 정하여 오늘이라고 미리 이같이 일렀으되 오늘 너희가 그의 음성을 듣거든 너희 마음을 완고하게 하지 말라 하였나니 8 만일 여호수아가 그들에게 안식을 주었더라면 그 후에 다른 날을 말씀하지 아니하셨으리라 9 그런즉 안식할 때가 하나님의 백성에게 남아 있도다(히 4:7-9)

하나님의 안식은 가나안 땅에 들어가서 얻는 그 안식을 말하지 않는다. 여호수아가 가나안 땅을 정복해서 안식을 주었지만 그것은 광야에서 하나님께서 말씀하신 그 안식이 아니다. 다윗은 선지자로서 훗날 하나님의 백성들을 위해 예언했다. 히브리서 기자는 가나안 땅의 안식이 아니라 영원한 하나님의 안식을 말한다. 이 세상에서 누리는 안식이 아니라 하나님 나라의 백성이 하나님 앞에 누리는 영원한 안식을 말한다. 과연 우리는 어떤 안식을 소망하고 있는가? 그 소망으로 나아가기 위하여 어떤 삶을 살아가고 있는가?

그러므로 우리가 저 안식에 들어가기를 힘쓸지니 이는 누구든지 저 순종하지 아니하는 본에 빠지지 않게 하려 함이라(히 4:11)

이 히브리서의 수신자들은 신앙으로 인하여 현실적인 어려움을 당하는 성도들이다. 예수님을 믿었으나 세상의 환경과 조건이 달라지지 않았으며, 도리어 더 어려운 상황에 직면했다. 성경은 그 환난을 벗어나는 어떤 방법을 말하지 않는다. 도리어 믿음을 가졌으나 실제적인 고통을 당면한 성도들이 하나님의 말씀을 따라 순종하며 영원한 안식을 바라며 그 안식에 들어가기를 힘쓰라고 말한다. 성도의 안식은 이 세상의 소원으로 채워지는 것이 아니며 예수 그리스도를 통한 참다운 평안과 안식으로 부르고 있다는 것을 알아야 한다. 그 참다운 안식은 예수 그리스도의 십자가 피로써 죄와 사망에서 벗어나 새언약 안에 거할 때 주어진다.

제58문 제4계명에서 요구하는 것은 무엇입니까? (대116)
답: 제4계명은 하나님의 말씀에 지정하신 때들, 특히 7일 중에 온전한 하루를 하나님께 거룩한 안식일로 삼아 그분께 거룩하게 지킬 것을 요구하십니다.210)

안식일을 지킨다는 것은 단순히 쉰다는 것만이 아니라 하나님의 나라에서 영원히 안식할 것을 지금 여기서 누리는 것이고 소망하는 것이다. 그것은 이상이 아니라 하나님의 나라가 지금 여기서도 이루어지고 있으며 언젠가 때가 되면 온전히 하나님의 통치가 온 우주에 현실화 될 것을 고백하는 것이다.

마르크스가 꿈꾸었던 이상사회는 무엇이었는가? 그것은 이름 하여 '과학적 사회주의다'였다. 그것은 인간 각자가 자기 힘으로 노동을 하고 노동의 산물을 자신이 소유함으로 각자가 주인이 되는 사회였다. 인간이 주체가 되고 인간이 주인이 되는 사회를 실현하고자 했다. 그야말로 휴머니즘이다. 그래서 사람들은 마르크스에 목숨을 건다. 그런데 왜 그것이 안 되었는가? 그것은 그의 철학211)이 가지는 허구성 때문이다. 그것은 그의 기초부터 잘못되었기 때문이다.

마르크스는 자신의 박사논문 「데모크리토스와 에피쿠로스의 자연철학의 차이」에서 철학의 핵심과제를 말했다. 그것은 "인간의 자기의식을 최고의 신성(神性)으로 알지 못하는 천상과 지상의 신들에 대항하는 투쟁"이었다. 여기에 마르크스의 신성한 내면아이가 있다. 현실의 주체는 헤겔의 신적 절대정신이나 전통철학이 말하는 이성도 관념도 아니고 신성한 자기의식을 소유한 인간이다. 마르크스는 김나지움 고학년 시절부터 기독교를 하나의 윤리학으로 여겼다. 그는 종교를 멀리하고 프랑스의 고전문학, 그리스의 시, 셰익스피어의 작품들을 읽었다. 마르크스에게 직접적인 영향을 끼친 사람들은 그리스의 데모크리토스와 에피쿠로스, 헤겔, 포이에르바흐, 브루노 바우어가 주도한 청년헤겔주의자들이다.212)

데모크리토스는 고대 그리스의 자연철학자요 유물론자다. 그것은 근본적으로 플라톤의 관념론에 반대되는 것이다. 물질의 근본단위는 원자이며 원자들의 배열에 의해 세계가 만들어졌다고 말했다. 데모크리토스의 신성한 내면아이는 원자다. 이 원자가 불변하는 자립성을 가지고 있다는 것은 플라톤의 이데아가 저

---

210) Q. 58. What is required in the fourth commandment? A. The fourth commandment requireth the keeping holy to God such set times as he hath appointed in his Word; expressly one whole day in seven, to be a holy sabbath to himself.
211) 마르크스의 사상은 철학이 아니라 '정치경제학'이라 말하는 것이 더 정확하다.
212) 강영계, 철학의 끌림 (서울: 멘토, 2011), 87-88.

기에 본질에 있다고 말한 것이라면 데모크리토스는 본질이 여기에 있다고 말한 셈이다. 그러니 무신론자였고 영혼불멸도 부정했다. 에피쿠로스는 그리스 말기의 철학자다. 혼란한 사회는 인생의 문제를 고민했다. 그는 데모크리토스의 원자론에 새로운 개념을 부가했다. 평행하게 직선운동을 하는 원자가 충돌해서 세계를 만들어 낸다는 것이다. 그것이 '우발성' 개념이다.213)

헤겔철학은 마르크스에게 절대적인 영향을 끼쳤다. 후대의 비평가들 중에는 마르크스의 사회역사 이론을 헤겔 역사이론의 변형이라 주장하기도 한다. 헤겔은 세계를 신적 절대정신의 변증법적 전개과정이라 했다. 그 과정이란 처음에는 자연의 계기로, 그 다음에는 예술과 종교의 계기로, 마지막에는 철학의 절대지식의 계기에서 절대정신이 스스로를 되찾는다는 것이다. 포이에르바흐의 인간학적 유물론 역시 마르크스에게 영향을 주었다. 그는 『기독교비판』, 『종교비판』과 같은 책을 통해서 기독교를 포함한 종교들이 인간의 부족과 결함을 포장해서 만들어 낸 신에 불과한 인간의 환상이거나 상상의 산물이라고 했다. 마르크스는 포이에르바흐의 인간중심사상에 영향을 받아 휴머니즘 사회를 세우려고 했다.214) 사탄주의자들의 영향으로 영적으로 반기독교적인 세상을 꿈꾸었다.

이런 사람들의 영향을 받은 마르크스의 궁극적인 소망은 무엇이었는가? 사유재산 없는 사회주의 사회건설이 목표였다. 그렇게 하기 위해서는 자본주의와 기독교를 전복하고 타도해야 했다. 노동자는 정치적 주인이 되지 못하기에 사회적 혁명을 통해 이루어야 한다는 것이다. 왜냐하면 자본주의는 인간을 소외시키고 불행하게 만든다고 보았기 때문이다. 그런 이상향을 파리 코뮌에서 찾았다. 노동자만의 정부를 세우고 노동자들의 경제적 해방이 실현될 수 있다고 생각했다. 그런 노동자 독재는 부르주아 지배를 붕괴시키는 임시과정이라고 했다.

그러나 지나간 역사 속에서 임시과정은 없었다. 그들의 독재는 지속되었고 그 독재를 지속시키기 위하여 수많은 사람들을 죽이고 죽였고 지금도 죽이고 있다. 마르크스는 대중의 자유와 평등을 말했지만 그것은 오로지 공산당의 영원한 집권이었다. 인간다운 삶이 아니라 생지옥이 되고 말았다. 인간의 죄악성을 간과한 어떤 이론과 사상도 실현될 수 없다.

인간은 유물론으로 다 설명할 수 없다. 인간은 물질적인 면도 있지만 영적인 존재다. 배부르다고 모든 것이 해결되지 않는다. 사탄의 시험은 이 세상성의 만

---

213) Ibid., 88-89.
214) Ibid., 89-93.

족이 전부라고 미혹하는 것이다. 왜 더 많이 가질수록 더 허탈한지 마르크스는 대답하지 못한다.

그러므로 성경이 안식일을 지키라 한 것은 이 세상성을 목적하지 않고 영원한 하나님의 나라를 소망하며 이 현실 속에서 하나님의 백성으로 살아가는 것을 확인하고 고백하기 위함이다.215)

> 너희 각 사람은 부모를 경외하고 나의 안식일을 지키라 나는 너희 하나님 여호와니라(레 19:3)

안식일을 지키되 부모를 경외하라고 먼저 말씀하셨다. 언약은 삶과 예배를 분리하지 않는다. 6일을 언약의 말씀대로 신실하게 살아가며 하나님께서 명하신 안식일에 나아와 예배하는 것이 하나님의 백성들의 삶이다. 안식일은 6일과 분리된 것이 아니라 안식일과 6일은 전체로 하나다. 그렇지 않으면 종교인으로 전락하게 되고 예배는 형식이 되고 만다.

> 12 여호와 너의 하나님이 네게 명한대로 안식일을 지켜 거룩하게 하라 13 엿새 동안은 힘써 네 모든 일을 행할 것이나 14 제 칠일은 너의 하나님 여호와의 안식인즉 너나 네 아들이나 네 딸이나 네 남종이나 네 여종이나 네 소나 네 나귀나 네 모든 육축이나 네 문 안에 유하는 객이라도 아무 일도 하지 말고 네 남종이나 네 여종으로 너같이 안식하게 할지니라(신 5:12-14)

안식일은 사람만 쉬는 것이 아니라 짐승도 쉬었다. 안식일은 남녀노소의 구분도 주인과 객의 구분도 신분의 구분도 없이 그 날은 모두 다 쉬는 날이다. 그것은 하나님께서 주실 영원한 안식의 모형을 현실로 맛보는 것이다. 또한 그렇게 안식함으로 언약 백성의 삶은 인간의 열심으로 만들어가는 삶이 아니라는 것을 실제로 고백했다. 여호와의 구원과 인도하심을 믿고 인생의 모든 것이 하나님께 있음을 삶으로 고백하는 것이 안식일이다.

> 1 여호와께서 이같이 말씀하시되 너희는 공평을 지키며 의를 행하라 나의 구원이 가까이 왔고 나의 의가 쉬 나타날 것임이라 하셨은즉 2 안식일을 지켜 더럽히지 아니하며 그 손을 금하여 모든 악을 행치 아니하여야 하나니 이같이 행하는 사람, 이같이 굳이 잡는 인생은 복이 있느니라 3 여호와께

---

215) 하이델베르크 교리문답 제103문: 제4계명에서 하나님께서 요구하시는 것이 무엇입니까? 답: 첫째로, 복음의 사역과 가르치는 일이 지속되고, 특별히 내가 안식의 날에 하나님의 교회에 부지런히 참석하여, 하나님의 말씀을 듣고, 성례에 참여하고, 공적으로 여호와의 이름을 부르고, 구제를 실천하는 일입니다. 두 번째로, 나의 일생동안에 악한 행위를 중지하고, 여호와께서 성령을 통하여 내 안에 역사하시도록 하여 이 세상의 생애에서 영원한 안식을 시작하게 하는 일입니다.

> 연합한 이방인은 여호와께서 나를 그 백성 중에서 반드시 갈라내시리라 말하지 말며 고자도 나는 마른 나무라 말하지 말라 4 여호와께서 이같이 말씀하시기를 나의 안식일을 지키며 나를 기뻐하는 일을 선택하며 나의 언약을 굳게 잡는 고자들에게는 5 내가 내 집에서, 내 성안에서 자녀보다 나은 기념물과 이름을 주며 영영한 이름을 주어 끊치지 않게 할 것이며 6 또 나 여호와에게 연합하여 섬기며 나 여호와의 이름을 사랑하며 나의 종이 되며 안식일을 지켜 더럽히지 아니하며 나의 언약을 굳게 지키는 이방인마다 7 내가 그를 나의 성산으로 인도하여 기도하는 내 집에서 그들을 기쁘게 할 것이며 그들의 번제와 희생은 나의 단에서 기꺼이 받게 되리니 이는 내 집은 만민의 기도하는 집이라 일컬음이 될 것임이라(사 56:1-7)

여호와께서 안식일을 지키라고 말씀하시는 이유는 무엇인가? 그것은 언약에 신실하신 여호와 하나님께서 그 언약에 근거하여 '구원'과 '의'를 베푸실 것이기 때문이다. 그러므로, 언약 당사자인 이스라엘이 '공평'과 '의'를 행하고 안식일을 지킴으로 나타내야 했다.

이 말씀은 유대인에게는 매우 충격적인 말씀이었다. 왜냐하면 여호와의 구원이 이방인에게까지 미칠 것이기 때문이다. 유대인들은 자신들만이 하나님을 믿으며 구원을 받는다고 생각하였다. 그러나 놀랍게도 여호와께서는 장차 이방인들을 구원하시며 여호와와 연합하며 여호와의 안식일을 지키게 될 것이라고 말씀하셨다.

여호와께서 새롭게 하실 메시아 왕국에서는 지금의 유대인들이 생각지도 못할 일들이 일어났다. 하나님께 예배하며 그 은혜와 복을 누리는 자들은 외적인 조건이나 혈통으로 결정되지 않는다. 그들은 여호와의 언약을 신실하게 지키는 것으로 나타난다. 인간의 행함이 선택적 조건이라는 것이 아니라 하나님께 회복한 자들은 그렇게 언약을 신실하게 지킨다는 뜻이다. 그 대표적인 일들이 안식일을 지키는 것이다. 그들은 안식일을 지키며 예배를 드리기 때문에 여호와께서는 "내 집은 만민의 기도하는 집이라 일컬음"을 받으리라고 말씀하셨다.

안식일을 지켜야 하는 이유는 하나님께서 엿새 동안 천지를 창조하시고 일곱째 날에 쉬셨기 때문이다. 일곱째 날에 쉬셨다는 것은 하나님의 천지창조와 통치하심이 부족함이 없이 완전하다는 뜻이며, 그리하여 영광의 왕으로 영원한 왕적 통치를 수행하신다는 것을 말한다.[216] 그런데 왜 칠일 중에 한 날을 구별하여 쉬라 하시는가? 칼빈은 다음과 같이 말했다.

> … 우리가 이것을 우리가 일주일에 단 하루만 자신의 생각과 애착을 포기하면 된다는 의미로 해석해서는 안 됩니다. 오히려 우리는 우리의 일생 동안 그런 자세를 견지해야 합니다. 간단히 말해, 하

---
216) 메리데스 G. 클라인, 하나님 나라의 도래, 이수영 역 (서울: 개혁주의신학사, 2010), 34.

> 나님이 우리에게 명령하시는 것은 영속적인 쉼, 즉 그 어떤 간격도 없는 쉼입니다. 그렇다면 어째서 그분은 일주일 중 단 하루만을 택하셨을까요? 그것은, 설령 우리가 우리의 악한 욕망과 위선 그리고 우리의 본성에 속한 모든 것을 포기하기 위해 최선을 다할지라도, 우리는 이 세상을 떠나는 날까지 결코 그런 상태에 도달할 수 없다는 것을 알려 주시기 위함이었습니다.217)

그리스도의 피로 거듭난 성도라도 온전하게 거룩에 도달한 자가 아니다. 여전히 그는 자신의 육체가 성령님을 거슬러 싸우고 있는 존재다. 그런 싸움을 감당해 가는 성도들이 칠일 중 한 날을 지키는 것은 이 세상에서는 온전한 거룩에 이를 수 없다는 것을 깨닫게 하시고, 그런 것에 더욱 자극을 받아 더욱 자기를 부인하고 자기 십자가를 지는 삶을 살아가도록 하신다.

> 이에 예수께서 제자들에게 이르시되 아무든지 나를 따라 오려거든 자기를 부인하고 자기 십자가를 지고 나를 좇을 것이니라(마 16:24)

세상 것을 누려가면서 그리스도 안에서 안식을 얻겠다고 말하는 사람들은 자신이 말하는 안식이 얼마나 혼합주의에 빠져있는지 모르고 하는 말이다. 세상이 주는 안식이 예수님의 안식과 동일한 것이 아니었기 때문에 광야의 시험에서 예수님께서는 하나님의 말씀으로 사탄을 이기셨다.218) 성도는 끊임없이 하나님의 말씀으로 세상과 싸워가며 예수 그리스도의 발자취를 따라가는 자들이다.

십계명은 안식을 말한다. 그것은 애굽의 종살이 하며 괴로운 인생을 살았던 자리에서 벗어나 하나님께서 기뻐하시는 자리에 이르게 하여 하나님의 영광을 나타내는 자리에 와 있기 때문에 안식하라는 것이다. 애굽에 있을 때는 애굽이라는 나라의 왕이 시키는 일을 하면서 고통 속에 살면서 안식이 없었다. 그러나 이제는 그 비참한 자리에서 구원을 받아 하나님께서 복 주심으로 삶의 진정한 가치와 통일성을 누리는 자리에서 살게 된 것을 확인케 하는 날로써 쉬라는 것

---

217) 존 칼빈, 칼빈의 십계명 강해, 김광남 역 (고양: VisionBook, 2011), 146.
218) 1 그 때에 예수께서 성령에게 이끌리어 마귀에게 시험을 받으러 광야로 가사 2 사십 일을 밤낮으로 금식하신 후에 주리신지라 3 시험하는 자가 예수께 나아가서 가로되 네가 만일 하나님의 아들이어든 명하여 이 돌들이 떡덩이가 되게 하라 4 예수께서 대답하여 가라사대 기록되었으되 사람이 떡으로만 살 것이 아니요 하나님의 입으로 나오는 모든 말씀으로 살 것이라 하였느니라 하시니 5 이에 마귀가 예수를 거룩한 성으로 데려다가 성전 꼭대기에 세우고 6 가로되 네가 만일 하나님의 아들이어든 뛰어내리라 기록하였으되 저가 너를 위하여 그 사자들을 명하시리니 저희가 손으로 너를 받들어 발이 돌에 부딪히지 않게 하리로다 하였느니라 7 예수께서 이르시되 또 기록되었으되 주 너의 하나님을 시험치 말라 하였느니라 하신대 8 마귀가 또 그를 데리고 지극히 높은 산으로 가서 천하만국과 그 영광을 보여 9 가로되 만일 내게 엎드려 경배하면 이 모든 것을 네게 주리라 10 이에 예수께서 말씀하시되 사단아 물러가라 기록되었으되 주 너의 하나님께 경배하고 다만 그를 섬기라 하였느니라 11 이에 마귀는 예수를 떠나고 천사들이 나아와서 수종드니라(마 4:1-11)

이다. 안식하라는 것은 하나님께서 자기 백성을 대접하는 것을 현실화 하는 것이다. 예수님께서는 산상수훈에서 이렇게 말씀하셨다.

> 7 구하라 그러면 너희에게 주실 것이요 찾으라 그러면 찾을 것이요 문을 두드리라 그러면 너희에게 열릴 것이니 8 구하는 이마다 얻을 것이요 찾는 이가 찾을 것이요 두드리는 이에게 열릴 것이니라 9 너희 중에 누가 아들이 떡을 달라 하면 돌을 주며 10 생선을 달라 하면 뱀을 줄 사람이 있겠느냐 11 너희가 악한 자라도 좋은 것으로 자식에게 줄 줄 알거든 하물며 하늘에 계신 너희 아버지께서 구하는 자에게 좋은 것으로 주시지 않겠느냐 12 그러므로 무엇이든지 남에게 대접을 받고자 하는 대로 너희도 남을 대접하라 이것이 율법이요 선지자니라(마 7:7-12)

하나님께서는 자기 백성을 위하여 언약을 이루시고 성령님을 주신 하나님이시다. 소모품으로 사용하기 위하여 구원하신 것이 아니다. 하나님께서는 자기 영광을 위하여 자기 백성을 짓밟지 않으신다. 하나님의 영광을 나타내는 길은 인생으로 하여금 가장 유익하며 가장 만족스러우며 자유과 기쁨이 있는 길이다. 거기에는 쉼이 있으며 샬롬이 있다.

그 대접을 완성하시려고 예수님께서 오셨다. 하나님의 대접하심은 무엇인가? 그것은 예수님께서 십자가에 피흘려 죽으심으로 자기 백성을 죄와 사망에서 구원하여 새생명을 주셨다는 것이다. 구원해 놓고 다시 괴롭게 하시는 분이 아니시다. 그렇다고 현실의 고난을 당장에 없애 주시는 해결사로 등장하시지도 않는다.

> 수고하고 무거운 짐 진 자들아 다 내게로 오라 내가 너희를 쉬게 하리라 나는 마음이 온유하고 겸손하니 나의 멍에를 메고 내게 배우라 그리하면 너희 마음이 쉼을 얻으리니 이는 내 멍에는 쉽고 내 짐은 가벼움이라 하시니라(마 11:28-30)

예수님께서는 짐 지는 법을 가르쳐 주신다. 왜냐하면 예수님의 멍에는 '예수님과 함께' 지고 가는 멍에이기 때문이다. 거기에 무슨 방법론이 있어서 특별한 비법이 있다는 것이 아니다. 구원받은 새언약의 백성들은 그리스도와 연합된 자이기에 예수 그리스도 안에서 인생을 재해석하며 하나님 앞에 새로운 인생을 살아가게 된다.

제59문 하나님께서 7일 중에 어느 날을 매 주간의 안식일로 정하셨습니까? (대116)
답: 창세로부터 그리스도의 부활까지는 하나님께서 주간의 일곱째 날을 매 주간의 안식일로 지정하셨고, 그 후로부터 세상 끝 날에 이르기까지는 그 주간의 첫 날로 명하셨으니 곧 그리스도인의 안식일입니다.[219]

안식일은 여호와 하나님을 예배하는 성도에게 영원한 의미와 통일성을 영육간에 체험케 하고 실현하는 날이다. 세상의 종교와 철학이 아무리 변한다고 해도 의미와 통일성을 찾으려고 하는 갈구는 사라지지 않는다. 누군가 아니다 없다고 해도 그 뒤에 오는 사람은 그렇게 말한 사람의 말을 뒤집는다.

구조주의는 그런 다양성 속에 통일성을 알기 원하는 철학적 애씀이기도 하다. 왜냐하면 구조주의는 의식되지는 않으나 여러 개체들에게 공통적으로 작동하는 원리를 발견하려고 하기 때문이다. 레비스트로스는 『신화학』 제2권에서 이렇게 말했다.

> 구조적 분석은 인간사회의 분명한 다양성 너머 근본적이고 공통적인 특성에 도달하기를 주장한다. 또한 구조적 분석은 각 민족지적 사실들의 생성을 지배하고 있는 불변적 법칙들을 명시하려고 한다.[220]

물론 레비스트로스의 노력은 인간 내부에서 찾으려고 하지만 '구조'라는 이름으로 여러 문화 안에 의식되는 각종 의미들을 가능케 해주는 그 공통적인 것, 곧 통일성을 찾으려는 노력은 동일한 것이다. 언제나 말하듯이, 한 끝 차이다. 의미와 통일성을 찾는 노력은 동일하다. 그러나 중요한 것은 '인간 안에서 찾느냐? 인간 밖에서 찾느냐?' 그 차이다. 레비스트로스가 말하고 싶은 것은 세상이라는 것이 이성에 의해 스스로 발전한다고 생각하는 것이 어쩌면 몽상일 수 있다는 것이다. 이성철학의 나르시즘을 파괴하는 것이 레비스트로스의 구조주의다. 프랑스 혁명을 이끈 로베스피에르는 "무력에 의한 힘이 아니라 이성의 힘이 우리의 영광스러운 혁명의 원리를 전파시킬 것이다"고 말했고, 헤겔의 변증법은 이성의 발전에 대한 철학적 입증이었다. 그러나 세상은 전쟁으로 불바다가 되었고 식민주의 인종주의 등으로 고통에 잠겼다. 그 잘난 이성이 역사를 발전시키는

---

[219] Q. 59. Which day of the seven hath God appointed to be the weekly sabbath? A. From the beginning of the world to the resurrection of Christ, God appointed the seventh day of the week to be the weekly sabbath; and the first day of the week ever since, to continue to the end of the world, which is the Christian sabbath.
[220] 클로드 레비스트로스, 신화학2-꿀에서 재까지, 임봉길 역 (파주: 한길사, 2008), 660.

것이 아니라 역사는 그저 무질서가 지배하는 우연적인 세계일뿐이다. 그 무질서와 우연 속에 왜 연결점을 찾으려고 했는가? 이성의 오만은 전체화로 가고 거기에는 비참함과 고통과 절망 밖에 없었다. 변증법적 이성으로 가다가는 이대로 죽는다는 것을 감지한 철학자의 몸부림이었을까? 인간이 인간의 문제를 다 해결할 수 있다면 세상은 지금쯤 지상낙원이 되었을 것이다. 그러나 어느 누구도 안식을 누리지 못하고 있다.

세상은 오로지 '나는 나다'를 말한다. 그야말로 '천상천하유아독존'이다. 위도 없고 아래도 없고 옆으로도 없다. 그렇게 큰소리치면 잘 살 것 같은데 왜 그렇게 잘 살지 못할까? 세상은 현실이 전부라고 말하기 때문이다. 강신주의 표어 중에 하나는 '우리에게 내일은 없다'이다. 지금 저 사람을 행복하게 해 주면 그것으로 끝이고 그것이 내 행복이라고 말한다.

하루살이는 내일을 모르고 메뚜기는 내년을 모른다. 인간은 어떤가? 인간은 오늘 먹고 즐기다가 하루를 보내고 또 그런 하루를 보내는 존재가 아니다. 인간은 주인이 주는 먹이에 만족하는 개 돼지만도 못한 존재가 아니다. 안식일과 주일이 있다는 것은 무엇인가? 내가 이 세계와 내 자신의 주인이 아니라는 것이다. 안식일은 그것을 주간의 일곱째 날에 지킴으로 기억하고 또 기억함으로써 무한하시고 인격적이신 하나님이 주인이심을 고백하는 날이다!

1) 창세로부터 그리스도의 부활까지는 하나님께서 주간의 일곱째 날을 매 주간의 안식일로 지정하셨고

죄인 된 인간은 본성적으로 인본주의자들이다. 하나님 중심적이지 않고 인간 중심적이다. 사람들은 인간을 만드시고 인간에게 복을 주신 여섯째 날에 관심을 기울이지만 하나님께서는 일곱째 날을 복주시고 거룩하게 하셨다고 덧붙이고 있다. 창조의 주체가 하나님이듯이 창조의 중심도 인간이 아니라 하나님이시다. 왜냐하면 안식일은 그냥 쉬는 정도가 아니라 장차 성취될 하나님 나라의 완성에 대한 약속이요 상징이며 보증이기 때문이다. 인생은 눈앞에 드러난 현상이 전부가 아니라 믿음으로 영적인 세계를 바라보아야 한다.

> 2 하나님의 지으시던 일이 일곱째 날이 이를 때에 마치니 그 지으시던 일이 다하므로 일곱째 날에 안식하시니라 3 하나님이 일곱째 날을 복 주사 거룩하게 하셨으니 이는 하나님이 그 창조하시며 만드시던 모든 일을 마치시고 이날에 안식하셨음이더라(창 2:2-3)

하나님께서 안식하셨다는 것은 하나님께서 더 이상 새로운 피조물을 만들지 않으셨다는 뜻이며, 그 만드신 세계를 주관하시며 그것들을 기뻐하셨다는 것을 의미한다. 하나님의 창조가 하나님께서 계획하신 대로 이루어졌으며, 그 지음 받은 천지 만물이 하나님께 순종하며 온전히 하나님의 영광을 드러내고 있었기 때문에 하나님께서는 안식하셨다. 안식은 아무것도 안 하고 그냥 쉬는 것을 말하지 않는다. 하나님의 말씀대로 순종하고 하나님의 나라와 의를 구하며 살며 하나님의 영광을 나타내는 그 상태가 안식이다. 아무것도 안 하고 쉬는 것이 안식이라면 어떤 일이 일어날까? 사람들은 그 죄의 본성으로 인해 죄 밖에 짓는 것이 없다. 하나님의 형상으로 회복되어 하나님께서 기뻐하시는 일로 충만한 상태가 안식이다. 그야말로 하나님의 영광이 충만한 상태가 안식이며 그 하나님을 누리며 기뻐하고 즐거워하는 것이 안식이다.

> 모세가 그들에게 이르되 여호와께서 이같이 말씀하셨느니라 내일은 휴식이니 여호와께 거룩한 안식일이라 너희가 구울 것은 굽고 삶을 것은 삶고 그 나머지는 다 너희를 위하여 아침까지 간수하라(출 16:23)

안식일 전에 주신 만나는 완제품이 아니었다. 안식일에 온전히 하나님을 기뻐하며 예배하기 위해 그 만나로 먹을 것을 만들어 준비해야 했다. 휴식은 하나님의 인도와 공급하심에 대한 고백이며, 인간의 모든 것이 여호와께 달려 있음을 증거하는 것이다. 그리하여 이스라엘이 여호와께서 구원하시고 언약하여 구별된 백성임을 안식일에 공개적으로 드러내었다.

> 돌아가 향품과 향유를 예비하더라 계명을 좇아 안식일에 쉬더라(눅 23:56)

갈릴리 여자들이 무덤에서 떠나 향품과 향유를 준비했다. 그리고 누가는 그들이 계명을 좇아 안식일에 쉬었다고 말했다. 이 여자들은 안식일 이후에 일어날 일이 무엇인지 알지 못했다. 장차 하나님의 나라에서 누릴 안식은 우리가 완전히 알지 못하나 우리가 기대하는 것보다 훨씬 놀라운 것이다.

2) 그 후로부터 세상 끝 날에 이르기까지는 그 주간의 첫 날로 명하셨으니 곧 그리스도인의 안식일입니다

왜 주일을 지켜야만 하는가? 이스라엘이 유월절을 지켜 애굽에서 나와 하나님의 백성으로 새롭게 살아가게 되었듯이, 예수님께서 십자가에서 죽으시고 삼일 만에 부활하심으로 우리에게 그의 의를 덧입혀 주셨기 때문이다. 죄와 사망에서 벗어났기 때문이다. 주일은 그 것을 기억하며 지키는 날이다. 그래서, 예수 그리스도께서 부활 승천하신 이후로 교회는 안식일이 지난 후 첫날에 모여 하나님께 예배했다.

> 안식 후 첫날에 우리가 떡을 떼려 하여 모였더니 바울이 이튿날 떠나고자 하여 저희에게 강론할 새 말을 밤중까지 계속하매(행 20:7)

그렇게 예수 그리스도께서 모든 계명을 이루셨기 때문에 새언약의 성도들은 더 이상 율법의 그림자에 메여 있지 않게 되었다. 그러나 성도는 일주일 중에 한 날을 정하여 하나님께 예배하며 말씀과 성찬을 통하여 영혼이 구원의 확신과 언약의 확증을 받으며 하나님의 영광을 위하여 삶을 살아간다.

칼빈은 신약의 교회가 주일을 지키는 일에 대해서 다음과 같이 말했다.

> … 그리스도인들의 자유를 드러내기 위해 그 날이 바뀌었습니다. 그것은 부활하신 예수 그리스도께서 우리를 율법의 모든 굴레로부터 구해내시고 그것이 부과하는 모든 의무를 끊으셨음을 보여 주기 위해서였습니다. 바로 그것이 그 날이 바뀐 이유였습니다.[221]

초대교회 당시에 안식일 다음 날에 예배를 드린다는 것은 유대사회로서는 대변혁이었다. 옛언약의 방식대로는 그리스도 안에 일어난 이 변화를 수용할 수 없었다. 새언약의 실현으로 그리스도 안에서 떡을 떼며 충만한 교제를 누리는 일은 이제 주일로 바뀌었다. 바울은 설교를 하고 의도적으로 월요일 아침에 길을 떠났다.

> 매주일 첫날에 너희 각 사람이 이를 얻은 대로 저축하여 두어서 내가 갈 때에 연보를 하지 않게 하라(고전 16:2)

고린도전서 16장은 예루살렘 성도들을 위한 연보 문제를 말한다. 바울은 어려운 교회에 경제적인 도움을 주도록 구체적으로 말하고 있다. "매주일 첫날에 너희 각 사람이 이를 얻은 대로 저축하여 두"라고 했다. 여기 "매주일 첫날"이란 원래 "매 안식 후 첫 날에"라는 뜻이다. 헌금하는 날을 주일이라고 밝히고 있다.

---

[221] 존 칼빈, 칼빈의 십계명 강해, 김광남 역 (고양: VisionBook, 2011), 154-155.

그리고 자기 형편을 따라 헌금을 하도록 했다.

예루살렘 교회가 원래 빈민층이 많았지만 무엇보다도 여러 차례에 걸친 팔레스틴 지방의 흉년으로 기근에 처해 있었다. 예루살렘 교회를 위해 연보를 한다는 것은 이방인 교회가 더 이상 아웃사이더가 아니라 예루살렘 교회와 함께 하나의 교회라는 것을 의미한다.

> 주의 날에 내가 성령에 감동하여 내 뒤에서 나는 나팔소리 같은 큰 음성을 들으니(계 1:10)

사도 요한은 "주의 날"에 예수님의 계시를 받았다. "주의 날"은 안식 후 첫 날인 주일을 말한다.[222] 이것은 교회가 안식일 모임에서 주일 모임으로 대치 된 것을 알게 해 준다.

---

[222] 이필찬, 내가 속히 오리라 (서울: 이레서원, 2008), 81-82.

제60문 안식일을 어떻게 거룩하게 하여야 합니까? (대117)
답: 안식일을 거룩하게 하는 것은 그 날 하루를 거룩하게 쉼으로 할 것인데, 다른 날에 합당한 세상 일들과 오락을 그만 두고, 부득이한 일과 자비를 베푸는 일을 제외하고는 공사 간에 하나님을 예배하는 일에 하루를 온전히 사용할 것입니다.[223]

하나님의 백성들은 안식일을 어떻게 거룩하게 지키어야 하는가?

1) 그 날 하루를 거룩하게 쉼으로 할 것인데, 다른 날에 합당한 세상 일들과 오락을 그만 두고
안식일은 단순히 쉬는 날이 아니라 하나님께 순전한 마음으로 온전히 예배하는 날이다. 중요한 것은 그 예배는 삶과 분리되지 않는다는 것이다.

> 엿새 동안은 일할 것이요 일곱째 날은 쉴 안식일이니 성회라 너희는 무슨 일이든지 하지 말라 이는 너희 거하는 각처에서 지킬 여호와의 안식일이니라(레 23:3)

노동은 하나님의 형상으로 지음 받은 인간이 하나님으로부터 받은 명령이다. 노동은 단순히 먹고 살기 위한 수단만이 아니라 하나님의 영광을 반사하기 위한 현장이다. 그리고 그 하나님의 영광은 안식일에 예배를 통해 하나님과의 거룩한 교제를 누림으로 더욱 충만한 상태가 되었다. 그것은 매 안식일마다 언약을 확인하고 언약 백성으로 살아가는 삶을 어떻게 살아갈 것인지 되새기며 고백하는 날이었다. 그러나 안식일은 변질되었다.

> 만일 안식일에 네 발을 금하여 내 성일에 오락을 행치 아니하고 안식일을 일컬어 즐거운 날이라, 여호와의 성일을 존귀한 날이라 하여 이를 존귀히 여기고 네 길로 행치 아니하며 네 오락을 구치 아니하며 사사로운 말을 하지 아니하면(사 58:13)

이 말씀은 언약한 백성들이 안식일에 자신들의 쾌락을 위해서 어떤 일을 하지 말라는 것이다. "네 발을 금하여"라고 한 것은 발이 가야 할 곳이 있고 가서는 안 될 곳이 있다는 뜻이다. 갈 곳은 어디인가? 하나님의 성전이요 회당이었다.

---

[223] Q. 60. How is the sabbath to be sanctified? A. The sabbath is to be sanctified by a holy resting all that day, even from such worldly employments and recreations as are lawful on other days; and spending the whole time in the public and private exercises of God's worship, except so much as is to be taken up in the works of necessity and mercy.

가서는 안 될 곳은 어디인가? 오락을 행하는 곳이다. 왜 성전으로 가야 하는가? 이스라엘 백성들은 하나님께로부터 생명을 얻었고 하나님께로부터 의미와 통일성을 제공받는 언약 안에 있기 때문이다. 그들이 오락을 행한다는 것은 하나님께로부터 생명력을 누리는 것이 아니라 인간적인 쾌락으로 살 수 있다는 사악한 의도를 노골적으로 표출하는 것이다.

오락을 한다거나 일을 한다는 것은 하나님의 인도와 공급하심에 대한 원천적인 거부를 나타내는 것이다. 스스로 자신의 필요를 공급하고 하나님의 간섭 없는 자기만의 인생을 살아가겠다는 의지를 표현하는 것이다. 그것은 언약을 깨트리는 것이다. 하나님의 지배와 간섭을 거부한 사람은 언약 밖의 이방인이기 때문이다. 그것이 죄의 근본적인 본성이다.

옛언약의 성도들은 예수 그리스도께서 오시기 전까지 이 안식일을 지킴으로 하나님께 예배하며 하나님의 백성으로서의 거룩함을 지켰다. 새언약의 성도들은 더 이상 율법에 매여 있지 않다. 예수 그리스도께서 십자가의 피흘림으로 율법의 요구를 만족케 하셨기 때문이며, 이제 성령님 안에서 하나님을 예배하며 예수 그리스도 안에서 참된 안식을 누리기 때문이다.

2) 부득이한 일과 자비를 베푸는 일을 제외하고는 공사 간에 하나님을 예배하는 일에 하루를 온전히 사용할 것입니다

하나님께서는 안식일에 하나님께 예배할 수 있도록 먼저 은혜를 베푸셨다.

> 25 모세가 가로되 오늘은 그것을 먹으라 오늘은 여호와께 안식일인즉 오늘은 너희가 그것을 들에서 얻지 못하리라 26 육일 동안은 너희가 그것을 거두되 제 칠일은 안식일인즉 그날에는 없으리라 하였으나 27 제 칠일에 백성 중 더러가 거두러 나갔다가 얻지 못하니라 28 여호와께서 모세에게 이르시되 어느 때까지 너희가 내 계명과 내 율법을 지키지 아니하려느냐 29 볼지어다 여호와 너희에게 안식일을 줌으로 제 육일에는 이틀 양식을 너희에게 주는 것이니 너희는 각기 처소에 있고 제 칠일 에는 아무도 그 처소에서 나오지 말지니라 30 그러므로 백성이 제 칠일에 안식하니라(출 16:25-30)

안식일에 먹을 것을 미리 주시겠다고 하셨는데도, 만나를 거두러 나갔다가 얻지 못했다. 하나님께서는 왜 이스라엘 백성들에게 안식일에는 일을 하지 마라 하시고 안식일에 먹을 것을 미리 주시는가? 그것은 단순히 육체적인 휴식만을 위한 것이 아니다. 하나님과 언약했기 때문에 그 언약을 확인하고 언약을 베푸신 하나님과 예배하고 교제하므로 영혼의 참된 안식을 주시기 위함이다. 그러나 백성들은 그것을 거부했다.

> 21 여호와께서 이같이 말씀하시되 너희는 스스로 삼가서 안식일에 짐을 지고 예루살렘 문으로 들어오지 말며 22 안식일에 너희 집에서 짐을 내지 말며 아무 일이든지 하지 말아서 내가 너희 열조에게 명함같이 안식일을 거룩히 할지어다(렘 17:21-22)

안식일에 짐을 지고 예루살렘으로 들어온다는 것은 하나님의 일하시고 공급하시는 것을 못 믿겠다는 것이다. 무엇보다 세상 것을 더 많이 누림으로 안식하겠다는 죄악 된 본성에 종노릇하는 것이다. 안식일에 일함으로써 언약을 부인하고 신앙은 종교적인 것으로 전락하고 도덕과 윤리는 온데 간데 없어져 버렸다. 가진 자가 인정받고 고아와 과부와 나그네들은 의지할 데가 없었다. 놀랍게도 그런 일이 바벨론 포로에서 돌아온 뒤에도 계속되었다.

> 15 그 때에 내가 본즉 유다에게 어떤 사람이 안식일에 술틀을 밟고 곡식단을 나귀에 실어 운반하며 포도주와 포도와 무화과와 여러 가지 짐을 지고 안식일에 예루살렘에 들어와서 식물을 팔기로 그날에 내가 경계하였고 16 또 두로 사람이 예루살렘에 거하며 물고기와 각양 물건을 가져다가 안식일에 유다 자손에게 예루살렘에서도 팔기로 17 내가 유다 모든 귀인을 꾸짖어 이르기를 너희가 어찌 이 악을 행하여 안식일을 범하느냐 18 너희 열조가 이같이 행하지 아니 하였느냐 그러므로 우리 하나님이 이 모든 재앙으로 우리와 이 성읍에 내리신 것이 아니냐 이제 너희가 오히려 안식일을 범하여 진노가 이스라엘에게 임함이 더욱 심하게 하는도다 하고 19 안식일 전 예루살렘 성문이 어두워 갈 때에 내가 명하여 성문을 닫고 안식일이 지나기 전에는 열지 말라 하고 내 종자 두어 사람을 성문마다 세워서 안식일에 아무 짐도 들어오지 못하게 하매 20 장사들과 각양 물건 파는 자들이 한두 번 예루살렘 성 밖에서 자므로 21 내가 경계하여 이르기를 너희가 어찌하여 성 밑에서 자느냐 다시 이같이 하면 내가 잡으리라 하였더니 그 후부터는 안식일에 저희가 다시 오지 아니하였느니라 22 내가 또 레위 사람들을 명하여 몸을 정결케 하고 와서 성문을 지켜서 안식일로 거룩하게 하라 하였느니라 나의 하나님이여 나를 위하여 이 일도 기억하옵시고 주의 큰 은혜대로 나를 아끼시옵소서 (느 13:15-22)

느헤미야가 페르시아에서 귀환한 후에 유다를 살펴보니 안식일을 철저하게 무시하고 있었다. 포로 귀환 후에 유다는 성벽 재건을 했으며 언약을 갱신했다. 안식일을 제대로 지키기로 결단하면서 새로운 마음으로 살기로 했었다. 바벨론의 포로생활은 얼마나 처절했던가! 다시 유다로 돌아온 것은 하나님의 특별하신 은혜였다. 이방인들과 다르게 이제 참으로 하나님의 백성으로 살아가야 했다. 그러나 현실은 그렇지 않았다. 경제적인 일로 이방인과 접촉하게 되면서, 안식일은 점점 마음에서 멀어져갔다. 안식일에 일하고 장사하는 것이 일상이 되고 말았다. 그렇게 변질된 안식일을 회복하시고 완성하신 분은 예수님이시다.

> 예수께서 그 자라나신 곳 나사렛에 이르사 안식일에 자기 규례대로 회당에 들어가사 성경을 읽으려고 서시매(눅 4:16)

예수님께서는 안식일에 회당에서 성경을 읽으시고 희년을 선포하셨다. 희년은 50년마다 빚진 자들의 빚을 탕감해 주고 노예들이 해방되고 땅의 경작을 쉬며 모든 거민들이 자신의 고향으로 돌아가는 해방이 해이다. 예수님께서 희년을 선포하심은 예수님의 구속 사역으로 죄와 사망에서 자기 백성들을 해방시키는 참된 희년을 선포하신 것이다. 그렇게 예수 그리스도의 구속으로 회복된 안식은 사도 바울을 통하여 이방인에게까지 전파되었다.

> 안식 후 첫날에 우리가 떡을 떼려 하여 모였더니 바울이 이튿날 떠나고자 하여 저희에게 강론할 새 말을 밤중까지 계속하매(행 20:7)

사도 바울은 안식 후 첫날인 주일에 성찬을 하고 설교를 했다. 이 일은 결코 가볍게 여길 일이 아니다. 그리스도의 십자가의 은혜가 이방인에게 전파되어 '안식 후 첫날에' 모였다는 것은 이전의 죄악들을 버리고 새로운 삶을 살아가는 실제적인 증거였기 때문이다.

교리문답은 "부득이한 일과 자비를 베푸는 일에 쓰는 것"에 대하여 말한다. 그런 일에 대하여 예수님은 무엇이라고 말씀하셨는가?

> 9 거기에서 떠나 그들의 회당에 들어가시니 10 한쪽 손 마른 사람이 있는지라 사람들이 예수를 고발하려 하여 물어 이르되 안식일에 병 고치는 것이 옳으니이까 11 예수께서 이르시되 너희 중에 어떤 사람이 양 한 마리가 있어 안식일에 구덩이에 빠졌으면 끌어내지 않겠느냐 12 사람이 양보다 얼마나 더 귀하냐 그러므로 안식일에 선을 행하는 것이 옳으니라 하시고 13 이에 그 사람에게 이르시되 손을 내밀라 하시니 그가 내밀매 다른 손과 같이 회복되어 성하더라(마 12:9-13)
> 10 한편 손 마른 사람이 있는지라 사람들이 예수를 송사하려 하여 물어 가로되 안식일에 병 고치는 것이 옳으니이까 11 예수께서 가라사대 너희 중에 어느 사람이 양 한 마리가 있어 안식일에 구덩이에 빠졌으면 붙잡아 내지 않겠느냐 12 사람이 양보다 얼마나 더 귀하냐 그러므로 안식일에 선을 행하는 것이 옳으니라 하시고(마 12:10-12)

안식일은 피조세계가 하나님의 생명력을 충만히 받아 누리는 날이다. 그러기에 그 날은 생명을 고치고 살려내는 일을 하는 것이 옳은 일이다. 그러나, 서기관과 바리새인들은 안식일의 참된 의미에서 벗어나 있었다. 그들은 우선 동물이 웅덩이에 빠지면 먹을 것을 주고 안식일이 지난 다음에야 꺼냈다. 그러나 만일 그 동물의 목숨이 위태로울 경우에는 직접 그 동물을 끌어내라고 했다. 또한 당시의 쿰란 공동체는 기껏해야 동물 스스로가 구덩이에서 빠져 나올 수 있도록 널판지를 넣어주라고 했다. 안식일에 자기 할 것은 다 하면서도 생명을 살리는 일을 꺼려했다. 안식일은 선한 일, 곧 생명을 살려내는 일을 하는 날이다. 그것은 인간이든 동물이든 그 생명이 살아나고 새 힘을 얻고 하나님의 영광을 나타내는 삶을 살아가는 모습으로 회복되는 날이다. 그런 까닭에, "안식일에 선을 행하는 것은 옳"은 일이다.

안식일의 원래의 의미는 쉰다는 것이다. 그렇다고 주일 날 아무것도 안하고 그저 의미 없이 쉰다는 것을 말하지 않는다. 안식일은 이 세상이 전부가 아니라 영원한 하나님의 나라에 들어가 영원토록 안식할 것을 알고 기억하는 날이다. 그래서 다른 날에 해도 되는 세상 일이나 오락을 안 하는 것이다.

무엇보다 안식일에는 '그 시간을 공적, 또는 사적 예배를 드리는 일로 사용'해야 한다. 예수 그리스도의 십자가를 통하여 구원하시고 그리스도의 몸된 교회로 부르셨다. 그리스도의 지체들이 모여서 함께 예배하는 것이 마땅하다.224) 또한 공적으로 예배드리는 것만이 아니라 가정으로 개인적으로나 하나님의 은혜를 기억하며 예배하는 일이 있어야만 한다. 공적인 예배 가운데 배운 하나님의 말씀을 다시 되새기면서 확인하고 마음속에 깊이 간직하는 훈련을 해야 한다. 예수님을 믿으면 말씀을 배워가고 자라가야 한다. 하나님의 말씀을 통하여 하나님

---

224) 변종길, "구라파의 주일성수," 「월간 고신」 (1995년 11월호), 30-33; 〈그러면 개혁교회 성도들은 주일 날 두 번의 예배를 드리고 난 후에는 무엇을 하는가? 이것이 궁금할 것이다. 한 마디로 그들은 주일 날 "안식"하며 조용히 "즐긴다". 주일날에는 두 번의 예배 외에는 아무런 회의도 없고 모임도 없다(당회와 제직회는 대개 월요일 저녁에 모인다). 그러니 예배 마치고 나면 각기 자기 집으로 돌아간다. 이 때 친구들이나, 학생들을 자기 집으로 초청해서 함께 차를 나누는 경우가 많다. 예배 마치고 나서 교회당 앞에서 가볍게 "너(희들), 나와 함께 커피 마시러 갈래?" 이렇게 물으면, 상대방은 별다른 약속이 없는 이상 "좋다. 그래 가자" 그런다. 그러면 우르르 몰려가서 바하의 음악을 틀어놓고서 함께 커피를 마시며 재미있는 이야기꽃을 피운다. 이것이 바로 개혁교회 성도들의 주일을 누리는 멋이요 즐거움이다. 그러고도 남는 시간은 조용히 음악을 듣거나 가족끼리 가벼운 게임을 하거나 또는 가벼운 책을 읽으며 보낸다. 물론 이 책은 학교 공부와는 관계없는 책이다. 주일 날 공부하는 것은 생각도 못할 일이다. 필자가 7년간 개혁교회에 다니며 살펴보았지만 주일 날 공부하는 학생은 한 번도 보지 못했다. 그들은 주일 날 진정으로 안식하고 있었다. 이러한 주일 개념은 무엇보다도 하나님의 계명, 곧 "안식일을 기억하여 거룩히 지키라"는 제4계명을 실제 생활 가운데서 지켜야 한다는 신앙에서 나온 것이었다. 신앙이란 「주관적인 감정」이나 편협한 「내적 확신」에만 있는 것이 아니라, 우리의 모든 생활 가운데서 하나님의 계명을 지키고 순종해야 한다는 성경적 신앙에서 나온 것이었다. 그들은 구원받았다고 해서 하나님의 계명, 율법을 무시하지 않는다. 율법은 그리스도 안에서, 우리의 「삶의 표준」으로서 여전히 기능을 발휘하고 있다. 그래서 그들은 율법, 그중에서도 특히 십계명을 소중히 여기고 실제로 지키려고 노력하는 것이다. 물론 그들은 십계명을 유대주의적 의미로, 또는 율법적으로 지키는 것은 아니다. 그것을 "그리스도 안에서" 새롭게 이해하고 적용하면서, 구원받은 성도들을 위한 「감사의 규칙」으로 즐거이 지키고, 또한 누리며 즐거워하는 것이다.〉

을 알아가야 하고 예수 그리스도의 구원의 은혜를 더욱 알아가야 한다. 그것이 한 해 두 해 지나갈수록 더욱 그리스도를 아는 지식과 사랑이 더 풍성해 가야 한다.225) 그렇게 공적인 예배를 통하여 구원과 언약 안에 있는지 돌아보고 확인하며, 수직적 의미와 통일성, 수평적 의미와 통일성을 충만하게 부여받게 된다. 수직적 의미와 통일성은 삼위 하나님 안에서, 수평적 의미와 통일성은 교회 공동체 안에서 주어진다.

---

225) 17 믿음으로 말미암아 그리스도께서 너희 마음에 계시게 하옵시고 너희가 사랑 가운데서 뿌리가 박히고 터가 굳어져서 18 능히 모든 성도와 함께 지식에 넘치는 그리스도의 사랑을 알아 19 그 넓이와 길이와 높이와 깊이가 어떠함을 깨달아 하나님의 모든 충만하신 것으로 너희에게 충만하게 하시기를 구하노라(엡 3:17-19)

제61문 제4계명이 금하는 것은 무엇입니까? (대119)
답: 제4계명이 금하는 것은 그 요구된 의무를 이행하지 않거나, 부주의하게 행하거나, 그리고 게으름으로 그 날을 더럽게 하거나 또는 그 자체로서 죄 되는 일을 행하거나 또는 세상의 여러 가지 일과 오락에 대해 불필요한 생각과 말과 행동으로 죄 되는 것을 하는 것입니다.[226]

이스라엘이 가나안에서 살아간다는 것은 가나안의 종교와 멘탈리티와의 싸움을 의미했다. 하나님께서는 왜 가나안과 바벨론의 주기처럼 살지 않게 하시고 이렇게 특별한 주기로 살게 하시고 안식일을 지키게 하셨는가? 그것은 언약백성으로서의 정체성을 지켜가기 위해서이다. 이스라엘이 이방나라의 주기를 따라 같은 날에 안식하는 시스템으로 갔다면 구약성경은 훨씬 더 일찍 종료되었을 것이다.

7일 사이클로 일주일이 돌아간다는 것은 단순한 주기이론이 아니다. 웨스트비(Kenneth Westby)는 다음과 같이 말한다.

> 오직 기독교 국가들만 7일 안식일제를 도입하기 시작했다. 그러다가 프랑스가 혁명을 한 후 기독교를 말살시키려는 의도로 안식일 제도를 없앴었다. 그들은 10일 안식일제를 1793년 10월 법으로 정하고, 교회는 안식일을 지킬 수 없게 되었다. 이를 어기면 호된 벌금과 형무소 처벌로 다스렸다. 그러나 10일 제도는 1805년에 실패로 돌아갔고, 7일 안식일제는 다시 복원되었다. 스탈린도 기독교를 말살시키기 위해서 (또 한편으로는 국내 생산을 늘리기 위해), 1929년에 10일 안식일제를 도입하였으나, 오히려 생산성이 거꾸로 내려가는 바람에 1940년에 7일 안식일 제도로 되돌아간 적이 있다. 이제는 전 세계가 7일 안식일제를 지키고 있다![227]

이런 과정들 속에서 세계는 거의 대부분 7일 안식일제를 지키고 있다. 문제는 무엇인가? 세상과 같은 시스템으로 돌아가게 되자, 기독교는 세상과 동화되고 말았다. 세상의 종교와 멘탈리티와의 싸움이 사라졌다. 교회는 자본주의 앞에 무릎을 꿇고 말았다. 세상의 부귀영화를 누리는 것이 하나님의 축복(?)이라고 자랑하게 되었고, 신앙의 본질을 지키는 싸움은 뒷전으로 물러났다. '저 목사가 진리를 선포하는 목사인가?'가 중요한 것이 아니라, '저 목사는 몇 명이 모이는 교회

---

[226] Q. 61. What is forbidden in the fourth commandment? A. The fourth commandment forbiddeth the omission, or careless performance, of the duties required, and the profaning the day by idleness, or doing that which is in itself sinful, or by unnecessary thoughts, words, or works, about our worldly employments or recreations.
[227] http://www.kacr.or.kr/library/itemview.asp?no=617 Kenneth Westby, 놀라운 7일 사이클(The Amazing 7-Day Cycle).

에서 목회를 하는 목사인가?'로 판단하고 있다. 초영성시대를 살아가는 현대인들에게 제4계명은 무슨 의미가 있는가? 그것은 단순히 한 날을 지키는 것이 아니라, '영적인 전투가 있느냐 없느냐?'를 고백하는 날이 되어야만 한다. 제4계명이 무엇을 금한다는 것은 그런 영적인 의미이다. 제4계명은 무엇을 금하고 있는가?

1) 그 요구된 의무를 이행하지 않거나

여호와 하나님께서 왜 이스라엘 백성들에게 안식일을 지키라고 그것을 의무로 요구하셨는가? 그것은 이스라엘 백성들의 삶의 패턴이 완전히 달라졌기 때문이다. 여호와께서 이스라엘을 애굽에서 구원하시고 시내산에서 언약하시고 율법을 주시기 전까지는 7일 주기 패턴을 가진 민족이 존재하지 않았다. 우리의 일상에는 너무나 자연스럽게 자리 잡고 있지만 이스라엘이라는 나라 외에는 그런 시스템을 가지고 있는 나라가 없었다.

왜 그랬는가? 그것은 그들이 섬기는 신에 의하여 '라이프 사이클'이 움직여졌기 때문이다. 바벨론은 달신을 섬겼기 때문에 그들의 생활 주기는 월력을 따라 반복되었다(monthly life cycle). 이집트는 태양신을 섬겼기 때문에 하루 주기였다(one day life cycle). 이시스나 오시리스 같은 계절신을 섬기던 알렉산드리아 같은 나라는 한 계절이 그들의 라이프 사이클이었다. 어떤 신을 섬기느냐에 따라 그들의 삶이 그 신에 의하여 지배를 받았다. 이스라엘은 여호와 하나님을 섬겼기 때문에 오직 이스라엘만이 '세븐 데이 라이프 사이클'로 살아가게 되었다.228) 그런 라이프스타일로 확정짓고 살아가는 가장 중요한 것이 바로 이스라엘이 안식일을 지키는 것이었다.

그러므로 이스라엘 백성들이 '세븐 데이즈 라이프 사이클'로 살면서 매주마다 안식일을 지킨다는 것은 '세상의 모든 우상들은 모두 거짓이며 오직 여호와만이 참신이다'라는 것을 삶으로 증거하는 것이었다. 그런 이유에서 이스라엘 백성들이 여호와 하나님 앞에 거룩하게 안식일을 지키는 것은 언약의 표지가 되었다.

이스라엘이 안식일을 지키지 않는 것은 언제나 여호와 하나님만으로 만족하고 섬기는 것에서 벗어나 이방의 신들과 섞였기 때문이었다.229)

그 제사장들은 내 율법을 범하였으며 나의 성물을 더럽혔으며 거룩함과 속된 것을 분변치 아니하였

---

228) 김성수, 창세기 강해에서.
229) 겔 8:5-17

으며 부정함과 정한 것을 사람으로 분변하게 하지 아니하였으며 그 눈을 가리워 나의 안식일을 보지 아니하였으므로 내가 그 가운데서 더럽힘을 받았느니라(겔 22:26)

에스겔 선지자는 21장까지 주로 이스라엘의 우상 숭배 죄와 관련된 하나님의 심판을 선포했다. 22장에서 에스겔은 그들의 윤리적 범죄 행위와 관련된 하나님의 심판을 선포했다. 백성들도 우상을 섬겼지만 무엇보다 더 심각한 것은 제사장들의 범죄였다. 26절의 죄는 성전에 봉사하는 제사장들의 죄들이다. 하나님을 섬기며 백성들을 가르쳐야 하는 직분에 있는 사람들이 물질에 눈이 멀었다. 그들은 이미 이방의 종교와 혼합이 되어 있었기 때문이다.

2) 부주의하게 행하거나, 그리고 게으름으로 그 날을 더럽게 하거나 또는 그 자체로서 죄 되는 일을 행하거나

이스라엘 백성들에게 안식일이란 하나님을 믿는 언약의 백성으로서 공적인 고백을 나타내는 것이었다. 그것이 오늘날 새언약의 교회는 세례를 행하고 성찬을 시행하며 주일을 지키는 것으로 나타난다.

이스라엘의 신앙고백이 안식일로 드러나야 하는 이유는 무엇인가? 그들이 직면하는 세상은 그들의 신앙고백과는 다른 세계관으로 움직여지는 세상이기 때문이다. 애굽이라는 나라와 광야를 지나면서 만나는 족속들과 가나안의 저 일곱 족속들도 이스라엘과는 다른 신앙과 세계관 속에서 살아가고 있었기 때문이다. 그들은 대표적으로 바알과 아세라와 같은 우상을 섬기는 족속들이었다. 그것은 이 세상이 전부이고 이 세상의 부귀영화를 위해 자기 자녀를 불살라 바치는 종교였다. 이방의 우상은 자신들의 욕망을 투사하여 만든 것이었고 그것들을 섬기며 사탄의 종노릇을 하고 살았다. 그러나 이스라엘은 안식일을 지킴으로 그런 죄악 된 것들과 분리되고 여호와 앞에 거룩하게 살아야 했다.

그러나 이스라엘은 여호와와 맺은 언약을 저버리고 신앙고백으로 나타나야 할 안식일은 더러워지고 말았다. 그것은 단순히 일을 쉬고 안 쉬고의 문제가 아니라 이스라엘의 삶의 방식이 완전히 달라졌기 때문이다. 딜레 박사는 다음과 같이 말했다:

무슨 이유로 유다가 자기들의 고유한 방법을 버리고 이스라엘의 무족위년 방식을 따랐겠는가? 우리는 이러한 변화가 여호람 통치 기간 동안에 있었던 것을 알 수 있다. 여호람의 아내 아달랴는 이스라엘의 아합과 이세벨의 딸이라는 사실을 기억해야 할 것이다(왕하 8:18, 26). 유다와 이스라엘 양 국가간의 동맹은 여호사밧과 아합 양 왕족 간에 결혼이 이루어짐으로 견고하게 되었고(왕하 8:18,

26; 대하 21:5-6), 그들은 자신들의 아이들에게 같은 이름을 붙였고(왕하 3:1; 8:16) 상대방의 집안들을 상호 방문하기도 했다(왕하 8:29; 대하 18:1-2). 두 나라는 함께 외국과의 무역에 동참했으며(대하 20:35-36; 왕상 22:48-49). 외국과 전쟁에도 무역에 동참했으며(대하 20:35-36; 왕상 22:48-49), 외국과 전쟁에도 함께 군사들을 파병했다(왕상 22:2-4; 대하 18:3-31; 22:5-6). 이러한 일들에서 이스라엘이 주도적인 역할을 하고 있으며, 유다는 이스라엘에 따라 동참하고 있는 것으로 나타나며(왕상 22:2; 왕하 8:27; 대하 18:2-3; 22:2-5), 유다가 이처럼 북쪽을 따라가는 것을 선지자가 꾸짖고 있다(대하 19:2; 20:37). 이세벨의 딸인 아달랴는 강인한 의지를 가진 여자임이 분명하며(대하 22:2-3; 10-12; 왕하 11:1-3), 자기 남편 여호람이 북쪽의 관습들을 수용하도록 영향력을 행사했을 것으로 예상할 수 있다. 성경 저자는 이러한 상황을 다음과 같이 표현하고 있다: "저가 이스라엘 왕들의 길로 행하여 아합의 집과 같이 하였으니 이는 아합의 딸이 그 아내가 되었음이라"(왕하 8:10; 대하 21:6). 이 시기에 이스라엘이 남쪽 유다에게 강력한 영향력을 행사했으며, 유다는 왕위연대를 계산할 때에 북쪽 방식을 채택했을 것이다. 유다에서 한번 채택된 무즉위년 방식은 네 왕들을 거치는 52년 동안 계속되었다.230)

이스라엘과 유다는 이방 종교와 혼합되어졌기 때문에 삶의 주기가 바뀌어 버렸다. 이스라엘의 죄악은 어디까지 갔는가?

> 이외에도 그들이 내게 행한 것이 있나니 당일에 내 성소를 더럽히며 내 안식일을 범하였도다(겔 23:38)

이스라엘 백성들은 어떻게 하나님의 성소를 더럽혔는가? 그들은 몰렉에게 자신들의 자녀를 제물로 바쳐놓고, 같은 날에, 하나님의 성전에 와서 하나님께 예배했다.

> 그들이 자녀를 죽여 그 우상에게 드린 당일에 내 성소에 들어와서 더럽혔으되 그들이 내 성전 가운데서 그렇게 행하였으며(겔23:39)

파렴치도 이런 파렴치가 없다. 하나님과 몰렉을 같은 차원으로 보는 극악한 죄를 지었다. 이스라엘은 우상에게도 빌고 하나님께 빌어 위기를 극복하려 했다. 순전히 종교적이었다. 안식일을 지키는 것은 하나님께서 자기 백성을 지키신다는 근본적인 신앙이 없으면 못 지키고 안 지킨다. 불안하고 걱정되어 여기도 빌

---

230) 에드윈 R. 딜레, 히브리왕들의 연대기, 한정건 역 (서울: 기독교문서선교회, 1990), 76-77; 〈앗수르, 바벨론, 그리고 페르사에서는 왕이 왕위에 올랐던 그 해를 그 왕의 "즉위년"(accession year)으로 부르고, 새해의 첫 달 첫 날에 가서야 그의 통치 첫 해로 계산한다. 이 계산법을 "즉위년 방식"(accession-year system), 혹은 "후기(後期) 계산법"(postdating)이라 부른다. 다른 방법은 왕의 그의 통치 첫 해를 자신이 왕위에 오른 해부터 시작하는 계산법이다. 이 계산은 "무즉위년 방식"(nonaccession-year system), 혹은 "조기(早期) 계산법"(antedationg)으로 일컬어진다. 왕의 통치 연도를 무즉위년 방식으로 계산하면 즉위년 방식보다 한 해가 더 많게 나타난다. 즉위년 방식에서 통치 첫 해는 무즉위년 방식에서 통치 둘째 해가 된다. …〉(p. 56)

어보고 저기도 빌어보는 마음으로는 안식일은 의미가 없다.

3) 또는 세상의 여러 가지 일과 오락에 대해 불필요한 생각과 말과 행동으로 죄 되는 것을 하는 것입니다

이사야 선지자는 이스라엘 백성들에게 참된 신앙이 무엇인지 애타는 심정으로 간곡하게 외쳤다. 이스라엘이 하나님을 찾았지만 형식적이고 외식적인 것뿐이었으며, 하나님의 뜻을 구하지 않고 자기들의 뜻을 구했기 때문이다. 종교적인 모습은 너무나도 화려했지만 실제로는 악한 죄를 저질렀다.[231]

> 만일 안식일에 네 발을 금하여 내 성일에 오락을 행치 아니하고 안식일을 일컬어 즐거운 날이라, 여호와의 성일을 존귀한 날이라 하여 이를 존귀히 여기고 네 길로 행치 아니하며 네 오락을 구치 아니하며 사사로운 말을 하지 아니하면(사 58:13)

"여호와의 성일"에 왜 오락을 할까? 여호와로부터 멀어지면 영적인 삶은 위험에 직면한다. 그것은 단순히 먹고 즐기는 차원이 아니다. 하나님을 위하여 헌신했던 것들이 나를 위한 것으로 변한다. 그런데 그렇게 살아가는 삶은 이상하게도 만족이 없다.

어떤 사람들은 '영적침체'라는 말을 너무 천연덕스럽게 사용한다. 자신들의 죄를 회개하지 않고 '영적침체기간'이라고 둘러댄다. 하나님께 드려야 할 마음이 나를 위한 마음으로 바뀌어진 것이 어찌 죄가 아닌가? 그것은 분명히 죄! 사람들은 가방 끈이 길어지고 배에 기름이 차면 죄에 대한 심각성과 민감성이 떨어진다. 성경이 기준이 되고 그 앞에 서야 죄가 드러난다. 그래야 화복이 된다. 성령 하나님께서 그 말씀으로 우리를 다시 새롭게 하신다.

> 나 여호와가 말하노라 너희가 만일 삼가 나를 청종하여 안식일에 짐을 지고 이 성문으로 들어오지 아니하며 안식일을 거룩히 하여 아무 일이든지 하지 아니하면(렘 17:24)

유다의 죄악은 깊이 뿌리박혀 있었다. 무엇보다 그들은 사람을 믿었고, 인간

---

[231] 1 크게 외치라 아끼지 말라 네 목소리를 나팔 같이 날려 내 백성에게 허물을, 야곱 집에 그 죄를 고하라 2 그들이 날마다 나를 찾아 나의 길 알기를 즐거워함이 마치 의를 행하여 그 하나님의 규례를 폐하지 아니하는 나라 같아서 의로운 판단을 내게 구하며 하나님과 가까이 하기를 즐거하며 3 이르기를 우리가 금식하되 주께서 보지 아니하심은 어찜이오며 우리가 마음을 괴롭게 하되 주께서 알아주지 아니하심은 어찜이니까 하느니라 보라 너희가 금식하는 날에 오락을 찾아 얻으며 온갖 일을 시키는 도다 4 보라 너희가 금식하면서 다투며 싸우며 악한 주먹으로 치는도다 너희의 오늘 금식하는 것은 너희 목소리로 상달케 하려 하는 것이 아니라(사 58:1-4)

의 권력을 믿고 여호와로부터 떠났다[232]. 여호와 하나님께서는 위기 가운데서도 여호와를 의지하라고 하시며 그들이 복을 받을 것이라고 하셨다. 그들은 물가에 심기운 나무 같이 더위에도 걱정 없이 청청하고 가물어도 걱정이 없고 결실하게 될 것이다.[233]

그러나 이스라엘의 마음이 여호와를 떠났다. 그들은 헛된 것을 의지하고 있었다. 안식일에도 짐을 지고 성문으로 들어 온 것은 그것을 증명한다. 언약의 화복과 복을 약속하시면서 돌아오라고 계속해서 권하시지만, 이스라엘은 그것을 거부했다. 그 결과는 어떻게 되었는가?

> 너희가 나를 청종치 아니하고 안식일을 거룩케 아니하여 안식일에 짐을 지고 예루살렘 문으로 들어오면 내가 성문에 불을 놓아 예루살렘 궁전을 삼키게 하리니 그 불이 꺼지지 아니하리라 하셨다 할지니라(렘 17:27)

이 백성들이 하나님께서 구별하신 안식일을 거룩히 지키지 않은 것은 언약 전체를 거부하는 것이었다. 여호와의 언약을 끝까지 거부하다가, 결국 심판을 받아 죽었으며 비참하고 처절한 포로생활을 하게 되었다.

성도는 엿새 동안 주어진 일을 성실히 감당하다가 주일에는 하나님 앞에 예배를 드리고 하나님의 말씀을 배움으로써 하나님을 더욱 알아가며, 하나님 의존적인 삶을 살아가야 한다. 우리는 마음을 다하고 뜻을 다해서 하나님 앞에 나아가기를 힘써야 한다. 그런 일들을 신실하게 행하지 아니하면 하나님께 충성된 믿음을 지켜가기 어렵다.

---

232) 나 여호와가 이같이 말하노라 무릇 사람을 믿으며 혈육으로 그 권력을 삼고 마음이 여호와에게서 떠난 그 사람은 저주를 받을 것이라(렘 17:5)
233) 그는 물가에 심기운 나무가 그 뿌리를 강변에 뻗치고 더위가 올지라도 두려워 아니하며 그 잎이 청청하며 가무는 해에도 걱정이 없고 결실이 그치지 아니함 같으리라(렘 17:8)

제62문 제4계명에 첨가한 이유들은 무엇입니까? (대120)
답: 제4계명에 첨가한 이유들은 하나님께서 우리 자신의 일들을 위하여 한 주간 중 엿새를 허락하시고, 제7일은 그분의 특별한 소유가 되는 날임과, 자기가 친히 모범을 보이신 것과, 안식일을 복 주신 것입니다.234)

현대철학의 방향을 틀어쥐고 있는 니체나 스피노자와 같은 사람들을 보면 예수님의 말씀 그대로 성경도 하나님의 능력도 모른다는 것이 드러난다.

> 예수께서 대답하여 가라사대 너희가 성경도 하나님의 능력도 알지 못하는고로 오해하였도다(마 22:29)

왜 이런 말을 해야 하는가? 그것은 소위 철학을 하며 기독교를 반대하는 사람들이 "성경도 하나님의 능력도 알지 못하"기 때문이다. 사람들은 기독교가 이 세상을 무시하고 저 세상, 곧 천국만 의미 있다고 오해한다. 니체는 『차라투스트라는 이렇게 말했다』를 '제5복음서'라 했다. 이 책이 인류 구원에 관한 기쁜 소식을 담고 있다는 뜻에서 그렇게 말했다. 니체가 말하는 기쁜 소식이란 무엇인가? 그것은 인간이 자신의 구원을 위해서 더 이상 신이나 외부의 진리와 도덕에 의존하지 말고, 인간 스스로 삶을 극복하고 스스로 구원하라는 것이다. 니체는 차라투스트라가 그렇게 인간의 운명을 일깨워주는 '복음의 사자'라고 말했다. 차라투스트라는 영적인 안내자다. 차라투스트라는 무엇이라고 말했는가?

> 배후세계론자에 대하여
> 일찍이 짜라투스트라도 모든 배후세계론자와 마찬가지로 인간의 피안(彼岸)에 대해 환상을 품고 있었다. … 이 세계, 영원히 불완전한 세계, 영원한 모순의 영상(映像), 그나마도 불완전한 영상.-이러한 세계의 불완전한 창조자에게는 도취적 환락.-알찌기 나에게는 세계는 이렇게 생각되었다. 따라서 나는 일찍이 모든 배후세계론자들과 마찬가지로 인간의 피안에 대한 환상을 품고 있었다. 정녕 인간의 피안에 대해서였을까? 아, 나의 형제들이여, 내가 창조해 낸 이 신은 다른 모든 신들과 마찬가지로 인간이 만들어 낸 것, 인간의 광기(狂氣)였다! 이 신은 인간이었다. 게다가 인간과 자아의 초라한 부분이었다. 나 자신의 재(灾)와 작열(灼熱)로부터 그것은, 이 유령은 나에게 다가왔고 정녕! 피안으로부터 나에게 다가온 것은 아니었다! … 새로운 긍지를 나의 자아는 나에게 가르쳤다. 그 긍지를 나는 인간들에게 가르친다. 머리를 천상적(天上的)인 사물의 모래 속에 감추지 말고 머리를 자유롭게 쳐드는 긍지를. 대지에 의미를 부여하는 지상(地上)의 머리를! …235)

---

234) Q. 62. What are the reasons annexed to the fourth commandment? A. The reasons annexed to the fourth commandment are, God's allowing us six days of the week for our own employments, his challenging a special propriety in the seventh, his own example, and his blessing the sabbath day.
235) 니이체, 짜라투스트라는 이렇게 말했다, 문영기 역 (서울: 고려문학사, 1994), 39-43.

니체는 플라톤과 같은 형이상학자들이나 기독교는 참된 진리와 아름다움은 피안의 세계에 있다고 가르쳤지만, 인간이 살고 있는 이 세계가 참된 세계라고 말했다.236) 저 세계, 곧 천국에 참된 것이 있다고 말한다는 것은 의지와 명령을 담고 있기 때문에 거부한다. 언제나 의지와 명령과 능력은 참된 진리로부터 나오기 때문이다. 또 그렇게 진리를 따를 때에 능력이 나타나게 된다.

니체는 그런 참된 능력이 참된 진리를 가진 저 세계로부터 오는 것이 싫었기 때문에 인간 안에서 그리고 여기 이 대지, 곧 이 세상이 참된 세계라고 한 것이다. 니체는 성경이 이 세계와 저 세계의 이분법으로 세계를 말하고 있다고 오해했다. 성경은 그렇게 이분법으로 말하지 않는다. 그것을 제4계명에서 분명하게 말하고 있다. 성경은 엿새 동안 일하고 일곱째 날에 하나님께 예배하라고 한다. 그렇다고 엿새 동안 일만 하고 오로지 일곱째 날만 예배한다는 뜻이 아니다. 하나님께서는 이 세계를 평가절하하지 않으셨다.

언약의 신실함은 삶의 성실함을 가르친다. 비록 이 세상이 죄로 오염되고 부패했으나 이 현상계가 의미 없다고 말하지 않는다. 하나님께서는 죄를 지어 타락한 아담과 하와에게 여전히 이 세상에서 일하며 하나님께서 이루실 그 구속을 향하여 나아가야 했다. 왜냐하면 인간은 자기 스스로 죄에서 구원할 수가 없기 때문이다. 그 구원은 오직 예수 그리스도 안에서만 이루어진다. 예수 그리스도 안에서 온전한 구원이 이루어지기 전까지는 하나님께서 각자에게 부여하신 그 일에 성실하게 감당해야 하는 것이 하나님의 명령이다.

인간의 타락을 부정하는 니체가 인간의 죄악들에 대해서 무엇이라고 말하는지 들어보라.

창백한 범인에 대하여

그대들 재판관들이여, 제물(祭物)을 바치는 사람들이여, 그대들은 제물로 바친 짐승이 머리를 숙이기 전에 죽일 수는 없는가? 보라, 창백한 범인이 머리를 숙였다. 그의 눈에는 엄청난 경멸이 나타나 있다. 「나의 자아는 초극되어야 할 그 무엇이다. 나의 자아는 나에게는 인간에 대한 커다란 경멸이

---

236) 고병권, 니체의 위험한 책, 차라투스트라는 이렇게 말했다 (서울: 그린비, 2013), 103; "… 플라톤은 지금 이 세계가 참된 세계가 아님을 역설하고 있는 것이며, 기독교도는 이 세계가 죄로 타락한 세계라고 말하고 있는 것이다. 또한 니체가 강조하듯이 '저 세계'는 그 존재를 증명할 수 없을 때조차 우리에게 하나의 의무를 부여하고 명령을 내린다. 거기에는 항상 무엇이 선하고 옳은지, 어떻게 살아야 바르게 사는 것인지에 대한 명령이 담겨 있다. 니체는 형이상학자들이 우리가 살고 있는 세계를 다른 어떤 세계, 바로 그들이 참된 세계라고 명명한 그 세계의 관점에서 평가절하하고 있다고 말한다. …"

다.」 그의 눈은 이렇게 말하고 있다. 그가 자기 자신을 재판하는 것은 그의 최고의 순간이다. 숭고한 자를 비열한 상태로 되돌아가게 하지 말라. 이와 같이 자기 자신에 대해 고뇌하는 자에게는 어떠한 구원도 있을 수 없다. 하루 빨리 죽는 것 이외에는.
그대들, 재판관들이여, 그대들이 범인을 사형에 처하는 것은 동정이어야 하고 복수여서는 안 된다. 그리고 그대들은 사형에 처하면서, 그대들 자신의 삶을 정당화한다는 것을 잊지 말라. 그대들이 사형에 처하는 사람과 화해하는 것으로는 충분하지 못하다. 그대들의 비애(悲哀)를 초인(超人)에의 사랑이 되게 하라. 이렇게 함으로써 그대들은 아직도 살아 있다는 것을 정당화하라!
그대들은 〈적〉이라고 말해야 하며, 〈악한〉이라고 말해서는 안 된다. 그대들은 〈병자(病者)〉라고 말해야 하며, 〈불량배〉라고 말해서는 안 된다. 그대들은 〈바보〉라고 말해야 하며 〈죄인〉이라고 말해서는 안 된다.237)

살인자에 대하여 '죄인'이라 하지 않고 '바보'라고 말해야 한다는 것은 니체의 표현대로 하자면 그것이야말로 '광기'다. 이 세상이 참된 세계이기에 이 세상 속에 있는 인간이 죄인이 될 수가 없다는 논리다. 니체는 인간을 어떻게 말하는가?

그렇다면 그가 말하는 신체는 어떤 것일까? 신체는 무엇보다도 역동적인 복합성으로 정의되지 않으면 안 된다. 신체에는 사유하는 정신이 있고, 느끼는 감각이 있으며, 그런 것들을 추동하는 여러 힘들, 정서들(열정이나 욕망들: affectus)이 있다. 신체는 생물학적인 것 못지않게 심리학적이며 동시에 생리학적이다. 니체는 정서들의 움직임을 특히 강조했다. 그가 말하는 '커다란 이성', '제3의 눈'은 모두 정서들과 관련이 있다.238)

살인범죄자를 향하여 '바보'라고 하는 이유가 여기에 있다. 인간은 생성하는 그 무엇이기에, 그런 인간을 향하여 죄인이라 말하지 말라는 것이다. 그렇게 되면 이 세상은 어떻게 될까? 죄를 지어도 죄인이 아니라 바보라고 말하는 세상은 멸망하게 된다. 차라투스트라가 말한 복음은 거짓된 복음이다!
니체는 '저 세계가 참되다'는 것을 증명할 수 없다고 했는데, 니체의 '권력의지', '영원회귀'는 무엇으로 반증할 수 있는가? 인간이 신이라고 말하며 그 인간이 스스로 삶의 문제를 해결해 가는 방식이야말로 증명할 수 없는 도약이다. 하나님을 믿고 그 말씀을 믿는 것은 증명가능하기 때문에 믿는 것이 아니다. 인간은 무한하신 하나님을 포섭할 수가 없다.

1) 하나님께서 우리 자신의 일들을 위하여 한 주간 중 엿새를 허락하시고

교리문답의 이 말이 엿새는 우리의 것이라는 것으로 오해되어서는 안 된다.

---

237) 니이체, 짜라투스르라는 이렇게 말했다, 문영기 역 (서울: 고려문학사, 1994), 48-49.
238) 고병권, 니체의 위험한 책, 차라투스라는 이렇게 말했다 (서울: 그린비, 2013), 166-167.

엿새는 우리를 위한 것이고 한 날은 하나님의 것이 아니다. 모세의 고백처럼 우리의 인생은 하나님의 손에 있다.239)

철저하게 언약적 개념으로 이해하지 않으면 일곱째 날과 엿새는 분리되고 만다. 그러나 우리의 현실은 언약적으로 살아가지 못하는 상황에 처하기 때문에 신앙생활은 어려움에 직면하게 된다. 그것은 하나님의 나라에 대한 개념과 연결된다. 하나님의 나라는 지금 하나님의 통치를 받는 성도 개개인의 인생과 삶이다. 그러나 세상은 여전히 악한 권세 잡은 자가 지배하고 있기 때문에 여전히 성도는 고난을 받게 된다.

> 15 엿새 동안은 일할 것이나 제 칠일은 큰 안식일이니 여호와께 거룩한 것이라 무릇 안식일에 일하는 자를 반드시 죽일지니라 16 이같이 이스라엘 자손이 안식일을 지켜서 그것으로 대대로 영원한 언약을 삼을 것이니(출 31:15-16)

엿새 동안 일하라는 명령은 일하는 것이 우리의 본분이라는 뜻이 아니다. 이 말씀은 안식일을 지켜야 하는 당위성에 대한 말씀이기 때문이다. 하나님께서 그 백성들에게 엿새를 주신 까닭은 우리의 배부름을 위해서가 아니라 하나님의 은혜와 선하심을 증거하는 제사장적인 삶을 위해서였다. 그리하여 열방이 여호와께 돌아오는 사역을 감당해야 했다. 그리고 하나님께서 정하신 안식일에 여호와 하나님께 나아와 예배하며 하나님의 구원과 은혜를 찬양하며 거룩하게 지켜야 했다.

이 말씀에서 "큰 안식일"이란 '안식의 안식일'이라는 뜻으로 '쉬는 안식일'이라는 뜻이다. 반드시 쉬어야 하는 날이라는 것을 강조한 말이다. 왜냐하면 이 안식일이 영원한 언약의 징표이기 때문이다. 이 안식일을 지킴으로 이스라엘은 우연히 이 자리에 있게 된 것이 아니라, 여호와 하나님께서 출애굽 하여 광야를 거쳐 이 가나안에 이르게 된 언약의 백성이라는 것을 확인했다. 안식일을 지킴으로 영원한 의미와 통일성을 부여받고 살았다. 안식일에 일한다는 것은 그것을 버리고 자기 안에서 만들어 가겠다는 것이다. 그런 인간의 죄악성을 아시기 때문에 안식일을 거룩하게 지키라고 명령하셨다.

2) 제7일은 그분의 특별한 소유가 되는 날임과

여호와께서는 일곱째 날을 안식일로 정하시고 자기 백성들에게 지킬 것을 명

---

239) 내 시대가 주의 손에 있사오니 내 원수와 핍박하는 자의 손에서 나를 건지소서(시 31:15)

령하셨다.

> 엿새 동안은 일할 것이요 일곱째 날은 쉴 안식일이니 성회라 너희는 무슨 일이든지 하지 말라 이는 너희 거하는 각처에서 지킬 여호와의 안식일이니라(레 23:3)

그냥 안식일이라 하지 않고 "여호와의 안식일"이라 말씀하셨다. 특별한 날로 지정하여 하나님을 경외하며 하나님께서 허락하신 구원과 언약을 기억하며 생각나도록 하셨다. 안식일은 하나님을 만나며 교제하는 날이다. 그래서 안식일을 "성회"라고 하셨다. 그 날은 따로 구별된 날이기에 하나님의 특별한 소유가 된 날이다.

칼빈은 신약의 교회가 주일을 지키는 것은 유대인들과 전혀 의미가 다르며 유대교를 훨씬 뛰어넘는다고 말했다. 왜냐하면 성도는 이제 율법의 의식으로서 날을 지키는 것이 아니기 때문이다.

> 바울은 그리스도인들이 이 날을 지키는 것에 대해서 아무도 판단하지 말 것을 가르치고 있다. 그날은 그저 "장래 일의 그림자"에 불과하기 때문이다(골 2:17). 그렇기 때문에, 사도는 갈라디아 사람들이 여전히 "날과 달과 절기와 해"를 지키는 것을 보고서 그가 그들 가운데서 "수고한 것이 헛될까" 두려워하고 있는 것이다(갈 4:10-11). 그리고 그는 로마 사람들에게, 날을 구별하는 것이 미신적인 행위임을 선언하고 있다(롬 14:5). 미친 사람이 아니라면 사도가 과연 무엇을 염두에 두고서 날을 구별하는 일을 거론하는지를 모를 사람이 어디 있겠는가? 로마 사람들은 정치적이며 교회적인 질서를 유지하고자 하는 의도를 갖고 있었던 것이 아니었고, 영적인 것들을 예표하는 것으로서의 안식일을 그대로 존속시킴으로써 그만큼 그리스도의 영광과 복음의 빛을 어둡게 만들고 있었다. 그들이 그날에 육체 노동을 금한 것도, 그런 노동이 거룩한 연구와 묵상을 저해하기 때문이 아니라, 그날을 지키는 것이 그 옛날 장려된 대로 신비한 것들을 존귀하게 하는 것이라고 상상하여 그렇게 한 것일 뿐이었던 것이다. 단언하건대, 사도가 통렬하게 책망하는 것은 바로 이처럼 어리석은 생각으로 날을 구분하는 행위이지, 결코 그리스도인의 교제와 평화를 돕기 위해서 날을 정당하게 선택하여 지정하는 행위가 아닌 것이다. 사실, 사도가 세운 교회들에서는 안식일이 이런 목적으로 계속 유지되었다. 그는 고린도 사람들에게 예루살렘의 형제들을 돕는 연보를 모으는 일을 그날에 하도록 지정하고 있기 때문이다(고전 16:2).[240]

유대인들처럼 미신적으로 지키는 것이 아니다. 성도는 율법을 완성하신 그리스도 안에서 교제와 평화를 누리기 위해 지킨다. 이제 그림자로서의 안식일은 끝났다. 교회가 안식 후 첫날로 모이는 것은 그리스도께서 부활하심으로 옛안식일이 가리킨 목적이 그리스도 안에서 성취가 되었기 때문이다.

---

[240] 존 칼빈, (상), 원광연 역 (고양: 크리스찬다이제스트, 2003), 489-490.

3) 자기가 친히 모범을 보이신 것과

자기 백성들에게 안식의 모범을 보이신 것은 하나님에게 쉼이 필요해서가 아니다. 하나님께서는 스스로 계신 분이시기에 무엇이 부족하시거나 자기 사역에 지치시는 분이 아니시다. 하나님은 인생이 아니시다.

> 이는 나와 이스라엘 자손 사이에 영원한 표징이며 나 여호와가 엿새 동안에 천지를 창조하고 제 칠일에 쉬어 평안하였음이니라 하라(출 31:17)

먼저 중요한 것은, '할례와 더불어 안식일 준수가 왜 그렇게 중요한가?'이다. 그것은 하나님과 이스라엘의 언약관계를 확인하고 연결하는 표이기 때문이다. 그것은 단순한 표가 아니다. 그것은 옛언약 하에서는 생명처럼 귀한 것이었다. 언약은 생명이다. 지켜도 그만 안 지켜도 그만이 아니다.241)

하나님께서는 '제 칠 일에 쉬어' 친히 모범을 보이셨다. 성경은 안식일을 지키는 근거가 하나님 자신의 안식에 있음을 말한다. 안식일은 하나님의 창조 사역의 완성과 충만과 기쁨을 드러낸다. '주일' 역시 그리스도 안에 이룬 하나님의 재창조 사역을 증거한다. 하나님 안에 쉬는 날이 안식일이다. 하나님으로부터 지음을 받았고 하나님으로부터 공급을 받고 사는 존재가 인간이다. 하나님 안에 모든 것이 있음을 고백하는 날이 안식일이다.

그러기에 안식일에는 만족과 기쁨과 평안이 있다. 성경은 그것을 "평안하였음이니라"로 표현했다. 이것은 '숨을 쉬었다'는 말로써, 만족하셨다는 것을 뜻한다. 하나님의 인도와 공급하심을 믿고 안식일을 지킨다는 것은 구원받고 언약을 맺은 백성이 아니면 못 지킨다. 구원론이 삶을 지배한다!

하나님께서 이 안식에 대하여 직접 모범을 보이신 이유는 여호와 안에서 영적인 쉼을 주시기 위함이다. 이 세상의 물질은 참된 안식을 주지 못한다. 왜냐하면 이 세상의 것들은 유한하기 때문이다. 유한한 것은 유한한 의미와 통일성 밖에 없다. 유한한 것으로부터 영원한 것을 얻지 못하고, 오직 하나님으로부터만 주어지는 것이기에 하나님께서 자기 백성들을 초대하신 것이다. 세상은 유한 속에서 비참과 절망을 느끼기 때문에 그것을 벗어나기 위하여 영원한 의미와 통일성을 얻기 위해 도약을 감행한다. 그러나 성도는 예수 그리스도 안에서 허락된 구원

---
241) 네가 네 하나님 여호와의 말씀을 순종하면 이 모든 복이 네게 임하며 네게 미치리니(신 28:2) 네가 만일 네 하나님 여호와의 말씀을 순종하지 아니하여 내가 오늘날 네게 명하는 그 모든 명령과 규례를 지켜 행하지 아니하면 이 모든 저주가 네게 임하고 네게 미칠 것이니(신 28:15)

과 하나님과의 언약 속에서 참된 영혼의 안식을 누리게 된다. 그러므로 하나님과 분리가 되는 것은 죄악이다. 그런 분리가 일어나지 않도록 인생의 악함을 아시는 하나님께서 자기 백성들을 위하여 모범을 보이셨던 것이다.

4) 안식일을 복 주신 것입니다

안식일을 복 주신 것은 이 세상의 물질에 복을 주셨다는 것이 아니라 하나님과의 언약관계 속에 있는 것들에 복을 주셨다는 뜻이다. 우리는 헬라적 이원론에 근거하여 물질은 악하다 해서는 안 된다. 그러나 사탄은 언제나 이 물질이 전부인 것처럼 미혹한다. 하나님께서 물질에 복을 주시는 것은 그 물질 자체로 배불리려는 것이 아니라 하나님과의 바른 관계 속에 있을 때 주어지는 결과물 중에 하나일 뿐이다. 물질을 주실 수도 있고 안 주실 수도 있다. 중요한 것은 하나님을 얼마나 알아가며 여호와의 언약에 얼마나 신실하게 살아가느냐의 문제이다. '너희는 내 백성이 되고 나는 너희 하나님이 된다'는 언약의 핵심에 충성하고 사는 것이 하나님의 백성이다!

하나님께서 엿새 동안 천지만물을 창조하셨다. 특히 인간을 창조하신 후에는 "보시기에 심히 좋았더라"(창 1:31)고 성경은 말한다. 그것은 그 어떤 피조물들과 달리 하나님의 형상으로 만들어진 인간이 기계적인 존재로서가 아니라 인격적인 존재로서 하나님의 하나님 되심을 드러내는 존재로 만들어졌기 때문이다. 인간은 자연법칙을 따라 움직여지거나 리모콘트롤 되는 부품들의 조합이 아니다. 하나님의 존재와 성품에 항복된 자로서 즐겁고 기쁜 마음으로 하나님의 그 만드신 피조 세계를 다스림으로써 하나님의 영광을 온전히 드러내는 존재다. 그렇게 살아가는 삶이 안식이다.

그러므로 성경에서 쉰다는 것은 단순히 일을 쉰다는 뜻이 아니다. 하나님의 하나님 되심이 충만하게 드러나고 그것이 피조물들에게 충만한 생명력을 주게 되어 하나님을 예배하며 찬양하는 지복을 누리는 것이 안식이다.

하나님의 안식은 하나님의 성품과 능력과 지혜를 나타내시어 하나님의 세계를 간섭하시며 다스리시어 그 원하신 대로 하나님의 은혜와 영광으로 충만한 상태이며, 인간의 안식은 그 충만한 은혜와 영광에 항복되어 충만한 생명력을 누리어 영원한 의미와 통일성을 누리는 상태를 말한다. 그러므로 성경의 안식은 피곤해서 쉬는 것이 핵심이 아니라 피조물 된 그 한계를 알고 하나님 안에서 언약에 충성을 다하는 상태가 안식이다. 안식일에 복을 주신 것은 바로 그런 이유 때문이다.

> 하나님이 일곱째 날을 복 주사 거룩하게 하셨으니 이는 하나님이 그 창조하시며 만드시던 모든 일을 마치시고 이 날에 안식하셨음이더라(창 2:3)

하나님께서는 일곱째 날을 복주시고 거룩하게 하셨다. 살아있는 생명체가 아닌 '날'에게 복을 주셨다. 그것은 이 일곱째 날을 지키는 사람들은 하나님의 복을 누릴 것이라는 말씀이다. 안식일은 인간을 위한 것이지 인간을 제어하기 위한 수단이 아니다.

또한 일곱째 날을 "거룩하게 하셨"다는 이 말은 '성결하다고 선언하다', '거룩한 것으로 간주하다'는 뜻이다. 일곱째 날 자체가 거룩한 것이 아니라 하나님께서 거룩한 날로 정하셨기 때문에 거룩하다. 하나님의 것이 되었기 때문에 거룩한 것이다.

성경이 말하는 안식이란 무위도식(無爲徒食) 하는 것을 말하지 않는다. 하나님께서는 창조 시로부터 그 지으신 사람에게 명령하셨다.

> 하나님이 그들에게 복을 주시며 그들에게 이르시되 생육하고 번성하여 땅에 충만하라, 땅을 정복하라, 바다의 고기와 공중의 새와 땅에 움직이는 모든 생물을 다스리라 하시니라(창 1:28)

그러므로 하나님께서는 엿새 동안은 힘써 자신에게 부여된 일들을 행하라고 하셨다. 그것은 하나님께서 각자에게 주신 과업이다.

> 엿새 동안은 힘써 네 모든 일을 행할 것이나(출 20:9)
> 엿새 동안은 일할 것이나 제 칠일은 큰 안식일이니 여호와께 거룩한 것이라 무릇 안식일에 일하는 자를 반드시 죽일지니라(출 31:15)

인간은 그가 하는 일을 통하여 하나님의 영광을 나타내도록 지음을 받았다. 그것은 다만 일만 그런 것이 아니라 언제나 성품이 함께 한다. 존재, 사역, 성품, 이 세 가지가 하나로 묶여 있다. 하나님의 하나님 되심, 하나님의 사역, 하나님의 성품이 인간의 인간됨, 인간의 사역, 인간의 성품을 통하여 나타남으로 하나님의 영광을 그 지으신 세계에 드러나게 하신다.

인간은 쉼이 필요하다. 인간에게 쉼이 필요하다는 것은 인간이 쉬어야하는 한계를 가진 존재라는 것을 의미한다. 인간은 휴식을 통하여 다시 일할 수 있는 힘을 공급받게 된다. 쉬지 않고 일을 하게 되면 영·육간에 무리가 되고 결국은 그 본연의 삶을 누리지 못하게 된다. 휴식을 통하여 새 힘을 공급받는다는 것은 하나님으로부터 그 힘을 공급을 받아야 하는 존재라는 뜻이다. 그것은 인간 내부로부터가 아니라 인간 외부로부터 주어지는 것이다. 육체의 필요가 외부로부터 공급이 되어지듯이, 인간의 영혼은 하나님의 말씀을 공급받을 때 살아나게 된다. 이것이 성경이 가르치는 내용이다.242)

이렇게 안식일을 지키는 것이 의미와 통일성을 부여하게 된다. 오락을 하지 않는다는 것과 사사로운 말을 하지 않는다는 것은 이 안식일에 인간의 의미와 통일성을 인간 내부에서 찾지 않는다는 뜻이다.

이사야 58장의 말씀은 여호와께서 포로 중에 있는 이스라엘 백성들에게 하신 말씀이다. 그들이 지금 포로로 잡혀 온 것은 여호와의 언약의 말씀을 순종하지 않고 자기 욕심대로 행하고 우상을 숭배했기 때문이다. 하나님께서는 이스라엘 백성에게 포로귀환을 말씀하시고 그들에게 소망을 주신다. 그 궁극적인 목적은 여호와와 맺은 언약에 신실하게 순종하도록 하는 것이다.

인간의 의미와 통일성을 가장 잘 설명하는 것이 언약이다. 하나님께서는 이 언약에 다시 신실하게 하심으로 참되고 영원한 의미와 통일성을 부여받고 하나님의 백성으로 불안과 분열 없이 참된 자유와 평안과 만족을 누리고 살게 하신다.

하나님의 안식은 인간의 한계와는 다르다. 하나님은 스스로 존재하시는 분이시기 때문이다. 그렇게 안식하신 것은 인간을 위한 것이다. 이 창조의 목적이 무엇이며 그 완성을 고대하도록 안식일을 특별히 정하셨다. 끝없이 일만 하다가 일 속에서 죽는 인생이 아니라 인간에게 맡기신 일의 목적이 있고 완성이 있다는 것이다. 여기 이 세상이 전부가 아니라 영원한 하나님의 나라를 위하여 살며 그 나라가 완성될 것을 바라보며 살아가야 한다.

---

242) "고신대학교 신학대학원 교수회의 안식일과 주일문제의 연구,"에서; "그리스도가 우리에게 가져다 준 구원의 포괄성을 생각할 때, 또 우리의 신체, 정신, 영혼 전인이 구원의 대상임을 생각할 때 우리는 하나님이 우리에게 주시는 주일 안식도 포괄적인 것으로 이해할 수 있다고 본다. 즉 일차적으로 주일은 예배와 묵상을 통해 영적 안식을 누려야 하지만 그러한 영적 안식을 충실히, 그리고 충분히 누린 후, 혹은 누리면서 이차적으로, 그리고 일차적 의미를 손상함이 없도록 절제하면서, 우리의 육신과 정신을 위해 한 주간동안 쌓인 피로를 풀고 새로이 다음 한 주간의 소명을 감당하기 위한 재충전의 적절한 시간을 가지는 것은 주께서 우리에게 주일을 통해 허락하신 안식의 풍요로운 선물의 범위에 포함된다고 볼 수 있을 것이다. 오히려 성도들이 주일에 영과 육과 혼의 전인적 안식의 축복을 누릴 수 있을 때 안식일을 허락하신 성부 하나님의 은혜와 성자 예수 그리스도의 영광이 더욱 빛을 발하게 될 것이다."

제63문 제5계명이 무엇입니까? (대123)
답: 제5계명은 "네 부모를 공경하라. 그리하면 네 하나님 여호와가 네게 준 땅에서 네 생명이 길리라."입니다.[243]

지금부터 살펴보는 5계명부터는 이웃과의 관계에 대한 계명이다. 현대인에게 있어서 이웃은 어떤 의미인가? 현대인의 가장 친한 이웃은 텔레비전이라고 말할 정도로 사람들과의 관계가 무너져가고 있다.

게오르그 짐멜(Georg Simmel, 1858-1918)의 『대도시와 정신적 삶』(Simmel metropolis and mental life)은 대도시에 살아가는 두 가지 삶의 방식들에 대하여 말한다. 그것은 '상호무관심'(indifference)과 '속내감추기'(reserve)다. 도시인들은 만나는 사람들이 너무 많기 때문에 그 만나는 사람들마다 친밀한 인격적인 관계를 유지할 수가 없다. 또한 도시인들은 자신의 삶을 침해당하지 않기 위해 자신의 마음을 드러내지 않는다. 자신도 그러하거니와 다른 사람들에게도 그것을 요구하지 않는다. 그러나 이런 두 가지 삶의 태도는 사람들을 고독에 빠지게 한다. 긴장 상태에 있는 도시인들에게 소통의 문제가 발생한다.

짐멜은 도시인의 고독과 소외를 겪는 이유를 화폐경제의 보편화에서 찾았다. 화폐는 인간관계를 추상화된 교환관계로 만들고, 화폐를 매개로 하여 만나는 사람들 사이에서는 자신들의 인품과 살아 숨 쉬는 영혼이 사라지게 된다고 보았다.[244]

카프카(Franz Kafka, 1883-1924)는 『변신』이라는 책을 통하여 현대인의 소외와 불안을 조명했다. 어느 날 갑자기 벌레로 변신해 버린 주인공 그레고리의 실존적 상황이 현대인들이 누구나 당면할 수 있는 상황이라고 말한다. 가정과 사회에서 모든 인간관계가 허위와 위선이라고 고발한다. 그레고리가 가정의

---

243) Q. 63. Which is the fifth commandment? A. The fifth commandment is, Honor thy father and thy mother; that thy days may be long upon the land which the Lord thy God giveth thee.
244) 네이버지식사전; "예를 들어, 빵집에서 빵을 살 때, 손님에게 빵을 건네는 주인의 마음은 선심이나 동정심이 아니고 단지 돈을 벌려는 이기심이라는 것이다. 화폐를 매개로 관계를 엮어 가는 도시 생활이 확산되면서 사람들의 관계는 지극히 사무적이고 냉혹해졌다. 짐멜은 도시의 자유란 바로 화폐가 주는 인간관계의 멀어짐과 다름없다고 보았다. 화폐는 '거리'를 통해 도시민들에게 자유를 선물하는 대신 사람들 사이의 인간적 교류, 즉 '정'(情)을 상실하였다. 최근 신자유주의 체제의 한계를 지적하는 전문가들의 진단도 유사하다. 자본주의 사회는 지나치게 '시장'에 의존하고 있다. 특히 시장에서는 교환하면 안 되는 요소들, 즉 노동으로서의 사람, 자연으로서의 토지, 심지어 화폐까지 상품화됨에 따라 공간, 특히 도시 공간의 비인간화, 사무화 경향이 확대되고 있다. 이러한 문제를 해결해 나가기 위해서는 도시에서 시장과 자본을 조금씩 몰아내고, 그 자리에 사람이 들어오고, 사람들의 소통으로 이루어진 공간인 마을이 생겨나야 하지 아닐까?"

생계를 책임질 때에는 소중한 존재로 인정을 받지만, 벌레로 변하여 경제력을 상실하자 가족들은 접촉을 꺼리며 냉정하고 싸늘하게 대한다. 가족이라는 관계마저도 경제적인 차원에서 이루어지는 것을 통해 인간이 수단으로 전락해 버리고 인간 소외가 나타나는 것을 고발했다.245)

정치가들은 이런 현대인들을 '어떻게 응집시킬 수 있느냐?'에 관심을 가지고 있다. 축제는 군중을 묶는 방편이다. 상호무관심 속에 있는 현대인들을 조직하고 움직이는 여러 가지 축제들이 있다. 이것이 다만 정치적인 문제로만 끝나는 것인가? 개개인의 자유, 의지를 강조하면서 왜 그렇게 함께 뭉치려고 할까? 한편으로는 의미와 통일성을 폐기하면서, 왜 한편으로는 의미와 통일성에 목말라 하는 것인가? 단독자 개념으로 가면 허탈해서 죽기 때문이다. 그래서 그 절망을 뛰어넘기 위해 여러 가지 연대를 시도하지만 여전히 절망 속에서 죽어가고 있다.

이런 비참한 상황 가운데서, 우리는 지금 우리의 가족과는 어떤 관계 속에 있는가? 성경은 언제나 여호와 하나님과의 언약 관계 속에서 해석되고 살아가기를 원한다.

> 네 부모를 공경하라 그리하면 너의 하나님 나 여호와가 네게 준 땅에서 네 생명이 길리라(출 20:12)
> 너는 너의 하나님 여호와의 명한대로 네 부모를 공경하라 그리하면 너의 하나님 여호와가 네게 준 땅에서 네가 생명이 길고 복을 누리리라(신 5:16)
> 너희 각 사람은 부모를 경외하고 나의 안식일을 지키라 나는 너희 하나님 여호와니라(레 19:3)
> 2 네 아버지와 어머니를 공경하라 이것이 약속 있는 첫 계명이니 3 이는 네가 잘 되고 땅에서 장수하리라(엡 6:2-3)

십계명의 두 번째 돌판인 5-10계명은 언약적인 차원에서 이해하는 것이 필요하다. 언약적인 차원에서 이해한다는 것은 무엇인가? 하나님께서 구원하여 낸 자기 백성들은 하나님께서 책임지신다는 것이다. 언약한 백성들은 하나님께서 주신 것들로 충분하다는 것이다. 1-4계명은 하나님만으로 충분하다는 것이며, 5-10계명은 하나님께서 주신 것들로 충분하다는 뜻이다. 하나님께서 주신 것들로 충분하다는 것은 어떤 불법적인 것으로나 강제적인 방법을 동원하여 남의 것을 빼앗아 오지 않아도 충분하다는 것이다.

그것이 충분하다는 것은 언약의 시혜자 되시는 하나님께서 언약의 수혜자인 그 백성에게 세밀히 간섭하셔서 하나님의 백성다움으로 만들어가는 데 부족함이

---

245) http://blog.naver.com/nayahklee/140169331532/ 현대인의 소외와 불안의 문제를 조명한 고전: 변신-카프카.

없다는 것을 말한다. 우리 각자의 형편과 조건이 다를지라도 그 속에서 하나님의 자녀답게 훈련되어지고 만들어져 가는 것으로는 부족하거나 모자람이 없다. 이것이 새언약의 백성이 살아가는 삶의 본질이다. 이 본질에 목숨을 거는 것이 성도의 삶이다.

하나님께서 주신 것으로 충분한 삶을 살아가는 현실적인 증거는 첫째로 부모를 공경하는 것이다.

> 네 부모를 공경하라 그리하면 너의 하나님 나 여호와가 네게 준 땅에서 네 생명이 길리라(출 20:12)[246]

'공경한다'는 말에는 '존중한다'는 뜻이 있다. 이 말은 원래 '무겁다'는 뜻을 가진 말에서 나온 것인데, 그것은 '영예로운 것', '영광스러운 것'을 나타내는 말이다. 부모를 영광스럽게 여기고 존중하라는 뜻이다.

신약에서도 이 명령을 하고 있다.

> 자녀들아 너희 부모를 주 안에서 순종하라 이것이 옳으니라 네 아버지와 어머니를 공경하라 이것이 약속 있는 첫 계명이니 이는 네가 잘 되고 땅에서 장수하리라(엡 6:1-3)

사도 바울은 십계명을 반복하여 가르치면서 "주 안에서 순종하라"고 한다. 이것은 에베소 교회가 믿지 않는 부모를 두고 있는 경우가 있기 때문이다. 부모를 공경하는 것이 하나님의 말씀과 주 예수 그리스도의 구원의 진리에 부합하는 것인지 분별을 해야 했다. 부모를 겸손과 온유함으로 섬겨야 하지만 하나님의 말씀하신 것과 상충할 때에는 부득불 하나님의 말씀에 순종을 해야 한다.

그러나, 이런 말씀을 악용해서는 안 된다.

> 1 그 때에 바리새인과 서기관들이 예루살렘으로부터 예수께 나아와 가로되 2 당신의 제자들이 어찌하여 장로들의 유전을 범하나이까 떡 먹을 때에 손을 씻지 아니하나이다 3 대답하여 가라사대 너희는 어찌하여 너희 유전으로 하나님의 계명을 범하느뇨 4 하나님이 이르셨으되 네 부모를 공경하라 하시고 또 아비나 어미를 훼방하는 자는 반드시 죽으리라 하셨거늘 5 너희는 가로되 누구든지 아비에게나 어미에게 말하기를 내가 드려 유익하게 할 것이 하나님께 드림이 되었다고 하기만 하면 6 그 부모를 공경할 것이 없다 하여 너희 유전으로 하나님의 말씀을 폐하는도다 7 외식하는 자들아

---

[246] 너는 너의 하나님 여호와의 명한대로 네 부모를 공경하라 그리하면 너의 하나님 여호와가 네게 준 땅에서 네가 생명이 길고 복을 누리리라(신 5:16)

이사야가 너희에 대하여 잘 예언하였도다 일렀으되 8 이 백성이 입술로는 나를 존경하되 마음은 내게서 멀도다 9 사람의 계명으로 교훈을 삼아 가르치니 나를 헛되이 경배하는도다 하였느니라 하시고 10 무리를 불러 이르시되 듣고 깨달으라 11 입에 들어가는 것이 사람을 더럽게 하는 것이 아니라 입에서 나오는 그것이 사람을 더럽게 하는 것이니라(마 15:1-11)

제53문에서 고르반을 말했었다. 하나님께 드림이 되었다고 말하면서 부모를 공경하는 것을 악한 의도로 외면했다. 부모를 섬기기가 싫어서 하나님을 이용해서 회피했다. 그런 것이 하나의 습관이 되어 있었다. 그런 행동은 하나님을 욕되게 하는 참으로 악한 것이다.

하나님 없는 인간 세상은 어떻게 되었는가? 강신주 교수는 무엇이라고 말하는가? 리스먼(David Riesman, 1909-2002년)의 말대로 '고독한 군중'(Lonely Crowd)이 되었다. 그렇게 되는 이유는 현대사회의 타인 지향적 성격 때문이라 했다. 현대인들은 자신이 주체가 되지 않고 다른 사람들의 평가에 휘둘린다. 리스먼은 정신분석학과 문화인류학으로 사회를 분석했다. 물론 그의 분석은 1950년의 인구로 분석했으니 그리 큰 의미는 없다. 그러나, 리스먼의 책 『고독한 군중』에서 중요한 것은 현대사회의 특징이 타인지향성에 있다는 것을 간파했다는 것이다. 중요한 것은 왜 그렇게 현대인들이 그런 성향을 가지느냐 하는 것이다. 그것은 개성과 정체성을 확보하기 위해서이다. 자기 안에서는 개성과 정체성을 부여하지 못하기 때문에 타인으로부터 그것을 채우려고 한다. 거기에는 모순이 등장한다. 그 모순을 말해 주는 대표적인 것이 있었는데, "남들과 똑같이 사는 것은 죽기보다도 싫다"는 어느 청바지 회사의 텔레비전 광고 문구다. 그 말을 듣는 사람들은 그 청바지를 살 것이지만, 그 청바지는 사실상 그 회사의 공장에서 대량생산되어 나온 것이다. 광고는 개성을 말했지만, 실제로는 개성이 없다. 그래서 모순이다.

강신주 교수는 계속해서 라캉을 통해 말한다. 자크 라캉(1901-1981)은 현대사회의 그런 모순이 증폭된다는 것을 말했다. 소위 '거울 단계이론'이라는 것인데,247) 거울 앞에 선 유아는 거울 안에 있는 아기와 자신을 동일시한다. 거울

---

247) http://www.happydream.or.kr/sub04/sub01.php?ptype=view&code=counsel&idx=6594; "거울 단계 이론: 거울 앞에 있는 유아는 자신과 거울의 이미지를 동일시한다. 그것은 어머니를 바라봄에 있어서도 마찬가지다. 즉, 타자의 욕망에 자신을 투영시키는 자신의 개념이 없는 시기이다. 이 유아는 언어를 습득하며 언어의 구조 속으로 진입해 아버지의 법, 질서 등을 배우면서 어머니에 대한 성적 욕망을 가진다. 어머니에 대한 욕망은 곧 어머니에 대한 독립을 의미하는 것이다. 이후 그 아이는 외디프스 콤플렉스 단계로 접어든다."

속에 아기가 넘어지면 자기가 넘어진 것처럼 운다. 라캉은 이것을 이자(二者)관계라 했다. 문제는 유아만 그러는 것이 아니라 어른들이 그런 나르시즘을 통해 개성과 주체성을 확보하려고 한다는 것이다. 프로이트적인 이런 분석이 옳으냐 그러냐를 떠나서, 현대인들은 이미 왜 살아야 하는지 그 기본적인 물음에 대해서 답이 없다는 것을 정확히 말해 주고 있다.248) 리스먼이나 라캉이나 시대적 간격을 뛰어넘어서 오늘에게도 마찬가지로 인간 안에서는 개성과 주체성을 확보하지 못한다. 그래서 절망이다.

십계명의 제5계명에서 왜 이런 말을 해야 하는가? 성도는 타인으로부터 개성과 주체성을 확보하기 위하여 타인을 대하지 않는다. 성도는 이미 언약적인 이해 속에 있다. 하나님께서 예수 그리스도의 십자가 피로써 구원하여 언약한 공동체이며, 세상을 향하여서도 늘 긍휼히 여기는 마음으로 열려있다.

거기에는 구원받은 사랑이, 언약적인 사랑이 녹아나 있다. 개성과 주체성은 이미 하나님으로부터 확보되어 있다. 그것은 하나님으로부터 주어지는 의미와 통일성이 영원하고 충만하기 때문이다. 그런 성도의 손은 떨리지 않는다. 세상이 손을 떠는 것은 아무리 삶이 연장되어져 가도 허탈하기 때문에 떨릴 수밖에 없다. 몸은 늙어가고 죽음은 다가오고 있지만, 아무런 대책이 없기 때문에 도약을 감행한다.

---

248) 정신분석적 대화는 억압된 기억을 되살려서 진실을 밝히는 것이 아니라고 말한다. 진상규명이 아니라 증후의 관해(정신분열증의 증상이 없어지는 것)가 정신분석자의 목적이다. 과거의 기억으로 돌아가서 무엇을 말한다고 하더라도 그것이 거짓 기억이든지 아니든지 상관이 없다. 그저 증상이 없어지면 그것으로 만족해 버린다. 이것이 말이 되는 소리인가? 라캉이 이렇게 말하는 이유는 인간은 두 번의 사기술에 의해서 만들어진 존재로 보기 때문이다. 첫 번째 사기는 거울단계에서 '내가 아닌 것'을 '나'라고 생각하는 것이고, 두 번째 사기는 오이디푸스 단계를 통해서 자기의 무력함과 무능함을 '아버지'에 의한 위협적 개입의 결과로 '설명'하는 것이다. 결국 진정한 '나'라는 것은 알지 못한다. 그저 그건 '무의식'이라는 것으로 설명될 수밖에 없다.

제64문 제5계명에서 요구하는 것은 무엇입니까? (대126)
답: 제5계명에서 요구하는 것은 각자에게 그들의 여러 가지 지위와 인간관계들, 즉 윗사람, 아랫사람과 동등한 사람으로서 존경을 유지하고 의무를 수행하라는 것입니다.249)

사랑이라는 말처럼 흔한 말도 없다. 사람들에게 사랑이란 무엇인가? 샤르트르(1905-1980)는 어떻게 사랑을 말했는가? 24살의 샤르트르는 철학교수 자격시험을 준비하는 과정에서 21살의 보부아르를 만났다. 샤르트르는 수석으로 보부아르는 차석으로 합격했고 샤르트르는 보부아르에게 "이제부터는 당신을 책임지겠소"라고 말했다. 그리고 샤르트르가 입대할 쯤에 청혼을 했지만 거절을 당했다. 그러자 샤르트르는 2년간의 계약결혼을 제안하자, 보부아르가 수락하게 되어 거의 50년간의 계약결혼을 시작하게 된다.

샤르트르와 보부아르가 가진 생각은 무엇이었는가? 그들은 인간이란 주체성을 가져야 하고, 스스로 존재 이유를 끊임없이 기투250)해 나가야 한다고 생각했다. 인간이 스스로 존재 이유를 찾아갈 때 그 여러 경로 중에 중요한 통로가 바로 '타인'이다. 타인과의 관계 속에서 인간은 스스로의 존재이유를 찾아나간다고 말했다. 그들에게 사랑이란 자기 존재 이유를 확인하는데 서로가 서로에게 필요가 되는 것이다. 그 필요가 충만한 존재이유가 되고 우리가 되고 서로 사랑하게 된다고 말했다.251)

이런 샤르트르의 사랑에는 한 가지가 더 있다. 주체성을 가지되 그 주체성을 무너뜨리는 객체화(즉자화)는 안 된다는 것이다. 이것은 그저 철학적 인간의 이상일 뿐이다. 스스로 존재 이유를 찾아가는데 인간과 인간의 관계 혹은 만남으로 된다는 것은 말이 안 되는 것이다. 왜냐하면 자기 존재의 이유를 모르는 사

---

249) Q. 64. What is required in the fifth commandment? A. The fifth commandment requireth the preserving the honor, and performing the duties, belonging to everyone in their several places and relations, as superiors, inferiors, or equals.
250) 네이버 지식백과; 기투[企投], 철학사전, 중원문화, 2009, 하이데거, 사르트르의 실존주의의 기본개념 중 하나. 기투는 다른 한편으로 피투성(被投性, Geworfenheit)을 동반한다. 가능적이고 잠재적인 내적 존재인 실존은 현실세계 속에서 항상 자기 자신을 창조하면서, 그 가능성을 전개해 간다. 이것은 실존이 '기도한'(entwerfen) 것이고, '앞에 던져진'(projecter) 것으로, 이러한 실존의 존재 방식을 기투라고 부른다. 그러나 피투성, 즉 일정한 상태 속에 던져진 존재 방식을 취하는(결국 현실 세계 속에 있는) 것도 실존의 존재 방식이며 그것은 인간이 일정한 현실의 상황에서 발견되는 존재이기 때문이다. 기투는 이 피투성 속에서 성립된다. 하이데거는 이 피투성에 중점을 두어 논하고, 사르트르는 '실존은 절대적으로 자유이다'라는 입장에서 실존 가능성의 전개인 기투를 강조한다.
251) http://blog.naver.com/gfyuna/10101256170/ 변광배, 『샤르트르와 보부아르의 계약결혼』, 살림, 2007.

람이 또 그런 사람을 만난다고 해서 달라질 것은 하나도 없기 때문이다. 그렇다고 눈을 돌려서 성경의 하나님께로 가자니 그것은 죽기보다 싫고 끝까지 인간된 우리끼리 만들어보다가 죽자는 것 밖에 없다.

대자(인간)는 스스로 '즉자-대자'[252]의 이상을 향하여 끊임없이 기투해 가지만[253] 그것은 처음부터 존재하지 않는다.[254] 즉자이면서 대자인 존재는 오직

---

[252] http://blog.naver.com/heepom/6041290/ 사르트르의 실존주 대자(對自), 즉자(卽自), "초월성이란 의식이 의식 아닌 다른 존재에 대해 부단히 어떤 태도를 취하는 것을 의미한다. 그러니까 의식은 그 자체로는 존재하지 않고 다만 의식 밖의 「그 자체로 있는 존재」에 관한 의식으로만 존재한다. 의식은 언제나 자기 외부에 존재하는 그 무엇에 관한 의식인 만큼 그 자신의 성질이나 상태를 가지지 않는다. 그것은 완전히 투명하고 속이 비어 있다. 그러나 그것이 대상으로 삼는 존재는, 우리의 의식이 있건 없건, 다른 존재가 있건 없건 그냥 「그 자체로 존재」한다. 우리가 지각하는 대상인 탁자, 의자, 나무, 책 같은 것들이 그것이다. 「그 자체로 존재」하므로 이것을 즉자(卽自, en-soi)라고 부른다. 그러나 우리의 의식은 이와 다르다. 의식은 그 자체로는 존재하지 못하고, 대상의 세계 안에 있는 즉자들에 대한 인식, 지각, 욕망, 해석, 이해 등의 방식으로만 존재한다. 이것이 대상에 대한 초월성인데, 의식은 이외에도 자기와 대면하여 자기를 반성하는 성질도 갖고 있다. 나무나 책상 같은 사물은 자기와 자기가 이중으로 분리되어 자기가 자기를 바라보며 비판을 하거나 평가를 하는 일이 불가능하다. 그러나 인간의 의식은 자기와 자기의 두 겹 분리가 그 특징이다. 즉 「자기에 대해서 있는 존재」이다. 자기에 대해 있으므로 우리는 그것을 대자(對自, pour-soi)라고 부른다."

[253] http://blog.naver.com/PostView.nhn?blogId=dmswo_&logNo=60058516253 [하이데거] 피투성/기투. 하이데거는 1927년에 대표작인 『존재와 시간』을 발표했다. 책의 속표지에는 은사인 후설에게 바치는 헌사가 실려 있다. 그럼에도 불구하고, 이 책은 하이데거가 후설을 비판한 책이다. 후설은 세계(대상)의 의미는 주관의 의식 속에 구성된 것이며, 그렇게 부여된 의미는 보편적인 것이라고 생각했다. 즉 인간의 의식 속에 이데아적인 영역이 확보되어 있다는 것이다. 이런 조작을 후설은 초월론적 환원이라고 불렀지만, 결국 의식 속에 이데아적인 것이 입력되어 있다고 생각한 후설의 사상은 충분한 근거가 결여되어 있다. 이런 설명은 이데아계가 소크라테스의 천상을 대신하여 의식 안으로 이동한 것에 불과하기 때문이다. 여기서 하이데거는 인간의 존재 자체에 주목했다. 그리고 인간을, 후설의 경우처럼 세계(또는 그 의미)를 구성하는 순수의식이 아니라, 자신이 선택하지도 만들지도 않은 세계에 자의(自意)와 상관없이 던져진 존재라고 지적했다. 모든 인간에게 공통된 이런 상태를 하이데거는 '피투성(被投性/Geworfenheit)'이라 이름붙였다. 그리고 피투성은 기분(Stimmung), 그 중에서도 불안(Sorge)을 통해 자각된다. 예를 들면, 일상생활의 어느 순간 '왜 나는 여기서 이렇게 살고 있을까', 혹은 '머지않아 죽을 나에게 산다는 것은 어떤 의미가 있을까' 같은 불안을 내포한 물음은 누구에게나 살며시 다가온다. 그때 우리는 '왜 나는 여기에 존재하는가'라는 불안으로부터 자신이 이 세상에 던져졌고 여기에서 절대로 도망가지 못한다는 것(피투성)을 자각할 수밖에 없다. 일단 피투성을 지각할 때, 인간은 언젠가 자신이 죽게 될 것이며 이 세계를 강제로 떠날 수밖에 없음을 깨닫게 된다. 자신의 죽음을 예리하게 의식하는 것을 하이데거는 죽음에 대한 '선구적 각오성(覺悟性)'이라 불렀다. 이런 죽음에 대한 지각으로부터 자신의 삶의 의미를 한번 포착해서 재구성하는 시도가 시작된다. 이런 시도는 '기투'(企投/Entwurf)라고 불린다. 여기까지 정리하면, 세계 속에 자의와 상관없이 던져진 인간은 불안을 통해서 이런 상황을 지각하는 동시에 새로운 자신을 포착해내고 새로운 삶의 방식을 시작한다. 죽음의 자각을 통해서 인간은 자신을 새로운 가능성으로 던져 넣을 수 있게 되는 것이다. 인간은 불안을 통해 피투성에 직면하지만, 역으로 이런 상황 때문에 최초로 존재와 자유의 진정한 의미를 획득하게 된다.

[254] http://www.hani.co.kr/arti/society/schooling/472352.html; 「타인은 나의 지옥인가」〈세상의 모든 것은 '즉자적(卽自的)' 존재와 '대자적(對自的)' 존재로 나뉜다. 생각이 없는 것들은 즉자적 존재다. 바위, 나무, 짐승 등이 즉자적 존재에 들어가겠다. 이것들은 적어도 "왜 살아야 할까?"를 고민하지 않는다. 반면, 대자적 존재는 생각하는 인간이다. 사람들은 자신이 왜 가치 있는 존재인지를 스스로 밝혀야 한다. "실존은 본질에 선행한다"는 사르트르의 유명한 말은 그래서 중요하다. 인간이 아닌 모든 것에는 '본질'이 있다. 예컨대, 망치의 본질은 무엇을 때리고 박는 것이다. 김치의 본질은 맵고 짠 음식이다. 인간은 어떨까? 인간에게는 주어진 본질이 없다. 살아가면서, 즉 '실존'(實存)하면서 자신의 본질을 찾아

신만이 가능하기 때문이다. 샤르트르에게 신이란 없다. 대자가 즉자가 되는 순간은 인간에게는 죽음뿐이다. 그래서 샤르트르는 "인간은 무용한 정열(passion inutile)이다"라고 말했다.255)

이 시점에서 한 가지 더 분명하게 알고 넘어가야 할 것이 있다.
영국의 저술가 폴 존슨(Paul Johnson)은 『지식인들』(Intellectuals. Harper Perennial)이란 책에서 비트란드 러셀, 폴 사르트르, 노엄 촘스키 등의 위선(僞善)을 가차 없이 폭로했다. 그 중에서 실존주의 철학자 사르트르에 대하여는 이렇게 썼다.

> 사르트르의 글들은 특히 젊은이들 사이에서 많이 퍼졌고, 그는 1960년 후반 이후엔 사회를 위협하는 테러리스트 운동의 학문적인 代父(대부)가 되었다. 그가 예측하지 못하였던 것은, 그가 현명한 사람이었다면 예측했어야 했던 것은, 그가 선동한 폭력의 희생자는 백인이 아니라 흑인이었고, 그것도 흑인에 의한 흑인에 대한 폭력이었다는 점이다. 1975년 4월 이후 캄보디아에서 자행된 끔찍한 범죄로 인구의 4분의 1에서 5분의 1이 죽었다. 이 범죄는 '더 높은 조직'이라 불리는, 프랑스어를 할 줄 아는 중산층 지식인 그룹에 의하여 자행되었다. 8명의 지도자 중 5명은 교사, 한 명은 대학 교수, 한 명은 공무원, 한 명은 경제학자였다. 모두가 1950년대에 프랑스에서 공부하였다. 거기서 공산당에 들어갔고, 사르트르의 철학적 행동주의와 '폭력의 필요성'이란 敎理(교리)를 흡수하였다. 이 집단 살인자들은 사르트르의 이념적 아들들이었다.256)

폴 존슨의 말대로, "수백, 수 천만 명의 죄 없는 생명이 희생된 것은 인간성을 발전시키겠다는 (지식인들의) 계획 때문이었다." 그 집단살인자들은 샤르트르의 사상을 받아들인 자들이었다. 폴 존슨은 경고한다. "모든 독재 중 최악은 심장이 없는 사상의 폭군(暴君)이다." 인간의 죄악성을 간과한 사상가들의 총칼은 무차별 살상을 가져오는 잔혹한 무기다.

사랑은 어떻게 찾아오는 것인가? 이 세상의 수많은 사람들 중에 왜 하필 저 사람을 사랑하게 된 것일까? 라캉(Lacan, 1901-1981)은 『세미나』 8권에서 신경증을 말하면서 "욕망과 그 대상 사이의 불일치" 때문에 사랑이 생겨난다고 말했다.

나가야 한다. 그래서 우리 마음은 늘 산산스럽다. 여차하면 스스로를 별 볼 일 없는 존재로 떨어뜨릴 수 있기 때문이다.〉
255) http://blog.naver.com/gfyuna/10101256170/ 변광배, 『샤르트르와 보부아르의 계약결혼』, 살림, 2007.
256) http://blog.chosun.com/pastorswh/7113971/ 사르트르와 촘스키의 위선(캄보디아 학살에 사르트르도 책임 있다.) (Sep. 2. 2013).

강박증자의 욕망은 불가능한 욕망이다. 만약 강박증자가 욕망의 실현에 다다르게 되면 타자는 그를 분열된 주체의 자리 속에 가두어 사라지게 할 것이다 바로 이런 이유에서 타자의 존재 앞에서 강박증자는 자신이 「아파니시스」(aphanisis-주체의 소멸에 대한 두려움)에 빠질 것이라고 생각하며 타자의 존재를 회피한다. (이루어질 수 없는 사랑에 빠지든지, 현실적 조건으로 불가능한 상상 속의 연인을 사랑의 기준으로 삼는 것이 전형적인 전략이다)257)

　타자는 자신의 욕망을 충족시켜 주는 대상이며 그 욕망을 충족시켜 줄 것이 있다고 생각하는 것이다. 자신이 가지고 있는 욕망을 채워 줄 수 있다고 계속해서 상상할 때 사랑이 지속된다는 것이다.
　자신이 상상했던 모습과 일치되지 않거나, 일치되더라도 그 욕망이 채워지면 어떻게 될까? 그것은 목마른 사람이 물을 마심으로 해갈이 된 것처럼 더 이상의 사랑은 없다. 문제는 과연 인간 속에 그렇게 끊임없이 욕망을 채워 줄 만한 사람이 있느냐? 하는 것이다. 사랑이 불붙을 때에야 그렇게 될 것이라 생각하지만 그러나 막상 사랑이 현실이 되면 그렇지 않다는 것을 알게 된다. 그러면 그 사랑은 파행으로 가야할까? 그렇지 않다. 라캉 식의 사랑으로 가자면 이 세상에 남아날 사랑은 하나도 없다.
　라캉은 그의 말년(1970년대)에 상징계(법, 언어, 이성, 제도) 안에서 결여를 겪는 욕망보다는 상징계 안에선 불가능한 '실재'와 어떻게 조우해서 즐거움을 얻을 수 있을지 몰두했다. 문화의 교화 밖에 있는 것이요 질서 속에 누리는 통상적인 즐거움 이상의 즐거움을 '주이상스'(jouissance)라 했다. 프로이트에게 인간을 살게 하는 원동력이 '리비도'였다면, 라캉에게는 '주이상스'였다. 그것은 한

---

257) http://www.nomadist.org/xe/index.php?mid=seminardata&page=9&document_srl=593492; "이에 반해 히스테리의 환상 속에서 욕망하는 자는 바로 타자 (A), 일반적으로 이성애 커플인 경우엔 남편이나 남자 친구이다. 얼핏 보기에 히스테리 환자 자신은 욕망의 대상으로만 존재하는 것처럼 생각될 수도 있다 (그래서 일부 페미니스트들에게서 여성을 대상화한다고 공격 받는다). 하지만 라캉은 사태를 기술한 것이지 당위성을 제시한 것이 아니다. 강조되어야 할 점은 대상으로서의 히스테리 환자의 위치가 단지 일면에 불과하다는 것이다. 왜냐하면 히스테리 환자는 또한 자신을 남성 파트너와 동일시하며, 마치 자신이 그인 것처럼 욕망하기 때문이다. (프로이트 '정육점 여인' 사례– 남편과 동일시를 통해서 자신이 직접 자신의 여자 친구–타자가 욕망하는 또 다른 여자–를 욕망한다) 라캉은 히스테리의 특징을 L'hysterique fait l'homme라는 말로 표현했는데 이 말은 히스테리 환자는 남자를 만드는 동시에 남자 역할을 한다는 것이다. 즉 남자로부터 결여/욕망을 끌어냄으로써 그를 존재하도록 만들고 이와 동시에 그의 자리를 차지하고 그의 역할을 대신한다. 우리는 여기서 〈내가 여자인가 남자인가?〉라는 히스테리 환자의 질문의 타당성을 찾게 된다. 물론 이것이 강박증자는 자신의 성에 관해 아무런 의문도 품지 않는다는 뜻은 아니다. 프로이트는 모든 신경증자는 동성애 성향이 있다고 말한 바 있으며 아이는 어떤 점에서 항상 엄마와 아버지 모두와 동일시한다고 말한 바 있다. (물론 〈내가 살았느냐 죽었느냐?〉라는 질문이 강박증자를 더 깊이 사로잡고 있다)"

마디로 '고통스러운 즐거움'이다. 서동욱 교수는 이것을 다음과 같이 말했다.

> … 어쩌면 시인 황동규가 묘사한, 사마귀가 성교 도중 잡아먹히면서 느끼는 '죽음'으로 수렴되는 쾌감, "머리가 세상에서 사라지는 이 쾌감" 같은 것일지도 모른다.

이렇게 살아가는 인간이 과연 인간인가? 그런 인간의 의미는 무엇이라고 해야 하는가? 세상이 맨정신으로 살지 않고 있다는 증거가 이런 것이다.[258]

성경은 무엇이라고 말하는가? 교리문답에서 말하듯이, 제5계명은 각자에게 그들의 여러 가지 지위와 인간관계들, 즉 윗사람, 아랫사람과 동등한 사람으로서 존경을 유지하고 의무를 수행하라고 말한다.[259]

> 21 그리스도를 경외함으로 피차 복종하라 22 아내들이여 자기 남편에게 복종하기를 주께 하듯 하라(엡 5:21-22)

사도 바울은 에베소서 5장 18절에서 성령충만에 대하여 말했다. 21-22절 말씀은 성령충만의 삶으로 어떻게 나타나느냐? 그 내용이 무엇이냐? 하는 것이다. "그리스도를 경외함으로 피차 복종하라"는 말씀은 십계명의 강령과도 동일한 내용이다. 에베소 교회는 유대인과 이방인 사이의 간격이 있었다. 그 간격은 이제 그리스도를 경외함으로 하나가 되어야 한다.

> 그러므로 이제부터 너희가 외인도 아니요 손도 아니요 오직 성도들과 동일한 시민이요 하나님의 권속이라(엡 2:19)

전에는 이방인이었고 언약 밖의 외인이었지만 이제는 예수 그리스도의 피로 가까워졌다.[260] 이제는 성도로서 하나님 나라의 시민으로 하나님의 권속으로서

---

258) http://marukiku.egloos.com/1162400/ 라깡주의자라는 것은 좋은 것(좌파담론)은 무조건 좋은 것이니 이 좋은 것이 참인 것으로 증명하는 것이 학문적 선이라고 생각하고, 그에 맞춰 학술적 사실을 좋은 것에 무조건 맞춰서 증명을 하는 "순환 오류"를 기본으로 한다.
259) 하이델베르크 교리문답 제104문: 하나님께는 제 5계명에서 무엇을 요구하십니까? 답: 내가 나의 아버지와 어머니, 그리고 나를 다스리는 권위자들에게 존경과 사랑과 성실성을 보여줄 것과 미땅히 권위자들의 선한 가르침과 훈계에 순종함으로 복종해야 할 것과, 권위자들의 연약함과 단점도 인내해야 할 것을 요구합니다. 왜냐하면 그들의 손을 통하여 우리를 다스리시는 것이 하나님의 뜻이기 때문입니다.
260) 12 그 때에 너희는 그리스도 밖에 있었고 이스라엘 나라 밖의 사람이라 약속의 언약들에 대하여 외인이요 세상에서 소망이 없고 하나님도 없는 자이더니 13 이제는 전에 멀리 있던 너희가 그리스도 예수 안에서 그리스도의 피로 가까워졌느니라(엡 2:12-13)

만 서로를 바라보고 이해한다. 가정에서 아내가 남편을 대할 때 "주께 하듯 하라"고 했다. 그것은 결혼이 언약을 상징하기 때문이다. 남편은 한 가정의 언약의 머리다. 예수 그리스도 안에서 자기 존재의 이유를 알고 서로를 인격적으로 대하며 언약 안에서 대하기 때문에 분열이 없다. 오히려 영원한 의미와 통일성을 충만하게 받기 때문에 삶에는 자유와 기쁨과 평안이 있다. 거기에는 '주이상스'가 아니라 성령 안에서의 기쁨이 있다.

> 자녀들아 너희 부모를 주 안에서 순종하라 이것이 옳으니라(엡 6:1)

부모공경은 인간의 가장 기본적인 도리요 윤리다. 그리스도인 자녀들은 부모를 주 안에서 순종해야 한다. 자녀는 부모로부터 태어났고 부모로부터 양육을 받았다. 루터는 부모를 하나님의 대리자로 이해하였다. 자녀들은 자신들의 부모에게 마음으로부터 우러난 존경을 나타내야 한다. 왜냐하면 부모는 하나님의 대리자로서 하나님을 대표하는 분들이기 때문이다.261)

사도 바울은 부모를 공경하는 것이 약속 있는 첫 계명이라 했다.262) 성도는 영원하신 하나님으로부터 영원한 의미와 통일성을 제공받는다. 또한 육신의 부모를 통해서 그 영원한 의미와 통일성이 무엇인지 구체적으로 알아가게 된다. 부모에게 순종하는 것은 인륜적으로도 그리해야 하지만 주 안에서 순종하는 것이 언약적으로 옳은 일이다. 그것은 새언약의 주체이신 그리스도 안에서 순종하는 것이다.

진화론자들에게 부모는 무엇인가? 그들의 자녀는 무엇인가? 더 나은 진화의 과정을 거치는 과정에 불과한 것이란 말인가? 그렇다면 그들의 부모가 해야 하는 일은 끝났다. 뒤떨어진 시스템을 계속 사용하는 것은 파멸을 불러 오기 때문에 폐기되어야만 한다. 그들의 부모는 자녀에게 존경을 요구할 수 없고, 그들의 자녀는 부모에게 공경할 필요가 없다. 그런데도 세상은 효를 말하고 있으니 그들의 운영체제는 무엇인가?

> 종들아 두려워하고 떨며 성실한 마음으로 육체의 상전에게 순종하기를 그리스도께 하듯 하여(엡

---

261) 존 칼빈, 칼빈의 십계명 강해, 김광남 역 (고양: VisionBook, 2011), 190; 칼빈은 부모, 행정관, 그리고 권위를 행사하는 모든 이들을 하나님의 대리자로서 그분을 대표하는 자들이라 했다.
262) 1 자녀들아 너희 부모를 주 안에서 순종하라 이것이 옳으니라 2 네 아버지와 어머니를 공경하라 이것이 약속 있는 첫 계명이니 3 이는 네가 잘 되고 땅에서 장수하리라(엡 6:1-3)

6:5)

사도 바울은 '육체의 상전'과 '그리스도'를 대비해서 말한다. 그리스도인이 되었다고 해서 자신들의 주인을 향해서 무례하게 행동하지 않았다. 사회의 구조에 대해서 굴종하라는 뜻이 아니다. 그들은 먼저 예수 그리스도로부터 받은 그 구원 은혜로 변화된 모습을 보여주었다. 종들은 '그리스도'께 복종하는 마음으로 '육체의 상전'을 섬겼다. "두려워하고 떨며 성실한 마음으로" 자기 상전을 섬겼다. "두려워하고 떨며"는 늘 실수하지 않으려고 애쓰는 모습이며, "성실한 마음으로"는 두 마음을 품지 않고 오직 한 마음으로 섬기는 자세를 말한다. 그렇게 자신들의 상전을 섬기는 종들의 모습에 놀라지 않을 상전들이 없었다.

> 상전들아 너희도 저희에게 이와 같이 하고 공갈을 그치라 이는 저희와 너희의 상전이 하늘에 계시고 그에게는 외모로 사람을 취하는 일이 없는 줄 너희가 앎이니라(엡 6:9)

"이와 같이 하고"라는 말에서 보이듯이, 종이 상전에게 하는 것처럼 동일하게 상전도 종에게 행하라는 뜻이다. 종과 상전을 그리스도 안에서 같은 기준으로 말하고 있다는 것이 놀랍다. 상전들은 자신들의 권력과 재산을 동원해서 종들을 위협하거나 짐승처럼 부려서는 안 된다.

상전들이 종들에게 그리스도 안에서 인격적으로 대해야 하는 이유는 무엇인가? 첫째로, "저희와 너희의 상전이 하늘에 계시"기 때문이다. 종이나 상전이나 그들을 지으신 이가 하나님이시고 하나님께서 그들을 다스리시고 계시기 때문이다. 특히 그리스도인들은 자신들의 사회적 지위에 상관없이 하나님 앞에서 살아가고 있으며 훗날에 심판이 있을 것임을 명심해야 한다. 두 번째로, 하나님께서는 "외모로 사람을 취하는 일이 없"으신 분이라는 사실을 상전과 종들이 다 알고 있기 때문이다. 이것은 종과 상전이 다 그리스도인이라는 것을 말한다. 하나님께서는 외모로 판단하지 않으신다. 외모로 취한다는 것은 눈으로 보이는 것으로 가치를 결정한다는 뜻이다. 그러나 하나님께서는 상전들의 중심을 보시기 때문에 그것을 두려워하고 하나님 앞에 인격적으로 대접해야 한다.

> 너는 센 머리 앞에 일어서고 노인의 얼굴을 공경하며 네 하나님을 경외하라 나는 여호와니라(레 19:32)

32절 앞에서는 이방의 음란하고 더러운 종교성을 따르지 말 것을 촉구하고 있다. 그 대신에 하나님께서는 "내 안식일을 지키고 내 성소를 공경하라 나는 여호와니라"(레 19:30)고 말씀하시고 언약의 백성답게 여호와 중심으로 살 것을 여호와의 이름을 걸고 권고하신다. 31절에서 다시 "신접한 자와 박수를 믿지 말며 그들을 추종하여 스스로 더럽히지 말라"고 하시면서 또 여호와의 이름으로 권고하신다. 그리고 "센 머리 앞에 일어서"라고 하셨는데, 그것은 노인을 공경하라는 뜻이다. 그것은 다만 윤리적인 차원에만이 아니라, 하나님의 창조질서에 대한 인정이요 순종이다. 이어서 "하나님을 경외하라"는 말씀은 하나님을 경외하는 그 삶이 노인을 공경하는 것과 무관하지 않다는 것이다.

> 형제를 사랑하여 서로 우애하고 존경하기를 서로 먼저 하며(롬 12:10)
> 뭇 사람을 공경하며 형제를 사랑하며 하나님을 두려워하며 왕을 공경하라(벧전 2:17)

성도들은 모든 사람에 대해 인격적인 대접을 해야 한다. 하나님께서 모든 사람들에게 햇빛과 비를 내리시듯이 살아야 한다.[263] 그것이 서기관과 바리새인들의 의보다 나은 의를 덧입고 살아가는 자들의 삶이다. 그 의는 예수 그리스도의 의다. 그리스도의 십자가는 차별이 없다. 자본주의와 부르주아들만의 전유물이 아니다. 그리스도는 유대의 권력자들의 환심을 사려하지 않았다. 오히려 목동이 그리스도의 탄생을 노래했고, 그리스도는 죄인들의 친구가 되셨다.[264] 그 사랑을 받은 사람들은 그리스도의 사랑이 모든 사람들에게 전달되기를 소망한다. 그러기에 사람들을 향한 사랑이 흘러나오게 된다. 그것이 하나님을 두려워하는 것이다. 하나님을 두려워하는 것은 어느 날 갑자기 벼락 맞아 죽을까봐 겁내는 것이 아니다. 하나님께서 조건 없이 우리를 사랑하셨듯이 우리도 조건 없이 사람들을 사랑하는 것이다.

> 또 아비들아 너희 자녀를 노엽게 하지 말고 오직 주의 교양과 훈계로 양육하라(엡 6:4)

교양과 훈계를 말하면서 "아비들아"라고 말한 것은 부모들의 교육적 책임을 말한다. 그 교육은 무엇으로 하는가? 성경이다. 성경으로 자녀들을 가르쳐서 하나님의 영광을 위하여 살도록 해야 한다. 이 세상의 멘탈리티가 무엇인지 분별

---

[263] 43 또 네 이웃을 사랑하고 네 원수를 미워하라 하였다는 것을 너희가 들었으나 44 나는 너희에게 이르노니 너희 원수를 사랑하며 너희를 핍박하는 자를 위하여 기도하라 45 이같이 한즉 하늘에 계신 너희 아버지의 아들이 되리니 이는 하나님이 그 해를 악인과 선인에게 비취게 하시며 비를 의로운 자 와 불의한 자에게 내리우심이니라 46 너희가 너희를 사랑하는 자를 사랑하면 무슨 상이 있으리요 세리도 이같이 아니하느냐(마 5:43-46)
[264] 뭇사람이 보고 수군거려 가로되 저가 죄인의 집에 유하러 들어갔도다 하더라(눅 19:7)

하도록 성경을 바르게 가르쳐야 한다. 그러나 부모는 자녀에게 비인격적인 처사를 해서는 안 된다.

> 남편들아 아내 사랑하기를 그리스도께서 교회를 사랑하시고 위하여 자신을 주심같이 하라(엡 5:25)

그리스도인의 사랑은 언제나 언약적 개념을 바탕으로 한다. "그리스도께서 교회를 사랑하시고 위하여 자신을 주심같이 하라"는 것은 십자가의 사랑으로 사랑하라는 것이다. 내가 기준을 세워 놓고 거기에 맞지 않으면 사랑하지 않는 것은 이기적인 사랑이다. 이 세상에 내가 원하는 그대로 만족시켜 줄 수 있는 사람은 아무도 없다. 사랑도 인생도 내 방식대로가 아니라 십자가의 방식이라야 한다. 세상은 방식이 있으면 사랑이 아니라고 한다. 자기 마음대로 하는 사랑이라야 사랑이라 큰소리치지만 세상은 갈수록 왜 가정이 깨지고 허탈해지는가?

여호와 하나님은 우리와 언약하신 하나님이시다. 그 언약을 순종하고 지켜가도록 이 땅에서 살아가는 동안에 부모를 통하여 언약의 중함을 가르치도록 하셨다. 부모와 자녀 관계는 언약의 시혜자인 하나님과 언약의 수혜자인 그 백성들을 잘 나타내 준다. 그런 의미에서 가정은 언약적인 가정이며 부모와 자녀는 언약적인 관계이다.

부모의 권위는 하나님께서 주셨다. 그리고 하나님께서는 부모에게 순종할 것을 명령하셨다. 제5계명은 하나님께서 주신 권위에 대한 존중과 복종을 가르친다.

> 네 부모를 공경하라 그리하면 너의 하나님 나 여호와가 네게 준 땅에서 네 생명이 길리라(출 20:12)[265]

칼빈은 자기를 낳아주고 길러준 부모를 인정하지 않는다면 그것은 인간의 본성에 어긋나며 아주 혐오스러운 일이라고 했으며, 부모와 단절된 인간은 '괴물 같은 존재'가 될 수밖에 없다고 했다. 하나님께서 부모공경을 말씀하시는 이유는 순종이 우리의 본성에 너무나도 어렵다는 것을 아시는 하나님께서 우리를 온화한 방식으로 이끄시기 위해서이다. 부모에 대한 순종이 하나님께 대한 순종으로

---

[265] 너는 너의 하나님 여호와의 명한 대로 네 부모를 공경하라 그리하면 너의 하나님 여호와가 네게 준 땅에서 네가 생명이 길고 복을 누리리라(신 5:16)

이어져서 하나님께 합당한 존경이 돌려지기를 원하신다.

하나님께서는 처음 인간을 창조하시고 가정 공동체를 만드셨다. 또한 하나님께서는 인간이 타락한 이후에 교회와 국가라는 두 개의 제도를 주셨다. 교회는 예수 그리스도의 복음을 전파하며 그 믿음 안에 살아가는 자들을 가르치며 훈련하는 기관이며, 국가는 세속의 죄악과 무법함을 저지하기 위하여 주어졌다.

> 각 사람은 위에 있는 권세들에게 굴복하라 권세는 하나님께로 나지 않음이 없나니 모든 권세는 다 하나님의 정하신 바라(롬 13:1)

하나님의 언약 백성들은 하나님께서 주신 가정과 교회, 국가의 권위를 인정하고 그 권위에 지켜 갈 것을 요구하신다. 무작정 복종하는 것이 아니라, 언약적인 차원에서 가정을 언약적인 차원에서 교회를 언약적인 차원에서 국가를 이해하고 그 권위에 순종하는 것이 필요하다.

국가라는 개념을 철학적으로 정립한 것은 플라톤이 처음이다. 국가를 지배자, 전사, 생산자라는 세 집단의 완벽한 조화와 분업을 이룬 '하나의 커다란 개인'으로 보았다. 플라톤에게 국가는 철학자가 다스리는 이상국가였다. 칼 포퍼가 플라톤의 이상국가를 비판하는 시발점은 국가의 방침에 반대하는 자에게 사형을 언도하는 것이 자유의 침해라고 생각하지 않는다는 것이다. 폭력이나 유혈혁명은 자유 파괴의 주범이며 그런 방식으로는 문제를 해결할 수 없다고 말했다. 포퍼는 자유로운 토론과 비판을 통한 점진적 개선을 말했으며, 진정한 진보는 개인의 자유 신장이 수반되어야 한다고 말했다. 개인의 자유를 아주 무시한 파시즘과 나치즘, 볼셰비즘을 겪으면서 닫힌 사회의 위험성을 확인했다.

그러나 폭력이나 유혈혁명의 당위성을 주장하는 사람들은 무엇이라고 말할까? 지나치게 '열린사회'에서는 공적인 일을 제대로 할 수 없으며, 독재 하에서는 토론을 통한 '합의'라는 것은 불가능하다고 본다.

아리스토텔레스는 국가의 정치 형태를 군주정, 귀족정, 공화정으로 구분하고 주권적인 권력이 인민[266]에게 있는 정부의 형태가 공화정(republic)을 으뜸이라

---

[266] http://xm60467.reportworld.co.kr/report/data/view.html?no=528216&pr_rv=pd_red_wa; "인민이란 적극적인 시민 전체일 수도 있으며 그 중에서 다수에 해당할 수도 있다. 인민주권에 기초를 두어, 정부는 직접적으로나 간접적으로 선출된 행정관 혹은 대의자에 의하여 행사된다. 이러한 형태로 조직된 정부는 인민이 실제적이 아니라 형식적인 주권을 가지더라도 공화정이라고 간주된다. 인민주권의 정도와 정치에 참여하는 정도는 공화정에 따라 다르며 같은 공화정

했다.

강신주 교수는 동양권에서 사직(社稷)을 가장 중요시 한 것을 말한다. 사직의 원래 의미는 농경을 관장하는 신이었지만 점차 왕조의 조상과 동일시되었다. 외적의 침입으로 국토와 국민이 유린을 당해도 사직을 보존하면 국가는 유지될 수 있다고 보았다. 11세기에 거란이 침입해서 고려 현종이 남쪽 나주까지 도망친 것이나 16세기 일본의 침략으로 조선의 선조가 북쪽 의주까지 도망친 것도 사직을 보존하기 위한 것이었기에 정당화 되었다. 재미있게도 동양이나 서양이나 왕권을 정당화하기 위해 신적인 근거를 주장했다. 17세기 초 영국 왕 제임스 1세는 왕의 권력은 신이 부여한다는 왕권신수설을 주장했고, 중국의 황제는 하늘의 아들이라는 천자(天子)라 했다.

자본주의 시대를 지나면서 이상적인 국가를 그린 사람들이 나타났으니 그 대표적인 사람이 마르크스와 레닌이다. 착취와 계급이 없는 사회를 부르짖으며 사회주의 국가를 세웠으나 놀랍게도 자본주의 국가들보다 더욱 심한 착취와 계급화가 생겨났고, 그렇게 하기 위한 통제는 더욱 강력하게 군부로 다스려졌다. 20세기 말에 끝난 이런 국가를 아직도 동경하며 목숨을 거는 사람들이 있으니 여간 안타까운 일이 아니다.

제5계명으로부터 시작하는 6가지 언약의 말씀의 핵심은 이것이다.

> 둘째는 그와 같으니 네 이웃을 네 몸과 같이 사랑하라 하셨으니(마 22:39)
> 그러므로 무엇이든지 남에게 대접을 받고자 하는 대로 너희도 남을 대접하라 이것이 율법이요 선지자니라(마 7:12)

에서도 발전의 시기에 따라 다르다. 공화정(republican form of government)은 자유와 평등이 실제로는 최소한으로 허용되면서도 존재할 수 있다. 투표권과 시민권이 인민 중에서 극히 일부분에 제한 될 수 있으며, 의회, 협의회 혹은 선거와 같은 공화적인 제도기 실제에 있어서는 강력한 파벌, 사회집단 혹은 개인들에 의하여 지배될 수 있다. 요컨대 공화정은 민주주의일 수도 있으며 아닐 수도 있다. 그러나 인민에 의하여 정부가 들어서서 민주적인 정체가 되었을 경우에도 민주정이라기보다는 공화정이라는 단어를 사용하였다. 민주주의라는 단어는 아리스토텔레스의 정치이론에서 나타나는 폭군적인 정체를 드러내기 위하여 사용되었지 긍정적인 의미로 쓰여진 경우는 드물다. 그런데 독일의 학자, 알베르투스 마그누스(Albertus Magnus, 1206-1280)가 금권정치(혹은 명예정치: timocracy)를 부패한 정체로 비판하고 민주주의가 이탈된 헌정이 아니라 polity이라는 것으로 찬양하면서부터 전통적인 사고를 바꾸었다. 그러나 전반적으로 보아 아리스토텔레스적인 전통의 무게가 컸기 때문에 민주주의가 가지고 있는 부정적인 함의를 피하였다. 그래서 설사 가상 민주주적인 정체가 있더라도 이를 기술할 때는 민주주의(democracy)보다는 polity 혹은 공화정(republic)라는 용어를 선호하였다. 18세기가 되어서야 정치이론가는 민주주의라는 말을 기꺼이 쓰기 시작하였다."

이것은 황금률로 불리기도 한다. 그 황금률의 첫 번째가 부모 공경이라는 것은 매우 중요한 의미가 있다. 부모를 공경하는 것은 종교적인 형태가 아니라 언약에 신실한 삶으로 나타나야 하는 것이기 때문이다. 황금률은 언약적 책임과 의무를 목숨을 다해 지키는 언약당사자의 의지의 실행이다. 그 실행은 먼저 가정 안에서 이루어져야 한다. 종교적인 형태, 곧 경건의 모양만 있는 사람들의 중요한 특징 중에 하나는 부모를 거역하는 것이다.[267] 그들은 경건의 모양은 있으나 실제로는 경건의 능력을 부인하는 사람들이었다.[268] 여호와 하나님을 의지하는 자들은 가정과 삶에 경건의 능력이 나타나게 된다. 왜냐하면 예수 그리스도의 구원과 언약으로부터 생명을 얻고 참되고 영원한 의미와 통일성을 계속해서 공급받기 때문이다.

---

[267] 사람들은 자기를 사랑하며 돈을 사랑하며 자긍하며 교만하며 훼방하며 부모를 거역하며 감사치 아니하며 거룩하지 아니하며(딤후 3:2)
[268] 경건의 모양은 있으나 경건의 능력은 부인하는 자니 이같은 자들에게서 네가 돌아서라(딤후 3:5)

제65문 제5계명에서 금하는 것은 무엇입니까? (대128)
답: 제5계명이 금하는 것은 그들의 여러 가지 지위와 관계에서 각자에게 속한 존경과 의무를 소홀히 하거나 어떤 일이든 대항하는 일을 하는 것입니다.[269]

강신주 교수는 주체, 타자, 사랑, 자유로 고민한다. 라캉이 말하는 사랑이나 샤르트르가 말하는 사랑이나 중요한 고민꺼리는 타자에 대한 자유다. 타자의 사랑이 강요된 사랑이 아닌 타자의 자유에서 우러나와야 하는데, 타자의 그 자유를 내가 어떻게 간섭할 수 없다는 것이다. 타자의 자유를 부정하는 사랑은 강요된 사랑이 되고, 타자의 자유를 인정하면 사랑이 불안하다. 그것이 사랑의 비극이다. 전자를 따랐던 사람이 헤겔(Georg Wilhelm Friedrich Hegel, 1770-1831)이고 후자를 따랐던 사람이 공산주의 철학자 알랭 바디우(Alain Badiou, 1937-)다.

헤겔의 사랑은 철저하게 자신의 변증법을 따른다. 타인이었던 두 사람이 만나서 사랑을 하고 결혼하고 가정을 이루고 자녀가 태어남으로 더 온전한 가정이 구성된다. 이런 과정은 특별하지 않다. 이 과정을 철학적으로 말하면 헤겔의 변증법과 딱 들어맞게 된다.

먼저 자기 자신의 내면을 들여다보면 홀로 서기를 할 수 없는 독립적인 인격이 될 수 없다는 것을 알게 된다. 타자와의 사랑은 그런 계기로 일어나게 된다. 두 번째로는 그렇게 사랑이 일어나게 되었을 때 자기만 그렇게 사랑하는 것이 아니라 타자도 자기를 사랑하게 된다고 말한다. 헤겔은 행여나 이 사랑에 비극이 일어나지 않을까 염려되어서인지 그 사랑이 '객관적인 사랑'이 되도록 자녀를 낳아 사랑의 온전한 결합을 만든다. 자녀는 남편과 아내의 사랑의 종합된 결과물이다. 이것은 정반합이라는 헤겔의 변증법적인 시각이 그대로 적용된 것이다. 어찌 보면 일반적인 사랑을 헤겔의 철학으로 설명한 것인데, 실존주의를 부르짖는 현대인들에게는 이것을 기분 좋게만 받아들이지 않는다. 결혼과 자식이 타자의 자유를 침해하고 제한한다고 보는 시각이 힘을 얻기 때문이다.

그렇게 사랑을 인간의 자유, 인간의 존재 이유를 알아가는 차원으로 말하는 것이 샤르트르이고, 그것을 더 이어받은 사람이 바디우다. 바디우는 "사랑은, 둘이 있다는 후(後)사건적인 조건 아래 이루어지는, 세계의 경험 또는 상황의 경험

---

[269] Q. 65. What is forbidden in the fifth commandment? A. The fifth commandment forbiddeth the neglecting of, or doing anything against, the honor and duty which belongeth to everyone in their several places and relations.

이다"라고 말한다. "후(後)사건적인 조건"이란 한 사람이 수많은 사람들 중에서 또 한 사람을 사랑하게 되면 그 한 사람 외의 모든 사람은 제외된다. 그렇게 두 사람만이 사랑하는 사건이 생겨나는 그런 경험이다. "둘이 있다"는 말은 각자의 자유로 사랑을 하게 되었듯이, 각자의 자유로 헤어질 수도 있는 사랑이다. 거기에는 자유와 함께 의지가 발휘된 결과이기 때문에 그 의지가 지속적으로 나타나지 않으면 무너지는 사랑이다.

그러므로 바디우의 사랑에는 어느 한 쪽의 일방적인 헌신이나 희생은 용납되지 않는다. 왜냐하면 그런 사랑은 타인의 자유를 부정하고 헤치기 때문이다. 사랑하고 결혼했다는 것이 조건이 되어서 상대방의 자유를 침해하거나 헌신을 강요하는 것은 사랑이 아니라는 것이다. 바디우의 사랑이란 각자의 자유에 근거한 의지의 결과물이다.

그러면 부모자식 간에는 어떻게 될까? 나아가서 하나님과 인간은 어떻게 될까?

> 사랑은 여기 있으니 우리가 하나님을 사랑한 것이 아니요 오직 하나님이 우리를 사랑하사 우리 죄를 위하여 화목제로 그 아들을 보내셨음이니라(요일 4:10)

사도 요한이 말하는 사랑은 무엇인가? 그리스도의 구속 사역을 통해 계시된 하나님의 사랑이다.[270] 그 사랑은 포기하지 않는 사랑이다. 자기 자유에 따라 사랑하다가 자기 자유에 따라 그만두는 사랑이 아니다. 그 대상이 내가 베푸는 사랑을 아직 이해하지 못해도 그 사랑을 갚을 능력이 없어도 끝까지 사랑하는 것이다.[271] 인간의 변덕스런 자유에 기초한 사랑은 대상을 더욱 힘들게만 할 뿐이다. 그런 사랑에 감동받을 사람은 아무도 없다. 오히려 분열만 더 조장할 뿐이다.

인간은 하나님을 위한다 하면서도 자기 욕심대로 사는 것이 인간이다. 서기관과 바리새인들이 그랬다.

> 4 하나님이 이르셨으되 네 부모를 공경하라 하시고 또 아비나 어미를 훼방하는 자는 반드시 죽으리라 하셨거늘 5 너희는 가로되 누구든지 아비에게나 어미에게 말하기를 내가 드려 유익하게 할 것이

---

270) 하나님이 세상을 이처럼 사랑하사 독생자를 주셨으니 이는 저를 믿는 자마다 멸망치 않고 영생을 얻게 하려 하심이니라(요 3:16)
271) 유월절 전에 예수께서 자기가 세상을 떠나 아버지께로 돌아가실 때가 이른 줄 아시고 세상에 있는 자기 사람들을 사랑하시되 끝까지 사랑하시니라(요 13:1)

하나님께 드림이 되었다고 하기만 하면 6 그 부모를 공경할 것이 없다 하여 너희 유전으로 하나님의 말씀을 폐하는도다(마 15:4-6)

인간의 자유로 왜 그것이 안 되는가? 인간의 자유는 죄로 오염되어 있는 자유이기 때문이다. 인간이 스스로 아무리 자율적으로 무엇을 할 수 있는 것처럼 소리쳐도 자기가 비난하던 그 죄를 자기가 짓는 것을 보면서 뭉크처럼 소름끼쳐 한다. 뭉크는 『절규』라는 작품에서, 핏빛의 하늘을 배경으로 괴로워하는 인물을 묘사하였다.272)

그러므로 성경은 하나님께서 허락하신 공동체 안에서 사랑하고 순종하라고 말한다.

아내들이여 자기 남편에게 복종하기를 주께 하듯 하라(엡 5:22)
자녀들아 너희 부모를 주 안에서 순종하라 이것이 옳으니라(엡 6:1)
각 사람은 위에 있는 권세들에게 굴복하라 권세는 하나님께로 나지 않음이 없나니 모든 권세는 다 하나님의 정하신 바라(롬 13:1)

제5계명에서 말하는 부모는 단지 육신의 아버지와 어머니만을 말하지 않는다.273) 하나님께서 세우신 언약 공동체와 사회와 국가 속에는 연령과 은사에 있어서 더 권위에 있는 사람들을 세우셨다. 그리하여 질서를 지켜가되 사랑으로 부드럽게 지켜가기를 원하신다. 질서는 하나님께서 인간을 보존하기 위해 택하신 수단이다.274)

---

272) http://ko.wikipedia.org/wiki/절규; "친구 둘과 함께 길을 걸어가고 있었다. 해질녘이었고 나는 약간의 우울함을 느꼈다. 그때 갑자기 하늘이 핏빛으로 물들기 시작했다. 그 자리에 멈춰선 나는 죽을 것만 같은 피로감으로 난간에 기댔다. 그리고 핏빛하늘에 걸친 불타는 듯한 구름과 암청색 도시와 피오르드에 걸린 칼을 보았다. 내 친구들은 계속 걸어갔고, 나는 그 자리에 서서 두려움으로 떨고 있었다. 그때 자연을 관통하는 그치지 않는 커다란 비명 소리를 들었다."(뭉크가 1892년 1월에 남긴 글)
273) 대교리문답/ 문 124. 제 오 계명에 있는 부모는 누구를 뜻하는가? 답: 제 오 계명에 있는 부모는 혈육의 부모뿐 아니라 연령과 은사에 있어서 모든 윗사람과 특히 하나님의 규례에 의하여 가정, 교회, 국가를 막론하고 우리 위에 권위의 자리에 있는 자들을 뜻한다.(잠 23:22, 25, 14:8; 엡 6:1, 2; 딤전 5:1, 2; 창 4:20-22; 왕하 5:13, 2:12, 11:14; 갈 4:19; 사 49:23)
문 125. 왜 윗사람들을 부모라 칭해야 하는가? 답: 윗사람들을 부모라 칭함은 육신의 부모같이 아랫사람들에 대한 모든 의무를 가르쳐 인륜 관계에 따라 아랫사람들을 사랑으로 부드럽게 대하게 하고 아랫사람들은 마치 그들 자신의 부모에게 하듯 자기 윗사람들에 대한 의무를 더욱더 기꺼이 유쾌하게 행하게 하려 함이다.(엡 6:4; 고후 12:14; 살전 2:7, 8; 민 11:11, 12; 고전4:14-16; 왕하 5:13)
문 126. 제5계명의 일반적 범위는 무엇인가? 답: 제5계명의 일반적 범위는 아랫사람, 윗사람 혹은 동등 자들로서 상호 관계에 있어서 우리가 서로 지고 있는 의무를 행하는 것이다.(엡 5:21; 벧전 2:17; 롬 12:10)
274) 존 칼빈, 칼빈의 십계명 강해, 김광남 역 (고양: VisionBook, 2011), 191. "… 하나님이 세우신 질서에 겸손하게

그러나 인간이 사는 세상에는 분명하게 죄악이 있고 불의가 있다. 내가 속한 국가가 언제나 하나님을 두려워하는 것이 아니기 때문이다. 사람들이 급진적인 혁명으로 가는 것이 옳은 것처럼 말하기도 하지만 그것은 대개 인본주의적인 사고방식에 기초하여 전개하는 경우가 많다.

그런 일에 기초를 마련해 준 사람 중에 하나가 스피노자다. 스피노자의 국가관은 스피노자의 대중관에서 드러난다.

> … 홉스적인 대중은 추상적인 개인들의 집합에 불과한, 그리고 계약에 서명하는 경제적 개인들에 불과한 대중이며, 그리고 그 정치적 능력이 이미 분해되어 있는 존재라 정치적 역동성과 혁명의 능력을 애초부터 박탈당한 존재라는 것이다. … 스피노자에게 대중들은 공포에 의해 국가에 속박된 존재이지만 동시에 통치자에 대해 공포스러운 존재, 언제든 정치제에 내란이나 혁명을 일으킬 수 있는 운동의 주체인 것이다. 정확히 이런 의미에서 "대중은 두려움이 없을 때 무서운 존재가 된다."(4부. 정리 54. 주석)고 스피노자는 말한 바 있다. … 따라서 스피노자가 바람직한 것으로 여기는 국가는 공동체 전체가 유일한 조직체로서 정부에 대한 통제권을 갖는 정치제, 주권이 소수에게 부여되어 있다면 대중이 거기에 동의할 수 있는 정치제, 법에 대한 두려움보다는 대중들이 욕망하는 선에 대한 희망에 의해 고무되는 정치제이다.275)

이것은 한 마디로 이상사회다! 그렇게 대중의 욕망이 되는 사화는 무정부상태가 되고 말기 때문이다. 그것은 역사가 증명했다. 더 심각한 문제는 이렇게 혁명을 일으킬 상황이 된다는 것은 인간들끼리 매우 극과 극으로 부딪히는 상황이라는 것이고 수많은 폭력과 억압이 존재한다는 것을 말한다. 그것은 인간의 죄악에 대하여 스피노자 스스로가 폭로하고 있는 셈이다. 인간이 살아가는 세상에 죄가 없다 혹은 악이 없다 하는 것은 맨정신으로 할 수 있는 말이 아니다! 그러나 성경은 분명하게 말한다.

> 각 사람은 위에 있는 권세들에게 굴복하라 권세는 하나님께로 나지 않음이 없나니 모든 권세는 다 하나님의 정하신 바라(롬 13:1)
> 모든 자에게 줄 것을 주되 공세를 받을 자에게 공세를 바치고 국세 받을 자에게 국세를 바치고 두려워할 자를 두려워하며 존경할 자를 존경하라(롬 13:7)
> 뭇 사람을 공경하며 형제를 사랑하며 하나님을 두려워하며 왕을 공경하라(벧전 2:17)

성경은 육신의 부모만이 아니라 하나님께서 세우신 자들을 마땅히 공경해야 한다고 가르치고 있다. 하나님께서 인간을 세상에 태어나게 하시는 것은 부모로

순종하지 않는 자들은 누구나 마귀의 포로가 되어 있는 셈입니다. 그리고, 그런 순종이 없다면, 이 세상의 모든 것은 무너지고 혼란에 빠질 것입니다."
275) 이수영, 에티카 자유와 긍정의 철학 (파주: 오월의 봄, 2013), 300–301.

부터만 양육을 받는 것이 아니라 하나님께서 세우신 위아래 혹은 평등한 관계의 지위와 인륜 관계를 통하여 훈련을 받아 하나님의 영광을 드러내게 하신다. 그러므로 그들을 마땅히 존중할 자로 존중하며 의무를 행할 것이 있으면 성실하게 의무를 수행해야 한다.

칼빈은 "어떤 식으로도 사람에게 속한 권위가 하나님의 영광을 가려서는 안" 된다고 말했다. 칼빈은 교황제도를 "사악한 교황제도를 증오"해야 한다고 말했다. 왜냐하면 교황은 자칭 '예수 그리스도의 대리자'라 하면서 그리스도를 보좌에서 내쫓고 교회의 머리되신 그리스도 대신에 교황이 차지했기 때문이다.[276] 그래서 붙은 단서가 "주 안에서 순종하라"는 것이다.[277] 칼빈은 불의한 통치자라도 하나님께서 세운 자이기에 순종할 것을 말했지만, "만일 통치자들이 하나님을 거스르는 일을 명령하며, 그 명령은 듣지 말아야 한다."고 말했다.[278]

칼빈은 "불의한 통치자라 할지라도 백성들의 불법과 불의를 벌하기 위해 하나님이 세우신 자이기 때문에 그에게 순종해야 한다"고 가르쳤다. 불의한 통치자에 대한 저항은 매우 신중했다. 칼빈은 "제멋대로 날뛰는 폭정에 대해서 보응하시는 것이 주의 뜻이라 할지라도, 우리는 그 일이 우리에게 맡겨졌다는 식으로 금방 생각해서는 안" 된다고 말했다.[279]

다니엘의 세 친구들은 금신상에 절하라는 바벨론 왕 느부갓네살의 명령에 복종치 않았다.[280] 신약의 사도들은 예수의 이름으로 말하지도 말고 가르치지도 말라는 유대인 공회의 그 살벌한 명령에도 복종치 않았다.[281] 그러나 칼빈이 늘

---

[276] 존 칼빈, 칼빈의 십계명 강해, 김광남 역 (고양: VisionBook, 2011), 206-208; "… 그들이 자신들이 갖고 있는 힘에 걸맞게 행동하는 것을 그칠 때, 그리고 아비들이 자녀들에게 폭군처럼 행동할 때, 우리는 그런 일이 우리의 죄의 결과라는 것을 깨닫고 무릎을 꿇어야 합니다. 그리고 하나님이 자신이 정하신 질서가 지켜지지 않고 모든 것이 엉망이 되도록 내버려 두실 때, 우리는 그분이 그런 상황을 제거해 주시도록 그분에게 달려가 간구해야 합니다. 또한 우리는 우리가 그분에 의해 다스림을 받는 것 외에는 아무것도 구하지 말아야 한다는 것을 알아야 합니다. 왜냐하면 바로 그것이 그분께서 우리의 구원을 이루시는 방법이기 때문입니다."
[277] 자녀들아 너희 부모를 주 안에서 순종하라 이것이 옳으니라(엡 6:1)
[278] 존 칼빈, 기독교강요(하), 원광연 역 (고양: 크리스챤다이제스트, 2003), 620.
[279] Ibid., 619.
[280] 16 사드락과 메삭과 아벳느고가 왕에게 대답하여 가로되 느부갓네살이여 우리가 이 일에 대하여 왕에게 대답할 필요가 없나이다 17 만일 그럴 것이면 왕이여 우리가 섬기는 우리 하나님이 우리를 극렬히 타는 풀무 가운데서 능히 건져내시겠고 왕의 손에서도 건져내시리이다 18 그리 아니하실지라도 왕이여 우리가 왕의 신들을 섬기지도 아니하고 왕의 세우신 금신상에게 절하지도 아니할 줄을 아옵소서(단 3:16-18)
[281] 18 그들을 불러 경계하여 도무지 예수의 이름으로 말하지도 말고 가르치지도 말라 하니 19 베드로와 요한이 대답하여 가로되 하나님 앞에서 너희 말 듣는 것이 하나님 말씀 듣는 것보다 옳은가 판단하라 20 우리는 보고 들은 것을 말하지 아니할 수 없다 하니(행 4:18-20)

말해왔듯이 하나님의 뜻에 어긋나지 않는 한, 성도들은 국민으로서 국가와 정부에 복종해야 한다.282) 하나님께서는 공연히 위정자들을 세우지 않으셨기 때문이다.

그러나 그것은 사사로운 개인에 대한 권면이었다. 백성들의 관리에 대해서는 다음과 같이 말했다.

> 나는 지금 계속해서 사사로운 개인들의 처신에 대해서 말하고 있는 것이다. 그러나 만일 왕들의 사악한 횡포를 억제하도록 임명된 백성들의 관리들이 있다면(고대 스파르타의 왕들을 견제하기 위하여 감독관들(ephor)이 있었고, 로마 집정관들을 견제하기 위하여 호민관들이 있었고, 아테네의 원로원을 견제하기 위하여 장관들이 있었고, 현재와 같이 각국의 최고 회의에서 삼부 계급이 있어서 그 역할을 감당하듯이), 그들이 자기들의 의무에 따라서 왕들의 맹렬한 방종을 대적하는 것을 절대로 반대하지 않는다. 오히려 지체 낮은 평민들에 대한 군주들의 횡포를 그들이 눈감아 준다면, 그것이야말로 극악스러운 배신 행위라고 선언할 것이다. 그들은 하나님의 명령에 의하여 호민관으로 지명을 받았음을 잘 알고 있으면서도 스스로 백성의 자유를 부정직하게 배반하고 있는 것이기 때문이다.283)

칼빈은 백성의 관리들이 왕의 포악함을 눈감아 주는 것은 하나님의 명령과 백성의 자유를 짓밟고 배반하는 것으로 보았다. 존 낙스는 칼빈보다 더 앞서 나갔다.

> 칼빈은 불의한 통치자에 대해서 국민들이 무력으로 저항하는 것을 반대했다. 어떤 특수한 경우에 있어서 불가피하게 불의한 통치자에 대하여 저항적 행동을 한다고 하더라도 다만 하급관리들만이 시민을 탄압하는 불경건한 군주에 대해서 저항하도록 백성들에게 호소할 수 있다고 하였다. 낙스는 처음에 칼빈의 의견에 동의하고 있었다. 그러나 메리(Mary of Tudor)가 영국 여왕으로 즉위한 후 곧 신교도들에 대한 무자비한 탄압을 시작하자 낙스의 마음은 변하기 시작하였다. 그는 간신히 런던을 탈출하여 프랑스의 디에프에 도착하자 과격한 어조로 글을 썼다. 그는 영국에 살고 있는 믿음의 형제들에게 여왕이 통치하고 있는 정부를 전복시켜도 무방하다는 것을 암시했다. 참된 종교를 탄압하는 것은 곧 적그리스도의 행동이기 때문이다. 낙스의 주장은 독일 농민 전쟁의 지도자 토마스 뮌저(Thomas Muntzer)의 주장과는 근본적으로 다르다. 즉 낙스는 정치경험이 없고 성공할 가망성이 없는 민중에게 혁명을 외치지는 아니했다. 다만 낙스는 승리를 획득할 수 있는 능력을 가지고 있는 계급에 의한 조직적인 무력봉기를 기대하였다. 처음에는 귀족계급에게 기대했고 다음은 하층 귀족들이 중심이 되어 형성한 The Lords of Congregation(귀족동맹)에게 개혁운동의 주체가 되어 주기를 기대했다. 이 단체는 조직화된 정당이나 다를 바 없었다. 이 단체가 주축이 되어 스코틀랜드의 종교전쟁이 수행되었다. 스코틀랜드의 섭정 Mary of Guise(Mary of Scot의 어머니)의 정권은 바로 귀족동맹에 의해서 무너진 것이다.284)

---

282) 김효성, 기독교 윤리 중에서.
283) 존 칼빈, 기독교강요(하), 원광연 역 (고양: 크리스챤다이제스트, 2003), 620.
284) http://blog.daum.net/rione30/17052479/ 홍치모 편저, 칼빈과 낙스, 성광문화사, 1991.

칼빈보다 더 강하게 무력봉기를 하게 된 이유는 무엇인가? 학자들은 세 가지로 말한다. 첫째, 존 낙스는 언제나 '하나님의 나팔수'라는 강한 소명의식에 사로잡혀 있었으며, 둘째, 그의 성향이 칼빈보다 더 강했고, 셋째로, 낙스가 처해있던 스코틀랜드의 특수한 정치적 상황은 저항에 대한 더 과감한 성향으로 몰고 갔다고 본다.

오늘날 현대 사회는 권력이 입법·행정·사법으로 분리되어 견제와 균형을 이루게 한다. 그러나 한국사회는 함석헌의'민중신학'이 매우 깊이 있어서 보수도 진보도 그 틀 안에서 해석이 되고 뭉쳐진다. 과연 이런 상황 속에서 진정한 견제와 균형이 이루어질 수 있는가?

제66문 제5계명에 첨가한 이유는 무엇입니까? (대133)
답: 제5계명에 첨가한 이유는 이 계명을 지키는 모든 자에게 장수와 번영을 주시겠다는 약속입니다(단, 이 약속은 하나님의 영광과 그들 자신의 선을 위해 사용되는 범위 내에서 말입니다).285)

인간의 행동은 자신이 생각하는 진리체계에서 나온다. 알튀세르는 자본주의라는 것은 여러 가지 요소들이 역사적 계기에 의해서 우연히 마주침으로 만들어졌다고 말한다. 씨앗이 싹을 틔우고 자라나서 나무가 되는 것처럼 만들어진 것이 아니라 우연성, 돌발성에 의한 것이다. 그것이 주체의 문제를 말할 때에도, 알튀세르는 주체라는 것은 이데올로기적 호명이라는 사건의 결과에 지나지 않는다고 말했다.

> 이제 다시 지젝, 돌라르, 이글턴의 문제제기를 생각해 볼까요? 이들은 모두 알튀세르에게 이렇게 묻고 있는 겁니다. 왜 호명당한 개인이 돌아서게 되는가? 이 사람이 돌아서기 위해서는 이미 이 사람이 모종의 주체여야 하지 않는가? 무의미한 의례를 통해 어떤 사람이 믿음을 갖게 된다고 했을 때, 이 무의미한 의례를 통해 어떤 사람이 믿음을 갖게 된다고 했을 때, 이 무의미한 의례 자체에 동의하기 위해서라도 믿음 이전의 믿음이 또한 필요한 것이 아닌가? 그런데 알튀세르는 여기서, 그렇게 묻는 것이야말로 주체의 환상에 스스로 빠져드는 것이라고 주장합니다. 주체의 기원적 원인을 그 개인의 돌아섬 이전에서 찾고 있기 때문에 그렇다는 것이지요. 마치 이들이 앞서 말한 '내가 태어나기 전에 나는 어디 있었어?'라고 묻는 아이와 똑같은 질문을 던지고 있다는 것입니다. '주체가 태어나기 전에 주체는 어디 있는가?' 반대로 알튀세르는 이렇게 주장하는 것이지요. 주체가 돌발하게 되는 것은 이데올로기적 국가장치들과 개인이 마주침으로서 가능하며, 그리하여 그가 특정한 주체로 구성되어지는데 그렇게 일단 이데올로기적 주체로 구성이 되면, 그는 자신의 동일성을 자신의 과거로 투영해 자신이 마치 항상 그러한 주체로 늘 존재해 온 것처럼 생각하고 행동한다는 것이지요. 그렇기 때문에 주체에 앞선 주체, 믿음에 앞선 믿음, 이런 것들은 그 자체가 다 이데올로기적 호명의 효과에 불과한 것이지, 그것의 원인이 아니라는 것이지요. 그것들이 이데올로기적 호명을 야기한 것이 아니라 이데올로기적 호명이라는 사건의 결과에 지나지 않는다는 것입니다. 자 이야기를 정리하면, 개인이 이데올로기적 국가장치들과 마주침으로써 어떤 동일성을 부여받으면, 이 동일성을 과거를 향해서 투영함으로써 이 주체는 마치 자기가 언제나 이 동일한 주체로서 살아온 것처럼 생각합니다. 그리고 이 때문에 자신이 영원한 주체라고 착각하게 되는 것이지요. …286)

이 글에서 보듯이 알튀세르는, "주체가 돌발하게 되는 것은 이데올로기적 국가장치들과 개인이 마주침으로서 가능하며, 그리하여 그가 특정한 주체로 구성

---

285) Q. 66. What is the reason annexed to the fifth commandment? A. The reason annexed to the fifth commandment is, a promise of long life and prosperity (as far as it shall serve for God's glory and their own good) to all such as keep this commandment.
286) 철학아카데미, 처음 읽는 프랑스 현대철학 (파주: 동녘, 2013), 224-225.

되어지는" 것이라고 말했다. 이런 논리 때문에 알튀세르는 마르크스주의자들에 의해 공격을 받는다. 영국의 사회주의 운동가인 에드워드 파머 톰슨(1924-1993)은 다음과 같이 비판했다.

> 톰슨은 알튀세르가 같은 마르크스주의자였음에도 "아주 오래된 적이자 스탈린주의 권력의 근거"라고 강력하게 비판한다. "우리가 더 많은 진보를 향해 나아갈 태세를 갖추고 있다고 생각했던 순간 우리는 우리 측의 후면에서 기습공격을 받았다. 알튀세르와 그의 수많은 추종자들 진영에서 무차별적인 공격이 개시되었다"는 것이다. 이는 톰슨이 마르크스 사상의 핵심이 인간 '주체'에 있다고 보는 반면, 알튀세르는 '구조'가 주체의 우위에 있다고 보고 '주체 없는 과정'으로서의 역사를 이야기했기 때문이다. 톰슨은 "인간이 사건을 주무르는 것이 아니라 환경이나 사건이 인간을 주무르고, 그래서 인간은 사회적 힘의 희생자로 비치지만, 궁극적으로 분석해보면 사회적 힘이란 인간 의지의 산물이다"라고 주장한다.[287]

마르크스 사상의 핵심은 인간 주체에 있는데, 알튀세르는 주체 위에 구조가 있다고 말하니 거대 자본의 체계 해체와 인간과 주체의 부활을 바라는 마르크스주의자들에게 비판을 당하지 않을 수가 없었다.

반주체주의로 갔던 알튀세르의 삶은 어떠했는가? 그는 40여 년 동안 조울증에 시달리며 계속 정신분석을 받았으며 20여 차례나 정신병원 신세를 졌다. 급기야 조울증 증세가 악화되어 1980년 11월 16일 자신의 아내 엘렌느를 교살했다. 정신감정 결과 알튀세르는 무죄 판정을 받았으나 그로 인해 강제로 정신병원에 수감되었고 10년을 지내다가 심한 욕창과 빈혈로 고통받다가 1990년 10월 22일 심장쇠약으로 사망했다.

자기 스스로 미치지 않고 맨정신이라는 것을 입증하기 1982년 6월부터 다시 글을 쓰기 시작했고 『이론적 결산』이라는 책을 완성했다. 그의 생애 마지막 책의 핵심은 「마주침의 유물론이라는 은밀한 흐름」에 녹아나 있다. 그것은 에피쿠로스의 클리나멘 철학, 곧 우발성을 긍정하는 철학을 말하는 것이었다.

우발성, 반주체는 왜 알튀세르를 구해내지 못했는가? 사람들은 부모의 영향으로 말한다. 아버지는 가부장적이었다. 약혼자가 전쟁에 나가 죽게 되자 사랑하는 남자의 형과 원치 않는 결혼을 한 어머니는 성에 대한 혐오감을 가지고 있었으며 병적인 공포감에 휩싸여 있었다. 어린 알튀세르는 이런 어머니로부터 성적인 수치심을 받았으며, '성적인 거세'로 느꼈다. 어머니에 의한 육체와 자유에 대한

---

[287] http://www.hani.co.kr/arti/culture/religion/605937.html/ "알튀세르 주장은 틀렸다" 마르크스주의를 둘러싼 논쟁, 톰슨 '이론의 빈곤' 국내 출간(Jun. 10. 2013.)

지배 및 억압으로 인해 싸움, 상처, 육체적 손상에 의한 병리적 공포감을 느꼈다고 말한다.288) 알튀세르의 여동생 역시 우울증 환자였다.

알튀세르는 역사를 우연한 마주침으로 돌발한 것이라 보았다. 그런데 그런 돌발이 일어나게 되면 목적론적 논리에 따라 과거로 자신을 투영해서 회고적인 방식으로 자신의 기원을 찾는다는 것이다. 이것을 '주체효과'라고 했다. 그러나, 아이러니하게도 삶을 우연성으로 설명하면 인간의 삶이 얼마나 파괴가 되는지 알튀세르의 삶 자체가 보여주었다.

성경은 역사가 하나님의 섭리와 간섭 속에 이루어진다고 말한다. 또한 가정은 하나님의 섭리와 간섭이 실현되는 현장이며, 하나님께서 만드신 거룩한 제도이다. 거기에는 우연성이 개입할 여지가 없다. 그러기에 언약이 있고 사랑이 있다. 하나님께서는 그렇게 살아갈 때 복을 주신다고 약속하셨다.

> 2 네 아버지와 어머니를 공경하라 이것이 약속 있는 첫 계명이니 3 이는 네가 잘 되고 땅에서 장수하리라(엡 6:2-3)
> 너는 너의 하나님 여호와의 명한대로 네 부모를 공경하라 그리하면 너의 하나님 여호와가 네게 준 땅에서 네가 생명이 길고 복을 누리리라(신 5:16)

하나님께서 세우시고 명하신 일에 대한 순종으로 장수와 번영을 복으로 말씀하신다. 그것은 세상적으로 출세하고 번영한다는 것이 아니다. 오래 산다는 것이 반드시 복이라고 할 수 없다. 진정한 복은 언약 안에서 하나님의 계명을 순종하는 것 자체가 복이다. 하나님께서 가정과 교회와 국가를 허락하신 것이 복이며 그 기관 속에서 하나님의 언약의 말씀을 신실하게 지켜가는 것 자체가 복이다. 부모가 있는 것이 복이며 그 부모님의 권위를 인정하며 그 부모님의 말씀을 지켜 순종하는 것이 자녀의 복이다. 그리하여 하나님께서 원하시는 인생 본래의 목적대로 언약에 신실하게 살아가는 것이다.

오늘날 성경의 이런 말씀에 순종하기 보다는 세상의 철학과 심리학의 영향을 받아서 과거의 상처를 치유하고 쓴뿌리를 해결해야 한다고 말하는 사람들이 많다. 라캉은 프로이트로 돌아가야 한다고 주장했다. 그 말은 무의식으로 복귀해야 한다는 소리다. 정신분석으로 자신의 삶을 온전히 실현해야 한다는 것이 라캉의

---

288) http://blog.naver.com/metalaw/120005111863/(Aug. 19. 2004)

소리다. 그렇게 말한 라캉은 어떻게 살았는가?

세계 제2차 세계 대전이 일어나고 독일은 프랑스를 점령하게 된다. 이때 라캉은 프랑스 육군에 소집되어 군 병원에 배치된다. 이 시기는 라캉에게 또 다른 열애의 시기가 된다. 조르주 바타유의 부인인 실비아 바타유와 불륜적인 사랑을 지속하여 딸 주디스 바타유가 태어나고, 마리 루이즈 블롱댕과 헤어진다. 라캉이 전적으로 학문적인 연구를 시작한 것은 1951년부터라고 할 수 있다. 그는 주간 세미나를 열고 "프로이트로 귀환"을 역설하는데, 당시에 그가 귀환하고자 했던 프로이트는 성숙기의 프로이트로 무의식의 구조를 언급하던 시기의 프로이트이다.[289]

프로이트로 돌아가고 무의식을 말하면서 '불륜적 사랑'에 빠졌던 것이 라캉이다. 실비아가 임신했을 때 아직 이혼하지도 않은 본처에게 기쁜 얼굴로 와서 '실비아가 임신했대' 하며 호들갑까지 떨었다. 본처는 그만 털썩 주저앉고 말았다. 라캉은 왜 이런 삶을 살았는가? 그가 늘 말했던 것은 '자신의 욕망을 포기하지 말라'는 것이었기 때문이다. 프로이트도 자신의 처제와 위험한 관계에 있었다.[290]

1908년 칼 융은 「조기성 치매의 심리학에 관하여」라는 논문을 프로이트에게 보내 비엔나로 초대를 받았다. 비엔나에 도착하여 그날 저녁 프로이트의 집에서 저녁 식사를 하는 동안에 융은 프로이트와 프로이트의 부인과 정신분석과 프로이트의 활동에 관해 이야기를 나누었다. 그런데 프로이트의 부인은 프로이트가 하는 일을 전혀 모르고 있었다. 그에 반해, 프로이트의 집에 함께 살고 있었던 프로이트의 처제는 프로이트가 하는 일을 모두 알고 있었다.[291] 수일 후에 프로이트의 실험실을 방문했을 때 프로이트의 처제는 융에게 면담을 요청했다. 그 면담에서 그녀는 프로이트와의 관계 때문에 몹시 괴로워하였고 그 관계에 대해 죄책감을 나타내었다. 융은 그녀와 프로이트가 깊은 사랑의 관계에 있음을 알고 큰 충격을 받았다.[292]

프로이트는 리비도를 삶의 에너지로 표현했지만, 자신의 리비도에 대해선 은

---

[289] http://blog.daum.net/prhy0801/15681226/ (2013/01/26)
[290] http://mowl.egloos.com/m/276477/ 포의 〈도둑맞은 편지 The Purloined Letter〉와 자크 라캉
[291] 지그문트 프로이트, 정신분석강의, 임홍빈·홍혜경 역 (파주: 열린책들, 2004), 284; 프로이트 자신이 말하는 방식대로 하자면 프로이트는 성도착적인 사람이다. "우리가 성인의 생활 속에서 〈성도착적인〉이라고 부르는 것은 정상적인 행위와 다음과 같은 점에서 차이가 납니다. 첫 번째로 종의 장벽(인간과 짐승 간의 메울 수 없는 심연)을 무시하고, 두 번째로 혐오감이라는 장벽을, 세 번째로 근친상간의 장벽(혈연적으로 가까운 사람에게서 성적 만족을 구하는 것을 금지하는 것을, 네 번째로 동성의 일원이라는 방벽을 뛰어넘으며, 그리고 다섯 번째로 성기의 역할을 다른 신체 기관이나 신체 부분으로 확장시키는 것 등 입니다."
[292] 이죽내, 융심리학과 동양사상 (서울: 하나의학사, 2005), 20-21.

폐하려고 했다. 프로이트는 1915년 미 신경학자 제임스 푸트먼(Putman)에게 보낸 편지에서 "나는 훨씬 자유로운 성생활을 지지하지만, 실제 생활에서는 그렇지 못했다"고 썼다고 NYT는 보도했다.293) 또한 프로이트는 동성애(homosexuality)에 대하여 지극히 관대했다.294)

그러면서도 프로이트는 자기 자신의 도덕성에 대해 민망할 정도로 예찬했다. 그는 푸트먼(Putman)에게 보낸 편지(1915년 7월 8일자)에서 자신에 대해 다음과 같이 썼다.295)

> 나는 정의감, 다른 사람에 대한 배려, 다른 사람을 고통에 빠뜨리거나 이용하는 것을 싫어하는 것과 관련해서 내가 아는 최선의 사람들과 내가 동등하다고 믿습니다. 나는 어떤 비열하거나 악의적인 일도 한 적이 없습니다. … 내가 왜 언제나 명예롭게 행동하기를, 다른 사람에게 자비를 베풀기를, 가능할 때마다 친절을 베풀기를 열망하였는가 그리고 다른 이들이 잔인하고 믿을 수 없는 사람들이기 때문에 이런 식으로 행동하다가는 해만 입고 다른 사람들의 발판이 되기 십상임을 내가 깨닫고 있음에도 불구하고 내가 왜 이런 식으로 행동하기를 멈추지 않았는가를 내 자신에게 물어본다면 사실 나도 대답을 모릅니다. (『Seductive Mirage』, P. 87.)

로버트 D. 헤어는 그의 책 『진단명: 사이코패스』에서 프로이트처럼 이런 식으로 자신의 정직성에 대해 말하는 사람들을 사이코패스(psychopath, 정신병질자)라고 말한다.296)

---

293) http://m.chosun.com/article.html?contid=2006122500013&sname=news/ 프로이트와 9년 연하 처제 사이의 '부적절한' 관계는 심리학자 카를 구스타프 융(Jung)이 1957년 "프로이트가 처제를 사랑했고, 매우 '밀접한'(intimate)관계였다"고 말한 이래, 프로이트 연구학자들 간에 계속 논란이 됐다. 그러나 1898년 8월13일 스위스 알프스의 말로야의 한 호텔인 '슈바이처하우스'의 11호실에 프로이트(당시 42세)가 처제(33세)와 투숙하면서 갈겨쓴 '프로이트 박사와 아내'(Dr Sigmund Freud u frau)라고 쓴 자필 서명이 공개되면서 이 논란은 종지부를 찍게 됐다고 NYT는 24일 보도했다. 프로이트의 아내 마르타는 처제가 따라간 이 여행을 알고 있었지만, '성격'은 알지 못했다. 프로이트는 투숙한 날 아내에게 보낸 엽서에서 "누추한 곳에 묵었다"고 썼지만, 슈바이처하우스는 이 인근에서 두 번째로 좋은 호텔이었다. 당시 프로이트는 처제와 한 침대를 썼을 뿐 아니라, 이런 낯선 곳으로의 여행에선 처제를 '아내'로 내세웠다. 이 숙박부는 프로이트를 추적해 온 하이델베르크대의 한 사회학자가 발견했다. 「프로이트와 처제의 '밀애'」 [조선일보] 2006년 12월 25일(월)기사 참조.
294) Richard Webster, Why Freud was wrong, Sin, Science, and Psychoanalysis, Basic Books, 1995, pp. 320-321. Freud himself could on occasions be remarkably tolerant and generous, even in relation to homosexuality, which he found personally distasteful. In a letter which he wrote to the mother of a homosexual, Freud offered reassurance: Homosexuality is assuredly no advantage, but it is nothing to be ashamed of, no vie, no degradation; it cannot be classified as an illness; we consider it to be a variation of the sexual function, produced by a certain arrest of sexual development. Many highly respected individuals of ancient and modern times have been homosexuals, several of the greatest injustice to persecute homosexuality as a crime-and a cruelty, too.
295) 나는 왜 프로이트주의자가 아닌가, 이덕하 역.
296) 로버트 D. 헤어, 진단명 사이코패스(우리 주변에 숨어 있는 이상인격자), 조은경·황정하 역, 바다출판사.

칼 융 역시 그의 아내마저 인정한 이상한 삼각관계를 평생 유지했었다. 그것을 그려낸 것이 '데인저러스 메소드'(A Dangerous Method, 2011)라는 영화다.

> 정신과 의사이자 심리학자인 칼 융(마이클 파스빈더)에게 어느 날 사비나 슈필라인(키라 나이틀리)이란 여성이 찾아온다. 융은 어린 시절의 학대로 괴로워하는 그녀를 치료하고자 프로이트가 창시한 '토킹 큐어(Talking cure)를 활용한 임상치료를 시도한다. 자신의 첫 임상환자인 사비나에게 정성을 기울이는 융은 그 과정에서 그녀에게 마음을 빼앗기고 급기야 그녀와 부적절한 관계를 맺는다. 사비나를 사랑하게 된 융과 그런 융에게 집착하며 의사가 되겠다는 의지를 불태우는 사비나. 하지만 자신에게 헌신하는 아내를 배신할 수 없었던 융은 이성과 욕망 사이에서 갈등하다 결국 그녀를 거부하고 사비나는 의사가 되기 위한 길을 떠난다. 한편 심리학을 과학으로 만들고 싶었던 프로이트(비고 모르텐슨)는 감정을 배제한 이성적 접근을 주장하며 융과 사비나의 관계를 반대한다. 자신의 이론을 완성해주리라 믿었던 융이 점차 독자적인 노선을 걸어가자 이에 격노하며 융과 대립각을 세워나간다.297)

무의식이 신성함을 가지고 있다는 칼 융의 심리학과 그의 방법은 자신의 삶도 가정도 지켜가지 못했다. 그런데도 여전히 이런 칼 융의 반기독교적 영성을 따르며 내적치유를 하는 사람들이 많아지고 있다. 실제로 어떤 사이버 아카데미에서는 로마 가톨릭 신부이며, 뉴에이저인 안셀름 그륀의 책을 필독서로 읽도록 하고 있다.298) 안셀름 그륀은 칼 융의 심리학이 그 배경으로 자리 잡고 있다. 안셀름 그륀의 『아래로부터의 영성』은 관상기도가들의 필독서다.299) 또 그륀의 『너 자신을 아프게 하지 말라』, 『내 나이 마흔』도 필독서로 정해 놓고 있다.300) 그러면서도 '성서적'으로 내적치유를 한다고 말한다. 이런 일들은 심리학의 위험성을 간과하기 때문이며, 특히 칼 융의 심리학이 얼마나 반기독교적인지 모르기 때문이다.

교회는 성경만으로 살아가야 한다. 왜냐하면 성경만으로 충분하기 때문이다! 하나님께서는 성령님의 감동으로 기록된 이 성경을 통해 하나님의 사람으로 온전케 하신다.301)

제5계명은 "하나님의 영광과 그들 자신의 선이 되는 한에서" 장수와 번영을

---

297) http://www.cine21.com/news/view/mag_id/69823 인간 프로이트와 융을 만나다.
298) http://cyber.inner.or.kr/pub/board/bbs_free_read.html?cateID=&cboardID=cust040101&key=&orderBy=&page=2&uid=228 내적치유사역원 사이버아카데미
299) http://www.igojesus.or.kr/board/kboard.php?board=board_04&act=view&no=549&page=7&search_mode=&search_word=&cid=&PHPSESSID=7075b6dfb86218caf0a89af8a62e42b7
300) http://www.innerhealing.or.kr/
301) 16 모든 성경은 하나님의 감동으로 된 것으로 교훈과 책망과 바르게 함과 의로 교육하기에 유익하니 17 이는 하나님의 사람으로 온전케 하며 모든 선한 일을 행하기에 온전케 하려 함이니라(딤후 3:16-17)

허락하고 계신다. 부모를 공경하는 것이 조건이 되고 근거가 되어 장수와 번영이라는 결과를 만들어내는 것이 아니다. 언제든지 하나님의 말씀을 인과율로 이해하고 인과율로 장악하려고 하면 안 된다. 오래 사는 약속은 하나님의 긍휼의 상징이었다. 하나님의 은혜와 긍휼이 증거되는 측면에서만 오래 사는 것이 복이 된다.

하나님께서 5계명에 신실한 자에게 장수를 허락하시는 이유는 무엇인가? 부모와 윗사람에게 순종하는 것은 우리가 다 헤아리지 못할지라도 하나님께서 분명하게 세상을 주관하고 계시다는 신앙고백이기 때문이다. 인간은 천성적으로 타인보다 높아지려는 악한 본성을 가지고 있다. 하나님께서는 그 세우신 질서를 통하여 그 악한 성향을 제어하시고 하나님께서 이 세상을 다스려 가신다는 것을 알아 하나님의 말씀에 순종하며 살도록 하신다. 그리하여 그 모든 것들이 하나님께 영광과 선이 되게 하신다.

제67문 제6계명이 무엇입니까? (대134)
답: 제6계명은 "살인하지 말라."입니다.302)

제6계명은 살인하지 말라고 분명하게 명령한다.

> 살인하지 말지니라(출 20:13)303)

계명은 단호하다! 벤자민 W. 팔리가 말했듯이 율법은 "과격한 표현"을 하고 있다. 왜 율법은 이렇게 인간의 가장 극악한 죄악들을 금하고 있는가? 그것은 인간이 자신의 죄와 그것의 불결함을 별 것이 아닌 것처럼 여기려는 악한 성향이 있기 때문이다. 율법은 단호하고 과격하게 인간의 불편한 심기를 건드려 인간이 범하는 모든 죄들을 혐오하도록 만든다. 칼빈은 여덟 번째 십계명 설교에서 "하나님은 우리가 악을 행하지 않게 하시기 위해 우리 앞에 가장 혐오스러운 것을 제시한다."고 말했다.304) 언약은 낭만적이지 않다! 언약은 생명을 걸고 맺은 약속이다. 인간의 죄악은 하나님의 율법이 아니면 군중 속에 숨는다. 그러나 하나님의 눈을 피할 자는 없다! 놀랍게도 하나님께서는 은혜롭고 긍휼에 풍성하시기에 죄인을 부르시며 회개케 하시며 언약을 회복하시고 교제케 하신다.

지나간 역사 속에서 무참한 학살이 자행되어 왔다. 사람들은 그런 대학살의 원인을 살피려고 애를 썼다. 아우슈비츠의 학살에 같은 죽음을 맞이할 뻔 했던 아도르노는 그 원인을 깊이 숙고하게 되었다. 그런 대량학살을 낳은 것은 광기도 아니었고 비정상도 아니었다. 아도르노는 그 주범을 서양철학의 핵심인 '이성' 혹은 '합리성'이라고 결론을 내렸다.

아도르노가 말하고자 하는 것은 이성이 가진 '지향성'이 문제라는 것이다. 이성은 개체들 간의 다양성을 제거하고 획일화 하려고 한다. 그것을 아도르노는 '동일성의 욕망'이라고 말하면서 그 동일성에 대한 욕망이 게르만 민족의 순수성을 지향하게 만들었고, 그 순수성을 지켜가기 위해 유대인과 집시들을 학살했다고 보았다.

아도르노는 '동일성의 욕망'에 저항하는 '단독성', 곧 개체 고유성으로 인해

---

302) Q. 67. Which is the sixth commandment? A. The sixth commandment is, Thou shalt not kill.
303) 살인하지 말지니라(신 5:17)
304) 존 칼빈, 칼빈의 십계명 강해, 김광남 역 (고양: VisionBook, 2011), 27.

'교환 불가능성'을 말했다. 들뢰즈가 『차이와 반복』에서 기존의 형이상학을 해체하고 소위 새로운 형이상학을 말한 것과 같은 맥락이다. 그는 서양 형이상학의 전통이 일반성(generality)과 특수성(particularity)를 중시했다고 보고 자신은 단독성(singularity)에 입각하여 새로운 철학을 만들려고 했다.[305]

예를 들어, 홍길동은 인간이라는 일반성에 포함되는 개개인의 특수성이다. 이것이 자본주의에 도입이 되면 사람이나 물건이 돈으로 구매할 수 있는 상품이 된다. 돈은 일반성을, 사람이나 물건은 특수성을 말한다. 근본원칙은 이것이다. '일반성에 포함되는 특수한 것들은 서로 교환이 가능하다.' 여기에는 일반성이 특수성을 지배한다는 지배와 위계의 개념이 발생하기 때문에 들뢰즈는 '단독성'이라는 칼을 뽑았다. '단독성'은 다른 것과 교환불가능한 독립성과 개체성을 말한다.

문제는 그렇게 교환불가능하다면 다른 개체와 어떻게 관계를 맺는가? 하는 것이었다. 들뢰즈는 일반성과는 다른 보편성(universality)의 원리, 곧 지극히 단독적인 것만이 보편성을 확보할 수 있다고 주장했다. 예를 들어, 단독성에서는 철이와 영희의 사랑과 영식이와 순이의 사랑은 서로 다르지만, 보편성에 있어서는 같은 것이다. 그들 각자의 사랑은 유일한 것이지만, 사랑이라는 더 큰 범주로 보자면 같은 테두리 안에 있다는 것이다.

다시 아도르노로 돌아와서, 이성의 동일성과 히틀러 나치즘의 관점에서 보자면 어떻게 될까? 철이, 영희, 영식, 순이 이렇게 단독자가 아니라, 한국인1, 한국인2, 한국인3, 한국인4 이렇게 교환 가능한 일반성 속의 특수성으로만 보게 된다. 아도르노는 이렇게 이성의 순수성 혹은 개념의 동일성이 아우슈비츠 학살을 만들었다고 보고, 이성의 논리를 해체하고자 '비개념적 것'을 강조했다. 그것은 헤겔이 '쓸모없는 실존'이라고 배척했던 것들, 곧 '비개념적인 것', '개별적인 것', '특수한 것'을 구제해야 한다고 보았다. 이것이 아도르노의 '부정변증법'이다. 헤겔의 변증법이 개념의 종합이 목적이었다면, 아도르노의 부정변증법은 종합되지 않는 모순의 원칙을 관철하는 것이다. 그러나 잘 따져보면, 두 사람 다 통일성을 찾고자 하는 그 핵심은 똑같다. 이성이 지향하는 개념의 자가동일성을 거부하고 개체의 이질성을 강조했지만 그러면서도 그런 개체들이 어떻게 관계를 지을 것인가? 하는 것 때문에 결국 통일성의 문제가 촉발되었다. 그것이, 앞서 말했던 아장스망(agencement)이다. 그것은 루크레티우스의 '클리나멘'(Clinamen)

---

305) 강신주, 철학 vs 철학 (서울: 그린비, 2012), 318.

으로 형성되는 관계다.306) 거기에는 단독성과 맹목성이 함께 하고 도약이 마지막 주자로 기다리고 있다.

현대인은 이렇게 단독성을 부르짖으면서도 의미와 통일성을 끝까지 붙잡으려고 한다. 그것이 들뢰즈와 가타리가 말하는 리좀(Rhizome)307)이다. 그러나 이성의 합리성을 벗어난 의미와 통일성이다. 그래서 절망이다. 왜냐하면, 잡으려고 하나 잡을 수 없기 때문이다. 그것은 인간이 바람을 잡으려고 하는 것과 같다.

그러면서도 들뢰즈는 무엇이라고 했는가?

물결을 보라. 해변에 서서 비 내리는 바다를 보라. 광포한 힘으로 일렁이는 물결을 보라. 젖은 모래 위에 맨발을 묻고, 퍼붓는 장대비에 온몸을 내맡기고, 산더미처럼 일어서는 너울을 보라.
나무는 이제 지겹다. 나무는 이제 끝나자. 6·8308)이 사십 년을 달려와 우리 앞에 이르렀다. 들뢰즈

---

306) Ibid., 319-320.
307) http://blog.naver.com/mlm00/90045208404/ 김성환, 「리좀(Rhizome)」, 나무에는 뿌리, 줄기, 잔가지, 잎 그리고 꽃과 열매가 있다. 나무는 좌우대칭의 잘 짜여진 구조이고 질서정연한 형태다. 근대사회는 수목처럼 구조화되어 있으며 군대처럼 질서화되어 있고 피라미드처럼 위계적이다. 이 수목구조와 반대의 개념이 리좀구조다. 식물학에서 말하는 리좀은 땅속에서 수평적으로 뻗어있는 구근(bulbs)이나 덩이줄기(tubers) 형태의 뿌리를 말하는데 형태상으로는 땅에서 하늘로 향하지 않고 땅에서 땅속을 향하고 있다. 들뢰즈와 가타리는 놀라운 명저 〈천개의 고원〉에서 근대사회와 이성주의를 비판하는 개념으로 리좀을 차용했다. 동시에 그들은 수목구조라는 개념에 함의된 근대의 과학, 제도, 권력, 정주, 자본, 제국, 합리, 이성 등을 해체하는 한편 새로운 사유의 틀이 필요하다고 보고 리좀에 다원적 무질서와 예측불가능의 우발성을 삽입했다. 이런 사유로부터 탄생한 리좀은 '망상조직과 같은 다양체'이며 여러 특질을 가진 다질성의 복합체다. 들뢰즈와 가타리의 리좀은 노자나 장자 등 도가(道家)의 사유와 유사한 면이 있지만 발생구조적 토대가 다르고 사상적 계보도 다르다. 따라서 서양철학 특히 후기구조주의의 탈영토, 탈근대, 탈중심과 같은 담론과 함께 이해되어야 한다. 리좀은 시작도 없고 끝도 없으며 사이와 중간이고 종단하면서 횡단하는 동시에 융합하면서 통섭한다. 당연히 리좀은 고정된 체계나 구조가 없고 중심이 없을 뿐만 아니라 질서가 없고 인과관계도 아니며 다층적이고 다원적이다. 또한 리좀은 선형, 원형, 방사형, 등의 유클리드 기하학적 위계가 아니고 동형반복의 프랙탈 기하학도 아니며 연기나 안개처럼 비기하학적이다. 그런 점에서 리좀과 연계되는 또 다른 어휘들은 기관 없는 신체(body without organ)와 강열도 그리고 인터넷 노마드 등이다. 이처럼 리좀은 연계나 관계이기 때문에 '그래서' 또는 '그리고'라는 접속사가 함의듯이 연결되는 망이 있기는 하지만 그 자체의 고정된 완결성을 부정한다. 특히 리좀은 단절이 있어도 곧 복구되는 유연성도 가지고 있다. 리좀의 망상성, 다질성, 불확정성이야말로 '무엇이 어떻다'와 같은 규정을 거부하는 리좀적 사유다. 이들 사유의 종착점은 정신분열증을 강요하는 자본주의 근대를 탈주하고 전복하는 것이다. 리좀은 수직적이고 정주적 사유와 고정된 영토를 추구하지 않고 수평적이고 유목적 사유와 탈영토/재영토를 통하여 새로운 관계나 존재를 지향한다. 이런 사유는 정신분열증을 강요하는 숨막히는 근대를 탈주하여 자유로운 영혼을 가지자는 인간해방과 연결되어 있다. 이렇게 볼 때 리좀은 온갖 구조적이고 위계적이고 체계적인 것 즉 폭력적인 것으로부터 탈주하는 비상선을 의미하기도 한다. 예술은 원래 구조나 체제에 저항하는 속성을 가지고 있으며, 다원적이고 유목적인 성격이 있다. 예술의 상상력, 표현, 자유감성 등도 리좀적 사유와 본질적으로! 같다
308) http://www.veritas-a.com/news/articleView.html?idxno=6829/ "프랑스 '6·8혁명'(1968)은 보드리야르의 사상적 지향점을 밝히는데 지대한 영향을 주었다. 6·8혁명은 권위주의적인 사회체제에 대학생과 노동자들이 저항한 운동으로 현재의 자유분방한 프랑스의 모습을 구축하는데 밑그림으로 작용한 사건이었다. 또한 전 세계로 민주화 인권수호 운동을 전파했다. 당시 대학생들은 암기식 주입식 교수법과 열악한 대학 환경에 염증을 느꼈고, 드골정권의 베트남전 참전에 대

가 있고, 아도르노와 하버마스가 있고, 프롬이 있고, 니체가 있고, 마오가 당신 곁에 있다. 쿤데라가 있고, 데리다가 있고, 푸코가 있고 지젝이 있고, 투르니에가 그대의 어깨를 걸고 발을 구르고 있다. 부숴라. 파시즘을 부수고, 기성의 가치를 부수고, 자본의 철창을 부수고, 성(性)의 장벽을 때려 부숴라. 혁명을 생각하면 섹스를 떠올려라. 혼음하라. 끌어안고 난교하라. 학생, 노동자, 학자, 예술가, 실업가, 동성애자, 도시빈민, 알콜중독자, 창녀, 건달들이 한데 모여 부둥켜안고 광란의 카니발을 벌여라.

모든 금기를 금지하라. 모든 권위를 부정하라. 모든 조직에 저항하라. 모든 전쟁에 반항하라. 혼돈과 무질서만이 우리들의 힘이다.

죽여라. 네 아비를 죽여라. 네 아비의 늙은 심장에 손목이 뒤틀리도록 칼날을 박아 넣어라. 피에 젖은 칼을 치켜들고 포효하라. 권위에, 금기에, 체제에 발광하고 울부짖어라.

나무는 끝났다. 죽은 자들만이 조직을 만든다. 중심이 아닌, 중간을 자각하라. 리토르넬로의 간주를 들어라. 감자줄기처럼 퍼져나가라. 몽골군처럼 몰려가라. 노도와 같이 일어섰다 흔적도 없이 사라져가라. 이데올로기도 지향도 지워버려라. 계급도, 계층도, 중심도, 주변도 지워버려라. 퍼져라. 걷잡을 수 없이 퍼져나가라. 이 좁은 혹성을 벗어나 저 하늘의 별들에까지 우리들의 불결한 씨앗을 퍼뜨려라. 머리도 꼬리도 없는, 중심은 없고 오직 중간만 있는, 어디를 잘려도 재생되고 마는 생명체가 되라. 신호처럼 번져가라.

물결을 보라. 해변에 서서 비 내리는 바다를 보라. 광포한 힘을 숨기고 일렁이는 물결을 보라. 젖은 모래 위에 맨발을 묻고, 퍼붓는 장대비에 온몸을 송두리째 내맡기고, 산더미처럼 일어서는 너울을 보라. 피 묻은 주먹을 움켜쥐고 분노의 함성을 질러라. 살아있어라.

그리하여 불멸하라.309)

이렇게 부르짖은 들뢰즈는 어떻게 되었는가? 결국 들뢰즈는 70의 나이에 자신의 아파트 7층에서 뛰어내려 자살했다. 인간은 죽어도 의미와 통일성을 못 만들어 낸다!

레비나스의 관점은 어떠했는가? 후설과 샤르트르가 '의식'으로, 하이데거가 '존재'로 현상학을 풀어갔다면 레비나스는 '타자'로 끌어갔다. 레비나스는 성경의 '과부와 고아와 나그네'의 모습 속에서 고통 받는 타자와의 마주침이 무엇인지를 철학적 사유 속에 펼쳤다. 그에게 가장 결정적인 영향을 준 것은 아우슈비츠에서 가족 모두를 잃은 체험이었다. 서양의 존재론은 타자를 동일자(나)로 환원하는 전체성의 철학으로 규정하고 국가사회주의와 같은 전체주의 이념(나치즘, 파시즘)에 강요하는 것이 문제라고 보았다. 거기에는 윤리적 책임이 존재하지 않았다. 윤리가 거론되려면 자아의 자기동일성 보다는 타인이 더 우선적이라야 한다

해 반발했다. 제국주의적 자본주의의 피로에 시달렸다. 그 와중에 베트남전을 반대하는 6명의 대학생이 아메리칸 익스프레스 사무실을 습격했고 전원 체포됐다. 동료들의 처분에 반발한 8명의 대학생은 낭테르 대학 학장실을 점거했고, 정부는 무장경찰을 투입해 학교를 폐쇄했다. 기성세대의 권위주의에 환멸을 느낀 대학생과 노동자들이 거리로 쏟아져 인권, 평등, 박애를 외쳤다."

309) http://blog.naver.com/sooya001?Redirect=Log&logNo=100051796668/

는 것이다. 존재자의 배후에 놓은 존재자는 없으며 다만 존재하는 것은 존재자일 뿐이다. 레비나스에게 일상적인 삶의 영역은 구원의 자리가 된다. 오늘 여기, 현재, 일상 그 자체가 목적이며 수단이 아니다. 삶 자체가 향유(jouissance)의 대상이다. 그 속에서 '타자는 무엇이냐?' 하는 것이다. 내가 타자를 향유할 수 없고 타자도 나를 향유할 수 없다. 동화(同化)될 수 없는 나는 완전한 자명성이다. 나와 타자는 결코 화해될 수가 없다. 그것이 레비나스의 신비다.310)

그러면 타자는 어떻게 다가오는가? 레비나스는 타자는 나에게 '얼굴'로 다가온다고 말한다. 레비나스의 '타자성의 철학'은 '얼굴의 철학'이다. 타인은 얼굴로 나에게 나타난다. 타인은 내가 어쩌지 못하고 거기 있는 존재이듯이, 타인의 얼굴도 거기에 있을 뿐이다. 그래서 타자는 나에게 낯선 침입자이기도 하며 타자의 얼굴에 대한 책임감과 수용과 섬김을 요청받는다. 그리고 거기서 그치지 않고 타인의 얼굴은 내면성의 닫힌 세계에서 밖으로 초월하게 하는 유일한 접촉점이다. 타인의 얼굴은 지고한 신의 목소리다.311) 샤르트르에게 타인은 지옥이었으나 레비나스에게 오면 타인은 신비요 초월이요 영원한 노스텔지어이다.312)

레비나스는 서양의 전통적 사유방식을 극복하려고 하면서도 전개하는 과정들을 지나 끝말을 보면 양식만 다를 뿐 같은 사유방식을 따르고 있는 것을 볼 수 있다. 하나님으로부터 주어지는 영원한 의미와 통일성을 타인으로부터 제공받으려고 하는 것이 레비나스의 속셈이다. 어쨌거나 레비나스는 전체주의 이름으로 타자를 죽이는 처참한 경험 속에서 타자의 가치를 높였다.313) 그러나 타자가 하나님 노릇을 하게 되었으니 어처구니없는 일이다!

성경은 타자에 대해서 무엇이라고 말하는가? 제6계명의 말씀은 자기 자신의 생명을 보존하고 다른 사람들의 생명도 보존해야 한다는 말씀이다. 첫째는 비방

---

310) http://theology.co.kr/article/levinas.html/ 전철, "임마누엘 레비나스의 타자성의 철학-타자의 얼굴에 대한 책임의 철학.": "그는 무엇으로도 환원될 수 없는 '자아'와 '타자'라는 고유한 영역의 단층을 그려냈다. 이 둘은 결코 하나로 수렴되지 않는다. 그 만날 수 없는 비대칭적 관계의 완성이 '타자의 철학'이다. '타자의 철학'은 자아의 인격적 가치와, 타자에 대한 책임을 사뭇 진지하게 요청한다. 왜냐하면, 타자의 현현은 지극히 높은 분으로부터 나에게 책임을 호소하는 목소리이기 때문이다. 샤르트르에 있어서 타인은 지옥이었다. 그러나 레비나스에 있어서 타인은 신비이다. 타인은 초월이다. 그리고 타인의 얼굴은 영원한 노스텔지어이다."
311) 강신주, 철학적 시 읽기의 괴로움 (파주: 동녘, 2012), 118.
312) http://theology.co.kr/article/levinas.html/ 전철, "임마누엘 레비나스의 타자성의 철학-타자의 얼굴에 대한 책임의 철학.";
313) http://news.donga.com/Main/3/all/20140301/61288498/1; 레비나스는 윤리적 존재로서 인간에게 관조적 삶을 불가능하다고 말했다.

이나 헐뜯음으로 타인의 생명을 죽여서는 안 된다. 한 사람의 입에서 나온 말이 수많은 사람들의 입을 통해서 당사자에게 들리게 될 때에는 엄청난 상처와 고통을 주고 비참한 결과를 맞이하게 된다. 인터넷 댓글 비방 때문에 자살을 하는 사람들이 그런 사례이다.

불의에 대하여 침묵하고 분노할 줄 모른다면 그것은 경건이라고 할 수 없다. 물론 그런 분노는 성령님의 은혜 속에서 온유함으로 나타나는 분노라야 한다. 무례히 분노하면 하나님의 의를 이루지 못하기 때문에 상대방에게 치명적인 상처를 안겨 주게 되고 그로 인하여 평생을 고통 받고 살게 될 수도 있다.314)

> 나는 너희에게 이르노니 형제에게 노하는 자마다 심판을 받게 되고 형제를 대하여 라가라 하는 자는 공회에 잡히게 되고 미련한 놈이라 하는 자는 지옥 불에 들어가게 되리라(마 5:22)

"라가"는 '텅빈(무가치한)', '우둔한', '어리석은', '멍청한'이라는 의미로서 상대의 인격을 매우 경멸할 때 사용하던 일종의 욕이다. 인격적으로 심하게 모독을 주는 것이다. 이렇게 독한 욕설은 사람의 마음을 상하게 하고 비관하게 하여 자살까지 이르게 할 수도 있다.

> 그 형제를 미워하는 자마다 살인하는 자니 살인하는 자마다 영생이 그 속에 거하지 아니하는 것을 너희가 아는 바라(요일 3:15)

사도 요한은 세상이 성도들을 미워하는 것을 이상히 여기지 말라315)고 하면서 사랑하지 아니함과 미워함과 살인은 다 같이 동일한 것이라고 말하고 있다. 그것은 가인과 같이 아우를 죽이는 일이며 살인하는 자는 그 속에 영생이 없다고 말한다. 영생이 없는 자는 사랑하지 않는 자이며 사랑하지 않는 자는 미워하는 자요, 미워하는 자는 살인하는 자라는 것이다.

하나님께서 살인하지 말라는 계명을 주신 것은 이런 일련의 언행을 통해서 상대방의 인격과 마음에 깊은 상처를 주는 것을 금하고 있다.

둘째, 타인의 생명을 직접적으로 상하게 해서도 안 된다. 한 사람에게 있어서 생명은 가장 소중한 것이다. 하나님께서는 인간의 생명을 지키시고 보존하시기

---

314) 사람의 성내는 것이 하나님의 의를 이루지 못함이니라(약 1:20)
315) 형제들아 세상이 너희를 미워하거든 이상히 여기지 말라(요일 3:13)

위하여 제6계명을 말씀하셨다.

> 무릇 사람의 피를 흘리면 사람이 그 피를 흘릴 것이니 이는 하나님이 자기 형상대로 사람을 지었음이니라(창 9:6)

이 말씀은 하나님께서 노아와 언약을 맺으면서 하시는 말씀이다. 여기에서 피를 흘렸다는 것은 우연한 실수로 사람을 죽인 것이 아니라 고의적으로 사람을 죽였다는 뜻이다. 하나님께서는 부지중에 살인한 것과 의도적으로 악하게 살인한 것을 구분하셨다.[316]

"사람이 그 피를 흘릴 것이니"는 '사람에 의해 그 피를 흘릴 것이라'라는 말로써, 피의 보복은 재판권 맡은 사람에 의하여 정당하게 시행하라는 뜻이다. 제6계명은 살인자에 대한 복수심에 의한 개인적인 복수를 금한다.

그 이유는 무엇인가? 사람은 하나님의 형상대로 지음 받았기 때문이다. 성경은 인간 생명의 존엄성에 대하여 가장 탁월하게 말해 준다. 진화론에 근거한 인간존재의 설명은 인간을 물질로 전락하고 동물로 깎아 내린다.

인간은 죄를 지어 타락했으나 여전히 인간이다. 동물이 된 것도 아니고 기계가 된 것도 아니다. 특히 살인을 금하는 것은 인간의 육체 역시 하나님의 형상을 반영하고 있다는 뜻으로 영육을 구분하여 육체를 악한 것으로 말하는 헬라철학이나 영지주의 이원론과는 완전히 틀리다.

> 사람이 그 이웃을 짐짓 모살하였으면 너는 그를 내 단에서라도 잡아내어 죽일지니라(출 21:14) 23 그러나 다른 해가 있으면 갚되 생명은 생명으로 24 눈은 눈으로, 이는 이로, 손은 손으로, 발은 발로 25 데운 것은 데움으로, 상하게 한 것은 상함으로, 때린 것은 때림으로 갚을지니라(출 21:23-25)

성경이 이렇게 말하는 근본 이유는 피해를 입은 것 이상으로 보복하지 말라는 것이다. 사람이 감정에 휩싸여서 분노를 폭발하게 되면 수습하지 못할 결과를

---

[316] 만일 사람이 계획한 일이 아니라 나 하나님이 사람을 그 손에 붙이면 내가 위하여 한 곳을 정하리니 그 사람이 그리로 도망할 것이며(출 21:13) 11 너희를 위하여 성읍을 도피성으로 정하여 그릇 살인한 자로 그리로 피하게 하라 12 이는 너희가 보수할 자에게서 도피하는 성을 삼아 살인자가 회중에 서서 판결을 받기까지 죽지 않게 하기 위함이니라 13 너희가 줄 성읍 중에 여섯으로 도피성이 되게 하되 14 세 성읍은 요단 이 편에서 주고 세 성읍은 가나안 땅에서 주어 도피성이 되게 하라 15 이 여섯 성읍은 이스라엘 자손과 타국인과 이스라엘 중에 우거하는 자의 도피성이 되니 무릇 그릇 살인한 자가 그리로 도피할 수 있으리라(민 35:11-15)

초래하기 때문이다. 상대방이 눈을 다치게 했으면 피해를 받은 만큼만 보상을 요구해야지 그 이상의 보복은 안 된다는 것이 초점이다.

하나님께서 이렇게 말씀하시는 근본적인 이유는 무엇인가? 죄에 대한 형벌의 타당성을 말하려는 것이 아니다. 누가 무엇을 잘못했으니 벌을 주어야 한다는 것이 아니라, 그런 형벌을 경고 삼아서 다시는 그와 같은 죄를 짓지 마라는 것이다. 그것이 바로 율법에서 "네 이웃을 네 몸과 같이 사랑하라"는 것이다. 하나님의 나라는 하나님께서 통치하시는 나라이며 하나님께서 공급하시고 보살피시는 나라이기 때문에, 남에게 상처를 입히고 남의 것을 빼앗아 와서 내 필요를 채울 필요가 없는 나라다. 이웃을 해치지 말아야 한다는 부정적인 의미에서만 말하는 것이 아니라 근본적으로 하나님께서 자기 백성들을 먹이시고 입히시는 충만함 속에 있다는 것이다.

예수님께서는 산상수훈에서 이렇게 말씀하셨다.

> 33 너희는 먼저 그의 나라와 그의 의를 구하라 그리하면 이 모든 것을 너희에게 더하시리라 34 그러므로 내일 일을 위하여 염려하지 말라 내일 일은 내일 염려할 것이요 한 날 괴로움은 그 날에 족하니라(마 6:33-34)

하나님의 나라와 의를 구하라고 하셨다. 그것은 언약에 신실한 삶을 말한다. 하나님의 백성들은 먹고 사는 일이 전부가 아니라 하나님의 말씀대로 살아가는 일에 생명을 걸어야 한다는 뜻이다. 그렇게 살아가기에는 우리가 이해하지 못할 일들이 너무나 많다. 그러나, 하나님께서 이 온 우주에 일어나는 일들을 우리에게 다 설명하시고 일하시지 않으신다. 우리는 모르는 것들이 너무 많다. 우리는 가만히 있는 것 같지만 지구는 1,660km로 자전을 하고 약 108,000km로 공전을 하고 있다. 그 어마어마한 속도로 돌고 있어도 우리는 전혀 어지러움증을 느끼지 않는다.

하나님께서 자기 백성을 향하는 일들은 분열을 일으키지 않고 생명과 평안과 만족과 자유를 누리게 한다. 하나님의 구원받은 백성들이 하나님을 알아가며 그 성품을 닮아가게 한다. 그리하여 하나님의 하나님 되심을 온 세상에 증거하여 하나님께 영광 돌리게 한다.

제68문 제6계명에서 요구하는 것은 무엇입니까? (대135)
답: 제6계명이 요구하는 것은 우리 자신과 다른 사람들의 생명을 보존하기 위해 정당한 노력을 기울이는 것입니다.317)

독일에서 태어난 유대인 한나 아렌트(Hannah Arendt, 1906-1975)는 점차 심해지던 나치의 유대인 억압과 박해를 피해 1941년 미국으로 망명한다. 아렌트는 1951년 『전체주의의 기원』(The Origins of Totalitarianism)이라는 책을 출간했다. 그녀는 전체주의의 진정한 발생 원인을 해명하려고 했다. 아쉬움을 남긴 이 책 이후에 1963년에 『예루살렘의 아이히만』(Eichmann in Jerusalem)이라는 책을 통해 또 다른 시도를 했다. 2차 대전이 끝나고, 아르헨티나로 도망쳤던 유대인 학살의 핵심 책임자였던 아이히만이 모사드에서 체포되어 예루살렘으로 압송되자, 한나는 예루살렘에 머물면서 그 재판(1961년 13월)의 보고서 격으로 책을 썼다.318)

그런데 이 책은 출판이 되기 전부터 격렬한 논쟁에 휘말렸다. 왜냐하면, '유대인이 스스로를 살해했다고 주장한 것처럼 되어 있었'기 때문이다. 그녀는 세계 각지에 살고 있는 유대인들에게 심한 거부반응을 불러일으켰으며, 논평자들로 인해서 반유대 변절자로 시달려야 했다. 그 이유가 무엇인가? 아렌트는 아이히만을 잔족한 악마로 말하지 않고, 이웃에 있는 빵집 아저씨처럼 너무나도 평범한 사람이라고 말했기 때문이다. 그래서, 이 책의 부제가 『악의 평범성에 대한 보고서』(A Report on the Banality of Evil)이다.319)

'악이 평범하다'는 의미는 무엇인가? 아렌트가 보기에 아이히만은 히틀러의 명령을 충실히 따른 평범하고 근면한 한 사람의 관료였다. 그야말로 보통사람이었다. 아이히만 자신도 재판에서 그렇게 말했다. 자신에게 죄가 있다면 그저 상부의 명령을 잘 따른 것이고, 죄를 물으려면 상부에 물어야 한다고 말했다.320)

아렌트는 어떻게 아이히만이 죄를 인정하도록 만들까? 아렌트는 아이히만의 '철저한 무사유'가 죄라고 하며 책임을 져야 한다고 말했다. 아무리 상부에서 지

---

317) Q. 68. What is required in the sixth commandment? A. The sixth commandment requireth all lawful endeavors to preserve our own life, and the life of others.
318) 원래는 미국의 교양잡지 「뉴요커」(New Yorker)의 재정 지원을 받아 특파원 자격으로 재판을 참관하였는데, 그 재판 과정을 주도면밀하게 기록했다. 그리고 그것을 자신의 관점으로 해명하여 뉴요커 잡지에 다섯 차례로 나뉘어 게재되었던 보고서 형식의 기사들을 한 권의 책으로 묶어서 출판한 것이다.
319) 강신주, 철학 vs 철학 (서울: 그린비, 2012), 321.
320) Ibid., 322.

사를 내려도 그 지시대로 수행할 경우에 얼마나 끔찍한 결과가 발생할 것인지 생각하지 않는 것이 죄라고 했다. 아이히만이 타인의 입장에서 생각하지 않은 것이 죄라는 것이다. 아렌트는, 사유란 단순하게 생각하는 정도만이 아니라 남의 입장에서 생각하고 판단하는 능력이라 했다. 그것은 생래적인 능력이 아니라 인간이라면 반드시 수행해야 하는 의무라고 보았다. 그렇지 않으면 누구나 제2의 아이히만이 될 수 있다고 말했다.321)

그러나 오늘날 세상은 어떻게 돌아가고 있는가? 아렌트가 죄라고 지적한 것처럼 현대인들은 타인의 입장에서 생각하며 살아가고 있는가? 현대사회는 통제 가능한 사회로 가고 있다. 과학의 발달은 국가를 더 효율적으로 통제하고 관리하는 시스템으로 전환되고 있다. 과연 사람들은 이런 사회구조와 체계를 어떻게 변화시키고 적응해갈까? 사람들은 자신의 정보와 자산을 보호하기 위하여 통제시스템에 협조하고 있다. 자기만 괜찮으면 된다는 생각에 사로잡혀서 살아가고 있다.

강신주 교수는 무엇이라고 말하는가?

> 그렇다면 전체주의의 위험성을 극복하기 위해서 다음의 두 가지 방법을 생각해 볼 수 있습니다. 첫 번째가 우선 거대한 규모의 조직을 계속해서 축소하는 것이라면, 두 번째는 조직 속 내 행동이 다른 타인들에게 어떤 영향을 미칠 수 있는지를 항상 '사유'하는 것입니다. 그러나 전자는 개인 혼자 힘으로 변화시키기엔 현실적으로 매우 힘든 일입니다. 따라서 전체주의의 위험한 싹을 막을 수 있는 현실적인 방법의 하나는, 아렌트가 이야기하고 있는 '사유'를 개인들 각자의 의무로 수행하는 것입니다. …322)

아이히만은 전체주의의 충실한 신복이었다는 것이 문제이지만, 그 보다 더 심각한 것은 '사유'하지 않았다는 것이다. 자기가 하는 일이 다른 사람들에게 어떤 영향을 끼치는지 생각하지 않았던 것이다. 김남주는 그런 사람을 '개'라고 말했다. 막스 베버(Max Weber, 1864-1920)가 말했듯이, 자본주의 사회에서는 분업화 전문화 된 사회이기 때문에 자신이 하는 일이 어떤 결과를 낳게 되는지 모른다. 강신주 교수가 이런 말을 인용하는 것은 인간의 한계를 인정하는 말이다.

문제는 무엇인가? 강신주 교수가 '사유'하라는 것은 타인의 가치를 존중해야 한다는 것인데, 그 가치를 어디서 찾느냐? 하는 것이 관건이다. 강신주 교수는 그것을 화엄경의 인다라 구슬에서 보았듯이 신성한 내면아이가 있기 때문이다.

---

321) Ibid., 324.
322) 강신주, 철학적 시 읽기의 즐거움 (파주: 동녘, 2012), 80.

거기에 근거하여 도약을 감행한다.

성경은 무엇이라 말하는가? 우리가 '사유'해야 할 근거는 어디에 있는가? 그것은 하나님께서 하나님의 형상을 따라 인간을 지·정·의를 가진 인격체로 창조하셨기 때문이다. 인간을 인간되게 하는 것은 인간 내면에 신성한 불꽃이 있기 때문이 아니라 인간 외부에 하나님께서 존재하시고 그 하나님께서 인간을 가치 있게 창조하셨기 때문이다.[323]

이것이 우리 자신의 생명을 보존하고 타인을 사랑하는 근거가 된다.[324] 그러기에 우리는 우리 자신의 생명을 보존하기 위해 정당한 노력을 기울여야 한다. 그것은 다만 생존을 위해서만이 아니다. 성도는 살아가야 할 사명이 있는 사람이기 때문이다.

> 이 동네에서 너희를 핍박하거든 저 동네로 피하라 내가 진실로 너희에게 이르노니 이스라엘의 모든 동네를 다 다니지 못하여서 인자가 오리라(마 10:23)

핍박의 현장에서 피하는 것이 옳은가? 고난을 받고 순교를 당하는 것이 옳은가? 그것은 쉽게 답할 수 있는 문제가 아니다. 이 말씀에서 "피하라"는 것은 자기 생명을 보존하고 싶은 차원에서 이기적인 목적으로 피하라는 것이 아니라, 그리스도의 이름을 증거하기 위하여 자기 생명을 보존하라는 뜻이다. 예수님께서는 순교를 강요하지 않으셨다. 최선을 다해 그리스도를 증거하는 것이 목적이기 때문이다.

인간은 본성적으로 자기를 사랑한다. 자기 생명을 귀하게 여기고 존중받고 싶어 한다. 자기 목숨을 위하여 먹고 마시는 자체를 성경이 정죄하는 것이 아니라 그것이 전부가 되는 삶을 살기 때문에 인간이 죄악으로 달려간다는 것을 말한다. 세상은 여기 이 현실이 전부라고 가르치며 결국 자율성으로 가기 때문이다.

그러므로 성경은 언제나 그리스도께서 십자가에 죽으심으로 자기 백성들을 구

---

323) 26 하나님이 가라사대 우리의 형상을 따라 우리의 모양대로 우리가 사람을 만들고 그로 바다의 고기와 공중의 새와 육축과 온 땅과 땅에 기는 모든 것을 다스리게 하자 하시고 27 하나님이 자기 형상 곧 하나님의 형상대로 사람을 창조하시되 남자와 여자를 창조하시고 28 하나님이 그들에게 복을 주시며 그들에게 이르시되 생육하고 번성하여 땅에 충만하라, 땅을 정복하라, 바다의 고기와 공중의 새와 땅에 움직이는 모든 생물을 다스리라 하시니라(창 1:26-28)

324) 하이델베르크 교리문답 제105문: 하나님께서 제 6계명에서 무엇을 요구하십니까? 답: 내가 나 자신으로나 혹은 다른 사람을 통하여 생각이나, 말이나, 태도로나, 더욱이 행동으로 내 이웃을 모욕하거나, 미워하거나, 해치거나, 죽여서는 안 되고, 모든 복수심을 버려야 하고, 내가 내 자신을 상하게 하거나, 무모하게 위험에 빠뜨려서도 안 된다는 것입니다. 그래서 국가가 살인을 방지하기 위하여 검을 가지고 있는 것입니다.

원하셨듯이, 그 사랑으로 타인을 사랑하며 살아가라고 말한다. 그렇게 살아갈 수 있는 근거가 내 안에 있는 것이 아니라 죄인을 구원하신 십자가의 피 흘림에 있다. 자기 존재의 죄악으로 인한 비참함과 절망을 스스로 해결한 것이 아니라 자기 밖에서 메시아 되신 예수님께서 구원해 주셨기 때문에 그 렌즈로 타인들을 바라보고 사랑할 수 있다.

> 28 이와 같이 남편들도 자기 아내 사랑하기를 제 몸같이 할지니 자기 아내를 사랑하는 자는 자기를 사랑하는 것이라 29 누구든지 언제든지 제 육체를 미워하지 않고 오직 양육하여 보호하기를 그리스도께서 교회를 보양함과 같이 하나니(엡 5:28-29)

이 말씀이 자기 사랑을 장려하는 말씀은 아니다. 자기 사랑은 분명히 성경적 개념이 아니다. 그러나 자기를 미워하라는 것도 옳지 않다. 28-29절 말씀처럼 자기를 돌보고 세워가는 것은 마땅한 것이다. 그러면 무엇이 문제인가? 예수님께서 늘 지적하셨듯이 '자기 의'로 가는 것이 문제이다. 그것은 자기 안에서 자기가 만들어 낸다는 것을 말한다. 그것보다 더 심각한 것은 그럴만한 자질이 내 안에 있다고 믿는 것이다. 세상은 그 근본적인 기초를 마련하기 위하여 언제나 신성한 내면아이로 간다.

또한 다른 사람들의 생명을 보존하기 위해 정당한 노력을 기울여야 한다.

> 3 가난한 자와 고아를 위하여 판단하며 곤란한 자와 빈궁한 자에게 공의를 베풀지며 4 가난한 자와 궁핍한 자를 구원하여 악인들의 손에서 건질찌니라 하시는도다(시 82:3-4)

사회의 약자들을 돕고 그들에게 삶의 길을 열어주어야 한다. 이렇게 어려운 사람들을 돌보는 것은 언약적 관점에서 이해해야 하는 말씀이다. 가난하고 궁핍한 자들을 돌아보는 것은 단순히 어려운 사람들을 구제하는 차원만이 아니다. 왜 그들을 도와주어야 하느냐고 할 때, 그 궁극적인 이유는 그들로 하여금 하나님의 구원을 입어 언약을 신실하게 행하며 살도록 하는 것이다. 경제적인 어려움을 해결해 주는 것도 중요하다. 그러나 그보다 더 중요한 것은 왜 먹고 살아야 하는지 그 이유와 목적을 하나님의 구원과 언약 안에서 누려가야만 한다.

하나님께서는 믿음으로 인해 생명의 위협을 당하는 하나님의 백성들에게 은혜의 손길을 베푸시고 계신다.

> 이세벨이 여호와의 선지자들을 멸할 때에 오바댜가 선지자 일백 인을 가져 오십인 씩 굴에 숨기고 떡과 물을 먹였었더라(왕상 18:4)

북이스라엘은 혼합주의로 인해서 바알과 아세라 우상에 의해 점령당했다. 이세벨의 악행으로 하나님을 신실하게 믿었던 사람들은 곤경에 처하였다. 그 때에 오바댜는 선지자들을 숨겼다.

이 시대에도 믿음으로 인해 고난을 당하는 사람들이 너무나도 많다. 북한 땅에는 얼마나 많은 성도들이 죽음에 직면해 있는가! 탈북방랑시인 백이무가 지은 『꽃제비』(글마당)는 북한 동포들이 수용소에서 얼마나 심한 고통을 당하고 있는지 말해 준다. 그러나 그들 중에 가장 극도의 고통을 당하는 사람들은 기독교인들이다. 우리는 지금 무엇을 하고 있는가?

제6계명의 살인하지 말라는 것은 사람의 생명과 인격을 존중하라는 말씀이다. 존중을 해야 하는 이유는 사람이 하나님의 형상을 따라 지음을 받았기 때문이다. 동물을 죽인 것과 사람을 죽인 것의 차이가 무엇인가? 하나님께서는 동물은 인간의 양식으로 허락하여 주셨으나 인간은 그렇지 않다.

아담과 하와가 범죄하여 타락했을 때 하나님께서 짐승의 가죽으로 그들을 가려 주셨다. 그것은 희생제사를 말한다. 인간의 범죄로 인해 하나님과 관계를 회복하기 위하여 짐승이 대신 죽음으로써 그 죄의 값은 죽음이라는 것을 보여주신 것이다. 하나님께서는 홍수 이전에는 식물만을 양식으로 허락하셨으나 홍수 이후에는 동물을 양식으로 주셨다.

> 무릇 산 동물은 너희의 식물이 될지라 채소같이 내가 이것을 다 너희에게 주노라(창 9:3)

첫 살인은 가인이 아벨을 죽였을 때 일어났다. 하나님께서는 그 일에 대하여 분명하게 말씀하셨고 그 형벌로서 언약 밖으로 쫓겨나야만 했다. 그것이 무서운 벌이라는 것을 결코 간과해서는 안 된다.

인간의 생명을 빼앗는 모든 것이 살인죄는 아니다. 전통적으로 다음과 같은 세 가지 차원에서는 살인죄로 여기지 않는다.[325]

1) 다른 나라의 침략을 받았을 때

만일 다른 나라가 우리 땅을 침범하여 멸망시키려 한다면 자국민의 보호를 위하여 군사력을 동원하여 싸우는 것은 마땅한 의무이다. 그러나 칼빈은 전쟁에서 적을 죽였을지라도, 죽일만한 합법적인 근거를 가지고 있을지라도 하나님 앞에 흠이 있는 것이며 우리를 더럽힌 것이라고 말한다. 왜냐하면 하나님께서 이웃과 더불어 평화롭게 살도록 창조하셨기 때문이다.326)

또한, 앗수르와 바벨론이 이스라엘과 유다를 침략했을 때에 그것을 힘의 논리로 말하지 않고 언약적인 관점에서 다루고 있다. 이스라엘이 적국의 포로로 잡혀간 것은 그들이 하나님의 언약을 저버리고 이방의 우상을 섬기고 정치적 수단을 동원하여 나라를 지키려고 했기 때문이었다. 그들은 하나님의 심판을 받아 강대국의 침략으로 나라를 잃고 포로로 잡혀갔다. 그 때 그 강대국은 하나님께서 자기 백성들을 회개케 하는 수단이었다. 그들이 회개하고 하나님께 부르짖을 때 하나님께서는 다시 본토로 돌아오게 하셨다.

사도 바울은 공적인 권한으로 집행하는 일에 대하여 말한다.

> 1 각 사람은 위에 있는 권세들에게 굴복하라 권세는 하나님께로 나지 않음이 없나니 모든 권세는 다 하나님의 정하신 바라 2 그러므로 권세를 거스리는 자는 하나님의 명을 거스림이니 거스리는 자들은 심판을 자취하리라 3 관원들은 선한 일에 대하여 두려움이 되지 않고 악한 일에 대하여 되나니 네가 권세를 두려워하지 아니하려느냐 선을 행하라 그리하면 그에게 칭찬을 받으리라 4 그는 하나님의 사자가 되어 네게 선을 이루는 자니라 그러나 네가 악을 행하거든 두려워하라 그가 공연히 칼을 가지지 아니하였으니 곧 하나님의 사자가 되어 악을 행하는 자에게 진노하심을 위하여 보응하는 자니라 5 그러므로 굴복하지 아니할 수 없으니 노를 인하여만 할 것이 아니요 또한 양심을 인하여 할 것이라 6 너희가 공세를 바치는 것도 이를 인함이라 저희가 하나님의 일군이 되어 바로 이 일에 항상 힘쓰느니라 7 모든 자에게 줄 것을 주되 공세를 받을 자에게 공세를 바치고 국세 받을 자에게 국세를 바치고 두려워할 자를 두려워하며 존경할 자를 존경하라(롬 13:1-7)

사도 바울은 하나님께서 권세자를 세우셨으며, 그들이 "공연히 칼을 가지지 아니하였"다고 말했다. 그렇다고 불의한 권력에 무조건 순응하라는 것이 아니다. 어떤 사람들은 정치적 정적주의(political quietism)를 말하나 그것이 과연 사도 바울의 의도였다고는 볼 수 없다. 정치적으로 적극적으로 개입한 나머지 비성경적인 노선을 따르는 자들은 이미 기독교인의 선을 넘었다. 문화변혁주의는 성공

---

325) G.I. 윌리암스, 소교리문답강해, 최덕성 역 (서울: 개혁주의신행협회, 1990), 225-229.
326) 존 칼빈, 칼빈의 십계명 강해, 김광남 역 (고양: VisionBook, 2011), 217.

할 수 없다. 아무리 영역 주권사상을 부르짖는다 해도 그것은 이 악한 세대에서는 이루어질 수가 없다. 성경의 초점은 언제나 외적인 상황이 얼마나 나아지느냐가 문제가 아니다. 자기 죄를 회개하고 예수 그리스도를 구주로 믿어 날마다 자기를 부인하며 하나님의 성품을 닮아가는 싸움을 하는 자가 성도다.

2) 국가의 권위를 수행하는 공무원이 법적인 권위로 사형을 집행할 때
하나님께서는 그 언약 백성들에게 공의를 행하라고 명령하신다.

> 3 가난한 자와 고아를 위하여 판단하며 곤란한 자와 빈궁한 자에게 공의를 베풀지며 4 가난한 자와 궁핍한 자를 구원하여 악인들의 손에서 건질찌니라 하시는도다(시 82:3-4)

세상에서는 악한 자들이 가난하고 악한 자들의 재산과 생명을 위협하는 일이 있다. 하나님께서는 그런 일들을 막으시고 보호하시기 위하여 합법적인 제도들과 권력자들을 세우신다. 그리하여 타인들의 재산과 생명을 보존하도록 하신다. 그러나 너무나도 극악한 일을 행하였을 때는 법적인 권위로 사형을 집행하게 된다. 그것은 개인적인 감정이나 복수심에서 행한 것이 아니라 국가와 사회의 질서를 지키기 위한 것이기 때문에 살인이 아니다.

3) 가족과 자신의 목숨이 불법적으로 위험에 처했을 때
마찬가지로 어떤 사람이 우리의 가정에 무단으로 들어와서 가족을 해치려고 하면 가족을 지키는 것이 의무이다. 그것을 정당방위라고 한다.
정당한 이유 없이 사람을 죽이는 것은 살인에 해당하며, 정당한 이유가 있더라도 사람을 죽일 수 있는 권한을 부여받은 기관이 그것을 행사할 수 있다.
하나님께서는 타락한 인간 세계에서 질서를 바로 잡고 생명을 보호하기 위하여 국가를 세우셨기 때문에 국가가 권위를 가지고 수행하게 된다.

"살인하지 말라"는 제6계명은 하나님께서 명하신 방법이 아닌 다른 방법으로 자신과 타인의 생명을 빼앗는 일체의 일을 금하고 있다. 또한 아주 빼앗지는 않을지라도 다른 사람의 생명을 해치는 어떤 일도 금하신다는 뜻이다.

제69문 제6계명에서 금하는 것은 무엇입니까? (대136)
답: 제6계명이 금하는 것은 우리 자신의 생명이나 우리 이웃의 생명을 부당하게 빼앗거나 무엇이든지 그런 경향이 있는 것들입니다.[327]

다원주의를 부르짖는 현대사회에서 '차별'과 '차이'라는 단어의 개념정리는 매우 중요하다. 지나간 역사 속에서 서구유럽의 열강들은 식민지 착취를 정당화했다. 그 착취를 위한 기준 중에 하나가 백인의 흰 얼굴이었다. 백인을 이상적인 기준으로 삼고 다른 사람들에 대해서 위계적 질서를 만들었다. 그 기준에 따라 위계질서가 만들어졌고 차별이 강요되었다. 놀랍게도 그 차별의 역사는 지금도 계속되고 있다.

사람들은 그런 차별을 극복하기 위해 '차이'라는 말로 담론을 이끌어가고 있다. 차이는 하나의 기준에 따른 열등성이나 우월성으로 서열을 따지지 않는 '다양성'이다. 타자에게 나의 기준을 강요하지 않고 타자를 다만 '다름'이라는 관점으로만 생각한다.

들뢰즈는 『차이와 반복』에서 "천 갈래 길이 나 있는 모든 다양체들에 대해 단 하나의 똑같은 목소리가 있다. 모든 물방울들에 대해 단 하나의 똑같은 바다가 있다. 모든 물방울들에 대해 단 하나의 똑같은 바다가 있고, 모든 존재자들에 대해 존재의 단일한 아우성이 있다."[328] 들뢰즈는 이것을 '영원회귀' 안에서 말하고 있다.

결국 다양성과 통일성을 아무리 무한대로 이어지더라도 외부의 간섭자가 없이 '오로지 인간 안에서' 만들어 내고 싶은 것이다. 니체가 '영원회귀'를 말하는 것도 똑같은 이유다. 그러나 성경은 역사를 주관하시는 하나님과 직선적 역사관을 말한다.

차이는 타자에 대한 '존중'을 전제로 한다. 그리고 타자와의 차이를 긍정한다. 무엇을 존중하고 긍정하는가? 타자의 가치, 타자의 정체성이다. 그런 타자에 대한 존중과 긍정은 무조건적 환대를 요구한다.

그러나 현실은 어떠한가? 그런 존중과 긍정이 관념적일 때는 이루어질 수 있다. 그러나 역사와 현실 속에서는 민족과 나라와 개인의 실리가 개입되기 때문

---

[327] Q. 69. What is forbidden in the sixth commandment? A. The sixth commandment forbiddeth the taking away of our own life, or the life of our neighbor, unjustly, or whatsoever tendeth thereunto.
[328] 질 들뢰즈, 차이와 반복, 김상환 역 (서울: 민음사, 2012), 633.

에 결코 그렇게 되지 않는다.

차이를 존중하고 긍정하는 사람들은 아주 아이러니한 예화를 든다. 2차 대전 때 유대인 철학자 레비나스는 포로로 수용되었을 때 차별적인 대우를 받았다. 그 포로수용소에서 독일인이든지 포로든지 간에 차별 없이 동등하게 반기는 이가 하나 있었다. 그것은 개였다. 레비나스는 이 개를 "나치 독일의 마지막 칸트주의자"라 말했다. 왜 사람들은 차별을 거부하고 차이를 말하면서 레비나스의 개 경험을 말할까? 내가 보기에 분명히 그들은 다 개만도 못하다. 제 아무리 그럴 듯하게 차이를 말해도 인간은 그리 못한다는 것을 그 개가 증명한 것이니 참 기절할 노릇이다.

그리스도인들은 어떻게 차별 없이 타자를 용납하고 사랑할 수 있는가? 그것은 언제나 인간이 하나님의 형상으로 지음 받았다는 것과 인간이 죄인이라는 전제에서 출발한다. 들뢰즈처럼 영원회귀 속에서 다양성과 통일성을 말하지 않고, 인간의 본질 속에서 말한다. 그것은 예수 그리스도 안에서 인간론을 말한다. 인간은 죄와 사망에서 구속받아야 할 죄인이다. 그리고 하나님의 형상을 따라 지음 받은 인간이다. 앞에서 넓은 의미의 형상과 좁은 의미의 형상을 말했듯이, 인간은 타락했으나 짐승이 된 것이 아니다.

제6계명이 금하는 것은 "불의하게"(unjustly) 자신의 생명이나 우리 이웃의 생명을 빼앗거나 그와 같은 경향이 있는 일들을 말한다. 그 속에는 '고의적인' 것인데 그들이 '고의적인' 태도를 가지는 근본적인 이유는 '자기 의'로 나아가는 사람들이기 때문이다. 율법을 지키지 않는 다른 사람들을 보고 비판하며 멸시한다. 율법을 행하는 것이 하나님의 은혜인 줄을 모르고, 자신들은 남다르다고 생각하며, 자기 속에는 다른 사람들과 다른 자질이 있다고 생각한다. 이것은 특별한 사람만 그런 것이 아니다. 아담의 죄성을 그대로 이어받은 인간이 가지고 있는 근본적인 악이고 죄이다. 여기서 중요한 것은 죄가 인간 밖에 있다는 것이 아니라 인간 속에 있다는 것이다.

> 18 입에서 나오는 것들은 마음에서 나오나니 이것이야말로 사람을 더럽게 하느니라 19 마음에서 나오는 것은 악한 생각과 살인과 간음과 음란과 도적질과 거짓 증거와 훼방이니(마 15:18-19)

예수님께서 이런 말씀을 하신 이유는 무엇인가? 서기관과 바리새인들은 장로의 유전은 철저하게 지켰지만, 실제 그 마음으로는 여전히 하나님의 계명을 지키지 않았기 때문이다. 그러면서도 그들은 스스로 의롭다고 생각했다. 예수님께서는 이런 말씀을 통하여 인간의 마음이 근본적으로 악하다고 말씀하셨다. 성경은 사람들 앞에 보이는 그런 외적인 모습이 아니라 본질적으로 죄악 된 인간의 문제를 말한다. 그렇지 않으면 외적인 구조개혁은 아무런 소용이 없기 때문이다.

1) 우리 자신의 생명이나[329]

복음을 전하다가 바울은 실라와 함께 감옥에 갇혔다. 밤중에 바울과 실라는 하나님께 기도하고 찬송할 때에 갑자기 큰 지진이 일어났다. 그리고 옥문이 다 열리고 사람들을 묶은 것이 풀리게 되었다. 간수는 이런 상황을 보고 검을 빼서 자결하려고 했을 때 바울은 큰 소리로 말했다.

> 바울이 크게 소리질러 가로되 네 몸을 상하지 말라 우리가 다 여기 있노라 하니(행 16:28)

간수는 바울과 실라 앞에 엎드렸고, "선생들아 내가 어떻게 하여야 구원을 얻으리이까?"라고 겸손히 구했다. 바울은 "주 예수를 믿으라 그리하면 너와 네 집이 구원을 얻으리라"하고 간수와 그 집에 있는 모든 사람에게 복음을 전했다. 그들은 믿고 세례를 받았고 크게 기뻐했다.

오늘날 자살에 대해 너무나도 관대하게 신학을 펼치는 사람들이 많아지고 있다. 그들은 자살을 '사회적인 질병'으로 몰아간다. 자살에 관대한 사람은 가룟 유다의 자살과 삼손의 자살을 대조하면서 자살에 대한 여유(?)를 부린다. 심지어 사울[330]과 아히도벨,[331] 시므리[332]의 자살에 대하여 성경이 어떠한 평가도 내

---

[329] 하이델베르크 교리문답 제106문: 그러나 이 계명에서는 오직 살인에 대해서만 말합니까? 답: 살인을 금하심으로, 하나님께서 살인의 뿌리, 곧, 질투, 미움, 분노, 복수심, 등을 미워하시고, 이 모든 것들을 살인으로 생각하신다는 것을 우리에게 가르쳐 주십니다.
제107문: 그러면 우리가 이런 방식으로 우리 이웃을 살인하지 않으면 그것으로 족합니까? 답: 그렇지 않습니다. 하나님께서 시기와 미움과 분노에 대해 정죄하실 때, 하나님께서는 우리에게 이웃을 내 몸과 같이 사랑하고, 이웃에게 인내와 화평과 온유와 자비와 우정을 보여주고, 할 수 있는 한, 이웃을 위험으로부터 보호해 주고, 우리의 원수에게까지 선을 행할 것을 요구하십니다.
[330] 3 사울이 패전하매 활 쏘는 자가 따라 미치니 사울이 그 활 쏘는 자를 인하여 중상한지라 4 그가 병기 든 자에게 이르되 네 칼을 빼어 나를 찌르라 할례 없는 자들이 와서 나를 찌르고 모욕할까 두려워하노라 하나 병기 든 자가 심히 두려워하여 즐겨 행치 아니하는지라 이에 사울이 자기 칼을 취하고 그 위에 엎드러지매(삼상 31:3-4)
[331] 아히도벨이 자기 모략이 시행되지 못함을 보고 나귀에 안장을 지우고 떠나 고향으로 돌아가서 자기 집에 이르러 집을 정리하고 스스로 목매어 죽으매 그 아비 묘에 장사되니라(삼하 17:23)
[332] 시므리가 성이 함락됨을 보고 왕궁 위소에 들어가서 왕궁에 불을 놓고 그 가운데서 죽었으니(왕상 16:18)

리지 않고 있다면서 자살했다고 해서 구원받지 못할 죄 혹은 용서 받지 못할 죄라고 판단하는 것은 성경적인 근거가 없다고 말한다.333)

그러나 유다의 자살과 삼손의 자살은 엄연히 다르다. 사울과 같은 사람들의 자살이 정당화 된다면 생명윤리는 어떻게 될 것인가? 성경이 말하지 않았다고 그것이 정당화 된다면 성경이 말하지 않는 수많은 일들에 대해서 자율권을 부여해도 된다는 말인가? 결국 이런 생각들은 자살에 대한 허용으로 결론 날 수밖에 없다. 이렇게 말하면 편협한 사고방식이라고 몰아붙이는 사람들이 많아지고 있으니 그것이 큰 일이다.

자살과 관련 된 말을 하는 신원하 교수의 기사 자료를 참고해 보자.

> 특히 신원하 교수는 '자살=지옥'이라는 주장의 근거를 하나씩 거론하며 그 근거가 잘못된 이유에 대해 다뤘다. 먼저 "자살은 다른 행위와 달리 그 죄를 회개할 기회를 갖지 못한다"라는 이유에 대해서는, "구원은 하나님을 믿음으로 인한 은혜이며, 누군가가 중대한 죄를 짓는다고 해서 하나님의 택하심이 취소나 변경되지 않는다"고 했다.
> 또 신 교수는 "신자가 지은 모든 죄에 대해 낱낱이 회개해야 용서받고 구원 얻게 된다고 하면, 이것은 자칫 '행위로 인한 구원' 또는 공로 사상으로 미끄러질 위험을 안게 되고 심각한 신학적 문제를 낳게 된다"고 밝혔다. 즉 하나님이 택한 자가 설령 중대한 죄(자살)을 짓고 회개하지 못했다 하더라도, 그의 택함받은 바가 취소되지 않는다는 것이다.
> 신 교수는 자살이 성령훼방죄와 연관성 있는지도 거론했다. 신 교수는 "삶의 어느 순간에 악함 때문에, 삶의 절망적 구름 때문에, 스스로의 목숨을 끊는 것이 성령을 훼방한 죄로 간주될 수 있겠는가"라며 "그렇게 말하기엔 신학적 근거를 찾기가 쉽지 않다. 성령훼방죄의 핵심 성격은 성령의 내적 조명을 받고 있음에도 계속적으로 예수 그리스도의 복음을 대항하고 거부하는 것"이라고 했다.
> 신 교수는 "전통적으로 개혁교회는 하나님의 영원한 작정에 따라 택자와 유기자를 정했다는 '예정 교리'와, 구원으로 택함받은 성도는 결코 그 구원을 잃어버리지 않는다는 '성도의 견인 교리'를 견지해왔다"며 "이러한 견인 교리에 비춰 볼 때, '사망이나 생명이나 환난이나 위험이나 칼과 마찬가지로…' 등의 말씀처럼 자살이라 하더라도 결코 택한 자를 그리스도의 사랑에서 떨어지게 할 수 없다고 교리적으로도 판단할 수 있다"고 했다. 즉 자살이 하나님의 자비와 주권에서 나오는 기쁘신 선택의 작정을 변경할 수 없고, 또 그리스도의 공로와 죄의 효력을 무효화시키는 힘이 없다는 것이다.334)

---

333) http://www.kscoramdeo.com/news/articleView.html?idxno=4362/ 신원하 교수, "모든 자살한 사람은 지옥 간다고 단정해 말할 수 없다," 고신대학교 기독교상담대학원 학술특강에서 강론(Jun. 10. 2011.) 고신대학교 기독교상담대학원은 2011년 6월 2일(목) 오후 6시 비전관 4401에서 '인간의 내적 고통과 자살에 대한 신학적 이해'라는 제목으로 학술특강을 개최하였다. 이날 학술 특강에서 신원하 교수는 '자살에 대한 신학적 이해와 목회적 돌봄'이라는 주제로, 문정환 박사는 '고후 11:22-12:10에 나타난 바울의 자기정체성 인식, 그리고 삶과 사역의 스타일: 그리스도를 본받아 바울을 본받아(Imitatio Christi, Imitatio Pauli)'라는 주제로 강의하였다.

334) 신원하 교수, 자살이 구원 여부를 결정짓는가? "자살과 구원의 관계에 대한 개혁신학적 분석과 목회윤리적 성찰"(Nov. 7. 2011.) 2011년 10월 6일(목) 오후 3시부터 새에덴교회(소강석 목사) 7층 문화홀에서 "생명, 환경, 그리고 구원"이라는 주제로 열린 개혁신학회(회장 김근수 교수. 칼빈신학대학교) 주최에서 총 7명의 교수가 논문을 발표를 했다.

이런 신원하 교수의 견해에 대하여 찬성과 반대의 목소리가 서로 높은 상황이다. "중대한 죄를 짓는다고 해서 하나님의 택하심이 취소나 변경되지 않는다"고 말하면서 거기에 자살이 포함된다면 "자살을 한다고 해서 하나님의 택하심이 취소나 변경되지 않는다"는 논리가 된다면 매우 우려스럽지 않을 수 없다. 그렇다면, 자살하려는 사람을 굳이 말릴 필요가 있을까?

타살이 금지되는 것은 생명의 권한이 하나님께 있고 우리에게는 없기 때문이다. 마찬가지로 우리 생명의 권한도 하나님께만 있다! 하나님의 주권을 강조한다는 것이 인간의 책임을 약화시키지 않는다. 우리는 역사와 인생에 일어나는 일을 다 포섭할 수는 없다. 그렇다고 '되는 대로 되어라'는 식으로 부추기지 않는다. 우리는 할 수 있는 한 하나님께서 허락해 주신 생명을 지켜나가야 하고 건강하게 살아가며 하나님께서 맡기신 소명에 충성해야 한다. 인간적인 위로가 지나쳐서 성경의 대의를 무너뜨려서는 안 된다. 인간 편에 서서 말하지 말고 하나님 편에 서서 말해야 한다.

2) 우리 이웃의 생명을 부당하게 빼앗거나

성도는 자신의 생명이 중요하듯이 남의 생명도 소중히 생각해야 한다.

> 무릇 사람의 피를 흘리면 사람이 그 피를 흘릴 것이니 이는 하나님이 자기 형상대로 사람을 지었음이니라(창 9:6)

이 말씀에서 "사람의 피를 흘리"는 것은 우연한 실수로 사람을 죽인 것이 아니라 의도적으로 죽였다는 뜻이다. 하나님께서는 이런 일에 대하여 피로 보수할 것을 말씀하셨다. 피의 보복을 하되 가인의 경우처럼 하나님께서 직접 하시는 것이 아니라(4:8-12), 재판권을 사람에게 맡겨 간접적으로 시행하시겠다는 뜻이다. 십계명은 개인으로서의 살인을 엄격히 금한다.[335] 그렇게 살인을 금하는 이유는 사람이 하나님의 형상대로 지음 받았기 때문이다.

> 14 우리가 형제를 사랑함으로 사망에서 옮겨 생명으로 들어간 줄을 알거니와 사랑치 아니하는 자는 사망에 거하느니라 15 그 형제를 미워하는 자마다 살인하는 자니 살인하는 자마다 영생이 그 속에 거하지 아니하는 것을 너희가 아는 바라(요일 3:14-15)

---

335) 살인하지 말지니라(출 20:13)

14절에서는 형제를 사랑하지 않는 것이 사망에 거하는 것이라고 했으며, 15절에서는 형제를 미워하는 것이 살인하는 것이라고 했다. 사도 요한은 형제사랑을 생명으로 들어가기 위한 조건으로 말하는 것이 아니라, 이미 생명에 들어간 자라면 그런 증거가 나타난다고 말하고 있다. 그 사랑이 없다는 것은 그 마음속에 미움이 있다는 것이고 그것은 형제를 살인하는 것이다. 왜냐하면 그 속에 영생이 없기 때문이다.

영지주의자들은 영은 거룩하고 육체는 악하다고 말하면서 육체가 짓는 죄에 대하여 부인했다.336) 그러나 사도 요한은 사랑을 하는 자는 그 속에 영생이 있기 때문이고 살인을 하는 자는 그 마음에 이미 미움이 있고 영생이 없다는 것이라고 말했다. 예수님께서는 살인에 대하여 다음과 같이 말씀하셨다.

> 21 옛 사람에게 말한 바 살인치 말라 누구든지 살인하면 심판을 받게 되리라 하였다는 것을 너희가 들었으나 22 나는 너희에게 이르노니 형제에게 노하는 자마다 심판을 받게 되고 형제를 대하여 라가라 하는 자는 공회에 잡히게 되고 미련한 놈이라 하는 자는 지옥 불에 들어가게 되리라(마 5:21-22)

실제적으로 피를 흘려 살인을 하지 않더라도 타인에 대하여 그 마음에 이미 악의를 품었다면 그것이 곧 살인이라고 하셨다. 자신의 이웃을 죽이지 않았을지라도 분노하고 비난하는 것은 살인한 것이나 다름이 없다는 것이다.

우리는 TV나 언론에 나오는 살인강도에 대해서 비난하지만 실제로 우리도 이미 마음에 분노하며 매일 사람을 죽이고 살아가고 있는 죄인들이다. 그 사람들만큼 대단한 죄를 지은 적이 없다고 말하겠지만, 예수님의 말씀대로 이웃에 대하여 악한 마음을 품고 손가락질 하는 것이 살인죄다. 겉으로 드러난 외적인 형태가 중요한 것이 아니라 그 마음에 어떤 생각을 가지느냐가 중요하다. 인간은 너나 할 것 없이 모두가 매일 살인죄를 저지르고 살아가는 비참한 죄인들이라는 것을 말씀하신 것이다. 그러므로 우리는 날마다 예수 그리스도 십자가 앞으로 나아가 우리의 허물과 죄를 아뢰며 그 피로 용서하심을 구하고 살아야 한다.

---

336) 스티븐 휠러, 이것이 영지주의다, 이재길 역 (서울: 샨티, 2006), 103-105: "영지주의자들은 세상의 불완전한 상태를 원죄의 결과가 아니라 본래적인 결함 때문인 것으로 여긴다." 영지주의자들은 물질은 악하고 영은 선하다고 믿었으며, 자신들이 죄를 지어 놓고도 육체가 죄를 범한 것이지 나는 상관없다고 말했다. 사도 요한은 그런 일들에 대하여 다음과 같이 경고했다. "만일 우리가 범죄하지 아니하였다 하면 하나님을 거짓말하는 자로 만드는 것이니 또한 그의 말씀이 우리 속에 있지 아니하니라"(요일 1:10)

3) 무엇이든지 그런 경향이 있는 것들입니다

사람들은 살인을 말할 때 그것은 TV나 신문지상에 나오는 살인자들만을 생각한다. 그러나 그들만 그런 것이 아니라 인간은 그 본성상 죄악 되며, 인간이 가진 죄악 된 성향으로 인간은 결코 의에 이를 수 없다. 예수님께서는 율법의 참된 의미를 산상수훈에서 말씀하셨다.

> 나는 너희에게 이르노니 형제에게 노하는 자마다 심판을 받게 되고 형제를 대하여 라가라 하는 자는 공회에 잡히게 되고 미련한 놈이라 하는 자는 지옥 불에 들어가게 되리라(마 5:22)

예수님께서는 5장 20절에서 서기관과 바리새인의 의에 대해서 말씀하셨다.

> 내가 너희에게 이르노니 너희 의가 서기관과 바리새인보다 더 낫지 못하면 결단코 천국에 들어가지 못하리라(마 5:20)

서기관과 바리새인보다 더 나은 의는 무엇인가? 그것은 자기 의로 가지 않는 의를 말하며 예수 그리스도의 의를 말한다. 천국은 예수님의 의로만 간다. 이 말씀은 그리스도의 의를 소유한 사람들이 그리스도로부터 긍휼함을 받았듯이, 자신들도 긍휼을 베푸는 자로 살아야 한다는 것이다. 예수님께서는 먼저 살인에 대하여 말씀하셨다. 겉으로는 형제라 하면서 그 속에서는 분노가 있는 자들은 이미 살인을 한 자이다. 살인을 하지 않았다는 것만으로 의롭다고 말할 수 없다. 또 형제라 하면서 욕설을 하면서 인격에 모욕을 주는 것은 지옥의 심판으로 받게 될 것을 말씀하셨다. 가장 의롭다고 하는 서기관과 바리새인들이었지만 그 마음과 실제적인 행동은 의롭지 않았다. 예수님께서는 이런 분노와 멸시가 살인죄에 해당된다고 말씀하신 것은 겉으로 드러난 살인이 아닐지라도 이미 그 마음에 살인죄를 짓는다는 것이다.

> 11 너는 사망으로 끌려가는 자를 건져주며 살륙을 당하게 된 자를 구원하지 아니치 말라 12 네가 말하기를 나는 그것을 알지 못하였노라 할지라도 마음을 저울질 하시는 이가 어찌 통찰하지 못하시겠으며 네 영혼을 지키시는 이가 어찌 알지 못하시겠느냐 그가 각 사람의 행위대로 보응하시리라 (잠 24:11-12)

어떤 사람들이 치명적인 위험 가운데 처해졌을 때 무관심하지 말라고 한다. 여호와께서 사람의 마음을 살피고 계시기 때문에 알지 못하는 사람이라고 외면치 말라 한다. 이것은 언약공동체에 속한 삶의 원리를 말한다. 십계명의 강령이 첫째는 "네 마음을 다하고 목숨을 다하고 뜻을 다하여 주 너의 하나님을 사랑하라 하라"는 것이고, 둘째는 "네 이웃을 네 몸과 같이 사랑하라"는 것이다.337)

선한 사마리아인의 비유에서 제사장과 레위인은 강도 만난 이웃을 보고도 그냥 지나쳤다(눅 10:25-37). 그들은 하나님 앞에 봉사하며 섬기는 직분자들이었다. 그러나 정작 하나님을 섬긴다는 그들이 이웃의 절박한 고통을 무시했다. 이웃은 내가 이웃을 정하는 것이 아니라 내 도움을 필요로 하는 그 사람들이 내 이웃이다. 자신에게 유익을 주지 않고 자신과 관계가 없는 사람일지라도 어려움을 당한 이웃에게 도움을 베풀어 주는 것이 구원받은 언약 백성의 삶이다. 율법은 사람의 범죄에 대해 형벌과 보응을 말한다.

> 23 그러나 다른 해가 있으면 갚되 생명은 생명으로 24 눈은 눈으로, 이는 이로, 손은 손으로, 발은 발로 25 데운 것은 데움으로, 상하게 한 것은 상함으로, 때린 것은 때림으로 갚을지니라(출 21:23-25)

이 말씀의 목적은 형벌과 보응이 전부가 아니다. 형벌과 보응은 하나님께서 모든 사람에게 동등한 가치와 기준으로 사람들을 대하신다는 현실적 실현이다. 그것은 인간 외부에 간섭자가 있다는 것을 현실적으로 인정하는 것이다. 하나님 없는 인간 중심의 사회는 돈과 권력을 가진 사람이 약자를 짓밟는 사회가 되고 만다.

또한 형벌과 보응은 하나님의 언약백성이 되었다는 것이 얼마나 놀라운 자리인지 얼마나 위대한 신분인지 그 정체성을 알도록 촉구한다. 신약의 서신서에서도 삶을 말하기 전에 성도 된 신분을 말하는 이유도 거기에 있다. 이렇게 살아야 한다, 저렇게 살아야 한다는 것보다 더 중요한 것은 하나님의 구원과 그 구원으로 인해 하나님의 백성 된 것의 위대함을 아는 것이다. 분명한 자기 정체성이 없이는 거룩한 삶이 나오지 않기 때문이다.

하나님의 백성은 하나님께서 지키시고 보호하시고 공급하시는 자리에 와 있는 사람들이다. 내가 살기 위하여 남의 것을 빼앗아 오지 않아도 되는 사람들이다. 하나님 앞에 거룩과 경건으로 살도록 하나님께서 은혜를 주신다.338) 그 은혜 속

---

337) 37 예수께서 가라사대 네 마음을 다하고 목숨을 다하고 뜻을 다하여 주 너의 하나님을 사랑하라 하셨으니 38 이것이 크고 첫째 되는 계명이요 39 둘째는 그와 같으니 네 이웃을 네 몸과 같이 사랑하라 하셨으니(마 22:37-39)
338) 4 저는 교만하여 아무 것도 알지 못하고 변론과 언쟁을 좋아하는 자니 이로써 투기와 분쟁과 훼방과 악한 생각이

에 성실히 사는 것을 저버리면 세상과 똑같아지게 된다.

> 사람이 맷돌의 전부나 그 윗짝만이나 전집하지 말지니 이는 그 생명을 전집함이니라(신 24:6)

구약시대 이스라엘 사람들은 곡식을 맷돌에 갈아 가루로 만들어 음식을 만들어 먹었다. 맷돌은 그 가정의 생명인 셈이다. 그런데 그 생명 같은 맷돌을 저당 잡는다면, 그것은 남의 생명을 빼앗는 것이다. 성경은 이런 악한 행동을 금지하고 있다. 하나님께서 가난하고 소외받는 이웃들에 대해 은혜와 긍휼을 베풀 것을 명하신다.

왜 그들이 그래야만 하는가? 하나님의 은혜와 긍휼을 이스라엘이 받았기 때문이다. 과거에 애굽에서 노예로 고통을 당하는 이스라엘을 구원하시고 가나안으로 인도하셨던 하나님이시기 때문이다. 자신들이 은혜를 받았으니 이제는 그렇게 은혜를 베풀고 살아야만 한다. 예수 그리스도의 십자가 은혜를 받은 성도는 그 은혜를 나누고 살아야만 한다. 참된 회심은 참된 사랑을 낳는다.

나며 5 마음이 부패하여지고 진리를 잃어버려 경건을 이익의 재료로 생각하는 자들의 다툼이 일어나느니라 6 그러나 지족하는 마음이 있으면 경건이 큰 이익이 되느니라(딤전 6:4-6)

제70문 제7계명은 무엇입니까? (대137)
답: 제7계명은 "간음하지 말라."입니다.[339]

제7계명은 "간음하지 말지니라"(출 20:14)이다.[340] 이 7계명에 걸리지 않을 사람은 아무도 없다. 마음으로든 몸으로든 모든 사람은 간음죄를 짓고 산다.[341] 7계명만이 아니다. 십계명 전부가 그렇고 성경 전체가 그렇다. 예외는 없다! 우리는 철저히 회개하고 겸손히 은혜를 구해야 한다. 인간이 이렇게 죄 아래 있게 된 일에 대해서 성경은 무엇이라고 말할까?

> 그러나 성경이 모든 것을 죄 아래 가두었으니 이는 예수 그리스도를 믿음으로 말미암은 약속을 믿는 자들에게 주려 함이니라(갈 3:22)

하나님께서는 모든 사람을 죄 아래 가둔 것은 예수 그리스도를 믿어 영생에 이르게 하시려고 그렇게 하셨다. 인간은 율법을 지켜 스스로 의롭게 되어 영생에 이를 수 없다. 인간의 죄인 됨과 인간의 한계를 알게 하시고, 구원은 인간 밖에서 구원하시는 메시아 예수님을 통해 은혜로 주시는 선물이다!

인간의 죄악이란 어디까지 가는가? 사람들이 추구하는 쾌락의 끝은 어디인가? 쾌락에 대한 담론의 시작은 에피쿠로스학파와 스토아학파로부터 시작할 수 있다.[342]

에피쿠로스학파라 하면 쾌락주의를 떠올린다. 전체 질서에 대한 조화보다는 개개인의 삶을 강조했던 에피쿠로스였지만 아테네 교외에 정원(에피쿠로스의 정원)에서 그들 나름의 공동체 생활을 했다. 또한 에피쿠로스는 서양철학의 근본적인 틀인 플라톤 철학을 강하게 부정했다. 그런 까닭에 그 시대의 지식인들로부터 지독하게 미움을 샀다. 사람들은 에피쿠로스가 단지 육체적 향락을 추구한

---

339) Q. 70. Which is the seventh commandment? A. The seventh commandment is, Thou shalt not commit adultery.
340) 하이델베르크 교리문답 제108문: 제 칠 계명에서 우리에게 가르치는 것은 무엇입니까? 답: 하나님께서 모든 음란을 정죄하심으로, 우리는 진심으로 모든 음란을 미워해야 하고, 거룩한 결혼생활이나 독신생활에 있어서 순결하고, 절제 있는 생활을 해야 한다는 것입니다.
341) 27 또 간음치 말라 하였다는 것을 너희가 들었으나 28 나는 너희에게 이르노니 여자를 보고 음욕을 품는 자마다 마음에 이미 간음하였느니라(마 5:27-28)
342) 플라톤이나 데카르트 같은 서양철학의 주류 전통이 정신을 물질과 무관한 실체로 보았다면, 에피쿠로스학파나 스토아학파는 오히려 정신을 물질적인 것으로 이해했으니, 두 학파는 유물론자들이었다. 푸코, 알튀세르, 들뢰즈로 대표되는 현대 프랑스 철학자들은 헬레니즘 철학을 추종하는 유물론자들이다.

것으로 알지만, 에피쿠로스는 이성적인 삶과 정신적인 만족에서 오는 쾌락, 곧 그는 고통도 불안도 없는 절대적인 평안인 아타락시아(ataraxia)를 추구했다.[343]

중요한 것은 왜 에피쿠로스가 이런 생각을 했느냐 하는 것이다. 에피쿠로스 시대에는 그들이 믿어온 신들이 권위를 상실한 시대였기 때문에 사람들은 무엇인가 다른 종교를 찾고 있었다. 그런 시대적 상황 가운데서 에피쿠로스는 인간의 존재와 삶과 죽음에 대한 확신 가운데 마음의 평정을 유지할 수 있다고 보았다. 그렇게 하기 위하여 에피쿠로스는 어떤 초자연적인 존재를 인간의 삶으로부터 추방했으며, 인간은 운명이나 어떤 외부의 신으로부터 자유로운 존재라고 말했다.

신이 있으나 인간의 삶에 관심을 가지지 않는 신은 소용이 없다고 보고 내세와 심판을 부정해 버리고 죽음의 공포에서 벗어나려고 했다. 신이 부여하는 전체 질서가 인간의 삶을 불쾌하게 만든다면 죽음을 통해서라도 그 전체 질서에서 벗어나라고 했다. 에피쿠로스는 신적 개입이 없이 오로지 인간 스스로 자신의 삶의 목적과 의미를 누리려고 몸부림쳤던 사람이었다. 그 때에나 지금이나 인간은 언제나 자율적인 존재로서 의미와 통일성을 추구하려고 한다.

이런 사상으로 가기 위한 가장 근본적인 핵심은 우주의 기원에 대한 우발성 개념이다. 신적 개입 자체를 부정하고 싶어 했기 때문에 평행으로 흐르는 원자들 가운데 하나의 원자가 기울어지는 클리나멘이 핵심이 되어야만 했다. 타인과의 만남이 불쾌할 수도 있고 쾌감을 줄 수도 있으나 그것은 신적 개입으로 인한 필연이 아니라 그저 우발적인 것에 불과하고 그런 우발적인 사건을 인간 스스로 헤쳐가라고 말했던 것이다.

에피쿠로스를 따르는 스피노자 역시 인간의 본질은 기쁨을 지키고 슬픔을 제거하려는 코나투스(conatus)를 말했다. 코나투스란 자기보존으로서의 욕구 혹은 살고자 하는 욕구 또는 의지를 의미한다. 이것이 에피쿠로스와 스피노자의 신성한 내면이다. 프로이트도 인간의 행동이 쾌락을 지향하고 불쾌를 피하는 쾌락의 원리에 의해 지배된다고 보았다. 스피노자나 프로이트나 에피쿠로스가 말하는 쾌락을 인간행위의 제1원리라고 보았다.[344]

스토아학파는 에피쿠로스학파와는 근본적으로 다른 입장이었다. 스토아학파는 소크라테스[345]와 디오게네스(키니코스학파)[346], 플라톤과 아리스토텔레스 철학,

---

343) 강신주, 철학 vs 철학 (서울: 그린비, 2012), 55-56.
344) Ibid., 58-59.

헤라클레이토스 철학347)의 영향을 받았으나 그 창시자인 제논348)을 살펴보면 알 수 있듯이 마케도니아의 알렉산더 대왕의 아시아 정복으로 말미암아 유입된 동양의 종교, 곧 불교와 힌두교에 영향을 입었다.

전쟁에서 패배하고 폴리스의 자유를 상실한 그리스인들은 정신적인 위로와 구원에 목말라 있었다. 그리스인들은 그것을 스토아 철학에서 해결했다. 마르쿠스 아우렐리우스, 세네카와 함께 스토아학파의 대표적인 철학자인 에픽테토스는 다음과 같이 말했다. "할 수 있는 일은 제 마음을 바꾸는 일이요, 할 수 없는 일은 남의 마음을 바꾸는 일이다. 할 수 있는 일을 하는 사람은 지혜로운 사람이요, 할 수 없는 일을 하려고 하는 사람은 어리석은 사람이다." 그래서 에픽테토스는 이렇게 기도했다. "내가 바꿀 수 없는 것을 받아들일 평안을, 내가 바꿀 수 있는 것을 바꿀 용기를, 그 두 가지를 구별할 수 있는 지혜를 네게 허락하시옵소서."

스토아 철학은 '아파테이아'(apatheia)다. 인간에게 일어나는 걱정근심과 슬픔

---

345) 소크라테스가 그 시대에 돋보인 것은 소크라테스가 권한 엘레우시스 신비 의식이 '나라의 종교'라는 점에서 모순이 일어나지만, 고대 오리엔트의 냄새를 풍기는 '다이모니온' 종교라는 외부의 종교의 영향을 입었기 때문이다. 다시 말해서 소크라테스가 고통과 쾌락에 대한 초연함, 소박한 식생활, 의연히 죽음을 맞이하는 자세들은 그 시대의 종교와 함께 '다이모니온教'라는 종교가 있었기 때문이었다.

346) 네이버 지식백과; 시니시즘이라고도 한다. 이 파 사람들은 소크라테스의 극기적인 철학의 일면을 계승하여 덕(德)만 있으면 족하다 하여 정신적·육체적인 단련을 중요시하였으며, 쾌락을 멀리하고 단순하고 간소한 생활을 추구하였다. 일반적으로 자족자제(自足自制), 개인의 도덕적 책임과 의지의 우월성을 존중하였으며, 권력이나 세속적인 일에 속박되지 않는 자유를 원하였고, 세계시민으로 자칭하여 헬레니즘 세계로 설교여행을 다니기도 하였다. 키니코스라고 부르게 된 것은 안티스테네스가 교편을 잡았던 학교가 아테네 교외의 키노사르게스에 있었기 때문이라는 설도 있으나, 그보다는 시노페의 디오게네스(BC 412?~BC 323)로 대표되는 '개와 같은 생활(kynicos bios)'에서 유래한 듯싶다. 가진 것이라곤 남루한 옷과 지팡이, 목에 거는 수도사의 주머니밖에 없으며, 나무통을 집으로 삼아 살아가는 거지 철학자는 스스로 '개와 같은 디오게네스'라고 이름 하였다. '아무것도 필요로 하지 않는 것이 신의 특징이며, 필요한 것이 적을수록 신에 가까운 자유로운 인간'이라는 것이 그들의 입버릇이었다. 알렉산더 대왕이 거지처럼 살고 있는 디오게네스에게 필요한 것이 무엇이냐고 물었을 때 디오게네스는 햇빛을 가리지 말아달라는 부탁을 했다고 전해진다. 그들은 사회적인 습관은 물론, 이론적 학문이나 예술에 대해서도 부정적인 태도를 취한다. 옛 사람은 그들의 이러한 점을 평하여, 키니코스주의라는 것은 '덕에 이르는 지름길'이라고 하였다. 이 키니코스라는 말에 어원을 둔 cynical이라는 형용사는 '냉소적인' '조롱적인'의 뜻을 가진다. 이것은 디오게네스의, 세상의 모든 질서에 대한 철저한 조소적 자세에서 유래한다. 대낮에 디오게네스는 등불을 켜 들고 '인간은 어디에 있는가'라고 외치면서 거리를 방황하였다고 한다. 이 학파의 생활방식은 나중에 스토아학파 등에도 영향을 주었다. 이 학파는 BC 3세기경에 융성하였고 그 이후에는 쇠퇴하였으나 로마제국이 도덕적으로 타락하였던 1세기경에 다시 융성하였다. 루키아누스(Lucianus)는 키니코스학파 사람들의 거지와 같은 생활 태도나 무교양을 비판하였다.

347) 네이버 지식백과; 기원전 6세기 말의 고대 그리스 사상가로 소크라테스 이전 시기의 주요 철학자로 꼽힌다. 만물의 근원을 불이라고 주장했으며 대립물의 충돌과 조화, 다원성과 통일성의 긴밀한 관계, 로고스(Logos)에 주목했다.

348) 제논은 한때 플라톤주의자였으나 돌아섰다. 그는 플라톤의 국가주의에 반대했다. 인간은 신의 아들이지 국가의 아들이 아니라고 했다. 그러나 세계시민주의가 말하듯이 스토아학파는 더 큰 국가인 세계국가에 대한 충성을 말했으니 어찌 보면 플라톤과 선을 긋고 자기만의 새로운 길로 가기 위해 반대를 위한 반대를 한 셈이다.

같은 모든 정념(情念)에서 해방된 상태를 말한다. 자신의 내부에 있는 신(이성=자연)을 따라 살면 그런 것들이 사라진다고 생각한다. 그것은 우주의 보편적 이성과 인간의 이성이 조화된 상태를 말한다. 체념과 자기성찰, 자기 통제와 마음의 평화는 그리스의 것이 아니라 동양의 종교에서 나온 것이다. 스토아 철학이 말하는 삶이란 영원한 우주질서와 불변적인 가치의 근원을 드러내는 것이었다. 그것은 오로지 이성만이 할 수 있으며, 그 이성은 인간이 따라야할 모범이었다. 왜냐하면 이성의 빛이 전체 세계에 놀라운 질서를 부여하며 인간이 그 세계에 조화를 이루도록 자기 스스로 통제하며 질서 있게 살아가는 기준이기 때문이다.349) 우주를 지배하는 궁극적인 원리는 로고스(logos)이며 그것을 우주이성, 세계이성이라 하였다. 인간은 우주의 일부로 로고스의 분신인 이성을 가지고 태어났기 때문에 그 우주 전체와 조화를 이루는 충성스런 시민으로서 올바른 덕과 행위를 해야 할 의미를 지닌 시민으로 살아갈 것을 주문했다.350)

스토아학파가 이런 삶을 말하는 그 첫 번째는, 세계가 물질로 존재한다는 것인데, 곧 하나님도 세계도 언어도 다 물질적이라는 유물론에 있다. 두 번째는 범신론이다. 세상 모든 것들은 신과 연관되어 있는데 세계는 그의 몸이요 신은 세계의 영혼이라 했다. 세 번째는, 모든 존재들은 하나의 궁극적인 존재로 구성되어 있다는 일원론이다. 스토아철학의 이런 개념들은 인격적인 죄와 죄사함이 없다. 그렇게 말하면 철학 체계 전체가 무너지게 된다. 다만 이성에 충실한 덕으로 나타나기 위한 이성주의와 금욕주의가 대세를 잡게 된다. 무엇보다 이런 스토아학파의 세계관은 결정론적 세계다. 마치 실패로부터 실을 푸는 것처럼 모든 것이 이미 결정되어 있다고 본다. 에피쿠로스는 클리나멘으로 이런 결정론에서 벗어났으니 스토아학파와는 원천적으로 대결 국면을 가지게 된다. 인과론에 기초한 세계질서에 조화로운 삶을 영위하는 것이 스토아학파의 진수였다. 그것이 최고조에 달한 것이 아파테이아(apatheia)이다. 나에게 좋은 일이 생기든 나쁜 일이 생기든 그것은 전적으로 세계가 움직여나가는 과정에서 필연적으로 생겨난

---

349) 박민영, 인간이 남긴 모든 생각 이즘(ISM) (파주: 청년사, 2008), 62-63. 이것이 통치자들에게는 더할 나위 없이 좋았다. 얼마나 좋았으면 제논 이후의 왕들은 스토아학파로 자처했을까. 그들이 스토아철학을 좋아한 이유는 1) 통치자가 다스리는 식민지인들로 하여금 자신들의 관심을 개인적 안심입명으로 돌리니 통치가 수월했으며, 2) 스토아 학파가 자신의 이익에는 무관심하면서도, 자기 절제와 의무 이행에 엄격한 엘리트들을 배출했기 때문에 통치자들은 그들을 국가적 인재로 중용했다, 3) 스토아 학파가 주장한 세계시민주의가 마케도니아나 로마의 팽창주의와 교묘하게 조화를 이루었기 때문이다.
350) http://blog.daum.net/ashura4/7787592/ 철학자 제논과 스토아학파.

것이기 때문에 분노하거나 쾌락을 느끼는 상태에 빠질 이유가 없는 상태를 말한다.351)

그런 차원에서 스토아학파가 말하는 인간의 행복이란 인간의 능력을 발휘해서 쟁취하는 것이 아니라, 오히려 인간의 욕구를 억제하며, 이 혼돈의 세계에서 이성에 따라 통찰하고 운명을 감수하며 의지의 힘으로 현실의 상황에 구애받지 않고 자신의 영혼을 자유롭게 유지하는 것이다. 그들에게 삶의 목적이란 오로지 이성에 의한 냉담한 부동심을 유지하는 것인데, 이는 육체적인 욕구, 충동, 정서로부터 해방된 자유이며 그것이 인간영혼의 덕이라고 보았다.352)

스피노자의 주저 『에티카』에는 에피쿠로스학파와 스토아학파의 사상 모두를 발견할 수 있다. 들뢰즈 역시 스피노자의 사상을 통해 연속적 흐름을 중시한 스토아학파와 우발적 사건들의 불연속성을 말한 에피쿠로스학파의 사상을 모두 드러내었다. 공리주의자로 유명한 벤담(1748-1832) 역시 인간의 쾌락과 행복을 주장했다. 그 유명한 "최대다수의 최대행복"이라는 공리주의의 원리는 존 스튜어트 밀에 의해서 질적인 쾌락을 강조하기는 했지만 인간의 모든 행동의 동인이 쾌락이라고 말한 것은 마찬가지다. 밀의 대안은 무엇이었는가? 무조건 다수의 행복을 중시하면 고급문화가 자리할 지평이 사라지므로 그런 고급문화를 판단할 전문가를 구성해야 한다고 했다. 그러나 그런 고급문화를 누가 정의할 것인가? 주관적이고 엘리트주의로 흐르는 것은 뻔한 것이다. 사람들은 진리로 인해 고난을 받기 보다는 천박한 논리 속에 세상의 것을 누리기를 원하고 즐겨한다. 언제나 사탄의 일차적인 시험은 돌을 떡덩이로 바꾸라는 것이다.

말은 그럴듯하지만 "최대다수의 최대행복"은 소수의 특권층을 옹호하기 십상이다. 파시즘이나 공산주의, 군국주의 체제에서 악용된다. 행복이라는 이름하에 과도한 경제개발, 그로 인해 일어나는 환경파괴, 제3세계 착취, 부익부 빈익빈이 일어나도 여전히 특권층이 옹호되고 약자들은 부당하고 불공평한 고통을 당했다. 물론 공리주의는 다수결의 원칙으로 연결되어져서 근대 민주주의의 기본 이념이 되었다. 그 근본에 쾌락의 극대화 추구가 있으니 민주주의의 가치는 육신의 정욕과 안목의 정욕과 이생의 자랑에 노예가 되어 있다.353)

---

351) 같은 사이트에서.
352) http://mtcha.com.ne.kr/world-term/italy/term29-stoahagpa.htm; 스토아철학 초기의 비관적이고 숙명론적인 성격은 로마시대에 접어들면서 로마의 정신으로 변모하여 사회에 대한 엄격한 의무감, 동포애, 윤리적인 사명감을 대변하게 된다.
353) 이는 세상에 있는 모든 것이 육신의 정욕과 안목의 정욕과 이생의 자랑이니 다 아버지께로 좇아 온 것이 아니요

놀랍게도 벤담은 학교·공장·병원·감옥 등에서 한 사람에 의한 감시체계를 뜻하는 판옵티콘(panopticon)을 설계했다. 미셸 푸코(Michel Foucault)는 이 말을 컴퓨터 통신망과 데이터베이스를 개인의 사생활을 감시 또는 침해하는 대상으로 비유하여 사용했다. 푸코는 그의 저서 『감시와 처벌』(Discipline and Punish)에서 팬옵티콘의 감시체계 원리가 사회 전반으로 파고들어 규범사회의 기본 원리인 팬옵티시즘(panopticism)으로 바뀌었다고 지적했다. 쾌락과 행복이라는 이름으로 통제되는 사회 속에 현대인들은 살아가고 있다. 베리칩이 모든 사람들에게 이식되고나면 완벽한 통제사회가 이루어질 수 있는가? 그보다 더한 통제시스템이 나오게 하는 것은 놀랍게도 인간의 행복이라니 참 아이러니한 일이 아닐 수 없다.

쇼펜하우어(Arthur Schopenhauer, 1788-1860)는 인간의 성욕을 맹목적 의지의 실현이라고 말했다. 맹목적 의지에 이끌리는 삶은 무의미하고 괴로울 뿐이다. 그것을 니체가 극복해 보려고 권력의 의지를 말하고 도올이 '기철학산조'354)를

세상으로 좇아 온 것이라(요일 2:16)
354) http://k.daum.net/qna/view.html?qid=0DYWg(김용옥, 기철학산조, 통나무, 1992.) 〈불교에서 말하는 삼법인의 한 명제가 "일체개고"(一切皆苦)라는 것은 누구나 다 아는 바이지만, 이때의 일체가 단순히 실존적 명제의 의미에 귀속되는 것이 아니라 존재론적 실체를 지칭하고 있다는 것은 좀 생각하기 어려울지도 모른다. 일체개고의 고(苦)의 주체가 나라는 인간의 실존체일 뿐만 아니라 삼라만상의 일체(一切)를 포괄한다는 것은 쉽사리 생각하기 어렵다. 저기 저 흙도 고통스럽고 저기 꿈틀거리는 지렁이도 고통스럽고, 아름답게 피어난 장미도 그 주변의 조약돌도 모두 고통의 주체라는 것이다. 일체개고(一切皆苦)는 고통스럽다는 느낌의 탄식이 아니라 바로 칸트가 말하는 물 자체, 즉 현상에 대한 본체계 그 자체를 고(苦)로 본 것이라는데 그 위대성이 있는 것이다. 지금 내 손에서 움직이고 있는 만년필도 고(苦)다. 이 만년필이라는 현상이 고(苦)일 뿐 아니라 바로 그 본체, 그 현상을 지배하는 힘이 바로 고(苦)인 것이다. 과연 이런 고(苦)의 세계에 왜 인간은 태어난 것일까? 쇼펜하우어나 싯다르타나 이러한 질문에 대해서 매우 명쾌한 해답을 준다. 태어났다는 것 그 자체가 하나의 죄악이라는 것이다. 내가 이 세계에 태어났다는 것, 내가 이 세계에 나의 의지와 무관하게 던져졌다는 것, 그것처럼 거대한 죄악은 없다. 삶 그 자체가 하나의 실수인 것이다. 이러한 거대한 실수를 기독교에서는 원죄라고 부르고 있다. 나는 요즘 이와 같이 터무니없이 보이는 철학적 사색의 실마리를 너무도 강력하게 흡적하면서 살고 있다. 내가 태어났다는 것, 그것이 실수였어. 그래! 그것이 실수였어. 누구의 실수인가? 그것은 세계를 지배하고 있는, 영원히 파멸될 수 없는 의지의 실수였던 것이다. 여기서 우리는 순환논법에 휘말리고 만다. 끝없는 맹목적 의지의 굴레를 따라갈 수밖에 없는 인간의 존재는 '의식'이라는 우주적 사건 때문에 구원을 얻을 수 없게 되어버렸다. 자기 존재의 필연성을 '스스로 그러한 대로' 두는 것이 아니라 항상 지식의 장난의 굴레 속에 대상화시키고 있기 때문이며, 그 대상화된 의식의 필연성은 우주적 고(苦)를 끊임없이 가중시킬 뿐이기 때문이다. 몸으로부터 의식이 해방된다는 것은 자유의 흡향이 아니라 몸의 파멸이다. 사실 어쩌면 인간은 진화가 잘못된 불행한 동물일지도 모른다. 이렇게 불행스러운 진화상태를 니체는 경멸한다. 그리고 외친다. 인간이라는 동물이여! 초인을 진화시켜라! 어찌하여 너는 고(苦)의 굴레를 되풀이할 뿐인가! 에케 호모! 너무도 너무도 인간적이기 때문에? 여기서 그가 말하는 권력의지는 쇼펜하우어가 말하는 맹목적 삶의 의지를 초월하는 희망찬 미래의 약속으로 등장한다. 그리고 디오니소스적 힘의 세계가 예찬된다. 그리고 불완전한 삶을 그대로 긍정하고 미래의 전망이 없이 사는 '최후의 인간'에 대한 구토를 표명한다. 그러나 나 도올은 니체가 말하는 권력, 힘, 바로 그것을 부정하기 위해서 "산조"를 썼다. 니체에게 예찬의 대상이 된 힘, 권력, 즉 노예도덕에 사로잡힌 인간으로부터 주인

말해도 부질없는 짓이라는 것이 드러나는 것을 어쩔 수가 없다.

칸트의 불가지론을 쇼펜하우어는 가지론으로 바꾸어 놓은 사람이다. 인간은 물자체를 알 수 없기 때문에 순수이성의 영역을 다만 인과적 현상계에 국한시켰다. 쇼펜하우어는 그것을 뒤집었다. 본체계인 물 자체는 알 수 있다고 말했다. 쇼펜하우어는 그 물자체를 '의지' 곧 '생에 대한 맹목적 의지'라고 보았다.355) 그가 이런 생각을 가지게 된 것은 힌두교의 범아일여(梵我一如)사상의 영향을 입었기 때문이다. 범, 곧 우주적 신인 브라만과 아, 곧 그 우주에 존재하는 개체들인 아트만이 동일하다는 것이다. 그러니 쇼펜하우어는 불가지론이 아니라 가지론으로 자리 잡게 된다. 생명의지를 발휘하는 나라는 개인의 주체와 세계가 하나이니, 세계는 나라는 인간의 의지의 표상이요 관념이라 여겼다. 그것이 바로 쇼펜하우어의 실존적 생명주의(생철학)이다. 여기서 쇼펜하우어는 성욕이라는 것도 맹목적 의지의 한 형태라고 말한다. 인간의 전 실존이 맹목적 의지의 실현이라고 말하니 성욕도 당연히 그렇게 말해질 수밖에 없다.

현대인들은 결혼에 대하여 어떻게 생각하고 있는가? 자기 사랑, 자기 자유 그것이 핵심이다. 그것을 부르짖는 강신주 교수는 결혼에 대하여 무엇이라고 말하는가?

> 샤르트르(Jean-Paul Sartre)와 보부아르(Simone de Beauvoir)의 계약 결혼이 좋은 예에요. 그 조건 아세요? 다른 남자와 자도 되는 거예요. 카페에서 샤르트르가 담배 피우고 있는데, 보부아르가

도덕의 인간으로 도약하는 힘의 세계를 부정하는 심정으로 이 "산조"를 쓰기 시작한 것이다. 맹목적 삶의 의지야말로 나 자신에게조차 가장 적나라하게 생동하는 실체라는 것을 나는 인정한다. 나 역시 그러한 굴레 속에서 한치도 벗어나지 못하고 사는 초라한 인간임을 고백한다. 의지의 굴레야말로 저주스러울 만큼 나를 속박하고 있는 현실인 것이다. 그러나 아무리 생각해보아도 그러한 비극적 종말을 향해 가는 저주스러운 인간의 현실이 힘의 예찬으로, 권력의지의 개화로서 해탈되리라고는 볼 수 없다. 디오니소스적 힘이 또 하나의 굴레를 형성할 때, 초인의 실현을 기대하기 앞서 정신병자가 되고만 니체의 실존의 모습이 나의 모습으로 다가올 뿐이다. 철학이라는 것은 어쩌면 몸을 구성하는 기질(氣質)의 지배에서 헤어나지 못하는 것일지도 모른다. 현금, 우리 사회는 니체가 말하는 권력의지에 미쳐있다. 내가 "산조"를 쓰고 있는 이 시점의 역사적 환경이 그러하다는 것은 어김없는 사실인 것 같다. 니체라는 사상가를 둘러쌓던 역사의 환경도 역시 구 노예도덕의 사회질서체계가 무너져가고 어떤 새로운 도덕질서의 탄생을 요구했던, 그러한 힘의 갈망이 강렬했던 시대였다. 그래서 그는 신의 죽음을 선고하고 초인의 출현을 예언했으며 현실에 안주하고 좌절하기 쉬운 인간들을 힘의 의지로써 격려하려고 했던 것이다. 그러나 지금 우리 사회에서 요구되는 것은 힘의 갈망이나 분배가 아니라 힘의 팽배에서 비롯된 타락에서부터 진실을 구출하는 일이다.〉

355) 엠파스 백과사전에서; "세상은 불합리하고 맹목적 의지가 지배하고 있다. 인생은 괴로움이고 여기서 벗어나는 것은 쾌락추구의 허무함을 깨닫고 무욕의 상태, 즉 완전한 의지부정에 의해 현상세계가 무로 돌아가는 니르바나(열반)의 경지에 들어감으로 가능하다."

옆에서 영화배우랑 뽀뽀해도 참아야 해요. 그래도 둘이 나중에 무덤에 나란히 누워 있잖아요. 소유하지 않고 풀어주려고 하니까 그만큼 더 소유하고 싶어지고, 그렇게 순환하는 거예요. 자유로우니까 소유하고 싶고, 소유했을 때 자유를 주려고 하는 이런 역동적인 과정을 실천할 수 있느냐가 관건이죠. 결혼 제도는 그 자유를 붕괴시킨 거예요. 스스로 자유를 포기했다고 생각해요. '나는 끝났다' 이렇게 생각하는 거죠.(웃음)356)

제5계명에서는 사랑과 주체성의 관점에서 샤르트르와 보부아르를 생각했었다. 결혼이라는 관점에서 이 두 사람을 생각하면 더 어이가 없다. 이것이 과연 사랑이고 자유인가? 다른 남자와 자도 되고 함께 앉아 있으면서도 다른 남자와 키스를 해도 되는 그런 관계가 과연 결혼인가? 문제는 현대인들이 이런 결혼관으로 바뀌고 있다는 것이다. 오직 한 사람만을 사랑하고 오직 한 사람만 바라보는 결혼은 이제 깨어지고 있다. 자기 삶의 주인은 자기 자신이기 때문에 자기 의지로 자유롭게 살아가고 자유롭게 사랑하고 사는 것이 어른이 된 것이고 성숙한 것이라고 말한다. 생각이 맞으면 결혼하고 자신의 자유에 방해가 되면 고민할 것 없이 쿨하게 헤어지는 것이 인간다운 것이라고 가르치는 세상이 되었다.

사랑이 식어지면 쿨하게 헤어지는 그 인간은 그것을 행복이라고 느끼고 살아갈까? 그러다가 별을 얼마나 달고 살아갈까? 별을 주렁주렁 달고 살면 행복이 철철 흘러넘칠까? 본능에 충실한 인간으로 살아가라고 하는 것은 죄를 저질러 놓고도 쿨하게 죄지었다고 '노 프라블럼'(No problem)을 외치게 만든다.

강신주 교수는 성적인 것을 금지하기 때문에 성적인 것에 올인 할 수밖에 없다고 말한다. 그러면 금지 안 하고, '너희들 마음대로 해라' 그러면 디테일이 있는 것이고 자기감정대로 살아가는 것이고 자기다운 사랑을 하는 것이고 그래서 '보편적 공감의 구조에까지 육박해 들어가는 것인가?

인간은 그렇게 에로티시즘을 통해서 자기 자신을 파고 들어가는 과정으로 사용할 수 있는 천진난만한 존재가 아니다.357) 강신주 교수의 말을 들으면 인간에

---

356) 강신주·지승호, 강신주의 맨얼굴의 철학 당당한 인문학 (서울: 시대의 창, 2013), 90~91.
357) http://www.cyworld.com/dyddn2007/23776/ 「사르트르가 말하는 사디즘의 허망함」;〈실존주의 철학을 내세운 사르트르는 본질적으로 사디즘은 실패할 수 밖에 없는 논변을 제시한다. 먼저 사르트르가 내세우는 섹스의 일차적인 동기는 섹스를 통해 상대를 육화시킴으로써 그의 자유를 소유한다는 것에 있다. 하지만 관례적인 섹스를 통해서는 우리는 대개 쾌락에 휩싸이기 쉽기 때문에 상대방을 섹스 본래의 목적인 소유의 대상이 아니라 감정에 휩싸인 정욕의 대상으로 바라보게 된다. 즉 섹스 본연의 목적을 이룩하는 데 실패하게 되는 것이다. 한편으로는 일상적인 섹스 속에서 우리는 상대방을 정복의 대상으로 바라보는 동시에 여전히 그가 자유를 상실하지 않은 주체로 남아있기를 바란다. 우리가 그의 자유를 정복하고 나면 더 이상 정복할 자유의 대상이 없기 때문이다. 즉 우리는 섹스 파트너를 주체와 대상 모두로 만들려는 모순적인 이상을 갖게 된다. 그러므로 사르트르는 일상적인 섹스만으론 섹스 본연의 목적을 만족시킬 수 없기 때문에 상대방의 자유를 정복하기 위해서 폭력과 사디즘에 빠지게 된다고 생각한다. 하지만 결론적으로 사디즘 또한 실패다.

대해 정말 모른다는 생각을 하게 된다. 세상 사람들이 다 욕심 없이 죄 안 짓고 살 수 있는 인간들인가? 자신의 디테일은 알고 있어도 다른 사람들의 디테일은 정말 모른다. 디테일에 빠지지 않고 보편적 구조를 아는 것으로 인간이 정말 자유와 사랑을 누리고 살아갈 수 있는가? 그것은 인문학자의 낭만이다.

제7계명과 성적인 욕구와는 어떤 관계가 있는가? 하나님께서 첫 사람 아담을 창조하셨을 때에 아담은 혼자였다.

> 아담이 모든 육축과 공중의 새와 들의 모든 짐승에게 이름을 주니라 아담이 돕는 배필이 없으므로 (창 2:20)

그러므로 하나님께서는 아담을 위하여 돕는 배필을 허락하셨다.

> 여호와 하나님이 가라사대 사람의 독처하는 것이 좋지 못하니 내가 그를 위하여 돕는 배필을 지으리라 하시니라(창 2:18)

하나님께서는 아담과 하와를 부부로 엮으시고 말씀하셨다.

> 이러므로 남자가 부모를 떠나 그 아내와 연합하여 둘이 한 몸을 이룰지로다(창 2:24)

아담과 하와가 죄를 지어 타락하기 이전에도 성적인 욕구가 있었다. 성적인 욕망 자체가 나쁜 것은 아니다. 그것은 오직 하나님께서 정하신 기준대로 이루어질 때 합당한 것이다. 그 하나님의 기준이란 하나님께서 결혼을 통하여 허락하여 맺어주신 부부에게만 인정되는 것이다. 불법으로 이루어지는 성적인 행위들은 하나님께서 정죄하신다.

제7계명의 말씀은 우선 언약적인 차원으로 이해를 해야 한다. 하나님과 우리는 언약의 관계라고 했다. 그 언약의 관계를 깨고 우상에게 가는 것을 간음이라고 했다. 하나님과 이스라엘은 언약의 관계에 있었다. 그 언약을 깨는 것은 간음

예를 들어 가학적인 억압을 당하고 있는 상대방이 사디스트 자신을 바라보는 경우이다. 이 '바라봄'을 곰곰히 생각해 보자. 우리는 '보는 일'을 행하는 사람의 개인적인 의식까지도 지배할 수는 없는 일이다. 그러므로 사디스트는 이 때 자신이 단지 상대의 육체만을 소유한 것이며 자신을 판단하는 상대방의 내적자유는 소유하지 못했음을 깨닫게 되고 그녀를 더욱 때려 기절시키게 된다. 하지만 결과는 자유가 파괴된 육체덩어리 뿐인 것이다. 결국 사디스트의 목표는 실패로 끝나고 만다. 샤르트르의 이러한 논변에 사디스트들은 상대방의 눈을 가리고 방에 가두어 움직이지 못하게 한 다음 가학적 관계를 맺는 방법을 택하기도 한다.〉

죄에 해당했다. 여호와 하나님은 신랑이 되시며 이스라엘 백성은 신부가 되었다. 이것은 신약에서도 그대로 이어졌다. 예수님은 신랑이 되시며 교회는 그의 신부가 된다. 이것은 예수님과 교회가 새언약으로 연합된 관계임을 말해 준다. 예수 그리스도의 피 값으로 하나가 되었기 때문에 결코 분리될 수가 없다. 하나님께서 우리를 향하여 얼마나 사랑을 나타내셨는지를 알아가며 우리는 그에 대한 반응으로 하나님의 영광을 드러내는 삶을 살아가게 된다. 이것이 언약에 대한 성도의 자세이다.

또한 7계명의 말씀은 언약을 맺은 부부 이외에 성적인 관계를 맺어서는 안 된다는 것이다. 결혼은 가정을 세우시는 하나님의 방법이다. 그것이 하나님의 방법이라는 것은 인간이 필요에 따라 고안해 낸 방법이 아니라는 것이다. 결혼은 하나님께서 맺으시는 거룩한 언약이다.

결혼을 통하여 하나님과 우리가 맺은 그 언약이 어떠한 것인지를 알려주신다. 그것은 곧 하나님 그분이 어떤 분이신지를 알려 주시는 것이다. 또한 언약의 수혜자인 우리가 어떻게 그 언약을 신실하게 행해야 하는 것인지를 알게 하신다. 부부간의 친밀한 사랑을 통하여 하나님과 맺은 그 언약의 관계가 얼마나 친밀한 사랑인지를 말씀하신다. 언약이 하나님의 신실하심과 영광을 드러내듯이 부부간의 결혼 언약을 통하여서도 동일하게 드러나게 된다.

시편 51편은 다윗이 살인과 간음죄를 짓고 난 뒤에 회개한 것을 기록하고 있다. 이 시편에는 "다윗의 시, 인도자를 따라 부르는 노래, 다윗이 밧세바와 동침한 후 선지자 나단이 그에게 왔을 때"라는 표제가 있다.

다윗은 이스라엘의 왕이었다. 나라는 전쟁 중이었다. 그의 군사들은 전쟁에 나가 있었지만 다윗은 예루살렘 궁에 머물고 있었다. 그러던 어느 날 그는 왕궁 옥상을 거닐다가 밧세바를 보게 되었다. 다윗은 자신의 죄를 숨기기 위해 그가 할 수 있는 모든 수단을 다 동원하였다. 다윗은 요압에게 밧세바의 남편인 우리야를 전쟁터에서 죽게 만들었다. 우리야가 죽자 다윗은 밧세바를 자기 아내로 삼았다. 이 모든 일이 완전 범죄로 끝나가려할 때에, 하나님께서는 선지자 나단을 보내어 다윗의 죄를 강력하게 지적했다(삼하 12:1-15).

다윗은 자신의 죄로 인하여 고통 속에 괴로워했으며, 수치심과 두려움에 사로잡혔다. 다윗은 자신의 죄를 인정하고 회개했으며, 그 죄를 통하여 인간이 본성적으로 죄인이라는 사실을 깨닫게 되었다. 죄는 어떤 특정한 사람들에게만 있는 것이 아니라 모든 인간 속에 내재하고 있다는 것을 알게 되었다. 이것은 죄를 합리화 한다는 것이 아니다. 인간은 죄인이며 인간 스스로는 이 죄에서 벗어날 수가 없다는 뜻이다.

현대인들이 의미와 통일성을 포기하자 현실에서는 외설문학이 주름을 잡기 시작했다. 20세기 외설 문학자들의 선구는 마르키 드 사드(Marquis de Sade, 1740-1814)였다. 프란시스 쉐퍼는 다음과 같이 말한다.

> 20세기 사람들은 그를 대단히 중요한 사람으로 인정한다. 이제는 추잡한 작가가 아닌 것이다. 이삼십 년 전만하더라도 만일 영국에서 그의 책을 가지고 있다가 발각이 되면 법적 제재를 당하게 되어 있었다. 그러나 오늘에 와서 사드는 희곡, 철학, 문학에서 다 명성을 얻게 되었다. 모든 허무주의 "흑인" 작가들이나 반항적인 작가들은 사드를 추종한다. 그 이유는 그가 외설문학 작가일 뿐 아니라 성적인 글을 철학 사상을 표현하는 수단으로 사용할 수 있음을 가르쳤으며, 또한 무엇보다도 그가 화학적 결정론자였기 때문이다. 그는 인간이 기계 속에 살 때 무엇을 할 것인지를 이해하였던 것이다. 그의 결론은, 만일 인간이 결정된 것이라면 존재하는 것은 옳다는 것이었다. 만일 우리의 삶 전부가 그저 기계적이라면-그것이 존재하는 것의 전부라면-도덕은 고려할 필요도 없다. 도덕은 단지 사회학적 틀을 위한 말에 지나지 않게 된다. 도덕은 기계 속에서 사회가 조종하는 수단이 될 뿐이다. 도덕이라는 말이 이 시기에 와서는 비도덕에 대한 의미론적 내포(a semantic connotation)의 개념이 되어 버렸다. 존재하는 것, 그것만이 옳다는 것이다. 이것은 다음 단계, 즉 남자가 여자보다 강하다는 생각을 낳게 되었다.
> 자연이 남자를 더 강하게 만들었다. 그러므로 남자는 여자에게 자기가 원하는 대로 할 권리가 있으며, 매춘부를 취해서 자신의 쾌락을 만족시키기 위하여 구타하는 행위는-이 때문에 사드는 군주정치 하에서나 공화정치 하에서 투옥되었다-본질상 정당하다는 것이다. 사디즘(sadism)이란 말이 여기서 유래했음은 다 아는 사실이다. 그러나 이것이 철학적 개념과 관계가 있다는 점을 잊어서는 안 된다. 사디즘은 단순히 남에게 상처를 주는 데서 얻는 쾌락만은 아니다. 그것은 존재하는 것은 옳다는 것이며 자연이 힘으로 규정한 것은 전적으로 옳다는 것을 의미한다.358)

성적인 타락은 단순히 육체적 타락만을 말하지 않는다. 상층부를 포기한 인간은 기계가 된다. 거기에는 결정론359)이 자리 잡고, 인격과 도덕은 없다. 거기에는 언제나 하나님을 향한 반역이 깔려 있다. 하나님과 인간의 존재적 구별이 사라지고 나면, 인간은 자기 욕망을 실현하기 위해 도약을 감행한다. 거기에는 성적인 타락과 종교적 비약이 함께 등장한다. 모압평지에서 이스라엘 백성들이 언약을 저버리고 하나님께 반역했을 때 그들은 가나안의 우상을 섬기고 음란에 빠

---

358) 프란시스 쉐퍼, 이성에서의 도피, 김영재 역 (서울: 생명의 말씀사, 2008), 51-52.
359) 위키피디아 사전에서; 결정론(決定論, Determinism)은 과거의 결과가 미래의 원인이 되며, 이 세상의 모든 사건은 이미 정해진 곳에서 정해진 때에 이루어지게 되어 있었다는 이론이다. 결정론에 따르면 우주에서 일어나는 모든 사건과 운동은 이미 그 전부터 결정되어 있으며, 어떤 법칙에 따라 합리적으로 움직인다.

졌다.

동성애 문제

동성애를 철학적 개념으로 정당화하려는 시도가 더욱 많아지고 있다. 롤랑 바르트와 미쉘 푸코는 동성애 파트너였다. 롤랑 바르트는 탈코드화로 동성애를 정당화 한다. 바르트는 근본적으로 이성중심의 사유, 이성의 권력을 해체하려고 했다. 그의 철학의 본질은 '자유'다. 근대적 이성의 자유도 아니고 포스트모던의 이성부정의 자유도 아니고 이성해체주의도 아닌 그런 경계를 넘나드는 부드러운 사유를, '부유하는 주체', '유동하는 주체'가 지니는 자유를 말했다.

> 들뢰즈가 근대라는 거대한 담론을 해체하고 소담론으로 가겠다고 말했을 때, 그것은 다른 말로 하면 아버지라는 중심을 해체하겠다는 의미였다. 중세 시대에 그 자리에 '산'이 있었다면, 근대에는 '아버지'가 있었다. 그만큼 서구에서 '아버지'라는 존재는 나와 대립 관계이다. 프로이트는 이를 오이디푸스 컴플렉스로 명명했다. 그러나 바르트에게는 그런 강박관념이 없었다. 일찍 돌아가셨으므로 아버지는 어머니를 통해 존재했다. "나의 아버지는 시끄럽지 않다." 어머니를 통해 존재하는 아버지는 바르트를 억압하지 않았다. 우리는 여기서 바르트의 정신세계의 특성과 만나게 된다.
> 파리가 그에게 타락한 쁘띠 부르주아의 세계, 감각이 제거되고 외부를 향해 닫혀 있는 세계라면, 바이욘은 냄새, 감각이 살아있는 세계, 고독한 단자적 존재지만 외부를 향해 열려 있는 세계다. 떠다니는 주체란 바로 이런 존재를 말한다. 바이욘에서 외부로 나가는 길, 고속도로와 지하도와 산길 중 바르트는 산길을 좋아했다. 이 길은 육체를 통해 경험하는 길이다. 목적지에 도달하는 것과 상관없이 그저 구경하는 길이다. 정신을 통하지 않고 산길에 있는 것들과 직접 접촉하는 세계이다. 순전한 유희(주이상스)를 위한 길이다. 그가 좋아하는 말 중에 '아르바이트'가 있다. 이 말은 자본주의적 의미의 근대적 노동이 아니라 탈자본주의적 의미의 노동의 탈피이다. 그의 글쓰기는 바로 이런 의미에서 유희로서의 아르바이트이다.360)

롤랑 바르트는 어린 시절을 프랑스 남서부의 작은 시골 마을인 바이욘에서 살았다. 그 마을로 '탈코드화'를 설명한다. "냄새, 감각이 살아있는 세계, 고독한 단자적 존재지만 외부를 향해 열려 있는 세계" 그리고 "순전한 유희(주이상스)"를 말한다. 그것은 그 어떤 코드로도 의미화 될 수 없는 독자적인 자기만의 경험으로 살아가는 인간을 말한다. 그는 또 지도와 여행으로 탈코드화를 설명한다. 지도를 가지고 가야할 목적지로 가는 것이 아니라, 지도 없이 떠나는 여행을 가면서 생각지 않게 접하는 새로운 감각 경험과 그렇게 생긴 자기만의 경험이 탈코드적인 의미를 만들어낸다는 것이다. 목적이 중요한 것이 아니라 과정이 중요한

---

360) http://blog.naver.com/sunnsunshine/100119541114/ 김진영, 롤랑 바르트의 삶과 지적 커리어(인문 숲 첫 번째 날).(Jan. 17. 2011).

여행이며, 그 과정에서 예기치 않게 만나는 경험이야말로 자기만의 즐거움을 만들어낸다는 것이다. 바르트는 그것을 '모험의 즐거움'이라 했다.

그런 자기만의 독자적인 경험, 탈코드화, 그래서 삶을 어떻게 살았는가? 동성애로 살아갔다. 정말 어이가 없는 것은 이런 동성애를 '부드러운 사유' 혹은 '비폭력적 사유'로 정의한다는 것이다.

> … 바르트의 부드러운 사유와 성정체성의 관련성을 말하고자 할 때, 우리는 내재적 담론, 즉 동성애를 부드러운 성애로 규정하는 것이 아니라, 이성애가 본질적으로 폭력성과 연계될 수밖에 없음을 드러내는 일이 필요합니다. 예컨대, 프루스트에 따르면 인간은 누구나 양성애적 성정체성을 지닌다고 말합니다. 즉 인간은 때와 상황에 따라 이성애자가 되기도 하고 동성애자가 되기도 한다는 것이죠. 하지만 성의 문제는 언제나 공동체를 유지하기 위한 생산력과 연계될 수밖에 없습니다. 때문에 생산력을 갖지 못하는 동성애는 공동체의 목적과 어긋나는 것으로 억압될 수밖에 없는 반면, 이성애는 결혼과 가족 시스템으로 제도화되어 정상적 성애로 자리 잡게 되는 것이죠. 만일 이러한 성애의 역사성과 정치성을 인정한다면, 성애의 부드러움은 성애와는 무관한 목적이 개입되어 있는 이성애 영역이 아니라, 무목적인 성애가 제도화되지 않은 채 남아 있을 수 있는 동성애 영역에 더 내재하고 있다는 추론이 가능해집니다. 바르트가 다양한 방식으로 강조하는 부드러운 사유, 사유의 비폭력성은 이런 가정 하에서 다름 아닌 동성애적 성정체성과 내밀한 관련을 맺는다고 추론할 수도 있을 것입니다.361)

동성애를 이렇게 치장하면, 이성애로 가정을 이룬 사람들과 자녀들은 무엇이라고 말해야 하는가? 그것은 억압이고 폭력이란 말인가? 공동체가 생산력만으로 이루어지는가? 이런 생각들은 바르트가 동성애를 정당화하기 위한 궁색한 이론에 불과하다.

지도 없이 자기 길을 가면서 경험의 즐거움을 가진다는 것은 모험이 아니라 윤리·도덕적인 타락을 가져온다. 그리고 그 타락을 정당화 한다. 아무리 그럴듯한 말로 포장을 한다고 해도 결국 인간은 자기 죄로 인해 멸망의 길로 스스로 가게 된다는 것을 잘 보여준다.

오늘날 동성애가 합법화되면서 세상은 더욱 더 악한 길로 빠져들고 있다. 2011년 UCLA의 조사에 의하면, 미국에만 약 900만 명의 동성애자가 있다. 그러나 본인을 동성애자로 커밍아웃하지 않은 채, 실제 동성애 행위를 하는 사람들은 미국 인구의 10% 즉, 3,000만 명이 넘는다고 한다. 2002년 갤럽은 미국의 동성애자가 21.5%, 6,300만 명이 있을 것이라고 말했다. 세계는 점점 더 동성애를 수용하고 있다. 그것을 죄라고 하면 구속시키는 세상이다. 동성애자를 목사로

---

361) 철학아카데미, 처음 읽는 프랑스 현대철학, 동녘, 2013, p. 164.

안수하는 교회는 타락한 죄악의 소굴이다. 미국의 기독교는 자유주의로 침몰했다. 그러면서도 그들은 하나님께 예배한다고 하며 예수 그리스도의 십자가를 말한다. 그것은 타락한 기독교 '문화'일 뿐이다.

제71문 제7계명에서 요구하는 것은 무엇입니까? (대138)
답: 제7계명이 요구하는 것은 마음과 말과 행위에서 우리 자신과 이웃의 순결을 보존하라는 것입니다.362)

인간이 주체가 되는 휴머니즘 세상을 만들려고 했으나 그 뜻대로 되지 않았던 마르크스의 삶은 어떠했는가? 마르크스는 그의 생애 대부분을 엥겔스의 후원으로 살았다. 그가 런던으로 망명을 했을 때 매우 어려운 시절을 보냈다. 마르크스는 몇 가지 질병과 경제고에 시달렸다. 그런데도 불구하고 냄새 독한 싸구려 담배를 피웠고 그것이 폐결핵의 원인이 되었다. 혹자는 그의 형제자매들도 폐결핵에 걸려 죽은 사람이 많아서 유전적 요소가 있다고 말하기도 하지만 그렇게 담배를 피우지 않았다면 폐결핵에 걸리지 않았을 것이다.

더 놀라운 사실은 마르크스와 그의 하녀 헬레네 데무트와의 관계다. 어떤 사람은 이 둘의 관계를 '동지적·이념적' 결합이라고 치부하지만 그것은 같은 이념을 공유하는 사람들의 편들기다.363)

> 마르크스는 엥겔스의 재정지원을 수시로 받았지만 생계비와 자식들 양육비 그리고 아내 예니의 신경질환 치료를 위해서 돈을 받은 즉시 모두 지출하는 바람에 항상 빈곤을 면하기 어려웠다. 마르크스는 먹고 살기조차 어려운 가운데서도 하녀 헬레네 데무트를 내보내지 않았다. 자신과 아내 그리고 자식들도 늘 병마에 시달렸기에 집안 일을 보살필 사람이 꼭 필요하다고 생각했기 때문이었다. 문제는 헬레네 데무트에게 아들 프레데릭(프레디) 데무트가 있었다는 사실이다. 프레데릭은 떠돌이 생활을 하다가 젊은 나이에 세상을 떠났다. 프레데릭은 잠시 미국에 가서 머물다 독일로 돌아와 하급관리를 하다가 병들어 죽은 것으로 전해지고 있다. 세인들 간에는 프레데릭이 누구의 아들이냐가 항상 관심거리였다. 프레데릭은 어머니 헬레네 데무트의 성 데무트를 쓰고 있었던 관계로 어린 시

---

362) Q. 71. What is required in the seventh commandment? A. The seventh commandment requireth the preservation of our own and our neighbor's chastity, in heart, speech, and behavior.
363) http://www.laborsbook.org/news/read.php?no=273; 〈마르크스 유령에게 다시 묻는다(한겨레신문). 마르크스의 숨겨진 자식에 소설의 초점이 맞추어졌다는 사실은 자칫 저급한 호기심을 자극할 법도 하다. '마르크스의 사생아'는 혁명적 사상가이자 실천가였던 그의 대의의 숭고함을 의심케 하는 근거로 들먹여지곤 했다. 그러나 작가는 한갓 '희생자' 정도로 치부되곤 하는 헬레네의 관점에서 사태를 완전히 '재해석'한다. 두 사람의 결합은 어디까지나 동지적·이념적인 것이었으며, 예니와 하인리히를 비롯한 관련자들이 모두 그 점을 수긍했다는 것이다. 물론, 작가의 목표가 단지 마르크스의 사생활에 얽힌 오해를 해소하려는 것은 아니다. 그보다는 자본주의의 몰락과 사회주의의 도래라는 마르크스의 '예견'이 빗나갔다는 이즈음의 '상식'을 반박하려는 데에 역량이 모아진다. 작가는 마르크스의 유령을 불러내어, 혁명에 대해 조급해하는 이들에게 경계의 목소리를 발하게 한다. 마르크스의 유령은 더 나아가, 19세기 사람인 자신에게 20세기와 21세기의 문제 해결을 기대하는 후손들을 호되게 질책한다. 그 질책은, 젊은 시절 마르크스의 사상을 이념의 푯대로 삼았던 화자 자신에게로 향하는 것임은 물론이다. 소설 속 헬레네의 회고글은 마르크스를 두고 "프롤레타리아트들이 살아갈 '아름다운 집'을 지으려고 삶을 불태우고 있는 그분"이라 표현한다. 마르크스와 리진선의 삶이, 나아가 빨치산으로 산에서 죽은 〈유령의 사랑〉 화자 아버지의 삶이 서로 이어지는 것임을 알 수 있다.〉

절 함께 지냈던 마르크스의 자식들도 프레데릭의 아버지가 누군지 신경을 곤두세웠다고 한다. 프레데릭이 성인이 되어 어머니 품을 떠날 때까지 어쩐 일인지 프레데릭의 출신배경에 대한 이야기는 암암리에 금지되어 있었다. 엥겔스는 프레데릭의 친아버지가 마르크스라는 것을 처음부터 알고 있었지만 마르크스의 명예와 명성을 위해서 끝까지 침묵을 지켰다. 엥겔스는 마르크스가 죽은 후 카우츠키의 전부인이 프레데릭의 친아버지가 마르크스라는 사실을 밝힌 후에야 사실을 인정했다. …364)

이런 사실이 처음부터 알려졌더라면 사람들이 마르크스의 말을 들어주고 따라갔을까? 사람들에게는 인간이 주인이 되는 세상, 인간 소외가 없고 인간이 주체가 되는 휴머니즘 세상을 말했지만 그의 삶은 비인륜적인 것이었다. 지금도 마찬가지다. 현실을 현실대로 말하지 않기 때문에 사람들은 마르크스에 목숨을 건다. 그가 하는 말과 그가 사는 현실이 다르다면 그것은 자기 자신에게도 모순이며 다른 사람들에게도 불합리한 이론이 되고 만다. 그래도 그들을 따른다면 그것은 허구를 믿고 추종하는 광신자다.

계명과 우리의 삶에는 분열이 없다. 계명은 우리를 죄악으로부터 멀리하며 거룩과 경건으로 이끈다. 그렇게 하기 위해 7계명이 우리에게 요구하는 것은 다음과 같다.

1) 마음과

죄악은 인간의 본성 안에 너무나도 깊이 뿌리내리고 있다. 그것을 제어한다는 것은 참으로 어려운 일이다. 마음을 먼저 언급하는 이유는 죄악이 우리 밖에 있는 것이 아니라 우리 안에 사악하게 뿌리내리고 있다는 것을 말해주기 위함이다. 물론 우리는 이생을 살아가는 동안 다 제거할 수가 없다. 우리는 우리의 죄악에 대해서 합리화 하려고 해서는 안 된다. 하나님의 율법이 우리에게 요구하는 대로 살기 위하여 솔직해져야 한다.

나는 너희에게 이르노니 여자를 보고 음욕을 품는 자마다 마음에 이미 간음하였느니라(마 5:28)

예수께서는 산상수훈에서 율법의 참된 의미에 대해서 말씀하셨다. 서기관과 바리새인들은 율법을 지켜 자기 의로 가는 엄청난 죄악을 범했다. 28절은 제7계명의 실질적인 의미, 곧 그 마음에 음욕을 가지는 것이 이웃사랑이 아니라고 말씀하셨다. 타인을 향하여 마음에 음탕한 눈으로 바라보는 자는 이미 간음을 한

---
364) 강영계, 철학의 끌림 (서울: 멘토, 2011), 70-74.

자이다. 하나님께서 이렇게 말씀하시는 이유는 무엇인가? 그것은 하나님께서 우리의 영혼에 관심을 가지고 계시기 때문이다. 우리의 영혼은 하나님의 나라와 의를 구하며 사는 것으로 가득 채워져야 하기 때문이다.

외적인 어떤 결과가 이루어지기 전에 이미 그 마음 안에서 간음이 이루어지면 그것이 곧 제7계명을 범한 것이다. 겉으로 아무리 율법을 잘 지키는 척해도 그들의 마음은 이미 썩은 무덤이다. 인간은 근본적으로 죄악 되기 때문에 자기 의를 자랑하나 하나님 앞에서는 그 속을 숨길 수가 없다.

하나님께서는 언제나 사람의 마음을 살피시며 마음을 지킬 것을 명령하신다.365) 우리의 마음을 미혹하는 일들은 도처에 도사리고 있다. 죄악을 행하는 것은 줄어들지 않아서 나이가 들어갈수록 더 많아지고, 돈이 많을수록 권력이 더 많을수록 더 많이 죄를 짓게 된다.

그런 미혹을 이기고 죄악과 싸워 승리하는 길은 무엇인가? 제7계명과 관련하여 우리의 마음은 어떤 생각을 가져야 하는가? 첫 번째, 하나님, 곧 우리를 지켜보는 외부의 간섭자가 있다는 것을 기억해야 한다. 우리는 자율성으로 살아가는 단독자가 아니다. 두 번째, 내 앞에 선 타인도 하나님의 형상을 따라 지음 받은 귀하고 소중한 인격체라는 생각을 가져야 한다. 내가 사랑받고 존중받아야 하는 인격체이듯이 타인도 동일하게 사랑받고 존중받아야 하는 인격체라는 마음을 가져야 한다. 인격체가 아닌 욕망의 대상이 되면 죄악을 범하게 된다.

그러므로 성경은 다음과 같이 우리에게 권면한다.

> 1 복 있는 사람은 악인의 꾀를 좇지 아니하며 죄인의 길에 서지 아니하며 오만한 자의 자리에 앉지 아니하고 2 오직 여호와의 율법을 즐거워하여 그 율법을 주야로 묵상하는 자로다 3 저는 시냇가에 심은 나무가 시절을 좇아 과실을 맺으며 그 잎사귀가 마르지 아니함 같으니 그 행사가 다 형통하리로다(시 1:1-3)
> 너는 마음을 다하여 여호와를 의뢰하고 네 명철을 의지하지 말라(잠 3:5)
> 그런즉 선 줄로 생각하는 자는 넘어질까 조심하라(고전 10:12)
> 내가 이르노니 너희는 성령을 좇아 행하라 그리하면 육체의 욕심을 이루지 아니하리라(갈 5:16)
> 하나님의 말씀과 기도로 거룩하여짐이니라(딤전 4:5)

오직 하나님의 말씀을 묵상하고 즐거워하며 자기 육체를 신뢰하지 않고 성령님을 좇아 행하고 살아야 한다. 거룩은 하나님의 말씀과 기도로 이루어지는 것

---

365) 무릇 지킬만한 것보다 더욱 네 마음을 지키라 생명의 근원이 이에서 남이니라(잠 4:23) 네 마음이 음녀의 길로 치우치지 말며 그 길에 미혹지 말지어다(잠 7:25)

이다. 그것이 수단이 된다는 뜻이 아니라, 우리 안에서 만들어 낼 수 없다는 말이다. 사탄은 우리가 죄악을 범하기 전에 그 일이 아무것도 아닌 것처럼, 별로 대수롭지 않은 일처럼 우리의 마음을 속인다. 그러나 그 결과는 감당할 수 없는 심판과 형벌이 따르게 된다.

2) 말과

우리는 언어생활에도 훈련되어져야 한다. 언어는 마음에 생각한 것들이 표현된 결과물이다.366) 죄악 된 말을 반복적으로 하게 되면 죄악 된 행동을 낳게 된다. 그러므로 성도는 언제나 하나님의 백성으로 합당치 않은 말들은 끊어야 한다.

> 누추함과 어리석은 말이나 희롱의 말이 마땅치 아니하니 돌이켜 감사하는 말을 하라(엡 5:4)

사도 바울은 그리스도인의 언어생활에 대하여 세 가지 악한 것을 말하지 말고 감사한 말을 하라고 했다. "누추함"은 천하고 속되고 더러운 말이다. "어리석은 말"은 죄악의 성향을 지닌 좋지 못한 말인데 분별없이 궁시렁대는 말이다. "희롱의 말"은 외설적인 농담이나 독설을 뜻한다. 이런 것들은 구원받은 성도로서의 삶에 어울리지 않는다.

도리어 사도 바울은 "감사하는 말을 하라"고 했다. 사도 바울은 언제나 그리스도 안에서 그렇게 하라고 말했다. 왜 감사한 말을 하라고 했는가? 외설적인 농담을 하는 자들이 가는 곳이 다르기 때문이다. 그런 사람들은 하나님의 나라를 기업으로 받지 못한다.367)

3) 행위에서

하나님께서는 우리가 거룩하고 경건하게 살기를 원하신다. 그것은 가장 먼저 가정에서 이루어져야 한다. 남편과 아내가 거룩하게 정절을 지키고 살아가는 일이야 말로 거룩과 경건의 원천이고 내용이다. 하나님께서는 자기 백성과 맺은 언약을 결혼으로 비유하셨다. 그것은 결혼생활이 하나님께서 주관하시는 거룩하고 복된 것임을 말하며, 또한 그렇게 사랑하며 의지하고 순종하는 관계처럼 하

---

366) 18 입에서 나오는 것들은 마음에서 나오나니 이것이야말로 사람을 더럽게 하느니라 19 마음에서 나오는 것은 악한 생각과 살인과 간음과 음란과 도적질과 거짓 증거와 훼방이니(마 15:18-19)
367) 너희도 이것을 정녕히 알거니와 음행하는 자나 더러운 자나 탐하는 자 곧 우상 숭배자는 다 그리스도와 하나님 나라에서 기업을 얻지 못하리니(엡 5:5)

나님과 그 백성 된 자들이 하나님을 신뢰하며 기뻐하며 순종함으로써 하나님 안에서 참된 평안과 안식을 누리며 살기를 원하시기 때문이다.

현대인들은 심리학의 영향에 속아서 자신의 죄악 된 행동들을 어렸을 때의 상처나 무의식이 자기를 그렇게 만들었다고 거짓으로 변명한다. 이제는 간음을 하고 살인죄를 저질러도 그 죄에 대한 형벌을 내리지 않고 심리치료를 먼저 하는 세상이 되었다. 가해자는 치료받고 혜택을 누리니 피해자만 억울해서 눈을 감지 못하는 통탄할 세상이다.

그러기에 인간이 죄악을 범하지 않고 거룩하게 살기 위해서는 세월이 가도 변치 않는 절대기준인 성경대로 살아야 한다. 그 성경 말씀 앞에서는 변명이 안 통한다. 그러나 하나님은 얼마나 은혜롭고 자비로우신 분이신가! 언제나 회개하고 돌아오는 자들을 용서하시는 분이시다. 우리는 매순간마다 회개하며 하나님의 말씀대로 살기 위하여 하나님의 은혜를 구해야 한다.

> 모든 사람은 혼인을 귀히 여기고 침소를 더럽히지 않게 하라 음행하는 자들과 간음하는 자들을 하나님이 심판하시리라(히 13:4)

"침소"는 성생활에 대한 완곡한 표현이다. 성적인 범죄를 통해 침소를 더럽히는 것은 하나님께서 정하신 거룩한 결혼을 욕되게 하는 것으로 결국은 하나님을 모독하는 행위다. 하나님께서는 이런 범죄를 반드시 심판하신다. 성경은 성적인 범죄를 음행하는 자들과 간음하는 자들로 말한다. 전자는 결혼 이외의 성적범죄이며 후자는 결혼을 어기는 성적 범죄다.

> 또한 네가 청년의 정욕을 피하고 주를 깨끗한 마음으로 부르는 자들과 함께 의와 믿음과 사랑과 화평을 좇으라(딤후 2:22)

사도 바울은 목회자로서 디모데가 버려야 할 것을 말했다. "청년의 정욕"이란 성적(性的)인 것만 아니라 인간의 본성적 욕망들을 함께 말하는 것이다. 그런 것에 이끌리지 말고 "의와 믿음과 사랑과 화평을 좇으라"고 말했다. 이런 것들은 성령의 소욕을 좇아갈 때 맺어지는 열매다.[368]

---

[368] 내가 이르노니 너희는 성령을 좇아 행하라 그리하면 육체의 욕심을 이루지 아니하리라(갈 5:16) 22 오직 성령의 열매는 사랑과 희락과 화평과 오래 참음과 자비와 양선과 충성과 23 온유와 절제니 이같은 것을 금지할 법이 없느니라(갈 5:22-23)

사도 바울은 "주를 깨끗한 마음으로 부르는 자들과 함께" 좇으라 했다. 믿음의 싸움은 '나 혼자만의 싸움'이 아니라 교회 안의 지체들과 함께 가는 싸움이다. 또한 '공동체 속의 나'라는 통일성이 있을 때 이 믿음의 싸움은 더욱 효과적이다. 합심해서 기도하듯이 협력해서 믿음의 싸움을 경주해 가야한다.

4) 우리 자신과 이웃의 순결을 보존하라는 것입니다

여호와를 경외하고 언약에 신실하게 살아갈 때 자신과 이웃은 거룩한 공동체로 세워지게 된다. 여호와 하나님으로부터 생명력을 누리고 살기 때문이다.

> 4 각각 거룩함과 존귀함으로 자기의 아내 취할 줄을 알고 5 하나님을 모르는 이방인과 같이 색욕을 좇지 말고(살전 4:4-5)

성도는 이방인들과 살아가는 방식 자체가 다르다. 하나님을 모르는 이방인들은 정욕대로 살아간다. 억제할 수 없는 욕망에 사로잡혀서 죄의 종이 되어 살아간다. 그것은 중독성이 있어서 헤어나지를 못한다. 하나님께서는 거룩하게 살아가라고 말씀하시나 세상은 본능대로 살아가라고 한다. 본능은 죄로 오염되어 있다. 결국 본능대로 살면 죄밖에 없다.

> 2 음행의 연고로 남자마다 자기 아내를 두고 여자마다 자기 남편을 두라 3 남편은 그 아내에게 대한 의무를 다하고 아내도 그 남편에게 그렇게 할지라(고전 7:2-3)
> 서로 분방하지 말라 다만 기도할 틈을 얻기 위하여 합의상 얼마 동안은 하되 다시 합하라 이는 너희의 절제 못함을 인하여 사단으로 너희를 시험하지 못하게 하려 함이라(고전 7:5)

결혼은 언약으로 하나가 된 관계다. 그것은 책임을 부여한다. 사랑은 기분따라 흐르는 강물이 아니다. "음행한 연고"는 "음행하는 일들이 생기기 때문에"라는 뜻이다. 하나님께서 정한 질서를 벗어나면 타락하게 된다. 고린도라는 도시의 음행은 우상숭배와 관련된 타락이었다. 하나님께서 거룩하시니 그 백성들도 거룩해야 한다. 이제 새언약의 성도들은 예수 그리스도를 믿고 새로운 피조물이 되었기에 새로운 삶을 살아야 했다.

새언약의 백성들은 하나님을 기쁘시게 하는 삶을 살아야 한다. 성경은 종말을 살아가는 성도들의 삶에 대하여 이렇게 경계하고 권면한다.

1 종말로 형제들아 우리가 주 예수 안에서 너희에게 구하고 권면하노니 너희가 마땅히 어떻게 행하며 하나님께 기쁘시게 할 것을 우리에게 받았으니 곧 너희 행하는 바라 더욱 많이 힘쓰라 2 우리가 주 예수로 말미암아 너희에게 무슨 명령으로 준 것을 너희가 아느니라 3 하나님의 뜻은 이것이니 너희의 거룩함이라 곧 음란을 버리고 4 각각 거룩함과 존귀함으로 자기의 아내 취할 줄을 알고 5 하나님을 모르는 이방인과 같이 색욕을 좇지 말고 6 이 일에 분수를 넘어서 형제를 해하지 말라 이는 우리가 너희에게 미리 말하고 증거한 것과 같이 이 모든 일에 주께서 신원하여주심이니라(살전 4:1-6)

성도는 하나님의 뜻대로 하나님을 기쁘시게 하는 삶을 살아야 한다고 권면하면서 "거룩함"을 말하고 있다. 분수를 넘어서 더러운 생활을 버리고 가정을 지키며 음란을 버리라고 명령한다. 사도 바울이 복음을 전한 세계에는 우상과 음란이 언제나 함께 있었다. 우상숭배를 하고 음란을 행하는 것이 그들의 삶이었다. 그것이 그들의 종교생활이고 그들의 세계였기 때문이다. 그러므로 복음이 전해졌을 때는 우상을 버리고 음란을 버리는 일이 동반되었다.

그것은 하나의 윤리·도덕에 관한 문제가 아니었다. 그들이 지금까지 믿고 행해왔던 종교와 세계관의 충돌이었다. 예수 그리스도의 복음은 삶의 근간을 흔들었다. 예수님을 구주로 고백한 그들은 이전의 삶을 청산해야만 했다. 그러나 그 일은 쉬운 일이 아니었다. 세상이 당연시 하는 일을 그만두고 거룩하고 경건하게 살아가는 일은 그들 공동체와 이웃으로부터 따돌림을 받을 각오를 해야 했다. 그로 인해 그들은 현실적인 궁핍과 어려움에 직면했다. 그것은 구약의 이스라엘 백성들에게도 마찬가지였다. 물론 오늘날 우리들에게도 동일하다.

제7계명이 요구하는 것은 마음과 말과 행위에서 우리 자신과 우리 이웃의 정조를 보존하라는 것인데, 이것이 다만 윤리·도덕에 관한 문제만이 아니라는 것을 분명하게 알아야 한다. 그것은 언약 밖의 삶이냐 언약 안의 삶이냐의 문제이다.

예수님께서는, "나는 너희에게 이르노니 여자를 보고 음욕을 품는 자마다 마음에 이미 간음하였느니라"(마 5:28)고 말씀하셨다. 제7계명은 다만 외적인 어떤 행위만을 말하는 것이 아니라 그 마음에 가지는 악한 의도와 죄악이 있음을 가르치고 있다. 죄가 우리 밖에 있는 것이 아니라 우리 안에 있다. 그것을 어쩔 수 없다고 죄의 본성대로 살아가야 하는 것이 아니라 십자가의 피로써 새언약 안에 들어왔기 때문에 성령님을 힘입어 죄를 죽이고 죄와 싸워가야 한다. 그것은 이 세상의 사고방식(mentality)과 구별된 삶을 살아가야 한다는 것이며 그로 인한 불이익을 감수할 수 있어야 한다.

제72문 제7계명에서 금하는 것은 무엇입니까? (대139)
답: 제7계명이 금하는 것은 모든 순결하지 못한 생각과 말과 행동입니다.369)

종교, 그중에서도 기독교를 극렬하게 반대하는 강신주 교수는 결혼에 대해서 다음과 같은 말을 했다.

> 기독교인들은 제가 '사랑해야 한다'고 하면 '아, 예수님의 말씀이야' 이래요. 그런데 제 말은 사랑을 하려면 신을 죽여야 한다는 거거든요. 한번은 제자가 결혼을 하는데 신랑이 기독교 신자라 교회에서 결혼식을 했어요. 목사가 주례사를 하는데, 완전히 저주예요. 영원히 헤어지지 말래요. 하나님도 증인이래요. 저 같으면 이렇게 말했을 거예요. '사랑할 때까지 사랑하고, 사랑하지 않으면 쿨하게 헤어져서 더 좋은 행복을 찾았으면 좋겠어요. 이건 하나님의 뜻이에요.' 영원히 헤어지지 말라고 하는 것은 조선조 때처럼 살라는 얘기거든요. 남편이 때려도 같이 살라는 거예요. 하나님이 감시하니까.370)

결혼하는 두 사람에게 '헤어지지 마라'는 것이 강신주 교수에게는 왜 저주로 들렸는가? 자율성, 단독자로 살아가는 개념과 충돌되기 때문이다. 그의 말대로, "사랑할 때까지 사랑하고, 사랑하지 않으면 쿨하게 헤어져서 더 좋은 행복을 찾"는 것이 단독자의 삶이고 현대인의 결혼관이다. 하나님을 감시자로 표현하는 것은 외부의 간섭을 극렬히 싫어하는 타락한 인간의 본성을 그대로 반영한다.

결혼은 그렇게 자율과 자유로 각자 알아서 살아가는 단독자가 아니라 하나님의 은혜를 구하며 서로 의존하며 살아야 하는 연약한 죄인이라는 것을 배우는 것이다. 그로 인해서 더 궁극적으로 의지해야할 분이 하나님이시라는 것을 삶으로 인생 전체로 배워가게 되는 언약의 상징이다. 그렇게 살아가기 위해 금해야 할 것들은 무엇인가?371)

1) 모든 순결하지 못한 생각과

하나님께서는 결혼생활이 거룩하고 아름답게 지켜지기를 원하신다. 그러기 위해서는 하나님께서 각자 정하여 주신 자신의 배우자와 함께 살아가야 한다. 그

---

369) Q. 72. What is forbidden in the seventh commandment? A. The seventh commandment forbiddeth all unchaste thoughts, words, and actions.
370) https://www.facebook.com/kangsinjubot/posts/370817643018681
371) 하이델베르크 교리문답 제109문: 이 계명에서, 하나님께서는 간음과 이와 유사한 부끄러운 죄만을 금하십니까? 답: 우리의 몸과 영혼이 성령의 전이기 때문에, 우리가 우리 자신을 순결하고, 거룩하게 지키는 것이 바로 하나님의 뜻입니다. 그러므로, 하나님께서는 모든 음란한 행위, 몸짓, 말, 생각, 욕망과 우리를 음란에 빠지게 하는 것은 무엇이든지 다 금하십니다.

렇게 하기 위해서는 하나님께서 허락하신 배필 외에는 어떤 악한 의도를 가져서는 안 된다.

> 나는 너희에게 이르노니 여자를 보고 음욕을 품는 자마다 마음에 이미 간음하였느니라(마 5:28)

예수님께서는 겉으로 드러난 행동 이전에 우리의 마음이 악한 생각을 갖지 말아야 한다고 하셨다. 그 악한 생각을 인간의 죄성 탓이라고 둘러대어서는 안 된다. 그런 악한 마음을 가지게 되는 이유는 무엇인가? 하나님께서 주신 것으로 충분하다는 언약의 원리에서 벗어났기 때문이다. 타락한 인간의 죄성은 그런 것들로 꽉 들어차 있다.

> 18 입에서 나오는 것들은 마음에서 나오나니 이것이야말로 사람을 더럽게 하느니라 19 마음에서 나오는 것은 악한 생각과 살인과 간음과 음란과 도적질과 거짓 증거와 훼방이니(마 15:18-19)

예수님께서는 바리새인들과 서기관들이 장로들의 유전으로 하나님의 계명을 범하는 일로 말씀하셨다. 그들은 이사야 선지자의 말처럼, 입술로는 하나님을 공경한다고 했지만 실제로 그 마음은 하나님에게서 멀어져 있었다. 예수님께서는 겉으로는 의로워 보이나 실제로는 더러운 그들의 상태에 대하여 말씀하셨다. 여기 마태복음에서는 마음에서 나오는 죄악들을 6가지로 말하며, 마가복음 7장 21-22절에서는 12가지로 말한다.372) 인간의 마음은 근본적으로 악하다. 성경은 언제나 인간의 본질적인 측면을 다루며 구조를 개혁한다고 해서 세상이 달라진다고 초점을 맞추지 않는다. 그러므로 "무릇 지킬만한 것보다 더욱 네 마음을 지키라 생명의 근원이 이에서 남이니라"(잠 4:23)고 말씀한다.

2) 말과

말은 우리의 의지를 표현한다. 우리의 의지란 무엇인가? 그것은 하나님의 성품을 본받고 하나님의 말씀을 순종하여 그의 영광을 나타내려는 것이다. 그것은 종교적인 행사에서 나타나는 것이 우선이 아니다. 먼저는 결혼과 가정을 귀히 여겨야 한다. 하나님께서 기뻐하시는 인생으로 살기 위해서는 옛사람에게 속한 더럽고 악한 말을 버려야 한다.

---

372) 21 속에서 곧 사람의 마음에서 나오는 것은 악한 생각 곧 음란과 도적질과 살인과 22 간음과 탐욕과 악독과 속임과 음탕과 흘기는 눈과 훼방과 교만과 광패니(막 7:21-22)

3 음행과 온갖 더러운 것과 탐욕은 너희 중에서 그 이름이라도 부르지 말라 이는 성도의 마땅한 바니라 4 누추함과 어리석은 말이나 희롱의 말이 마땅치 아니하니 돌이켜 감사하는 말을 하라(엡 5:3-4)

사도 바울은 분명하게 권면한다. "그 이름이라도 부르지 말라"고 했다. 왜 그렇게 하지 말아야 하는가? 예수 그리스도의 십자가 피로써 구원받은 '성도'이기 때문이다. 성도는 거룩해야 한다. 거룩은 교회 안에서 종교적으로만 거룩한 것을 말하지 않는다. 에베소의 음행 역시 에베소의 우상숭배와 직접적으로 관련되어 있다. 그것이 그들의 삶이고 문화였다. 그들이 섬기는 우상숭배가 음행에 속한 것이었다. 이제는 예수 그리스도를 구주로 믿었으니 달라져야 하고 변화되어져야 한다. 에베소 교회의 성도들이 구주로 고백하는 예수 그리스도가 거룩하시기에 그들도 거룩해야 했다. 그것은 먼저 언어생활이 변화되어야 했다.

3) 행동입니다

거룩하게 살아간다 하면서 오직 영적인 일만 추구하는 사람들이 있다. 영적인 것을 추구하는 것이 나쁜 것이 아니다. 영적인 추구는 말씀을 삶으로 순종하는 것으로 나타나야 한다. 결혼은 그 순종이 얼마나 이루어지고 있는지 확연하게 드러나게 한다. 그리스도를 경외하는 삶으로 나아가도록 서로 도우며 사랑하는 삶이 진정으로 영적인 것이다. 결혼은 자기 자신만을 위한 것이 아니다. 서로의 기쁨이 되어야 한다. 내 맘에 쏙 드는 배우자는 이 세상 어디에도 없다. 내 필요와 내 소원을 다 채워주는 배우자가 있다고 생각하면 그것은 배우자가 신(神)이라고 착각한 것이다. '그 신이 왜 이것 밖에 안 되는가?' 하고 회의가 일어나기 시작하면 죄악 된 생각에 사로잡히고 일탈이 일어나게 된다. 또한 믿음이 약해지고 주를 향한 소망이 식어지면 가정을 벗어나서 하나님께서 허락하신 가정 밖에서 만족을 찾으려고 죄를 짓게 된다. 그러나 그것은 파멸로 가는 지름길이다.

모든 사람은 혼인을 귀히 여기고 침소를 더럽히지 않게 하라 음행하는 자들과 간음하는 자들을 하나님이 심판하시리라(히 13:4)

히브리서는 고난 받은 유대 그리스도인들을 위한 것이다. '예수님을 구주로 믿고 살지만 왜 이렇게 현실에 고난이 많으냐?' 하는 것이다. 그리스도를 배반하고 떠난 자들도 있는 상황 가운데서 그리스도인들이 어떻게 살아가야 하느냐 하는 것이다. 믿음을 지켜가는 삶은 함께 고난을 받는 형제들을 사랑하는 일이며 성도의 가정을 소중히 여기는 것으로 시작한다. 힘들고 어려우면 사람들이 막 살기 시작하는 경우가 더러 있다. 언제나 그래왔듯이, 금욕주의와 쾌락주의는 어깨동무다. 말이야 무슨 말인들 못할까? 그러나 정작 말씀대로 살기 위하여 바르게 행동하는 것은 쉽지 않다.

> 또한 네가 청년의 정욕을 피하고 주를 깨끗한 마음으로 부르는 자들과 함께 믿음과 사랑과 화평을 좇으라(딤후 2:22)

죄는 한 순간에 범하게 된다. 주 안에 있는 그리스도인들과 함께 그리스도를 닮아가는 훈련을 끝까지 해 나가야 한다. 인간의 정욕대로 살 것이 아니라 그리스도께서 원하시는 하나님을 향한 거룩과 경건으로 살기를 소원하며 싸워가야 한다.

> 9 불의한 자가 하나님의 나라를 유업으로 받지 못할 줄을 알지 못하느냐 미혹을 받지 말라 음란하는 자나 우상 숭배하는 자나 간음 하는 자나 탐색하는 자나 남색하는 자나 10 도적이나 탐람하는 자나 술취하는 자나 후욕하는 자나 토색하는 자들은 하나님의 나라를 유업으로 받지 못하리라(고전 6:9-10)

불의한 자는 하나님의 나라에 들어가지 못한다. 사도 바울이 말하는 이런 죄악들은 언약 밖에 있는 우상숭배 하는 자들의 죄악들이다. 하나님 없는 세상 사람들이 하는 죄악들이다. 죄가 보인다는 것이 하나님의 은혜다. 그 죄를 물리치고 의와 거룩으로 가는 것은 성도로 싸워가는 성화의 싸움이다.

G. I. 윌리암슨은 4가지 성적인 죄에 대하여 다음과 같이 말한다.

> (1) 첫째는 간음죄이다. "만일 남자가 어떤 약혼하지 아니한 처녀를 만나 그를 붙들고 통간하는 중 그 두 사람이 발견되거든 그 통간한 남자는 그 처녀의 아비에게 은 오십 세겔을 주고 …"(신 22:28-29). 성경은 계속해서 이러한 경우에 그 남자는 사통(私通)[373]한 젊은 여자와 결혼해야 할 의무가 있다고 말한다. "… 그가 그 처녀를 욕보였은즉 평생에 그를 버리지 못하리라"(신 22:29). 이것은 다음에 언급되는 죄들과 같이 극악하지는 않지마는 하나님의 명령에 거스리는 것이므로 죄가 된다. 하나님의 명령은 결혼을 한 후에 성관계가 시작되어야 한다는 것이다.
> (2) 그런데 더 심한 죄는 간통의 죄이다. 모세의 율법 하에서는 사통(私通)은 죽이지 아니했다. 그러나 다음의 본문에서 보듯이 간통은 "남자가 유부녀와 통간함을 보거든 그 통간한 남자와 그 여자

---

[373] 부부가 아닌 남녀가 몰래 서로 정을 통함.

를 둘 다 죽여 이스라엘 중에 악을 제할지니라"(신 22:22)라고 했다. 모세가 말한 유일한 예외적인 것은 본의 아니게 강제로 당한 여인의 경우이다.

(3) 이보다 훨씬 더 악한 것은 야비한 수간(獸姦)의 죄이다. "짐승과 행음하는 자는 반드시 죽일지니라"(출 22:19). 이 죄는 사람을 사실상 짐승의 범주로 끌어 내리기 때문에 문자적으로 수간이라고 불린다. 이러한 비열한 짓은 아마 생각만 해도 거북함을 느낄 것이며, 이러한 혐오를 느끼게 하신 하나님께 감사드려야 한다. 그러나 우리는 이런 유(類)의 악을 합법화 시키기 원하는 교육받은 추한 지성인도 있음을 깨달아야 할 필요가 있다.

(4) 수간의 죄를 범하는 것은 야비하기는 하지만 더러운 불법 행위를 위해 인간의 능력을 소모하지는 않는다. 그렇다. 더 가증스러운 죄는 동성애이다. "너는 여자와 교합함 같이 남자와 교합하지 말라. 남자와 교합하지 말라 이는 가증한 일이니라"(레 18:22). 이것은 고대 헬라와 로마세계에 매우 만연했던 죄였다. 그런데 슬프게도 우리 시대에 두드러진 죄악이 되어가고 있다. 오늘날 사회에서는 하늘을 거슬러 이러한 죄악을 옹호하고 담대히 나타나는 자들도 많이 있다.[374]

이러한 성적인 죄악들은 타락한 세상의 대표적인 표징 중에 하나이다. 하나님께서 정하신 규례를 벗어난 성적인 생각과 말과 행동은 죄악이다. 그것은 타락하고 죄악 된 본성을 따라 사는 것이다. 하나님과의 언약을 저버린 사람들은 자기 의와 자기만족을 따라 살아가기 때문에 반드시 불안과 절망에 빠지게 된다. 그들은 가치와 통일성을 상실하기 때문에 그 비참함을 더욱 견디지 못하고 존재와 삶에 분열이 일어난다. 자연히 도덕적 타락으로 추락한다. 그 절망을 이기지 못하고 쾌락에 빠지게 되고, 결국 죄악들을 범하게 된다(롬 1:21-32). 그러므로 우리는 언제나 하나님을 두려워하며 오늘의 삶이 하나님의 최고의 간섭이라는 믿음 속에 절제와 경건함으로 살아가야 한다. 결혼한 사람이나 아니한 자나 하나님 앞에서 거룩하게 살아가도록 애써야 한다. 왜 우리는 그렇게 살아가야 하는가?

> 왜냐하면 하나님은 우리 주 예수 그리스도를 통해 우리의 몸과 마음을 비싼 값을 치르고 구속하셨을 뿐 아니라, 또한 우리가 우리의 몸과 마음 모두를 마치 그분이 자신의 성전 안에 거하듯이 그것들 안에 거하실 수 있도록 자신에게 바치기를 원하시기 때문이다.[375]

제7계명이 모든 부정한 생각과 말과 행동을 금하는 것은 그것이 하나님의 언약의 백성 된 신분에 안 맞기 때문이다. 하나님의 나라와 의를 추구하며 살아가는 성도들은 의미와 통일성을 충만하게 부여받기 때문에 분열이 일어나지 않는다. 그 속에서 우리는 하나님이 받으실만한 거룩한 삶으로서의 예배를 드리는 인생을 살아가게 된다.

---

374) G.I. 윌리암슨, 소교리문답강해, 최덕성 역 (서울: 개혁주의신행협회, 1990), 231-232.
375) 존 칼빈, 칼빈의 십계명 강해, 김광남 역 (고양: VisionBook, 2011), 258.

절제와 경건함을 잃지 않는 비결은 인간 안에 있지 않다. 죄악 된 본성은 자기 수양으로 길들여지지 않는다. 아름답고 거룩한 가정으로 세워져 가기 위해 오직 기도와 말씀으로 경건에 힘써야 한다. 그것은 종교적인 일에 열심을 내고 결과를 만들라는 것이 아니다. 하나님 의존적인 삶 가운데서 인생의 참된 만족과 기쁨은 하나님께만 있다는 것을 알아가는 것이다.

> 3 음행과 온갖 더러운 것과 탐욕은 너희 중에서 그 이름이라도 부르지 말라 이는 성도의 마땅한 바니라 4 누추함과 어리석은 말이나 희롱의 말이 마땅치 아니하니 돌이켜 감사하는 말을 하라 5 너희도 이것을 정녕히 알거니와 음행하는 자나 더러운 자나 탐하는 자 곧 우상 숭배자는 다 그리스도와 하나님 나라에서 기업을 얻지 못하리니(엡 5:3-5)

이런 언행을 하는 것은 그리스도와 하나님의 나라가 무엇인지, 그 안에서 주어지는 풍성한 삶이 무엇인지 아직 모르고 있다는 것을 의미한다. 예수 그리스도 안에서 허락되어지는 새언약의 부요함을 모르면 "음행과 온갖 더러운 것과 탐욕"이 흘러나오게 되어 있다. 새언약 안에 있는 자들에게는 이런 것들은 참으로 "마땅치" 않다! 성도들은 언제나 기억해야 한다. 하나님 한 분만으로 충분하며 하나님께서 주신 것으로 충분하다. 우상에게 가서 빌지 않아도 되며 남의 것을 빼앗아 오지 않아도 된다.

탕자의 아버지가 탕자의 형에게 한 말을 기억해야 한다.

> 31 아버지가 이르되 얘 너는 항상 나와 함께 있으니 내 것이 다 네 것이로되 32 이 네 동생은 죽었다가 살았으며 내가 잃었다가 얻었기로 우리가 즐거워하고 기뻐하는 것이 마땅하다 하니라(눅 15:31-32)

탕자는 아버지를 떠나 허랑방탕한 뒤에야 그것을 알았다.

> 이에 스스로 돌이켜 가로되 내 아버지에게는 양식이 풍족한 품꾼이 얼마나 많은고 나는 여기서 주려 죽는구나(눅 15:17)

아버지의 품꾼이 풍족한데 아버지의 아들은 얼마나 더 풍족하겠는가? 하나님께서 지금 우리에게 주신 것이 모자라지 않는다. 이 세상의 기준으로 말하는 것이 아니라 거룩과 경건으로 훈련되어져 가는 일에 부족하지 않다. 아버지의 것이 다 우리의 것이다.376)

그러므로 성도는 예수님께서 하신 말씀을 더욱 귀하게 붙들어야 한다.

> 7 너희가 내 안에 거하고 내 말이 너희 안에 거하면 무엇이든지 원하는 대로 구하라 그리하면 이루리라 8 너희가 과실을 많이 맺으면 내 아버지께서 영광을 받으실 것이요 너희가 내 제자가 되리라 (요 15:7-8)

하나님께서 예수 그리스도 안에서 주시는 것은 끝도 없다. 그래서 영원하다고 말한다. 예수 그리스도 안에서 의미와 통일성을 충만히 부여받을 때 악한 일에 빠지지 않고 풍성한 인생을 살아갈 수가 있다. 십자가의 피 흘림으로 허락하신 구원과 언약은 성도들에게 충만한 생명력을 부여한다.

---

376) 31 그런즉 이 일에 대하여 우리가 무슨 말 하리요 만일 하나님이 우리를 위하시면 누가 우리를 대적하리요 32 자기 아들을 아끼지 아니하시고 우리 모든 사람을 위하여 내어 주신 이가 어찌 그 아들과 함께 모든 것을 우리에게 은사로 주지 아니하시겠느뇨(롬 8:31-32) 22 바울이나 아볼로나 게바나 세계나 생명이나 사망이나 지금 것이나 장래 것이나 다 너희의 것이요 23 너희는 그리스도의 것이요 그리스도는 하나님의 것이니라(고전 3:22-23)

제73문 제8계명은 무엇입니까? (대140)
답: 제8계명은 "도둑질하지 말라."입니다.[377]

제8계명은 다음과 같다.

> 도적질 하지 말지니라(출 20:15)[378]

도둑질을 생각할 때, 우리가 지금 속해 있는 현대사회에 대한 고민을 해 보자. 현대는 자본주의 사회이다. 자본주의란 봉건제를 뚫고 나온 사회경제체제로 거기에는 상업자본과 산업자본이 있다. 두 가지 다 잉여가치를 창출하는 점에 있어서는 동일하다. 그러나 상업자본은 공간적 차이로, 산업자본은 시간적 차이를 통해 잉여가치를 만들어 낸다.[379]

마르크스는 이 산업자본이 노동자를 착취한다고 말했다. 자본가는 상품을 생

---

377) Q. 73. Which is the eighth commandment? A. The eighth commandment is, Thou shalt not steal.
378) 도적질 하지 말지니라(신 5:19)
379) 네이버사전에서; 「상업 자본주의, 산업 자본주의」, "봉건제하에서는 대부분 사람이 농노가 되어 경작을 통해 생산을 하고 생산된 곡물은 영주께 수취되어 소비되므로 기본적으로 자본의 축적이라는 개념과 재생산을 위해 다시 자본을 투여한다는 개념이 없었습니다. 그러던 것이 지리상발견, 시민혁명, 종교개혁 등을 통해 사회적 구속의 굴레가 풀리면서 이윤의 획득, 자본의 축적, 확대 재생산을 위한 자본투자가 가능해졌습니다. 그러나 초기 자본주의에 있어 아직 산업혁명을 통한 생산력의 발달이 약했습니다. 그래서 이윤추구와 자본축적 욕구는 거센데 그 방법이 경제에 새로운 가치를 만들어내는 방식이 아닌 남이 만든 가치를 뜯어먹는 방식이 먼저 발달합니다. 즉 다른 사람이나 다른 나라의 물건들을 단순히 시공간적으로 이동시키면서 이윤을 획득하는 것입니다. 이 방식은 실질적인 가치증대가 없으면서 중간에 이득을 취하므로 남을 착취하는 것이고 이렇게 돈을 버는 것을 상업자본주의라 하며 상업자본주의는 도덕성이 결여된 천민자본주의의 한 형태입니다. 대표적으로 영국은 인도를 무력으로 점령하고 인도의 면화를 영국으로 가져오는데 면화 값을 치룰 방법이 없자 이번에는 인도에서 아편을 재배해서 중국에 팔고 그 돈으로 중국의 도자기와 비단을 사서 일부를 인도에 넘겨주고 자신들은 그 모든 거래의 이익을 취했던 것입니다. 이 방법은 항상 남의 희생을 통해 자신의 부를 늘리는 것으로 오래 갈 수 없는 방법입니다. 그러나 산업혁명 이후 동력기관과 이를 이용한 기계와 교통수단이 발명되자 이제 사정이 달라집니다. 영국은 면화를 수입해서 면직기로 면직물을 만들고 이를 수출해서 돈을 법니다. 이것은 면화-->면직물의 과정에서 영국이 가치를 증대시킨 것이고 이것은 국가 차원 뿐 아니라 기업이나 개인의 차원에서도 물건의 가치를 증대시켜 정당한 자신의 몫을 챙기는 것으로 진정한 의미에서 가치를 만드는 자본이 탄생한 것입니다. 이렇게 교환과정에서 부를 획득하는 것(상업자본주의)이 아니라 생산과정에서 부를 획득하는 것을 산업자본주의라고 합니다. 이 시대에 이르러서야 진정으로 자본과 자본주의가 인류의 행복과 사회발전에 기여할 수 있게 된 것입니다. 그러나 아직도 이 시대의 생산방법은 단순해서 무조건 공장을 크게 만들어서 (즉 대규모 자본을 투여해서) 생산원가를 낮추는 것이 이윤을 획득하는 가장 유력한 방법이었습니다. 그러다보니 무조건 먼저 자본을 먼저 축적한 대자본가가 중소 자본을 모두 몰락시키고 독점으로 치달았고 대규모 공장에서 낮은 임금으로 노동자들을 통솔해야만 이윤이 남았으므로 노동자에 대한 착취와 탄압이라는 세계사에 어두운 그림자를 남기게 됩니다. 또한 거대공장 간의 무한한 대결은 결국 독점적으로 성장한 각국의 대자본가들 사이에 대립과 경쟁을 극단적으로 강화시켜 상대 국가를 무력으로 타도하려는 제국주의 전쟁의 길로 나아가게 된 것입니다. 이 시대를 산업자본주의라고 부른다."

산하기 위해 임금을 주고 노동자의 노동력을 산다. 생산된 제품은 시장에 판매가 되고 자본가는 엄청난 잉여가치를 가지게 된다. 이 엄청난 잉여가치는 노동자들이 소비를 해 주었기 때문에 발생한 것이다. 노동자가 곧 소비자이기 때문이다. 노동자들이 자신의 노동력의 대가로 받은 돈으로 소비를 했기 때문에 만들어졌다. 그러므로 마르크스는 착취는 산업자본이 잉여가치를 확보하는 과정에서 불가피하게 발생하는 결과로 보았다.380)

막스 베버(Max Weber, 1864-1920)는 『프로테스탄티즘 윤리와 자본주의 정신』이라는 책에서 자본주의가 서양에서 발달하게 된 이유에 대해서 말했다. 베버는 프로테스탄트의 금욕주의 정신에서 찾았다. 기독교는 직업을 소명(vocation)으로 말함으로써 노동에 의욕을 불어넣었지만, 한편으로는 기업자들의 화폐취득도 소명으로 통하여 결국 노동자들에 대한 착취가 정당화되었다. 프로테스탄트는 현실의 육체적인 삶보다는 도래할 하나님의 나라를 더 소중하게 여겼다. 여기에 근검절약하는 금욕주의 정신이 작용하게 되어 자본주의가 발전하게 되었다고 말했다. 결국 소비보다는 생산이 활발했기 때문에 자본주의가 발달했다는 뜻이다. 남은 돈으로 자본가들이 재투자를 했기 때문이라 보았다. 베버가 프로테스탄트의 금욕정신이 자본주의를 발달시켰다는 주장에 대하여 보드리야르(Jean Baudrillard, 1929-2007)는 『소비의 사회』라는 책으로 이의를 제기했다. 총 3부로 구성된 이 충격적인 책은 산업자본주의의 발달이 재투자로 인한 기술 개발, 생산력 증가가 아니라 현대인의 허영과 욕망을 부추기는 소비 때문이라고 말했다. 또한 마르크스 이론에 영향을 받고 있으며 기호학과 구조주의를 적용하

---

380) 오병헌, 한국의 좌파 (서울: 기파랑, 2012), 100-101; "상품은 그 생산에 들어간 노동의 양만큼의 가치를 가진다는 마르크스의 노동가치설에 대하여는 많은 반론이 있다. 슘페터, 오스트리아 학파, 베른슈타인 등의 이론은 그중에서도 유명하지만, 최근에 발표된 콜라코우스키의 명쾌한 이론은 마르크스의 노동가치설에 입각한 잉여가치론을 다음과 같이 반박하고 있다. ① 상품의 가치를 그 생산에 소요된 노동시간을 기준으로 계산한다는 것은 불가능하므로 마르크스가 말하는 가치는 측정할 수 없는 개념이다. ② 마르크스에 의하면 생산에 사용된 도구와 원료도 상품의 가치에 포함되어야 하는 바, 그 가치들을 계산해낼 방법이 없다. ③ 내용이 서로 다른 여러 가지 종류의 노동을 하나의 공통적인 잣대로 측량할 수 없다. 노동자의 노동력은 훈련의 정도, 수요와 공급 등 여러 가지 요인의 영향을 받는다. ④원시시대 또는 봉건시대에, 생산에 들어간 시간만큼의 가치를 상품이 가지고 있었다고 가정하더라도, 그 후의 복잡하게 변화한 사회의 요인을 고려하면, 노동시간은 상품의 가격을 결정하는 여러 요인 중의 하나에 불과하다는 것을 알 수 있다. ⑤마르크스의 노동가치설은, 노동자만이 가치를 창출함에도 불구하고 노동의 결과를 다 차지하지 못한다는 도의적인 의문을 일으키지만, 자본이 노동을 조직함으로써 사용가치를 증가시킨다는 점에는 눈을 감고 있다. ⑥기타, 생산적인 노동과 비생산적인 노동의 차이, 교육의 효과, 근래에 발달한 자동화 장치의 엄청난 효율 등등은 육체적 노동만을 가치의 원천으로 인식하는 것이 비현실적이라는 것을 말해준다. ⑦현재의 사회주의사회는, 착취를 폐지한 표본이 아니라 사유재산제를 폐지했기 때문에 착취를 통제하지 못하는, 극도의, 착취현상을 보여주고 있다. 자본주의 사회에서는 반대로 누진세, 부분적인 투자의 부분적인 통제, 복지정책, 사회적 소비기금의 증가 등등의 수단을 통하여 착취를 제한하는 방법을 쓰고 있다."

고 있는 책이다.

프랑스의 6·8혁명(1968년)은 보드리야르의 사상에 지대한 영향을 끼쳤다. 같은 해, 낭테르대학에서 마르크스주의 사상가 앙리 르페브르(Henri Lefebvre, 1901-1981)의 지도 아래 박사학위 논문 「사물의 체계」를 발표하고, 그 이후로 동 대학에서 1987년까지 교수로 지냈다. 『소비의 사회』는 1970년에 출판했으니 프랑스 혁명의 영향이 그대로 남아 있는 때이다. 동료들의 처분에 반발한 8명의 대학생은 낭테르 대학 학장실을 점거했고, 정부는 무장경찰을 투입해 학교를 폐쇄했다. 기성세대의 권위주의에 환멸을 느낀 대학생과 노동자들이 거리로 쏟아져 인권, 평등, 박애를 외쳤다. 그 속에 낭테르 대학의 조교였던 보드리야르도 있었다.[381] 이후로 프랑스는 프로테스탄스 윤리에서 벗어나게 되고 감정과 욕망의 자유로운 분출을 추구하는 포스트모더니즘으로 돌진하게 되었다.

보드리야르는 소비사회가 인간의 비인간화를 부추긴다고 보았으며, 산업화로 일어나는 부작용에서 벗어나려고 했다. 자본주의 생산 체제가 소비를 촉진하고 사회적 지위가 차별화되고 불평등이 생겨난다고 보았다. 자신들이 이미 누리고 있는 특권계급의 사회구조가 그것을 유지하기 위해 전략적으로 생산에 재생산을 하는 것이다.

거기에 뛰어들도록 만드는 것이 사람들의 허영이며 과시욕이다. 좋은 차와 명품 백을 구입하는 것은 그것이 좋아서가 아니라 다른 사람들과 구별하고 싶은 욕망이며, 부르디외(Pierre Bourdieu)가 말한 귀족적 취향 혹은 선택받은 소수가 되고 싶은 욕망 때문이다. 이러한 소비는 기호에 따른다. '스타벅스 커피를 마시느냐?', '자판기 커피를 마시느냐?'는 고급스럽다는 기호에서 발생한다. 그 고급스러움은 남다름, 소수의 특별한 사람이라는 것을 만족시켜 준다. 스타벅스 커피를 마시던 사람이 자판기 커피를 마신다는 것은 굴욕이라고 생각한다. 현대인들은 기호의 늪에 빠진 사람들이다.

여기에서 빠져나갈 방법은 무엇인가? 보드리야르는 '선물의 논리'를 말한다. 반자본주의로 가기 위해서는 유용성, 거래, 신분의 논리를 벗어나게 하는 순수한 증여의 논리, 선물의 논리로 가야 한다는 것이다. 이것은 맑스는 『경제학-철학 수고』에서 "인간을 인간으로서만, 사랑을 사랑으로서만, 신뢰를 신뢰로서만 교환하도록" 하는 것이 선물이라 했다.

보드리야르가 이렇게 말한 이유는 세계 내에 존재하는 모든 것이 교환불가능

---

[381] http://www.veritas-a.com/news/articleView.html?idxno=6829/ 「소비의 사회」, 나는 소비한다. 고로 존재한다.

한 것이라고 보았기 때문이다. 사회구조 속에서 특정계층의 기득권을 유지하기 위해 소비를 촉진시키고 프롤레타리아는 거기에 이끌려 가는 상황 속에서 세계 내에 있는 존재들을 세계에 던져진 유일한 선물로 보자는 것이다.

정말 말은 멋진 말이다. 그런데 왜 이것이 안 될까? 부르주아의 힘과 구조가 너무 강해서 그럴까? 프롤레타리아가 너무 허영에 들떠있어서 그럴까? 그 이유는 세계 내에 던져진 유일한 그 존재가 구원을 받아야 할 죄인이라는 것을 놓쳤기 때문이다. 권력을 장악한 프롤레타리아가 부르주아가 되고, 6·8혁명이 재현되면 그들은 혁명에 동참할까? 지난 역사 속에서 공산주의는 자신들의 기득권을 유지하기 위해 셀 수 없을 정도로 사람들을 죽였다.

이런 세상 속에서 성도는 어떻게 도둑질하지 않고 살아갈 수 있는가? 제5계명부터 마지막 계명까지 하나님께서 주신 것으로 충분하다는 것이 이미 전제되어 있다고 말했다. 그것은 언제나 언약 백성답게 거룩과 경건으로 가는 것에 충분하다는 것이다. 제8계명은 남의 것을 도둑질하지 않아도 하나님께서 주신 것으로 충분하다는 하나님의 신실하심을 신뢰하는 것이다. 도둑질을 하는 것은 하나님의 인도하심을 신뢰하지 못하는 것이며 그 언약을 깨고 죄악을 범하는 것임을 가르친다.

또한 이 계명을 통하여 사유재산의 권리는 하나님께서 정하신 권리라는 것을 확인하게 된다. 사유재산이 없으면, "도둑질 하지 말라"는 계명이 성립하지 않게 된다. 그래서 기독교는 사회주의와 공산주의를 반대한다. 사회주의와 공산주의는 사유재산을 공동소유화 해야 한다고 주장한다. 그러나 공동재산으로 만들기 위하여 폭력을 사용하며 하나님의 교회를 없애고 목회자와 성도들을 죽였다. 그들은 예루살렘 교회가 구제와 헌금을 한 것은 고려하지 않았다. 인간의 힘으로는 모든 사람에게 똑같은 재산을 나누어 가질 수 없다.

사도행전에서 공동으로 모든 것을 나눈 말씀이 있다.

> 믿는 사람이 다 함께 있어 모든 물건을 서로 통용하고 또 재산과 소유를 팔아 각 사람의 필요를 따라 나눠 주고(행 2:44-45)

이 말씀에 나오는 행동들은 사회주의와 공산주의가 말하는 이상사회적인 개념과는 완전히 다르다. 어느 누구도 강제로 물건을 내어놓지 않았으며, 강제로 빼앗지도 않았다. 그들은 성령 하나님의 역사를 따라 자발적으로 자기 물건을 내어 놓았다. 그들이 그렇게 할 수 있었던 것은 예수 그리스도 안에서 새롭게 거듭난 사람이 되었기 때문이었다. 성령님으로 거듭나는 것이 전제조건이다. 거듭나지 않고 가진 자의 것을 뺏어서 나누어 주는 것은 폭력이다. 시장경제의 모순을 폭력을 동원하여 이 세상에 천국을 만들 수 없다! 성도에게 요구되는 성경적인 물질관은 어떤 것인가? 우리 각자의 재산은 하나님께서 맡겨 주신 재산이며, 하나님께서 잠시 허락하신 것이다.

> 가로되 내가 모태에서 적신이 나왔사온즉 또한 적신이 그리로 돌아가올지라 주신 자도 여호와시요 취하신 자도 여호와시오니 여호와의 이름이 찬송을 받으실지니이다 하고(욥 1:21)

욥은 고난을 받을 때 여전히 자신의 신앙을 지키며 세상의 것들을 잃어버렸다고 해도 여호와의 간섭과 섭리를 믿었다. 욥이 만일 갈대아 사람들의 잔악한 행위를 계속 마음에 두었더라면 즉시 보복하려 했을 것이다. 그러나 그는 즉시 그 일이 하나님이 하신 일임을 인정하였고 자신의 신앙을 고백했던 것이다.[382] 성도는 재물을 관리하는 청지기적인 책임으로 살며, 교만하여 자신의 능력이 남달라서 많은 부를 누리게 되었다고 말해서는 안 된다.

> 곧 허탄과 거짓말을 내게서 멀리 하옵시며 나로 가난하게도 마옵시고 부하게도 마옵시고 오직 필요한 양식으로 내게 먹이시옵소서 혹 내가 배불러서 하나님을 모른다 여호와가 누구냐 할까 하오며 혹 내가 가난하여 도적질하고 내 하나님의 이름을 욕되게 할까 두려워함이니이다(잠 30:8-9)

이 말씀은 두 극단의 위험을 말한다. 부유함은 자만과 불신앙으로 빠지게 하고 극심한 가난은 부정직, 거짓 맹세 등으로 만들 위험이 있다. 그렇게 되지 않는 비결은 무엇인가? 그것은 자족이다. "오직 필요한 양식으로 내게 먹이시옵소서"는 문자적으로 "나에게 정해진 몫의 빵을 음식으로 내게 주소서"라는 말이다. 하나님께서 정하여 주신 것들에 만족하며 살아간다는 것은 아무런 노력도 하지 말아야 한다는 것이 아니다. 성경 어디에도 비관적이거나 허무적인 것으로 해석을 하지 않는다. 우리가 우리의 주인이 되지 말아야 한다는 것이며 하나님께서 우리를 어디로 인도하시며 어떤 형편에 두시더라도 거룩과 경건으로 살아가기에 부족함이 없다는 것을 말한다.

성경은 하나님과 재물을 겸하여 섬길 수 없다고 말한다. 믿는 성도가 하나님과 재물을 겸하여 섬길 수 없는 이유는 무엇인가? 이 세상의 것들은 우리를 구

---

[382] 존 칼빈, 기독교강요(상), 원광연 역 (고양: 크리스찬다이제스트, 2003), 267.

원하거나 생명을 주지 못하기 때문이다. 우리의 구원과 생명은 오직 하나님으로부터만 주어지는 은혜의 선물이기 때문이다.

> 한 사람이 두 주인을 섬기지 못할 것이니 혹 이를 미워하며 저를 사랑하거나 혹 이를 중히 여기며 저를 경히 여김이라 너희가 하나님과 재물을 겸하여 섬기지 못하느니라(마 6:24)

재물이 주인이 된다는 것은 재물이 신이 되어 나의 삶을 지배하게 된다는 것이다. 재물 자체가 죄는 아니지만 재물에 눈이 어두워 하나님을 모른다 하며 하나님 없는 인생으로 살아서는 안 된다. 세상의 물질은 영원한 의미와 통일성을 제공하지 못한다. 거룩과 경건은 돈으로 만들어지는 것이 아니다. 가난하든 부하든 자기 연민과 자기 의로 가지 않고 오직 예수 그리스도의 의만 바라보고 달려가는 성도가 참된 하나님의 백성이다.

제74문 제8계명에서 요구하는 것은 무엇입니까? (대141)
답: 제8계명이 요구하는 것은 합법적인 방법으로 우리 자신들과 다른 사람들의 부와 재산을 얻고 증진시키라는 것입니다.383)

하나님을 저버린 인간이 가장 먼저 시도하는 것은 인간의 자율성이다. 그 자율성으로 가기 위해 사탄이 유혹하여 죄를 짓게 하는 그 시작은 하나님께서 하신 말씀에 대한 불신이다. 하나님의 말씀을 의심케 하고 오로지 자기 자신의 능력으로 하나님처럼 살아갈 것을 아주 그럴듯하게 미혹하여 타락하게 만든다. 그것이 에덴동산에서만 일어난 일이 아니라 역사 속에서도 실제로 일어났다. 그 대표적인 것이 바로 마르크스이다.

우리는 마르크스 하면 공산주의자라는 것부터 떠올리게 된다. 공산주의자 그러면 다 싫어할 것 같은데, 왜 사람들이 그를 추종할까? 그것은 인간을 선동시키는 가장 매력적인 말들이 그랬듯이, 인간의 주체, 자유에 대한 실제적 실현을 말해 주었기 때문이다. 테리 이글턴은 마르크스가 '제각기 독특한 개인들의 자유로운 발전'을 유일한 정치적 목적으로 삼았다고 말했다.

마르크스(K. Marx, 1818-1883)가 가장 싫었던 것이 무엇인가? 그는 '노예근성'을 가장 혐오했다. 노예근성이란 기성세력이 주입 시킨 대로 살아가는 것이다. 그 기성세력은 국가일 수도 있고 종교일 수도 있고 부모일 수도 있다. 마르크스는 관념론을 단호히 거부했다. 왜냐하면, 관념론이란 개인의 내면에서 세상의 진리를 찾으려는 경향인데, 인간의 정신은 사회에서 살면서 학습되어 내면화된 것이므로 주입된 지식으로 진리를 찾는다는 것은 꿈에 불과한 것이라고 보았기 때문이다. 마르크스가 경제분석을 하는 근본적인 의도는 사회의 핵심 논리가 경제적인 것이라면, 경제에 대한 분석은 인간을 이해하는 척도일 수밖에 없다고 보았기 때문이다.384)

마르크스가 진정으로 꿈꾸었던 것은 '코뮌'(communion)이었다. 이 말은 공산주의라 번역되지만 원래는 그런 의미가 아니다. 코뮌의 시작은 중세 후기 유럽의 자치도시에서 생겨났다. 장원제도가 몰락할 시기에 영주의 손아귀에서 벗어난 농노들은 도시로 몰려들었다. 다 같은 처지와 형편인 사람들이 모였으니 지

---

383) Q. 74. What is required in the eighth commandment? A. The eighth commandment requireth the lawful procuring and furthering the wealth and outward estate of ourselves and others.
384) http://www.youtube.com/watch?v=gkQJ63b7ctU/ 강신주 박사의 '철학 고전읽기' 3-마르크스의 '경제학-철학 수고'

배와 복종의 개념 없이 자치와 평등의 공동체가 생겨났다.

사람들이 생각하는 이상적인 코뮌은 자유롭고 억압이 없었다고 보는 프랑스의 코뮌이다.385) 마르크스가 정의하는 코뮌이란 억압도 없고 지배도 없고 자발적인 공동체이다. 그래서, 마르크스에게 꼬뮤니즘이란 "자유로운 개인들의 공동체"를 뜻한다. 거기에는 일체의 소유개념이 없다. 테리 이글턴은 "개인의 자유로운 발전이 모두의 자유로운 발전의 조건이 된다"는 마르크스의 비전을 '사랑'이라고 풀이한다.386) 여기서 코뮌은 공산주의(communism)의 어원이 되었다.

그러나 성경의 공동체는 구원과 언약이 기초 된 공동체다. 그것은 인간의 죄인 됨을 선(先) 조건으로 한다. 성경적 인간관에서 벗어난 '사랑'은 사탄의 미혹이다. 성경에는 사회주의식 공동소유개념도 공동체 개념도 없다. 왜냐하면 성경의 공동체는 성령과 말씀의 지배가 있는 공동체이기 때문이다. 사도행전의 공동체는 성령님의 역사와 말씀에 대한 순종이 있는 공동체였다.387)

마르크스는 억압을 받으며 자유가 없는 노동자들에게 자유를 실현시키기 위하여 "역사는 너희들 편이다"고 선동했다. '역사를 주름잡는 저 부르조아는 실제로는 한 줌도 안 되는 것이며, 역사의 주인은 너희들이다. 너희들을 통해서 억압이 없고 자유로이 살아가는 코뮌을 만들 수 있다. 너희들이 그것을 만들어 낼 수 있는 힘과 역량이 있다'고 부추겼다. 그야말로 이상향을 그리게 했다. 공산주의의 실체는 인간들이 각자가 자유롭게 자기의 삶을 누릴 힘과 역량이 있다고 생각하는 것이다. 마르크스는, 역사는 딱 두 가지 밖에 없다고 말했다. 꼬뮤니즘이냐 아니냐? 억압이 있느냐 없느냐 그 둘 중에 하나이다. 마르크스에게는 두 가지 역사; 다시 말해서, 억압이 있는 사회냐 아니냐?388) 그것밖에 없다.

여기서 우리는 마르크스가 꿈꾸는 코뮌의 실체를 바르게 알아야만 한다. 마르크스에게 있어서 코뮌은 프롤레타리아 계급이 이룩한 최초의 혁명이며, 앞으로

---

385) http://ko.wikipedia.org/wiki/파리_코뮌/ 파리 코뮌(프랑스어: Commune de Paris, 1871년 3월 18일-5월 28일) 또는 파리 코뮌은 프랑스 파리에서 프랑스 민중들이 처음으로 세운 사회주의 자치 정부이다. 세계 처음으로 노동자 계급의 자치에 의한 민주주의 정부라고 평가되고 있는 파리 코뮌은 세계사에서 처음으로 사회주의 정책들을 실행에 옮겼으며, 단기간에 불과하였지만 사회주의와 공산주의 운동에 큰 영향을 주었다. 같은 해 3월 3일부터 마르세이유, 리옹, 생테티엔, 툴루즈, 나르본, 그레노블, 리모쥬 등의 지방 도시에서도 같은 코뮌 결성이 선언되었지만 모두 단기간에 진압되었다
386) http://www.hani.co.kr/arti/culture/book/551778.html/ 참고: 테리 이글턴, 왜 마르크스가 옳았는가, 황정아 역, 2012.
387) 믿는 무리가 한 마음과 한 뜻이 되어 모든 물건을 서로 통용하고 제 재물을 조금이라도 제 것이라 하는 이가 하나도 없더라(행 4:32)
388) http://www.youtube.com/watch?v=gJGAWlfFeO8/ 강신주 박사의 정치철학 특강 시즌1, 역사를 움직이는 힘은 무엇인가?

프롤레타리아 독재가 어떤 통치기구를 가져야 하는지를 보여주는 전형이었다. 그러나 중요한 것은, 과연 파리 코뮌이 마르크스와 레닌이 극찬하는 프롤레타리아 혁명의 효시였는가? 하는 것이다. 역사는 무엇이 사실이라고 말하는가? 파리 코뮌은 자본가에 대한 무산자의 반항으로 일어난 혁명이 아니라, 프랑스는 독일과의 전쟁에서 패배한 것에 대해 분노한 시민 계급이 일으킨 봉기였다.389)

그러나, 그런 공산주의(共産主義)는 왜 공산주의(空山主義)가 되고 말았는가? 아무리 인간이 그런 코뮌을 향해 달려갈지라도 인간의 죄악성을 간과해 버렸기 때문이다. 인간은 그 죄로 인하여 자기 스스로는 결코 그런 이상향에 도달하지 못한다.390) 인간은 한계 내의 존재이기에 이상적인 공동체, 이상적인 국가를 그

---

389) 오병헌, 한국의 좌파 (서울: 기파랑, 2012), 86-88; 〈… 다만 분란이 진행되면서 노동자들이 참여하여 과격한 사회주의적인 구호를 내걸고 정책을 펴나갔기 때문에 부르주아 계급은 코뮌의 지도부에서 빠져나갔고, 자연히 사회주의적인 운동으로 변질하였을 뿐이고, 그것도 겨우 3개월 미만이라는 짧은 기간 동안의 일이었다. 만약 코뮌이 전적으로 좌익이 일으켰고 또 계속해서 좌익이 주도한 운동이었다면 제3공화국이 수립된 다음에도 노동자의 조직적인 반란이 있어야 했는데 그럴 정도로 노동자의 힘이 세지 못한 것이 현실이었다. … 이렇게 볼 때, "파리·코뮌은 사회주의 운동이 아니었다. 사회주의자들은 파리·코뮌을 프랑스의 역사에서 뽑아내어서 세계 프롤레타리아를 위한 구호로 이용하였을 뿐이다"라는 말은 사실을 제대로 해석한 올바른 평가라고 하겠다.〉

390) http://blog.naver.com/PostView.nhn?blogId=shadetree81&logNo=144683677; 〈공산주의 체제붕괴의 이유 〈인간이란 사회전체의 화합과 발전을 위하여 희생하는 도덕적 측면을 가지고 있는 동시에 자신의 발전과 안위를 추구하려는 존재이기도 하다. 인간은 창조적인 활동을 하며 사회적 욕망이건 생리적 욕망이건 자신의 욕구를 충족시키기 위해 일하며 이 욕구는 경제발전의 근본 동인(動因)이 된다. 그러나 공산주의는 인간을 개인적으로서 보다는 사회적 집단으로서 파악한다. 그 때문에 공산주의 체제에서는 도덕적 결단의 자율적 주체로서의 인격개념이 무시된다. 더욱이 사회주의 내지 공산주의는 유토피아의 건설을 위해 언제라도 개인적 이해와 필요를 희생시켰고 인간이 살아가는데 기본적인 욕구충족을 경시하거나 사유재산 제도를 말살하여 공유체제로 가고자 하였다. 그들은 자신들이 멸사봉공적(滅私奉公的) 겸애의 인간형을 창조한다 생각했으며, 그것이 가능하다고 믿었다. 그러나 인간이 자기중심적인 편견으로부터 벗어나 공정하게 사회의 정의를 실현시키는 이상적인 사회를 이루려는 목적은, 인류가 구현해야 할 이념이지 감각적으로 확인되는 현실이 될 수는 없다. 공산주의의 규범적 목표가 성취할 수 없게 되자, 이상과 현실간의 간격을 메우기 위해 관리자는 점점 강제력을 발동하게 되었다. 그 결과 체제는 점점 더 경직되고 비인간화 되어갔다. 정부가 필요지 않는 완벽한 공산주의 사회는 나타나지 않았고, 오직 빈곤과 강압적 통치만 지속될 뿐이었다. 소수의 관리자에 의해 지배되는 공산주의 사회에서는 그 어떤 시대 그 어떤 계급에도 비견될 수 없을 정도의 독점적이며 새로운 형태의 특권계급이 형성된다. 부유하고 노동하지 않는 "새로운 계급", 즉 당의 정치 관료들이 창출되었다. 이들 특권계급은 인민의 대변자임을 자처하면서도 사실은 그들을 장악하여 착취해 나갔다. 이들 새로운 지배계급은 국가의 경제적 소유 일체를 활용하고 향유하고 또한 처분할 수 있는 권리를 가졌다. 이들은 국가의 수입을 할당하고, 임금을 지불하고 경제발전 계획을 입안, 지도, 추진하고, 국유화된 자산을 처분하는 등의 무제한적인 권력을 가져왔다. 이 집이 그들의 맘에 들으면 그들의 집이 되고, 이 땅이 맘에 들으면 그들의 땅이 되었다. 공산주의 체제에서는 국가의 행정 기능이 당에 의해 완전히 통제, 조직되므로 획일성과 관료화와 경직성을 띨 수밖에 없었고 따라서 전체주의로 빠질 수밖에 없었다. 민주주의 사회에서는 정치인들이 정부라든가 여타의 기관 및 공권력을 통해 국가나 사회의 발전과 시민의 복리 증진을 위해 노력하고 정기적으로 유권자인 국민에 의해 심판받으며, 제도상으로 지도자나 정권이 교체되는 데 반해, 공산주의 체제에선 사정이 달랐다. 권력을 장악한 사람이 특권계급의 지위를 누리며 간접적으로 재산을 확보했다. 공산주의 사회에서 다른 사람을 희생시키면서까지 자신의 풍족하고 호화스러운 삶을 영위하고자 하는 사람은, 직업으로써 공산당원이 되어 권력을 장악하는 일이 최고의 가치가 되었다. 정부

란다. 그러나 공산주의는 실패한 이상(理想)이다.391) 왜 실패한 이상인가? 그 이상향을 유지할 수 있는 제도가 뒷받침 되지 않으며, 무엇보다 인간은 죄악 된 본성을 가지고 있기 때문이다. 공산주의는 실제로 얼마나 많은 사람들을 죽였는가? 박광작 교수는 다음과 같이 말한다.

> 구소련에서 2천만 명, 중국의 마오쩌둥(毛澤東) 치하에서 6500만 명, 베트남에서 1백만 명, 북한에서 2백만 명(3백만 명의 계획된 아사자 제외), 캄보디아의 폴 포트 정권하에 2백만 명, 동구 공산정권하에 1백만 명, 아프리카에서 1.5백만 명 기타 등등 총계 1억 명을 학살했던 것이다. 인류에 대한 범죄로 가장 무자비했다고 하는 나치는 약 2500만 명의 인명을 학살했다고 알려져 있다. 나치의 범죄조차 그 규모에서는 공산정권들이 자행했던 1억 명의 학살 규모에 비하면 상대적으로 적었던 것이다.392)

공산주의는 그들이 내세운 이상향을 이루기 위하여 계급투쟁과 역사발전을 말했지만, 역사 속에서 실제로 무자비한 폭력과 살인으로 나타났다는 사실을 결코

의 중앙 집권적인 통제경제로 인해 빈곤이 균등화 되고 국민의 경제생활이 극심하게 간섭받자 인민들의 저항이 시작되었고 지배자들은 인민의 저항을 차단하기 위해 집단적이고 인위적인 평등질서를 수립, 유지하기 위해 지나치게 많은 물리력을 투입하였다. 그 과정에서 인권과 시민적 자유, 정치적 민주주의는 그 싹조차 나올 수 없게 되었다. 더욱이 국가 독점적 생산양식은 인간의 자발적 동의와 창의성을 유발하는 데 실패하였고 경제의 침체와 이에 따른 복지수준의 하락을 초래하였다. 이처럼 자유의 원초적 결손, 평등의 허구화가 겹쳐 공산주의를 지향하던 국가들은 심각한 위기에 몰리게 되었다. 공산주 체제에서의 비능률적이고 과도한 국가의 간섭주의와 부패하고 수구적인 공산당 관료체제는 통제경제를 막다른 골목으로 몰아넣었다. 개인의 동기와 의욕은 박탈당하고 희망을 가질 수 없어 창의력과 사기가 저하되고 개혁적 사고는 억눌러졌다. 무질서와 혼돈에 휩싸인 국민들은 일하지 않는 방법을 배웠다. 그들은 절제와 자제를 상실하였으며 경제와 사회질서는 붕괴되었다.〉
391) http://www.oldfaith.net/05others/06공산주의비평.htm#5.〈공산주의는 실패한 이상(理想) 공산주의는 실패한 이상(理想)이다. 공산주 국가들은 국민 모두가 평등하게 잘 살게 된다는 이상과는 반대로 다함께 못 사는 나라가 되었었다. 1950년대 말과 60년대 초에, 의식주(衣食住)의 평등을 주장하며 권력을 장악했던 마오쩌둥(毛澤東) 아래에서 중국은 약 2천만 명이 굶어죽었다고 한다. 그 후에 공산 유토피아의 실현이 불가능하다고 결론을 내린 중국의 덩사오핑(鄧小平)은 1978년 12월의 연설에서 "일부분이 먼저 부자가 되어야 한다"는 소위 선부론(先富論)을 선포하였는데, 이 말은 공산 유토피아에 대한 사형선고와 같았다. 정통 공산주의자들은 덩사오핑의 선부론이 국가를 자본주의로 회귀시키는 이론이라고 극구 반대하였다고 한다. 1992년 1월, 덩사오핑은 중국 남주를 순시하면서, 공산 유토피아를 견지하면 나라가 망하고 선부론을 실행하면 국가가 발전한다고 발표했다. 이것은 공산주의가 실패한 이상(理想)이라는 것을 스스로 증명한 것이 아닌가.〉
http://www.9ping.org/reco_content.asp?num=22/〈역대 정치 운동 중에서 중국 공신당은 여지껏 모두 '집단학살(Genocide)' 정책을 사용하였다. '반혁명 탄압'을 예로 들면 중국 공신당은 반혁명 '행위'를 탄압한 것이 아니라 반혁명 '분자'를 탄압하였다. 만약 어떤 사람이 국민당 군대에 잠시 있었고 공신당 정권이 수립된 이후 아무것도 하지 않았어도 똑같이 죽여 버린다. 왜냐하면 그가 '반혁명 역사'에 속했기 때문이다. 토지개혁 과정에서 중공은 심지어 '풀을 벤 후에 뿌리까지 뽑아내는' 몰살 방식으로 지주를 살해했을 뿐만 아니라 지주의 가족도 한꺼번에 살해하였다. 1949년 이후 중국에서는 전 인구의 절반이 넘는 사람들이 중국 공신당의 박해를 받아 대략 6천만에서 8천만 명의 사람들이 비정상적으로 사망하였다. 이것은 두 차례 세계 대전의 사망자를 합한 것보다 더 많은 것이다.〉
392) http://www.futurekorea.co.kr/news/articleView.html?idxno=8394/ 박광작(朴廣作) 성균관대 경제학부 교수,「공산주의, 70년간 1억 명 학살」, 2005년 10월 18일.

잊지 말아야만 한다.

성경은 물질 그 자체를 정죄하지 않는다. 그러나 타락한 이 세상은 하나님의 말씀과 그 원리에 순종하는 체계가 아니다. 자신들의 체제를 유지하기 위해서이든지 새로운 세상을 만들기 위해서든지 간에, 자신들의 목적을 위해 부정한 권력으로 부정한 부를 축적해 가는 일이 다반사로 있다.

그러나, 성경은 그런 일에 대하여 분명하게 정죄하며 그 보응이 있을 것을 말하고 있다. 제8계명이 "도적질 하지 말라"는 것은 합법적인 방법으로 우리 자신들과 다른 사람들의 부와 재산을 얻고 증진시키라는 것이다. 부(富)가 그 자체로는 죄악이 아니다. 그러나 그 부를 "합법적인 방법으로" 얻어야만 한다. 사도 바울은 다음과 같이 말했다.

> 도적질하는 자는 다시 도적질 하지 말고 돌이켜 빈궁한 자에게 구제할 것이 있기 위하여 제 손으로 수고하여 선한 일을 하라(엡 4:28)

부(富)를 이루기 위하여 하나님께서 허락하신 것들을 열심히 노력하여 소유를 더 늘어나게 하는 것은 합당한 방법이다. 그러나 부당한 방법으로 재물을 얻는 것은 죄악이다. 또한 그리스도인들은 이 세상의 성공이 아니라 하나님의 백성다운 삶을 살아야 하고, 수고하여 모은 것으로 어려운 형편에 있는 사람들을 도와야 한다. 그것은 단순히 돕는 차원이 아니라 그들의 영혼을 긍휼히 여기며 그리스도 앞으로 인도하기 위하여 도와야 한다.

> 네 양떼의 형편을 부지런히 살피며 네 소떼에 마음을 두라(잠 27:23)

이 말씀은 양떼를 목동에게만 맡기지 말고 주인이 직접 세심하게 돌보라는 뜻이다. 구약 시대 유대인들은 목축과 농업이 주요산업이었다. 부지런히 살피고 마음을 두라는 것은 목장에 가서 가축의 수를 세어보고 가축들의 형편을 살펴보라는 것이다. 그렇게 부지런한 사람만이 그 열매를 거두고 누리게 되어 있다.

> 염소의 젖은 넉넉하여 너와 네 집 사람의 식물이 되며 네 여종의 먹을 것이 되느니라(잠 27:27)

열심히 일하여 자신의 부를 축적하게 되는 것은 적법한 것이다. 그러나 게으른 자는 결코 자신이 원하는 것을 얻을 수가 없다.

> 게으른 자는 그 잡을 것도 사냥하지 아니하나니 사람의 부귀는 부지런한 것이니라(잠 12:27)
> 게으른 자는 마음으로 원하여도 얻지 못하나 부지런한 자의 마음은 풍족함을 얻느니라(잠 13:4)

게으르면서 남들처럼 호이호식 하려는 사람들이 많아지면 그 공동체는 무너지게 되어 있다. 오늘날 복지정책으로 인해 일어나는 폐단이 얼마나 많은가?를 생각해 볼 필요가 있다. 사람들은 사회주의에 대한 열망을 가지지만 사람들은 실제로 그렇게 행동하지 않는다. 복지를 원하지만 세금 인상은 거부한다. 부정부패를 척결하라고 하지만 눈앞에 이익이 생기면 똑같이 부정부패를 저지른다. 성경은 성도의 사회적 책임에 대해 다음과 같이 말한다.

> 도적질하는 자는 다시 도적질 하지 말고 돌이켜 빈궁한 자에게 구제할 것이 있기 위하여 제 손으로 수고하여 선한 일을 하라(엡 4:28)

도둑질 안 했고 남에게 손해 안 끼치고 내 손으로 수고하여 성실하게 잘 살아간다는 것으로 만족할 것이 아니라 빈궁한 사람이 있으면 그 사람을 돕기 위해서 부지런히 일하고 벌어서 구제를 하라는 말씀이다. 이와 같은 삶의 형태는 언약적인 삶의 방식을 가르치는 것이다. 그 방식이란 무엇인가? 자기 혼자 잘 먹고 잘 사는 것이 복이 아니라 하나님의 은혜와 복이 흘러가는 제사장적인 삶이 되어야 한다는 뜻이다.

> 누구든지 자기 친족 특히 자기 가족을 돌아보지 아니하면 믿음을 배반한 자요 불신자보다 더 악한 자니라(딤전 5:8)

믿는 자라 하면서도 자기 가족을 돌아보지 않는 자는 "배반한 자요 불신자보다 더 악한 자"라 했다. 꼭 유대인들이 '고르반'이라고 하면서 악용했던 것처럼 똑같은 죄를 짓는 것이다. 그런 사람들은 언제나 하나님을 위한다 하면서 자기 배만 위하고 자기 의로 충만해 있다.

> 네 동족이 빈한하게 되어 빈 손으로 네 곁에 있거든 너는 그를 도와 객이나 우거하는 자처럼 너와 함께 생활하게 하되(레 25:35)

'하나님의 백성으로 어떻게 살아갈 것인가?'를 말하는데 가장 먼저 안식년을 지키라고 말씀하시고 희년을 지키라고 말씀하셨다. 안식년을 지킨다는 것은 여간 어려운 일이 아니다. 이 말씀을 받은 이스라엘 백성들도 염려하였다.

> 혹 너희 말이 우리가 만일 제칠 년에 심지도 못하고 그 산물을 거두지도 못하면 무엇을 먹으리요 하겠으나(레 25:20).

이런 불안과 염려 속에서 참으로 하나님만 의지하고 하나님의 공급하심을 믿을 때 안식년을 지킬 수 있다. 하나님께서는 제칠 년에 안식년을 지킬 수 있을 뿐만 아니라 삼년을 쓰기에 족하도록 제6년에는 복을 주시겠다고 약속하셨다.393) 이 약속의 말씀을 믿고 그대로 순종해야 했었는데 이스라엘은 그렇게 하지 않았다.

오늘날 '사회복음'을 주장하는 사람들이 많다. 그들은 갈수록 더 인기를 누리고 있으며 많은 활동으로 인해 칭찬을 받고 있다. 사회복음의 현대적 시작은 1800년대 후반부터였다. 기독교가 민중의 고통을 함께 하고 사랑을 보여줄 때 사람들을 모을 수 있다는 취지였다. 그들은 가난·질병·가혹한 근로조건·사회의 불공평·인권유린 등에 대응하고 참여했다. 이런 운동에 열심인 사람들은 이런 활동으로 인해 사람들의 도덕성이 향상될 것으로 기대했다. 종말론은 이런 사회복음을 촉진시켰다.394)

맥마흔(T.A. McMahon)은 『부끄러운 사회복음』(The Shameful Social Gospel)에서 사회복음에 대하여 다음과 같이 말한다.

> 사회복음은 "신앙인"에게 치명적인 병이다. 이것이 강화시키는 믿음은 이런 것이다. 즉, 선한 일을 함으로써, 공동선을 위해 차이점들을 무시함으로써, 우리가 대접받기 원하는 대로 남을 대접함으로써, 도덕적, 윤리적, 희생적으로 행동함으로써, 구원을 얻을 수 있다는 것이며, 그렇게 함으로써 인간이 하나님으로부터 사랑받는다는 것이다. 틀렸다. 이것은 하나님의 구원을 걷어차고, 그분의 완전한 기준을 부정하고, 그분의 완전한 정의를 거절하는 자기기만적 몸부림이다. 사실 구원은 "은혜에 의하여 믿음으로 말미암은 것이며, 너희에게 난 것이 아니며, 하나님의 선물이다".(너희는 그 은혜

---

393) 내가 명하여 제 육 년에 내 복을 너희에게 내려 그 소출이 삼년 쓰기에 족하게 할지라(레 25:21)
394) http://blog.naver.com/yoochinw/130178605636; "사회복음의 도입을 촉진시킨 또 다른 추진력은 운동에 관여한 사람들의 종말론적 관점에 있었다. 거의 모든 관계자들은 무천년주의자들이거나 후천년주의자들이었다. 전자는 그들이 (상징적인 천년) 기간에 살고 있다고 믿었는데, 그동안 그리스도는 하늘에서 통치하시고, 사탄은 묶여 있고, 그들은 이 땅 위에 그리스도에 합당한 왕국을 일으키기 위해 명받은 하나님의 일꾼들이었다. 후천년주의자들 역시 그들이 천년 가운데 있다고 믿었으며, 그리스도가 그의 땅의 왕국을 다스리기 위해 하늘에서 재림하실 수 있도록 이 땅을 에덴과 같은 상태로 회복시키는 것이 그들의 목표였다."

에 의하여 믿음으로 말미암아 구원을 받았으니 이것은 너희에게서 난 것이 아니요 하나님의 선물이라 행위에서 난 것이 아니니 이는 누구든지 자랑하지 못하게 함이라 에베소서 2:8-9)

사회복음은 20세기에 자유주의자들과 주류교단의 주된 복음이었으며, 한국에도 사회복음은 만연해 있다. 마틴 루터 킹이나 인권운동 혹은 진보정치와 결합해 더욱 활기를 띠었는데, 한국의 상황을 보면 그런 모습을 그대로 닮아가고 있다. 로마 가톨릭의 해방신학과 좌경화 된 복음주의 기독교인들이 양산되고 있다. 로이드존스는 사회복음에 대하여 다음과 같이 말했다.

> 그러나 소위 사회복음(social gospel)이라는 것도 역시 동일한 과오를 저질렀다는 것을 기억해야 합니다. 왜냐하면 사회적 복음은 기독교가 입법이라는 수단을 통해 이 시대의 세상에 하나님의 나라를 도입하는 방법 외에 아무것도 아니라고 생각했기 때문입니다. 즉 기독교가 모든 것을 바르게 하는 정치적, 사회적 프로그램이라고 생각한 것입니다. 이것도 역시 그릇된 생각입니다. 이기적인 그리스도인들이나 사회적 복음이나 모두 잘못된 것입니다. 그러므로 이런 것들로부터 돌이켜서 우리 앞에 제시된 이 메시지를 있는 그대로 보도록 합시다.395)

로이드존스는 그리스도인들이 이기적인 삶을 사는 것도 잘못이지만 사회복음도 역시 잘못된 것이라고 말했다. 왜냐하면 그런 것들은 성경의 본질에서 벗어나는 것이기 때문이다. 예수 그리스도는 죄인들을 구원하시려고 십자가에 못박혀 죽으셨는데, 사회복음은 민중의 고통 속에 뛰어들어 하나님의 나라를 준비한다고 믿는다. 이것은 분명히 '다른 복음'이다. 그것은 분명하게 '세상지향적'이기 때문이다. 유진피터슨은 『메시지』에서 요한복음 3장 16절을 의도적으로 변질시켰다. 개역성경과 대조를 하면 다음과 같다.

> 하나님이 세상을 이처럼 사랑하사 독생자를 주셨으니 이는 저를 믿는 자마다 멸망치 않고 영생을 얻게 하려 하심이니라(요 3:16, 개역)

> 하나님께서 이 세상을 얼마나 사랑하셨는지, 그분은 하나뿐인 아들을 우리에게 주셨다. 그것은 아무도 멸망하지 않고, 그를 믿는 사람은 누구나 온전하고 영원한 생명을 얻게 하시려는 것이다. 하나님께서 고통을 무릅쓰고 자기 아들을 보내신 것은, 세상을 정죄하고 손가락질해서 세상이 얼마나 악한지 일러 주시려는 것이 아니다. 아들이 온 것은, 세상을 구원하고 다시 바로잡으려는 것이다. (유진 피터슨의 『메시지』)

아들에게 세상을 구원한다는 것은 이 세상을 하나님의 나라로 만드는 것이다.

---

395) 마틴 로이드존스, 골로새서강해, 강철성 역 (서울: CLC, 2006), 76-77.

그러나 성경은 죄인들을 구원하여 하나님의 백성이 되게 하는 것이다. 사회복음에 더 힘을 실어주는 것은 아브라함 카이퍼의 신칼빈주의 운동이며 신사도의 주권운동이다.396) 이들은 문화변혁론을 앞세워 사회문제에 참여하면서 좌파적 성향으로 뭉쳐가는 것이 매우 심각한 문제다. 네덜란드 사회와 교회는 이미 프랑스로부터 밀려오는 개인주의와 합리주의에 오염이 되어 있었다. 그 반동으로 아브라함 카이퍼의 영역주권 사상이 나타났지만, 과연 그것이 네덜란드의 전부였는가?

19세기 네덜란드의 신앙의 좌표를 말해 주는 다른 한 사람이 누구인가? 그는 바로 키에르케고르(1813-1855)다. 아브라함 카이퍼(1837-1920)와 비슷한 시대를 살아갔던 사람이다. 키에르케고르라는 인물은 네덜란드가 이미 실존주의 신앙으로 도약하고 있었다는 증거이며 개혁주의가 몰락하기 시작했다는 증거다. 실존주의란 무엇인가? 진리가 되고 안 되고는 개인의 선택과 결단에 달려 있다는 것이다. 성경의 절대진리는 이제 옛날 이야기가 되고 말았다. 키에르케고르의 실존주의에 영향을 받아 태어난 것이 신정통주의다.397)

---

396) http://mokpojsk.egloos.com/1171075; 〈18세기 네덜란드의 지적, 종교적 분위기는 17세기보다 더 빠르고 현저하게 변화하기 시작했다. 프랑스 계몽주의가 배태한 개인주의와 합리주의가 네덜란드 사회와 교회에 침투해 왔다. 계몽주의는 대혁명 중이던 프랑스와 네덜란드 연합 주들이 전투를 벌이던 1793년에 네덜란드에서 크게 유행했다. 승리한 프랑스는 네덜란드를 1795년부터 1806년까지 바타비아 공화국으로 재편성했다. 새 공화국은 교회와 국가를 근본적으로 분리시켰는데 이로 인해 성직자들은 윤리적, 재정적 어려움에 봉착했다. 교회의 외형상 구조는 변화 된 반면 엄격한 칼빈주의자들은 1820년대 유럽 주요 부분에 영향을 미친 대각성운동, 즉 종교 부흥 운동으로 영적 갱신을 체험했다. 19세기 초반에 네덜란드 개혁교회 내의 분쟁은 네덜란드 사회의 불안정한 사회, 문화적 상태를 반영했다. 증가하는 다원주의, 세속주의, 사회 분열은 근대적인 혁명 이후 네덜란드의 정신적 부산물이었다. 이 새로운 문화적 환경에서 칼빈주의 사상가들은 근대 세계의 문제에 직면했고 개혁주의 사상과 생활의 발전에 새로운 전기를 열었다. 후에 대각성운동에 영향을 받은 흐룬은 혁명적 절대주의나 혁명적 절대주의의 모두를 거절하였다. 그는 사회의 주권은 국가, 백성, 전제군주가 아니라 궁극적으로는 하나님으로부터 유래하며 하나님에게 있다고 주장했다. 흐룬의 영향은 네덜란드의 삶의 여러 영역에 흡수되었지만 그의 가장 신실하고 능력 있는 협조자이며 계승자는 아브라함 카이퍼(Abraham Kuyper)였다. 그는 심오한 사상가, 위대한 조직가, 일반 대중과의 효율적인 의사 소통자였다. 실제로 그는 잡지에 기고하거나 수많은 신학 저서를 쓴 힘 있는 작가로서 재능을 발휘하였다. 그의 작품 전편에는 그의 기본적인 확신이 일관되게 흐르고 있다. 그는 기독교 사상과 비기독교 사상 간의 근본적인 대립을 주장했다. 그는 "그리스도인은 성경과 자연의 계시에 기초하여 하나님과 그의 세계를 특별히 이해하려고 노력해야 한다"고 말하였다. 그러나 그는 하나님의 은총에 의해 세상에서 죄의 결과가 억제되어 왔으며 진리는 비그리스도인의 저서에서 사용되고 나타날 수 있다고 보았는데 이 사상은 비칼빈주의자들과 정치적인 제휴를 허용하였다.〉

397) http://www.kacr.or.kr/library/itemview.asp?no=2240; "키에르케고르의 가장 큰 영향을 한 단어로 표현한다면 '산만'(diffusion)이라 할 수 있을 것이다. 그는 개인은 전적으로 믿었으나 그룹에 대하여는 개념조차 싫어했다. 그는 '군중은 비 진리이다'라는 말을 반복적으로 사용했다. 그는 많은 것에 대하여 동의와 부정을 동시에 했다. 그러므로 그의 사고에 영향을 받으면 어떤 대상에 대하여 전체 의견보다는 개인의 판단을 의지하게 되며, 결국에는 그 자체가 진리냐 아니냐를 중요하게 여기지 않게 된다. 20세기 중엽부터 최종적인 진리는 사라지고 산만함만이 무성해지기 시작했다. 이것이

아브라함 카이퍼의 영역 주권 사상은 성공할 수 없었다. 그것은 성경해석에 대한 오류도 문제이지만 이미 네델란드의 기독교인들이 이 세상의 멘탈리티에 장악되어 있었기 때문이다.398) 오늘날 교리를 가르치면서 영역 주권을 가르치는 사람들 역시 비슷한 전철을 밟아가고 있다.

코르넬리스 프롱크는 다음과 같이 말했다.

> … 그리스도인을 향한 세상의 태도는 아직도 존 번연(John Bunyan)의 『천로역정』(The Pilgrims Progress)에 나오는 허영의 시장 시민들의 태도와 같습니다. 이 시민들은 크리스천과 그 친구를 데려다가, "마구 때리고 흙투성이로 만들어 옥에 가둔 다음 모든 사람의 구경거리가 되게 했습니다." 존 번연이 본 것처럼, 크리스천이 맨 먼저 할 일은 허영의 시장에서 문화나 정치나 경제를 이끌어 가는 게 아니라, 그곳의 더러움에 물들지 않게끔 깨끗함을 지키고 할 수 있는 한 거기서 빠져나오는 것이었습니다.399)

성경은 언제나 인간의 환경이나 구조가 문제가 아니라 인간 속에 있는 죄가 문제라고 말한다. 성도가 사회에서 자기 맡은 자리에서 감당해야 할 일이 있으나, 그것이 성경이 말하는 근본적인 핵심에서 벗어나서는 안 된다. 사도 바울은 분명하게 말했다.

> 1 그러므로 너희가 그리스도와 함께 다시 살리심을 받았으면 위엣 것을 찾으라 거기는 그리스도께서 하나님 우편에 앉아 계시느니라 2 위엣 것을 생각하고 땅엣 것을 생각지 말라 3 이는 너희가 죽었고 너희 생명이 그리스도와 함께 하나님 안에 감취었음이니라(골 3:1-3)

바로 실존주의이다. 실존주의에 대하여 글을 쓴 커프만은 '실존주의는 철학이 아니라 기존 철학에 대한 광범위하고 다양한 반란이다. 이들은 실체에 대하여 다양하게 부정할 할 뿐이다'라고 표현했다. 실존주의는 기존의 통념을 부인만 한다. 단지 당신이 원하는 것을 입으라고 말한다. 당신이 옳다고 하는 것을 행하라. 거기에는 규칙도 원리도 없다."
398) http://cafe.daum.net/profchung/1brN/336; "일반은총(common grace, gratia communis): 네덜란드 개혁주의 신학자 아브라함 카이퍼가 개혁 교회에 선명하게 부각시킨 신학 주제중 하나는 일반은총론이었다. … 카이퍼가 말하고자 하는 것은 택자들 만을 위한 구원하는 은총인 특별은총 이외에도 일반적으로 하나님의 창조물들에게 베푸시는 일반은총이 있다는 것이다. 그러하기에 비신자들도 비록 그 자체로 구원에 이르게 하는 것은 아니라고 할지라도 하나님이 은혜를 힘입어서 살아간다는 것이다. … 하지만 이와 같은 카이퍼나 혹은 그의 후임자 H. 바빙크의 일반은총론에 대해서 모든 개혁신학자들이 찬성한 것은 아니었다. … 미국 개혁 교단 내에서 잘 알려진 헤르만 혹스마(Herman Hoeksema)와 헨리 단호프(Henry Danhof) 목사 등은 일반은총론에 대해서 반론을 제기 하였으며 … 화란 내에서는 카이퍼의 일반은총론과 몇가지 신학적인 사상에 대해서 강력한 비판의 화살을 퍼부은 사람은 … 클라스 스킬더Klaas Schilder라는 사람이었다. … 스킬더는 일반은총이라는 용어 자체부터 반대하였다. 그의 주장에 따르면 타락 이후 인간의 역사가 지속 된 것은 하나님의 은혜에 기인된 것이 아니다. 그리고 비중생자들 속에 죄를 억제하는 하나님의 은혜는 없다. 또한 일반 은총교리는 인간의 타락에 관해 가르치는 성경의 교훈을 약화시키며 그 결과 두 영역개념으로 인도하는 경향이 있다. 즉 타락된 세계와 병립하여 일종의 중립적인 영역이 존재하게 되며 그 안에선 신앙과 불신앙 사이에 존재하는 반립(antithesis)이 부인되게 된다는 것이다."
399) 코르넬리스 프롱크, 사도신경, 임정민 역 (서울: 그책의사람들, 2013), 148.

성도는 "그리스도와 함께 다시 살리심을 받았"기 때문에 성경이 말하는 그대로 "위엣 것을 찾"아야 한다. 하나님의 나라와 의를 구하는 삶이 되어야 한다. 번영신학, 해방신학, 민중신학, 토착화, 사회복음 등과 같은 흐름들은 인간을 위한 신학이고 이 세상에서 결과를 보려는 신학들이다. 세상의 멘탈리티와 함께 하는 운동들은 세상의 자양분을 먹고 자라 세상에 뿌리를 내리고, 결국은 세상의 열매를 맺는다. 그들은 성공하지 못했고 앞으로 성공하지 못한다. 참된 성도는 죄악들과 싸워가며 도래할 하나님의 나라를 소망하면서 더욱 그리스도 안에서 자라가기를 소망하는 자들이다.

제75문 제8계명에서 금하는 것은 무엇입니까? (대142)
답: 제8계명이 금하는 것은 무엇이든지 우리 자신과 이웃의 부와 재산을 부당하게 저해하거나 저해할 소지가 있는 일입니다.400)

오늘날 교회 안에서도 세상의 사상에 오염이 되어 죄에 대한 관점이 너무나도 바뀌어져 가고 있다.

> 조금 더 깊이 생각해 봅시다. 장발장처럼 배가 고픈 극단의 상황에서 사소한 것을 훔치는 행위는 어떻게 봐야 할까요? 단순히 '욕심으로 남의 것을 훔친 것'이라고 매도하기는 너무 냉정하지 않겠는가 싶습니다. 욕심과 생존본능에는 차이가 있기 때문입니다. 이런 부분 역시 사회적 관점에서 봐줘야 될 것입니다. 즉, 그러한 사람이 사회 공동체 속에 존재한다는 것 자체가 이미 그 사회는 불의하다는 것을 반증하는 것이기 때문입니다. 죄를 미워하되, 그 사람을 배려하고, 더 이상 그런 사람이 생기지 않도록 그 사회를 개혁하는 데 집중해야 될 것입니다.(분배정의의 문제)401)

장발장의 도둑질을 "사회적 관점에서 봐줘야" 할 문제인가? 욕심으로 훔치지 않고 생존본능으로 훔치면 죄가 안 되는가? 성경 어디에도 그렇게 말하는 말씀은 없다. 욕심으로 훔쳤든지 생존본능으로 훔쳤든지 훔친 것은 죄다. 한 사람의 죄를 "분배정의의 문제"로 생각하는 것은 하나님의 율법에서 벗어나게 된다.

제8계명이 금하는 것은 무엇인가? 우리 자신과 이웃의 부와 재산을 부당하게 저해하거나 저해할 소지가 있는 일이다. 제8계명은 분명하고도 단호하게 도둑질하지 말라고 선포하고 있다. 도둑질에는 어떤 것들이 있는가?

1) 명백한 도둑질-강도, 도둑질, 날치기, 사기, 횡령 등
   돈을 빌리고 갚지 않는 것, 신용카드를 남발하는 것 등
2) 은밀한 도둑질-탈세
3) 기업주가 노동자의 임금을 착취하고 부당한 대우를 하는 것
   노동자가 정해진 업무시간에 사적인 일을 하거나 게을리 하는 것
4) 사업가나 거래자들이 폭리를 취하는 것
5) 기업의 상품을 불법으로 도용하거나 복제하는 것
6) 인격적인 도둑질-다른 사람들을 중상모략하는 것
7) 국가적인 도둑질-무력으로 다른 나라를 침략하여 자원과 재산을 수탈하는 것402)

성경은 도둑질에 대하여 경고한다. 그렇게 경고하는 근본적인 이유가 무엇인

---

400) Q. 75. What is forbidden in the eighth commandment? A. The eighth commandment forbiddeth whatsoever doth, or may, unjustly hinder our own, or our neighbor's wealth or outward estate.
401) 황희상, 특강소요리문답(하), 흑곰북스, 2012, p. 145.
402) 백금산, 만화 웨스트민스터소교리문답2, 부흥과 개혁사, 2010, pp. 101-103.

가?403) 그것은 다만 윤리·도덕적인 차원만 말하는 것이 아니다.

> 도적질하는 자는 다시 도적질 하지 말고 돌이켜 빈궁한 자에게 구제할 것이 있기 위하여 제 손으로 수고하여 선한 일을 하라(엡 4:28)

도둑질이란 "자기의 것이 아닌 무엇을 몰래 훔치거나 빼앗는 짓"을 말한다. 본문의 "도적질하는 자"는 직업적인 '도적'을 말하는 것이 아니다. 이것은 모든 종류의 부당한 착복을 말한다. 사도 바울은 22절에서 "유혹의 욕심을 따라 썩어져 가는 구습을 좇는 옛사람을 벗어 버리"고 "오직 심령으로 새롭게 되어, 하나님을 따라 의와 진리의 거룩함으로 지으심을 받은 새 사람을 입으라"(23-24절)고 말했다. 그러면서 25절부터 옛사람에 속한 것들이 무엇인지 말해주었다. 예수 그리스도를 구주로 믿은 성도는 악한 것들을 버리고 하나님의 백성답게 살아가야 한다.404)

> 속이는 말로 재물을 모으는 것은 죽음을 구하는 것이라 곧 불려 다니는 안개니라(잠 21:6)

"안개"는 언제 그 방향을 바꿀지 알 수 없다는 것을 비유하며, "죽음을 구하는 것"이란 형벌이 이미 예비 된 범죄자들을 의미한다. 이런 말씀들이 의미하는 것은 무엇인가? 불의한 방법으로 재물을 취하면 언제 잃을지 모르며, 그렇게 재물을 모은 사람은 언제 처벌받을지 모른다는 뜻이다. 5절에서는 왜 이런 일들이 생기는지 말해준다.

> 부지런한 자의 경영은 풍부함에 이를 것이나 조급한 자는 궁핍함에 이를 따름이니라(잠 21:5)

---

403) 하이델베르크 교리문답 제110문: 하나님께서 제8계명에서 금하신 것이 무엇입니까? 답: 하나님께서는 제8계명에서 도적질과 강도짓만을 금하신 것이 아니라, 무게를 조작하여 측정하거나, 속여서 물건을 팔거나, 돈을 위조하거나, 비싼 이자를 받는 것과 같은 악한 음모와 의도도 금하십니다. 우리는 우리의 이웃에게 힘에 의해서나, 권력에 의해서나, 다른 어떤 방식으로도 속여 빼앗으려고 해서는 안 됩니다. 또한, 하나님께서는 모든 탐심과 당신이 주신 선물을 악용하거나 낭비하는 것을 금하십니다.
제111문: 하나님께서 이 계명에서 요구하시는 것은 무엇입니까? 답: 내가 내 이웃의 선을 위해 내가 할 수 있고, 허용하는 것은 무엇이든지 하도록 노력해야 할 것과 다른 사람이 나에게 해 주기를 바라는 것처럼, 내가 다른 사람에게 해 줄 것과 내가 가난한 사람들을 도와 줄 수 있도록 성실하게 노력할 것을 요구하십니다.
404) 31 너희는 모든 악독과 노함과 분냄과 떠드는 것과 훼방하는 것을 모든 악의와 함께 버리고 32 서로 인자하게 하며 불쌍히 여기며 서로 용서하기를 하나님이 그리스도 안에서 너희를 용서하심과 같이 하라(엡 4:31-32)

부지런히 자기 일을 경영하는 사람과 조급하게 부자가 되려는 사람을 대조하고 있다. 조급하게 부자가 되려는 사람은 부정과 불법을 저지르게 된다.

> 부하려 하는 자들은 시험과 올무와 여러 가지 어리석고 해로운 정욕에 떨어지나니 곧 사람으로 침륜과 멸망에 빠지게 하는 것이라(딤전 6:9).

그렇게 급하게 재물을 모아 성공하려고 하는 사람들은 결국 자신의 더러운 정욕으로 인해 멸망하게 된다.

> 보라 너희 밭에 추수한 품군에게 주지 아니한 삯이 소리 지르며 추수한 자의 우는 소리가 만군의 주의 귀에 들렸느니라(약 5:4)

부자들은 무슨 핑계를 대어서라도 품꾼들에게 삯을 주지 않았다. 부자들은 삯꾼들을 압제하였고, 그들이 일한 것에 대한 정당한 대가를 지불하지 않았다. 그러나 그들의 부르짖음을 하나님께서 들으신다. 사도 야고보는 "만군의 주"라고 함으로써 하나님의 위엄과 탁월한 권능을 나타내어 부자들의 부당한 착취에 대하여 강력하게 보응을 받게 될 것을 말했다.

제8계명은 성경적인 물질관을 가르친다. 구약에서 만일 어떤 사람이 다른 사람의 소유물을 도둑질했을 경우는 4배로 갚아야만 했다.

> 사람이 소나 양을 도적질하여 잡거나 팔면 그는 소 하나에 소 다섯으로 갚고 양 하나에 양 넷으로 갚을지니라(출 22:1)

소도둑에 대해서 더 배상율이 높은 이유는 무엇인가? 농업기반 사회에서 소는 한 가정의 생계를 책임지는 매우 중요한 자산이었기 때문이다. 그런 소를 훔치는 것은 그 가정을 몰락시키는 위험한 일이기 때문이다. 한 가족 같이 중요한 소를 도둑질 한다는 것은 그만큼 도둑질 하려는 대담성이 높은 것이므로 더 배상율이 높을 수밖에 없다. 그것은 일시적인 충동으로 도둑질을 한 것이 아니라는 뜻이다. 도둑질을 하려고 미리 모의해 놓고 도둑질을 했기 때문에 더 악하다.

> 도적질한 것이 살아 그 손에 있으면 소나 나귀나 양을 무론하고 갑절을 배상할지니라 사람이 밭에서나 포도원에서 먹이다가 그 짐승을 놓아서 남의 밭에서 먹게 하면 자기 밭의 제일 좋은 것과 자기 포도원의 제일 좋은 것으로 배상할지니라(출 22:4-5)

하나님께서는 도둑질한 자에게 왜 무거운 배상책임을 지우시는 것인가? 그것은 그렇게 도둑질을 하기까지 자신의 생각이 얼마나 죄악으로 가득 차 있으며 자신의 악한 죄로 인하여 이웃이 얼마나 어려운 곤경에 처하게 되었는지 철저하게 깨닫게 하기 위해서이다. 그리하여 자신의 죄를 회개하고 그러한 자신의 생활을 고치기 위함이다. 결국 인간이 얼마나 죄인인 줄 알게 하여 하나님의 언약에 신실하게 사는 길만이 자신을 지키고 공동체를 건강하게 지켜가는 길임을 확인케 하기 위함이다.

삭개오는 예수님을 만났을 때, 자기 죄를 깨닫고 사 배나 갚겠다고 고백했다.

> 삭개오가 서서 주께 여짜오되 주여 보시옵소서 내 소유의 절반을 가난한 자들에게 주겠사오며 만일 뉘 것을 토색한 일이 있으면 사 배나 갚겠나이다(눅 19:8)

오늘날 심리설교를 하는 사람들은 삭개오를 심리학으로 풀어간다. 삭개오가 예수님을 만났을 때 자기 '문제'를 깨달았다는 것이다. 그 문제라는 것이 무엇인가? 돈에 대한 욕심이 많았다는 것이다. 그래서 자기가 부당하게 모은 돈을 사 배나 갚겠다고 말했다고 설교를 한다. 그러나 이런 설교는 성경 원래의 뜻과는 너무나 먼 설교다. 성경에서 언제 "사 배"를 갚았는가? 그것은 도둑질을 했기 때문이다. 도둑질은 죄다. 삭개오가 사배나 갚겠다고 한 것은 자신이 죄인이라는 것을 깨달았기 때문이다. 삭개오는 자기가 행한 것이 도둑질한 것임을 깨닫고 율법의 정한 규례를 따라서 사 배나 갚겠다고 자기 죄를 회개하고 고백한 것이다.

제76문 제9계명은 무엇입니까? (대143)
답: 제9계명은 "네 이웃에 대하여 거짓 증거하지 말라."입니다.405)

거짓 증거는 결국 타자에 대한 신뢰, 타자와의 소통과 관련된 문제다. 세상은 나와 타자와의 관계 속에만 있기 때문에 맹목적인 도약, 어둠속의 도약으로 가지만 우리는 언약하신 하나님과의 관계 속에서 타자를 배려하기 때문에 그리스도 안에서 언제든지 소통 가능한 세계 속에 살아가게 된다.

'타자를 어떻게 믿고 사는가?'를 아무리 고민해도 결국은 '눈먼 연대', '위험한 연대'로 결론날 수밖에 없는 것이 인간이 처한 비참한 현실이다. 상호타자성을 확인하는 것으로 결론 나고, 결국은 눈물을 머금고 바라보는 절망에서 헤어나지 못한다. 그런데도 세상은 계속해서 소통을 시도하라고 한다. 그 속에서 희생당하는 사람들은 어쩌란 말인가? 연대를 위해서는 '공통경험'이 있어야 한다. 그러나 그 공통경험이 얼마나 오래가느냐의 문제다. 그래서 새로운 경험을 만들어낸다. 그것을 배후에서 조종하는 사람들은 연대 이후의 연대를 고민해야 하기 때문이다. 공통경험이 사라지고 나면 인간의 연대는 순식간에 사라지고 만다. 그래서 결국 하는 말이 무엇인가? '동일성의 연대'가 아니라 '차이의 연대'를 소리친다.406)

에밀 뒤르켐(Emile Durkeim, 1858-1917)은 『사회에서의 노동분업』에서 '연대'(solidarity)를 말했다. 뒤르켐의 중점은 '무엇이 사회를 결합시키는가?'에 있었다. 뒤르켐이 『노동분업』을 썼던 19세기 말에서 20세기 초에는 산업화와 도시화의 시기였다. 사람들은 자신들의 전통적인 공동체 또는 전통적인 촌락으로부터 떨어져 나왔고 농업 농부의 신분으로부터 이동하여 도시의 산업 고용인으로 밀려났다. 전통적 질서가 구속력을 발휘하지 못하는 이런 현대산업사회 속에서, '사회질서는 붕괴를 맞이할 것인가 아닌가?'를 파악하고자 했다. 뒤르켐은 '연대'를 통해 해결점을 찾으려고 시도했다. 중요한 것은, '이 연대가 어떻게 만들어지는가?' 하는 것이다. 뒤르켐은 '집단의식'이 연대를 창조한다고 말했다. 사람들은 뒤르켐의 '집단의식'을 어떻게 파악하는가?

---

405) Q. 76. Which is the ninth commandment? A. The ninth commandment is, Thou shalt not bear false witness against thy neighbor.
406) http://beforesunset.tistory.com/160 「연대는 어떻게 가능한가」, 타자를 사유한다는 것.

이 집단의식에 대한 뒤르켕의 근본적인 아이디어는 루소의 일반의지general will 개념에 유추될 수 있다. 또는 맑스의 계급의식으로부터도 유추될 수 있다. 따라서 뒤르켕이 말하는 집단의식은 개인의식들의 총합sum total이 아닌 것이다. 그 집단의식은 우리가 태어나기 이전부터 존재했던 그리고 사회가 실제로 존재하기 이전부터 공유하고 있었던 기준norms, 신념beliefs, 가치values 등을 말하는 것으로서 그 집단의식은 이 세대에서 다음 세대로 전해지는 것이다. 따라서 뒤르켕은 이 집단의식이 통시적으로 존재해 왔다는 것을 보여주고자 하였던 것이다. 그리고 이 집단의식을 다루기 위한 가장 엄밀한 방법은 법을 들여다보는 것이다. 왜냐하면 집단의식이란 정확히 법의 본질이기 때문이다.[407]

그러나, 이렇게 '집단의식'을 파악하는 것은 본질을 못 보는 것이다. 그러면 이런 '집단의식'은 어디에서 연유하는가? 칼 융의 분석심리학을 조금이라도 아는 사람은 뒤르켕의 '집단의식'이라는 것이 칼 융의 집단무의식과 연관되어 있다는 것을 쉽게 알 수 있다.[408] 뒤르켕에게 사회는 하나의 종교였다. 종교의 기초는 성스러운 사회인데, 불완전한 인간이 사회를 유지할 수 있는 것은 '믿음'에 있다고 보았다.[409] 종교의식은 세상의 염려에서 벗어나서 숭고한 어떤 힘을 만나는 것이라 했다. 토템이나 신의 힘은 개인에게 미치는 집단적 영향력의 표현이라 말했다. 뒤르켕은 인본주의적 가치인 자유, 평등, 연대와 같은 가치들을 신성시했다.[410]

집단의식이 뒤르켕의 신성한 내면이이고, 사회의 유기적 연대[411]가 뒤르켕

---

[407] http://hdsh-cosscos.blogspot.kr/2012/03/11-1.html 「뒤르켐: 사회적 연대의 유형」
[408] David Newcomb은 뒤르켕의 사회학과 칼 융의 심리학을 통합을 시도한 사람이다. 『The Sociology of Wholeness: Emile Durkheim and Carl Jung』, 〈This book seeks to integrate the sociology of Emile Durkheim with the psychology of Carl Jung. The purpose of this goal is to develop a sociological definition of "wholeness" or "integration" that can be developed further in theory and research. Historically, the concept of the unconscious is not the exclusive domain of psychology. The fact that Durkheim advocated the need for sociologists to study the unconscious has been overlooked until recently. …〉
[409] http://blog.naver.com/leoford/40025722832 뒤르켐, 사회는 종교다.
[410] http://blog.daum.net/anti21/12263369/ 종교이론. "뒤르켐은 현대 사회가 발달함에 따라 종교의 영향력도 점차 쇠퇴해 간다고 믿었다. 과학적인 사고가 점차 종교적인 설명을 대신하고, 의식과 종교적인 활동들은 단지 개인 생활의 일부분을 차지할 뿐이다. 뒤르켐은 신성한 힘이나 신을 운위하는 전통적인 종교는 사라지고 있다는 마르크스와 의견을 같이한다. '오래된 신은 죽었다'고 뒤르켐은 주장한다. 그러나 변화된 형태의 종교는 계속될 것이라고 전망했다. 현대 사회조차도 결속을 위해 그들의 가치를 재확인해 주는 의식에 의존하는 경우가 많다. 그래서 새로운 형태의 의례 활동이 오래된 의식을 대신해 나올 것으로 예상될 수 있다. 이것이 구체적으로 어떤 것인지에 관해서는 뒤르켐이 명확한 언급을 하지 않았지만, 그의 심중에는 아마 자유, 평등 그리고 사회적 협력과 같은 인본주의적이고 정치적인 가치들에 대한 숭배가 자리 잡고 있었던 것 같다."
[411] http://ko.wikipedia.org/wiki/연대_(사회학)/ "에밀 뒤르켐은 그의 저서 『사회분업론』(1893)을 통해 '기계적 연대'와 '유기적 연대'란 용어를 도입했다. 뒤르켐에 의하면 낮은 노동 분업 상태에서의 전통적인 문화는 기계적 연대로 특징지을 수 있다. 사회 대부분의 구성원들이 유사한 직종에 종사하고 있기 때문에 그들은 공통의 경험과 믿음을 바탕으로 서로 이어져 있다. 이러한 '공유된 믿음'의 강도는 커서, 개인을 억압하여 공동체의 관습적 삶에 복종하도록 강요한다. 이

의 구상화다. 여기서 뒤르켕의 집단의식과 칼 융의 집단무의식과의 연관성은 뒤르켕의 인간본성에 대한 이해에서 알 수 있다. 뒤르켕은 인간본성에 대하여 어떻게 이해했는가?

> … 맑스와 베버사이에는 명확한 구별이 있다. 맑스는 주로 루소의 라인을 따라가면서도 더 이상 자연상태의 개념을 믿지 않게 되었다. 19세기 중반에 자연상태의 개념은 지루해졌고 끝내는 폐기되고 말았다. 맑스는 인간본질과 관련하여 종적인 존재species being란 용어를 사용하였다. 맑스에 따르면 인간은 본질적으로 좋은essentially fine 존재이다. 따라서 여러 문제들은 사회로부터 나오는 것이지 개인에 있는 것이 아니다. 재미있게도, 이것은 맑스가 정확히 루소의 영감을 받은 것이다. 맑스에 따르면 우리 인간은 자연상태에서 선했지만 사회에서 타락했다. 어떤 면에서 맑스는 루소를 넘어섰다. 왜냐하면 루소의 숭고한 야만인noble savage은 사회로 옮겨져서 양육되어야할 개인 야만인이기 때문이다. 맑스는 이 점에서 루소와 차이난다. 맑스에 따르면 우리 인간은 사회에서 태어났다. 그 이유는 우리 인간의 본성은 사회적이기 때문이다. 따라서 우리 인간은 선할 뿐만 아니라 사회적이다. 우리를 타락하게 만드는 것은 사회이고 또 우리를 서로 경쟁하도록 하고 서로 죽이도록 하는 것도 사회이다. 이러한 맑스의 인간 본성론은 홉스와는 정확히 정반대되는 것이고, 루소의 인간 본성론을 상당히 능가하는 것이다. 한편 뒤르켐의 인간 본성론은 실제로 홉스와 상당히 가깝다. 왜냐하면 뒤르켐은 사회 병리는 사람들에 대한 통제의 진공 상태로부터 나온다고 믿었기 때문이다. 통제가 아니될 때, 그때 바로 범죄, 자살, 매춘 등이 시작된다. 따라서 뒤르켐은 인간본성에 대하여 회의적skeptical 이었다. 뒤르켐에 따르면 우리 인간은 통제되지 않는 한 악행evil을 저지를 수 있다. 이것이 뒤르켐의 인간본성에 대한 근본적인 아이디어이다. 마지막으로, 뒤르켐은 사회에는 개인들 스스로 적절한 가치시스템을 개발할 수 있도록 기회가 주어져야 한다고 하였다.412)

뒤르켕은 19세기 말 데카당스한 분위기 속에서 이성의 한계를 절감하고 당시 유행했던 습관, 집단무의식, 집단표상에 깊은 관심을 가졌다. 그리하여 계몽주의적 이성의 맹산을 극복하고 동정과 자비심에 기초한 사회적 연대와 사회 통합의 가능성을 꿈꾸었다. 뒤르켕으로부터 탈근대 사상가들에게 이르기까지 연대담론에는 두 가지가 있다. 첫째는 사회비판이며, 둘째는 개인의 자율성을 기반으로 하는 윤리적 공동체에 대한 이상이다. 뒤르켕은 근대 사회의 병리성을 '아노미'413)

러한 상태에서는 개별적 차이를 인정할 수 있는 여지가 사라진다. 따라서 '기계적 연대'의 사회에서는 믿음의 일치와 유사성을 전제로 한다. 그러나 산업화와 도시화는 노동 분업의 증가를 가져왔고, 이로 인해 기존의 이러한 연대는 깨지고 말았다. 뒤르켐은 사회가 발달하는 과정에서 진행되는 직무의 전문화와 사회적 차이의 증가는 유기적 연대라 부를 수 있는 새로운 질서를 가져왔다고 생각했다. 여기서의 '발달'이란 '근대적'이고 '산업화 된' 사회를 의미한다. '유기적 연대'의 사회는 사람들이 경제적으로 상호 의존하고 있으며, 사회 구성원 각자가 이러한 상호 의존의 중요성을 인식하는 과정에서 사회가 통합되어 있다. 노동 분업이 확장됨에 따라서 사람들은 다른 직종에서 공급되는 재화와 용역을 필요로 하기 때문에 점점 더 서로에게 의존하게 된다. 이러한 두 종류의 연대 이론은 우선 형태학적으로 구분될 수 있으며, 인구통계학적 특징들이나 현존하는 규범의 유형들, 또는 '집합의식'의 정도(程度) 내지는 그 내용으로도 구분될 수 있다. 뒤르켐의 연대 이론은 후에 프랑스 제3 공화정의 공식 이념이 되었다. 사회주의자들 또한 사회 개혁을 위한 실천적 의미로서 연대라는 용어를 사용했는데, '부르주아계급에 대항하는 노동운동의 연대'라는 의미로서 널리 사용되었다."
412) http://hdsh-cosscos.blogspot.kr/2012/03/11-2.html 「뒤르켐: 아노미 이론」

로 말했으며, 연대로써 문제를 해결하려고 했다. 현대사회가 입만 열면 말하는 인간의 자유는 인간 숭배를 말한다.[414]

인간본성의 문제를 알면서 인간의 자율성으로 이상적인 윤리공동체를 이루려고 하는 것은 환상이다. 인간은 자기 본성적인 문제가 있음을 실제로 공감하고 있다. 인간은 서로를 신뢰하지 않으며 연대는 오로지 자기 욕망을 성취하기 위해서 이루어질 뿐이다. 그것은 역사가 증명한다.

기독교인이 타자를 신뢰하는 근거는 그가 하나님의 형상대로 창조되었으며, 타락하였으나 그에게 여전히 (넓은 의미의) 하나님의 형상은 남아 있어서 소통 가능하다는 것이다. 또한 타자를 십자가의 렌즈로 바라봄으로 자기 의를 버리고 그리스도의 사랑으로 이해하고 용서하기 때문이다. 거짓 증거를 하지 않는다는 것은 이것이 제대로 작동되고 있다는 증거다. 그러므로, 제9계명은 이웃에 대하여 거짓 증거하지 말라고 한다.

네 이웃에 대하여 거짓 증거하지 말지니라(출 20:16)[415]

거짓 증거는 특히 언약의 신실성에 관한 문제이다. 단순히 거짓말을 했느냐 안 했느냐의 차원이 아니다. 언약을 맺을 때 만일 이 언약대로 지키지 아니할 경우에는 목숨을 내어놓기로 약속을 한다. 그런데 만일 그 언약을 가볍게 생각하고 어긴다면 거기에 합당한 대가를 치루게 된다. 언약에 기초한 삶의 방식은 약속을 성실하게 지키는 것이다.

하나님은 언약에 신실하시고 진리의 하나님이시다.

내가 나의 영을 주의 손에 부탁하나이다 진리의 하나님 여호와여 나를 구속하셨나이다(시 31:5)

다윗은 생명의 근원이 오직 하나님께 있음을 믿으며 하나님의 손에 자신의 생명 전체를 의탁했다. 이 말씀은 예수님께서 십자가에 못박혀 죽으시며 그 마지막 숨을 거두실 때 인용하셨다.

---

413) 뒤르켕이 그의 책 『자살론』에서, "사회 구성원의 행위를 규제하는 공통된 가치나 도덕적 규범이 상실된 혼동상태"를 나타내는 개념이다.
414) http://kyungsik.tistory.com/131 「연대: 뒤르켕의 연대이론을 중심으로」
415) 네 이웃에 대하여 거짓 증거하지도 말지니라(신 5:20)

> 예수께서 큰 소리로 불러 가라사대 아버지여 내 영혼을 아버지 손에 부탁하나이다 하고 이 말씀을 하신 후 운명하시다(눅 23:46)

다윗은 극한의 고통 속에서 죽음으로부터 구원해 주시길 바라며 하나님께 자신을 맡겼다. 그러나 예수 그리스도는 죽은 자를 살리시는 하나님의 능하신 손에 의하여 부활할 것을 아시며 그의 영혼을 신실하신 아버지께 맡기셨다. 다윗이 어떻게 자신의 전부를 그 고통 가운데서 여호와 하나님께 맡길 수 있었는가? 그것은 하나님께서 "진리의 하나님 여호와"이시기 때문이다. 그것은 여호와께서 그 언약하신 대로 반드시 지키시는 분이시기 때문이다. 과거에도 그랬기 때문에 지금의 고통도 내일의 일 속에서도 그러하실 것을 믿을 수 있었다. 다윗은 언약의 신실하신 여호와 하나님을 끝까지 신뢰했다.416) 사도 바울은 자신을 소개하며 하나님이 어떤 분이신지 말한다.

> 1 하나님의 종이요 예수 그리스도의 사도인 바울 곧 나의 사도 된 것은 하나님의 택하신 자들의 믿음과 경건함에 속한 진리의 지식과 2 영생의 소망을 인함이라 이 영생은 거짓이 없으신 하나님이 영원한 때 전부터 약속하신 것인데(딛 1:1-2)

사도는 자신을 하나님의 종이요 사도라고 소개함으로써 유대인에게는 물론 이방인에게까지 자신의 사도직에 대한 권위를 변호하고 있다. 또 영생을 말하면서 그 영생이 "거짓이 없으신 하나님이 영원한 때 전부터 약속하신 것"이라고 말한다. 이것은 영생을 주시는 하나님의 불변성을 말하며 그 하나님께서 주시는 영생이 확실하다는 것을 말한다. 그것은 고난 중에 있는 성도들에게 위로가 된다.

> 이는 하나님이 거짓말을 하실 수 없는 이 두 가지 변치 못할 사실을 인하여 앞에 있는 소망을 얻으려고 피하여 가는 우리로 큰 안위를 받게 하려 하심이라(히 6:18)

이 말씀은 하나님께서 맹세하신 목적을 말한다. 히브리서 저자는 "하나님이 거짓말을 하실 수 없는 이 두 가지 변치 못할 사실"이라 했는데, "이 두 가지 변치 못할 사실"이란 13절과 17절에 나오는 하나님의 '약속'과 '맹세'를 말한다. '약속'은 계시의 마지막 때에 나타난 말씀인 그리스도다. 하나님께서는 '맹세'로

---

416) 5 너의 길을 여호와께 맡기라 저를 의지하면 저가 이루시고 6 네 의를 빛같이 나타내시며 네 공의를 정오의 빛같이 하시리로다 7 여호와 앞에 잠잠하고 참아 기다리라 자기 길이 형통하며 악한 꾀를 이루는 자를 인하여 불평하여 말지어다(시 37:5-7) 너의 행사를 여호와께 맡기라 그리하면 너의 경영하는 것이 이루리라(잠 16:3)

보증하신 그리스도의 구속 사역을 통해 성취하셨다. 그러니 거기에는 거짓이 있을 수가 없다.

구속은 성도들에게 이미 이루어졌으며 지금 일어나는 이 고난으로 인해 낙망하지 않는다. 왜냐하면 이 구속은 하나님의 '약속'과 '맹세'로 이루어진 구속이기 때문이다. 그러므로 영원히 보장을 받고 있다. 그것이 하나님의 나라를 바라보고 살아가는 성도들에게 의미와 통일성을 제공하므로 말할 수 없는 위로가 된다. 그러므로 하나님을 믿는 성도는 하나님의 본성과 어울리는 삶을 살아가게 된다. 사도 요한은 그것을 영지주의자들과 대조하여 다음과 같이 말했다.

> 만일 우리가 하나님과 사귐이 있다 하고 어두운 가운데 행하면 거짓말을 하고 진리를 행치 아니함이거니와(요일 1:6)

영지주의자들은 물질세계가 악하다고 하면서 죄로부터 자유를 강조했다. 아이러니하게도, 자신들의 행위로는 방종하고 죄를 지으면서도 하나님과 영적인 사귐이 있다고 말했다. 그것은 하나님의 본성과 선하심에 모순되는 주장이었다. 그에 반해 하나님과 교제하는 성도들은 하나님의 본성과 선하심을 따라 죄악 된 길로 가지 않고 빛 가운데 행하는 삶을 살게 된다. 예수님께서는 믿지 않는 유대인들에게 다음과 같이 말씀하셨다.

> 너희는 너희 아비 마귀에게서 났으니 너희 아비의 욕심을 너희도 행하고자 하느니라 저는 처음부터 살인한 자요 진리가 그 속에 없으므로 진리에 서지 못하고 거짓을 말할 때마다 제 것으로 말 하나니 이는 저가 거짓말쟁이요 거짓의 아비가 되었음이니라(요 8:44)

거짓은 그 속에 진리가 없기 때문에 나온다고 말씀하셨다. 마귀는 그 속에 진리가 없기 때문에 거짓말을 한다. 그러나, 예수님께서는 진리이기 때문에 예수님의 말씀은 생명을 주시는 참된 말씀이다.

> 예수께서 가라사대 내가 곧 길이요 진리요 생명이니 나로 말미암지 않고는 아버지께로 올 자가 없느니라(요 14:6)

그 진리는 구원에 이르는 유일한 진리다. 그 진리되신 예수님을 따르는 성도 역시 참된 말을 해야 한다. 오늘날 예수 그리스도의 진리를 세상의 종교와 철학으로 혼합하는 사람들이 너무나도 많다. 그들은 교회에서 존경받는 명강사들이요 인기강사들이다. 그들도 십자가를 부르짖고 예수 그리스도를 말한다. 그러나 그들은 이미 혼합되어져 있다. 그들은 성경만으로는 사람을 변화시킬 수 없다고 믿으며 세상의 심리학과 세상의 방법들을 동원해야만 한다고 말한다.

제77문 제9계명에서 요구하는 것은 무엇입니까? (대145)
답: 제9계명에서 요구하는 것은 사람과 사람 사이에 진실함과 또 우리 자신과 우리 이웃의 명예를 보존하며 증진시키라는 것인데, 특히 증언할 때 그렇게 해야 합니다.417)

진정 타자와의 소통은 가능한 것인가? 하나님 없는 세계에서는 타자와의 진정한 소통은 불가능하다. 왜냐하면 인간은 욕망을 따라 행동하기 때문이다. 강신주 교수는 무엇이라고 말하는가?418) 강신주 교수는 암스테르담이라는 자유로운 근대도시가 만든 데카르트보다 범신론자 스피노자를 더 중요하게 생각한다. 왜냐하면 데카르트는 고독한 사유의 주체를 발견했다면 스피노자는 고독한 '삶'의 주체를 발견했기 때문이다. 그 고독한 삶의 주체는 '코나투스'를 가지고 있는 주체다. 자신의 삶을 유쾌하고 즐겁게 증진시키려는 욕구이며, 기쁨에 대한 의지인 코나투스에 대하여 다음과 같이 말했다.

> 정리 9. 정신은 뚜렷하고 명확한 관념을 가지고 있는 한에 있어서나, 혼란한 관념을 가지고 있는 한에 있어서나, 무한한 시간동안 자기의 존재를 끈질기게 지속하려고 노력하며, 또한 이러한 자기의 노력(코나투스)을 의식하고 있다. …
> 주석: 이 노력(코나투스)이 정신에만 관계되어 있을 때는 의지라고 불리지만, 그것이 정신과 신체에 동시에 관계되어 있을 때는 충동이라고 불린다. 그러므로 충동은 인간의 본질 자체일 뿐이며, 그것의 본성으로부터 필연적으로 인간의 보존에 기여하는 것들이 나온다. 따라서 인간은 그러한 것들을 행하도록 결정되어 있다. 다음으로, 충동과 욕망의 차이라면, 욕망은 보통 자신의 충동을 의식하고 있는 한에 있어서의 인간에 관련되어 있다는 점뿐이다. 따라서 욕망은 충동에 대한 의식을 수반하는 충동으로 정의될 수 있다. 그러므로 이상의 모든 것으로부터 명백해지는 것은 이러하다. 즉 우리는 어떤 것을 선이라고 판단하기 때문에 그것을 지향하여 노력하고, 원하고, 추구하고, 욕구하는 것이 아니라, 반대로 우리가 어떤 것을 지향하여 노력하고, 원하고, 추구하고, 욕구하기 때문에 그것을 선이라고 판단한다.419)

"우리가 어떤 것을 지향하여 노력하고, 원하고, 추구하고, 욕구하기 때문에 그것을 선이라고 판단한다."고 말할 수 있는 것은 인간이 신이라고 생각하기 때문이다. 그러니 외부의 간섭이 필요 없다. 그 말은 선하다는 관념이 우선되지 않는다고 말한 것이다. 인간이 신이기 때문에 인간이 욕망하는 것이 선한 것이고 인

---

417) Q. 77. What is required in the ninth commandment? A. The ninth commandment requireth the maintaining and promoting of truth between man and man, and of our own and our neighbor's good name, especially in witness-bearing.
418) 강신주, 철학 vs 철학 (서울: 그린비, 2012), 111-119 참고.
419) B. 스피노자, 에티카, 황태연 역 (서울: 도서출판 피앤비, 2012), 169-170.

간의 기쁨이라는 감각이 우선하게 된다.

그렇게 인간을 신으로 정립해 놓고서 그 욕망의 코나투스를 위해 살아가라는 것은 오히려 타자와의 진정한 소통을 불가능하게 만든다. 인간이 스스로 신이 되어 버린 세상은 아무도 못 말리는 세상이기 때문이다. 자기 스스로가 기준이 되고 오로지 자신의 코나투스를 증가시키기 위해 사는 인간은 폭력성을 휘두른다. 인간은 그 무서운 횡포를 역사를 통해 처절하게 체험해 왔다.

스피노자는 타자와의 소통의 한계를 극복하기 위해 어떻게 할까? 타자와 마주쳤을 때 인간에게는 두 가지 반응이 있다. 기쁨을 느꼈을 때는 코나투스가 증가된 것이고 슬픔을 느꼈을 때는 코나투스가 감소된 것이다. 코나투스가 증가되었을 때는 타자와 소통과 연대를 유지하여 함께 행복해질 수 있으며, 코나투스가 감소했을 때는 투쟁해야 한다고 말했다. 중요한 것은 코나투스를 획득하려는 경향을 지닌 인간이기 때문에 억압하는 사람들에 대해서는 투쟁해야 한다는 것이다.420)

나의 욕망의 코나투스를 증대시키는 경향에 반대되는 것은 억압이 되어 버린다. 거기에 대한 해결책이 투쟁이라면 결국은 더 힘센 사람이 세상의 주인이 되어 버린다. 하나님 없는 인간의 삶은 힘의 원리가 지배하는 세상이다. 거기에는 타자와의 진정한 소통이란 불가능하다.

다음으로 강신주 교수는 라이프니츠를 말했다. 라이프니츠는 "타자와의 소통은 불가능하며, 동시에 불필요하다."고 말했다. 라이프니츠는 "창이 없는 모나드"라는 유명한 말을 했는데, 그것은 '나를 벗어나서는 누구와도 소통할 수 없다'는 의미다. 라이프니츠가 소통의 불가능성을 말하는 이유는 무엇인가? 그것은 인간의 한계성 때문이다.

모든 명제는 필연적 진리로 주어만 이해해도 참과 거짓의 구분이 가능한 분석명제와 주어를 이해하는 것만으로는 참과 거짓의 구분이 불가한 종합 명제 두 가지로 나누어진다. '이모부는 엄마의 여동생의 남편이다.'는 이미 이모부라는 개념 안에는 이모와 결혼한 남자라는 전제가 있다. 그래서 이런 분석명제는 이 명제에서 주어만 이해하면 참과 거짓이라는 것을 판단할 수 있다. 반면에, 종합명제인 '철수는 부산 사람이다'에서 '철수'만으로는 철수의 출생지를 알 수 없다. 라이프니츠는 전지전능한 "신"은 모든 것을 판단할 수 있기에 분석명제이지만, 인간은 그렇게 판단이 안 되기 때문에 타자와의 소통을 불가능하다 했다.421) 또

---

420) http://blog.naver.com/kanghume/80169052282

한 분석명제가 참과 거짓을 결정하기 위해 경험을 필요로 하지 않는 것이나, 종합명제는 그 진위를 판단하기 위해 반드시 경험을 필요로 한다.[422] 한 마디로 인간은 모든 것을 경험하지 못하기 때문에 소통이 불가능하다.

진정한 의사소통은 자기 욕망과 자기 의가 사라져야만 한다. 그러나 인간으로서는 그럴 수 없다. 그러기에 인간은 자기 의를 버리고 예수 그리스도의 십자가 피로써 구원을 받아야만 한다. 그럴 때에만 진정한 의사소통이 시작된다. 그렇게 구원과 언약을 맺은 자들에게 9계명은 다음과 같이 요구한다.[423]

1) 사람과 사람 사이에 진실함과

여호와 하나님은 언제나 진실하시나[424] 마귀는 언제나 거짓되다.[425] 존재는

---

421) http://blog.naver.com/kanghume/80169052282/
422) 강신주, 철학 vs 철학 (서울: 그린비, 2012), 116. 강신주의 코멘터리를 참고하라(p. 119). "데카르트는 고독한 사유 주체, 즉 '코기토'를 발견했다. 이것은 결국 인간이 유한하다는 사실에 대한 발견과 동일한 것이기도 했다. 사실 유한성의 발견은 항상 어떤 외부성의 발견과 동시적으로 진행된다는 점에 주목할 필요가 있다. 한계가 있다는 말은 바깥이 있다는 말에 지나지 않기 때문이다. 이제 이 문제로부터 근대철학의 속앓이가 본격적으로 시작된다. 어떻게 하면 유한자로서 인간은 외부와 관련을 맺을 수 있을까? 어떻게 하면 우리는 타자와 적절한 관계를 맺을 수 있을까? 에피쿠로스(Epikouros)가 '쾌락'의 원리를 제안했던 것처럼, 스피노자는 기쁨의 원리를 제안한다. 타자와 마주쳤을 때 '기쁨'을 느낀다면, 우리는 그 타자와의 관계를 지속해야만 한다. 반대로 타자와 마주쳤을 때 기쁨을 느끼지 않는다면, 우리는 그 타자와의 관계를 지속할 필요가 없다는 것이다. 바로 여기서 스피노자 특유의 기쁨의 윤리학이 시작되고 있다. 반면 라이프니츠는 타자와의 관계나 무관계는 모두 사전에 신에 의해 예정되어 있다고 주장한다. 다시 말해 신은 모든 개체들에게 자신을 제외한 전체와 관계를 맺을 수 있는 잠재성을 부여했다는 것이다. 그는 우리가 누군가와 처음 만나 관계를 지속한다고 해도, 이것은 우리의 자유로운 결정에 의해서가 결코 아니라고 보았다. 단지 구체적인 삶에서 신이 부여한 관계의 한 가지 잠재성이 지금 실현되고 있을 뿐이라고 본 것이다. 우리가 라이프니츠를 읽을 때 스토아학파를 생각하는 것도 다 이유가 있었던 셈이다. 스토아학파에게서도 우주의 현실적인 모습들은 모두 감겨진 실패가 차례대로 풀리는 것처럼 진행된 결과에 지나지 않기 때문이다. 결국 스피노자가 '관계의 외재성'(externality)이라는 테마를 따르고 있다면, 라이프니츠는 '관계의 내재성'(internality)이란 테마를 취하고 있다고 할 수 있겠다. 스피노자에 따르면 우리는 타자와 마주쳤을 때 기쁠지 혹은 그렇지 않을지를 사전에 미리 결정할 수 없다. 반면 라이프니츠에게 있어 기쁨의 관계든 혹은 슬픔의 관계든 그것은 모두 내재화된 관계가 실현되어 드러난 것에 불과한 것이다. 스피노자의 생각이 옳은가? 라이프니츠의 생각이 옳은가? 중요한 것은 두 사람의 생각 중 어느 것을 선택하느냐에 따라, 세계를 이해하는 우리의 입장과 삶을 영위하는 우리의 태도가 천양지차로 달라질 것이라는 점이다."
423) 하이델베르크 교리문답 제112문: 제 9계명에서 무엇을 요구하고 있습니까? 답: 내가 누구를 대하든지 거짓증언을 하지 않고, 남의 말을 왜곡시키지 않으며, 험담하거나 욕을 하지 않고, 분별없이 잘 알지도 못하면서 다른 사람을 비난하는 일에 가담하지 않아야 하고, 내가 모든 거짓말과 속임을 하나님의 무서운 형벌을 마땅히 받아야 하는 마귀의 일로 생각하고 피해야 하고, 재판과 그 외에 모든 일에 있어서, 내가 항상 진리를 사랑해야 하고, 정직하게 말하고, 고백해야 하며, 이웃의 명예와 체면을 지켜주고, 높여주어야 한다는 것입니다.
424) 여호와께서 그의 앞으로 지나시며 반포하시되 여호와로라 여호와로라 자비롭고 은혜롭고 노하기를 더디하고 인자와 진실이 많은 하나님이로라(출 34:6).
425) 너희는 너희 아비 마귀에게서 났으니 너희 아비의 욕심을 너희도 행하고자 하느니라 저는 처음부터 살인한 자요 진리가 그 속에 없으므로 진리에 서지 못하고 거짓을 말할 때마다 제 것으로 말 하나니 이는 저가 거짓말쟁이요 거짓의

그 속성을 드러내기 때문이다. 여호와의 은혜로 구원받은 백성들은 하나님의 그 성품을 본받아 살아가는 자들이기에 거짓을 버리고 진실을 말하고 살라고 명령한다.

> 그런즉 거짓을 버리고 각각 그 이웃으로 더불어 참된 것을 말하라. 이는 우리가 서로 지체가 됨이니라(엡 4:25)

그것은 옛언약에서도 동일했다. 하나님께서는 자기 백성들이 여호와 앞에서 그 맺은 언약대로 진실한 백성이 되기를 원하셨다. 그러나 그들은 언약을 저버리고 자기 욕심대로 행하여 심판을 받아 포로로 잡혀갔다. 하나님의 은혜로 포로에서 본토로 돌아왔으나 그들은 여전히 옛사람의 모습을 버리지 못하고 있었다.

> 너희가 행할 일은 이러하니라 너희는 각기 이웃으로 더불어 진실을 말하며 너희 성문에서 진실하고 화평한 재판을 베풀고(슥 8:16)

스가랴 8장은 화복에 대한 말씀이다. 그 화복의 핵심은 예루살렘 성전의 화복이다. 그것은 단순히 성전 화복, 도시의 화복이 아니라 이스라엘 공동체, 언약공동체의 화복이다. 그것은 메시아가 도래하여 화복할 교회의 화복까지도 바라보고 있다. 그 중에서도 16절 말씀은 성전재건에 착수할 자들이 가져야할 삶에 대해서 말한다. 그들은 외적으로 종교적인 의식을 지키는 것보다 언약의 백성다운 삶을 살아야 할 것을 요구한다. 여기 이 말씀에서 나오는 '진실', '재판'이런 말들은 언약을 기초로 한다. 그 언약대로 얼마나 삶으로 살아가느냐를 요구하는 것이지 얼마나 종교성을 발휘했느냐를 말하지 않는다.

2) 또 우리 자신과 우리 이웃의 명예를 보존하며 증진시키라는 것인데

칼빈은 우리가 이웃의 명예와 안녕을 지켜주는 법을 배워야 한다고 말했다. 그렇게 할 때에 우리가 속한 사회는 질서와 화합을 이루어 가게 되기 때문이다. 그러나 현실은 어떤가? 사람들은 자기 욕심을 채우기에 급급하여 타인의 고통과 아픔에는 관심이 없다. 자본주의는 더욱 부익부 빈익빈이 심해져 가고 있다. 그것은 멸망의 증상 중에 하나다.

아비가 되었음이니라(요 8:44)

3 여호와께서 말씀하시되 그들이 활을 당김같이 그 혀를 놀려 거짓을 말하며 그들이 이 땅에서 강성하나 진실하지 아니하고 악에서 악으로 진행하며 또 나를 알지 아니하느니라 4 너희는 각기 이웃을 삼가며 아무 형제든지 믿지 말라 형제마다 온전히 속이며 이웃마다 다니며 비방함이니라 5 그들은 각기 이웃을 속이며 진실을 말하지 아니하며 그 혀로 거짓말하기를 가르치며 악을 행하기에 수고하거늘 6 네 처소는 궤휼 가운데 있도다 그들은 궤휼로 인하여 나 알기를 싫어하느니라 나 여호와의 말이니라 하시니라(렘 9:3-6)

지금 예레미야 선지자는 비참한 예루살렘 멸망의 상황을 말하고 있다. 그 상황이 얼마나 극심한지 울어도 울어도 끝이 없다. 밤낮으로 살육을 당하는 이 처참한 상황을 예레미야는 절규하고 있다. 왜 이런 상황에 직면하게 되었는가? 거짓선지자들의 허황된 말 때문이었다. 그들은 심판도 없고 파멸도 오지 않을 것이라고 떠들어댔다. 그로 인해 유다는 회개하지 않았고 결국 적국의 무서운 칼이 예루살렘을 피로 물들게 했고 파멸을 가져왔다.

우리 자신과 이웃의 생명과 명예를 지키는 길은 여호와 하나님을 두려워하고 그 언약을 신실하게 지킬 때에 이루어진다. 인간과 세계를 간섭해 가시는 하나님이 계심을 알 때 인간은 겸손해지며, 코나투스가 기준이 아니라 하나님의 말씀이 기준이 될 때 인간은 참다운 생명력을 누리게 된다. 현실이 온갖 악으로 넘쳐날 때에 하나님을 두려워하고 그 마음에 성경대로 살아가는 자들을 찾으신다.426)

3) 특히 증언할 때 그렇게 해야 합니다

성경이 말하는 증언이란 언약에 근거하는 개념이다. 그 말이 가지는 의미는 생명을 걸고 증거한다는 뜻이다. 언약을 지키느냐 안 지키느냐는 죽느냐 사느냐로 결정나는 중대한 약속이었다. 그러므로 성경에서 거짓 증언을 한다는 것은 언약을 저버리고 하나님을 두려워하지 않는 강퍅한 마음을 가지게 되었다는 것을 의미한다.

> 신실한 증인은 거짓말을 아니하여도 거짓 증인은 거짓말을 뱉느니라(잠 14:5)
> 진실한 증인은 사람의 생명을 구원하여도 거짓말을 뱉는 사람은 속이느니라(잠 14:25)

---

426) 너희는 예루살렘 거리로 빨리 왕래하며 그 넓은 거리에서 찾아보고 알라 너희가 만일 공의를 행하며 진리를 구하는 자를 한 사람이라도 찾으면 내가 이 성을 사하리라(렘 5:1)

법정에서 증인은 재판의 결과를 좌우하는데 결정적인 요소다. 증인의 말 한 마디가 생명을 구원하기도 하고 죽이기도 한다. 특히 이스라엘의 법정이란 하나님 앞에서 증언한다는 개념이 확고했다. 이스라엘 백성들은 언약을 맺을 때 그 언약의 말씀대로 살기로 약속했다. 자기를 대신하여 죽은 희생제물을 두고 약속했다. 그런데 현실의 욕심 때문에 내몰라라 하고 거짓말을 하는 죄를 범하는 것은 여호와 하나님을 버리고 언약을 파기하는 것이었다. 그것은 하나님의 이름과 영광을 훼손하는 일이었다.

새언약의 성도들은 자신의 명예가 소중하듯이 이웃의 명예를 귀하게 여겨야 한다. 그리스도인들이 진실하게 살아서 하나님의 이름이 공연히 더럽혀지는 일이 없어야 한다. 그것이 하나님의 명예를 높이는 삶이다. 왜냐하면 하나님께서는 하나님의 형상을 따라 인간을 창조하셨기 때문이다.

제78문 제9계명에서 금하는 것은 무엇입니까? (대145)
답: 제9계명이 금하는 것은 무엇이든지 진실을 왜곡하거나 혹은 우리 자신과 우리 이웃의 명예를 손상시키는 일입니다.[427]

진실을 왜곡하는 일은 왜 일어나는가? 그것은 자기 욕망을 채우려고 하기 때문이다. 세상 사람들은 욕망에 대하여 무엇이라고 생각하고 있는가?

> 어떤 욕망이 참되고 참되지 않은지는 어떻게 분별할 수 있나요?
> 참된 욕망은 나의 인간다움과 자기다움을 증진시키는 욕망이고, 참되지 않은 욕망은 나의 인간다움과 자기다움을 방해하는 욕망입니다. 우리가 타인의 인정을 받을 때 행복한 것은 사실입니다. 그래서 우리가 추구해야 하는 것은 내가 나답게 살아서 타인의 인정까지 받는 것입니다. 여기서 타인의 인정은 결과이지 목적이 아닙니다. 타인의 인정을 결과로 추구하면 타인의 인정이 없어질까 불안해하지 않을 수 있습니다. 그러나 타인의 인정을 목적으로 하는 경우에는 타인의 인정이 없어질까 상당히 불안해하게 됩니다. 인기 연예인들이 느끼는 불안한 행복이 이런 것이지요.[428]

참된 욕망의 기준이 무엇인가? 박은미 교수는 "나의 인간다움과 자기다움을 증진시키는 욕망"이라고 한다. 그러면, 참되지 않은 욕망, 곧 "나의 인간다움과 자기다움을 방해하는 욕망"이 발생하는 이유가 무엇인가? 그것은 "우리 안에는 타인의 목소리가 내면화되어 있기 때문에 있는 그대로의 자신을" 보기 어렵기 때문이라고 한다. 타자로부터 강요된 욕망을 버리고 "자신의 마음 밑바닥에서 울려 퍼지는 소리를 듣는 것이 있는 그대로의 나를 보"라고 말한다.

어떻게 "그대로의 나"를 바라볼 수 있는가? 그것은 오로지 '실존적 결단'으로 자신의 삶을 살아가는 것이라고 말한다.

> 진짜 나로 사는 것은 인간이 처한 실존적 조건을 딛고 일어설 때 가능하다고 말씀하셨습니다. 자세한 설명 부탁드립니다.
>
> 이것이 진짜 나다운 일인가, 지금 나의 삶이 진짜 삶인가를 가늠해볼 수 있는 리트머스 시험지가 되는 질문이 있습니다. "내일 죽어도 이 일을 하고 싶은가? 내일 죽어도 오늘처럼 살고 싶은가?"입니다. 실존적 조건을 자각한다는 것은 '살아간다 = 죽어간다'의 등식을 자각하는 것입니다. 그러니까 실존적 조건을 딛고 선다는 것은 자신의 죽음에 직면한다는 것이지요. 사람들은 죽음을 타인의 것으로만 생각하지 자신의 것으로 생각하지 않습니다.

---

[427] Q. 78. What is forbidden in the ninth commandment? A. The ninth commandment forbiddeth whatsoever is prejudicial to truth, or injurious to our own, or our neighbor's, good name.
[428] http://channel.pandora.tv/channel/video.ptv?ch_userid=onobooks&prgid=47733924 박은미, 참된 욕망과 참되지 않은 욕망(철학카운슬링특강 #6)

그러나 인간은 결국 죽고야 말 인생을 살고 있다는 것이 진실입니다. 이 진실을 회피해 버릇하면 가짜 나로 살게 됩니다. 남들이 좋다는 것을 따라다니느라 인생을 낭비하게 되지요. 이렇게 살다보면 마음 깊은 곳에서 차오르는 행복을 느끼기는 어려워집니다. 자꾸 더 행복 타령을 하고 남들에게 행복한 사람으로 보이려 노력하게 되고요. 죽음에 직면해 자신의 삶을 어떻게 꾸려갈 것인지를 스스로 결정해 살면서, 늘 자신의 죽음을 자각해 자신의 목소리를 헛된 것으로 어지럽히지 않아야 진짜 나로 살 수 있습니다.429)

하이데거의 영향을 입은 박은미 교수는 죽음을 직면함으로써 시간의 유한성이라는 한계상황으로 자기다움을 성찰하라고 한다. 지금이 삶의 마지막이라고 생각하고 실존적 결단으로 '진짜 나'로 살아가라는 것이다.430) 이런 실존주의자들에게 '진짜 나'는 도대체 무엇이란 말인가? 어떤 외부의 간섭도 없는 '진짜 나'는 무엇이란 말인가? 그 한계를 어떻게 극복해 가는가?

> 인간은 타자와의 관계에서 자기 자신을 꿰뚫어보기 때문에 사랑의 과정은 우리 각자를 '진짜 나'가 되게 하는 과정이기도 하다. … 그래서 충분히 네가 아닌데 너와 소통하는 내가 충분히 나일 수 없다고 보는 것이다. 사랑하면서의 투쟁 속에서 동시적으로만 나와 네가 함께 실존이 될 수 있다.431)

야스퍼스의 철학에 근거해서 일방적 희생이나 자신의 편향성에 치우친 투쟁이 아닌 두 주체간의 '사랑하면서의 투쟁'을 말했다. '진짜 나'로 살기 위하여 자신만 그렇게 살아서는 안 되고 다른 사람들도 그렇게 살아야 한다는 것이다. 모두가 다 '진짜 나'로 살아야 각자가 '진짜 나'로 살 수 있기 때문이다. 과연 그렇게 사람들이 살아갈 수 있는가? 아니 그렇게 살아가는 사람들이 있는가? 존재하고 있기 때문에 싸울 수밖에 없는 사이라는 것을 알고 상대방을 미워하지 않고 투쟁을 통해 서로를 발전시킬 수 있는 투쟁이 되도록 노력하는 '사회적 실존'은 불가능하다. 타인을 품고 격려하고 끊임없는 자기반성으로 한계상황을 넘어가라고 하지만 인간은 그럴만한 능력이 없는 것을 어쩌란 말인가?

왜 그런가? '사랑하면서의 투쟁'은 타자를 긍정하려고 하지만 타자가 억압하고 파괴적일 때는 나의 의지의 결단으로 무엇이든지 감행하기 때문이다. 야스퍼스는 죽음을 적극적으로 받아들이고, 고통이 자신을 통과하도록 둘 수 있는 사람이 되라고 큰 소리쳤지만, 억압과 파괴적 고통에서 벗어나기 위해 선택하는 자살은 존엄하다고 말했다. 한계상황을 뛰어넘기 위해 죽음과 고통을 받아들이

---

429) http://blog.daum.net/1n1media/964/ 박은미 건국대학교 교수의 "지금 그대로의 나여도 괜찮아!"
430) http://www.pressian.com/news/article.html?no=69052/ 박은미의 『진짜 나로 살 때 행복하다』
431) 박은미, 진짜 나로 살 때 행복하다 (서울: 소울메이트, 2013), 315-316.

는 것이나 자살을 하는 것이나 나의 의지의 표현이다. 인간은 한계상황을 뛰어넘지 못하는 한계라는 것을 스스로 드러낸 것이다.

실존주의자들에게 있어서 실존의 한계상황을 해결하는 실마리는 궁극적 타자에 있다. 키에르케고르에게는 신이, 하이데거에는 존재가, 야스퍼스에게는 타인들 그 자체가 궁극적 타자였다. 그러나 궁극적 타자의 위협 앞에 실존적 선택과 결단을 하라는 야스퍼스는 왜 불교의 '자기부정을 통한 고통의 극복'을 말했는가? 야스퍼스는 세계철학의 전개의 일환으로 출판된 『위대한 철학자들』 제1권(1957)에서 동서의 철학자들 가운데 싯다르타와 나가르주나(Nagarjuna, 용수龍樹)를 포함시켰다.432) 이것은 실존주의의 도약을 말해 주는 증거다. 히틀러와 나치주의자들의 배타적 민족주의와 맹목적 광신으로 자행되어지는 무서운 죄악들을 체험한 야스퍼스는 실존의 의지로 그것을 감당해내지 못했던 것이다. 인간에게 모든 외적인 간섭을 버리고 '진짜 나'로 살아가라는 것은 실존이든 현존재

---

432) http://www.beopbo.com/news/articleView.html?idxno=58341/ 〈야스퍼스는 이 연구에서 불타의 가르침의 특징을 두 가지 측면에서 긍정적으로 높이 평가하고 있다. 첫째로, 불타는 철저한 자기 부정을 통해서 고통으로부터 벗어나는 해탈의 길을 가르쳤다. 그리고 기도, 은총, 희생, 제사 등 중에 어느 것도 해탈을 가져오지 못하며, 오직 개인 각자의 의지와 노력에 의해 획득되는 지혜만이 해탈을 가져올 수 있다고 가르쳤다. 야스퍼스는 이 점을 특별히 강조하며, 불타의 가르침을 지력적 구원을 가르치는 철학으로 이해하고 있다. 야스퍼스는 여기서 실체론적 자아관을 부정하면서, 개인 각자의 의지와 노력에 의해 본래적 자기를 실현할 수 있다고 주장하는 그 자신의 실존철학의 입장에서, 불타의 무아의 지혜에 깊은 공감을 표시하면서 해탈에 대한 불타의 가르침을 철학이라고 칭하고 있다. 더 나아가서, 야스퍼스는 불타는 철저한 자기 부정을 통한 고통의 극복을 가르치는 지혜의 교사였을 뿐만 아니라, 그 자신이 스스로 "개인을 넘어 선 존재"가 되었고, "개인의식을 수반하지 않는 인격의 힘"을 획득한 사람이라는 점을 지적하고 있다. 철저한 자기 부정을 통해 "개인을 넘어 선 무아의 존재가 된" 불타의 성불에서 야스퍼스는 실존에 관한 지식이 중요한 것이 아니고, "실존이 되는 것"이 중요한 것임을 주장하는 실존철학의 핵심적인 가르침을 몸소 체험해 보여준 동양적 실존의 모습을 보고 있는 것 같다. 다음으로 그의 「용수론」에서, 야스퍼스는 용수(龍樹, Nagarjuna)보살의 대승불교적 공 철학, 특히 그의 공(空)의 논리에 대해 특별한 주의를 기울여 매우 심도 있는 연구를 전개하고 있다. 용수의 중관철학의 근본적 사유 방식인 소위 공의 논리학을 자기 자신의 포괄자 론의 철학적 논리학과 다르지 않은 것으로 이해하고 있기 때문이다. 용수의 공의 논리학이 사고 할 수 있는 모든 것, 말로 표현할 수 있는 모든 것을 무차별하게 철저히 파괴해 버리는 사유운동의 과정 속에서 사유할 수도 없고, 말로 표현할 수 없는 절대 공으로서의 만법의 실상을 직관하는 경지에로 이끌어가는 방편이었던 것처럼, 야스퍼스의 포괄자론의 철학적 근본조작으로서의 소위 '초월하는 사고'도 또한 사고된 모든 것을 부정하고 언표된 것을 모두 철회해 버리는 자기 지양적 사유운동의 과정 속에서 사유 불가능하고 언표 불가능한 주객미분의 비대상적 포괄자로서의 존재자체를 감득하게 하는 사유의 조작인 것이다. 이와 같이 용수의 공의 논리학과 야스퍼스의 철학적 기본 조작의 방법은 사유에 의한 사유의 해소 또는 사유 안에서의 사유의 초월이라는 공통된 기능을 지닌다고 말할 수 있다. 여기에서 우리는 야스퍼스가 용수의 공 철학, 특히 공의 논리학에 대해서 특별한 관심을 기울이게 된 이유를 짐작할 수 있다. 더 나아가서 야스퍼스는 용수의 공철학에서 용서와 관용 그리고 무제한의 개방성의 경향 등을 읽어내고 있다. 그리고 대승불교적 관용과 개방성, 포용과 공존은 바로 이 공철학에 기반을 두고 있는 것이라고 본다. 야스퍼스에 의하면, 공철학은 모든 사물을 공한 것으로 보는 입장에서 차별 없이 받아들이기 때문에 매우 폭 넓은 포용성을 허락하며, 세간적인 모든 것에 대해서 무관심하기 때문에 다른 종교들의 생활방식, 그리고 세계상에 대한 관용이 생기게 되고, 이러한 것들과 공존할 수 있는 무제한 한 개방성이 가능한 것이다.〉

이든 사지(死地)로 내모는 것이다. 인간의 욕망이 충동하는 대로 살아서는 절망과 비참함과 죽음뿐이다!

그러므로 우리가 타인을 향하여 신실한 증인으로서 살아가기 위해서는 인간의 본성이 이미 죄악되다는 것을 인정하고 인간 스스로는 그 죄악 된 본성을 해결할 수 없다는 것을 시인해야 한다. 거기로부터 벗어나는 길은 우리 안에서가 아니라 우리 밖에서, 곧 예수 그리스도에게 있다는 것을 알고 믿는 것뿐이다. 인간이 아무리 자기부정으로 고통을 극복하려고 해도 그 본성에서 올라오는 죄악을 어찌할 수가 없기 때문이다. 그리스도 안에서 타인을 바라보고 품어가지 않으면 인간은 그 죄성에 지배를 받고 욕망의 종이 된다. 구원받은 성도라도 아직 완성된 자가 아니기 때문에 그 죄성과 싸워가야 한다. 그러므로 하나님께서는 구원받은 언약의 백성들에게 제9계명을 통해 다음과 같은 일을 금하고 계신다.

1) 무엇이든지 진실을 왜곡하거나

제9계명은 타인들과 책임 있는 존재로 함께 살아갈 것을 요구한다. 그렇게 자기 책임을 다하지 않는 것은 무엇인가? 사랑과 공의를 버리고 진리를 왜곡하는 것이다. 성경은 그런 일에 대하여 형벌이 있을 것을 말하고 있다.

> 거짓 증인은 벌을 면치 못할 것이요 거짓말을 내는 자도 피치 못하리라(잠 19:5)

이스라엘에게 증인이란 언약적인 의미를 포함하고 있다.[433] 사사로이 증거하는 것이 아니라 공개적인 증거다. 공개적인 증거라는 것은 나 한 사람의 책임이 아니라 모두의 책임이라는 뜻이다. 그래서 언약공동체. 언약공동체 내에서 거짓 증거를 한다는 것은 공동체 전체를 속이는 것이다.

> 여호와께서 모든 아첨하는 입술과 자랑하는 혀를 끊으시리니(시 12:3)

시편 12편에서 다윗은 언약공동체 내에서 '경건한 자'와 '충실한 자'가 끊어져가고 있는 현실을 안타까워하며 하나님께 호소하고 있다. 언약을 신실하게 지켜

---

[433] 내가 오늘날 천지를 불러 증거를 삼노니 너희가 요단을 건너가서 얻는 땅에서 속히 망할 것이라 너희가 거기서 너희 날이 길지 못하고 전멸될 것이니라(신 4:26) 내가 오늘날 천지를 불러서 너희에게 증거를 삼노라 내가 생명과 사망과 복과 저주를 네 앞에 두었은즉 너와 네 자손이 살기 위하여 생명을 택하고(신 30:19)

가는 사람들이 사라져가고 거짓을 말하는 사람들이 득세하는 시대를 가슴아파했다. 거짓은 다만 거짓말이 아니라 하나님을 두려워하지 않기 때문에 나오는 거짓이다.434) 그들은 하나님의 말씀을 저버린 사람들이다. 그러나 하나님을 의지하고 그 말씀을 신실히 지켜가는 자들은 여호와께서 지키시고 영원히 보존하실 것이다.

왜 경건한 자들은 여호와의 말씀에 순종하는가?

> 여호와의 말씀은 순결함이여 흙 도가니에 일곱 번 단련한 은 같도다(시12:6)

거짓을 밥 먹듯이 하는 악인들의 말과는 달리, 여호와의 말씀은 절대적으로 신뢰할 수 있다는 뜻이다. 하나님의 말씀은 마치 도가니에 일곱 번 단련한 은 같이 아무것도 섞여 있지 않다. 그런 까닭에 경건한 자들은 여호와의 말씀에 즐거이 순종한다. 악인들은 거짓과 아첨, 헛된 것으로 사람들을 미혹하여 사람들로 하여금 죄악에 물들게 하고 절망케 하나, 하나님의 말씀은 신실하여 그 말씀을 순종하는 자들에게 거룩과 생명으로 이끄시며 영원한 하나님의 나라로 인도하신다.

하나님께서는 소돔성이 멸망할 때에 의인 열 명이 있으면 멸망시키지 않으실 것이라고 아브라함에게 말씀하셨다. 하나님께서는 경건한 자들을 찾으시고 그들을 향하여 은혜를 베푸시고 지키시는 하나님이시다. 세상이 아무리 어지럽고 교회가 아무리 혼합주의로 빠진다고 할지라도 하나님께서는 그 중에서 경건한 자를 찾으신다. 그것이 하나님을 바라고 그 말씀에 순종하며 믿음의 순수성을 지켜가는 자들의 소망이다.

그러나 악인들은 거짓되고 악한 말로 가득하다.

> 저희 목구멍은 열린 무덤이요 그 혀로는 속임을 베풀며 그 입술에는 독사의 독이 있고(롬 3:13)

이 말씀은 시편 5편 9절과 14편 3절에서 인용된 것이다.

> 저희 입에 신실함이 없고 저희 심중이 심히 악하며 저희 목구멍은 열린 무덤같고 저희 혀로는 아첨하나이다(시 5:9)

---

434) 저희가 말하기를 우리의 혀로 이길지라 우리 입술은 우리 것이니 우리를 주관할 자 누구리요 함이로다(시 12:4)

다 치우쳤으며 함께 더러운 자가 되고 선을 행하는 자가 없으니 하나도 없도다(시 14:3)

"신실함이 없다"는 것은 언약을 저버리고 산다는 뜻이다. 그들의 목구멍은 열린 무덤 같다. 이스라엘의 무덤은 사람이 드나들 수 있는 굴로 된 무덤이다. 그들은 자신들의 욕심을 채우기 위하여 거짓으로 사람들의 영혼을 죽이는 사람들이다. 그렇게 하는 사람들은 무지한 사람들이 아니다. 예수님께서도 서기관과 바리새인들에게 강력하게 책망하셨다.

> 화 있을진저 외식하는 서기관들과 바리새인들이여 너희는 천국 문을 사람들 앞에서 닫고 너희도 들어가지 않고 들어가려 하는 자도 들어가지 못하게 하는도다(마 23:13)
> 화 있을진저 외식하는 서기관들과 바리새인들이여 너희는 교인 하나를 얻기 위하여 바다와 육지를 두루 다니다가 생기면 너희보다 배나 더 지옥 자식이 되게 하는도다(마 23:15)
> 소경된 인도자여 하루살이는 걸러내고 약대는 삼키는도다(마 23:24)

그들은 율법에 대하여 박식하였고 율법을 가장 잘 지킨다고 자랑하는 사람들이었다.[435] 서기관과 바리새인들은 천국 문을 닫고 자기들도 들어가지 않고 천국에 들어가려는 자들도 못 들어가게 했다. 그들은 자기 의로 가득했기 때문에 자신들의 죄악이 무엇인지 알지 못했다.

2) 혹은 우리 자신과 우리 이웃의 명예를 손상시키는 일입니다

언약은 언제나 이웃과 함께 거룩을 지켜가라고 말한다.

> 16 여호와의 미워하시는 것 곧 그 마음에 싫어하시는 것이 육 칠 가지니 17 곧 교만한 눈과 거짓된 혀와 무죄한 자의 피를 흘리는 손과 18 악한 계교를 꾀하는 마음과 빨리 악으로 달려가는 발과 19 거짓을 말하는 망령된 증인과 및 형제 사이를 이간하는 자니라(잠 6:16-19)

이 말씀은 언약 백성으로서 경제 활동의 거룩함이 무엇인지를 말해 준다. 가장 먼저 말한 것은 담보와 보증이다. 그것은 자기 스스로 감당할 수 없는 자기 능력 밖의 일에 관여하지 말라는 것이다. 그것이 17절에서 말하는 교만이다. 교만이란 하나님 없이도 나 혼자 잘 살 수 있다는 말이다. 그러나 인간은 자신이 감당할 능력도 없으면서 괜히 과시만 하니 결국 자신도 망하고 가정이 파탄난다. 개미에게 가서 그 지혜를 배우라고 한다. 감당하지도 못할 일을 왜 하는가? 일

---
[435] 화 있을진저 너희 바리새인이여 너희가 박하와 운향과 모든 채소의 십일조를 드리되 공의와 하나님께 대한 사랑은 버리는도다 그러나 이것도 행하고 저것도 버리지 아니하여야 할지니라(눅 11:42)

확찬금을 노리기 때문이다. 우연을 기대하지 말고 자기 책임을 성실하게 감당하는 것이 성도가 가야할 길이다.

> 너희가 서로 거짓말을 말라 옛 사람과 그 행위를 벗어버리고(골 3:9)

이 말씀에서 "서로 거짓말을 말라"는 것은 교회 안에서 믿는 자들과의 관계에서 거짓말을 하지 말라는 뜻이다. 교회는 그리스도를 머리로 하는 언약공동체다. 교회 내의 거짓은 공동체를 무너뜨리는 주범이다.[436] 왜 교회는 그런 거짓이 발붙여서는 안 되는가? 이제는 새사람이 되었기 때문이다. 죄의 종노릇하던 옛 사람의 행위를 벗어버리고 이제는 의와 거룩을 향하여 달려가는 하나님의 백성이기 때문이다. 그러나 사람들은 어떻게 살아가고 있는가?

> 군병들도 물어 가로되 우리는 무엇을 하리이까 하매 가로되 사람에게 강포하지 말며 무소하지 말고 받는 요를 족한 줄로 알라 하니라(눅 3:14)

누가복음 3장은 세례 요한의 활동과 예수 그리스도의 공생애 사역의 준비에 대하여 말한다. 요한은 광야에서 "죄 사함을 얻게 하는 회개의 세례"를 전파했다. "회개에 합당한 열매를 맺"으라고 소리쳤다. 왜냐하면 "이미 도끼가 나무뿌리에 놓였"기 때문이다. "좋은 열매를 맺지 아니하는 나무마다 찍혀 불에 던져"질 것이다. 그 설교를 듣고, 세리들도 군인들도 나아와 세례를 받았다. 그들은 "우리는 무엇을 하리이까?"하고 물었다. 요한은 "강포하지 말며 무소하지 말고 받는 요를 족한 줄로 알라"고 했다. 당시에 군인들은 월급이 적었고 생계가 어려웠다. 따라서 그들은 사람들에게 강압과 부정으로 백성들의 돈을 강탈했다.

그러나, 하나님께서는 언약의 백성들에게 다음과 같이 살 것을 원하신다.

> 그의 혀로 남을 허물하지 아니하고 그의 이웃에게 악을 행하지 아니하며 그의 이웃을 비방하지 아니하며(시 15:3)

질문과 대답의 형식으로 이루어져 있는 시편 15편은 예루살렘 성소에 들어갈 때 암송한 예배시다. 시편 14편이 "이스라엘의 구원이 시온에서 나오기를 원하도다"(7절)하면서 구원에 필요한 대속 제물에 대하여 말하며, 15편은 그 구원을

---

[436] 또 저희가 게으름을 익혀 집집에 돌아다니고 게으를 뿐 아니라 망령된 폄론을 하며 일을 만들며 마땅히 아니할 말을 하나니(딤전 5:13)

받은 백성들이 하나님과 교제를 지속해 나가는 '거룩'에 대하여 말한다. 하나님께서는 언약한 자기 백성들에게 "내가 거룩하니 너희도 거룩할 찌어다"(레 11:45)하며 거룩한 백성으로 살기를 요구하신다.

시 15편 3절은 성전에 들어갈 조건들 중 세 가지의 소극적 측면들을 말한다. 1) "그 혀로 참소치 아니하고"는 다른 사람을 중상 모략하기 위해 그 혀를 놀려대는 것을 말한다. 2) "그 벗에게 행악지 아니하며"는 다른 사람을 비방하는 행위를 가리킨다. 3) "그 이웃을 훼방치 아니하며"는 이웃을 해(害)하기 위해 거짓 증거하지 않는 것이다. 결국 이런 죄악들은 입으로 거짓을 말하는 것들이다. 하나님께서는 그런 일들에 대해 무엇이라 하시는가?

> 너는 네 백성 중으로 돌아다니며 사람을 논단하지 말며 네 이웃을 대적하여 죽을 지경에 이르게 하지 말라 나는 여호와니라(레 19:16)

레위기 19장은 언약 백성인 이스라엘이 지켜야 할 법도와 사회 규범에 대한 규례를 말한다. '논단'이란 이곳저곳을 돌아다니면서 타인을 험담하며 중상모략하는 것을 말한다. "네 이웃을 대적하여 죽을 지경에 이르게 하지 말라"는 것은 의도적이고 적극적으로 이웃을 괴롭혀 죽을 만큼 어려운 지경에 이르게 하지 말라는 것이다. 이것은 '논단'과 관련하여 생각해 볼 때 얼마나 이웃을 고통스럽게 했는지 가히 짐작이 가게 하는 말씀이다.

선의의 거짓말에 대해서

사실대로 말하면 사람의 생명이 어려움에 처하고, 거짓말을 하면 사람의 생명을 구할 수 있는 상황에서 우리는 어떻게 행동해야 하는가? 우리가 살아가는 동안에는 그렇게 불가피하게 거짓말을 해야 할 때가 있다.437) 과연 성도는 어떻게 해야 하는가? 성경에는 소위 '선의의 거짓말'에 대한 사례들이 나온다.

---

437) http://kidok.com/news/quickViewArticleView.html?idxno=34124 이상원(총신대신학대학원 교수·기독교윤리학)"오늘날의 사회에 눈을 돌려 보자. 말기의 암환자의 경우에 소생가능성이 전혀 없을 때는 병세를 솔직하게 이야기해주지만, 수술을 통하여 소생가능성이 있는 경우에는 대체로 1기 정도 되었다고 말하여 환자를 안심시킨 후에 수술을 실시한다고 한다. 이때 환자의 상태를 솔직히 다 말해주면 환자가 심리적으로 위축되고 겁을 먹어서 죽는 확률이 높아지기 때문이다. 이상과 같은 경우에 생명을 위급한 상황에서 건져내야 한다는 동기에서, 그리고 결과도 선한 결과가 예상되는 경우에 이웃을 사랑하고 생명을 살린다는 차원에서 사실을 사실과 다르게 말하는 어법은 정당화될 수 있다. 그러나 이와 같은 상황은 어디까지나 예외적인 상황에 머물러야 하며, 일반적인 도덕법칙으로 승격되어서는 안 된다."

1) 산파가 바로에게 거짓말을 한 경우

출애굽이 일어나기 전에 애굽의 왕은 히브리 산파들에게 여자가 나면 살리며 남자가 태어나면 죽이라고 했다.[438] 그러나 산파들은 왕의 명령을 어겼다. 왜냐하면 하나님의 뜻에 명백하게 어긋나는 말이었기 때문이다.

> 산파가 바로에게 대답하되 히브리 여인은 애굽 여인과 같지 아니하고 건장하여 산파가 그들에게 이르기 전에 해산하였더이다 하매 하나님이 그 산파들에게 은혜를 베푸시니라 백성은 생육이 번성하고 심히 강대하며(출 1:19-20)

산파들이 바로에게 이런 대답을 한 것은 하나님을 경외하였기 때문이다. 그리고 하나님께서 산파들에게 은혜를 베푸심으로 히브리 백성들은 더욱 번성하고 강대해져갔다. 이런 일에 대하여 다음과 같이 가르치는 일이 있다.

> 선의의 거짓말?
> '거짓을 말하지 말라?'는 것은 '어떠한 상황과 이유에서든지 …'입니다. 우리는 흔히 '선의의 거짓말'을 쉽게 용인하고, 심지어 좋은 것이라고 생각하기 쉽습니다.
> 애굽의 산파들이 했던 거짓말이 한 가지 예입니다. 하지만 하나님의 진실하신 속성에 비추어 볼 때 그들은 분명히 거짓을 말하였고, 범죄한 것은 사실입니다. 물론 이들의 거짓말로 히브리 아기들이 살 수 있었지만, 그렇다고 그들의 거짓말이 정당화 될 수는 없는 것입니다. 그 밖에도 성경은 택한 백성들임에도 불구하고 선의로 거짓말하는 사례를 종종 묘사합니다. "그러나 그들은 하나님께 축복을 받지 않았나요? 그렇다면 그 거짓 또한 하나님께서 받으신 것 아닌가요?" 이렇게 되물을 수도 있을 것입니다. 그러나 성경의 초점은, 그들의 거짓이 결과적으로 선을 이루었기에 하나님께 축복을 받았다는 식으로 되어 있지 않습니다. 오히려 그런 죄와 연약함으로 뒤범벅되어 어찌할 수 없는 존재임에도 불구하고 택하신 자들을 끝까지 구원하시는 하나님의 은혜를 더욱 말할 뿐입니다. 계명에 비추어 볼 때, '나와 다른 사람들에게 어떠한 결과를 초래하든' 우리는 진실만 말해야 할 의무가 있습니다. 그러나 불행히도 우리는 그렇게 살 수 없습니다.
> 선의의 거짓말, 그것은 이른바 융통성이라는 명목 하에 은폐되곤 합니다. 이것은 실용주의의 한 단면이라 볼 수 있습니다. 실용주의는 그것이 진실인지 진실이 아닌지에 대해서는 전혀 관심이 없습니다. 다만 그것이 불러일으킬 효과만을 따집니다.
> 그리고 (특히 자신보다는 타인에 대하여) 그 효과가 크면 클수록 선의의 거짓말은 마땅한 것이고, 융통성 있는 것이고, 지혜로운 것으로 여겨집니다. 우리는 하나님의 영원한 도덕법에 대해 배우고 있습니다. 이것은 실용주의적 생각으로 우리가 판단할 수 없는 영원하고 절대적인 법입니다. 그 분명한 기준 앞에서 선의의 거짓말이란 없습니다. 어떤 거짓말도 하나님은 원치 않으십니다.[439]

이런 해석은 너무나 인본주의적인 해석이다. 성경을 말하나 실제로는 인본주

---

[438] 15 애굽왕이 히브리 산파 십브라 하는 자와 부아라 하는 자에게 일러 16 가로되 너희는 히브리 여인을 위하여 조산할 때에 살펴서 남자여든 죽이고 여자여든 그는 살게 두라(출 1:15-16)
[439] 황희상, 특강소요리문답(하) (서울: 흑곰북스, 2012), 155.

의적인 관점에서 말하고 있다. 왜냐하면 성경이 말하는 것과 틀리기 때문이다. 또한, 이것은 성경 해석에 일관적인 기준을 적용하지 않는 것이다. 어떤 거짓말도 안 된다고 했으면 어떤 도둑질도 안 된다고 분명하게 말해야 한다.440) 성경은 무엇이라고 말하는가?

> 15 애굽 왕이 히브리 산파 십브라 하는 자와 부아라 하는 자에게 일러 16 가로되 너희는 히브리 여인을 위하여 조산할 때에 살펴서 남자여든 죽이고 여자여든 그는 살게 두라 17 그러나 산파들이 하나님을 두려워하여 애굽 왕의 명을 어기고 남자를 살린지라 18 애굽 왕이 산파를 불러서 그들에게 이르되 너희가 어찌 이같이 하여 남자를 살렸느냐 19 산파가 바로에게 대답하되 히브리 여인은 애굽 여인과 같지 아니하고 건장하여 산파가 그들에게 이르기 전에 해산하였더이다 하매 20 하나님이 그 산파들에게 은혜를 베푸시니라 백성은 생육이 번성하고 심히 강대하며 21 산파는 하나님을 경외하였으므로 하나님이 그들의 집을 왕성케 하신지라 22 그러므로 바로가 그 모든 신민에게 명하여 가로되 남자가 나거든 너희는 그를 하수에 던지고 여자여든 살리라 하였더라(출 1:15-22)

21절에서 말하듯이, 히브리 산파는, "하나님의 경외하였"다. 애굽 왕의 말을 거역하면 죽임을 당할 수도 있었지만 산파들은 천하를 호령하는 애굽 왕보다 하나님을 더 두려워하였다. 그래서, "하나님이 그들의 집을 왕성케 하신지라"고 성경은 말한다. 여기서, '왕성케 하셨다'는 말은 '아사'라는 히브리어로, '일으키다', '만들다', '제공하다'는 뜻이다. "하나님께서 산파들의 가정을 복 주셔서 가업을 번영케 하셨다"는 의미다. 거짓말한 집에 복주시고 번영케 하신 하나님이란 말인가? 하나님의 구원 역사의 관점으로 바라보지 않으면 성경원래 뜻에서 벗어나게 된다.

2) 정탐꾼들을 숨겨준 라합

또한, 위 글에서는 "그 밖에도 성경은 택한 백성들임에도 불구하고 선의로 거짓말하는 사례를 종종 묘사합니다."라고 했다. "그 밖에도"에 나오는 사람이 누가 있는가? 라합이 있다. 성경은 무엇이라고 말하는가? 라합은 무슨 거짓말을 했던가?

---

440) Ibid., 145; "조금 더 깊이 생각해 봅시다. 장발장처럼 배가 고픈 극단의 상황에서 사소한 것을 훔치는 행위는 어떻게 봐야 할까요? 단순히 '욕심으로 남의 것을 훔친 것'이라고 매도하기는 너무 냉정하지 않겠냐 싶습니다. 욕심과 생존 본능에는 차이가 있기 때문입니다. 이런 부분 역시 사회적 관점에서 봐줘야 될 것입니다. 즉, 그러한 사람이 사회 공동체 속에 존재한다는 것 자체가 이미 그 사회는 불의하다는 것을 반증하는 것이기 때문입니다. 죄를 미워하되, 그 사람을 배려하고, 더 이상 그런 사람이 생기지 않도록 그 사회를 개혁하는 데 집중해야 될 것입니다.(분배정의의 문제)"

1 눈의 아들 여호수아가 싯딤에서 두 사람을 정탐으로 가만히 보내며 그들에게 이르되 가서 그 땅과 여리고를 엿보라 하매 그들이 가서 라합이라 하는 기생의 집에 들어가 거기서 유숙하더니 2 혹이 여리고 왕에게 고하여 가로되 보소서 이 밤에 이스라엘 자손 몇 사람이 땅을 탐지하러 이리로 들어 왔나이다 3 여리고 왕이 라합에게 기별하여 가로되 네게로 와서 네 집에 들어간 사람들을 끌어내라 그들은 이 온 땅을 탐지하러 왔느니라 4 그 여인이 그 두 사람을 이미 숨긴지라 가로되 과연 그 사람들이 내게 왔으나 그들이 어디로서인지 나는 알지 못하였고 5 그 사람들이 어두워 성문을 닫을 때쯤 되어 나갔으니 어디로 갔는지 알지 못하되 급히 따라가라 그리하면 그들에게 미치리라 하였으나 6 실상은 그가 이미 그들을 이끌고 지붕에 올라가서 그 지붕에 벌여놓은 삼대에 숨겼더라(수 2:1-6)

이렇게 거짓말을 한 라합을 성경은 무엇이라고 평가하는가?

믿음으로 기생 라합은 정탐군을 평안히 영접하였으므로 순종치 아니한 자와 함께 멸망치 아니하였도다(히 11:31)

성경은 라합의 행동들을 "믿음으로"했다고 말한다. 라합이 정탐꾼을 숨겨 준 일은 "믿음으로" 한 것이다. 그래서 구원을 받았다. 하나님께서 거짓말한 사람을 구원하셨다는 말인가? 이것도 실용주의란 말인가? 그렇게 되면 그 믿음은 도대체 무엇이란 말인가? 성경이 말하는 그대로 믿는 것이 믿음이다.

그러나 두려워하는 자들과 믿지 아니하는 자들과 흉악한 자들과 살인자들과 행음자들과 술객들과 우상 숭배자들과 모든 거짓말 하는 자들은 불과 유황으로 타는 못에 참여 하리니 이것이 둘째 사망이라(계 21:8)
무엇이든지 속된 것이나 가증한 일 또는 거짓말하는 자는 결코 그리로 들어오지 못하되 오직 어린 양의 생명책에 기록된 자들뿐이라(계 21:27)

이렇게 성경에 분명하게 나오듯이 거짓말한 자들은 하나님의 나라에 들어가지 못한다고 분명하게 확언한다. 그러면 히브리서는 거짓말을 하고 있는 것인가? 하나님께서는 지옥에 갈 사람을 구원하셨는가? 주관적인 기준으로 가르치는 교리교육은 성경의 본질에서 벗어나게 된다.

3) 하나님께서 사무엘에게 명령한 경우
사울이 여호와의 말씀에 순종하지 않게 되자, 여호와께서는 새로운 왕을 세우기로 하셨다. 그렇게 하기 위하여 사무엘을 베들레헴 사람 이새에게로 보냈다. 그런데 그 과정에서 선의의 거짓말을 하게 된다.

1 여호와께서 사무엘에게 이르시되 내가 이미 사울을 버려 이스라엘 왕이 되지 못하게 하였거늘 네가 그를 위하여 언제까지 슬퍼하겠느냐 너는 기름을 뿔에 채워 가지고 가라 내가 너를 베들레헴 사람 이새에게로 보내리니 이는 내가 그 아들 중에서 한 왕을 예선하였음이니라 2 사무엘이 가로되 내가 어찌 갈수 있으리이까 사울이 들으면 나를 죽이리이다 여호와께서 가라사대 너는 암송아지를 끌고 가서 말하기를 내가 여호와께 제사를 드리러 왔다 하고 3 이새를 제사에 청하라 내가 너의 행할 일을 가르치리니 내가 네게 하는 자에게 나를 위하여 기름을 부을지니라 4 사무엘이 여호와의 말씀대로 행하여 베들레헴에 이르매 성읍 장로들이 떨며 그를 영접하여 가로되 평강을 위하여 오시나이까 5 가로되 평강을 위함이니라 내가 여호와께 제사하러 왔으니 스스로 성결케 하고 와서 나와 함께 제사하자 하고 이새와 그 아들들을 성결케 하고 제사에 청하니라(삼상 16:1-5)

이때가 어떤 상황인가? 비록 사울은 하나님께로부터 최종 폐위 선언을 당하고[441] 영적 왕권은 이미 상실된 처지였으나, 여전히 사울은 정치·군사적으로 이스라엘의 공식적인 왕이었다. 만일 선지자 사무엘이 다른 사람을 왕으로 기름붓는다면, 그것은 역적모의로 간주되는 상황이었다. 그러므로 사무엘은 그러한 어려운 문제를 하나님께 아뢰었다. 하나님께서 사무엘을 책망하지 않으시고, 난국을 해결할 방법을 알려 주셨다. 사무엘은 여호와의 명령대로 하나님께 제사를 드리면서, 동시에 다윗에게 기름을 부었다. 그러면, 하나님께서 거짓말을 하시는 분이시란 말인가? 이런 모든 과정들은 하나님께서 사무엘을 통하여 다윗을 언약 백성을 인도할 새로운 왕으로 세우기 위한 과정들이었다.

맹세에 대하여

칼빈은 맹세에 대한 것을 제3계명에서 많이 다루고 있다. 칼빈은 "맹세란 우리말의 진실성을 확증하기 위해 하나님을 증인으로 요청하는 것이다"라고 말하면서 다음과 같이 말했다.

> 그러므로 여호와의 이름을 우리의 증인으로 삼아서 우리의 신앙을 증거하는 일이 정당하다 할 것이다. 그렇게 함으로써 하나님께서 영원하시고 불변하시는 진리이심을 고백하는 것은 물론, 또한 하나님을 다른 모든 존재들 위에 진리를 증거하는 분이시요 그 진리를 확증하시는 분으로 인정하며, 하나님이야말로 마음을 살피시는 분으로서 감추어진 것들을 밝히 드러내시는 분이심(고전 4:5)을 알아서 그를 초청하는 것이기 때문이다. 사람들의 증언들이 무력해질 때에, 우리는 하나님께서 우리의 증인이 되어주시기를 구한다. 특히 양심에 감추어져 있는 어떤 사실을 선포할 때에는 특히 더 하나님을 증인으로 구하는 것이다.[442]

---

[441] 23 이는 거역하는 것은 사술의 죄와 같고 완고한 것은 사신 우상에게 절하는 죄와 같음이라 왕이 여호와의 말씀을 버렸으므로 여호와께서도 왕을 버려 왕이 되지 못하게 하셨나이다 26 사무엘이 사울에게 이르되 나는 왕과 함께 돌아가지 아니하리니 이는 왕이 여호와의 말씀을 버렸으므로 여호와께서 왕을 버려 이스라엘 왕이 되지 못하게 하셨음이니이다 하고(삼상 15:23, 26)
[442] 존 칼빈, 기독교강요(하), 원광연 역 (고양: 크리스챤다이제스트, 2003), 477-478.

그런 까닭에 칼빈은 맹세를 일종의 예배의 형태를 띠는 것으로 보았다. 하나님의 이름은 거짓과 연결되어져서는 안 된다. 왜냐하면 하나님을 증인으로 요청할 때에는 반드시 우리가 그에 대한 보응도 내려주시기를 구하기 때문이다. 하나님께서는 진실에 대한 보증이 되시기 때문에 성도는 삶에서 사실을 사실대로만 말해야 한다.

> 또 옛 사람에게 말한 바 헛맹세를 하지 말고 네 맹세한 것을 주께 지키라 하였다는 것을 너희가 들었으나 나는 너희에게 이르노니 도무지 맹세하지 말찌니 하늘로도 말라 이는 하나님의 보좌임이요 땅으로도 말라 이는 하나님의 발등상임이요 예루살렘으로도 말라 이는 큰 임금의 성임이요 네 머리로도 말라 이는 네가 한 터럭도 희고 검게 할 수 없음이라 오직 너희 말은 옳다 옳다, 아니라 아니라 하라 이에서 지나는 것은 악으로 좇아 나느니라(마 5:33-37)

성경은 맹세 자체를 금하지 않는다. 예수님께서 구약의 율법을 부정하신 것이 아니다. 바리새인들이 그 맹세를 잘못 오해하고 사용하는 것을 드러내시고 비판하셨다. 맹세는 하나님의 백성 된 신분으로 하나님 앞에서 행하는 것이기에, 거짓 없이 신실하게 행하라는 것이다. 재세례파와 같은 사람들은 마태복음 5장 34절-37절 말씀으로,443) 예수님께서 아예 맹세를 금지하신 것으로 이해했다. 마태복음의 이 말씀은 모든 맹세를 완전히 정죄하신 것이 아니라 거짓되고 쓸데없는 맹세는 악한 일이기에 금지하신 것이다.444)

그러나 서기관과 바리새인들은 그저 맹세한 것만 지키면 된다고 생각했으며, 맹세를 할 때 '무엇을 조건으로 내걸었느냐?'에 따라 지켜도 되고 안 지켜도 되는 것으로 생각했다. 이런 것들은 근본적으로 하나님의 나라보다 탐욕에 눈이 멀었기 때문이다.

그러므로 "맹세는 경솔해서도, 함부로 아무렇게나 하찮게 행해서는 안 되며, 정당한 필요를 위하여-주의 영광을 드러내거나 혹은 형제들에게 덕을 세우기 위한 일에-행하는 것이어야 한다"445)

---

443) 34 나는 너희에게 이르노니 도무지 맹세하지 말찌니 하늘로도 말라 이는 하나님의 보좌임이요 35 땅으로도 말라 이는 하나님의 발등상임이요 예루살렘으로도 말라 이는 큰 임금의 성임이요 36 네 머리로도 말라 이는 네가 한 터럭도 희고 검게 할 수 없음이라 37 오직 너희 말은 옳다 옳다, 아니라 아니라 하라 이에서 지나는 것은 악으로 좇아 나느니라 (마 5:34-37)
444) 존 칼빈, 기독교강요(하), 원광연 역 (고양: 크리스챤다이제스트, 2003), 480-481.
445) Ibid., 484.

제79문 제10계명은 무엇입니까? (대146)
답: 제10계명은 "네 이웃의 집을 탐내지 말라 네 이웃의 아내나 그의 남종이나 그의 여종이나 그의 소나 그의 나귀나 무릇 네 이웃의 소유를 탐내지 말라."입니다.446)

마르크스의 유물론적 시각에서 볼 때 종교는 거대한 착각이었다. 그 착각은 더욱 인민을 노예로 만든다고 보았고, 그렇게 만드는 것은 사회와 경제의 구조와 상황 때문이라 했다. 마르크스가 보기에 종교는 특정 문화의 산물이며 그 속에서 발생하는 사회적 갈등을 표현하는 것이었다. 그러나 사회갈등을 만드는 사회구조를 바꾸려고 하였다. 마르크스는 단지 생각만 그렇게 한 것이 아니라 그것을 행동으로 옮기려고 했다. 그것이 혁명이다. 마르크스는 공산주의 선언에서 이렇게 외쳤다.

> 인간의 의식은 자신의 물질적 상황 즉 자신의 사회적인 관계와 사회적인 생활에 따라서 변해왔다. 정신의 역사가 무엇을 증명하는가? 물질적 생산이 많고 적음에 따라서 정신적 표현도 달라졌다.

마르크스에게 역사는 경제의 역사이다. 그 경제의 역사에서 일어나는 문제들을 피안으로 향하게 하는 것이 종교라고 보았고 그것은 환상이고 망상이라 본 것이다. 공산주의는 경제의 문제를 해결한다는 미명하에 혁명을 일으키고 수많은 사람을 죽였다.

> 공산주의 선언에서 마르크스는 외친다. "인간의 의식은 자신의 물질적 상황 즉 자신의 사회적인 관계와 사회적인 생활에 따라서 변해왔다. 정신의 역사가 무엇을 증명하는가? 물질적 생산이 많고 적음에 따라서 정신적 표현도 달라졌다." 역사는 경제의 역사인 셈이다.
> 여기에 다른 헤겔의 좌파 사상가인 헤쓰가 가세된다. 포이엘바하는 인간의 생각에서 신이 나왔다고 말했다. 헤쓰는 여기에 더해 말한다. "인간의 의식에서 돈이 나왔다. 돈은 외적으로 표현된 인간이다." 돈이야말로 인간이 만들어낸 경험할 수 있는 전능의 신이었다.
> 그래서 마르크스는 확신한다. 혁명적인 변화가 사회경제적인 질서에 나타나야 한다. 그러면 기독교는 사라진다. 기독교를 없애는 것이 주목적이 아니다. 허상을 없애고 진실을 바로 보도록, 그래서 참된 행복을 인류가 얻도록 도와주어야 한다. 그는 사명감에 불탔다.
> 그래서 자본론을 통해 구원의 방법을 선언한다. 인간에게 주어진 하나님의 형상은 생산성이다. 타락은 이기적인 탐욕으로 동료 인간들과 이반된 것이다. 적그리스도는 자본가들이고 최후의 심판은 프로레타리아 혁명이다. 여기서 자본가들은 지옥으로 가고 계급이 없는 새 예루살렘이 세워져야 한다.

---

446) Q. 79. Which is the tenth commandment? A. The tenth commandment is, Thou shalt not covet thy neighbor's house, thou shalt not covet thy neighbor's wife, nor his manservant, nor his maidservant, nor his ox, nor his ass, nor anything that is thy neighbor's.

당시 세상은 자본가들의 손에 있었다. 그들은 절대로 이러한 혁명을 용납하지 않으리라. 그러면 어떻게 할 것인가? 노동자 계급이 단결해 수단방법을 가리지 말고 혁명을 일으켜야 한다. 그래서 아마겟돈과 심판을 앞당겨야 한다. 일단 천년왕국만 오면 모든 것이 해결된다.447)

공산주의 혁명이 일어나고 기독교는 철저하게 핍박을 받았다. 그들의 거짓된 새 예루살렘을 도래하게 하기 위하여 셀 수도 없는 수많은 사람들을 죽였고, 지금도 죽이고 있다.

이렇게 사람을 혁명으로 몰아가고 사람을 죽이는 근본적인 뿌리는 유물론에 있다. 프랑스의 현대 철학자들인 알튀세르나 들뢰즈는 헬레니즘 철학과 관계가 깊다. 알튀세르(Louis Pierre Althusser, 1918-1990)는 에피쿠로스의 우주발생론인 클리나멘에 기초하여 '우발성의 유물론'을 말했다.448) 들뢰즈(Gilles Deleuze, 1925-1995) 역시 스토아학파와 깊이 관련되어 있다. 스토아학파는 세계를 물체들의 집합체로 보았으며, 의미는 물체들의 마주침으로부터 발생한다고 보았다. 이런 사상을 따르는 이유가 무엇인가? 의미가 물체의 내부에 본질로 내재하는 것이 아니라 물체의 마주침을 통해서 그 이후에 발생한다고 말하려는 의도이다. 현대 프랑스 철학자들이 헬레니즘의 철학에 관심을 가지는 까닭은 인간의 정신을 물질적으로 파악하려고 했기 때문이다. 두 학파의 방식의 차이가 있지만, 에피쿠로스학파나 스토아학파는 철저하게 인간의 정신을 물질적인 것으로 간주했다. 에피쿠로스학파는 개인주의적이었던 반면에 스토아학파는 전체의 질서를 따르는 삶을 추구했다.449)

이웃을 죽이지 않고 사랑하며 살아갈 수 있는 근본적인 이유는 사람이 하나님

---

447) http://www.amennews.com/news/quickViewArticleView.html?idxno=2771
448) http://mhpark.or.kr/index.php?document_srl=77495/ 에피쿠로스(Epikouros, BC 342?-BC 271)의 우주발생론으로부터 알튀세르의 사유는 출발한다. 에피쿠로스에 따르면 세계가 만들어지기 이전에 무수한 원자들이 평행으로 마치 비처럼 떨어지고 있었다. 그렇지만 어느 순간 원자 하나에 '최대한으로 작은' 기울어짐이 발생한다. 이것이 유명한 클리나멘이다. 모든 원자들이 평행으로 떨어지고 있기 때문에, 평행 궤도를 이탈한 이 작은 원자는 바로 옆에 있는 원자와 마주친다. 이제 마주친 두 원자는 결합되어 다른 원자들과 부딪히고, 이런 식으로 계속 진행되다가 전체 우주가 발생했다는 것이다. 마치 작은 물방울이 모여서 큰 강을 이루는 것처럼 말이다.
449) 강신주, 철학 vs 철학 (서울: 그린비, 2012), 51-54; "… 결정론을 거부하는 독특한 우주론을 피력했던 에피쿠로스학파의 생각은 왕충(王充, 27~99?)의 존재론적 가정들과 유사하며, 개체적 삶의 향유를 강조한 에피쿠로스학파의 제안은 양주(楊朱, BC 440?-BC 360) 혹은 장자(莊子, BC 369-BC 289?)의 생명 긍정 논리와 맥을 같이 하고 있다. 한편 이와 달리 전체와 개체의 관계, 그리고 전체와의 조화가 가능한 삶을 위해서 개인의 수양을 유독 강조했던 스토아학파의 사유는 중국 위진(魏晉) 시대의 현학(玄學)이나 송(宋)나라 이후의 신유학(新儒學)의 관점과 놀라울 정도로 유사점을 보이고 있다. …"

의 형상을 따라 창조된 인격체이기 때문이다. 그러나 인간은 하나님의 말씀을 거역하고 언약을 배반하고 죄를 지었고 타락했다. 인간의 본성은 근본적으로 죄로 오염되었다. 그 죄의 본질은 교만과 탐심이었다. 제10계명은 그런 인간의 죄악 된 본성을 정확하게 말한다.

> 네 이웃의 집을 탐내지 말지니라 네 이웃의 아내나 그의 남종이나 그의 여종이나 그의 소나 그의 나귀나 무릇 네 이웃의 소유를 탐내지 말지니라(출 20:17)[450]

"네 이웃의 집을 탐내지 말지니라."에서, "네 이웃의 집"이란 '네 이웃의 집에 속한 모든 것들'을 의미한다. 사람이 재산으로 분류될 수는 없는 일이지만 그 집에서 가장 소중한 존재가 아내라는 것을 말하고 있다. 또한 이웃의 집에 속한 것들에 대해 탐심을 가지는 것은 외적인 행동만이 죄가 아니라 이미 그 마음에 근본적인 죄악 된 동기가 있음을 말해 준다.[451] 살인하지 말라(6계명), 간음하지 말라(7계명), 도둑질하지 말라(8계명), 거짓말하지 말라(9계명)는 마음의 죄악이 겉으로 드러난 죄악들에 대한 계명이다.

이웃의 소유를 탐낸다는 것은 언약적 원리에 반대된다. 하나님이 정하여 준 것이기 때문에 욕심을 내어서는 안 된다.[452] 자본주의 사회에서 재산이란 내가 노력하여 만든 것이지만, 이스라엘처럼 언약공동체는 하나님께서 주신 것이기에 자신에게 주어진 기업 밖에 있는 것을 빼앗아 와서는 안 되었다. 오늘날과 같은 자본주의 국가에서 언약 백성으로 살아간다는 것은 근본적으로 어려움을 가지게 된다. 사회주의 국가에서는 어떠한가? 모든 것을 국가가 장악하고 있는 체제에서는 인간의 기본권마저 유린당하는 상황에서 자기 기업을 지킨다는 것은 어림도 없는 소리다.

신약시대에 로마의 지배 아래 있던 사람들은 얼마나 변질되었는가?

> 13 무리 중에 한 사람이 이르되 선생님 내 형을 명하여 유업을 나와 나누게 하소서 하니 14 이르시

---

450) 네 이웃의 아내를 탐내지도 말지니라 네 이웃의 집이나 그의 밭이나 그의 남종이나 그의 여종이나 그의 소나 그의 나귀나 무릇 네 이웃의 소유를 탐내지 말지니라(신 5:21)
451) 호크마 주석에서; "네 이웃의 아내를 탐내지도 말지니라"에서 - '탐내다'에 해당하는 원어 '아와'는 '사모하다', '바라다'(desire)는 뜻이다. 이는 남의 아내에 대하여 욕정에 사로잡히는 상태를 가리키는데, 그러므로 이는 간음죄와 동일시될 수 있다. 또한, "이웃의 소유를 탐내지도 말지니라"는 말씀에서 '탐내다'에 해당하는 원어 '하마드'는 '몹시 열망하다', '심히 사랑하다'는 뜻이다. 이는 타인의 소유에 대하여 미련을 못 버리고 계속적으로 욕심을 품는 상태를 가리키는데, 결국 그러한 상태는 마침내 그 대상을 소유하기 위한 구체적인 범죄 행위를 낳기 마련이다(약 1:15).
452) 내게 줄로 재어 준 구역은 아름다운 곳에 있음이여 나의 기업이 실로 아름답도다(시 16:6)

> 되 이 사람아 누가 나를 너희의 재판장이나 물건 나누는 자로 세웠느냐 하시고 15 저희에게 이르시되 삼가 모든 탐심을 물리치라 사람의 생명이 그 소유의 넉넉한 데 있지 아니하니라 하시고(눅 12:13-15)

예수님께서는 자기 형님과 재산을 분배해 달라는 사람에게, "삼가 모든 탐심을 물리치라. 사람의 생명이 그 소유의 넉넉한 데 있지 아니하니라"고 말씀하셨다. 이것은 다만 탐심을 넘어, 율법이 왜곡되고 자기 의로 가득한 세상 속에서 사람들이 결국 어떻게 변질되어 가는지를 말해 주는 사건이다.

"생명"이 원하는 것은 의미와 통일성이다. 사람이 많이 소유한다고 해서 더 많은 의미와 통일성을 가지는 것이 아니다. 세상의 재물은 유한하기 때문에 손에 잡는 순간 그 가치는 소멸되기 시작한다. 하나님으로부터 공급받지 않고 세상의 것으로 채우려고 하는 사람은 곧 비참과 절망에 빠지고 스스로 멸망에 이르게 된다.

성경은 탐심을 모든 죄의 근원이라고 말한다.

> 그러므로 땅에 있는 지체를 죽이라 곧 음란과 부정과 사욕과 악한 정욕과 탐심이니 탐심은 우상 숭배니라(골 3:5)
> 14 오직 각 사람이 시험을 받는 것은 자기 욕심에 끌려 미혹됨이니 15 욕심이 잉태한즉 죄를 낳고 죄가 장성한즉 사망을 낳느니라(약 1:14-15)
> 너희도 이것을 정녕히 알거니와 음행하는 자나 더러운 자나 탐하는 자 곧 우상 숭배자는 다 그리스도와 하나님 나라에서 기업을 얻지 못하리니(엡 5:5)

하나님께서 주신 것으로 만족하지 못하면 다른 사람들이 가진 것을 내 것으로 만들려고 하는 탐심을 가지게 된다. 우상숭배를 하는 근본적인 이유는 하나님 한 분 만으로는 만족하지 않기 때문이다. 하나님 한 분 만으로 만족하는 신앙은 종교적인 만족이 아니라 하나님께서 우리 인생에 간섭하시며 우리의 필요를 채우신다는 것을 믿는 것이다.

예수님께서는 산상수훈에서 다음과 같이 말씀하셨다.

> 25 그러므로 내가 너희에게 이르노니 목숨을 위하여 무엇을 먹을까 무엇을 마실까 몸을 위하여 무엇을 입을까 염려하지 말라 목숨이 음식보다 중하지 아니하며 몸이 의복보다 중하지 아니하냐 26 공중의 새를 보라 심지도 않고 거두지도 않고 창고에 모아들이지도 아니하되 너희 천부께서 기르시나니 너희는 이것들보다 귀하지 아니하냐 27 너희 중에 누가 염려함으로 그 키를 한 자나 더할 수 있느냐 28 또 너희가 어찌 의복을 위하여 염려하느냐 들의 백합화가 어떻게 자라는가 생각하여 보

아라 수고도 아니하고 길쌈도 아니하느니라 29 그러나 내가 너희에게 말하노니 솔로몬의 모든 영광으로도 입은 것이 이 꽃 하나만 같지 못하였느니라 30 오늘 있다가 내일 아궁이에 던지우는 들풀도 하나님이 이렇게 입히시거든 하물며 너희일까보냐 믿음이 적은 자들아 31 그러므로 염려하여 이르기를 무엇을 먹을까 무엇을 마실까 무엇을 입을까 하지 말라 32 이는 다 이방인들이 구하는 것이라 너희 천부께서 이 모든 것이 너희에게 있어야 할 줄을 아시느니라 33 너희는 먼저 그의 나라와 그의 의를 구하라 그리하면 이 모든 것을 너희에게 더하시리라 34 그러므로 내일 일을 위하여 염려하지 말라 내일 일은 내일 염려할 것이요 한 날 괴로움은 그 날에 족하니라(마 6:25-34)

하나님을 믿고 새언약 안에 사는 성도와 세상 사람들은 무슨 차이가 나는가? 성도는 하나님께서 돌보시고 책임지시는 자리에 와 있는 사람들이다. 세상은 자기 자신이 자산을 지키고 책임지는 사람들이다.

하나님의 돌보심을 아는 성도는 여유롭다. 하나님 안에 있는 여유로움은 세상이 알 수가 없다. 세상은 늘 불안하다. 내일이 어떻게 될지, 무엇을 먹고 살아야 하는지, 어떻게 살아야 하는지 늘 걱정이다. 없어도 걱정, 있어도 걱정이다. 이 세상의 것으로는 우리 영혼에 참다운 만족을 줄 수가 없다. 이 세상의 것이 영혼에 만족과 자유를 줄 수 있다고 유혹을 하지만 세상은 그럴 수도 없고 그런 적도 없었고 앞으로 그렇게 하지 못한다.

제80문 제10계명에서 요구하는 것은 무엇입니까? (대147)
답: 제10계명이 요구하는 것은 우리 자신의 형편에 온전히 만족하고, 우리 이웃과 이웃의 모든 소유에 대하여 올바르고 우호적인 정신 상태를 가지라는 것입니다.[453)

    십계명은 참되고 영원한 의미와 통일성을 제공하는 언약의 핵심이다. 세상은 단독성을 부르짖는다. 나만의 세계를 살고 나만의 삶을 살라고 말한다. 그렇게 단독성으로 가면 주체가 중심을 잡지 못한다는 것을 세상도 안다. 그래서 단독성을 부르짖으면서도 타자와 어떻게 관계를 맺을 수 있느냐? 그것을 고민한다. 강신주 교수가 그렇게 좋아하는 김수영처럼 각자 도는 팽이가 되라고 하면서도 타인과 공존하는 모습이 되라고 말한다. 그렇게 공존하는 사회는 무엇인가? 코뮌(commune)이다.

> … 민주주의가 실현되는 사회는 '자유로운 개인들의 공동체, 즉 코뮌(communne)의 정신을 가지고 있어야 한다. 이렇게 상상해도 좋을 것이다. 같은 테이블 안에서 팽이들이 돌지만, 그들은 서로 도는 것을 방해하지 않는다. 그러면서도 그들은 서로의 삶에 대해 공감하고 공명할 수 있다. 개인의 자유를 파괴하지 않는 동시에 공동체 성원 간의 공존도 가능한 사회가 아니라면, 민주주의는 단지 미사여구에 불과하다. 따라서 공동체 성원들이 스스로 도는 힘을 포기하지 않고, 동시에 자신이 살아가는 스타일을 다른 성원에게 강요하지 않을 때에만 민주주의는 실현된다.[454)

    각각의 팽이가 다른 팽이의 회전에 '방해'가 안 될까? 반드시 방해가 일어난다. 팽이를 돌려본 사람들은 다 안다. 팽이는 그 자리에서만 가만히 돌지 않는다. 왜냐하면 바닥이 완전평면이 아니기 때문이다. 또한 팽이는 정해진 궤도를 따라 도는 것도 아니다. 더 심각한 문제는 팽이가 도는 힘을 상실하면 넘어진다는 것이다. 이런 일들로 인해서 김수영이 말하는 '방해'가 일어날 수밖에 없는 상황이 되고 만다.

    스스로 돌면서 동시에 남의 스타일을 방해하지 않는 민주주의가 가능할까? 그런 민주주의는 이상에 불과하다. 왜 그것이 이상인가? 스스로 끝까지 혼자 돌 수 있는 팽이는 없기 때문이다. 남의 스타일을 방해하지 말라고 하면서 왜 단독성을 요구하는가? 그것은 획일화가 아닌가? 그것도 역시 검열이다. 박인환처럼 초현실주의적으로 시를 쓰면 안 되고, 김춘수처럼 순수형식의 시를 쓰면 안 되

---

453) Q. 80. What is required in the tenth commandment? A. The tenth commandment requireth full contentment with our own condition, with a right and charitable frame of spirit toward our neighbor, and all that is his.
454) 강신주, 김수영을 위하여, 천년의상상, 2013. pp. 207-208.

고, 박목월처럼 서정시를 쓰면 안 되고, 신동엽처럼 민족주의 시를 쓰면 안 되는가? 강신주는 100% 순수한 단독성이라고 말할 수 있는가? 김수영이 꿈꾸었고 강신주 교수가 소리치는 그런 민주주의는 허상이다.

 김수영도 그것을 보았다. 1960년 4·19 혁명 이후에 자유당이 민주당으로 바뀌었다는 것 말고는 달라진 것이 없었다. 사람들이 민주당 정권에 아부하는 모습을 보고 넌더리가 났다. 그런 현실을 보면서 김수영은 '중용'(中庸)을 역설했다. 그 중용이란 앞서 말한 단독성과 보편성을 유지하는 균형 감각이다. 나 스스로 돌면서 자신의 스타일을 남에게 강요하지 않는 것이다. 그런 중용이 어디 있다고 말하는가? 김수영은 러시아 혁명 초기의 소비에트(soviet), 즉 대표자 회의에서만 중용이 있었다고 말했다. 그러니까 혁명의 초기에는 가능한데 그 이후에는 안 되더라는 것이다.

 김수영은 꿈꾸었다. 모든 사람이 자신만의 삶을 살아가는 '자유로운 개인들의 공동체', 그리고 사람들이 공명하는 사회를 추구했다. 단독성이 실현되면서도 보편성이 확보되는 사회였다. 그러나 강신주 교수가 아무리 외쳐도 안 된다! 안 되는 것은 안 된다! 그런 사회는 김수영이 본 그대로 안 된다. 왜 안 되는가? 인간이 죄인이기 때문이다. 관념론적으로 말하는 것이 아니다. 실제로 그렇다. 돈과 권력 앞에 무너지지 않는 인간은 없다. 그것이 관념론이라고 발길로 찬다고 해서 현실 속에 일어나는 죄악들을 모른 채 할 수 없다.

 현실은 어떤가? '내 팽이만 돌아야 돼!' 그렇게 사람들은 외친다. 다른 팽이들에 대해서는 무엇이라고 하나? '다른 팽이들은 몰라', '나만 아니면 돼!' 그것은 자본주의에 물든 사람들만이 아니라 공산주의에 물든 사람들도 똑같다. 자본주의도 공산주의도 인간을 구원하지 못한다. 스스로 돌 팽이도 없고 돌지도 못하고 죽는다. 그것이 팽이라는 존재의 한계이고 절망이다! 그것을 못 보면 끝없이 이상만 부르짖는다. 단독성, 보편성 그렇게 부르짖다가 죽어가는 줄도 모르고 죽는다. 그것이 인간의 비참함이다. 강신주 교수는 단독성만이 보편성에 이를 수 있다는 들뢰즈의 말에 꽂혀 있지만 인간이 신이 되지 않는 이상 그렇게 못 만든다.

 더 중요한 것은 무엇인가? 그렇게 단독성을 소리치는 김수영이 결국 어디로 가느냐? 하는 것이다. 그것은 '상상력'이다. 상상력을 자극하는 시, 새로운 삶의 가능성을 꿈꾸게 하는 시를 말한다. 왜 상상력으로 가는가? 상상력은 단독적이고 새로운 삶을 살아내는 원천이라고 보기 때문이다. 김수영을 붙들고 강신주 교수를 붙드는 것이 결국은 '상상력'이다. 이것이 시인의 도약이다. 김수영의 도약이고 강신주의 도약이고 하이데거의 도약이다. 이런 것들은 언제나 신성한 내면아이에 기초한 구상화와 같은 맥락이다.

그러나 언약의 십계명은 영원한 의미와 통일성을 제공한다. 왜 그런가? 여호와 하나님께서 팽이를 돌려주기 때문이다. 여호와 하나님께서 남의 팽이도 돌려주시기 때문이다. 모든 팽이가 조화를 이루도록 하시는 분은 오직 하나님뿐이시다. 그러므로 십계명을 통해 그 팽이들에게 무엇을 요구하시며 어떤 유익을 주는지 아는 것이 중요하다.[455]

1) 우리 자신의 형편에 온전히 만족하고

언약 백성으로 살아가는 삶의 원리는 하나님의 인도와 섭리하심에 감사하며 만족하는 것이다. 그 감사와 만족은 삶에 대한 자족으로 나타난다.

> 돈을 사랑치 말고 있는 바를 족한 줄로 알라 그가 친히 말씀하시기를 내가 과연 너희를 버리지 아니하고 과연 너희를 떠나지 아니하리라 하셨느니라(히 13:5)

고난 받는 유대인 그리스도인들이 어떻게 살아가야 하는지를 말하고 있다. 이 말씀은 그리스도인으로서 자족하는 삶을 말한다. 그런 삶이 나올 수 있는 것은 하나님의 약속에 근거한다. 믿음으로 살아가는 것은 현실적인 어려움도 동반되었다. 그 어려움을 이겨나가는 것은 오직 하나님의 약속이다. 하나님의 약속은 믿음을 지켜가기 위하여 현실의 고난을 감당하며 자족하는 신앙으로 살게 한다. 만일 이 세상이 전부이고 이 세상의 것들로 만족하고 살아간다면 믿음은 헛것이 되고 하나님의 나라를 유업으로 받을 수가 없다.

> 그러나 자족하는 마음이 있으면 경건이 큰 이익이 되느니라(딤전 6:6)

"자족하는 마음"이란 자포자기한 마음이 아니다. 그것은 하나님께서 자기 백성에게 믿음의 연단을 하시는 과정으로 여기기 때문에 가능한 마음이다. 세상은 자식이 애를 먹이고 힘들고 어려운 일을 만나면 '그러려니 하세요' 그렇게 말한

---

[455] 하이델베르크 교리문답 제113문: 제10계명에서 하나님께서 우리에게 요구하시는 것이 무엇입니까? 답: 우리가 하나님의 모든 명령에 반대되는 가장 적은 생각이나 욕망이라도 우리의 마음속에 품어서는 안 되고, 항상 온 마음을 다하여 모든 죄를 미워하고, 모든 의 가운데서 기뻐해야 한다는 것입니다.

다. 그렇게 해서 마음의 평정을 유지하라고 한다. 누가 그렇게 할 수 있는가? 사람은 그렇게 안 된다. 아무리 '향심기도'를 해도 안 되는 것은 안 된다.

하나님께서 능력이 없어서 인생으로 하여금 그런 상처와 아픔과 눈물을 만나게 하시겠는가? 하나님께서 왜 그리하시는지 인생인 우리는 모른다. 그러나 그런 고통들을 통하여 십자가로 나아오게 된 것이 성도의 복이다. 그 고난으로 예수 그리스도를 믿고 살게 하신 것이 가장 큰 복이다.

우리가 헤아리지 못하는 그런 비인과율의 세계를 통해서 무엇을 가르치는가? 인과율은 언약에 성실함을 비인과율은 하나님의 은혜를 가르친다. 그리하여 인생으로 하여금 언제나 하나님 앞에 겸손하게 살아가게 하신다. 그렇게 살아가는 인생이 복된 인생이다.

제10계명은 먼저 "우리 자신의 형편을 완전히 만족하"는 것이라고 말한다. 이 세상의 어느 누구도 자신의 형편에 대하여 만족하는 사람은 없다. 인간의 탐욕은 끝이 없기 때문이다. 으리으리한 집에 살고 수입차를 타는 사람은 행복할 것 같지만 실상은 그렇지 않다. 현실을 보면, 우리 주위에는 오늘 하루 벌어먹고 살기도 힘든 사람들이 많다. 그 고통은 말로 표현이 안 되는 것이다. 막막한 현실 속에 살아가는 오늘의 상황에서 어떻게 만족이라는 것이 나올 수 있는가? 그것은 언제나 하나님의 백성 된 본질로 갈 때에만 가능하다. 만족은 거룩과 경건을 지향할 때에 생겨난다. 예수 그리스도 안에 이루신 새언약에 신실하게 살아가는 것이 아니면 만족은 결코 나올 수가 없다.

불만족하는 마음은 탐심에서 비롯된다. 다른 사람들이 가진 것과 자신이 가진 것을 비교하면서 더 많이 가지고 싶은 마음을 가지게 된다. 하나님께서 각자에게 허락하신 것을 만족하지 못하면 거기에서 온갖 죄가 시작된다. 그러나, 하나님으로부터 참되고 영원한 의미와 통일성을 부여 받는 성도들은 여호와를 찬송하게 된다.

> 내가 여호와를 항상 송축함이여 그를 송축함이 내 입에 계속하리로다(시 34:1)

이런 찬송이 어디에서 나오게 될까?

> 8 너희는 여호와의 선하심을 맛보아 알지어다 그에게 피하는 자는 복이 있도다 9 너희 성도들아 여호와를 경외하라 저를 경외하는 자에게는 부족함이 없도다 10 젊은 사자는 궁핍하여 주릴지라도 여호와를 찾는 자는 모든 좋은 것에 부족함이 없으리로다(시 34:8-10)

시 34편은 다윗이 사울을 피하여 가드 왕 아기스에게 도망했지만, 거기서도 위험해서 생명을 보전하기 위하여 침을 흘리며 미친 체 하여 그 환난에서 빠져 나온 사실을 배경으로 한다. 그러면서도 마지막 절에서 "여호와께서 그 종들의 영혼을 구속하시나니"라고 말하면서 죄와 사망에서 벗어나는 영혼의 구속을 노래한다.

다윗은 목숨이 위태로운 자리에서 세상에서 가장 천한 사람이 되었다. 그 위기 가운데서 다윗은 여호와를 의지했다. 그리고 여호와의 구원하심을 맛보게 되었다. 하나님께서는 그렇게 다윗을 연단하셨다. 하나님께서는 오직 하나님만 바라보고 의지하도록 철저하게 낮추신다. 그것이 하나님의 방법이다. 그것은 십자가의 방법이다. 십자가를 통과하지 않은 만족은 진정한 만족이 아니다. 예수님께서는 다음과 같이 말씀하셨다.

> 저희에게 이르시되 삼가 모든 탐심을 물리치라 사람의 생명이 그 소유의 넉넉한 데 있지 아니하니라 하시고(눅 12:15)

탐심이란 만족할 줄 모르는 욕심을 말한다. 그것은 다만 물질에 대한 욕심만이 아니라 사람을 잘못된 방향으로 끌고 가는 모든 종류의 죄악 된 성향(性向)을 의미한다. 생명은 이 세상의 것으로 만들어지지 않고 유지되지도 않는다. 누가가 말하는 생명은 하나님이 주시는 영생이다. 이 세상의 것으로 하나님의 영원한 생명을 살 수 없다. 그 생명은 하나님 그분과 하나님께서 주시는 것으로 의미와 통일성을 누리고 살아가야 한다.

참된 만족은 무엇인가? 그것은 하나님께서 아브라함에게 하신 말씀에서 발견할 수 있다.

> 이 후에 여호와의 말씀이 이상 중에 아브람에게 임하여 가라사대 아브람아 두려워 말라 나는 너의 방패요 너의 지극히 큰 상급이니라(창 15:1)

하나님께서는 아브라함에게 여호와 하나님이 아브라함의 방패요 아브라함의 지극히 큰 상급이라고 말씀해 주셨다. 그것은 아브라함에게 최고의 기대와 보상이 바로 하나님 그분이라는 말씀이다. 하나님께서는 자기 백성들이 이 세상의 것이 보상이 아니라 하나님 그 분만이 전부가 되는 삶을 살아가기를 원하신다.

사도 바울은 다음과 같이 말했다.

> 내가 궁핍하므로 말하는 것이 아니라 어떠한 형편에든지 내가 자족하기를 배웠노니 내가 비천에 처할 줄도 알고 풍부에 처할 줄도 알아 모든 일에 배부르며 배고픔과 풍부와 궁핍에도 일체의 비결을 배웠노라(빌 4:11-12)

사도 바울은 빌립보 감옥에 있었다. 그가 어떻게 "자족"하는 삶을 살아갈 수 있었는가? 바울의 만족은 외적인 환경에 있지 않았기 때문이다. 하나님께서는 감옥 밖에서도 사용하셨고 감옥 안에서도 사용하셨다. 어디에 가든지 그곳은 하나님께서 보내신 곳이요 하나님께서 사용하신 자리였다. 바울의 만족은 사람들이 예수 그리스도를 구주로 영접하고 그리스도 안에서 새사람이 되는 것이었다. 그로 인해 그리스도가 존귀하게 되었다!

2) 우리 이웃과 이웃의 모든 소유에 대하여 올바르고 우호적인 정신 상태를 가지라는 것입니다

나 자신이 먼저 하나님의 섭리와 간섭하심을 믿고 자족하는 삶으로 가면, 이웃과 이웃의 소유에 대해서 욕심을 내지 않게 된다. 오히려 함께 하는 공동체로 살아갈 수가 있다.

> 즐거워하는 자들로 함께 즐거워하고 우는 자들로 함께 울라(롬 12:15)

사도 바울은 로마서 12장 14-21절에서 이웃과의 관계에 대한 규칙과 원칙을 말했다. 먼저, 그리스도인은 자기를 핍박하는 자를 위해 기도해야 한다. 마치 스데반이 자기를 돌로 쳐서 죽이는 사람들을 용서한 것 같이 그들을 그리스도의 마음으로 품고 기도해야 한다. 두 번째로, 15절에서, 그리스도인은 즐거워하는 자들로 함께 즐거워하고 우는 자들로 함께 울어야 한다. 왜냐하면 이제 그리스도를 머리로 하는 한 형제와 자매이기 때문이다.

> 원수를 갚지 말며 동포를 원망하지 말며 이웃 사랑하기를 네 몸과 같이 하라 나는 여호와니라(레 19:18)

이 말씀은 율법이 공의만 요구하는 것이 아니라 하나님께서 사람들을 얼마나 사랑하시는지 그 사랑이 전제되어 있음을 말해 준다. 18절 말씀처럼 살아갈 수 있는 것은 여호와 하나님께서 이스라엘을 구원하셨다는 그 역사적 사실에 기초한다. 그 조상들과 맺은 언약대로 이스라엘을 구원해 내셨다. 그것은 하나님의 은혜다! 그 은혜로 구원받은 것을 아는 백성들은 사람들을 향해서 긍휼히 여기는 태도를 가지게 된다. 그러나 안타깝게도 이스라엘은 자기들만이 선민이라고 자만했고 교만했으며 이방인들을 무시했다.

제81문 제10계명에서 금하는 것은 무엇입니까? (대148)
답: 제10계명이 금하는 것은 우리 자신의 재산에 대한 모든 불만과, 우리 이웃의 재산에 대해 시샘하고 배 아파하는 것과, 이웃의 가진 어떤 소유에 대한 모든 과도한 충동이나 애착입니다.[456]

현대 철학의 중요한 주제 중에 하나가 타자다. 어떤 대상이 나에게 낯설게 다가올 때 그 사람을 두고 타자라고 한다. '낯설음'이 생기는 이유는 무엇인가? 존재에 대한 공포 때문이다. 우연의 존재론으로 가면 엄습해 오는 불안과 공포가 숨통을 조여 온다.

불교의 목적은 '자타불이'(自他不二)다. 나와 타자가 둘이 아니라는 것인데, 어떻게 그것이 가능할까? 그것은 '깨달음'이 있어야만 된다고 한다. 영지주의자들도 '깨달음'이 중요했다. 도대체 그 '깨달음'이라는 것이 무엇인가? 그것은 인간의 내면에 신성함이 있다는 것이다. 세상이 타자와의 소통을 말하나 그 속에는 신성한 내면아이가 자리 잡고 있다.

성도된 우리가 타자와 소통 가능한 이유는 인간의 죄와 타락에도 불구하고 기계나 짐승이 된 것이 아니기 때문이다. 그것을 소교리문답 제10문에서, 넓은 의미(형식적 의미)에서의 하나님의 형상이라고 했다. 인간은 타락한 후에도 인간이다. 타자를 사랑하고 이해할 수 있는 것은 하나님의 형상으로 창조된 인간이라는 성경적인 인간론을 믿기 때문이다. 그러나 우발성에 기초한 사람들은 타인에 대하여 공포를 느낄 수밖에 없다. 무슨 일이 일어날지 가늠할 수가 없기 때문이다. 마주침은 어디로 튈지 무슨 결과가 나올지 아무도 모른다. 그런 타자를 사랑하기 위해서 도약이 일어나게 된다. 타자에 대하여 아는 것이 없는 데도 무작정 사랑해야 한다. 강신주 교수의 말을 들어보라.

> 그렇다면 우리는 언제, 어떤 사람을 다르거나 낯설게 바라보게 될까요? 아마도 매력적인 사람을 만나 사랑의 감정을 느낄 때 우리는 타자를 가장 강하게 느낄 수 있을 겁니다. 사랑의 신비는 우리가 처음 만난 사람을, 그 사람에 대해 아무것도 아는 것이 없는데도 사랑하게 된다는 사실에서 드러납니다. 그렇지 않나요? 우리는 누군가를 알아서 사랑하는 것이 아니라, 사랑해서 점차 알게 되는 것이니까요. 오직 사랑하는 사람이 생길 때야, 우리는 그 사람을 알고 싶다는 강렬한 욕망에 사로잡힙니다. 그것은 사랑하면서도 그 사람이 나 자신과는 너무나 다르고 낯설다고 느껴지기 때문이지요.

---

[456] Q. 81. What is forbidden in the tenth commandment? A. The tenth commandment forbiddeth all discontentment with our own estate, envying or grieving at the good of our neighbor, and all inordinate motions and affections to anything that is his.

결국 사랑에 빠진 우리는 기묘한 비대칭asymmetry 상태에 자신이 들어가 있다는 것을 자각합니다. 여기서의 비대칭은 자신의 욕망과 느낌은 나름대로 알고 있지만, 반면 사랑하는 사람이 원하는 것과 감정 상태는 거의 아는 것이 없기 때문에 생기는 것이지요.[457]

비대칭 상태에 있는 자신과 타자는 그야말로 동상이몽이다. 그래서 강신주 교수는 무엇을 해야 한다고 말하는가? "이 때문인지 사랑에 빠진 사람은 항상 사랑하는 사람을 무한정 기다린다는 느낌을 받기 쉽습니다. 상대방이 무엇을 원하는지, 어떨 때 행복을 느끼는지 알려면 우리는 기다릴 수밖에 없기 때문입니다." 라고 말한다.

과연 우리는 그렇게 사랑을 하고 사는가? 강신주 교수는 그렇게 소통과 자유를 말하면서도 왜 이럴 때는 소통과 자유가 나오지 않는지 의문스럽기 그지없다. 물론 우리는 기다려 주어야 하는 일들이 있다. 그러나 서로 대화하면서 인생을 말하고 삶을 나누면서 서로를 알아가게 된다. 서로를 알기에 기다려 주는 너그러운 존재가 되는 것이다. 그러나 강신주 교수의 말대로 상대방이 무엇을 원하는지 알지도 못한 채로 무작정 기다린다는 것은 존재의 무덤 속에 한숨만 늘어 가는 것밖에 없다.

그 기다림을 이해하기 위해 강신주 교수가 도입하는 것이 레비나스의 '전체'와 '무한' 개념이다. 레비나스는 유럽의 피로 물들인 2차 세계대전의 본질은 전체주의에 있다고 보았다. 그 전체주의의 기원은 일자(一者)로 세계를 포괄하려는 서양철학적 전통에 있다고 보았다. 레비나스가 『윤리와 무한』이라는 책에서 말하는 '전체'와 '무한'이란 무엇인가? '전체'의 자세를 취한다는 것은 타자의 속내를 다 파악할 수 있다는 오만함이고 '무한'의 자세를 가진다는 것은 타자의 속내를 알 수 없기에 겸손함을 가지게 된다는 것이다.[458]

레비나스의 개념으로 말한다고 해도 여전히 타자에 대해서는 모른다. 안다고 하면 전체주의가 되어버리니 모른다고 해야 한다는 것이다. 이것이 우발성의 존재론자들이 인생을 살아가는 방법이다. 그러니 그 절망을 이겨내기 위해 도약은

---

457) 강신주, 철학적 시 읽기의 즐거움 (파주: 동녘, 2012), 143.
458) Ibid., 149-150. "… 이런 맥락에서 본다면 왜 전체주의적 사고가 위험한지 그리 어렵지 않게 이해할 수 있습니다. 전체주의에 빠져 있는 사람은 타인도 자기와 똑같은 생각을 한다고 확신합니다. 예를 들어 자신이 에스프레소 커피를 좋아한다면 타인도 역시 그럴 것이라고 쉽게 생각하지요. 이것은 레비나스의 표현처럼 '사람끼리 서로 마주하는' 관계에 있지 않다는 것을 의미합니다. 오직 협소한 자신의 내면 속에만 머물러 있는 것에 지나지 않으니까요. 그렇다면 결국 '전체'의 관점은 '유아론solipsism'에 빠진 관점이라고도 말할 수 있습니다. 유아론자에게는 타자와 대면하는 일이란 있을 수 없기 때문입니다."

필수적으로 요청된다. 이대로 죽을 수는 없다고 생각하기 때문이다.

그러나, 창조하시고 구원하시고 언약하신 여호와 하나님께서는 여전히 인간들을 사랑하시어서 질서 속에 두시고 소통이 되도록 그 은혜를 거두지 않으시고 계신다. 또한 예수 그리스도의 십자가 피로 구원받은 성도들은 더욱 십자가의 렌즈로 사람들을 바라보기에 내가 소중한 만큼 이웃들도 소중하게 여기며 살아갈 수가 있다. 십자가 사랑 안에 살아가는 자들은 제10계명이 무엇을 금하는지 알고 순종하게 된다.

1) 우리 자신의 재산에 대한 모든 불만과

성도는 하나님께서 주신 것으로 충분하다. 그것이 충분한 이유는 하나님께서 지금의 이 자리에서 거룩과 경건을 만들어 가시기 때문이다. 많은 사람들은 '내가 지금보다 조금 더 재산을 많이 가졌더라면 더 좋은 신앙생활을 하고 더 좋은 인생을 살았을 것이다'라고 생각한다. 그러나 더 가진다고 신앙생활이 달라지고 인생이 재미있다고 누가 말할 수 있는가? 외적인 환경이 변한다고 해서 신앙이 달라지는 것이 아니다. 십자가의 대속의 은혜를 더 알아가지 않으면 조금 더 가지는 것이 오히려 자기를 죽인다. 거룩과 경건은 돈으로 만들어지지 않는다! 그랬더라면 천국은 부자들로 넘쳐났을 것이다.[459]

사도 바울은 다음과 같이 권면했다.

> 우리가 먹을 것과 입을 것이 있은즉 족한 줄로 알 것이니라(딤전 6:8)

사도 바울은 성도가 어디에 관심을 가지고 생활해야 하는지 말하고 있다. 성도는 궁극적인 관심이 이 세상이 아니라 '하나님의 나라와 그의 의'에 더 큰 관심을 가지고 살아야 한다.[460] 이 세상이 전부인 것처럼 살아가는 것은 성도로서 합당한 삶이 아니다. 이 말씀대로, 성도는 "먹을 것과 입을 것이 있은즉 족한 줄로 알"아야 한다.

---

459) 24 제자들이 그 말씀에 놀라는지라 예수께서 다시 대답하여 가라사대 얘들아 하나님의 나라에 들어가기가 어떻게 어려운지 25 약대가 바늘귀로 나가는 것이 부자가 하나님의 나라에 들어가는 것보다 쉬우니라 하신대 26 제자들이 심히 놀라 서로 말하되 그런즉 누가 구원을 얻을 수 있는가 하니 27 예수께서 저희를 보시며 가라사대 사람으로는 할 수 없으되 하나님으로는 그렇지 아니하니 하나님으로서는 다 하실 수 있느니라(막 10:24-27)
460) 너희는 먼저 그의 나라와 그의 의를 구하라 그리하면 이 모든 것을 너희에게 더하시리라(마 6:33)

그러나 오늘날 얼마나 기독교는 물질에 오염되어 있는가? 그것은 하나님의 말씀에서 얼마나 멀어져 있는가를 말해주는 증거다. 교회는 성장위주의 프로그램들로 가득하다. 심리학과 세상철학에 오염된 것들을 가르치면서도 십자가를 외치며 개혁주의라 하는 것은 자신이 무슨 말을 하는지도 모르는 것이다. 교회 안에 들어와 있는 혼합주의는 이미 그 선을 넘었다. 교회가 외적으로 드러난 부패한 모습들이 많다. 그러나 그런 외적인 부패는 내적인 혼합주의에서 비롯된 것이다. 교회는 세상의 철학과 심리학에 이미 점령을 당했고 신비주의 영성으로 더욱 오염되어 초영성주의에 빠졌다.

우리는 언제나 하나님의 공급하심을 신뢰해야 한다. 언약하신 하나님께서는 끝까지 자기 백성을 책임지시는 하나님이시다. 만일 우리가 어려움을 당해야 한다면 그것은 그리스도의 영광을 위하여 고난도 받아야 하는 자리로 인도하신 것이다. 하나님께서는 무엇이라고 말씀하시는가?

> 까마귀 새끼가 하나님을 향하여 부르짖으며 먹을 것이 없어서 오락가락 할 때에 그것을 위하여 먹을 것을 예비하는 자가 누구냐(욥 38:41)

여호와께서 폭풍 가운데서 욥에게 말씀하셨다. 까마귀 새끼 하나까지도 먹을 것을 예비하신다고 말씀하셨다. 이것은 여호와 하나님께서 그 능력으로 세심하게 피조물들을 향하여 사랑과 관심을 베풀고 계시다는 것을 말해 준다. 욥은 하나님의 말씀에 항복하였다. 욥은 자기가 아무리 지혜롭고 의롭다 할지라도 하나님의 말씀 앞에 엎드리지 않을 수가 없었다. 그러므로 욥은 이렇게 고백했다.

> 1 욥이 여호와께 대답하여 가로되 2 주께서는 무소불능하시오며 무슨 경영이든지 못 이루실 것이 없는 줄 아오니 3 무지한 말로 이치를 가리우는 자가 누구니이까 내가 스스로 깨달을 수 없는 일을 말하였고 스스로 알 수 없고 헤아리기 어려운 일을 말하였나이다 4 내가 말하겠사오니 주여 들으시고 내가 주께 묻겠사오니 주여 내게 알게 하옵소서 5 내가 주께 대하여 귀로 듣기만 하였삽더니 이제는 눈으로 주를 뵈옵나이다 6 그러므로 내가 스스로 한하고 티끌과 재 가운데서 회개하나이다(욥 42:1-6)

하나님의 말씀을 통해서 하나님이 얼마나 크신 분인지, 얼마나 놀라운 섭리 가운데 이 세상을 다스리시는지, 욥은 잘 알게 되었다. 욥에게 일어난 그 엄청난 일을 욥은 다 헤아릴 수 없었다. 그러나 하나님께서는 하나님의 지혜와 능력으로 그 모든 일을 이루어가고 계시다는 것을 믿고 항복했다.

가족과 재산을 잃게 되었을 때, 우리의 마음은 얼마나 괴롭고 안타까운가? 그러나 그 때에도 욥과 같이 우리가 이해하지 못하는 하나님의 놀라운 섭리가 있음을 알고 예수 그리스도를 신뢰하며 믿음의 길을 달려가야 한다. 하나님께서는 공연히 그런 일을 만나게 하시는 분이 아니시기 때문이다. 비인과율의 세계를 인간은 포섭할 수가 없다.

딜타이의 생철학이 무엇을 말하는가? 삶은 자연과학적 인과율로는 조작될 수도, 파악할 수 없다는 것이다. 삶은 인류 체험을 집적한 역사를 통해 이해된다고 말했다. 그러나 인간은 역사를 통해 배우지 않는다. 삶과 역사는 오직 하나님의 영역이다. 하나님께서 그리 정하신 것은 하나님을 경외하게 하고 하나님의 말씀에 즐거이 순종하게 하시기 위함이다.[461]

2) 우리 이웃의 재산에 대해 시샘하고 배 아파하는 것과

하나님의 섭리와 인도하심을 믿고 사는 성도들은 이웃이 잘 되는 일에 대해서 함께 웃어주고 박수쳐 줄 수 있는 여유로움이 일어난다. 왜냐하면 성도의 관심은 그들의 재산이 아니라 그들의 영혼에 가 있기 때문이다. 성도가 정말 안타까워하는 것은 그들이 물질의 노예가 되어 정말 가치 있게 생각해야할 영혼에 대하여 무관심해지는 것이다. 그러므로 예수님께서는 마음에 자리 잡은 것이 무엇인지 말씀하셨다.

> 저희에게 이르시되 삼가 모든 탐심을 물리치라 사람의 생명이 그 소유의 넉넉한 데 있지 아니하니라 하시고(눅 12:15)

13절에서 한 사람이 예수님께 형님과 유업을 나누게 해 달라고 청했다. 그러나 예수님께서는 그 사람의 영혼을 사랑하시며 '탐심을 물리치라'고 하셨다. 예수님께서는 사람의 죄악 된 성향에 이끌리지 않고 하나님의 공급하심을 믿고 하나님의 나라를 구하며 살라고 말씀하셨다.[462]

우리의 눈으로 볼 때에 세상에서 일어나는 일들은 이해하지 못할 때가 많다. 왜 이런 일이 일어나는지 감당이 안 될 때가 있다. 하나님의 나라와 의를 구하

---

461) 오묘한 일은 우리 하나님 여호와께 속하였거니와 나타난 일은 영구히 우리와 우리 자손에게 속하였나니 이는 우리로 이 율법의 모든 말씀을 행하게 하심이니라(신 29:29)
462) 30 이 모든 것은 세상 백성들이 구하는 것이라 너희 아버지께서 이런 것이 너희에게 있어야 될 줄을 아시느니라 31 오직 너희는 그의 나라를 구하라 그리하면 이런 것을 너희에게 더하시리라(눅 12:30-31)

는 성도들이 더 어려움을 당하고 오히려 하나님 없는 세상 사람들이 더 잘 먹고 잘 사는 경우가 많다. 그들은 더 호사스럽게 살고 더 잘 되는 것 같아 보인다. 그런 일을 시편기자도 겪었다. 그도 역시 너무나도 당황하였다. 그러나 하나님의 은혜로 그들의 결국을 알게 되었고 더욱 여호와 하나님을 기뻐하고 맡겼다.

> 여호와 앞에 잠잠하고 참아 기다리라 자기 길이 형통하며 악한 꾀를 이루는 자를 인하여 불평하여 말지어다(시 37:7)

시편 37편은 악인의 결국과 의인의 결국을 대조한다. 악인의 번영함을 불평하거나 투기하지 말고 하나님께서 의인을 구원하시고 산성(山城)이 되심을 노래한다. 7절에서, "잠잠하고 참아 기다리라"라고 말한다. 자포자기하거나 절망에 빠져서 체념한 상태를 말하는 것이 아니다. 하나님께 맡기면 하나님께서 빛나게 해 주실 것이기 때문에 "잠잠하고 참아 기다리"는 것이다.[463] 악한 자들은 지금은 형통해 보이나, 풀처럼 속히 베임을 당할 것이고 채소처럼 쇠잔해질 것이다. 성도는 참으로 오늘만 보는 것이 아니라 하나님께서 이루실 종말까지 바라보고 사는 자들이다.

그러기에 하나님을 의지하고 사는 성도들은 현실의 부정과 부당함을 만나게 될 때에 하나님을 바라보고 입술을 굳게 지키고 믿음으로 살아야 할 것을 권면한다.

> 심중에라도 왕을 저주하지 말며 침방에서라도 부자를 저주하지 말라 공중의 새가 그 소리를 전하고 날짐승이 그 일을 전파할 것임이니라(전 10:20)

전도서 10장은 불확실한 삶에 대한 지혜를 말한다. 10장에 나오는 왕과 부자는 불의한 자들이다. 왕은 먹고 즐기고 부자는 그 왕과 한 통속이다. 성경은 그런 자들에 대하여 '저주하지 마라'고 한다. 그들의 죄악은 반드시 알려질 것이고 심판을 받을 것이다. 불의한 자들은 스스로 멸망하게 되어 있다. 왜냐하면 환난을 당할 때 의지할 것들이 없기 때문이다.

성도 된 우리의 삶이 다만 이생뿐이라면 우리 역시 이 세상의 부정부패를 근

---

[463] 3 여호와를 의뢰하여 선을 행하라 땅에 거하여 그의 성실로 식물을 삼을지어다 4 또 여호와를 기뻐하라 저가 네 마음의 소원을 이루어 주시리로다 5 너의 길을 여호와께 맡기라 저를 의지하면 저가 이루시고 6 네 의를 빛같이 나타내시며 네 공의를 정오의 빛같이 하시리로다(시 37:3-6)

절하고 새로운 세상을 만들기 위하여 목숨을 걸어야 할 것이다. 그러나 우리는 나그네 된 인생을 살아가는 자들이다. 장차 도래할 하나님의 나라를 바라보고 믿음을 지켜가는 싸움을 감당해 가는 하나님 나라의 시민이다. 그러기에 그리스도의 십자가 복음을 전하며 우리의 입술을 정결하게 하고 성령님의 열매 맺는 성도로 더욱 자라가야 한다.

3) 이웃의 가진 어떤 소유에 대한 모든 과도한 충동이나 애착입니다

사람이 가진 욕심은 끝이 없다. '조금만 더 가지면 소원이 없겠다'고 말하지만 그만큼 가지면 또 더 조금 더 가지고 싶은 것이 사람의 죄악 된 본성이다. 왜 사람들은 이 세상의 것들을 더 많이 소유하려고 하는가? 그것은 만족과 기쁨이 즉각적으로 주어지기 때문이다. 그리고 자기 마음대로 세상을 조작할 수 있기 때문이다. 그러나 세상은 하나님께서 다스리고 계신다. 인간은 그렇게 외부의 간섭자를 싫어하기 때문에 세상 것을 더 많이 가져서 더 많이 장악하고 싶어 한다.

아담이 범죄했을 때는 무엇이 부족해서가 아니었다. 하나님께서는 이미 그에게 모든 것을 제공해 주셨다. 하나님의 말씀에 순종하면서 하나님께서 주신 것들을 누리고 살아가면 되는 복된 자리에 있었다. 그러나 거기서 사탄의 유혹에 넘어가 죄를 짓고 타락했다는 것을 잊지 말아야 한다.

다윗이 죄를 지었을 때는 어떠했는가? 그도 역시 어려운 시절은 지나가고 평안할 때에 범죄하였다. 그 때에 나단 선지자는 다윗의 죄를 말했다.

> 그러한데 어찌하여 네가 여호와의 말씀을 업신여기고 나 보기에 악을 행하였느뇨 네가 칼로 헷 사람 우리아를 죽이되 암몬 자손의 칼로 죽이고 그 처를 빼앗아 네 처를 삼았도다(삼하 12:9)

성경은 다윗이 범죄한 근본적인 원인을 말한다. 그것은 "여호와의 말씀을 업신여"겼기 때문이다. 다윗이 지은 죄는 무엇인가? 탐욕[464]과 간음[465], 살인죄다.[466] 말씀의 선명한 기준이 사라지면 하나님의 진노에 대한 두려움이 무디어

---

[464] 2 저녁때에 다윗이 그 침상에서 일어나 왕궁 지붕 위에서 거닐다가 그곳에서 보니 한 여인이 목욕을 하는데 심히 아름다워 보이는지라 3 다윗이 보내어 그 여인을 알아보게 하였더니 고하되 그는 엘리암의 딸이요 헷사람 우리아의 아내 밧세바가 아니니이까(삼하 11:2-3)
[465] 다윗이 사자를 보내어 저를 자기에게로 데려 오게 하고 저가 그 부정함을 깨끗하게 하였으므로 더불어 동침하매 저가 자기 집으로 돌아가니라(삼하 11:4)
[466] 15 그 편지에 써서 이르기를 너희가 우리아를 맹렬한 싸움에 앞세워 두고 너희는 뒤로 물러가서 저로 맞아 죽게

지고 연이어서 죄를 짓게 된다. 그것이 더 심각한 것은 의도적으로 죄를 짓기 때문이다. 성경은 언제나 죄를 지은 그 근본 동기가 무엇인지를 밝힌다.

아합의 죄는 어떠했는가? 아합은 엄청난 부를 소유하고 있는 왕이었다. 그는 나봇의 포도원에 눈이 멀어서 그것을 차지하고 싶어서 병이 들었다.

> 이스르엘 사람 나봇이 아합에게 대답하여 이르기를 내 조상의 유업을 왕께 줄 수 없다 함을 인하여 아합이 근심하고 답답하여 궁으로 돌아와서 침상에 누워 얼굴을 돌이키고 식사를 아니하니(왕상 21:4)

열왕기상 21장에 보면, 아합이 나봇의 포도원을 강탈하고 죽이는 사건이 나온다. 그 일을 주도적으로 꾸민 자는 아합의 아내 이세벨이다. 이세벨의 아버지는 시돈의 왕인데, 바알을 숭배하는 사제였다.

이세벨이 이런 사악한 일을 하는 것은 언약이 무엇인지 그 기업이 무엇인지 아무것도 모르기 때문이다. 나봇은 대대로 내려온 기업을 생명처럼 소중히 여기는 언약에 신실한 백성이었으나, 이세벨은 자기 탐욕을 쟁취하기 위해 남의 생명을 죽이는 극악한 우상숭배자였다. 몰라서 죄 없다가 아니라 언약 없이 사는 사람들이 자신의 탐욕을 이루기 위하여 얼마나 사악한 일을 하는지 보여주는 사건이다.

성도의 부요함은 무엇인가? 그것은 이 세상의 것이 아니다. 예수 그리스도를 믿어 영생에 이르게 된 것이 복이다. 성도는 이미 예수님께서 산상수훈에서 말씀하신 그 팔복을 받은 자들이다. 그 복을 주시려고 허물과 죄로 죽은 우리를 예수 그리스도의 십자가의 피로 구원하신 여호와 하나님을 찬양하라! 할렐루야! 아멘!

하라 하였더라 16 요압이 그 성을 살펴 용사들의 있는 줄을 아는 그 곳에 우리아를 두니 17 성 사람들이 나와서 요압으로 더불어 싸울 때에 다윗의 신복 중 몇 사람이 엎드러지고 헷 사람 우리아도 죽으니라(삼하 11:15-17)

제82문 사람이 하나님의 계명을 온전히 지킬 수 있습니까? (대149)[467]
답: 타락한 후로는 어떤 사람도 현세에서 하나님의 계명을 온전히 지키지 못하고 오히려 날마다 생각과 말과 행동으로 계명을 범합니다.[468]

하나님의 요구하심은 명백하다.

> 너는 네 하나님 여호와 앞에 완전하라(신 18:13)

그러나 이 율법에 완전히 행한 분은 오직 예수 그리스도 밖에 없다! 타락한 인간은 죄로 오염되어 있기에 하나님의 율법이 요구하는 의에 이를 수가 없다.[469]

1) 타락한 후로는 어떤 사람도 현세에서 하나님의 계명을 온전히 지키지 못하고

타락의 결과에 대해서 사람들은 너무나도 간과하고 산다. 그 증거가 무엇인가? 인간의 궁극적인 문제를 인간 내면의 죄성으로 보지 않고, 외적인 환경의 문제로 보기 때문이다. 그러니 세상의 정치에 생명을 걸고 사회 구조를 변혁해야 한다고 말하면서 혁명을 말한다. 그러나 지나간 역사를 통해서 아무리 인간이 열심히 노력해도 세상은 갈수록 더 절망적이라는 것을 말해 주었다. 그러나 사람들은 역사를 통해서 배우지 않는다. 왜냐하면 다른 사람들은 그렇게 실패했어도 나는 그렇게 살지 않는다고 굳게 확신하기 때문이다. 그래서 스스로 죽음에 이르는 줄을 모르고 죽는다.

---

467) 하이델베르크 교리문답 제5문 : 당신은 그 모든 계명을 완전히 지킬 수 있습니까? 답: 불가능합니다. 왜냐하면 나는 본성적으로 하나님과 내 이웃을 미워하는 경향이 있기 때문입니다.
468) Q. 82. Is any man able perfectly to keep the commandments of God? A. No mere man, since the fall, is able in this life perfectly to keep the commandments of God, but doth daily break them in thought, word, and deed.
469) 하이델베르크 교리문답 제114문: 하나님께 회개한 사람은 이 계명들을 완전히 지킬 수 있습니까? 답: 지킬 수 없습니다. 가장 거룩한 사람이라 해도 이생에서는 이 순종의 적은 시작만 할 수 있을 뿐입니다. 그럼에도 불구하고, 그들은 진지한 목적으로 하나님의 계명의 일부분에 대해서 뿐만 아니라 하나님의 모든 계명에 따라 살기 시작합니다.
제115문: 만일 아무도 이생에 있어서 십계명을 완전히 지킬 수 없다면, 어찌하여 하나님이 십계명을 그렇게 엄격하게 선포하셨습니까? 답: 첫째로, 우리가 일평생 동안 우리의 죄악 됨을 점점 더 깨닫게 되어, 그리스도 안에 있는 죄의 용서와 의를 더 열심히 추구하도록 하기 위한 것입니다. 둘째로, 성령의 은혜를 얻기 위하여 우리가 계속적으로 열심히 하나님께 기도하고, 마지막에 생이 끝난 다음에 완성의 목적에 도달할 때까지, 하나님의 형상에 따라 점점 더 새롭게 되기 위해 투쟁하는 것을 멈추지 않도록 하기 위한 것입니다.

성경은 언제나 인간의 죄성을 먼저 말한다.

> 범죄치 아니하는 사람이 없사오니 저희가 주께 범죄함으로 주께서 저희에게 진노하사 저희를 적국에게 붙이시매 적국이 저희를 사로잡아 원근을 물론하고 적국의 땅으로 끌어간 후에(왕상 8:46)

솔로몬이 성전을 건축하고 여호와의 제단 앞에서 기도하는 모습이다. 그 기도 중에 일곱 번째 간구(46-51)를 하는 그 이유를 설명하는 구절이다.[470] 솔로몬은 범죄치 않는 사람이 없으며 그런 범죄로 인해 하나님의 진노를 받아 적국에 포로로 잡혀가는 경우가 생길 수도 있음을 전제 하면서 기도를 드리고 있다. 솔로몬은 인간의 근본적인 속성이 부패해 있음을 고백했다. 인간은 죄악 된 것인 줄 알면서도 그 죄악을 이길 능력이 없다.

> 8 만일 우리가 죄 없다 하면 스스로 속이고 또 진리가 우리 속에 있지 아니할 것이요 9 만일 우리가 우리 죄를 자백하면 저는 미쁘시고 의로우사 우리 죄를 사하시며 모든 불의에서 우리를 깨끗케 하실 것이요 10 만일 우리가 범죄하지 아니하였다 하면 하나님을 거짓말하는 자로 만드는 것이니 또한 그의 말씀이 우리 속에 있지 아니하니라(요일 1:8-10)

사도 요한은 먼저 영지주의자들을 향하여 포문을 열었다. 그들은 모든 사람에게 신성(신적인 불꽃)이 있다고 믿기 때문에 자신들에게는 근본적으로 죄가 없다고 본다. 그들은 영적인 안내자의 도움으로 받은 '그노시스'(영지)를 통해 신성을 깨닫고 신인합일을 이룬다고 본다.

그러나 사도 요한은 인간 된 우리가 죄인이라고 말한다. 만일 우리가 죄 없다고 말하면 하나님은 거짓말하는 자가 된다. 죄도 아닌 것을 죄라고 했고 그 죄 때문에 예수 그리스도가 십자가에 못박혀 죽었기 때문이다. 그러나 성경은 분명히 인간은 죄인이며 그 죄를 자백할 때 사하여 주시고 모든 불의에서 깨끗게 해 주신다. 신성한 내면아이가 있다고 하느냐 없다고 하느냐가 기독교냐 아니냐를

---

[470] 46 범죄치 아니하는 사람이 없사오니 저희가 주께 범죄함으로 주께서 저희에게 진노하사 저희를 적국에게 붙이시매 적국이 저희를 사로잡아 원근을 물론하고 적국의 땅으로 끌어간 후에 47 저희가 사로잡혀 간 땅에서 스스로 깨닫고 그 사로잡은 자의 땅에서 돌이켜 주께 간구하기를 우리가 범죄하여 패역을 행하며 악을 지었나이다 하며 48 자기를 사로잡아 간 적국의 땅에서 온 마음과 온 뜻으로 주께 돌아와서 주께서 그 열조에게 주신 땅 곧 주의 빼신 성과 내가 주의 이름을 위하여 건축한 전 있는 편을 향하여 주께 기도하거든 49 주는 계신 곳 하늘에서 저희 기도와 간구를 들으시고 저희의 일을 돌아보옵시며 50 주께 범죄한 백성을 용서하시며 주께 범한 그 모든 허물을 사하시고 저희를 사로잡아 간 자의 앞에서 저희로 불쌍히 여김을 얻게 하사 그 사람들로 저희를 불쌍히 여기게 하옵소서 51 저희는 주께서 철 풀무 같은 애굽에서 인도하여 내신 주의 백성, 주의 산업이 됨이니이다(왕상 8:46-51)

구별짓는 핵심 키워드다.

> 9 그러면 어떠하뇨 우리는 나으뇨 결코 아니라 유대인이나 헬라인이나 다 죄 아래 있다고 우리가 이미 선언하였느니라 10 기록한 바 의인은 없나니 하나도 없으며(롬 3:9-10)

사도 바울은 1, 2절에서 하나님의 경륜 속에 유대인이 갖는 특별한 지위와 역할을 말했다. 여기서는 유대인의 도덕적, 영적 상태를 말하는데, 결국 유대인이나 헬라인이나 그 영적·윤리적 상태가 동일하다는 것을 말한다. 그것은 모든 인간은 다 죄 아래 있다는 것이다. 그래서 의인은 하나도 없다. 유대인들은 스스로 선민이라 여기며 특별의식을 가지고 살았지만 그들 역시 근본적으로 죄인이다. 그것을 솔로몬도 잘 알고 있었다.

> 선을 행하고 죄를 범치 아니하는 의인은 세상에 아주 없느니라(전 7:20)

왜 굳이 기독교이어야 하며, 왜 굳이 다른 종교는 안 된다고 말하는가? 세상 사람들은 기독교가 너무 배타적(排他的)이라고 말한다. 그들은 종교 간의 대화를 말하며 서로의 종교를 인정하며 수용해야 한다고 말한다. 세상의 종교들은 서로 인정하고 수용할 수 있다. 왜냐하면 인간 안에 신성이 있다고 생각하고 그 신성을 계발하면 되기 때문이다.

그러나 기독교는 그럴 수 없다. 인간은 신성이 없으며 인간은 죄인이다. 인간은 죄를 지어 타락한 존재이며 자연발생적으로 출생하는 모든 인간은 죄의 본성을 가지고 태어난다.

인간은 타락하기 이전에는 하나님께서 주신 언약의 율법을 지킬 가능성이 있었다.[471] 그러나 죄를 지어 탈락한 이후에는 그 율법을 결코 지킬 수가 없는 비참한 상태가 되었다.

> 선을 행하고 죄를 범치 아니하는 의인은 세상에 아주 없느니라(전 7:20)
> 모든 사람이 죄를 범하였으매 하나님의 영광에 이르지 못하더니(롬 3:23)

이 말씀은 사람이 사람을 관찰해 보고 내린 결론이 아니다. 사람의 판단은 언

---

[471] 앞에서, 어거스틴은 이것을 "죄를 지을 수도 있는 인간"(humans who are able to sin=posse peccare)이라고 말했다.

제나 상대적일 수밖에 없다. 하나님의 거룩하심과 하나님의 말씀에 비추어 볼 때 인간이 죄를 범하고 산다는 것이다.

세상 사람들은 어떻게 하나님으로부터 멀어져 살아가고 있는가? 대표적으로 이외수 작가는 2003년부터 지속적으로 채널링(channeling)을 해 왔다. 그는 기자 간담회에서 두세 달에 한번 정도로 채널링을 하며, 지구 말고도 금성과 화성, 달에 지성체가 살고 있다는 것을 채널링을 통해서 알게 되었다고 말했다. 그렇게 채널링한 내용을 자신의 소설에도 반영하고 있다.[472]

많은 사람들이 인류와는 다른 차원의 UFO 외계인들이나 영적 존재들로부터 여러 메시지와 정보들을 수신하고 있다. 그리고 이러한 사람들의 숫자는 점차 증가하고 있는 추세이다. 이런 사람들을 '채널러'(Channeller)라고 하며, 이들이 정보를 수신하는 행위를 '채널링'(Channeling)이라고 한다. 집에서 TV나 라디오를 수신하기 위해서는 채널을 특정 방송에다 맞추듯이, 외계인이나 높은 영적존재들이 유지하고 있는 고유한 송출 주파수가 있다고 가정하고 영적인 교신을 하는 것을 말한다.[473] 그것은 접신이다.

이런 구상화(visualization)는 세상에서만 일어나는 것이 아니다. 교회 안에서도 너무나도 많이 사용되고 있다. 내적치유, 상담, 기도, 설교에서도 사용되고 있다. 그 방식만 다를 뿐이다.

그러나 성경은 언제나 인간의 죄인 됨을 말하고 그 죄에서 구원하실 분은 오직 예수 그리스도뿐임을 분명하게 말한다.

> 그는 허물과 죄로 죽었던 너희를 살리셨도다(엡 2:1)

인간은 하나님의 계명을 지킬 수 없는 허물과 죄로 죽은 죄인들이다. 구원론이 삶을 지배한다는 것은 관념이 아니다!

2) 오히려 날마다 생각과

하나님께서는 죄악 된 세상을 물로 심판하셨다. 그러나 그 중에서 노아와 그 가족들을 구원해 주셨다. 세상을 심판하시고 난 다음에도 불구하고 여호와께서는 이렇게 말씀하셨다.

---

[472] http://news.chosun.com/site/data/html_dir/2013/10/30/2013103002333.html?news_Head1/ 이외수, "요즘도 달의 지성체와 교신해"
[473] http://www2.mariasarang.net/pmleeagnes/1message/spirit/forever/data05/21.asp 채널링이란 무엇인가?

여호와께서 그 향기를 흠향하시고 그 중심에 이르시되 내가 다시는 사람으로 인하여 땅을 저주하지 아니하리니 이는 사람의 마음의 계획하는 바가 어려서부터 악함이라 내가 전에 행한 것 같이 모든 생물을 멸하지 아니하리니(창 8:21)

구원받은 노아와 그 식구들이라도 한 번 타락한 인간들의 죄성은 여전히 그들 속에 있다는 것이다. 그 죄성은 어른이 되어서야만 나타나는 것이 아니라 여호와의 말씀대로 "어려서부터 악"하다. 그것은 본성적으로 악하다는 뜻이다. 그것이 인간의 비참이고 절망이다. 그러기에 인간은 날마다 그 마음에서부터 죄를 짓고 사는 존재다.

세상 사람들은 예수 믿는 신자가 왜 죄를 짓느냐고 말한다. 예수 믿는 신자라도 죄를 지을 수 있다. 이것은 죄를 짓고 핑계를 대는 것이 아니다. 죄를 지을 수밖에 없는 존재라는 설명에 해당한다. 그 설명이라는 것은 무엇인가? 우리가 예수님을 믿을 때에 죄책에서는 벗어났으나, 죄의 오염 그 죄의 부패성은 몸에 남아 있다. 그래서 구원 받은 신자라도 죄를 지을 수 있다. 어거스틴은 이것을 "죄를 안 지을 수도 있는 인간"(humans who are able not to sin=posse non peccare)이라고 했다. 예수님을 믿어 구원 받은 인간의 현재의 모습을 말한다. 이런 성경적인 입장에 대해 완전론과 도덕률 폐기론 두 가지 오류들이 언제나 있어 왔다.474)

---

474) G.I. 윌리암스, 소교리문답강해, 최덕성 역 (서울: 개혁주의신행협회, 1990), 251-252; 〈무죄한 삶을 살 수 있는 자는 아무도 없다는 진리에 비추어서, 경계해야 할 필요가 있는 두 가지의 큰 오류를 깨달을 수 있다. (1) 첫째는 완전론이다. 이것은 기독신자가 이생에서 범죄하지 않을 수 있다는 형태의 가르침이다. 예를 들자면, 로마교회의 '성자' 개념에서 이것을 발견할 수 있다. 어떤 신자들은 거룩의 경지에서까지 이른다고 말한다. 그들은 완전에 이를 뿐만 아니라 그것을 초월하며, 하나님이 요구하시는 것 이상을 행한다고 말한다. 성자 외에는 교회의 금고에 저축을 해야 하는 공덕, 공로가 있어야 될 자들이다. 그래서 평신도들은 그들의 부족을 보완하기 위해서는 성자들의 공로를 얻어야 한다. 또 다른 예로서 여러 신교 교파들, 그리고 무교파 운동 혹은 초교파 운동에서는 인간이 완전히 하나님께 자신을 맡기면 하나님은 인간에게 승리를 주실 것이라고 가르친다. 그래서 우리는 종종 다음과 같은 구호들을 볼 수 있다. "기자. 그리고 하나님을 깨우자." "지고한 삶의 비결 여기 있다"등등. 그들의 기본사상은 그 비결을 익힌 신자들은 죄 없는 완전함을 얻을 수 있다는 것이다. 그러나 성경은 분명히 말씀하기를 "세상에는 범죄치 않는 자가 하나도 없다"(전 7:20)고 했다. "만일 우리가 범죄하지 아니하였다고 하면 하나님을 거짓말하는 자로 만드는 것이니 또한 그의 말씀이 우리 속에 있지 아니함이라"(요일 1:10). 따라서 우리들은 그와 같은 주장이 잘못됨을 알아야 한다. (2) 다른 하나의 극단적 오류는 도덕률 폐기론이다. 이 말은 도덕률을 반대함을 뜻한다. 인간은 하나님의 율법을 완전히 지킬 수 없고 그리고 그리스도는 우리를 대신하여 율법을 이루셨기 때문에 우리는 하나님의 계명을 순종해야 할 모든 의무로부터 해방되었다고 말한다. 이들 중 어떤 이는 신자 인성의 이성론(二性論)을 주장한다. 그들은 신자는 사실상 두 사람으로 존재한다고 말한다. "하나는 아담 안에 있는 옛사람이요, 다른 하나는 그리스도 안에 있는 사람이다." 그래서 신자가 범죄할 때마다 꾸중을 들어야 할 자는 옛사람이며 그리스도 안에 있는 새사람은 "내 옛 본성이 그렇게 행했으니 나는 어쩔 수 없다"고 한다. 그러나 성경은 신자가 그리

3) 말과

사람의 죄성은 말로 나타난다. 성경은 그 말을 제어하라고 권면한다. 왜냐하면 그 말의 위력이 너무나도 대단해서 배를 움직이는 키와 같고 불과 같기 때문이다. 야고보 사도는 다음과 같이 말했다.

> 1 내 형제들아 너희는 선생 된 우리가 더 큰 심판을 받을 줄을 알고 선생이 되지 말라 2 우리가 다 실수가 많으니 만일 말에 실수가 없는 자면 곧 온전한 사람이라 능히 온 몸에 굴레 씌우리라(약 3:1-2)

당시에 많은 사람들이 지위 향상으로 선생이 되려고 했지만, 야고보 사도는 선생 된 자로서의 책임을 감당하지 못했을 때 그에 상응하는 심판이 있을 것을 경고했다.[475] 특히 유대교에서 '랍비'라는 위치는 매우 존경받는 지도자로 존경의 대상이었다. 지도자가 존경받는 것은 당연하지만 너도나도 선생이 되려고 하니 교회 안에 갈등만 빚어내고 말았다.

특히 야고보 사도는 말로 짓는 죄에 대해서 말한다. 2절에서 말하는 실수는 영적인 실패를 의미하며 모든 죄 된 행동들을 가리킨다. 그만큼 말로 죄짓는 일이 많은 것이 선생 된 자다.

4) 행동으로 계명을 범합니다

하나님 없는 인간이 행동으로 범하는 죄는 무엇인가? 하나님의 뜻을 저버리고 인간이 주인이 되는 삶을 살아가는 것이다. 인간은 자기를 지키기 위하여 불의를 서슴없이 행하고 정당화 한다.

> 다 치우쳐 한가지로 무익하게 되고 선을 행하는 자는 없나니 하나도 없도다(롬 3:12)

세상의 어떤 인간도 죄인이 아니라고 할 자가 없다. 성경은 모두가 다 불합격

스도 안에서 "새 피조물"이며 또한 자신의 행위와 아울러 옛사람을 벗어버렸다고 말했다(골 3:9). 인간은 여전히 지체 가운데서 죄의 활동을 가진다(롬 7:5). 사실 신자인 우리에게도 옛 사람의 부스러기가 남아 있다. 그러나 위의 이원론은 옳지 않다. 신자는 결코 죄에 결코 지배당하지 않을 것이다. 또한 범죄했을 때 옛사람을 비난함으로써 자신을 변호하지 않는다.〉

475) 45 모든 백성이 들을 때에 예수께서 그 제자들에게 이르시되 46 긴 옷을 입고 다니는 것을 원하며 시장에서 문안 받는 것과 회당의 상좌와 잔치의 상석을 좋아하는 서기관들을 삼가라 47 저희는 과부의 가산을 삼키며 외식으로 길게 기도하니 그 받는 판결이 더욱 중하리라 하시니라(눅 20:45-47)

판정이라고 선언한다. 다른 사람에 비해 좀 더 도덕적이고 윤리적일 수는 있겠지만 그런 그들이라고 할지라도 스스로 하나님을 찾으며 하나님 앞에 자기 죄인 됨을 자복할 인간은 아무도 없다. 인간의 양심은 죄로 죽었고 인간의 능력과 의지도 죄로 오염되어서 하나님과 반대되는 길로 가기에 바쁘다. 인간은 이미 영적으로 죽은 자들이기 때문이다.

사도 바울은 모든 인간이 죄의 노예가 되었다고 말했다. 거기에는 어느 누구도 예외가 없다.

> 유대인이나 헬라인이나 다 죄 아래 있다고 우리가 이미 선언하였느니라(롬 3:10)

아무리 부인하고 싶어도 인간이 죄를 짓고 있는 현실을 아무도 부인할 수가 없다. 그것은 본성적으로 타락하고 부패했기 때문이다. "무익하게 되고"는 인간이 쓸모없게 되었고 상하고 부패했다는 뜻이다. 썩은 음식은 먹을 수 없다. 그런 음식들은 버려야 한다. 인간의 본성이 죄악으로 부패했기 때문에 거기에서 나오는 것들은 다 죄밖에 없다.

> 모든 사람이 죄를 범하였으매 하나님의 영광에 이르지 못하더니(롬 3:23)

그러니 인간은 스스로 구원 얻는 믿음에 이를 수가 없다. 인간은 "하나님의 영광에 이르지 못"한다. 범죄한 인간은 스스로 타락한 자리에서 벗어날 수가 없다. 그러나 세상의 종교와 철학과 사상들은 스스로 구원에 이를 수 있다고 말하니 성경과는 정반대의 길로 가게 된다. 그 핵심은 언제나 신성한 내면아이에 있다.

인간은 어느 누구도 하나님의 정하신 기준에 도달할 수가 없다. 율법은 그것을 정확하게 말한다. 그리하여 구원이 우리 안에서 나오는 것이 아니라 오직 우리 밖에서 우리를 위하여 십자가에 죽으신 예수 그리스도만이 구원하신다는 것으로 인도한다. 성령 하나님께서는 그 택한 자들에게 그리스도의 대속의 은혜를 믿게 하시고 구원에 이르게 하신다.

제83문 율법을 범한 모든 죄가 동등하게 가증합니까? (대150)
답: 어떤 죄는 그 자체에 있어서와 여러 가지 악화시키는 요소들 때문에 하나님 보시기에 다른 죄들보다 더 가증합니다.[476]

'율법의 차등성'이란 법을 범한 모든 죄가 다 같은 차원이 아니라는 것으로, 어떤 죄는 그 본질로 보나 여러 가지 얽힌 문제들을 보아 하나님 앞에서 다른 죄보다 더 악하다는 것을 말한다.

> 그가 또 내게 이르시되 인자야 이스라엘 족속의 행하는 일을 보느냐 그들이 여기서 크게 가증한 일을 행하여 나로 내 성소를 멀리 떠나게 하느니라 너는 다시 다른 큰 가증한 일을 보리라 하시더라 (겔 8:6)

에스겔은 14개월 동안 하나님으로부터 계시를 받고 그것을 이스라엘 백성들에게 경고했다. 이제 두 번째 환상이 에스겔에게 주어졌다. 8장에서는 하나님의 영광의 환상과 함께 에스겔이 그 환상 가운데 예루살렘 성전에 이끌려 가는 장면이다. 에스겔이 자신의 집에 앉아 있을 때 유다 장로들도 있었다. 그 때에 하나님께서는 환상을 보여주심으로 하나님께서 여전히 자기 백성들에게 살아 역사하시는 분임을 드러내셨다. 특히 '불 같은 형상'이라는 말은 심판을 의미하며, 우상숭배와 기타 불의를 행한 이스라엘을 심판하시기 위하여 오신 하나님의 위엄과 영광을 암시한다.

6절 말씀은 예루살렘의 우상숭배의 실상을 말하는 것이다. 백성들은 성전 제단 문어귀 북편에 투기를 격발케 하는 우상을 세웠다. 이 우상이 정확히 무엇인지는 확실치 않지만 학자들은 바알이나 아세라 우상으로 추정한다. 하나님께 드릴 희생 제물을 잡는 성전 안뜰에 이방의 우상을 세워둔다는 것은 하나님의 영광을 더럽히고 모욕하는 가증스러운 일이다. 그것이 전부가 아니다. 성전의 담 밖의 여인들은 바벨론의 신으로서 계절의 주기를 따라 겨울에 죽었다가 봄에 다시 살아나는 곡물의 신 담무스를 노골적으로 숭배했다.[477] 현관과 제단 사이에 있는 장소에서는 약 25명의 제사장들과 레위인들이 성전을 등지고 태양신을 경

---

476) Q. 83. Are all transgressions of the law equally heinous? A. Some sins in themselves, and by reason of several aggravations, are more heinous in the sight of God than others.
477) 14 그가 또 나를 데리고 여호와의 전으로 들어가는 북문에 이르시기로 보니 거기 여인들이 앉아 담무스를 위하여 애곡하더라 15 그가 또 내게 이르시되 인자야 네가 그것을 보았느냐 너는 또 이보다 더 큰 가증한 일을 보리라 하시더라 (겔 8:14-15)

배하였다.478) 제사장들과 레위인들은 일반 백성들보다 더 극악한 죄를 짓고 있었다. 이런 일들에 대하여 성경은 그 죄악들에 대하여 더 심한 심판이 있을 것을 말한다.

> 47 주인의 뜻을 알고도 예비치 아니하고 그 뜻대로 행치 아니한 종은 많이 맞을 것이요 48 알지 못하고 맞을 일을 행한 종은 적게 맞으리라 무릇 많이 받은 자에게는 많이 찾을 것이요 많이 맡은 자에게는 많이 달라 할 것이니라(눅 12:47-48)

예수님께서는 하나님의 뜻을 알고도 행치 않는 자가 당할 그 형벌이 매우 심할 것을 재차 강조하셨다. 하나님의 뜻을 안다는 것은 책임이 주어진 것이다. 자기 영광을 위해서 자기 의를 위해서 알게 해 주신 것이 아니다. 하나님께서 거룩과 경건의 싸움으로 가는 길에 허락하신 일들에 책임을 요구하시고 그것에 따라 심판을 하실 것이다.

그러나, 이스라엘은 계속해서 하나님께 범죄했다.

> 저희는 계속하여 하나님께 범죄하여 황야에서 지존자를 배반하였도다(시 78:17)
> 그럴지라도 저희가 오히려 범죄하여 그의 기사를 믿지 아니하였으므로(시 78:32)
> 그럴지라도 저희가 지존하신 하나님을 시험하며 반항하여 그 증거를 지키지 아니하며(시 78:56)

시편 78편은 구속의 역사, 곧 성경 역사를 구속사의 관점에서 진술하고 있다. 78편은 크게 세 부분으로 나누어진다. 첫 부분에서는 구속의 역사를 알려주는 목적을 말한다(1-11). 하나님의 구원 역사를 잊지 아니하고 하나님의 계명을 지켜 지나간 세대와 같이 범죄치 않게 하려는데 목적이 있다. 둘째 부분은 출애굽 사건으로부터 다윗까지의 구원 역사를 말하면서, 조상들이 하나님께서 언약하시고 맹세로 보증하셨는데도, 그 언약을 지키지 않았다고 상기시킨다(12-64). 출애굽 1세대는 그렇게 언약을 신뢰하지 않았고 그로 인해 멸망을 받았다. 셋째 부분에서 메시아가 유다 지파를 통해서 오실 것을 말한다(65-72). 이것이 시편 78편의 핵심이다. 언약을 성취하시기 위하여 유다 지파에서 메시아가 오신다는 것이다.479) 하나님께서는 자기 백성들을 죄에서 구원하시기 위하여 구속자를 보내

---

478) 16 그가 또 나를 데리고 여호와의 전 안뜰에 들어가시기로 보니 여호와의 전문 앞 현관과 제단 사이에서 약 이십오인이 여호와의 전을 등지고 낯을 동으로 향하여 동방 태양에 경배하더라 17 또 내게 이르시되 인자야 네가 보았느냐 유다 족속이 여기서 행한 가증한 일을 적다 하겠느냐 그들이 강포로 이 땅에 채우고 다시 내 노를 격동하고 심지어 나무가지를 그 코에 두었느니라 18 그러므로 나도 분노로 갚아 아껴 보지 아니하고 긍휼을 베풀지도 아니하리니 그들이 큰 소리로 내 귀에 부르짖을지라도 내가 듣지 아니하리라(겔 8:16-18)

셨다. 그 구속자가 바로 예수 그리스도다!

그러나 유대인들은 예수님을 십자가에 못박아 죽였다. 예수님께서는 빌라도의 죄보다 빌라도에게 넘겨준 자의 죄는 더 크다고 말씀하셨다.

> 예수께서 대답하시되 위에서 주지 아니하셨더면 나를 해할 권세가 없었으리니 그러므로 나를 네게 넘겨준 자의 죄는 더 크니라 하시니(요 19:11)

누가복음 12장 8-10절에는 용서받을 수 없는 죄는 성령님을 모독하는 죄라고 말씀하셨다.

> 누구든지 말로 인자를 거역하면 사하심을 받으려니와 성령을 거역하는 자는 사하심을 받지 못하리라(눅 12:10)

서기관과 바리새인들은 예수님께서 귀신을 쫓아내는 사실에 대해서는 문제 삼지 않았다. 그들은 예수님께서 사탄의 힘으로 사탄을 쫓아낸다고 비난했다. 성령님의 능력으로 귀신을 쫓아낸 것을 전면적으로 부인했다. 예수님께서는 이런 일이 성령님을 모독하는 일이기 때문에 용서받지 못할 죄라고 말씀하셨다.

> 하물며 하나님 아들을 밟고 자기를 거룩하게 한 언약의 피를 부정한 것으로 여기고 은혜의 성령을 욕되게 하는 자의 당연히 받을 형벌이 얼마나 더 중하겠느냐 너희는 생각하라(히 10:29)

누가복음 12장에서는 예수 그리스도를 거부한 것이 성령님을 대적하는 것과 관련되어 있으나, 여기 히브리서 10장에서는 성령님을 대적하는 죄를 포함하고 있다. 하나님의 아들인 예수 그리스도를 다시 십자가에 못 박고 그리스도를 짓밟는다면 성령님을 욕되게 하는 것이라고 말하고 있다. 만일 그리스도가 하나님의 아들이신 것을 알게 되었고, 그 사실을 성령님께서 알게 하신 이후에 예수님을 마귀와 한편이라고 하면, 그것은 예수 그리스도와 성령님을 대적하는 용서받을 수 없는 죄를 지은 것이라고 말하고 있다. 성령님께서 예수님이 참된 구원자시며 하나님의 아들이라는 사실을 분명히 알게 된 이후에도 예수님을 마귀라고 말하는 것은 용서받을 수 없는 죄이다. 그러나 성도는 그런 죄를 지을 수가 없다. 그것은 우리 안에 그런 능력이 있어서가 아니라 예수님께서 시작하신 일을 끝까지 이루실 것이기 때문이다.

---

479) 유도순, 시편 파노라마에서.

성경은 '고범죄'를 말한다.

> 또 주의 종으로 고범죄를 짓지 말게 하사 그 죄가 나를 주장치 못하게 하소서 그리하시면 내가 정직하여 큰 죄과에서 벗어나겠나이다(시 19:13)

고범죄(故犯罪, presumptuous sin)란 악의를 갖고 고의로 저지른 죄를 말한다. 히브리어로 '제드'인데, 교만한 특성을 가진 죄를 말한다.

> 본토 소생이든지 타국인이든지 무릇 짐짓 무엇을 행하면 여호와를 훼방하는 자니 그 백성 중에서 끊쳐질 것이라(민 15:30)

"짐짓 무엇을 행하면"이라는 말이 같은 성질의 죄이다. 원어로는 '손을 높이 들고 죄를 행하면'이라는 뜻으로써, 하나님의 말씀을 멸시하고 교만하게 죄를 지었다. 하나님 앞에 겸손히 순종하지 않고 하나님께 의도적으로 도전한 죄이다. 이런 고범죄에 대하여 하나님께서는 매우 엄중하게 경고하셨다.

> 20 예수께서 권능을 가장 많이 베푸신 고을들이 회개치 아니하므로 그 때에 책망하시되 21 화가 있을진저 고라신아 화가 있을진저 벳새다야 너희에게서 행한 모든 권능을 두로와 시돈에서 행하였더면 저희가 벌써 베옷을 입고 재에 앉아 회개하였으리라 22 내가 너희에게 이르노니 심판 날에 두로와 시돈이 너희보다 견디기 쉬우리라 23 가버나움아 네가 하늘에까지 높아지겠느냐 음부에까지 낮아지리라 네게서 행한 모든 권능을 소돔에서 행하였더면 그 성이 오늘 날까지 있었으리라 24 내가 너희에게 이르노니 심판 날에 소돔 땅이 너보다 견디기 쉬우리라 하시니라(마 11:20-24)

> 예수께서 대답하시되 위에서 주지 아니하셨더면 나를 해할 권세가 없었으리니 그러므로 나를 네게 넘겨준 자의 죄는 더 크니라 하시니(요 19:11)

유대인들과 대제사장들이 예수님을 십자가에 죽도록 넘겨주었다. 예수님께서는 그 빌라도의 죄보다 유대인들과 대제사장들의 죄가 더 크다고 말씀하셨다. 무죄한 예수님을 죄인으로 정하여 십자가에 못박혀 죽게 한 빌라도의 죄도 결코 작지 않다는 뜻이다.

> 누구든지 형제가 사망에 이르지 아니한 죄 범하는 것을 보거든 구하라 그러면 사망에 이르지 아니하는 범죄자들을 위하여 저에게 생명을 주시리라 사망에 이르는 죄가 있으니 이에 대하여 나는 구하라 하지 않노라(요일 5:16)

"사망에 이르는 죄"는 무엇이고, "사망에 이르지 아니한 죄"는 무엇인가? 성경에서 말하는 용서(구원)를 받을 수 없는 죄는 불신이나, 성령 훼방죄, 또는 배교와 같은 죄를 말한다. 복음을 듣고도 믿지 않는 사람이나, 주님이 메시아라는 분명한 성령의 증거를 보고도, 그것을 악령의 역사로 간주하고 거부하는 자나, 가룟 유다와 같이 배교한 죄는 용서(구원)받을 수 없는 죄에 해당된다. 이러한 죄는 근본적으로 예수 그리스도에 대한 증거를 보거나 듣고도 예수 그리스도를 믿지 않거나 거부하고, 또는 배신하는 일이라고 할 수 있다.480)

---

480) http://biblenara.org/q&a/Q166.htm

제84문 죄마다 마땅히 받아야할 보응은 무엇입니까? (대152)
답: 죄마다 현세와 내세에서 하나님의 진노와 저주를 받아 마땅하다.[481]

'죄의 보응'을 말하기 전에 현대인의 죄에 대한 개념이 어떻게 변했는가를 아는 것이 중요하다. 죄의 개념을 바꾸어 버린 사람이 바로 프로이트다. 프로이트는 무의식이 인간의 본질이라고 말하며, 그 무의식으로 인간 존재의 참된 모습을 발견할 수 있다고 말한다. 요즘은 무의식을 말하지 않는 사람이 이상한 사람이 되었다. 그것은 하나님 없는 자율적인 인간을 꿈꾸는 사람들의 도약이기 때문이다. 무의식의 충동, 에너지를 말하지 않으면 인간의 역동성을 설명할 길이 없기 때문이다.

프로이트를 말하면, 먼저 무의식, 오이디푸스콤플렉스를 떠올린다. 그 배경을 알면 어처구니가 없다. 프로이트의 엄마는 아버지의 두 번째 부인이었다. 이미 전처가 낳은 아들이 둘이 있었다. 그런데 프로이트의 엄마와 나이가 같았다. 프로이트는 배다른 형을 질투했다. 이것이 오이디푸스콤플렉스의 단초였다. 보통 오이디푸스콤플렉스라 하면 아버지와 엄마를 놓고 경쟁하는 것으로 생각하지만 실제로는 배다른 형에 대한 의심과 경계 때문이었다.[482]

프로이트에게 죄책감은 오이디푸스콤플렉스에 기초해서 '초자아'에 대한 '자아'의 불안이라 말한다. 억압된 오이디푸스적 욕구가 의식으로 나타나서 오이디푸스적인 행동이나 환상을 가질 때 죄책감이 생겨난다는 것이다. 그러면 초자아는 자아에게 강하게 질책을 하고, 그렇게 문책을 받은 자아는 죄책감을 가지게 된다는 것이다.[483] 이렇게 설명을 하면 성충동에 관한 것이 죄책감의 근원이 되고 이런 죄의식이 종교의 기원이 된다는 것이다.[484]

이런 프로이트의 생각에 대해 어떻게 평가할까?

> 그러나, 1929년, 말리노프스키가 이 콤플렉스는 그리스도교의 도덕에 의하여 지지되고, 부르주아와의 경제 조건에 의하여 강화된 아리안족의 가부장적 가족에서만 볼 수 있는 것임을 보여주었다. 이에 따라 더 이상 보편적인 것도, 생리학적인 것도 아니라는 것이 드러나면서 설득력 자체를 잃어버리고 말았다.
> 또한 근래의 프로이트 후계자들은 오이디푸스 콤플렉스가 사회적 원인과 가족 내의 대인관계로부터

---

481) Q. 84. What doth every sin deserve? A. Every sin deserveth God's wrath and curse, both in this life, and that which is to come.
482) 미셸 옹프레, 우상의 추락, 전혜영 역 (파주: 글항아리, 2013), 162-179 참고.
483) 이창재, 프로이트와의 대화 (서울: 학지사, 2003), 317-318.
484) 프로이트, 종교의 기원-토템과 터부, 이윤기 역 (파주: 열린책들, 1997), 215-219.

생긴다고 주장한다. 특히 에리히 프롬은 부친의 권위가 강하지 않은 사회에서는 이러한 콤플렉스는 나타나지 않는다고 말하고 있다.485)

이런 말에서 나타나듯이, 프로이트 당시에도 등을 돌렸으며 오늘날에도 그의 말은 인정되지 않고 있다. 무엇보다 프로이트의 무의식은 '안나 O'를 치료 과정에서 생각해낸 것이다.486) 그러나 그녀를 치료했다는 것과 또 환자들의 치료도 거짓이라는 것을 세상은 이제 다 알고 있다.

프로이트가 쓴 글을 보면 안나 O의 증상이 사라진 것처럼 기술했으나 실제 모델인 베르타 파펜하임은 그렇지 않았다. 또 도라는 완쾌되었지만 이다 바우어는 여전히 아팠고, 어린 한스가 건강을 회복했다고 프로이트는 주장했지만 한스의 실제 인물인 헤르베르트 그라프는 아니었다. 쥐인간의 모델인 에른스트 랑제, 늑대인간의 모델인 세르게이 판케예프도 사정은 마찬가지였다. 프로이트가 서재에서 침묵을 지키며 논문과 책 속에 형상화한 환자들의 상태가 좋아졌다고 했지만 현실은 정반대였다. 프로이트는 전기작가들을 위해 환자들을 치료했다고 둘러댔다. 그리고 신화, 백과사전, 사전, 프로이트학을 위해 환자들의 병을 고쳤다고 주장했다. 그러나 실제 환자들의 건강은 그렇지 않았다. 프로이트 식 완치는 이론상으로만 존재하는 지적 결과물, 물자체의 영역에 국한된다. 종이에서만 완치를 말하는 프로이트의 주장은 결국 우리에게 별 감흥을 주지 못하는 정체된 억측 이론일 뿐이다.487)

프로이트의 엉터리 치료는 프로이트의 무의식이 프로이트의 헛된 망상이라는 것을 증거한다. 칼 융은 프로이트보다 훨씬 더 종교와 영성에 영향을 입었다.488) 칼 융의 무의식(원형론)은 영지주의에 기초한다.489) 융에게 구상화를 가르쳐 준 것은 도교적 수행의 비서 『태을금화종지』였다. 융은 무의식 안에 있는 이미지는 생명을 가지고 있으며, 그 이미지를 '가이드'라고 명명하고 그 자신도 '빌레몬'(Philemon)이라는 영적 안내자의 지혜를 받았다. 융과 융학파에서 사용하는 "신"의 개념은 자기(Selbst)와 동일한 개념이다.490) 자기가 곧 신이라는 의미

---

485) 주현성, 지금 시작하는 인문학1 (부천: 더좋은책, 2013), 30-31.
486) Ibid., 21.
487) 미셸 옹프레, 우상의 추락, 전혜영 역 (파주: 글항아리, 2013), 499-450.
488) 더 자세한 내용은 필자의 책 『내적치유와 내면아이』, 『내적치유와 구상화』를 참고하기 바란다.
489) 스티븐 휠러, 이것이 영지주의다, 이재길 역 (서울: 산티, 2006), 7; "… 여러 가지 면에서 영지주의의 복권에 가장 크게 기여한 사람은 위대한 심리학자 C.G. 융Jung(1875-1961)이었다. 융은 영지주의 경전 속에서 집단 무의식의 원형을 인식하고 영지주의 계시들의 환상적 기원과 내용이 믿을 만한 것임을 입증해 냈다. …"
490) 이부영, 자기와 자기실현 (파주: 한길사, 2010), 29, 80-83; "분석심리학에서는 자아와 자기를 구분한다. 자아는 의식의 중심이지만 자기는 의식과 무의식을 통틀은 전체정신의 중심이다."(p. 29) 융은 우리 안에 그리스도, 우리 안에 불성, 혹은 도라고 부르는 것을 모두 심리학적으로 자기(Selbst)라는 용어로 일컬을 수 있다고 말했다. 이 말 때문에 당시 기독교 신학자들이 신랄하게 비판을 했다. 융은 그런 일에 대하여 자신은 그저 심리학적으로 다룰 뿐이라고 말함으로써 오해를 불식시키려고 했다. 그러나, 오늘날 어느 누구도 융의 심리학이 다만 심리학적 견해라고 한다면 지나가는 개도 웃

다.[491]

 이런 반기독교적인 심리학을 단순한 학문이라고 가르치는 수많은 사람들 때문에 교회는 성경만으로 만족하지 못하게 되었다. 목회자도 성도들도 성경만으로 인간을 변화시킬 수 없다고 당당하게 말하며, MBTI와 애니어그램을 하는 목사가 우대받는 시대가 되었다. 이것은 명백한 교회의 변질이다. 그런 일들은 초대 교회에도 있었다.

> 누구든지 헛된 말로 너희를 속이지 못하게 하라 이를 인하여 하나님의 진노가 불순종의 아들들에게 임하나니(엡 5:6)

 사도 바울이 거짓 교사들에 대하여 경고하고 있다. 에베소의 거짓교사는 유대주의자들과 영지주의자들 두 가지로 볼 수 있다. 그런 거짓 교사들은 외부로부터 오기도 하고 내부에서도 생겨날 수 있다고 사도행전 20장 29-30절에서 말하고 있다.[492] 그런 자들이 위험한 이유는 무엇인가? 가장 중요한 핵심은 구원론이 다르기 때문이다. 그들은 결국 하나님의 말씀에 순종하기를 거부한다. 하나님

을 판이다(pp. 80-81). 융은 『자아와 무의식과의 관계』에서 자기는 우리 속의 신이라고 할 수 있다고 말했다. "그러므로 우리가 신의 개념을 사용할 때는 우리는 이로써 단지 하나의 일정한 심리적 사실, 즉 의지를 방해하고 의식에 강요하며 기분과 행위에 영향을 주는 능력을 가진 어떤 정신내용의 독립성과 위력을 설명할 뿐이다." 『아이온』(Aion)에서는 전체성과 신의 상은 구별되지 않음을 더욱 명확하게 말하고 있다. "단일성과 전체성은 객체적 가치척도의 최고의 단계이다. 왜냐하면 그것의 상징들은 이마고 데이(Imago Dei)와 더 이상 구별되지 않기 때문이다."(p. 83)

491) http://iaap.org/academic-resources/cg-jungs-collected-works-abstracts/abstracts-vol-7-two-essays-on-analytical-psychology.html; 000177 The relations between the ego and the unconscious. Part 2. Individuation. IV. The mana personality. In: *Jung, C., Collected Works of C. G. Jung, Vol. 7.* 2nd ed., Princeton University Press, 1966. 349(p. 227-241). The formation and characteristics of the mana personality, a stage of development that follows the transformation and dissolution of the anima as an autonomous complex, are described. The power (mana) that infused the anima is often usurped by the ego. As a consequence the individual feels, mistakenly, that he has vanquished the unconscious and that his new knowledge of it will give him power. Hence, he perceives himself as a wise and powerful man. This self-concept, termed the mana personality, is a flat, collective figure, as are all archetype dominated personalities; consequently, it restricts the individual's growth. In order to continue to develop, the individual must go through the process of differentiating the ego from the mana personality. This involves bringing those contents of the unconscious specific to the mana personality to consciousness. The danger of identifying or concretizing the contents of the mana personality into a god are pointed out with Goethe's Faust and Nietzsche's Zarathustra cited as attempts to master the contents of the mana personality. Since these approaches are obviously not suited to the man who lives in the real world, the assimilation of the contents of the mana personality into the conscious mind is seen as the best solution. The results will be the formation of the concept of self, a psychological construct akin to the religious concept of the "god within us". 3 references.

492) 29 내가 떠난 후에 흉악한 이리가 너희에게 들어와서 그 양떼를 아끼지 아니하며 30 또한 너희 중에서도 제자들을 끌어 자기를 좇게 하려고 어그러진 말을 하는 사람들이 일어날 줄 내가 아노니(행 20:29-30)

의 진노는 그런 불순종의 아들들에게 임한다. 구원론이 삶을 지배한다! 하나님의 구원의 은혜를 아는 자들은 하나님을 본받는 자가 된다.493)

성경은 죄의 보응에 대하여 더욱 단호하게 말한다.

> 죄의 삯은 사망이요 하나님의 은사는 그리스도 예수 우리 주 안에 있는 영생이니라(롬 6:23)

"죄의 삯은 사망"이란 죄에 계속 거하는 자에게 지불되는 대가가 사망이라는 뜻이다. 인간은 첫 범죄로부터 물려받은 본성으로 인해 부패하고 썩어 있으며 그 하는 일마다 다 죄를 지을 수밖에 없다. 죄의 결과는 사망이다. 인간이 아무리 노력해도 생명을 만들어 낼 수 없다. 이미 죄로 죽은 것을 살려낼 수 있는 분은 오직 하나님 한 분뿐이시다. 그것이 '은사'다. '은사'는 "일한 것 없이 하나님께 의로 여기심을 받는"(4:6) 것으로 성도의 구원과 거룩케 됨이 전적으로 하나님의 은혜임을 의미한다. 거기에는 자랑이 있을 수가 없다. 그러나, 율법의 행위를 의지하는 자들은 어떻게 되는가?

> 무릇 율법 행위에 속한 자들은 저주 아래 있나니 기록된 바 누구든지 율법 책에 기록된 대로 온갖 일을 항상 행하지 아니하는 자는 저주 아래 있는 자라 하였음이라(갈 3:10)
> 누구든지 온 율법을 지키다가 그 하나에 거치면 모두 범한 자가 되나니(약 2:10)

갈라디아 교회에는 율법의 행위로 의롭게 되려고 하는 율법주의자들이 복음을 변질시켰다. 그런 자들을 향해서 사도 바울은 단호하게 말했다.

> 8 그러나 우리나 혹 하늘로부터 온 천사라도 우리가 너희에게 전한 복음 외에 다른 복음을 전하면 저주를 받을지어다 9 우리가 전에 말하였거니와 내가 지금 다시 말하노니 만일 누구든지 너희의 받은 것 외에 다른 복음을 전하면 저주를 받을지어다(갈 1:8-9)

왜 이렇게 사도 바울이 강력하게 저주를 선포해야만 했는가? 인간이 자기 행위로 의롭다 함을 얻어 구원에 이르려는 것은 그리스도의 십자가를 헛되게 하는 일이기 때문이다. 사람이 의롭게 되는 것은 율법의 행위가 아니라 오직 예수 그리스도를 믿음으로 말미암은 것이다.494)

---

493) 1 그러므로 사랑을 입은 자녀같이 너희는 하나님을 본받는 자가 되고 2 그리스도께서 너희를 사랑하신 것같이 너희도 사랑 가운데서 행하라 그는 우리를 위하여 자신을 버리사 향기로운 제물과 생축으로 하나님께 드리셨느니라 3 음행과 온갖 더러운 것과 탐욕은 너희 중에서 그 이름이라도 부르지 말라 이는 성도의 마땅한 바니라 4 누추함과 어리석은 말이나 희롱의 말이 마땅치 아니하니 돌이켜 감사하는 말을 하라(엡 5:1-4)

율법의 행위에 속한 자는 율법을 완전히 지킬 수 없기 때문에 저주 아래 있다. 율법 중에 하나라도 어기면 율법의 형벌을 받아야 하기 때문이다. 율법을 지키려고 애쓰면 애쓸수록 인간의 무능함을 발견할 수 있을 뿐이며, 율법의 저주 아래서 죽을 수밖에 없다는 것을 절실히 느낄 뿐이다.

> 살아 있는 사람은 자기 죄로 벌을 받나니 어찌 원망하랴(애 3:39)

문자적으로 말하자면 '살아 있는 사람, 죄로 인한 사람이 왜 불평하느냐?'이다. 이 말씀은 인생의 고난이 근본적으로는 죄악 때문에 생겨났다는 뜻이다. 예레미야 선지자는 멸망당한 이스라엘과 파괴된 예루살렘 성을 바라보며 살과 가죽이 쇠하고 뼈가 꺾이는 고통을 겪고 있었다. 지금 예루살렘이 당하는 고난은 죄로 인한 것이다. 그러나 예레미야 선지자는 하나님께서 반드시 회복시키실 것을 믿었기에 여호와 하나님께로 돌아가자고 했다.

> 40 우리가 스스로 행위를 조사하고 여호와께로 돌아가자 41 마음과 손을 아울러 하늘에 계신 하나님께 들자(애 3:40-41)

예수님께서는 마태복음 25장 31-46절에서 세상 끝에 있을 심판에 대하여 말씀하셨다. 그 마지막 결과에 대하여 다음과 같이 말씀하셨다.

> 또 왼편에 있는 자들에게 이르시되 저주를 받은 자들아 나를 떠나 마귀와 그 사자들을 위하여 예비된 영영한 불에 들어가라(마 25:41)
> 저희는 영벌에 의인들은 영생에 들어가리라 하시니라(마 25:46)

왼편에 있으며 저주를 받은 자들은 누구인가? 그들은 그리스도와 무관한 자들이다. 그들은 자신들이 의롭다고 생각했던 사람들이요 예수님을 메시아로 인정하지 않았던 사람들이다. 자기 스스로는 참된 하나님의 백성이요, 일꾼이라고 생각했으나 그들은 외식하는 자들이었다. 그들은 결국 "마귀와 그 사자들을 위하여 예비 된 영영한 불에 들어가"게 된다. 예수님께서는 "모든 사람이 영생에 들어가리라"고 말씀하지 않으셨다.

---

494) 사람이 의롭게 되는 것은 율법의 행위에서 난 것이 아니요 오직 예수 그리스도를 믿음으로 말미암는 줄 아는고로 우리도 그리스 도 예수를 믿나니 이는 우리가 율법의 행위에서 아니고 그리스도를 믿음으로서 의롭다 함을 얻으려 함이라 율법의 행위로서는 의롭다 함을 얻을 육체가 없느니라(갈 2:16)

하나님께서는 죄에 대하여 마땅한 보응을 하신다. 그것이 하나님의 공의에 합당하기 때문이다. 하나님께서는 하나님의 말씀에 불순종하여 죄를 짓고 타락한 아담과 하와에게도 또한 아담과 하와를 타락하게 한 뱀에게도 분명하게 그 죄의 보응을 내리셨다.495) 그러나 하나님께서는 아담 하와를 죄의 형벌에 따라 완전히 멸하시지 아니하시고 은혜를 베푸셨다. 그들의 죄를 따라 엄격하게 따져서 그대로 다 보응하지 아니하셨다. 하나님께서는 진노 중에도 자비를 베푸시는 분이심을 드러내셨다.

하나님께서는 가인이 아벨을 죽였을 때에도 죄의 보응을 하셨다.

11 땅이 그 입을 벌려 네 손에서부터 네 아우의 피를 받았은즉 네가 땅에서 저주를 받으리니 12 네가 밭 갈아도 땅이 다시는 그 효력을 네게 주지 아니할 것이요 너는 땅에서 피하며 유리하는 자가 되리라(창 4:11-12)

하나님께서는 죄 지은 자를 간과하시는 법이 없으시다. 그것은 언제나 언약에 기초한 것이다. 하나님께서는 자기 백성들과 언약한 그대로 행하셨다. 그러나 하나님의 백성인 유대인들은 언약한 대로 살지 않았다. 결국 바벨론에게 멸망을 당했다. 그 처절한 상황 가운데서 예레미야 선지자는 다음과 같이 탄식했다.

38 화, 복이 지극히 높으신 자의 입으로 나오지 아니하느냐 39 살아 있는 사람은 자기 죄로 벌을 받나니 어찌 원망하랴(애 3:38-39)

유대인들의 죄는 무엇인가? 여호와 하나님과 그 언약을 저버리고 하나님으로부터 복이 온다는 것을 거절한 것이다. 하나님 없이 이 세상에서 잘 먹고 잘 사는 복을 추구했다. 그렇게 하기 위해 우상을 숭배하고 음행을 저질렀다.

17 그러므로 내가 이것을 말하며 주 안에서 증거하노니 이제부터는 이방인이 그 마음의 허망한 것으로 행함같이 너희는 행하지 말라 18 저희 총명이 어두워지고 저희 가운데 있는 무지함과 저희 마

---

495) 14 여호와 하나님이 뱀에게 이르시되 네가 이렇게 하였으니 네가 모든 육축과 들의 모든 짐승보다 더욱 저주를 받아 배로 다니고 종신토록 흙을 먹을지니라 15 내가 너로 여자와 원수가 되게 하고 너의 후손도 여자의 후손과 원수가 되게 하리니 여자의 후손은 네 머리를 상하게 할 것이요 너는 그의 발꿈치를 상하게 할 것이니라 하시고 16 또 여자에게 이르시되 내가 네게 잉태하는 고통을 크게 더하리니 네가 수고하고 자식을 낳을 것이며 너는 남편을 사모하고 남편은 너를 다스릴 것이니라 하시고 17 아담에게 이르시되 네가 네 아내의 말을 듣고 내가 너더러 먹지 말라 한 나무 실과를 먹었은즉 땅은 너로 인하여 저주를 받고 너는 종신토록 수고하여야 그 소산을 먹으리라 18 땅이 네게 가시덤불과 엉겅퀴를 낼 것이라 너의 먹을 것은 밭의 채소인즉 19 네가 얼굴에 땀이 흘러야 식물을 먹고 필경은 흙으로 돌아가리니 그 속에서 네가 취함을 입었음이라 너는 흙이니 흙으로 돌아갈 것이니라 하시니라(창 3:14-19)

음이 굳어짐으로 말미암아 하나님의 생명에서 떠나있도다 19 저희가 감각 없는 자 되어 자신을 방탕에 방임하여 모든 더러운 것을 욕심으로 행하되(엡 4:17-19)

이런 사람들은 한 마디로 하나님께 대하여 죽어 있는 상태이다. 그들 속에는 생명이 없기 때문이다. '허망'은 이방인들의 우상 숭배가 거짓된 것이고 망령된 것이라는 의미다. 이전에는 에베소 교회 성도들도 그렇게 우상을 숭배하고 방탕하게 살았지만 이제는 십자가로 구원받은 백성답게 살아야 한다는 것이다.

제85문 우리의 죄로 인하여 마땅히 받아야 할 하나님의 진노와 저주를 피하도록 하기 위하여 하나님께서 우리에게 요구하시는 것은 무엇입니까? (대153)
답: 우리의 죄로 인해 받게 될 하나님의 진노와 저주를 피할 수 있도록 하기 위하여 하나님께서 우리에게 예수 그리스도를 믿을 것과 생명에 이르는 회개와, 그리스도께서 구속의 은덕을 우리에게 전달하시는 모든 외적 방편들을 힘써 사용할 것을 요구하십니다.[496]

독일의 합리주의와 자유의주의 신학에 물든 미국 유학생들이 신학교를 오염시키기 시작했다. 미국은 청교도적 신앙으로 잘 무장되어 있었으나, 1920년에 미국장로교 최후의 보루인 프린스턴 신학교가 자유주의화 되었다. 1922년 미국북장로교(UPCUSA)는 총회에서 「근본주의 5대교리」를 만들었다. 메이첸은 『기독교와 자유주의』라는 책을 출판하여 미국에 불어 닥친 자유주의와 싸워갔다. 그러나 1,274명의 목사들이 뉴욕의 오번 신학교에서 오번 선언서를 발표했다. 그 내용은 무엇인가?

1. 성경의 무오성은 반드시 믿을 필요 없다.
2. 예수님의 동정녀 탄생은 반드시 믿을 필요 없다.
3. 예수님의 기적은 반드시 믿을 필요 없다.
4. 예수님의 대속의 죽음은 반드시 믿을 필요 없다.
5. 예수님의 육적 부활은 반드시 믿을 필요 없다.

그들은 인간의 이성으로 성경을 해석하니 믿을 것이 없었다. 과학적으로나 역사적으로나 사실이 아니라고 생각했기 때문이다. 그들은 여전히 성경을 펴놓고 예수 십자가를 외치는 목사들이었지만 성경에서 반드시 믿으라 하는 것은 믿지 않았다. 성경이 말하는 초월성을 완전히 제거해 버리면 성경이 말하는 구원은 없다. 왜냐하면 영혼, 천국, 지옥, 부활, 하나님의 나라는 초월에 관한 것들이기 때문이다.

이런 사상으로 무장된 신복음주의자들은 1942년 전미복음주의자협의회(NAE, National Association Evangelicals)를 만들었다. 신복음주의자들은 근본주의자들과 자신들을 구분하는 의미로 그리스도 신앙을 통한 구원을 믿는다면 로마 가톨

---

[496] Q. 85. What doth God require of us, that we may escape his wrath and curse, due to us for sin? A. To escape the wrath and curse of God, due to us for sin, God requireth of us faith in Jesus Christ, repentance unto life, with the diligent use of all the outward means whereby Christ communicateth to us the benefits of redemption.

릭 신자나 진보기독교인들과도 대화할 수 있다고 생각했다. 이들은 1947년에 풀러신학교(Fuller Theological Semitary)를 설립했으며, 1956년에는 극단을 피하는 중용노선의 복음주의 잡지 「크리스쳐니티 투데이」(Chrsitanity Today)를 창간했다. 하지만 1976년 지미 카터 대통령 당선에 빌리 그레이엄 목사가 개입하는 등 교회가 정치문제에 간섭하는 부정적인 모습을 보이기도 했으며, 심지어는 미국과 하나님 나라(미래적이며, 현재적인 하나님의 통치)를 동일시하는 오류를 범했다.497) 자유주의자들은 죄를 말하지 않는다. 십자가와 죄의 심각성을 선포하지 않는다. 십자가를 말하고 죄를 말하더라도 심리학적으로 설명한다.

성경은 하나님의 율법에 기준하여 죄를 말하며 그 죄로 인해 받게 될 하나님의 진노와 저주를 피하도록 다음과 같이 요구한다.

1) 우리에게 예수 그리스도를 믿을 것과

현대 사회에서 예수 그리스도를 믿는다는 것은 어떤 의미를 가지는가? 그것은 인간의 자율성을 버리는 것이다. 자율성을 버린다는 것은 인간이 근본적으로 죄인이라는 것을 인정하고 고백하는 것이다.

니체가 말하는 관계론의 근본 개념은 '권력의지' 혹은 '힘의 의지'다. 이것은 니체 철학을 관통하는 원리다. 더 정확히 말하면, '힘의 의지'를 각성하고 있는 본능과 직관이다. 왜냐하면 대지가 신이고 인간이 신이기 때문이다.

> 〈나는 그대들에게 초인(超人)을 가르친다.〉 인간은 초극(超克)되어야 할 그 무엇이다. 그대들은 인간을 초극하기 위해 무엇을 했는가? 지금까지는 모든 존재자는 자기 자신을 넘어 서 있는 그 무엇을 창조해왔다. 그대들은 이 거대한 만조의 간조가 되고, 인간을 초극하기 보다는 짐승으로 되돌아가고 싶은가? … 보라, 나는 그대들에게 초인을 가르친다! 초인은 대지의 의미다. 그대들의 의지는 말하라, 초인은 대지의 의미라고! 나의 형제들이여, 그대들에게 간청한다, 〈대지에 충실하고〉, 당신에게 초지상적 희망에 대해 말하는 자들을 믿지 말라고! 의식적이든 무의식적이든, 그들은 독을 배합하는 자들이다. … 예전에는 신에 대한 모독이 최대의 모독이었다. 그러나 신은 죽었고, 따라서 모독자도 죽었다. 지금은 대지에 대한 모독이 가장 무서운 것이다. 그리고 탐구할 수 없는 것의 내장(內臟)을 대지의 의미보다 더 존중하는 것도!498)

> 아, 나의 형제들이여, 내가 창조해 낸 이 신은 다른 모든 신들과 마찬가지로 인간이 만들어 낸 것, 인간의 광기(狂氣)였다! 이 신인은 인간이었다. …499)

---

497) 위키피디아 사전에서.
498) 니이체, 짜라투스르라는 이렇게 말했다, 문영기 역, 고려문학사, 1994, pp. 17-18.
499) Ibid., 40.

이것이 니체의 신성한 내면이다. 그 힘의 의지는 외부로부터 어떤 작용이 없다. 거기에는 우연이 없고 모든 계기와 사태가 필연이고 자족적이다. 플라톤과 아퀴나스처럼 존재가 생성적 현상 세계의 근거도 아니며 스피노자처럼 내재적 일원론도 아니다. 니체는 이 세계의 자족적 필연성을 확보하려 했다. 이 힘의 의지가 세계를 구성하고 이 힘의 의지가 나를 구성하며 상호작용을 하게 한다. 그리하여 니체의 구상화는 '영원회귀'가 된다.

> 니체는『이 사람을 보라』에서『차라투스트라』의 내용상의 특징을 말하면서『차라투스트라』의 핵심 주제는 영원회귀이고 이것과 몇 가지 개념들이 불가분의 관계를 맺고 있음을 설명한다.『차라투스트라』의 가장 중요한 개념은 니체가 스스로 지적한 것처럼 영원회귀이고 이 영원회귀사상을 전달하는 자가 차라투스트라이다. 니체는 조로아스터교의 교주 차라투스트라의 이름만 빌려왔을 뿐 니체가 말하는 차라투스트라와 조로아스터교는 상관관계가 없다. 차라투스트라는 대지의 의지, 위대한 건강 또는 초인을 뜻한다. 위대한 건강은 차라투스트라의 전제조건이다. 위대한 건강을 디오니소스적인 것이다. 디오니소스는 음주가무로 떠들썩한 축제의 신으로서 긍정하고 창조하는 신이다. 디오니소스적인 것은 모든 정신들 중에서 가장 강하게 긍정하는 것이고 그 안에서 모든 대립들은 '새로운 통일로 결합된다.
> 위대한 건강, 디오니소스적인 것, 초인 이들 세 가지는 서로 밀접한 연관성을 가질 뿐만 아니라 새로운 통일에서 결합된다. 새로운 통일은 힘에의 의지이다.⋯ 차라투스트라는 바로 디오니소스적인 것으로서 '망치의 견고함을 소유한다. 망치의 견고함이란 은유는 무엇을 뜻하는가? 망치는 현존하는 세계의 영원회귀이면서 동시에 초인을 뜻한다. 망치는 견고하고 불변하는 점에 있어서는 현존하는 세계이자 그것의 영원회귀이다. 그렇지만 망치가 '목적론적 세계 이해와 일상적 형식주의를 깨부수고 새로운 통일을 초래한다는 점에서 그것은 디오니소스적인 것이면서 동시에 초인이다.[500]

그리하여 니체가 부르짖는 것이 무엇인가? '아모르 파티'(amor fati), 곧 '운명에 대한 사랑'이다. 자신의 삶을 자기 스스로 구성해 가고 스스로 책임을 지면서 자신의 운명을 사랑해 가는 것이다. 자기가 자기 운명을 창조해 가는 것이다.

그러나 인간은 그렇게 살지 못한다는 것을 조금만 살아봐도 안다. 인간은 자기 한계를 직면하게 되고, 그 한계 앞에서 절망하는 것이 인간이다. 그 한계를 인정하고 그 한계 속에서 일하시고 그 한계 너머에서 역사하시는 예수 그리스도를 믿고 사는 것이 그리스도인이다.

그러므로 성경은 분명하게 선포한다.

> 가로되 주 예수를 믿으라 그리하면 너와 네 집이 구원을 얻으리라 하고(행 16:31)

하나님의 진노와 저주를 피하는 가장 우선적인 길은 예수 그리스도를 구주로

---
[500] 강영계, 철학의 끌림 (서울: 멘토, 2011), 211-212.

믿는 것이다. 왜냐하면 죄와 사망에서 구원해 주실 분은 예수 그리스도 밖에 없기 때문이다. 인간은 인간을 구원할 수가 없다!

> 유대인과 헬라인들에게 하나님께 대한 회개와 우리 주 예수 그리스도께 대한 믿음을 증거한 것이라 (행 20:21)

사도 바울은 자신의 지혜와 남다름을 증거하지 않았다. 사람의 구원을 위해 세상의 철학과 종교가 해 줄 수가 없었다. 사도 바울은 인간의 노력이 얼마나 부질없는 것인지 잘 알고 있었다. 예수 그리스도를 만난 후로 세상 것들은 배설물로 여겼다.[501]

피할 수 없는 하나님의 진노와 천벌에서 구원을 받으려면 어떻게 해야 하는가? 그것은 오직 한 가지 회개하고 복음을 믿는 것이다.

> 가라사대 때가 찼고 하나님 나라가 가까왔으니 회개하고 복음을 믿으라 하시더라 (막 1:15)

회개하고 복음을 믿는다는 것은 인간 안에는 구원을 이룰만한 어떤 자질과 능력도 없다는 것을 말한다. 인간은 내면에 어떤 신성도 내면의 빛도 없다. 인간은 죄로 인해 죽은 자이다. 우리의 구원은 우리 밖에서 주어지는 것이다. 그 구원을 주시는 분은 오직 예수 그리스도 뿐이라고 성경은 분명하게 말한다.

> 베드로가 가로되 너희가 회개하여 각각 예수 그리스도의 이름으로 세례를 받고 죄 사함을 얻으라 그리하면 성령을 선물로 받으리니 (행 2:38)
> 다른 이로써는 구원을 받을 수 없나니 천하 사람 중에 구원을 받을 만한 다른 이름을 우리에게 주신 일이 없음이라 하였더라 (행 4:12)

죄는 언약적인 개념에서 죄를 생각해야만 한다. 인간이 죄를 지었다는 것은 언약의 주체자이신 하나님께 죄를 지었다는 것이며 언약을 어겼다는 것을 말한다. 그 언약을 어기고 죄를 지으면 반드시 죽게 된다. 그것이 언약이다.
인간은 그 죄의 값을 해결할 수가 없다. 왜냐하면 인간이 지은 죄는 하나님께 대하여 지은 죄이기 때문이다. 그 죄 값은 오직 하나님만이 해결하실 수 있다.

---

[501] 또한 모든 것을 해로 여김은 내 주 그리스도 예수를 아는 지식이 가장 고상함을 인함이라 내가 그를 위하여 모든 것을 잃어버리고 배설물로 여김은 그리스도를 얻고 (빌 3:8)

성자 하나님께서는 그 죄를 담당하시려고 십자가에서 죄 짐을 지시고 죽으셨다.

2) 생명에 이르는 회개와

에라스무스는 구원을 인간의 자유의지로 선택하는 것이라고 보았다. 그것은 인본주의 신앙이다. 그것은 인간의 힘으로 의를 이루어 하나님 앞에 인정을 받아 구원을 만들어 가는 것이다. 그러나 성경은 예수 그리스도를 믿는 생명의 회개를 주시는 분은 오직 성령님의 역사라고 말한다.

> 저희가 이 말을 듣고 잠잠하여 하나님께 영광을 돌려 가로되 그러면 하나님께서 이방인에게도 생명 얻는 회개를 주셨도다 하니라(행 11:18)

사도행전 11장은 베드로가 예루살렘에 올라갔을 때에 고넬료 사건으로 할례자들이 비난하자 거기에 대한 설명을 한 것이다. 베드로는 자기에게 주어진 환상을 말했고 고넬료에게 일어난 일을 말하면서, 18절을 말했다. 베드로와 고넬료에게 일어난 그 일을 통해 하나님께 영광을 돌리고 이방인에게도 "생명 얻는 회개를 주셨"다는 것을 알게 되었다. 이제 유대인들만의 시대가 아니라 온 천하만민이 예수 그리스도의 이름으로 회개하고 돌아와 하나님의 백성이 되는 새언약의 시대가 열린 것을 확실하게 알게 된 것이다. 예수님께서 공생애를 시작하시며 외치신 말씀이 무엇이었는가?

> 이때부터 예수께서 비로소 전파하여 가라사대 회개하라 천국이 가까왔느니라 하시더라(마 4:17)

예수님의 이 말씀 선포는 예수님께서 메시아로서 이방의 갈릴리에 큰 빛을 비출 것이라는 구약의 예언의 성취라는 사실과 연결되고 있다.[502]

> 12 예수께서 요한의 잡힘을 들으시고 갈릴리로 물러 가셨다가 13 나사렛을 떠나 스불론과 납달리 지경 해변에 있는 가버나움에 가서 사시니 14 이는 선지자 이사야로 하신 말씀을 이루려 하심이라 일렀으되 15 스불론 땅과 납달리 땅과 요단강 저편 해변 길과 이방의 갈릴리여 16 흑암에 앉은 백성이 큰 빛을 보았고 사방의 땅과 그늘에 앉은 자들에게 빛이 비취었도다 하였느니라(마 4:12-16)

---

[502] 1 전에 고통하던 자에게는 흑암이 없으리로다 옛적에는 여호와께서 스불론 땅과 납달리 땅으로 멸시를 당케 하셨더니 후에는 해변길과 요단 저편 이방의 갈릴리를 영화롭게 하셨느니라 2 흑암에 행하던 백성이 큰 빛을 보고 사망의 그늘진 땅에 거하던 자에게 빛이 비취도다(사 9:1-2)

마태복음은 유대인들에게 예수님께서 메시아로 오셨다는 것을 증거한다. 또한 그 메시아가 유대인들에게만이 아니라 이방인들에게 구원을 주시는 메시아로 오셨다는 것을 증거한다. 세례 요한 역시 요단강에서 회개의 세례를 전파했다. 이제 세례 요한은 엘리야의 심령으로 이스라엘 백성들을 하나님께로 돌이키게 하기 위하여 회개의 세례를 베풀었다. 그것은 이제 옛언약의 시대가 지나가고 새로운 언약의 시대가 오는 것을 준비하는 사역이었다. 그러므로 이제 예수님께서는 "회개하라 천국이 가까웠느니라"고 선포하셨다.

3) 그리스도께서 구속의 은덕을 우리에게 전달하시는 모든 외적 방편들을 힘써 사용할 것을 요구하십니다

제85문은 "외적인 방편", 곧 "은혜의 방편"을 부지런히 사용하라고 가르친다. 성령님께서는 그 방편을 사용하시어 교회를 세우신다. 그러나 오늘날 현대교회는 하나님께서 허락하신 은혜의 방편은 소홀히 여기고 특별한 체험을 주는 것에 지대한 관심을 기울이고 있다. '제2의 축복', '성령의 터치', '성령세례'를 강조하면서 '목요성령집회', '금요특별성령집회'라고 이름붙이면서 성령님을 조작하려고 하는 것은 매우 큰 잘못이다.503) 참된 교회의 표지는 1) 말씀의 바른 선포 2) 성례의 신실한 시행 3) 권징의 바른 시행이다. 그러므로 교회가 교회답기 위해서는 하나님께서 허락해 주신 은혜의 방편을 성실하고 효과적으로 사용해야 한다.

은혜의 방편이란 성령님께서 죄인들에게 믿음을 일으키시기 위해서 사용하시는 수단을 말한다. 성령님께서는 죄인들의 마음에 회개를 불러일으키신다.

> 베드로가 가로되 너희가 회개하여 각각 예수 그리스도의 이름으로 세례를 받고 죄 사함을 얻으라 그리하면 성령을 선물로 받으리니(행 2:38)

성령님께서 역사하실 때, 죄인은 그 마음에 변화를 받게 되고 죄와 불신에서 떠나 예수 그리스도에게로 향하게 된다. 자기 죄를 회개하고 예수님을 영접한 자들에게 예수님의 이름으로 세례를 베푸는 것은 그가 예수 그리스도와 함께 죽고 함께 살아났다는 것을 공적으로 고백하는 것이며 이제 교회의 회원으로 받아

---

503) http://www.youtube.com/watch?v=DGRem1xGZv4 하용조 목사는 7가지 터치를 말하면서 먼저 '성령터치'를 말한다.

들여졌다는 것을 공적으로 선언하는 것이다. 신앙과 회개가 내적인 은혜임에 반하여 말씀과 성례(세례와 성찬)와 기도는 외적인 은혜의 방편이다.

G. I. 윌리암슨은 은혜의 방편에 대하여 로마 가톨릭과 구세군과 개혁주의 견해를 잘 설명하고 있다.

> (1) 로마교에서 양자(외적인 방편과 내적은혜)가 동일시된다. 교회는 은혜의 저장 창고로 등장된다. 전선 플러그가 전기의 출구이듯 성례는 은혜의 출구다. 외적의식이 집행되는 과정에서 과오가 없다면 내적 은혜는 반드시 나타난다고 가정한다. 그리하여 로마교회는 영세를 받을 때 중생된다고 가르친다. 이 견해는 잘못되었고 위험성이 있다. 이 견해는, 할례를 받았다는 단순한 이유로 아브라함의 참 자손이라고 주장했던 성경의 유대인들의 주장과 같다. "무릇 표면적 유대인이 유대인이 아니요 표면적 육신의 할례가 할례가 아니니라 오직 이면적 유대인이 유대인이며 할례는 마음에 할지니 영에 있고 율법 조문에 있지 아니한 것이라 그 칭찬이 사람에게서가 아니요 다만 하나님에게서니라"(롬 2:28-29)고 바울은 말했다.
> (2) 구세군 같은 교단이 주장하는 견해는 아주 다르다. 그들은 아예 성례를 집행하지 않는다. 그들은 공식예배를 드리긴 하나, 세례나 성찬은 집행하지 않는다. 이것은 외적 수단을 하찮게 여기는 것이며, 따라서 내적 은혜는 외적 방편과 관련 없이 하나님이 제정하셨다는 것으로 간주된다. 구세군 신자는 참 신자가 아니라고 생각되지는 않는다. 이 운동은 하나님의 말씀 전파를 강조하며, 그것이 지정된 은혜의 방편 중 하나이다. 그러나 우리는 내적, 외적인 면을 분리시키는 것은 비성경적이라고 간주한다. 주님 자신이 외적 의식을 명하셨다. 전 세상을 두루 다니며 전파하고 성례를 행하라고 하셨다(마 28:18, 20). 교회가 이것을 행할 때(행 2:42), 주님은 날마다 구원받을 자를 교회에 더하셨다(행 2:47).
> (3) 개혁주의 견해는 다음과 같다. 하나님이 결합하신 것을 사람이 분리시키지 못한다. 양자 사이에는 하나님이 설정하신 밀접한 관계가 있다. 하나님은 의식(儀式)에 묶여 있지 않다. 그는 이 의식들이 없어도 활동하실 수 있다. 그러나 하나님은 자원하여 이것들을 사용하신다. 성경이 가르치는 두 가지 사실이 이것을 말해 준다. ① 한편으로, 하나님의 내적은혜가 왜 하나님이 주신 의식을 받은 자들 중에서 일반적으로 보여지는가를 알 수 있다. 신실한 말씀의 전파와, 올바른 성례의 집행과, 정당한 권징을 실시하는 복된 자들은 보통 그들 마음속에 은혜를 가진 사람들이다. ② 다른 한편으로, 동시에 반드시 그러한 것은 아니다. 성경은 말씀을 받고 세례를 받았으나, 마음이 악독하여 불의에 매인 바 된 시몬을 언급한다(행 8:13, 23). 그러므로 외적 수단을 가졌다 하여 당연히 내적은혜를 받을 수는 없다. 그리고 여기서 주님은 외적 수단에 얽매이지 않기 때문에, 유아 때 죽은 자와, 외적 수단을 알 수 없는 자들을 구원하실 수 있음을 주의하자.[504]

로마가톨릭은 말씀보다 성례를 우위에 두었고, 구세군은 성례를 집행하지 않는다. 개혁주의는 말씀을 바르게 선포하며 성례를 행함으로 허락하신 은혜의 방편을 부지런하고 성실하게 사용한다.

성경은 받은 바 그 구원을 더욱 견고하게 할 것을 말하고 있다.

---

[504] G.I. 윌리암슨, 소교리문답강해, 최덕성 역 (서울: 개혁주의신행협회, 1990), 256-257.

> 그러므로 나의 사랑하는 자들아 너희가 나 있을 때 뿐 아니라 더욱 지금 나 없을 때에도 항상 복종하여 두렵고 떨림으로 너희 구원을 이루라(빌 2:12)

성도는 이미 예수 그리스도를 구주로 고백하고 그 구원의 확증을 얻은 자들이다. 그럼에도 불구하고 매일 매일의 삶 속에서 구원의 증거들을 확증하며 살아가야 한다. 그렇게 확증해 가는 가장 중요한 걸음은 교회가 은혜의 방편을 사용하는 것이다.

> 그러므로 형제들아 더욱 힘써 너희 부르심과 택하심을 굳게 하라 너희가 이것을 행한즉 언제든지 실족지 아니하리라(벧후 1:10)

'굳게 하라'는 것은 성도 스스로가 감당해야할 일이 있다는 뜻이다. 구원이 인간의 반응에 달려 있다는 것이 아니라 구원받은 자로서의 언약적 책임을 말한다. 예수 그리스도 안에서 거룩한 삶으로 나아가면서 궁극적인 구원으로 달려가야 한다.

> 네가 네 자신과 가르침을 삼가 이 일을 계속하라 이것을 행함으로 네 자신과 네게 듣는 자를 구원하리라(딤전 4:16)

사도 바울은 에베소 교회를 목회하는 디모데에게 특히 하나님의 말씀을 가르치는 일에 전심전력할 것을 말했다.[505] 그 말씀이 죄악을 거듭나게 하고, 거룩하게 하며, 하나님 앞에 바른 믿음의 길을 가게 한다. 그러므로 교회는 말씀을 바르게 선포해야 하며, 성도들은 들은 바 그 말씀을 되새기며 성경을 매일 꾸준히 읽어가야 한다.

---

505) 12 누구든지 네 연소함을 업신여기지 못하게 하고 오직 말과 행실과 사랑과 믿음과 정절에 대하여 믿는 자에게 본이 되어 13 내가 이를 때까지 읽는 것과 권하는 것과 가르치는 것에 착념하라 14 네 속에 있는 은사 곧 장로의 회에서 안수 받을 때에 예언으로 말미암아 받은 것을 조심 없이 말며(딤전 4:12-14)

제86문 예수 그리스도를 믿는다는 것은 무엇입니까? (대72)
답: 예수 그리스도를 믿는다는 것은 구원의 은혜인데, 이 은혜로 말미암아 복음에 제시된 대로 구원을 얻기 위하여 우리가 예수를 영접하고 그분만 의지하는 것입니다.506)

좌파기독교에서 가장 많이 부각시키는 인물 중에 두 사람이 C.S. 루이스와 디트리히 본회퍼다. 이 두 사람에 대하여 너무나도 호평을 내어놓기 때문에 오늘날 교회는 분별을 못하고 있다. 그들의 실체를 알면 경악하게 된다.

루이스의 가장 유명한 책이 『순전한 기독교』다. 이 책은 4,000만부 이상이 팔렸다. 이것은 그만큼 기독교가 변질되었다는 증거다. 마틴 로이드존스는 루이스가 기독교인이었는지 의심하였다.507) 루이스의 가장 친한 친구들은 로마 가톨릭교인들이었다. 그는 말년에 몰몬교 집회에 나가 강사로 활동했다. 루이스는 톨킨의 제자다. 톨킨은 신비주의 뉴에이지 단체이며 '황금여명단'의 회원이었다. '반지의 제왕'을 쓴 사람이 톨킨이다. 황금여명단은 섹스매직(sex magic)을 하는 단체인데, 그들의 섹스의식(ritual sex)은 오컬트의 파워를 얻기 위하여 하는 것이다.508) 『루이스와 톨킨』의 책 소개에는 다음과 같은 말이 있다.

> 루이스의 끈질긴 격려가 없었다면, 『반지의 제왕』은 완성되지 못했을 것이다.
> 톨킨이 아니었다면, 『순전한 기독교』를 쓴 '그리스도인' 루이스는 없었을 것이다.509)

이렇게 루이스와 톨킨은 깊은 관련이 있는 사람들이다. 루이스는 정기적으로 사제에게 가서 고해성사를 했으며, 종부성사를 받았다.510) 루이스는 믿음이 주어지는 방식을 성만찬, 미사, 주의 만찬이라고 한다. 그러면서 다음과 같이 말했다.

---

506) Q. 86. What is faith in Jesus Christ? A. Faith in Jesus Christ is a saving grace, whereby we receive and rest upon him alone for salvation, as he is offered to us in the gospel.
507) http://www.jesus-is-savior.com/Wolves/cs_lewis.htm J.D. Douglas, writing in Christianity Today, for December 20, 1963 (p. 27) reports the reservations of Dr. Martin Lloyd Jones of historic Westminster Chapel of London: Dr. Lloyd Jones told Christianity Today that because C.S. Lewis was essentially a philosopher, his view of salvation was defective... Lewis was an opponent of the substitutionary and penal theory of the Atonement.
508) http://hermetic-golden-dawn.blogspot.kr/2009/12/sexuality-golden-dawn-interview-with.html 참고하라.
509) http://mall.godpeople.com/?G=1129250887-9
510) C.S. 루이스, 순전한 기독교, 장경철·이종태 역 (서울: 홍성사, 2012), 198, 301.

이와 마찬가지로 그리스도인은 자신에게 주어진 그리스도의 생명을 잃어버릴 수가 있으며, 따라서 그것을 지키기 위해 노력해야 합니다.511)

이것은 성경이 말하는 구원과는 틀린 것이다. 루이스는 인간은 내적으로 선하다고 말했으며,512) 전적타락을 부인했다.513) 그는 문자적인 천국과 지옥을 부인했다. 루이스는 『나니아 연대기』를 오웬 바필드와 바필드의 딸 루시에게 바쳤는데, 루시는 루시퍼가 인류를 구출한다고 믿는 신지학자였다.514)

루이스는 하나님께서 우주를 창조하셨고 그 후에 인간은 동물로부터 진화했다고 말했다.515) 루이스는 베르그송의 '창조적 진화'로 설명했다. 루이스는 창세기를 이교도와 신화적 소스로 설명한 것이라 했다.516) 그러나, 성경에서는 분명히

---

511) Ibid., 110.
512) http://catholicdefense.blogspot.kr/2009/08/cs-lewis-on-total-depravity.html; "… when the consequence is drawn that, since we are totally depraved, our idea of good is worth simply nothing — may thus turn Christianity into a form of devil worship"(The Problem of Pain, pp. 37-38). "from ours not as white and black but as a perfect circle from a child's first attempt to draw a wheel"(The Problem of Pain, p. 39).
513) http://www.jesus-is-savior.com/Wolves/cs_lewis.htm; "I disbelieve that doctrine") because: (1) "If we were totally depraved we could not know ourselves to be depraved"; (2) "Experience shows that there is much goodness in human nature"(The Problem of Pain, p. 66.
514) http://www.crossroad.to/articles2/006/narnia-trouble.htm; ⟨Lewis spoke very highly of Charles Williams and his books, so I read all of his books. They are novels that mix darkness and occultism with some insights about Christianity. In "The Greater Trumps," the hero is a saintly woman who saves the day by doing magic with Tarot cards. Williams was as much a mixture as his books were. He started out as a serious occultist. He believed Theosophy and other occult teachings, and he joined the Golden Dawn, a group that practices "sex magick," which is ritual sex that is done for the purpose of getting occult power. (The notorious Satanist, Aleister Crowley, was a member of the Golden Dawn.) Williams left the Golden Dawn and joined the Anglican church, but he kept some of his Theosophical beliefs. Lewis also had a close friend named Owen Barfield. He dedicated the Narnia books to him and named Lucy after Barfield's daughter. Barfield was a philosopher who started out with Theosophy and developed his own version of it. According to Theosophy, the God of the Bible is a tyrant, and Lucifer (the devil) came to rescue mankind from him. Even this dark view of God shows up in C.S. Lewis' writings.⟩
515) C.S. 루이스, 순전한 기독교, 장경철·이종태 역 (서울: 홍성사, 2012), 309; "그렇다면 그가 우리를 어떤 모습으로 만들고자 하셨는지 어떻게 알 수 있을까요? 아시다시피 그분은 우리를 과거의 모습과 너무나 다르게 만들어 놓으셨습니다. 오래전, 우리는 태아로서 어머니 몸속에 있으면서 여러 단계를 거쳤습니다. 한때는 식물과 비슷했고, 한때는 물고기와 비슷했습니다. 우리는 후기 단계에 이르러서야 사람의 아기와 비슷해졌습니다. …"
516) http://www.crossroad.to/Excerpts/books/lewis/scriptures.htm; "I have therefore no difficulty accepting, say, the view of those scholars who tell us that the account of Creation in Genesis is derived from earlier Semitic stories which were Pagan and mythical." (시편묵상 Reflections On The Psalms, p. 110). 사람은 동물들 중에 최고다. "… Man, the highest of the animals"(Mere Christianity, p. 139) 사람은 여전히 영장류이고 동물이다 "… but he (man) remains still a primate and an animal"(Reflections On The Psalms, pp. 115,129) 사람은 동물로부터 육체적으로는 동물로부터 물려받았다. "If … you mean simply that man is physically descended from animals, I have no

하나님께서 인간을 창조하셨다고 말한다.

본회퍼는 어떤 사람인가? 본회퍼의 신학은 '세속화신학'이라 한다. 그의 영향을 입은 사람이 하비 콕스(Harvey Cox)와 존 로빈슨(John A. Robinson)이다.517) 본회퍼는 "하나님 없는 것처럼 성숙한 인간으로 살아야 한다"고 말했다. 그가 말하는 '종교 없는 기독교'는 교회라는 구별된 사회에만 그리스도를 가둬놓지 말자는 것이고, 예수님도 세상에 오셔서 세상을 위해서 살았다고 말했다. 정승원 교수는 "세속신학의 가장 큰 위험성은 바로 하나님을 하나님 되게 하지 못하고 하나님을 세상을 위한 존재가 되게 하는 것이다."라고 말한다.

베를린 대학의 심리학 교수의 아들이었던 본회퍼는 21살에 베를린 대학에서 신학박사 학위를 받았다. 그 후 뉴욕의 유니온 신학교에서 공부를 하고 베를린 대학에서 교목을 하면서 강의를 했다. 이때는 히틀러 치하에 있었고 본회퍼는 고백교회의 일원이 되었다. 독일 목사의 1/3이 가입한 고백교회는 1934년에 바르멘 선언으로 나치 정권에 대항했다. 2년간 목회 후에 본회퍼는 핀켄발데에 있는 고백교회 신학교를 인도했다. 2년 후 나치는 신학교를 폐쇄하고 본회퍼에게 출판과 강의를 금지했다. 1939년 미국으로 갈 기회가 생겼지만 동료들과 함께 고난을 받기 위해 독일로 돌아갔다. 반나치 운동에 가입하면서 히틀러 암살음모에 가담하였다가 실패하고 2년 동안 감옥살이를 하다가 사형되었다. 이때에 본회퍼는 소위 「옥중서신」을 기록했다. 이것이 많은 신학적 영향을 주게 되었다.

---

objection"(The Problem of Pain, p. 72) "He made an earth at first 'without form and void' and brought it by degrees to its perfection"(Miracles, p. 125) Nature's "pregnancy has been long and painful and anxious, but it has reached its climax"(Mere Christianity, p. 172)

517) 정승원, 세속신학(Secular theology), 〈로빈슨은 주장하기를 하나님이란 말로 형언할 수 없는 존재이기 때문에 다른 사람들을 위한 존재가 되어야 한다고 한다. 여기 '다른 사람을 위한다'는 말 이 바로 '세속'을 의미한다 하겠다. 즉 하나님은 자신의 존재 표현을 위해 하나님의 영역에만 있어서는 안 되고 세상의 영역으로 세속화되어야 한다는 것이다. 로빈슨은 천상에 계신 하나님의 개념은 이미 시대에 뒤떨어진 개념이고 무의미하다고 한다. 새롭게 된 기독교인은 하나님을 사랑하는 동시에 자기가 좋아하는 것을 하는 사람이라 한다. 그리고 교회와 세계간의 선은 지워져야 한다고 한다. 밴 퓨르센(C.A. van Peursen)은 말하기를 "세속화란 인간의 이 성과 언어위에 군림했던 종교와 형이상학으로부터 해방 되는 것"이라고 한다. 한편 하비 콕스는 그의 책 "세속도시"(The Secular City)에서 "하나님은 교회에 있지 않고 세상에 있다. 우리는 인간의 자유를 위한 정치적, 경제적, 사회적 혁명이 일어나고 있는 곳에 하나님을 발견한다"라고 주장한다. 또 주장하기를 "하나님의 왕국-그리스도 안에 새로운 인간성-은 모든 장애가 무너지는 곳마다 발견된다. 즉 종교적 장애, 도덕적 장애, 사회적 장애가 없어지고 기독교와 비기독교사이의 차이가 사라지고 형제애가 다스릴 때 발견된다"라고 한다. 그는 죄를 어떤 법이나 하나님을 거역한 것이 아니라 사람으로서 해야 할 일을 하지 않는 것이 죄라고 한다. 그리고 아담의 죄는 피조물을 다스리고 정복하지 못한 것이라고 한다. 또한 주장하기를 "현대의 특징은 도시 문명의 발전이요 전통적 종교의 붕괴다"라고 말한다. 이것이 가능했던 것은 과학과 기술의 발달 때문이었다고 한다.〉

그가 여태껏 기독교가 부정적 시각으로 여겼던 계몽주의적 입장을 긍정적으로 평가하면서 인간의 이성으로 모든 것을 판단했다.518) 본회퍼의 「옥중서신」은 인본주의 신학자의 본성을 드러낸 것이다.

본회퍼는, 성숙한 세계에서는 하나님이 없는 것처럼 살아야 한다고 했다. 그가 말하는 성숙한 세계란 계몽주의적이고519) 실존주의적인520) 사고방식으로 사는 것이다. 성숙한 세계에서 성숙한 인간으로 살아가라는 것은 하나님 없이 인간의 자율성으로 살아가는 세계다. 하나님께서는 인간의 이런 비참하고 고통스러운 상황에 개입하지 않기 때문에 하나님이 없는 것처럼 살아가야 한다는 것이다. 그러니 하나님의 도움을 기대하지 말고 인간 스스로 하나님의 뜻을 깨닫고 자신의 문제는 자신이 해결해 가는 성숙한 신앙이 되라는 것이다. 이런 자세를 취하게 되는 근본적인 이유는 철저하게 실용적인 입장에서 접근하기 때문이다.

본회퍼가 이런 사상을 가지게 된 것은 우연이 아니다. 본회퍼는 어떤 사람들의 영향을 입었는가?

> 이들은 본회퍼의 지적배경과 사상적 계보를 비교적 정확하게 추적하면서 본회퍼가 얼마나 자유주의 신학에 가까운 신학자인지를 보여줍니다(그러고 보니 대부분 독일 학자들이네요). 본회퍼를 제대로 이해하려면 독일의 근대철학과 신학에 대한 배경지식과 함께 본회퍼가 이들을 어떻게 극복했는지

---

518) 김기홍, 신앙의 맥을 잡아주는 이야기 현대신학 (서울: 베다니출판사, 2008), 206-207.
519) http://sgti.kehc.org/data/person/bonhoeffer/5.htm 위르겐 몰트만, 본회퍼 신학이 지닌 매혹적 신비, 손규태(성공회대학교 명예교수) 역, Orientierung 2006년 1-2월호. 〈본회퍼는 그의 마지막 편지들에서 "성숙된 세계"와 "세계의 자율성"을 말할 때 이 계몽주의 개념을 채택한다. 본회퍼는 근대에서 거대한 문화적 발전을 보았다. 이 근대는 마치 하나님이 존재하지 않는 것 같이(etsi Deus non daretur=239-247쪽) 우리가 살고 생각하고 느낄 수 있는 성숙한 세계를 낳았다. 도덕적, 정치적 자연과학적 "작업가설"로서의 하나님은 사라졌다는 것과 이러한 "작업가설"을 그만두고 "하나님 없이 삶을 처리할 수 있는 것"이 "지성적 성실성"에 속한다는 것이다.(241쪽)
520) http://cfile201.uf.daum.net/attach/110D1947502E3E730981FB 본회퍼의 생애와 사상: 본회퍼의 신학이 세상을 향해 개방되어 있으며 실존론적인 그리스도의 의미를 찾으려했던 것은 전적으로 불트만의 영향이 컸다고 할 수 있다. 불트만에 의하면 "하나님의 말씀은 어떻게 우리 자신이 우리의 실존을 파악하기를 원하는가?"라고 질문을 던지고 여기에 대해 "대상과의 현실적인 만남"을 강조하였고, 결국 그는 신약성서의 사건들을 비신화화(Demytholyzation)하여 실존론적 해석의 길을 걸었다. 본회퍼는 불트만의 이런 해석학적 방법을 따랐음을 그의 옥중서간을 통해 알 수 있다. 에벨링은 "본회퍼는 불트만과 신화를 제거하는 것을 거부하고" 해석을 요구했고 또한 비종교적 해석을 요구한 점에서 '비신화적'이라는 말과 '비종교적'이라는 말을 같이 보았다. 그러나 그는 본회퍼가 불트만보다 한 걸음 더 나아갔다고 보았다. 본회퍼의 비종교적 해석을 불트만의 비신화에 비교할 수 있다면, 그들의 차이점은 불트만은 지적이었고, 본회퍼는 정신적, 정치적 의미에서 보다 더 행동적인 사람이었다. 불트만이 루터교 신학자로서 구원의 자유한 은혜를 받아들이는 것을 강조했다면, 본회퍼는 단순히 "죄인이 옳다고 인정받는 것"보다는 세상적 책임성의 문제에 보다 더 관심을 가졌다. 그러니까 불트만은 해석학에 더 관심을 가졌다면, 본회퍼는 윤리적 측면에 더 관심을 가졌던 것이다. 본회퍼에 있어서 중요한 것은 비종교화인데, 신약성서의 비종교적 해석은 그리스도 안의 하나님의 현실로 이 세상 속에서 실현해야 하는 문제인데 이러한 비종교화의 개념에 대해서 불트만의 깊은 사상적 영향을 엿볼 수 있다.

(급진적으로 해석했는지)를 파악해야 합니다. 본회퍼는 헤겔, 니체, 키에르케고어, 딜타이, 하이데거의 철학적 영향을 강하게 받았고, 바르트와 불트만의 신학과 깊은 조우를 했습니다. 본회퍼는 그들의 사상을 자신만의 색깔로 만들어 낸 독창적인 신학자입니다. 이러한 이해가 없이 본회퍼의 사상과 생애를 복음주의자들의 입맛에 맞게 재해석하는 것은 심각한 오독일 수 있습니다.

몇 가지 예를 들자면, 본회퍼의 [나를 따르라]는 실존주의 철학(키에르케고어)의 깊은 영향 아래 쓰여진 책입니다. 여기서 본회퍼의 일차적인 관심은 산상수훈의 내용이 아니었습니다. 1934년에 본회퍼가 그의 동료에게 쓴 편지에는 다음과 같이 적혀있습니다. "자넨 이걸 알아야해. 아마도 자네가 놀랄지도 모르겠지만, 내가 산상수훈을 설명한 전체적인 핵심은 바로 결정(decision)에 관한 것이야." (Dramm, 81) 본회퍼가 강조하고자 한 것은 성서본문이 어떠한 '본질적인 윤리적 원착이나 '고정적인 도덕'에 의해서 규정되는 것이 아니라, 실존적인 결단에 의해서 만들어진다는 것입니다. 드레임에 의하면, 본회퍼는 (그의 신학적 멘토인 바르트를 따라) 보편 구원론을 수용하였고, 영육이원론을 거부했습니다. [윤리학]에서 본회퍼는 "모든 인간은 신체를 가진 존재이다. 그리고 영원히 그렇게 존재한다. 신체적인 존재가 된다는 것과 인간이 된다는 것은 분리될 수 없다." (본회퍼, 윤리학, 217)고 말한 바 있습니다. 또한 세속화를 그 누구보다 적극적으로 수용하고 받아들인 최초의 신학자입니다. (Dramm, 103, 211) 그는 바르트의 신학이 보수주의로 흐를 수 있는 위험을 지적했으며, 불트만의 신학(비신화화)이 보다 급진적으로 적용되지 않음을 비판했습니다.[521]

본회퍼는 실존주의와 신정통주의, 자유주의의 영향을 받아서 성경의 본질에서 이탈되었다. 이런 것들은 이성으로 하나님과 성경에 접근하는 사상들이며, 진리가 되고 안 되고는 인간의 주관적 결단에 의해 결정되고 실존적 도약으로 살아가게 된다. 본회퍼의 사상의 문제점은 4가지로 요약된다.

1) 그의 신관은 하나님을 객관적 인격적 존재가 아니라 그리스도의 모범에 의한 주관적 사랑을 말함으로 결국 무신론을 말한다. 성도가 이웃을 사랑하는 것은 십자가 사랑에서 나온 것이지, 이웃사랑 자체가 하나님이라고 성경은 말하지 않는다.
2) 개인의 영혼 구원을 무시하고 사회 개혁문제를 중시하는 것은 비성경적이다. 개인의 영적 구원이 없는 사회 개조는 공산주의 이념과 다를 바가 없다. 복음으로 인간이 변화되지 않고 사회개혁을 한다는 것은 겉포장만 바꾸는 것이다.
3) 본회퍼는 교회와 사회의 명백한 구분이 없다. 성경이 말하는 교회는 예수님의 피로 구원을 받아 구별된 백성들이다. 그 교회는 사회와 동일시 될 수 없다. 교회와 사회를 같은 차원으로 보는 것은 계몽주의적 사고로 하나님 없는 사회에서 성숙한 인간으로 살아야 한다는 그의 사상이 드러난 것이다. 그렇다고 성도가 사회의 문제를 무시하거나 외면하는 것이 아니다. 사회참여는 구원받은 성도들이 하나님의 영광을 위하여 언약하신 그 말씀대로 순종하는 것이다.
4) 기독교의 비종교화 운동은 하나님의 편재성만 주장하여 하나님의 초월성을 부인하는 잘못에서 나온 것이다. 본회퍼는 예수님께서 이 세상을 향해 보이신 모범을 더 중시한다. 삶을 무시하고 교리만 내세우는 죽은 정통도 거부해야 하지만 삶만 중시하고 교리를 무시하는 도덕종교 역시 배척해야만 한다.[522]

---

521) https://www.facebook.com/permalink.php?story_fbid=10151514261867149&id=602202148 최경환 (현대기독연구원 전 상임연구원) "본회퍼를 좋아하는 복음주의자들에게..."
522) 김의환, 현대신학개설 (서울: 개혁주의신행협회, 1989), 67-69.

본회퍼는 예수님께서 남을 위해 사셨으니 우리도 예수님을 본받아 남을 위해 살아야 한다면서 그것을 "예수님의 존재에 참여하는 새 삶"이라 했다. 이 영향을 입은 사람들은 교회의 사명을 영혼 구원에 두지 않고 사회개혁에 치중하면서 사회복음을 부르짖고 있다. 사회문제와 정치적인 일에 실제적으로 뛰어들면서 대중들과 함께 해야 한다고 말한다.

더욱이 위험한 것은 그런 생각이 분단된 한국적 상황에서 어떤 좌파와 같은 흐름의 주장들을 하게 된다는 것이다. 교회가 가난하고 억압받는 사람들의 편에 선다는 것은 좋은 일이다. 그러나 그것이 어떤 좌파처럼 되어서는 안 된다. 예수님을 믿는 신앙을 원천적으로 거부하고 성도들을 총살시키고 가장 극렬하고 잔혹하게 죽이는 북한에게 동조한다는 것은 교회가 교회됨을 버리는 것이다.

하나님께서는 역사에 즉각적으로 개입하실 수도 있으나, 그렇게 아니할 수도 있다. 내 마음대로 되지 않고 기도에 즉시 응답하지 않으신다고 해서 하나님이 없다고 말하는 것은 하나님을 자기 세계에 가두고 판단하는 잘못을 저지르게 된다. 기독교를 현실종교화 하고 도래할 하나님의 나라가 아니라 이 세상을 구원하는 '역사적인 구원'을 말하는 것은 성경의 본질에서 벗어난 것이다.

예수님을 믿는다는 것이 이제는 너무나 변질되어 있다. C.S. 루이스나 본회퍼 같은 사람들을 내세우면서 이런 사람을 본받으라고 하는 사람들이 갈수록 늘어나고 있다. 보편 구원론과 계몽주의적이고 실존주의적인 신앙이라는 자신들의 속내를 감추면서 그것이 마치 정통기독교인 것처럼 과대선전하는 것을 철저하게 경계하고 알려야 한다.

예수 그리스도를 믿어 하나님의 자녀가 된 것은 오직 하나님의 은혜다. 성령님께서 역사하시지 않으면 안 되는 일이다. 예수님께서는 교회에게 그 복음을 전하라고 하셨다. 그러나 이 세상을 천국으로 만들라고 명령하시지 않았다.

1) 예수 그리스도를 믿는다는 것은 구원의 은혜인데

이 시대에 예수 그리스도를 구주로 믿는다는 것은 구원과 언약에 참여함과 동시에 이 시대의 멘탈리티(mentality)를 거부하겠다는 것이다. 이 시대의 멘탈리티를 조성한 인물 중에 한 사람이 에드먼트 후설이다. 이 후설로부터 하이데거, 샤르트르, 메를로-퐁티, 레비나스 같은 사람들이 영향을 입었다.

후설은 먼저 실증주의로 인해 철학이 위기를 맞았다고 보았다. 물리적 인과관계로 모든 대상을 파악하고 물리학적 방법으로 관찰, 실험, 측정, 수량화하여 연구할 수 있다는 물리학적 실증주의에 이의를 제기하고 극복하려고 했다. 이를 위해 후설은 자연과학과 같은 외적인 관찰과 실험이 아닌 다른 접근으로 의식의 구조를 해명하려고 했다. 먼저 인간이 의식으로 경험하게 되는 것은 마음의 능력, 의식의 능력이 있기 때문이라고 했다. 그리고 더 나아가서 이 의식의 본질이 무엇인지를 해명하려고 했다. 그 중에 중요한 것이 '초월론적 주관'이라는 것이다. 이것이 에드먼트 후설의 신성한 내면이다. 이것은 대상과 세계를 구성하는 창조적인 주관이다. 창조의 샘이라고 말하는 이 초월론적 주관은 계속해서 의미로서의 대상과 세계를 재창조해 나간다. 이것이 에드먼트 후설의 구상화다.

이 초월론적 주관은 인간 개개인을 말한다. 인간은 초월론적 주관을 가진 존재이고 모든 순간을 창조적인 존재로 살아가고 있다는 것이다. 후설은 그렇게 인간에게 초월성을 부여하고 창조성을 제공함으로 인간을 하나님으로 만들어 놓았다.

예수 그리스도를 믿는다는 것은 후설처럼 우리 안에 무슨 초월성이나 창조성이 있다는 것이 아니다. 그렇게 인간 안에 신성함이 존재하지 않는다는 것을 고백하며, 오히려 인간은 한계를 지닌 죄인이라는 것을 인정하고 엎드리는 것이다. 세상은 언제나 인간 안에 내면의 빛이 있다고 말한다. 그렇게 함으로서 자기 스스로 구원을 얻으려고 한다. 그러나, 성경은 오직 예수 그리스도를 믿음으로 구원을 얻는다고 말한다.

> 우리는 뒤로 물러가 침륜에 빠질 자가 아니요 오직 영혼을 구원함에 이르는 믿음을 가진 자니라(히 10:39)
> 너희가 그 은혜를 인하여 믿음으로 말미암아 구원을 얻었나니 이것이 너희에게서 난 것이 아니요 하나님의 선물이라(엡 2:8)

선물이란 어떤 사람의 호의로 말미암아 무상으로 받은 것이다. 믿음은 오로지 하나님으로부터 받은 것이기 때문에 우리는 자랑할 것이 아무것도 없다. 하나님께서는 창세 전에 선물을 받을 사람을 정해 놓으셨다. 이미 선택해 놓으신 사람들에게 선물을 주신다. 그 선물은 오직 믿음으로 받는다. 우리의 행위(공로)가 기여할 여지가 전혀 없다. 그러나 로마 가톨릭은 행함이 더해진 믿음으로 의롭게 된다고 가르친다. 믿음이 없이는 의롭게 될 수 없다고 말하면서도 행함이 없이는 의롭게 되지 못한다고 말하므로 비성경적이다. 왜냐하면 믿음으로 충분하지 않다고 보기 때문이다.

2) 이 은혜로 말미암아 복음에 제시된 대로 구원을 얻기 위하여 우리가 예수를 영접하고 그분만 의지하는 것입니다

이 시대의 멘탈리티를 조성한 또 한 사람 비트겐슈타인을 살펴보자. 강신주 교수가 철학자들 가운데 천재라고 생각하는 두 사람이 있는데, 한 명은 비트겐슈타인이고, 또 한 명은 인도의 나가르주나라는 사람이다.523) 비트겐슈타인은 언어를 철학의 가장 중심적인 문제로 격상시킨 20세기의 대표적인 철학자다. 이전의 전통철학이 이성과 경험으로 인간과 세계를 파악하려고 했다면 비트겐슈타인은 인간의 모든 사고와 행위가 이루어지는 언어로 이해하려고 했다. 전통철학에서 다루었던 존재와 무, 신과 영혼의 존재 문제들을 『논리-철학논고』에서는 다의적이고 혼란스런 언어에서 비롯된 '사이비 문제'로 보았다. 그래서 비트겐슈타인은 "말할 수 없는 것에 관해서는 침묵해야 한다."고 말했다. 이것을 강신주 교수는 이렇게 말한다.

> 비트겐슈타인에겐 내면에 있는 말을 쓰면 안 된다. 말할 수 없는 것을 말해서 시간 낭비하지 말라는 거다. 고통스러울 때 친구가 위로를 해도 짜증스러워할 때가 있다. 비트겐슈타인은 그런 걸 알았던 거다. 살아가면서 타인과 관계 맺을 때, 선을 긋고 싶은 거다. 말할 수 있는 것만 말하고 말할 수 없는 것은 침묵하는 거다.524)

말 안 하면 그것으로 끝나는가? 듣기 싫어도 말해 주어야 할 때는 어떻게 해야 하는가? 친구뿐만 아니라, 부모는 자식이 듣기 싫어도 꼭 해 주어야 할 말이 있다.

말할 수 없는 것에 대해 침묵해야 한다는 것은 논리적 형식에 대한 분석에서 나타나는데, 논리적 형식은 세계 내의 사실들을 감각적으로 확인할 수 있는 대상이 아니다. 경험과는 무관하게 파악될 수 있는 것이다. 비트겐슈타인은 철학의 과제가 바로 이 논리적 형식을 보여주는 것이라 했다. 철학은 실재에 대해 말할 수 없고, 실재에 대해 말하는 모든 형이상학적 물음과 답변은 부정되었다. 비트겐슈타인에게 그런 것들은 객관적으로 무의미하다. 그런 형이상학적인 것들은 참인지 거짓인지 검증해 볼 수 없기 때문이다. 전통철학은 그렇게 객관적으로 유의미하게 말할 수 없는 것을 말했기 때문에 사이비 철학이 되었다는 것이다.

---

523) 나가르주나에 대해서는 제19문을 참고하라.
524) http://ch.yes24.com/Article/View/17266

이렇게 말함으로서 비트겐슈타인은 상층부를 제거해 버렸다.

이 논리적 형식에서 비트겐슈타인의 신성한 내면아이가 드러난다. 언어와 세계에는 논리적 형식이 있는데, 인간이 세계를 탐구하기 전에 이미 인간에게 주어져 있다는 것이다. 칸트가 말했던 것처럼 '선험적으로' 주어져 있다는 것이다.

비트겐슈타인은 인간의 삶은 과학적으로 규명할 수 없는 차원이 있다고 말하면서, 윤리·아름다움·종교의 차원의 '가치'는 감각적인 사실로 존재하지도 않는다고 했다. '가치'는 감각과 지성에 의해 파악되는 객관적인 사실이 아니라 인간의 감정이나 의지와 함께 세계로 들어오는 것이다.

그렇게 감성과 의지를 전달하는 매체는 객관적으로 파악된 과학적 명제가 아니라 시와 우화다. 비트겐슈타인은 톨스토이의 『스물세 편의 이야기』를 읽고 큰 감동을 받고 삶의 의미를 찾았다고 말했다. 그러면서 감동을 받을 수 있는 것은 가치의 원천이 인간의 내면에 있기 때문이라는 것이다.

그것은 세계에 대한 이해와 연관된다. 비트겐슈타인은 무엇이라 말했는가?

> 비트겐슈타인의 신비적 경험, 즉 있는 것에 대한 경이감은 세계의 존재에 대한 신비감에서 기인하는 것이다. 신비적인 것은 사물들이 세계에 어떻게 있느냐 하는 것이 아니라 세계가 존재한다는 것이다. 『논고』에서 우리가 세계의 존재를 언어, 즉 의미 있는 명제로 표현할 수 있는 방법은 없다. 그 것은 스스로를 보여 주며, 따라서 신비적인 것이다. 아이러니칼하게도 이것은 세계의 형이상학적 존재를 언어로 설명하고 표현하고자 했던 "그림이론"의 불가피한 귀결이다. 『논고』의 전반부에서 그림이론을 거침없이 내세우는 것처럼 보였던 비트겐슈타인은 후반부에서 "나의 언어의 한계가 나의 세계의 한계이다"라는 결론으로 이끌고 간다. 그에 따르면 우리는 자신이 알고 있는 범위 내에서만 세계에 대해서 알고 있다. 왜냐하면 우리가 선험적으로 세계의 모든 가능한 사태를 알 수는 없기 때문이다. 이런 견해는 전적으로 옳지만, 이것은 언어로 표현될 수 없다는 것이다.[525]

---

[525] http://cafe.daum.net/bulkot/34RB/193 박종균(부산장신대), 비트겐슈타인과 기독교 신앙(Ludwig Wittgenstein and his Christian Faith). 이 논문은 비트겐슈타인의 기독교적인 신앙이 그의 철학 전반에 녹아들어 있다는 점을 규명하려고 하지만, 비트겐슈타인을 그렇게 보는 것이 옳은지는 깊이 생각해 보아야할 문제라고 본다. 세계의 신비스러운 것에 대한 이해는 기독교적인 개념으로 접근하고 있다고 생각한다. "기독교에 대한 비트겐슈타인의 관심은 그 자신의 내면적 고뇌에서 비롯되었던 것 같다. 러셀이 비트겐슈타인과 함께 『논리철학논고』를 읽고 이 작품을 상세하게 논의하고 난 뒤에 오토라인 부인에게 보낸 편지에서 러셀은 『논고』의 신비주의적 논조에 대해 다음과 같이 말하고 있다. 나는 그의 책에서 신비주의의 정취를 느꼈습니다. 그러나 그가 완전한 신비주의자가 된 것을 보고 놀랐습니다. 그는 키에르케고어와 안겔루스 실레시우스 같은 사람을 읽고 진지하게 수도승이 되는 것을 숙고하고 있습니다. 그것은 모두 윌리암 제임스의 『종교적 체험의 다양성』에서 시작되었고 그가 거의 미칠 지경이던 전쟁 전에 노르웨이에서 홀로 보냈던 겨울 동안에 깊어졌습니다. 비트겐슈타인에게 기독교의 역사적 이야기는 다른 역사적 이야기와는 달리 인생에서 특별한 의미를 지니고 있다. 그의 종교적 관심은 단순히 지적 호기심의 발로이거나 일시적인 흥미가 아니었다. 그것은 자신을 진정으로 변화시키고자 하는 열망에서 나오는 것이었다. 누구도 자신에 대해서 쓰레기라고 진실로 말할 수 없다. 왜냐하면 그것은 어떤 의미에서 진실일 수 있지만, 내가 이렇게 말한다면, 이것은 나의 마음을 적실 수 있는 진리가 아니기 때문이다. 그렇지 않다면, 나는 미쳤거나 나 자신을 변화시켰을 것이다. 여기서 비트겐슈타인이 말하는 변화는 인간 내면의 자각적인 근본

세계는 과학과 기술만으로 포섭할 수 없다는 것이다. 그 속에는 '신비적인 차원'이 있으며, '더 높은 것'이라 했다. 『논리-철학논고』에서 다음과 같이 말했다.

> 명제는 더 높은 것은 아무것도 표현할 수 없다.
> 윤리학은 초월적이다.
> 사물이 세계 내에 어떻게 존재하는가라는 물음은 무엇이 더 높은 것인가라는 물음과는 전혀 상관이 없다.
> 물론 말할 수 없는 것도 있다. 그것은 스스로 내보인다. 그것은 신비스러운 것이다.

세계는 말할 수 없는 것들이 있으며 그것은 신비스럽고 그것을 스스로 내보인다. 그 드러내는 방식이 시와 우화라는 것도 하이데거가 하는 말과 흡사하다. 철학은 무엇을 해야 하느냐? 말할 수 있는 것이 무엇이고 말할 수 없는 것이 무엇인지 드러내야 하는 것이다.526) 말할 수 없는 신비스러운 것은 인간이 알 수 있는 것이 아니라 스스로 드러내는 것이다. 그것을 감응할 수 있는 것이 인간 내면에 있다는 것이다.

인간이 알 수 있으면 얼마나 알 수 있는가? 논리적 형식 분석으로 알 수 없는 것들에 대하여 말하지 않을 수 없는 것이 인간의 삶이다. 그것이 스스로 드러내기를 기다리는 것은 한계에 부딪힌 인간의 도약이다. 인간은 인간의 내면에 대해서 다 말할 수 없다. 역사와 세계는 인간이 인과율로 파악하거나 포섭할 수 없다는 것을 인정하지 않을 사람은 아무도 없다. 인간의 내면에는 그것을 장악할만한 능력이 없다. 한 치 앞도 모르는 인간이 인간의 내면을 말하기 위해 결

적인 변화이며, 아마도 기독교에 귀의하는 것을 의미하는 것으로 보인다. 그러나 그는 예수를 주라고 부를 수 없다고 말한다. 왜냐하면 그가 신앙에 귀의하지 않는 한, 이 말은 그에게 아무런 의미도 없기 때문이다. 그가 완전히 다르게 사는 경우에만 그 말은 그에게 의미를 지닐 수 있다. 비트겐슈타인에서 신앙은 지식이 아니라 삶의 방향을 바꾸어 놓은 정열이다. 따라서 그것은 실제로 삶에서 일어나는 것이어야 한다.

526) 박찬국, 현대철학의 거장들 (서울: 이학사, 2012), 282-283; 〈철학은 말할 수 있는 것이 무엇인지를 분명히 드러냄으로써 말할 수 없는 것을 암시한다. 비트겐슈타인은 다음과 같은 것들이 이렇게 신비스러운 차원에 속한다고 말한다. 첫째는 윤리적인 것이다. 윤리적인 것은 '사실'이 아니지만 그래도 우리 삶에 나타나 있다. 둘째는 삶 자체다. 비트겐슈타인은 "공간과 시간 안에 있는 생명의 수수께끼를 푸는 것은 공간과 시간 밖에 놓여 있다."고 말하고 있다. 셋째는 자아다. 비트겐슈타인은 "주체는 세계에 속하는 것이 아니라 세계의 한계다."라고 말하고 있다. 넷째는 '사물들이 존재한다.'는 사실 자체다. 비트겐슈타인은 "신비로운 것은 세계 안에 사물들이 어떻게 존재한다는 것이 아니라 존재한다는 것 자체다."라고 말하고 있다. 다섯째는 세계의 의미다. 비트겐슈타인은 세계의 의미는 "세계 밖에 있어야만 한다."라고 말하고 있다. 비트겐슈타인은 세계의 의미를 '신'이라고도 부른다. 비트겐슈타인에 의하면 신을 믿는다는 것은 모든 것이 단순히 소멸하지 않는다는 점을 아는 것이며 인생의 의미를 이해하는 것이다.〉

국 하는 말은 무의식이다.

　인간이 세계를 탐구하기 전에 이미 인간에게 주어져 있다는 것은 인간의 선함을 말하는 다른 표현이다. 그러나 인간은 결코 선하지 않다. 인간은 죄인이다. 객관적인 사실로도 죄인이지만 인간의 마음은 이미 죄로 부패하고 썩어있다. 그러기에 인간은 예수 그리스도를 믿어야 한다. 예수 그리스도를 믿을 때 우리는 죄에서 해방되고 의롭다 함을 받는다.

　우리가 의롭다 함을 받는 유일한 근거는 예수 그리스도의 공로이다. 그리스도의 행함으로 의롭게 되었기 때문에 우리는 오직 믿음으로 예수님만을 의지하게 된다.

　　영접하는 자 곧 그 이름을 믿는 자들에게는 하나님의 자녀가 되는 권세를 주셨으니(요 1:12)

　이 말씀은 반드시 요한복음 1장 13절 말씀과 함께 읽고 이해해야 한다.

　　이는 혈통으로나 육정으로나 사람의 뜻으로 나지 아니하고 오직 하나님께로서 난 자들이니라(요 1:13)

　영접하고 그 이름을 믿는 것은 인간의 어떤 노력으로 되는 것이 아니다. 13절 말씀대로 오직 하나님께로 난 자들이다. 어째서 그것이 하나님께로 난 자들인가? 왜 그들은 예수 그리스도를 구주로 믿는가? 도대체 이 세상의 많은 종교들을 두고서 왜 예수 그리스도를 믿어야만 하는가?

　　빛이 어두움에 비취되 어두움이 깨닫지 못하더라(요 1:5)

　인간은 어두움, 곧 죄인이기 때문이다. 인간의 내면에 빛이 있다고 생각하는 사람은 예수님을 영접하지 않는다. 그들은 그 빛을 더욱 계발시키면 되기 때문이다. 그 빛은 신성한 내면이며, 그 방법이 구상화다.

　성경은 인간이 스스로 의로워질 수 없다고 선언한다. 그럴 수 있는 사람은 아무도 없다.

　　그 안에서 발견되려 함이니 내가 가진 의는 율법에서 난 것이 아니요 오직 그리스도를 믿음으로 말미암은 것이니 곧 믿음으로 하나님께로서 난 의라(빌 3:9)
　　사람이 의롭게 되는 것은 율법의 행위에서 난 것이 아니요 오직 예수 그리스도를 믿음으로 말미암는 줄 아는고로 우리도 그리스도 예수를 믿나니 이는 우리가 율법의 행위에서 아니고 그리스도를 믿음으로서 의롭다 함을 얻으려 함이라 율법의 행위로서는 의롭다 함을 얻을 육체가 없느니라(갈 2:16)

의로워지는 것은 인간 밖에서 와야 한다. 세상의 종교와 철학과 사상은 인간 안에서 만들어 내려고 하는 원리를 제공하며 방법을 계발한다.

인간이 인간 안에서 만들어 내려고 지금까지 노력한 결과 인간은 어떻게 되었는가? 주체가 사라져 버렸다. 인간은 완전히 해체 되었다. 남은 것은 무엇인가? 절망과 비통함 밖에 없다. '그럼 이대로 그냥 죽으란 말인가?'이 말 밖에 할 말이 없다.

현대인들이 웃는 이유는 희망이 있어서 웃는 것이 아니라 어쩔 길이 없기 때문에 웃는다. 그 다음은 무엇인가? 미치는 것이다. 자기를 붙들어 줄만한 것이 아무것도 없으니 도약을 감행한다. 세상은 초영성시대로 들어왔다!

제87문 생명에 이르는 회개는 무엇입니까? (대76)
답: 생명에 이르는 회개는 구원의 은혜인데, 이로 말미암아 죄인이 자기 죄를 바로 알고 그리스도 안에서 하나님의 자비를 깨달아, 자기 죄를 슬퍼하고 미워함으로 죄에서 떠나 하나님께로 돌아가며, 새로운 순종을 목적으로 삼고 그것을 추구하는 것입니다.[527]

세상의 종교와 철학에 오염된 값싼 복음을 전하는 현대교회는 하나님의 무조건적 사랑을 말하지만 회개의 필요성에 대해서는 외치지 않는다. 진정한 회개가 빠진 설교는 거짓 복음이다. 참된 복음은 반드시 참된 회개를 외친다. 그러나 계몽주의 이성에 오염되고 세상의 철학에 오염된 신학은 죄에 대하여 무감각하다. 그들이 죄에 대하여 그런 반응을 일으키는 이유는 인간의 이성이 기준이기 때문이다.

어느 날 데카르트는 친구의 집을 향해서 길을 가고 있었다. 그런데 길 위에 뱀 한 마리 있었다. 그는 멀리 다른 길로 돌아서 갔다. 몇 시간 후에 집으로 돌아오데 그 뱀이 여전히 그 자리에 있었다. 다시 길을 돌아 피해 가려고 하다가 이상한 느낌이 들었다. '어째서 뱀이 그 자리에 하루 종일 있는가? 혹시 죽은 뱀이 아닐까?' 데카르트는 다시 돌아가 뱀을 살펴보니 뱀이 아니라 한 뭉치의 동아줄이었다. 그 때에 데카르트는 생각하게 된다. '내 눈으로 분명히 보았는데, 그것이 뱀이라니?', '자기가 확실히 본 것을 무엇으로 증명하겠는가. 사람이 자기가 보는 것을 바르다고 할 수 있는가? 아니 어떤 마귀 같은 존재가 있어서 모든 우주를 거짓 것으로 보게 하는지도 모르지 않는가' 그는 고민하기 시작했다. '내가 보고 듣고 경험해온 것이 거짓일지도 모른다?' 그렇다면 무엇이 옳은지 그른지 어떻게 알겠는가? 부모와 스승과 교회로부터 받은 모든 것 중 옳은 것이 무엇인가? 지금까지 옳다고 생각한 것들이 정말 옳은가? 여러 날을 고민한 끝에 결국 그는 실마리를 찾았다. '내가 속을지도 모른다고 생각하고 있는 이 생각조차도 부정할 수는 없지 않은가. 적어도 이성으로 바르게 생각하는 것은 마르지 않겠는가. 그렇다면 여기서부터 시작할 수 있지 않은가?' 이리하여 그 유명한 관념론

---

[527] Q. 87. What is repentance unto life? A. Repentance unto life is a saving grace, whereby a sinner, out of a true sense of his sin, and apprehension of the mercy of God in Christ, doth, with grief and hatred of his sin, turn from it unto God, with full purpose of, and endeavor after, new obedience.

의 명제가 탄생했다. '나는 생각한다. 고로 존재한다.'528) 아담과 하와는 뱀의 유혹으로 선악과를 먹었다. 데카르트는 뱀에 대한 고민으로 이성의 시대를 열게 되었다.

인간의 이성이 모든 것을 판단하는 기준이 되었을 때 무슨 일이 일어났는가? 계시, 예언, 섭리, 동정녀탄생, 기적, 부활과 같은 초월에 관한 내용들은 이성의 검열로 사라지게 되었다. 그것을 말하기는 하지만 다만 하나의 관념으로만 여길 뿐이다. 그들이 믿은 예수님은 그저 도덕적인 모범으로서의 예수님이었다. 예수님께서 도덕적 모범에 불과하시니 인간의 타락과 원죄는 철저하게 거부되고 성례는 무가치하게 여겨졌다. 남은 것은 인간의 선행이었다. 인간이 선행을 할 때 기뻐하시는 윤리적인 하나님이 되고 말았다.

그것이 칸트에게 와서는 더 심각해져서 도덕적 양심을 통하여 다가가는 하나님이 되고 말았다. 성경이 말하는 하나님이 아니라 인간의 양심이 발견하는 하나님이다. 신과 인간의 차이는 존재론적으로 근본적인 차이가 있는 것이 아니라 신은 완전한 도덕이고 인간은 불완전한 도덕일 뿐이고 도덕이 완전해질수록 행복하다고 말했다. 칸트의 이성으로 만나는 하나님은 낭만주의 신학자 콜러리지(Coleridge, 1772-1834)를 거쳐 느낌으로 만나는 하나님을 말하는 자유주의 신학자 슐라이에르마허를 낳게 되었다. 인간의 직관으로 직접 느끼는 하나님이니 죄는 이제 온데간데 없어지고 말았다. 슐라이에르마허의 신성한 내면아이는 인간의 직관이기 때문이다. 무의식이 신이 된 심리학은 죄책감을 트라우마로 전락시켰다.529)

유교의 핵심은 '심학'(心學)이다. 넓은 뜻으로는 마음을 수양하는 학문이라는 뜻이다. 공자는 배움을 통해서 인간이 달라진다고 보았기 때문에 '학'(學)을 강조했다. 거기에는 오로지 '배움의 길'을 강조할 뿐이다. 인간의 약점과 한계를 배움으로 극복하고 더 발전하고 성숙한 길로 나갈 수 있다고 믿었기 때문이다. 그것도 외부의 어떤 도움도 없이 오로지 학문을 통해서 이룰 수 있다고 생각했다. 놀랍게도 『논어』의 마지막에서 군자의 오만에 대해서 말한다. 그 오만을 잘 제어하라는 것인데, 인간은 그럴 실력이 없다는 것을 누구나 다 안다.

---

528) 김기홍, 신앙의 맥을 잡아주는 이야기 현대신학 (서울: 베다니출판사, 2008), 38-40.
529) 네이버사전에서; 트라우마(trauma)는 일반적인 의학용어로는 '외상'(外傷)을 뜻하나, 심리학에서는 '정신적 외상', '(영구적인 정신 장애를 남기는) 충격'을 말하며, 보통 후자의 경우에 한정되는 용례가 많다. 트라우마는 선명한 시각적 이미지를 동반하는 일이 극히 많으며 이러한 이미지는 장기기억 되는데, 트라우마의 예로는 사고로 인한 외상이나 정신적인 충격 때문에 사고 당시와 비슷한 상황이 되었을 때 불안해지는 것을 들 수 있다.

그러기에 다산 정약용은 공자의 인(仁)을 낮추어서 '청렴'을 그 목표로 삼았다. 그러나 그것도 누가 지킬 수 있는가? 국회청문회를 보면 '세상에 털어 먼지 안 날 사람 아무도 없구나'하는 것을 절실히 느끼지 않던가. 이 세상 어느 인생에게 인(仁)을 찾고 청렴을 구할 수 있겠는가?

퇴계 이황은 『성학십도』로 인격적 자기완성을 말했다. 『성학십도』의 신성한 내면아이는 무엇인가? 사람의 마음에는 하늘의 명령이 부여되어 있다는 것이다. 하늘마음이 있다는 것이다. 그 마음이 주인이 되는 삶을 살아가도록 수양을 하는 것이 구상화다. 배우고 실천해서 성인이 된다는 생각은 매 한 가지다.

우리는 무엇을 보는가? 인간의 이성이 기준이고 중심이 되면 결국 인간의 죄는 사라지고 인간의 내면에 신성한 내면아이가 자리 잡게 된다는 것을 보게 된다. 거기에는 '생명에 이르는 회개'가 있을 여지가 없다.

'생명에 이르는 회개'의 내용을 살펴보기 전에 '믿음의 표징'과 '믿음의 보증'은 다르다는 것을 분명하게 알아야만 한다. 믿음의 표징은 새언약의 성도가 어떤 사람인가를 묘사한다. 믿음의 보증은 믿음의 근거를 말하는 것으로 구원의 근거가 무엇인지를 말한다. 심령이 가난하고 애통하며 의에 주리고 목마른 것은 믿음의 표징이다. 그러나 그것이 구원의 보증, 믿음의 근거는 아니다.

청교도들은 믿음의 확신과 감각의 확신으로 구별했다. 감각의 확신이란 예수님을 믿는 증거들을 말하며 믿음의 열매를 말한다. 성도들이 그 믿음의 열매들을 즐거워하는 것은 마땅한 일이다. 그러나 그것이 구원 얻는 믿음은 아니다. 그 열매들을 의지해서는 안 된다. 그 열매들이 많을 때는 기쁘고 즐겁겠지만 고통과 시련의 세월 속에서는 아무것도 없을 때가 있기 때문이다. 그러므로 성도가 의지해야 하는 궁극적인 것은 오직 십자가에 못 박히신 예수 그리스도를 믿는 믿음뿐이다.

바울과 실라가 감옥에서 찬송하였을 때 감옥의 문이 다 열리고 매인 것이 풀려졌다. 간수는 죄수들이 도망한 줄로 생각하고 간수는 자결하려고 했다. 사도 바울은 "네 몸을 상하지 말라 우리가 다 여기 있노라"(행 16:28)하고 안심시켰을 때, 간수는 바울과 실라 앞에 엎드리고 이렇게 말했다. "선생들이여 내가 어떻게 하여야 구원을 받으리이까?"(행 16:30) 바울은 분명하게 말했다. "주 예수를 믿으라 그리하면 너와 네 집이 구원을 받으리라"(행 16:31) 거듭나지 않은 죄인에게 예수 그리스도 안에 있는 하나님의 은혜와 긍휼 외에 다른 것을 말하는 것은 율법주의를 가르치는 것이다. 왜냐하면 그것은 자기 스스로 의로와져서 천국에 들어가는 자기 의를 가르치는 것이기 때문이다. 성경이 말하는 생명에 이르는 회개는 무엇인가?

1) 생명에 이르는 회개는 구원의 은혜인데

하나님의 특별하신 은혜로 구원을 얻게 된다. 그래서 '특별한 은혜' 또는 '구원의 은혜'라고 한다. 죄인이 회개를 하지만 하나님께서 그 심령에 은혜를 주시지 아니하면 자기 스스로 회개할 수가 없다. 왜냐하면, 인간은 죄로 인하여 죽었기 때문이다. 성경은 그리스도의 복음을 전할 때 무슨 일이 일어났는지 말해 준다.

> 저희가 이 말을 듣고 잠잠하여 하나님께 영광을 돌려 가로되 그러면 하나님께서 이방인에게도 생명 얻는 회개를 주셨도다 하니라(행 11:18)

구약에 예언한 그대로 새언약의 시대에는 이방인들에게도 구원의 문이 열렸다. 옛언약에서 없었다는 것이 아니다. 그러나 이제 유대인이나 이방인이나 다 그리스도 안에서 새생명을 얻는 새로운 시대가 열렸다. 그리스도께서 십자가에 피 흘리시고 승천하심으로 구속사역을 완성하시고 성령님께서 임하심으로 온 천하에 이 복음이 전파되어 그의 백성들을 부르셨기 때문이다. 그 부르심을 받은 자들은 "생명 얻는 회개"를 하게 된다. 하나님 없이 살아가던 죄악 된 삶을 버리고 예수 그리스도를 구주로 고백하는 거듭남이 일어난다. 성령님께서 그 마음에 역사한 사람만이 그렇게 할 수 있다. 그것은 인간이 노력해서 되는 일이 아니다. 하나님께서 택하여 부르신 자들은 반드시 "생명 얻는 회개"에 이르게 된다.

2) 이로 말미암아 죄인이 자기 죄를 바로 알고 그리스도 안에서 하나님의 자비를 깨달아

죄를 상기시키는 두 가지 소리가 있다. 하나는 성령님의 소리이고 하나는 사탄의 소리다. 사탄은 지은 죄로 인하여 우리 영혼을 절망에 빠지게 하여 우리가 받은 구원조차도 소용없는 것처럼 만든다. 그리하여 죄책이 두려운 나머지 영혼을 절망으로 몰아간다. 그러나 성령님께서는 죄를 깨닫게 하시나 우리로 회개케 하시고 치료하고 회복시키셔서 오직 예수 그리스도만 의지하게 한다. 그리하여 그리스도 안에 있는 풍성한 삶을 살게 하시고 열매를 맺어가게 하신다.

> 37 저희가 이 말을 듣고 마음에 찔려 베드로와 다른 사도들에게 물어 가로되 형제들아 우리가 어찌 할꼬 하거늘 38 베드로가 가로되 너희가 회개하여 각각 예수 그리스도의 이름으로 세례를 받고 죄 사함을 얻으라 그리하면 성령을 선물로 받으리니(행 2:37-38)

베드로의 설교를 들은 사람들은 누구인가? 예수님을 십자가에 못박아 죽인 사람들이며 그 일에 동조한 사람들이다. "십자가에 못 박혀야 하겠나이다"(마 27:22)고 소리지르며 예수님을 기어이 십자가에 못박아 죽인 사람들이다. 그런데 그들이 어떻게 회개하게 되었는가? 그것은 성령님께서 저들에게 역사하셨기 때문이다. 성령님께서 저들의 마음에 역사하셨을 때 자신들이 한 일이 얼마나 큰 죄인지를 알게 되었고 회개하였다. 그것은 의롭게 되는 것이 그리스도로부터 주어진다는 것을 받아들이는 것이며, 인간 밖에서 주어진다는 것을 인정하는 회개다.

3) 자기 죄를 슬퍼하고 미워함으로 죄에서 떠나 하나님께로 돌아가며

셰익스피어의 희곡에 나오는 맥베스 부인은 던컨 왕 살해로 자기 손을 더럽힌 후에, 그 손을 씻기 위해 온갖 노력을 하고서 "사라져라. 저주받은 흔적이여 사라져라.!"라고 외쳤다. 그러나 아무리 발버둥을 쳐도 그 어떤 것도 그녀의 손에 있는 핏자국을 지울 수가 없었다.[530] 인간은 자기 죄를 스스로 씻을 수가 없다. 참된 씻음은 죄를 회개하고 하나님께로 돌아오는 것이다!

> 너희는 옷을 찢지 말고 마음을 찢고 너희 하나님 여호와께로 돌아올지어다 그는 은혜로우시며 자비로우시며 노하기를 더디 하시며 인애가 크시사 뜻을 돌이켜 재앙을 내리지 아니하시나니(욜 2:13)

요엘서는 유다에 대한 하나님의 임박한 심판에 대하여 경고했다. 그것은 메뚜기 재앙을 통한 현재적 경고(1:1-2:27)와 주의 날에 대한 미래적 예언(2:28-3:21)이다. 요엘은 두 번째 나팔을 불면서 금식하고 회개하라고 촉구했다. 그러면서, "너희는 옷을 찢지 말고 마음을 찢"으라고 했다. 옷을 찢는 것은 내적

---

530) R. C. 스프로울, 웨스트민스터신앙고백해설, 이상웅·김찬영 역 (서울: 부흥과개혁사, 2011), 204.

인 슬픔을 겉으로 표현하는 것인데, 그렇게 옷을 찢지 말고 마음으로 회개할 것을 간절하게 선포했다.

요엘 선지자는 하나님의 성품을 말했다. "그는 은혜로우시며 자비로우시며 노하기를 더디하시며 인애가 크시사 뜻을 돌이켜 재앙을 내리지 아니하시"는 분이시다. 이것은 언약하신 여호와 하나님의 성품을 말한 것이다.

> 여호와께서 그의 앞으로 지나시며 반포하시되 여호와로라 여호와로라 자비롭고 은혜롭고 노하기를 더디하고 인자와 진실이 많은 하나님이로라(출 34:6)

시내산 아래서 범죄한 이스라엘로 인하여 다시 언약을 체결할 때 하신 말씀이다. 여호와께서는 자기 백성들이 언약한 말씀대로 살아가기를 기뻐하시며 회개하고 여호와를 찾는 자들에게 은혜와 긍휼을 베푸시는 분이시다. 범죄한 자리에서 회개하고 돌아갈 수 있는 것은 그런 죄인을 받아 주시는 여호와의 성품에 있다.

> 그 눈을 뜨게 하여 어두움에서 빛으로 사단의 권세에서 하나님께로 돌아가게 하고 죄사함과 나를 믿어 거룩케 된 무리 가운데서 기업을 얻게 하리라 하더이다(행 26:18)

사도행전은 바울의 회심 사건에 대하여 세 번 말한다. 하나는 누가의 기록이며, 나머지 둘은 사도 바울 자신이 말한 것이다. 바울이 착고에 묶인 채로 아그립 바 왕 앞에서 예수 그리스도를 믿는 그 믿음에 대하여 변론했다.

18절은 예수님께서 바울을 불러 세우는 이유를 말한다. 그것은 하나님 없이 죄악 된 삶에서 벗어나 거룩하게 하기 위함이다. 어두움은 사단의 권세를, 빛은 하나님의 지배를 말한다.[531] 그렇게 예수 그리스도를 믿어 죄사함을 받을 때 하나님의 통치 속에 살아가게 된다.

> 내가 내 행위를 생각하고 주의 증거로 내 발을 돌이켰사오며(시 119:59)

무엇을 기준으로 돌이켰느냐가 중요하다. 그것은 "주의 증거"다. "주의 증거"란 율법을 말한다. 살아가는 매 순간마다 율법을 기준으로 자기를 돌아보고 회개했다. 세상의 기준은 언제나 가변적이다. 어제는 옳았지만 오늘은 틀리고 내일

---

531) 그가 우리를 흑암의 권세에서 건져내사 그의 사랑의 아들의 나라로 옮기셨으니(골 1:13)

은 어찌 될지 모른다. 세상은 언제나 자기 속에 답이 있다고 생각하지만 그런 주관적인 기준으로는 '회개'에 이를 수 없다. 양심의 가책은 어느 정도 주어지겠지만 그것도 곧 자기 합리화에 이르게 되고 다시 죄의 종노릇을 하게 된다.

> 죄에게서 해방되어 의에게 종이 되었느니라(롬 6:18)

이전에는 죄의 종이었지만 이제는 그 죄에서 해방되어 의의 종이 되었다. 그것은 옛사람이 그리스도와 함께 죽어 죄의 몸이 멸하여졌기 때문이다. 그리고 이제 그리스도와 함께 살아났다. 더 이상 사망이 지배하지 못한다. 그리스도와 함께 죽고 함께 살아났기 때문에 죽음이라는 것이 더 효력을 발휘하지 못한다. 죽이려고 하면 죄가 있어야 하는데 그리스도 예수 안에 있는 자에게는 결코 정죄함이 없기 때문에 더 이상 죽음으로 몰고 갈 수가 없다.532)

죄에서 벗어나 화복되는 것은 언제나 하나님의 역사하심이다.

> 그 때에 너희가 너희 악한 길과 너희 불선한 행위를 기억하고 너희 모든 죄악과 가증한 일을 인하여 스스로 밉게 보리라(겔 36:31)

에스겔 선지자는 이제 에돔(세일 산)의 황폐와 극적인 대조를 이루는 이스라엘(이스라엘 산)의 화복을 말한다. 34장에서 새로운 목자의 출현으로 이스라엘의 화복을 선포했었다. 36장에서 새로운 땅의 화복과(1-15절) 선민의 궁극적 화복(16-38절)을 선포하여 하나님의 구원과 화복을 말했다. 그 화복은 어떻게 이루어지게 되는가?

> 26 또 새 영을 너희 속에 두고 새 마음을 너희에게 주되 너희 육신에서 굳은 마음을 제하고 부드러운 마음을 줄 것이며 27 또 내 신을 너희 속에 두어 너희로 내 율례를 행하게 하리니 너희가 내 규례를 지켜 행할지라(겔 36:26-27)

귀환과 죄사함과 더불어서 성령님을 주심으로 그들이 여호와의 언약대로 살아가게 된다. 성령님께서 역사하실 때 일어나는 일은 무엇인가? 그것은 자신들의 죄악을 혐오하며 회개가 일어나고 예수 그리스도를 구주로 영접하며, 언약의 말씀대로 신실하게 살아가게 된다.

---

532) 그러므로 이제 그리스도 예수 안에 있는 자에게는 결코 정죄함이 없나니(롬 8:1)

4) 새로운 순종을 목적으로 삼고 그것을 추구하는 것입니다

진정한 회개는 말씀에 대한 순종으로 나타나며 삶의 목적이 바뀌어진다. 회개는 가는 길을 돌이킨다는 뜻이다. 그것은 인본주의의 자율성으로 가는 걸음에서 돌이켜 하나님 중심으로 성경중심으로 살아가는 것이며 하나님 의존적인 존재로 살아가는 것이다. 성도의 삶은 하나님의 말씀에 순종하는 것을 기뻐하며 하나님의 나라와 의를 사모하며 살아가는 자들이다.

> 그로 말미암아 우리가 은혜와 사도의 직분을 받아 그 이름을 위하여 모든 이방인 중에서 믿어 순종케 하나니(롬 1:5)

"믿어 순종"이란 믿음이 곧 순종이라는 뜻이다. 죄 아래 있는 인간들은 언제나 하나님을 믿지 않고 불순종하는 삶을 살아간다. 그리스도께 순종하는 것은 그리스도를 믿지 않으면 일어날 수 없는 일이다.

> 이제는 나타내신 바 되었으며 영원하신 하나님의 명을 좇아 선지자들의 글로 말미암아 모든 민족으로 믿어 순종케 하시려고 알게 하신 바 그 비밀의 계시를 좇아 된 것이니 이 복음으로 너희를 능히 견고케 하실(롬 16:26)

사도 바울이 전한 것은 구약에서부터 선지자들이 예언한 것이며, 예수 그리스도를 믿어 구원에 이르게 하는 복음이었다. 그 복음이 이제 모든 민족에게 전파되었으며 이 복음으로 예수 그리스도를 믿어 순종하는 삶을 살게 되었다. 왜 그것이 복음인가? 인간이 노력해서 만들어지는 것이 아니기 때문이다. 유대인이나 헬라인이나 모두가 다 죄인이다. 인간은 그 죄에서 벗어날 수가 없다. 그리스도 예수 안에 있는 구속만이 죄에서 벗어나게 한다. 살아계시고 영원하시며 인격적이신 하나님으로부터만 주어지는 것이다. 그것이 믿어지는 것이 은혜다.

제88문 그리스도께서 우리에게 구속의 은덕을 전달하시는 외적이고 통상적인 방편은 무엇입니까?
답: 그리스도께서 그분의 교회에 그분의 중보의 은덕을 전달하는 외적이고 통상적인 방편들은 그분의 모든 규례들, 특히 말씀과 성례와 기도입니다. 이 모든 것은 피택자들이 구원을 받는 데 효력이 있게 합니다.533)

세상 사람들은 이 땅을 살아가는 동안에 어떻게 마음을 붙들고 살아갈까? 세상은 언제나 자기를 붙들어 주는 힘이 자기 안에 있다고 말한다. 폴라 다시(Paula D'Arcy)의 『세상에 고맙다』라는 책 소개에서 이렇게 말한다.

> 저자가 고통의 질곡에서 벗어나지 못하고 있을 때, 한 친구에게 조언자를 소개받았습니다. 그의 현명한 조언을 기다리며 그에게 그동안 그녀가 겪은 고통과 시련을 낱낱이 이야기했습니다. 그녀가 올랐던 산, 흘렸던 눈물, 참아야 했던 가슴 찢어지는 아픔 등. 그리고 그녀는 진정한 위로의 말을 기다렸습니다. 인지상정이지요. 그러나 그의 입에서 나온 말은 너무 뜻밖이었습니다. "그래서요?" 그 후 믿을 수 없는 일이 벌어집니다. 황당한 말을 들었으나, 폴라 다시의 마음의 눈이 떠지는 순간이었기도 합니다. 그녀는 그의 눈동자에서 다음과 같은 말을 읽었답니다. "그곳에서 방황하지 마시오. 그건 당신이 아닙니다. 그건 당신의 경험일 뿐입니다. 당신은 그 경험을 이겨낸 사람이 아닙니까. 이젠 당신 자신을 알아가야 합니다." 그렇습니다. 힘들고 어려울 때, 우리는 대부분 극복의 힘을 외부에서 찾아내려고만 합니다. 그러나 소중한 힘. 다이너마이트 같은 힘은 나의 내부에 있습니다. 폴라 다시가 내게 보내 준 편지라고 생각하고 찬찬히 읽다보면 내 안에서 조용히 그러나 힘 있게 일어나는 반응을 만나게 될 것입니다.534)

어려움을 극복하는 힘이 인간 내부에 있다고 말하는 폴라 다시는 어떤 사람인가? 노먼 빈센트 필 재단에서 상담 치료사로 일했으며, 애니어그램 강연으로 유명한 리처드 로어(Richard Rohr) 신부와 함께 관상 기도를 인도하는 사람이다.535) 그녀가 말하는 내부라는 것은 신인합일로 가는 내면의 신성함을 말한다.

---

533) Q. 88. What are the outward and ordinary means whereby Christ communicateth to us the benefits of redemption? A. The outward and ordinary means whereby Christ communicateth to us the benefits of redemption are, his ordinances, especially the Word, sacraments, and prayer; all which are made effectual to the elect for salvation.
534) http://www.yes24.com/24/goods/6214414?scode=029/ 폴라 다시, 세상에 고맙다(A New set of Eyes: Encountering the Hidden God), 안신이 역 (서울: 정림출판, 2012).
535) Richard Rohr, 『Contemplation in Action』. In a world weary of war and hungry for deeper meaning and direction, the Center for Action and Contemplation offers a message of hope. In these short reflections, we are challenged to reflect upon our lives and priorities. Let contemplation enrich your active life. Contributors: Esther Armstrong, Daniel Berrigan, Justine Buisson, Frederika Carney, John E. Carroll, Robin Chisholm, Barbara Coleman, Avis Crowe, Paula D'Arcy, Aaron Froehlich, Edwina Gately, M. Basil Pennington, Thomas Keating, Richard Rohr,

폴라 다시가 말하는 고난을 이겨가는 힘은 뉴에이지 영성이다.

예수 그리스도를 구주로 믿는 성도들은 그리스도의 은혜 안에 계속 자라가기 위해 어떻게 해야 하는가? 그것은 초월로 가는 것이 아니라 그리스도께서 주신 규례들인 말씀과 성례와 기도로 붙들려 가는 것이다. 그것은 우리 스스로 우리를 붙들어 가겠다는 것이 아니라 오직 하나님의 은혜에 붙들려 가겠다는 것이다.

1) 그분의 모든 규례들
예수님께서는 부활 승천하시면서 제자들에게 명령하셨다.

> 19 그러므로 너희는 가서 모든 족속으로 제자를 삼아 아버지와 아들과 성령의 이름으로 세례를 주고 20 내가 너희에게 분부한 모든 것을 가르쳐 지키게 하라 볼찌어다 내가 세상 끝 날까지 너희와 항상 함께 있으리라 하시니라(마 28:19-20)

기독교 세례의식의 신약적 근거가 되는 말씀이다. 예수 그리스도께서 제자들에게 세례를 주라고 분부하셨다. 세례는 새언약의 백성 된 외적인 표시다. 세례가 거듭나게 하는 것이 아니라 거듭난 자의 생명을 강화시키는 것이다. 그리스도에게 접합되며 은혜언약의 모든 유익에 참여하며 주님의 사람이 되기로 언약하는 것을 표시하며 인치는 것이 세례다.

> 내가 너희에게 전한 것은 주께 받은 것이니 곧 주 예수께서 잡히시던 밤에 떡을 가지사(고전 11:23)

바울은 고린도교회에서 잘못 시행되고 있는 성찬을 말하면서 주님으로부터 받은 교훈을 가르쳤다. 그들도 성찬을 행했으나 성찬의 본래 의미와는 거리가 멀었다. 예수 그리스도의 죽으심과 영적인 교제가 이루어져야 하는 데 부자들은 먹고 마시면서 자기 자랑으로 넘쳐났다.

2) 특히 말씀과 성례와 기도입니다

1) 말씀
은혜의 방편은 무엇보다 말씀을 통하여 주어진다.

Christine Schenk, Wayne Teasdale, and Walter Wink.

15 또 가라사대 너희는 온 천하에 다니며 만민에게 복음을 전파하라 16 믿고 세례를 받는 사람은 구원을 얻을 것이요 믿지 않는 사람은 정죄를 받으리라(막 16:15-16)

예수님께서는 제자들의 불신앙과 완고함을 책망하시고 깨우쳐주신 후에, 제자들에게 마지막 지상명령을 내리셨다. 복음을 전하고 주님의 몸 된 교회를 세우도록 하셨다.[536] 16절은 특히 그 복음을 믿고 세례를 받은 자와 복음을 거절하고 믿지 않는 사람이 받을 정죄와 심판을 말하고 있다.

말씀이 은혜의 수단이라고 할 때, 인식의 문제를 다시 생각해 보자. '인간은 외부의 세계를 어떻게 인식하는가?' 이것은 철학에서 주체와 객체의 문제, 인식의 주체와 인식의 대상에 관한 문제이다. 칸트 이전에는 대상의 본질이나 존재를 파악하는 것이 철학의 임무였다. 칸트는 인간에게 대상을 인식할 능력이 없다면 그 대상은 존재할 수 없다고 말했다. 책상 위에 둥글고 빨간 사과가 있다고 하면, 먼저 인간에게는 눈이라는 감각기관과 둥글고 빨갛다는 개념이 주어져 있어야 인식가능하다는 것이다. 칸트의 말대로 하자면, 둥글고 빨간 사과는 그 자체로 존재하는 것이 아니라 인간의 인식능력으로 형성된 것이다. 결국 현상세계 혹은 표상세계는 인간의 인식능력과 실체의 세계가 마주쳐서 만들어내는 결과물이다.

니체는 이런 칸트의 생각에 대하여 의문을 던진다. '사물이 존재한다는 것을 어떻게 알 수 있는가?' 니체는 사물 자체라는 것은 인간의 경험을 통해서 만들어 낸 것이라 했다. 니체가 이런 말을 하는 근본적인 의도는 칸트 철학 속에 있는 기독교적인 요소를 제거하고 현상세계만을 긍정하기 위함이다. 인간의 인식과 상관없이 존재하는 물자체의 세계, 예를 들어 천국이 있다고 말하면 인간의 힘에의 의지를 발휘하는 체계는 그 물자체의 세계에 지배를 받기 때문에 거부해 버린 것이다. 니체는 스피노자의 코나투스(conatus)[537] 개념에서 더 나아가 힘의 의지를 발휘하는 인간을 말하기 때문에 칸트의 철학과는 대립하지 않을 수 없다. 니체처럼 인간이 주체가 되기를 원하는 사람들은 현실이 전부라고 말하며

---

536) 하이델베르크 교리문답 제 54문: 당신은 거룩한 공교회에 관하여 무엇을 믿습니까? 답: 나는 하나님의 아들이, 친히 전체 인류로부터, 세상의 처음부터 끝까지, 당신의 성령과 말씀으로 참된 믿음의 일치 안에서, 영원한 생명을 얻도록 선택된 교회를 모으시고 보호하시고 보전해 주신다는 것을 믿습니다. 그리고 나는 이 교회에 속해 있고, 영원히 이 교회의 살아있는 구성원으로 남아있게 될 것을 믿습니다.
537) 코나투스(conatus): 자신의 존재 안에서 지속하고자 하는 노력이며, 자신의 삶을 유쾌하고 즐겁게 증진시키려는 의지를 말한다.

그것을 벗어난 세계는 다만 추상적인 세계이므로 허무주의에 빠진다고 생각한다.538) 그러나 인간은 이 현상계만으로 만족할 수 없는 영원한 의미와 통일성을 갈망하기 때문에 니체의 관점은 인간의 삶에 지표가 될 수 없다.

성경은 하나님께서 계시하신 말씀이다. 그것은 인간의 경험으로 인식되어지는 것이 아니라 인간 외부에서 주어진 것이다. 인간의 경험에서 벗어난 세계가 추상적인 세계라고 말하는 니체의 사고로 보면 성경은 완전히 추상적인 결과물이고 인간의 상상력의 산물이라고 결론이 나게 된다. 신적인 계시인 성경말씀대로 살아간다는 것은 하나님의 의지대로 살아간다는 것이기 때문에 인간의 힘의 의지를 발휘하라고 외쳐대는 니체와는 어울릴 수 없는 일이었다.

오늘날에는 소위 현대영성에 물들어서 '내면의 빛', '내면의 음성'을 강조하는 사람들이 너무 많다. 이런 사람들은 주로 퀘이커 이단의 영향을 받아서 리차드 포스터가 주도하는 신비주의 관상기도 운동인 레노바레와 함께 하고 있다. 이들은 리차드 포스터(퀘이커 이단, 레노바레), 이블린(에블린), 언더힐(마법단체 황금새벽회), 로렌스 형제(신비주의 카톨릭 신부), 헨리 나우웬(예수회 신부), 마담

---

538) 박민영, 인간이 남긴 모든 생각 이즘(ISM) (파주: 청년사, 2008), 89-93; 〈칸트가 해명하려는 주제는 '인간이란 무엇인가'였다. 칸트는 이를 해명하기 위해 다시 세 가지 질문을 던졌다. '인간은 무엇을 알 수 있는가'『순수이성비판』, '인간은 무엇을 행해야 하는가'『실천이성비판』, '인간은 무엇을 희망해도 좋은가'『판단력비판』. 각 질문의 결론을 간단하게 정리하면 이렇다. 첫째, 인간은 인식된 현상 세계만을 알 수 있으며, 인식되기 이전의 세계인 '물자체'는 알 수 없다. 둘째, 인간은 도덕 법칙에 기반을 둔 정언명령을 행해야 한다. 셋째, 인간은 영혼의 불멸, 신의 현존, 아름답고 조화로운 세계를 희망해도 좋다. … 칸트는 경험론자들의 인식론을 뒤집었다. 경험론자들은 인식 이전에 대상이 먼저 주어져 있고, 대상과의 접촉에 의한 감각 재료들은 스스로 질서를 형성해 인식된다고 보았다. 칸트는 감각 재료 없이는 아무런 인식도 얻을 수 없다는 점은 인정했지만, 거기에 질서를 부여하는 것은 이성이라고 생각했다. 감각은 이성이 지시하는 바에 따라 취사선택되고, 배열되며, 합쳐진다. 칸트에 의해 감각과 이성의 지위가 바뀐 것이다. …〉 칸트는 감각 재료에 질서를 부여하는 이성에는 일정한 틀(형식)이 주어져 있는데 그것은 경험 이전에 주어진 것이므로 '선험적'이라 했다. 그러므로 인간의 모든 인식은 '선험적'이다. 여기에서 칸트의 유명한 말이 나온다. "내용 없는 사고는 공허하고 개념 없는 직관은 맹목이다" 감각을 통해 주어지는 내용이 없으면 생각할 수 없고, 생각의 틀인 선험적 개념이 없으면 감각적 경험이 아무리 많아도 쓸모가 없다는 뜻이다. 이렇게 칸트는 영국의 경험론과 대륙의 합리론을 비판적으로 종합한 인식론을 확립했다. 그러나 칸트가 물자체를 인식할 수 없다고 함으로써 전통적 형이상학의 주제였던 영혼, 신, 우주를 인식 영역 밖으로 몰아냈다. 그것은 물질적 존재가 아니기에 인간의 지각 범위를 넘어서고 경험될 수 없으며, 실존을 증명할 수 없기에 결국 신학은 학문의 영역이 될 수 없게 되었다. 한편 칸트는 과학에 쓰이는 '이론이성'과 별도로 '실천이성'이라는 이름으로 종교를 이성적 범주에 포함시켰다. 선이란 이성에 부합하는 보편적 행위였다. 마치 인간이 논리적 규칙을 선험적으로 의식하듯이, 도덕 법칙도 인간에게 선험적으로 주어져 있기에 의식한다고 보았다. 무엇이 선하고 악한 것인지 선험적으로 아는 존재가 인간이라는 뜻이다. 그러나 안다고 다 행하는 것이 아니다. 그것을 실천하는 것이 의무나 인간의 자연적 성향으로 그것은 늘 미완성이기에 "너는 행해야 한다"라는 도덕적 '정언명령'이 요구된다. 인간은 유한하기에 도덕적 완성에 이른다는 것이 불가능하기에 '영혼의 불멸'이 요구된다. 인간은 행복과 도덕이 불일치하기에 그것을 극복하기 위해 매개자가 필요하므로 신이 요구된다. 신이 있으므로 해서 인간은 선을 행할 때 행복을 느끼게 된다. 이런 논리로 『순수이성비판』에서 파괴된 것처럼 보이는 종교적 관념들이 『실천이성비판』에서 모두 부활된다.

규용(카톨릭 관상가, 신비주의자), 이냐시오(예수회 및 꾸르시요 창시자), 아그네스 샌포드(뉴에이지 심리학자), 아빌라의 테레사(신부 신비주의자), 조지 폭스(퀘이커 창시자)와 같은 사람들을 추종한다.

그러나 성경은 분명하게 말한다.

> 1 우리 중에 이루어진 사실에 대하여 2 처음부터 말씀의 목격자 되고 일꾼 된 자들의 전하여 준 그대로 내력을 저술하려고 붓을 든 사람이 많은지라 3 그 모든 일을 근원부터 자세히 미루어 살핀 나도 데오빌로 각하에게 차례대로 써 보내는 것이 좋은 줄 알았노니 4 이는 각하로 그 배운 바의 확실함을 알게 하려 함이로다(눅 1:1-4)
> 우리 주 예수 그리스도의 능력과 강림하심을 너희에게 알게 한 것이 공교히 만든 이야기를 좇은 것이 아니요 우리는 그의 크신 위엄을 친히 본 자라(벧후 1:16)

성경의 저자들은 자신들의 눈으로 직접 보았고 직접 들었다. 거기에는 내면의 빛으로 말한 것도 아니며, 그 내면의 빛으로 인도하는 영적인 안내자도 없다. 하나님께서는 하나님께서 택하신 그 종들에게 직접 말씀하셨다.

2) 성례

은혜의 수단은 내적인 수단인 성령 하나님의 역사와 외적인 수단인 말씀과 성례를 말한다. 개혁교회는 성례 위주의 중세 로마가톨릭의 관행을 버리고 말씀 중심의 교회로 세웠다. 성례는 하나님의 은혜에 대한 신실하심과 복음 약속에 대한 신실성에 대한 보장으로 주어졌다. 성령은 말씀의 표(標)와 인(印)이다. 그렇게 보게 된 것은 아브라함이 할례 시에 '표'로 받은 것이 무할례 시에 믿음으로 '인'친 것이라는 말씀539)에 근거한다.540)

---

539) 저가 할례의 표를 받은 것은 무할례 시에 믿음으로 된 의를 인친 것이니 이는 무할례자로서 믿는 모든 자의 조상이 되어 저희로 의로 여기심을 얻게 하려 하심이라(롬 4:11)
540) 유해무, 개혁교의학 (서울: 크리스찬다이제스트, 1997), 515; 〈표란 그 자체에 무슨 의미를 지닌 것이 아니라, 그것이 가리키는 대상을 지적하면서 그 대상과 연관될 때에만 의미를 지니는 표가 된다. 말하자면 이정표라 할 수 있다. 이 표의 대상은 예수 그리스도와 그의 은덕들이다. 말씀이 늘 그리스도에 관한 복음이라면, 물, 떡, 포도주는 그렇지 않다. 이 표들은 그 자연적 위치와 정상적인 기능에서 추출되어 새로운 지향적 역할로 징용되었다. 이로 인하여 의미 변화가 일어나며 새로운 기능을 지니게 된다. 물리적, 경험적으로 관찰될 수 있는 요소들이 구체적인 영적 실재(Reality)를 지시하게 된다. 그러므로 이로 인하여 두 실재들 긴의 연결이 이루어진다. 이 지싱의 싦의 실사가 신국의 실재를 지시하면서 서로 연결된다. 이것은 천로역정식은 아니다. "플라톤주의자의 삶은 하나님과의 동행이 아니라 하나님을 향한 나그네길이다."(H.M.Kuitert, De mensvormigheid) 이 세상은 가상이고 천국만이 실재가 아니라 이것도 저것도 실재이고, 신국은 이미 왔으나 완성되어야 할 뿐이다. 우리는 성례를 통하여 천국을 확인한다. 나아가 성례와 요소들은 인(引)이다. 그것들은 그리스도와 그의 은덕들 및 신국을 지향할 뿐 아니라 그리스도의 임재를 확인하고 보증하며, 그 보증으로 그리스도는 즉각적으로 주어진다. 이것이 바로 인의 역할이다. 먼저는 말씀의 내용을 효력 있게 하며 확증하는 인침이요, 나아가 그

성례는 예수님께서 친히 제정하신 것이다.

> 23 내가 너희에게 전한 것은 주께 받은 것이니 곧 주 예수께서 잡히시던 밤에 떡을 가지사 24 축사하시고 떼어 가라사대 이것은 너희를 위하는 내 몸이니 이것을 행하여 나를 기념하라 하시고 25 식후에 또한 이와 같이 잔을 가지시고 가라사대 이 잔은 내 피로 세운 새 언약이니 이것을 행하여 마실 때마다 나를 기념하라 하셨으니 26 너희가 이 떡을 먹으며 이 잔을 마실 때마다 주의 죽으심을 오실 때까지 전하는 것이니라(고전 11:23-26)

성례는 교회 공동체에서 이루어진다. 그러기에 참된 교회의 표지에 성례가 포함되어 있다. 그러므로 성찬은 임의의 방식대로 할 것이 아니라 성경이 말하고 있는 대로 행해야 한다. 사도 바울은 이 말씀에서 성찬에 대하여 교회가 어떻게 올바르게 행하여야 할 것인지를 가르치고 있다.

성례 그 자체가 구원을 주는 것이 아니다. 또한 성례는 집행자나 수혜자의 자질에 달린 것이 아니다. 그러나 성례에 참여하는 자들은 합당한 자로 서야 한다.

> 그러므로 누구든지 주의 떡이나 잔을 합당치 않게 먹고 마시는 자는 주의 몸과 피를 범하는 죄가 있느니라(고전 11:27)

사도 바울은 고린도 교인들이 성만찬을 그리스도의 고난과 성도들 간의 교제로 생각지 않고 단지 헬라인의 관습처럼 즐거운 연회로 여겼다. 사도는 그런 일에 대하여 엄히 경계하면서 예수 그리스도의 고난과 죽으심에 대한 감사와 기념이 있어야 하며, 성도들과 사랑의 교제가 되어야 할 것을 말했다.[541] 그렇게 하지 않고 성찬에 참여하는 것은 "주의 몸과 피를 범하는 죄가 있느니라"고 했다. 성찬의 의미와 내용을 모르고 참여하는 것은 주님께 죄를 범하는 것이다. 예수 그리스도의 십자가의 의미를 바르게 알고 성찬에 참여해야 한다.

3) 기도

기도는 언약하신 하나님과 성도의 교제다. 말씀과 성례가 하나님께서 우리에게 오시는 방편이라면 기도는 우리가 하나님께 나아가는 방편이다. 기도는 성령

것을 소유하고 확인하는 내적 인침이기도 하다. 성령의 역사로 성례는 표와 인이 된다. 성례는 구원을 모상하고 중재하는 방편이나, 성례 자체로는 구원을 수여하지는 않는다.〉

541) 하이델베르크 교리문답 제55문: 당신은 성도의 교제를 어떻게 이해하십니까? 답: 첫째, 모든 신자들은 그리스도의 지체로서 그리스도와 교제하고, 모든 그리스도의 보화와 선물에 참여한다는 것을 믿습니다. 둘째, 모든 신자들은 다른 지체들의 유익과 구원을 위하여 자기가 받은 선물을 자원하는 마음으로 그리고 기쁘게 사용해야 할 의무가 있다는 것을 믿습니다.

의 도우심으로 예수 그리스도의 이름으로 우리의 소원을 하나님께 올리는 것으로 죄의 고백과 하나님의 은혜와 긍휼하심에 감사하는 것이다. 인간이 부패하고 여전히 죄 가운데 있기 때문에 성령님의 역사하심 가운데서 하나님의 도움을 구해야 한다.542)

> 여자들과 예수의 모친 마리아와 예수의 아우들로 더불어 마음을 같이하여 전혀 기도에 힘쓰니라(행 1:14)
> 우리는 기도하는 것과 말씀 전하는 것을 전무하리라 하니(행 6:4)
> 그 말을 받는 사람들은 세례를 받으매 이 날에 제자의 수가 삼천이나 더 하더라 저희가 사도의 가르침을 받아 서로 교제하며 떡을 떼며 기도하기를 전혀 힘쓰니라(행 2:41-42)

하나님께서는 기도를 통하여 하나님께 나아가게 하시며, 그리하여 하나님과 우리와 교제가 일어난다. 하나님께서는 자기 백성들이 감사함으로 기도하기를 원하신다.543) 하나님의 백성들은 말씀과 기도로 거룩하여진다.544) 그러므로 기도는 성도의 삶에 참된 능력이다. 기도를 한다는 것은 하나님의 은혜를 구하며 그 은혜로 살겠다는 고백이다. 기도가 사라질 때 말씀의 기쁨도 영적인 충만함도 누리지 못한다. 진정으로 영적으로 성숙한 사람은 하나님 앞에 기도하며 나아가는 자들이다. 말씀과 성례와 기도가 우리의 신앙의 중심에 자리하고 있을 때 믿음은 더욱 자라나고 기쁨과 자유와 만족을 누리게 된다. 그 안에 영원한 의미와 통일성을 누리기 때문이다.

3) 이 모든 것은 피택자들이 구원을 받는 데 효력이 있게 합니다

이런 방편들을 통해 하나님께서는 그 택한 자들을 구원에 이르게 하신다.

> 나는 심었고 아볼로는 물을 주었으되 오직 하나님은 자라나게 하셨나니(고전 3:6)

고린도 교회에 처음으로 복음을 전해 준 사람이 바울이었다. 그리고 그의 동역자인 아볼로는 고린도 성도들에게 복음을 자세하게 가르쳤다. 하나님께서 그들을 보내셨고 하나님께서 그들로 하여금 가르치게 하셨다. 처음 말씀을 전한

---

542) 유해무, 개혁교의학 (서울: 크리스챤다이제스트, 1997), 526-530.
543) 모든 기도와 간구로 하되 무시로 성령 안에서 기도하고 이를 위하여 깨어 구하기를 항상 힘쓰며 여러 성도를 위하여 구하고(엡 6:18) 아무 것도 염려하지 말고 오직 모든 일에 기도와 간구로 너희 구할 것을 감사함으로 하나님께 아뢰라(빌 4:6)
544) 하나님의 말씀과 기도로 거룩하여짐이니라(딤전 4:5)

바울이나 그 말씀을 잘 해석해서 가르친 아볼로나 다 주의 종들이기에 하나님께서 그들을 통하여 일하셨다.

> 저희가 사도의 가르침을 받아 서로 교제하며 떡을 떼며 기도하기를 전혀 힘쓰니라(행 2:42)

사도들은 무엇을 가르쳤는가? 사도들은 예수님의 말씀과 그 행하신 일들을 가르쳤다. 그들은 이제 서로를 돌아보며 섬기고 사랑하는 교화공동체가 되었다.

> 46 날마다 마음을 같이 하여 성전에 모이기를 힘쓰고 집에서 떡을 떼며 기쁨과 순전한 마음으로 음식을 먹고 47 하나님을 찬미하며 또 온 백성에게 칭송을 받으니 주께서 구원 받는 사람을 날마다 더하게 하시니라(행 2:46-47)

초대교회는 날마다 마음을 같이 하여 성전에서도 모였고 가정에서도 모였다. 교회는 말씀과 기도와 성례를 통하여 충만한 은혜를 누렸다.

말씀과 성례와 기도, 이 세 가지 외적인 방편을 생각할 때 가장 중요하게 생각해야 할 것은 '하나님의 주도권'이다. 이 방편들은 인간이 고안해 낸 것이 아니라 하나님께서 허락하여 주신 것들이기 때문이다. 말씀과 성례와 기도는 하나님의 은혜를 얻을 수 있는 방편으로 말하지 않는다. 그것들은 그리스도께서 우리에게 그 구원의 은혜를 끼쳐주시는 방편이다. 방편이라고 하여 우리가 은혜를 받아오는 우리의 수단으로 생각해서는 안 된다. 그렇게 되면, 은혜의 방편이 주술적 수단으로 변질된다.

이 원리는 성례와 기도에서도 똑같이 적용이 된다. 성례 그 자체나 성례 집례자에게 어떤 능력이나 덕이 있어서 은혜를 받는 것이 아니다. 그것은 오직 예수 그리스도의 복 주심과 성령의 역사하심으로 말미암는다(제91문). 세 번째 은혜의 방편인 기도가 가장 주술적인 위험으로 변질 될 우려가 있다. 우리가 애써 간청하면 문제가 해결되는 우리 주도적인 일로 생각해서는 안 된다. 은혜의 수단을 바르게 알아야 하는 이유는 그래야 과거 로마 가톨릭처럼 성경이 말하고 있지 않은 수단들을 만들어 내거나 미신에 빠지지 않기 때문이다.

제89문 말씀이 어떻게 구원에 효력 있게 됩니까? (대155)
답: 하나님의 영이 말씀을 읽는 것 특히 말씀의 설교를 효력 있는 방편으로 삼아 죄인을 책망하고 회개케 하시며, 또 믿음으로 말미암아 구원에 이르도록 그들을 거룩함과 위로로 세우십니다.545)

제89문은 첫 번째 은혜의 방편을 말한다. 이것은 하나님의 말씀을 대하는 우리의 합당한 자세(제90문)를 말하기 이전에, 성령 하나님께서 어떻게 그 말씀을 은혜의 수단으로 사용하시는지 먼저 말해 준다. 이것을 먼저 말하는 이유는 우리의 결심이나 노력 이전에 하나님의 주도적 노력(initiative)이 우선된다는 것을 상기시키는 것이다. 은혜는 우리가 노력하여 쟁취하는 것이 아니라, 하나님께서 주시는 그 은혜를 겸손히 엎드려 받는 것이기 때문이다.

1) 하나님의 영이 말씀을 읽는 것 특히 말씀의 설교를 효력 있는 방편으로 삼아 죄인을 책망하고 회개케 하시며

사도 바울의 다음과 같은 말들은 하나님의 말씀을 전파하는 일의 중대함을 잘 말해준다.546)

---

545) Q. 89. How is the Word made effectual to salvation? A. The Spirit of God maketh the reading, but especially the preaching, of the Word, an effectual means of convincing and converting sinners, and of building them up in holiness and comfort, through faith, unto salvation.

546) http://blog.daum.net/cccsw1224/2326; 〈바르트는 계시의 세 가지 방편으로 '그리스도', '성경' 그리고 '설교'를 말한다. 계시가 단지 추상적으로 존재하는 것이 아니라 이러한 역사적 형태로 나타난다는 것이다. 여기에 많은 사람들은 마치 바르트는 성경을 하나님의 말씀으로 믿고 있고 설교를 하나님 말씀 선포로 정의하며 그 위상을 높였다고 오해하고 있는 것이다. 그러나 바르트에게는 계시란 역사적이지만 역사적인 것이 하나님의 계시가 될 수 없는 것이다. 그러므로 우리는 조심해야 한다. 계시가 역사적이라는 말에는 우리가 동의할 수 있지만 역사적인 것이 하나님의 계시가 될 수 없다는 것은 우리가 받아들일 수 없는 것이다. 계시가 역사적 성경에 나타났다고 해서 우리와 같은 성경관을 가진 것으로 볼 수 없는 것이다. 바르트에게는 역사적 기록인 성경은 하나님의 계시가 될 수 없다는 것이 더 핵심적인 것이다. 또한 바르트가 계시의 세 가지 방편 중 하나로 '설교'를 말할 때는 우리가 생각하는 것처럼 설교를 '하나님 말씀 선포'로 보는 것이 아니라 '설교'를 통해서도 하나님의 초월적 계시가 주어짐을 의미하는 것이다. 즉 성경과 설교를 액면 그대로 동일시하는 것이다. 설교의 권위를 세운 것이 아니라 성경을 설교 정도로 추락시킨 것이다. 그러므로 바르트가 '성경은 하나님의 말씀이다'라고 주장할 때 그 '이다'는 우리가 믿는 식의 '이다'가 아님을 분명히 알아야 한다. 오히려 그 말은 '성경은 우리에게 하나님의 말씀이 순간적으로 된다(becomes)'로 이해해야 한다. 바르트는 성경을 무오한 하나님의 말씀으로 보는 것은 오히려 하나님의 살아 있는 말씀을 죽은 말씀으로 만드는 것이라고 주장하고 있는 것이나. 나시 말하면, 하나님의 초월성을 잃어버린다는 것이다. 그래서 바르트는 성경과 계시를 '동일화' 함에 있어서 그것은 직접적 동일이 아니라 간접적 동일인 것이다. (그리스도와 하나님을 동일시하는 것도 직접적 동일이 아니라 간접적 동일이다.) 이런 의미에서 '성경은 하나님의 말씀이다'라고 말하는 것이다. 또한 바르트도 성경의 영감(inspiration)을 이야기한다. 그러나 이 영감은 전통적 기독교가 믿는 그러한 영감이 아니라 초월적 하나님이 자신을 계시함에 있어서 불완전한 인간의 언어를 사용하셨다는 그 자체가 하나님의 영감이라고 주장하는 것이다. 그러므로 우리는 '성경은 하나님의 영감된 말씀이다'라는 바르트의 주장을

> 그리스도께서 나를 보내심은 침례를 베풀게 하려 하심이 아니요 오직 복음을 전하게 하려 하심이로 되 말의 지혜로 하지 아니함은 그리스도의 십자가가 헛되지 않게 하려 함이라(고전 1:17)

사도 바울은 자신의 본질적인 사역은 세례를 베푸는 것이 아니라 복음을 전하는 것이라고 말했다.547) 고린도교회는 여러 파로 나누어져 있었다. 누구에게 세례를 받았느냐로 무리를 짓고 있는 사람들에게 경고하면서 사역의 핵심이 무엇인자를 말한 것이다.

> 하나님의 지혜에 있어서는 이 세상이 자기 지혜로 하나님을 알지 못하므로 하나님께서 전도의 미련한 것으로 믿는 자들을 구원하시기를 기뻐하셨도다(고전 1:21)

인간은 자기 스스로 하나님을 알지 못한다. 인간은 죄로 인해 죽었기 때문이다. 하나님께서는 전도를 통하여 믿는 자들을 구원하시를 기뻐하셨다. 구원을 얻은 것은 인간의 능력과 지혜로 말미암은 것이 아니다. 그렇게 되면 십자가는 아무 소용이 없다. 왜 전도의 미련한 방법인가? 무슨 기적이나 능력을 동원해서 사람을 항복시키지 않으시는가? 하나님께서는 인간 속에 있는 무엇을 더 확장시키거나 북돋아서 구원에 이르게 하신 것이 아니다. 구원은 예수님께서 십자가를 지시고 죽으셔야만 되는 것이다. 그것을 믿어야만 구원을 얻는다는 것은 전적으로 인간의 생각과는 반대가 된다. 영혼을 구원하는 것은 이 복음을 들려주는 전도로 하셨다는 것이 하나님의 방법이다.

> 내가 복음을 부끄러워하지 아니하노니 이 복음은 모든 믿는 자에게 구원을 주시는 하나님의 능력이 됨이라 먼저는 유대인에게요 그리고 헬라인에게로다(롬 1:16)
> 그러므로 믿음은 들음에서 나며 들음은 그리스도의 말씀으로 말미암았느니라(롬 10:17)

듣고 그의 성경관이 복음주의적이라고 오해해서는 안 될 것이다. 그의 성경관은 다른 자유주의 신학자들의 성경관보다 더 나을 것도 없는 것이다.〉
547) 하이델베르크 교리문답 제83문: 천국 열쇠란 무엇입니까? 답: 거룩한 복음 전파와 교회의 권징입니다. 이 두 열쇠에 의해서 천국이 믿는 자들에게는 열리고, 믿지 않는 자들에게는 닫히게 됩니다.
제84문: 복음 설교에 의해서 천국이 어떻게 열리고 닫힙니까? 답: 그리스도의 명령에 따라 하나님께서 정말로 그리스도의 공로로 말미암아 신자 각자와 모든 신자들의 죄를 용서해 주셨다는 사실이 신자들에게 선포되고, 공적으로 증거되고, 신자들이 참된 믿음으로 이 복음의 약속을 받아들일 때마다 천국이 열리게 됩니다. 믿지 않는 자와 위선자에게 하나님의 진노와 영원 심판이, 그들이 회개하지 않는 한, 그들에게 임할 것이라는 사실이 선포되고 증거될 때마다 천국은 닫히게 됩니다. 이 복음의 증거에 따라 하나님께서는 이 세상과 오는 세상에서 심판하실 것입니다.

죄인이 회개하며 예수 그리스도를 구주로 영접하는 것은 하나님의 말씀을 들음으로 시작한다. 그것은 자기 안에서 일어나는 일이 아니라 자기 밖에서 주어지는 구원이기 때문이다.

예수님께서 부활하시고 승천하시면서 제자들에게 명령하셨다.

> 19 그러므로 너희는 가서 모든 족속으로 제자를 삼아 아버지와 아들과 성령의 이름으로 세례를 주고 20 내가 너희에게 분부한 모든 것을 가르쳐 지키게 하라 볼찌어다 내가 세상 끝 날까지 너희와 항상 함께 있으리라 하시니라(마 28:19-20)

그리스도의 복음은 사람이 생래적으로 알 수 있는 본성적인 것이 아니다. 복음은 배워서 만든 체계가 아니라 오직 예수 그리스도께서 계시해 주신 말씀이다.[548] 이 계시된 복음이 효력을 발생하는 것은 예수 그리스도 안에서 믿음으로 의롭다 하심을 받은 자들에게 영원한 생명을 약속하기 때문이다. 복음은 모든 믿는 자에게 구원을 주시는 하나님의 능력이다.[549]

> 7 여호와의 율법은 완전하여 영혼을 소성케 하고 여호와의 증거는 확실하여 우둔한 자로 지혜롭게 하며 8 여호와의 교훈은 정직하여 마음을 기쁘게 하고 여호와의 계명은 순결하여 눈을 밝게 하도다 (시 19:7-8)

복음에는 두 가지 반응이 나타난다. 어떤 사람들은 말씀을 들을 때 자기 죄인 됨을 알고 통회 자복한다. 또 어떤 사람들은 동일한 말씀을 거부한다.

성경적이고 참된 설교에는 반드시 회개하라는 명령이 있다. 회개하지 않고 예수님을 믿는다는 것은 거짓이며, 회개하지 않고 주를 따른다는 것은 가짜다. 그것은 전통적으로 '율법사역'이라고 불렀다. 성령 하나님께서는 죄인의 마음에 하나님의 율법을 적용시키셔서 죄와 죄책을 드러내신다. 그렇게 하심으로 죄인들이 예수 그리스도를 영접할 준비를 갖추게 하신다. 성령님께서는 성경의 약속들을 택자들의 약속이 되게 하신다.

하나님께서는 그 세운 종들을 통하여 하나님의 말씀이 무슨 뜻인지 알게 하신다. 에스라는 바벨론 포로에서 돌아온 유대백성들에게 그 사역을 했다.

---

[548] 내 아버지께서 모든 것을 내게 주셨으니 아버지 외에는 아들을 아는 자가 없고 아들과 또 아들의 소원대로 계시를 받는 자 외에는 아버지를 아는 자가 없느니라(마 11:27) 이는 내가 사람에게서 받은 것도 아니요 배운 것도 아니요 오직 예수 그리스도의 계시로 말미암은 것이라(갈 1:12)
[549] 내가 복음을 부끄러워하지 아니하노니 이 복음은 모든 믿는 자에게 구원을 주시는 하나님의 능력이 됨이라 첫째는 유대인에게요 또한 헬라인에게로다(롬 1:16)

> 하나님의 율법책을 낭독하고 그 뜻을 해석하여 백성으로 그 낭독하는 것을 다 깨닫게 하매(느 8:8)

에스라가 강단 위에서 율법책의 한 부분을 낭독하고 나면, 회중들의 중간 중간에 끼어있던 레위 사람들이 그 주변의 백성들에게 그것을 다시 낭독한 후 그 말씀의 의미를 가르쳐 주었다. 그것이 말씀을 맡은 자들의 올바른 역할이며 책임이다. 그러나 하나님의 말씀을 상상력으로 접근하는 현대의 여러 시도들은 원래 말씀의 의도에서 벗어나게 된다.550) 실존주의적 시도와 접근은 결국 성경을 파괴하고 신비주의 영성으로 도약하게 된다.551)

야고보 사도는 예수 그리스도를 구주로 믿고 하나님의 말씀을 받은 그리스도인들이 '말씀대로 행하는 것'을 그리스도인의 책임으로 말했다. 거기에는 상상력에 기초한 주관적이거나 신비적인 해석이 개입되지 않고, 도덕적인 악을 실제로 내어버리는 행함으로 나타나게 된다.

> 그러므로 모든 더러운 것과 넘치는 악을 내어 버리고 능히 너희 영혼을 구원할바 마음에 심긴 도를 온유함으로 받으라(약 1:21)

하나님의 말씀을 들을 때 성령님께서는 그 말씀을 우리의 심령에 효력이 있게 하시어 죄악 된 것들을 내어 버리고 언약에 신실하게 살아가게 하신다.

2) 또 믿음으로 말미암아 구원에 이르도록

---

550) 위키피디아 사전에서; 〈성서와 자유와 책임: … 성서 텍스트에 대한 엘륄의 접근을 유달리 눈에 띄게 하는 세 번째 특징은 다음과 같다. 즉, 성서는 내용 전개에 있어 거의 기존 권력을 비판하는 만큼이나 종교를 비판하고, 인간과 하나님 사이에 어떠한 매개도 없이 직접 대화를 강조하는 책이라는 점이다. 신학 분야에서 키르케고르(Kierkegaard)와 칼 바르트(Karl Barth)에 대한 지적인 빚을 인정하는 엘륄은 죄와 구원을 성서 해석의 처음과 끝으로서 규정하는 대부분의 신학자와 구별된다. 그가 보기에 하나님의 사랑과 용서는 무조건적이다. 마지막 네 번째 특징으로, 키르케고르를 본 따서, 엘륄은 자신이 '헛됨의 목록'에 분류하는 자신의 성서 주석을 포함하여 성서 주석의 중요성을 상대화한다. 그는 "우선 텍스트의 아름다움에 사로잡히는 것, 음악처럼 감정과 고요한 경청 속에서 텍스트를 받아들일 것, 분석하고 '이해하려고' 하기 전에 자신의 감수성과 상상력이 말하도록 내버려 두는 것이" 중요하다고 말한다.〉

551) http://blog.naver.com/exist214/100042709707; 자크 엘륄은 스스로 다음과 같이 비판을 하면서도 성경을 대하는 그의 태도는 지극히 신비적이다. "기독교 역사를 살펴볼 때, 기독교 영성이 삶의 실천을 떠나서 관념적이고 개인적이 되고 신비적이 될 때, 다시 말해서 '몸에서 영혼으로', '실제적인 상황에서 추상적인 원리로' 나아가는 성령혼의 방향으로 나아가게 될 때, 기독교는 언제나 주어진 시대의 체제를 정당화하는 종교에 그치게 되어 마침내 기독교 자신이 뒤틀리게 되었다. 그러나 기독교가 핵심적인 진리를 역사 속에서 삶과 실천으로 그 시대에 표현해 가면, 즉 '영혼에서 몸으로', '관념적인 이론에서 구체적인 실천으로' 나아가게 되는 성육신의 영성을 갖게 되면 그 시대의 현실을 개혁하게 되는 이른바 '뒤집는 기독교' 즉 '변혁하는 기독교'가 되었다."(자크 엘륄, 뒤틀려진 기독교)

많은 사람들이 영적인 삶에 결핍을 느끼고 능력을 찾는다. 능력이 나타난다는 집회에 참석하며 능력을 주는 사람을 열광한다. 그러나 진정한 능력은 하나님의 말씀과 성례 안에 있다.

> 16 내가 복음을 부끄러워하지 아니하노니 이 복음은 모든 믿는 자에게 구원을 주시는 하나님의 능력이 됨이라 첫째는 유대인에게요 또한 헬라인에게로다 17 복음에는 하나님의 의가 나타나서 믿음으로 믿음에 이르게 하나니 기록된 바 오직 의인은 믿음으로 말미암아 살리라 함과 같으니라(롬 1:16-17)

복음은 구원을 주시는 하나님의 능력이다. 종교개혁이 일어난 것은 바로 이 복음의 능력을 알고 사용했기 때문이다. 하나님께서는 은혜의 방편들을 사용하심으로 구원의 목적을 이루신다.

> 네가 만일 네 입으로 예수를 주로 시인하며 또 하나님께서 그를 죽은 자 가운데서 살리신 것을 네 마음에 믿으면 구원을 얻으리니(롬 10:9)

오늘날 많은 사람들이 체험이 있어야 약속을 붙들 수 있다고 말한다. 어떤 강력한 체험을 믿음의 기초로 삼는 것은 위험하고 잘못된 것이다. 참되고 진정한 믿음의 기초는 성경의 약속들이다.
예수님께서 회당에 있는 손 마른 사람에게 무엇이라고 말씀하셨는가?

> 이에 그 사람에게 이르시되 손을 내밀라 하시니 저가 내밀매 다른 손과 같이 회복되어 성하더라(마 12:13)

예수님께서는 오직 "손을 내밀라"고 말씀하셨다. 손 마른 사람이 한 일은 무엇이었는가? 성경을 보라. "저가 내밀매"라고 분명하게 말한다. 그는 어떤 신비스럽고 특별한 체험이 필요하다고 말하지 않았다. 손 마른 사람은 오로지 '믿음으로' 예수님께 손을 내밀었을 뿐이다. 그가 손을 내밀었을 때에 "다른 손과 같이 회복되"었다. 예수님께 나아가는 것은 이와 같이 성령님께서 자신의 죄와 비참을 보게 하셨을 때 그리스도께 순전히 나아가는 것이다.

3) 그들을 거룩함과 위로로 세우십니다

사람들은 하나님의 말씀으로 변화되기 보다는 다른 방편으로 변화되는 것을 추구하는 경향이 많다. 하나님의 말씀을 그대로 순종하고 살아감으로 해서 그 말씀의 역사로 변화되는 것이 아니라, 초월적인 것으로 변화되는 것을 좋아한다. 그러나, 성도는 오직 말씀대로 살아가며 그 말씀대로 순종할 때에 일어나는 변화가 진정한 변화이다. 말씀대로 가정과 삶에서 살아가면서 죄악들과 싸워가므로 일어나는 변화가 진정한 변화이다.

사도는 밀레도에서 에베소 교회 장로들을 청하고 다음과 같이 말했다.

> 지금 내가 너희를 주와 및 그 은혜의 말씀께 부탁하노니 그 말씀이 너희를 능히 든든히 세우사 거룩케 하심을 입은 모든 자 가운데 기업이 있게 하시리라(행 20:32)

사도는 흉악한 이리들과 배교의 여러 세력들로 인해 갖가지 공격을 받게 될 교회의 어려움을 예견하고 있었다. 바울은 지도자들에게 여러 가지로 권면했으나, 마지막에 바울이 부탁한 것은 "주와 및 그 은혜의 말씀"이었다. 왜 사도 바울은 그렇게 권면했는가? 그것은 교회를 지키는 것이 사람에게 달려 있지 않으며, 오직 교회의 머리가 되시며 하나님 우편에 앉아 계신 주님뿐이시기 때문이다. 주님께서는 그 말씀에 능력이 있어서 교회를 모든 악의 세력에서 지켜주고 거룩하게 서 가게 하신다.

> 무엇이든지 전에 기록한 바는 우리의 교훈을 위하여 기록된 것이니 우리로 하여금 인내로 또는 성경의 안위로 소망을 가지게 함이니라(롬 15:4)

바울은 성경 말씀이 인내로 믿음의 싸움을 감당하는 교회에게 소망을 준다고 말했다. 그러나 오직 말씀으로 나가는 일에는 거짓 선지자들이 교회를 어지럽히고 혼합주의로 오염시키는 일들이 있어 왔다.

오늘날 교회 안에는 영성이라는 이름으로 오염되어 가고 있다. 성경을 읽고 명상(관상기도, 렉티오 디비나)을 하는 것은 신비주의 영성이다. 신비주의 영성가들이 사용하는 방법들을 도입하여 사용하기 시작하면 기독교 신앙의 내용도 변질되기 시작한다. 그런 방법을 사용하는 사람들과 교류하면서 그들과 같은 길을 가게 된다. 특히, 한 번 구상화(visualization)에 물든 사람은 다시 빠져 나오기가 쉽지 않다. 거룩은 명상을 통해서 나타는 것이 아니라 하나님의 말씀에 순종함으로 나타난다.

제90문 말씀을 어떻게 읽고 들어야 구원에 이르는 효력이 있습니까? (대157)
답: 말씀이 구원에 이르는 효력이 있게 되기 위해 우리는 부지런함과 준비와 기도로 말씀에 주의를 기울여야 하며, 믿음과 사랑으로 받아야 하며, 그 말씀을 우리 마음에 두고 우리의 삶에서 실천하여야 합니다.552)

오늘날 교회 안에는 하나님의 말씀을 '로고스'와 '레마'로 구분하는 사람들이 있다.553) 이렇게 주장하는 사람들은 '로고스'로서의 말씀을 부인하지는 않으나 삶에 실제적인 영향을 미치는 '레마'로서의 말씀이 더 중요하다고 말한다. 객관적인 '로고스'의 말씀이 주관적인 '레마'의 말씀으로 개인에게 받아들여질 때에 비로소 하나님의 말씀이 된다고 말한다. 그렇게 되기 위해서는 특별한 성령의 역사가 있어야 한다고 말한다. 그러나 하나님의 말씀은 인간의 경험과 상관없이 그 자체로 하나님의 말씀이다.

성경에는 '로고스'와 '레마'를 구분하지 않는다. '로고스'와 '레마'는 히브리어 '다바르'(רבד)를 헬라어로 번역한 것이다. 주전 198년경 헬라어를 사용하는 사람들을 위해 구약을 헬라어로 번역한 70인경(LXX)을 보면 상호 교환적으로 사용되고 있다는 것을 알 수 있다. 예를 들어, 예레미야 1:1-2에 나오는 '하나님의 말씀'을 1절에서는 '레마'로, 2절에서는 '로고스'로 번역하고 있다. 이 외에도 수많은 구절들이 있다.554) 이렇게 '로고스'와 '레마'로 구분하는 사람들은, (1) 오

---

552) Q. 90. How is the Word to be read and heard, that it may become effectual to salvation? A. That the Word may become effectual to salvation, we must attend thereunto with diligence, preparation, and prayer; receive it with faith and love, lay it up in our hearts, and practice it in our lives.
553) http://cafe.daum.net/yangmooryvillage/RkzJ/18149; '로고스'와 '레마'를 구분하는 결정적인 신학 이론을 만든 사람으로 찰스 파라(Charles Farah, 1926-2001)를 꼽을 수 있다. 찰스 파라는 미국의 은사주의 신학의 요람인 오랄 로버츠 대학(Oral Roberts University)에서 신학을 가르쳤다. 그리고 고전적 은사주의 운동의 변형이라고 할 수 있는 '말씀 신앙 운동'(the Word Faith movement)의 주창자였다. 이 운동은 신학적으로 오순절 은사 운동에서 기인한 것이지만, 내용면에서 훨씬 더 미신적이고 물질적인 세속적인 은사주의 운동이다. 그런데 이 운동에 동참하는 사람들 대부분이 찰스 파라가 고안해 낸, '로고스'와 '레마'의 구별을 충실하게 따르고 있다. 즉 '로고스'의 법적 성격의 말씀이 삶의 체험과 경험(대부분이 초자연적인 은사나 세속적 변영과 축복과 관련된 것이지만)으로서 '레마'의 말씀으로 변화를 경험하지 않는 사람은 진정한 그리스도인이 아니라는 것이다. 그래서 그들은 하나님의 말씀을 신학적 혹은 이성적으로 이해하는 것을 매우 부정적으로 여기는 반면, 말씀은 오직 체험이라는 구호를 부르짖는다. 그러한 영적 체험을 위해, 하나님의 말씀의 주관화가 중요한데, 그래서 이늘은 하나님의 음성을 듣는 것과 성령의 신비적 역사에 동참하는 것을 가장 중요한 신앙 내용으로 취급한다. 오늘날 '로고스'와 '레마'를 구별짓고자 하는 이유는 자신들의 체험중심, 물질중심, 세속중심의 신앙관을 하나님의 말씀으로 정당화하려는 움직임이다.
554) http://cafe329.daum.net/_c21_/bbs_search_read?grpid=kvSj&fldid=RkzJ&datanum=18148&contentval=&docid=kvSjRkzJ1814820110615135422; 롬 10:17 그러므로 믿음은 들음에서 나며 들음은 그리스도의 말씀(레마)으로 말미암았느니라/ 엡 6:17 구원의 투구와 성령의 검 곧 하나님의 말씀(레마)을 가지라/ 히 11:3 믿음으로 모든 세계가 하

순절식 성령 운동주의자(순복음 교회, 피터와그너 계열), (2) 로마 가톨릭 교회(천주교), (3) 워치만니 계열에 속한 자(지방교회 혹은 형제교회), (4) 『가계에 흐르는 저주를 끊어라』와 〈알파 운동〉 옹호론자(이단), (5) 칼바르트의 신정통주의 주창자 등이 있다.555) 오늘날 너무나 당연하게 생각하는 큐티(Q.T.)라는 것은 신정통주의자들의 관심 속에서 발단이 되고 유행하게 된 것이다.

성령 하나님께서는 하나님의 말씀인 성경을 은혜의 수단으로 주셨다. 하나님께서 성경을 통하여 인간에게 말씀하셨으며 하나님과 인간과 세상에 대하여 참된 진리를 말씀해 주셨다. 참된 진리는 오직 성경으로부터 얻어진다는 것이 종교개혁의 중요한 원리이며 오늘날 기독교 신자가 삶의 원리로 여겨야할 중요한 원리이다. 하나님께서는 성경을 통하여 명제적 진리로 소통 가능한 언어로 주셨다. 우리가 붙드는 원리는 그리스도인들은 성경을 기초하여 완전한 지식은 아니나 참되고 통일된 지식을 소유하게 된다는 것이다.556)

그러므로 신비적 경험이나 인간적 사색을 통하여 하나님의 말씀으로 인정되는

나님의 말씀(레마)으로 지어진 줄을 우리가 아나니 보이는 것은 나타난 것으로 말미암아 된 것이 아니니라/ 마 18:16 만일 듣지 않거든 한 두 사람을 데리고 가서 두 세 증인의 입으로 말(레마)마다 증참게 하라/ 마 12:36 내가 너희에게 이르노니 사람이 무슨 무익한 말(레마)을 하든지 심판 날에 이에 대하여 심문을 받으리니/ 요 10:21혹은 말하되 이 말(레마)은 귀신 들린 자의 말이 아니라 귀신이 소경의 눈을 뜨게 할 수 있느냐 하더라/ 행 6:11 사람들을 가르쳐 말시키되 이 사람이 모세와 및 하나님을 모독하는 말(레마) 하는 것을 우리가 들었노라 하게 하고/ 행 16:38 아전들이 이 말(레마)로 상관들에게 고하니 저희가 로마 사람이라 하는 말을 듣고 두려워하여/ 마 5:37 오직 너희 말(로고스)은 옳다 옳다, 아니라 아니라 하라 이에서 지나는 것은 악으로 좇아 나느니라/ 마 12:32 또 누구든지 말(로고스)로 인자를 거역하면 사하심을 얻되 누구든지 말로 성령을 거역하면 이 세상과 오는 세상에도 사하심을 얻지 못하리라/ 마 28:15 군병들이 돈을 받고 가르친 대로 하였으니 이 말(로고스)이 오늘날까지 유대인 가운데 두루 퍼지니라/ 요 4:39 여자의 말(로고스)이 그가 나의 행한 모든 것을 내게 말하였다 증거하므로 그 동네 중에 많은 사마리아인이 예수를 믿는지라/ 고전 1:5 이는 너희가 그의 안에서 모든 일 곧 모든 구변(로고스)과 모든 지식에 풍족하므로/ 고전 14:9 이와 같이 너희도 혀로서 알아듣기 쉬운 말(로고스)을 하지 아니하면 그 말하는 것을 어찌 알리요 이는 허공에다 말하는 것이라/ 엡 5:6 누구든지 헛된 말(로고스)로 너희를 속이지 못하게 하라 이를 인하여 하나님의 진노가 불순종의 아들들에게 임하나니/ 살전 2:5 너희도 알거니와 우리가 아무 때에도 아첨의 말(로고스)이나 탐심의 탈을 쓰지 아니한 것을 하나님이 증거하시느니라/ 요삼 1:10 이러므로 내가 가면 그 행한 일을 잊지 아니하리라 저가 악한 말(로고스)로 우리를 망령되이 폄론하고도 유위부족하여 형제들을 접대치 아니하고 접대하고자 하는 자를 금하여 교회에서 내어 쫓는도다
다음의 경우는 '레마'와 '로고스'가 모두 일반적인 말로 사용된 경우이다.
마 12:36 내가 너희에게 이르노니 사람이 무슨 무익한 말(레마)을 하든지 심판날에 이에 대하여 심문을 받으리니/ 마 12:37 네 말(로고스)로 의롭다 함을 받고 네 말(로고스)로 정죄함을 받으리라
다음의 경우는 레마와 로고스가 모두 동일한 선포된 말씀으로 사용된 경우이다.
행 10:44 베드로가 이 말(레마) 할 때에 성령이 말씀(로고스) 듣는 모든 사람에게 내려와
555) http://cafe.daum.net/yangmooryvillage/RkzJ/18149 캘거리개혁신앙연구회, 「로고스와 레마 과연 구분할 수 있나?」
556) 프란시스 쉐퍼, 이성에서의 도피, 김영재 역 (서울: 생명의말씀사, 2006), 30.

것이 아니라 이미 주신 하나님의 말씀인 성경을 통하여 성령 하나님께서 역사하심으로 깨닫게 해 주신다. 그렇게 될 때에 그리스도인들은 하나님의 말씀의 참된 의미와 능력을 경험한다. 우리는 말씀을 어떻게 읽고 들어야 하는가?

1) 우리는 부지런함과

하나님의 말씀을 알기 위해서는 부지런히 나아가야 한다.

> 누구든지 내게 들으며 날마다 내 문 곁에서 기다리며 문설주 옆에서 기다리는 자는 복이 있나니(잠 8:34)

'기다리며'는 '잠자지 않고 밤을 새워 망을 보며'라는 뜻이다. 그것은 단순히 기다리는 것이 아니라 간절히 기대하며 주의하며 지켜보는 것이다. 하나님의 지혜를 얻고자 하는 자의 내적 자세가 얼마나 간절한지 나타내는 말씀이다. 예수님께서는 말씀을 듣는 태도에 대하여 다음과 같이 말씀하셨다.

> 그러므로 너희가 어떻게 듣는가 스스로 삼가라 누구든지 있는 자는 받겠고 없는 자는 그 있는 줄로 아는 것까지 빼앗기리라 하시니라(눅 8:18)

겸손하며 진실 되게 말씀을 새겨듣는 사람은 있는 것 위에 더욱 풍성한 것을 받게 되지만 교만하여 말씀에 귀를 기울이지 않는 자는 자기가 가지고 있다고 생각하는 것까지 빼앗기게 된다. 달란트 비유 중에 나오는 한 달란트 받은 사람처럼 고의적으로 그리스도와 그 말씀을 거부하는 사람은 결국 구원의 반열에서 떨어지게 된다. 그들은 처음부터 자기 의에 빠져서 하나님의 방법대로 하나님의 나라에 들어가기를 거부한 자들이다.

2) 준비와

하나님의 은혜를 받기 위해서는 먼저 자기 속에 있는 죄악 된 것들을 버려야 한다. 그리고 오직 하나님의 것으로 채워지기를 열망해야 한다.

> 1 그러므로 모든 악독과 모든 궤휼과 외식과 시기와 모든 비방하는 말을 버리고 2 갓난 아이들 같이 순전하고 신령한 젖을 사모하라 이는 이로 말미암아 너희로 구원에 이르도록 자라게 하려 함이라(벧전 2:1-2)

믿음으로 갓 태어난 자들은 성숙한 삶을 위해 먼저는 옛사람에 속한 것들을 버려야 한다. 그리스도인들은 세상 사람들이 행하는 악한 것들을 끊어야 한다. 그리고 갓 태어난 아이가 엄마의 젖을 간절히 찾듯이 그리스도인이 신령한 젖을 사모해야 한다. 그것은 하나님의 말씀이다. 하나님의 말씀이 기초가 되지 않고 체험이 기초가 되면 평생을 오늘은 이곳 내일은 저곳으로 체험을 쫓아다닌다. 그리스도인의 성숙은 오직 하나님의 말씀과 기도로 이루어진다. 성령님께서는 말씀으로 역사하신다.

> 좋은 땅에 있다는 것은 착하고 좋은 마음으로 말씀을 듣고 지키어 인내로 결실하는 자니라(눅 8:15)

"좋은 땅"은 종자가 다른 사람이 있다는 뜻이 아니다. 인간이 좋은 땅으로 만들 수 있는 것이 아니다. '좋은 땅이 되자' '좋은 밭을 만들자'라고 말하는 것은 인본주의 강연이다. 마태복음 11장부터 계속 말하고 있는 주제는 예수님을 메시아로 영접하는 자와 반대하는 자이다. 예수님께서는 자기 백성을 구하시러 메시아로 오셨으나 사람들은 믿지 않았다. 그러므로 마태는 예수님이 누구신지 그리고 왜 예수님이 메시아인지 그것을 집중해서 말했다. 좋은 땅에 뿌려졌다는 것은 무엇인가?

> 좋은 땅에 뿌리웠다는 것은 말씀을 듣고 깨닫는 자니 결실하여 혹 백 배, 혹 육십 배, 혹 삼십 배가 되느니라 하시더라(마 13:23)

이 말씀대로 "좋은 땅에 뿌리웠다는 것은 말씀을 듣고 깨닫는 자"이다. 인간이 능력이 있어서 그 말씀을 듣고 깨닫는다는 뜻이 아니다. 그것은 오직 성령 하나님께서 역사하셔야만 말씀을 듣고 깨닫게 된다. 그러면 왜 사람들은 예수님의 말씀을 깨닫지 못했는가? 그들은 하나님의 백성이라고 이미 믿고 있었고 메시아가 온다면 저 로마로부터 구해줄 메시아가 올 것이라고 믿었기 때문이다. 그러나, 예수님께서는 죄인을 구원하러 오신 메시아시다.

> 너희는 가서 내가 긍휼을 원하고 제사를 원치 아니하노라 하신 뜻이 무엇인지 배우라 내가 의인을 부르러 온 것이 아니요 죄인을 부르러 왔노라 하시니라(마 9:13)

성령 하나님께서는 죄인의 심령을 변화시켜 그 말씀을 깨닫게 하시며 예수 그리스도를 구주로 믿어 어떤 어려움 속에서도 그 받은 말씀을 인내로 지키어 열매를 맺게 하신다.

3) 기도로 말씀에 주의를 기울여야 하며

말씀은 오직 성령님의 역사로 깨달아 알게 되어지는 일이기에 겸손하게 기도로 나아가며 엎드려야 한다.

> 내 눈을 열어서 주의 법의 기이한 것을 보게 하소서(시 119:18)

하나님의 말씀을 알게 되는 것은 하나님의 은혜로 되어지는 일이다. 그렇다고 마냥 기도만 하라는 것이 아니다. 하나님께서는 하나님의 사람들에게 하나님의 말씀의 뜻을 밝히 알려주셨다. 하나님의 뜻을 음성으로 우리에게 직접 들려주시는 것이 아니다. 성경을 부지런히 읽고 그 성경의 뜻을 해석한 주석과 경건서적들을 읽어야 한다. 그렇지 않고 성경 한 구절 읽고 눈을 감고 '내게 하나님의 뜻을 알려 주시옵소서'하는 것은 위험한 태도이다.

4) 믿음과

복음은 하나님께서 세우신 사역자들을 통하여 계속해서 전파되고 있으나 그 말씀으로 구원에 이른 자들은 믿음으로 받아들인 자들이다.

> 저희와 같이 우리도 복음 전함을 받은 자이나 그러나 그 들은 바 말씀이 저희에게 유익되지 못한 것은 듣는 자가 믿음을 화합지 아니함이라(히 4:2)

많은 사람들이 하나님께서 언약하시고 약속을 주셨으나 그것을 신뢰하지 않았다. 믿음 때문에 당하는 고통과 환난 속에서 어떻게 끝까지 이 말씀을 붙들고 가느냐? 하는 것이 유대 그리스도인들에게는 중요한 문제였다. 그들은 그들 조상들이 하나님의 약속을 믿지 않고 등을 돌린 사건들을 기억함으로써 믿음을 견고히 해야 했다. 복음은 무엇인가?

> 내가 복음을 부끄러워하지 아니하노니 이 복음은 모든 믿는 자에게 구원을 주시는 하나님의 능력이 됨이라 첫째는 유대인에게요 또한 헬라인에게로다(롬 1:16)

말씀은 우리에게 믿음을 일으킨다. 성령님께서 그 말씀으로 역사하시기 때문이다. 성령님께서는 사람의 영혼을 변화시켜 그 복음을 믿게 하신다. 왜 복음인가? 그것은 인간이 노력한 결과로 구원이 주어지는 것이 아니라, 오직 예수 그리스도께서 십자가에 피 흘려 죽으심으로 죄 값을 다 지불하시고 은혜로 주시는 구원이기 때문이다. 우리 안에서 만들어 낸 것이 아니라, 우리 밖에서 주신 것을 믿는 것이 복음이다.

5) 사랑으로 받아야 하며
복음을 듣고 예수님을 영접한 자들은 그리스도를 사랑하게 된다. 그리스도가 자기 삶의 전부가 되었기 때문이다.

> 예수를 너희가 보지 못하였으나 사랑하는도다 이제도 보지 못하나 믿고 말할 수 없는 영광스러운 즐거움으로 기뻐하니(벧전 1:8)

베드로는 예수를 못 보았음에도 불구하고 복음을 전해 듣고 믿은 성도들을 칭찬하고 있다. 그것이 참다운 믿음이다. 그들은 사도 베드로처럼 예수님께서 지상에서 활동하시던 모습을 보면서 예수님과 동고동락했던 사람들이 아니었다. 그럼에도 불구하고 예수님의 말씀을 믿고 예수님을 사랑했다. 그들 속에는 참된 믿음이 있었기 때문이다. 믿음은 사랑을 부른다.

6) 그 말씀을 우리 마음에 두고
이제 그리스도를 영접하고 하나님의 백성이 된 자들의 삶은 하나님의 말씀이 기준이다. 믿음을 지키고 그 말씀에 순종하고 살기 위하여 생명을 건다.

> 내가 주께 범죄치 아니하려 하여 주의 말씀을 내 마음에 두었나이다(시 119:11)

"두었나이다"는 누군가 접근하지 못하게 하기 위하여 숨긴다는 뜻이다. 시편 기자는 그처럼 하나님의 말씀을 소중하고 가치 있게 마음에 두었다. 그것은 여호와의 말씀을 가장 중요한 삶의 기준으로 삼고 있다는 의미이다. 그렇게 될 때에 여호와 하나님 앞에 범죄하지 않는다. 선명한 기준이 분명한 삶을 낳는다. 실존주의로 살아가면 그 때에는 그럴듯해 보이지만 실제로는 분열이 일어나게 된다.

7) 우리의 삶에서 실천하여야 합니다

믿음은 마음으로 믿고 삶으로 행할 때에 온전하게 된다. 그것은 자기만족으로 가기 위해서가 아니라 하나님의 말씀으로 온전히 충만해져서 하나님을 기쁘시게 하기 위함이다.

> 자유하게 하는 온전한 율법을 들여다보고 있는 자는 듣고 잊어버리는 자가 아니요 실행하는 자니 이 사람이 그 행하는 일에 복을 받으리라(약 1:25)

야고보서 2장 17절에서는, "이와 같이 행함이 없는 믿음은 그 자체가 죽은 것이라"고 했다. 야고보서는 하나님의 백성이라고 불리는 유대 그리스도인들을 향해서 말하고 있다. 행위로서 구원을 얻으라고 하는 것이 아니다. 너희가 하나님의 백성이라면 행함으로써 하나님을 믿는 자의 모습을 보이라는 뜻이다. 그것은 믿음에 대한 언약적 이해를 요구한다. 언약은 언약의 실행을 책임으로 요구한다. 예수 그리스도를 구주로 믿은 사람은 새언약의 백성이 되었기에 그 언약의 말씀대로 실제로 행하는 것이 언약의 기본이다. 만일 그 언약의 말씀대로 행하지 아니하면 언약을 맺은 대상을 무시하고 조롱하는 것이다.

그래서 성경은 언제나 구원받은 백성들에게 언약적 신실함을 말한다. 그렇게 언약에 신실하기 위하여 어떻게 해야 하는가? 영적으로 거듭난 성도는 계속해서 성장하기 위하여 하나님의 말씀을 지속적으로 공급받아야만 한다. 매일 성경 읽기와 기도를 통하여 경건훈련이 계속되어야만 한다. 거듭난 성도는 이 세상의 것이 아니라 하나님의 말씀으로 생명력을 공급받기 때문이다.

거기에는 부지런함이 필수적으로 요구된다. 바쁜 세상살이 가운데서 성도가 말씀 중심의 삶을 흔들리지 않고 지켜 가기 위해서는 부지런해야 한다. 오늘은 이런 일로 성경을 못 읽고 내일은 저런 일로 기도를 못하는 변명을 늘어놓을 것이 아니라 열심과 부지런함으로 말씀을 읽고 기도해야 한다.

공적인 예배를 통하여 선포되는 설교를 듣기 전에 기도로 준비하며, 설교자를 위하여 기도해야 한다. 말씀을 전하는 자나 듣는 자 모두에게 성령 하나님께서 역사하시어 그 말씀을 잘 깨닫고 그 말씀대로 순종할 수 있는 은혜를 주시도록 기도해야 한다.

제91문 성례는 어떻게 구원의 효력 있는 방편이 됩니까? (대161)
답: 성례는 그 자체에나 그것을 시행하는 자의 덕이 아니라, 오직 그리스도의 축복하심과 또 믿음으로 성례를 받는 자 속에 있는 역사하는 그분의 영의 역사로 말미암아 구원의 효력 있는 방편이 됩니다.[557]

할례가 옛언약에 속한 표징이 되었듯이, 성례는 새언약의 성도들이 예수 그리스도의 교회에 속한 표징이 된다. 종교개혁자들은 참 교회의 3가지 표지로 1) 말씀의 바른 선포 2) 성례의 신실한 시행 3) 권징[558]의 바른 시행을 말했다. 그러나 오늘날 교회는 성례를 일 년에 한두 번 시행하는 경우가 많다. 칼빈마저도 반대에 부딪혀서 한 달에 한 번 시행했으니, 현대교회는 더욱 저항이 크기 때문이다. 그런 의미에서 본다면 교회는 정말 참된 교회라고 할 수 있을지 의문스럽다. 교리공부 하는 교회는 실제로 성찬을 한 달에 몇 번을 시행할까? 교리를 공부하지만 실제로는 교회가 변화되지 않는 이유는 교리를 '교양'으로 공부하기 때문이다.

성례를 행한다는 것은 새언약의 백성 된 성도들이 그리스도와 연합된 것을 공개적으로 드러내고 고백하며, 그리스도와 맺은 언약을 확증하며 그 은혜를 누리는 것이다. 그것은 전적으로 하나님의 은혜의 구원에 기초한 것이며, 그로 인해 우리는 진화론과 유물론으로 가지 않는다. 영원하시고 인격적이신 하나님으로부터 생명을 받고 그 풍성함을 누리기 때문이다.

인문학을 부르짖으면서 인간 중심으로 유물론으로 가는 사람은 그 기초가 다르다. 그들은 어디에서부터 시작하는가? 그것은 그리스 신화로 간다. 왜 그런가? 인문학자의 말을 들어보자.

---

[557] Q. 91. How do the sacraments become effectual means of salvation? A. The sacraments become effectual means of salvation, not from any virtue in them, or in him that doth administer them; but only by the blessing of Christ, and the working of his Spirit in them that by faith receive them.
[558] 하이델베르크 교리문답 제85문: 천국이 어떻게 교회의 권징에 의해서 닫히고 열리게 됩니까? 답: 그리스도의 명령에 따라, 스스로 기독교인이라고 자처하지만 교리와 생활에 있어서 비기독교인처럼 행동하는 사람들은 먼저 반복적으로 형제의 태도로 권면을 받게 됩니다. 만일 이 사람들이 자기의 잘못이나 악함을 계속해서 포기하지 않는다면, 이런 사람들은 교회 곧 장로들에게 보고되고, 만일 이 사람들이 장로들의 권면도 무시한다면, 성례의 사용을 금지당하고, 장로들에 의해서 교회의 성도들로부터 출교당하게 됩니다. 하나님께서도 친히 그런 사람들을 그리스도의 왕국으로부터 쫓아내실 것입니다. 이런 사람들이 참된 회심을 약속하고 실천을 보여줄 때, 그들은 그리스도와 교회의 구성원으로 다시 받아들여지게 됩니다.

구약성서에서는 먼저 절대적인 신이 있어, 그 신이 맨 처음 천지를 창조하고 혼돈도 만들어낸다. 그리고 그 혼돈에서 빛과 어두움을 나누면서부터 만물이 창조되기 시작한다. 하지만 그리스도 신화에서는 천지창조가 먼저 일어나고, 그 속에서 신이 탄생한다. 태초에 신이 아닌 허공이나 카오스가 있었고, 그 속에서 만물이 자연발생적으로 나타나며 그 이후에 신이 생긴 것이다. 이런 면들만 보아도 그리스인들에게 신은 기독교의 신에 비해 그리 절대적으로 느껴지지 않는다. 그도 그럴 것이 그들이 믿고 따르던 올림포스 신들은 인간처럼 생겼을 뿐 아니라, 인간과 똑같이 사랑과 질투, 실수 등을 저질렀다. 그리스인들에게서 인간 중심적인 사상과 자연철학을 엿볼 수 있는 것도 결코 우연은 아니다.[559]

세상은 그 기초를 그리스 신화로 간다. 거기서 인간중심의 세계를 펼쳐간다. 거기는 상대적이고 가변적인 세계이다. 신(神)이라는 존재도 카오스로부터 생겨났으니 모든 것은 우연에 맡겨질 수밖에 없다. 우연, 우발성, 에피쿠로스, 클리나멘, 마르크스, 유물론 그렇게 흐름이 이어졌다.

뽈 디엘은 그런 일의 본질을 말해 준다. 그는 인간이 살아가는 생존세계를 불가사의하고 임의적인 현상계를 드러낸 신비작용으로 간주하고 이 신비로움을 인간들이 이해될 수 있는 상징으로 만든 것을 신화라 했다. 그 신화는 신비로운 세계를 극복하고 해결해 가는 영웅들의 이야기로 보았다. 중요한 것은 이런 영웅들을 거론하는 핵심이 어디에 있는가 하는 것이다.

> … 인생을 살다가 보면, 밤하늘의 유성들처럼 쉴 새 없이 날아들어 오는 사건, 사건들이 있다. 이런 경우에 영웅들은 어떻게 대처했는가? 초자연적인 공격에 못지않은 인간들의 용기와 과감성과 혜안과 통찰력은, 신화를 인생관으로 삼고 사는 독자들에게 의욕과 희망을 제공한다. 인간도 얼마든지 초자연적인 존재로 살아갈 수 있다는 것이다. 여기서 저자, 뽈 디엘은 인간의 본질 속성에서 신성에 강조점을 두게 된다.
> 신화의 출현은, 인간을 영적 존재로 만듦으로서 최고 순수 세계의 일원으로 상승시키고자 하는 의도에서 나왔다고 본다. 인간 세상을 만들고 동시에 그 만들어진 세계를 파괴하고 심판하려 드는 신의 의지가 오히려 지상에 사는 인간들로 하여금 신적 존재로 분발하도록 촉진하게 된다.
> 인간들의 살고자 하는 욕망은, 그 자체로서 절대 진리로 작용하게 되어, 그 누구든지 심지어 신이라 할지라도 방해하게 되면 적이 되고 악이 된다. 인간 무의식 깊은 속에서 생수처럼 마를 날 없이 분출되는 욕망의 에너지는 상징의 분수가 되어 지상에서 만개한다. 인간세계를 압도하고 예측 불가능한 사태로서 인간 세계에 위협을 가하는 신에 활동에 대해서, 인간 본연의 삶의 의욕은 뒤로 후퇴하지 않는다. 공포 속에서도 냉정과 이성을 되찾아 평정을 유지해야 한다. 죽음의 발자국 소리에 지레 겁을 먹고 기절해서는 안 된다. 기필코 죽음마저 통과해서 보다 성화되고 승화된 존재가 되어야만 한다. … 그래서 신화란, 결국 인간 신성화 시도의 증거물이다.[560]

---

559) 주현성, 지금 시작하는 인문학1 (부천: 더좋은책, 2013), 133.
560) http://www.crossvillage.org/board/index.php?doc=program/board.php&bo_table=sinhak03&page=7&page=7&wr_id=2 뽈 디엘(Paul Diel), 『그리스 신화의 상징성 : 인간의 욕망과 그 변형』, 안용철 역, 공동체 출판사.

뿔 디엘의 말에서 세상 사람들이 그리스 신화를 왜 그렇게 갈망하는지 잘 알수가 있다. 인간의 자유를 정당화하기 위해 인간의 신성화가 필요하고 그러기 위해서는 그리스 신화가 그 바탕을 제공해 주고 있기 때문이다. 이것이 세상의 종교와 기독교와 극과 극을 달리게 되는 점이다.

성례는 단순한 종교적 행위가 아니다. 인간의 신성화를 조장하는 의식도 아니다. 그것은 인간의 죄와 비참을 알고 우리의 모든 기초와 생명과 장래를 절대적이고 변함없으신 하나님께 기초를 둔다는 고백이다. 그 하나님께서 영원하신 작정 속에서 예수 그리스도의 십자가 피로써 우리를 구원하셨으며, 그 은혜와 진리 속에 살아갈 것을 고백하는 것이다.

예수님께서 지정하신 성례는 세례와 성찬이다. 유월절과 성찬식, 할례와 세례는 물질적인 면에서는 불연속성이 있으나 그 본질에 있어서는 연속성이 존재한다. 두 언약 사이에는 단절이 없다. 그 주어진 수단은 다르지만, 믿음으로 의롭게 된 자들에게 주어진 표이며 인침이고 언약 속에 들어온 자들에게 주어진 약속을 상징한다.

1) 성례는 그 자체에나 그것을 시행하는 자의 덕이 아니라[561]

로마 가톨릭은 성례 자체에 능력을 발휘하는 효력이 있다고 말한다. 그러나, 성례의 효력은 성례를 베푸는 자에게 달려있지 않다. 이것은 교회사 초기에 도나티스트 논쟁으로 불린다.

주후 303-304년에 로마 황제 디오클레티안(Diocletian)과 막시무스(Maximus)

왜 이런 신화가 인류 역사에서 한시도 멈춘 적이 없는가? 그것은 욕망이라는 삶의 에너지가 밖에서 끊임없는 변신을 시도하기 때문이라고 저자는 말한다. 인간으로 해야 될 마땅한 윤리와 도덕의 임무는 사실상 보다 지상에서 오래 생존하기 위한 영웅적 자질로서 필수적이기 때문이다. 보이지 않는 신이 자신을 통제해서 심판하기 이전에 먼저 자신이 그런 작은 신으로 달라져서 심판의 빌미를 제공하지 않은 채 도도히 삶을 살고자 하자는 데 있다. 저자는, 신화 속에서 정신장애의 원형을 발견한다. 초자연적인 인물이 되지도 못하는 주제에, 자기의식 내부에서 터져 나오는 욕구와 야망의 화신이 되어 충동의 노예로 전락한 인간들은, 스스로 큰 충돌의 피해자가 되고 만 것이다. 신경질, 신경쇠약, 정신병 이 세단 계로 발전하면서 인간은 신도 되지 못한 채 스스로 붕괴해 간다. 그리고 무너지는 자아를 신화 속에 상징으로 남긴다. 한편으로 신에게 대들고 또 다른 한편으로는 신의 아들이 되어 영혼만이라도 영웅으로 변신해 보려는 인간의 최후의 바램은, 심리적 투쟁에서 머무는 것이 아니라 신화가 되어 그 시절에 명명백백 드러나 있는 것이다.

561) 그런즉 심는 이나 물 주는 이는 아무 것도 아니로되 오직 자라나게 하시는 하나님뿐이니라(고전 3:7) 대저 표면적 유대인이 유대인이 아니요 표면적 육신의 할례가 할례가 아니라 오직 이면적 유대인이 유대인이며 할례는 마음에 할찌니 신령에 있고 의문에 있지 아니한 것이라 그 칭찬이 사람에게서가 아니오 다만 하나님에게서니라(롬 2:28-29)

는 기독교회와 교인들을 무자비하게 박해했다. 황제들은 기독교인들이 성경을 관청에 건네주어서 소각시키기만 하면 기독교 신앙을 박멸시킬 수 있다고 믿어서 '성경 양도'를 배교의 표시로 삼았다. 결국 수많은 신자들이 살아남기 위하여 성경을 관계 당국에 성경을 '건네주는 일'(traditio, handing over)이 다반사로 일어났을 때, 북 아프리카 기독교인들은 순수 신앙을 끝까지 고백하면서 장렬하게 순교해갔다. 배교자들을 '건네준 자들'로 지칭되었고 이들 순교자들을 '고백자들'(Confessors)이라고 불려졌다. 박해 이후 양진영은 격렬한 분쟁을 했다. 세월이 흘러 주후 396년에 히포의 주교 어거스틴은 도나티스트들이 가톨릭교회로 돌아오도록 간곡하게 설득했다. 이 때에 논쟁의 핵심은 두 가지였다. 첫째, 배교해서 죄를 지은 사제가 베푼 세례식은 부당하므로 깨끗한 사제에 의해서 재세례를 받아야만 하는가? 둘째, 배교해서 죄를 지은 주교가 안수해서 성직 서품을 받은 사제는 깨끗한 주교에 의해서 재성별 되어야만 하는가? 도나티스트들은 교회의 거룩성이 교인들의 거룩성에 달려 있다고 주장했다. 박해 시에 성경을 당국에 건네줘 배교한 사람들은 자신의 죄 된 행위로 인해 이미 그리스도의 은총을 상실했으며 거룩한 교회의 일원이 될 수 없다고 했다. 또한 그들이 받은 혹은 베푸는 세례와 성만찬, 즉 성례전 역시 무효가 된다고 보았다.562)

그러나, 어거스틴은 세례와 같은 성례전의 유효성은 성례를 집전하는 인간 사제의 주관적 거룩성도 성례를 받는 자에게도 달려 있는 것이 아니라 오직 신적 사제인 그리스도 자신에게 달려 있다고 반박했다.

성례는 그 자체로는 효능이 없으며 성례의 능력은 성례를 집전하는 자의 능력에 달려있지 않다.563) 성경은 세례를 다음과 같이 말한다.

> 물은 예수 그리스도의 부활하심으로 말미암아 이제 너희를 구원하는 표니 곧 세례라 육체의 더러운 것을 제하여 버림이 아니요 오직 선한 양심이 하나님을 향하여 찾아가는 것이라(벧전 3:21)

노아의 가족을 구원한 물은 세례를 상징한다. 그 물은 하나님을 저버리고 불

---

562) http://www.imr.or.kr/imrtj/2011-3/7특집자료/어거스틴/참을 수 없이 경박한 시대에 다시 읽는 어거스틴(8): "교회론"
563) R. C. 스프로울, 웨스트민스터신앙고백해설3, 이상웅·김찬영 역 (서울: 부흥과개혁사, 2011), 131-132; 로마 가톨릭에서는 성례가 자동적으로 역사한다. 세례를 받는 사람은 누구나 중생과 칭의라는 은혜의 주입을 받게 된다. 세례를 도구적 원인으로 간주한다. 로마 가톨릭은 하나님께서 사람들을 의롭게 하시는 방편이 세례라는 수단이다. 그러나 개신교에서는 칭의의 도구적 원인이 믿음이라 한다. 믿음은 우리가 그리스도를 붙잡는 도구다. 도구적 원인에 대해서는 소교리문답 제32문을 참고하라.

순종한 사람들을 멸망시켰다. 또한 하나님의 말씀에 순종하여 방주를 만들어 그 방주 안에 들어간 노아의 가족들을 구원한 도구였다. 이 물은 예수 그리스도를 믿는 자들을 구원하는 표며 그것은 세례다. 세례는 그리스도와 함께 십자가에서 죽고 그리스도와 함께 부활하는 의미다.

> 나는 너희로 회개케 하기 위하여 물로 세례를 주거니와 내 뒤에 오시는 이는 나보다 능력이 많으시니 나는 그의 신을 들기도 감당치 못하겠노라 그는 성령과 불로 너희에게 세례를 주실 것이요(마 3:11)

세례 요한의 사역은 메시아의 오심을 준비하는 사역이다.564) 요한은 회개하라고 광야에서 소리쳤고 그 소리를 듣고 나온 사람들은 자기의 죄를 자복했다. 성령으로 세례를 주신다는 것은 사람들의 마음에 성령님께서 역사하시어 근본적인 변화를 이루신다는 뜻이다. 그리하여 새언약의 백성이 된다.565) 오늘날 성령 세례를 오해하여 에너지를 받고 능력을 받는 것으로 몰아가는 경향이 너무나 강하여 교회를 혼란에 빠트리고 있다.

'누가 세례를 주었느냐?'가 중요한 것이 아니다.

> 6 나는 심었고 아볼로는 물을 주었으되 오직 하나님은 자라나게 하셨나니 7 그런즉 심는 이나 물 주는 이는 아무 것도 아니로되 오직 자라나게 하시는 하나님뿐이니라(고전 3:6-7)

거듭난 성도들이지만 여전히 사람들은 파당을 만들려고 한다. 자신들이 더 우위에 있다고 생각하고 남다름을 주장하려고 한다. 누구에게 배웠고, 누구에게 세례를 받았느냐?가 교회 안에서 힘을 쓰게 되면 교회는 어려움에 처하게 된다.

2) 오직 그리스도의 축복하심과 또 믿음으로 성례를 받는 자 속에 있는 역사하는 그분의 영의 역사로 말미암아 구원의 효력 있는 방편이 됩니다

성례의 능력은 성례를 제정하신 하나님께 있다. 하나님께서는 그리스도에게 권한을 주시고 그리스도는 성례를 제정하시며 성령님께서는 그리스도의 은덕을 성례를 통하여 효력 있게 한다. 하나님께서는 말씀이 전해지고 성례를 시행할

---

564) 저가 또 엘리야의 심령과 능력으로 주 앞에 앞서 가서 아비의 마음을 자식에게, 거스르는 자를 의인의 슬기에 돌아오게 하고 주를 위하여 세운 백성을 예비하리라(눅 1:17)
565) 나 여호와가 말하노라 그러나 그날 후에 내가 이스라엘 집에 세울 언약은 이러하니 곧 내가 나의 법을 그들의 속에 두며 그 마음에 기록하여 나는 그들의 하나님이 되고 그들은 내 백성이 될 것이라(렘 31:33)

때 성령의 역사로 효력이 발생하게 하신다. 그러므로 성례는 지극히 삼위일체적인 은혜의 수단이다.

> 우리를 구원하시되 우리의 행한 바 의로운 행위로 말미암지 아니하고 오직 그의 긍휼하심을 좇아 중생의 씻음과 성령의 새롭게 하심으로 하셨나니(딛 3:5)

성도는 이미 구원을 받은 자이다. 성도의 구원이란 인간 행위의 결과로 얻은 것이 아니다. 인간이 행한 것의 결과는 여전히 죄와 사망 밖에 없다. 그런데도 구원이 주어진 것은 오로지 하나님의 긍휼하심 때문이다. 구원은 "중생의 씻음과 성령의 새롭게 하심으로" 된 것이다. 이 말이 가지는 의미가 무엇인가? 구원은 전적으로 하나님께서 주신 선물이라는 뜻이다.566)

> 나도 그를 알지 못하였으나 나를 보내어 물로 세례를 주라 하신 그이가 나에게 말씀하시되 성령이 내려서 누구 위에든지 머무는 것을 보거든 그가 곧 성령으로 세례를 주는 이 인줄 알라 하셨기에(요 1:33)

예수 그리스도는 성령으로 세례를 주시는 분이시다. 왜 그렇게 하시는가? 심령을 새롭게 하시기 위해서다. 그 죄악 된 본성을 완전히 새롭게 변화시켜서 언약에 신실한 백성으로 만들어 가신다. 그렇게 하기 위하여 성령으로 세례를 주신다. 성령 세례란 그리스도와 함께 죽고 새 생명으로 함께 거듭나는 중생의 경험을 가리킨다. 그것이 전적으로 성령님의 역사로 이루어지기 때문에 성령세례다.

---

566) 너희가 그 은혜를 인하여 믿음으로 말미암아 구원을 얻었나니 이것이 너희에게서 난 것이 아니요 하나님의 선물이라(엡 2:8)

제92문 성례는 무엇입니까? (대162)
답: 성례는 그리스도께서 제정하신 거룩한 규례인데, 그 안에 그리스도와 새언약의 은덕들이 감각적인 표로써 신자들에게 나타나고 인쳐지며 적용됩니다.567)

성례(sacrament)란 라틴어 사크라멘툼(sacramentum)에서 나온 말인데, 헬라어 뮈스테리온(mysterion, 신비)을 번역한 것이다. 성경에서 말하는 신비는 감추어진 것이 계시되어진 것을 말한다. 구약의 그림자가 신약의 실재로 나타난 것인데, 구약에서 감추어진 것들이 예수님의 오심과 계시로 말미암아 온전히 드러난 것을 말한다. 그러니 성례에서 신비란 감추는 것이 아니라 오히려 그 본래의 것을 드러낸다. 성례는 말씀과 함께 시행하는데, 말씀은 언어로 세례와 성찬은 비언어적 실물로 나타내는 것이다. 그래서, 성찬은 보이는 말씀이라 한다.568)

예를 들면 구약에서 이스라엘 백성들이 할례를 받음으로 하나님의 백성 됨을 나타낸 것과 같다. 신약에서는 예수 그리스도를 믿어 하나님의 백성이 된 것을 공적으로 드러내는 것이 세례이다. 세례를 받음으로 하나님의 교회에 정식으로 회원이 된다. 비언어적 수단으로 하나님의 언약을 더욱 견고하게 했다.

1) 성례는 그리스도께서 제정하신 거룩한 규례인데
성례는 먼저 그리스도의 지상명령에 기초한다.

> 그러므로 너희는 가서 모든 족속으로 제자를 삼아 아버지와 아들과 성령의 이름으로 세례를 주고 (마 28:19)

이 말씀은 예수님의 최후명령이라고 한다. 칼빈은 "만일 세례를 통해서 우리가 한 분이신 하나님을 믿는 믿음과 종교 속에 입문하게 된다면, 우리가 그의 이름으로 세례를 받는 그분을 마땅히 참되신 하나님으로 여겨야 할 것이다."라고 말했다. 왜 예수님께서는 성부와 성자와 성령의 이름으로 세례를 베풀라고 명령하셨는가? 칼빈은 그 이유를 "우리가 한 믿음으로 성부와 성자와 성령을 믿어야 한다는 데 있는 것"이라고 했다.569)

---

567) Q. 92. What is a sacrament? A. A sacrament is a holy ordinance instituted by Christ; wherein, by sensible signs, Christ, and the benefits of the new covenant, are represented, sealed, and applied to believers.
568) 루이스 벌코프, 벌코프조직신학(하), 권수경·이상원 역 (서울: 크리스챤다이제스트, 1993), 878; "성례란 그리스도께서 제정하신 규례로, 이 성례라는 감지될 수 있는 표징을 통해 그리스도 안에 있는 하나님의 은혜와 은혜 언약이 주는 유익이 신자들에게 제시되고, 인쳐지고, 적용되며, 신자들은 하나님에 대한 신앙과 충성을 표현한다."

> 너희가 이 떡을 먹으며 이 잔을 마실 때마다 주의 죽으심을 오실 때까지 전하는 것이니라(고전 11:26)

왜 사도 바울은 성찬에 대해서 말했는가? 사도 바울은 17절에서부터 교회 안에 분쟁이 있고 편당이 있어서 교회를 어지럽히고 있다고 말했다. 그렇게 되니 교회는 주의 만찬을 함께 할 수 없었다. 그래서 사도 바울은 성찬에 대한 바른 의미를 말하고 서로를 판단하지 말라고 했다. 성찬을 바르게 알면 그들 안에 분쟁이 있을 수가 없다.

바울은 성찬에서 그리스도의 죽으심과 부활을 전하는 것이 핵심이라고 했다. 그리스도께서 왜 죽으시고 부활하셨는가? 누구를 위해 그리하셨는가? 죄인들을 위해 하신 것이다. 그 사실을 알면 누구를 욕하고 편 가르는 일은 할 수가 없다.

성례를 행할 때는 반드시 말씀과 함께 시행한다. 성례가 말씀 없이 주어지면 이교도의 마술이나 주문이 되기 때문에 말씀 없이 성례를 시행해서는 결코 안 된다. 성례는 말씀을 높이기 위해 존재한다. 성례는 스스로 의미를 만들어내지 않는다. 성례의 영적인 의미와 실재는 하나님의 말씀으로부터 부여된다.

2) 그 안에 그리스도와 새언약의 은덕들이 감각적인 표로써 신자들에게 나타나고, 인쳐지며 적용됩니다

첫째, 성례는 언약적 맥락에서 주어지는 표(sign)이다. 세례는 예수 그리스도께 접붙여지고 새언약의 유익에 참여하는 표이다. 성찬은 세례로 언약의 공동체의 일원이 된 의미 있는(significant) 표(sign)이다.

'표'라는 단어는 헬라어 세메이온(σημειον, 표적)을 번역한 것이다. 세례와 성찬은 실재를 가리키는 표이다. 사도 바울은 자신들이 할례를 받았기 때문에 구원을 받았다고 자만하는 유대인들에게 이렇게 말했다.

> 28 대저 표면적 유대인이 유대인이 아니요 표면적 육신의 할례가 할례가 아니라 29 오직 이면적 유대인이 유대인이며 할례는 마음에 할지니 신령에 있고 의문에 있지 아니한 것이라 그 칭찬이 사람에게서가 아니요 다만 하나님에게서니라(롬 2:28-29)

유대인들은 언약의 표인 할례로 구원받은 증거라고 자부했다. 사도 바울은 그

---

569) 존 칼빈, 기독교강요 I, 성문출판사 편집부 역 (서울: 성문출판사, 1993), 168.

언약의 외적인 표시 자체가 내적인 실재를 가진 것이 아니라고 단언했다. 로마 가톨릭 역시 성례 자체가 효력을 발생한다고 말하기 때문에 비성경적이다. 로마 가톨릭은 성례가 자동적으로(ex oper operato) 효력이 발생하여 구원의 능력을 부여하는 성례칭의를 말하나, 개혁교회의 성례는 그 자체로 효능이 없다고 말하며 그것은 이신칭의 교리에서 드러나듯이 구원은 오직 믿음으로만 가능하다. 로마 가톨릭에서 성례는 칭의를 향한 노정에서 이정표로서 시행되기에, 만일 세례가 구원을 일으키는 효력을 발생하지 않는다면 공허한 표라고 종교개혁가들을 공격했다. 그러나 종교개혁가들은 표 자체가 효력이 있는 것이 아니라 하나님의 약속하신 것을 표로 확증하신다면 그 표는 공허한 것이 아니라고 답변했다. 왜냐하면, 성령 하나님께서 각 개인으로 하여금 직접 그리스도와 교제하게 하며, 성례는 이 교제의 상징이요 증표이기 때문이다.

둘째, 세례는 인치는 것이다. 고대 왕들은 협정을 맺을 때에 협정에 서명하고 밀납과 인장 반지로 인을 쳤다. 왕의 권위로 약속의 진정성을 입증했다. 성령님께서 우리를 불러 거듭나게 하시고 하나님의 자녀로 삼으실 때에 하나님의 소유된 인을 치신다. 그것은 전적으로 하나님의 것이 되었다는 내적인 인침이다. 그 내적인침을 외적인침으로 나타낸 것이 세례와 성찬이다.

> 또 그 안에서 너희가 손으로 하지 아니한 할례를 받았으니 곧 육적 몸을 벗는 것이요 그리스도의 할례니라(골 2:11)

칼빈은 성례를 다음과 같이 말했다.

> … 그것은 주께서 우리의 연약한 믿음을 지탱시켜 주시기 위하여 우리를 향하신 그의 선하신 약속들을 우리 양심에 인치시는 하나의 외형적인 표지(sign)이며, 또한 우리 편에서는 주와 그의 천사들과 사람들 앞에서 그를 향한 우리의 경건을 인증하는 표지라 할 수 있을 것 같다. 좀 더 간단히 정의 하자면, 우리에게 향하신 신적 은혜에 대한 증거를 외형적인 증표로써 확증하는 것이요, 그에 따라서 주님을 향한 우리의 경건을 인증하는 것이라고 말할 수도 있을 것이다.[570]

성례가 현대를 살아가는 우리에게 무슨 의미가 있는가? 현대인들은 세계가 우연의 산물이라는 진화론의 영향을 입어 살아가고 있다. 진화론은 삶의 의미를 주지 못하며 삶의 목적 또한 없다. 모든 것이 우연에 기초하기 때문에 삶을 진지하게 살아가야할 이유가 없다. 인간 존재에 가치를 부여하고 존엄성을 부여하

---

[570] 존 칼빈, 기독교강요(하) (고양: 크리스챤다이제스트, 2003), 333.

는 근거가 없다. 인간은 의미와 통일성을 부여받지 못하며 절망에 빠져 죽는다. 현대인들은 의미와 통일성을 부여받기 위하여 자기 내면에 신성을 부여하고 뉴에이지 영성으로 도약하고 있다. 그러나 그 속에서 일어나는 분열을 해결할 수가 없어서 더 비참한 절망의 수렁으로 빠져들고 있다.

그러나, 성도는 성례를 통하여 의미와 통일성을 충만하게 부여받는다. 우리의 존재와 삶을 살아야 하는 이유와 목적에 대하여, 우리를 둘러싸고 있는 수많은 관계들에 대해서 충만하게 의미와 통일성을 부여해 주기 때문에 허탈하지 않고 늘 감사와 기쁨과 만족과 자유 가운데 살아갈 수가 있다.

그렇게 되는 근본적인 이유는 성도 안에는 예수 그리스도의 생명이 심겨졌기 때문이다.[571] 성례는 영적인 의미와 실재를 담고 있기 때문에 하나님의 나라에 들어가기까지 성도는 성례를 통하여 충만한 은혜를 공급받아 승리하는 신앙의 삶을 살아갈 수가 있다.

세례를 통하여 인간이 죄의 지배에서 벗어나 하나님의 은혜의 지배에 들어가는 새로운 신분이 되므로 허공에 두 발을 디디고 사는 세상 사람들과는 달리 영원히 안전한 반석 위에서 안정감을 누리고 살아가게 된다. 성찬을 통하여 예수 그리스도의 십자가의 죽음과 부활이 성도에게 어떤 의미와 통일성을 주는지 매주 기억하므로 흔들리지 않고 믿음의 길을 달려갈 수가 있다.

성례는 우리의 실제적인 삶과 관련된 것이다. 그것은 종교적인 예식으로 끝나지 않는다. 성례는 형식적이거나 공허한 표가 아니다. 그리스도와 연합되었다는 것은 영원한 의미와 통일성을 부여한다. 세상은 그 어떤 것으로도 영원한 의미와 통일성을 제공받지 못한다. 그렇게 하기 위해 아무리 몸부림을 쳐도 안 되기 때문에 긍정의 심리학으로 가거나 신비주의 영성으로 가고 있다. 현대인들은 그렇게 죽었고 또 죽어가고 있다.

데이비드 웰스는 『거룩하신 하나님』에서 다음과 같이 말했다.

> 그들은 아무것에도 영향 받지 않고, 속이 텅 비어있고, 여기저기서 주워 모은 인성의 조각들을 취사선택해 이어 맞추고, 약속에 대한 의심이 많고, 성욕 외에 아무런 열정이 없고, 헌신할 능력이 전혀

---

[571] 그가 우리에게 약속하신 약속이 이것이니 곧 영원한 생명이니라(요일 2:25) 우리가 형제를 사랑함으로 사망에서 옮겨 생명으로 들어간 줄 알거니와 사랑하지 아니하는 자는 사망에 거하느니라(요일 3:14) 또 증거는 이것이니 하나님이 우리에게 영생을 주신 것과 이 생명이 그의 아들 안에 있는 그것이니라(요일 5:11) 아들이 있는 자에게는 생명이 있고 하나님의 아들이 없는 자에게는 생명이 없느니라(요일 5:12)

없고, 실체보다 이미지에만 집착하고, 제약 없는 개인 취향의 매력적인 만병통치약에 따라 움직이고, 개인의 직감만을 따른다.

하나님으로부터 영원한 의미와 통일성을 부여받지 못하는 사람들은 자기 안에서 답을 찾으려고 하지만 절망과 비참함에 빠져서 죄악으로 방탕한 삶을 살다가 죽게 된다. 구원받은 백성들은 말씀과 성례와 기도를 통하여 충만하게 생명력을 받아 누리기 때문에 자기연민이 자리할 여지가 없다. 오히려 가면 갈수록 충만한 은혜를 누리고 그리스도 안에서 자유와 평안과 기쁨을 누리게 된다.

제93문 신약의 성례는 무엇입니까? (대164)
답: 신약의 성례는 세례와 성찬입니다.572)

신약의 성례는 예수님께서 제정하신 세례와 성찬 두 가지이다.573) 로마 가톨릭은 7가지 성례를 주장한다. 세례는 물에 빠져 죽고 새생명을 얻었다는 것을 말하며, 성찬은 하나님의 진노가 완전히 지나갔음을 나타내는 표지이자 보증이다. 세례는 예수 그리스도와 연합하여 예수와 함께 죽고 예수와 함께 살아났다는 것을 말해준다. 성찬은 그리스도와 연합된 자들에게 그리스도 자신을 공급한다.574)

> 그러므로 너희는 가서 모든 족속으로 제자를 삼아 아버지와 아들과 성령의 이름으로 세례를 주고 (마 28:19)

언약의 표로써 구약에서는 할례를 시행했으며, 새언약의 표로서 신약에서는 세례를 시행한다. 할례는 두 가지 의미를 가지고 있다. 첫째로 세상과 구별되는 하나님의 언약 공동체가 된다. 둘째로 할례를 받음으로 언약시에 선포된 율법을 지키면 복을 받지만 만일 지키지 않고 불순종하면 저주를 받게 된다. 할례를 행한 것처럼 자신도 하나님과의 교제를 신실히 지켜가야 하는 언약의 표시였다.

창세기 15장에는 하나님께서 아브라함과 맺으시는 횃불 언약이 있다. 하나님께서는 아브라함에 말씀하셨다.

---

572) Q. 93. Which are the sacraments of the New Testament? A. The sacraments of the New Testament are, baptism, and the Lord's Supper.
573) 하이델베르크 교리문답 제65문: 오직 믿음만이 우리를 그리스도와 그의 모든 유익에 참여하게 하는 것이라면, 이 믿음은 어디로부터 오는 것입니까? 답: 성령께로부터 옵니다. 성령께서 복음의 설교를 통하여 우리 마음속에 믿음을 일으키시고, 성례를 사용하시어 그 믿음을 강화시키십니다.
제66문: 성례란 무엇입니까? 답: 성례는 거룩하고, 가시적인 표와 인입니다. 성례는 하나님께서 복음의 약속을 우리에게 더 충분히 선포하고, 인치시기 위하여 사용하시려고 제정하신 것입니다. 그 복음의 약속은 그리스도께서 십자가위에서 단번에 성취하신 희생제사 때문에, 하나님께서 은혜스럽게 우리에게 죄의 용서와 영생을 주셨다는 것입니다.
제67문: 그렇다면 말씀과 성례 둘 다 우리 구원의 유일한 근거인 십자가위에서 죽으신 예수 그리스도의 희생제사에 대한 우리의 믿음에 초점을 맞추도록 의도되어져 있습니까? 답: 그렇습니다. 성령께서 우리에게 복음을 통하여 가르치실 뿐만 아니라, 우리의 전체 구원이 우리를 위해 십자가에 달려 죽으신 그리스도의 한 번의 희생제사에 달려 있다는 것을 성례로 우리에게 확신시켜 주십니다.
제68문: 새 언약에서 그리스도께서 몇 종류의 성례를 제정하셨습니까? 답: 거룩한 세례와 성찬 두 가지입니다.
574) 우리가 축복하는 바 축복의 잔은 그리스도의 피에 참여함이 아니며 우리가 떼는 떡은 그리스도의 몸에 참여함이 아니냐(고전 10:16)

> 이 후에 여호와의 말씀이 이상 중에 아브람에게 임하여 가라사대 아브람아 두려워 말라 나는 너의 방패요 너의 지극히 큰 상급이니라(창 15:1)

자녀가 없는 아브라함으로서는 자신의 상속자는 그저 다메섹 사람 엘리에셀이라고 말했다. 하나님께서는 아브라함의 종 엘리에셀이 아니라 아브라함의 몸에서 날 자가 상속자가 되리라고 말씀해 주셨다. 그리고 아브라함을 이끌고 밖으로 나가 하늘의 별들이 많은 것처럼 아브라함의 자손도 그렇게 될 것이라고 말씀하셨다. 그것을 아브라함이 믿었을 때 "여호와께서는 이를 그의 의로 여기"셨다(창 15:6). 그리고 잠시 후 아브라함은 하나님께 여쭈었다.

> 그가 가로되 주 여호와여 내가 이 땅으로 업을 삼을 줄을 무엇으로 알리이까(창 15:8)

하나님께서는 아브라함에게 이렇게 말씀하셨다.

> 여호와께서 그에게 이르시되 나를 위하여 삼 년 된 암소와 삼 년 된 암염소와 삼 년 된 수양과 산비둘기와 집비둘기 새끼를 취할지니라(창 15:9)

아브라함은 짐승을 죽여 쪼개고 절반은 이편에 절반은 저편에 두어 마주보게 했다. 하나님께서는 장차 아브라함의 자손들이 애굽에서 종살이를 하다가 나오게 될 것을 말씀하셨고, 아브라함은 횃불이 쪼갠 고기 사이로 지나가는 것을 보았다. 그것은 하나님께서 아브라함과 언약을 맺으시며 하신 말씀을 반드시 지킬 것이라는 의미였다. 하나님께서 약속을 지키지 않으면 이 동물들이 쪼개어진 것처럼 될 것이라고 하나님 자신을 걸고 언약하셨다.

예수님께서는 죽으시기 전날 마지막으로 제자들과 함께 유월절을 지키기를 원하셨다. 예수님께서는 그 자리에서 성찬을 제정하시고 유월절 만찬의 의미를 새롭게 하셨다.

> 26 저희가 먹을 때에 예수께서 떡을 가지사 축복하시고 떼어 제자들을 주시며 가라사대 받아 먹으라 이것이 내 몸이니라 하시고 27 또 잔을 가지사 사례하시고 저희에게 주시며 가라사대 너희가 다 이것을 마시라 28 이것은 죄 사함을 얻게 하려고 많은 사람을 위하여 흘리는 바 나의 피 곧 언약의 피니라(마 26:26-28)

성찬에서 빵은 그리스도의 몸을 포도주는 그리스도께서 흘리신 피를 나타낸다.575) 성찬은 예수님께서 십자가에서 죽으시는 그 의미를 전달한다.

사도 베드로는 그리스도의 복음을 전하고 세례를 베풀었다.

> 이에 베드로가 가로되 이 사람들이 우리와 같이 성령을 받았으니 누가 능히 물로 세례 줌을 금하리요 하고 명하여 예수 그리스도의 이름으로 세례를 주라 하니라 저희가 베드로에게 수일 더 유하기를 청하니라(행 10:47-48)

복음을 들은 이방인들에게 성령님이 임하셨다! 그것은 베드로가 조작한 사건도 아니었고 베드로가 개입할 수 있는 일도 아니었다. 그것은 전적으로 성령님의 역사였다! 베드로는 세례 주기를 주저하지 않았다.

사도 바울은 예수님께서 제정하신 성찬을 그대로 교회에 올바르게 실행하도록 권면했다.

> 23 내가 너희에게 전한 것은 주께 받은 것이니 곧 주 예수께서 잡히시던 밤에 떡을 가지사 24 축사하시고 떼어 가라사대 이것은 너희를 위하는 내 몸이니 이것을 행하여 나를 기념하라 하시고 25 식후에 또한 이와 같이 잔을 가지시고 가라사대 이 잔은 내 피로 세운 새 언약이니 이것을 행하여 마실 때마다 나를 기념하라 하셨으니 26 너희가 이 떡을 먹으며 이 잔을 마실 때마다 주의 죽으심을 오실 때까지 전하는 것이니라(고전 11:23-26)

성찬은 매주 시행해야 한다. 예수님께서는 단지 성례를 행하도록 허락하신 것이 아니라 성례를 해야 한다고 명령하셨기 때문이다. 오늘날 교회가 성찬을 소홀히 하는 것은 성찬으로부터 주어지는 의미와 통일성을 버리고, 자기 체험을 통하여 구원의 확실성을 확보하려는 도약을 선택했기 때문이다.

로마가톨릭의 7성례는 무엇인가?576)

---

575) 하이델베르크 교리문답 제79문: 그렇다면 왜 그리스도께서는 떡을 당신의 몸이라고 하시고 잔을 당신의 피 혹은 새 언약의 피라고 부르셨습니까? 그리고 왜 바울도 그리스도의 몸과 피에 참여한다고 말했습니까? 답: 그리스도께서 이런 방식으로 말씀하신 데는 선한 이유가 있습니다. 그 이유는 다음과 같습니다. 그리스도께서는 떡과 포도주가 이 세상 생활에서 우리를 유지시키는 것처럼, 당신의 몸과 흘리신 피가 영생을 위해 주어지는 우리 영혼을 위한 참된 양식과 음료가 된다는 것을 우리에게 가르치기를 원하셨다는 것입니다. 그러나, 더욱 중요한 것은, 그리스도께서 이 가시적인 표와 인으로 우리에게 다음과 같은 사실을 확신시키기 원하셨다는 것입니다. 첫째로, 성령의 사역을 통하여 우리가 입으로 그리스도를 기억하는 이 거룩한 표를 받아먹는 것이 확실한 것처럼, 그리스도의 실제 몸과 피에 참여한다는 것이 확실하다는 것입니다. 둘째로, 마치 우리가 개인적으로 고난을 당하고 죄값을 지불한 것처럼, 그리스도의 모든 고난과 순종이 확실하게 우리 자신의 것이 된다는 사실을 확인시켜 주고자 하시는 것입니다.

576) http://blog.daum.net/hamasa/15868127; 「카톨릭 7성례」를 참고한 것임.

로마 가톨릭은 자기들의 상상력으로 7성례를 만들어 사람들을 죄악 된 길로 빠지게 했다.

1. 세례성사(영세): 로마 가톨릭 교리서는 "우리는 성세세례를 받을 때 그리스도와 함께 죄에 죽고 그리스도와 함께 새사람으로 부활하며 그리스도와 일치한다"고 말함으로써, 성세성사를 통해 중생한다고 가르친다. 세례를 받음으로 신앙의 시작부터 완성에 필요한 모든 초자연적 능력을 지니게 된다고 가르친다.577) 세례가 칭의의 도구적 원인이라 주장하며, 대죄를 범할 때까지는 칭의 상태를 유지한다고 말한다. 만일 대죄를 범하면 어찌 되는가? 대죄를 범하면 칭의를 상실하게 된다. 그러면 어떻게 회복하는가? 고해성사를 통해서 다시 의롭게 될 수 있다고 말한다. 그래서 로마 가톨릭은 고해성사를 "영혼이 파선된 사람이 의롭게 되는 두 번째 널빤지"라 한다.

그러나 성경은 사람이 거듭나고 의로워지는 것은 오직 예수 그리스도를 믿는 믿음으로 말미암는다고 말한다. 교회가 베푸는 세례로 구원을 얻는 것이 아니라 오직 믿음으로 구원을 얻고 의롭다 함을 받기 때문에 세례성사는 잘못된 것이다.

2. 성체 성사: 성체성사란 '미사'를 말하며, 그 미사는 '제사'다. 미사를 통해서 죄로부터 분리한다고 가르친다. 로마 가톨릭은 "가톨릭의 대표적 전례인 미사는 인류 구원을 위해 예수 그리스도께서 십자가에 못박혀 돌아가심으로써 바치신 희생제사를 기념하고 재현하는 것이며, 그분 안에서 우리가 한 형제를 이루는 거룩한 잔치이다."라고 말한다.578) 예수님께서 십자가에 못박혀 죽으신 것을 매주일 재현한다는 것은 무슨 말인가? 그것은 예수님께서 매주일 십자가에 못박

---

577) http://cafe.daum.net/sn153/Jdx5/4?docid=19pGIJdx5420101206232200; 제 2차 바티칸 공의회 교부들은 이렇게 선언하고 있다. '그리스도의 제자 때문에 불린 것이 아니라 오직 하나님의 계획과 은총으로 불리어 주 예수로 말미암아 의화되었으며, 믿음의 세례로써 하나님의 진정한 자녀가 되고 하나님 본성에 참여하였기에 참으로 거룩하게 된 것이다. 그러므로 그리스도의 제자들은 하나님의 도우심을 받아 거룩하게 삶으로써 받은 성덕을 보존하며 완성해 나가야 할 것이다.'

578) http://fsp.pauline.or.kr/garden/feature.php?code=mass; "미사에 참여한다는 것은 우리가 그리스도교 공동체의 일원임을 고백하는 것이 된다. 하느님께서는 인간을 위한 지극한 사랑으로 당신 아드님을 참 인간으로 이 세상에 보내셨다. 하느님의 아들이신 예수 그리스도께서는 우리 죄를 대신하여 십자가에서 고통을 당하시고 우리를 대신해서 목숨을 바치심으로써 하느님께 희생제사를 드렸으며 십자가에서 바치신 당신의 몸을 우리의 영원한 생명의 양식으로 내어주셨다. 교회는 매일 이 십자가의 희생제사를 기념하고 재현하는 미사를 봉헌한다. 그리고 세례성사를 받은 신자들은 미사 중에 거행되는 영성체 예식 때 예수님의 몸을 받아모심으로써 예수 그리스도와 일치하고 교회 공동체와 일치를 이룬다. 아직 세례를 받지 않은 예비신자는 미사에 참여할 수 있고 또 미사에 참여해야 하지만 성체를 받아 모실 수는 없다." 「주여 당신을 두고 누구를 찾아가겠습니까?」 중에서.

혀 죽으셔야 한다는 뜻이다. 놀랍게도, 로마 가톨릭은 미사를 본질적으로 갈보리의 희생과 같은 희생으로 본다.

이와 같은 로마 가톨릭의 미사는 잘못된 것이다.579) 왜냐하면, 성경은 분명히 그리스도의 완전한 속죄 희생으로 말미암아 인간의 죄와 불법이 사해졌고 또 다른 희생이나 제사가 필요 없다고 선언하고 있기 때문이다.

> 17 또 저희 죄와 저희 불법을 내가 다시 기억지 아니하리라 하셨으니 18 이것을 사하셨은즉 다시 죄를 위하여 제사드릴 것이 없느니라(히 10:17-18)

이렇게 미사를 행하는 근거는 사제들이 예수 그리스도의 대제사장직을 대신한다고 믿기 때문이다. 그러나 그리스도는 영생하시는 하나님이시기 때문에 그의 대제사장직을 죄인 된 인간이 대신할 수도 없다!580)

3. 견진 성사(Confirmation): 세례는 구원을 받는 데는 필수 조건이지만 완전하지 못하므로 이를 재확인하고 신자와 교회가 완전하게 결합하는 의식이 견진 성사이다. 성령의 은사들을 비롯해서 영성생활의 완전한 초자연적 기능을 부여받는다고 말하면서도, 견진성사를 통해서 다시 그 은총을 받아야 한다고 말한다.581) 그러나 세례 자체가 성령님을 전해 주는 수단이 될 수가 없다. 예수 그리스도를 믿을 때 이미 성령님께서 내주하신다. 다시 성령님의 세례를 받아야 하는 것이 아니다. 오늘날도 교회 안에는 성령으로 세례를 받은 사람과 그렇지

---

579) 하이델베르크 교리문답 제80문: 로마교의 미사와 주의 성찬의 차이점은 무엇입니까? 답: 주의 성찬은 우리에게 다음과 같은 내용을 증거해 줍니다. 첫째로, 우리가 단번에 예수 그리스도께서 십자가에서 친히 성취하신 한 번의 속죄제사를 통하여 우리의 모든 죄를 완전히 용서받았다는 것입니다. 둘째로, 성령을 통하여 우리가 그리스도께 접붙여졌다는 것입니다. 이 참된 몸을 가지신 그리스도는 지금 하나님 우편 보좌에 계시고, 이 하늘은 그리스도께서 예배를 받기 원하시는 곳입니다. 그러나, 미사는 다음과 같은 내용을 가르칩니다. 첫째로, 그리스도께서 사제들에 의해서 날마다 산 자들과 죽은 자들을 위하여 희생제사로 드려지지 않는다면, 그들은 그리스도의 고난을 통하여 죄의 용서를 받을 수 없다는 것입니다. 둘째로, 그리스도의 몸이 떡과 포도주의 형태로 나타나서 그곳에서 예배를 받으신다는 것입니다. 그러므로 미사는 근본적으로 그리스도의 단번의 희생제사를 부정하는 것이며, 저주받을 우상숭배인 것입니다.
580) 존 칼빈, 기독교강요(하), 원광연 역 (고양: 크리스챤다이제스트, 2003), 518-540; 「제18장 교황제의 미사: 그리스도의 성찬을 더럽힐 뿐 아니라 말살시키기까지 하는 모독 행위임」. 칼빈은 기독교강요에서 미사의 거짓됨을 다음과 같이 말했다. 1) 미사는 그리스도를 모독한다. 2) 미사는 그리스도의 십자가와 고난을 은폐하고 매장시킨다. 3) 미사는 그리스도의 죽으심을 망각하게 한다. 4) 미사는 그리스도의 죽으심의 은택을 제거한다. 5) 미사는 성찬을 무효화 시킨다. 6) 미사는 하나 된 교제를 부인하는 것이다. 7) 미사는 고대교회에도 전례가 없다. 기독교의 성례는 세례와 성찬뿐이다.
581) http://blog.daum.net/hamasa/15868127; 「카톨릭 7성례」. 토마스 아퀴나스의 신학적 이론에 따라 체계화, 교리화 된 것으로 견진 성사는 세례를 재확인하는 의식이다.

않은 사람이라는 두 부류가 있다고 주장하는 사람들이 있다. 그러나 오직 두 부류만 있다. 성령님이 내주하는 사람과 성령님이 내주하지 않는 사람 이 두 가지만 있다. 제2의 축복을 받은 남다른 부류는 없다.

4. 고해성사: 고백성사는 '제2의 세례성사'라고도 하는데, 종교개혁의 불을 지핀 논쟁의 핵심이었다. 로마 가톨릭 신자는 반드시 고해 성사를 정기적으로 해야 한다. 로마 가톨릭은 사제가 죄 사함의 권한을 다 가지고 있다. 사제는 그리스도의 대리자이고 사제가 신도들의 죄를 용서한다.582) 죄를 완전히 용서받기 위해서는 참회, 고백, 보속이라는 세 가지 과정이 있다. 면죄부는 고해 성사의 세 번째 부분인 보속행위에 속한다.

로마 가톨릭은 고해성사의 증거구절로, "회개하라 천국이 가까웠느니라 하였으니"(마 3:2)를 말하나, 예수님께서는 회개하라고 하셨지 성례로 지정하지는 않으셨다. 중요한 것은, 예수 그리스도를 믿어 구원이 주어지면 우리의 행동으로 인해 그 구원이 상실되지 않는다는 것이다. 예수 그리스도의 의가 전가되면 영원히 의롭다. 우리의 공로로 그리스도의 공로를 살 수 없다. 그러므로 성도에게 주어진 예수 그리스도의 구원과 의는 영원하기 때문에 삶이 불안하지 않다.583)

---

582) http://blog.daum.net/taesoobora/7902921; 사제가 용서할 수 없는 3가지 죄가 있다.(2012/10/18 가톨릭 신문자) 성체모독죄: "성체를 내던지거나 독성의 목적으로 뺏어 가거나 보관하는 자는 사도좌에 유보된 자동 처벌의 파문제재를 받는다"(교회법 제 1367조) 공개적으로 성체를 모독하는 자는 그 행위로 파문을 받는다. 누가 "너는 파문이다."라고 말해야 파문이 되는 것이 아니고 그런 행위를 한 그 자체로 곧 파문이 된다는 것이다. 이것이 자동 파문이라는 것이다. 그런데 파문은 무엇인가? 교회 공동체에서 쫓겨나 교회의 성사를 받지 못하는 것을 말한다. … 이런 죄를 지은 사람은 용서받기 위해서 교황청에다 직접 용서를 빌어야 한다. 2) 교황폭행죄: "교황에게 물리적 힘을 쓰는 자는 사도좌에 유보된 자동 처벌의 파문 제재를 받는다"(교회법 제 1370조). 교황에게 불만을 품고 교황을 때리거나 주먹을 휘두르면 자동 파문이 되고, 그 죄는 교황청을 통해서만 용서받을 수 있다. 3) 제멋대로 주교를 축성하는 죄: "성좌(聖座)의 위임 없이 어떤 이를 주교로 축성하는 주교와 또한 그에게서 축성을 받는 자는 사도좌에 유보된 자동 처벌의 파문 제재를 받는다"(교회법 제 1382조). 교황이 임명하지 않은 신부를 어떤 이유로든지 자기 마음대로 주교로 축성하면 그 주교와 그리고 그로부터 축성된 주교 역시 자동 파문이 되고, 이런 죄는 교황만이 용서해 줄 수 있다는 뜻이다. 4) 고해성사 비밀누설죄: "고해사제가 참회성사의 비밀 봉인을 직접적으로 누설하면 사도좌에 유보된 자동 처벌의 파문제재를 받는다"(교회법 제 1388조). 고해성사를 통해서 들은 비밀을 누설하는 성직자는 자동 파문되고, 그 죄는 교황만이 용서해 줄 수 있다는 뜻이다. 고해성사의 마지막 단계인 보속(補贖)은 죄 때문에 생긴 빚을 갚는 행위이다. 보속에는 두 가지가 있다. 하느님께서 정해주신 보속과 고해사제가 정해주는 보속이다. 하느님께서 정해주신 보속은 죄를 지으면 당연히 기워 갚아야 하는 것을 말한다. 예를 들면, 남의 물건을 훔친 사람은 그 물건을 주인에게 돌려주어야 한다. 이것은 하느님께서 정해 주신 보속이다. 이런 보상행위는 누가 시켜서 하고, 하지 말라고 해서 안 해도 되는 것이 아니라 당연히 해야 하는 것이다. 이런 보상행위는 하나도 하지 않고 그냥 고해성사만 본다고 모든 것이 다 끝나는 것은 아니다.
583) http://blog.daum.net/parkjo3015/657246; 성기호, 「성례론-천주교의 7성례를 중심으로」. 하나님의 말씀은 "너희 죄를 서로 고하라"(약 5:16)고 명령하신다. 신자가 신부에게 죄를 고백해야 한다면, 신부도 신자에게 죄를 고백해야

5. 결혼 성사(Matrimony): 로마 가톨릭에서 결혼은 새로운 터전에서 살아가도록 그들의 삶에 초자연적인 은혜가 주입되는 성례로 본다. 그런 까닭에, 로마 가톨릭 신자들은 반드시 사제 앞에서만 결혼식을 한다. 왜냐하면, 사제는 그리스도와 기독교 공동체의 대표자로서 공적 증인이 되며 사제만이 필요한 문서를 작성할 수 있고 그리스도의 대리자로서 결혼에 축복을 해주고 혼인 미사를 거행할 수 있기 때문이다. 이 말은 모든 권한이 사제에게 있다는 것이다.584)

개혁교회에서도 목사가 결혼식을 행하지만, 그것은 성례가 아니고 하나님이 세우신 하나의 신성한 예법으로 행하는 것이다. 개혁교회는 성례가 아니라 창조 규례로 본다. 창세기를 보면, 하나님께서는 창조 사역 중에 하나로 가정을 만드셨다. 신약에서도, 예수님께서 가나의 혼인잔치에 초대되어 가신 적이 있다. 예수님께서 그 혼인잔치에 참석하셨으나, 성례로 만드셨다는 말씀은 성경 어디에도 없다.

6. 신품 성사(Ordination): 신품 성사는 그리스도의 거룩한 권한을 사제에게

할 것이 명령된 것이다. 또한 사마리아 성의 시몬이 범죄했을 때 베드로는 자기에게 죄를 고백하라 하지 않고 "주께 기도하라"(행 8:22) 명하였다. 가룟 유다는 자살하기 전에 제사장들에게 가서 자기가 "무죄한 피를 팔고 범죄"하였노라고 고백했으나(마 27:3 5), 용서받지 못하고 갈 곳(지옥)에 갔다고 기록되어 있다(행 1:25). 죄는 사람에게 고백하여 용서되는 것이 아님을 알 수 있다. 천주교가 말하는 "천국의 열쇠"(마 16:19)는 신부의 사죄권(赦罪權)이라기보다 죄인이 복음을 듣고 믿어 구원에 이르도록 하라는 복음전파의 명령으로 해석해야 할 것이다. 베드로는 예루살렘 교회회의에서 자기의 복음전파로 이방인이 믿어 정결함에 이르게 된 것을 간증하고 있으니(행 15:7 9) 이는 복음을 통해 죄를 용서하시는 것(사죄권의 행사)은 하나님께서 행하시는 고유한 권한인 것을 깨닫게 하는 것이다. 다만 신자가 사죄의 확신을 위하여 교직자와 함께 기도할 수 있고, 자기의 죄를 자백하는 자를 위하여 교직자는 하나님의 말씀(예를 들면 사 1:18, 요일 1:9 등)으로 위로하고 권면할 수 있을 것이나 "내가 당신의 죄를 사한다"고 말할 수는 없을 것이다. 천주교에서는 그리스도께서 부활 후 제자들에게 "너희가 뉘 죄든지 사하면 사하여질 것이요 뉘 죄든지 그대로 두면 그대로 있으리라"(요 20:23)하신 말씀이 고해성사의 제정(制定)이요, 사제에게 사죄권(赦罪權)을 부여하신 증거라 하나, 그 자리에 사도들만 있던 것이 아니요 열 한 사도 외에 그와 함께한 자들이 있었던 것을 보아(눅 24:33) 복음을 전함으로 그리스도의 사죄를 전할 책임이 사도들 뿐만 아니라 모든 신자에게 주어진 것을 알 수 있다. 사죄의 권능은 오직 하나님만이 있다(막 2:7, 시 32:5, 사 43:25). 땅에 오신 성자(聖子) 하나님이시며 사람(God man) 이신 예수께서 사죄도 하시고 정죄도 하셨다(마 9:6, 요 9:41, 요. 15:22 24). 그러나 베드로에게 주셨다는 사죄권(마 16:19)은 베드로 뿐 아니고 모든 사도들에게 주어졌고(요 20:23) 또한 일반 신자에게 공통으로 주어진 권한인 것을 알아야 한다(마 18:18). 사죄를 위한 보속(補贖)의 명령도 성경적이 아니다. 하나님께 회개하고 갚을 것은 갚고, 사람에게 잘못한 것을 회복시키는 것은 "회개에 합당한 열매"(마 3:8)이니 마땅히 있어야 ?일이나, 신부의 명에 따라 보속을 행해야 죄를 용서받는다는 것은 그리스도의 완전한 대속(代贖)을 약화시키는 인간적인 발상일 뿐이다. 우리를 우리의 모든 죄에서 깨끗하게 하는 것은 "그 아들 예수의 피"(요일 1:7)이지 다른 보속을 통해서가 아니다.

584) http://blog.daum.net/hamasa/15868127 「카톨릭 7성례」.

내라는 성례로, 교황, 추기경, 대주교, 주교, 사제들의 서품 시에 미사를 드리는 거룩한 사람으로, 교회의 사람으로, 직무자로, 종교 교수로, 윤리 선생으로, 독신자로, 세상과 분리된 사람으로, 성직자로, 명사로, 귀족으로, 가난한 사람으로, 투사로, 성사의 집행자로, 중보자로 세우는 서품 예식이라 말한다.585)

그러나, 예수님께서는 사제들을 세우신 일이 없다! 신약성경 어디에도 교회의 지도자를 사제 또는 제사장으로 부른 적이 없다. 베드로는 자신을 장로라고 불렀으며(벧전 5:1), 사도 바울도 교회의 지도자를 감독(딤전 3:1) 혹은 목사(엡 4:12)로 말했다.586)

7. 종부성사(종유 성사, 병자성사): 죽음에 직면한 사람에게 베푸는 성례를 말한다. 종부성사 시에 죄를 용서하는 힘과 필요시에는 병에서 구원하는 힘이 있다고 본다.587) 그들은 그 근거로, 마가복음 6장 13절과 야고보서 5장 14-15절을 증거구절로 삼는다.

> 많은 귀신을 쫓아내며 많은 병인에게 기름을 발라 고치더라(막 6:13)
> 너희 중에 병든 자가 있느냐 저는 교회의 장로들을 청할 것이요 그들은 주의 이름으로 기름을 바르며 위하여 기도할지니라 믿음의 기도는 병든 자를 구원하리니 주께서 저를 일으키시리라 혹시 죄를 범하였을지라도 사하심을 얻으리라(약 5:14-15)

사도들이 나가서 기름을 발라 고친 것은 별다른 신비스러운 것이 없다. 왜냐하면 예수님께서는 소경의 눈을 뜨게 하실 때에 진흙을 바르시고 침을 뱉으셨고(요 9:6), 어떤 이는 손을 대기만 했어도 병이 나았으며(마 9:29), 어떤 이는 말씀만 하셨어도 고침을 받았으며(행 3:6; 14:9-10), 어떤 질병은 만져서 낫기도 했고(행 5:12, 16), 어떤 이는 기름을 발라서 고치기도 했기 때문이다(행 19:12).588) 만일 기름을 발라서 고친 것으로 성례가 맞다고 한다면 이런 모든 방법들

---

585) 같은 사이트에서.
586) http://blog.daum.net/parkjo3015/657246 성기호, 「성례론-천주교의 7성례를 중심으로」. 〈그러나 성경은 그리스도께서 단번에 또 영원한 제사를 드리셨기에 다시 죄를 위하여 제사드릴 것이 없다고 단언하고 있다(히 10:10, 12, 18). 신약의 제사장직은 어느 특정한 계급에게 주어지는 것이 아니라 모든 믿는 자는 "왕 같은 제사장"이 되는 것이다(벧전 2:9). 그리스도의 속죄를 위한 희생의 제사가 완성된 후에는 찬미의 제사(히 13:15), 자신을 하나님께 드리는 거룩한 산제사 등 영적인 의미의 제사가 있을 뿐이지(롬 12:1) 천주교가 말하는 것처럼 희생의 제사(미사)가 되풀이 되는 것이 아니다.〉
587) 최윤배, 칼빈의 중세 로마 가톨릭 교회의 7성례에 대한 비판.
588) 존 칼빈, 기독교강요(하), 원광연 역 (고양: 크리스찬다이제스트, 2003), 561.

에 대하여 성례라고 시행하여야 할 것이다.

칼빈은 종부성사를 "아무 효력도 없는 썩은 기름을 성령의 권능으로 만들어" 성령을 모욕한다고 말하면서 다음과 같이 말했다.

> 이것은 마치 성경에서 성령을 기름으로 부르고 있으니 모든 기름이 다 성령의 권능이라는 말이나, 성령께서 비둘기의 형상으로 나타나셨으니(마 3:16; 요 1:32) 모든 비둘기가 다 성령이라는 말이나 마찬가지인 것이다. 그들은 이 사실을 명심해야 할 것이다.[589]

성경은 병든 자에게 기름을 바르라고 말했으나, 로마 가톨릭은 임종이 가까운 사람이나 이미 죽은 사람에게 종부성사를 한다.[590] 왜냐하면 종부성사를 통해서 지옥에서 영혼을 건져내는 시간의 창이 존재한다고 믿기 때문이다. 그러나, 성경은 분명하게 선언한다. "한번 죽는 것은 사람에게 정하신 것이요 그 후에는 심판이 있으리니"(히 9:27) 심판을 보류하거나 바꿀 수 있는 권한과 능력이 사람에게는 없다. 예수님을 믿지 않는 자는 지옥의 심판이 있을 뿐이다. 죽은 후에는 사람이 다시 구원을 받을 기회가 없다.

---

[589] Ibid., 562-563.
[590] http://www.e-napgol.com/ac-2.htm 천주교식 장례. 종부성사(終傅聖事): 마지막 숨을 거둘 때에 행하는 성사를 종부라고 하며 의식이 있을 때 신부를 청하여 종부성사를 받는데, 오늘 날에는 명칭이 바뀌어 병자성사(病者聖事)라고 한다. 이 의식을 행하기 전에 가족들은 환자의 옷을 깨끗하게 갈아입히고 성유(聖油)를 바를 곳, 즉 얼굴과 눈, 귀, 코, 입, 손바닥, 발바닥 등을 씻어 준다. 또한, 상 위에 흰 천이나 백지를 깔고 그 위에 십자고상(十字苦像)과 촛대, 성수 그릇, 성수 채, 작은 그릇 등을 준비한다. 신부(神父)가 도착하면 상 위의 촛대에 불을 밝힌 다음 신부와 환자만 남기고 다른 사람들은 모두 물러나는데, 이는 고해 성사(告解聖事)가 있기 때문이다. 고해성사가 끝나면 노자성체(路資聖體), 종부성사, 임종 전 대사의 순서로 성사를 진행한다. 종부성사는 신부가 없이 운명했을 때에도 받을 수 있는데, 이 때에는 주위에 있는 사람들이 환자를 위로하고 격려하는 말을 해주고 '성서(聖書) 가운데 거룩한 구절을 골라 읽어준다.

제94문 세례는 무엇입니까? (대165)
답: 세례는 성부와 성자와 성령의 이름으로 물로써 씻는 성례인데, 이로써 우리가 그리스도에게 접붙여짐과 은혜언약의 모든 은덕에 참여함과 우리가 주님의 소유가 되기로 약속함을 표하며 인치는 것입니다.[591]

할례가 옛 언약의 외적인 표였던 것처럼 세례는 새 언약의 백성들에게 주어지는 외적인 표이다. 세례는 새 언약의 표와 인이다. 하나님께서는 자기 백성들과 언약하시고 그 언약을 확정하는 언약의 의식과 표가 있었다. 노아와 맺은 언약에서 그 외적인 표시로 무지개를 주셨으며 아브라함에게는 할례를 명하셨다. 예수님께서 오심으로 새언약의 시대에 들어갔기 때문에 새언약의 표로써 주어진 것이 세례이다.[592]

요한은 예수님께서 공생애를 시작하시기 전에 세례를 베풀고 있었다. 요한은 오실 그리스도에 대해 이스라엘이 준비하기 위하여 세례를 베풀었다. 예수님은 세례에 대하여 새로운 의미와 내용을 부여하셨다. 세례는 죄악 된 상태에서 깨끗하게 되는 것이지만 이제 세례를 받는 다는 것은 예수님과 함께 죽고 예수님

---

[591] Q. 94. What is baptism? A. Baptism is a sacrament, wherein the washing with water in the name of the Father, and of the Son, and of the Holy Ghost, doth signify and seal our ingrafting into Christ, and partaking of the benefits of the covenant of grace, and our engagement to be the Lord's.
[592] 하이델베르크 교리문답 제69문: 거룩한 세례가 어떻게 당신에게 "그리스도께서 십자가 위에서 이루신 한 번의 희생제사가 당신을 위한 것이었다"는 사실에 대한 표와 인이 됩니까? 답: 다음과 같은 방식으로 표와 인이 됩니다. 즉 그리스도께서 이 외적인 씻음의 제도를 정하셨고, 이 이 씻음의 제도와 함께 물이 몸에서 더러운 것을 확실하게 씻는 것처럼, 그리스도의 피와 영이 나의 영의 부정함 곧 나의 모든 죄를 씻어 주시겠다는 약속을 주신 것입니다.
제70문: 그리스도의 피와 영으로 씻음을 받았다는 것은 무슨 뜻입니까? 답. 그리스도의 피로 씻음을 받았다는 것은 십자가위에 희생제사에서 우리를 위해 흘리신 그리스도의 피로 말미암는 은혜로 하나님으로부터 죄의 용서를 받았다는 뜻입니다. 그리스도의 영으로 씻음을 받았다는 것은 성령에 의해서 거듭나서 그리스도의 지체로 거룩하게 되어 점점 더 죄에 대해서 죽고 거룩하고 흠 없는 삶으로 인도해 주신다는 뜻입니다.
제71문: 그리스도께서 우리가 물세례로 씻음을 받은 것처럼 확실하게 그리스도의 피와 영으로 씻음을 받을 것이라는 약속을 어디에서 해 주셨습니까? 답: 그리스도께서 세례를 제정하실 때, 그곳에서 말씀하시기를, "가서 모든 족속으로 제자를 삼아 아버지와 아들과 성령의 이름으로 세례를 주라"(마 28:19). "믿고 세례를 받는 사람은 구원을 얻을 것이요. 믿지 않는 사람은 정죄를 받으리라"(막 16:16)고 하셨습니다. 이 약속은 성경에서 세례를 중생의 씻음과 죄의 씻음이라고 말하는 곳에서 반복됩니다(딛 3:5; 행 22:16).
제72문: 물에 의한 외부적인 씻음 그 자체가 죄를 씻어 줍니까? 답: 아닙니다. 오직 예수 그리스도의 피와 성령만이 우리를 모든 죄로부터 깨끗하게 해 줍니다.
제73문: 그렇다면 왜 성령께서 세례를 중생의 씻음과 죄의 씻음이라고 부릅니까? 답: 하나님께서는 선한 이유로 이렇게 말씀하십니다. 하나님께서는 우리에게 물이 우리 몸에서 더러운 것을 씻어주듯이 그리스도의 피와 영이 우리 죄를 제거해 주신다는 것을 가르치시려는 것입니다. 그러나, 더 중요한 것은, 하나님께서 우리에게 이러한 신적 보증과 표로 우리의 죄에 대한 영적인 씻음이 물에 의한 몸의 씻음처럼 실제적이라는 점을 확신시켜 주시고 있다는 것입니다.

과 연합된 자가 되었다는 의미였다. 예수님이 오시고 난 다음에는 할례 의식이 세례 의식으로, 유월절은 성만찬으로 바뀌었다.

이 세례는 언약과 함께 이해되어져야 하며, 믿음으로 살아가는 성도의 신앙생활과 직접 연관되어진다. 사도 요한은 요한계시록에서 환난 중에 있는 성도들에게 다음과 같이 말했다.

> 나 요한은 너희 형제요 예수의 환난과 나라와 참음에 동참하는 자라 하나님의 말씀과 예수의 증거를 인하여 밧모라 하는 섬에 있었더니(계 1:9)

요한은 자신을 "너희 형제요 예수의 환난과 나라와 참음에 동참하는 자라"고 말했다. 이것은 다만 사도 요한을 소개하는 것만이 아니라 '구원받은 성도들이란 어떤 사람들인가?'를 나타내는 것이다. 성도들은 모두 형제이며, 성도들은 모두 예수님의 환난과 나라와 참음에 동참하는 자들이다.

특히 9절에서 우리 한글로는 '예수의'라고 되어 있는 이 말은, '예수님 안에서'라는 뜻이다. 이 말은 두 가지로 해석이 된다. 첫째는 성도는 예수님 안에서 환난과 나라와 참음에 동참하는 자로, 둘째는, '환난과 나라와 참음이 예수님 안에 있다'로 해석할 수 있다. 이 두 가지다 가능한 해석이다. 둘 다 강조점의 차이는 있지만, 중요한 것은 이런 환난과 나라와 참음이 예수님 안에 살아가는 성도들의 삶의 중요한 특징이라는 것을 말해 준다. 진정으로 예수님을 믿고 예수님 안에 살아가는 자들이라면 이런 환난이 있고 그 환난에 대한 참음이 있고 그로 인해 하나님의 나라에 동참하고 있다는 것을 말한다.[593] 여기서 말하는 이 '그리스도와의 연합'이 중요하다. 언약 신학의 중요한 개념 중에 하나가 그리스도와의 연합이다.[594] 그리스도와의 연합은 언제 이루어지는지 성경은 이렇게 말한다.

> 3 무릇 그리스도 예수와 합하여 세례를 받은 우리는 그의 죽으심과 합하여 세례 받은 줄을 알지 못

---

[593] 이필찬, 내가 속히 오리라 (서울: 이레서원, 2008), p. 75.
[594] 코르넬리스 프롱크, 사도신경, 임정민 역 (서울: 그책의사람들, 2013), 143-144; 프롱크는 '그리스도의 부활'을 말하면서, 다음과 같이 말했다. 〈부활절 아침에 일어난 일은 그저 역사적 사실만이 아니라, 역사의 성례이기도 합니다. 그리스도의 부활은 표와 인입니다. 실로 예수님께서 살아 계시니까 예수님의 교회도 살아 있다는 보증입니다. 길버트 체스터턴(Gilbert Keith Chesterton)의 『영원한 인간』(The Everlasting Man)에 보면, "다섯 번 죽은 믿음"이라는 장이 있습니다. 거기서 저자는 그리스도와 그리스도의 교회는 서로 아주 밀접한 관계가 있어서 교회에 일어나는 어떤 일이든 그리스도께도 일어난다고 말합니다."〉 여기에 인용된 G. K. 체스터턴은 로마가톨릭 작가이며 판타지 탐정소설을 쓴 사람이다. 로마가톨릭으로 개종한 C. S. 루이스는 『예기치 못한 기쁨』에서 체스터턴의 영향을 받았다고 말했다. 이런 점들은 매우 우려스러운 일이다.

하느뇨 4 그러므로 우리가 그의 죽으심과 합하여 세례를 받음으로 그와 함께 장사되었나니 이는 아버지의 영광으로 말미암아 그리스도를 죽은 자 가운데서 살리심과 같이 우리로 또한 새 생명 가운데서 행하게 하려 함이니라 5 만일 우리가 그의 죽으심을 본받아 연합한 자가 되었으면 또한 그의 부활을 본받아 연합한 자가 되리라(롬 6:3-5)

그리스도와의 연합을 세례를 통하여 말한다. 예수님과 합하여 세례를 받았다고 말한다. 성도는 예수님과 함께 죽고 예수님과 함께 장사되고 예수님과 함께 부활했다. 그것이 세례다. 세례를 무엇으로 말하느냐 하면, 언약의 대표성으로 말한다. 내가 저 십자가에 못박힌 것이 아니다. 내가 무덤에 장사된 것이 아니다. 내가 그 무덤에서 부활한 것도 아니다. 예수님께서 십자가에 못박혀 죽으셨고, 예수님께서 무덤에 장사되셨고, 예수님께서 그 무덤에서 부활했다.

그런데 어떻게 우리가 예수님과 함께 죽고 예수님과 함께 장사되고 예수님과 함께 부활했다고 말하는가? 그것은 바로 예수님께서 새언약의 대표가 되시고 우리는 예수님과 연합되었기 때문이다. 언약은 따로 국밥이 아니다. 예수님과 한 번 언약을 맺으면 사는 것도 죽는 것도 예수님과 함께 한다. 어떻게 예수님과 우리가 하나가 되는가? 그것은 성령님께서 그리스도께 우리를 접붙이셨기 때문이다.

그래서 성령님을 '연결고리'라 부른다. 성령님이 무슨 도구라는 뜻이 아니라 우리가 이해하기 쉽도록 비유를 든 것이다. 그 말은 예수님께서 이루신 십자가의 구속을 효력 있도록 적용하신다는 뜻이다. 예수님의 그 피 흘리신 대속의 은혜가 우리에게 실제로 효과가 있도록 만드시는 분이 성령님이시다. 성령님께서 우리의 죽은 영혼을 살리시고 그리스도 앞으로 이끌어 그 십자가의 피의 공로로 하나님과의 언약을 회복하게 하신다.

이 언약의 연합을 고린도전서에서 이렇게 말한다.

1 형제들아 너희가 알지 못하기를 내가 원치 아니하노니 우리 조상들이 다 구름 아래 있고 바다 가운데로 지나며 2 모세에게 속하여 다 구름과 바다에서 세례를 받고 3 다 같은 신령한 식물을 먹으며 4 다 같은 신령한 음료를 마셨으니 이는 저희를 따르는 신령한 반석으로부터 마셨으매 그 반석은 곧 그리스도시라(고전 10:1-4)

사도 바울은 이스라엘 백성들이 홍해를 건넌 것을 이스라엘의 세례로 말하고 있다. 세례라는 것이 그냥 물을 붓는다는 것이 아니라는 것을 알 수 있다. 우리가 세례를 받을 때 상징적으로 물을 뿌리거나 침례를 행하기는 하지만 세례를 단순히 물에 젖는 것으로 말하지 않는다. 이스라엘 사람들은 홍해를 헤엄쳐서 건너간 것이 아니다. 그들 중에 수영실력이 좋은 사람들만 살아남은 것이 아니다. 그러면 어떻게 했는가? 그들은 마른 땅을 걸어갔다. 언약의 대표인 모세를 따라 갔기 때문이다. 그것을 두고 이스라엘 백성들이 세례를 받았다고 말한다. 그렇게 세례는 공개적으로 역사적으로 이루어졌다.

그러면 세례는 무엇인가? 그것은 이스라엘 백성들이 애굽에서 바로의 종살이를 하고 있었지만 이제 이 홍해를 건너면서 그 종 되었던 이스라엘은 이 홍해에서 죽고, 어린양의 희생으로 죽음을 면하고 살아남은 하나님의 백성으로 이제 살아나오는 것이 세례다. 신약으로 말하자면 옛사람은 죽고 새사람이 되는 것이다. 옛사람은 언약 밖의 사람이다. 새사람은 언약 안에 있는 사람이다.

그 언약 안에는 그냥 못 들어온다. 언약 밖으로 나갔다는 것은 죄를 지어 하나님 없는 삶을 살아가는 삶이기 때문이다. 그러면 어떻게 해야 하는가? 그 죄 값을 치루어야 한다. 그 죄 값을 어떻게 치루는가? 그 죄 값을 치루는 길은 오직 하나 죽는 것밖에 없다. 왜냐하면 하나님과의 언약을 저버린 죄이기 때문이다. 언약을 맺는다는 것은 이 언약을 저버릴 때는 죽음으로써 그 죄 값을 치루겠다는 것을 약속하기 때문이다. 그것을 어디에서 알 수 있는가? 하나님께서 아브라함과 언약을 맺으시는 모습을 통해 알 수가 있다.

> 9 여호와께서 그에게 이르시되 나를 위하여 삼년 된 암염소와 삼년 된 수양과 산비둘기와 집비둘기 새끼를 취할지니라 10 아브람이 그 모든 것을 취하여 그 중간을 쪼개고 그 쪼갠 것을 마주 대하여 놓고 그 새는 쪼개지 아니하였으며 11 솔개가 그 사체 위에 내릴 때에는 아브람이 쫓았더라 12 해 질 때에 아브람이 깊이 잠든 중에 캄캄함이 임하므로 심히 두려워하더니 13 여호와께서 아브람에게 이르시되 너는 정녕히 알라 네 자손이 이방에서 객이 되어 그들을 섬기겠고 그들은 사백 년 동안 네 자손을 괴롭게 하리니 14 그 섬기는 나라를 내가 징치할지며 그 후에 네 자손이 큰 재물을 이끌고 나오리라 15 너는 장수하다가 평안히 조상에게로 돌아가 장사될 것이요 16 네 자손은 사 대만에 이 땅으로 돌아오리니 이는 아모리 족속의 죄악이 아직 관영치 아니함이니라 하시더니 17 해가 져서 어둘 때에 연기 나는 풀무가 보이며 타는 횃불이 쪼갠 고기 사이로 지나더라(창 15:9-17)

여호와께서 아브라함과 언약을 맺으시고, 그 언약을 어떻게 확증하시기 위해 쪼갠 고기 사이로 횃불이 지나갔다(17절). 이 횃불은 여호와의 임재를 상징한다. 그것은 여호와 하나님께서도 아브라함도 만일 이 언약을 어기면 이렇게 짐승이 쪼개지듯이 죽게 된다는 뜻이다. 이렇게 언약은 그냥 말로만, '우리 서로 언약합시다.'가 아니다. 이 언약을 맺는 당사자들은 자신들의 생명을 걸고, 또 죽음으로써 이 언약을 확증했다. 그러니 언약을 맺는다는 것은 함께 죽고 함께 사는 것이다.

이렇게 생명이 걸린 그 언약을 회복하고 다시 언약 안으로 들어오기 위해서는 죽어야 한다. 그러나 그렇게 언약 당사자가 죽어 버리면 언약의 교제가 이루어지지 않는다. 언약의 회복을 위해 누군가 언약 당사자를 대신하여 죽는다. 그것이 바로 대속의 희생제물이다. 우리의 죄를 대신하여 예수님께서 십자가에서 죽으시고 우리를 새언약 안으로 넣어주셨다. 그것을 세례라 한다. 이것이 바로 예수님과 함께 죽고 예수님과 함께 장사되고 예수님과 함께 부활하고 예수님과 함께 하나님 보좌 우편에 앉았다는 뜻이다.

이제 우리는 새 언약 안에 있으니 아무것도 안 해도 되는 것인가? 성경은 이렇게 말한다.

> 자녀이면 또한 후사 곧 하나님의 후사요 그리스도와 함께 한 후사니 우리가 그와 함께 영광을 받기 위하여 고난도 함께 받아야 될 것이니라(롬 8:17)
> 그리스도를 위하여 너희에게 은혜를 주신 것은 다만 그를 믿을 뿐 아니라 또한 그를 위하여 고난도 받게 하심이라(빌 1:29)

하나님의 자녀는 하나님의 후사이며 그리스도와 함께 한 후사다. 여기서 '자녀'는 가족 관계를 강조하는 용어이며 '후사'는 상속(相續)과 관계되는 용어다. 사도 바울은 '자녀'로서 하나님의 후사가 되는 성도의 권세를 강조하고 있다. 성도는 하나님과 가족 관계에 들어간 자들로 그 가족의 구성원이 될 뿐 아니라 그리스도께서 취하신 하나님의 후사로서의 권세도 동시에 가진 신분이다. 그런데 그렇게 놀라운 신분을 누리게 된 성도들이 그것으로 끝나는 것이 아니라, 그 영광을 받기 위해 고난도 함께 받는다. 빌립보서에서는 예수 그리스도께서 은혜를 주신 것은 다만 예수님을 믿었다 그것으로 끝나지 않고 믿으면 고난도 받는다고 말한다.

이 고난을 요한계시록에서는 환난을 먼저 말했다. 환난이란 '탈곡기'를 말한다. 옛날에는 탈곡을 홈이 있는 철판을 깔아놓고 위에서 빗살무늬 철판으로 비볐다. 그렇게 철판 사이에서 곡식이 탈곡을 당하듯이 너무 너무 고통스러운 것이 환난이다. 믿음의 성도들은 그런 환난을 받게 된다고 말한다. 누가 그 환난을 감당해 가는가? 예수 그리스도와 함께 세례를 받은 자들이다. 예수님과 함께 죽고 함께 사는 자만이 죽도록 믿음에 충성한다.

정말 중요한 것은 무엇인가? 그 환난이 무엇을 만들어 가느냐? 그것이 중요하다.

> 3 다만 이뿐 아니라 우리가 환난 중에도 즐거워하나니 이는 환난은 인내를 4 인내는 연단을 연단은 소망을 이루는 줄 앎이로다(롬 5:3-4)

환난은 우리를 더욱 예수님께로 인도해 간다. 그것이 참다운 성도다. 고난을 당할수록 신앙은 빛이 난다. 참된 성도는 어려움을 당할 때 표가 난다. 그냥 꾹 참는 것이 아니라 이 고난이 믿음을 더 연단하고 이 고난이 믿음을 더 아름답게 만드는 것을 알기 때문이다. 이 고난이 복음의 본질로 이끌고 그렇게 복음의 본질로 나아갈 때 신앙은 진정한 충성을 만들어낸다. 그러므로, 우리는 사도 요한 같이 말해야 한다.

> 9 나 요한은 너희 형제요 예수의 환난과 나라와 참음에 동참하는 자라

우리의 생애 가운데 이 믿음 때문에 어떤 어려움을 당할지라도, 예수 그리스도와 함께 죽고 함께 장사되고 함께 부활하고 함께 하나님 보좌 우편에 앉은 영광스러운 하나님의 자녀로서 고난도 함께 받아야 할 것을 알고, 이 믿음을 끝까지 지켜나가는 하나님의 백성들이다. 이것이 바로 세례가 말하는 내용이다.

1) 세례는 성부와 성자와 성령의 이름으로 물로써 씻는 성례인데

세례가 "성부와 성자와 성령의 이름으로" 이루어진다는 것은 예수 그리스도 안에서 삼위하나님과 연합을 이룬다는 것을 말한다. 세례를 받은 성도는 삼위 하나님과의 관계 속에서 존재한다는 뜻이다.[595] 세례가 자율성을 부여하는 것이 아니라 본래 지음 받은 자리로 회복이 되는 것이다. 그것은 인간이 하나님으로 창조함을 받은 그 위치로 돌아가는 것이며, 예수 그리스도 안에서 주어지는 신분은 옛언약의 그 위치보다 더 탁월하다.

세례가 예수 그리스도 안에서 삼위 하나님의 이름으로 받는다는 것은 언제나 칭의와 연관된다. 인간이 의로워지는 것은 인간의 노력이 아니라 예수 그리스도의 대속의 은혜로 말미암아 이루어지는 것이다.

그러나, 로마 가톨릭은 세례를 받는 사람에게 그리스도의 의를 주입하고 칭의

---

595) 유해무, 개혁교의학 (서울: 크리스챤다이제스트, 1997), 517.

를 받게 한다는 비성경적인 세례관을 말한다. 그들은 세례 자체가 효력이 있어서 유아의 원죄를 씻고 성령으로 중생하는데, 그 중생의 능력으로 주입된 은혜에 협력함으로 칭의를 유지한다고 말한다. 세례받는 자가 저항만 하지 않으면 누구나 중생과 칭의라는 은혜가 주입된다고 말한다.

주입된 의는 은혜의 욕조와 같아서 살아가면서 여러 가지 죄를 짓게 될 때마다 그 욕조의 은혜는 조금씩 새어나가게 된다. 더구나 용서받지 못할 대죄를 저지른다면 그 욕조의 은혜는 완전히 없어져 버린다. 상실된 것을 화복하기 위하여 성찬과 성례들을 통해서 그 욕조를 다시 채울 수 있다고 말한다. 아들이 말하는 은혜라는 것은 구원의 은혜를 말한다. 다시 말해서, 한 번 얻은 구원이 인간의 죄로 인하여 줄어들기도 하고 완전히 없어지기도 하며, 공로나 예식으로 인해 다시 채워질 수도 있다는 것이다.

그러나, 종교개혁자들은 이것이 성경의 본질과는 매우 잘못되었음을 지적했다. 왜냐하면, 성경이 말하는 성찬은 구원의 복음을 믿는 자들에게 확신을 화복케 하는 은혜이기 때문이다. 세례는 예수님께서 모든 족속에게 복음을 전하고 제자를 삼아 세례를 주라고 명령하신 표이다.

> 그러므로 너희는 가서 모든 족속으로 제자를 삼아 아버지와 아들과 성령의 이름으로 세례를 주고 (마 28:19)

하나님의 이름은 하나님의 성품과 속성과 그분의 전인격을 암시하며 또 그분의 권위와 관능이라는 의미를 내포한다. 세례는 그렇게 삼위 하나님의 능력과 성품으로 옛사람은 죽고 새사람이 살아나는 재창조다.

특히 "이름으로"에 사용된 헬라어가 '안으로'인데, 그것은 세례를 통하여 이제 새로운 관계가 형성되었다는 것을 말한다. 세례를 통하여 성도는 삼위하나님의 언약 안에 하나님의 자녀가 되는 새로운 신분이 되었다는 것을 강조하는 것이다.

2) 이로써 우리가 그리스도에게 접붙여짐과 은혜 언약의 모든 은덕에 참여함과 우리가 주님의 소유가 되기로 약속함을 표하며 인치는 것입니다

세례는 그리스도에게 접붙여졌다는 표와 인이다. 중생이 내적인 표라면 세례는 중생한 자의 외적인 표이다. 그리스도에게 접붙여지는 길은 예수 그리스도의 피로 죄 씻음을 받고 그리스도의 의를 전가 받아 의롭게 되어지는 길이다. 그 칭의로 그리스도와 연합되었다는 외적인 표가 세례다.

아브라함과 할례

하나님께서는 아브라함을 자기 백성으로 삼으시고 언약을 맺으셨다. 그리고 그 언약백성 됨을 표로써 집안의 남자들에게 할례를 행했다. 여기서 중요한 것은 할례가 언약 백성 됨을 증명하는 것이 아니라, 하나님의 백성이 되었기 때문에 할례로 그것을 증명한다는 사실이다.

> 누구든지 그리스도와 합하여 세례를 받은 자는 그리스도로 옷입었느니라(갈 3:27)

> 3 무릇 그리스도 예수와 합하여 세례를 받은 우리는 그의 죽으심과 합하여 세례 받은 줄을 알지 못하느뇨 4 그러므로 우리가 그의 죽으심과 합하여 세례를 받음으로 그와 함께 장사되었나니 이는 아버지의 영광으로 말미암아 그리스도를 죽은 자 가운데서 살리심과 같이 우리로 또한 새 생명 가운데서 행하게 하려 함이니라(롬 6:3-4)

세례를 통하여 성도는 그리스도와 교제하며 의미와 통일성을 부여받는다. 그것은 우리 안에서 제공받는 것이 아니라, 우리 밖에서 우리를 구원하신 예수 그리스도로부터 공급받는 것이다. 그리하여 성도는 새 생명 가운데서 지속적으로 충만한 삶을 살아갈 수가 있다.

제95문 누구에게 세례를 베풀어야 합니까? (대166)
답: 세례는 그리스도에 대한 믿음과 순종을 고백할 때까지 유형교회 밖에 있는 어느 누구에게도 베풀어서는 안 됩니다. 그러나 유형교회 회원들의 유아들은 세례 받아야 합니다.596)

성경의 세례는 신적인 영향력이 주입되는 신비주의 종교의 정결의식이 아니다. 미르치아 엘리아데는 샤마니즘에 나타나는 입문의례에 대하여 다음과 같이 말했다.

> 실제로 한 연령층에서 다른 이행 혹은 어떤 "비밀결사"에의 가입의식은 항상 후보자의 죽음과 재생이라는 편리한 공식으로 요약될 수 있는 일련의 의례를 전제로 하고 있다. 이러한 의례의 최대공약수적인 요소를 여기에 열거해 보기로 한다.
> 1) 숲속(초월적인 곳의 상징)으로의 격리, 죽은 상태와 다름이 없는 유충적(幼蟲的)인 실존의 체험, 마땅히 사자(死者)와 비슷(사자는 좋은 음식을 먹을 수 없고, 손가락으로 쓰지도 않는다는 사실 등에서)해야 한다는 전제 아래 부여대한 샤만 후보자에 대한 금제.
> 2) 망령의 낯색을 모방하기 위해 샤만 후보자의 얼굴이나 몸에 재 혹은 석회성 물질을 바름, 창백한 색조의 장의용 가면 착용
> 3) 사원 혹은 잡신 사당에서의 상징적인 피장(被葬)
> 4) 지하계로의 상징적인 하강
> 5) 최면에 의한 수면, 혼수상태에 빠지게 하는 약물의 복용
> 6) 매질을 당하거나, 불 가까이 놓여진 발 때문에 심한 고통을 당하거나, 공중에 매달리거나, 손가락이 절단되거나, 그밖의 잔혹행위를 당하는 등의 견디기 어려운 시련.597)

이런 입문과정을 후보자로 하여금 과거를 잊게 하기 위한 계획된 의례와 시련이었다. 중요한 것은 이런 개인적인 노력과 금욕의 과정에서 접신이 이루어지고 재생이 된다고 보는 것이다. 엘리아데는 이것을 내부의 빛 체험이 신비주의와 매우 가깝게 연결되어 있다고 말했다.598)

그러나 기독교의 세례는 마술적 혹은 주술적인 효과가 발생하는 것이 아니라 이미 이루어진 것의 외적인 표징이다. 다시 말해서, 의식의 과정도 의식 자체도

---

596) Q. 95. To whom is Baptism to be administered? A. Baptism is not to be administered to any that are out of the visible church, till they profess their faith in Christ, and obedience to him; but the infants of such as are members of the visible church are to be baptized.
597) 미르치아 엘리아데, 세계종교사상사 3, 이용주 역 (서울: 이학사, 2010), 78-79.
598) Ibid., 75-76. 〈… 「우파니샤드(Upaniṣads)」는 "내부의 빛"(antar jyotih)을 아트만(atman: 자아)의 정수(精髓)로 정의한다. 요가 술(術)에서, 특히 불교의 여러 유파에서 색깔이 다른 여러 가지 빛 특정 명상에서 성공을 의미한다. … 인간 사후운명(해탈이라든가 윤회재생 같은은 청정한 빛을 선택하는 부동심에 달려 있다. 우리는 기독교의 신비주의와 신학에서 내부의 빛이 떠맡는 엄청난 역할을 잊지 말아야 한다.…〉

어떤 효과를 만들어내지 않는다. 로마가톨릭은 효과를 만들어 낸다고 보았으며 루터파는 그런 로마가톨릭의 성례개념을 완전히 벗어나지 못했다.599)

칼빈을 중심으로 한 개혁파 신학은 세례란 신자들을 위한 것이며, 새로운 삶을 이루어 내는 가능을 발휘하는 것이 아니라 그것을 강화시키는 것뿐이라 했다.600) 왜냐하면 성령님으로 거듭난 자들은 이미 그리스도 안에서 삼위 하나님과 연합된 자들이기 때문이다.601) 세례는 그리스도와 함께 죽고 함께 살아난 것을 인치는 것으로 성령님을 그 보증으로 주셨다.602) 세례는 그리스도의 몸에 공개적으로 접붙여지는 것이며, 동시에 그리스도의 몸인 교회의 성도된 자들과 연합을 이룬다.603)

1) 세례는 그리스도에 대한 믿음과 순종을 고백할 때까지 유형교회 밖에 있는 어느 누구에게도 베풀어서는 안 됩니다

왜 안 되는가? 세례는 그리스도와 함께 죽고 함께 살아나는 것이기 때문이다. 세례는 거듭난 자가 교회의 회원 됨을 공적으로 확인하고 인정하는 표다.

그 말을 받는 사람들은 세례를 받으매 이 날에 제자의 수가 삼천이나 더하더라(행 2:41)

---

599) 루이스 벌코프, 벌코프조직신학(하), 권수경·이상원 역, 크리스챤다이제스트, 1993, p. 889. 그리하여 세례란 중생과 교회 입문의 성례라는 로마 가톨릭 교회의 성례 개념이 점진적으로 득세하게 되었다. 세례에는 세례가 상징하는 은혜가 내포되어 있으며, 이 은혜는 거부하지 않는 모든 자들에게 수여된다고 주장했다. 이 은혜는 매우 중요한 것으로 간주되었는데, 그 이유는 (1) 이 세례가 교회의 회원으로서의 받는 자에게 지울 수 없는 표징을 주기 때문이며, (2) 이 세례는 원죄의 죄책과 세례 받는 시점까지 지은 모든 자범죄의 죄책으로부터 자유케 하며, 욕심은 여전히 남는다 할지라도 죄의 오염은 제거하여 주며, 영원한 형벌과 현세에서의 죄에 대한 형벌로부터 자유케 하며, (3) 성화시키는 은혜를 주입시킴으로써 영적인 갱신을 이루며, 초자연적인 믿음과 소망과 사랑을 형성시킬 뿐만 아니라 (4) 받는 자로 하여금 성도의 교통 안으로 들어오게 하며, 유형 교회의 일원이 되게 한다.
600) Ibid., 889. "루터파의 종교 개혁은 로마 가톨릭 교회적인 성례 개념을 완전히 벗어나지 못했다. 루터는 세례 시에 사용되는 물을 보통의 물로 생각하지 않고, 본래적으로 신적인 권능을 가진 말씀을 통하여 은혜로운 생명의 물, 중생의 씻음이 된 물이라고 생각했다. 말씀이 지닌 이와 같은 신적인 효과를 통하여 성례는 중생을 유발한다. 성인들의 경우 루터는 세례의 효과가 수세자의 믿음에 의존하고 있는 것으로 생각했다. 믿음을 나타낼 수 없는 어린이들의 경우에는 이와 같은 입장이 적용될 수 없다고 판단한 루터는 하나님이 선행적 은혜(prevenient grace)를 통하여, 의식하지 못하는 아이에게 믿음을 일으킨다고 주장했다. 그러나 후에는 이 문제에 대해서 모르겠다고 시인했다."
601) 누구든지 그리스도와 합하여 세례를 받은 자는 그리스도로 옷입었느니라(갈 3:27)
602) 저가 또한 우리에게 인치시고 보증으로 성령을 우리 마음에 주셨느니라(고후 1:22)
603) 유해무, 개혁교의학 (서울: 크리스챤다이제스트, 1997), 517-518; "세례가 구원에 필수적이지 않다. 그러나 로마교와 루터파는 필수적이라는 입장을 고수한다. 물론 하나님이 원하셨고, 그리스도가 제정하셨다는 의미에서만 필수적이다. 구원을 위하여서는 말씀 전파만으로 충분하다. …"

사도 베드로의 설교를 듣고 세례를 받은 사람들은 누구인가? 자기들이 십자가에 못박은 그 예수가 바로 메시아인 것을 성령의 역사하심으로 믿게 된 사람들이다.604) 그렇게 변화된 사람들이 세례를 받았다.

> 이에 베드로가 가로되 이 사람들이 우리와 같이 성령을 받았으니 누가 능히 물로 세례 줌을 금하리요 하고(행 10:47)

유대주의의 뿌리는 예수 그리스도를 구주로 믿었음에도 근절되지 않았다. 그 일을 위해 하나님께서는 베드로를 사용하셨다. 먼저 이방인에게도 복음이 전해져야 할 것을 환상으로 보여주시고, 이방인인 고넬료의 가정에 복음을 전하게 되었다. 복음을 전할 때 "성령이 말씀 듣는 모든 사람에게 내려오"셨다(행 10:44). 베드로는 그들에게 세례를 베풀었다.

2) 그러나 유형교회 회원들의 유아들은 세례 받아야 합니다605)

유아세례는 매우 큰 논쟁거리다. 왜냐하면 찬반 양쪽 다 성경을 근거하여 추론한 결과로 말하기 때문이다. 유아세례를 반대하는 가장 큰 이유는 세례가 믿음의 표요 인이기 때문이다. 유아는 예수 그리스도를 믿는 믿음을 고백할 수가 없다는 것이다. 그럼에도 불구하고 유아세례를 베푸는 이유는 옛 언약의 표인 할례를 성인과 그의 자녀들에게 다 주었기 때문이며, 그것이 새 언약 하에서도 유아에게 세례를 베푸는 것이 타당하다고 보기 때문이다. 할례를 시행할 때에도 유아들은 그 의미를 몰랐으며606) 지금의 유아들도 세례를 왜 받아야 하는지 왜 받고 있는지를 모른다. 그럼에도 불구하고 할례를 행하였다는 것은 역시 유아에게 세례도 베풀어야 한다는 것을 의미한다.607)

---

604) 그런즉 이스라엘 온 집이 정녕 알지니 너희가 십자가에 못 박은 이 예수를 하나님이 주와 그리스도가 되게 하셨느니라 하니라(행 2:36)
605) 팔머 로버트슨, 언약이란 무엇인가? 오광만 역 (서울: 그리심, 2003), 78–85; 팔머 로버트슨(O. Palmer Robertson)은 할례에 대하여 다음과 같이 4가지로 말하면서 유아세례의 정당성을 말했다. (1) 하나님께서 그렇게 하라고 명령하셨기 때문입니다. (2) 하나님께서 어린 자녀들도 언약 안에 들어가 있다고 말씀하셨기 때문입니다. (3) 사람들은 그렇게 하는 것이 자기들과 그들의 자녀들이 복 받는 길이라는 것을 알았기 때문입니다. (4) 그들은 하나님의 구속 사역에 가정을 회복시키는 것이 하나님의 의도인 것을 알았기 때문입니다.
606) 그 아들 이삭이 난지 팔일 만에 그가 하나님의 명대로 할례를 행하였더라(창 21:4)
607) 하이델베르크 교리문답 제74문: 유아들도 세례를 받아야 합니까? 답: 그렇습니다. 어른들뿐만 아니라 유아들도 하나님의 언약과 교회의 성도에 속합니다. 어른들 못지않게 유아들도 그리스도의 피를 통한 죄로부터 구속과 믿음을 주시

> 10 너희 중 남자는 다 할례를 받으라 이것이 나와 너희와 너희 후손사이에 지킬 내 언약이니라 11 너희는 양피를 베어라 이것이 나와 너희 사이의 언약의 표징이니라(창 17:10-11)

할례는 그들이 하나님의 언약 안에 있는 징표가 되었다. 할례가 곧 구원의 증표는 아니다.

> 또 그 안에서 너희가 손으로 하지 아니한 할례를 받았으니 곧 육적 몸을 벗는 것이요 그리스도의 할례니라(골 2:11)

'육체적 할례'가 '마음의 할례'를 보장하는 것이 아니었다. 바울은 '그리스도의 할례'를 말했다. 그것은 "육적 몸을 벗는 것"다. 성도는 세례를 통해 옛 사람을 벗어 버리고 새사람을 입는다. 신약의 성도들은 성령의 새롭게 하심으로 거듭나게 된 성령의 세례를 받은 자들이다.

성도의 유아들이 새 언약에 포함된다는 증거는 어디에 있는가?

> 믿지 아니하는 남편이 아내로 인하여 거룩하게 되고 믿지 아니하는 아내가 남편으로 인하여 거룩하게 되나니 그렇지 아니하면 너희 자녀도 깨끗하지 못하니라 그러나 이제 거룩하니라(고전 7:14)

16세기 종교개혁 시대에 재세례파는 유아세례에 대해 자극히 부정적이었고 무용론으로 갔다. 세례를 받기 위해서는 자기 죄를 회개하고 신앙을 고백해야 하는 데 어린 유아는 그렇게 할 수 없기 때문이다. 재세례파는 유아세례를 부정했고 그 때 받은 세례는 의미가 없기 때문에 다시 세례를 받아야 한다고 했다. 그로 인해 재세례파라는 소리를 듣게 되었다. 만일 이들의 논리대로라면 장애우들에게는 세례를 베풀어서는 안 된다. 그들도 제대로 된 회개와 신앙고백을 표현할 수 없는 사람들이 많기 때문이다. 현대에도 여전히 유아 세례는 심각하게 도전을 받고 있다.[608]

유아세례는 하나님의 언약에 근거한다고 본다. 유아 세례는 유아가 중생했다

는 성령을 약속 받았습니다. 그러므로, 유아들도 언약의 표징인 세례에 의해서 그리스도의 교회에 접붙혀지고 불신자들의 자녀들과 구별되는 것입니다. 이것이 옛 언약에서는 할례로 행해졌으며, 새 언약에서는 할례 대신 세례가 제정되었습니다.

608) http://blog.daum.net/china0314068/15029961; 칼 바르트는 그의 말년에 유아 세례에 대하여 반대를 했다. 몰트만도 유아 세례를 반대한다. G. Beasley-Murray, Baptism(침례) 저서에서 "신약성경에 나타난 세례를 연구한 결과 유아 세례는 비성경적이다."라고 결론 내었다.

는 가정 하에 시행하는 것이 아니다. 성령의 신비로운 역사로 그 언약이 언젠가 효력 있게 실현될 것이라는 것을 믿음으로 받는 것이다. 그러나 분명하게 유아세례 자체가 구원을 의미한다고 생각해서는 안 된다.

구약에서 이스라엘 백성들은 자녀가 태어나면, 난지 8일 만에 할례를 행했다. 여호와 하나님을 섬기는 언약의 백성 안에서 태어났기 때문이다. 그 때도 역시 아이들이 회개를 했거나 신앙고백을 한 것이 아니다. 그런데도 할례를 행했다. 언약 안에 있기 때문이다. 마찬가지로, 신약의 교회가 유아세례를 베푸는 것은 새언약의 백성 안에 태어났기 때문이다. 그리고 그들을 하나님의 말씀으로 양육해 가고 하나님의 거룩한 백성으로 살겠다고 하는 새언약적 표이다. 부모와 교회의 결단이요 고백이다. 언약적 테두리 안에서 그 아이를 바라보고 인정하며 주의 몸 된 교회의 한 일원으로 양육하겠다는 뜻이다.

> 38 베드로가 가로되 너희가 회개하여 각각 예수 그리스도의 이름으로 세례를 받고 죄 사함을 얻으라 그리하면 성령을 선물로 받으리니 39 이 약속은 너희와 너희 자녀와 모든 먼 데 사람 곧 주 우리 하나님이 얼마든지 부르시는 자들에게 하신 것이라 하고(행 2:38-39)

사도 베드로는 성경의 약속이 베드로의 설교를 듣는 사람들(너희)과 그들의 자녀들(너희 자녀) 그리고 모든 먼 지방(나라)에 있는 자들(모든 먼 데 사람)에게 미치는 것이라고 선포하였다. 성령의 임하심이 왜 자녀들에게까지인가? 그 자녀들 중에 참되게 신앙고백을 하고 회개를 하는 자들이 아닌 유아들이 없었는가? '너희 자녀'를 '다음 세대'로 해석하기도 한다. 본문에서 '모든 먼데 사람'이 '다음 세대'를 말하지 않듯이, '너희 자녀'도 수직적인 시간 개념이 아니라 수평적인 지역 개념으로 보는 것이 타당하다.

> 믿지 아니하는 남편이 아내로 인하여 거룩하게 되고 믿지 아니하는 아내가 남편으로 인하여 거룩하게 되나니 그렇지 아니하면 너희 자녀도 깨끗지 못하니라 그러나 이제 거룩하니라(고전 7:14)

부모의 거룩이 어떻게 자녀에게 영향을 미칠까? 부모의 신앙으로 자녀가 천국에 가게 된다는 것이 아니다. 기독교 신앙은 유대인 개념의 '전수'가 아니라 '회심'이다. 그러나 자녀가 회심과 성화를 부모의 책임으로 요구한다. 무엇보다도, 예수님께서는 아이들이 오는 것을 금하지 않으시고 축복하셨다.

> 13 때에 사람들이 예수의 안수하고 기도하심을 바라고 어린 아이들을 데리고 오매 제자들이 꾸짖

거늘 14 예수께서 가라사대 어린 아이들을 용납하고 내게 오는 것을 금하지 말라 천국이 이런 자의 것이니라 하시고 15 저희 위에 안수하시고 거기서 떠나시니라(마 19:13-15)

예수님께서 안수하신 어린 아이들은 자기 죄를 회개하고 신앙을 고백할 수 있는 충분한 나이가 아니었다. 그런데도 왜 예수님께서는 어린 아이들이 예수님께 오는 것을 용납하고 금하지 말라고 하셨는가? 천국은 자기 능력으로 쟁취하는 나라가 아니라, 어린 아이들처럼 전적으로 예수님께 의지하는 자들의 것이기 때문이다. 이런 모든 근거로 인해서 교회는 유아세례를 베푼다.

제96문 성찬은 무엇입니까? (대168)
답: 성찬은 그리스도께서 제정하신 대로 떡과 포도주를 주고받음으로써 그분의 죽음을 나타내 보이는 성례입니다. 이 성례를 합당하게 받는 자는 육체적이고 물질적인 방법으로써가 아니라 믿음으로써 그분의 몸과 피에 참여하는 자가 되어 그분의 모든 은덕을 받아 영적 양식을 받아 은혜 안에서 성장합니다.609)

이스라엘의 희생제사 후에는 제물을 먹는 예식이 있었다. 특히 화목제는 번제로 드린 후에 화목하는 의미에서 함께 그 제물을 사람들이 먹었다. 이것이 의미하는 신약적인 의미는 무엇인가? 그것은 허물과 죄로 죽었던 우리를 위하여 예수 그리스도께서 십자가에 죽으심으로 우리를 위한 화목제물이 되셨으며, 이제 하나님과 우리가 화평을 누리게 되었다는 뜻이다. 성찬은 십자가의 피 흘림으로 얻은 구원과 언약의 회복을 누리는 신약의 예식이다.610)

1) 성찬은 그리스도께서 제정하신 대로 떡과 포도주를 주고받음으로써 그분의 죽음을 나타내 보이는 성례입니다

성찬 제정에 대한 성경구절은 다음과 같다.
마 26:26-29 막 14:22-25 눅 22:17-20 고전 11:23-26

> 저희가 먹을 때에 예수께서 떡을 가지사 축복하시고 떼어 제자들을 주시며 가라사대 받아 먹으라 이것이 내 몸이니라 하시고 또 잔을 가지사 사례하시고 저희에게 주시며 가라사대 너희가 다 이것을 마시라 이것은 죄 사함을 얻게 하려고 많은 사람을 위하여 흘리는 바 나의 피 곧 언약의 피니라 (마 26:26-28)
> 22 저희가 먹을 때에 예수께서 떡을 가지사 축복하시고 떼어 제자들에게 주시며 가라사대 받으라 이것이 내 몸이니라 하시고 23 또 잔을 가지사 사례하시고 저희에게 주시니 다 이를 마시매 24 가

---

609) Q. 96. What is the Lord's Supper? A. The Lord's Supper is a sacrament, wherein, by giving and receiving bread and wine, according to Christ's appointment, his death is showed forth; and the worthy receivers are, not after a corporal and carnal manner, but by faith, made partakers of his body and blood, with all his benefits, to their spiritual nourishment, and growth in grace.
610) 하이델베르크 교리문답 제75문: 성찬이 어떻게 당신이 십자가 위에서 그리스도의 한 번의 희생제사와 그리스도께서 주시는 모든 은사에 참여하고 있다는 사실을 당신에게 상징하고 인을 쳐주는 것이 됩니까? 답: 다음과 같은 방식으로 그렇게 됩니다. 그리스도께서는 나와 모든 믿는 자들에게 당신을 기억하면서 이 뗀 떡을 먹고, 이 잔을 마시라고 명령하셨습니다. 그리스도께서는 이 명령으로 다음과 같은 약속들을 주셨습니다. 첫째로, 내가 주께서 나를 위해 떼어 주신 떡과 나에게 주신 잔을 내 눈으로 분명히 보듯이, 주님의 몸도 나를 위하여 제물로 드려지고 그의 피도 나를 위하여 십자가 위에서 흘리신 것이 분명하다는 것입니다. 둘째로, 내가 그리스도의 몸과 피의 확실한 상징으로서 떡과 포도주를 목사의 손에서 받아서 입으로 맛보는 것이 확실하듯이, 그리스도께서 친히 십자가에 달리신 몸과 흘리신 피로 내가 영생을 누리도록 나의 영혼을 먹이시고 새롭게 하시는 것이 분명하다는 것입니다.

라사대 이것은 많은 사람을 위하여 흘리는바 나의 피 곧 언약의 피니라 25 진실로 너희에게 이르노니 내가 포도나무에서 난 것을 하나님 나라에서 새 것으로 마시는 날까지 다시 마시지 아니하리라 하시니라(막 14:22-25)
19 또 떡을 가져 사례하시고 떼어 저희에게 주시며 가라사대 이것은 너희를 위하여 주는 내 몸이라 너희가 이를 행하여 나를 기념하라 하시고 20 저녁 먹은 후에 잔도 이와 같이 하여 가라사대 이 잔은 내 피로 세우는 새 언약이니 곧 너희를 위하여 붓는 것이라(눅 22:19-20)
23 내가 너희에게 전한 것은 주께 받은 것이니 곧 주 예수께서 잡히시던 밤에 떡을 가지사 24 축사하시고 떼어 가라사대 이것은 너희를 위하는 내 몸이니 이것을 행하여 나를 기념하라 하시고 25 식후에 또한 이와 같이 잔을 가지시고 가라사대 이 잔은 내 피로 세운 새 언약이니 이것을 행하여 마실 때마다 나를 기념하라 하셨으니 26 너희가 이 떡을 먹으며 이 잔을 마실 때마다 주의 죽으심을 오실 때까지 전하는 것이니라(고전 11:23-26)

성찬을 유월절과 관련하여 말한다. 예수님께서는 유월절 식사를 마치시기 전에 성찬을 제정하셨다. 그리하여 구약의 성례가 신약의 성례로 바뀌었다. 성찬을 통하여 예수 그리스도로부터 주어지는 의미와 통일성을 눈으로 확인하고 몸으로 체험하게 된다.

성례는 두 가지 특성 곧 표지와 인(印)이 있다. 성례가 의미하는 것이 무엇인지 말해 주며, 하나님의 언약에 대한 보증을 확인케 한다. 그것이 성찬에서도 드러나게 된다. 성찬이 의미하는 것과 성찬이 인치는 것 이 두 가지를 알아야 한다.611)

성찬이 의미하는 첫 번째는 예수님의 죽으심을 상징적으로 나타내는 것이다. 유월절 어린 양의 희생은 떡으로 대치되었다. 유월절 어린 양은 이스라엘 백성들에게 죄사함과 구원을 위해서는 피흘림이 필요하다는 사실을 가르쳐 주었다. 그것은 참된 어린 양이신 예수 그리스도께서 오셔서 죽임을 당하고 피흘림으로 영원한 속죄를 이루심으로 하나님과 막힌 담이 사라지게 되는 것을 상징하는 예표였다. 예수님께서 "너희를 위하여 주는", "많은 사람을 위하여 흘리는"이라는 말씀을 하시므로 예수님의 죽음이 자기 백성을 위하여 흘리는 대속의 죽음이라는 것을 말씀하셨다. 두 번째로, 성도가 성찬에 참여하는 것은 십자가에 못박혀 죽으신 예수 그리스의 죽음에 함께 동참하는 것이다. 세 번째로, 성찬을 통하여 예수 그리스도와 성도를 연합시킨다. 네 번째로, 성찬으로 말미암아 성도들끼리 서로 연합된다. 성도는 예수 그리스도를 머리로 하는 지체된 교회의 일원으로서 영적인 통일성을 구성하게 된다.

성찬은 상징일 뿐 아니라 인(印)치는 것이다. 그 인치는 내용은 무엇인가? 첫

---

611) 루이스 벌코프, 벌코프조직신학(상), 권수경·이상원 역 (서울: 크리스챤다이제스트, 1993), 914.

번째로, 성찬은 성찬에 참여하는 자에게 베푸신 예수 그리스도의 십자가로 구속하신 위대한 사랑을 인쳐 준다. 성찬을 참여하는 자는 하나님의 사랑의 대상임을 말해 준다. 두 번째로, 은혜 언약 안에 주어지는 모든 풍성한 복과 선물을 받게 되었고 또 요구할 수 있는 자리에 있다는 것을 확신케 한다. 세 번째로, 성찬에 참여한 자들에게 예수 그리스도의 구원의 복이 실제로 주어졌다는 것을 확신시켜 준다. 네 번째로 성찬은 그 참여하는 자의 신앙고백인데, 떡을 떼고 포도주를 마심으로 예수 그리스도를 구주로 고백하며, 왕으로서 충성을 서약하며, 그 거룩한 명령에 순종하며 살 것을 서약하는 인격적인 예식이다.612)

성찬 논쟁의 주된 관심

성찬 논쟁의 주된 관심은 "이것은 내 몸이니(est)"라고 할 때 'est'라는 동사가 무엇을 의미하냐 하는 것이다. 성찬식을 거행하는 자금, 그리스도의 몸이 어떻게 표징 속에 존재하느냐? 가 논쟁의 핵심이다. '무엇이 전달되는가?'가 아니라, '어떻게 전달되는가?' 이것이 문제였다.613) 모든 성찬론은 예수님의 역사적 실재성을 전제한다. 문제는 '2천 년 전의 예수님이 지금 어떤 위치를 차지하는가?' 하는 것이다.

역사적 상황

성만찬 논쟁은 종교개혁이 불같이 일어났던 16세기로 돌아간다. 1520년 10월, 루터는 『교회의 바벨론 포로』라는 책에서 로마 가톨릭의 성례를 강력하게 비판했다.614) 그리스도께서는 오직 두 가지 성례, 곧 세례와 성찬만을 제정하셨다

---
612) 루이스 벌코프, 벌코프조직신학(상), 권수경·이상원 역 (서울: 크리스챤다이제스트, 1993), 914-915.
613) 존 칼빈, 기독교강요(하), 원광연 역 (고양: 크리스챤다이제스트, 2003), 488. "… 그러나 가장 중요한 문제는 바로, 우리를 위하여 단번에 주신 바 된 그리스도의 몸이 어떻게 우리의 것이 되며, 또한 우리가 어떻게 단번에 흘리신 그 피에 참여하게 되는가 하는 것이었다. 그렇게 참여하는 것이야말로 십자가에 달리신 그리스도 전체를 소유하는 것이요, 또한 그의 모든 은택들을 누리는 것이기 때문이다. …"
614) 안더스 니그렌, 아가페와 에로스, 고구경 역 (고양: 크리스챤다이제스트, 2013), 752-753; 〈이제 루터는 "광신적인 영들"에 의해서 가르침 받은 심령주의적 성만찬 개념에 대해서도 마찬가지로 동일한 반대를 제기한다. 무엇 때문에 그들은 성만찬에서 그리스도의 실재적 임재를 거부하게 되는가? 그 주된 이유는 바로 이것이 그리스도의 영광과 갈등을 빚을 것이라는 생각 때문이다. 그리스도의 영광을 고양시키기 위해서, 성만찬은 그 집례를 통하여 우리가 영(靈) 안에서 하늘로 올라가고 거기서 영화로운 그리스도와의 친교에 들어가게 되는 수단을 의미하게 되었다. 루터는 자신의 적대자들의 입에 이런 말을 둔다. "당신은 그리스도가 그 영광 가운데 좌정한 하늘이 저 위에 있다는 것과 그의 만찬이 베풀어지는 지상은 까마득한 저 아래에 있다는 것을 보지 못하는가? 어떻게 그의 몸이 영광 가운데 그렇게 높이 앉아 있으면서 동시에 그 몸이 튀긴 소시지마냥 손과 입과 배로 만져지는 부끄러운 취급을 당하도록 저 아래에 있을 수 있는가? 그것이 찬란한 위엄과 천상의 영광을 유지하는 것일까?" 하지만 "광신자들"은 그러한 논증들에 의해서 단지 자신들의 구원의 방법이

고 주장하고 로마 가톨릭의 7성례를 반박했다. 로마 가톨릭은 1) 평신도들에게는 성찬의 떡만 주고 잔을 주지 않았으며 2) 화체설을 주장했으며, 3) 그에 따라 성만찬을 희생으로 해석했다.615) 그러므로 미사는 하나님께 드리는 제사가 될 수 없다고 말했다.

문제는 루터가 로마 가톨릭의 성찬론을 강력하게 비판했으나, 성별된 떡과 포도주가 그리스도의 살과 피라는 견해에 대해서는 말하지 않았다는 것이다.

이런 루터의 성찬론에 대하여 루터파와 쯔빙글리파 사이에 논쟁이 시작되었다. 쌍방의 견해 차이를 해결하기 위해 1529년 마르크부르크 회의(Marburg Colloquy)가 열렸다. 회의에서 14가지 항목은 일치하였지만 딱 한 가지 15번째 항목에서는 일치되지 않았다. 그 15번째 항목은 '성찬의 떡과 포도주에 그리스도의 참된 살과 피가 육체적으로 임재하느냐 않느냐?'였다. 루터는 육체적으로 임재하신다고 말했으나 쯔빙글리는 그리스도는 다만 신자의 마음속에만 임재하신다고 말했다.616)

이런 불일치가 칼빈에게 성찬론을 더욱 연구하도록 하는 계기가 되었다. 물론 칼빈에게는 어거스틴과 부써와 같은 개혁자들의 영향이 컸다. 칼빈은 루터와 쯔빙글리 두 사람의 차이를 하나로 만들고 성경적이며 중재적인 근거를 찾고자 했다. 그것이 칼빈의 '영적임재설'이다.

영적임재설

개혁주의 교회는 칼빈의 '영적 임재설'을 따른다. 첫째로, 영적임재설이란 말 그대로 '영적으로 임재한다'는 말인데, 성도가 성찬에 참여할 때 부활하신 그리스도의 영적인 임재, 곧 그리스도와의 영적인 교제와 영적인 연합이 성령을 통하여 실제로 혹은 참으로 일어난다는 뜻이다. 그것은 실체의 실제적 임재를 말하는 것이 아니다. 영적임재설은 전달내용에 있어서는 실재적이고 전달방식에

잘못되었다는 것과 자신들의 신학이 궁극적으로 위엄 가운데 계신 하나님께 올라가려고 추구하는 "영광의 신학"이라는 것을 입증한다. 그들은 십자가 안에서 정확하게 계시된 기독교의 가장 심오한 의미에 대해선 문외한들이다.)
615) 하이델베르크 교리문답 제78문: 그렇다면 떡과 포도주는 그리스도의 실제 몸과 피로 변화됩니까? 답: 그렇지 않습니다. 세례의 물이 그리스도의 피로 변화되지 않고, 그 자체가 죄를 씻지 못하며 단순히 하나님께서 주신 상징이요 보증인 것처럼, 비록 성찬에서 사용되는 떡이 그 성례의 성질과 용어상 그리스도의 몸이라고 불리어 질지라도, 떡 그 자체가 그리스도의 몸이 되는 것은 아닙니다.
616) http://blog.daum.net/lbts5857/1182; 이성호, 「영적임재설」 "안타깝게도 오늘날 대부분의 한국 장로교회는 영적 임재설을 제대로 이해하지 못함으로, 말은 영적 임재설을 따른다고 하면서도 실천에 있어서는 거의 기념설로 이해한다."

있어서는 영적이다. 그래서 '영적/실재적 임재설'이라한다.617)

이것은 성찬이 예수 그리스도의 죽으심과 관련이 있을 뿐만 아니라, 영광 중에 살아계시는 예수님께서 지금 현재에도 영적으로 성도에게 사역하신다는 뜻이다.618) 신자가 빵과 포도주를 먹을 때 다만 예수 그리스도의 십자가의 구속을 기념만 하는 것이 아니다. 신자가 빵과 포도주를 믿음으로 먹을 때 예수 그리스도의 몸과 피를 실체적으로 혹은 실재적으로 먹게 된다. 가룟 유다를 보라. 그는 그리스도께서 베푸신 최초의 성찬식에 참여하였으나 믿음으로 참여하지 않았기 때문에 그 은혜를 받지 못하였다.

그러므로 영적 임재설은 언약적 교제를 말한다. 새언약의 백성들이 이 성찬을 통하여 언약의 시혜자이신 하나님과 언약적 교제를 누리게 된다. 성찬은 예수 그리스도의 십자가 피로 구원받은 자들이 믿음으로 순종하여 참여하는 언약적 사건이다.619)

그리스도의 임재는 천상의 그리스도가 이 땅으로 내려오시는 것이 아니다. 그것은 영화롭게 되신 그리스도께서 다시 오시는 것은 마지막 종말에 일어날 일이다. 그리스도의 임재는 그리스도가 승천하시고 성부 하나님의 오른편에 앉아 계시어 성부 하나님의 권세와 위엄과 영광 가운데서 통치하신다는 말이다. 그의 나라는 공간적으로 제한을 받지 않으며 어떠한 테두리 속에도 매여 있지 않으므로 언제나 자기 백성 중에 계시면서 생명을 주시고 먹이신다.620) 이 모든 것은

---

617) 존 칼빈, 기독교강요(하), 원광연 역 (고양: 크리스찬다이제스트, 2003), 458. "그러므로 그리스도는 하늘이든 땅이든 어디든 원하시는 곳에서 그의 권세를 발휘하시는 것이다. 그는 능력과 권능 가운데 자기의 임재를 보여 주시며, 마치 몸으로 계시는 것처럼 언제나 자기 백성 중에 계시며, 그들에게 자기의 생명을 불어넣으시며, 그들 속에 사시며, 그들을 지탱시키시고, 강건하게 하시고, 활력을 주시고, 해를 받지 않도록 지키신다. 요컨대, 그는 자기 자신의 몸으로 자기 백성을 먹이시며, 그의 성령의 능력으로 말미암아 그 몸과의 교제를 그들에게 베푸시는 것이다. 그리스도의 몸과 피는 이런 방식으로 성례 속에서 우리에게 제시되는 것이다."
618) 루이스 벌코프, 벌코프조직신학(상), 권수경·이상원 역 (서울: 크리스찬다이제스트, 1993), 918; "… 칼빈은 그리스도께서 물론 육체적으로 그리고 장소적으로 성찬시에 임재하시지는 않지만, 몸과 피를 포함하는 전인(全人)으로서 임재하시며 또한 향유된다고 말한다. 그는 신자들과 구주의 전인격과의 신비적인 연합을 강조한다. 그의 표현은 아주 명료하지는 않다. 그러나 그가 전하고자 하는 뜻은, 그리스도의 몸과 피가 성찬엔 임재하지 않고 오직 하늘에만 장소적으로 임재할지라도, 신자가 성찬에서 떡과 포도주를 받을 때 생명을 주는 감화를 그에게 전달한다는 것이다. 이 감화는 실재적인 것이면서도, 육체적인 것이 아니라 영적이며 신비적이요, 성령을 매개로하여 전달되는 것이며, 그리스도의 몸과 피를 상징적으로 받는 믿음의 행위를 조건으로 하여 전달되는 것이다. 이와 같은 그리스도와의 친교(communion)를 가능케 하는 방식은 두 가지로 표현된다. 한편으로는 수찬자가 믿음을 통하여 자신의 마음을 그리스도께서 계신 하늘로 들어 올리는 것으로 표현되고, 다른 한편으로는 성령이 그리스도의 몸과 피의 감화를 수찬자에게 내리는 것으로 표현된다."
619) http://www.kscoramdeo.com/news/read.php?idxno=6212 유해무, 「고신교회와 예배: 언약적 사건인 예배」
620) 존 칼빈, 기독교강요(하), 원광연 역 (고양: 크리스찬다이제스트, 2003), 458.

성찬을 시행할 때에 성령 하나님의 역사로 이루어진다. 칼빈은 다음과 같이 말했다.

> … 주께서는 그의 성령을 통하여 우리에게 이런 은택을 베푸셔서 우리로 하여금 몸과 영혼이 그와 하나가 되도록 하시기 때문이다. 그러므로 이러한 연결의 끈은 바로 그리스도의 영이시다. 그로 말미암아 우리가 그리스도와 하나로 연합하는 것이다. 성령께서는 그리스도 자신의 모든 품성과 소유 전체를 우리에게 전달해 주는 통로와도 같으신 것이다. 태양이 그 광채를 땅에 비추고, 그 본체를 어느 정도나마 땅 위에 드리워서 거기에 속한 만물들을 낳고 기르고 자라게 한다는 것을 우리가 알거니와, 그리스도의 살과 피와의 하나 된 교제를 우리에게 베풀어 주는 데에 과연 그리스도의 영의 빛이 태양만 못하단 말인가?621)

태양이 그 빛을 비추어 만물들이 자라나듯이, 성령 하나님께서 역사하심으로 그리스도의 모든 품성과 소유 전체를 우리에게 전달해 주시어 자라나게 하신다. 이것이 성찬이 성도에게 주는 실제적인 유익이다.

두 번째로, 성령의 역사로 이루어지기 때문에 영적임재설이다. 그리스도의 영적임재가 어떻게 성찬에 임하게 될까? 그리스도와 우리를 연결하시는 분은 성령님이시다.622) 그래서 연결고리라고 한다.623) 성령님께서는 예수님의 몸에 역사하셔서 우리가 먹을 수 있도록 하시고, 우리가 성찬을 먹을 때 성령님께서 우리의 영혼에 역사하셔서 믿음으로 예수님의 참 몸을 먹게 된다.624) 태양이 그 광채를 비추어 땅 위에 모든 만물들을 성장하게 하듯이 성령님께서는 그리스도의 살과 피와의 하나 된 교제에 참여하게 하신다. 그러나 그것은 위대한 신비이기 때문에 충분히 다 깨닫지 못한다고 칼빈은 말했다.625) 그것은 이해하기 보다는 체험하는 것이라 했다.626)

---

621) Ibid., 449.
622) Ibid., 342. "내주하시는 스승이신 성령께서 함께 하셔서 오직 그의 능력으로 마음을 꿰뚫고 움직여 사모하게 하고 우리의 영혼의 문을 열어서 성례를 받아들이도록 역사하실 때에 비로소 성례들이 그 역할을 정당하게 수행하게 되는 것이다. 만일 성령께서 역사하시지 않으면, 성례는 우리 마음에 아무 것도 이룰 수가 없다. 마치 태양의 광채가 소경의 눈에 비치고, 귀머거리의 귀에 소리가 울려 퍼지는 것과도 같은 효과밖에는 낼 수가 없는 것이다. 그러므로, 성령과 성례를 이렇게 구분하고자 한다. 즉, 성례의 능력은 오로지 성령께 있고, 다만 그 사역만 성례에게 있으므로, 성령의 역사하심이 없으면 성례의 사역은 헛되고 하찮은 것이 되지만, 성령께서 속에서 역사하셔서 그의 능력을 드러내실 때에 는 성례가 크나큰 효과로 가득하게 된다는 것이다."
623) 존 칼빈, 기독교강요(하), 원광연 역 (고양: 크리스찬다이제스트, 2003), 449. "… 주께서는 그의 성령을 통하여 우리에게 이런 은택을 베푸셔서 우리로 하여금 몸과 영혼이 그와 하나가 되도록 하시기 때문이다. 그러므로 이러한 연결의 끈은 바로 그리스도의 영이시다. 그로 말미암아 우리가 그리스도와 하나로 연합하는 것이다. …"
624) http://blog.naver.com/pleeq/80023485594 이성호, 「영적임재설」
625) 존 칼빈, 기독교강요(하), 원광연 역 (고양: 크리스찬다이제스트, 2003), 442.

성찬은 광야에서 이스라엘 백성들이 반석에서 솟아난 물을 마신 것과 같다.627) 사도 바울은 그들이 신령한 음료를 마셨다고 말했다.628) 백성들의 짐을 나르는 짐승들과 가축들도 함께 마셨지만 오직 사람들에게만 변화가 일어났다. 왜냐하면 사람들에게만 약속의 표징이 되었기 때문이다.

예수님께서 우리의 의가 되시기 위하여 모든 순종을 이루신 그 몸과 피 자체가 떡과 포도주라는 상징물을 통해서 참으로 우리에게 나타나신다.629)

떡과 포도주가 우리 육체의 생명을 유지하는 것과 같은 방식으로 성령님께서 그리스도와 우리를 하나 되게 하심으로 그리스도의 살과 피가 우리 영혼에 양식이 되게 하신다.630) 그리스도께서 우리와 멀리 떨어져 있지만 성령님께서는 시공간 상으로 분리된 것들을 진정으로 하나로 연합시키신다.631)

떡을 떼고 포도주를 마시는 것은 하나의 상징인데, 그 상징을 보여주는 일을 통해 그 상징의 실체도 함께 보여진다.632) 몸을 상징하는 떡을 받을 때에 그 몸 자체도 우리에게 함께 주어지는 것임을 확실히 신뢰해야 한다.633) 어떻게 그리스도의 몸을 먹을 수 있는가? 예수님께서는 성만찬 시에 무엇이라 말씀하셨는가?

---

626) Ibid., 486. "자, 그런 일이 어떻게 해서 일어나는지를 묻는다면, 나는 부끄러움이 없이 고백할 것이다. 곧, 그것은 너무나도 고귀한 비밀이므로 나의 사고로 파악할 수가 없고 나의 말로도 표현할 수가 없다고 말이다. 또한 좀 더 분명하게 말하자면, 그런 일은 이해하기보다는 체험하는 것이라 하겠다. 그러므로, 이에 대해서 나는 논쟁을 버리고 하나님의 진리를 그대로 받아들이고 그 안에서 안식 을 누리고 싶다. 주님께서 그의 살이 내 영혼의 양식이요 그의 피가 내 영혼의 음료라고 선언하시니(요 6:53 이하), 나는 내 영혼을 그에게 드려서 그런 양식을 먹고자 할 따름이다. 그의 성찬에서 주님은 떡과 포도주라는 상징물로 나타내는 그의 몸과 피를 받아서 먹고 마시라고 내게 명하신다. 주님께서 정말로 그것들을 제시하시며, 내가 정말로 그것들을 받아먹고 마신다는 것을 나는 전혀 의심치 않는다."
627) 내가 거기서 호렙 산 반석 위에 너를 대하여 서리니 너는 반석을 치라 그것에서 물이 나리니 백성이 마시리라 모세가 이스라엘 장로들의 목전에서 그대로 행하니라(출 17:6)
628) 다 같은 신령한 음료를 마셨으니 이는 저희를 따르는 신령한 반석으로부터 마셨으매 그 반석은 곧 그리스도시라(고전 10:4)
629) 존 칼빈, 기독교강요(하), 원광연 역 (고양: 크리스챤다이제스트, 2003), 448. "… 어째서 그렇게 하시는가? 그것은 첫째로, 우리가 그리스도와 함께 한 몸을 이루는 데로 자라기도록 하기 위함이며, 둘째로, 그리스도의 본질에 참여한 자들이 되고 난 다음 우리가 그의 모든 은택들에 참여하는 가운데 그의 능력을 느끼도록 하기 위한인 것이다. …"
630) 하이델베르크 교리문답 제76문: 십자가에 달리신 그리스도의 몸을 먹고 그의 흘리신 피를 마신다는 것은 무슨 뜻입니까? 답: 첫째로, 그 의미는 내가 그리스도의 고난과 죽음을 믿는 마음으로 받아들이므로 죄의 용서와 영생을 받게 된다는 것입니다.[둘째로, 그 의미는 그리스도 안에 그리고 우리 안에 살아 계신 성령을 통하여 당신의 거룩한 몸에 더욱 더 연합하게 된다는 것입니다. 그러므로, 비록 그리스도께서 하늘에 계시고, 우리는 땅에 있을지라도, 여전히 우리는 그리스도의 살 중의 살이요 뼈 중에 뼈라는 것입니다. 그래서 우리 몸의 지체들이 한 영혼에 의해서 지배를 받듯이, 우리는 한 성령에 의해서 영원히 살고 지배를 받는다는 것입니다.
631) 존 칼빈, 기독교강요(하), 원광연 역 (고양: 크리스챤다이제스트, 2003), 446.
632) Ibid., 446.
633) Ibid., 449.

저희가 먹을 때에 예수께서 떡을 가지사 축복하시고 떼어 제자들을 주시며 가라사대 받아 먹으라 이것이 내 몸이니라 하시고(마 26:26)

성찬을 받을 때 그 받는 떡은 다만 상징적인 떡이 아니라 그리스도의 실제 몸처럼 성례전적인 몸으로 그리스도인들에게 생명을 전달하는 수단이다.634) 우리의 구원은 예수 그리스도의 죽으심과 부활에 달려 있다. 떡을 양식으로 먹을 때 그 떡이 우리의 몸에 활력을 주듯이, 그것을 확실하게 가르치고 거기에 진정으로 참여함으로써 예수 그리스도의 생명이 우리 속에 전해져서 우리의 것이 되게 하신다.635)

그리스도께서 성령님을 통해서 우리를 강화시키고, 우리를 변화시키고, 우리에게 은혜를 주시고, 우리 믿음을 돈독하게 만들어 주시는 방식으로 역사하신다는 주장이다.636) 그래서 칼빈의 영적 임재설에 의하면 상징과 실재가 둘 다 중요하다.

이러한 중요한 성찬을 일 년에 한두 번 시행하는 것은 합당치 않으며 매주 시행하는 것이 그리스도의 몸 된 성도들에게 유익하다. 칼빈은 성찬에 대하여 무엇이라고 말했는가?

키프리아누스(Cyprian)가 회고하는 바와 같이, 초대 교회의 고백의 형식도 이러했었다: "그들은 일

---

634) 이성호, 성찬 (서울: 그라티아, 2012), 84; "그렇기 때문에 우리는 이 그리스도의 몸을 육체적인 몸과 신비적 몸과 구분하여 성례전적(sacramental) 몸이라고 부를 수 있다. 여기서 우리는 그리스도의 삼중적 몸 사이에 놀라운 관계를 보게 된다. 이 그리스도의 세 몸을 연결시키는 장치가 바로 식사라는 개념이다. 간단히 말해서 그리스도의 신비적 몸(교회)은 그리스도의 성례전적 몸(떡)을 통해서 하늘에 계신 그리스도의 몸(피와 살)을 먹는다. 우리의 육체적 몸은 우리의 입을 통해서 보이는 떡을 먹을 뿐이다. 그러나 성찬에서 이와 유사한 현상이 우리의 영혼에도 일어난다. 우리의 영혼은 영혼의 입인 믿음을 통하여 그리스도의 참된 몸을 먹는다. 이는 비유도 아니고 상징도 아니고 성령의 신비한 사역으로 성찬 속에서 실제로 일어나는 일이다. 이 점에서 우리는 그리스도의 몸과 성령의 사역이 아주 밀접한 관계가 있다는 점을 주목할 필요가 있다."
635) 존 칼빈, 기독교강요(하), 원광연 역 (고양: 크리스찬다이제스트, 2003), 440.
636) 하이델베르크 교리문답 제77문: 그리스도께서 믿는 자들이 이 뗀 떡을 먹고 이 잔을 마시는 것이 분명한 것처럼, 그리스도께서 당신의 몸과 피로 믿는 자들을 먹이시고 새롭게 한다고 하는 약속은 어디에 있습니까? 답: 주께서 성찬을 제정하실 때 다음과 같이 말씀하셨습니다. "주 예수께서 잡히시던 밤에 떡을 가지사 축사하시고 떼어 주시면서 말씀하시기를, '이것은 너희를 위하는 내 몸이니 이것을 행하여 나를 기념하라' 하시고, 식후에 또한 이와 같이 잔을 가지시고 말씀하시기를, '이 잔은 내 피로 세운 새 언약이니 이것을 행하여 마실 때마다 나를 기념하라' 하셨으니 너희가 이 떡을 먹으며 이 잔을 마실 때마다 주의 죽으심을 오실 때까지 전하는 것이니라"(고전 11:23-26). 이 약속은 바울이 다음과 같이 말하는 곳에서 반복됩니다. "우리가 축복하는바 축복의 잔은 그리스도의 피에 참예함이 아니며 우리가 떼는 떡은 그리스도의 몸에 참예함이 아니냐? 떡이 하나요 많은 우리가 한 몸이니 이는 우리가 다 한 떡에 참예함이라"

정 기간 동안 회개를 행하고, 그 후에 나아와 고백을 행하며, 그리고 감독과 목사가 안수함으로써 성찬에 참여할 특권을 받는다" 성경은 이와 다른 고백의 방식이나 형식에 대해서는 전혀 알지 못한다. 새로운 족쇄를 만들어서 그것으로 양심을 얽어매는 일은 우리의 할 일이 아니다. 그것은 그리스도께서도 지엄하게 금하신 일이다.

또한, 양 떼들이 원하는 만큼 자주자주 목자에게 스스로 나아가 성찬에 참여하는 일은 별로 반대하고 싶지 않다. 오히려, 모든 곳에서 이런 일이 시행되기를 진정으로 바라는 마음이다. 양심에 거리낌이 있는 사람들은 그렇게 해서 큰 유익을 얻고, 또한 교훈을 받아야 할 사람들은 그렇게 해서 교훈을 받을 준비를 갖추게 되니 이 얼마나 좋은가! 단 한 가지, 어느 때든지 횡포와 미신이 조장되어서는 절대로 안 될 것이다.637)

칼빈은 "사람들이 일 년에 한 번 성만찬에 참여하도록 만든 관례는 분명히 악마의 농간이다. 주님의 만찬은 적어도 그리스도인들이 매주 한 번은 참여할 수 있도록 거행되어져야 한다"고 말했다.638)

성찬에 관한 잘못된 견해들

(1) 로마 가톨릭의 화체설(化體說)

로마 가톨릭은 성례적 연합을 물질적인 의미로 해석했다. 사제가, "이것은 내 몸이라"고 말할 때 빵과 포도주가 그리스도의 몸과 피로 변화된다고 말한다.639) 왜냐하면 빵과 포도주를 예수 그리스도의 몸과 피의 실체로 보기 때문이다. 로마 가톨릭에서 성찬은 하나의 성례일 뿐만 아니라 제사이다. 성찬에서 예수님이 실제로 죽으신다는 것이 아니라, 죽음과 방불한 외적인 변화를 겪는다고 말한다. 화체설은 빵과 포도주 자체가 화체되는 것이어서 신자의 믿음이 발휘될 여지가 없기 때문에 개나 돼지가 먹어도 무방하게 된다. 빵과 포도주를 믿음으로 먹지 않아도 빵과 포도주 자체가 변하는 것이기 때문에 일어나는 결과이다. 미사가

---

637) 존 칼빈, 기독교강요(중), 원광연 역 (고양: 크리스챤다이제스트, 2003), 137-138.
638) 프랑수아 방델, 칼빈 그의 신학 사상의 근원과 발전, 김재성 역 (서울: 크리스챤다이제스트, 1999), 15-125.
639) 루이스 벌코프, 벌코프조직신학(상), 권수경·이상원 역 (서울: 크리스챤다이제스트, 1993), 916; "… 물론 이와 같은 변화가 일어난 후에도 빵과 포도주의 모양과 맛은 변하지 않는다고 말한다. 이것들의 본질은 변할지라도 속성은 그대로 남는다. 빵과 포도주의 형태로 예수 그리스도의 육체적인 몸과 피가 임재한다. 이에 대한 성경적 근거는 '이것이 내 몸이니'라는 성찬제정의 말씀과 요 6:50이하에서 발견된다. 그러나 앞 구절은 요 14:6; 15:1; 10:9등과 같이 비유적인 표현임이 분명하며, 뒷구절은, 문자적으로 이해하면, 성찬을 먹는 자마다 하늘에 가지만 성찬을 먹지 못하는 자는 누구도 영생을 얻지 못한다는 것을 가르치는 것이 되어(53, 54절) 로마 교회 자체도 허용할 수 없는 것이 될 것이다. 더욱이 63절은 분명히 영적인 해석을 지칭한다. 뿐만 아니라 예수께서 떼신 떡을 그 떡을 다루는 몸과 동일시하는 것은 전적으로 불가능한 해석이다. 뿐만 아니라 성경은 본질이 변화된 것으로 가정된 떡까지도 그대로 떡이라고 부른다(고전 10:17; 11:26, 27, 28). 이와 같은 로마 교회의 견해는 인간의 감각에도 맞지 않는다. 떡과 포도주의 모양과 맛을 실제로 몸이요 피라고 믿을 것을 우리에게 요구하기 때문이다. 실체와 속성의 분리를 믿는 것과 물리적인 몸이 동시에 여러 곳에 임재하는 것을 믿는 것은 인간의 이성에 반하는 것이다. 따라서 성체(聖體)를 높이고 숭상하는 것은 잘못된 것이다."

십자가의 죽으심을 매주 재현하는 것이듯이,640) 성찬도 역시 같은 일을 반복하는 것이기 때문에 성경의 가르침과는 틀리다.641)

로마 가톨릭은 예수님의 몸과 피가 속성교류라고 불리는 것에 의해 한 장소 이상의 곳에 동시에 존재할 수 있다고 가르친다. 예수님의 몸과 피는 인성에 속하는 것이고, 편재는 신성에 속하는 것인데, 예수님의 인성이 모든 곳의 주의 만찬에 동시에 존재한다는 것은 불가능하다. 로마 가톨릭의 성찬은 결국 예수님의 인성의 신화를 수반한다.

그러나, 종교개혁은 성만찬에서 그리스도가 신적 본성으로 실재적으로 임재한다고 믿었으며 인성으로 계신 것은 아니라고 주장했다. 우리가 주님의 성만찬에서 그리스도의 신성과 교제할 때, 우리는 그리스도의 전 인격과 교제하는 것이다. 왜냐하면 그리스도의 신성은 그의 인성과 분리되지 않기 때문이다.642)

(2) 루터교회의 공재설 혹은 동체설(同體說)
루터는 화체설(化體說, transubstantiation)을 거부하고 그것을 공재설(共在設,

---

640) 안더스 니그렌, 아가페와 에로스, 고구경 역 (고양: 크리스찬다이제스트, 2013), 752; "우리는 가톨릭의 미사의 희생에서 이 성만찬의 오용을 발견한다. 그리스도는 성만찬을 집례하면서 자신의 언약(testament)을 제정했다(instituted). 즉 그분은 거기서 우리에게 자신의 은사를 주기 원하신다. 교황주의자들은 이 은사를 희생으로 변질시켰다. 그러나 이 두 가지는 서로 배타적인 것이다. 즉 희생과 언약은 상호배타적이다. 우리는 전자를 바치고 후자를 받는다. 전자는 우리에게서 하나님께로 가고, 후자는 하나님으로부터 우리에게 온다. 성만찬에서 그리스도를 통하여 우리에게 내려오는 분은 하나님이다. 미사의 희생에서 우리는 그분에게 올라가려고 노력한다. 그래서 미사의 희생은 잘못된 구원의 방법을 표현한다. 하지만 성만찬은 진정한 구원의 방법을 표시한다. 성만찬에서 우리는 죄의 용서를 받게 된다. 거기서 우리는 하나님의 자기시여적(自己施興的) 사랑 즉 하나님의 아가페와 만난다."
641) 루이스 벌코프, 벌코프조직신학(상), 권수경·이상원 역 (서울: 크리스찬다이제스트, 1993), 919-920; 성찬에서 나타나는 그리스도의 희생은 실제적인 그리스도의 희생으로서, 화목을 이루는 효력을 지닌 것으로 간주되고 있다. 이 제사가 죄인에게 끼치는 공로가 무엇이냐는 질문이 제기될 때, 로마 교회 당국은 앞뒤가 맞지 않는 말을 한다. 그 대표적인 사례를 윌머즈의 「기독교 편람」(Handbook of the Christian Religion)에서 볼 수 있다. 이 책은 많은 로마 가톨릭 교회 계통의 학교에서 교과서로 사용하고 있는 책이다 이 책348쪽에 다음과 같이 기록되어 있다: "미사의 제사가 주는 열매를 우리는 다음과 같이 이해한다. 우리가 드리는 미사는 구속과 탄원의 제사로서 ① 자연적 은총뿐만 아니라 초자연적 은총까지도 전달하며 ② 죄와 죄에 대한 형벌의 사면을 전달한다. 그리스도께서 십자가위에서 죽으심으로써 우리를 위하여 마련하신 공로는 미사를 통하여 우리에게 전달된다." 미사의 제사를 구속의 제사라고 말하는 한 앞에 인용한 마지막 문장은, 그리스도께서 십자가 위에서 이루신 공로가 오직 미사를 통해서만 미사에 참여하는 자들에게 전달된다는 것을 말하는 것 같다. 성례로서의 성찬에 관한 한 로마 가톨릭 교회는 성찬이 (사제의)의식을 통하여(ex opere operoto) 작용하는 것으로 가르친다. 이는 바꾸어 말해서 "성찬은 성례적 행동 그 자체의 힘으로 작용하는 것이지, 수찬자의 행동이나 성향 또는 성직자의 가치의 힘으로(ex opere operantis〈믿음과 은혜를 통해서〉) 작용하는 것이 아니다"는 말이다. 이 말은 또 떡과 포도주를 받는 모든 자들은 그들이 경건한 자들이건 악한 자들이건 간에 역시 떡과 포도주에 포함된 실체로 이해되는바 상징이 의미하는 그 은혜를 받는다는 것이다. 성찬 의식 그 자체가 수찬자에게 은혜를 전달한다.
642) R. C. 스프로울, 웨스트민스터신앙고백해설, 이상웅·김찬영 역 (서울: 부흥과개혁사, 2011), 340.

consubstantiation)로 대체했다.643)

성례를 집행할 때에 빵은 빵으로, 포도주는 포도주로 남아 있다가 어느 순간에 그 빵과 포도주에 예수 그리스도의 몸과 피가 실재로 존재하게 된다고 말한다. 떡과 포도주는 아무런 변화가 없이 남아 있으나, 그럼에도 불구하고 성찬에는 떡과 포도주 안에, 그리고 그 아래, 그리고 그것들과 함께, 몸과 피를 포함하는 그리스도의 전인격이 신비스럽고 기적적인 방법으로 임재한다고 루터는 말한다.644) 루터와 그의 추종자들은 그리스도의 육체적인 몸과 피가 성찬시에 장소적으로 임재(local presence)한다고 주장했다.645)

(3) 쯔빙글리의 기념설(실제적 부재)

쯔빙글리는 '내 몸'을 상징적으로 받아들여야지 문자적으로 받아들여서는 안 되며, 예수님의 말씀은 다른 성경의 비유들처럼 시적이고 은유적인 표현으로 이해해야 한다고 주장했다. 왜냐하면 로마 가톨릭의 화체설이나 루터의 공재설에

---

643) http://www.kscoramdeo.com/news/read.php?idxno=6212; 유해무, 「고신교회와 예배: 언약적 사건인 예배」 "화체의 난점을 해결하기 위하여 루터는 공재설을 주장한다. 화체설을 반대하여 실체가 변화하는 것은 비판하지만, 실체가 공존한다는 입장이다. 이의 해명을 위하여 루터는 예수님의 부활체를 설명한다. 부활하신 예수님의 인성은 신성으로 침투되었다. 즉 부활하신 예수님은 아버지 우편에 계시지만, 결코 공간에 제약을 받지 않는다. 그렇기 때문에 신성의 침투를 받은 인성은 성찬이 시행되는 곳마다 임재(臨在)하여 자기를 주신다. … 비록 화체설과 공재설이 결코 동일할 수는 없지만, 실체의 임재를 고수하려는 공통점은 있다. 이에 비하여 기념설은 실체의 임재보다는 믿음의 기념을 앞세운다. 전자는 하나님의 임재와 주도권을 말한다면, 후자는 신자의 믿음과 주도권을 말한다."
644) J.L. 니브, O.W. 하이크 공저, 기독교교리사, 서남동 역 (서울: 대한기독교서회, 1992), 484-488. "… 우리가 기억해야 할 것은 루터에게 있어서 예전의 목적 즉 예전의 영적 은사는 신앙을 굳게 하여 주고 사죄의 확신을 주며 죄와 싸우는 데 필요한 도움을 주는 일이었다는 점이다. … 그리스도의 실제적 임재와 특수한 임재와 '현실적 임재'에 관해서, 루터는 다음과 같이 생각하였다. 즉 만일 하나님이 '모든 만물 가운데 도처에' 임재하신다면 신성과 인성의 인격적 통일을 이루고 있는 그리스도께서도 그와 꼭 같이 임재하신다고 보아야 한다는 것이다. …"
645) 루이스 벌코프, 벌코프조직신학(상), 권수경·이상원 역 (서울: 크리스챤다이제스트, 1993), 916. 〈… 루터파는 때때로 자신들이 성찬시에 그리스도께서 장소적으로 임재한다고 가르친다는 사실을 부인하면서, '장소적'(local)이라는 단어를 달리 해석한다. 그리스도의 육체적 본질이 장소적으로 임재한다는 말은 모든 다른 몸들이 같은 공간으로부터 배제된다는 뜻이 아니며, 그리스도의 인성이 어디에나 있지 않다는 것, 예컨대 하늘에는 없다는 의미도 아니다. 그것은 다만 자성이 자석 안에 장소적으로 임재하고 영혼이 육체 안에 장소적으로 임재하는 것처럼 그리스도의 육체적 본질이 성찬 안에 장소적으로 임재한다는 말이다. 따라서 그들은 소위 입으로 먹는 것(manducatio oralis)을 가르치고 있는 셈이다. 이 말의 의미는, 성찬시의 떡과 포도주에 참여하는 자들은 단순히 믿음을 통하여 주의 몸과 피를 자기의 것으로 소유하는 것만이 아니라 그것들을 '신체의 입'으로 먹고 마신다는 것이다. 합당하지 않은 자도 성찬을 받으나 그에게는 정죄밖에 안 된다. 이 견해는 로마 가톨릭 교회의 견해와 별반 다른 것이 없는 견해이다. 이 견해가 속성의 변화 없는 본질의 변화의 반복적인 기적을 포함하지는 않지만 말이다. 그러나 속성의 변화가 수반되지 않은 채 본질만이 변화하는 기적이라는 것은 있을 수 없다. 예수님의 말씀을 "이것이 내 몸에 동반한다"는 뜻으로 해석하는 것은 정당성이 없다. 더욱이 이 교리는 주의 영광스러운 인성이 편재한다는 불가능한 교리를 가르치게 되는바, 이 점은 루터파들도 부인하는 교리이다.〉

서 주장하는 실체의 임재는 인성을 신성시한다고 보았기 때문이다. 쯔빙글리는 성찬식은 예수님께서 과거에 십자가에서 죽었다는 사실을 단순히 기념하고 기억하는 상징적인 의식이라고 해석했다.646) 이는 로마 가톨릭의 주장과 정반대의 극단적인 주장이라고 할 수 있다. 쯔빙글리는 실제의 임재를 확실하게 거부하고 예수 그리스도의 죽으심을 기념하고 선포하는 성례를 말했다.

2) 이 성례를 합당하게 받는 자는 육체적이고 물질적인 방법으로써가 아니라 믿음으로써 그분의 몸과 피에 참여하는 자가 되어 그분의 모든 은덕을 받아 영적 양식을 받아 은혜 안에서 성장합니다

합당하게(worthy)라는 말은 유익을 받는 조건을 말한다. 그것은 두 가지 의미를 가지게 된다. 첫째로, 거듭나지 아니한 자는 성례에 참여할 수가 없다. 어거스틴은 "성례는 오직 택함 받은 자들에게만 그 상징하는 효과를 낸다."고 말했다. 성찬은 말씀과 함께 하며, 그 말씀으로 거듭난 자들이 믿음으로 참여하게 된다.647)

둘째로, 거듭난 자라도 성찬에 참여하기 위하여 자신을 돌아보고 자기 죄를 회개하고 참여해야 한다. 하이델베르크 교리문답에서는 성찬에 참여할 사람에 대하여 다음과 같이 말한다.

---

646) 루이스 벌코프, 벌코프조직신학(상), 권수경·이상원 역 (서울: 크리스챤다이제스트, 1993), 917. "… 그러나 그의 저서에는, 보다 깊은 성찬의 의미를 전달하고 성찬을 하나님에서 신자들을 위하여 하시는 일에 대한 인(印) 또는 보증(pledge)으로 간주하고 있는 내용이 들어있다는 사실을 놓쳐서는 안 된다. 사실상 시간이 지나면서 그는 자기의 생각을 조금씩 바꾸어 간 것 같다. 이 문제에 대하여 그가 생각했던 내용을 정확히 결정하는 것은 매우 어려운 일이다. 그가 성찬론에서 모든 반지성적인 신비주의를 제거하고, 소박하고 단순하게 성찬을 표현하려는 경향으로 과도(過渡)하게 기울어졌던 것은 분명한 사실이다. 그는 종종 성찬은 단지 주의 죽으심을 상징하고 기념하는 것에 지나지 않는다고 말했다. 그는 성찬은 인(印) 또는 보증이라고 말하기도 했지만, 이 같은 생각을 충분히 전개하지는 않았던 것 같다. 뿐만 아니라 그에게는 성례에서 하나님이 보증하신 것보다는 신자들이 서약한 것이 더 중요했다. 그는 그리스도의 몸을 받아먹는 것과, 그를 믿고 그의 죽으심을 의지하는 것을 동일시했다. 그는 그리스도께서 육체적으로 성찬시에 임재하신다는 사실은 부인했다. 그러나 그리스도께서 영적으로 신자의 믿음에 임재하신다는 사실은 부인하지 않았다. 그리스도는 다만 그의 신성으로만, 그리고 성찬에 참여한 신자들의 이해에만 임재하실 뿐이다."
647) 존 칼빈, 기독교강요(하), 원광연 역 (고양: 크리스챤다이제스트, 2003), 489. "… 그러나 성찬의 신비에 나타나는 그리스도의 살 그 자체는 우리의 영원한 구원 못지않게 영적인 것이다. 이 사실에서 우리는 그리스도의 영이 없는 사람은 마치 아무 맛이 없는 포도주를 마실 수 없듯이 그리스도의 살을 먹을 수가 없다는 것을 생각하게 된다. 만일 그의 몸이 생명도 없고 능력도 없이 불신자들에게 주어진다면, 그것은 그리스도께서 정말로 수치스럽게 찢김을 당하시는 것이다. …"

81문) 누가 주의 상에 참여할 수 있습니까?
답) 자기의 죄 때문에 자신에 대해 참으로 슬퍼하는 사람, 그러나 그리스도의 고난과 죽음에 의해 자기의 죄가 사하여지고 남아 있는 연약성도 가려졌음을 믿는 사람, 또한 자신의 믿음이 더욱 강하여지고 돌이킨 삶을 살기를 간절히 소원하는 사람이 참여할 것입니다. 그러나 외식하거나 회개하지 않은 사람이 참여하는 것은 자기가 받을 심판을 먹고 마시는 것입니다.

82문) 자신의 고백과 생활에서 믿지 않음과 경건치 않음을 드러내는 자에게도 이 성찬이 허용됩니까?
답) 아닙니다. 그렇게 되면 하나님의 언약이 더럽혀져서 하나님의 진노가 모든 회중에게 내릴 것입니다. 그러므로 그리스도와 그의 사도들의 명령에 따라, 그리스도의 교회는 천국의 열쇠를 사용하여 그러한 자들이 생활을 돌이킬 때까지 성찬에서 제외시킬 의무가 있습니다.
우리 교회에는 성찬을 앞둔 한 주간동안 자신을 돌아보며 점검하는 좋은 전통이 있습니다. 이것은 사도 바울이 고린도교회에 보내는 서신에서 요구하신 내용이기도 합니다. 때로는 이러한 자기 점검이 성찬 참여의 여부를 결정하기도 합니다.

성찬은 모든 사람들에게 무차별하게 주어지지 않는다. 오직 죄를 회개하고 예수 그리스도의 구속의 보혈이 이 죄들을 덮어 줄 수 있다고 믿으며 믿음을 굳세게 하고 참되고 거룩한 삶 안에서 자라 가기를 원하는 자들을 위해 제정된 것이다.648)

고린도교회에서는 주님의 성찬을 더럽히는 자들이 있었다. 사도 바울은 그런 자들에 대하여 다음과 같이 경고했다.

27 그러므로 누구든지 주의 떡이나 잔을 합당치 않게 먹고 마시는 자는 주의 몸과 피를 범하는 죄가 있느니라 28 사람이 자기를 살피고 그 후에야 이 떡을 먹고 이 잔을 마실지니 29 주의 몸을 분변치 못하고 먹고 마시는 자는 자기의 죄를 먹고 마시는 것이니라(고전 11:27-29)

그들은 합당치 않게 참여했다. 자신들을 살피지 않고 믿음 없이 참여했다.649)

---

648) 루이스 벌코프, 벌코프조직신학(상), 권수경·이상원 역 (서울: 크리스챤다이제스트, 1993), 920-921; "성찬에 참여하는 자들은 회개한 죄인들로서, 자신들의 힘으로는 구원받을 수 없음을 기꺼이 인정하는 자들이어야 한다. 그들은 예수 그리스도에 대한 살아 있는 믿음을 소유한 자들로서, 구주의 구속의 피만이 자신들을 구속할 수 있다고 믿는 자들이다. 뿐만 아니라 그들은 성찬에 관하여 적절한 이해와 견해를 가지고 있어야 하며, 성찬과 보통의 식사를 구별해야 할 뿐만 아니라, 떡과 포도주가 그리스도의 몸과 피의 상징이라는 사실을 인정할 수 있어야 한다. 마지막으로, 그들은 영적으로 자라고 점점 더 그리스도의 형상을 닮아 가려는 거룩한 소원을 가진 자들이어야 한다."
649) 하이델베르크 교리문답 제81문: 주의 식탁에 나아와야 할 사람은 어떤 사람입니까? 답: 진실로 자기 죄 때문에 자기를 미워하면서도, 자기 죄가 용서함을 받았고, 자기의 남아있는 연약함이 그리스도의 죽음과 고난으로 덮여졌다는 것을 믿으며, 그 믿음이 더욱 더 강해져서 생활이 변화되기를 바라는 사람들입니다. 그러나 위선자들과 회개하지 않는 자들은 그들 자신에게 내릴 심판을 먹고 마시는 것입니다.
제82문: 신앙 고백과 그들의 생활에서 불신앙과 불경건을 드러내는 자들도 이 성찬에 참여시킬 수 있습니까? 답: 안 됩니다. 왜냐하면 그렇게 할 때, 하나님의 언약이 더럽혀 지고, 하나님의 진노가 전체 성도에게 불붙게 될 것이기 때문입니

그로 인해 주님의 성찬을 더럽히고 멸시했다. 떡을 먹고 잔을 마시기 전에 자기 자신을 어떻게 살펴야 하는지 칼빈은 다음과 같이 말한다.

> 이 말은 - 내가 해석하는 바로는 - 각자 자기 자신의 속마음으로 내려가서 다음의 사실들을 따져 보아야 한다는 뜻이다. 곧, 과연 그리스도께서 값 주고 사신 구원을 마음의 내적 확신으로 의지하는지, 입으로 고백하여 그 구원을 시인하는지, 순결하고 거룩한 열심으로 그리스도를 닮아가기를 사모하는지, 그리스도의 모범을 따라서 형제들을 위하여 자기 자신을 기꺼이 내주며 그리스도를 함께 나누는 동료들을 섬기기를 바라는지, 자기 자신이 그리스도의 한 지체로 여김을 받듯이 모든 형제들도 그의 몸에 속한 지체들로 여기는지, 그들을 자기 자신의 지체로 여겨서 그들을 소중히 하고 보호하며 돕기를 바라는지, 등을 스스로 살펴야 한다는 것이다. 그렇다고 해서 이러한 믿음과 사랑의 의무들이 지금 우리에게서 완전해질 수 있다는 것은 아니다. 그러나 우리의 온 마음으로 이 목표를 향하여 열심을 갖고 사모함으로써 이미 시작된 우리의 믿음이 날마다 더해지도록 해야 하는 것이다.650)

사도 바울은 성찬에 참여하는 의미에 대하여 이렇게 말했다.

> 우리가 축복하는 바 축복의 잔은 그리스도의 피에 참예함이 아니며 우리가 떼는 떡은 그리스도의 몸에 참예함이 아니냐(고전 10:16)

사도 바울은 신약 시대의 성만찬을 구약 시대의 화목제사 뒤에 있었던 축복과 연결하고 있다. 이스라엘 백성들은 제사를 드린 후에 제사장들과 그의 가족들이 함께 성전 뜰에서 거룩한 잔치를 했다. 함께 제물을 먹는 것은 하나님께서 죄인들을 받아 주셨다는 증표요 화해의 보증이었다.

같은 의미로, 새언약의 성만찬에 참여하는 것은 하나님과 죄인 된 인간이 화목되었다는 표가 된다. 그것은 예수 그리스도 안에서 한 몸이 되었음을 의미하며 그리스도와 교제하는 거룩한 잔치였다.

이어령과 하나 됨(oneness)

현대 그리스도인들은 그리스도와의 하나 됨을 어떻게 생각하고 있는가? 그 대표적인 예로 이어령은 자신의 책 『지성에서 영성으로』에서 'oneness'와 'impartation'에 대해 다음과 같이 말했다.

다. 그러므로, 그리스도의 교회는 그리스도와 사도들의 명령에 따라 그런 사람들이 회개할 때까지는 천국의 열쇠를 사용함으로 그런 사람들을 성찬에 참석시키지 않아야 할 의무가 있습니다.
650) 존 칼빈, 기독교강요(하), 원광연 역 (고양: 크리스찬다이제스트, 2003), 503.

"혼자 너무 외로워서 못 살겠습니다. 당신이라면 'oneness'가 되고 'impartation'이 되어서, 당신이 내가 되고 내가 당신이 될 거 같습니다. 당신이 약속하지 않았습니까. 이 빵이 내 살이다. 이것을 먹으면 너와 나는 똑같이 된다고 약속하셨지 않으셨습니까?" 이것이 우리가 구하고, 또 내가 구한 것입니다. 만약 이 세상에서 'oneness'가 될 수 있는 것이 존재한다면, 그게 꽃이든 구름이든 애인이든 그런 것이 이 세상에 존재한다면, 난 절대 세례를 받지 않을 겁니다. 그토록 많은 책을 쓰고, 또 어떤 글에서는 하나님한테 절대 양 잡아주지 말라고 선동한 사람이 이제 와서 왜 그러겠습니까?651)

임파테이션impartation이란 말이 있습니다. 기독교와 예수님, 하나님의 일부분이 내게 오는 것이 아니라 내가 송두리째 그 예수님의 몸 안으로 들어가는 거예요. 예수님이 "이것은 나의 몸뚱이요, 내 피니라. 먹어라"라고 그랬잖아요? 그건 "나를 이해해라. 내 메시지를 이해하라"는 뜻이예요. 무슨 메시지나 언어, 음악, 그림이 아니라 삼위일체의 그 신격이 나한테로 들어오고 내가 그 안으로 들어가는 거예요. 먹는다는 것이 그런 뜻입니다. 물이든 음식이든 저 밖에 있지만 그걸 먹고 마시면 내 안으로 들어옵니다. 그게 임파테이션입니다. 그러니까 성서나 기독교를 이해한다는 것은 그런 것입니다. 성서의 말씀을 조각내서 보면 하나도 믿을 게 없지만 전체를 읽고 느끼면 하나하나 아귀가 맞아서 초월적인 영성을 느낄 수 있는 것입니다.652)

과연 이것이 성경적으로 이해하고 기독교적 이해인가? 영지주의 외경인 「도마복음」을 유대 미스테리 카발라로 해석한 「도마복음과 카발라」라는 책에 나오는 부분과 이어령의 말은 매우 비슷하다.653)

108. 예수께서 말씀하시길, "나의 입으로부터 마시는 사람은 나와 같이 될 것이며, 내 자신이 바로 그 사람이 될 것이니라. 그러면 감추어진 것들이 그에게 드러나게 될 것이니라."
[해석] 예수가 전하는 진리를 받아들인 사람은 예수처럼 위대하게 될 것이며 이렇게 되면 예수와 진리를 마신 사람은 하나가 된다. 이처럼 신과 하나가 되면 모든 신비가 드러나게 된다. 하나님이 그대 안에 그대가 하나님 안에 있다는 말씀과 같은 내용이다.654)

신사도운동과 그 유사한 단체에서는 안수를 통하여 그들의 은사와 능력이 전이될 수 있다고 말한다. 그들은 그것을 '임파테이션'(impartation)이라고 말한다. 그러나 은사와 능력은 사람이 사람에게 나누어줄 수 있는 것이 아니다. 성경은 분명하게 성령 하나님께서 교회 공동체의 유익을 위하여 각 지체에게 주시는 선물이라고 말한다.655) 이어령이 말하는 'oneness'와 'impartation'을 뉴에이지/미

---

651) 이어령, 지성에서 영성으로 (파주: 도서출판 열림원, 2010), 306.
652) Ibid., 299.
653) http://m.blog.naver.com/yoochinw/130127312665
654) http://blog.naver.com/sara660/50123361232
655) 4 은사는 여러 가지나 성령은 같고 5 직임은 여러 가지나 주는 같으며 6 또 역사는 여러 가지나 모든 것을 모든 사람 가운데서 역사하시는 하나님은 같으니 7 각 사람에게 성령의 나타남을 주심은 유익하게 하려 하심이라 8 어떤 이에게는 성령으로 말미암아 지혜의 말씀을, 어떤 이에게는 같은 성령을 따라 지식의 말씀을, 9 다른 이에게는 같은 성령으로 믿음을, 어떤 이에게는 한 성령으로 병 고치는 은사를, 10 어떤 이에게는 능력 행함을, 어떤 이에게는 예언함을, 어떤 이

스테리 문서에 나오는 내용과 비교해 보라.

> 지혜와 창조적 에너지를 우리 속에 있는 이곳, 내부의 오라클(The Oracle Within)로부터 채널링하는 능력은 원네스 축복 또는 성령(홀네스Wholeness와 원네스Oneness의 영)의 임파테이션이다. 우리가 지혜와 창조적 에너지를 채널링하는 길은 우리 안에서 자발적 도구로 작용하는 영적 은사에 의해 결정된다.656)

이어령이 말하는 'oneness'와 'impartation'은 뉴에이저들이 열렬히 사용하는 단어이며 개념이다. 뉴에이저들은 관상(명상)을 통해서 'oneness' 다시 말해서 "만물의 하나 됨"을 깨달아 "신과의 하나 됨"으로 나아간다. 이 말에서 알 수 있듯이, 'oneness'란 "우주만물은 서로 연결되어 있다"는 만유내재신적 법칙이다. 김남준 교수는 이런 'oneness'에 대하여 다음과 같이 말한다.

> (관상가) 토마스 머튼(Thomas Merton, 1915~1968)은 다음과 같이 말한다. "인간은 하나님과 이미 연합된 존재이며, 관상기도는 이미 있는 그 존재에 대한 의식이 일어나는 것이다." 이러한 그의 사상은 다음 언급에서도 분명하다. "그것은 우리가 새로운 일치를 발견하는 것이 아니다. 우리는 오래된 일치를 회복하는 것이다." 이처럼 관상기도를 주장하는 사람들의 기도에 대한 견해는 신비주의(神秘主義)에 기초하고 있다. 가톨릭의 사제인 윌리엄 쉐논(William H. Shannon)은 〈평화의 씨앗〉(Seeds of Peace: Contemplation and Nonviolence)에서 인간이 처한 딜레마를 다음과 같이 말한다. "우리가 신과 하나임(our oneness with God)을 잊어버린 이 망각은 단지 개인적인 경험만은 아니다. 이것은 인류의 집단 경험이다. 사실 여기서 원죄를 이해할 수 있다. 우리는 신 안에 있다. 그러나 우리가 이 사실을 아는 것 같지는 않다. 그러나 낙원에 있다. 그러나 우리는 이 사실을 자각하고 있지는 못하다."… 그러나 성경에 의하면 인간은 비록 영혼을 가진 존재이지만 하나님과 존재론적으로 연합되어 있는 것이 아니라, 오히려 하나님과의 연합은 성령 안에서 이루어지는 하나님과의 관계적 교통으로 보아야 한다. 657)

존재론적 합일로 가는 사람들은 언제나 신성한 내면아이를 말한다. 그것이 세상의 멘탈리티다. 성경은 언제나 언약적 하나 됨, 그 언약 안에서 관계적 하나 됨을 말한다. 성찬은 그것을 확인해 주며 삼위 하나님으로부터 영원한 의미와 통일성을 제공해 주는 은혜의 수단이다.

에게는 영들 분별함을, 다른 이에게는 각종 방언 말함을, 어떤 이에게는 방언들 통역함을 주시나니 11 이 모든 일은 같은 한 성령이 행하사 그 뜻대로 각 사람에게 나눠 주시느니라 12 몸은 하나인데 많은 지체가 있고 몸의 지체가 많으나 한 몸임과 같이 그리스도도 그러하니라(고전 12:4-12)
656) http://m.blog.naver.com/yoochinw/130127312665; 「빛의 작업자로부터의 秘敎的(에소테리) 깨달음-깊은 트랜스 채널링(Esoteric Enlightenment From Lightworker-Deep Trance Channeling)」
657) 교회와 신앙, 「관상기도의 신학적 문제점과 목회적 대안 합동측 96회 총회 '관상기도 운동' 연구논문」

제97문 성찬을 합당하게 받는데 있어서 요구되는 것이 무엇입니까? (대171)
답: 성찬에 합당하게 참여하는 자에게 요구되는 것은 주님의 몸을 분별할 줄 아는 지식과 주님을 양식으로 삼는 그들의 믿음과 회개와 사랑과 새로운 순종이 자신들에게 있는지 스스로 살피는 것입니다. 혹 합당하지 않게 참여하여 자기들에게 돌아올 심판을 먹고 마시지 않도록 해야 합니다.[658]

성찬은 예수 그리스도께서 자기와 언약한 백성들의 연합과 교제를 위하여 제정하신 것이다. 그러나 오늘날 교회는 성찬을 통하여 그리스도와 연합과 교제를 확인하기 보다는 성령세례(?)를 받고 체험으로 확인하려고 한다. 현대의 성령세례는 신사도 운동이나 신비주의 영성에 오염되어 있다. 칼 융은 체험이 없는 종교는 종교가 아니라고 말했다. 그 말의 의미는 인간의 내면에 있는 신성, 곧 누미노제를 체험해야 한다는 것이다. 그것이 세상의 종교가 말하는 종교적 체험이다. 융은 선(禪)사상을 통해서 무아적 '자기', 곧 인간의 본성의 경지를 깨달았다. 그것은 모든 존재자들 속에 불성이 존재하고 신성이 존재한다는 것이다.[659] 칼 융은 그 신성함을 체험하기 위하여 매일 만다라를 그리면서 영적 안내자를 만나 신성화에 이르려고 했다. 그런데도 수많은 목회자와 성도들이 심리학을 일반은총의 영역에 속하는 단순한 학문이라 말하며 수용할 수 있다고 가르치는 반기독교적인 일들을 계속하고 있다.

성찬은 인간 내면의 신성을 체험케 하는 것이 아니다. 성찬은 그리스도의 피흘리심을 기억하고 그리스도 안에서의 교제와 그리스도의 연합을 누리는 것이다. 그 말은 구원이 '우리 밖에서' 주어졌다는 것을 눈으로 확인한다는 것이다.

1) 주님의 몸을 분별할 줄 아는 지식과

오늘날 성찬은 심각한 위기를 맞이하고 있다. 교회 성장이 급선무인 교회에서는 전도를 앞세우며, 새신자들에게 거부감을 주는 성찬은 가급적 멀리해야 한다는 견해가 지배적이다. 또한 예수 그리스도를 구주로 고백하는 사람들은 별다른 절차 없이 그냥 성찬에 참석하는 것이 옳다고 말하기도 한다.

---

[658] Q. 97. What is required for the worthy receiving of the Lord's Supper? A. It is required of them that would worthily partake of the Lord's Supper, that they examine themselves of their knowledge to discern the Lord's body, of their faith to feed upon him, of their repentance, love, and new obedience; lest, coming unworthily, they eat and drink judgment to themselves.

[659] 이죽내, 융심리학과 동양사상 (서울: 하나의학사, 2005), 121-122.

9 네가 만일 네 입으로 예수를 주로 시인하며 또 하나님께서 그를 죽은 자 가운데서 살리신 것을 네 마음에 믿으면 구원을 얻으리니 10 사람이 마음으로 믿어 의에 이르고 입으로 시인하여 구원에 이르느니라(롬 10:9-10)

예수 그리스도를 구주로 시인하면 성찬에 참여할 수 있다면서 이 성경구절을 말한다. 그러나 성찬은 주의 몸을 분별할 수 있는 지식이 있어야만 한다.

28 사람이 자기를 살피고 그 후에야 이 떡을 먹고 이 잔을 마실지니 29 주의 몸을 분변치 못하고 먹고 마시는 자는 자기의 죄를 먹고 마시는 것이니라(고전 11:28-29)

이 말씀은 성만찬의 의미와 내용을 모르고 참석해서는 안 된다는 뜻이다. 그것을 모르고 참여하면 도리어 죄를 짓는 것으로 심판을 받게 되는 일이다. 예수 그리스도를 영접했더라도 굳이 학습을 받고 세례를 받는 과정을 거치는 이유가 거기에 있다.

2) 주님을 양식으로 삼는 그들의 믿음과

성도는 성찬을 통하여 오직 예수님만을 구세주로 믿는 것을 고백한다.

53 예수께서 이르시되 내가 진실로 진실로 너희에게 이르노니 인자의 살을 먹지 아니하고 인자의 피를 마시지 아니하면 너희 속에 생명이 없느니라 54 내 살을 먹고 내 피를 마시는 자는 영생을 가졌고 마지막 날에 내가 그를 다시 살리리니 55 내 살은 참된 양식이요 내 피는 참된 음료로다 56 내 살을 먹고 내 피를 마시는 자는 내 안에 거하고 나도 그 안에 거하나니(요 6:53-56)

예수님의 이 말씀은 오병이어의 사건 후에 하신 말씀이다. 예수님께서 자신을 만나와 비교하셨다. 만나의 의미는 무엇인가? 첫째로, 먹는 것, 곧 인간의 형편과 조건이 갖추어진다고 해서 하나님을 믿는 신앙이 생기거나 좋아지지 않는다는 것이며, 둘째로, 이스라엘이 죽고 사는 것은 하나님의 공급하심, 하나님의 은혜에 달려있다는 것이다.

예수님의 살과 피를 먹고 마신다는 것은 예수 그리스도의 속죄하심을 믿는 것이다. 이것은 디오니소스의 신화(神化) 사상과는 틀리다. 그들은 신을 상징하는 생고기를 먹음으로써 자신들도 신이 된다고 믿었다. 예수님께서는 유월절 식사를 하시면서 성만찬을 제정하셨다. 유월절 식사가 출애굽의 구원 역사를 기억하고 언약 백성임을 확인했듯이, 떡과 잔을 마심으로써 그리스도께서 십자가에 피

흘려 죽으심으로 우리의 죄를 사하신 것을 기억하며 새언약의 백성된 것을 확인하는 것이다.

> 너희가 믿음에 있는가 너희 자신을 시험하고 너희 자신을 확증하라 예수 그리스도께서 너희 안에 계신 줄을 너희가 스스로 알지 못하느냐 그렇지 않으면 너희가 버리운 자니라(고후 13:5)

사도 바울은 고린도 교회의 문제점을 시정하려고 했다. 그들은 바울의 사도성을 시험해 왔었다. 그것은 바울의 외적인 모습으로 판단한 것이다. 거기에 대해서 고린도 교회 성도들이 정말로 시험해야 할 것은 내적인 것, 곧 예수 그리스도께서 자신들 안에 있는지 시험하라고 권한다. 만일 그렇다면 바울의 약해 보이는 그 외적인 모습들을 이해하게 될 것이기 때문이다.

3) 회개와
그리스도의 성찬에 합당하게 참여하기 위해서는 우리 자신의 죄악들을 회개하고 나아가야 한다.

> 내가 다윗의 집과 예루살렘 거민에게 은총과 간구하는 심령을 부어 주리니 그들이 그 찌른바 그를 바라보고 그를 위하여 애통하기를 독자를 위하여 애통하듯 하며 그를 위하여 통곡하기를 장자를 위하여 통곡하듯 하리로다(슥 12:10)

하나님께서는 이스라엘 백성들의 지속적인 반역에도 불구하고 그들에게 먼저 구원의 은혜를 베푸시겠다고 말씀하셨다. 그것은 하나님의 백성들이 회개하는 심령을 얻게 된 데서 비롯된다. 하나님께서 그들에게 은혜와 간구하는 심령을 부어주심으로 그들은 그들로 인해 죽임 당하신 하나님의 사랑과 고난을 진심으로 깨닫게 될 것이다(10-11절). 그것은 오순절에 베드로의 설교 끝에 일어난 회개 운동으로 성취되기 시작되었고, 종말에 온전히 성취될 것이다. 사도 요한은 신성을 자각하고 충만으로 가는 영지주의자들과 다르게 참된 신자는 자기 죄를 회개하는 자들이라고 말했다.

> 만일 우리가 우리 죄를 자백하면 저는 미쁘시고 의로우사 우리 죄를 사하시며 모든 불의에서 우리를 깨끗케 하실 것이요(요일 1:9)

성찬에 참여하는 자들은 자기 죄를 회개해야 한다. 회개 없이 성찬에 참여하는 것은 그리스도의 죽으심의 의미를 모르는 것이다. 그것은 다만 종교의식의 하나에 불과할 뿐이다.

4) 사랑과

성찬은 이기적이지 않다. 성찬은 자기 사랑으로 왜곡되지 않는다. 왜냐하면 그리스도께서 십자가로 구원하신 그 사랑으로 사람들을 품어가기 때문이다. 사도 바울은 그것이 교회 안에서 실현되는 공동체로 말했다.

> 그리스도 예수 안에서는 할례나 무할례가 효력이 없되 사랑으로써 역사하는 믿음 뿐이니라(갈 5:6)

교회가 그리스도 안에서 사랑할 수 있는 것은 성도가 의로워진 것이 율법의 행위에 있지 않고 성령님을 통하여 주셨기 때문이다. 예수 그리스도를 믿음으로 말미암아 거저 받은 은혜이기에 그 믿음을 받은 공동체는 사랑으로 충만하게 된다.

> 사랑을 따라 구하라 신령한 것을 사모하되 특별히 예언을 하려고 하라(고전 14:1)

바울은 교회가 사랑을 따라 구할 것을 권면했다. 고린도교회의 문제는 자기 자랑에 빠진 교만이었다. 교회의 회복은 그리스도의 사랑으로 충만한 교회가 되는 것이었다.

> 우리가 서로 사랑할지니 이는 너희가 처음부터 들은 소식이라(요일 3:11)
> 누구든지 하나님을 사랑하노라 하고 그 형제를 미워하면 이는 거짓말하는 자니 보는 바 그 형제를 사랑치 아니하는 자가 보지 못하는 바 하나님을 사랑할 수 없느니라(요일 4:20)

"누구든지"는 영지주의자들을 가리킨다. 영지주의자들은 신성한 것이 자기 안에 있어서 그것을 깨달을 때 구원을 얻는다고 생각했다. 그것을 깨달은 자들은 깨닫지 않은 다른 사람들보다 우월의식에 빠져 타인을 무시했다. 사도 요한은 그런 영지주의자들과 달리 하나님을 사랑하는 자들은 반드시 다른 형제들을 사랑하게 된다고 했다. 왜냐하면 우리가 먼저 하나님을 사랑한 것이 아니라 하나님께서 우리를 먼저 사랑하셨기 때문이다. 그 사랑은 예수 그리스도의 십자가로 나타났다.[660]

---

660) 사랑은 여기 있으니 우리가 하나님을 사랑한 것이 아니요 오직 하나님이 우리를 사랑하사 우리 죄를 위하여 화목제

5) 새로운 순종이 자신들에게 있는지 스스로 살피는 것입니다

바울은 이방인의 사도로 부르심을 받아 복음을 전했다. 복음을 영접한 자들은 자기를 위하여 살지 않고 자기를 부르신 그리스도를 위하여 살았다.

> 그로 말미암아 우리가 은혜와 사도의 직분을 받아 그 이름을 위하여 모든 이방인 중에서 믿어 순종케 하나니(롬 1:5)

예수 그리스도를 믿은 자에게는 그리스도의 말씀에 순종하고자 하는 열정이 솟아오른다. 왜냐하면 그 말씀이 그리스도의 말씀이고 그리스도가 생명을 주셨기 때문이다. 바울은 로마서 끝에서 '믿어 순종케 한다'는 이 말을 다시 반복했다.

> 이제는 나타내신 바 되었으며 영원하신 하나님의 명을 좇아 선지자들의 글로 말미암아 모든 민족으로 믿어 순종케 하시려고 알게 하신 바 그 비밀의 계시를 좇아 된 것이니 이 복음으로 너희를 능히 견고케 하실(롬 16:26)

사도 바울이 전파한 복음은 구약에서부터 선지자들이 예언한 것이다. 그것은 메시아, 곧 그리스도를 전파한 것이다. 그리스도의 십자가 구속은 하나님의 말씀을 순종하도록 근본적으로 본성을 바꾼 것이다.

> 12 그러므로 너희는 죄로 너희 죽을 몸에 왕노릇 하지 못하게 하여 몸의 사욕을 순종치 말고 13 또한 너희 지체를 불의의 병기로 죄에게 드리지 말고 오직 너희 자신을 죽은 자 가운데서 다시 산 자같이 하나님께 드리며 너의 지체를 의의 병기로 하나님께 드리라(롬 6:12-13)

구원 받은 성도가 죄를 지을 수는 있으나 그 죄가 왕노릇 하지는 못한다. 그러나 죄가 우리 죽을 몸에 역사하기 때문에 성도는 끊임없는 도전 앞에 놓여있다. 이제는 새생명을 소유한 자이기에 하나님께 자신을 드리는 삶을 살아야 한다. 성찬에 참여하는 자들은 그리스도의 은혜의 말씀에 순종하는 자들이다. 그것은 복음이 주는 놀라운 은혜 때문이며, 자기 스스로 노력하여 의에 이르는 것이 아니라 아브라함 같이 오직 믿음으로 의로워진 자들이기 때문이다. 믿음의 순종은 자기 의가 아니라 그리스도의 의로 구원받았음을 증거하는 것이다.

로 그 아들을 보내셨음이니라(요일 4:10)

6) 혹 합당하지 않게 참여하여 자기들에게 돌아올 심판을 먹고 마시지 않도록 해야 합니다

성찬에 참여하는 자는 그리스도의 성찬에 합당한지 자기를 돌아보아야 한다. 자기를 분별하지 않고 먹고 마시는 자는 주의 성찬을 더럽히고 자기도 죄에 빠지게 한다.

> 27 그러므로 누구든지 주의 떡이나 잔을 합당치 않게 먹고 마시는 자는 주의 몸과 피를 범하는 죄가 있느니라 28 사람이 자기를 살피고 그 후에야 이 떡을 먹고 이 잔을 마실지니 29 주의 몸을 분변치 못하고 먹고 마시는 자는 자기의 죄를 먹고 마시는 것이니라 30 이러므로 너희 중에 약한 자와 병든 자가 많고 잠자는 자도 적지 아니하니 31 우리가 우리를 살폈으면 판단을 받지 아니하려니와 32 우리가 판단을 받는 것은 주께 징계를 받는 것이니 이는 우리로 세상과 함께 죄 정함을 받지 않게 하려 하심이라(고전 11:27-32)

무엇보다 성찬의 의미가 무엇인지도 모르고 참여해서는 안 된다. 예수 그리스도의 고난과 십자가의 피흘림에 대한 기억과 감사가 있어야 한다. 자신의 죄를 회개하고 자신이 성찬에 참여해도 합당한지 자신을 돌아보아야 한다.

제98문 기도는 무엇입니까? (대178-184)
답: 기도는 하나님의 뜻에 합당한 것들에 대해 우리의 소원을 그리스도의 이름으로 하나님께 아뢰는 것인데, 우리 죄에 대한 고백과 그분의 긍휼을 감사히 인정함으로 해야 합니다.661)

현대 기독교와 기도

현대를 살아가는 그리스도인들에게 있어서 기도는 무엇인가? 기도는 하나님에 대한 인식과 관련이 있다. 우리가 하나님을 인식하게 되는 것은 우리의 이성적 사고로 이루어진 결과물이 아니다. 하나님은 인간이 만들어낸 관념이 아니다. 하나님에 대한 인식은 전적으로 계시에 의존한다. 그 계시는 성령님의 감동으로 기록된 성경이다. 신정통주의자들처럼 계시를 포함하고 있는 것이 아니다. 어떤 성경을 보면, 성경의 어떤 구절들은 붉은 색으로 되어 있다. 그것은 신정통주의의 영향을 받은 것으로, 그 붉은 색으로 표시된 부분만 하나님의 말씀이고 나머지는 인간의 말이라는 의미로 표시한 것이다. 그러나 성경은 분명히 하나님의 영감을 받아 기록되었다고 증거한다.662) 그 성경을 믿고 이해하게 되는 것은 성령님께서 인간의 마음을 새롭게 창조하심으로 이루어진다. 성령님으로 거듭난 자들만이 하나님을 인식하게 된다.

현대는 과학과 기술의 시대라고 한다. 그것은 형이상학적인 개념들을 무시하고 현실과 경험만을 말한다. 현대에만 그런 것이 아니라 콩트가 말한 실증주의에서도 그랬다. 콩트는 인간의 인식단계가 3단계로 발전했다고 말했다. 1) 신학적 단계: 자연 현상을 초자연적 신에 의존해 설명한다. 2) 형이상학적 단계: 신 대신에 우주의 기원과 궁극적 목적, 본질이 있다고 보고 탐구한다. 3) 실증적 단계: 형이상학을 포기하고 오직 경험적 관찰과 이성을 통해 현실을 설명한다. 문제는 이런 콩트의 구분이 과학적 지식의 성장을 인간 역사의 발전 과정과 동일시했다는 것이다.663)

프랑스 혁명 뒤에 나폴레옹의 공포정치와 도덕적 혼란이 있을 때 콩트는 지성

---

661) Q. 98. What is prayer? A. Prayer is an offering up of our desires unto God, for things agreeable to his will, in the name of Christ, with confession of our sins, and thankful acknowledgment of his mercies.
662) 16 모든 성경은 하나님의 감동으로 된 것으로 교훈과 책망과 바르게 함과 의로 교육하기에 유익하니 17 이는 하나님의 사람으로 온전케 하며 모든 선한 일을 행하기에 온전케 하려 함이니라(딤후 3:16-17) 20 먼저 알 것은 경의 모든 예언은 사사로이 풀 것이 아니니 21 예언은 언제든지 사람의 뜻으로 낸 것이 아니요 오직 성령의 감동하심을 입은 사람들이 하나님께 받아 말한 것임이니라(벧후 1:20-21)
663) http://blog.naver.com/johwong1129/110142869088/

의 힘으로 이것을 극복해야 한다고 주장한 것이 실증주의였다. 자연과학적인 사고와 방법을 사회과학에 도입하여 사회현상을 예측해서 사회발전을 이루려고 했다. 아리스토텔레스의 『기관』은 올바른 사고를 위한 도구인 연역적 논리학이라는 뜻이고, 베이컨의 『신기관』은 귀납적 논리학이 아리스토텔레스의 연역적 논리학을 대체한다는 뜻이다. 실증주의의 상층부는 자연과학이고 사회과학이 자리 잡고 있었다. 그러나 콩트의 도약은 '인류교'에 있다. 사람들이 충분히 이성적인 존재가 못되기에 인간을 변화시키기 위한 '실증적인 종교'가 필요하다고 생각하고 신을 빼버리고 '인류교'를 만들었다.664) 콩트는 무엇을 기도했는가?

실증주의의 맥을 이은 논리실증주의는 비트겐슈타인의 영향을 입어 생겨난 비엔나학파의 철학이다. 철학적 논쟁이 언어 사용의 모호함에서 생겨났다고 보고, 개념이나 명제에 대한 논리적 분석을 시도했다. 논리실증주의의 상층부는 언어 분석이다. 현대철학은 근대철학처럼 왜 경험이나 이성을 통한 인식 과정을 탐구하지 않는가? 근대의 인식론은 주체의 존재를 자명한 것으로 전제하고 진행했지만 현대는 주체의 존재가 불확실해져 버렸기 때문에 인식과정 자체를 독립시켜 탐구해야 하기 때문이다. 그러므로 현대철학은 인식을 매개하는(혹은 가능케 하는) 수단으로 언어가 설정되었다.665)

그 결과로 인간은 어떻게 되었는가? 의미와 통일성을 부여받기 위해서 도약을 감행하고 있다. 그리하여 이 시대는 초영성시대가 되었으며 교회도 오염이 되어서 같은 길을 가고 있다.

---

664) http://www.seelotus.com/gojeon/bi-munhak/reading/book/kimjin.htm 「신 앞에 선 인류, 그 집단적 구원」; 베르그송의 '닫힌 도덕', '열린 도덕' 그리고 '정적 종교', '동적 종교'의 이념은 역사 철학, 나아가서 인간 구원의 이론이다. 이러한 인간 구원의 이론은 실증주의자 콩트의 '사회 정태학', '사회 동태학'의 이념에서 이미 다루어진 문제이다. 콩트는 '사랑을 원리로, 질서를 기초로, 진보를 목표로'하는 사회진화의 '인류 종교'의 이념을 제시한다. 그러나 어디에서 인류에 대한 박애의 존재론적 가능성을 찾을 것인가? 실증주의에 있어서 사랑은 문자 그대로 '무로부터의 창조'이데올로기에 불과하다. 베르그송은 기독교 신비 체험가들의 경우를 엄정한 방법론적 숙고를 거쳐 객관적 사실로 인정하고 기독교의 창조 신을 인정한다. "신비주의자들은 신이 우리를 사랑하기 위해 우리가 그를 필요로 하듯이 똑같이 우리를 필요로 한다는 사실을 하나같이 보여준다. … 창조는 신이 창조자들을 창조하고 자기의 주위에 사랑을 받을 만한 존재들을 둘러싸는 작업이다." 사랑이 신의 창조의 원리라면 인류에 대한 사랑은 우주에 생성의 원리에 합일하는, 진리를 실현하는 행위이다. 키에르케고르의 '신 앞에 선 단독자'의 이념은 틀렸다. 신은 명상의 대상이 아니라 행위의 대상이며, 그 행위는 인류 전체에의 사랑을 통해서만 완성된다. 신 앞에 선 인류, 그 집단적 구원, 이것이 베르그송 철학의 결론이다. 베르그송 철학은 인간과 인간, 인간과 우주, 인간과 신을 잇는 연속성의 철학이다. 이 우주는 절대적인 세계이며 그 속에서의 인간의 삶은 의미 있고 환희에 가득찬 것이 된다. 가장 훌륭한, 베르그송 연구가인 얀켈레비치는 그의 철학의 의의를 다음과 같은 시적인 표현으로 집약한다. '이 아침의 환희, 이 저녁의 환희'
665) 남경태, 개념어사전 (서울: Humanist, 2012), 401.

오늘 우리의 기도는 어떤가? 우리는 알게 모르게 오염이 되어있다. 신비주의 영성이 교회를 장악한지 오래 되었다. 우리 각자는 얼마나 변질이 되었나? 나는 아니라고 생각하지 말고 진지하게 돌아보아야 한다. 우리의 기도는 현실에 이루지 못한 것을 만들어내기 위한 도약이 아닌가?

그런 도약으로 가지 않는 가장 근본적인 것은 하나님에 대한 인식이다. 하나님께서 우리에게 하나님 자산을 알려 주실 때 하나님에 관한 지식을 가지게 된다. 그 지식은 우리에게 믿음을 불러일으키며 그 지식은 하나님과 우리와의 인격적인 교제와 신뢰를 가지게 한다. 이 믿음의 교제는 기도로 그 반응이 나타나게 된다. 기도로 하나님께 나아가며 기도로 하나님께서 찾아오신다. 여기에 성령님의 역사하심이 있다. 기도는 우리의 구원자가 되신 예수 그리스도의 이름으로 구원의 주체이신 하나님을 부르며 언약 안에서 교제하는 방편이다.[666]

현대 기독교인들의 기도는 '하나님의 음성듣기'에 집중되어 있다. 그런 일들은 큐티(Q.T.)와 함께 일어났다. 매일 큐티를 하면서 하나님의 말씀으로 인도함을 받는다는 시작은 좋아보였다. 그러나 그 중심은 매우 다른데 있다. 그들은 큐티를 '렉티오디비나'(Lectio Divina)로 한다. 이런 일에는 두란노의 큐타운동본부가 지대한 영향을 끼쳤다. 두란노 천만큐타운동본부는 『목회와 신학』(2006년 5월), "하나님과 영적 일치를 경험하는 관상적 삶"이라는 제목의 글에서 "큐티와 관상기도는 본질적으로 차이가 없습니다"라고 말하면서 렉티오디비나를 소개했다. 또한 렉티오디비나와 함께 관상기도에 대하여 말했다.

> 최근에 한국교회는 중보기도라는 영적 전쟁에 많은 강조점을 둬 왔습니다. 그러나 주님 안에 머무는 안식을 통해 진정한 쉼을 얻고 하나님과의 사랑을 더 깊이 경험해야 합니다. 마귀를 향한 대적도 필요하지만, 하나님과의 사랑과 영적 일치를 경험하는 것이 더욱 필요합니다. … 이를 위해 몇 년 전에 안식년을 가지면서 제 자신부터 관상기도에 대해 구체적으로 경험하며, 이를 저희 교회의 상황에 맞도록 해야겠다는 노력으로 이어졌습니다.[667]

큐타는 단순한 말씀 묵상이 아니라 신비주의 관상기도를 본격적으로 도입했다. 관상기도 세미나까지 진행했다. 놀라운 것은 이런 관상기도 세미나를 퀘이커 교도인 리차드 포스터가 중심이 된 레노바레 운동과 함께 한다는 것이다.

---

[666] 유해무, 개혁교의학 (서울: 크리스찬다이제스트, 1997), 33–34.
[667] http://qt1000.duranno.com/moksin/detail.asp?CTS_YER=2006&CTS_MON=5&CTS_ID=54269&CTS_CTG_COD=10

관상기도는 힌두교의 만트라 명상, 불교의 참선과 그 맥을 함께하는 초월적 명상(TM) 기도법이다. 관상기도는 인본주의적이고 뉴 에이지적이며, 종교다원주의적인 신비체험(접신, 황홀경 체험)을 위한 자기 체면술로서 이교도의 명상술 내지는 심령술에 기독교적 옷을 입힌 매우 비성경적인 기도운동이다.668) 관상기도는 전혀 성경적 근거가 없고 뉴에이지적인 명상을 종교 신학적 용어로 포장한 것에 지나지 않는다.669) 이런 일에 주도적으로 참여한 사람들은 누구인가?670)

이동원 목사를 비롯해 수많은 목사들이 관상기도 운동을 펼쳤지만, 교단적 비판과 저항이 일어나자, 2011년 7월 이동원 목사는 관상기도 세미나를 접겠다고 했다. 그러나 그 영향으로 인해 한국에는 수많은 관상기도 세미나가 열리고 있고, 영성훈련이라는 이름으로 교회 안에서 이루어지고 있으며, 큐티와 기도는 그것을 실현하는 과정이자 현장이 되고 있다. 관상기도와 신비주의 영성을 가르치는 살렘인스튜트를 들락거리면서 깊은 영성을 배우러 가는 목회자들이 갈수록 늘어나고 있다.671)

성경이 말하는 명상은 무념무상의 명상을 말하는 것이 아니다. 한국교회에는 소위 '침묵기도'라 하면서 이런 무념무상의 명상을 희석시켰다. 시편 1편에서 말하는 묵상은 여호와의 율법을 묵상하는 것이다.

예수님의 다음과 같은 말씀은 주님의 음성을 직접 들어야 한다는 말이 잘못되었다는 것을 드러낸다.

> 너희 말을 듣는 자는 곧 내 말을 듣는 것이요 너희를 저버리는 자는 곧 나를 저버리는 것이요 나를 저버리는 자는 나 보내신 이를 저버리는 것이라 하시니라(눅 10:16)

예수님께서 보내신 자들의 말을 듣는 것이 예수님의 말씀을 듣는 것이라고 말씀하셨다. 하나님께서 세우신 사역자들이 말씀을 가르칠 때에 마치 하나님께서 선포하시는 것처럼 두려워하며 그 말씀에 순종해야 한다.

칼빈은 다음과 같이 말했다.

---

668) http://ifck.or.kr/wwwb/CrazyWWWBoard.cgi?db=board6&mode=read&num=1422&page=213&ftype=6&fval=&backdepth=1
669) http://www.newsnjoy.co.kr/news/articleView.html?idxno=29363 이차식, 관상기도, 뉴에이지 명상. 한국교회 최초로 관상기도 찬반 포럼(2009년 12월 14일, 대한예수교장로회(합신) 경북노회 주최, 대구 동흥교회) 후기.
670) http://www.disciplen.com/seminar/2007/renovare/schedule.asp
671) http://daniel.jiguchon.org/board/gmc_info_content.asp?i_type=column&id=399; "무엇보다 Shalem Institute에서 체득하기 시작한 관상기도(Contemplative prayer)와 관상적 삶(Contemplative lifestyle)은 나의 여생과 목회에 적지 않은 유익이 될 것을 확신하게 되었습니다."(이동원 목사 2001/10/23)

... 그러므로 우리는 다음과 같이 불평해서는 안 됩니다. "어째서 하나님은 오늘 우리에게 그분이 시내산에서 하셨던 것처럼 가시적인 모습으로 말씀하시지 않는가?" 그것은 오직 그분이 그렇게 하기를 기뻐하시기 때문입니다. 우리가 해야 할 일은 그분에게 어떤 법을 부과하거나 전에 하셨던 일을 계속하시라고 요구하는 것이 아닙니다. 우리는 하나님의 은총을 남용하지 말아야 합니다. 우리는 그분을 조롱하면서 다음과 같이 말해서는 안 됩니다. "어째서 그분은 그 때는 그런 수단을 사용하시고 오늘날에는 그와 동일한 수단을 사용하지 않으시는가?" 사람들이 이처럼 오만해지는 것은 과씸하고 악마적인 기만에 불과합니다. 그러므로 우리는 하나님이 우리에게 그분 자신을 그분이 기뻐하시는 방식으로 그리고 그분이 보시기에 우리에게 가장 적합한 방식으로 계시하실 자유를 보장해 드려야 합니다. 우리는 하나님이 과거에 우리에게 은혜를 베푸시기 위해 어느 한 방식을 사용하셨다는 것을 이유로 그분이 다른 방식을 사용하시지 못하도록 그분을 구속해서는 안 됩니다. 오히려 우리는 그분의 온전한 뜻에 만족하는 것을 배워야 합니다.672)

칼빈의 이 말은, 우리의 만족을 위해서 하나님이 하늘로부터 내려와 주시기를 간구해서는 안 된다는 것이며, 하나님께서 우리와 같은 사역자들을 세우셔서 말씀을 선포하게 하시는 것으로 만족하고 감사해야 한다는 뜻이다.673) 그렇게 말씀을 주시는 하나님의 전달방식에 우리는 만족해야 한다. 그렇지 않으면 비성경적인 신비주의 영성으로 흘러가게 되고 신인합일을 지향하게 된다. 신비주의 영성은 남다른 열심이 있다거나 더 탁월한 영성을 소유한 사람들의 전유물이 아니다. 그것은 하나님과 동등 되려는 의도성을 가지고 있는 위험한 시도다.

김성봉 목사는 "관상기도는 이교도의 명상에 말씀 몇 구절 얹어 놓은 것으로 초월적 명상행위와도 맥을 같이 하는 경향이 있다"며 "말씀 사이에 관상의 의미를 끼워 넣으려는 시도 자체가 미혹이요 함정이 아닐 수 없다"고 지적했다.

여기서 말하는 '이교의 명상'이라는 것은 실제적으로 무엇을 말하는가? 그것은 '만트라'를 말한다. 만트라는 한 단어를 의미 없이 반복하면서 무념무상의 세계로 들어가게 되는 것을 말한다. 중요한 것은 그 다음과정이다. 그렇게 무념무상의 세계로 들어가면 무슨 일이 생기는가? 영적인 안내자와의 만남이 이루어진다. 그것은 귀신과 접촉하는 것이다!

내적치유, 큐티, 기도에서 침묵기도를 하면서 예수님을 만났다거나 어떤 영적인 체험을 한 것은 이런 영적인 안내자와의 만남에서 온 경험일 수 있다는 것을 잊지 말아야 한다.

---

672) 존 칼빈, 칼빈의 십계명 강해, 김광남 역 (고양: VisionBook, 2011), 380-381.
673) Ibid., 374.

렉티오디비나를 한국에 퍼뜨리는 주도적인 역할을 하는 또 한 사람은 유진 피터슨이다. 그는 『이 책을 먹으라』에서 렉티오 디비나를 말한다. 놀랍게도 '메디타티오'에서, 플라톤과 소크라테스와의 대화를 말하면서 토트(Thoth)를 말했다.

> 플라톤은 그러한 자신의 관찰을 이야기로 들려주었는데, 그 이야기는 그의 책 「파이드루스」(Phaedrus)에서 '찾아볼 수' 있다. 그 이야기는 이렇다. 이집트에(Thoth)라는 신이 살았다. 그는 많은 것을 발명했는데 그 중에서도 가장 자랑스럽게 여기는 것은 글쓰기를 가능하게 해 주는 문자였다. 어느 날 그는 타무스(Thaumus) 왕 앞에서 자신의 성취를 뽐내며 자랑하고 있었다. 그 발명품이 이집트 사람들을 더 지혜롭게 해줄 것이고 그들에게 더 나은 기억력을 가지게 해줄 것이라고 그는 말했다. 그러나 타무스 왕은 그의 말을 인정하지 않았다. 그는 문자가 그들의 기억력을 망칠 것이며, 기억하기보다는 잊어버리는 일이 더 많을 것이고, 실재가 없는 말의 허식만 남게 될 것이라고 했다. 플라톤이 글쓰기를 그림에 비유하자 소크라테스가 그 이야기에 평을 했다. 화가가 그린 풍경에 나오는 인물들은 "생명이 있는듯 보이나 그들에게 질문을 하면 군건한 침묵을 지킨다." 마찬가지로 글쓰기도 "질문을 하면 한결같이 같은 대답을 해준다." 일단 말이 기록되면 "그것을 이해할 수도 혹은 이해하지 못할 수도 있는 사람들 사이를 이리저리 굴러다닌다. 따라서 그 말은 누구에게 대답해야 하고 누구에게 대답하지 말아야 하는지를 알지 못한다. 그리고 혹사당하거나 남용될 때 자신을 보호해 줄 부모도 없고 스스로를 보하거나 방어할 수도 없다." 예수님처럼 아무것도 글로 쓰지 않은 소크라테스는 '영혼을 가지고 있고 … 배우는 자의 영혼에 새겨져 있고, 스스로를 방어할 수 있고, 언제 말하고 언제 침묵해야 하는지를 아는 살아 있는 말'을 선호한다.674)

토트(Thoth)는 이집트의 신이다. 디팩 초프라는 이 토트 신이 신비주의의 기원인 헤르메스가 바로 그 토트라고 말한다.675) 유진 피터슨은 지금 '메디타티오'를 말하면서 이집트 신 토트와 타무스 왕의 대화를 말하고 있다. 결론은 무엇인가? 예수님보다 글을 쓰지 않은 소크라테스가 더 낫다는 말을 하고 있다. 또한, 유진 피터슨은 G. K. 체스터턴을 말한다. 그는 누구인가? 로마 가톨릭의 신자이며 신비주의자다.676) 체스터턴을 말하는 이유는 텍스트와 공감하기 위해 그 안

---

674) 유진 피터슨, 이 책을 먹으라, 양혜원 역 (서울: ivp, 2010), 168-169.
675) http://blog.daum.net/imt105/12429918/ 신비주의 전통의 11가지 지혜; "헤르메스주의는 마법과 연금술, 그리고 영계에서 물질계로 들어가는 또 다른 방식을 다루는 신비주의 철학이다. 신비적 지식의 기원은 헤르메스 트리스메기스토스라는 인물로 거슬러 올라가는데, 그에 대해서는 탄생한 날짜와 장소를 포함해서 알려진 것이 많지 않다. 학자들은 그가 기원전 2000년 무렵에 살았다고 믿고 있다. 많은 학자들은 그가 이집트 사제이자 서양에서 예술과 과학으로 부르는 분야의 창시자라고 생각한다. 헤르메스 메기스토스, 즉 '세 배나 위대한 헤르메스'의 불가사의에 대해서는 다양한 고대 문서에서 그리스와 로마의 신비주의자 모누가 언급하고 있다. 신화는 그를 신의 지위로 격상시켰는데, 아마도 따오기 머리를 가진 달의 신 토트가 헤르메스였을 것이다. 토트는 치유와 지성과 문자를 상징하는 이집트 신이었다. 한 고대 문서에는 토트가 기자의 대피라미드를 설계했다고 기록되어 있다."
676) http://seanrobsville.blogspot.kr/2010/02/chesterton-on-mysticism.html
Chesterton on Mysticism "Mysticism keeps men sane. As long as you have mystery you have health; when you destroy mystery you create morbidity. The ordinary man has always been sane because the ordinary man has

으로 들어가야 한다는 것이고, 성경을 읽는데 상상력이 필요하다는 것을 말해주기 위해서이다.677)

유진 피터슨이 말하는 렉티오디비나는 신비주의 관상기도로 매우 깊이 연관되어져 있으며 로마가톨릭 영성과도 함께 한다.

> … 그래도 여전히 이집트의 사막 교부들과 스페인 갈멜 수녀원의 아빌라의 테레사, 몬테카시노 수도원의 베네딕투스와 수사들, 빙엔에 설립한 수녀원에서 수녀들을 이끌었던 힐더가르트, 클레르보에서 수사들에게 설교했던 베르나르, 혹은 현대에 와서는 켄터키 주의 토마스 머튼과 트라피스트 수도회의 글들로부터 파생되는 그 단어의 이미지로부터 우리의 생각을 분리하기란 쉽지 않다. 이러한 맥락에서는 관상의 삶이 늘 활동적인 삶과 대치된다. 여기에서 활동적인 삶은 수도원 밖에서의 삶으로 이해된다. 평생 관상의 삶을 연구하고 실천해 온 가톨릭 신학자 폰 발자르는 관상을 지성소에서의 예배와 세상에서의 일을 하나로 묶어 주는 '고리'라고 부름으로써 왜곡된 전형에 맞서고자 최선을 다한다. 그 연결은 세속적이면서도 동시에 신성한 것이다. "관상의 삶은 필연적으로 일상적 삶, 사랑의 정신으로 행하는 작은 성실과 섬김의 삶인데 그 사랑의 정신은 우리의 임무를 가볍게 해 주고 그 임무에 따뜻함을 전해 준다."
> 나는 수도원에서 행하는 관상에 대해 아무런 이의도 없고 또 그것을 비판하지 않는다. …678)

이런 신비주의 영성, 수도원 영성, 로마 가톨릭 영성으로 무장된 유진 피터슨의 영성에 한국교회는 너무나도 오염이 되어 있다. 신비주의 영성이란 단순히 신비롭다는 것이 아니라 인간 내면에 신성한 불꽃이 있다는 것이고 그것을 계발하여 신인합일을 목적으로 하는 사람들이다. 로마 가톨릭의 사제인 토마스 머튼과 트라피스트 수도회의 신비주의 영성은 그런 일에 현대적 주자였다. 이것은 필자의 과도한 해석이 아니다. 이어지는 글에서 유진 피터슨은 신비주의 영성의 대가라 불리는 마이스터 에크하르트를 말한다.679)

---

always been a mystic. He has permitted the twilight. He has always had one foot in earth and the other in fairyland. He has always left himself free to doubt his gods; but (unlike the agnostic of to-day) free also to believe in them. He has always cared more for truth than for consistency. If he saw two truths that seemed to contradict each other, he would take the two truths and the contradiction along with them. His spiritual sight is stereoscopic, like his physical sight: he sees two different pictures at once and yet sees all the better for that."
677) 유진 피터슨, 이 책을 먹으라, 양혜원 역 (서울: ivp, 2010), 114; 〈… G. K. 체스터턴은 자신의 기독교 신앙에 대해 설명하면서 이렇게 썼다. "나는 언제나 인생을 이야기라고 생각했다. 그리고 만약 이야기가 있다면 이야기를 들려주는 사람이 있기 마련이다." 우리는 이야기를 만드시고 들려주시는 예수님을 따라서 그 이야기 속으로 들어가며, 이 놀랍고도 절묘한 구체적 내용들 즉 창조와 구원과 축복으로 이루어진 삶의 이야기를 구성하는 단어와 문장들을 탐험하면서 전 생애를 보낸다. 그 이야기에는 참으로 많은 것들이 감추어져 있으며 그것들은 온갖 연결 고리로 복잡하게 얽혀 있다. 그래서 여기에는 상상력이 필요하다.〉
678) 유진 피터슨, 이 책을 먹으라, 양혜원 역 (서울: ivp, 2010), 193-194.
679) http://ko.wikipedia.org/wiki/마이스터_에크하르트; 하네스 에크하르트(Johannes Eckhart, 1260년경-1327년경)는 독일의 로마 가톨릭 신비사상가이다. 마이스터 에크하르트(Meister Eckhart), 마이스터 엑카르트라고 통칭된다. 에크

> … 독일의 도미니크회 설교자인 마이스터 에크하르트(Meister Eckhart)는 어느 설교에서 관상을 이와 같은 현실 세계의 상황 속에 놓은 것으로 유명하다. "누군가가 성 바울처럼 삼층천을 방문하는 황홀경에 빠져 있는데 어떤 병자가 그로부터 국 한 그릇을 얻어먹어야 할 처지에 있다는 것을 알았다면, 나는 사랑을 위해서 황홀경을 버리는 것이 훨씬 더 낫다고 생각할 것이다."

이것은 성경을 너무나도 오용한 것이다. 사도 바울이 황홀경에 들어갔던가? 사도 바울이 삼층천에 올라간 일은 신비주의 황홀경이 아니다. 그런 황홀경이 아니라는 것은 사도 바울의 그런 체험이 인간의 조장에 의한 것이 아니기 때문이다. 그것은 전적으로 성령 하나님께서 그를 주장하신 일이다. 에크하르트는 황홀경이나 병자에게 국 한 그릇을 주는 일이나 인간이 선택하고 인간이 만들어낼 수 있는 것으로 말하고 있지만 성경은 그렇게 말하지 않는다.

유진 피터슨이 렉티오디비나와 관상기도를 말하는 출발점이 무엇인가?

> … 우리는 자기 자신을 위해서 사용할 수 있는 진리나 역사나 도덕을 찾기 위해서가 아니라 자신을 계시하는 하나님을 만나고자 이 텍스트 안으로 들어간다. 칼 바르트가 궁극적으로 주장한 것은, 어떻게 하면 하나님을 우리 삶에 들어오시게 하고 우리 삶에 참여하시게 할지를 알기 위해 성경을 읽어서는 안 된다는 것이다. 그것은 성경을 거꾸로 이해하는 것이다. … 인간이 헤아리는 작고 비좁은 세계와는 달리 이 크고 광대한 하나님의 계시의 세계를 받아들이려면 우리의 상상력이 개조되어야 한다. …… 근대 해석학적 의심의 대가 세 명은 바로, 니체와 마르크스와 프로이트다. 그들은 그 어떤 것도 액면 그대로 받아들이지 말 것을 우리에게 잘 가르쳐 주었다. … 폴 리쾨르(Paul Ricoeur)는 우리와 같은 사람들에게 놀라운 충고를 해준다. 그는 해석학적 의심을 유지하고 그대로 실천하라고 말한다. 그것은 매우 중요하고 필요한 것이다. 세상에는 거짓말이 많다. 진실을 분별하고 쓰레기는 버리는 법을 배우라. 그러나 그렇게 하고 난 후에는 '제2의 순진함'이라는 것을 가지고 다시 그 책 속으로, 그 세상 속으로 들어가라. 어린 아이와 같은 경이를 가지고 세상을 바라보면서, 매 순간 하늘에서 쏟아져 내리는 진리와 아름다움과 선의 넘치는 풍부함에 깜짝 놀라며 기뻐할 준비를 하라. 숭배의 해석학을 계발하라. 인생이 얼마나 크고 멋지고 장엄한지를 보라.[680]

하나님을 아는 것은 성령님의 역사로 계시된 성경을 통해서 이루어진다. 그런데 유진 피터슨은 칼 바르트의 말을 인용하면서 성경을 읽지 말라고 하며 상상하라고 한다. 기독교를 욕하고 짓밟고 무너뜨린 장본인들인 니체와 마르크스와

하르트는 말을 하지 않고, 하느님의 임재를 기다리고 경험하는 관상(觀想)으로부터 출발하여 정적(靜寂)과 무(無)의 경지에 철저하였으며 하느님과의 합일(合一)을 생각했다. 에크하르트에게 하느님은 이성으로도 감각으로도 파악할 수 없는 무한한 황야 같은 분이며 무한 자체이다. 여기에서 하느님은 페르소나(神格)을 초월한 하느님, 곧 '신성'(神性)으로서 모든 특징을 통합 해소한다. 이러한 신에게 몰입할 때 핵심이 되는 것이 인간의 영혼의 '작은 불꽃'이며 영혼의 성(城)이다. 자기를 무(無)로 돌려 하느님의 무와 합일하면 비로소 인간은 완전한 자유에 도달하며, 모든 것을 버리고, 드디어는 하느님까지도 버리고 최고의 덕을 달성한다.
680) 유진 피터슨, 이 책을 먹으라, 양혜원 역 (서울: ivp, 2010), 121-125.

프로이트를 말하면서 "그 어떤 것도 액면 그대로 받아들이지 말 것을 우리에게 잘 가르쳐 주었다."고 말한다. 이런 발언은 그야말로 기독교를 두 번 죽이는 것이다. 폴 리쾨르를 말하면서 어린아이 같이 경이를 가지고 세상을 바라보라고 한다. 그것은 성경이 말하는 어린아이 개념과 완전히 틀리다.

유진 피터슨은 렉티오 디비나를 '영적독서'(spiritual reading)라 하면서, "이 독서는 마치 음식이 우리의 위장으로 들어오듯 우리의 영혼으로 들어와서 혈관으로 퍼져 거룩과 사랑과 지혜가 되는 독서다"라고 말한다. 그러나 렉티오 디비나는 혈관과 세포에 퍼진 암세포처럼 영혼을 죽이는 독이다!

교회가 이런 운동을 하게 된 이유는 무엇인가? 그것은 교회가 영지주의화 되었기 때문이다. 교회가 영지주의화 된다는 것은 하나님과의 직접적인 교통을 추구하게 되었다는 것이다. 하나님의 영감으로 기록된 성경으로 만족하지 않고 직접 하나님의 음성을 듣고자 한다.

많은 사람들이 영지주의를 영은 거룩하고 육은 악하다고 말하는 정도로만 알고 있다. 그러나 영지주의가 그렇게 이원론을 말하는 근본적인 이유는 인간의 내면에 신성한 불꽃이 있다고 믿기 때문이다. 그것을 제일 잘 간파한 사람이 칼 융이다. 칼 융의 목적은 인간의 내면에 있는 그 신성한 불꽃인 '누미노제'[681]를 체험하는 것이었다. 그런데도 심리학을 학문이라고 말하는 수많은 목사와 교수들 때문에 성도들도 역시 오염되어 있다.

영지주의자란 '아는 자'라는 뜻이다. 그들은 무엇을 아는가? 인간을 해방시키고 신성하게 만드는 지식을 안다는 뜻이다. 그 지식이란 무엇인가? 인간의 깊은 본성이 창조의 일부가 아니라 하느님의 일부라는 것이다. 하느님의 신성과 동일한 본질이 인간 안에 있다는 것이다. 이것이 영지주의자들의 신성한 내면이다.

그래서 영지주의자들은 하느님과의 합일이 그 목적이었다. 그 합일로 가는 데에는 영적인 안내자가 있어야 한다. 그들의 영적인 안내자는 누구였는가? 예수였다. 영지주의자들에게 예수는 인간을 죄와 사망에서 구원하는 메시아가 아니라 인간의 신성을 일깨우고 신인합일 되게 하는 영적인 안내자에 불과했다. 영지주의자들에게 예수는 빛의 사자다. 그러므로 영지주의는 적그리스도다! 영지주

---

[681] http://bbs2.telzone.daum.net/gaia/do/program/detail/read?bbsId=P000010&articleId=278621&objCate1=63 서양 철학계를 지배하던 합리주의와 대립하며 그 대안으로 동양, 특히 인도의 신비주의 철학을 탐구하던 루돌프 오토의 중심 주제는 종교의 본질 "거룩한 것"이었다. 그는 이것을 "numinous experience: 거룩한 존재에 대한 체험"이라고 불렀다. 이 주제를 연구하기 위한 기초 작업으로 신비적 전통과 감성철학에 깊은 관심을 가지고 연구하였다. 오토의 이 개념을 통상 누미노스(Das Nuninose)라고 한다.

의는 왜 육체를 악하다고 했는가?

> … 영지주의자들은 인간이 벽에 비친 그림자에서 영원히 돌아서서 실재와 직접 교제할 수 있는 잠재력을 지니고 있다고 주장한다. 이것은 다음과 같은 중요한 사실의 근거가 된다. 영지주의자는 인간 마음의 주요 부분을 포함해 창조된 세계를 악한 것으로 여긴다. 그 주된 이유는 창조된 세계가 우리의 의식을 신성한 존재에 관한 지식에서 딴 데로 돌려버리기 때문이다. 우리의 육체적 상태가 불가피하게 우리를 외적인 것으로 이끌어간다면, 사람들 마음의 소란스러움은 그 소란스러움 자체에만 주의를 기울인다. 이런 이중의 방해로 내적 자기(inner self)는 잊혀지고 만다. 그러나 내적 자기만이 궁극의 신성과 직접 연결되어 있기 때문에, 인간 경험의 장(場)에서 초월이 이루어지는 지점은 바로 이 내적 자기이다. 초월의 경험을 통해서, 영지주의자가 진정한 '원죄'라고 여기는, 곧 신성한 존재로부터의 인간의 소외와 분리가 원래대로 회복될 수 있다.682)

우리는 이 글에서 육체가 악하다고 말하는 이유를 알 수 있을 뿐만 아니라 영지주의자들이 말하는 원죄의 개념이 성경과 얼마나 다른가를 알 수 있다. 그들이 말하는 원죄는 "신성한 존재로부터의 인간의 소외와 분리"를 말한다. 그 소외와 분리를 회복하는 길은 영적인 안내자를 통하여 신성한 불꽃을 충만하게 하는 것이다. 이것이 영지주의자들의 구상화다. 영지주의자들은 신성을 향한 상승에 이르기 위해 여러 종교와 사상을 혼합했다.

이제 소교리문답으로 돌아와서 생각해 보자. 우리의 기도는 무의식으로 들어가는 것이 아니다. 오늘날 심리학의 물을 마음은 사람들은 프로이트의 자동연상법이나 칼 융의 적극적 심상법으로 무의식에 뛰어드는 것을 자연스럽게 행한다. 무의식은 브로이어(Josef Breuer)와 프로이트가 '안나 오'라는 여자를 치료하면서 만들어 낸 것이다. 그녀가 말한 것들은 의식이 모르는 어떤 것이 있다는 것이고 그것이 무의식이라는 것이다. 그 무의식은 성충동이 억압을 받아 생성된 것이다. 그러나 그녀를 치료했다는 것은 거짓으로 드러났다.683) 앞서 렉티오디비나를 말

---

682) 스티븐 휠러, 이것이 영지주의다, 이재길 역 (서울: 산티, 2006), 35.
683) 정태홍, 내적치유와 구상화 (충남: RPTministries, 2012), 249-150; 이것을 공적으로 문제시한 사람은 칼 융이다. 그는 1925년 취리히 세미나에서 "그리하여 뛰어난 치료적 성공의 예로 그렇게도 많이 언급된, 그(프로이트)와 브로이어가 함께 한, 유명한 첫 사례의 경우에도 사실은 전혀 그렇지 않았다."라고 말함으로써 그들의 치료가 말짱 헛것이라고 말했다. 그러나 융의 이런 주장은 변절자의 질투성 발언이라 여겨져 묵살되었다. 프로이트에게서 배운 융이 그 말을 했으니, 사람들은 융이 프로이트 보다 더 위대해 지고 싶어서 프로이트를 비판한다고 생각했을 것이다. 그 후에 어네스트 존 (Ernest Jones)에 의하여 융의 말이 진실성을 가지고 있음을 주장했다. 존은 브로이어가 안나 오라는 젊은 환자와의 관계에 의문을 던졌다. 그녀에 대한 실체는 헨리 엘렌베르그(Henri Ellenberger)에 의해서 완전히 파헤쳐졌다. 엘렌베르그는 파펜하임(Bertha Pappenheim, '안나 오'의 본명)의 사진을 발견하게 되는데 그 한 장의 사진을 집요하게 추적했다. 그는 경찰(Montreal City Police)의 도움으로 안나 오가 스위스 크로이츠링엔(Kreuzlingen) 시(市)의 콘스탄스 호수 옆에 위치

했듯이, 오늘날 많은 현대 기독교인들은 인간 밖에 살아계시고 무한하신 인격체이신 하나님을 향하여 기도를 하는 것이 아니라 자기 내면에 있는 하나님을 향하여 기도한다. 물론 그들도 성경이 말하는 하나님께 기도한다고 말한다. 그러나, 너무나도 많이 혼합이 되어 있어서 오늘날의 기도는 결국 자기 내면의 하느님께 기도하는 것이나 마찬가지다. 성경이 말하는 기도는 무엇인가?

1) 기도는 하나님의 뜻에 합당한 것들에 대해

기도에 하나님의 뜻이 먼저 언급되는 것은 인간의 이성만으로는 하나님의 말씀과 이 세계를 다 이해할 수 없다는 것을 의미한다. 하나님의 뜻은 인과율만으로 파악할 수 없다. 믿음의 길은 합리성을 배제하지는 않으나 합리성만으로는 벌거숭이가 될 수밖에 없다는 것을 고백하는 길이다.684) 그러므로 기도는 하나님의 뜻을 우리가 다 알 수 없으므로 하나님의 뜻이 이루어지도록 겸손히 구하는 것이다.685)

> 그를 향하여 우리의 가진 바 담대한 것이 이것이니 그의 뜻대로 무엇을 구하면 들으심이라(요일 5:14)

성도가 기도할 때 가지는 담대함이란 무엇인가? 그것은 하나님의 뜻대로 구하면 무엇이든지 들으시고 응답하신다는 것이다. '하나님의 뜻은 무엇인가?'는 생각하지 않고 무작정 열심히 기도하면 된다는 시도들이 얼마나 많은가? 24시간

한 유명한 요양원에 입원했었다는 것을 확인했다. 그 때가 1882년 7월 12일인데, 브로이어가 안나 오의 치료가 끝난 지 겨우 한 달이 지난 때였다. 그녀는 여전히 황홀경과 환청으로 고통을 받고 있었다. 요양원의 라우푸스(Laupus)의 보고서는 매우 흥미롭다.
684) 유해무, 개혁교의학 (서울: 크리스챤다이제스트, 1997), 37; "기도의 법은 믿음의 법이다. … 신학은 신비를 장악할 수 없다. 도리어 그 신비의 끝없는 깊이를 노래할 뿐이다. 그러므로 신학은 곧 송영이다. …"
685) 하이델베르크 교리문답 제116문: 왜 그리스도인에게는 기도가 필요합니까? 답: 기도는 하나님께서 우리에게 요구하시는 감사의 가장 중요한 부분이기 때문입니다. 게다가, 하나님께서는 오직 끊임없이 그리고 간절한 마음으로, 당신의 은혜와 성령을 당신께 구하고, 그것에 대해 감사하는 자들에게만 당신의 은혜와 성령을 주실 것이기 때문입니다.
제117문: 하나님을 기쁘시게 하며, 하나님께 응답받는 기도에 속하는 기도는 어떤 내용입니까? 답: 첫 번째로, 우리는 당신의 말씀 속에서 당신 자신을 계시하신 유일하신 참 하나님 한 분께만 진심으로 간구해야 합니다. 왜냐하면 하나님께서 우리에게 기도하라고 명령하셨기 때문입니다. 두 번째로, 우리는 철저하게 우리의 필요와 불행을 알아야 합니다. 그래서 우리는 하나님 앞에서 겸손해야 합니다. 세 번째로, 비록 무가치한 존재일지라도, 우리는 하나님께서 당신의 말씀을 통하여 약속해 주신 대로, 우리 주 예수 그리스도의 공로 때문에, 확실하게 우리의 기도를 들어주실 것이라는 이 확고한 근거를 믿어야 합니다.
제118문: 하나님께서는 우리에게 무엇을 구하라고 명령하셨습니까? 답: 우리 주 예수 그리스도께서 우리에게 친히 가르쳐 주신 기도에 포함된 영혼과 육신에 필요한 모든 것을 구하라고 하셨습니다.

주님만 바라보는 영성, 24시간 기도만 하는 사람들은 그들의 응답 사례를 말하지만 지극히 주관적이다. 노력하지 말고 주님만 바라보면 사람이 변화되고 일이 이루어진다면 우리는 가정과 직장과 사업을 그만두고 교회에 나와서 24시간 성경 읽고 기도만 하면 될 것이다. 그러나 성경은 그렇게 말씀하지 않고 개미에게 가서 배우라고 한다. 성경이 말하는 원리에 맞아야 응답을 주신다. 그의 뜻은 무엇인가? 예수님께서 이 세상을 향하여 가지신 그 마음이다. 죄인들을 구원하시기 위하여 그 은혜와 긍휼을 베푸시고 십자가를 지신 것이다.

2) 우리의 소원을
성도의 소원은 무엇이 되어야할까? 그것은 언제나 언약의 신실함이다.

> 너희가 내 안에 거하고 내 말이 너희 안에 거하면 무엇이든지 원하는 대로 구하라 그리하면 이루리라(요 15:7)

기도는 우리가 원하는 것을 만들어 내는 방법이 아니다. 내가 애쓰고 노력해서 열매를 맺을 수 있는 것이 아니다. 나무에 붙어 있기 때문에 열매를 맺을 수가 있다. 우리가 예수님께 접붙여졌기 때문에 열매를 맺는다. 그것이 기계적인 결과를 낳는다는 것이 아니라 구원을 받은 자들은 주의 말씀을 순종함으로, 언약에 신실함으로 결실을 맺어간다는 뜻이다.

예수님께서는 십자가에 피흘려 죽으심으로 죄인을 구원하신 것이지 우리 주머니에 돈을 채워주어서 그 돈을 바치라고 죽으신 것이 아니다. 하나님께서 세상 것을 원하신다면 왜 우리를 이렇게 절망의 웅덩이에 두실 필요가 있는가? 우리가 처한 지금의 형편에서 하나님의 뜻대로 하나님의 마음을 가지고 사는 데 조금도 부족하지도 모자라지도 않다.686) 성도는 어떤 환경과 조건 속에서도 성경대로 살아가는 일에 충성하도록 기도하는 사람이다.

> 여호와여 주는 겸손한 자의 소원을 들으셨으니 저희 마음을 예비하시며 귀를 기울여 들으시고(시 10:17)

---

686) 11 내가 궁핍하므로 말하는 것이 아니라 어떠한 형편에든지 내가 자족하기를 배웠노니 12 내가 비천에 처할 줄도 알고 풍부에 처할 줄도 알아 모든 일에 배부르며 배고픔과 풍부와 궁핍에도 일체의 비결을 배웠노라 13 내게 능력 주시는 자 안에서 내가 모든 것을 할 수 있느니라(빌 4:11-13)

시편 10편에는 두 부류의 사람, '악한 자'와 '가련한 자'가 대조되고 있다. 그 악한 자가 가련한 자를 심히 군박하나, 그 가운데서 여호와 하나님의 도움을 구하며 의지한다. 그렇게 여호와 하나님만 의지하는 자를 성경에서는 '가련한 자', '외로운 자', '가난한 자', '압박당하는 자'라고 한다. 17절은 그런 가련한 자의 기도다. 그들의 기도는 다시 하나님의 언약으로 회복되기를 소망하는 것이다. 하나님께서는 그렇게 의지하는 자의 기도를 들으시고 세상의 위협으로부터 지켜주신다.

3) 그리스도의 이름으로 하나님께 아뢰는 것인데

성도들이 예수님의 이름으로 기도해야 하는 이유는 무엇인가? 그것은 예수 그리스도의 공로로 구원을 받았기 때문이다.

> 지금까지는 너희가 내 이름으로 아무것도 구하지 아니하였으나 구하라 그리하면 받으리니 너희 기쁨이 충만하리라(요 16:24)

예수님의 이름은 예수님의 능력과 성품을 말한다. 이것은 법률제도의 '대리인'과도 같다. 권리나 재산 혹은 돈을 다른 사람에게 위임하는 경우가 있다. 그 위임을 받은 사람은 위임을 해 준 사람과 동일한 권리를 행사하게 된다. 예수님의 이름으로 기도한다는 것은 예수님의 권리를 위임받은 것이다. 그 권리는 예수님의 뜻에 맞아야 한다. 예수님의 이름으로 기도하는 것은 예수님의 권세와 능력과 성품과 뜻으로 하는 것이다.

그런데 오늘날 민중신학을 추종하는 사람들은 어떻게 기도하라고 하는가? 그들은 "민중의 이름으로 기도합니다"라는 뜻이라고 가르친다. 그 대표적인 사람 중에 한 사람의 말을 들어보라.[687]

> 사실 예수님의 이름으로 기도한다는 말은 민중의 이름으로 기도한다는 말이라고 생각합니다. 그래서 저는 요즘 기도할 때면 "고난받는 당신의 아들·딸들의 이름으로 기도합니다"라고 하는 것이 좋겠다고 생각합니다.
> 당신의 아들 예수 때문이 아니라, 하나님께서는 자기의 고난받는 아들·딸들이 외치는 소리이기 때문에 그 기도 소리를 거절하실 수가 없는 것입니다. 애굽에서 외치는 노예들의 아우성 소리를 하나님께서는 거절하실 수가 없었습니다. 예수님의 기도는 바로 그런 기도였습니다.
> 나는 기독교의 대속의 교리 같은 것은 잘 믿지 않는 사람입니다. 그런 것이 아니라고 저는 생각합니다. 하나님이 거절하실 수 없는 기도, 그 고난받는 당신의 아들·딸들의 아우성, 그것이 바로 우리의

---

[687] http://historicaljesus.co.kr/ 정연복(한국기독교연구소 편집위원)

염원, 즉 종교적 염원과 민중적 염원을 완전히 일치시키는 길이라고 저는 믿습니다. 우리가 종교적 염원과 민중적 염원을 따로따로 가지고 있는 한 우리가 내려찍는 도끼질은 마냥 헛도끼 질이 되는 것입니다. 그 둘이 한 초점에 닿아서 내려찍힐 때에만 그 도끼날에 장작은 빠개져 나가는 것입니다. (통일신학동지회 엮음, 『통일과 민족교회의 신학』, 한울, 13-14쪽.)688)

기독교 대속의 교리도 안 믿고 원죄도 안 믿는다. 그러니 예수님의 이름으로 기도하는 근본적인 이유가 틀려질 수밖에 없다. 그는 「원죄론 유감」에서 더 분명하게 말한다.

나는 명색이 크리스천이지만
기독교의 원죄론이 못마땅하다
인류의 시조인 아담과 하와가
하느님의 뜻을 거역해
선악과를 따먹은 것 때문에

모든 사람은
원죄의 저주 아래 있다는
전통적인 주장은 너무 신화적이다
터무니없는 연좌제 같다.

갓 태어난 아기에게도
원죄의 그늘을 뒤집어씌우는
이해하기 힘든 모습을 보면
불끈 화난다

측은지심을 가진 모든 인간은
부처의 씨앗이라는
불교의 긍정적인 인간 이해가
오히려 더 마음에 든다.

인간이란 존재는 유동적이라
좋은 쪽으로 발전할 수도 있고
나쁜 방향으로 치달을 수도 있는데

장점을 북돋우고 칭찬해 주고
발전 가능성을 믿어줄 때
인간은 더 인간답게 되지 않겠는가.689)

---

688) http://www.dangdangnews.com/news/articleView.html?idxno=6329 "예수님의 이름으로 기도합니다의 뜻은?" '종교적' 염원과 '민중적' 염원의 만남 2007년 12월 26일 (수) 10:58:30
689) http://www.dangdangnews.com/news/articleView.html?idxno=21858 원죄론 유감(Sep. 5. 2013).

그러면서, 인도의 기도시 「나의 내면을 경배함」을 부른다.690)

나는 당신 내면의 그곳
우주 전체가 자리한 그곳을 경배합니다.
나는 당신 내면의 그곳
사랑과 빛, 진실과 평화가 깃든 그곳을 경배합니다.
나는 당신 내면의 그곳을 경배합니다.
당신이 당신 내면의 그곳에 있고
내가 나의 내면의 그곳에 있으면
우리는 하나가 됩니다.
우리는 하나가 됩니다.
나마스테.691)

이런 글들을 보면 언제나 핵심은 '신성한 내면아이'에 있다는 것을 알게 된다. 그렇게 내면에 신성을 부여하고 민중을 신성화한다. 그러니 성경과는 완전히 틀린 방향으로 가게 된다. 그들이 말하는 예수는 민중의 해방을 위한 투쟁가일 뿐이다! 서구신학의 인본주의적 바탕이 헬레니즘 영향 인문주의라면, 민중신학이 말하는 인본주의 배경은 샤머니즘이다.692)

4) 우리 죄에 대한 고백과

---

690) http://www.dangdangnews.com/news/articleView.html?idxno=21416/ (Jun. 13. 2013).
691) '당신 안의 신께 경배를'(당신 안에 신에게 문안드립니다)이란 뜻이며, 그런 신성함을 생각하면서 '지금 이 순간 당신을 존중하고 사랑합니다.'는 뜻이다.
692) https://www.facebook.com/litdoc?hc_location=stream/(2013/10/10) 사람을 향한다는 것은 같아도, 내용은 얼마나 다른가? 아울러, 민중신학의 인본주의는 사실상 예수 신앙을 해체하는 의미로, 복음주의 예수신앙과 공존하는 서구의 인본주의와는 180도가 다르다. 즉, 민중신학의 인본주의는 예수 안 믿던 상황으로 되돌아가는 식의 믿음. 즉, 공산당 앞에서 까라면 까 주의에 복종하는 북한의 '가짜 교회'에 코드를 맞추는 것을 전제로 한다. 하나님 중심에서 나 중심으로 바꾼 민중신학 패러다임의 과잉을, 다시 하나님 중심으로 바꾸는 패러다임 시프트를 해야 한다. 이는 하나님 중심으로 가야만 서구에서 말하는 인본주의와도 대화가 된다. 한국의 샤머니즘 인본주의는 서구인이 아는 그게 아니다. 장남혁, 「샤머니즘적인 교회를 성경적 교회로: 교회 변혁의 로드맵」, 『장신논단』, Vol.14 No.- [1998]
샤머니즘 문화에서는 전체 공동체를 향한 하나님의 더 높은 뜻을 추구하기 보다는 나와 나를 중심으로 하는 우리 집단의 이기적인 이익에만 몰두하는 경향이 강하다. 샤머니즘적인 문화의 영향으로 자신의 개인적인 욕구를 충족시키기에만 급급한 점을 극복하기 위해서는 하나님 나라의 관점을 심어줄 필요가 있다. 나 자신의 왕국만을 세우고자 하는 근시안적인 관점을 하나님의 나라를 바라 보고 그 나라를 먼저 추구하는 관점으로 바꾸어야 한다. 이와 같이 세계관 내지 관점을 바꾸는 작업을 위해서는 말씀에 대한 보다 깊이 있는 연구와 가르침이 선행되어야 한다. 자신이 갖고 있는 샤머니즘적인 관점에 의거해서 성경 말씀과 주어진 현실을 해석하는 것이 아니라, 성경 말씀에 근거해서 주어진 현상들을 해석할 수 있도록 가르쳐 나가야 한다. 그리하여 조직의 가치를 기복적인 것을 넘어서서 섬기는 자리로 나아가는 데에 두도록 해야 한다. 신자들의 영적 성장을 꾸준히 추구해 나아갈 때 새로운 하나님 나라의 가치관이 회중 전체에 자리 잡게 될 것이다 (장남혁, 111-112).

기도를 할 때 죄를 고백한다는 것은 다만 자신이 지은 죄를 회개하라는 것만이 아니다. 그것은 우리의 온몸과 마음이 하나님 앞에 우리의 실체가 어떤 모습인지 드러나고 하나님의 은혜를 전적으로 의지하는 것이다. 성령 하나님께서 우리의 죄악을 깨닫게 하시어 우리의 연약함과 무능함과 부패함을 알게 하신다. 그런 비참한 모습에서 구원해 주실 분은 오직 예수 그리스도밖에 없음을 더욱 갈망하게 하시고, 우리를 용서하시고 우리를 하나님의 자녀 되게 하신 그리스도의 십자가 앞으로 이끈다.

성령님께서 그렇게 하시는 것은 세상의 기도와 다르다는 것을 말해 준다. 하나님 앞에 나아갈 때 곧바로 우리의 필요를 내어놓고 그것을 해결해 달라는 것은 우상에게 비는 자들이 하는 기도다. 그러나 성도는 하나님 앞에 나아갈 때에 인간의 비참함과 그리스도의 공로를 철저히 의지한다. 그것은 구원의 은혜가 얼마나 크고 놀라운지 알게 하는 십자가를 통과하고 하나님께 나아가는 것이다. 그것은 옛언약의 제도에서도 나타난다.

성막의 문을 열고 들어가면 먼저 놋제단이라 하는 번제단이 있다. 이 번제단을 지나면 물두멍이 있다. 제사장들이 성소에 들어가기 전에 반드시 번제단과 물두멍을 지나가야 했다. 왜냐하면 그것은 구원의 과정을 말하기 때문이다. 제사장들이 번제단과 물두멍을 지난다는 것은 출애굽의 구원의 과정을 확인하고 체험하고 들어가는 것이다.

번제단은 죄인들을 위하여 희생제물이 바쳐지는 곳이다. 출애굽 시에 어린양의 희생을 통하여 이스라엘은 구원을 받았다. 번제단은 그 어린 양의 죽음으로 자신들이 구원을 받았다는 것이다. 죄로부터의 구원은 인간이 스스로 만들어 낼 수 없다는 것과 그 죄를 위하여 대속의 죽음이 있다는 것을 각인시켰다.

번제단 다음에 물두멍의 물로 제사장의 손과 발을 씻었다. 그것은 홍해 사건을 재현하는 것으로 세례를 말한다. 세례는 무엇인가? 세례는 예수 그리스도와 함께 죽고 함께 살아나는 것이다. 그것을 성경에서 이렇게 말한다.

1 형제들아 너희가 알지 못하기를 내가 원치 아니하노니 우리 조상들이 다 구름 아래 있고 바다 가운데로 지나며 2 모세에게 속하여 다 구름과 바다에서 세례를 받고 3 다 같은 신령한 식물을 먹으며 4 다 같은 신령한 음료를 마셨으니 이는 저희를 따르는 신령한 반석으로부터 마셨으매 그 반석은 곧 그리스도시라(고전 10:1-4)

이스라엘 백성들이 애굽에서 벗어나서 홍해를 지나는데, 그것을 두고 세례를 받았다고 말한다. 모세에게 속하여 세례를 받았다. 모세는 언약의 대표자이니기 때문에 모세에게 속하여 세례를 받았다고 말하는 것이다. 그리고 신령한 식물을 먹었고 신령한 음료를 마셨다. 신령한 반석으로부터 마셨다. 성경은 그 반석이 그리스도라고 말한다. 이것은 이스라엘 백성들이 홍해를 지나고 만나를 먹고 마신 것들이 그냥 단순히 애굽으로부터 해방되고 먹고 마셨다는 뜻이 아니라 예수 그리스도의 구속이 옛언약의 방식으로 실행되었다는 것을 말해준다.

옛언약에서 제사장이 성소에 들어가기 전에 번제단을 지나고 물두멍을 지나는 것은 애굽으로부터 해방되고 홍해를 지나 세례를 받은 그 과정들을 똑같이 경험하고 들어가는 것이다. 이스라엘은 어린 양의 피흘림으로 구원을 받고 홍해에서 모세와 함께 세례를 받았다. 그런 모든 것들이 그리스도 안에서 이루어졌다.

새언약 안에 있는 우리들은 어린 양이신 예수 그리스도께서 십자가에 피 흘려 죽으심으로 구원을 받았다. 그리고 세례를 받음으로 그리스도와 함께 죽고 함께 살아났다. 이 세례는 우리가 외형적으로 받는 세례가 아니라 성령님께서 그리스도와 함께 연합되게 하시는 세례다. 외적으로 세례를 받는 것은 예수 그리스도를 구주로 믿는 것을 고백하고 새언약의 백성된 것을 공적으로 드러내는 것이다.

우리는 이제 예수님과 하나가 되었다. 그것은 존재론적인 하나 됨이 아니라, 언약적인 하나 됨이다. 그리스도의 십자가 피로써 죄 사함을 받고 언약을 맺어 하나가 되었다. 예수님께서는 우리의 머리가 되시고 우리는 그의 지체가 되었다. 성령님께서는 우리 안에 내주하신다. 성령님의 내주 역시 존재론적으로 이해해서는 안 된다. 성령님의 내주란 성령의 감화 감동 보호 인도하심을 말한다. 현대의 성령론이 위험한 것은 성령님이 존재론적으로 우리 안에 있고 우리가 존재론적으로 무슨 거룩한 존재가 되었다고 생각하게 만들기 때문이다. 그래서 도약이 일어난다. 하나님의 음성을 누구나 직접 들을 수가 있다고 가르치는 것은 매우 위험한 발상이다. 이런 것들은 언약적인 차원으로 성경을 가르치지 않기 때문에 생겨난 현상들이다.

실제로 어떤 상황이 일어나고 있는가? 지금은 영성으로 하나가 되어가고 있다. 그래서 목사인지 중인지 구분이 안 된다. 그런 사람들은 하나님이라고 말하지 않고 '하느님'이라고 말한다.

> '아는 마음'이란 곧 깨달음을 말합니다. 그 깨달음이란, 나는 피조물이고 나를 지은 조물주가 따로 계시다는 것. 나는 종에 불과하고 나를 부리는 주인이 따로 계시다는 것. 이런 깨달음의 눈이 열리면 마치 돋보기를 낀 것처럼 희미하게 보이던 것들이 명료하게 보이기 시작합니다.

벌거숭이인 나의 모습과 벌거숭이인 나를 은총으로 감싸주시는 '주인'의 모습이 하나로 포개집니다. 이것은 헐벗은 마음에 무한이 포개지는 순간입니다. 자기 에고를 텅 비운 유한한 존재가 무한으로 솟아오르는 비약의 순간입니다. 티끌처럼 하찮은 우리가 '하느님의 결작으로 탄생하는 순간입니다.693)

이 글은 중이 하는 말이 아니고 목사가 하는 말이다. "자기 에고를 텅 비운 유한한 존재가 무한으로 솟아오르는 비약의 순간입니다." 원천적으로 이런 말은 목사가 하는 말이 아니다. 그런데 목사가 이런 말을 스스럼없이 하는 세상이 되었다. 이런 말을 하는 목사가 멋있는 목사가 되었다. 이런 목사가 존경받고 인기 있는 세상이 되었다.

> 내 안에 소리를 따라 가라.
> 마음챙김 명상을 하며 가만히 들여다보면, 기분이 좋아졌다 나빠졌다 하는 존재는 '냐'가 아님을 알게 된다. 쾌락을 위해 끊임없이 소비하는 존재 역시 '냐'가 아님을 알게 된다. 성취하고자 했던 목표나 타인에게 바라던 것 역시 우리 내면으로 잠시 들어와 머물다 사라지는 것임을 알게 된다. 그리고 그러한 것들에 매달리는 것이 불행의 근본 원인임을 깨닫는다. '가짜 나(에고)'에게 놀아나기 때문에 우리가 불행해진다는 진실과 만나는 것이다.
> 이렇게 에고에 가려 있는 '진짜 나'를 깨닫고 그 깨달음을 삶에서 구체적으로 실현하는 것이 모두 동기가 충족되는 과정이니, 그 자체로 우리는 행복하다. 또한 이 동기를 충족한 모습은 어떠해야 한다는 정답이 없으니 불안이나 열등감에 시달릴 필요도, 조급할 이유도 없다. 결국 행복은 우리 안에 있다. 각자 고유한 빛깔로 세상을 비추면 그만이다.694)

이것은 중이 하는 말이다. 중이 하는 말이나 목사가 하는 말이나 거의 비슷하다. 이것이 정말 얼마나 무서운 일인지 알아야만 한다. '깨달음', '에고', '행복' 이런 말들을 종교 간의 구분 없이 영성이라는 이름으로 다 같이 나누는 시대가 되었다. 그래서 현대 교회는 죽어가고 있다.

기도를 말하고 죄인 됨을 말하는 데, 왜 이런 말을 해야 하는가? 인간이 죄인이라는 것을 확인하지 않으면, 그래서 예수님 십자가로 나아가지 않으면 인간은 결국 세상의 종교와 영성에 섞여서 성경에서 떠나고 세상과 같은 길로 가게 된다는 것이다.

하나님 앞에 우리가 나아갈 때에 무엇을 먼저 확인해야 하는가? 인간이 얼마나 비참한 죄인인지 그것을 확인해야 한다. 그 죄에서 구원하신 분은 바로 무죄

---

693) http://well.hani.co.kr/?mid=media&category=408775&document_srl=429548; 고진하, '그럼에도 불구하고' 감사하라, 2013. 10. 23.
694) http://www.bulgyofocus.net/news/articleView.html?idxno=67977; 김정호, 내 안의 소리를 따라 가라! [신간] 나로부터 자유로워지는 즐거움, 불광출판사(Jul. 16. 2013.).

하신 예수 그리스도라는 것을 확인해야 한다.

하나님께 나오는 우리의 걸음들은 여러 사정이 있을 수 있다. 우리는 현실에서 너무나도 많은 아픔들을 겪고 살아가고 있다. 그러나 그런 모든 것들을 통해 우리는 무엇을 확인하고 살아가고 있는가? 우리는 너무 마음이 다급한 나머지 곧바로 지성소로 달려가서 내 고통을 아시는 하나님께서 왜 나를 이렇게 내버려 두시냐고 소리치는 우리들이 아닌가? 고민도 생각도 없이 그저 이 아픔과 눈물 때문에 여기서 벗어나게만 해 준다면 뭔 일인들 못하겠냐고 그러고 있지는 않는가?

하나님께서 우리를 여기로 부르신 것은 우리에게 이 세상의 것을 주시기 위함이 아니다. 주님 앞에 나아올 때마다 우리가 하나님의 은혜로 구원을 받았으며 우리가 예수님의 십자가 피로 구원을 얻었다는 것을 확인해야 한다. 이 험한 세상살이 가운데서 이 구원을 확인하고 살아가는 것이 무슨 유익이 될까? 유익이 되면 좋고 아니면 말자는 것이 아니다. 예수 그리스도의 십자가 피로 말미암아 허락된 구원이 우리의 삶과 분리된 것이 아니라는 뜻이다. 인간은 자율적인 존재가 아니다. 인간은 그 내면에 신성이 없다.

다니엘은 어떻게 기도했는가?

> 내 하나님 여호와께 기도하며 자복하여 이르기를 크시고 두려워 할 주 하나님, 주를 사랑하고 주의 계명을 지키는 자를 위하여 언약을 지키시고 그에게 인자를 베푸시는 자시여(단 9:4)

다니엘 9장은 70년 동안의 포로 생활에 대한 예레미야의 예언[695]을 깨달은 다니엘이 동족의 회복을 위한 통회의 기도(1-19절)와 칠십 이레의 환상(20-27절)을 말한다. 다니엘은 언약에 신실하신 여호와 하나님을 부르며 기도를 시작한다. 그는 먼저 민족의 죄를 회개했다. 그 죄는 여호와의 언약을 배반하고 율법을 떠난 것이다. 하나님께서 선지자들을 보내어 회개하라고 했지만 그 또한 듣지 않았다. 오히려 우상을 숭배하고 범죄했다.

사도 요한은 우리의 죄를 자백하라고 했다.

> 만일 우리가 우리 죄를 자백하면 저는 미쁘시고 의로우사 우리 죄를 사하시며 모든 불의에서 우리를 깨끗케 하실 것이요(요일 1:9)

---

[695] 이 온 땅이 황폐하여 놀램이 될 것이며 이 나라들은 칠십 년 동안 바벨론 왕을 섬기리라(렘 25:11)

요한일서는 적그리스도인 영지주의자들을 경계하며 기록했다. 그들은 내면에 빛이 있다고 믿기에 죄를 부정한다. 어느 시대에나 그랬듯이 인간이 인간의 죄를 부정하는 것은 절망의 나락에서 도약을 감행하기 때문이다. 죄를 부정한다는 것은 죄를 인정하는 다른 방식일 뿐이다. 다만 그것을 인정하자니 죽을 맛이기 때문에 그렇게 하기 싫어서 발악을 하는 것이다.

그러나 하나님께서는 우리가 죄를 자백하면 우리의 죄를 사하시고 용서해 주시고 모든 불의에서 우리를 깨끗하게 해 주시는 분이시다. 예수님께서는 예수님께 나아오는 자들을 다 받아주신다.

> 아버지께서 내게 주시는 자는 다 내게로 올 것이요 내게 오는 자는 내가 결코 내어 쫓지 아니하리라 (요 6:37)
> 수고하고 무거운 짐진 자들아 다 내게로 오라 내가 너희를 쉬게 하리라(마 11:28)

그리스도께 나아간다는 것은 먼저 우리의 죄를 회개하며 죄 용서함을 구하는 일로 시작한다. 성령님께서는 우리의 마음에 가난한 심령을 주시어서 우리의 죄악 된 모습을 깨닫게 하시어 오직 예수 그리스도의 십자가 피만이 그 죄에서 깨끗게 하실 수 있음을 믿게 하신다. 아버지께서는 오늘도 예수님께로 인도하고 계시는 분이시다.[696]

5) 그분의 긍휼을 감사히 인정함으로 해야 합니다

> 아무것도 염려하지 말고 오직 모든 일에 기도와 간구로 너희 구할 것을 감사함으로 하나님께 아뢰라(빌 4:6)

어떻게 "아무것도 염려하지" 않을 수 있는가? 하나님께서는 인간이 생각하는 좋은 조건과 좋은 환경에서만 일하시는 분이 아시시기 때문이다. 사도 바울이 감옥 밖에 있으나 감옥 안에 있으나 하나님께서는 바울을 통하여 일하셨다. 환경에 조건이 중요한 것이 아니라 '하나님 안에서 충분한 의미와 통일성을 누리고 있느냐?' 그것이 중요하다. 그렇게 되면 모든 일을 감사함으로 기도하게 된다. 이것이 성도의 삶의 비결이다.

---

[696] 예수께서 저희에게 이르시되 내 아버지께서 이제까지 일하시니 나도 일한다 하시매(요 5:17)

기도를 한다는 것은 우리의 인생이 우리의 힘으로 살아갈 수 없으며, 외부의 간섭, 곧 하나님의 은혜로운 역사하심으로만 살아간다는 것을 고백하는 것이다. 우리 밖에서 우리의 삶에 간섭하시고 섭리해 가시는 분이 계시는데 그분이 바로 성경에서 말하는 하나님이시다. 구원받은 성도들이 하는 기도와 세상 사람들이 하는 기도와는 전적으로 틀리다. 세상 사람들이 하는 기도는 자기의 열심으로 자기의 목적을 이루어 가는 것이다. 그러나 성도는 하나님의 뜻을 따라 기도하며 하나님께서 원하시는 삶을 살아가기 위하여 기도한다.

세상 종교의 기도는 "지성이면 감천이다"라는 생각에 기초한다. 그런 생각이 세상에서만 통하는 것이 아니라 교회 안에서도 통하기 때문에 문제다. 그런 일에 성경은 항상 경계하고 있다. 이방의 거짓 선지자들은 어떻게 기도했는가?

> 그들이 받은 송아지를 가져다가 잡고 아침부터 낮까지 바알의 이름을 불러 이르되 바알이여 우리에게 응답하소서 하나 아무 소리도 없고 아무 응답하는 자도 없으므로 그들이 그 쌓은 제단 주위에서 뛰놀더라 정오에 이르러는 엘리야가 그들을 조롱하여 이르되 큰 소리로 부르라 그는 신인즉 묵상하고 있는지 혹은 그가 잠깐 나갔는지 혹은 그가 길을 행하는지 혹은 그가 잠이 들어서 깨워야 할 것인지 하매 이에 그들이 큰 소리로 부르고 그들의 규례를 따라 피가 흐르기까지 칼과 창으로 그들의 몸을 상하게 하더라 이같이 하여 정오가 지났고 그들이 미친 듯이 떠들어 저녁 소제 드릴 때까지 이르렀으나 아무 소리도 없고 응답하는 자나 돌아보는 자가 아무도 없더라(왕상 18:26-29)

엘리야는 어떻게 기도했는가?

> 저녁 소제 드릴 때에 이르러 선지자 엘리야가 나아가서 말하되 아브라함과 이삭과 이스라엘의 하나님 여호와여 주께서 이스라엘 중에서 하나님이신 것과 내가 주의 종인 것과 내가 주의 말씀대로 이 모든 일을 행하는 것을 오늘 알게 하옵소서 여호와여 내게 응답하옵소서 내게 응답하옵소서 이 백성에게 주 여호와는 하나님이신 것과 주는 그들의 마음을 되돌이키심을 알게 하옵소서 하매(왕상 18:36-37)

엘리야도 열심히 기도했다. 엘리야도 반복해서 기도했다. 거짓 선지자들과 무엇이 다른가? 엘리야는 언약에 기초해서 그 언약에 신실하신 여호와 하나님께 기도했다. 여호와의 말씀대로 이루어지기를 간구했다. 엘리야의 열심으로 응답을 만들어 내는 것이 아니었다. 거짓선지자들의 우상은 죽은 것이었지만 엘리야의 하나님은 살아 역사하시는 하나님이시다. 엘리야는 이 백성들이 여호와만 하나님인 것을 알게 해 달라고 기도했다. 여호와께서는 불로 응답을 하심으로 여호와만이 하나님인 것을 엘리야의 기도대로 역사하셨다.

오늘날 교회 안에도 '만트라'식 기도를 유도하는 사람들이 많다. 한 단어나 문장을 계속해서 의미 없이 반복하는 기도는 성경이 말하는 기도가 아니다. 예수님께서 중언부언하지 말라는 것은 그런 의미를 내포하고 있다. 거기에 더하여 '바라봄의 법칙', '끌어당김의 법칙'을 영성이라는 이름으로 가르치는 것은 이교도에서 하는 것을 교회가 기독교의 색깔을 덧칠해서 사용하는 것이다. 또한 관상기도 역시 신비주의 영성과 퀘이커 이단의 영성에 오염 된 것이다.

이런 일의 핵심에도 '신성한 내면아이'가 자리 잡고 있다. 그들은 그 '신성한 내면아이'가 파장을 내보내면 세상이 변화된다고 믿는 '나비효과'를 실천하는 사람들이다. 기도는 주문이 아니다. 기도는 하나님의 뜻이 이루어지기를 예수님의 이름으로 구하는 것이다.

하나님의 주권은 우리의 이해와 인식 밖의 일임을 고백하는 것이 기도이다. 우리가 아무리 발버둥을 쳐도 우리 인생으로서는 이해할 수 없는 일이 있으며, 그것을 피해갈 수도 없더라는 것을 인정하는 것이다. 우리의 선택, 우리의 의지만으로 인생을 살 수 없다는 것이다. 그렇기 때문에 우리의 자격과 능력을 가지고 하나님 앞에 설 수가 없다.

예수님께서는 우리에게 무엇을 기도해야할 것인지 말씀해 주셨다.

> 그런즉 너희는 먼저 그의 나라와 그의 의를 구하라 그리하면 이 모든 것을 너희에게 더하시리라(마 6:33)

예수님은 하나님의 백성들이 이방인처럼 구하지 말라고 하셨다. 이방인들의 기도는, '어떻게 하면 잘 먹고 잘 사는가?'하는 것이 전부이다. 왜냐하면 그들의 삶의 목적은 이 세상이 전부이기 때문이다. 성도의 기도의 본질은 하나님의 나라와 그 언약에 신실한 삶이 되어야 한다.

그렇다고 우리의 일상의 삶에 대해서 기도하지 말라는 것이 아니다. 우리는 매일 매일의 삶에 당면한 문제들에 대하여 기도하며 하나님 아버지의 도움을 구하며 살아가야 한다. 우리의 기도는 우리의 삶이 우리 자신의 능력과 지혜로 살아가는 것이 아니라 하나님의 간섭과 섭리 속에서 이루어지고 있음을 고백하는 것이다.

성도는 기도와 함께 하나님의 주신 법칙에 의존하고 살아야만 한다. 기도만 한다고 해서 갑자기 무슨 일이 생기지 않는다. 이 말은 기도가 무의미하다는 말이 아니다. 하나님께서는 죄를 극복하는 일이나 언약의 백성으로 살아가는 일에 언약에 신실하도록 명령하신다. 하나님의 백성들은 먼저 기도로써 하나님의 은혜를 구해야 하며 하나님께서 언약을 통하여 주신 말씀대로 살아서 삶 속에 적용해야 한다. 그것이 바로 생명의 성령의 법이다.

성도는 더 이상 죄와 사망의 세력 아래 있지 않다. 이제는 생명의 성령의 법, 곧 새 언약의 은혜가 지배하는 삶을 살고 있다. 예수 그리스도의 십자가의 피로써 구원하신 자기 백성을 사단이 다시 죄와 사망으로 끌고 가지 못한다. 이제 새언약 안에서 그 언약이 요구하는 그 말씀대로 책임 있고 신실하게 살아가야 한다. 성경은 신앙생활에 있어서 기도만 하라고 말씀하시지 않았다. 신자의 삶에는 죄와의 싸움이 늘 있기 때문에 실제적인 싸움을 말씀을 행함으로 싸워가야 한다. 기도로 하나님의 은혜와 긍휼하심을 구하며 삶에서 그 말씀대로 살아갈 때에 하나님 나라의 능력이 나타나게 된다.

제99문 하나님께서 우리가 기도하는데 지침으로 어떤 법칙을 주셨습니까? (대186)
답: 하나님의 말씀 전체가 우리가 기도하는데 지침으로 사용되지만, 이 지침의 특별한 법칙은 그리스도께서 자기 제자들에게 가르치신 기도의 형태인데, 보통 주기도문이라고 불립니다.[697]

오늘날 우리는 세계관의 변화에 직면하고 있다. 세상 사람들이 이 세계와 자연을 바라보는 관점이 바뀌고 있다. 그것이 그리스도인의 삶에 어떤 영향을 주게 될까?

서양과학의 발전은 기계론적 자연관에 기초한 고전역학 때문에 이루어졌다. 고전역학이라는 서양의 과학혁명이 이루어지기 전에는 아리스토텔레스의 자연관이 지배하고 있었다. 고전역학이란 아리스토텔레스의 질적 자연관에서 양적자연관으로 변화된 것이다. 아리스토텔레스는 지상과 천상이 다른 물질로 이루어져 있으며, 각기 다른 자연 법칙을 지닌다고 주장하였다. 천상(천문학)에서만 수학 언어가, 지상(물리학)에서는 일상의 언어만이 통용될 수 있다고 보았다. 지금 생각하면 이해가 안 되지만, 중세까지만 해도 천문학과 물리학은 별개의 학문 영역으로 연구되었다.

이것이 갈릴레이로 인해 혁명적인 변화가 일어난다. 갈릴레이를 말하면 지동설로 유명하지만, 갈릴레이를 그렇게 만든 근본적인 변화는 아리스토텔레스의 자연관을 거부하고 새로운 자연관을 제시했기 때문이다. 그것이 혁명적인 것은 천문학에서만 아니라 물리학에서도 수학적 언어로 기술될 수 있다고 생각했기 때문이다. 우주 역시 동질적인 공간으로 여겨졌다.

이제 아리스토텔레스의 목적론적 세계관이 무너지고 '기계론적 자연관'이 출현하게 되었다. 자연의 사물과 자연현상이 기계처럼 분석되고 수학적으로 설명되는 체계가 등장하게 되었다. 인과론적 결정론으로 모든 현상을 물리적으로 환원시켜 설명했다.[698] 그러자, 세상은 놀랍게 변하기 시작했다. 그런데 인간은 과학문명이 가져오는 엄청난 위험과 위기를 직면하게 되었다.

---

[697] Q. 99. What rule hath God given for our direction in prayer? A. The whole Word of God is of use to direct us in prayer; but the special rule of direction is that form of prayer which Christ taught his disciples, commonly called the Lord's Prayer.

[698] 프란시스 쉐퍼, 기독교문화관 (서울: 크리스찬다이제스트, 1994), 394-401; DNA 나선 구조를 밝혀 노벨상을 수상한 프란시스 크릭은 생물학 분야에 가장 유명한 인물 중에 한 사람이다. 그는 무신론자였으며 기독교를 혐오하고 파괴하는데 앞장섰다. 인간은 본질적으로 DNA 복제의 메커니즘을 구성하는 화학적·물리적 속성으로 환원될 수 있다고 보았으며, 비인격적인 것+시간+우연의 산물에 불과했다.

아이러니하게도 이 '기계론적 자연관'을 회의하게 만든 것은 고전역학이 꺼려했던 상대성이론, 양자물리학이론, 비평형 열역학이론, 체계이론 등과 같은 현대 물리학의 연구결과들이다. 1970년대부터 미국을 중심으로 '신과학운동'(New Age Science Movement)699)이 일어났는데, 기계론적 자연관 대신에 '유기체적 자연관'이 주름을 잡기 시작했다.700) '신'(New Age)이라는 말이 표방하듯이 이것은 뉴에이지적인 과학관이다. 뉴에이지 비평가인 더글라스 그루더스(Douglas Groothuis)는 '상대성 원리는 뉴턴의 시간과 공간에 대한 사상을 여지없이 밀어내었다. 시간과 공간은 더 이상 확실하고 절대적인 것이 아니다.'라며 뉴에이지적인 과학운동이 갖는 의미를 말했다.

특히 양자물리학(Quantum Physics)자들은 이전의 기계론적 자연관에서 벗어나는 획기적인 발견을 한다. 이것이 뉴에이지 사상과 맞아 떨어진다. 양자물리학은 독립된 원자나 의식, 분자들이 없다는 사실을 증명함으로 인간과 우주가 긴밀하게 연관되어 있다는 뉴에이지적인 유기체적 세계관과 맥락을 같이 한다. 제리 쥬커브(Gary Zukav)의 『춤추는 물리』(The Dancing Wu Li Masters), 프리조프 카프라(Fritjof Capra)의 『현대 물리학과 동양사상』(Tao of Physics) 등은 물리학과 동양사상이 매우 비슷하다고 감탄스레 말한다. 각각의 부분이 전체에 포함되어 있다는 총체론적(holistic) 사상으로 기계론적 자연관은 이제 유효하지 않게 되었다.

과학자(물리학과 생물학)이자 예수회 사제였던 떼이야드 드 샤르댕(Teihard de Chardin, 1881-1955)의 창조적 진화, 곧 물질의 진화 → 생물의 진화 → 정

---

699) 신과학운동(new science movement, 新科學運動), 브리태니커. 신과학의 형성에 영향을 준 시대적 배경은 1960년대의 반(反)문화(counter culture)이다. 제2차 세계대전 이후 더욱 첨예해진 핵전쟁의 공포, 자연환경의 오염 등을 비판하면서 1960년대부터 일기 시작한 반전반핵평화운동·여성운동·생태계보호운동의 일부 흐름은 기존 문명이 황폐해진 책임이 과학기술에도 있음을 지적하고 과학의 사회적 역할에 대해 회의를 제기하거나 과학자체를 거부하기까지 했다. 이같은 분위기는 1960년대를 통하여 일반 대중은 물론 과학연구를 직접 행하는 과학자들에게도 확산되어 1970년대에는 미국을 중심으로 '신시대과학'(New Age Science, New Wave Science)이 제창되면서 카프라의 『물리학의 도 The Tao of Physics』(1975)·『문명의 전환점 The Turning Point』(1982), 얀츠의 『자기 조직하는 우주 The Self-Organizing Universe』(1980), 프리고진의 『혼돈으로부터 질서 Order out of Chaos』(1984), 존 브리그스와 데이비드 피트가 공저로 내놓은 『혼돈의 거울 Turbulant Mirror』(1989) 등의 저작들이 출판되기에 이르렀다. 신과학의 논의는 초기에 물리학을 중심으로 진행되다가 화학·생물학 분야까지 확대되었고, 근본 생태주의(deep ecology)와 밀접한 연관을 갖게 되면서 현대사회의 정치·경제 구조의 새로운 전환을 도모하는 사회운동적 성격을 띠는 이론 및 사상체계로 발전했다.
700) 강신주, 철학 vs 철학 (서울: 그린비, 2012), 521; "… 신과학운동이 표방하는 유기체적 자연관은 다음과 같은 세 가지 주장으로 요약될 수 있다. 첫째, 영원불변하는 실체와 같은 것은 존재하지 않고 모든 것들은 과정과 변화 가운데 있다. 둘째, 관찰자와 관찰 대상은 하나의 유기적 관계나 시스템에 들어 있기 때문에 결코 분리될 수가 없다. 마지막 셋째, 모든 것들은 관계성 속에서 드러나며, 따라서 통합된 전체 속에서 발생하는 것이다."

신의 진화를 거쳐서 '오메가 포인트'(Omega Point)에서 완료된다고 말했다. 오메가 포인트란 인간의 가능성이 실체화된 인간완성을 말한다. 모든 진화의 과정이 완성되는 인류의 최종상태이다. 그는 시간 밖에 영원하고 인격적인 절대자인 신을 말하나 인간 역시 그런 신성을 소유한 존재로 보고 지금은 커가는 상태이며 언젠가는 완성이 되어 신과 동격이 된다고 말했다. 이런 일련의 과정을 통해서도 '신성한 내면아이'가 깃들이 있음을 쉽게 감지할 수가 있다.[701] 이런 분위기 속에 칼 융의 심리학은 뉴에이지 영성의 핵심으로 자리 잡고 있다.

유기체적 자연관을 생각할 때 화엄종과 라이프니츠(Gottfried Wilhelm Leibniz, 1646-1716)의 견해를 떠올리게 된다. 라이프니츠의 핵심 질문은, '실재로 존재하는 것은 무엇인가?'이다. 지각과 의지를 지닌 활동적인 단위인 단순실체(simple substance)가 바로 실제로 존재하는 것이다.[702] 그는 『단자론』에서 "모든 단순한 실체가 다른 실체들의 총체를 표현하는 관계를 포함하고 그 결과로 그는 살아 있고 영속하는, 우주의 거울이 되게 하는 결과를 낳는다"고 말했다. 이 말은 하나의 개체는 전체 질서가 내재해 있다는 것이다. 그의 말은 "하나가 곧 전체이고 전체가 곧 하나이다"로 대표된다.[703] 화엄종의 의상(義湘,

---

[701] http://blog.daum.net/jidam55/13708792/ 「떼이야드 드 샤르댕의 창조적 진화론」; "이러한 가설은 가이아(Gaia) 가설과 잘 부합한다(가이아가설: 영국의 과학자 James Lovelock이 1978년 『지구상의 생명을 보는 새로운 관점』이라는 저서를 통해 주장한 가설이다. 가이아란 그리스 신화에 나오는 '대지의 여신'을 가리키는 말로서, 지구를 뜻한다. 이 가설에 따르면 지구는 환경과 생물로 구성된 하나의 유기체이다. 이 이론은 지구상에서 저질러지고 있는 인간의 환경파괴 및 지구 온난화 현상 등 인류의 생존과 직결되는 환경문제와 관련해서 많은 학자들의 관심을 끌고 있다). 떼이야르는 지구를 살아있는 유기체로 보았기 때문이다. 그리고 그의 과학적 진화론은 창조를 하느님이 태초에 행하신 일시적, 순간적 행위로 보지 않고 진화과정 자체로 본 점에서 과학과 종교의 통합을 이루고 있다. 또한 친교와 사랑이 우주 진화의 원동력이며 그 완성이 신과의 합일에서 이루어진다고 본 점에서 그는 인간의 생명과 세계의 운행에 대한 목적론적인 관점을 견지하고 있다. 떼이야르의 이같은 사상은 과학적으로 증명될 수 있는 것은 아니다 하더라도, '우주가 이러한 가정하에 더 잘 이해될 수 있는가?'라는 물음과 관련해서 하나의 해석학적 의미를 갖는다고 하겠다."
[702] http://philos0702.blog.me/50095303140; "그가 실재하는 것을 단순실체라고 주장하는 근거는 다음과 같다. 1) 복합체는 단순체의 조합이다. 2) 복합체는 모두 그것의 존재에 있어서 단순체에 의존한다. 3) 실체는 그것의 존재에 있어서 어떤 것에도 의존하지 않는 자기충족적인 것이다. 4) 그러므로 부분을 가진 것은 실체일 수 없다. 즉 실체는 복합체일 수 없다."
[703] http://cafe.daum.net/joucheol/587L/231?docid-veRc587L23120050812155333/ 라이프니츠의 예정조화설. 라이프니츠가 말하는 창조는 플로티누스의 유출설에 가깝다. "라이프니츠는 단자는 독립된 실체이고, 서로 영향을 주지 않으며, 자기 속에 있는 원리에 따라 활동하며 그래서 단자에는 창문이 없다고 했다. 여기서 다음과 같은 의문을 제기할 수 있다. 서로 무관하고 독립된 단자들로 구성된 이 세계에 어떻게 혼돈과 충돌 대신에 질서와 조화가 있는가. 이에 대하여 라이프니츠는 한마디로 이 단자들이 서로 질서와 조화를 이루도록 신에 의하여 예정됐다는 것이다. 예를 들어 합창단에서 한 사람 한 사람의 단원들은 독립적인 존재이고 서로 무관한 상태에 있다. 그럼에도 불구하고 이들이 하나의 조화된

625-702)은 해탈이란 개체가 전체라는 것을 깨닫는 데서 가능하다고 보았다. 집착은 개체들이 자신만의 고유한 본성이 전제되어 있다고 기대하기 때문이다.704)

그러나, 성도된 우리가 기도를 한다는 것은 집착을 벗어나려는 것이 아니다. 그것은 세계를 바라보는 관점을 말하는 것이며, 인간을 어떻게 이해하느냐 하는 총체적인 차원의 삶을 말한다. 무엇보다 먼저 기도를 하는 대상이 중요하다. 소교리문답 제100문에서 그 대상이 "하늘에 계신 우리 아버지여"라고 말한다. 그 이름은 우리의 절대좌표다. 그러나 우리는 이미 다원화 된 세계에 살고 있다. 다원화란 그 말 속에 나오듯이 기준점, 곧 절대좌표가 상실되고 수많은 좌표가 생겼다는 뜻이다. 이것은 성경이 말하는 진리가 절대좌표가 되어 있지 않고 세상의 수많은 종교와 철학이 좌표로 설정이 되어 있다는 것이다.705)

프란시스 쉐퍼는 이런 일의 시작을 토마스 아퀴나스로부터 말한다. 아퀴나스는 은총와 자연이라는 이분법적 도식으로 신학을 체계화 하고 세상을 설명하려 했다.

합창을 이루어내는 것은 그들이 악보와 지휘자에 의하여 조정되고 있기 때문이다. 같은 논리로 단자들도 서로 충돌하지 않고 조화되도록 신에 의하여 미리 결정되어 있다는 것이다. 우리는 이를 예정조화설이라고 한다. 우리는 라이프니츠가 정신과 육체의 문제를 이 예정조화설로 설명하고 있음을 보게 된다. 라이프니츠에 의하면 정신과 육체는 둘 다 단자들로 구성되어 있다. 앞서 본 바와 같이 단자들은 질적으로는 아무런 차이도 없고, 다만 정신적 명료성에서만 차이를 보일 뿐이다. 정신은 명료성에서 높은 단계의 단자들로 구성되어 있고, 육체는 명료성에서 낮은 단계의 단자들로 구성되어 있긴 하지만, 정신과 육체는 둘 다 창문이 없는 독립된 단자들로 구성되어 있기 때문에 이 둘 사이에는 아무런 관계도 있을 수 없다. 그러면 라이프니츠는 우리가 정신과 육체 사이에서 보게 되는 연관성을 어떻게 설명하는가. 라이프니츠는 신이 정신과 육체를 창조할 때, 이 둘이 서로 함께 하도록 만들어 놓았으며, 정신의 상태와 육체의 상태가 서로 병행하고 상빈하도록 마련되어 있다고 한다. 한미디로 정신과 육체의 관계가 조화를 이루도록 신의 의하여 예정되어 있다는 것이다. 라이프니츠의 예정조화설에서 거시적으로 중세적, 기독교적 세계관과 근대적 자연 과학적 세계관과의 접목시킨 의미를 찾을 수 있다."
704) 강신주, 철학 vs 철학 (서울: 그린비, 2012), 633; "라이프니츠의 형이상학, 혹은 화엄의 형이상학은 매우 조심스럽게 독해되어야 한다. '전체'='개체'라는 도식은 표면적으로 볼 때는 개체의 위상을 높이는 것처럼 보이기도 하지만, 결국 개체의 모든 행동을 전체 질서로 미리 규정해 버리는 논리이기도 하기 때문이다. 그래서 항상 라이프니츠와 화엄 철학은 전체주의적 정치질서를 아름답게 미화하려고 할 때 슬그머니 재등장하는 것이다. 사실 신라의 왕족으로 화엄을 수입했을 때, 의상은 토착불교를 탄압하였던 인물로도 유명했다. 의상이 세웠다는 화엄의 10개 사찰은 그런 억압을 토대로 해서 이루어졌던 것이다. 당나라가 화엄을 통해 제국의 질서를 정당화하려고 했던 것처럼, 어쩌면 신라와 의상도 화엄에서 그런 역할을 기대했는지도 모른다. 이 점에서 민중들과 함께 생활하면서 민중들을 고통으로부터 구제해 주려고 했던 원효의 보살행(菩薩行)은 의상의 정치적 행보와는 매우 대조적인 것이었다고 말할 수 있다. 만약 원효에게 타자에 대한 예민한 감수성과 같은 깊은 애정이 없었다면 아마도 그것은 불가능한 일이었을 것이다. 물론 이론적으로 보더라도 원효가 결코 의상에 뒤떨어지지 않는다. 후일에 화엄사상이 선종의 위세에 밀려 희미해질 때조차도, 원효의 불교 이론은 의상의 경우와 달리 지속적인 영향을 행사했기 때문이다. 특히 선교일치를 주장했던 중국의 종밀(宗密)이나 우리나라의 지눌(知訥)에게 미친 원효의 영향력은 주목받을 말한 것이었다고 볼 수 있다." 이런 측면에서 보면, 뉴에이지 사상이 지배적이게 되면 기독교는 탄압을 받게 되는 것이 당연한 결과로 다가온다.
705) 박영선, 우리와 우리 자손들 (서울: 도서출판세움), 2007.

은총, 위층 : 창조주로서의 하나님, 하늘과 하늘의 일들, 보이지 않는 것과
그것의 땅에 대한 영향, 인간의 영혼, 통일성.

자연, 아래층 : 피조물, 땅과 땅의 일들, 보이는 것과 그것(자연+인간)이 땅위에서 하는 것, 인간의
육체, 다양성706)

아퀴나스는 이 도식을 통하여 자연과 은총, 양자 간에는 완전한 불연속이 없다는 것을 말했다. 왜냐하면 양자는 통일 개념을 가지고 있었기 때문이다. 또한, 이 도식은 자연이 하나님의 은총 속에 있다는 것(하나님의 지배와 간섭 속에 있다는 것)이며, 자연보다는 하나님의 은총이 더 필요하고 우월하다는 것이었다.

그런데 아퀴나스의 의도는 상실되고, 은총은 신학과 믿음을 말하는 신비의 영역으로, 자연은 이 세상과 사물에 관한 지식의 영역으로 분열되고 말았다. 이런 일이 일어나는 것은 아퀴나스의 도식은 기독교적 관점 속에서만 이해될 수 있는 것이기 때문이다. 예수 그리스도를 믿지 않는 사람들은 은총을 이해할 수가 없다. 상층부는 초월의 영역으로 물러나고 하층부는 자연의 독립으로 나아왔다. 신앙의 영역, 이성의 영역 그렇게 분리가 된 것이다. 이제 사람들은 하나님의 지배와 간섭이 없이 이성으로 세계를 포섭하고 살아갈 수 있다고 생각하게 되었다. 그리고 세월이 흐르면서 르네상스가 왔고 합리주의가 태동했다. 그것은 하나님의 계시가 없이 이성만으로 진리를 알 수 있다는 것이다. 인간이 외부의 개입 없이 자기 자신의 능력만으로 개별자들에게 의미를 부여하고 통일성을 형성한다는 뜻이다. 그렇게 계시에서 분리된 이성은 근대정신을 대표하는 계몽주의 시대를 맞이한다. 계몽주의의 핵심은 '이성의 자율성'인데, 그것은 '인간의 자율성'을 의미한다. 방법적 회의 끝에 도달한 철학의 제1원리가 된, '나는 생각한다. 고로 존재한다'는 데카르트의 이 명제가 이성 시대의 원리가 되었다.707)

이제 상층부는 더욱 초월의 영역, 비과학적인 영역으로 배제되기 시작했고, 인간의 이성으로 관찰되고 검증되는 과학적인 자연의 영역만이 가치 있게 되었다. 종교는 사적인 신념 혹은 문화적 전통으로 전락해 버렸다. 여기에 더 불을 붙인 사람이 칸트다. 칸트에게 와서는 자연과 은총의 논의 자체가 없고, 은총이라는 개념이 아예 사라져 버렸다. 상층부는 이성으로 파악할 수 없다고 보기 때문이다. "자연과 은총" 대신에 "자연과 자유"가 되었다. 하층부에는 결정론이 상

---

706) 프란시스 쉐퍼, 이성에서의 도피, 김영재 역 (서울: 생명의말씀사, 2006), p. 14.
707) 박영선, 우리와 우리 자손들 (서울: 도서출판세움, 2007).

층부에는 자유가 자리 잡았다. 이 자유는 구원이 필요 없는 절대적인 자유다. 기계에 억압을 느낀 인간은 자유가 상실되기 시작한 것이다. 그러나 이미 인간에게는 자유도 사랑도 없었다.[708]

헤겔에게 이르자 경기의 규칙이 바뀌었다. 이제는 더 이상 반정립으로 사고하지 말자는 것이다. 그것이 헤겔의 변증법이다. 네 말이 옳다 네 말이 틀리다 그러지 말고 둘 다 합하자는 것이다. 진리에 대한 접근과 개념 자체가 변화되었다. 사람들은 '과정'(process)이라는 말에 관심을 가지게 되었다. 진리는 고정된 것이 아니라 계속 진행 중(-ing)인 셈이다. 이것이 부모 세대와 자녀 세대의 말할 수 없는 간격을 만들어 내었다.[709]

키에르케고르에 이르면 현대인들의 절망이 나타난다. 그 절망이란 무엇인가? 지식과 삶에 대한 통일된 해답을 바라던 희망을 포기한 것이다. 그러면 어떻게 살아가야 하느냐? 신앙의 도약으로 살아간다. 종교적 진리는 객관적으로 증명할 수 없고 오지 "의지의 행위"를 통해서만 얻을 수 있다고 말했다. 진리가 되고 안 되고는 주체적 도약의 결과라는 것이다. 나의 결단에 따라 모든 것이 좌우되는 세상이 되었다. 키에르케고르 이후 실존주의는 세속적 실존주의와 종교적 실존주의로 나누어졌다. 실존주의 철학자들을 비롯하여 세속 철학자들은 여전히 자율성에 기초하여 의미와 통일성을 추구하려고 한다. 고전철학이 물어왔던 문제들을 배제하는 것 같으나, 의미와 통일성을 찾기 위해 몸부림을 친다. 그렇게 하기 위해 어떤 형태로든지 신성한 내면아이를 가지고 있으며, 도약을 통한 구상화를 방법만 다를 뿐이지 모두가 시도한다. 종교적 실존주의자들은 '종교적 진리'를 말하지만 성경의 역사적 진리와는 분리된 진리다. 거기에는 칼 바르트를 중심으로 하는 신정통주의자들과 신신학자들이 버티고 있다.[710]

2) 하나님의 말씀 전체가 우리가 기도하는데 지침으로 사용되지만

기독교의 기도는 상층부를 향한 도약이 아니다. 기계로 살고 싶지 않아서 탈출구를 찾기 위해 헤매는 것이 아니다. 기도는 인격적인 하나님에 대한 교제다. 그 하나님은 지금도 그리스도인들의 삶에 개입하시고 역사하시는 하나님이시기 때문이다. 주기도문은 예수님께서 그리스도인들의 기도가 얼마나 실제적인지를

---

708) 프란시스 쉐퍼, 이성에서의 도피, 김영재 역 (서울: 생명의말씀사, 2006), 44.
709) Ibid., 54.
710) Ibid., 41-59.

가르쳐주신 것이다.

주기도문은 예수님께서 제자들에게 가르쳐 주신 기도이며, 마태복음 6장과 누가복음 11장에 있다. 마태복음에는 주기도문이 산상수훈의 핵심적인 위치를 차지하고 있다.[711] 누가복음에서 주기도문은 제자들이 예수님께 기도를 가르쳐 주시길 요청했을 때 알려 주신 것이다.[712]

예수님 당시에 유대사회에는 바리새파, 사두개파, 에세네파 등이 있었다. 각 종파들마다 기도문이 있었다. 그 기도문은 그 종파의 정체성과 사명을 말해 주는 것이었다. 로마의 식민지 하에 있던 유대인들은 메시아를 강렬히 고대하면서 메시아가 하나님의 나라를 이루어 줄 것이라고 믿었다. 그러나 주기도문은 그들의 열망과는 다른 하나님의 나라를 말해주고 있다. 주기도문은 새로운 시대, 곧 예수님께서 성육신 하여 오심으로 하나님의 나라가 시작된 교회의 정체성과 사명이 무엇인지 말해 준다.

그런 까닭에, 기도는 하나님의 말씀이 기초가 되어야만 한다. 내가 원하는 것을 얻기 위하여 내가 좋아하는 것만 선택해서 사용해서는 안 된다.

> 모든 성경은 하나님의 감동으로 된 것으로 교훈과 책망과 바르게 함과 의로 교육하기에 유익하니 이는 하나님의 사람으로 온전케 하며 모든 선한 일을 행하기에 온전케 하려 함이니라(딤후 3:16-17)

성경은 성도를 "교훈과 책망과 바르게 함과 의로 교육하"는 내용이 있다. "하나님의 감동하심"으로 기록된 것이지 "내 느낌을 위하여" 기록 된 것이 아니다. 왜냐하면 성도는 거룩과 경건을 향하여 달려가는 사람이기 때문이다. 하나님의 말씀만이 성도를 연단하며 온전하게 세워간다. 그 과정 속에서 성경에 기초한 기도를 해야 한다.

---

711) 백금산, 만화 웨스트민스터소교리문답2 (서울: 부흥과 개혁사, 2010), 186; 〈산상설교는 세 부분으로 나눌 수 있다. ① 서론(5:1-16) ② 본론(5:17-7:12) ③ 결론(7:13-29). 본론은 다시 세 부분으로 나눌 수 있다. ① 바리새인과 서기관보다 더 나은 의(5:17-48) ② 이방인과 외식자보다 더 나은 의(6:1-18) ③ 하나님 중심적인 의(6:19-7:12) 예수님께서는"이방인과 외식자보다 더 나은 의"를 말씀하시면서 1) 구제 2) 기도 3) 금식을 말씀하셨다. 결국 산상설교의 핵심은 의에 관한 것이 핵심이며, 그 핵심에는 주기도문이 있다는 것을 알 수 있다.〉
712) 1 예수께서 한 곳에서 기도하시고 마치시매 제자 중 하나가 여짜오되 주여 요한이 자기 제자들에게 기도를 가르친 것과 같이 우리 에게도 가르쳐 주옵소서 2 예수께서 이르시되 너희는 기도할 때에 이렇게 하라 아버지여 이름이 거룩히 여김을 받으시오며 나라이 임하옵시며 3 우리에게 날마다 일용할 양식을 주옵시고 4 우리가 우리에게 죄 지은 모든 사람을 용서하오니 우리 죄도 사하여 주옵시고 우리를 시험에 들게 하지 마옵소서 하라(눅 11:1-4)

> 그를 향하여 우리의 가진 바 담대한 것이 이것이니 그의 뜻대로 무엇을 구하면 들으심이라(요일 5:14)

기도는 언제나 "그의 뜻대로" 구하는 것이다. "그의 뜻"은 성경에 나와 있다. 그러므로 성도는 부지런히 하나님의 말씀인 성경을 배워야 한다. 이 세상에서 살아가는 동안에 하나님의 기쁘신 뜻대로 살기 위해서는 성경을 알아야 한다.

> 나의 간구가 주의 앞에 달하게 하시고 주의 말씀대로 나를 건지소서(시 119:170)

간구를 하되 "주의 말씀대로" 이루어지기를 구했다. 이것이 성도의 바른 기도의 자세다. 자기 소원하는 대로 안 되면 하나님이 없다고 하는 사람들이 많다. 그래서 더 응답이 잘 된다고 하는 기도원이나 강사를 쫓아다니면서 안수를 받고 헌금을 바치고 소리를 지른다. 그러나, 기도는 언제나 "주의 말씀대로" 이루어지도록 겸손히 구해야 한다.

3) 이 지침의 특별한 법칙은 그리스도께서 자기 제자들에게 가르치신 기도의 형태인데, 보통 주기도문이라고 불립니다

예수님께서는 그 제자들에게 기도를 가르쳐주셨다.

> 9 그러므로 너희는 이렇게 기도하라 하늘에 계신 우리 아버지여 이름이 거룩히 여김을 받으시오며 10 나라이 임하옵시며 뜻이 하늘에서 이룬 것같이 땅에서도 이루어지이다 11 오늘날 우리에게 일용할 양식을 주옵시고 12 우리가 우리에게 죄 지은 자를 사하여 준 것 같이 우리 죄를 사하여 주옵시고 13 우리를 시험에 들게 하지 마옵시고 다만 악에서 구하옵소서 (나라와 권세와 영광이 아버지께 영원히 있사옵나이다 아멘)(마 6:9-13)

예수님께서는 왜 기도를 가르치셨는가? 그것은 하나님의 백성들이 하나님의 말씀대로 살아가는 언약에 신실한 백성이 되게 하기 위함이다. 언약에 신실한 자들은 하나님의 나라와 의를 구하는 기도를 하며 살아간다. 유대인들처럼 로마의 압제에서 벗어나서 하나님의 나라를 이루는 것이 아니라, 죄인을 불러 회개케 하며, 그리스도를 믿어 하나님의 백성답게 거룩하게 살아가는 것이 삶의 내용이며 목적이 되어야 했다.

또한, 그 당시 유대인들의 기도는 외식으로 하는 기도로 오염되어 있었다. 그들은 사람에게 보이기 위한 기도를 했다. "회당과 큰 거리 어귀에 서서 기도하가를 좋아"했다(마 6:5). 예수님께서는 골방에 들어가서 은밀한 중에 보시는 하나님께 기도하라고 하셨다. 기도가 자기 차장으로 변해버린 바리새인과 서기관들처럼 그렇게 기도하지 말고 하나님 아버지의 뜻대로 구하는 기도가 되어야 했다.713)

주기도문을 천 번 반복한다고 해서 소원이 이루어지는 것이 아니다. 주기도문은 그리스도인의 생활 원리다. 기도하는 내용이 기도할 때만 사용되어지는 무슨 수단이 아니다. 기도하는 그대로 삶으로 살아가는 것이다. 그것은 언제나 언약에 신실한 삶이다. 하나님의 나라와 의를 구하는 삶이다.

주기도문은 주문(呪文)이 아니다. 기계적으로 반복하면 무엇을 이룰 수 있는 수단이 아니다. 주기도문을 천 번 외우면 소원이 이루어진다고 가르치는 것은 성경에서 벗어난 것이다.

예수님을 믿어도 여전히 기도가 세상의 종교에서 하는 기도와 같은 방식으로 이루어지고 있는 경우가 많다. 많은 사람들이 기도를 "지성(至誠)이면 감천(感天)"으로 생각한다. 이 속담은 정성이 지극하면 하늘도 감동하게 된다는 뜻이다. 무슨 일에든 정성을 바치면 아무리 어려운 일도 순조롭게 잘 풀어 좋은 결과를 맺는다는 말이다. 이것이 한국 사람들의 정서에 워낙 뿌리깊이 베어 있기 때문에 예수님을 믿어도 쉽사리 변하지 않는다. 그 영향을 입어서 많은 교회들이 '기도의 잔'을 채워야 응답을 받는다고 가르쳐 왔다. 이런 미신적인 기도 형태는 교회에서 사라져야만 한다.

주기도문은 예수님께서 그의 백성들이 일평생 무엇을 어떻게 기도해야 하는지 분명하게 말해주고 있다. 기도의 내용이 하나님께서 원하시고 기뻐하시는 것과 상관없이 그저 기도 끝에 '예수님의 이름으로 기도합니다'만 붙으면 그것이 기도가 되는 것은 아니다.

---

713) 너희는 먼저 그의 나라와 그의 의를 구하라 그리하면 이 모든 것을 너희에게 더하시리라(마 6:33)

제100문 주기도문의 서언은 우리에게 무엇을 가르칩니까? (대189)
답: "하늘에 계신 우리 아버지여"라고 한 주기도문의 서언이 우리에게 가르치는 것은 자녀가 아버지에게 나아가는 것처럼, 우리를 도울 수 있고 또 가까이 도우려 하시는 하나님께 모든 경외와 확신을 가지고 나아갈 것과, 우리가 다른 사람들과 함께 또 다른 사람들을 위해 기도해야 한다는 것입니다.714)

예수님께서는 먼저 "하늘에 계신 우리 아버지여"로 기도를 시작하라고 말씀하셨다.715) 성도는 우리의 모든 것이 하나님께 기원하고 있음을 고백한다. 이것은 지난 역사 속에 보편 논쟁과 함께 생각해 볼 수 있다.

보편자의 문제는 10세기 중세 사상가들의 근본적인 문제로 대두되었다. 이 보편 논쟁의 초점이 되고 있는 논제는 인간 사유의 대상과 정신 외부에 존재하는 대상을 어떻게 연관 시킬 것인가, 다시 말해서, 보편은 실체로서 존재하는가 그렇지 않으면 단지 사물에 대한 일반적인 이름에 지나지 않는가 하는 문제에 관한 것이다.

13세기에 아리스토텔레스의 철학이 우위를 점하면서 이전까지 플라톤 철학의 영향 하에 있는 사람들과 신학적 논쟁이 일어나게 되었다. 플라톤은 보편적 형상이 이데아의 세계에 있고 이 현상계에 개별자들이 있다고 말하고, 아리스토텔레스는 보편자가 개별자들을 떠나서 존재하지 않고 개별자 내에 있다고 말했다. 각각의 철학적 입장에 따라 신학적 입장을 주장했기 때문에 전자는 실재론이고 후자는 유명론이다.

플라톤 철학의 영향 하에 있는 실재론자들은 "보편이 실체로 존재한다", "보편이 개별적 사물에 앞선다"는 것이며, 아리스토텔레스 철학의 영향을 입은 유명론자들은 "보편은 다만 이름뿐이다", "개별적 사물이 보편자에 앞선다"고 주장했

---

714) Q. 100. What doth the preface of the Lord's Prayer teach us? A. The preface of the Lord's Prayer, which is, Our Father which art in heaven, teacheth us to draw near to God with all holy reverence and confidence, as children to a father, able and ready to help us; and that we should pray with and for others.
715) 하이델베르크 교리문답 제120문: 그리스도께서는 왜 우리에게 하나님을 '우리 아버지'라고 부르도록 명령하셨습니까? 답: 그 이유는 우리 기도의 맨 처음부터 우리 기도의 기초가 되는 하나님께 대한 신뢰와 어린아이와 같은 경외하는 마음을 우리 안에서 깨닫게 하기 위함입니다. 즉 하나님께서 그리스도를 통하여 우리의 아버지가 되심과 지상의 우리 부모가 이 지상의 것들을 우리에게 거절하지 아니하는 것 이상으로 하나님 아버지께서 우리가 믿음으로 구하는 것을 거절하지 않으시기 때문입니다.
제121문: 왜 "우리 아버지"란 말에 "하늘에 계신"이란 말을 덧붙여야 합니까? 답: 우리가 이 말을 하나님의 천상적인 위엄을 지상적인 방식으로 생각하지 않도록 하기 위함이며, 몸과 영혼을 위한 모든 것이 하나님 아버지의 전능하신 능력으로부터만 온다는 것을 기대하도록 하기 위함입니다.

다. 유명론자들은 '보편적 실재란 개별적 사물들의 특성을 모아서 일컫는 이름에 불과하다'고 말했다.

사실상 이 논쟁의 본질은 관념론과 유물론의 싸움이다. 또한 그것은 플라톤 철학과 아리스토텔레스 철학의 대결이다.716) 지금 주기도문의 서언을 다루면서 이 보편논쟁을 말하는 것은 우리 사회에 나타난 유물론적인 생각들이 어떤 영향들 속에 있으며, 성경은 어떻게 우리에게 말하고 있는지 알아야 하기 때문이다.

예를 들자면, 어떤 나무를 본다는 것과 나무를 생각하는 것이 별개의 문제인가 아닌가? 하는 것이다. 어찌 보면 왜 그런 것을 고민하나 싶다. 나무라는 단어를 생각하면, 소나무, 은행나무, 밤나무 등과 같은 그 무엇을 가리키는데, 그 무엇이 모든 나무에 공통된 것이라면 그 단어는 보편적인 그 무엇이 들어 있다고 할 수 있을 것이다. 유명론에 있어서 '나무'는 그저 관념 속에만 있는 개념일 뿐이다. '나무'라는 '나무'는 존재하지 않는다. 소나무, 은행나무, 밤나무 같은 개별적인 나무들만 존재할 뿐이다. 실재론은 보편자가 있고 개별자가 있지만, 유명론은 그저 개별자만 존재한다는 것이다.

과연 그 나무라는 단어는 그저 언어에 불과한 것인가? 아니면 어딘가에 존재하는 대상을 가리키는가? 하는 것이 논점이다.

그러나 그 보편자는 일반적인 용어이지만 인간 정신 외부에 존재하는 대상은 단일하거나 개별적이거나 특정한 것이다. 만일 그 보편자가 우리 정신 속에 존재하는 관념에 불과한 것이라면 인간이 사유하는 방식과 정신 외부에 있는 현실의 개별 대상들 간에는 어떤 연관 관계가 존재할까? 정신은 보편 개념을 형성하기 위하여 어떻게 활동하는가? 정신 "안에" 존재하는 보편 개념에 대응하여 정

---

716) 네이트 지식에서: 〈초기의 스콜라학자 에리우게나, 안셀무스 등은 플라톤의 이데아론을 이어받아, 보편은 '사물에 앞서'(ante res) 존재한다는 실재론을 주장했다. 이것은 가톨릭 교회 개개 신자의 경험상의 집합체를 넘어 그 자체로서 존재하는 보편적인 가치 실체이며, 또한 아버지 신과 아들 그리스도 및 신의 힘인 성령의 심위를 일체로 하는 보편적인 것이라는 교의에 의한 것이었고, 나아가 원죄나 구제 사상은, 인간은 인류라고 하는 보편적인 것으로서 받아들여질 필요가 있다는 교회의 요청으로부터 성립하였다. 시대가 지남에 따라 11세기에 나타난 로스켈리누스는 보편은 '사물의 다음에'(post res) 단순한 이름으로서 존재할 뿐이라는 유명론의 입장을 주장했다. 정통 교회 측은 이를 이단시했지만, 다른 한편, 교회 측은 아리스토텔레스의 철학을 채용하여 경험적 피조물 속에서 보편을 확보하는 시도를 했으며, 토마스 아퀴나스의 보편은 '사물의 안에'(in rebus) 형상으로서 존재한다고 하는 약간 절충적으로 완화된 실재론을 이야기했다(13세기). 그러나 13세기 후반 이후, 스콜라 철학 말기에 가까워짐에 따라 신학과 철학을, 신앙과 이성이라는 이질의 영역에 속하는 것으로 보고 각각 별개의 진리 즉 '이중 진리설'을 주장하는 둔스 스코투스(Duns Scotus)가 나와 유명론을 내세웠고, 14세기에는 윌리암 오캄이 유명론을 역설하여 이것이 곧 근대의 유물론적 경험론으로 발전하였다.〉

신 "외부에는" 어떤 사물이 존재하는가?717) 이 논쟁에서 실재론은 그 논리상 보편교회와 원죄론을 옹호하는 입장이고 유명론은 그 자체를 부정하게 된다.

보편 논쟁의 발단은 보에티우스가 라틴어로 번역한 포르피리오스의 『범주론 서설』(範疇論序說)에서, 포르피리우스에 의해 제기된 보편자의 문제를 다음과 같이 세 가지로 제기했다.
1. 유와 종은 실재인가, 또는 사고상의 존재인가?
2. 실재한다면 물체인가, 또는 비(非)물체인가?
3. 감각적 대상으로부터 분리되어 존재하는가, 또는 감각적 대상 자체 안에 존재하는가?

이상의 세 가지 문제를 그는 제기하였으나 해결을 보여주지는 못했다.718)

보편자는 개별자로부터 추론된다고 말하는 보에티우스의 결론은 무엇이었는가? 유나 종은 개별 사물 "속에 존재하며," 그것들이 정신에 의해 "사유"될 때 곧 보편자가 되는 것이라고 말했다.719)

여기서 한 걸음 더 나아가 보편자가 실제로 실재하는 사물이라고 주장하는 사람들이 생겨났으니 그들을 두고 과장된 실재론자라고 부른다. 그들은 유(類)나 종(種)은 실재 안에 존재하고 있으며 각 개체들은 이 보편자를 공유한다고 말했다. 이런 생각은 보편자는 형상이나 이데아이며 개체와 분리되어 존재한다고 말하는 플라톤의 생각과 일치한다.

토우르나스의 오도(Odo of Tournas)가 원죄론을, 안셀무스(Anselmus 1033-1109)는 삼위일체설을 설명하기 위해 실재론의 입장에 서게 되었다. 원죄란 인류의 조상인 아담이 하나님의 명령을 어기고 반역함으로 죄를 지은 것인데,

---

717) http://sang1475.com.ne.kr/philo/controversy.htm
718) 위키피디아 사전에서
719) http://sang1475.com.ne.kr/philo/controversy.htm; 이런 식으로(보에티우스는 유와 종뿐만 아니라 정의(正義), 선(善), 미(美)와 같은 다른 성질을 포함하는 사항까지) 보편자는 대상과 정신 속에 동시에 존재한다고 하면서, 그것은 사물 안에 "내재하고" 정신에 의해 "사유"된다고 서술하였다. 두 그루의 각기 다른 나무가 둘 다 나무라고 불리우는 것은, 그것들은 존재에 대한 동일한 근거, 즉 동일한 실체인 보편자를 포함하기 때문에 그것들은 서로 유사하게 보이며 유사하게 지각된다는 것이었다. 또한 정신은 두 나무속에서 동일한 보편적인 요소를 발견하기 때문에 양자를 모두 나무라고 "사유" 한다는 것이다. 이것이 보편자가 자연에 존재하는가, 아니면 정신 안에 존재하는가 하는 첫 문제에 대한 보에티우스의 답변이었다. 그에게 있어 보편자는 사물과 정신, 양쪽에 존재하는 것이었다. 보편자가 물질적인가 비물질적인가 하는 두 번째 질문에 대한 그의 대답은, 그것은 사물 속에서 구체적으로 존재하며 정신 속에서는 비물질적으로 혹은 추상적으로 존재한다고 하였다. 마찬가지로 보편자가 개별적 대상과는 동떨어져 존재하는가 아니면 그것들 속에 내재하는가? 하는 세 번째 문제에 대해 그는, 그것은 사물 안에 존재하며 정신 안에서는 사물과 분리되어 존재한다고 대답하였다.

그로 인해 인간의 본성이 죄로 오염되어 있다는 것이 원죄론이다. 원죄론의 타당성을 말하려면 인간 본성의 실체가 영향 받고 오염된 것을 물려받는다고 그 실체에 대해 실재론적으로 기술해야 했다. 실재론은 한 종의 모든 구성원 속에 포함된 보편 실체가 존재한다는 것이다. 만일 실재론이 부정된다면 아담과 이브의 행위는 그 후손들에게 이어지지 않고 다만 그들 자신에게서 끝나게 되므로 원죄설은 의미가 없게 된다.

안셀무스가 삼위일체론을 실재론의 위치에서 설명한 것은 로스켈리누스(Roscellinus, 1050-1125)의 삼신론을 반박하기 위함이다. 만일 동일한 하나의 실체가 여러 구성원들 속에 존재한다는 사실이 부인되면 그 구성원들이 독립적이게 되므로 삼위일체론은 삼신론이 되어 버리기 때문이다.

신앙과 이성의 통합을 시도한 로마 가톨릭 신학자 토마스 아퀴나스(Thomas Aquinas, 1224-1274)는 사람 자체, 장미 자체, 아름다움 자체 등 이런 수많은 이데아들은 하나님의 마음속에 미리 존재하고 있었으며, 하나님께서는 그 이데아의 모형들을 통해서 세상 만물들을 창조했다고 말했다. 모든 개별자들은 보편자 다음에 온다는 것이 아퀴나스의 주장이다.

그에 반해 오컴은 보편자는 인간의 정신 속에서만 존재한다고 말했다. 보편자란 단지 인간의 관념 속에서만 존재하는 것이고 이름에 지나지 않는다는 주장이다. '보편은 말에 있다' 그것이 유명론의 명언이다. 예를 들어, "소크라테스는 인간이다"를 설명하려고 그 하나의 개체(개인) 안에 따로 "인간"이라는 유(類)의 실재를 구별하여 유가 실재해서는 안 된다는 것이다. 소크라테스도, 플라톤도 하나의 존재라는 개체 그 자체로 멈추어야지, 소크라테스나 플라톤이 "사람이다"라고 하는 그 "사람"은 다만 모든 소크라테스와 모든 플라톤 각 개인을 명백하게 가리키는 것에 불과하며, 그 유사성은 정신 안에서나 혹은 말 안에서만 발견된다는 것이다. 여기에 '오컴의 면도날'이 등장한다. 어렵게 말하면, "다수성은 필연성 없이 설정해서는 안 된다"이고 좀 더 쉽게 말하면, "쓸데없이 다수를 가정해서는 안 된다" 혹은 "무언가를 다양한 방법으로 설명할 수 있다면 우리는 그중에서 가장 적은 수의 가정을 사용하여 설명해야 한다"는 것이다. 쉬운 말이나 어려운 말이나 어렵기는 매 한 가지이다. 오컴은 중세의 철학자들과 신학자들이 복잡하고 광범위한 논쟁에 휩싸인 것을 보고, 1324년 어느 날 무의미한 진술들을 토론에서 배제시켜야겠다고 결심한다. 지나친 논리적 비약이나 불필요한 전제를 진술에서 잘라내는 면도날을 토론에 도입하자고 제안했다. 설명은 간단할 수록 좋다는 의미이다. "가정은 가능한 적어야 하며, 피할 수만 있다면 절대로 하지 말아야 한다."이다.720)

예를 들어, 새까맣게 그을린 나무가 있다고 가정하면, 이것은 나무가 벼락에 맞았거나, 누군가가 어떤 장치를 이용해 나무를 적절히 그을린 것이다. 이것을 판단할 확실한 어떤 증거가 없는 경우 나무가 그을린 것은 벼락에 맞았기 때문이라고 추론하는 것이 옳다. 왜냐하면, 나무가 벼락에 맞아서 그을린 것이라고 설명하는 것이 쓸데없는 가정을 할 필요가 없기 때문이다.721)

그러나, 이 유명론 입장에서 보자면, 신은 결코 양적으로 구분할 수 있는 부분들로 결합 되어 있지 않게 된다. 왜냐하면 신이라는 존재는 물체가 아니기 때문이다.722) 오컴에게 진정으로 존재하는 것이란 오직 신과 개체들뿐이었다. 그는 "본질이 신이고 실존이 곧 신이다. 존재가 신이다."라고 주장했다. "신은 여러 가지로 말해지나 종국에는 참으로 단순하다."는 아우구스티누스의 말을 계승하여 보편이 한 실재나 사물이 아닌 것처럼, 신의 속성이 개념이나 명사(名辭)일 때에

---

720) 강신주, 철학 vs 철학 (서울: 그린비, 2012), 77; 아퀴나스에게 신은 이성적인 창조자였다. 다시 말해 신이 합리적으로, 어떤 법칙을 가지고 세계를 창조했다고 본 것이다. 이 때문에 우리는 사물들의 본질이나 질서를 탐구함으로써 신의 뜻을 이해할 수 있다. 하지만 오컴은 신이 이성의 지배를 받는다고 생각하지 않았다. 그에게 신은 절대적인 그리고 무조건적인 창조자를 의미했기 때문이다. … 마침내 중세 기독교는 이제 고대 그리스철학이라는 사냥개가 불필요하다고 느끼게 되었다. 이는 이제 기독교가 충분히 유럽인들의 심성에 각인되었다는 자신감의 또 다른 표현일 것이다. 이런 흐름 속에서 마침내 오컴과 그의 추종자들이 중세 말기의 대학을 지배했다. 이것은 물론 이성과 신앙을 조화시키려고 했던 아퀴나스의 시대가 저물었다는 것을 상징하는 사건이기도 했다. 오컴의 추종자들은 아퀴나스로 대표되는 기존 신학 전통을 '낡은 길'(via antiqua)이라고 조롱하면서 자신들의 방법을 '새로운 길'(via moderna)로 자랑하곤 했다. 흥미로운 점은 오컴이 닦았던 새로운 길이 글자 그대로 근대철학(modern philosophy)의 선구가 되었다는 점이다. 오컴이 '직관적 인식'을 강조하였을 때 그 조짐이 이미 분명히 드러나고 있었다. 내 눈앞에 현존하는 개체들을 강조하던 그의 정신은 로크(John Loke), 흄(David Hume), 버클리(George Berkeley)의 경험론적 사유 경향으로, 그리고 내면 상태에 대한 확실성을 강조한 그의 정신은 코기토(cogito)와 신을 둘러싼 데카르트(Rene Descartes)의 방법론적 회의로 그대로 이어졌기 때문이다. 역으로 말해 이것은 서양의 근대철학이 한편으로는 신으로부터 독립된 것처럼 보이기도 하지만, 사실 오히려 전지전능한 오컴의 신이 모든 것들을 여전히 내려다보고 있다는 것을 말해주기도 한다. 겉으로는 더 이상 신을 이야기하지 않지만, 아직도 웬만한 서양철학사들 저서 속에 오컴의 신이 냄새를 풍기는 것도 다 이유가 있다고 볼 수 있다.
721) 위키피디아 사전에서; 오컴의 면도날은 단순히 "여러 가지 가설이 세워지게 된다면 그 중 하나를 고를 때 사용하는 일종의 태도"에 지나지 않는다. 그렇기에 오컴의 면도날로 어느 가설을 선택했다고 해서 반드시 그 가설이 옳다고 볼 수는 없다. 거꾸로도 마찬가지로, 어느 가설을 오컴의 면도날로 "잘라내" 버렸다 하더라도 그 가설이 틀렸다고 할 수 없다. 오컴의 면도날은 진위를 가르는 잣대가 아니다. 그러나 역사적으로 봐도, 오컴의 면도날로 배제한 쓸데없이 복잡한 가설들은 후에 잘못된 것이 명백해진 예가 많다. 예를 들어 천동설의 주전원(epicycle)은 초기의 지동설보다 관측 면에서 보기 쉽고 행성의 궤도를 예측할 수 있었으나, 계산이 너무 복잡해지자 보다 간단히 예측을 제시하는 지동설이 거론되었다. 이 탓에 오컴의 면도날은 진위 판단에 관해 유효성을 가진다고 오해받기 쉽다.
722) http://blog.ohmynews.com/hamsh01313/tag/유명론; "오컴은 형상과 질료의 결합, 곧 신의 보편적 형상 질료의 결합설을 일축하였다. 신은 종과 차의 결합도 아니다. 실체와 우유성의 결합도 아니다. 통일성만이 신의 본성이다. 개체는 보편이 아니라, 실재하는 것은 개체뿐이고, 보편은 사물의 기호에 불과하다."

는 결코 신의 본질이 아니라고 하였다. 그것들은 산을 대신하여 지시하지도 않고, 보편이 실재의 기호에 불과한 것처럼 '그것은 단지 기호에 불과하다'고 말했다.

서양철학사의 중요한 논쟁인 보편과 개체 개념은 지금도 마찬가지이다. 보편을 강조하면 개체가 일반화되어 버리고 그 개체의 특수성이 무너지기 때문에 전체주의로 흐를 가능성이 있다. 그 구체적인 현상이 바로 제2차 세계대전에서 히틀러가 저지른 대학살이었다. 관건은, '개체의 다양성을 인정하고 존중하면서 어떻게 건강한 공동체를 만드느냐?' 하는 것이다. 언제나 그랬듯이, 개체를 지나치게 강조하면 공동체성이 무너지며 공동체성을 우선시하면 전체주의적 폭력성이 드러나게 된다. 둘 다 그 속에 늘 존재하는 인간의 죄악성이 인간으로 하여금 넘어야할 선을 넘게 만들기 때문이다. 개별자를 강조하고 보편을 던져 버리고 실존주의를 부르짖었으나 삶의 의미와 통일성이 상실되고 사람들은 절망에 빠져 뉴에이지 영성으로 도약하고 있다. 보편이든 개체이든지 인간 안에서 현상 안에서만 찾으려고 하기 때문에 인간에게는 해결책이 없다. 상층부를 버리고 오직 하층부에서만 의미와 통일성을 찾으려고 하기 때문에 분열이 일어나고 결국 죽음에 이르게 된다. 우리가 하나님의 이름을 부르는 것은, 우리 안에는 해결책이 없으며, 오직 하나님 안에서만 생명이 있으며 참되고 영원한 의미와 통일성을 누릴 수 있다는 것을 그리스도 안에서 믿음으로 고백하는 것이다. 그것은 오직 성령님의 역사로 말미암아 이루어지는 하나님의 역사다!

호칭의 의미

누구를 부를 때는 호칭이 있다. 그 호칭은 그 존재와 그 존재의 인격이 어떤 것인지를 말해 준다. 주기도문에서 하나님을 아버지라 부르며 기도를 시작한다. 이것은 하나님과 성도와의 관계가 어떤 것인지를 말해 준다. 그것은 그리스도의 피로 구원받아 언약 안에 들어온 자들이며 하나님의 나라를 유업으로 받을 양자다. 성경의 하나님은 머릿속에 생각하여 만들어낸 관념의 하나님이 아니다. 실재로 존재하시는 살아계신 하나님이시다.

하나님의 초월성

"하늘에 계신"이라고 먼저 말하는 것은 하나님의 초월성을 말한다. 하나님의 초월성을 말하는 것은 하나님의 존재가 인간의 존재와는 근본적으로 다르다는 것이다. 그리스 로마 신화에 나오는 신들은 너무나도 인간적이다. 그래서 르네상스는 성경을 버리고 그리스 로마 신화를 새로운 기준점을 삼았다. 그리스 로마 신화에 나오는 신들은 다만 인간보다 더 능력이 있을 뿐이다. 거기에는 본받을 만한 인격도 항복할만한 성품도 없다. 불교에서는 부처를 신처럼 섬기지만 실제로는 신이 아니다. 부처라는 말 자체가 '깨달은 자'라는 뜻으로 수행자들의 스승은 될 수 있어도 신은 아니었다.

이에 반해 성경의 하나님은 인간을 초월한 하나님이시면서 인간을 섭리해 가시는 하나님이시다. 성경의 하나님은 '스스로 계신 하나님'이시다.

하나님의 초월성을 말하는 것이 우리의 삶에 어떤 의미를 주는가? 그것은 우리가 하나님을 경외하며 섬겨야 한다는 것이다. 우리 안에는 신성이 없다! 우리 밖에 살아계신 하나님을 경외하며 섬기며 살아갈 때에 인간의 의미와 통일성을 준다. 의미와 통일성이 인간 안에서 주어지는 것이 아니라, 인간 밖에서 주어진다.

1) 자녀가 아버지에게 나아가는 것처럼
아버지라 부르는 성도의 특권

놀랍게도 예수 그리스도를 구주로 고백하지 않는 사람들도 하나님께서 아버지가 되신다는 개념을 매우 자연스럽게 생각한다. 특히 자유주의와 현대신학에서는 하나님을 아버지로 여기고 모든 사람들이 한 형제로 여기는 것을 자신들의 신학체계의 배경에 자리 잡고 있다. 그러나 하나님을 아버지라 부르는 것은 오직 예수 그리스도를 영접한 자들만의 특권이다. 그것은 하나님의 자녀로 입양된 양자의 영을 받은 자만이 부를 수 있는 특권이기 때문이다.

하나님께서 인간을 창조하셨기 때문에 모든 사람들이 하나님을 아버지라 부를 수 있다고 주장하지만, 그것은 타락이 가져온 결과를 간과하고 있다. 인간이 범죄한 것은 하나님과 맺은 언약을 깨뜨린 것이며, 그것은 하나님의 아버지 되심을 정면으로 거부한 것이다!

궁극적인 의미에서 세상 사람들은 하나님을 향하여 아버지라고 말할 수가 없다. 그들은 양자의 영을 받지 못했기 때문이다. 오직 예수 그리스도를 주로 믿는 성도들만이 하나님을 향하여 '우리 아버지'라고 부를 수 있다. 아무나 하나님을 아버지라 부를 수 없다.

그러면 누가 하나님을 아버지라 부를 수 있는가? 예수님께서는 "너희는 이렇게 기도하라"고 하셨는데, 여기서 "너희"에 해당하는 사람들만이 하나님을 아버지라고 부를 수 있다고 한정짓고 있다. 여기에 대하여 사도 바울은 구체적으로 이렇게 말한다.

> 무릇 하나님의 영으로 인도함을 받는 그들은 곧 하나님의 아들이라(롬 8:14)

이 말은 성도가 거듭나기 이전에는 아담의 혈통 아래 속하여 다 사탄의 종노릇 하던 자리에 있었다는 것을 전제한다. 그 진노의 자리에서 벗어나 하나님의 자녀가 된 것은 예수 그리스도의 십자가의 피흘림이 있었기 때문이다. 그 피로써 우리를 의롭다 하시고 하나님의 아들로 받아들여졌다. 양자된 것은 하나님께서 하신 일이기 때문에 다시 취소되지 않는다. 그 양자들이 '너희'에 해당되며 하나님을 아버지라 부를 수 있다.

이것은 매우 중요한 말이다. 양자 됨은 우리의 행위로 된 것이 아니다. 거기에는 우리의 의지와 능력이 개입될 여지가 전혀 없다. 오직 하나님의 은혜요 그리스도의 십자가의 피 흘림으로 성령님의 역사하심으로 이루어진 것이다. 이것은 나의 무능력과 연약함과 상처와 고통과 시련 속에서도 세상의 그 어떤 가슴 아픈 일들 속에서도 절망하지 않을 수 있는 근거가 된다. 왜냐하면, 우리가 양자 되었다는 것은 양자로 받아들여졌을 뿐만 아니라 그리스도 안에 있으며 그리스도와 연합해 있기 때문이다. 이 연합이 성도를 승리케 한다. 이 연합은 왜 중요한가? 그리스도가 실패하지 않는 한 우리가 실패하지 않기 때문이다. 그리스도가 승리했기 때문에 우리도 승리할 것이다!

예수님께서는 기도하실 때 하나님을 아버지라고 부르셨다. 더욱 친밀하게 "아바 아버지여"라 하셨다. '아바'는 아들이 아버지를 친근하게 부를 때 쓰는 아람어로 '아빠'라는 뜻이다.

> 가라사대 아바 아버지여 아버지께는 모든 것이 가능하오니 이 잔을 내게서 옮기시옵소서 그러나 나의 원대로 마옵시고 아버지의 원대로 하옵소서 하시고(막 14:36)

우리의 아버지가 되기를 기뻐하신 하나님은, 또한 성도된 우리가 "아빠 아버지"라고 부르는 것을 기뻐하신다. 그렇게 하시기 위하여 하나님께서는 우리에게 "양자의 영"을 주셨다.[723]

---

[723] 길성남 교수, (고려신학대학원)선지동산 54호 「성경본문바로읽기(21)」

> 너희는 다시 무서워하는 종의 영을 받지 아니하였고 양자의 영을 받았으므로 아바 아버지라 부르짖느니라(롬 8:15)
> 너희가 아들인고로 하나님이 그 아들의 영을 우리 마음 가운데 보내사 아바 아버지라 부르게 하셨느니라(갈 4:6)

그러나, 예수님께서 하나님의 아들 되신 것과 우리가 하나님의 아들 된 것은 엄청난 차이가 있다. 예수님께서는 신성을 가지신 하나님이시나, 우리는 하나님의 피조 된 인간으로 우리 안에서는 신성이 없다. 놀랍게도 성경에서 예수님을 '맏아들'이라 한다.[724] 예수님께서는 제자들을 '내 형제'라고 부르셨다.[725]

"하늘에 계신"[726]과 "우리 아버지"는 항상 합쳐져 있다. 하나님을 아버지라 부르되 "하늘에 계신"이라고 하는 것은 이 땅에 있는 아버지와 다른 분이라는 뜻이다. 무엇이 다를까? 하늘에 계신 아버지는 온 우주 만물을 창조하시고 다스리는 하나님이시다. 그 하나님은 무한하시고 인격적이신 하나님이시다.

우리가 이 세상에서 가지는 그 어떤 아버지에 대한 개념을 가지고 있을지라도 하나님은 인간의 아버지에 대한 개념과 완전히 차이가 있음을 말한다. 오늘날 심리학의 영향을 입어서 육신의 아버지에 대한 생각이 하나님 아버지에 대한 생각으로 이해되어진다고 말한다. 이것은 프로이트의 오이디푸스 콤플렉스에 기초한 것이기 때문에 매우 비기독교적인 개념이다. 살아오면서 어떤 아버지의 영향으로 아버지에 대한 부정적인 개념을 가지고 있을지라도 믿는 성도의 하나님은 이 땅의 아버지가 아니라 "하늘에 계신 우리 아버지"가 되시기 때문에 "하늘에 계신 우리 아버지"의 놀라운 사랑과 은혜 속에 새로운 아버지 개념을 가질 수가 있다. 그것이 양자의 영으로 인치시는 성령 하나님의 역사이다. 그러므로 우리는

---

[724] 하나님이 미리 아신 자들을 또한 그 아들의 형상을 본받게 하기 위하여 미리 정하셨으니 이는 그로 많은 형제 중에서 맏아들이 되게 하려 하심이니라(롬 8:29) 또 그가 맏아들을 이끌어 세상에 다시 들어오게 하실 때에 하나님의 모든 천사들은 그에게 경배할지어다 말씀하시며(히 1:6)

[725] 이에 예수께서 이르시되 무서워하지 말라 가서 내 형제들에게 갈릴리로 가라 하라 거기서 나를 보리라 하시니라(마 28:10) 누구든지 하나님의 뜻대로 행하는 자가 내 형제요 자매요 어머니이니라(막 3:35)

[726] 마이클 호튼, 언약적 관점에서 본 개혁주의 조직신학, 이용중 역 (서울: 부흥과개혁사, 2012), 258; 〈… 프란키스쿠스 투레티누스가 설명하는 대로, "하나님이 '하늘에 계신다.'고 일컬어지는 것은, 마치 하나님이 본질에 있어서 하늘에 속한 것처럼 땅은 하나님의 임재에서 제외되었기 때문이 아니라 왕궁과 같은 하늘에서 하나님이 자신의 영광을 탁월한 방식으로 보여주시기 때문이다." 따라서 성경은 우리에게 우리의 믿음과 기도를 하나님께로 향하기 위해 하늘을 향해 눈을 들도록—구체적으로 바라보지 말고 "우리의 제단 위[하늘에 계신 그리스도]"를 바라보도록—촉구한다. 하나님은 시간과 공간을 초월하시지만 마치 열린 문을 통해 들어오시는 것처럼 자유롭게 자신이 창조하신 시간과 공간 속으로 들어오신다. '들어오신다'라는 표현조차도 그 이상 유비적으로 이해해야 한다. 하나님은 이미 모든 순간에 계시고 모든 장소에 충만하시기 때문이다.〉

하나님의 사랑으로 육신의 아버지를 이해하고 용서할 수 있다.

우리의 약함이 하나님의 약함이 될 수 없다. 우리의 유한함이 하나님의 유한함이 될 수 없다. 죄악 된 인간은 삶의 한계와 무능함이 하나님께 있다고 생각하고 투영한다. 이런 일에 대해 성경은 무엇이라고 할까?

욥은 왜 자신이 이런 고통 가운데서 힘들어야 하는지 하나님께서 말씀해 주시기를 요청했다. 하나님께서는 욥의 질문에 답하시지 않으시고 이렇게 말씀을 시작하셨다.

> 때에 여호와께서 폭풍 가운데로서 욥에게 말씀하여 가라사대 무지한 말로 이치를 어둡게 하는 자가 누구냐 너는 대장부처럼 허리를 묶고 내가 네게 묻는 것을 대답할지니라 내가 땅의 기초를 놓을 때에 네가 어디 있었느냐 네가 깨달아 알았거든 말할지니라(욥 38:1-4)

하나님께서는 욥에게 하나님의 능력과 위대함이 얼마나 놀라운 것인지 위엄 있게 말씀해 주셨다. 욥은 그 말씀으로 인해 충분한 답을 얻고 항복하게 되었다. 욥은 하나님의 위대함 앞에 자신이 누구인지 확실하게 알게 되었다. 한계 속에 있는 욥은 하나님의 전능하심 안에서 망설임이 없었다. 환난과 고난이 심해질 때, 상처가 깊어지고 눈물이 앞을 가릴 때, 성도의 믿음은 연약해지고 하나님의 약속 앞에서 망설인다. 우리는 우리의 죄악과 고통으로 인해 약속의 말씀대로 살아가기를 주저한다. 그러나 하나님께서는 전능하시기 때문에 하나님의 약속을 반드시 지키신다. 하나님께서는 자기 자녀로 하여금 믿음으로 기도하면서 끝까지 신뢰하게 하신다.

그러므로 하늘에 계신 우리 아버지 되시는 하나님께서는 언제든지 자기 자녀의 기도를 들으시고 응답해 주시는 하나님이다. 그 아버지에 대하여 예수님께서는 이렇게 말씀하셨다.

> 너희가 악한 자라도 좋은 것으로 자식에게 줄 줄 알거든 하물며 하늘에 계신 너희 아버지께서 구하는 자에게 좋은 것으로 주시지 않겠느냐(마 7:11)

예수님의 이 말씀은 다만 부모와 자식의 관계만을 말하는 것이 아니다. 비판하지 말라는 7장 1절부터 연결된 말씀이다. 자기 의에 빠져서 자기처럼 살지 않는 사람들을 향해서 비판을 하는 사람들의 외식을 말한 것이다. 하나님을 아는 자의 진정한 삶이 무엇인지 말씀하셨다. 그 하나님께서 어떤 분이신지 알고 그 하나님을 아는 자도 하나님의 성품을 닮아야 한다는 뜻이다. 예수님께서는 그 하나님께 나아가며 그 나라와 의를 구하라고 말씀하셨다.

2) 우리를 도울 수 있고 또 가까이 도우려 하시는 하나님께

우리가 먼저 생각해 보아야 할 것이 있는데, 왜 성경에서는 왜 '아들'이라 말하고, '딸'이라고는 말하지 않았는가? 하는 것이다. 그것은 하나님의 인도와 보호하심을 말한다. 신명기에서는 이렇게 말한다.

> 30 너희 앞서 행하시는 너희 하나님 여호와께서 애굽에서 너희를 위하여 너희 목전에서 모든 일을 행하신 것 같이 이제도 너희를 위하여 싸우실 것이며 31 광야에서도 너희가 당하였거니와 사람이 자기 아들을 안음 같이 너희 하나님 여호와께서 너희의 행로 중에 너희를 안으사 이곳까지 이르게 하셨느니라 하나(신 1:30-31)

가나안을 눈앞에 두고 모세는 이스라엘 백성들에게 말했다. 하나님께서 광야에서 인도하신 것을 "사람이 자기 아들을 안음 같이"하셨다고 말했다. 하나님께서 자기 백성을 지키시고 입히시고 필요를 채워주시는 분이신 것을 말하면서 아들이라 말했다. 그것은 또한 아들이 기업을 물려받기 때문이다.

> 그러므로 네가 이 후로는 종이 아니요 아들이니 아들이면 하나님으로 말미암아 유업을 받을 자니라 (갈 4:7)

하나님 나라의 백성들은 종이 아니라 아들이다. 아들은 유업을 받을 자이다. 이것은 율법주의자들처럼 인간의 행위가 아니라 전적으로 하나님의 은혜로 이루어진 결과라는 것을 강조한다. 양자됨도 유업을 받음도 하나님의 은혜로 받는다. 이것이 성도의 복이다. 사도 바울은 그리스도의 공로로 하나님의 자녀가 된 자들에게만 주어진 특권이라고 선언했다.

> 그러나 성경이 무엇을 말하느냐 여종과 그 아들을 내쫓으라 여종의 아들이 자유 있는 여자의 아들과 더불어 유업을 얻지 못하리라 하였느니라(갈 4:30)

율법주의자들은 유업을 이을 자가 유대인만이라고 생각했다. 그러나 율법으로 의로워지려고 하는 자들은 율법의 정죄 아래 계속 머물러 있는 죄의 종이므로 하나님의 유업을 물려받지 못한다고 말했다.

장차 하나님의 나라가 도래할 때 그 하나님의 나라를 기업으로 물려받을 자들이기 때문에 남자나 여자나 다 아들이라는 이름으로 동일하게 불려진다.

> 너희가 악한 자라도 좋은 것으로 자식에게 줄 줄 알거든 하물며 하늘에 계신 너희 아버지께서 구하는 자에게 좋은 것으로 주시지 않겠느냐(마 7:11)
> 너희가 악할지라도 좋은 것을 자식에게 줄 줄 알거든 하물며 너희 천부께서 구하는 자에게 성령을 주시지 않겠느냐 하시니라(눅 11:13)
> 1 나의 힘이 되신 여호와여 내가 주를 사랑하나이다 2 여호와는 나의 반석이시요 나의 요새시요 나를 건지시는 자시요 나의 하나님이시요 나의 피할 바위시요 나의 방패시요 나의 구원의 뿔이시요 나의 산성이시로다(시 18:1-2)

또한 하나님을 아버지라 부르며 기도를 시작하는 것은 우리 삶의 문제를 우리 스스로가 해결 할 수 없음을 인정하는 것이다. 인간은 반드시 삶의 한계에 직면하게 된다. 그 한계에 직면했을 때 인간은 도약을 시도한다. 그러나 성경은 그런 도약을 강행하라고 부추기지 않는다. 성도의 기도는 그 도약의 수단이 아니다.

하나님 아버지께서 전지하시다는 것은 그의 백성들에게 유익한 것이 무엇인지 아신다는 뜻이다. 그 유익하다는 것이 매우 중요하다. 하나님께서는 자기 백성이 필요로 하는 대로 무작정 주시는 분이 아니시다. 만일 그렇게 된다면 세상은 혼란에 빠지게 될 것이다. 인간이 가지는 소원이 거룩할 때도 있으나 많은 경우에 자기 욕심대로 행하는 죄악 된 것들이 많기 때문이다. 하나님께서 자기 백성의 소원을 아시나 하나님의 백성답게 되는 일에 유익하도록 응답하시는 분이시다.[727]

하나님은 우리의 아픔을 아시며 우리의 탄식을 들으시는 분이시다. 우리의 삶에 일어나는 일들에 대해서 주도면밀하게 간섭하시는 분이시다. 하나님께서는 우리가 원하는 것보다 더 놀라운 것으로 복 주시기를 원하시는 분이다. 그 복은 오직 예수 그리스도 안에 있는 복이며 하나님의 영광과 은혜의 부요함을 찬양하게 하는 복이다.

> 우리 가운데서 역사하시는 능력대로 우리의 온갖 구하는 것이나 생각하는 것에 더 넘치도록 능히 하실 이에게(엡 3:20)

---

[727] 그러므로 우리에게 큰 대제사장이 있으니 승천하신 자 곧 하나님 아들 예수시라 우리가 믿는 도리를 굳게 잡을지어다 우리에게 있는 대제사장은 우리 연약함을 체휼하지 아니하는 자가 아니요 모든 일에 우리와 한결같이 시험을 받은 자로되 죄는 없으시니라(히 4:14-15)

사도 바울은 예수 그리스도로 인해 앞서 기도한 것들에 대한 확신이 넘쳤다. 뿐만 아니라 그 구한 것보다 "더 넘치도록 능히" 역사하실 것을 믿었다. 그것이 하나님께서 자기 자녀에게 주시는 은혜다. 그러나, 우리는 현실의 어려움으로 인해 하나님의 자녀 된 특권을 잊거나 소홀히 하는 경우가 너무 많다. 그것은 하나님의 자녀 된 특권이 현실의 보상으로 이어져야 한다고 생각하기 때문이다. 하나님께서는 자녀에게 어떻게 역사하실까? 하나님께서는 그의 뜻대로 구하고 살아가도록 역사하시는 분이시다. 그 일에는 우리의 환경이나 조건이 일차적인 문제가 아니다. 그것은 우리의 속사람이 강건해져야 하는 일이다.[728]

3) 거룩한 경외와 확신을 가지고 나아갈 것과

하나님을 아버지라 부른다고 해서 마음대로 불러도 된다는 뜻이 아니다. 거룩한 경외심을 가지고 불러야 한다. 하나님의 사랑은 거룩한 사랑이다. 하나님께서는 독생자 예수 그리스도를 우리를 위해 주셨고, 성령님을 주신 하나님이시나 우리와 구별되고 초월하여 존재하신다.[729]

> 18 여호와께서는 자기에게 간구하는 모든 자 곧 진실하게 간구하는 모든 자에게 가까이 하시는도다 19 저는 자기를 경외하는 자의 소원을 이루시며 또 저희 부르짖음을 들으사 구원하시리로다(시 145:18-19)

"진실하게 간구"한다는 것은 종교적 정성을 바치라는 것이 아니다. 그것은 '진리 안에서' 구하는 것이다. 그것은 언제나 여호와 하나님의 언약의 말씀 안에서 구한다는 뜻이다. 언약은 구원을 기초로 한다. 성도는 구원하시고 언약하신 여호와 하나님 앞에 경외심을 가지고 간구하게 된다.

> 우리가 그 안에서 그를 믿음으로 말미암아 담대함과 하나님께 당당히 나아감을 얻느니라(엡 3:12)

이 말씀에서, 사도 바울의 관심은 이방인에 대한 하나님의 구속 계획의 선포

---

[728] 그 영광의 풍성을 따라 그의 성령으로 말미암아 너희 속 사람을 능력으로 강건하게 하옵시며(엡 3:16)
[729] 유해무, 개혁교의학 (서울: 크리스챤다이제스트, 1997), 174-175; 〈하나님께서 우리를 사랑하시므로 하나님의 존재가 우리와 동일시 되거나 소멸되지 않는다. "… 우리는 하나님의 말씀을 들을 때마다, 그리고 그 말씀의 하나님을 뵈올 때, 하나님의 초월과 임재를 고려해야 한다. 다르게 표현하면, 하나님은 '거룩한 사랑'이다. 당신의 거룩으로 우리를 초월하면서도, 사랑으로 우리를 찾으신다. … 그러면서도 하나님의 사랑은 '거룩'으로 특징지워진다. 즉 하나님은 당신을 주시면서도 당신으로서 머물러 계신다. …"〉

에서 구속함을 받은 성도인 자신과 에베소 교인에게로 바뀌었다. 그리스도와 연합된 성도는 그리스도의 공로 때문에 그 믿음으로 하나님 앞에 두려움 없이 당당하게 나아갈 수가 있다. 이것이 그리스도인의 자유다.

우리 자신이 아무리 절박한 처지에 있으며 염려와 걱정거리가 많고 괴로움으로 억눌릴지라도 그것을 먼저 말하는 것으로 기도를 시작하라고 하지 않는다. 우리의 형편과 사정이 힘들어 곤경가운데 있을지라도 '하나님을 찬양함'으로 시작하라고 말한다. 우리는 기도를 할 때에 정말로 하나님 아버지께 가고 있다는 확신 속에 있는지 돌아보아야 한다.

4) 우리가 다른 사람들과 함께 또 다른 사람들을 위해 기도해야 한다는 것입니다

교회는 하나님을 아버지로 모시는 믿음의 공동체이다. 성도 개개인은 하나님을 아버지로 부르며, 그 하나님을 아버지로 부르는 사람들끼리는 이제 형제관계가 되었다. 이제는 그리스도의 피로 가까워진 형제들이기 때문에 성도를 위하여 기도하라고 한다.

> 모든 기도와 간구로 하되 무시로 성령 안에서 기도하고 이를 위하여 깨어 구하기를 항상 힘쓰며 여러 성도를 위하여 구하고(엡 6:18)

사도 바울은 "성령 안에서 기도하"라고 한다. 그것은 성령님의 도우심으로 기도하라는 뜻이다. 그것은 성도가 해야 할 싸움이 있기 때문이다. 그 싸움은 마귀의 궤계를 대적하는 것이다.[730] 그 싸움은 우리의 능력이 아니라 성령님 안에서 무시로 기도하며 감당해야 한다. 그러기에 여러 성도들과 함께 기도해야 한다. 여호와 하나님께서는 그 마음을 불러일으키시는 분이시다.

> 이 성읍 거민이 저 성읍에 가서 이르기를 우리가 속히 가서 만군의 여호와를 찾고 여호와께 은혜를 구하자 할 것이면 나도 가겠노라 하겠으며(슥 8:21)

스가랴 선지자는 20-23절에서 신약 시대에 복음으로 만국 백성이 하나님께로 돌아와 구원 받을 것을 예언했다. 그 때에 많은 이방인들이 구원을 받을 것을 말했다. 여호와께서 여호와의 백성을 구원해 내시기 때문이다.[731] 그 때에는 많

---

[730] 마귀의 궤계를 능히 대적하기 위하여 하나님의 전신 갑주를 입으라(엡 6:11)
[731] 7 만군의 여호와가 말하노라 내가 내 백성을 동방에서부터 서방에서부터 구원하여 내고 8 인도하여다가 예루살렘

은 사람들이 여호와께 은혜를 구하게 될 것을 말했다.732)

사도는 디모데에게 그 일을 위하여 기도하라고 말했다.

> 그러므로 내가 첫째로 권하노니 모든 사람을 위하여 간구와 기도와 도고와 감사를 하되 임금들과 높은 지위에 있는 모든 사람을 위하여 하라 이는 우리가 모든 경건과 단정한 중에 고요하고 평안한 생활을 하려 함이니라(딤전 2:1-2)

이것은 우리가 한계 내에 있는 사람들이라는 것을 직시하고 우리를 구원하신 하나님께서 우리의 삶에 역사하심을 믿으며 하나님의 은혜를 구하며 믿음으로 살아가도록 기도하는 것이다. 나 혼자만 이런 고통과 연약함 속에 있는 것이 아니다. 나만 고통 받고 나만 상처 받는 것이 아니다. 내가 상처를 받기도 하지만 나도 남에게 상처를 주고 살아가는 것이 인간이라는 죄인이다. 그러기에 이 현실의 삶에서 서로를 위하여 기도하며 신앙의 본질로 나아가도록 기도해 주어야 한다.

가운데 거하게 하리니 그들은 내 백성이 되고 나는 성실과 정의로 그들의 하나님이 되리라(슥 8:7-8)
732) 많은 백성과 강대한 나라들이 예루살렘으로 와서 만군의 여호와를 찾고 여호와께 은혜를 구하리라(슥 8:22)

제101문 첫째 기원에서 우리는 무엇을 위하여 기도합니까? (대190)
답: "이름이 거룩히 여김을 받으시오며"라는 첫째 기원에서 우리는 하나님께서 자기를 알리시는 모든 영역에서 우리와 다른 사람들이 그분을 영화롭게 하도록 해 주실 것과, 모든 것이 하나님께 영광이 되도록 섭리해 주실 것을 기도합니다.733)

세상 사람들은 살아갈 힘이 어디에서 나오며 살아가는 목적은 무엇인가?
하나님과 하나님의 능력에 대해 근본적인 회의는 16세기 이후로 일어난 자연과학의 발견과 발전이었다. 그로 인해 사람들의 마음이 하나님의 나라에서 지상의 나라로 옮겨졌다. 말 그대로 세속화가 이루어졌다. 성경이라는 절대 진리를 벗어나서 모든 것이 상대적인 것이 되어 버렸다. 사람들은 무슨 마음을 가지게 되었는가? 하나님 대신에 인간이 신이 되어서 열심히 달려가면서, 사람들은 이제 궁극적으로 가치 있는 것이 없다고 확신하며 살고 있다. 그로 인해 종래 일반적으로 인정되어 온 생활상의 가치, 즉 이상이나 도덕규범이나 문화, 생활양식 등을 전적으로 부정하는 니힐리즘(Nihilism)이 등장했다.

니힐리즘의 선구자요, '생(生)철학'의 창시자로 알려진 쇼펜하우어는 근대사회의 모순들을 보았다. 세상은 계몽주의자들이 꿈꾸던 합리적인 사회가 된 것도 아니었고, 헤겔이 소리쳤던 '절대정신'이 만들어가던 세계도 아니었다. 세상은 그야말로 썩었고 타락했다.734)

---

733) Q. 101. What do we pray for in the first petition? A. In the first petition, which is, Hallowed be thy name, we pray that God would enable us, and others, to glorify him in all that whereby he maketh himself known; and that he would dispose all things to his own glory.
734) http://blog.daum.net/leeunju/20; 쇼펜하우어는 최초로 염세주의의 기치를 든 19세기 독일의 철학자이다. 이전에도 많은 사람들이 생의 무가치함과 세계의 비합리성을 설파하였으나 쇼펜하우어에 이르러 비로소 그러한 주장이 교묘한 이론적인 기초를 얻게 되는 셈이다. 쇼펜하우어에 의하면 인간의 본질은 사유나 의식 혹은 이성 속에 있는 것이 아니다. 이런 것들은 모두 부수적인 현상들이다. 그렇다면 육체와 직결되는 인간의 본질은 무엇인가? 그것이 바로 의지이다. 의지는 피로를 모르며 계속 움직인다. 의지는 불사불멸이다. 왜냐하면 인간의 본질뿐만 아니라 세계의 본질이 의지이기 때문이다. 쇼펜하우어의 의지중심적인 형이상학은 이성이 중심이 되는 독일 관념철학에 대한 도전적인 성격을 지닌다. 쇼펜하우어에서는 세계의지가 비이성적이고 맹목적이다. 의지는 눈이 멀어 있다. 개별적인 의지들이 서로 투쟁한다. 모든 의지는 삶을 향하여 출렁인다. 다시 말하면 모든 의지가 객체화되려 한다. 이렇게 하여 의지는 스스로와 균열을 이룬다. 맹목적인 욕망과 균열 등이 끝없이 계속된다. 그러한 의지의 표현인 인간의 삶은 결국 맹목적인 욕망에 부착되어 있고 그러므로 삶은 비극이다. 당시 많은 지식인들이 쇼펜하우어의 철학에서 위로를 찾았다. 그는 자본주의 사회구조의 이기적인 경쟁에서 연원하는 모순과 비극을 자연법칙으로 오는 현상으로 돌렸다. 맹목적인 의지 때문에 일어나는 비극으로 간주하였다. 쇼펜하우어는 그의 〈인생론〉에서 염세주의를 보다 생생하게 서술한다. 삶의 무가치성을 철학적으로 전개한다. 그는 인간의 고통뿐만 아니라 행복까지도 염세주의적인 생철학의 입장에서 분석한다. 다시 말하면 행복이나 쾌락 자체도 불행이나 고통이 일순간에 부재한 데서 오는 환상이라고 해석한다. 행복을 소극적으로, 불행을 적극적으로 해석하는 데 그의 특징이 있다. 인간의 소원이나 욕망은 결국 맹목적인 세계의지의 표현에 불과하므로 그리고 인간은 이러한 세계의지가

쇼펜하우어는 무엇을 생각하고 어떻게 방향을 잡았는가? 근대사회를 멋지게 그리며 그렇게 큰소리치던 사람들은 결국 인간과 세상을 이성의 소산으로 보았다는 것이다. 그러나 쇼펜하우어에게 인생이란 죽음에 대항해서 살려고 하는 맹목적인 '생의 의지'였다.

불교에 심취했던 쇼펜하우어는 세상은 고통이기에 욕망이 만족을 준다 해도 또 다른 욕망이 일어나기에 인간은 행복을 누리는 것이 아니라 불행을 자초하는 것이라고 보았다. '생의 의지'로부터 자유로와져야 한다고 주장했다. 이런 개념은 불교의 열반 사상과 흡사하다. 철학적 접근을 뛰어넘어 집안에 불상을 모셔놓을 정도였으니 열렬한 불교신자로서 철학을 펼친 것이다. 그렇게 '생의 의지'로부터 벗어난 자를 '천재'라고 했다. 쇼펜하우어는 그렇게 '천재'가 되는 길을 불교적 수양에서 찾았다. 니체는 쇼펜하우어의 '천재'를 '초인'으로, '생의 의지'를 '권력에의 의지'로 바꾸어 말했다. 여기에 쇼펜하우어의 신성한 내면아이와 구상화가 보인다.

너무 거창하게 말한 것인가? '적어도 나는 그런 자리에까지는 가지 않았다'고 생각할 수 있다. 그러나 그것은 다만 스타일의 차이일 뿐이다. 현대 사회에서 심리학에 대하여 완전히 거부하고 오직 성경만으로 살아가겠다는 목사와 성도가 얼마나 있는가? 아무런 이질감 없이 세상의 멘탈리티에 동화되어서 함께 흘러가고 있다. 사람들이 심리학에 대하여 쉽게 접근하고 심리학에 마음을 열어주는 이유는 무엇인가?

> 심리학이 대중에게 가장 매력적으로 느껴지는 것은 과학적인 근거를 가진 자기계발이 가능하다는 점일 것이다. 실제로 대부분의 심리학 관련 베스트셀러들이 자기계발 분야에서 두각을 나타냈으며, 그중에서도 인간관계 부분과 화법에 관련된 부분은 압도적이라 할 수 있다.[735]

'자기계발', '코칭', '리더십'이라는 이름으로 교회는 심각하게 심리학으로 오염

시키는 대로 놀아나는 장난감에 불과하므로 영원한 만족이나 행복은 불가능하다. 의지는 목적도 없고 끝도 없이 움직여 가며 그러므로 만족을 모른다. 불행을 피하기 위해 인생 경험이 많은 사람들은 될 수 있는 대로 강한 자극을 피한다. 그러나 이러한 도피를 동반하는 것이 항상 지루함이다. 인생이란 결국 고통과 권태 사이를 왔다 갔다 하는 추에 불과하다. 삶의 무가치성을 강조하면서 그는 삶에의 의지로부터 벗어나는 해탈의 길을 제시한다. 우선 예술 속에 침잠하는 일시적 해탈의 길이 있다. 그러나 그보다도 금욕을 기저로 하는 윤리적 혹은 종교적 해탈방법이 더 영속적이다. 세계고와 염세주의를 제시한 그는 그러나 실제로 생을 즐기면서 살아갔다. 충분한 연금 덕분으로 여유 있게 살면서 이름난 음식점을 찾아다니는 미식가이기도 했다. 삶은 장미가 가득한 화단은 아니지만 그렇다고 쇼펜하우어가 말하는 것처럼 무의미한 비극도 아니다.
735) 주현성, 지금 시작하는 인문학1 (부천: 더좋은책, 2013), 60.

되었다. 그런 것들이 살아가는 데 도움을 주기 때문에 얼마든지 수용가능하다고 말한다. 이제 교회는 성경만으로 가는 길을 버렸다. 심리학적인 치유프로그램만이 아니라 심리학적인 설교, 심리학적인 기도로 장악되었다. 그 결과는 무엇인가? 인간이 모든 역사의 주체가 되어버렸다. '나는 기독교인이고 그렇게까지는 나가지 않았어요.' 그렇게 말할 사람도 있을 것이다. 그러나 영성이라는 이름으로 심리학이라는 이름으로 나 스스로가 얼마나 오염되고 죽어가고 있는지 감지하지 못하는 경우가 대부분이다.

그러나, 참된 그리스도인의 근본적인 삶의 동기는 십자가의 구원에 있다. 그로 인해 그리스도인들은 하나님의 영광을 위하여 사는 것이 삶의 목적이다.

1) 하나님께서 자기를 알리시는 모든 영역에서 우리와 다른 사람들이 그분을 영화롭게 하도록 해 주실 것과[736]

이 문답에서 "모든 영역"이라는 것에 주목해 보자. 오늘날 영성은 '일상의 영성'을 말하고 있다. 그런 일에 대표 주자가 신비주의 관상가이며 뉴에이저인 유진 피터슨이다. 그는 『현실, 하나님의 세계』라는 책에서 영성을 논한다. 그는 영성신학을 말하면서 다음과 같이 말했다.

> 우리는 감지한다. 삶은 이 순간 우리가 접하고 있는 것보다 더 큰 무엇이라고 이것과 별개의 것이거나 무관한 것은 아니지만, 이것보다 더 큰 무엇이라고 말이다. 삶에는 우리 역량을 훨씬 넘어서는 온전성과 생명력이 존재한다는 것을 우리는 어렴풋이 감지한다. 우리는 우리 정체와 본질 그리고 우리 주변 세계-바위와 나무, 초장과 산, 새와 물고기, 개와 고양이, 물총새와 잠자리 등-사이에 무언가 공명(共鳴)이 존재한다는 것을 짐작한다. 그 모두와 우리는 하나이며, 현재 있고 과거에 있었고 미래에 있게 될 모든 것과 우리는 한통속이라는, 어렴풋한 그러나 부인할 수 없는 느낌이 우리를 붙잡는다. … 지금 이 책을 읽고 있는 당신 그리고 이 글을 쓰고 있는 나를 포함해, 이 순간 살아 있는 사람이라면 누구나, 그저 눈 한번 크게 떠보기만 해도, 숨 한번 크게 내쉬어 보기만 해도 이 '더 큰 무엇', 이 '공명', 이 '한통속', 이 '신비'를 경험해 볼 수 있으며, 그래서 그 증인들이 될 수 있다. 홉킨스는 증언한다.
>
> 사라지는 모든 것은 한 가지, 꼭 같은 일만 한다.
> 각자 안에 살고 있는 제 존재를 나눠 주는.

---

[736] 하이델베르크 교리문답 제122문: 첫 번째 청원은 무엇인가? 답: "당신의 이름이 거룩하게 되소서"입니다. 이 청원은 먼저, "우리가 당신을 바르게 알도록 해주시고, 당신이 당신의 전능하신 능력과 지혜와 선하심과 의와 자비와 진리가 빛나는 당신의 모든 사역 안에서 거룩하게 되시고, 영광받으시고, 찬양받으소서"라고 구하는 것입니다. 이 청원은 또한 "당신의 이름이 우리 때문에 더럽혀지지 않고, 항상 높임을 받고, 찬양받으실 수 있도록 우리가 우리의 전체 생활 곧 우리의 생각과 말과 행동을 다스리게 하소서"라고 구하는 것입니다.

이런 것을 가장 단순하게 표현해 주는 말이 바로 '삶'이다. …737)

홉킨스가 누구인가? 유진 피터슨은 이 책에서 그를 "시인이자 사제인 제러드 맨리 홉킨스"(Gerad Manley Hopkins)라고 소개한다. 그 '사제'란 로마가톨릭 사제를 말한다.738) 그런데도 기독교 신자는 전혀 거부하지 않고 이런 영성가들을 즐기고 있으니 심각한 문제! 신비주의 관상가의 대부인 토마스 머튼이 바로 이 홉킨스의 영향을 받았다.739)

중요한 것은 유진 피터슨이 홉킨스의 글을 인용하면서 무엇을 말하는가? 하는 것이다. 그는 세상의 모든 존재와 우리가 하나라고 말한다. 그것이 '공명', '한통속', '신비'라는 이름으로 경험된다는 것이다. 유진 피터슨이 홉킨스를 말하면서 이런 주제로 말하는 이유는 홉킨스라는 사람이 그런 관상적 신비주의 영성에 속한 사람이기 때문이다.740) 유진 피터슨이 말하는 '신비'는 로마 가톨릭의 관상적

---

737) 유진 피터슨, 현실, 하나님의 세계, 이종태·양혜원 역 (서울: ivp, 2010), 20-21.
738) http://preview.britannica.co.kr/bol/topic.asp?article_id=b25h1890a 영국 교회와 로마 가톨릭교 사이의 관계 정립에 대한 관심이 새롭게 표출된 옥스퍼드 운동이 한창이던 1866년 홉킨스는 존 헨리 뉴먼 추기경에 의해 로마 가톨릭교에 입문했다. http://www.victorianweb.org/religion/cath3.html/ The new in the phrase "New Catholics" contrasts these converts to those often wealthy families who had retained their allegiance to Roman Catholicism after Henry VIII left the Roman Church and made Anglicanism the established — that is, official state — religion of Great Britain and deprived Catholics of many civil rights. The expression "New Catholics" or "New Converts" refers to those Victorians who converted to the Roman Church, generally as a result of Tractarianism (or the Oxford Movement). John Henry Newman — later Cardinal Newman — was the most famous and influential of these converts, and he inspired a number of talented young men to follow his example. The poet Gerard Manley Hopkins was another Oxonian who converted at a time when an allegiance to Catholicism meant isolation from the nation's intellectual, political, and cultural establishment.
739) http://www.catholicnews.co.kr/news/quickViewArticleView.html?idxno=7212/ 토머스 머튼, 관상가의 길(May. 3. 2012). 톰의 독서와 체험은 그를 더욱 더 가톨릭 신앙으로 끌리게 했다. 친구인 힌두교 수도승 브라마차리는 그에게 어거스틴 성인의 고백록과 준주성범을 읽도록 권유하였다. 에티엔느 길쏭, 알더스 헉슬리, 윌리엄 블레이크와 작끄 마리땡은 톰에게 하느님의 모습을 넓혀 주었고 다양한 종교적 체험들을 하게 해주었다. 점차 톰은 "책과 사상과 시 그리고 이야기, 그림과 음악, 건물, 도시, 장소, 철학 등이 은총이 일하는 장소"임을 깨닫게 되었다. 그는 그의 전 삶이 하느님께로 당겨지고 있는 것을 느꼈다. 톰은 신부님을 만날 용기를 얻었고 미사에 참석하기 시작했다. 그 후 어느 날, 예수회 시인인 제러드 맨리 홉킨스의 일생 이야기를 읽는 동안 톰은 그의 내적 삶이 결단을 절규하고 있음을 깨달았다. 그는 이러한 움직임을 무시하려 했으나, 그것들이 더 강해짐을 느꼈다. 그는 책을 내려놓고 콜롬비아 캠퍼스로부터 성체 교회 사제관까지 몇 블록을 걸어가 가톨릭 신자가 되겠다고 청했다."
740) http://www.gerardmanleyhopkins.org/lectures_2002/contemplation.html; 〈Hopkins's experience was the contemplative experience of seeing the world's holiness, even in its ordinariness, peculiarity, and irregularity—its "piedness." The world is charged with the grandeur of God"; "Glory be to God for dappled things." Hopkins was a contemplative, that is, seeking and seeing God, the Holy, in the world and in humans, in all of his life, no matter how opaque or complex or how troubled it became. Even when he came to Ireland, I do not believe he ever stopped being the contemplative he was when finding God's glory filling the whole world in his Welsh years. Only,

영성에 속하는 신비다. 이어지는 홉킨스의 시를 인용하면서 유진 피터슨이 무엇이라고 하는가?

> 그리스도는 수많은 곳에서 아름다운 사지(四肢)로
> 그의 눈이 아닌 아름다운 눈으로 사람들의
> 얼굴 표정 통하여 아버지 뜻에 맞춰 놀이하기 때문에.
>
> 홉킨스의 시어는 삶이 가진 고유한 정열과 활기와 자연스러움을 잘 표현하고 있다. 이 시의 초점은, 이러한 참된 삶의 안과 밖에는, 다름 아니라 그리스도가, 하나님을 계시하는 그리스도가 계시다는 확신이다. 이러한 삶, 그러니까 물총새와 잠자리로 불붙어 있는 삶, 뒹구는 돌멩이 소리, 퉁겨진 현 소리, 울리는 종소리 등이 메아리치는 이 삶은 우리 안에서, 우리의 팔다리와 눈에서, 우리의 발과 말(言)에서, 우리가 매일 만나 하루 종일 함께 지내는 사람들의 얼굴에서, 거울 속과 길거리에서, 교실과 부엌에서, 일터와 놀이터에서, 성소와 위원회에서 놀이되고 있다는 것이 이 시의 메시지다. …741)

홉킨스의 시나 유진 피터슨의 말은 무엇을 말하고 있는가? 그것은 인간의 매일 일상에 "그리스도가, 하나님을 계시하는 그리스도가 계시다"는 것이다. 그 그리스도는 "공동체 안에 놀이하시는 그리스도"다. 일상 속에 놀고 있는 그리스도란 일상을 통하여 그리스도를 체험한다는 것을 말한다. 그러니까 일상의 영성이란 일상을 통하여 내 안에 신성을 체험해 가는 영성이다. 그것은 근거 없는 추측이 아니다. 『내적치유와 구상화』에서 지적했던 부분을 말하면 다음과 같다.

유진 피터슨은 칼 융의 구상화를 적극 활용했다.742) 묵상을 통해 하나님의

---

as the darkness increased, the challenge to that contemplation was greater. Finally, Hopkins took up the prophetic mission in the same way Isaiah did: he shared the vision, often, sadly, like Isaiah, to those who, like his few readers, would listen and listen and not understand, look and look and not perceive.〉
741) 유진 피터슨, 현실, 하나님의 세계, 이종태·양혜원 역 (서울: ivp, 2010), 22.
742) 유진 피터슨, 유진 피터슨 부름심을 따라 걸어온 나의 순례길, 양혜원 역, IVP, pp. 216-219. 다음과 같은 유진 피터슨의 말은 융의 적극적 심상법(active imagination)을 실제로 행한 것을 의미한다. "한편 그 화요일에는 회중을 정의하는 또 다른 방식을 배우고 있었다. 화요일 세미나 때마다 내 회중에 속한 사람들을 문제로 인식하는 언어와 상상력(a vocabulary and imagination)을 배웠다. 그것은 신선했다. 자신의 경험을 초월하는 어떤 것에, 하나님에 대한 인식조차도 막연하지만 그 하나님과 관련된 무엇에 참여하고자 하는 다양한 그러나 대체로 분명하지 않은 열망을 가진 이 우연한 사람들의 모임을 분명하게 규명하는 방식이 여기에 있었다. 문제로 규정됨으로써 내 회중은 내가 손을 써 볼 수 있는 의제를 내게 던져 주는 셈이었다. … 나는 곧 에릭 에릭슨과 칼 융, 브루노 베틀하임과 빅터 프랭클의 글에 파고 들었다.(I was soon devouring the writings of Erik Erikson and Carl Jung, Bruno Bettelheim and Viktor Frankl.) … 그 무렵 나는 나의 세대가 겪고 있는 문제들을 진지하게 받아들이고 그 문제를 해결해 가는 숙련된 정신과 의사와 심리학자들, 정신분석학자와 상담가들을 이해하고 깊이 존경하게 되었다. … 긍정적으로 보자면, 그 화요일들은 내가 지역 사회에서 선한 사마리아인의 일을 더 잘 하도록 도와주었다. 하지만 부정적으로 보자면, 그 시간을 통해 우리 회중이 하나님과 진

계시의 세계로 들어가는 것은 바로 그런 것을 말한다. 감히 누가 하나님의 계시의 세계로 뛰어든다는 말인가? 그것은 유진 피터슨이 신성한 내면아이에 기초하여 만들어 가는 논리 속에서만 가능한 것이다.743) 유진 피터슨은 다음과 같이 말했다.

> 나는 수도원에서 행하는 관상에 대해 아무런 이의도 없고 또 그것을 비판하지도 않는다. 사실상 나는 우리 주님께 그와 같은 훈련된 주의를 기울이는 데 자신을 드린 (그리고 계속해서 드리고 있는!) 이들에게 크게 감사하고 있다. 그러나 나는 또한 '관상'이라는 단어를 일상의 세계, 캐슬린 노리스(Kathleen Norris)가 '세탁, 예전 그리고 "여성의 일"이라고 하는 일상의 신비들'이라고 부른 그 세계 속으로 확장하기 위해서 내가 할 수 있는 일은 다 하고 싶다.744)

이 글에서 하나님의 형상적 측면이 강조되는 '일상의 영성'이 강조되고 있다.745) 일상의 영성에서 말하는 묵상은 상상력이 핵심이다. 수도원의 관상을 옹호하며 신비주의자인 캐스린 노리스의 글을 인용하는 유진 피터슨이 말하는 관상 속에는 반드시 침묵과 영적인 안내자와의 만남이 동반되는 구상화가 필수적으로 행하여지는 관상이다.

유진 피터슨은 '그냥 단순히 관찰하거나 주시하는 것이 아니라 신의 임재 가

지하게 대면하지 않고도 혹은 하나님의 자녀로서 자신과 진지하게 대면하지 않고도 만족할 수 있는 유용한 방법이 있다는 사실도 알게 되었다."
743) http://notunlikelee.wordpress.com/category/eugene-peterson/(Misplaced Trust, part II, DECEMBER 13, 2010) 유진 피터슨에게 있어서 예수는 붓다와 같은 '마스터'이다. 그것은 인간이 노력하면 '마스터'에 도달할 수 있다는 뉴에이지 사상이다. 다음 글을 주의 깊게 읽어 보라. 〈The Message (TMsg) not once puts the words "Lord" and "Jesus" together as in "Lord Jesus," yet the other translations I checked contain at least 100 different references to our Lord Jesus. Instead, TMsg has "Master Jesus" 73 times; whereas, the others have no references like this with the exception of the NCV with one. The obvious question is: why? As discussed in part I of this article in "The 'Master Jesus' and the 'Christ' of 'Lucis'" section, to the New Ager, Jesus was a man who attained the title of "Master" through self-effort by the "Christ" within Him and "the Christ" which overshadowed Him. [See "Christ" in the New Age article for more 'illumination.'] He is now an Ascended Master along with Buddha among others; and, we too have the potential to attain to "master" level.〉
744) 유진 피터슨, 이 책을 먹으라, 양혜원 역, 한국기독학생회출판부, 2010, p. 188.
745) http://pds.catholic.or.kr/pds/bbs_view.asp?num=1&id=126546&menu=4823; 로욜라의 이나시오(1)-박재만 신부(대전 대흥동본당 주임): 로욜라는 1539년 반종교개혁의 핵심 그룹인 「예수회」(Societas, Jesu)를 만들고 교황 바오로 3세로부터 구두 승인을 받았다. 그의 영성은 「영성수련」과 「두 개의 깃발」에 있다. 상상력이 주된 방법인 「영성수련」은 종교개혁의 투쟁하는 가장 효율적인 무기가 되었다. "영혼의 능력들(지성, 감성, 의지, 기억, 상상력)과 오관을 사용하여 예수 그리스도의 생애의 신비 안으로 들어갈 수 있다는 신념을 가졌다. 그러한 기능들을 사용하면서 우리가 현재에서 예수님 시대의 구원의 역사를 체험할 수 있다는 것이다. 예수님의 생애를 묵상하면서 각 사건들 안에 상상으로 참여하여 보고 듣고 만지며 냄새 맡고 느낄 수 있어야 한다는 것이다."이것을 일상생활에서 구체적으로 묵상하고 실천하는 것이 로마 가톨릭의 일상의 영성이다.

운데서 그렇게 하는 것'이 관상이라고 말하는 시인 데니스 레버토브의 말을 인용한다. 스태니슬라우스 케네디 수녀 역시 데니스 레버토브의 글을 인용한다.[746] 유진 피터슨의 더 경악스러운 말을 들어보라.

> 고의이건 실수이건 관상의 삶을 수용하기를 거부하면 우리는 사탄의 거짓말의 매개체가 될 위험에 처하게 되며, 별 생각 없이 경건하게 성경을 인용하는 바로 그 행위에서 하나님의 말씀을 탈육화 할 위험에 처하게 된다. 성경에 계시되고 읽혀진 모든 하나님의 말씀은 우리 안에서 잉태되고 태어나기 위해서 있는 것이기 때문이다. 육신이 되신 말씀인 그리스도는 우리의 육신에서 육신이 되셨다.[747]

관상의 삶이 없으면 사탄의 거짓말의 매개체가 된다는 사악한 말을 한다! 관상을 통해 신의 계시 임재를 체험하고 묵상을 통해 하나님의 계시의 세계를 임의로 들락날락하는 사람이 유진 피터슨이다!

"모든 영역"이 '일상의 영성'으로 전락하게 되면 로마 가톨릭의 관상적 영성으로 가게 되고, 구상화가 일어나게 된다. 그것은 신인합일로 가는 신비주의 영성으로 가기 때문에 인간이 영화롭게 되어 성경이 말하는 방향과 틀리다. 일상의 영성은 매일의 삶에서 만나는 모든 존재들을 통하여 인간 내면의 신성을 체험하는 영성이다!

성경과 교리문답이 말하는 "모든 영역"은 하나님께서 하나님 자신을 알리시는 "모든 영역"이며 그 "모든 영역"에서 우리들은 하나님께서 영화롭게 되시기를 기도한다. 신비주의 영성은 신성한 내면아이를 품고 있다. 그것은 영원한 의미와 통일성을 인간 내면으로부터 부여받으려고 하는 것이다.

사람은 이 땅을 살아가되 의미와 통일성이 부여되지 않으면 절망과 허탈감에 빠져 비참한 삶을 살아가게 된다. 세상은 인간 내면에서 찾으려고 하지만, 성도는 삶의 목적을 분명하게 하나님께 영광을 돌리는 삶을 살아가기 때문에 영원한 의미와 통일성을 부여 받아 안정된 삶을 누리게 된다.

> 그런즉 너희가 먹든지 마시든지 무엇을 하든지 다 하나님의 영광을 위하여 하라(고전 10:31)

---

[746] http://blog.naver.com/PostView.nhn?blogId=sjy8421&logNo=80125476158; 세상의 보호막: 하느님을 믿고 하느님의 세상을 믿는 것은 보호막을 갖는 것과 같습니다. 그것은 마치 두려움을 펼쳐 내고 차가운 물속으로 뛰어들었다가, 어느 순간 편안히 파도를 가르며 헤엄치는 것을 즐기게 되는 것과 같습니다. "독수리가 바람에 기대어 쉴 때 바람이 그를 지탱하듯, 헤엄치는 사람들이 감히 하늘을 올려다보는 순간, 물실이 그들을 지탱하리라." 데니스 레버토브 / 365 매일매일 기적의 하루(출판사 : 오래된 미래) 〈스태니슬라우스 케네디 수녀, 이해인·이진 역〉

[747] 유진 피터슨, 이 책을 먹으라, 양혜원 역 (서울: 한국기독학생회출판부, 2010), 193.

사도 바울은 "우상의 제물" 문제로부터 결론적인 권면을 한다. "먹든지 마시든지 무엇을 하든지 다 하나님의 영광을 위하여 하라"는 것은 이 세상성으로 만족하지 않는 성도의 삶을 말해 준다.

삶의 목적인 자기 안으로 향하게 하려면 근본적으로 자기모순이 없어야 한다. 인간은 죄인이기 때문에 그 근거를 마련할 수가 없다. 썩은 물에 썩은 것들을 넣으면 함께 썩을 수밖에 없다. 인간에게서 나오는 것은 죄로 인해 다 부패하고 썩은 것들이기 때문이다.

인간은 하나님을 의지하며 그 은혜를 구하며 살아야 한다. 그리스도의 피로 구원받은 성도는 하나님의 영광을 구하며 살아가므로 자기모순에 빠지지도 않으며 영원한 의미와 통일성 속에서 풍성한 삶을 살아가게 된다.

> 1 하나님은 우리를 긍휼히 여기사 복을 주시고 그 얼굴 빛으로 우리에게 비취사(셀라) 2 주의 도를 땅 위에, 주의 구원을 만방 중에 알리소서 3 하나님이여 민족들로 주를 찬송케 하시며 모든 민족으로 주를 찬송케 하소서(시 67:1-3)

시편 67편의 중심점은 "주의 도를 땅 위에 주의 구원을 만방 중에 알리소서"(2절)에서 말하는 '주의 도'와 '주의 구원'에 있다. 그것은 하나님의 구원계획을 말한다. 그렇다면 하나님께서는 주의 구원을 어떻게 만방 중에 알리실까? 그것이 1절에 나온다. 구원이 이스라엘에서 나오며 메시아가 오심으로 이방인에게로 널리 알려지는 것을 말한다. 하나님의 구원이 '우리에게'(1절)서 '만방 중에'(2절), 그리고 '모든 민족'(3절)과 '열방'(4절)으로 확장되어 나간다. 그리하여 모든 민족들이 구원의 하나님을 찬양하게 된다.

> 종말로 형제들아 너희는 우리를 위하여 기도하기를 주의 말씀이 너희 가운데서와 같이 달음질하여 영광스럽게 되고(살후 3:1)

사도 바울은 데살로니가 성도들에게 자신들을 위하여 기도해 주기를 요청했다. 그것은 데살로니가에서 효과적인 복음 사역을 위해서였다. 복음이 데살로니가에 전해졌을 때 그 복음을 믿은 성도들이 하나님께 영광을 돌렸듯이, 더욱 이 복음이 전해져서 하나님께서 더욱 영광을 받으시기를 기도해 달라고했다. 이처럼 복음 사역의 목적도 하나님께 영광을 돌리는 것이다.

1 왕이신 나의 하나님이여 내가 주를 높이고 영원히 주의 이름을 송축하리이다 2 내가 날마다 주를 송축하며 영영히 주의 이름을 송축하리이다 3 여호와는 광대하시니 크게 찬양할 것이라 그의 광대하심을 측량치 못하리로다 4 대대로 주의 행사를 크게 칭송하며 주의 능한 일을 선포하리로다(시 145:1-4)

시편 145편은 다윗이 자신의 일생을 돌아보며 하나님의 통치와 인도하심을 찬송한 것이다. 어떻게 다윗은 이렇게 찬송을 할 수 있는가? 그것은 자신의 온 생애 동안에 역사하신 하나님의 그 일하심에 항복되었기 때문이다. 하나님께서 인생을 지으신 목적은 하나님을 찬송케 하기 위함이다.

이 백성은 내가 나를 위하여 지었나니 나의 찬송을 부르게 하려함이니라(사 43:21)

하나님께서 놀랍고 새로운 일을 행하셔서 그 백성을 구원하시는 목적은 하나님을 찬송케 하기 위함이라고 성경은 말한다. 하나님께서는 기계적인 반응을 원하시는 것이 아니다. 하나님께서는 자기 백성들에게 얼마나 크신 은혜로 역사하시는지 인격적인 항복을 받아내시는 하나님이시다.

하나님께서 얼마나 크신 은혜와 긍휼로 역사하셨는지 알게 하심으로 영원히 하나님을 찬송케 하신다. 이 세상의 보상으로 가면 찬송이 우러나지 않는다. 하나님의 나라와 의를 구하면 하나님의 성품을 닮아가고 하나님 앞에 감사하며 찬송으로 영광 돌리는 인생이 된다.

주기도문의 처음 세 간구는 하나님과 하나님의 영광과 관계된 것이다. 나머지는 우리들과 관계되어 있다.[748] 이 간구의 목적은 하나님께서 존귀를 받으시며 거룩히 여김을 받으심으로 하나님의 이름과 그 이름이 나타내는 모든 것이 사람들에게 영광스럽게 드러나고, 그로 인해 하나님의 이름이 더욱 거룩하고 영광스럽게 되는 것이다.

---

[748] 마틴 로이드존스, 산성설교집(하), 문창수 역 (서울: 정경사, 2003), 78; 〈주기도문 간구의 수가 여섯 개인가 일곱 개인가에 대한 논란이 있다. 로이드존스는 다음과 같이 말한다. "바른 답은, 마지막 진술 '악에서 구하옵소서'가 독립된 별개의 간구인가, 아니면 앞의 간구의 일부로서 '시험에 들게 하지 마옵시고 악에서 구하옵소서'로 읽어야 하는가에 달려 있습니다. 이것은 결정지을 수 없는 점들의 하나이며(신앙과 관련해서 이런 점들이 더러 있습니다), 이런 점에 대해서 독단적으로 처리할 수는 없다고 하겠습니다. 다행히도 이것이 우리에게는 중대한 문제가 되고 있지 않습니다. 우리들의 어느 누구도 성경의 기계적인 면에 너무 몰두하고 이런 것에 너무 시간을 많이 보내므로 정신을 빼뜨릴 정도가 되지 않기를 바랍니다. 정신이 중요하기 때문입니다. 중대한 것은 주기도에 간구가 여섯 개인가 일곱 개인가를 결정하는 것에 있지 않고 간구의 순서를 주목하는 데 있는 것이다."〉

2) 모든 것이 하나님께 영광이 되도록 섭리해 주실 것을 기도합니다

기도는 우리의 현실적 욕망이 이루어지는 것이 아니다. 하나님께서 예정하시고 작정하신 대로 실현되어 하나님께 영광이 돌려지기를 아뢰는 것이 기도다.

> 이는 만물이 주에게서 나오고 주로 말미암고 주에게로 돌아감이라 영광이 그에게 세세에 있으리로다 아멘(롬 11:36)

사도 바울은 만물의 시작과 과정과 끝을 주장하시는, 곧 만물의 지으시고 과거와 현재와 미래를 통치해 나가시는 목적이 하나님께 영광이라고 선포한다. 그런 모든 것의 핵심은 택한 백성들의 구원과 영화다. 이스라엘의 완악함과 이방인의 구원을 생각할 때 하나님의 구원 역사는 참으로 놀랍기만 한 것이다.[749] 바울은 하나님의 그런 구원 계획이 이루어져 가는 것을 보고 영광을 주께 돌리지 않을 수 없었다!

> 우리 주 하나님이여 영광과 존귀와 능력을 받으시는 것이 합당하오니 주께서 만물을 지으신지라 만물이 주의 뜻대로 있었고 또 지으심을 받았나이다 하더라(계 4:11)

요한계시록 4장은 하나님의 보좌 앞에서 네 생물과 24장로가 하나님께 찬송으로 영광을 돌리는 모습을 말한다. 11절은 24장로의 찬송으로, 모든 만물이 하나님의 뜻을 위하여 창조되었음을 노래했다.

지금 믿음 때문에 환난과 죽음을 맞이하고 있는 초대교회 성도들에게 저 하나님의 나라에서 찬송하며 영광을 돌리는 모습을 보여 줌으로써 장차 그 나라에서 함께 찬송할 것을 믿으며 그런 고난을 이겨나가게 하셨다. 성도가 이 모진 세상 풍파 속에서 믿음을 지켜가고 아픔과 눈물 속에서도 분열되지 않고 자폭하지 않으며 풍성한 삶을 살아갈 수 있는 것은 저 영원한 하나님의 나라에서 하나님께 영광의 찬송을 부를 것이기 때문이다. 여기에서는 믿음 때문에 고난을 당하나 거기에는 슬픔도 눈물도, 사망도 곡하는 것도 아픈 것도 없다.[750]

---

[749] 깊도다 하나님의 지혜와 지식의 부요함이여 그의 판단은 측량치 못할 것이며 그의 길은 찾지 못할 것이로다(롬 11:33)

[750] 3 내가 들으니 보좌에서 큰 음성이 나서 가로되 보라 하나님의 장막이 사람들과 함께 있으매 하나님이 저희와 함께 거하시리니 저희는 하나님의 백성이 되고 하나님은 친히 저희와 함께 계셔서 4 모든 눈물을 그 눈에서 씻기시매 다시 사망이 없고 애통하는 것이나 곡하는 것이나 아픈 것이 다시 있지 아니하리니 처음 것들이 다 지나갔음이러라(계 21:3-4)

> 또 무엇을 하든지 말에나 일에나 다 주 예수의 이름으로 하고 그를 힘입어 하나님 아버지께 감사하라(골 3:17)

사도 바울은 그리스도의 삶의 원리를 말하고 있다. 성도들이 무슨 말이나 일에 "주 예수의 이름으로 하"는 것은 영원한 의미와 통일성을 부여받는다. 예수 그리스도는 영원하신 하나님이시므로 그리스도의 이름으로 말하고 그리스도의 이름으로 일을 하게 되면 어떤 형편과 조건 속에서도 분열 없이 기쁘게 감당해 낼 수가 있다. 거기에서 감사가 흘러넘치게 된다.

주기도문의 첫 기원은 "이름이 거룩히 여김을 받으시오며"이다. "거룩히 여김"이란 '신성하게 하다', '존경하다', '거룩하게 하다', '거룩하게 유지하다'라는 뜻을 가지고 있다.

이름이란 그 인격체에 대한 모든 것을 나타내는 것이다. 하나님의 이름은 하나님에 대한 모든 것을 나타내는데 그것은 하나님이 누구신지 그 본질과 계시가 함께 나타난다.[751] 성경에 하나님은 여러 가지 이름으로 나타나 있다. '엘' 또는 '엘로힘'은 하나님의 능력이 전능하심을 말하며, '여호와'는 '스스로 계시는 분'(I am that I am)으로서 영원히 자존하시는 분임을 말한다. 이것은 이미 하나님의 속성에서 살펴본 것인데, 하나님의 이름을 통하여 하나님이 누구신지 알게 하시고, 그 이름이 영화롭게 되기를 기도하라고 하신다. 다시 말해서, 신자의 기도라는 것이 무엇을 기도해야 하는지 분명하게 말하는 것이다. 인간의 종교적 열심이 산을 조장하여 인간의 목적을 이루는 것이 기도가 아니다. 그것은 세상의 종교가 가지는 기본적인 자세이다.

성도가 기도를 한다는 것은 우리의 삶과 인생이 하나님의 지혜와 능력으로 하나님의 영광을 위하여 이루어 가고 계시기 때문에, 그 하나님의 영광이 그 지으신 피조세계에 온전히 드러나기를 기도하는 것이다. 하나님의 영광은 인간이 높

---

[751] 유해무, 개혁교의학 (서울: 크리스챤다이제스트, 1997), 148; "… 우리의 하나님은 이름이 없는 분이 아니라, 이름을 가지신 분이다. 하나님은 이성의 대상인 이데아(Idea)도 아니고, 무명(無名)도 아니다. 우리 하나님이 가지신 구체적인 이름은 존재론이나 철학적 신론을 깨뜨린다. 그의 이름은 야훼며, 이 이름은 그에 대한 '정의'이다. 따라서 그는 무인격적인 신적능력과 결코 동일시 될 수 없다. 야훼는 우리 하나님의 진짜 이름이요 인격적인 이름이나, 이 때문에 하나님의 신비(자유)가 막무가내로 경감되는 것은 아니다. 우리의 하나님은 신적 그 무엇이 아니며, 출애굽기 3:14에 나타난 대로 인격적인 하나님이므로 주님으로 계시며 조종되거나 장악되기를 거절하신다. 그는 자유로우신 하나님이시기에 당신의 주도로 교제를 창설하실 수 있다. 그러므로 이 이름은 주님으로 계시는 방식으로 늘 우리 곁에 계시겠다는 것이다. …"

인다고 해서 높이지고 인간이 낮춘다고 해서 낮아지는 것이 아니다. 그러나, 하나님의 영광은 자기 백성들의 인격적인 항복을 통하여 드러나기를 원하신다. 그것은 오직 십자가의 방법으로만 이루어져야 한다. 예수님께서 십자가에서 죽으시기 전에 예수님은 성부 하나님께 기도를 했다. 그리고 곧바로 성부 하나님께서는 말씀해 주셨다.

> 아버지여 아버지의 이름을 영광스럽게 하옵소서 하시니 이에 하늘에서 소리가 나서 가로되 내가 이미 영광스럽게 하였고 또 다시 영광스럽게 하리라 하신대(요 12:28)

예수님께서 십자가를 지시고 죽으심으로 하나님이 어떤 분이신지 알려지게 되었다. 그렇게 예수님께서 가신 십자가의 길을 통해서만 하나님의 영광이 드러나게 된다. 그러나 세상은 십자가에 대해 어떻게 생각할까?

> 십자가의 도가 멸망하는 자들에게는 미련한 것이요 구원을 얻는 우리에게는 하나님의 능력이라(고전 1:18)
> 우리는 십자가에 못 박힌 그리스도를 전하니 유대인에게는 거리끼는 것이요 이방인에게는 미련한 것이로되(고전 1:23)

죄인들을 구원하려고 예수님께서 십자가에 죽으셨다는 것은 사람들이 보기에 "미련한 것"이었다. 그러나 그것이 하나님께서 구원하시는 방법이었다.

많은 사람들이 예수를 믿는다고 하면서도 십자가의 방법이 아닌 세상의 방법으로 하나님의 영광을 드러내려고 한다. 성도는 오직 예수님께서 가신 길로 가야하며 예수님께서 이루신 방법대로 이루어야 한다.

우리의 형편이 절망적인 상황 속에 있을지라도 하나님의 이름이 거룩하고 영광스럽게 되기를 어떻게 기도할 수 있을까? 그것은 예수님의 기도에서 찾아볼 수가 있다.

> 아버지여 창세 전에 내가 아버지와 함께 가졌던 영화로써 지금도 아버지와 함께 나를 영화롭게 하옵소서(요 17:5)

예수님께서는 창세 전에 성부 하나님과 가졌던 영화를 알고 계셨다. 그렇기 때문에 십자가를 지시기 직전에도 성부 하나님께서 영화롭게 하실 것을 기도하셨다. 이것은 다시 소교리문답 1번으로 돌아가게 한다.

코르넬리스 프롱크는 주기도문의 첫째 간구의 뜻을 다음과 같이 말했다.

> 그리스도께서 이 첫째 간구에서 가르치시는 것은 하나님께서 만물을 다스리시는 데서 하나님의 이름이 모든 영광과 찬송을 받으시기를 하나님께 간구하라는 것입니다. "이름이 거룩히 여김을 받으시오며"는 이런 뜻입니다. "하늘에 계신 우리 아버지여, 우리와 만물을 통해 아버지의 이름을 영화롭게 하시옵소서. 우리와 만물을 통해 아버지의 이름을 영화롭게 하시옵소서. 저나 제 이름이 어떻게 되든 상관마시고, 제가 고난과 죽음의 길로 끌려간다고 할지라도, 아버지의 이름을 영화롭게 하시옵소서."752)

예수님께서는 십자가의 죽음 앞에서 오로지 아버지의 이름이 영화롭게 되기를 기도하셨다. 그것은 그리스도의 십자가 피로써 아버지의 택한 백성들이 구원을 받으며 새언약의 백성으로 회복되는 것을 통해 이루어졌다.

믿음으로 살아가는 성도들 역시 오늘의 어떤 현실 속에서도 하나님의 이름이 거룩히 여김을 받으시기를 기도할 수 있는 것은 하나님께서 자기 백성들을 영화롭게 하실 것을 믿기 때문이다. 물론 이 영화는 예수님과 동일한 영화는 아니다. 그러나 지금 우리가 형언할 수 없는 그 영화로움으로 우리를 영화롭게 하실 것이다. 그 믿음이 우리의 믿음이다.

---

752) 코르넬리스 프롱크, 주기도문, 임정민 역 (서울: 그책의사람들, 2013), 60.

제102문 둘째 기원에서 우리는 무엇을 위하여 기도합니까? (대191)
답: "나라이 임하옵시며"라는 둘째 기원에서는 사탄의 나라가 멸망하도록 기도하며, 은혜의 나라는 흥왕케 되며 우리와 다른 사람들이 은혜의 나라로 들어와서 그 안에 머무르도록 기도하며, 또한 영광의 나라가 속히 임하기를 기도합니다.753)

세상나라는 무엇이 핵심이고 무엇을 가르칠까? 플라톤은 삶의 지혜를 철학에서 얻을 수 있다고 했다. 그 지혜란 진리를 말한다. 철학한다는 것은 대화법으로 풀어나가는 것이다. 묻고 질문하면서 분석하고 논증하여 진리에 도달하는 것이 철학하는 것이다. 그 진리는 이데아를 말한다. '이데아'란 완전하고 진리 자체이며 이데아의 세계가 따로 존재한다고 했다.

그런 플라톤은 이데아의 참된 세계를 꿈꾸면서 이데아를 현실로 실현하는 이상국가론을 펼쳤다. 그 이상 국가는 '철인 왕'(philosopher-king)이 통치하는 나라다. 그 왕은 사유재산이 없고 자신과 가정의 이익을 챙기지 않아야 했다. 나라를 지키는 일 외에도 국가의 백성들을 교육시키는 의미를 가졌다. 왕은 사병을 지휘할 뿐 아니라 사병들과 공동생활을 해야 했다. 통치자나 통치자가 되려고 하는 사람은 철학을 공부하는 사람이어야 했다. 플라톤은 철학을 공부한 사람이 이상 국가를 실현할 수 있다고 보았다. 그러나 역사에 이런 왕이 누가 있다는 말인가? 이상 국가는 이상일 뿐이다.

강신주 교수는 장자가 꿈꾸었던 '자유의 공간', 국가로부터 벗어난 공동체는 어떤 모습인지 말하면서 장자의 '애태타 이야기'를 말한다.

> 애태타가 어떤 주장을 내세운다는 이야기를 들어 본 적이 없다. 그는 항상 타인들과 화합할 따름이기 때문이다. 그에게는 사람을 죽음으로부터 구해낼 수 있는 군주의 지위도 없고, 타인의 배를 채워 줄 수 있는 재산도 없으며, 게다가 그의 추함은 이 세상을 놀라게 할 정도이다. 타인과 화합할 뿐 자신의 주장을 내세우지 않으며 그가 아는 것도 자신이 살고 있는 지역에 국한된 것인데도, 남녀들이 그의 앞에 모여들고 있다.「덕충부」754)

강신주 교수는 애태타에게 사람들이 몰려드는 이유는 그가 알튀세르가 말한 것처럼 '자기 앞을 비워 두는 데' 성공했고 마침내 '자유의 공간'이라는 공백을 확

---

753) Q. 102. What do we pray for in the second petition? A. In the second petition, which is, Thy kingdom come, we pray that Satan's kingdom may be destroyed; and that the kingdom of grace may be advanced, ourselves and others brought into it, and kept in it; and that the kingdom of glory may be hastened.
754) 강신주, 장자, 차이를 횡단하는 즐거운 모험 (서울: 그린비, 2013), 225-228.

보할 수 있었기 때문이라고 말했다. 사람들은 애태타를 보면서 자신의 모습을 보았고, 늙었든 젊었든 아름답든 추하든 유한한 삶을 살아가는, 그 누구도 대신할 수 없는 고유한 삶을 사는 자기 모습을 보았다고 말했다. 강신주 교수는 "장자에 따르면 자발적 연대가 가능하기 위해선 우선 권력, 부, 아름다움 등의 초월적 가치가 우리의 삶으로부터 제거되어야만 한다. 이것은 결국 국가주의를 자발적 연대를 가로막는 가장 중요한 장애물의 하나로 인식했다는 것을 말해 준다"고 했다. 그러면서 단독적인 삶을 말했다.

강신주 교수가 이렇게 힘주어 말할 수 있는 근본적인 기초는 무엇인가? 그것은 스피노자의 현실적 본질인 '코나투스'와 에피쿠로스의 '클리나멘'을 전제하기 때문이다. 인간이 '자신의 존재를 집요하게 유지하려는 힘이자 의지'인 '코나투스'를 가지고 있고, 세계와 존재의 우발성을 말하는 에피쿠로스의 '클리나멘'을 기초로 하기 때문이다.

코나투스는 '인간의 신성에서 나온 현실적 본질'을 말한다. 선한 인간이라야 하는데, 세상에 선한 인간이 어디에 있던가? 우발성으로 존재하게 되었다면 고유한 삶, 단독적인 삶을 말할 필요가 있는가? 그냥 우연히 이루어질 것을 뭐 하러 그리 살아가야 하는가? 그들이 만든 사회는 그들만의 국가가 아닌가? 강신주 교수는 낭시가 말하는 '무위의 공동체'를 말했다. 역시 국가주의와 싸우며 자신의 삶을 긍정하고 타자와 연대하는 공동체다. 공산주의 사회가 낭만적 이상이듯이, 애태타의 삶도 강신주의 이상일 뿐이다. 국가주의를 넘어선 자유로운 개인들의 공동체는 그림의 떡일 뿐이다.

하나님의 나라가 임한다는 것은 현실에서 어떻게 이루어지는가? 그것은 일차적으로 모더니티를 뛰어넘는 것이다. 세상은 기본적으로 이성의 우월성, 자유의 절대적 권리, 필연적 진보의 확실성, 자율적 자기 충족이다.

그렇게 자신만만하게 인간에 의한 인간을 위한 세상을 만들 수 있을 것이라 소리쳤지만 결과는 달랐다. 절대성이 무너지고 관계 속으로 들어갔다. 갈수록 허무주의는 위협적으로 다가왔고 그것을 해소하기 위해 영성에 대한 관심은 우리가 언제 그랬냐는 듯이 심화되고 있다. 지금은 다원주의가 정치, 경제, 문화, 사회, 종교, 교육의 자리에 보좌를 틀어쥐고 있다. 객관적 실재와 절대적 진리를 말하는 사람은 상식도 없는 사람이 되고 정신병자가 되어 버렸다.

이 간구는 논리적 순서를 따라 불가피하게 필연적으로 연결되어져 있다. 제101문에서 하나님의 이름이 거룩히 여김을 받으시기를 기도했다.[755] 이 기도는 하나님의 이름이 거룩히 여김을 받지 못하고 있다는 사실을 떠오르게 한다. 그렇게 되는 이유는 죄 때문이다. 하나님과 그의 나라와 영광을 대적하는 사탄의 세력이 그 마지막 심판을 당하기 전까지 결사적으로 반대하며 저항한다.

"나라이 임하옵시며"라고 기도할 때에 하나님의 나라는 세 가지 의미로 볼 수가 있다.

첫째로, 성경이 말하는 하나님의 나라는 통치의 개념이 일차적이다.

하나님의 나라는 하나님의 주권과 능력과 위엄이 하나님의 통치하심으로 말미암아 실현되는 곳이다. 하나님께서 이 우주를 다스리시지만 특별히 하나님의 나라라고 할 때에는 창세 이후로 자기 백성과 언약하여 다스리시는 그 백성을 두고서 하시는 말씀이다. 그 통치는 늘 있어 왔다. 통치가 늘 있어 왔다는 것은 하나님의 나라가 늘 존재했었다는 말이다. 그러나 예수님께서 이 땅에 오심으로 더욱 분명하게 하나님의 나라가 임하였다고 선포하셨다.

하나님의 나라는 예수님의 사역의 핵심이다.

> 이르시되 때가 찼고 하나님의 나라가 가까이 왔으니 회개하고 복음을 믿으라 하시더라(막 1:15)

예수님께서 병자를 치유하시고 귀신을 쫓아내신 것은 하나님의 나라가 이미 임하였다는 것을 의미한다.

> 그러나 내가 하나님의 성령을 힘입어 귀신을 쫓아내는 것이면 하나님의 나라가 이미 너희에게 임하였느니라(마 12:28)

둘째로, 하나님의 나라는 지금 하나님의 말씀에 순종하는 그의 백성들에게 존재한다. 예수 그리스도의 십자가로 말미암아 구원함을 얻은 백성들은 하나님을 주인으로 섬기며 그 말씀에 순종하며 살아감으로써 하나님의 통치가 실제적으로

---

[755] 하이델베르크 교리문답 제123문: 두 번째 청원은 무엇입니까? 답: 두 번째 청원은 "당신의 왕국이 임하소서"입니다. 곧 이 청원은 "우리가 당신께 더욱 더 순종할 수 있도록 말씀과 성령으로 우리를 다스려 주소서." "당신의 교회를 보존시켜 주시고, 성장시켜 주소서." "사단의 공작과 당신께 대항하여 일어나는 모든 세력과 당신의 말씀을 거역하는 모든 음모를 파괴시켜 주소서." "당신의 나라가 충만히 임하여, 거기서 당신께서 모든 것 안에서 모든 것이 되실 때까지 이 모든 일을 행하소서."라고 구하는 것입니다.

실현되고 있음을 드러낸다.

이전에는 사탄의 권세 아래서 죄와 사망의 법 아래서 종 노릇하였지만, 이제는 구원함을 얻어 생명의 성령의 법 아래 살아가는 자가 되었다. 이제는 다시 죄책이 없으며 하나님의 백성 된 거룩한 신분으로 살아가며 은혜가 지배하는 인생이 되었다. 그러므로 하나님의 백성으로 하나님의 말씀을 실제적으로 행함으로써 하나님의 통치가 실현되고 있음을 나타낸다. 그러기에 그것은 또한 하나님의 나라가 더욱 널리 확장되기를 소망하는 선교적인 기도이기도 하다.

셋째로, 하나님의 나라는 장차 온전하게 실현될 하나님의 나라를 말한다. 사도 베드로는 그 하나님의 나라가 임하기를 간절히 사모하라고 말한다.

> 하나님의 날이 임하기를 바라보고 간절히 사모하라 그 날에 하늘이 불에 타서 풀어지고 물질이 뜨거운 불에 녹아지려니와(벧후 3:12)

하나님과 하나님의 나라를 적대하는 모든 죄악과 세력들이 심판을 받아 멸망을 받게 될 것이며, 하나님의 말씀에 순종하며 그 나라가 임하기를 사모하던 자들에게는 영생에 들어가게 될 것이다. 그러므로 새언약의 백성들은 그 하나님의 나라가 임하기를 간절히 사모하며 나그네 된 이 인생길을 믿음으로 살아가야 한다.

1) 사단의 나라가 멸망하도록 기도하며

예수님께서 공생애를 시작하실 때 외치셨던 말씀이 무엇인가? 그것은 회개와 하나님의 나라였다.

> 회개하라 천국이 가까왔느니라 하였으니(마 3:2)

천국, 곧 하나님의 나라는 예수님의 사역과 그의 가르치신 복음의 핵심이다. 그 하나님의 나라는 사단의 지배에서 벗어나 하나님의 통치와 지배 속으로 옮겨지는 것이다. 그러나 유대인들은 하나님의 나라를 오해하고 있는 일들이 많았다. 그들이 그렇게 오해한 것은 하나님과 성경에 대해서 오해하고 있었기 때문이다.

> 예수께서 대답하여 가라사대 너희가 성경도 하나님의 능력도 알지 못하는고로 오해하였도다(마

22:29)
하나님은 죽은 자의 하나님이 아니요 산 자의 하나님이시라 너희가 크게 오해하였도다 하시니라(막 12:27)

이런 오해들은 어디에서 생겨났는가? 그것은 자기 의로 가려고 했기 때문이다. 그것은 인간적인 해석이 앞섰기 때문이다. 그 인간적인 해석이 낳은 결과는 무엇인가? 이 세상을 하나님의 나라로 만들려고 한 것이다. 유대인들이 기대했던 메시아는 십자가에 못박혀 죽는 메시아가 아니라 로마의 지배와 속박에서 벗어나게 해 주는 메시아였다. 그러므로 그들은 그리스도의 오심도 그 일하심도 그 죽으심도 이해하지 못했다.

오늘날 소위 '개혁'이라는 이름으로 적극적으로 정치에 개입하는 것은 세상 나라를 하나님의 나라로 만들려고 하는 오해와 착각에서 비롯되는 것이다. 예수님께서는 분명하게 말씀하셨다.

> 예수께서 대답하시되 내 나라는 이 세상에 속한 것이 아니라 만일 내 나라가 이 세상에 속한 것이었더면 내 종들이 싸워 나로 유대인들에게 넘기우지 않게 하였으리라 이제 내 나라는 여기에 속한 것이 아니니라(요 18:36)

하나님의 나라는 이 세상의 부정부패를 개혁함으로서 실현되는 것이 아니다. 사회복음으로 나가는 사람들은 성경을 해석할 때에도 자기 논리에 꿰어 맞추어 말하기 때문에 성경의 핵심에 벗어나게 된다. 하나님의 나라는 좌파나 우파가 만들어 가는 그런 나라가 아니다! 그들은 인간의 죄악 됨을 간과하며 환경과 조건의 개혁으로 하나님의 나라가 이루어질 것이라고 생각한다. 그렇게 강조하는 밑바탕에는 언제나 '인간의 선함'이 있다. 그들은 인간의 문제를 인간 외부의 문제를 해결하면 된다고 생각하는 것이다.

그러나 예수님께서는 인간의 문제는 외적인 것이 문제가 아니라 내적인 것이며, 영적인 것이며, 죄악의 문제라고 하셨다.

> 17 입으로 들어가는 모든 것은 배로 들어가서 뒤로 내어버려지는 줄을 알지 못하느냐 18 입에서 나오는 것들은 마음에서 나오나니 이것이야말로 사람을 더럽게 하느니라 19 마음에서 나오는 것은 악한 생각과 살인과 간음과 음란과 도적질과 거짓 증거와 훼방이니 20 이런 것들이 사람을 더럽게 하는 것이요 씻지 않은 손으로 먹는 것은 사람을 더럽게 하지 못하느니라(마 15:17-20)

사람의 마음이 죄악 되기 때문에 거듭나지 않으면 아무 소용이 없다. 그러므로 하나님의 나라는 예수 그리스도를 믿어 회개하는 일이 먼저 있어야만 한다. 그래서 예수님께서는 니고데모에서 이렇게 말씀하셨다.

> 3 예수께서 대답하여 가라사대 진실로 진실로 네게 이르노니 사람이 거듭나지 아니하면 하나님 나라를 볼 수 없느니라 4 니고데모가 가로되 사람이 늙으면 어떻게 날 수 있삽나이까 두 번째 모태에 들어갔다가 날 수 있삽나이까 5 예수께서 대답하시되 진실로 진실로 네게 이르노니 사람이 물과 성령으로 나지 아니하면 하나님 나라에 들어갈 수 없느니라(요 3:3-5)

하나님의 나라는 내가 율법을 지켜서 내가 의로워져서 들어가는 나라가 아니다. 오직 성령님께서 변화시켜 주셔야만 들어가는 나라다. 인간이 개입될 여지는 조금도 없다! 십자가의 복음이 선포되어져야만 하는 이유가 여기에 있다. 회심 없는 하나님의 나라는 가짜다!

하나님의 나라와 이 세상 나라는 언제나 적대적 관계 속에 있다.

> 하나님은 일어나사 원수를 흩으시며 주를 미워하는 자로 주의 앞에서 도망하게 하소서(시 68:1)
> 평강의 하나님께서 속히 사단을 너희 발 아래서 상하게 하시리라 우리 주 예수의 은혜가 너희에게 있을찌어다(롬 16:20)
> 이제 이 세상의 심판이 이르렀으니 이 세상 임금이 쫓겨나리라(요 12:31)

하나님의 나라가 임하게 해 달라는 것과 사단의 나라가 멸망하게 해 달라는 것은 같은 말이다. 왜냐하면 하나님의 나라와 사단의 나라는 적대관계이며 늘 싸우는 관계이기 때문이다. 거기에는 어떤 타협도 있을 수가 없다.

하나님의 나라와 사단의 나라가 대등한 세력이 아니다. 세상 사람들은 빛과 어둠의 세력이 공존한다는 이원론으로 생각한다. 하나님의 나라가 온전히 임할 때까지 사단의 나라는 허용되어진 것뿐이다. 하나님께 의도적으로 반역한 무리가 사단의 나라이다. 어떻게 그 사단의 나라에서 하나님의 나라로 옮길 수 있는가?

> 그가 우리를 흑암의 권세에서 건져내사 그의 사랑의 아들의 나라로 옮기셨으니 그 아들 안에서 우리가 구속 곧 죄 사함을 얻었도다(골 1:13-14)

그것은 오직 예수 그리스도의 십자가의 대속으로 말미암아 죄에서 해방되어 하나님의 나라로 옮겨진다. 인간이 선을 행하거나 명상을 통해서 이루어지지 않는다. 왜 인간 스스로 사단의 지배에서 벗어날 수 없는가? 인간은 죄인이기 때문이다.

2) 은혜의 나라는 흥왕케 되며 우리와 다른 사람들이 은혜의 나라로 들어와서 그 안에 머무르도록 기도하며

이제 성령님의 역사로 거듭난 성도는 하나님의 나라가 더욱 확장되어지기를 기도한다. 그것은 더 많은 영혼들이 예수 그리스도를 믿어 하나님께서 영광받으시기를 원하는 갈망으로 가득하게 된다.

> 종말로 형제들아 너희는 우리를 위하여 기도하기를 주의 말씀이 너희 가운데서와 같이 달음질하여 영광스럽게 되고(살후 3:1)

사도 바울은 언제나 그의 마음에 복음을 전하는 열망으로 가득했다. 그리하여 하나님께서 영광을 받으시기를 원했다. 어떻게 하든지 더 많은 사람들이 그리스도를 영접하게 하려고 자신을 낮추었다.756)

> 형제들아 내 마음에 원하는 바와 하나님께 구하는 바는 이스라엘을 위함이니 곧 저희로 구원을 얻게 함이라(롬 10:1)

사도 바울은 이스라엘의 구원을 위하여 간절기 기도했다. 그들은 여전히 불순종과 완악한 상태에 있었다. 예수님이 그리스도이심을 거부하고 율법을 지키어 자기 의에 이르고자 했다. 바울은 이전에 자신이 그러한 삶을 살았기 때문에 더욱 가슴이 아팠다. 바울은 같은 민족인 유대인들이 구원받기를 애타게 간구했다.

환난 중에 고통 받던 초대교회 성도들은 예수님의 다시 오심을 간절히 사모했다.

> 이것들을 증거하신 이가 가라사대 내가 진실로 속히 오리라 하시거늘 아멘 주 예수여 오시옵소서 (계 22:20)

---

756) 19 내가 모든 사람에게 자유하였으나 스스로 모든 사람에게 종이 된 것은 더 많은 사람을 얻고자 함이라 20 유대인들에게는 내가 유대인과 같이 된 것은 유대인들을 얻고자 함이요 율법 아래 있는 자들에게는 내가 율법 아래 있지 아니하나 율법 아래 있는 자같이 된 것은 율법 아래 있는 자들을 얻고 자 함이요 21 율법 없는 자에게는 내가 하나님께는 율법 없는 자가 아니요 도리어 그리스도의 율법 아래 있는 자나 율법 없는 자와 같이 된 것은 율법 없는 자들을 얻고자 함이라 22 약한 자들에게는 내가 약한 자와 같이 된 것은 약한 자들을 얻고자 함이요 여러 사람에게 내가 여러 모양이 된 것은 아무쪼록 몇몇 사람들을 구원코자 함이니 23 내가 복음을 위하여 모든 것을 행함은 복음에 참예하고자 함이라(고전 9:19~23)

사도 요한을 통하여 계시한 모든 것들을 이루시기 위하여 예수님께서는 다시 오실 것이다. 이 구절은 계시 된 말씀에 대한 보장을 하며 믿음을 지키기 위해 핍박을 당하는 성도들에게 위로를 주시는 말씀이다. "내가 진실로 속히 오리라"고 말씀하심으로 반드시 그 말씀대로 완성하실 것을 확인해 준다.

환난과 순교를 당하던 초대교회 성도들은 그 인사가 '마라나타'였다. 믿음을 지키기 위해 핍박을 당하는 성도들은 '예수님께서 반드시 오십니다. 조금만 참읍시다. 마라나타' 그렇게 위로하며 살았다. 그들은 복음을 증거하는 '두 증인'의 사역을 감당하며 주님의 다시 오심을 고대했다. 우리들도 상처와 눈물과 핍박과 환난을 만날지라도, 주님께서 다시 오실 것을 굳게 확신하며, '마라나타'로 서로 인사하면서 믿음을 지키는 일에 죽도록 충성하는 성도들이 되어야 한다.

'은혜의 나라'라고 말하는 것은 종말에 완성될 그 영광스런 하나님 나라가 임할 때까지 하나님께서 이 세상에 계속해서 은혜를 베푸심으로 자기 백성들을 구원하시고 다스리시기 때문이다.

이 기도의 내용은 예수님께서 명령하신대로 복음이 온 세상에 전파되어 믿는 사람들이 계속해서 생겨나며 그들이 그 복음의 은혜를 누리기를 원하는 것이다. 이 은혜를 누리는 일에는 반드시 어려움이 있다. 그 어려움을 이겨나가는 것은 우리의 힘과 의지로 되어지는 일이 아니다. 그래서 사도 베드로는 다음과 같이 권면한다.

> 너희가 말세에 나타내기로 예비하신 구원을 얻기 위하여 믿음으로 말미암아 하나님의 능력으로 보호하심을 입었나니 그러므로 너희가 이제 여러 가지 시험을 인하여 잠간 근심하게 되지 않을 수 없었으나 오히려 크게 기뻐하도다 너희 믿음의 시련이 불로 연단하여도 없어질 금보다 더 귀하여 예수 그리스도의 나타나실 때에 칭찬과 영광과 존귀를 얻게 하려함이라(벧전 1:5-7)

믿음을 포기하지 않고 끝까지 지켜가는 자들에게는 예수님께서 다시 오실 때에 "칭찬과 영광과 존귀"를 얻게 된다. 그때까지 성도는 "여러 가지 시험"들 속에서 믿음의 싸움을 싸워가야 한다. 그 믿음의 싸움은 하나님의 말씀에 순종하는 것이다. 이런 저런 인생의 아픔과 상처 속에서도 변명 없이 주의 말씀대로 살아가는 것이다.

3) 또한 영광의 나라가 속히 임하기를 기도합니다

예수님을 믿는 성도들에게 '하나님의 나라' 개념은 죽음 이후의 나라로 여기는 경우가 많다. 그러나 하나님의 나라는 예수 그리스도 안에서 지금 경험하는 나라다. 그것은 지극히 언약적이다. 전에 사탄의 나라에 종살이 하던 자들이었으나 이제 그리스도의 대속의 피로 하나님의 나라로 옮겨졌다. 그것은 하나님의 새언약 안으로 완전히 들어왔다는 것을 말한다. 그러나 우리는 아직 그 나라에 들어가기까지 감당해야 할 고난과 환난이 있다.[757]

사도 요한은 환난을 당하는 초대교회 성도들에게 다음과 같이 말했다.

> 5 … 우리를 사랑하사 그의 피로 우리 죄에서 우리를 해방하시고 6 그 아버지 하나님을 위하여 우리를 나라와 제사장으로 삼으신 그에게 영광과 능력이 세세토록 있기를 원하노라 아멘(계 1:5-6)

이 말씀은 출애굽기 19장 6절 말씀에 근거한다.

> 너희가 내게 대하여 제사장 나라가 되며 거룩한 백성이 되리라 너는 이 말을 이스라엘 자손에게 고할지니라(출 19:6)

이 말씀은 이스라엘 백성을 출애굽 시키는 하나님의 목적을 말해 준다. 이스라엘 백성들이 애굽이라는 나라에서 종살이를 하다가 해방이 된 것은 다만 그 종살이를 그만두고 자유롭게 살게 해 주기 위함이 아니었다. 그것은 이방인들에게 하나님의 구속의 은혜를 증거하고 그리하여 하나님께 돌아오게 하며 하나님의 왕적인 통치를 드러내는 통로로 삼으셨다. 그래서 제사장이고 나라라고 말했다.[758]

이것은 새언약 하에 있는 신약의 교회가 이 일을 담당하고 있다. 그러나 그 일을 담당하는 일은 쉬운 일이 아니다. 왜냐하면, 언제나 사탄과 그 부리는 대행자들이 계속해서 핍박하고 어려움을 주기 때문이다. 그래서 이 복음을 증거하는 일에는 환난과 나라와 참음이 있게 된다.[759] 예수 그리스도의 피로 새언약에 들어온 자는 하나님의 통치와 지배 속에 살아가는 하나님의 백성이요 하나님의 나라다. 천국, 곧 하나님의 나라는 죽은 다음에 가는 그런 나라만이 아니라 지금

---

757) 제자들의 마음을 굳게 하여 이 믿음에 거하라 권하고 또 우리가 하나님 나라에 들어가려면 많은 환난을 겪어야 할 것이라 하고(행 14:22)
758) 이필찬, 내가 속히 오리라 (서울: 이레서원, 2008), 55.
759) 나 요한은 너희 형제요 예수의 환난과 나라와 참음에 동참하는 자라 하나님의 말씀과 예수의 증거를 인하여 빗모라 하는 섬에 있었더니(계 1:9)

여기서 그 하나님의 나라에 동참하는 나라다. 지금 여기서 하나님의 통치에 하나님의 다스리심에 순종하고 살아가기 때문에 환난과 참음이 있다.

또한 사도 베드로도 다음과 같이 말했다.

> 11 이 모든 것이 이렇게 풀어지리니 너희가 어떠한 사람이 되어야 마땅하뇨 거룩한 행실과 경건함으로 12 하나님의 날이 임하기를 바라보고 간절히 사모하라 그 날에 하늘이 불에 타서 풀어지고 체질이 뜨거운 불에 녹아지려니와 13 우리는 그의 약속대로 의의 거하는 바 새 하늘과 새 땅을 바라보도다(벧후 3:11-13)

사도 베드로는 재림을 고대하며 살아가는 그리스도인들이 살아가야할 삶의 자세에 대해서 말한다. 그것은 "거룩한 행실과 경건함으로" 사는 것이다. 재림을 고대하면서 자기 삶을 등한시 하고 삶을 방탕하게 사는 것이 아니라, 하나님께서 기뻐하시는 삶을 살아가야 한다. 그런 삶을 살아가는 기초는 이 세상이 전부가 아니라 도래할 하나님의 나라에 참여할 자들이기 때문이다.

하나님의 영광의 나라가 속히 임하게 하여 달라고 왜 기도해야 하는가?

> 20 오직 우리의 시민권은 하늘에 있는지라 거기로서 구원하는 자 곧 주 예수 그리스도를 기다리노니 21 그가 만물을 자기에게 복종케 하실 수 있는 자의 역사로 우리의 낮은 몸을 자기 영광의 몸의 형체와 같이 변케 하시리라(빌 3:20-21)

성도는 그렇게 "우리의 낮은 몸을 자기 영광의 몸의 형체와 같이 변케 하"실 그 때를 간절히 사모하며 기다리는 자들이다. 성도는 왜 그렇게 되기를 애타게 기도할까? 왜냐하면 예수님의 재림이 그리스도인들에게 죄의 세력에서 완전히 해방시키는 온전한 구원을 주실 것이며, 현재의 썩어질 몸을, '영광의 몸' 즉 '썩지 아니할 몸', '신령한 몸'으로 변화시키실 것이기 때문이다.[760] 이것이 성도의 진정한 기도제목이다!

---

760) 42 죽은 자의 부활도 이와 같으니 썩을 것으로 심고 썩지 아니할 것으로 다시 살며 43 욕된 것으로 심고 영광스러운 것으로 다시 살며 약한 것으로 심고 강한 것으로 다시 살며 44 육의 몸으로 심고 신령한 몸으로 다시 사나니 육의 몸이 있은즉 또 신령한 몸이 있느니라(고전 15:42-44)

제103문 셋째 기원에서 우리는 무엇을 위하여 기도합니까? (대192)
답: "뜻이 하늘에서 이룬 것같이 땅에서도 이루어지이다"라는 셋째 기원에서 우리는 하나님께서 그분의 은혜로 말미암아 우리가 범사에 그분의 뜻을 즐겨 알고 순종하고 복종할 수 있기를 하늘에서 천사들이 하듯이 하게 해 달라고 기도합니다.[761]

데카르트(Rene Descartes, 1596-1650)는 『방법서설』을 통해서 "나는 생각한다, 고로 나는 존재한다"(cogito ergo sum)라는 어떤 회의론자들도 부정할 수 없는 제1명제를 말했다. 데카르트의 이런 명제를 통해서 인간은 자율적이고 합리적인 존재로 나아가게 된다. 레젝 콜라콥스키는 "화이트헤드가 말한 것처럼 유럽 철학이 플라톤에 대한 각주라면, 근대 유럽 철학은 데카르트에 대한 각주다."라고 말했다. 왜냐하면, 근대라는 시대는 무엇에서든 확실하고 단단한 토대를 요구하는 시대였기 때문이다. 내가 알고 있다고 여기는 것, 내가 믿고 있는 것 등 그 어떤 것에서든 분명하고 확실한 근거를 원하는 이러한 요구가 바로 근대적 합리정신이며, 데카르트는 근대의 철학적 출발점이었다.[762]

그러나, 데카르트의 코기토는 궁극적으로는 하나님의 존재와 하나님의 신실성에 의존한다고 말했다. 인식의 근거 및 순서 측면에서는 '생각하는 나'에서 출발하지만, 존재의 근거 및 순서 측면에서는 하나님이 먼저라고 말했다. 그래서 데카르트를 '마지막 중세인이자 최초의 근대인'이라고 말한다. 인간의 인식 주체로 이성을 내세웠으나 존재에 있어서는 하나님 의존적 존재라는 것은 인정했다. 신앙의 빛보다는 이성의 빛이 더 강렬하게 펼쳐지기 시작했고 하나님 없는 인간의 자율성으로 나아갔다. 데카르트가 인간을 이성적인 존재로 격상시켰다면, 파스칼은 인간은 이성보다는 심정이 더 강하게 작동하고 있다고 말했다. 심정이란 개체들마다 고유하게 가지고 있는 직관적 감성과 판단능력을 말한다. 하나님을 사랑하는 것은 이성보다는 심정에서 나온다고 보았다.[763]

---

761) Q. 103. What do we pray for in the third petition? A. In the third petition, which is, Thy will be done in earth, as it is in heaven, we pray that God, by his grace, would make us able and willing to know, obey, and submit to his will in all things, as the angels do in heaven.
762) http://navercast.naver.com/contents.nhn?rid=75&contents_id=2383
763) 김재진, 연세대학교연합신학대학원 겸임교수, 조직신학 「블레스 파스칼(B. Pascal)과 칼 바르트(K. Barth)의 신(神)인식 방법」 협성대 박숭인 교수는 "파스칼이 '심정'이라는 말을 사용하였다면, 슐라이에르마허(Schleiermacher)의 '감정'과 동일한 것이 아니냐?"는 예리한 질문을 제기하였다. 그러나 파스칼에게 있어서 "심정"은 하나님의 말씀에 의한 감동, 곧 말씀을 통한 하나님의 자기계시를 전제한 반면에, 슐라이에르마허에게 있어서 감정(Gefuell)은 우주의 원리를 직관함으로써 생기는 인간의 종교-심리적 동화라는 점에서 동일하다고 볼 수 없을 것이다. 왜냐하면 슐라이에르마허에게 있어

파스칼이 심정을 말한 이유는, '인간이 얼마나 허영에 들뜬 존재인가?' 하는 것을 폭로하는데 있었다. 그는 인간이란 이성적이고 합리적인 존재가 아니라 허영(vanity)을 가진 심정의 존재라고 보았다. 사람들은 무한한 산을 사랑하기 보다는 자신 자신을 사랑하는데 빠져 있으며 그것으로 만족하지 않고 타인들로부터 사랑과 관심을 받으려고 한다는 것이다. 단순히 인정받는 차원이 아니라 칭찬과 찬양을 과도하게 갈망하는 허영의 노예라고 고발함으로서 이성의 시대를 부르짖는 근대철학의 허상을 드러냈다. 파스칼은 이런 인간의 허영과 허상으로부터 벗어나기 위해 사람들은 하나님을 필요로 한다고 말했다.764) 인간의 이성이 세상을 주도하는 것처럼 보이지만 그 내면은 절망과 비참함에 빠져 헤멘다는 것을 지나간 역사가 분명하게 말해 준다.

인간의 욕망대로 살아야 한다고 말하는 사람 중에 프랑스의 철학자 들뢰즈(Gilles Deleuze, 1925-1995)가 있다. 그것을 「앙띠오이디푸스」 개념으로 말했다. 그것은 프랑스의 5월 혁명(1968년)으로부터 시작한다. 들뢰즈는 혁명의 주도세력인 비주류에 속한 방랑자들, 흑인들, 여자들, 약자들을 통해 새로운 가능성을 보았으나 혁명은 실패로 돌아갔다. 그는 그 실패의 원인이 무엇인지 비판하고 분석하면서 극복하고자 했다. 들뢰즈는 거기에 오이디푸스의 욕망체계가 지배적으로 작동하고 있다고 보았다. 그 오이디푸스적 욕망체계가 지배적으로 작

서 종교적 감정은 "우주의 영원하고 이상적인 내용과 본질에 대한 경건한 직관 내지 느낌"이지, 하나님의 말씀을 읽고 들을 때 생기는 이성적 깨달음으로 인한 수용상태가 아니기 때문이다(최신한, 종교론, 한들 1997, 55ff. 이밖에 슐라이에르마허의 종교적 감정에 관하여: 목창균, 슐라이에르마허의 신학사상, 한국신학연구소 1991, 67, 235. 그리고 보다 자세한 것은, Fr. Schleiermacher, Der christliche Glaube, §36-42: "Das Verhaeltniss der Welt zu Gott wie es sich in unserm die Gesammtheit des endlichen Seins repraesentirenden Selbstbewußtsein ausdrueckt"). 따라서 파스칼에게 있어서 "심정"은 아마도 엠마오로 가는 예수의 제자들이 "말씀을 풀어주실 때에 우리 속에서 마음이 뜨겁지 아니 하더냐"(눅 24:32)고 고백한 것과 같은 현상일 것이다. 그러나 이점에 대하여는 보다 더 자세한 연구가 필요하다고 본다.
764) http://blog.daum.net/2017kking/10323705; 〈수학자이며 철학자였던 파스칼이 죽었을 때 웃옷 안쪽, 심장이 닿는 곳에 실로 꿰맨 메모지를 발견했다. 파스칼이 하나님의 체험을 기록해 놓은 것이었다. 그에게 있어 신앙은 "일상의 삶의 현장에서 살아 움직이는 신앙이어야 한다."는 것이었는데, 관습에 젖은 신앙이나 형식에 젖은 신앙생활은 아무런 의미가 없었다. 그는 끊임없는 고투와 추구 속에서 살아계신 하나님을 실존적으로 체험하기를 구하였다. 파스칼은 그 체험을 "불에 휩싸인 은총의 밤"이라 했다. 그가 31세 되던 1654년 11월 23일 밤 10시 30분에서 0시 30분 사이에 그는 살아 계신 하나님을 온 몸으로 체험하고 자신이 그릇 살아 온 세월을 눈물로 돌이켰다. 그는 그날 밤의 감격을 적어 자신이 즐겨 입던 옷의 안쪽에 꿰매어 간직하였다. 그 글의 한 구절을 인용해 보자. "철학자의 신이 아니요, 수학자의 신이 아니었다. 아브라함의 하나님이요, 이삭의 하나님, 야곱의 하나님-예수 그리스도의 하나님, 나의 하나님이셨다. 이 확신, 이 감격, 이 기쁨... 이 평화" "하나님 외의 이 세상과 온갖 것에 대한 일체의 망각. 하나님은 오직 복음서에서 가르치신 길에 의해 알 수 있을 뿐이다. 인간 혼의 위대함이여 의로우신 아버지, 세상이 아버지를 알지 못하여도 나는 아버지를 알게 되었습니다. 기쁨, 기쁨, 기쁨, 기쁨의 눈물" 로이드존스는 그의 「성령세례」에서 파스칼의 체험은 역사적으로 흔치 않은 하나님의 능력세례라고 말했지만, 깊이 생각해 보아야 하는 문제이다.〉

동하는 이유를 찾아내고 그 체계를 뒤엎는 새로운 욕망체계를 제시하려고 했다.765)

오이디푸스적 욕망체계란 억압을 순응으로 합리화하는 욕망이론이다. 오이디푸스란 그리스 신화에서 아버지 라이오스를 죽이고 어머니와 결혼한 인물이다. 프로이트는 오이디푸스 콤플렉스라는 용어로 어머니에 대한 남자 아이의 독점애를 설명했다. 오이디푸스 욕망이란 아버지를 경쟁자로 여기고 어머니의 사랑을 독차지 하려는데 방해가 되는 아버지가 사라지기를 원하는 남아(남근기, 4-6세)에게 나타나는 근친상간, 부친살해의 충동을 말한다(여아의 경우 엘렉트라 욕망). 그런데 그 욕구가 좌절되고 그로 인해 결핍이 발생한다. 그 두 가지 욕망이 좌절되자 전략을 바꾼다. 자기가 아버지처럼 되어서 어머니 같은 여자를 얻거나 어머니 사랑을 독차지 하는 동일시를 통해서 오이디푸스 콤플렉스를 극복하면서 정상적인 어른으로 성장한다. 그런데 아들이 아버지를 쫓아가는 것은 언제나 적개감과 선망이 교차한다. 어릴 때부터 이런 분열적 요소에 시달리다가 동일시로 극복되고 아버지의 권위 가치관을 배우면서 순응해 간다. 억압의 메카니즘이 순응의 메카니즘으로 바뀌면서 초자아가 발생하고 순응의 체계가 확립된다. 이런 억압 → 좌절 → 순응의 과정을 들뢰즈는 비판한다. 그것이 왜 문제가 되느냐하면, 프로이트는 가족의 욕망 속에서 형성된 것을 사회에까지 적용하기 때문이다. 개인들은 사회성장에서 자신들의 욕망대로 살고 싶으나 그렇게 하지 못한다. 왜냐하면 사회에는 억압이 존재하기 때문이다. 그러나 그 사회적 억압에 저항할 수 없기 때문에 결국 사회적 관습과 억압에 적응한다. 세상은 그런 과정을 통하여 도덕적 인간 윤리적 인간이 되어 사회적 질서에 참여하게 된다고 말한다. 이렇게 오이디푸스 체계로 생각하면 사회적 메카니즘이 잘 설명될 수 있다. 그러나 이렇게 잘 설명되는 것이 문제다. 이런 프로이트적인 메카니즘은 기득권적 질서, 지배질서 억압질서를 합리화하기 때문이다. 뿌리 깊은 서구사회의 기득권의 지배질서와 억압이 당연시 되고 거기에 순응하는 것이 마치 정상적인 것처럼 되어 버리기 때문이다. 들뢰즈는 이런 체계를 뒤엎는 반오이디푸스 욕망, 곧 '앙띠오이디푸스' 개념을 말한다. 욕망은 결핍을 충족시키는 것이 아니라 욕망자체로서의 생산성이 그 자체로 있다는 것이다. 그것을 '욕망하는 기계'라 했다. 기계라고해서 인과율적으로 움직인다는 것이 아니라 앞뒤 가리지 않고 '하고자 함'이다. 그것은 어떤 목적도 지향성도 없다.766)

---

765) http://www.youtube.com/watch?v=hdc85_OQuOU/

기계는 세계의 모든 사물에 적용된다. 사물이 인간처럼 욕망한다는 것이 아니라 욕망이 활동과 생산으로 드러나기 때문이다. 예를 들어, 망치가 인간의 팔과 못과 계열화 되어서 '못질'이라는 활동을 생산하고 있다면 '못질-기계'로 작동하고 있는 것이지 인간의 못 박으려는 욕망이 망치라는 도구를 통해 실현되는 것이 아니다. 욕망은 개체 안에 담겨져 있지 않고 기계로서 작용하며 무엇인가를 생산하며 나타날 뿐이다.767) 인간의 본질 자체가 그렇다는 것이다.

　그러므로 기계는 각각 움직인다. 그 자체는 목적이나 절차나 지향이 없다. 그냥 생산 자체 욕망자체만 있다. 그래서 인간은 욕망하는 기계다. 결국 들뢰즈는 인간을 단위화하지 않고 다 해체해 버린다. 입 귀 팔 다리 모든 신체의 각 부분들은 스스로 욕망하는 기계다. 이런 개념은 헤겔식의 유기체적인 개념을 거부한다. 개체 개체만의 욕망이지 결핍으로 생성된 욕망이 아니다. 그야말로 욕망의 욕망이고 생산의 생산이다. 마치 샘물처럼 그 자체가 생동으로서 존재 그 자체가 스스로 드러내는 욕망이다. 외부의 어떤 저항과 억압에도 굴하지 않고 욕망이 이끄는 대로 살아간다. 왜냐하면 가정과 국가를 코드화 하려고 하기 때문이다. 길들이기 위해 홈을 판다. 거기에 맞추어서 살아야 유능하고 질서 있고 도덕적인 인간인 거처럼 말한다. 들뢰즈는 그것을 왜곡된 것이라고 말한다.768)

　그런 왜곡은 국가와 가부장적 가정에서만이 나타나는 것이 아니다. 그 극치는

---

766) 「들뢰즈-가타리 철학에 대한 이종영의 비판」, 극장을 공장으로 대체하여 욕망하는 기계에게 '생산'의 역할을 되돌려준 들뢰즈와 가타리는 결여로서의 욕망 개념을 비판한다. 하지만 욕망을 결여로 설정하는 것은 거창한 존재론적 테제가 아니며, 단지 현실의 현상들을 보다 정합적으로 설명하기 위한 과학적 노동의 일환일 뿐이다. 인간의 많은 욕망들이 그 배경에 일종의 결여를 설정해야만 보다 정합적으로 설명되기 때문이다. 들뢰즈와 가타리는 또 "결여는 사회적 생산 속에서 조정되고 조직된다"고 주장한다(앙티, p. 51). 하지만 욕망을 결여로 보는 시각에서도 당연히 그러한 주장을 받아들인다. 물론 결여가 순전히 사회적으로 조직되는 것으로 볼 수도 있고, 근원적 결여가 사회적으로 재생산되는 것으로 볼 수도 있다. 이 경우 우리는 설명적 적합성에 따라 어느 한 입장을 선택하면 된다. 또 근원적 결여를 탄생과 더불어 발생하는 것으로 볼 수도 있고 오이디푸스 삼각형 속에서 발생하는 것으로 볼 수도 있는데, 이 후자의 입장에서 결여는 사회적으로 조직되는 것이다. 오이디푸스는 사회적인 것이기 때문이다. 들뢰즈와 가타리의 욕망하는 기계는 공장에서 무얼 생산하는 것일까? 표상과 주체성을 결여한 욕망하는 기계는 맹목적이다. 들뢰즈와 가타리는 생산의 생산, 소비의 생산, 등록의 생산을 말하지만(앙티, p. 68), 도대체 생산의 생산이란 무엇일까? 또 소비를 생산한다니? 그렇다면 인간 동물의 모든 동물적 움직임 전체가 생산일 것이다. 인간 동물의 모든 동물적 움직임을 생산해내는 들뢰즈 가타리적 의미의 욕망은 일종의 존재론적 힘, 동물적 힘에 불과하다. 엄격한 의미의 욕망이 아니다.
767) http://www.nomadist.org/xe/seminar/415939/ 들뢰즈/가타리에게 기계는 다른 것과 접속하여 어떤 흐름을 절단하고 채취하는 방식을 작동하는 모든 것을 뜻한다. 욕망은 기계를 통해서 작동할 뿐이다. 입은 음식과 접속하여 영양분의 흐름을 절단 채취 하면서 '먹는-기계'가 되기도 하고, 다른 입과 접속하여 리비도의 흐름을 절단 채취 하면서 '키스-기계'가 되기도 한다. 이렇게 먹고자 하는 욕망과, 키스하고자 하는 욕망은 기계로서 작동하면서 존재한다. 그래서 『안티 오이디푸스』에서는 기계를 '욕망하는 기계'로 부르기도 한다.
768) http://www.youtube.com/watch?v=hdc85_OQuOU/

자본주의다. 마치 자본주의는 마음대로 자유롭게 행동하고 사는 것처럼 보이지만, 자본주의는 모든 욕망을 돈이라는 화폐가치로 환산해서 물질적 욕망으로 환원시키는 획일적인 욕망으로 다 끌고 간다. 획일적인 단일한 욕망의 노예가 되어서 상품의 메카니즘에 뛰어들어서 쫓아가는 굴종적인 삶이 된다는 것이다. 이것이 자본주의의 교묘함이다. 들뢰즈는 자본주의도 프로이트의 오이디푸스적 욕망이 표현된 억압적인 것이라 신랄하게 비판한다.769)

그러면 어떻게 해야 하나? 그렇게 억압이 순응화 되는 코드화 된 욕망이 아니라, 생성의 욕망론으로 가야 한다고 말한다. 코드화된 질서화된 것에서 벗어나야 된다. 무엇으로부터 벗어나려는 것이 아니라, 원래부터 그렇게 벗어나려고 하는 것이 인간이라는 존재라고 말하며 그런 삶의 양식을 '탈영토화', '탈주'라 했다. 들뢰즈에게 탈주는 존재의 본질이다. 야생의 동물들이 가만히 있지 않고 늘 움직이듯이 탈주해야 한다. 욕망하는 대로 달리고 달리는 인간, 철저하게 욕망 그 자체에 이끌려서 욕망의 자유를 누리는 인간이다.770) 하나의 기준을 세워 억압하고 줄 세우기를 하지 마라는 것이다. 특정한 방식이나 삶의 가치관에 얽매이지 않고 끊임없이 새로운 자아를 찾아가라는 노마디즘(Nomadism)이다. 그러기 위해서는 차별이 아니라 차이를 인정해야 한다고 말한다. 문제는 무엇인가? '그렇게 들뢰즈의 말대로 살아가는 데, 왜 인생이 허탈해지는가?'하는 것이다. 결국 인간은 맹목적 도약을 감행한다. 성도된 우리는 어떻게 살아가야 하는가?

1) 우리는 하나님께서 그분의 은혜로 말미암아 우리가 범사에 그분의 뜻을 즐겨 알고771)

우리는 먼저 하나님의 뜻을 알도록 하나님의 은혜를 구해야 한다. 우리의 삶은 인과율에 속한 것이든 비인과율에 속한 것이든지 간에 하나님의 뜻대로 살아가기를 즐거워하는 자들이기 때문이다. 그렇게 즐거이 알아야 할 하나님의 뜻이란 무엇인가? 그것은 언약의 회복이다. 하나님 없이 언약 밖에서 자기가 주인이 되어 살아가던 죄인들이 성령님의 역사로 말미암아 회개하고 돌아와서 하나님과

---

769) 같은 사이트에서.
770) 같은 사이트에서.
771) 하이델베르크 교리문답 제124문: 세번째 청원은 무엇입니까? 답: "당신의 뜻이 하늘에서와 같이, 땅에서도 이루어지게 하소서"란 것입니다. 곧 이 청원은 "우리와 모든 사람들이 자신의 뜻을 부정하고, 어떤 불평도 없이 하나님의 뜻 순종하게 해주소서. 왜냐하면 당신의 뜻만이 선하기 때문입니다." "모든 사람들이 자신의 직분과 소명을 하늘의 천사들처럼 자발적이며 신실하게 감당할 수 있게 해 주소서"라고 구하는 것입니다.

의 언약을 회복하는 것이다. 그 놀라운 회복의 역사는 이미 성경에 기록되어 있다.

그것이 우리의 삶과 무슨 관계가 있는가? 구원론이 삶을 지배하고 언약론이 삶을 지배하기 때문이다. 하나님께서는 자기 백성을 구원하시고 언약하시어 언약하신 대로 거룩한 삶을 살아가게 하신다. 성령 하나님께서는 믿음으로 그리스도를 닮아가는 삶에도 역사하신다. 존 오웬은 성도의 거룩함을 온전히 이루기 위하여 성령님의 역사와 '죄 죽임'에 대하여 다음과 같이 말했다.

> 두 번째 질문은 "죄 죽이는 일이 오직 성령의 사역이라면, 왜 우리에게 죄를 죽이라고 권면하는가?"입니다. 다시 말해, 오직 하나님의 영이 죄를 죽이도록 전적으로 맡겨야 하지 않느냐는 것입니다. 이에 대해서는 다음과 같은 대답이 가능합니다.
> (1) 우리 안에 있는 모든 은혜와 선한 역사가 성령의 일이시기 때문이다.
> 당연히 우리 안에 있는 모든 은혜와 선한 역사는 성령의 일로서, 죄를 죽이는 일 역시 그분의 일입니다. 성령은 "자기의 기쁘신 뜻을 위하여 우리에게 소원을 두고 행하게 하십니다"(빌 2:13). 성경은 "우리의 모든 일을 우리 안에서" 행하십니다(사 26:12). 성령은 능력으로 믿음의 역사를 이루십니다(살후 1:11; 골 2:12). 또 성령은 우리로 하여금 기도하게 하실 뿐만 아니라 친히 기도하시는 "간구의 영"입니다(롬 8:26; 슥 12:10). 그러나 그럼에도 불구하고 우리는 이 모든 일을 하도록 권면 받고, 권면 받아야 합니다.
>
> (2) 순종의 행위는 우리가 해야 할 일이기 때문이다.
> 성령은 우리 안에서 죄를 죽이는 일을 하시지만, 우리의 순종 행위까지 전담해서 하시는 것은 아닙니다. 성령은 우리 안에서 우리를 위해 일하시지만, 우리가 일하도록 기회를 드릴 때 그렇게 하십니다. 즉 성령은 우리의 자유와 자유로운 순종을 침해하지 않고 일하십니다. 성령은 우리의 이성, 의지, 양심, 감정에 역사하시되, 이 요소들이 갖고 있는 고유의 성격에 입각해서 역사하십니다. 성령은 우리 안에서 우리와 함께 일하시는 분이지, 우리에 반해서 또는 우리와 상관없이 일하시는 분이 아닙니다. 따라서 성령의 도우심은 우리가 죄 죽이는 일을 잘 하도록 격려하는 데 있기 때문에 우리가 죄 죽이는 일에서 손을 떼고 게으름을 피워도 될 여지는 전혀 없습니다. …772)

존 오웬도 말했듯이, 성령님께서는 성도로 하여금 기도하게 하시고 순종하게 하시고 죄를 죽이는 일을 하시지만 성령님께서는 우리의 자유의지를 침해하지 않으신다. 이 말은 우리의 순종은 인격적인 항복에서 우러나는 즐거운 순종이라는 뜻이다. 우리는 억지로 하나님의 뜻에 순종하는 것이 아니다. 거기에는 억압이 없다!

거듭난 성도는 하나님의 뜻대로 살아가는 사람들이다. 하나님의 뜻대로 살아가는 것은 코드화가 아니다. 코드화는 획일화로 가기 위해 억압과 검열이 있다. 그러나 하나님께서는 우리의 인격으로 항복하게 하시고 언약에 신실한 삶을 살

---

772) 존 오웬, 죄죽임, 김귀탁 역 (서울: 부흥과개혁사, 2009), 63-64.

게 하신다. 그것은 예수 그리스도의 십자가 구원으로 말미암아 인간의 정체성을 알게 되었기 때문에 나타나는 삶이다. 복음으로 아니하면 인간 본래의 모습을 알 수가 없다. 성령님께서 우리 안에 역사하지 않으면 우리가 죄로 인해 죽은 자들이라는 것을 모른다. 그 죽은 자를 살려내시는 것은 오로지 하나님의 은혜다! 그러므로 성도는 그 하나님의 은혜를 더 알기 원하여 하나님의 뜻을 더 알아가야 한다.

하나님의 뜻을 알기 위하여 신비한 방법을 동원하거나 특별한 곳에 갈 필요가 없다. 하나님의 뜻은 하나님의 말씀 속에 있다.

> 내 눈을 열어서 주의 법의 기이한 것을 보게 하소서(시 119:18)

오늘날 많은 성도들이 신비주의 영성에 오염이 되어서 '하나님의 음성 듣기'에 열광하고 있다. 그들은 사소한 일도 하나님의 지시하심을 받아야 한다고 말한다. 과연 그런가? '하나님, 아침을 먹을까요? 말까요?' 이렇게 기도할 필요가 있는가? 성경은 무엇이라 말할까?

> 그런즉 너희가 먹든지 마시든지 무엇을 하든지 다 하나님의 영광을 위하여 하라(고전 10:31)

먹든지 마시든지 무엇을 하든지 우리가 하는 것이 하나님의 영광에 합당하다면 그대로 행하면 되는 것이다. 그러므로 우리가 기도해야 할 것은 다음과 같다.

> 17 우리 주 예수 그리스도의 하나님, 영광의 아버지께서 지혜와 계시의 정신을 너희에게 주사 하나님을 알게 하시고 18 너희 마음 눈을 밝히사 그의 부르심의 소망이 무엇이며 성도 안에서 그 기업의 영광의 풍성이 무엇이며 19 그의 힘의 강력으로 역사하심을 따라 믿는 우리에게 베푸신 능력의 지극히 크심이 어떤 것을 너희로 알게 하시기를 구하노라(엡 1:17-19)

구원받은 성도는 삶의 목적과 내용이 달라진다. 왜냐하면 허물과 죄로 죽었던 자리에서 살리심을 받았기 때문이다. 그 구원은 창세 전에 예비하신 것이다. 성도가 알아가야 하는 것은 이 세상의 것들이 아니다. 기도는 하나님을 더 알아가고 그 성품을 닮아가고 하나님께서 기뻐하시는 뜻이 무엇인지 거기에 맞추어져 가는 것이다.

우리 하나님은 목석이 아니시다. 우리의 기도를 들으시는 인격적이신 분이시다. 그런 분에게 기도를 한다는 것은 우리가 지금 여기가 다 끝이 아니며 오늘의 실패가 실패로 끝나지 않고 하나님을 알아가며 배워가는 과정이라는 뜻이다.

성도는 저 하나님의 나라, 그 영광된 자리에 가는 시작을 한 사람들이다. 그곳에 그냥 가만히 자다가 가는 것이 아니다. 더 많이 자라나야 한다. 그러기 위해서는 더 하나님을 알아가야 한다. 어떻게 이 어려운 세상 속에서 하나님 한 분만으로 만족하고 살아가느냐? 그 싸움을 해야 한다. 그 싸움은 거룩과 경건에 관한 일이라는 것을 잊지 말아야 한다.

잘 먹고 잘 살자는 것으로 예수님을 믿은 것이라면 번지수를 잘못 찾은 것이다. 이 세상과 이 세상 사람들로부터 박수 받으려고 사는 것이 아니라 하나님으로부터 인정받으려고 달려가는 것이다. 하나님의 나라에 가서 받을 그 영광스러운 것에 비하면 이 세상의 것들은 정말 아무것도 아니다. 그것을 눈으로 확인할 때까지 믿음을 지켜가는 일에 죽도록 충성하며 살아가야 한다.

우리가 하나님의 뜻대로(according to God'will) 사는 것과 막무가내로(willy-nilly) 사는 것은 매우 다른 것이다. 막무가내라는 말은 어떤 목적이나 원리가 없이 혼란스럽고 비합리적이라는 것이다. 이에 반해 하나님의 뜻은 불변하다. 왜냐하면 하나님의 뜻은 영원하고 가장 지혜롭고 의로운 경륜에 기초하고 있기 때문이다.[773] 하나님의 계획이 불변하지 않기 때문에 성도는 안정감을 누리고 하나님의 계획하신 목적대로 살아갈 수가 있다. 어떤 지도자의 계획이 오늘은 이랬다 내일은 저랬다 하면 그 계획을 따라가는 사람들은 불안한 삶을 살아가게 된다. 왜냐하면 지도자가 막무가내로 살아가기 때문이다.

더욱 중요한 것은 하나님의 계획은 신비로운 어떤 것이 아니라 명확하다는 사실이다.

> 11 내가 오늘날 네게 명한 이 명령은 네게 어려운 것도 아니요 먼 것도 아니라 12 하늘에 있는 것이 아니니 네가 이르기를 누가 우리를 위하여 하늘에 올라가서 그 명령을 우리에게로 가지고 와서 우리에게 들려 행하게 할꼬 할 것이 아니요 13 이것이 바다 밖에 있는 것이 아니니 네가 이르기를 누가 우리를 위하여 바다를 건너가서 그 명령을 우리에게로 가지고 와서 우리에게 들려 행하게 할꼬 할 것도 아니라 14 오직 그 말씀이 네게 심히 가까와서 네 입에 있으며 네 마음에 있은즉 네가 이를 행할 수 있느니라(신 30:11-14)

하나님의 뜻을 알기 위하여 관상기도를 할 필요가 없다. 하나님의 뜻은 어떤

---

[773] R. C. 스프로울, 웨스트민스터신앙고백해설, 이상웅·김찬영 역 (서울: 부흥과개혁사, 2011), 79.

특별한 능력을 받은 사람들만의 전유물이 아니다. 하나님의 뜻은 '제2의 축복'을 받은 사람들만 알 수 있는 특별한 지식이 아니다. 하나님의 기록된 말씀인 성경에 분명하고 확실하게 나타나 있다. 그러므로 예수 그리스도의 피로 거듭난 성도라면 누구나 하나님의 뜻대로 살아갈 수가 있다.

> 너희 안에서 행하시는 이는 하나님이시니 자기의 기쁘신 뜻을 위하여 너희로 소원을 두고 행하게 하시나니(빌 2:13)

사도 바울은 그리스도 예수의 마음을 품으라고 했다(5절). 그 마음으로 사람들을 대하고 그 사람으로 하여금 인격적인 항복을 받아내는 성도가 되어야 한다. 내가 내 할 소리 다하면서 내가 챙길 몫을 다 챙겨가면서 사람들로부터 그런 항복을 받아낼 수 없다. 예수님께서 "자기를 비어 종의 형체를 가져 사람들과 같이 되"신 것처럼 해야 한다. 하나님께서 성도 된 우리 마음에 역사하시는 것은 무슨 신비로운 능력을 주어서 이웃을 압도하는 것이 아니다. 자기 체험으로, '내가 너보다 못난 것이 뭐 있냐?'는 눈으로 쳐다보고 무시하는 사람 옆에 붙어 있을 사람은 아무도 없다.

2) 순종하고, 복종할 수 있기를

새언약의 백성들이 하나님의 말씀에 순종하며 살아가는 것과 세상 사람들이 살아가는 것과 무슨 차이가 있는가? 강신주 교수가 말하는 공자와 장자의 철학적 관점에서 살펴보자.[774]

공자는 춘추시대의 난국을 타개하기 위해 '예'(禮)의 회복을 주장했다. 천하가 혼란에 빠진 것은 전통적인 행위규범인 예에서 벗어났기 때문이라 생각했기 때문이다. 그러나 그 예라는 것은 지배층인 귀족들의 위계질서를 지키고 통치계급의 내부 분열을 막기 위한 것이었고, 평민을 포함한 피지배층의 통치수단은 예가 아닌 형벌이었다. 그것을 『예기』에서 "예는 서만들에게까지 적용되지 않고 형벌은 귀족들에게 적용되지 않는다"고 말한다. 이것은 주나라의 지배층인 귀족들은 하나의 거대한 가족질서였기 때문에 가능했다. 예를 어긴 귀족이 형벌을 받아도 그것은 수치심을 주는 정신적 형벌로 끝났다.

공자는 이런 가족질서 속에서 예를 회복한다면 모든 문제가 해결되리라고 보았다. 예로써 통치하기 위해 통치자는 엄격한 자기 수양과 실천이 선행되어야

---

[774] 강신주, 공자&맹자 유학의 변신은 무죄 (파주: 김영사, 2013), 24-60.

한다. 통치자가 먼저 그렇게 살아갈 때에 백성들은 자신의 행동에 대한 수치심을 느끼게 되어 통치자의 말을 따르게 된다고 말했다. 통치자의 모범이 없으면 피통치자의 복종은 일어나지 않게 된다. 통치자는 피통치자의 자발적 복종을 끌어내기 위해서 예를 실천하는 것이다. 그것이 과연 가능할까?

공자 사상의 핵심은 예와 인이다. 공자와 그 수제자인 안연 사이의 대화에 나오는 '극기복례'라는 말은 '자신을 이겨 예를 회복한다'는 뜻이다. 인간이 스스로 자기 욕망을 절제하여 예에 따라 행동한다는 것으로, 인(仁)한 사람이란 예를 내면화하여 그것을 실천한 사람이다. 프로이트적으로 하자면, 인간이 예를 학습하여 자기 내면에 하나의 초자아가 생겨난 것이다. 그렇게 된 사람이 군자다. 그러나 예가 군자라 불리는 주체 자신은 아니다.

강신주 교수가 주목하고 우려하는 것은 무엇인가?

> '자신을 이겨 예를 회복해서' 군자가 되자마자 우리는 피고인과 재판관이라는 자기분열에 빠지게 된다. 공자가 이상적인 인격이라고 주장하는 군자는 모든 것에 당당하며 일체의 두려움이 없는 존재처럼 보인다. 하지만 우리는 잊어서는 안 된다. 군자는 자신 안에 있는 재판관을 지극히 두려워하기 때문에 자기 밖에 존재하는 다른 어떤 것에 대해서도 두려워할 여유가 없다는 점을.775)

성경적인 의미로 말하자면, '자기 의'로 충만한 사람이다. 그것은 율법적인 의를 자기 안에 다 이룬 것처럼 자만하고 교만한 사람이다. 강신주 교수는 이런 자기반성이 결국은 행동과 사고의 기준이 자기 자신이 되어 자기 식대로 타인과 일방적으로 관계를 맺는 '유아론'(唯我論, Solipsism)을 낳는다고 우려한다. 자신의 문명체계를 다른 사람에게 강요하는 폭력이 발생하기 때문이다.

나아가 공자의 행위원리인 '서'(恕)에 숨어 있는 타인에 대한 폭력의 가능성을 지적한다. 『논어』의 「위령공」 편에서 공자는 "평생의 지침이 될 만한 한 말씀이 있겠습니까?"라는 자공의 물음에, "서(恕)일 것이다. 자신이 원하지 않는 것을 남에게도 행하지 말라!"고 대답했다. 여기서 "자신이 원하지 않는 것"이란 예에 의해서 자기 자신을 검열하고 심판하는 것을 말한다. 수많은 자기 수양의 과정을 거쳐서 극기복례가 되지 않은 상태에서는 남에게도 행하지 말라는 것이다. 그래서 예가 아니면 행하지 말라는 것이다.

이런 공자의 서(恕) 원리는 사회구성원의 대다수를 차지하는 소인과 여자에게는 적용되지 않았다. 그것이 적용되지 않는다는 것은 폭력성으로 작용했다는 것

---

775) 강신주, 공자&맹자 유학의 변신은 무죄 (파주: 김영사, 2013), 48.

이다. 왜냐하면 예라는 행위규범은 원천적으로 지배계층의 원리였기 때문이다.

강신주 교수는 예의 폭력성을 폭로한 사람이 장자(莊子, BC 365?-270?)라고 보았다. 그것은 『장자』의 「지락」(至樂)편에 나온다.

> 너는 들어보지 못했느냐? 옛날 바닷새가 노나라 서울 밖에 날아와 앉았다. 노나라 임금은 이 새를 친히 종묘 안으로 데리고 와 술을 권하고, 구소의 음악을 연주해 주고, 소와 대지, 양을 잡아 대접했다. 그러나 새는 어리둥절해하고 슬퍼할 뿐, 고기 한 점 먹지 않고 술도 한 잔 마시지 않은 채 사흘 만에 죽어버리고 말았다. 이것은 '자기와 같은 사람을 기르는 방법으로 새를 기른 것이지, '새를 기르는 방법으로 새를 기른 것이 아니다.

장자는 노나라 임금이 바닷새를 위한다고 행한 것들이 오히려 폭력의 메커니즘이라고 말한 것이다. 특히 임금이라 함은 지배계층의 최상위에 군림하고 대표하는 것만이 아니라 예가 최고의 자리에 도달한 자라고 할 수 있다. 그렇게 예를 따라 행동할지라도 그 결과는 타인에 대한 폭력으로 나타나고 타인을 죽이는 결과가 되었다.

그러면 새언약의 성도들은 어떠한가? 성도의 행동규범은 단순한 사회규범이 아니다. 인간이 합의를 거쳐 만들어 낸 법조문이 아니다. 성경은 하나님의 계시다. 칼 바르트처럼 실존적 결단에 의하여 하나님의 말씀이 되어지는 것이 아니라 성경 전체가 하나님의 말씀이다. 인문학을 말하는 사람들은 하나님의 계시를 배타적이고 폭력적이라 한다. 타인에게 강요로 나타나기 때문이다.

인문학을 말하고 철학적으로 사고한다는 사람들은 성령 하나님의 역사에 대하여 모른다. 인간이 하나님의 뜻을 따라 살아가는 것은 극기복례가 아니라 성령님의 역사로 거듭났기 때문이다. 성령님의 역사와 극기복례의 차이는 설명될 수 있는 것이 아니다. 니그렌의 표현대로 하자면 아가페와 에로스의 차이다.[776]

성도들도 성령님의 역사로 예수 그리스도를 구주로 믿기 이전에는 세상 사람들과 동일하게 살았다. 동일하게 살았다는 것은 인간이 기준이 되어서 살아가는 삶이었다. 그러나 사도 바울의 말 대로, "홀연히"(행 22:6) 일어나는 역사에 대하여 세상은 모른다. 인간으로서는 알 수가 없다. 예수님께서는 이렇게 말씀하셨다.

---

[776] 안더스 니그렌, 아가페와 에로스, 고구경 역, 크리스챤다이제스트, 2013.

> 바람이 임의로 불매 네가 그 소리를 들어도 어디서 오며 어디로 가는지 알지 못하나니 성령으로 난 사람은 다 이러하니라(요 3:8)

성령님으로 거듭나는 것은 사람으로서는 알지 못한다. 왜 누구는 거듭나게 하시고 왜 누구는 그렇지 않는지 헤아릴 수가 없다. 그것은 전적으로 하나님의 작정 속에 있기 때문이다.

새언약의 백성들은 그 언약의 말씀에 자원하여 순종하며 하나님을 기쁘시게 하는 사람들이다. 하나님의 뜻은 이 세상을 변화시켜서 구원하는 것이 아니다. 성령님의 역사로 거듭난 자들은 하나님께서 원하시는 것에 참여하는 자들이다. 그 일은 죄인들을 구원하는 일이요 그 일을 위해 복음을 증거하는 두 증인의 삶을 살아가는 것이다.[777] 두 증인의 삶은 첫째 언약에 신실한 삶으로 나타나야 하며, 또한 그 복음을 세상에 선포하는 일이 있어야 한다. 그리하여 사람들이 예수 그리스도를 구주로 믿고 하나님께 돌아오는 일이 일어나게 된다. 성도는 그 일을 위해서 기도해야 한다. 왜 우리는 기도해야만 하는가? 사람의 영혼을 거듭나게 하는 것은 우리의 애씀의 결과로 나타나는 것이 아니기 때문이다. 그것은 전적으로 성령 하나님의 역사다.

성도된 우리의 삶은 이 구원의 역사에 동참하는 현장이다. 그 현장이 언제나 하나님의 뜻대로 이루어지도록 기도해야 한다. 거듭난 성도라도 여전히 그 뜻대로 살아가기에는 부족하고 약하며 죄악을 범하고 살아가는 존재다. 또한 세상권세 잡은 사탄과 그 대행자들은 더욱 성도들을 힘들게 한다.

예수님께서는 겟세마네 동산에서 십자가의 죽음을 앞두고 기도하셨다. 그 기도가 얼마나 힘들고 어려운 일이었는지, 땀이 핏방울 같이 되어서 땅에 떨어질 정도였다. 그러면서도 예수님께서는 끝까지 하나님 아버지의 뜻대로 되어지기를 기도하셨다.

> 조금 나아가사 얼굴을 땅에 대시고 엎드려 기도하여 가라사대 내 아버지여 만일 할 만하시거든 이 잔을 내게서 지나가게 하옵소서 그러나 나의 원대로 마옵시고 아버지의 원대로 하옵소서 하시고(마 26:39)
> 다시 두 번째 나아가 기도하여 가라사대 내 아버지여 만일 내가 마시지 않고는 이 잔이 내게서 지나갈 수 없거든 아버지의 원대로 되기를 원하나이다 하시고(마 26:42)

---

[777] 내가 나의 두 증인에게 권세를 주리니 저희가 굵은 베옷을 입고 일천 이백 육십 일을 예언하리라(계 11:3)

예수님께서는 하나님의 뜻을 이루시는 것이 너무나도 고통스러운 일이셨으나 아버지의 뜻을 따라 순종하셨다. 사탄은 쉬운 길로 가도록 유혹했다. 돌을 떡으로 만들고 성전 꼭대기에서 뛰어 내리고 한 번 절하면 되는 것이었다. 그것은 십자가를 굳이 지고 가지 않아도 되는 길이었다. 예수님의 능력으로 얼마든지 쉽게 이룰 수 있는 길이었다.

그러나 예수님께서는 그렇게 하시지 않으셨다. 예수님께서는 십자가를 지시고 죽으시는 길로 가셨다. 그 십자가의 피흘림으로 죄인들의 죄를 사하실 수 있으시기 때문이다. 그 길은 너무나도 어려운 길이었다. 겟세마네 동산에서 "고민하고 슬퍼하"셨다(마 26:38). 얼마나 간절히 기도하셨는지, 땀이 핏방울 같이 되었다.[778] 그것이 아버지의 뜻에 따라 순종하시는 길이었기 때문이다.

사도 바울은 굳이 예루살렘으로 가고자 했다.

> 저가 권함을 받지 아니하므로 우리가 주의 뜻대로 이루어지이다 하고 그쳤노라(행 21:14)

사도 바울의 마음은 주님께서 환상을 통해 보여 주신 선교를 위해 결박과 환난이 기다리는 예루살렘에 올라가려는 그 마음을 포기하지 않았다. 그것은 주님의 뜻에 순종하려는 사도 바울의 간절한 소원이었다.

하나님의 나라가 임하게 되면 그 결과로 하나님의 뜻이 실제로 이루어지게 된다. 저 에덴동산에서 하나님의 왕 됨을 저버리고 언약을 깨트리고 배반한 그 자리에서 돌이켜 하나님의 새언약 안으로 들어오게 된다. 그래서 다시 하나님께서 왕이 되심을 마음 깊이 찬양하며 영광을 돌리게 된다.

그것은 단지 모두가 서서 찬양만 부른다는 뜻이 아니다. 옛언약 하에서나 새언약 하에서나 하나님의 왕 되심은 그 말씀에 복종할 때에 하나님께서 찬양을 받으신다.

3) 하늘에서 천사들이 하듯이 하게 해 달라고 기도합니다

신복음주의자, 관상가, 뉴에이지 신비주의자로 유명한 유진 피터슨은 『메시지』라는 책으로 사람들을 미혹하고 있다. 성경은 원래 구약과 신약이다. 옛언약과 새언약을 말한다. 철저히 언약에 기초한다. 그러나 이런 언약을 없애버리고 메시지라고 말한 것은 그가 얼마나 영지주의적인지 증거한다. 영지주의는 인간

---

[778] 예수께서 힘쓰고 애써 더욱 간절히 기도하시니 땀이 땅에 떨어지는 핏방울 같이 되더라(눅 22:44)

의 내면에 신성함이 있다고 믿으며, 그 신성함을 깨닫게 해주는 것은 메신저, 곧 '빛의 사자'(messenger) 또는 '승천한 지혜의 마스터'(master)들이 인간 속에 있는 내면의 불꽃인 신성을 깨닫게 한다. 그것이 바로 '영지'다. 영지주의자들에게 예수 그리스도는 '메신저'이고 그가 한 말이 '메시지'다.

제53문에서 말했듯이, 『메시지』에서는 주님을 뜻하는 'Lord' 대신에 '마스터'(Master)를 쓰고 있다. '마스터'는 영지주의와 뉴에이지에서 말하는 '빛의 사자' 즉 '승천대사'(Ascended Master)를 뜻하는 '영적인 안내자'다. 예를 들어, 유진 피터슨은 마태복음 22장 43절을 다음과 같이 번역했다.

> 가라사대 그러면 다윗이 성령에 감동하여 어찌 그리스도를 주라 칭하여 말하되(마 22:43, 개역) 예수께서 되받으셨다. "그리스도가 다윗의 자손이라면, 다윗이 영감을 받아서 그리스도를 자신의 '주님'이라고 부른 사실을 너희는 어떻게 설명하겠느냐?(메시지 한글판)
> Jesus replied, "Well, if the Christ is David's son, how do you explain that David, under inspiration, named Christ his 'Master'?"(메시지 영문판)

이렇게 예수님을 마스터로 격하시키고 있는 데도 불구하고 교회에서 마치 성경처럼 읽고 있다. 자신들이 얼마나 영지주의자들이 되어 가고 있는 줄을 모른다.

특히 주기도문의 셋째 기원인 "하늘에서 이루어진 것 같이 땅에서도 이루어지이다"를 오컬트 용어인 "위에서와 같이 아래에서도"(As above, so below)로 번역했다. 이 용어는 헤르메스 오컬트의 시조인 '트리스메기스투스'가 사용한 것으로, 그 뜻은 "대우주와 소우주의 구조가 똑같이 닮아서 하나(One Thing)의 비밀을 이루고 있다"는 뜻이다.779) 이것은 헤르메스주의의 7가지 원칙에서 두 번째에 해당하는 '대응의 원칙'을 말한다. 이것을 '헤르메스의 금언'이라 한다. 이 원칙은 존재와 생명이 다양한 수준에서 나타나는 여러 가지의 법칙과 현상 간에는 언제나 대응이 존재한다는 진리를 구체적으로 나타낸다. 이것이 바로 칼 융의 심리학에 나타나는 '대극의 원리'이며, 동양에서 말하는 음양의 원리다.

로날드 밀라는 "하나님과의 본질적 합일을 깨달을 때 두 세계는 바로 하나로 보인다는 의미이다. … 일자와 다자, 시간과 영원은 모두 하나이다."라고 했는데, 이런 대극의 원리가 현실에서 어떻게 나타나고 있는가? 그것은 칼 융의 심리학이 반영 된 'MBTI 심리검사'에서 나타난다. 거기에는 '외향성과 내향성'이라는

---

779) http://blog.naver.com/yoochinw/130023659097

말이 자연스럽게 사용된다. 과연 그것이 옳은가? 사람들을 그렇게 외향성 내향성으로 구분할 수 있는가? 사람은 그렇게 나눌 수 없다. 사람은 너무나 심묘막측하게 지으졌으며, 너무나 놀라운 존재이기 때문이다.

중요한 것은 그런 대극의 개념이 어디까지 가는가? 하는 것이다. 칼 융은 하나님을 성경에서 말하는 삼위일체 하나님을 버리고, 사위일체 하나님이라 했다. 전통적인 삼위일체는 성부 하나님, 성자 하나님, 성령 하나님이시다. 그러나 칼 융의 사위일체는 성부 하나님, 성자 하나님, 성령 하나님, 사탄 하나님이다! 이렇게 신성모독을 저지르는 것이 칼 융의 심리학이다. 그래도 심리학을 단순한 학문이라고 말할 것인가? 이런 칼 융의 심리학을 모르면 유진 피터슨의 『메시지』는 결코 이해하지 못한다.

지금 당장 『메시지』를 던져 버리라! 그렇지 않으면 당신이 말하는 예수님은 영지주의의 메신저요 영적인 안내자인 위대한 마스터에 불과하며, 당신이 예수님을 믿는다고 말하나 실제로는 내면의 불꽃을 충만하게 해서 신인합일을 꿈꾸는 영지주의자에 불과하다는 것을 명심해야 한다!

그러면 성경은 무엇이라고 말하는가?

> 20 능력이 있어 여호와의 말씀을 이루며 그 말씀의 소리를 듣는 너희 천사여 여호와를 송축하라 21 여호와를 봉사하여 그 뜻을 행하는 너희 모든 천군이여 여호와를 송축하라(시 103:20-21)

교리문답에서는 "하늘에서 천사들이 행하는 것처럼"이라고 했는가?
히브리서 1장 14절을 보면 천사들의 역할을 말해 준다.

> 모든 천사들은 부리는 영으로서 구원 얻을 후사들을 위하여 섬기라고 보내심이 아니뇨(히 1:14)

여기서 '구원 얻을 후사들'이란 구원받은 하나님의 백성들을 말한다. 천사들은 '영적인 안내자'가 아니라 하나님의 백성들을 섬기라고 보낸 자들이라고 가르친다. 이것은 하나님께서 자기 백성들을 구원하시는 일에 천사를 사용하신다. 우리는 천사들에 대해서 정확하게 알 수가 없다. 시 103편 20-22절에서 천사들은 여호와의 소리를 듣고 능력이 있어 여호와의 말씀을 이루는 자들이라고 한다.[780] 그들은 여호와 하나님의 말씀을 듣고 그 뜻을 이해하며 그 말씀을 성취

---

780) 능력이 있어 여호와의 말씀을 이루며 그 말씀의 소리를 듣는 너희 천사여 여호와를 송축하라 여호와를 봉사하여

하는 자들이다. 왜 그 천사들은 하나님의 말씀에 그렇게 순종하는가? 그들은 하나님의 뜻이 가장 선하며 가장 옳다는 것을 알기 때문이다.

그와 같이 하나님의 나라는 하나님의 백성들이 하나님의 뜻을 순종하고 복종할 때 하나님의 뜻이 이루어진다. 구원의 은혜를 알고 그 언약의 말씀에 깊이 항복될 때에 하나님의 뜻에 순종할 수 있다. 하나님의 나라는 기계적으로 강압적으로 이루어지는 나라가 아니라 하나님의 뜻을 알며 그 말씀에 항복이 이루어져서 순종함으로 실현되는 나라이다.

그래서 소교리문답에는, "그의 뜻을 기꺼이 알고, 순종하며, 복종하기를"(willing to know, obey and submit to his will)이라고 답했다. 놀라운 것은, "하나님이 그의 은혜로 말미암아" 그렇게 하신다는 사실이다. 하나님께서 알게 해 주시지 아니하시면 아무도 하나님의 뜻을 알 수도 없으며 행할 수도 없다. 하나님께서 하나님의 뜻을 알게 하신다는 것은 다만 어떤 지식을 깨닫게 하시는 것만이 아니다. 하나님의 뜻을 알게 될 때 인격적인 항복이 일어나게 하신다.

이 교리문답에서 사실 우리의 마음에 걸리게 하는 것 중에 하나가 바로, "범사에"(in all things)라는 말이다. 범사에 하나님의 뜻을 알고 순종하게 해 달라고 기도하는 성도가 되어야 한다.

그 뜻을 행하는 너희 모든 천군이여 여호와를 송축하라 여호와의 지으심을 받고 그 다스리시는 모든 곳에 있는 너희여 여호와를 송축하라 내 영혼아 여호와를 송축하라(시 103:20-22)

제104문 넷째 기원에서 우리는 무엇을 위하여 기도합니까? (대193)
답: "오늘날 우리에게 일용할 양식을 주시옵고"라는 넷째 기원에서 우리는 하나님께서 값없이 주시는 선물로서 현세적 좋은 것들의 합당한 몫을 우리가 받고, 또 그것들과 함께 우리가 하나님의 복을 즐거워 할 것을 기도합니다.[781]

마르크스는 그의 박사학위 논문인 「데모크리토스와 에피쿠로스 자연철학의 차이」에서 에피쿠로스 공동체에서 이상적인 사회인 코뮨을 발견했다. 에피쿠로스가 말하는 쾌락이란 육체적 쾌락이 아니라 고통의 부재였다. 정신적으로든 육체적으로든 고통이 없는 상태인 아타락시아(ataraxia)를 최선의 쾌락이라 했다. 그것은 시대적 현실에 대한 절망과 체념에서 나온 것이다. 그리스는 추락하고 있었지만 그리스의 문화는 여전했다.[782] 어수선한 세상 가운데 사람들이 피신처로 삼은 것 중에 하나가 에피쿠로스의 철학이었다.

에피쿠로스 철학에 가장 직접적인 영향을 준 사람은 데모크리토스였다. 데모크리토스는 신이 세상을 움직인다고 생각했던 그리스의 멘탈리티와는 완전히 다른 얘기를 했다. 그는 만물의 근본은 원자이고 이 원자들이 허공에서 이합집산하여 만물이 생성하고 소멸한다고 말했다. 삶에 미치는 파장은 굉장했다. 신을 의지하거나 빈다고 해서 세상이 달라지는 것도 아니고 세상이 어떻게 돌아가든지 마음의 평정을 유지하는 것이 삶의 지혜라 했다. 에피쿠로스주의자들은 그들만의 공동체를 만들어 은둔생활을 했다. 그 속에는 당시에 천대받던 여자, 아이, 노예, 창녀까지 함께 있었으니 그야말로 파격이었다. 스토아주의자들이 그냥 둘리가 없었다. 별의별 소리가 끊이질 않았다. 그러나 에피쿠로학파는 600년이나 지속되었다. 에피쿠로스는 다음과 같이 말했다.

---

[781] Q. 104. What do we pray for in the fourth petition? A. In the fourth petition, which is, Give us this day our daily bread, we pray that of God's free gift we may receive a competent portion of the good things of this life, and enjoy his blessing with them.
[782] http://www.yedalm.org/bbs/board.php?bo_table=tb29&wr_id=40; "헬레니즘기의 그리스에는 여러 문화적 중심지가 생겼고, 여러 철학 유파들이 마치 중국의 춘추전국시대의 백가쟁명(百家爭鳴)을 연상시키듯 등장하였다. 플라톤과 아리스토텔레스의 철학을 계승한 학파, 쾌락으로부터 행복을 찾을 수 있다는 키레네학파, 죽음의 공포와 고통으로부터 해빙된 상태인 아타락시아(ataraxia/not disturbed)를 통해 행복을 얻을 수 있다는 에피쿠로스학파, 욕망의 절제를 통해 정신적 평온을 추구하는 씨닉학파와 스토아학파가 등장하였으며 후자는 이런 경지의 마음의 상태를 '아파타이아(apatheia, without passion)'라고 불렀다. 다른 한편 감각기관을 통해 얻어진 인상들에 대해서는 그것이 진리임을 보장 할 수 없으며, 일종의 판단 중지를 통해 아타락시아를 획득할 수 있다는 회의주의 학파가 출현하였다. 헬레니즘의 말기에는 플로티누스에 의해 플라톤, 아리스토텔레스, 스토아의 철학을 융합하여 현상계의 근원으로서 하나의 통일체를 상정하는 신플라톤주의가 등장하였다."

우리는 한 번 태어날 뿐 두 번 태어나지는 못한다. 우리는 죽음 다음에는 존재하지 못한다. 영원히. 그런데 그대들은 그대들이 가진 유일한 것, 즉 현재의 이 시간에 주목하지 않는다. 마치 그대들이 내일을 마음대로 할 수 있는 것처럼! 우리들의 인생은 우리가 언제나 산다는 것을 내일로 미루기 때문에 무(無)가 되는 것이다. 따라서 우리는 자기가 현재 살고 있다는 것을 분명히 인정하지 못한 채 무덤으로 들어간다.

에피쿠로스는 현재를 거부하는 모든 사상에 반대했다. 현재를 거부하는 것은 미래로 도피하는 것이라 보았다. 미래가 없다는 것이 아니라 현재를 긍정하지 않고 현재를 부정하는 것이었다. 진정한 미래의 삶은 현재에 대한 긍정에서 비롯된다고 보았다.[783] 그리스도인들은 현재를 어떻게 생각해야 할까?

1) 우리는 하나님께서 값없이 주시는 선물로서 현세적 좋은 것들의 합당한 몫을 우리가 받고[784]

성경은 하나님의 주된 관심이 사람들의 영혼에 있다고 말한다. 하나님께서는 이스라엘이 간구하는 소리를 들으시고 응답하시며 또한 죄악을 범할 때는 마음 아파하셨다. 또한 하나님께서는 자기 백성들의 필요를 아시고 채우시는 분이시다. 출애굽 한 이스라엘 백성들에게 먹이시고 입히셨다. 하나님께서 자기 백성들의 필요를 채우시는 것은 이 세상의 것을 보상으로 주시는 것이 아니다. 하나님께서 얼마나 언약에 신실하시며 얼마나 은혜로우신 분이신가를 자기 백성들에게 나타내시어 하나님의 나라와 의를 구하며 살기를 원하신다.[785]

하나님 없는 이방인들은 삶의 주인이 자기 자신이다. 자신이 자기의 삶을 책임져 가야 한다. 그러나 구원하여 언약한 자기 백성들은 하나님께서 책임져 가신다. 하나님께서 어떤 분이신지 성도들이 알아가기를 원하시며, 세상 사람들이 살아가는 것처럼 살아가지 말라고 하신다.

> 그러므로 그들을 본받지 말라 구하기 전에 너희에게 있어야 할 것을 하나님 너희 아버지께서 아시느니라(마 6:8)

---

783) http://blog.naver.com/bellenus?Redirect=Log&logNo=40106514897
784) 하이델베르크 교리문답 제125문: 네 번째 청원은 무엇입니까? 답: "우리가 일용할 양식을 오늘 우리에게 주소서." 곧 이 청원은 "우리의 모든 육신적인 필요를 채워주셔서, 하나님 당신께서 모든 선의 유일한 근원이라는 것과, 하나님 당신의 축복없이는 우리의 노고와 근심, 그리고 하나님 당신의 선물도 우리에게 어떤 선도 될 수 없다는 것을 깨닫게 하여 주십시오. 그 결과로 우리가 모든 피조물에 대해 우리의 신뢰를 두지 말고, 오직 하나님 당신께만 우리의 신뢰를 두게 하여 주십시오"라고 구하는 것입니다.
785) 너희는 먼저 그의 나라와 그의 의를 구하라 그리하면 이 모든 것을 너희에게 더하시리라(마 6:33)

하나님께서 택한 자들의 필요를 공급하시는 더 근본적인 이유를 알아가야 한다는 말씀이다. 하나님께서는 우리가 생각하는 것보다 말할 수 없이 위대하신 분이시다. 인과율로 살아가는 삶에서 하나님을 신뢰하고 하나님을 알아가는 삶이 되어야 한다.

그러나 현실의 삶을 보면 넉넉지 않은 때가 많다. 왜 하나님은 현실의 필요를 전부 공급해 주지 않으실까? 일용할 양식 위해 기도한다는 것은 오늘날 우리에게 필요한 것들에 관한 기도를 말한다. 하나님께서는 그의 백성들에게 필요한 것들을 다 아심에도 불구하고 기도하라고 하신다. 다 알고 계신다면 왜 기도해야할까? 그것은 하나님의 백성 된 우리들이 하나님께 철저하게 의존하는 인생임을 확인하고 고백하는 것이기 때문이다. 우리의 힘과 능력으로 우리의 일용할 것들이 채워지는 것이 아니라 하나님의 은혜와 긍휼하심으로 공급되어진다.

십계명에서 보았듯이, 일용할 양식을 위해 기도한다는 것은 하나님께서 우리 각자에게 허락하여 주신 것으로 충분하다는 것이다. 이런 말에 대하여 우리는 매우 심하게 거부감을 가질 수가 있다. 왜냐하면 자기 자신의 형편을 살펴보면 충분한 것이 없기 때문이다. 그러면 무엇이 우리에게 충분하다는 것인가? 그것은 하나님의 백성으로 거룩과 경건으로 나아가는데 부족함이 없다는 뜻이다. 성도의 기도는 이 세상의 것으로 만족하고 이 세상의 것으로 보상을 해 달라는 것이 아니다.

그것은 또한 하나님을 생각하며 하나님의 뜻을 구하며 하나님의 영광을 구하는 것을 말한다. 이 말이 가지는 의미는 무엇인가? 그것은 인생을 우리가 주도해 가고 우리의 뜻을 펼쳐 가는 것이 아니라 하나님께서 주도하시고 하나님의 뜻대로 이루어지게 해 달라는 것이다. 왜냐하면 성도는 하나님의 영광스런 복으로 채워지기를 소원하는 사람들이기 때문이다.

그렇게 기도하는 자들의 생애는 실제로 어떻게 될까? 그런 성도의 삶에는 절망과 한숨이 먼저 다가오는 때가 많다. 왜냐하면 우리 자신의 죄 된 삶과 욕심을 끊어버리고 오직 하나님의 뜻을 추구하도록 만들어 가시기 때문이다. '왜 내 인생은 이렇게 밖에 안 되나?'하는 자리에까지 이르게 된다. 성공과 기쁨보다는 실패와 상처를 경험하게 하실 때가 훨씬 더 많다. 왜 그렇게 하실까? 하나님께서는 우리 안에 있는 것으로 일하시는 것이 아니라 하나님의 은혜로 하나님께서 주시는 것으로 하나님의 영광을 나타내시기 때문이다.

끝까지 우리 안에 있는 것으로 무엇을 이루고자 한다면 끊임없이 하나님의 뜻과는 멀어지게 된다. 우리 안에 있는 것으로 열매를 맺으면 우리는 자랑하게 되고 우리가 영광을 받게 된다. 우리 안에 있는 것으로 만들어 내는 사람들이 누구였는가? 그들은 바로 시내산 아래서 금송아지로 우상을 만든 이스라엘 백성들이었다. 자기 의로 충만한 서기관과 바리새인들이었다. 그들은 한결같이 스스로 자기 안에서 만들어 낸 것으로 하나님의 뜻을 이루려고 했던 사람들이다.

그러나 하나님께서는 하나님의 것으로 열매를 맺으시기를 바라며 하나님께서 영광 받으시도록 하신다. 하나님께서 하나님의 능력으로 만들어 내시는 것과 우리가 만들어 내는 것은 감히 비교 할 수 없는 것이다.[786] 또한 하나님께서는 하나님의 백성을 영광스럽게 하시기 위하여 그의 열심과 능력으로 끝까지 일하신다. 결국 하나님의 백성들이 구해야 할 본질은 무엇인가?

> 너희는 먼저 그의 나라와 그의 의를 구하라 그리하면 이 모든 것을 너희에게 더하시리라(마 6:33)

"그의 나라와 그의 의를 구하라"는 의미가 무엇인가? 하나님께서는 자기 백성을 그 죄에서 구원하시고 살려내신 분이시다. 하나님께서는 성도들에게 가장 좋은 것을 주시는 분이시다. 물론 이 말에 대해 곧바로 항복이 일어나지 않는 사람들이 있겠지만, 하나님은 그 항복을 꼭 받아내시는 분이시다. 우리를 위하여 예수님을 십자가에 내어주신 분이시다. 우리를 위하여 무엇을 더 아끼시겠는가? 지나간 날의 상처와 아픔, 오늘의 괴로운 현실, 내일의 막막함, 그 모든 조건과 환경 속에서 하나님께서 우리를 외면하시지 않으신다. 그런 고난으로 거룩과 경건으로 언약에 신실하게 하시는 것이 하나님의 뜻이다. 그 결말은 영광스런 부활로 이어질 것이다. 만일 그것이 아니라면 성도는 정말 비참한 사람이다(고전 15:19).

사도 바울은 다음과 같이 말한다.

> 6 그러나 자족하는 마음이 있으면 경건이 큰 이익이 되느니라 7 우리가 세상에 아무 것도 가지고 온 것이 없으매 또한 아무 것도 가지고 가지 못하리니 8 우리가 먹을 것과 입을 것이 있은즉 족한 줄로 알 것이니라(딤전 6:6-8)

---

[786] 찬송하리로다 하나님 곧 우리 주 예수 그리스도의 아버지께서 그리스도 안에서 하늘에 속한 모든 신령한 복으로 우리에게 복 주시되(엡 1:3)

하나님께서 주신 것들이 족한 줄로 알면 그것이 경건의 큰 유익이 된다고 말한다. 이 말이, '송충이는 솔잎을 먹고 살아야 한다'는 속담으로 들려서는 안 된다.

2) 또 그것들과 함께 우리가 하나님의 복을 즐거워 할 것을 기도합니다

민수기 11장에는 이스라엘 백성들의 불평이 나온다. 그들은 아침에도 만나, 점심에도 만나, 저녁에도 만나를 먹는 것이 지겨웠다. 하나님께서 이스라엘을 위해 행하신 일들을 망각하고 자신들의 배(腹)가 신이 되었다. 그들은 애굽에서 살았던 것을 그리워했다.

> 4 이스라엘 중에 섞어 사는 무리가 탐욕을 품으매 이스라엘 자손도 다시 울며 가로되 누가 우리에게 고기를 주어 먹게 할꼬 5 우리가 애굽에 있을 때에는 값 없이 생선과 외와 수박과 부추와 파와 마늘들을 먹은 것이 생각나거늘 6 이제는 우리 정력이 쇠약하되 이 만나 외에는 보이는 것이 아무것도 없도다 하니(민 11:4-6)

그들은 하나님의 은혜로 얻은 구원을 애굽의 음식물로 바꿀 준비가 되어 있었다. 이것이 인간의 죄악이다.

> 여호와께서 복을 주시므로 사람으로 부하게 하시고 근심을 겸하여 주지 아니하시느니라(잠 10:22)

사람은 부해질수록 근심은 더 많아진다. 여호와께서 주시는 복은 근심이 없는 복이라 했다. 어떻게 그것이 가능한가? 그것은 사람이 여호와를 경외하는 것이 전부일 때 그렇게 된다. 여호와를 버리고 세상의 물질이 전부가 되면 어떻게 되는가? 인생이 허해지고 윤리·도덕적인 타락이 밀려온다. 죄가 상주해 버리는 세상이 된다. 세상의 성공을 위해 동원하는 것이 무엇이던가? 내면의 잠재력을 계발하라는 것이다. 하나님의 은혜를 구하는 인생이 아니라 내가 하나님이 되어서 내 능력 내가 발휘하고 사는 세상이 된다. 그런 세상은 살벌해서 못산다. 죄를 밥 먹듯이 하고 산다.

여호와 하나님만을 섬기고 그 말씀대로 살아가는 것이 가장 복된 길이다. 그래야만 인간의 죄인 됨을 알고 그 구원의 은혜가 감사하고 거룩하게 살게 된다. 거룩은 어디서부터 오는가? '하나님의 은혜가 없이는 못사는구나?' 그것을 절실히 아는 것으로부터 시작된다.

7 내가 두 가지 일을 주께 구하였사오니 나의 죽기 전에 주시옵소서 8 곧 허탄과 거짓말을 내게서 멀리 하옵시며 나로 가난하게도 마옵시고 부하게도 마옵시고 오직 필요한 양식으로 내게 먹이시옵소서 9 혹 내가 배불러서 하나님을 모른다 여호와가 누구냐 할까 하오며 혹 내가 가난하여 도적질 하고 내 하나님의 이름을 욕되게 할까 두려워함이니이다(잠 30:7-9)

잠언 30장은 아굴의 잠언이다. 이 말씀의 문맥은 인간 지혜의 한계성이다. 하나님의 말씀은 하나님이 어떤 분이신지 말해주며, 인간은 너무나도 어리석어서 하나님 앞에 겸손하지 않을 수가 없다는 것이다. 아굴이 죽기 전에 두 가지를 구한 것은 헛된 것에 빠져 하나님을 저버리거나 욕되게 할까 두려워함이었다. 그것은 인간이 자기 한계를 모르고 분수에 지나쳐서 하나님보다 더 지혜롭게 살 수 있을 것처럼 교만하게 살아가는 것이다.

하나님의 지으신 모든 것이 선하매 감사함으로 받으면 버릴 것이 없나니 하나님의 말씀과 기도로 거룩하여짐이니라(딤전 4:4-5)

사도 바울은 마지막 때에 미혹하는 영들의 영향을 받은 사람들이 믿음을 버리고 배교하게 될 것임을 성령님의 권위에 의지하여 예언하고 있다. 그들은 양심이 무감각해지고 위선적인 거짓말을 일삼는다. 이들의 특징은 결혼과 음식에 제약을 가하는 것이다.

여기에는 두 가지 근본적인 이원론이 존재한다. 첫 번째 이원론은 '영'과 '육'을 각각 선한 것과 악한 것으로 구분하는 것이다. 본래 유대교가 가지고 있던 금욕주의적 경향과 영지주의의 영향으로 영은 거룩하고 육체는 악하다고 보았다. 그로 인해 하나님께서 정하신 제도인 결혼이 금지되고 어떤 식물은 먹지 말도록 했다(창 2:18-25).

두 번째 이원론은 음식 가운데 정한 것과 부정한 것을 구분하는 것이다. 이것은 레위기 11장에 나오는 율법의 정결법을 말한다. 왜 그렇게 나누었는지 명확하게 말하고 있지 않다. 음식 자체가 부정해서가 아니었다. 하나님께서 천지를 창조하셨을 때 모든 것이 보시기에 좋았기 때문이다. 새언약 하에서 사도 바울은 "하나님께서 지으신 모든 것이 선하다"(딤전 4:4)고 말했다. 그런 구분은 이스라엘을 거룩하게 만들기 위한 하나님의 방법이었다.

세상의 종교와 사상으로 하나님의 말씀을 해석하니 결국은 교회가 무너지게 되었다. 처음에는 좋은 것만 받아들이면 된다고 말한다. 그런 통합주의자들로 인해서 교회는 고통을 당하고 위기를 맞고 있다.

하나님께서는 자기 백성들에게 주신 것들을 감사하고 살 수 있는 것은 하나님께서 주신 것으로 충분하다는 십계명의 원리로 돌아가게 된다. 행여 우리의 삶에 채워지지 않는다 할지라도 하나님을 사랑하며 이웃을 사랑하는 일에 부족하지 않다. 하나님을 알아가며 그리스도의 십자가를 알아가는 일에 모자라지 않다.

하나님께서는 사십 년이라는 세월 동안 이스라엘을 인도하시고 그들에게 필요한 것들을 공급하셨다.

> 이 사십년 동안에 네 의복이 해어지지 아니하였고 네 발이 부릍지 아니하였느니라(신 8:4)

이 말씀은 출애굽 하였을 당시에 입은 그 옷이 사람들의 몸에 맞게 계속 늘어났다는 뜻이 아니다. 이스라엘 백성들이 광야에서 지내는 40년 동안에 하나님의 공급하심 속에서 누더기 같은 옷을 입은 적이 없이 생활했다는 의미다. 그 공급은 하나님의 언약을 따라 신실하게 살아가는 데 부족함이 없는 것이었다.

예수님께서는 전도여행을 마치고 돌아온 제자들에게 말씀하셨다.

> 저희에게 이르시되 내가 너희를 전대와 주머니와 신도 없이 보내었을 때에 부족한 것이 있더냐 가로되 없었나이다(눅 22:35)

예수님께서 맡기신 일을 감당한 제자들은 부족한 것이 없었다고 고백했다. 그와 마찬가지로, 주님께서는 성도들이 믿음의 삶을 살아가는 일에 부족함이 없게 하신다.[787] 그러기에 감사가 나오고 찬송이 흐르게 된다.

---

[787] 자기 아들을 아끼지 아니하시고 우리 모든 사람을 위하여 내어 주신 이가 어찌 그 아들과 함께 모든 것을 우리에게 은사로 주지 아니하시겠느뇨(롬 8:32)

제105문 다섯째 기원에서 우리는 무엇을 위하여 기도합니까? (대194)
답: "우리가 우리에게 죄 지은 자를 사하여 준 것같이 우리 죄를 사하여 주시옵고"라는 다섯째 기원에서 우리는 하나님께서 그리스도 때문에 우리의 모든 죄를 값없이 사하여 주실 것을 기도합니다. 우리가 이렇게 기도하도록 격려 받는 것은 우리가 그 분의 은혜로 다른 사람들을 진심으로 용서할 수 있게 되었기 때문이다.[788]

에라스무스(Desiderius Erasmus, 1446-1536)는 인간이 태어났을 때에는 완성되지 않은 밀납과 같다고 했다. 로크(John Locke, 1623-1704)와 흄(David Hume, 1711-1776) 같은 영국 경험론의 전통에 선 사람들은 인간의 본성이란 태어날 때에 텅 비어 있는 '백지'와 같다고 보았다. 인간의 본성이란 태어날 때 주어지는 것이 아니라 규정될 수 없는 가변적인 상태라는 뜻이다. '탈선천성' 혹은 '탈규정성'이라 부른다.

칸트(Immanuel Kant, 1724-1804)는 도덕상의 선악이 개인의 의지 이외의 어떤 것에 귀속된다는 것을 인정하지 않았고, 인성 중에서 선과 악에 대한 능력이 동시에 있다는 것을 인정했다. 듀이(John Dewey, 1859-1952)도 인성의 본질에는 선악이 없고, 환경의 접촉을 통해 선해지거나 악해진다고 보았다.[789]

이런 입장은 행동주의 심리학자들에게 전해지는데, 왓슨과 스키너는 인간에게 주어진 유전적 특질인 생리적 반사를 제외하고는 전적으로 환경적 변수들의 함수일 뿐이다. 인간의 행동이란 환경적 요인에 의해 학습된 결과물이다. 그것은 인간 본성의 가능성을 자극하고 설명가능하다고 보았다.

샤르트르는 인간의 본성을 '자유'로 말했다. 그 유명한 말이 '실존은 본질에 선행한다'이다. 인간이라는 존재는 당위로서의 어떤 본질도 없고 다만 무한대의 자유가 주어져 있을 뿐이라고 말했다. 결국 인간은 어떻게 행동해야 하는가? 매 순간마다 선택을 해야 한다. 인간의 선택은 인간의 본성인 자유의 발현이므로 어떤 선택을 해도 문제가 되지 않는다. 그러니 샤르트르의 본성은 죽음에 이르는 본성이 되고 만다.

강신주 교수는 중국철학이 인성론(人性論), 곧 인간의 본성이 언제나 선과 악

---

[788] Q. 105. What do we pray for in the fifth petition? A. In the fifth petition, which is, And forgive us our debts, as we forgive our debtors, we pray that God, for Christ's sake, would freely pardon all our sins; which we are the rather encouraged to ask, because by his grace we are enabled from the heart to forgive others.
[789] http://dle.gongbuwarac.com/xmlView.aspx?xmldid=71874/ 「성무선악설」

이라는 윤리적 범주와 관련되어 발달했다는 것을 말한다. 대표적으로 본성이 선하다는 맹자의 성선설(性善說)[790], 본성이 악하다는 순자의 성악설(性惡說)[791], 선하기도 하고 동시에 악하기도 하다는 왕충(王充)의 성선악혼설(性善惡混說), 본성은 애초부터 선과 악의 구분이 없다는 고자(告子)의 성무선악설이 있다.

이런 논란는 당시의 사회적 정치적 관심 속에서 도출된 것이다. 맹자의 성선설은 호족들과 지주들이 국가 공권력에 저항하기 위한 근거가 되었다. 인간이 선한 본성을 갖추고 있으니 간섭하지 말라는 것이다. 순자와 법가의 성악설은 국가의 지배를 정당화할 때 사용하였다. 외부의 간섭 없이 그냥 두면 무질서한 세상이 된다고 말했다.

고자의 인성론은 외적인 규제를 배제하고 단독적인 생명체를 주장하는 아나키즘[792]적인 요소가 있었기에 맹자는 그 위험성을 감지하고 인간이 선한 본성을 가지고 있다고 말했다.[793]

계속해서, 강신주 교수는 『고자』 편에 나오는 '버드나무와 술잔'에 대한 맹자와 고자의 논쟁으로 그것을 말한다.

> 고자 : 본성은 버드나무와 같다. 외로움은 버드나무로 만든 나무술잔과 같다. 인간의 본성이 어질고 의롭다고 하는 것은 마치 버드나무를 나무술잔으로 여기는 것과 같다.

---

[790] 인간의 본성이 본래 선하다는 것이기에 외부의 간섭자가 없이 스스로 수양함으로 만들어져 간다는 것이다. 자율성의 개념으로 간다. 맹자를 말한다는 것은 그런 자율성으로 간다는 것이다. '나 건드리지 마라. 나 혼자서도 잘 할 수 있다'는 것이다. 모든 정치조작권력을 부정하는 아나키즘으로 간다.

[791] 성악이란 자연성 혹은 생물성을 말한다. 악이란 윤라도덕적인 뜻이 아니라 '거칠다'는 뜻이다. 마치 도자기가 되기 전의 흙의 상태를 말한다. 인간이란 교육되어져야 한다는 것이다. 인간의 애씀으로 선한 존재가 될 수 있다는 것이다. 거기에는 가르치는 교사가 있어야 하고 부조리한 사회를 주도해 가는 정치체제와 권력이 정당화 된다.

[792] 위키백과; 아나키즘(anarchism)은 모든 정치적인 조직·권력 따위를 부정하는 것을 골자로 하는 이데올로기 또는 이를 전파하고 실현하려는 운동으로, αυ(없는)와 αρχος(지도자)가 합성된 고대 그리스어 아나르코스(αυαρχος)에서 비롯된 말이다. 무정부주의(無政府主義)라고도 불리지만, 대부분의 아나키스트들은 아나키즘의 본질을 왜곡할 수 있다며 이런 표현을 사용하기 꺼려한다. 대신에 그냥 '아나키즘' 또는 '자유연합주의'라는 용어를 선호한다. 역사에서는 고대의 공동체에서 비롯하여 갖가지 공동체나 고대의 철학, 사상에서도 연원을 찾아 볼 수 있으나 근대에 이르러 자본주의와 권위주의의 폐해에 대한 반발로 공산주의, 사회주의와 함께 발흥하였으며 페미니즘, 펑크 문화 등과도 깊은 관련이 있다. 아나키즘을 자본주의와 사회주의의 장점을 포용하는 중용이념으로 보는 학자들도 있다.

[793] 강신주, 공자&맹자 유학의 변신은 무죄 (파주: 김영사, 2013), 67-68; "맹자는 인간에게는 네 가지 선한 마음, 즉 측은지심, 수오지심, 사양지심 그리고 시비지심이 있다는 점을 들어 인간의 본성은 원래 선하다고 주장한다. … 결국 맹자에 의하면 측은지심은 주체의 의식적인 생각이나 현실적인 경험에서 발생할 수 없는 것이다. 그렇다면 측은지심은 어디에서 발생한 것일까? 여기서 맹자는 '본성'이라는 개념을 도입한다. 그는 모든 인간은 측은지심이 발생할 수 있는 잠재성을 가지고 태어났다고 결론 내린다. 맹자는 우물에 빠진 어린아이를 측은하게 여기는 마음 외에도 어떤 행위를 부끄럽게 여기는 마음인 '수오지심', 어른을 만나면 양보하게 되는 마음인 '사양지심', 옳고 그름을 판단하는 마음인 '시비지심' 등도 우리 내면 깊은 곳에 있는 본성으로부터 나온다고 말한다."

맹자 : 당신은 버드나무의 본성을 따라서 나무술잔을 만든다고 생각하는가? 아니면 버드나무의 본성을 해쳐서 나무술잔을 만든다고 생각하는가? 만약 버드나무의 본성을 해쳐서 나무술잔을 만든다고 본다면 또한 사람의 본성을 해쳐서 어질고 의롭게 된다고 보는 것인가? 천하 사람들을 이끌고서 어짊과 의로움을 해치는 것이 분명 그대의 말일 것이다.794)

고자는 버드나무 자체와 나무 술잔 사이의 관계를 인간 본성과 인의(仁義) 관계로 비유했다. 버드나무라는 자연스런 본성과 인위적으로 변형된 술잔은 전혀 그 성질이 다르다고 보았다. 맹자는 고자와 달리 그 두 가지가 서로 조화와 보충 관계에 있다고 보았다. 목수가 버드나무로 술잔을 만들었다고 해서 그 본래 타고난 본성이 변한 것은 아니라는 것이다.

고자: 본성은 소용돌이치는 물과도 같아서, 동쪽으로 터주면 동쪽으로 흘러가고, 서쪽으로 터주면 서쪽으로 흘러간다. 사람의 본성에 선과 불선의 구분이 없는 것은 물에 동과 서의 구분이 없는 것과 같다.
맹자: 물에 진정 동서의 구분은 없지만 위아래의 구분도 없겠는가? 사람의 본성이 선한 것은 물이 아래로 흘러가는 것과 같다. 사람은 선하지 않음이 없고, 물은 아래로 흘러가지 않는 경우가 없다. 지금 물을 쳐서 튀게 하면 이마를 지나가게 할 수 있고, 세차게 밀어 보내면 산 위에도 있게 할 수 있다. 이것이 어찌 물의 본성이겠는가? 그 형세가 그런 것일 뿐이다. 사람을 선하지 않게 할 수도 있지만, 그 본성은 또한 이와 같을 뿐이다.795)

고자는 물이라는 것은 그 물길을 어떻게 터주느냐에 따라 흘러가듯이 인간의 본성이 처음부터 악하고 선하고 그런 것은 없다는 주장을 했다. 결과를 놓고 사람의 본성이 악하니 선하니 하는 것은 잘못되었다는 것이다.796)

맹자는 물이 어느 쪽으로 흘러가든지 위에서 아래로 흘러가는 것은 분명한 이치이듯이, 사람의 그 마음이 선한 것은 같은 원리라고 말했다. 물이 튀는 것은 물의 원래 본성은 아니다. 사람이 악할 수도 있으나 본성이 악한 것이 아니라는 뜻이다. 인간의 악한 행동은 인간의 본성을 거스려 행동을 한 것뿐이라고 했다. 이것이 맹자의 신성한 내면이다.

그래서, 맹자는 인간의 내면에는 인의예지라는 네 가지 덕목을 갖추고 있다고 말하면서 측은지심을 가지게 되는 것은 인간이 의식적으로 노력해서가 아니라 본성이 가진 메커니즘으로 인해 저절로 일어나게 된다고 보았다.

---

794) Ibid., 83.
795) Ibid., 86-87.
796) 백지설은 인간은 아무것도 모르는 상태로 태어난다는 것이며 경험이 없이는 어떠한 것도 알 수 없다는 입장이다. 고자의 성무선악설은 인간이 선한 본성이나 악한 본성으로 태어나는 것이 아니라 다만 주어진 상황이 인간을 선하게 만들 수도 있고 악하게 만들 수도 있다는 것이다.

순자는 무엇이라고 했는가? 버드나무가 술잔이 되려면 외부의 강제력이 발동해야 한다고 말했다. 맹자는 인간이 그 선한 본성으로 외부의 간섭 없이 스스로 수양하여 본성을 실현할 수 있다고 말했다. 측은지심이 처음부터 잘 안 되어도 그렇게 되려고 애쓰고 노력하면 흘러나온다는 것이다. 이것이 맹자의 구상화다.

그러나 스스로 개선하지 않고 악을 행하면 어찌 해야 하는가? 순자의 눈에 맹자의 논리는 인간에 대하여 너무 낙관적이고 현실 감각이 떨어지며 사변적이었다. 순자는 악이 지속되면 국가권력이 개입해서 질서를 잡아야 한다고 말했다. 순자의 이런 주장은 인간의 욕망은 무한하나 그 소요되는 재화는 극히 한정되어 있으니 이 모순을 해결하기 위해서는 국가의 공권력과 사회규범이 필요하다는 것이다. 순자의 이런 사상은 전국시대에는 압도적 지지를 받았으나 통일된 대제국 한(漢) 나라 체제가 되자 거대한 제국을 이상적으로 치장할 수 있는 맹자의 사상이 환영을 받게 되었다.

사회계약론으로 유명한 홉스는 '성악설'로 인간을 말했다. 서양의 순자라 불린다. 자연 상태에서 끊임없이 투쟁하며 살아가는 인간의 모습을 『리바이어던』에서 그려냈다. "인간은 본질적으로 이기적이고, 자기 생명을 보호하기 위해서는 어떤 일도 할 수 있는 준비가 되어 있으며, 때때로 공격적이고 파괴적인 행위도 서슴치 않을 반사회적인 성격을 지니고 태어난 존재이다." "자연 상태에서 인간은 만인에 대한 만인의 투쟁 상태"로 살아가며, "폭력적인 죽음에 대한 공포"를 언제나 안고 살아가는 존재다. "인간은 인간에 대해 늑대와 같다." 이와 같은 상황 하에서, "인간의 삶은 고독하고, 비참하고, 괴롭고, 잔인하며 짧다." 그렇다고 해서 인간의 본능적 이기성 자체를 악하다고 말한 것은 아니다.

니체에게 선과 악은 어떤 의미인가? 니체에게는 선과 악, 밝음과 어둠의 이원론적 대립이 없다. 그것은 플라톤적이고 기독교적인 사유와 계몽주의적 사고에서 만들어진 것일 뿐이다. 악은 '힘에의 의지'를 고양하기 위해 불가결한 것이라 했다. 니체는 『즐거운 학문』에서 다음과 같이 말했다.

> 악. - 최상의, 가장 생산적인 인간이나 민족이 살아가는 모습을 보며 이렇게 자문해 보라. 하늘 높이 자라려는 나무들이 과연 비바람이나 눈보라를 겪지 않고 제대로 그렇게 자랄 수 있을 것인가? 외부로부터 가해지는 불운과 저항, 증오, 질투, 불신, 고집, 냉혹, 탐욕, 폭력은 덕의 위대한 성장을 위해 유리한 환경을 조성한다. 나약한 천성을 가진 자들을 사멸시키는 독은 강한 자들에게는 강장제이다. 강한 자는 그것을 또한 독이라고 부르지 않는다.

결국 니체에게 악은 절대적으로 필요한 것이고 절대적으로 긍정되어야 할 것이다. 니체는 고통과 악을 극복하기 위해 '힘에의 의지'를 더욱 고양하는 것이고 강한 인간이 되는 것이다. 그렇게 '아모르파티', '운명애'를 외쳤다. 그 '운명애'의 결정판이 '영원회귀 사상'이다. 외부의 간섭 없이 의미와 통일성을 인간 안에서 인간 스스로가 끝까지 만들어 보겠다는 것이다.

　　니체의 악 개념으로 인간을 보면 모든 인간은 평등할 수 없다. 모든 사람이 강한 자가 될 수는 없다. 인간이 존재하는 한 인간들 사이에는 경쟁·우열 관계가 사라질 수 없다. 고대 그리스·로마 사람들이 보였던 건강한 인간성 또는 귀족적 덕성을 회복하는 것을 목표로 삼아야 하며, 피안이나 유토피아 등에 기대지 않고 자신의 힘으로 선(善)과 운명을 향해야 한다는 것을 강조했다.797) 고대 그리스·로마의 인간성이란 인간이 중심이 되는 '인본주의'를 말한다. 초기 그리스 시대의 교육은 귀족적인 영웅 무사의 교육이었다. 영웅교육은 아름다움과 선함이 조화롭게 균형을 이룬 '미선성'을 이념으로 삼았다.798) 교육에 의한 인간변화를 말한다. 니체는 이성중심의 계몽주의를 비판했으면서도 여전히 인간에 의한 인간의 변화를 말한 것이다. 그러나 그런 변화는 오히려 허탈감만 안겨 주었다는 것이 역사가 증명했다.

　　이런 모든 시도와 접근들에 대해서 성경은 무엇이라고 말하는가? 성경은 모든 인간이 죄인임을 분명하게 말한다. 그리고 그 죄에서 인간 스스로 벗어날 수 없다고 선언한다. 죄로부터의 해방은 오직 예수 그리스도의 구속으로 이루어진다.799) 그러므로, 주기도문의 다섯 번째 기원에서는 다음과 같이 가르친다.

1) 우리는 하나님께서 그리스도 때문에 우리의 모든 죄를 값없이 사하여 주실 것을 기도합니다800)

성령 하나님께서 우리에게 은혜를 주시는 것은 우리의 허물과 죄를 우리 안에

---

797) http://www.hani.co.kr/arti/culture/book/569339.html/ 하이데거는 왜 니체를 비판했을까
798) 위키백과 사전에서.
799) 23 모든 사람이 죄를 범하였으매 하나님의 영광에 이르지 못하더니 24 그리스도 예수 안에 있는 구속으로 말미암아 하나님의 은혜로 값없이 의롭다 하심을 얻은 자 되었느니라(롬 3:23-24)
800) 하이델베르크 교리문답 제126문: 다섯 번째 청원은 무엇입니까? 답: "우리가 우리에게 빚진 자들을 사해 주었듯이, 우리에게도 우리의 빚들을 사해 주옵소서." 곧 이 청원은 "그리스도의 피의 공로로 말미암아, 불쌍한 죄인인 우리에게 우리의 모든 범죄와 우리에게 항상 달라붙어 있는 악을 전가시키지 마시고, 우리가 당신의 은혜에 대한 이 증거를 자기 자신 가운데서 발견함으로서, 우리의 이웃을 전심전력으로 용서하도록 충분히 결심하게 해 주십시오."라고 구하는 것입니다.

서 우리 스스로 해결하는 것이 아니라, 우리 밖에서 그리스도의 피로 사하여 주심을 믿고 우리 죄를 회개케 하시는 것이다.

> 1 하나님이여 주의 인자를 좇아 나를 긍휼히 여기시며 주의 많은 자비를 좇아 내 죄과를 도말하소서 2 나의 죄악을 말갛게 씻기시며 나의 죄를 깨끗이 제하소서(시 51:1-2)
> 내가 죄악 중에 출생하였음이여 모친이 죄 중에 나를 잉태하였나이다(시 51:5)
> 우슬초로 나를 정결케 하소서 내가 정하리이다 나를 씻기소서 내가 눈보다 희리이다(시 51:7)
> 주의 얼굴을 내 죄에서 돌이키시고 내 모든 죄악을 도말하소서(시 51:9)

다윗은 자신의 죄악을 회개하면서 원죄의 관점에서 보았다. 아담으로부터 받은 그 불순종의 죄책이 자신에게 있다는 것을 알았다. 아담의 후손으로 태어난 모든 사람들은 죄악 중에서 잉태하며 본질상 진노의 자녀이다. 그에게는 구원에 이를만한 선을 행할 능력이 없으며 이미 악으로 기울어져 있으며 죄 가운데 죽었고 죄의 노예이다. 이런 관점에서 사람의 죄악을 바라보지 않으면 안 된다. 그렇기 때문에 우리 안에서가 아니라 우리 밖에서 죄사함이 구원이 주어진다. 성령 하나님께서 거듭나게 하시지 아니하면 하나님께 돌아올 수가 없다. 인간 스스로는 그 부패하고 악한 본성을 새롭게 할 수가 없다.

> 만일 우리가 우리 죄를 자백하면 저는 미쁘시고 의로우사 우리 죄를 사하시며 모든 불의에서 우리를 깨끗케 하실 것이요(요일 1:9)

인간의 불가능을 경험하게 된 죄인은 오직 예수님과 예수님의 사역만이 필요하다는 것을 알게 된다. 우리의 부패가 옛언약의 대표인 아담에게서 나왔듯이, 우리의 죄와 죄책을 짊어지시고 십자가에 죽으신 새언약의 대표가 되신 예수 그리스도로부터 구원이 주어진다는 것을 믿는다.

죄 용서가 다른 사람을 용서한 조건으로 받는 결과가 아니다. 예수님의 속죄의 피흘림이 없이는 아무도 용서받지 못한다. 인간의 그 어떤 선행도 그것이 공로가 되어 죄를 용서받는 것이 아니다. 에베소서 1장 7절에서는 "우리가 그리스도 안에서 그의 은혜의 풍성함을 따라 그의 피로 말미암아 구속 곧 죄 사함을 받았으니"라고 말한다. 구속이란 누군가 대신 죄 값을 치름으로써 죄 사함을 받고 죄에서 풀려났다는 뜻이다. 그 죄의 값은 우리가 치를 수가 없다. 그것은 오직 예수님께서 흘린 십자가 피로써만 지불되는 유일한 것이다.

예수 그리스도 없이 세상 사람들은 죄악 된 세상을 어떻게 살아갈까?

레비나스(Emmanuel Levinas, 1906-1995)는 1940년 나치 독일이 파리를 침공했을 때 포로가 되어 1945년까지 수용소 생활을 했다. 유대인들은 역사의 소용돌이 속에서 부초 같은 신세였다. 그런 유대인들만의 특수한 상황 속에서 인간 존재의 보편적인 조건으로 나아가 그의 철학을 펼쳤다.

존재의 고통에 대해 말하면서 인간의 근본적인 바람이 무엇인가를 말한다. 그것은 자기초탈의 욕구다. 절대타자에 대한 갈망이다. 레비나스는 존재(즉 역사)가 자기 동일화로 개별 존재자들을 억압하고 짓밟는 전체주의적 성향에 대하여 개별자를 지키고자 했다. 그렇게 하려면 삶의 중심이 자기에서 타자로 옮겨져야 한다. 어떻게 그럴 수가 있는가? 타자성을 긍정하는 자기정립(동일성)으로 가야 한다. 시련 속에서 끝까지 인내해야 한다. 그 때에 메시아적 자아가 생겨난다. 타인을 위해 자기를 전부 희생하는 자리까지 나아간다.

이 부분에서 우리는 레비나스의 사상에 주의가 필요하다. 유대인인 레비나스는 예수님을 메시아로 인정하지 않았다. 그런데 메시아를 말하는가? 레비나스는 메시아가 인간 외부에 있는 것으로 말하지 않았다. 오히려 모든 인간이 잠재적으로 메시아라고 했으며 메시아가 될 것을 부름 받고 있다고 말했다. 그러나 어느 누가 메시아처럼 살 수 있는가? 아무도 없다. 그래서 레비나스는 여성의 은혜가 필요하다고 말한다. 인간의 유한을 알고 있는 자기는 여성과 에로스의 밤을 보내면서 메시아적 주체는 자기를 버리게 되는 것이다. 이런 접근은 칼 융의 대극의 원리, 동양의 음양의 원리에 매우 근접하고 있는데 이런 것은 둘 다 카발라의 영향을 받기 때문이다.[801] 자기 스스로는 자기를 포기 못하고 외부의

---

801) 김성호, 「장공 김재준과 에마뉘엘 레비나스: 타자 인식 문제를 중심으로」, "레비나스의 관점에서 보면 예수의 자연구원은 예수의 행동에 종속된 신의 자기 낮춤이다. 곧 신의 자기 낮춤은 예수의 행동을 요구한다. 레비나스는 신의 낮춤과 관련해 탈무드와 카발라를 연구하는 전문가였던 리투아니아 랍비 볼로진의 하임의 책 『생명의 영혼 Nefesh Hahaïm』에서 케노시스를 발견한다. 레비나스는 『생명의 영혼』에 대한 해석에서 신에 대한 두 가지 관점을 발전시킨다. 첫 번째 관점에 따르면 『생명의 영혼』에서의 우주론 곧 일반 존재론에서 신은 위계질서화 된 세계들의 영혼으로 묘사된다. 그리고 두 번째 관점에 따르면 이 위계질서에서 이스라엘의 영혼인 인간 영혼은 신과 특권적 관계를 맺는다. 다시 말해 인간은 신이 이 세계들과 연합하기 위한 조건을 제공해야 할 소명이 있는데, 이 연합의 조건은 토라에 충실한 인간의 행동이다. 신은 오직 윤리적 명령을 매개하는 사람을 통해서만 통치한다. 따라서 신은 예수와 인간을 통해 우주와 타자들에게 책임을 요구한다. 이것이 바로 우리의 행동에 종속된 신의 자기 낮춤 곧 케노시스다."
http://talk.openart.or.kr/gnu/bbs/board.php?bo_table=ttalk_edu&wr_id=126%20target=_blank 타인의 얼굴/레비나스 The Face of the Other 別人脸色, "유태교의 카발라(Kabbalah) 전통과 직관을 우선하는 레비나스의 타자이론은 하이데거의 존재론과 후설의 현상학의 이론을 취하면서 서양 전체주의의 동일성을 비판하고 있다. 그래서 레비나스는 존재자인 개별자에 주목하는 것이고 외부에 실재하는 타인에 대한 윤리적 책임감을 강조하는 것이다. 이것을 상징하는 타인의 얼굴은 윤리적인 삶을 살아야 한다는 명령인 동시에 윤리적으로 살 것을 권고하는 요청이며 현재의 시간과 공간에서 존재하는 존재자에 대한 깨우침이다. 모든 인간은 타자와의 관계를 통해서 존재하는 것이므로 타자가 가진 타자성(他者

영향이 있어야 포기가 가능하다.

레비나스의 철학에서 여성적 개입은 무한 타자와 감응하는 자기 감성에서도 나타난다. 고통 받는 타인을 볼 때에, 그런 타인의 고통을 나의 고통으로 아파하고 나의 책임으로 느끼는 모성적 감상 능력이 인간에게 잠재해 있다고 말한다. 그런 능력이 무의식에 존재하며, 그 무의식은 의식이 불가능해 하는 것을 감당하는 '생명력의 약동'이라 한다. 이런 무의식의 생명력 구조를 '타자를-위한-일자'라고 규정한다. 이것이 레비나스의 신성한 내면이다. 레비나스의 구상화는 모성적 사랑과 부성적 지혜가 짝을 이루는 것이다. 거기에는 유대신비주의가 자리 잡고 있다.802)

전쟁과 폭력의 비참함 속에서 인간이 과연 이렇게 갈 수 있는가? 레비나스는 자신의 논리로 된다고 말하겠지만 아무도 그렇게 할 수 없다. 인간의 무의식에 '생명력의 약동'이 있다면, 왜 이 세상에 전쟁과 억압이 존재하는가? 그렇게 하지 않기 위해 메시아, 무의식, 생명력의 약동, 여성의 은혜 이런 개념들을 도입하는 것은 명백하게 도약이다. 레비나스는 키에르케고르의 도약을 비판했으면서도803) 정작 자기 자신은 존재와 개별자와의 관계 속에서 문제를 해결하지 못했

性)을 존중하는 것이야말로 자기 존재의 본질이자 가치라는 것이다. 이런 레비나스의 타자이론은 도덕적 환원론이라는 비판을 받으며 낯선 타인의 얼굴에서 신의 무한한 초월성을 발견하는 것을 설명하기 쉽지 않다는 논란이 있다."

802) http://www.integral-religion.org/Levinas.html; The French-Jewish philosopher Emmanuel Levinas (1906-1995) made ethics the central point of his philosophical inquiries. He considered ethics to be the prima philosophia, the first and foremost central issue of all philosophical investigation, in spite of the Greek tradition that from the time of Aristotle Levinas onwards had always allotted this first place to metaphysics. Levinas believed that metaphysics and ethics were in fact one and the same. In this equation of metaphysics and ethics he wanted to underscore the Hebraic element in Western thought, though he knew well that the Greek Socrates also had made endeavors to show the metaphysics of ethics. But the difference with Socrates is the fact that Levinian ethics are more rooted in a religious view on life, while Socrates wanted to show the rationality of right ethical conduct. This has brought a number of students of philosophy to believe that there is a mystical element in the thought of Levinas, precisely because he wants to transcend rationality as the source of his ethics. This makes it worthwhile to consider the similarities and the dissimilarities between the thought of Levinas and mysticism. That way we may perhaps in the end be able to answer the question whether Levinas was a mystic or not; whether his thought is mystical or otherwise indebted to mysticism.
Richard A. Cohen, Levinasian Meditations: Ethics, Philosophy, and Religion, Duquesne University Press, 2010, 380pp., $35.00 (pbk), ISBN 9780820704333.
803) http://ko.wikipedia.org/wiki/쇠렌_키르케고르/ 존 립피트(Lippitt, John), 《키르케고르와 공포와 전율》(Kierkegaard and Fear and Trembling), 러틀리지, 2003, ISBN 0-415-18047-3. 레비나스가 키르케고르에게 가한 비판의 주요한 내용은, 그의 윤리적이고 종교적인 단계들에 집중하였다. 특히 《공포와 전율》에 대해서 그러했다. 레비나스는 신앙의 도약을 비판했는데, 그가 보기에 이러한 윤리적인 매달리기와 신앙으로의 도약은 폭력의 일종이라는 것이다. "키르케고르의 폭력은, 실존이 믿음의 영역인 종교적인 단계로 도약하기 위해서 윤리적인 단계를 포기할 때 시작된다. 그

고 레비나스 식의 도약을 감행했다. 인간은 죄인이지 메시아가 아니다. 인간의 무의식에 생명력이 있다는 것은 인간이 신이라는 말과 똑같다. 인간은 죄인이기에 그 죄의 권세에서 벗어나는 길은 내면의 무의식에 있는 '생명력의 약동'이 아니라 인간 외부에서 우리 죄를 위하여 십자가에 피 흘려 죽으신 메시아 예수님을 믿는 길뿐이다.

2) 우리가 이렇게 기도하도록 격려 받는 것은 우리가 그분의 은혜로 다른 사람들을 진심으로 용서할 수 있게 되었기 때문이다

예수님의 산상수훈을 통해 기도와 용서에 관하여 생각해보자.

> 7 구하라 그러면 너희에게 주실 것이요 찾으라 그러면 찾을 것이요 문을 두드리라 그러면 너희에게 열릴 것이니 8 구하는 이마다 얻을 것이요 찾는 이가 찾을 것이요 두드리는 이에게 열릴 것이니라 9 너희 중에 누가 아들이 떡을 달라 하면 돌을 주며 10 생선을 달라 하면 뱀을 줄 사람이 있겠느냐 11 너희가 악한 자라도 좋은 것으로 자식에게 줄 줄 알거든 하물며 하늘에 계신 너희 아버지께서 구하는 자에게 좋은 것으로 주시 지 않겠느냐 12 그러므로 무엇이든지 남에게 대접을 받고자 하는 대로 너희도 남을 대접하라 이것이 율법이요 선지자니라(마 7:7-12)

예수님께서는 무엇을 구하고 찾고 두드리라고 하셨는가? 그것은 유대인들의 율법주의와 그들의 삶과는 다른 것을 말한다. 마태복음 7장 1절에서 비판하지 마라는 것은 그들의 율법주의에서 나오는 '외식' 때문이다. 의로 충만한 자들은 그렇지 못한 사람들을 향해서 비판을 했다. 그들은 잘못 구하고 잘못 찾고 잘못 두드리고 있었다.

어떻게 해야 올바르게 구하고 찾고 두드리는 것인가? 그것은 "그의 나라와 그의 의를 구하"는 것이다(마 6:33). 그것은 언약의 실현이다. 그 실현이 나타나는 것을 예수님께서는 마태복음 7장 12절에서 "남을 대접하라"고 말씀하셨다. 하나님을 사랑하는 자는 이웃을 사랑하는 자로 나타나야 한다. 그러나 사람은 사랑할만한 가치가 없다. 더 거룩하고 더 열심을 가질수록 다른 사람들의 허물과 죄가 보인다. 그러니 사랑하기 보다는 비판하는 것이 먼저 나오게 된다.

사랑은 인간의 눈으로는 못한다. 하나님의 은혜와 사랑 안에서만 사랑할 수

러나 믿음은 더 이상 외부적인 정당화를 추구하지 않는다. 내부적으로조차, 그것은 의사소통과 고립이 결합되었고, 따라서 거기에서 폭력과 고난이 유래하였다. 그것은 윤리적인 현상을 격하시켜 이차적인 지위를 주는 것의 유래가 되었고, 존재의 윤리적인 기초를 멸시하는 것이어서, 그것은 니체를 불러들이고, 니체를 거치면서 도덕관념이 없는 현대철학으로 완성되었다." 엠마누엘 레비나스(Emmanuel Levinas), 실존과 윤리(Existence and Ethics), (1963)

있다. 예수 그리스도의 십자가의 피로 구원받아야 할 대상으로 바라볼 때만 사랑할 수 있다. 하나님의 형상대로 창조함을 받은 인격적인 존재라는 그 가치를 알 때에만 사랑할 수 있다. 진정으로 율법을 지킨다는 것은 구원과 언약의 관점에서 십자가의 렌즈로 사람을 사랑하게 되는 것이다. 예수님께서는 그것을 구하라 하시고 찾고 두드리라 하신 것이다. 그것은 자기 의로 가는 것이 아니라 하나님의 통치 속에서 언약에 신실함으로 하나님 의존적인 삶으로 십자가가 필요한 인생으로 살기를 구하는 것이다.

우리가 죄 사함을 구하는 기도를 하는 것은 우리 내면에 신성함이 있어서가 아니다. 우리 안에는 소망이 없다. 성도는 우리 밖에서 십자가의 피로 우리 죄를 사하신 예수 그리스도의 은혜에 기초한다.

> 14 너희가 사람의 과실을 용서하면 너희 천부께서도 너희 과실을 용서하시려니와 15 너희가 사람의 과실을 용서하지 아니하면 너희 아버지께서도 너희 과실을 용서하지 아니하시리라(마 6:14-15) 23 이러므로 천국은 그 종들과 회계하려 하던 어떤 임금과 같으니 24 회계할 때에 일만 달란트 빚진 자 하나를 데려오매 25 갚을 것이 없는지라 주인이 명하여 그 몸과 처와 자식들과 모든 소유를 다 팔아 갚게 하라 한대 26 그 종이 엎드리어 절하며 가로되 내게 참으소서 다 갚으리이다 하거늘 27 그 종의 주인이 불쌍히 여겨 놓아 보내며 그 빚을 탕감하여 주었더니 28 그 종이 나가서 제게 백 데나리온 빚진 동관 하나를 만나 붙들어 목을 잡고 가로되 빚을 갚으라 하매 29 그 동관이 엎드리어 간구하여 가로되 나를 참아 주소서 갚으리이다 하되 30 허락하지 아니하고 이에 가서 저가 빚을 갚도록 옥에 가두거늘 31 그 동관들이 그것을 보고 심히 민망하여 주인에게 가서 그 일을 다 고하니 32 이에 주인이 저를 불러다가 말하되 악한 종아 네가 빌기에 내가 네 빚을 전부 탕감하여 주었거늘 33 내가 너를 불쌍히 여김과 같이 너도 네 동관을 불쌍히 여김이 마땅치 아니하냐 하고 34 주인이 노하여 그 빚을 다 갚도록 저를 옥졸들에게 붙이라 35 너희가 각각 중심으로 형제를 용서하지 아니하면 내 천부께서도 너희에게 이와 같이 하시리라(마 18:23-35)

은혜 받고 구원 받은 자로서 용서의 무한성에 대한 말씀이다. 예수님께서 십자가에 못 박혀 죽으심으로 그 피로 죄사함을 받고 하나님의 자녀가 되었다. 왜 예수님이 그러셔야 했는가? 인간은 죄인이기 때문이다. 인간은 스스로 죄에서 날 수가 없다. 그 죄용서의 은혜를 받았으니 형제의 죄를 용서하며 살아야 한다.804) 그것이 구원받고 언약 안에 사는 자의 삶이다.

성도는 죄 용서를 받은 자로서 다른 사람들을 진심으로 용서해야 한다. 예수

---

804) 하이델베르크 교리문답 제 56문: 당신은 죄의 용서에 대하여 무엇을 믿고 있습니까? 답: 나는 하나님께서 그리스도의 대속 때문에 나의 죄를 기억지 아니하신다는 것을 믿습니다. 곧 나는 하나님께서 그리스도의 대속 때문에 내가 전생애 동안 투쟁해야만 하는 나의 죄악 된 본성을 기억하지 아니하시고 나에게 그리스도의 의를 주셔서 내가 결코 정죄당하지 않도록 해 주신다는 것을 믿습니다.

님께서는 일흔 번씩 일곱 번이라도 용서하라고 말씀하셨다.805) 다른 사람을 용서하는 것은 우리와 다른 사람들을 평가하는 기준이 세상적인 부와 권력과 명예에 있지 않기 때문이다. 모든 인간은 다 죄인이며, 그 죄에서 구원함을 받는 것은 인간 밖에서 주어진 예수님의 십자가의 은혜라는 것을 믿기 때문이다. 죄인된 차원으로 사람들을 평가하기 때문에 서로 용서하고 사랑할 수가 있다. 구원과 언약 안에 다 들어 있기 때문에 가능하다.

> 서로 인지하게 하며 불쌍히 여기며 서로 용서하기를 하나님이 그리스도 안에서 너희를 용서하심과 같이 하라(엡 4:32)

"하나님이 그리스도 안에서 너희를 용서하심과 같이 하라"고 말한다. 그리스도의 용서를 받지 못한 사람은 다른 사람들을 용서할 수 없다. 성령 하나님께서 죄의 비참함과 절망을 보게 하신다. 그렇게 가난한 심령이 되지 않으면 다른 사람을 용서할 수가 없다. 그리스도인의 진정한 용서는 죄인을 용서하신 그리스도의 용서에 기초하는 것이지 그 이상도 그 이하도 없다. 내가 죄인이듯이 이 세상 모든 사람도 스스로 그 죄에서 구원받을 수 없는 죄인이라는 차원에서 바라보기 때문에 용서할 수 있다.

내가 1번이 되어야 하고 내가 더 칭찬받고 높임을 받으려고 하면 용서는 할 수 없다. 여전히 내 능력을 인정받고 싶고 박수 받고 싶으면 용서는 안 된다. '내 마음을 저 사람이 다 알아주면 용서하리라' 그러면, 죽어도 용서가 안 된다. 그걸 다 알았으면 나에게 상처주고 나에게 피눈물 흘리게 하지도 않았을 것이다. 예수님께서 십자가에 죽으시는 것을 어느 인간이 알고 있었던가? "만일 알았더면 영광의 주를 십자가에 못 박지 아니하였으리라"(고전 2:8) 몰라주는 거, 그걸 보고 열 받으면 용서하지 못한다.806)

'저거 없어지면 좋겠다', '저 인간만 없으면 나라가 평안할텐데', '저거는 왜 태어나가지고 왜 나를 이렇게 못살게 하나?', '왜 저런 인생을 만나서 이 고생을

---

805) 21 그때에 베드로가 나아와 가로되 주여 형제가 내게 죄를 범하면 몇 번이나 용서하여 주리이까 일곱 번까지 하오리이까 22 예수께서 가라사대 네게 이르노니 일곱 번뿐 아니라 일흔 번씩 일곱 번이라도 할지니라 23 이러므로 천국은 그 종들과 회계하려 하던 어떤 임금과 같으니 24 회계할 때에 일만 달란트 빚진 자 하나를 데려오매 25 갚을 것이 없는지라 주인이 명하여 그 몸과 처와 자식들과 모든 소유를 다 팔아 갚게 하라 한대 26 그 종이 엎드리어 절하며 가로되 내게 참으소서 다 갚으리이다 하거늘(마 18:21-26)
806) 이에 예수께서 가라사대 아버지여 저희를 사하여 주옵소서 자기의 하는 것을 알지 못함이니이다 하시더라 저희가 그의 옷을 나눠 제비 뽑을쌔(눅 23:34)

하나?' 그러지 말아야 한다. 십자가는 허수아비가 아니다. 그 십자가의 사랑과 용서를 더 많이 알아가게 하시려고 저 인간을 만나게 하신 것이고, 십자가의 그 사랑과 용서를 저 사람에게 나타내라고 만나게 하신 것이다.

'나는 뭔데요?' 그것은 하나님께서 갚으실 것이다. 그보다 더 좋은 보상이 어디에 있겠는가! 하나님께서는 '나는 뭔데요?'를 '어찌 나 같은 죄인을 구원하셨나요' 하며 은혜의 눈물로 바꾸시는 하나님이시다. 그렇게 되어가는 인생이 구원 받은 백성이다. 죽어가면서 숨이 넘어가는데도 '나 죽거들랑 저 원수 갚아라' 그러면서 죽는 것은 성도의 삶이 아니다. 죽을 때는 다 용서하고 하나님 앞에 가야 한다. 그리고 영혼을 주님께 맡기는 것이 성도의 아름다운 모습이다. 하나님의 백성들은 예수님의 말씀을 기억해야 한다.

> 14 너희가 사람의 과실을 용서하면 너희 천부께서도 너희 과실을 용서하시려니와 15 너희가 사람의 과실을 용서하지 아니하면 너희 아버지께서도 너희 과실을 용서하지 아니하시리라(마 6:14-15)

이웃을 용서한다는 것은 이웃에 대하여 재판장 노릇을 하지 않겠다는 것이다. 원수를 갚아서 보복을 하고 쌓인 원한을 풀겠다는 것이 아니라 하나님의 손에 맡기고 우리 자신은 성도로 가야할 길을 신실하게 걸어가겠다는 자세를 말한다. 아버지 야곱이 죽은 후에 그 형제들이 두려운 나머지 요셉을 찾아와서 목숨을 구걸할 때에 요셉은 울었다. 요셉은 어떻게 말했는가?

> 요셉이 그들에게 이르되 두려워 마소서 내가 하나님을 대신하리이까 당신들은 나를 해하려 하였으나 하나님은 그것을 선으로 바꾸사 오늘과 같이 만민의 생명을 구원하게 하시려 하셨나니 당신들은 두려워 마소서 내가 당신들과 당신들의 자녀를 기르리이다 하고 그들을 간곡한 말로 위로하였더라 (창 50:19-21)

이 모든 일을 행하신 분이 하나님이시라는 것을 알기에, 요셉은 하나님을 대신해서 재판장의 자리에 앉지 않았다. 그리고 형제들을 위로하고 안심시켰다. 결국 이 교리문답이 말하고자 하는 것이 무엇인가? 우리의 죄를 용서하신 예수 그리스도의 사랑을 알고 원수를 갚는 것은 하나님께 맡기라는 것이다. 하나님께서 우리에게 맡기신 것은 화목케 하는 것이다.

> 이는 하나님께서 그리스도 안에 계시사 세상을 자기와 화목하게 하시며 저희의 죄를 저희에게 돌리지 아니하시고 화목하게 하는 말씀을 우리에게 부탁하셨느니라 이러므로 우리가 그리스도를 대신하

여 사신이 되어 하나님이 우리로 너희를 권면하시는 것같이 그리스도를 대신하여 간구하노니 너희는 하나님과 화목하라(고후 5:19-20)

사도 바울은 고린도 교회가 화목할 수 있는 근본적인 원리를 말하고 있다. 교회 안에는 외모로 자랑하며 교회를 어지럽히는 사람들이 있었다. 그들은 사람들로부터 대접을 받으려고 했고 자신들의 이익을 추구했다. 그 본질적인 원인은 십자가로부터 멀어졌기 때문이다. 사도는 예수 그리스도의 십자가 안에서 자기 자랑을 버리고 서로 화목하도록 권면했다. 사람을 외모로 판단하지 않고 '그리스도 안에서' 사람을 보아야 한다. 모든 성도는 그리스도 안에서 '새로운 피조물'이다. 성도는 십자가의 렌즈로 사람을 보고, 십자가의 사랑으로 사람을 사랑할 때 사람이 변화된다. 이것이 은혜로세~ 할렐루야!

제106문 여섯째 기원에서 우리는 무엇을 위하여 기도합니까? (대195)
답: "우리를 시험에 들게 하지 마옵시고 다만 악에서 구하시옵소서"라는 이 여섯째 기원에서 우리는 우리가 죄에 빠지지 않게 하나님께서 우리를 지켜 주시거나 또는 우리가 시험을 당할 때에 우리를 도와주시고 건져 주시기를 기도합니다.[807]

무신론적 실존주의자 사르트르의 사상은 전후 철학자로서 정치나 사회 상황에 대한 인간의 주체적 행위의 근거를 어디에서 찾아야 하느냐? 하는 것이었다. 마르크스주의는 사회의 억압받는 민중의 반항의 필연성은 말하나, 극한적 상황에 놓인 인간의 자유문제에 대해서는 아무것도 말해주지 못했다. 샤르트르 철학의 모티브는 '인간이 처한 시대나 사회 상황에서 어떻게 행동해야 하는가?'였다.[808]

인간은 사물과 다르다. 사물은 의식 없이 이미 주어진 상태로 존재하고 다만 인과법칙에 의하여 변화할 뿐이다. 그러나 인간은 미리 주어진 본질이 없는 '무'이고 아직 도달하지 않은 어떤 것, 그 목표에 의해 만들어져 가는 존재다. 그것이 가능한 것은 스스로 반성할 수 있는 의식이 있는 존재이기 때문이다. 사르트르가 하고 싶은 말은 동일성을 향해 끊임없이 부정을 제기하는 인간이 되라는 것이다. 인간의 자유는 현재의 삶에서 결여를 발견하고 끊임없이 극복하려는 인간적 본성이라는 것이다. 중요한 것은 그 자유라는 것이 생득적인 것이 아니다. 그것이 생득적인 것이 되어버리면 외부의 간섭자를 인정해야 하기 때문이다. 그러기에 인간의 선택과 결단으로 얻어진다. 인간의 자기 노력으로 만들어지는 것이다. 인간의 자유와 선택과 책임은 실존주의의 핵심이 된다. 사르트르의 유명한 말, '인간의 실존이 본질에 앞선다'는 것은 인간이 세계를 의식하기 이전에는 모든 것이 무와 같다. 의식을 가진 인간이 주관을 가지고 선택하고 결단함으로 세계를 만들어 간다. 인간이 자율성을 가지고 만들어 가는 세계이지 무슨 본질이 있어서 거기로부터 규정되는 것이 아니라는 것이다. 그것이 샤르트르의 실존이다.[809]

그러나 안타깝게도 인간은 유한하다. 그러나 유한한 인간이 바라는 것은 유한한 의미가 아니다. 인간은 영원히 지향할 목표를 원한다. 그러나 그것을 마련할

---

807) Q. 106. What do we pray for in the sixth petition? A. In the sixth petition, which is, And lead us not into temptation, but deliver us from evil, we pray that God would either keep us from being tempted to sin, or support and deliver us when we are tempted.
808) http://blog.daum.net/leeunju/25
809) 같은 사이트에서.

기반이 없다. 샤르트르는 인간으로 모든 것을 시작하기 때문에 그 인간을 굳건히 받쳐줄 영원한 준거점을 마련할 수가 없었다. 그러니 샤르트르의 결론은 간단했다. '세상은 부조리한거야' 그런 부조리한 세상에서 살아남는 방법은 자유의지를 발휘해서 자기 선택과 결단으로 이겨가는 방법 밖에는 없다. 주어진 자기 상황에서 소외를 극복하기 위해 자신이 준거점이 되어서 상황을 이겨나가는 실존체험은 초월과 비약으로 나아간다. 거기에는 합리성과 논리가 사라져버렸기 때문이다.810)

1930년 3월 샤르트르는 페수종으로 프랑스 파리의 부르세 병원에 입원했다. 그를 찾아온 사람들에게 욕설을 하면서 손에 잡히는 대로 물건을 집어 던지며 절규했다. 그는 한 달 동안 발악을 했다. 자기 죽음에 대한 불안과 공포 때문에 자기의 병명이 무엇인지 자기 곁에 있는 아내에게 묻지 못했다. 병원 측에서는 그런 철학자의 품위 없음에 당황스러워했다.811) 그것이 실존주의를 부르짖던 철학자의 비참함이었다. 그는 돌아갈 곳이 없었다!

하나님 없는 실존주의자들의 이런 절망적인 현실을 알고 우리는 하나님께 다음과 같이 기도해야 한다.

1) 우리는 우리가 죄에 빠지지 않게 하나님께서 우리를 지켜 주시거나812)

우리는 구원을 받았으나 여전히 옛사람의 죄악 된 것들이 다 제거된 상태가 아니다. 우리는 아직도 죄지을 가능성이 남아 있고 언제라도 죄짓는 일을 서슴치 않는다. 그러므로 구원과 언약에 기초하여 죄악 된 것들과 싸워 이기도록 성령님 안에서 기도해야 한다. 시편 저자는 다음과 같이 기도했다.

> 또 주의 종으로 고범죄를 짓지 말게 하사 그 죄가 나를 주장치 못하게 하소서 그리하시면 내가 정직

---

810) 프란시스 쉐퍼, 이성에서의 도피, 김영재 역 (서울: 생명의말씀사, 2006), 70; 하나님의 형상대로 지음을 받은 인간이 아무것도 아닌 양 살 수는 없다. 그러므로 인간은 상층부에 온갖 종류의 절실한 것들을 나열한다. 상층부에 무엇을 두든 마찬가지라는 점을 설명하기 위해 상층부에 열거된 것들이 얼마나 많은가를 보여 줄 필요가 있겠다. 이미 사르트르의 "실존적 체험"(existential experience)과, 야스퍼스의 "한계 체험"(final experience)과 하이데거의 "불안"(Angst) 등의 예를 들었다. 합리성과 논리에 관한 한 어느 경우든 인간은 죽었다.
811) http://blog.daum.net/yooncabin22/66318
812) 하이델베르크 교리문답 제127문: 여섯 번째 청원은 무엇입니까? 답: "우리를 유혹에 빠지지 않게 하시고, 오히려 우리를 악한 자에게서 구하여 주십시오." 곧 이 청원은 "우리는 너무나 연약하여서 스스로의 힘으로 한순간도 서 있을 수 없습니다. 게다가, 우리의 불구대천의 원수 곧 마귀와 세상과 우리 자신의 육체가 끊임없이 우리를 공격합니다. 그러므로 당신께서 성령의 능력으로 우리를 유지시키고, 강하게 하사, 이 영적 전쟁에서 우리가 최종적으로 완전한 승리를 얻기까지 패배당하지 않게 해주십시오"라고 구하는 것이다.

하여 큰 죄과에서 벗어나겠나이다(시 19:13)

시 19편은 세 부분으로 나누어져 있다. 첫째는 자연을 통하여 말씀하시는 하나님(자연계시)을 찬양한다(1-6절). 둘째는 성경을 통하여 말씀하시는 하나님(특별계시)을 찬양한다(7-11). 셋째는 자연 계시의 빛과 성경의 빛 앞에서 자신의 죄악을 회개하며 하나님의 구속을 바라며 의지한다(12-14절).813)

저자는 "고범죄를 짓지 말"도록 기도했다. 그것은 교만하고 완악하게 지은 죄를 말한다. 자연과 성경에 드러난 하나님의 뜻을 저버리고 사는 것은 언약 밖의 사람들이 짓는 죄이기 때문이다. 하나님의 뜻이 드러나 있는 이 언약의 말씀을 신실하게 지켜 살기를 기도한 것이다.

예수님께서는 제자들이 악에 빠지지 않기를 기도하셨다.

> 내가 비옵는 것은 저희를 세상에서 데려가시기를 위함이 아니요 오직 악에 빠지지 않게 보전하시기를 위함이니이다(요 17:15)

제자들이 그 사명을 다하기까지 세상에 있어야 하는 이유는 무엇인가? 예수님께서 십자가에 죽으시고 부활하시어 승천하실 때 함께 다 하나님의 나라로 데려가시면 안 되는가? 놀랍게도 예수님께서는 그렇게 하지 않으셨다. 그것은 제자들을 위해서였다. 그들은 진리로 거룩해져야 했다. 그것은 죄악들과의 싸움을 의미한다. 또한 그들을 통하여 복음을 전하며 주님의 몸 된 교회를 세우는 일을 해야 했다. 죄악들과 싸워가며 복음을 전하는 이 일을 주님께서 다시 오실 때까지 계속되어야 한다.

예수님께서는 잡히시기 전날 밤에 겟세마네 동산에서 기도하셨다. 그때에 제자들이 가까이 있었는데 그들에게 예수님께서는 다음과 같이 말씀하셨다.

> 40 제자들에게 오사 그 자는 것을 보시고 베드로에게 말씀하시되 너희가 나와 함께 한 시 동안도 이렇게 깨어 있을 수 없더냐 41 시험에 들지 않게 깨어 있어 기도하라 마음에는 원이로되 육신이 약하도다 하시고(마 26:40-41)

왜 제자들은 예수님과 함께 깨어 있을 수 없었는가? 그들의 육신이 피곤하기도 했지만, 더 중요한 것은 아직도 예수님을 이해할 수가 없었기 때문이다. 예수

---

813) 유도순, 시편파노라마에서.

님이 메시아시라면 왜 십자가를 지고 죽어야 하는지 도무지 납득이 되지 않았다. 제자들이 생각하고 고대했던 메시아와는 완전히 다른 길을 가시기 때문이다. 예수님께서 저 로마를 쳐부수고 이 땅에 새로운 하나님의 나라를 건설할 것으로 제자들은 생각했다. 그러나 예수님은 십자가에서 죽으신다고 하시니 예수님과 함께 할 수 없었다.

시험에 들게 되는 것은 하나님을 모르고 하나님의 뜻과 방법을 이해하지 못하기 때문이다. '하나님이 하나님이시라면 왜 이렇게 하셔야만 하는가?'하면서 자신의 삶에 일어나는 일들을 이해하지 못한다. 많은 사람들이 예수님을 믿고 열심히 주님을 따르면 삶의 어려움이 없이 하나님께서 채워주시리라고 생각한다. 영적인 복만 받는 것이 아니라 세상의 복, 물질의 복을 주실 것이라고 생각한다. 그런 일이 일어나지 않으면 실망한다. 심지어 기독교 신앙을 버리고 예수님을 떠나간다.

예수님께서 왜 하늘 보좌를 떠나 이 땅에 오셨으며, 왜 고난과 능욕을 당하며 십자가를 지셔야만 했는지 그 근본적인 이유를 알지 못하면 시험에 들게 된다. 우리를 구원하셨으나 왜 세상의 보상으로 응답하지 아니하시는지 그것을 알지 못하면 시험에 들게 된다. 하나님께서 성도의 삶에 일하시는 영적인 원리와 방법을 모르면 시험에 들게 된다.

하나님께서는 일부러 죄를 짓도록 시험하시는 하나님이 아니시다. 시험은 두 가지 의미로 나타난다. 하나는 죄를 짓도록 하는 것이고 또 하나는 연단을 위한 시련과 고난을 뜻한다. 그것은 문맥에 따라 판단해야 한다.

> 2 내 형제들아 너희가 여러 가지 시험을 만나거든 온전히 기쁘게 여기라 3 이는 너희 믿음의 시련이 인내를 만들어 내는 줄 너희가 앎이라(약 1:2-3)

이 말씀에서 "시험"은 시련과 고난을 의미한다. 그 시험을 "믿음의 시련"이라 한 것은 그 시험이 "인내를 만들어" 내기 때문이다. '시련'은 '시험하여 인정된 것'을 의미하기에, "믿음의 시련"을 만난 성도들은 그런 시련들을 "온전히 기쁘게 여기"게 된다.814)

---

814) 호크마 주석에서. 바울은 "인내는 연단을 연단은 소망을 이루는 줄 앎이라"(롬 5:4)고 하여 '인내'를 원인적인 위치에 둔다. 그러나 야고보는 '인내'가 시련의 과정을 거친 결과로 보고 있다. 이런 상이한 표현은 강조점의 차이 때문이다. 바울은 시련의 과정을 중요시 한 반면 야고보는 고난 자체를 중요시하기 때문이다

> 사람이 시험을 받을 때에 내가 하나님께 시험을 받는다 하지 말지니 하나님은 악에게 시험을 받지도 아니하시고 친히 아무도 시험하지 아니하시느니라(약 1:13)

여기에서 "시험"은 죄를 짓거나 혹은 죄에 빠지게 하는 것을 의미한다. 이 "시험"은 이어 나오는 14절의 "자기의 욕심"에 이끌린 "미혹"에서 비롯된 것이다. 그 "미혹"은 하나님에게서 비롯된 것이 아니라 사람이 자기 속에 있는 악한 죄악의 기질과 욕심에서 발생하는 것으로[815] 죄의 책임은 인간에게 있다.[816] 그러므로 하나님께서 사람을 시험하는 것이 아니라 사람이 욕심에 이끌려 시험에 들게 된다.

> 13 사람이 시험을 받을 때에 내가 하나님께 시험을 받는다 하지 말지니 하나님은 악에게 시험을 받지도 아니하시고 친히 아무도 시험하지 아니하시느니라 14 오직 각 사람이 시험을 받는 것은 자기 욕심에 끌려 미혹됨이니 15 욕심이 잉태한즉 죄를 낳고 죄가 장성한즉 사망을 낳느니라(약 1:13-15)

하나님께서 성도의 믿음을 달아보시려고 생각지 않은 상황으로 인도하실 때가 있다. 믿음의 시련을 만나는 때이다. 그 때에 믿음으로 감당하지 않고 인간적인 생각으로 해결하려고 하면 그 시련이 죄를 짓게 하는 시험이 될 수도 있다.

어느 누구도 자신이 당하는 시험에 대해서 하나님 탓을 해서는 안 된다. 사람들은 자신들이 헤아리지 못하는 일들에 대해서 무작정 하나님을 원망한다. 자신이 무슨 죄를 짓고 있는지, 자신이 어떤 욕망에 사로잡혀 있는지를 살피지 않는다. 그로 인해서 결국 사망에 이르게 되는 줄을 모른다. 이것은 특별한 사람만이 그런 것이 아니라 모든 사람이 그렇게 행한다. 놀랄 일이 아니다. '나는 그렇게 살지 않아'하고 예외적으로 생각해서도 안 된다.

2) 또는 우리가 시험을 당할 때에 우리를 도와주시고 건져 주시기를 기도합니다

성도가 시험을 당할 때 기도하는 것은 하나님의 은혜와 도우심 가운데 믿음으로 승리하기 위함이다. 참된 그리스도인은 사탄과 세상과 자기의 부패한 육신을 대항하는 일에 자신이 얼마나 나약한지 아는 자이다.[817] 그러기에 그는 자신의

---

815) 오직 각 사람이 시험을 받는 것은 자기 욕심에 끌려 미혹됨이니(약 1:14)
816) 호크마 주석에서, 야고보는 '페이라조메노스'를 '하나님께'(아포 데우, '하나님께로부터')받는 것이 아님을 강조하면서 매개(媒介)의 성격이 강한 '휘포'('...의하여')를 사용하지 않고 '근원'을 의미하는 '아포'('...로부터')를 사용하여 '페이라조메노스'가 발생하게 되는 진원지가 하나님이 아님을 강하게 강조하고 있다(Robertson).
817) 코르넬리스 프롱크, 주기도문, 임정민 역 (서울: 그책의사람들, 2013), 129.

힘과 능력을 의지하지 않고 오직 하나님의 은혜로 이겨가려고 기도한다.

> 사람이 감당할 시험 밖에는 너희에게 당한 것이 없나니 오직 하나님은 미쁘사 너희가 감당치 못할 시험 당함을 허락지 아니하시고 시험 당할 즈음에 또한 피할 길을 내사 너희로 능히 감당하게 하시느니라(고전 10:13)

"감당할 시험"이란 누구나 당하는 시험이라는 뜻이다. 이 세상 어느 누구도 시험에서 면제된 사람은 아무도 없다. 그 시험을 누가 이겨내고 누가 감당할 수 있는가? 사십 일 금식기도로 다 해결이 되는가? 사람들은 '이렇게 하면 승리한다'고 말한다. 놀랍게도 이 13절은 시내산 아래서 우상숭배하며 지은 죄와 광야에서 시험했던 죄와 원망했던 죄에 대하여 말하면서 이것이 "말세를 만난 우리의 경계로 기록하였"다고 말한다. 13절은 어려운 일을 만났을 때 위로의 말로 주어진 것이 아니다.

이스라엘은 출애굽을 하고 시내산에서 언약을 맺어 저 가나안으로 가는 사람들이었다. 출애굽으로 곧바로 가나안으로 가지 않았다. 구원이 곧 천국입성이 아니라는 말이다. 구원받았다고 해서 그 사람이 해야 할 것이 없다는 뜻이 아니다. 더 자라가야 하고 더 성숙되어야만 한다.818) 그 길에는 여러 가지 신앙의 싸움이 있다.

"시험 당할 즈음에 또한 피할 길을 내"주신다는 것이 시험을 면하게 해 준다는 약속이 아니다. 옛사람과 새사람의 끊임없는 싸움이 있다. 그 싸움을 이기는 비결은 기도와 말씀에 있다. 여호수아와 갈렙의 승리의 비결은 언약을 신실하게 믿었다는 데 있었다. 그 두 사람은 그렇게 시험을 이겼다.

해 아래 사는 인간 중에 언제나 시험에 들지 않고 죄를 짓지 않는 사람이 있는가? 없다. 아무도 없다! 그것이 바로 인간이 당면하는 삶의 한계이다. 구원받은 성도라 할지라도 완성된 존재가 아니며 온전히 거룩해진 존재가 아니기 때문에 여전히 한계에 직면하게 된다. 그 한계라는 것이 무엇인가? 인간의 죄악성으로 인해서 언제나 시험에 들게 된다는 것이다. 세상에는 그 한계를 극복하기 위하여 여러 가지 방법들을 제시한다. 그러나 사람은 결국 쾌락으로 간다. 왜냐하

---

818) 14 이러하므로 내가 하늘과 땅에 있는 각 족속에게 15 이름을 주신 아버지 앞에 무릎을 꿇고 비노니 16 그 영광의 풍성을 따라 그의 성령으로 말미암아 너희 속 사람을 능력으로 강건하게 하옵시며 17 믿음으로 말미암아 그리스도께서 너희 마음에 계시게 하옵시고 너희가 사랑 가운데서 뿌리가 박히고 터가 굳어져서 18 능히 모든 성도와 함께 지식에 넘치는 그리스도의 사랑을 알아 19 그 넓이와 길이와 높이와 깊이가 어떠함을 깨달아 하나님의 모든 충만하신 것으로 너희에게 충만하게 하시기를 구하노라(엡 3:14-19)

면 한계의 절벽에서 떨어져 죽는 인간의 실존에 대하여 해결책이 없다는 것을 알게 되었기 때문이다. 그 단계에 이르기 전에 있는 사람들은 온갖 것들로 몸부림을 친다.

그러면 성경에서는 성도들에게 그 한계에 직면했을 때 무엇을 말하는가?

> 14 그러므로 우리에게 큰 대제사장이 있으니 승천하신 자 곧 하나님 아들 예수시라 우리가 믿는 도리를 굳게 잡을지어다 15 우리에게 있는 대제사장은 우리 연약함을 체휼하지 아니하는 자가 아니요 모든 일에 우리와 한결같이 시험을 받은 자로되 죄는 없으시니라(히 4:14-15)

히브리서는 믿음의 시련을 당하는 성도들에게 보낸 말씀이다. 그들 역시 믿음을 지켜가는 상황 가운데서 심각한 어려움에 직면했다. 그 현실적인 고난 속에서 그들이 해야 할 것이 무엇인지를 분명하게 말해 준다. 그것은 바로 예수 그리스도를 신뢰하고 그의 말씀을 붙잡는 것이다. 그것은 또한 십자가를 붙드는 것이며 십자가의 방법으로만 가는 것이다. 그래서 우리가 믿는 도리를 굳게 잡으라고 말한다. 왜냐하면 예수 그리스도는 믿음 때문에 고난 받는 자들에게 "형제라 부르시기를 부끄러워 아니"하시는 분이시기 때문이다.819)

성도들이 삶의 한계를 직면했을 때, 다시 말해서, 삶에서 나타나는 죄악과 연약함 속에서 십자가 앞으로 나아가 우리의 죄를 고하며 그 피로 죄사함을 받으며 다시 언약에 신실한 삶으로 살아가야 한다.

세상 사람들은 어떻게 할까? 세상은 자신들의 삶에 일어나는 죄악과 연약함을 어떻게 해결할 길이 없다. 왜냐하면 세상의 종교와 철학과 사상은 자기 안에서 해결하는 체계이기 때문이다. 그런데 자기 안에서 한계가 발생했기 때문에 그 한계를 해결하기 위해 결국 '도약'을 하게 된다. 그 도약의 수단은 '신비주의 영성'이다.

하나님께서 더 나은 성화를 위하여 어려움에 처하게 하실 때

하나님께서 성도를 어려움에 처하게 하시는 것은 성도의 성화를 위한 하나님의 섭리적 돌보심의 한 부분이다. 사람들은 복이 아니면 저주로, 은혜가 아니면 심판으로 생각하는 경우가 많다.

예수님께서 길을 가실 때에 날 때부터 맹인으로 태어난 사람을 보았다. 그때

---

819) 거룩하게 하시는 자와 거룩하게 함을 입은 자들이 다 하나에서 난지라 그러므로 형제라 부르시기를 부끄러워 아니하시고(히 2:11)

에 제자들이 예수님께 여쭈었다.

> … 랍비여 이 사람이 맹인으로 난 것이 누구의 죄로 인함이니이까 자기니이까 그의 부모니이까(요 9:2)

제자들은 자기 죄이거나 부모의 죄일 것이라는 양자택일을 요구했지만, 예수님께서는 하나님의 작정의 차원으로 이렇게 말씀하셨다.

> … 이 사람이나 그 부모가 죄를 범한 것이 아니라 그에게서 하나님의 하시는 일을 나타내고자 하심이니라(요 9:3)

하나님의 영원한 목적을 이루시기 위하여 날 때부터 맹인이 되도록 하나님께서 그렇게 하셨다. 우리의 생애 가운데서 인과율적으로 이해할 수 없는 수많은 일들이 있다. 그런 일들이 일어나는 것은 하나님의 하시는 일을 나타내기 위한 하나님의 방법이다. 그것이 왜 우리에게 고통과 아픔과 상처로 다가오는지 우리는 헤아릴 수가 없다. 그러나 우리에게 허락하신 자리에서 하나님의 영광을 나타내는 삶을 살아가기를 하나님은 원하신다. 꼭 돈이 많아야 하고, 꼭 남다른 권세가 있어야만 영광을 나타내는 것이 아니다. 타락은 모든 것이 갖추어진 에덴 동산에서 일어났다는 것을 잊지 말아야 한다. 지금 우리에게 주신 그 자리가 바로 하나님의 영광을 나타내는 하나님의 최고의 손길이다. 성령님께서는 우리의 마음에 그 항복을 일으키시고 언약의 말씀에 신실하게 순종하게 하신다.

예수님을 붙들고 우리가 믿는 도리를 굳게 잡는 것이 어떻게 한계 상황에 직면한 성도들에게 도움이 될까? 예수님께서는 성도들의 대제사장이 되시기 때문이다. 대제사장은 하나님 앞에 그 백성들의 죄를 씻으며 중보하는 자이다.

> 8 형제들아 우리가 아시아에서 당한 환난을 너희가 알지 못하기를 원치 아니하노니 힘에 지나도록 심한 고생을 받아 살 소망까지 끊어지고 9 우리 마음에 사형선고를 받은 줄 알았으니 이는 우리로 자기를 의뢰하지 말고 오직 죽은 자를 다시 살리시는 하나님만 의뢰하게하심이라 10 그가 이같이 큰 사망에서 우리를 건지셨고 또 건지시리라 또한 이후에라도 건지시기를 그를 의지하여 바라노라 (고후 1:8-10)

하나님께서 왜 시련을 통하여 일하는지 사도 바울은 분명하게 말한다. 하나님께서는 성도들이 당하는 시련들을 통해서 우리 자신을 의뢰하지 않고 오직 하나님만 의뢰하게 하신다. 십자가의 방법만이 성도들의 삶에 나타나는 진정한 열매가 되기 때문이다.
그러므로 사도 바울의 고백은 오늘날 우리들에게도 동일하게 소중하다.

> 11 내가 궁핍하므로 말하는 것이 아니라 어떠한 형편에든지 내가 자족하기를 배웠노니 12 내가 비천에 처할 줄 알고 풍부에 처할 줄도 알아 모든 일에 배부르며 배고픔과 풍부와 궁핍에도 일체의 비결을 배웠노라 13 내게 능력 주시는 자 안에서 내가 모든 것을 할 수 있느니라(빌 4:11-13)

감옥 안에서나 밖에서나, 부하거나 가난하거나 그 어떤 환경과 조건 속에서도 하나님께서 일하시는 것을 사도 바울은 알게 되었다. 지금보다 더 나은 상황이 되도록 기도하는 것이 우선이 아니라 지금의 상황에서 하나님의 백성으로 어떻게 살아야 하는지 그것을 위해 기도해야 한다.

> 영혼의 어두운 밤을 통과할 때, 하나님의 생각을 읽을 수 없는 우리는 실제적으로 어떻게 해야 하는가? 첫째, 우리는 하나님의 섭리와 선하심을 신뢰해야 한다. 둘째, 우리는 "주님, 당신의 뜻은 무엇입니까?"라고 물어야 한다. 셋째, 우리는 우리 자신을 점검해야 한다.[820]

예수 그리스도를 믿어 구원을 얻어 영원한 하나님의 나라가 보장된 성도가 되었음에도 불구하고 우리의 몸은 아직도 죄와 사망의 지배 아래서 온전히 자유케 된 자가 아니다. 주를 향한 열심과 헌신을 한다 할지라도 우리의 몸이 여전히 연약한 가운데 있기 때문에 시험에 빠지고 죄를 짓게 된다. 우리 몸의 온전함은 하나님의 나라에 가서 이루어질 것이다. 이 세상을 살아가는 동안에 시험에 들지도 않고 죄를 짓지도 않았으면 좋겠지만, 인간의 연약함과 죄악과 싸우는 것을 성경은 분명하게 우리의 책임으로 말하고 있다.

구원을 받았음에도 불구하고 원치 않는 인생길을 걸어갈 때가 많다. 왜 이 고통이 나에게 일어나는지, 왜 이런 상처와 아픔이 나에게 있어야 하는지? 아무리 생각해도 원인을 모르며 해결책도 찾을 수가 없다.

하나님께서 구원받은 성도에게 이런 일을 면하게 해 주시지 않고 왜 이렇게 하시는가? 그것은 우리의 구원과 삶의 주인이 우리 자신에게 있지 않고 오직 하나님께만 있다는 것을 알게 하시기 위함이다. 예수님을 믿음으로 아픔도 눈물도 상처도 없이 인생을 즐겁게 살아가면 더 많은 사람들이 예수님을 믿을 것이고 예수 믿는 사람들도 더욱 하나님께 영광을 돌리며 살 것이라고 생각한다. 그러

---

[820] R. C. 스프로울, 웨스트민스터신앙고백해설, 이상웅·김찬영 역 (서울: 부흥과개혁사, 2011), 229.

나 그것은 잘못된 생각이다. 성경은 무엇이라고 말하는가?

> 16 그러므로 우리가 낙심하지 아니하노니 겉 사람은 후패하나 우리의 속은 날로 새롭도다 17 우리의 잠시 받는 환난의 경한 것이 지극히 크고 영원한 영광의 중한 것을 우리에게 이루게 함이니 18 우리의 돌아보는 것은 보이는 것이 아니요 보이지 않는 것이니 보이는 것은 잠간이요 보이지 않는 것은 영원함이라(고후 4:16-18)

구원 받은 성도라 할지라도 몸은 여전히 죄와 사망과 부패의 영향을 받고 있다. 그래서 시간이 갈수록 더 늙어가고 있으며 죽음을 향하여 달려가고 있다. 그 속에서 성도들은 환난을 당하고 살아간다. 그러나 우리의 속사람은 날마다 더 새로워지는 과정 속에 있다. 왜냐하면, 그 환난이 영원한 영광을 만들어 내기 때문이다. 하나님께서는 자기 백성에게 이루신 구원을 완성하시기 위하여 원치 않는 일을 만나게 하시고 원치 않는 상처를 받게 하시는 그 환난의 과정으로 훈련해 가신다. 우리가 그런 일을 당하는 것은 구원도 성화도 영광도 오직 하나님께 달려 있음을 알게 하시기 위함이다.

하나님은 왜 그런 방법으로 훈련해 가실까? 그것은 십자가의 방법이 아니고는 우리의 영혼이 영광으로 나아갈 수가 없기 때문이다. 우리는 예수 그리스도 안에서 승리를 보장받고 있다. 그 약속된 자리로 가는 성도에게 허락하시는 것이 이 세상의 것이 아니라 영원한 영광, 영원한 기쁨, 영원한 거룩이기 때문이다. 이 땅에서 우리가 맞이하는 수많은 환난들은 우리에게 눈물과 상처를 만들어 내지만 그것은 우리를 자폭하게 하는 것이 아니라 영생과 거룩을 향한 과정이다.

놀라운 것은 성경은 그 환난은 '경한 것'이라고 말하고 영원한 영광은 '중한 것'이라고 말한다는 사실이다. 성도에게 주어질 장래의 영광스러움은 현실에 당면하는 아픔과 상처는 비교할 수가 없다고 말한다. 그 영원한 영광을 바라보고 인생 가운에 만나는 환난을 이겨가는 것이 성도다.

제107문 주기도문의 결어는 우리에게 무엇을 가르칩니까? (대196)
답: "나라와 권세와 영광이 아버지께 영원히 있사옵나이다. 아멘"이라고 하는 주기도문의 결어는 우리가 기도에 있어서 오직 하나님으로부터 용기를 얻을 것과, 우리의 기도에서 나라와 권세와 영광을 그분에게 돌리면서 그분을 찬양하여야 한다는 것이다. 그리고 우리의 소원과 기도 응답의 확신에 대한 증거로서 우리는 "아멘"이라고 말합니다.821)

칼빈은 기독교강요를 "하나님을 찬양하라"로 마쳤다. 칼빈의 소원은 성경의 진리에 기초한 올바른 교회를 세우는 것이었다. 그것은 삼위 하나님을 올바르게 아는 것으로 시작한다. 인간의 호기심과 상상력으로 헛된 사색에 만족할 것이 아니다. 왜냐하면 하나님은 탐구의 대상이 아니라 찬송의 대상이시기 때문이다. 칼빈은 성경이 하나님을 깨닫는 확실한 수단이라고 말하면서 다음과 같이 말했다.

> … 만일 그 말씀에서 벗어나게 되면, 우리가 아무리 열심히 달려간다 할지라도, 우리가 이미 정도(正道)에서 벗어나 있기 때문에 결코 목표에 이를 수가 없는 것이다. 말씀이라는 실(絲)의 인도를 받지 않으면, 하나님의 찬란한 모습아-사도는 이를 "가까이 가지 못할" 것이라고 칭하기까지 한다 (딤전 6:16)-우리에게 마치 도저히 설명이 불가능한 미로(迷路)와도 같아지기 때문에, 그 말씀의 길을 따라 절뚝거리며 걷는 것이 차라리 그 길 바깥에서 온 힘을 다해 달리는 것보다 나은 것이다.822)

우리의 창조주 하나님이 세상의 헛된 신들과 사상들과 구별되게 하는 것이 무엇인지 확실히 알기 위해서는 성경의 제자가 되어야 한다고 했다. 그러면서 칼빈은 다윗의 순전한 신앙을 말하면서 미신의 제거와 하나님의 통치를 말했다. 그 통치는 다만 자연세계를 다스리시는 관능이 아니라 하나님의 정당한 주권을 유지하는 근간이 되는 "교리"를 의미하는 것이라 했다. 왜냐하면 하나님을 아는 참된 지식이 마음에 심겨지기 전에는 절대로 오류가 그 마음에서 제거될 수 없기 때문이다.823)

---

821) Q. 107. What doth the conclusion of the Lord's Prayer teach us? A. The conclusion of the Lord's Prayer, which is, For thine is the kingdom, and the power, and the glory, forever. Amen, teacheth us to take our encouragement in prayer from God only, and in our prayers to praise him, ascribing kingdom, power, and glory to him; and, in testimony of our desire, and assurance to be heard, we say, Amen.
822) 존 칼빈, 기독교강요(상), 원광연 역, (고양: 크리스챤다이제스트, 2003), 82-83.
823) Ibid., 83.

소교리문답 107문은 그렇게 하나님의 주권이 그 지으신 세계에 충만하여지기를 기도하며 하나님께 영광을 돌리고 찬양한다. 이것은 소교리문답 제1문과 연결된다. 제1문은 사람의 첫째 되는 목적이 하나님을 영화롭게 하고, 그분을 영원토록 즐거워하는 것이라 했다. 예수 그리스도의 십자가 피로써 구원받은 자들만이 이 목적으로 갈 수가 있다. 기도는 그것이 성령님의 역사하심 가운데 하나님의 기뻐하시는 뜻 가운데 이루어지기를 구하는 것이다.

그러나 그 일에 사탄은 의도적으로 반역하며 방해한다. 사탄은 에덴동산의 아담과 하와에게 그 죄에 빠지도록 유혹했으며 그 죄의 핵심은 교만이요 그 교만의 내용은 '인간의 자율성'이다. 하나님 없는 자율성이다. 이것이 죄의 본질이다. 그것이 지나간 시대에만 일어난 것이 아니라 지금도 일어나고 있다. 이 시대는 무엇이라고 말하는가? 강신주 교수는 다음과 같이 말한다.

> 기독교든, 불교든 종교는 인간의 고통을 치유하고 영속적인 행복을 약속합니다. 그렇지만 그 약속은 현세가 아닌 내세에서 천국이나 극락이란 이름으로 이루어진다고 합니다. 결국 종교의 약속은 현실에서 확인할 수 없습니다. 오직 죽은 다음에야 확인할 수 있기 때문이지요. 물론 죽은 뒤에도 불변하는 영혼이 우리에게 있다는 전제에서 말입니다. 그래서 사실 기존의 초월 종교가 약속하는 행복은 회의의 대상이 될 만한 겁니다. 그렇지만 자본주의라는 종교가 약속하는 행복은 이와 완전히 다릅니다. 자본을 가지면, 다시 말해 많은 돈을 가지면, 그만큼 현실에서도 행복할 것이라고 보증하기 때문입니다. 그래서 자본주의는 인간이 만든 종교 가운데 가장 완벽한 것이라고 할 수 있습니다. 지갑에 백만 원이 들었을 때와 천 원이 들었을 때가 있습니다. 과연 우리는 어느 때 행복 혹은 안식을 느끼게 될까요? 당연히 전자일 겁니다.
> 자본주의를 성찰할 때 짐멜이 가장 일차적으로 주목하는 것도 바로 이 점입니다. 가능한 하나의 경제 체계라는 단순한 사실보다, 그는 자본주의가 인간에게 세속적인 종교로 기능한다는 점에 주목합니다.824)

기독교와 불교를 같은 종교로 본다는 것 자체가 잘못되었다. 내세, 천국, 극락이라는 키워드로 일괄하는 것은 자기 논리로 끌어가기 위한 교두보에 불과하다. 종교보다 자본주의를 가장 완벽한 종교라 하는 것은 인간의 절망을 보기 때문이다. 무슨 절망인가? 획일화를 통한 주체의 무너짐이다. 특히 기독교와 자본주의를 엮어서 매도한다. 기독교의 하나님은 현재의 삶을 부정하고 인간을 검열한다고 몰아세운다. 그렇게 해서 얻으려는 것이 무엇인가? 인간의 자유, 사랑, 긍정이다. 지배도 복종도 거부하는 자유다. 그것이 바로 자율성이다.

---

824) 강신주, 철학적 시 읽기의 괴로움 (파주: 동녘, 2012), 54.

헤겔처럼 세계정신이 역사를 끌고 가는 것도 아니고, 스탈린이 이야기한 것처럼 생산력이 역사를 끌고 가는 것도 아닙니다. 오직 인간만이 자신의 역사를 만들어갑니다. 마르크스의 영민함은 "인간은 자신의 역사를 만들어가지만 자신이 바라는 꼭 그대로 만드는 것은 아니다"라는 주장에서 드러납니다. 그렇기 때문에 인간은 간혹 '대상적 활동'이 가진 능동성을 포기하려는 유혹에 노출되곤 합니다. 뜻대로 안 된다면, 주어진 상황을 능동적으로 극복하기 위해 노력할 필요가 없다고 절망할 수 있기 때문이지요. "모든 죽은 세대들의 전통은 악몽과도 같이 살아 있는 사람들의 머리를 짓누른다"라고 마르크스가 말했던 것도 이런 이유에서입니다. 스파르타쿠스, 스텐카 라친, 도척, 전봉준도 모두 실패했습니다. 억압이 없는 자유로운 삶은 끝내 불가능한 걸까요? 그렇지만 잊어서는 안 됩니다. 인간에게 저항을 극복하려는 자유정신이 없다면 사실 우리는 아무것도 아닌 존재입니다. 비록 뜻하는 방향으로 삶을 이끌 수 없다고 할지라도 최선을 다해 분투하는 것, 이것이야말로 대상적 활동의 주체로서 인간의 숙명이기 때문이지요.825)

강신주 교수는 "억압이 없는 자유로운 삶"을 살아가라고 목놓아 외친다. 그러나 강신주 교수가 그렇게 갈 수 있는 근거는 무엇인가? 그것은 인간의 내면에 부처의 불성과 같은 신성함이 있다는 것이다. 그것이 있기 때문에 가능하다. 그러나 현실은 억압이 있으면 자유도 가질 수 없다. 그래서 어찌해야 하나? 강신주 교수는 '어둠속의 도약', '목숨을 건 도약'을 감행하라고 주문한다.

이것은 단순히 자본주의와 권력에 대한 저항이 아니다. 그것은 인간의 자율성을 확보하기 위한 반역이다. 인간이 자율성으로 가기 위해서는 반드시 신성한 내면아이를 가져야 한다. 그리고 그것을 이루기 위해 도약이 일어난다. 자본주의를 가장 완벽한 종교라고 욕을 하면서도 정작 자기 자신이 종교적인 것을 무엇이라고 설명할 것인가? 결국 가만히 보면 자기 욕심을 이루기 위해 어느 줄에 서느냐? 하는 것 밖에는 없는 것이고, 그러기 위해서 얼마나 연대하느냐로 나가고, 결국 거기서 권력 투쟁이 발생하고 또 강신주 1을 죽이고 새로운 강신주 2가 나오고, 또 강신주 2를 죽이고 새로운 강신주 3이 나온다. 그럼에도 불구하고 인간은 역사를 통해서 배우지 않는다.

그러므로 주기도문의 결어는 그리스도 안에 살아가는 성도들에게 다음과 같이 가르친다:826)

1) 우리가 기도에 있어서 오직 하나님으로부터 용기를 얻을 것과827)

---

825) Ibid., 205-206.
826) 하이델베르크 교리문답 제128문: 당신은 기도를 어떻게 끝맺게 됩니까? 답: "왜냐하면 왕국과 권세와 영광이 영원토록 당신의 것이기 때문입니다"로 끝맺습니다. 즉 이 결론은 "우리의 왕으로서 모든 것을 다스리는 능력을 가지고 계시고, 당신이 우리에게 모든 것을 기꺼이 주시려고 하시고, 주실 것이기 때문에, 그리고 우리가 아니라 당신의 거룩한 이름이 영원히 모든 영광을 받아야 하기 때문에, 우리가 이 모든 것을 당신께 요청합니다"라고 하는 것입니다.
827) 먼저 '대개'라는 말은 무슨 의미인가? '대개'라는 말은 영어로 'for'라는 단어로 표시한다. 이 말은 '대체적으로'라는

우리가 기도를 할 수 있는 이유는 무엇인가? 그것은 우리의 기도를 받으시는 하나님께서 언약에 신실하신 분이시며 은혜롭고 자비로우신 분이시며 노하기를 더디 하시는 분이시기 때문이다. 성경은 우리의 기도에 있어서 하나님으로부터만 용기를 얻을 것이라고 말한다.

> 주 우리 하나님께는 긍휼과 사유하심이 있사오니 이는 우리가 주께 패역하였음이오며(단 9:9) 18 나의 하나님이여 귀를 기울여 들으시며 눈을 떠서 우리의 황폐된 상황과 주의 이름으로 일컫는 성을 보옵소서 우리가 주의 앞에 간구하옵는 것은 우리의 의를 의지하여 하는 것이 아니요 주의 큰 긍휼을 의지하여 함이오니 19 주여 들으소서 주여 용서하소서 주여 들으시고 행하소서 지체치 마옵소서 나의 하나님이여 주 자신을 위하여 하시옵소서 이는 주의 성과 주의 백성이 주의 이름으로 일컫는 바 됨이니이다(단 9:18-19)

다니엘서 9장은 70년 포로 생활에 대한 예레미야의 예언을 깨달은 다니엘이 민족의 회복을 위한 통회의 기도(1-19절)와 칠십 이레의 환상(20-27절)을 말하고 있다. 다니엘이 그렇게 기도할 수 있었던 것은 "주 우리 하나님께는 긍휼과 사유하심이 있"기 때문이었다. 회개하고 돌아오는 자에게 베푸시는 하나님의 무한하신 은혜와 긍휼을 의지하고 다니엘은 기도했다. 그것은 언약에 신실하신 하나님의 성품에 의지한 것이다.

어떤 사람들은 기도는 하나님을 설득해서 역사를 이루게 한다고 말한다. 그러나 하나님께서는 그 목적하신 대로 역사를 진행하시는 분이시다. 기도로 역사를 바꾼다는 것은 하나님의 영원하신 지혜와 능력을 부인하는 것이다. 아더 핑크는 『하나님의 주권』에서 다음과 같이 말했다.

> 기도의 목적은 이것이다. 즉, 하나님의 목적을 변경시키기 위한 것이 아니라 그 목적을 하나님에게 좋은 때와 방법으로 성취하기 위한 것이다. 하나님이 어떤 것을 약속하셨기 때문에, 우리는 믿음의 완전한 확신을 가지고 그것들을 간구할 수 있다. 하나님이 자신이 정하신 수단에 의하여 자신의 뜻을 이루는 것, 하나님 자신의 조건으로 즉, 탄원과 간구라는 "수단"과 "조건"에 의하여 자기 백성을 유익하게 하시는 것, 그것이 하나님의 목적이다. 성자는 자신의 죽음과 부활 이후에 하나님이 자기를 높여주실 것을 확실히 알고 있었지 않는가? 분명히 그랬다. 하지만 성자는 바로 이것을 간구하셨다. 아버지! 창세 전에 내가 아버지와 가졌던 그 영광으로, 지금 아버지 앞에 있는 나를 영화롭게 하옵소서. 자기 백성들 가운데 어느 누구도 멸망당할 수 없다는 사실을 몰랐던가? 하지만 그는 성부께 그들을 "지켜 달라"고 간구하셨다(요 17:11).828)

의미가 아니라, '일의 큰 원칙으로 말하면'이라는 뜻이다. 이것은 주기도문에 흐르는 큰 원칙이 무엇인지 말하기 위한 단어이다. '그 큰 원칙이 뭐냐?'라고 할 때, "나라와 권세와 영광이 아버지께 영원히 있"다는 것이다.
828) 아더 핑크, 하나님의 주권, 임원주 역 (고양: 예루살렘, 2009), 263.

하나님께서는 그 정하신 뜻대로 이루실 것이지만 우리에게 유익을 주시려고 그 이루실 일에 기도로 참여하게 하신다. 이것이 성도가 기도에 있어서 하나님으로부터만 용기를 얻게 되는 이유다.

하나님께서는 예레미야에게 말씀하셨다.

> 나 여호와가 말하노라 너희를 향한 나의 생각은 내가 아나니 재앙이 아니라 곧 평안이요 너희 장래에 소망을 주려는 생각이라(렘 29:11)

또한, 에스겔을 통해서는 이렇게 말씀하셨다.

> 주 여호와가 말하노라 그래도 이스라엘 족속이 이와 같이 자기들에게 이루어 주기를 내게 구하여야 할지라 내가 그들의 인수로 양떼 같이 많아지게 하되(겔 36:37)

하나님께서는 이스라엘에 비를 내리실 것이지만 엘리야는 기도에 전념하기를 멈추지 않았다. 다니엘은 선지자들의 글을 통해 포로기간이 70년이며 그 기간이 끝나가는 것을 알았지만 하나님께 베옷을 입고 재를 무릅쓰고 금식하며 기도했다. 기도는 하나님을 우리의 뜻에 굴복시키는 것이 아니다. "기도는 하나님께 나아가서 나의 필요를 말씀드리고, 나의 길을 주께 맡기고, 하나님이 보시기에 가장 좋은 대로 처분하도록 맡기는 것이다."829)

2) 우리의 기도에서 나라와 권세와 영광을 그분에게 돌리면서 그분을 찬양하여야 한다는 것입니다

이 마지막 교리문답에서 말하듯이, 성도의 기도는 나라와 권세와 영광이 아버지께 돌려지기를 구하는 기도라야 한다.

> 11 여호와여 광대하심과 권능과 영광과 이김과 위엄이 다 주께 속하였사오니 천지에 있는 것이 다 주의 것이로소이다 여호와여 주권도 주께 속하였사오니 주는 높으사 만유의 머리심이니이다 12 부와 귀가 주로 말미암고 또 주는 만유의 주재가 되사 손에 권세와 능력이 있사오니 모든 자를 크게 하심과 강하게 하심이 주 의 손에 있나이다 13 우리 하나님이여 이제 우리가 주께 감사하오며 주의 영화로운 이름을 찬양하나이다(대상 29:11-13)

다윗은 성전을 건축함에 있어서 온 이스라엘에게 함께 동참할 것을 요청하고

---

829) Ibid., 264.

있다. 그리고 이 큰 공사가 사람을 위한 것이 아니요 하나님을 위한 것임을 강조하고 있다.[830] 백성들은 즐거이 성심으로 여호와께 드렸고 다윗은 기쁨을 이기지 못했다.[831] 그 때에 다윗은 모든 것을 이루어주신 여호와 하나님께 영광을 돌렸다. 그는 모든 것이 여호와께로부터 받은 것임을 고백하며 찬송했다.[832]

다윗의 기도 속에는 하나님의 주권에 대한 인정과 순종이 들어 있다. 그는 광대함과 권능과 영광과 위엄이 다 주님의 것이라고 고백하였다. 또한 부와 귀도 하나님께로부터 오며 하나님의 손에 권세와 능력이 있다고 선포하였다. 자신의 능력이 탁월해서 자기 힘으로 이 모든 것을 준비했다고 말하지 않았다. 모든 것이 하나님으로부터 왔으며 하나님의 것이라고 고백했다. 하나님의 은혜와 자비와 긍휼하심으로 오늘이라는 자리에 이르렀으며 하나님의 도우심이 없이는 결단코 이루어질 수 없음을 고백했다. 하나님께서 자기 백성에게 고백과 항복을 받으시는 내용이 이런 것이다.

예수 그리스도의 십자가의 피로서 우리를 구원하신 하나님께서 하나님의 뜻 가운데서 우리를 그 완성의 자리에 이르기까지 이끄실 것이며, 순간순간마다 우리로 하여금 그 하나님을 신뢰하며 붙들고 살도록 성령님께서 역사하신다. 삶의 모든 것이 하나님으로부터 오는 것임을 고백하며 하나님만을 생명과 진리 되심을 믿고 의지하며 오늘도 맡긴 일에 충성되이 살아가는 사람이 바로 성도다. 그것이 참되게 하나님께 영광을 돌리는 것이다.

3) 그리고 우리의 소원과 기도 응답의 확신에 대한 증거로서 우리는 "아멘"이라고 말합니다.[833]

성도는 예수님의 이름으로 기도하며 마지막으로 아멘으로 마친다. 기도를 드린 후에 '아멘'이라 하는 것은 자신의 기도가 진실 된 기도이므로 '그렇게 되게 해 주십시오'라는 의미다. 이 말의 어원인 '아만'은 본래 어떤 대상을 '지지하다'

---

830) 내가 이미 내 하나님의 전을 위하여 힘을 다하여 예비하였나니 곧 기구를 만들 금과 은과 놋과 철과 나무며 또 마노와 박을 보석과 꾸밀 보석과 채석과 다른 보석들과 화반석이 매우 많으며(대상 29:2)
831) 백성이 자기의 즐거이 드림으로 기뻐하였으니 곧 저희가 성심으로 여호와께 즐거이 드림이며 다윗 왕도 기쁨을 이기지 못하여 하니라(대상 29:9)
832) 나와 나의 백성이 무엇이관대 이처럼 즐거운 마음으로 드릴 힘이있었나이까 모든 것이 주께로 말미암았사오니 우리가 주의 손에 서 받은 것으로 주께 드렸을 뿐이니이다(대상 29:14)
833) 하이델베르크 교리문답 제129문: 아멘이란 말은 무엇을 의미합니까? 답: 아멘이란 말은 참되고 확실하다는 뜻입니다. 왜냐하면 이런 요청들에 대해 내가 마음속으로 하나님께 바라는 것보다 훨씬 더 확실하게 하나님이 나의 기도를 듣고 계시기 때문입니다.

혹은 '신임하다'란 뜻이었다. 여기서부터 이 말은 기도나 찬양 및 선언이 종결되어지는 종지부나 끝맺음에서 '진실로 그렇습니다' 또는 '그렇게 이루어지기를 바랍니다'라는 동의나 소원의 뜻을 가진 '아멘'으로 발전되었다.

'아멘'이 기도의 응답을 받게 하는 부적으로 사용되어서는 안 된다.[834] 기도 후에 '예수님의 이름으로 기도합니다. 아멘'이라고 하는 것도 마찬가지다. 예수님의 이름으로 기도했으니 다 이루어달라고 하는 것이 기도가 아니다.

민수기 5장에는 여인의 성적 범죄 여부에 대한 남편의 의심을 말하면서 저주의 쓴물을 마시게 했다. 만일 그런 일이 없으면 저주가 내리지 않을 것이고 그런 죄를 범했다면 그 저주의 맹세로 일어날 것이라고 했다. 그렇게 했을 때 그 마지막에 여인으로 하여금 "아멘 아멘 할지니라"(민 5:22)고 말했다. 두 번이나 거듭 히브리적 강조를 한 것은, 만일 자신에게 그런 성적인 범죄가 있다면 제사장의 저주 선언을 전적으로 받아들이겠다는 의지적 표현이었다.

신명기 27장에서 모세는 백성들에게 하나님의 율법대로 실행할 것을 말하면서 모든 백성들에게 "아멘할지니라"고 명령했다.[835] 이스라엘 백성들은 하나님의 율법대로 준행할 때 주어지는 복과 불순종할 때 일어나는 저주에 대하여 분명하고 확실하게 인식하고 그 율법에 온 마음과 뜻과 힘을 다하여 순종하겠노라고 고백하였다. 그것은 복이냐 저주냐를 가르는 생명을 건 고백이었다.

느헤미야 5장에서는, 포로에서 돌아온 백성들이 생활고에 대하여 말했다. 느헤미야는 대화를 열고 귀인과 민장들을 꾸짖었다. 이처럼 어려운 상황에서 형제에게 이자를 받고 또 형제를 팔아넘겼다. 느헤미야는 그런 일들은 근본적으로 하나님을 경외함이 없다고 질책했다. 느헤미야가 마지막으로 "옷자락을 떨치며 이르기를 이 말대로 행치 아니하는 자는 하나님이 또한 이와 같이 그 집과 산업에서 떨치실지니 자는 곧 이렇게 떨쳐져 빌지로다"라고 말했을 때, 온 백성들은 "아멘하고 여호와를 찬송하고 백성들이 그 말한 대로 행하였"다(느 5:13). 백성들은 하나님을 두려워했고 느헤미야의 말대로 순종했다.

---

834) 최낙재, 소교리문답강해2 (고양: 크리스찬다이제스트, 2007), 868; "'아멘'은 원래 히브리말입니다. 유대 사람들이 원래 쓰던 히브리말인데, 이 '아멘'은 '할렐루야'보다도 훨씬 더 보편화되었지요? 모든 나라 사람들이 다 쓰는 말이 되어 버렸습니다. … 원래는 히브리말인데, 어느 나라든지 자기 나라 말로 고쳐서 않고, 만일 고쳐서 한다면, 우리나라에서는 기도를 다 드리고, '진실입니다'라고 했어야 할 것입니다. 그런데 그렇게 하지 않고 그냥 '아멘' 합니다. 우리기 그냥 우리나라 말같이 씁니다. 사실은 히브리말인데, 우리나라 말처럼 쓰는 것입니다. '아멘'을 우리말로 누가 대치하면 좀 이상하다고 할 것입니다. 우리말이 되어 버렸습니다. …"
835) 25 무죄자를 죽이려고 뇌물을 받는 자는 저주를 받을 것이라 할 것이요 모든 백성은 아멘 할지니라 26 이 율법의 모든 말씀을 실행치 아니하는 자는 저주를 받을 것이라 할 것이요 모든 백성은 아멘 할지니라(신 27:25-26)

다윗의 말년에 왕위를 잇는 문제로 열왕기상 1장은 시작한다. 아도니야가 세력을 규합하여 스스로 왕이 되었을 때, 밧세바와 나단 선지자가 이 일을 다윗에게 고하고, 다윗은 자신을 이을 자로 솔로몬으로 정했다. 다윗은 제사장 사독과 선지자 나단과 여호야다의 아들 브나야를 부르고(왕상 1:32) 다음과 같이 말했다.

> 33 왕이 저희에게 이르되 너희는 너희 주의 신복들을 데리고 내 아들 솔로몬을 나의 노새에 태우고 기혼으로 인도하여 내려가고 34 거기서 제사장 사독과 선지자 나단은 저에게 기름을 부어 이스라엘 왕을 삼고 너희는 양각을 불며 솔로몬 왕 만세를 부르고 35 저를 따라 올라오라 저가 와서 내 위에 앉아 나를 대신하여 왕이 되리라 내가 저를 세워 이스라엘과 유다의 주권자가 되게 하기로작정하였느니라(왕상 1:33-35)

이 말을 들은 브나야는 다윗 왕에게 이렇게 대답했다.

> 36 여호야다의 아들 브나야가 왕께 대답하여 가로되 아멘 내 주 왕의 하나님 여호와께서도 이렇게 말씀하시기를 원하오며 37 또 여호와께서 내 주 왕과 함께 계심 같이 솔로몬과 함께 계셔서 그 위를 내 주 다윗 왕의 위보다 더 크게 하시기를 원하나이다 하니라(왕상 1:36-37)

브나야가 "아멘"이라고 먼저 말한 것은 다윗 왕이 말한 그대로 이루어질 것을 믿으며 그 말을 공감한 것이다.

요한계시록 마지막 장에서 사도 요한은 그 말씀대로 이루어질 주님의 재림을 말하면서 다음과 같이 말했다.

> 20 이것들을 증거하신 이가 가라사대 내가 진실로 속히 오리라 하시거늘 아멘 주 예수여 오시옵소서 21 주 예수의 은혜가 모든 자들에게 있을지어다 아멘(계 22:20-21)

"아멘 주 예수여 오시옵소서"라는 말을 인사말로 만든 것이 '마라나타'다. 초대교회 성도들은 '마라나타'라고 인사했다. 그것은 주님께서 오실 것을 믿고 바라며 이 환난과 고난을 참고 인내하자는 의미였다. 예수님께서 오실 때 구속과 심판이 완성되기를 소망하는 마음을 담은 것이었다. 그들의 아멘은 믿음에 생명을 건 아멘이었다.

우리가 기도에서 '아멘'이라 하는 것은 '언약적인 아멘'이다. 예수님의 이름으로 하는 기도는 '되면 좋고 아니면 그만이지'하는 소원성취가 아니기 때문이다. 하나님 아버지 앞에 기도를 시작하며 예수님의 이름으로 기도를 맺는 것은 그 존재와 이름에 합당한 기도를 해야 한다는 것이다. 그것은 생명을 걸고 기도하라는 의미다. 지성이면 감천이라는 뜻이 아니라, 우리의 기도내용이 언약의 말씀에 합당하냐 아니냐를 말한다.

그러므로, 예수님은 기도에 대하여 다음과 같이 말씀하셨다.

> 너희가 내 안에 거하고 내 말이 너희 안에 거하면 무엇이든지 원하는 대로 구하라 그리하면 이루리라(요 15:7)

원하는 대로 구하되 예수님 안에 거해야 하고 예수님의 말씀이 우리 안에 거해야 한다고 말씀하셨다. 기도를 바르게 하기 위해서는 무엇을 기도하는지 바르게 알아야만 한다.

> 그렇지 아니하면 네가 영으로 축복할 때에 무식한 처지에 있는 자가 네가 무슨 말을 하는지 알지 못하고 네 감사에 어찌 아멘 하리요(고전 14:16)

이 말씀은 남이 알아듣지 못할 방언으로 기도했을 때, 예배에 함께 참여한 성도들에게 아무런 유익을 주지 못하는 것을 말한다. 이해하지 못하고 '아멘'하는 것은 아무런 의미가 없다는 것이다. 그러므로 우리의 기도는 무작정 열심히 소원을 비는 주술적인 기도가 아니라, 하나님의 말씀에 합당한 기도를 해야 하며, 언약을 맺을 때처럼 언약이 생명의 언약이듯이 기도도 생명의 기도라야 한다. 그런 의미에서 기도는, 곧 언약이다. 성령 하나님께서는 언약을 아멘으로 고백하게 하신다.

이것이 은혜로세~ 이것이 은혜로세~ 할렐루야! 아멘!

소교리문답(하)

자은이 정태홍
발행일 2014년 5월 20일
펴낸곳 RPTMINISTRIES
주소 충청남도 금산군 금산읍 29-3
전화 Tel. 010-4934-0675
등록번호 제455-2011-000001호
홈페이지 http://www.esesang91.com
ISBN 978-89-968026-3-1 04230 : ₩23,000
ISBN 978-89-968026-5-5 (세트) 04230
231.8-KDC5 238.42-DDC21 CIP2014011957
저작권ⓒ정태홍, 2014